Geschichte der Juden

von den ältesten Zeiten bis auf die Gegenwart

Aus den Quellen neu bearbeitet von

Dr. H. Graetz

Fünfter Band

Vierte verbesserte und ergänzte Auflage

Bearbeitet von Dr. S. Eppenstein

GESCHICHTE DER JUDEN

VOM ABSCHLUSS DES TALMUDS
(500)
BIS ZUM AUFBLÜHEN
DER JÜDISCH-SPANISCHEN KULTUR
(1027)

Von

DR. H. GRAETZ

arani

Reprint der Ausgabe letzter Hand, Leipzig 1909

© arani-Verlag GmbH, Berlin 1998
Gesamtherstellung: Ebner Ulm
ISBN 3-7605-8673-2

Geschichte der Juden

von

den ältesten Zeiten bis auf die Gegenwart.

Aus den Quellen neu bearbeitet

von

Dr. H. Graetz,

weil. Prof. an der Universität und am jüdisch-theologischen
Seminar zu Breslau.

Fünfter Band.

Vierte verbesserte Auflage.

———⚬———

Leipzig,
Oskar Leiner.
1909.

Geschichte der Juden

vom

Abschluß des Talmuds
(500)

bis zum

Aufblühen der jüdisch-spanischen Kultur
(1027).

. . . .

Von

Dr. H. Graetz
weil. Prof. an der Universität und am jüdisch-theologischen
Seminar zu Breslau.

Vierte verbesserte und ergänzte Auflage.

Bearbeitet von Dr. S. Eppenstein,
Rabbiner der Synagogengemeinde Briesen, Wpr.

Leipzig,
Oskar Leiner.
1909.

Vorwort zur vierten Auflage.

Bei der Bearbeitung dieser neuen Auflage des fünften Bandes des Graetzschen Geschichtswerkes mußte darauf Bedacht genommen werden, demselben, unbeschadet des vom verewigten Verfasser herrührenden Textes, eine solche Gestalt zu geben, daß er, auch nach dem gegenwärtigen Stand der Wissenschaft, ein brauchbares Hilfswerk sei. Es war ein unabweisbares Bedürfnis, in manchen Punkten, in denen Graetz' Ausführungen von sicheren Ergebnissen der neueren Forschungen überholt sind, diesen Rechnung zu tragen. So ließ sich die noch vielfach im Werke vorkommende Ansicht von der Bedeutung der Karäer für die Bibelexegese und die Sprachwissenschaft nicht mehr aufrecht erhalten, eben so wenig wie die Darstellung betreff der sogenannten vier Gefangenen in der bisher vorliegenden Gestalt und auch Note 23 ferner ohne jede Bemerkung geboten werden konnten. Auch in anderen Partien dieses Bandes, wie z. B. der Zusammensetzung der Hochschulkollegien, Entstehung der synagogalen Poesie, u. a. m. mußte auf neuere Ergebnisse hingewiesen werden.

Anderseits mußte auch manches Neue, das besonders die letzten Funde aus Handschriften, vor allem der Genisa, zutage gefördert haben, und das dem Verfasser s. Z. noch nicht bekannt sein konnte, aufgenommen werden. Allen diesen Anforderungen suchte ich nach Möglichkeit gerecht zu werden, freilich bin ich mir dessen bewußt, daß mir wohl noch so manches entgangen sein dürfte, da mir die notwendigen Hilfsmittel hier nicht jederzeit erreichbar waren. Meine Berichtigungen und Ergänzungen habe ich in den mit [ ] versehenen Fußnoten gegeben, wobei ich mich einer knappen Fassung befleißigte, zugleich jedoch auf eine möglichst vollständige Literaturangabe achtend.

Die näheren Ausführungen zu diesen meinen Bemerkungen, besonders betreffs: 1. Bostanaï; 2. Das Verhältnis zwischen Exilarchat und Gaonat, wie die Zusammensetzung und Tätigkeit der Hochschulen; 3. Die Entwickelung der synagogalen Poesie und das geistige Leben in Palästina von 500—900; 4. Saadias Leben und seine Schriften; 5. Das Problem der vier Gefangenen habe ich in den von der „Monatsschrift für die Geschichte und Wissenschaft des Judentums" freundlichst aufgenommenen „Beiträgen zur Geschichte und Literatur im gaonäischen Zeitalter" niedergelegt, und darauf in meinen Noten verwiesen. Hiervon sind die ersten drei Abhandlungen im Jahre 1908 erschienen, während die beiden letzten erst im laufenden Jahrgang zum Abdruck kommen können, so daß ich die an den betreffenden Stellen sich findende Zahl 1908 in 1909 zu ändern bitte. — Im Text des Werkes habe ich einige kleine stilistische Änderungen vorgenommen, ohne jedoch in die dem verewigten Graetz eigene, schwungvolle und frische Darstellung, die gleichfalls dem Werk mit Recht so viele Bewunderer erworben hat, mir Eingriffe zu erlauben. Auch das bisher unzulängliche Register ist vervollständigt worden.

Die in der dritten Auflage aufgenommenen mit (H) bezeichneten Fußnoten des seitdem auch entschlafenen Halberstam, wie die überaus wertvolle Ergänzung zu Note 17 von Harkavy, sind auch hier beibehalten.

Möge nun dieser Band des monumentalen Werkes auch in der vorliegenden Gestalt dazu beitragen, das Andenken des dahingegangenen Meisters der jüdischen Geschichtsschreibung, der selbst der Würdigung der neueren Ergebnisse seines Forschungsgebietes sich niemals verschlossen hat, noch ferner in gebührender Weise hoch zu halten, wie auch das Studium der Geschichte und Literatur gerade in dem hier behandelten, für die Entwicklung des Judentums so überaus wichtigen Zeitabschnitt weiter zu fördern!

Ich kann jedoch diesen Band der Öffentlichkeit nicht übergeben, ohne mit einigen Worten meiner großen Erkenntlichkeit Ausdruck zu geben für die HH. Prof. Dr. Berliner-Berlin, Dr. Brann-Breslau, Dr. Perles-Königsberg und Dr. Poznański-Warschau, die meine Arbeit teils durch Überlassung von wichtigen Büchern und Zeitschriften, teils durch beachtenswerte Ratschläge, sehr gefördert haben. Zu ganz besonderem Dank jedoch hat mich Herr Dr. Elbogen-Berlin verpflichtet, der mir viel schätzenswertes Material zur Verfügung gestellt und der großen Mühe der Mithilfe bei der Korrektur des Druckes in liebenswürdigster Weise sich unterzogen hat.

Briesen, Wpr., Mai 1909.

Eppenstein.

Inhalt.

Dritte Epoche der ersten Periode:

Die saburäische Zeit.

Drittes Kapitel.

Viertes Kapitel.

Vierte Epoche der ersten Periode:

Die gaonäische Zeit.

Fünftes Kapitel.

Sechstes Kapitel.

Siebentes Kapitel.

Zwölftes Kapitel.

———•———

Einleitung.

Die jüdische Nation hatte auf den blutigen und rauchenden Trümmern Jerusalems und Bethars ihr Leben ausgehaucht; die Gemeinde bildete sich aus den zersprengten Resten, zusammengehalten und gefestigt von einsichtsvollen, hingebenden Führern. Der jüdische Staat war unter den wiederholten Streichen der römischen Legionen zusammengebrochen; neue Mittelpunkte bildeten sich für die jüdische Diaspora in den Lehrhäusern zu Jabneh, Uscha und Sepphoris und zuletzt am schönen Tiberiassee. Und als das siegreiche Christentum, bewaffnet mit dem römischen Liktorenbeile, den letzten Einigungspunkt im judäischen Lande gesprengt und das an der Spitze stehende Patriarchat dem Untergange geweiht hatte, entstanden an den Ufern des Euphrat neue Brennpunkte für die zerstreuten Gemeinden an den Hochschulen zu Nahardea, Sura und Pumbadita. Da bewaffnete der Fanatismus der Magier die sonst milden neupersischen (sassanidischen) Könige gegen Juden und Judentum; es trat eine neue Märtyrerzeit ein. Die Kraft des Widerstandes schien gebrochen, die Auflösung der Gemeinden in mittelpunktslose Atome, der Untergang der Lehre war nahe. Wie hat sich die jüdische Geschichte durch die langen Jahrhunderte doch noch fortspinnen können? Ist sie seit dem Abschluß des Talmuds ein bloßes Konglomerat von zufälligen Ereignissen, von Verfolgungen und Martyrologien? Oder hat sie den Charakter einer trockenen Literaturgeschichte angenommen, in welcher Bücher und Schriftsteller die Hauptrolle spielen? Ist die Reihenfolge der nachtalmudischen Geschichte ohne Zusammenhang und Mittelpunkt? Hat sie einen einheitlichen, konzentrischen Verlauf, oder zersplittert sie sich in mehr oder weniger uninteressante Einzelheiten? Herrscht darin der Wirrwar des Zufalls oder die ordnende Hand eines innern Gesetzes?

Der Geschichtsforscher und der Leser, denen an der Beantwortung dieser Fragen etwas gelegen ist, müssen bei Betrachtung
des nachtalmudischen Zeitraumes stets das e i n e im Auge behalten, daß die j ü d i s c h e Geschichte, wie die i s r a e l i t i s c h e
Geschichte der vorexilischen Periode, und wie die jüdische Geschichte
der nachexilischen Epoche, a u s z w e i w e s e n t l i c h e n F a k-
t o r e n b e s t e h t. Auf der einen Seite der unsterblich scheinende
j ü d i s c h e S t a m m, als der Leib, auf der andern Seite die
nicht minder unvergänglich scheinende L e h r e d e s J u d e n-
t u m s, als die Seele. Aus der Wechselwirkung dieses Volks-
leibes und dieser Volksseele spinnt sich der Faden der Geschichte in
dem diasporischen Zeitraume ab. Die Schicksale der Juden unter
den verschiedenen Nationen, wohin sie des Verfolgers Arm getrieben, der wandernde Fuß geführt; die Art und und Weise, wie
sich die einzelnen zu Gemeinden gruppierten und zusammenschlossen
gleich Atomen, von einem Kristallisationstrieb beherrscht; wie diese
Gemeinden den Zusammenhang mit der Gesamtheit oder dem Kern
des Stammes oft über weite Raumesfernen suchten und fanden;
dieser Mittelpunkt selbst, unter welchen Bedingungen er sich gebildet, von welcher Art seine Anziehungskraft war, wie er bald
hierhin, bald dorthin versetzt wurde, bald einen gemeinwesenartigen,
bald einen persönlichen Charakter annahm: das alles bildet einen
Teil der nachtalmudischen Geschichte n a c h d e r l e i b l i c h e n
S e i t e. Die Gestaltung und Entwicklung des Judentums, wie es,
durch Bibel und Talmud ausgeprägt, sich allmählich aus dem Dunst-
kreise des Buchstabens und der Satzung zur Lichthöhe des Gedankens
und des Selbstbewußtseins emporgearbeitet, die Hindernisse und
Förderungen, die es in innigem Kontakt mit der wechselvollen
Weltgeschichte gefunden, die wissenschaftliche Läuterung, die es
durch die Reibungen der aus seinem Schoße geborenen Sekten und
Richtungen erfahren, die Wissenschaft und Poesie, die es aus sich
erzeugt, und die hinwiederum auf dasselbe gestaltend und veredelnd
eingewirkt, die Persönlichkeiten, welche als Träger und Führer, als
lebendiger Inbegriff seines Wesens, ihm neue Richtungen und Ziele
vorgezeichnet, bilden den andern Teil des diasporischen Zeitraums
der jüdischen Geschichte n a c h d e r g e i s t i g e n S e i t e. Und

das organische Zusammenwirken dieser beiden Faktoren, wie bald
der Volksleib, von den Bleigewichten feindseliger Umgebung zur
Erde niedergezogen, seine Seele mit in den Stand der Niedrigkeit
und Verdunklung herabzog, und wie diese, wenn sie, ihres göttlichen
Ursprungs eingedenk, sich von dem Drucke befreite und den Flug
himmelwärts nahm, auch ihren Leib zum Aufschwung emporschnellte,
das alles muß eine pragmatische Behandlung der Geschichte veranschaulichen.

Die Geschichte des nachtalmudischen Zeitraums hat also noch
immer einen nationalen Charakter, sie ist keineswegs
eine bloße Religions- oder Kirchengeschichte, weil sie nicht bloß den
Entwicklungsverlauf eines Lehrinhaltes, sondern auch einen eigenen
Volksstamm zum Gegenstande hat, der zwar ohne Boden, Vaterland, geographische Umgrenzung und ohne staatlichen Organismus
lebte, diese realen Bedingungen aber durch geistige Potenzen ersetzte. Über die kultivierten Erdteile zerstreut und sich an den gast-
lichen Boden fest anklammernd, hörten die Glieder des jüdischen
Stammes doch nicht auf, sich in Religionsbekenntnis, geschichtlicher
Erinnerung, Sitte und Hoffnung als ein einheitliches Volkswesen
zu fühlen. Als Geschichte eines Volksstammes ist daher
die jüdische Geschichte weit entfernt, eine bloße Literatur- oder
Gelehrtengeschichte zu sein, wozu sie die Unkunde und
die Einseitigkeit stempeln, sondern die Literatur und die religiöse
Entwicklung sind, ebenso wie das hochtragische Martyrologium, das
dieser Stamm oder die Genossenschaft aufzuweisen hat, nur einzelne
Momente in seinem Geschichtsverlaufe, welche nicht das Wesen desselben ausmachen. Allerdings bildet diese Geschichte eine Eigenart,
wie auch das Volk, das sie erlebt, eine Eigenart ist, die in der
Weltgeschichte keine Analogie hat. Wie ein mächtiger Strom, durch
große Wassermassen hindurchfließend und in inniger Berührung
damit, seinen eigenen Lauf einhält und seine Farbe nicht wechselt,
ebenso haben der jüdische Stamm und die jüdische Geschichte der
diasporischen Zeit inmitten der gewaltigen Völkerströmung ihre
eigene Art behalten, ihr Wesen nicht verändert. Der jüdische
Stamm fühlte, dachte, sprach, sang in allen Zungen der Völker,
welche ihm, herzlich oder engherzig, Gastlichkeit boten; aber er ver-

lernte seine eigene Sprache nicht, sondern liebte, bereicherte und
veredelte sie nach Maßgabe der Kulturstufen, die er mit der
Gesamtmenschheit erklommen hat. Er nahm mehr oder weniger
Anteil an der Geistesarbeit der Völker, unter denen er angesiedelt
war, ohne darum aufzuhören, seine eigene Literatur anzubauen
und sie zu einem neuen Mittel zu schaffen, welches die zerstreuten
Glieder zu einer einheitlichen Gesamtheit zusammenhalten half.

Allerdings hat die Geschichte dieses Stammes weder Siege
mit blutigen Trophäen, noch gewonnene oder verlorene Schlachten
auf leichenbesäeten Wahlplätzen, noch Eroberungen weiter Boden-
strecken, noch Knechtung unterjochter Völkerschaften aufzuzeichnen,
aber destomehr geistige Siege und Errungenschaften. Während
draußen die Schwerter klirrten, die Völker untereinander Vernichtungs-
kriege führten, von den Lehrern der Religion dazu ermuntert oder
mindestens unterstützt, war das Haus Jakobs nur darauf bedacht,
das Licht des Geistes zu unterhalten, nährte es mit dem Öl der
Wissenschaft und Poesie, um es heller leuchten zu machen, und
verscheuchte, so viel es vermochte, die Gespenster des Dunkels,
welche Unwissenheit und Aberglauben heraufbeschworen hatten. Es
pflegte inmitten einer Welt von Sittenrohheit und Barbarei ge-
läuterte Religiosität, reine Sitte und Lebensheiligkeit. Es lieferte
sogar Elemente zu einer neuen Religionsform, für welche bald die
Bewohner dreier Erdteile begeistert schwärmten, und legte damit
den ersten Grund zu einer folgenreichen Bewegung in der Weltgeschichte, welche neue Gestaltungen und Kulturformen erzeugte.
Solche unblutige, geräuschlose Lorbeeren mag der niedere Sinn
verächtlich finden, höhere Naturen werden ihnen ihre Bewunderung
nicht versagen.

Noch hat die Geschichte kein Beispiel aufgestellt von einem
Volke, das die Kriegswaffen aus der Hand gelegt, sich ganz der
friedlichen Beschäftigung mit Wissenschaft und Kunst hingegeben,
das, der Bande einengender Selbstsucht sich entschlagend, seinen
Gedankenflug himmelan genommen hätte, um sein eigenes Wesen,
seinen geheimnisvollen Zusammenhang mit dem Weltganzen und
der Gottheit zu ergründen. Wohlan! Die jüdische Geschichte im
sogenannten Mittelalter stellt ein solches Beispiel an dem jüdischen

Stamme auf. Tausendfach geknechtet, hat sich dieser Stamm im ganzen die Geistesfreiheit zu wahren gewußt; geschändet und erniedrigt, ist er nicht zur Zigeunerhorde herabgesunken und hat nicht den Sinn für Hohes und Heiliges eingebüßt; verbannt und heimatlos hat er sich vielmehr ein geistiges Vaterland geschaffen. Dieses alles führt die jüdische Geschichte der nachtalmudischen Zeit in unverkennbaren Zügen vor Augen. Sie kennt kein Mittelalter im gehässigen Sinne des Wortes, das mit den Merkmalen der Geistesdumpfheit, der ungeschlachten Roheit und des Glaubenswahnes behaftet ist, sondern sie hat gerade in dieser Zeit, in dieser widerlichen Umgebung, die glänzendsten Gestalten von Geistesgröße, sittlicher Idealität und Glaubenslauterkeit einzureihen. Wenn eine Religion nach dem Verhalten ihrer Hauptvertreter und Träger beurteilt werden sollte, so müßte dem Judentum, wie es sich vom zehnten bis zum dreizehnten Jahrhundert gestaltet, die Palme gereicht werden. Viele Gaonen Babyloniens und die meisten Rabbinen Spaniens und Frankreichs können, soweit Streben nach Wahrheit und sittlicher Größe gewürdigt werden, für alle Zeiten und Kreise als Muster menschlich erreichbarer Vollkommenheit aufgestellt werden. Die Rabbinen dieser Zeitepoche waren nicht nur einseitige Talmudisten, sondern gediegene Persönlichkeiten mit hohem Geistesadel, Pfleger der Wissenschaften, oft Ärzte und nicht selten Räte und Führer der Fürsten. Allerdings war diese große Zeit auch nicht frei von Fehlern und Schwächen, welche den Führern oder Gemeinden anhaften, — und die unparteiische Geschichte darf sie nicht verschweigen, — aber sie treten gegen die großen Tugenden bis zur Unmerklichkeit zurück.

Will man die Geschichte der Juden in der Diaspora näher charakterisieren, so kann man nichts anderes von ihr sagen, als daß sie vorherrschend eine Kulturgeschichte ist, die nicht einzelne hervorragende Geister zu Trägern hat, sondern ein ganzes Volk. Geistige Bewegungen, die irgendwo aus seiner Mitte hervorgingen, interessierten und ergriffen den ganzen jüdischen Stamm in den entferntesten Gemeinden. Die dichterischen Gebetweisen, welche jüdische Sänger in Judäa oder Babylonien, am Rhein oder Guadalquivir erklingen ließen, wurden ohne behördlichen Zwang,

b

ohne hierarchische Reglements und Vorschriften bald Gemeingut fast
sämtlicher Gemeinden und Bestandteile des Gottesdienstes. Schriftwerke von bedeutendem Inhalte, von einer begabten Persönlichkeit
erzeugt, wurden in allen Ländern der Diaspora abgeschrieben, gelesen, studiert und zum Lebensinhalte gemacht. Wenn einst die
Weissagungen der jüdischen Propheten in Erfüllung gehen, daß
kein Volk gegen das andere Krieg führen wird, wenn das Ölblatt
statt des Lorbeers die Stirne großer Menschen zieren, die Errungen-
schaft edler Geister in Hütten und Paläste Eingang finden wird,
dann wird die Völkergeschichte denselben Charakter wie die jüdische
Geschichte haben; ihre Blätter werden nicht mit Kriegstaten, Siegen
und Diplomatenkünsten, sondern mit den Fortschritten der Kultur
und ihrer Verwirklichung im Leben beschrieben sein.

Man darf sich vom Scheine der Zerfahrenheit und Splitter-
haftigkeit, den die nachtalmudische jüdische Geschichte, äußerlich betrachtet, darbietet, so daß der jüdische Stamm in eben so viele
Gruppen, als es Gemeinden gab zerfiel, man darf sich, sage ich, von
diesem Scheine nicht täuschen lassen, zu glauben, sie habe keinen
gesetzmäßigen fortschreitenden Verlauf, keine zentrische Bewegung.
Sie hat vielmehr ganz entschieden und markiert Mittelpunkte angesetzt, von welchen aus geschichtliches Leben über den weit ausgedehnten Umkreis ausströmte. „Wenn die Glieder des Hauses
Israel auch gehetzt werden in allen Weltgegenden, von Nord nach
Süd, von Süd nach Nord, von Ost nach West und von West nach
Ost, so sind sie doch stets im Mittelpunkte" bemerkt ein alter
jüdischer Kanzelredner[1]). Das Zepter war zwar von Juda gewichen, aber nicht der Gesetzgeber von seinen Gliedern. Und das
Merkwürdige ist, daß diese Gesetzgeber, welche eben den Mittelpunkt
und den Zusammenhang der Gemeinden bildeten, nicht mit Straf-
recht und Geißel die Einheit zusammenzuhalten brauchten, sondern
die Gruppen strebten gewissermaßen dem Einigungspunkte zu, um
sich von ihm Maß und Bewegung bestimmen zu lassen. Zuerst
wurde das jüdische Babylonien, das Erbe Judäas, als es Sitz des
Gaonats geworden war, der einigende Mittelpunkt für die weite
jüdische Diaspora. Von den Ufern des Oxus, der Wolga, der

---

[1]) [Tana di be-Elia Rabba Kap. 5.]

Donau und des Rheins bis zu den Inseln und Küsten des Mittelmeers ringsherum waren die Blicke der jüdischen Gemeinden auf Babylonien, d. h. auf das dort residierende Gaonat, gerichtet. Kein König findet mehr Gehorsam und Liebe, als sie die Schulhäupter Suras und Pumbaditas von Millionen, welche nicht ihre Untertanen, sondern ihre Brüder waren, genossen. Von hier aus empfingen die Gemeinden nicht bloß religiöse und sittliche Belehrung, sondern auch wissenschaftliche und dichterische Anregung. Und, ehe noch der gaonäische Mittelpunkt von zersetzenden geschichtlichen Agentien aufgelöst war, hatte sich auf eine, man möchte sagen wunderbare Weise in Spanien ein neuer Schwerpunkt von bedeutenderem Gehalte und größerer Tragkraft gebildet. Neben diesem bildete sich aber allmählich ein anderer Mittelpunkt, zuerst in Südfrankreich und dann in den lothringischen Ländern, und die beiden Zentren verhielten sich zueinander wie zwei Brennpunkte. Schwere Prüfungen, welche, von zwei verschiedenen Seiten ausgehend, die Gemeinden in den Ländern des Islam und der Christenheit trafen, hatten beinahe die beiden Schwerpunkte gesprengt und den Zusammenhang gelockert. Da fand sich eine reichbegabte, kräftige Persönlichkeit, welche Trägerin der Einheit und ein Mittelpunkt wurde, und diese bildet daher einen neuen Wendepunkt in der jüdischen Geschichte. Dieser tritt mit Maimuni ein, der die Periode der Kulturhöhe in dem Zeitraume der Diaspora beschließt.

Dieser Zeitabschnitt, vom Abschluß des Talmuds bis zu Ende der maimunischen Zeit, oder vom Tode Rabinas bis zum Tode Mose ben Maimunis zerfällt in drei Epochen:

1) Der Übergang von der talmudischen Zeit zur gaonäischen oder die saburäische Epoche (500 bis 640).

2) Die gaonäische Epoche (640 bis 1040).

3) Die Zeit der Kulturhöhe oder die wissenschaftlich-rabbinische Epoche (1040 bis 1204).

Der Hauptschauplatz der Geschichte in diesem Zeitabschnitt ist, nächst Palästina, zuerst der babylonische Landstrich, den die Araber Jrak nennen, zeitweise auch Nordafrika, dann das südliche, teilweise auch das nördliche Spanien, das nördliche und südliche Frankreich, und auch das westliche Deutschland.

Dritte Epoche der erften Periode:
Die faburäifche Zeit.

Babylonien und Judäa.

Rundfchau: die Zendik; der König Kabádh und der Reformator Mazdak; der Exilarch Mar-Sutra II., Mar-Chanina; Aufftand der babylonifchen Juden; Hinrichtung Mar-Sutras und Chaninas; Verfolgung und Auswanderung; die Saburäer R. Giza von Sura und R. Simuna von Pumbadita. Neue Verfolgung unter Hormiz IV.; Anhänglichkeit der Juden an den Thronräuber Bahram; Wiedereröffnung der Lehrhäufer; die Schulhäupter und Exilarchen. Gedrückte Lage der Juden unter den byzantinifchen Kaifern. Ihr Aufenthaltsort in Judäa; Jüdifche Wagenlenker und Wettfahrer in Paläftina; Geringe Lehrtätigkeit in Judäa; Kaifer Juftinian und feine judenfeindlichen Verfügungen; fein Edikt gegen die agadifche Auslegungsweife; die jüdifch-afrikanifche Gemeinde zu Barion; Erbitterung der Juden gegen die byzantinifche Tyrannei; ihre Beteiligung am Perferkriege gegen Paläftina; Benjamin von Tiberias; kriegerifche Streifzüge der Juden Paläftinas; der Mönch vom Sinai; Anfchluß der Juden an Heraklius; Wortbruch diefes Kaifers gegen diefelben; Verfolgung und neue Verbannung aus Jerufalem.

500—630.

Im Anfang des fechften Jahrhunderts fchien das Judentum nach menfchlicher Berechnung der Verkümmerung und Auflöfung unrettbar verfallen. Hätte damals ein fcharffichtiger Beobachter eine Rundfchau über die inneren und äußeren Zuftände der Juden in denjenigen Ländern anzuftellen vermocht, in denen die Zerftreuung fie in großen Maffen zufammengehäuft hatte, fo hätte er das Judentum als religiös-nationales Inftitut in den letzten Zügen liegend gefunden und ihm keine lange Lebensdauer prophezeien können. Die einheitliche Organifation, welche es durch die Tätigkeit von mehr als vier Jahrhunderten feit dem Untergang der Staatsverfaffung erhalten hatte, war aufs ernftlichfte gefährdet. Das Chriftentum hatte es in feiner Urheimat J u d ä a durch Verfolgung

der Gesetzeslehrer und Aufhebung des Patriarchats (B. IV₄. S. 385)
niedergeworfen und zur Ohnmacht verurteilt; jetzt bedrohte das
Magiertum es auch in seiner zweiten Heimat, in Babylonien. In
den europäischen Ländern waren die Juden in dieser Zeit noch
nicht zum Bewußtsein erwacht und hatten außerdem einen Kampf auf
Tod und Leben mit der siegreichen Kirche zu bestehen, welche ihnen
als Religionsgenossen jeden Fußbreit Raumes streitig machte, jede
Lebensbewegung verleidete und sie öfters gewaltsam in ihren Schoß
oder in den Tod trieb. Nur in Nord-Arabien behaupteten jüdische
Stämme eine gewisse Unabhängigkeit, während sie in Süd-Arabien
eine äußerliche Machtstellung und sogar ein eigenes Reich bildeten.
Allein es fehlte diesem jüdischen Staate und den freien jüdischen
Stämmen die Lebensbedingung eines geistigen Prinzips, von dem
sie getragen und zusammengehalten werden könnten. Darum wurde
dieses himjaritische Königreich auch durch den starken Windstoß einer
neuen geschichtlichen Zeit in Trümmer geworfen und jene Stämme
in Abhängigkeit und Untertänigkeit gebracht, bis sie zuletzt in Atome
aufgelöst wurden.

Auch in der inneren Entwicklung war das Judentum im sechsten
Jahrhundert an die Grenze des Stillstandes gelangt, welche das Aufhören des geistigen Pulsschlages und den Tod herbeizuführen pflegt.
Der Ausbau des Talmuds, die dialektische Erörterung der Gesetze
in ihrem Umfange und ihrer Begründung, wenn auch in starrer
Einseitigkeit gehalten, hatten dem Judentum Regsamkeit und Frische
verliehen, den strebsamen Geistern einen weiten Spielraum zur Entfaltung ihrer Kräfte geöffnet und ihnen Gelegenheit gegeben, den
Drang Neues zu schaffen, zu befriedigen. Es hatte etwas Ver-
lockendes, diesen hoch aufgeschichteten Stoff allseitig zu durchdringen
und ihn schöpferisch zu beherrschen. Dieser Reiz schien nach Abschluß
des Talmuds, nach Rabina und seinen Mitarbeitern, abgestumpft.
Alles war besprochen, durchdacht, geordnet, keine einzige Frage von
Wichtigkeit schien unerledigt und ungelöst; höchstens war noch
Raum zu einer weniger schöpferischen Tätigkeit, die Normen
für das religiöse Leben zu bestimmen oder eine Auswahl aus dem
Gegebenen zu treffen. Auch die Quellen, woraus die erregte Phan-
tasie Begeisterung schöpfen konnte, waren versiegt. Die Einseitigkeit
der talmudischen Richtung hatte das lebendige Wasser der biblischen
Poesie unschmackhaft finden lassen, und die agadische Auslegung des
Schriftwortes war in Spielerei und Unangemessenheit ausgeartet.

Welche unverwüſtliche Gotteskraft muß im Judentum liegen, daß es ungeachtet ſo vieler Widerwärtigkeiten ſich abermals aus dieſer neuen Verdüſterung zum Lichte zu ringen vermochte!

Beginnen wir die Rundſchau über die Lage der Juden mit Babylonien (Perſien), das noch immer Hauptſchauplatz der jüdiſchen Geſchichte und geſetzgebende Autorität für die nahen und fernen Gemeinden war. Kaum hatten ſich die Juden von der langen und grauſigen Verfolgung, welche der König Peróz über ſie verhängt hatte, ein wenig erholt (B. IV$_4$. 372; 375.), als ſie von neuen Stürmen heimgeſucht wurden, welche die Ordnung von drei Jahrhunderten umſtürzten. Auf Peróz war der König Kavâdh (Kowad, Cabades) (488—531) gefolgt, ein ſchwacher König nicht ohne gute Eigen- ſchaften, der ſich aber von einem Fanatiker als Werkzeug gebrauchen und zu Religionsverfolgungen hinreißen ließ.[1] Unter dieſem Könige trat nämlich ein Mann auf, der die Lichtreligion der Magier refor- mieren und ſie zur herrſchenden machen wollte. M a z d a k — ſo hieß dieſer Reformator des Magiertums[2] — glaubte das Mittel gefunden zu haben, wie der verheißene Sieg des Lichtes über die Finſternis, des Ahura-Mazda über Angro-Mainhus, gefördert und dauerhaft gemacht werden könne. Habſucht nach Gütern, Begierde nach fremden Frauen waren nach ſeiner Anſicht die Quellen alles Übels unter den Menſchen, die Anregung zu Neid, Haß und Frevel- taten. Dieſe Anregung wollte Mazdak beſeitigt wiſſen durch Gemein- ſchaft der Güter und der Frauen; ſelbſt unter Blutsverwandten ge- ſtattete er ehelichen Umgang. Auf dem Grunde kommuniſtiſcher Gleich- heit glaubte er das Ziel der Zoroaſtriſchen Lehre am ſicherſten er- reichen zu können. Da der Reformator uneigennützig war und ein ſtreng tugendhaftes und asketiſches Leben führte, ſo gewann er bald zahlreiche Anhänger (496), welche Gebrauch von dieſer vorteilhaften Freiheit machten und ſich Z e n d i k nannten, als die wahren Be- kenner des Z e n d (der Religion des Lebens und des Lichtes). Selbſt der König Kavâdh wurde ſein treuer Jünger und förderte Mazdaks Beſtrebungen. Er erließ einen Befehl, daß ſämtliche Be- wohner des perſiſchen Reiches deſſen Lehre annehmen und danach handeln ſollten. Die niedrigen Volksklaſſen, welche nichts zu ver-

---

[1] [Vgl. jedoch die Schilderung, die Procop bei Nöldeke, Geſch. der Perſer u. Araber zur Zeit der Saſſaniden, S. 142 Anm. 3 von ihm ent- wirft, wonach K. ſehr klug und energiſch war!]

[2] [Über dieſe Bewegung vgl. Nöldeke a. a. O. S. 455 ff.]

lieren und alles zu gewinnen hatten, und denen an der Ehre ihrer
Frauen wenig lag, geberdeten sich als die eifrigsten Zendik, und
eigneten sich die Güter der Reichen und die Frauen, die ihnen gefielen, an. Es entstand eine Verwirrung der Begriffe von Recht
und Unrecht, von Tugend und Laster, wie sie die Völkergeschichte
noch nicht gesehen hatte. Obwohl die persischen Großen den kommunistischen König enthronten und in den Kerker warfen (496—498),
so konnten sie doch nicht verhindern, daß, nachdem er aus dem
Gefängnis befreit und mit Hilfe der Hunnen wieder in sein Reich
eingesetzt worden war, Mazdaks Anhänger den Unfug erneuerten,
so daß viele während Kavâdhs Regierung geborene Kinder ihre
wahren Väter nicht kannten und niemand seine Besitztümer in
Sicherheit genießen konnte. Mazdaks Kommunismus war nicht geeignet, ihn den Völkern wünschenswert zu machen. Der Unterkönig Mondhir von Hira, in der Nähe Pumbaditas, der sich
nicht Mazdaks beglückenden Reformen anschließen wollte, mußte sein
Land räumen, und Kavâdh setzte einen anderen arabischen Häuptling an seiner Stelle ein.[1])

Die Juden und Christen blieben natürlich von der Plage des
kommunistischen Schwindels nicht verschont, und wenn unter dem
gesetzlich gewordenen Raube der Zendik nur Begüterte litten, so
mußte die Gemeinschaft der Weiber alle aufs Empfindlichste treffen.
Keuschheit und Heiligkeit der Ehe waren unter den Juden stets
heimische Tugenden, welche durch die talmudische Lehre noch tiefer
in die Gemüter eingewurzelt waren. Sie konnten ihre Frauen und
Jungfrauen nicht jeden Augenblick der Schändung ausgesetzt, die
Familienreinheit, welche sie wie ihren Augapfel wahrten, besudelt
sehen. Sie scheinen daher den frechen Angriffen der Zendik auf die
Keuschheit bewaffneten Widerstand entgegengesetzt zu haben. Ein
Aufstand, den eine Quelle in diese Zeit versetzt, ist aller Wahrscheinlichkeit nach zur Abwehr des unerträglichen Kommunismus organi-
siert worden. An der Spitze dieses Aufstandes stand der jugendliche Exilarch Mar-Sutra II., der eine nicht gewöhnliche Erscheinung gewesen sein muß, da die Sage seine Geburt und seine
Taten mit wunderbaren Zügen ausgeschmückt hat.

Mar-Sutra (geb. um 496) war der Sohn jenes gelehrten
Exilsfürsten Huna, der nach dem Tode des Tyrannen Perôz mit

[1]) [Vgl. Nöldeke S. 147 ff.]

er Exilarchenwürde bekleidet worden war (488—508).[1]) Er war
beim Tode seines Vaters noch in zartem Knabenalter. Die Sage
erzählt aber seine Geburtsgeschichte mit folgenden Zügen: Der Exilarch
Huna, von hochmütigem Charakter, sei in Streit mit seinem Schwiegervater Mar-Chanina geraten und habe denselben, obwohl er
zu den anerkannten Gelehrten gehörte, aufs Empfindlichste bestraft.
Er habe ihn verurteilt, eine ganze Nacht im Freien vor dem Stadt-
tore zuzubringen und allen verboten, ihm gastfreundliche Aufnahme
zu gewähren. Mar-Chanina habe wegen der erlittenen Demütigung
einen Strom von Tränen vergossen, und infolgedessen seien durch
einen raschen Tod alle Glieder des Exilarchenhauses plötzlich hin-
gerafft worden. Im Traume sei es aber Mar-Chanina vorgekommen,
als habe er sämtliche Bäume eines Zedernwaldes umgehauen, von
dem nur noch ein niedriges Reis übrig geblieben sei, und als er
auch an dieses das Beil anlegen wollte, sei ihm der König David
— dessen Nachkommen zu sein sich die Exilarchenrühmten — erschienen,
der ihm drohend Halt geboten. Beim Erwachen habe Mar-Chanina
erfahren, daß kein einziges Glied des Exilarchenhauses mehr am
Leben sei, und die Zukunft des erlauchten Hauses im Schoße seiner
eigenen Tochter, der Gattin des Exilarchen Huna, ruhe. Die Nieder-
kunft seiner Tochter habe er daher mit vieler Ungeduld erwartet,
weswegen er, unbekümmert um Regen und Sonnenstrahlen, an
ihrer Türe gewacht, um sie vor jedem Unfalle zu schützen. Endlich
sei er so glücklich gewesen, seine Tochter von einem Knaben ent-
bunden zu sehen, eben jenem Mar-Sutra II. Diesen letzten Stammhalter des Exilarchenhauses umgab Mar-Chanina mit der zärtlichsten
Pflege, erzog und unterrichtete ihn und hatte Freude an der früh-
reifen Entwicklung des Knaben. Zu fünfzehn Jahren war Mar-
Sutra mit solchem Verstand begabt und mit einem solchen Maß
von Kenntnissen ausgestattet, daß er fähig war, die Würde seiner
Vorfahren zu übernehmen.

Als Exilarch fungierte während Mar-Sutras Minderjährigkeit
sein Schwestermann Pachda, der aber nicht geneigt schien, die
Würde dem rechtmäßigen Erben zu überlassen. Der Großvater Mar-
Chanina begab sich daher mit ihm an den Hof des Königs, wahr-
scheinlich Kavádhs, und bewirkte, vermutlich durch reiche Geschenke,
Pachdas Amtsentsetzung und Mar-Sutras Investitur (um 511).[2])

[1]) Siehe Note 1.
[2]) [Vgl. jed. S. P. Rabbinowitz in der hebr. Übersetzung von Graetz

Der fünfzehnjährige Exilarch war es nun, der mit den Waffen in
der Hand zur Verteidigung der jüdischen Familienehre und des
Lebens seiner Brüder auftrat. Als nächste Veranlassung zur Schilderhebung wird der gewaltsame Tod eines Schulhauptes Mar-Isaak
angegeben. Da auch der Vertreter des Judentums, Mar-Chanina,
an dem Aufstand beteiligt war, so hatte er sicher einen religiösen
Charakter.[1]) — Eine Schar von vierhundert jüdischen Kriegern
bildete Mar-Sutras Gefolge, mit dem er wahrscheinlich Mazdaks
räuberische und lüsterne Anhänger aus dem jüdischen Gebiete Babyloniens vertrieb und die frechen Eingriffe in die heiligsten Rechte
abwehrte. Er soll ferner so glänzende Waffentaten ausgeführt
haben, daß die Truppen, die der König zur Unterdrückung des Aufstandes ausgesandt hatte, ihm nicht beikommen konnten. Mar-Sutra
soll sich sogar die Unabhängigkeit erkämpft und den nichtjüdischen
Bewohnern Babyloniens Steuerleistung aufgelegt haben. Die Sage
schrieb den Sieg der jüdischen Waffen einer wunderbaren Erscheinung,
in Gestalt einer Feuersäule, zu, welche dem kriegerischen Exilarchen
in den Schlachten vorangegangen sein soll. Machuza unweit Ktesiphon war Hauptstadt eines kleinen jüdischen Staates geworden, in
dem der Exilarch gleich einem König residierte. So ganz unwahrscheinlich ist eine so glückliche Schilderhebung der Juden in dem
dem Verfall entgegengehenden persischen Reiche nicht, wenn man
sich erinnert, daß fünf Jahrhunderte zuvor zwei mittellose Jünglinge Asinäi und Aniläi in derselben Gegend ein unabhängiges
jüdisches Gemeinwesen zu gründen und dem persischen König Anerkennung abzutrotzen vermocht hatten (B. III₅. 371).

        Beinahe sieben Jahre dauerte die von Mar-Sutra erkämpfte
Unabhängigkeit; zuletzt wurde die jüdische Schar von einem über-
legenen persischen Heere besiegt. Dabei geriet der Exilarch selbst
in Gefangenschaft. Die Sage erklärt die Niederlage der jüdischen
Krieger dadurch, daß sie, einmal an das Waffenhandwerk gewöhnt,
sich über Religion und Sittlichkeit hinweggesetzt hätten, und alsbald
wäre auch die Feuersäule, das sichtbare Zeichen des Sieges, von

---

Bd. V, דברי ימי ישראל T. III, S. 17, Anm. 1, wo darauf hingewiesen
wird, daß, nach Seder Olam Sutta (vgl. ed. Lazarus, b. Häupter der Vertriebenen usw. S. 168, Z. 4—5) umgekehrt Pachda dem König Geschenke
gegeben hat].

[1]) [Vgl. über dies. Punkt des Mar-Sutra-Berichtes die Ausführungen
Brülls in Jahrbücher für jüd. Gesch. u. Literatur Bd. II S. 52 Anm. 76].

ihren Zügen gewichen. Der Exilarch Mar-Sutra und sein greiser Großvater Mar-Chanina wurden hingerichtet und ihre Leichname an der Brücke von Machuza ans Kreuz geschlagen (um 520). Die Einwohner dieser Stadt wurden ihrer Habe beraubt und in die Gefangenschaft geschleppt; wahrscheinlich aber erstreckte sich die Verfolgung noch viel weiter. Die Glieder des Exilarchenhauses mußten sich durch Flucht retten und brachten den nach dem Tode des Vaters geborenen Stammhalter des Exilarchen-Geschlechtes — dem ebenfalls der Name Mar-Sutra beigelegt wurde — nach Judäa, wo er, herangewachsen, sich durch Gelehrsamkeit auszeichnete. In Babylonien war also durch Kavâdhs Verfolgung das Exilarchat für einige Zeit erloschen. Auch die talmudischen Akademien wurden geschlossen, da die Gesetzeslehrer verfolgt wurden und sich verbergen mußten. Zwei Männer von Autorität, R. Ahunaï und R. Giza, waren flüchtig; der letztere ließ sich am Flusse Zab nieder, wo vielleicht die Angeberei minder zu fürchten war. Andere Flüchtlinge mögen sich nach Palästina oder Arabien gewendet haben. Kavâdhs Rache wegen eines durch Fanatismus herausgeforderten Aufstandes hat dem geschichtlichen Leben der babylonischen Juden, das in beiden Akademien Sura und Pumbadita pulsierte, einen so harten Schlag versetzt, daß es sich nicht sobald erholen konnte. Indessen scheint sich die Verfolgung nicht über ganz Persien erstreckt zu haben; denn in Kavâdhs Heer, das gegen den byzantinischen Feldherrn Belisar kämpfte, dienten auch jüdische Soldaten, auf welche der persische Feldherr so sehr Rücksicht nahm, daß er um einen Waffenstillstand bat, um ihnen am Passahfest Waffenruhe zu gewähren.[1]

Nach Kavâdhs Tod hörte die Verfolgung gegen die babylonischen Juden von selbst auf. Denn wiewohl sein Nachfolger Chosrau Anoscharwan (531—578) ihnen nicht wohlgesinnt war und ihnen wie den Christen eine Kopfsteuer auflegte, von der nur Kinder und Greise befreit waren[2], so war dieses kein Zeichen von Unduldsamkeit und Haß, sondern nur ein Mittel, den Staatssäckel zu füllen. Es findet sich unter Chosraus' langer Regierung keine Spur von Feindseligkeit gegen die Juden. Sobald die Ruhe wiedergekehrt war, beeilten sich die Vertreter der babylonischen Juden, die Institute wieder herzustellen, die Lehrhäuser wieder in den Gang zu bringen

[1] Bar-Hebräus, historia Chronicon syriacum. Text p. 85.
[2] Khondemir in de Sacys recherches sur quelques antiquités de la Perse p. 372.

und gewissermaßen die zerrissene Kette der Überlieferung wieder zusammenzufügen.

Man berief den Flüchtling Giza, der sich am Zabflusse verborgen gehalten, nach Sura, den Lehrstuhl einzunehmen; die Schwesterakademie Pumbadita erhielt an R. S i m u n a ihr Oberhaupt. Noch ein dritter Name klingt aus jener Zeit herüber: R. R a b a ï aus Rob (unweit Nahardea), dessen Stellung und Funktion indessen zweifelhaft ist.[1]) Diese Männer mit ihren untergeordneten Genossen und Jüngern hatten nichts Wichtigeres zu tun, als ihre ganze Tätigkeit dem Talmud zu weihen. Es war das einzige Ziel aller Denkenden und Frommen jener Zeit, das zugleich den religiösen Eifer und den Ehrgeiz befriedigte, Seelenruhe gewährte, Ruhm eintrug und geistige wie zeitliche Zwecke förderte. Die Verfolgung der Lehre machte sie allen um so teurer und heiliger. Der Talmud war dem Volke ein heiliges Panier, um das es sich scharte.

Allein den Jüngern der letzten Amoräer war die Schöpferkraft ausgegangen, den Talmud weiter zu führen; auch waren sowohl der Lehrstoff, wie die Methode der Behandlung bereits so erschöpft, daß sie keiner Vergrößerung und Erweiterung mehr fähig waren. Der Stillstand in dem Talmudstudium, der sich schon nach R. Aschis, des letzten großen Amora, Tod bemerklich machte, hatte ein Jahrhundert später noch mehr zugenommen. Die Schulhäupter begnügten sich deshalb damit, den alten Brauch festzuhalten, die Talmudjünger in den Lehrmonaten Adar (März) und Elul (September) um sich zu sammeln, ihnen den Lehrstoff zu überliefern, sie in den Lehrgang einzuweihen und ihnen Aufgaben zu Selbstbeschäftigung zu geben. Allenfalls setzten sie viele Punkte der religiös-gesetzlichen Praxis für das Ritual und das Zivil- und Eherecht, welche bisher unerledigt geblieben waren, oder über welche in den Lehrhäusern Meinungsverschiedenheit herrschte, nach gewissen Normen fest. Der unübersehbare Stoff des Talmuds, welcher durch Diskussionen und Kontroversen der Bestimmtheit entbehrte, sollte zum praktischen Gebrauche benutzbar gemacht werden. Denn die Schwankung und Ungewißheit durften nicht fortdauern, wenn das religiöse Leben nicht in Verfall geraten sollte. Die Richter mußten eine feste Norm haben, nach der sie in vorkommenden Fällen entscheiden könnten, und jedermann brauchte eine unzweifelhafte Vorschrift, um das religiöse Leben zu

[1]) Vgl. Note 2.

regeln. Von dieser Seite ihrer Tätigkeit, dem **Feststellen der religiösen und richterlichen Praxis nach Abwägen des Für und Wider,** erhielten die nachamoräischen Lehrer den Namen **Saburäer** (Saburoï), weil sie nach Beurteilung der verschiedenen Meinungen (Sebara) die endgültige Entscheidung getroffen haben. [1] Die Saburäer, deren Tätigkeit gleich nach Abschluß des Talmuds begonnen hatte und von R. Giza, R. Simuna und ihren Genossen nur fortgesetzt wurde, verfolgten eine mehr praktische als theoretische Richtung. Sie getrauten sich nicht eine eigene Meinung zu befolgen, welche im Widerspruch mit den Autoritäten des Talmuds stünde.

Die saburäischen Schulhäupter R. Giza und R. Simuna ließen sich zunächst angelegen sein, den Talmud schriftlich abzufassen. [2] Sie bedienten sich teils mündlicher Überlieferung, teils schriftlicher Notizen, welche sich der eine oder andere gemacht hatte, um dem Gedächtnisse zu Hilfe zu kommen. Da den Nachfolgern der Amoräer alles, was von diesen Autoritäten stammte, bedeutsam schien, so nahmen sie jede Äußerung, jede Anekdote, wie sie in den Lehrkreisen im Umlauf war, willig auf, um der Nachwelt die Fülle der Weisheit, wie es ihnen schien, nicht vorzuenthalten. Zur Erläuterung dunkler Stellen fügten sie Zusätze hinzu, die sich von dem ursprünglichen Text durch größere Deutlichkeit, aber auch durch eine gewisse Breite und Weitschweifigkeit abheben. In dieser von den Saburäern redigierten Gestalt erhielten die zeitgenössischen Gemeinden und die Nachwelt den Talmud. Nach ihnen hat der Talmud schwerlich neue Zusätze erhalten. [3]

In der saburäischen Zeit sind die Anfänge einer Wissenschaft eingeführt worden, ohne welche die heilige Schrift ein versiegeltes Buch geblieben wäre, und welche die Einseitigkeit des Talmuds allmählich überwinden half. Die heiligen Bücher mit ihrer duftenden Poesie und ihren erhabenen Lehren waren unleserlich, weil ihnen

---

[1] Vgl. Note 2.

[2] Note 2. [Vgl. hierüber besonders Brüll, die Entstehungsgeschichte des babylon. Talmud als Schriftwerk in Jahrb. II, S. 1—121, wo unter anderem auch die Tätigkeit des R' Achai ben Nehilai eingehend gewürdigt und die von den Saburäern angewendete Mnemotechnik näher behandelt wird.]

[3] [Vgl. jed. Brüll a. a. O. S. 73 ff., wo noch Zusätze aus gaonäischer Zeit nachgewiesen werden. Nach Frankel in Monatsschrift 1861, S. 266 sind alle anderen Zusätze nur Interpolationen.]

eine scheinbare Kleinigkeit mangelte — V o k a l e. Der Text bestand lediglich aus Konsonanten, die ohne das belebende Element
der Vokale tot waren, so oder anders gelesen werden konnten und
je nachdem einen verschiedenen Sinn gaben. Nur die Gesetzeslehrer
und ihre Jünger konnten sie allenfalls aus Übung lesen, aber sie
lasen sie mit der Brille des Talmuds. Dem Volke aber, welches
nicht von Jugend an durch Überlieferung das Lesen des Textes
gelernt hatte, blieben sie aus Mangel an Vokalzeichen völlig unzugänglich. In älterer Zeit hat es zwar die Verlegenheit dahin gebracht, daß Andeutungen für die drei Hauptvokale angebracht worden
waren, aber auch das nur spärlich und nicht überall gleichmäßig
durchgeführt. Selbst für Kundige waren Wörter, welche mit denselben Konsonanten geschrieben waren, aber eine verschiedene Bedeutung haben, sehr schwer zu unterscheiden. Wie sollte da der
richtige Sinn der heiligen Schrift erfaßt werden?

Da wehte ein leiser Hauch wissenschaftlicher Regung vom ab-
sterbenden Griechenland nach Persien hinüber. Die fanatische Verfolgungssucht des Kaisers Justinian hatte die Philosophenschule von
Athen schließen lassen und dafür unwissende Mönche begünstigt. Die
letzten sieben Weisen Griechenlands wanderten nach Persien aus,
weil sie den König Anoscharvan für einen Beförderer der Wissenschaft
hielten. Zum Teil war er es auch. Von dem griechischen Geiste
angeregt, entstand in der Gegend, wo Juden zahlreich wohnten,
eine Schule für Heilkunde und Naturwissenschaft. Auch die Sprachwissenschaft fand einige Pflege unter den syrischen Christen am
Euphrat und jenseits des Tigris. Es war eine Sekte, N e s t o -
r i a n e r genannt, welche sich wegen eines dogmatischen Gezänkes
von ihren Glaubensverwandten westlich vom Euphrat, den J a k o -
b i t e n, getrennt hatten, und diese bitter haßten. Die Nestorianer
standen den Juden näher, und ihre Priester und Gelehrten teilten
nicht das Vorurteil und den Haß der abendländischen, oder wie sie
sich nannten, der rechtgläubigen Christen, den Verkehr mit ihnen zu
meiden. Diese syrischen Christen hatten — man weiß nicht genau
zu welcher Zeit — in den Texten ihrer kirchlichen Schriften einen
Notbehelf für Vokale eingeführt, wobei die Kenntnis grammatika-
lischer Regeln unentbehrlich war. Von diesen angeregt, begann unter
den Juden in ihrer Nachbarschaft der Nacheifer, der heiligen Schrift
ein wenig Aufmerksamkeit zuzuwenden.[1]) Um das Lernen und Be-

¹) [Vgl. jedoch gegen die Annahme einer Spur der griechischen Vokal-

bliebener (oder mehrere) ein, zuerst gleich den Syrern nur Punkte bei verschiedendeutigen Wörtern, nach und nach dann ein vollständiges System. Jeder Konsonant wurde mit einem Vokalzeichen versehen. Die Erfindung dieser Zeichen scheint jetzt kinderleicht, und doch waren Jahrtausende vergangen, ohne daß man darauf gekommen war. Das Einfache besteht darin, daß gewisse hebräische Konsonanten, welche bald konsonantisch, bald vokalisch klingen[1]), in winziger Form die Geltung von Vokalen erhielten. Diese verkleinerten Konsonantenbuchstaben wurden als Vokalzeichen oberhalb der Konsonanten gesetzt.

Fünf oder sechs Zeichen[2]) genügten, um die toten Gebeine der Konsonanten wie mit einem Hauche zu beleben und diese für jedermann leserlich zu machen. Wer war der Erfinder? Man weiß es nicht und wird das wohl auch nie erfahren. Vielleicht ein Lehrer der Kleinen, welcher damit ihnen das Lesen der heiligen Schrift erleichtern wollte. Der Unbekannte, welcher auf dieses einfache Hilfsmittel gekommen ist, hat damit einen für das Verständnis der heiligen Schrift unschätzbaren Dienst geleistet. Vermöge der Erschließung des Sinnes jedes Wortes und jedes Verses wurden die Grundwahrheiten und Lehren des Judentums erst erkennbar, und diese haben die allgemeine Sittlichkeit gefördert. Als die Christenheit aus dem tiefen Schlaf und dem rasenden Taumel des Mittelalters erwachte, griffen ihre geistigen Führer zunächst nach den heiligen Büchern in der hebräischen Urschrift und bannten damit den mittelalterlichen Spuk. Das Verständnis derselben war aber einzig und allein durch die Einführung der Vokalzeichen ermöglicht.

Der unbeachtet gebliebene Erfinder dieser Zeichen in Babylonien oder Persien, oder ein anderer, hat auch Akzentzeichen eingeführt, um die Vers- und Satzabteilungen anzudeuten, und auch diese in einfacher Form. Dieses einfache Vokal- und Akzentzeichensystem, das Jahrhunderte lang unbekannt geblieben ist und erst gegen die Mitte dieses Jahrhunderts bekannt wurde, wird das babylonische oder assyrische greifen der biblischen Bücher zu erleichtern, mußte zunächst der Text mit Vokalzeichen versehen werden. Diese führte ein unbekannt Ge-

zeichen der Syrer Prätorius in ZDMG Jhrg. 53 (1899): Über das babylonische Vokalisationssystem der Hebräer, S. 190—1.]

[1]) Wie w und u, j und i.

[2]) Für ein kurzes a wurde ein ganz kleines Ajin gebraucht, für i ein winziges Jod oder ein Punkt, für o (oder langes a) ein kleines Aleph, für

genannt.[1]) Nur noch sehr wenige Exemplare sind mit diesen Vokal-
und Akzentzeichen versehen. Es wurde nämlich von einem jüngeren
System verdrängt, welches seinen Ursprung in Tiberias hatte. Seit
der Erfindung dieser Zeichen haben die Abschreiber der heiligen Schrift
hier und da den Text vokalisiert; es war das Geschäft der Punktatoren. Nur das Fünfbuch der Thora, aus welchem öffentlich in den
Synagogen vorgelesen wurde, blieb und ist bis auf den heutigen
Tag ohne Vokalzeichen, da die religiöse Peinlichkeit es nicht zuließ,
auch nur einen Strich zu dem Buche hinzuzufügen, das die göttliche Offenbarung enthält. Die Punktatoren ließen sich teils von
der seit Jahrhunderten überlieferten Aussprache, teils von einem
gewissen grammatischen Takt leiten. Bei ihrer fortgesetzten Beschäftigung mit der heiligen Schrift erhellte sich die anfänglich traum-
hafte Ahnung des grammatischen Baues der hebräischen Sprache
allmählich zur sicheren Erkenntnis der grammatischen Regeln. Die
Beschäftigung mit der hebräischen Grammatik und mit der heiligen
Schrift hätte schon früher die Alleinherrschaft des Talmuds erschüttert,
wenn nicht unruhige Zeiten über die babylonischen und persischen
Gemeinden hereingebrochen wären.

Wie lange R. Giza und R. Simuna, welche als die letzten
Saburäer[2]) bezeichnet werden, fungiert haben, ist ungewiß, aber
wohl kaum länger als bis zur Mitte des sechsten Jahrhunderts. Die
ganze Dauer der eigentlich saburäischen Epoche beträgt nicht mehr
als ein halbes Jahrhundert (500—550).[3])

Die Namen ihrer unmittelbaren Nachfolger hat weder die
Chronik, noch die Tradition erhalten; sie sind in der Verfolgung,
welche neuerdings über die Lehrhäuser hereinbrach, vergessen worden.
Das Magiertum wetteiferte in diesem Jahrhundert mit dem Christentum um die Palme der Unduldsamkeit. Beiden war das Judentum
ein Greuel, und die Priester zweier Religionen, von denen die eine
den Sieg des Lichtes, die andere die Bruderliebe den Menschen verhieß,
mißbrauchten schwache Könige zum Werkzeuge grausiger Verfolgung.

---

u ein kleiner senkrechter Strich als Waw, für ä (oder ai) zwei Punkte = zwei
Jod nebeneinander, und für lang o (oder au) zwei Punkte übereinander.

[1]) [Reste dieser Punktation haben sich noch in einzelnen alten Handschriften, besonders in Jemen, allerdings mit einigen Modifikationen, erhalten.]

[2]) Note 2.

[3]) [Zur neuesten Literatur hierüber vgl. A. Epstein in RdÉJ. Bd. 36,
S. 221—238. Elbogen in Monatsschr. 1902, S. 5 ff.

Chosrau Anôscharvans Sohn, Hormiz (Hormuz) IV. (579—589) war seinem großen Vater in allen Stücken unähnlich. Solange sein Erzieher und Ratgeber, B u z u r g - M i h i r , der persische Seneka, lebte, — der für den schwächlichen König das Schachspiel erfunden haben soll, um ihm die Abhängigkeit des Königs von Heer und Volk augenfällig zu machen — scheute sich Hormis das seinen wahren Charakter zu zeigen. Als dieser Weise sich aber zurückzog, kam die Nero-Natur des Königs zum Ausbruch und überschritt den Damm der Mäßigung und Klugheit.[1]) Von den Magiern geleitet, welche den herannahenden Untergang ihrer Religion durch Verfolgung Andersgläubiger aufhalten wollten, kehrte sich sein Zorn gegen Juden und Christen seines Reiches. Welchen Umfang die von Hormiz verhängte Verfolgung hatte, ist nicht bekannt, nur das eine weiß man, daß die talmudischen Lehrhäuser in Sura und Pumbadita geschlossen wurden und die Gesetzeslehrer wiederum wie unter Perôz und Kabâdh in Massen auswanderten (um 581). Sie ließen sich in Perôz-Schabur (unweit Nahardea) nieder, das, weil von der persischen Hauptstadt Ktesiphon entfernt und unter einem arabischen Häuptling stehend, ihnen Schutz bot. In Perôz-Schabur setzten sie ihre Tätigkeit fort, und es entstanden dort neue Lehrhäuser, von denen sich das von R. M a r i am meisten auszeichnete.[2])

Glücklicherweise dauerte Hormiz' grausige Regierung nicht lange; die Perser wurden unzufrieden und aufsässig, die politischen Feinde Persiens drangen von allen Seiten in dessen Gebiet ein und eigneten sich Länderstrecken an. Das Reich der Sassaniden wäre damals schon einem glücklichen Sieger zugefallen, wenn es nicht der mutige Feldherr B a h r a m K ô b î n vom Untergange gerettet hätte. Als aber der unbesonnene König in seiner Verblendung so weit ging, den Retter des Vaterlandes mit Undank zu lohnen und ihn seines Amtes zu entsetzen, empörte sich Bahram gegen ihn, stürzte den Unwürdigen vom Throne und warf ihn in einen Kerker, wo er später ermordet wurde (589). Bahram, der anfangs zum Scheine im Namen des Prinzen Chosrau die Regierung führte, warf später die Maske ab und setzte sich selbst auf den persischen Thron (589—90). Die Juden Persiens und Babyloniens begrüßten in Bahram ihren Befreier; er war für sie dasselbe, was der Kaiser Julian zwei

---

[1]) [Vgl. jed. das Urteil bei Nöldeke S. 264 u. ebendort Anm. 5.]
[2]) Scheriras Sendschreiben 38 unten. Ich zitiere nach B. Goldbergs Ausgabe in Chophes matmonim. Vgl. Note 3.

Jahrhunderte vorher für die Juden des römiſchen Reiches geweſen war. Er hob den über ſie verhängten Druck auf und begünſtigte ihre Beſtrebungen. Dafür hingen ſie ihm auch mit vieler Hingebung an, unterſtützten ihn mit Geld und Mannſchaften und waren ſeinem vielumſtrittenen Throne eine Stütze, ohne welche er ſich ſchwerlich auch nur auf kurze Zeit hätten halten können. Denn das perſiſche Volk wendete nach kurzem Schwanken ſeine Sympathie dem recht- mäßigen Thronerben Choſrau zu; nur das Heer blieb Bahram größtenteils treu, und die Juden ſorgten ſicherlich für Verpflegung und Sold der Truppen. — Die Wiedereröffnung der geſchloſſenen Lehrhäuſer in Pumbadita und Sura, welche in der Chronik für das Jahr 589 eingezeichnet iſt, ſteht mithin ohne Zweifel in urſächlichem Zuſammenhange mit der Anhänglichkeit, welche die perſiſchen Juden dieſem Herrſcher erwieſen. — R. Chanan aus Jskia[1]) kehrte von Perôz-Schabur nach Pumbadita zurück und ſtellte die alte akademiſche Ordnung wieder her; wahrſcheinlich erhielt auch die weit angeſehenere ſuraniſche Akademie zur ſelben Zeit ihr Oberhaupt, obwohl der Name desſelben in den Chroniken verſchwiegen iſt.

Bahrams Regierung dauerte indeſſen nicht lange. Der byzan- tiniſche Kaiſer Mauritius, bei dem der flüchtige Königsſohn Choſrau Zuflucht genommen hatte, ſandte ein Heer zu ſeiner Hilfe, dem ſich die treugebliebenen Perſer anſchloſſen, um Bahram zu bekämpfen. Viele Juden büßten ihre Anhänglichkeit an den Uſurpator mit dem Tode. Der perſiſche Feldherr Mebodes ließ bei der Einnahme der Stadt Machuza — welche der König Nuſchirvan nach dem Muſter des ſyriſchen Antiochien erbaut und ihr den Namen Antiochia Rumija gegeben, und in welcher eine ſtarke jüdiſche Bevölkerung wohnte — die meiſten derſelben über die Klinge ſpringen.[2]) An anderen Orten, wohin Choſraus ſiegreiche Heere gedrungen, ging es ihnen wohl nicht beſſer. Bahrams Heer wurde beſiegt, und er ſelbſt gezwungen, bei den Hunnen Zuflucht zu nehmen. Choſrau II. mit dem Beinamen Perôz beſtieg den Thron ſeiner Väter. Dieſer ebenſo gerechte wie milde Fürſt, der eher ſeinem Großvater Nuſchirvan als ſeinem Vater Hormiz glich, ließ den Juden ihre Beteiligung am Aufſtande nicht entgelten. Während ſeiner langen Regierung (von 590—628) findet ſich keine Spur einer Härte gegen die Juden.

---

[1]) [Nach Brüll a. a. O. S. 84, Anm. 80 vielleicht das am öſtlichen Euphrat gelegene Sekia.]		[2]) Note 3.

Die beiden Akademien bestanden unter ihm ununterbrochen fort.
Auf R. Chanan folgte M a r i b a r M a r [1]), der in Perôz-Schabur
in Lehrhaus gegründet hatte — während in Sura zur selben Zeit ein
Schulhaupt ähnlichen Namens M a r b a r H u n a fungierte[2]) (609
bis um 620), in deren Zeitalter die Juden Palästinas neue Siege
errangen und Niederlagen erlitten. Auch die Nachfolger derselben sind
bekannt: C h a n i n a ï von Pumbadita und C h a n a n j a h von
Sura, welche das siegreiche Vordringen der Araber und den Untergang der Perserherrschaft erlebten. [3]) Denn die letzten Sassaniden-
herrscher, deren es in der kurzen Zeit von zwölf Jahren zehn gegeben hat, hatten nicht Muße genug, sich mit der jüdischen Bevölkerung ihres zerrütteten Reiches zu beschäftigen. Daher bestand die
alte Ordnung in dem jüdisch-babylonischen Gemeinwesen fort, und
es hatte noch seinen Exilarchen an der Spitze. In dem halben
Jahrhundert von der Wiedereröffnung der Akademie unter Bahram
bis in die arabische Zeit (589—640) werden drei Resch-Galuta namhaft gemacht: K a f n a ï [4]), C h a n i n a ï und B o s t a n a ï, von
denen der letzte in seinem Mannesalter der nachfolgenden Epoche
angehört und die Exilarchenwürde wieder, von den Zeitumständen
begünstigt, zu einer wesenhaften Macht erhob. Denn bis dahin
beruhte das Ansehen des Exilarchen mehr auf der Volkssympathie
als auf einer von dem Staate anerkannten Stellung. [5]) Die Erinnerung an die Davidische Abstammung und das Andenken an den
Märtyrertod der Exilarchen Huna Mari (IV$_4$. 372) und Mar-Sutra II.
hatten die exilarchatische Familie dem Herzen des Volkes teuer gemacht. Das Exilarchat galt als Überbleibsel aus einer glorreichen
Zeit; da aber die Träger sich durch nichts besonders ausgezeichnet
haben, sind ihre Namen in der erinnerungsarmen Epoche bis auf
wenige der Vergessenheit verfallen. Überhaupt ist die Saburäerepoche eine der dürftigsten in der ganzen jüdischen Geschichte. Sie
hat außer Mar-Sutra keine bedeutende Persönlichkeit erzeugt. Die

---

[1]) [Richtig: Mari bar Timi; vgl. Teschuboth ha-Geonim ed. Lyck Nr. 45,
S. 18 b u. 43 a, ferner Brüll a. a. O. S. 54 Anm. 81.]

[2]) Scherira das.

[3]) Scherira das.

[4]) Siehe Note 4.

[5]) [Nach dem Scheirabrief, ed. Neub. S. 33, 7—10 war die Exilarchenwürde sowohl in der Perserzeit, wie zum Beginn der Araberherrschaft käuflich;
vgl. auch Rabbinowitz a. a. O. S. 25.]

Träger derſelben, die Schulhäupter waren unſelbſtändig[1]), lebten
von den Broſamen der talmudiſchen Zeit und haben auch nicht ein
einziges Literaturerzeugnis von Belang zutage gefördert, das wert
geweſen wäre, der Nachwelt aufbewahrt zu werden. Das jüdiſche
Babylonien, das gleichzeitig mit der Saſſanidenherrſchaft ſeinen Anfang und Aufſchwung genommen, verſank mit derſelben gleichzeitig
in Schwäche; weil ihm aber, als dem vom Geiſte Getragenen, mehr
Kraft innewohnte, verfiel es nicht dem Untergang, ſondern raffte
ſich, von einem erfriſchenden Luftzug der Geſchichte angeweht, aus
dem Schlummer wieder auf.

Für die Juden im perſiſchen Morgenlande wechſelte doch wenigſtens
Sturm mit Windſtille ab. Im Stammlande und in dem byzantiniſchen
Morgenlande dagegen war ihnen weder die Ruhe vergönnt, welche
die Gleichgültigkeit der Herren gegen eine Volksklaſſe gewährt, noch
wurden ſie von Stürmen gepeitſcht, welche, indem ſie niederwerfen,
zum Aufraffen ſtählen. Das byzantiniſche Reich, dem auch das
heilige Land verfallen war, fügte zu dem altrömiſchen Hochmut noch
die griechiſche Tücke und den giftigen Haß hinzu, welchen die Gläubigen aus den Schriften der Kirchenväter gegen die Juden geſogen
hatten. In Byzanz wurde das Stichwort eingeführt, welches den
Juden das allerſchwerſte Verbrechen auflud: ſie wurden als Gottesmörder gebrandmarkt. Trotzdem ſchlug man ſie nicht tot, ſondern
duldete ſie, um ſie zu entwürdigen, ſie elend und verkümmert zu
machen, damit ſie als abſchreckendes Beiſpiel ihrer gottesmörderiſchen
Tat daſtehen ſollten.

Laut der Geſetzgebung Theodoſius des Jüngeren, die von Juſtin
dem Älteren neuerdings eingeſchärft wurde[2]), waren die Juden von
Ehrenämtern ausgeſchloſſen und durften keine Synagogen bauen. Seine
Nachfolger, durchweg fanatiſch geſinnt, ließen die Geſetze gegen ſie
mit aller Strenge handhaben. Von welchem Geiſte die oſtrömiſchen
Machthaber gegen die Juden beſeelt waren, bezeugt ein Ausſpruch
des Kaiſers Zeno, des iſauriſchen Emporkömmlings. In Antiochien,
wo, wie in allen größeren Städten des byzantiniſchen Reiches, das
Rennbahnſpiel und die Parteiung der zwei Farben, der Blauen
und Grünen beſtanden, hatten die letzteren einſt einen jener Auf-
läufe gemacht, die ſelten ohne Blutvergießen abliefen. Die Grünen

---

[1]) [Vgl. jed. die Darſtellung Brülls, beſ. betr. des R. Achai.]
[2]) Codex Justiniani L. I. T. V. § 12.

hatten bei dieser Gelegenheit unter anderen auch viele Juden ermordet, ihre Leichen ins Feuer geworfen und ihre Synagoge verbrannt. Als Kaiser Zeno davon benachrichtigt wurde, äußerte er sich
darüber: die Grünen seien nur deswegen strafbar, daß sie nur
die toten Juden und nicht auch die lebenden verbrannt haben[1])! Das durch Kirchenstreitigkeit und Farben-
parteiung verwilderte Volk sah in dem Judenhaß der Machthaber
die stillschweigende Aufforderung, seine Wut gegen die Juden aus-
zulassen. Namentlich war die antiochensische Bevölkerung von jeher
feindlich gegen die Juden gesinnt. Als daher einst ein berüchtigter
Wagenlenker Kalliopas aus Konstantinopel nach Antiochien gekommen war, sich zu den Grünen hielt und einen Tumult verursachte, empfanden die Juden wiederum die tierische Grausamkeit
dieser Partei. Ihre Anhänger hatten sich zu einer Feierlichkeit nach
Daphne, nahe bei Antiochien, begeben, wo sie ohne erhebliche Veranlassung die Synagoge und ihre Heiligtümer zerstörten und die
Beter unmenschlich töteten (9. Juli 507).[2])

Wieviel Raum war überhaupt den Juden im Lande ihrer Väter
geblieben? Es gibt kein schriftliches Denkmal aus dieser Zeit, das
darüber Zeugnis ablegte. Während die Kirchenliteratur in Wunder-
geschichten, Martyrologien und dogmatischen Streitschriften eine Menge
Städtenamen und Plätze des heiligen Landes auffrischt, ist die jüdische
Literatur dieser Epoche stumm darüber und nennt weder den Namen
einer Stadt, noch den einer hervorragenden Persönlichkeit, an welche
der geschichtliche Faden einen Anknüpfungspunkt hätte. Nur aus
zerstreuten Nachrichten der Kirchengeschichte kann man ungefähr entnehmen, in welchen Städten Palästinas die Juden in größeren
Massen zusammen wohnten, und wo der schwache Herzschlag des
heruntergekommenen geschichtlichen und geistigen Lebens kaum ver-
nehmbar pulsierte.

Jerusalem war schon lange nicht mehr Mittelpunkt für die
Juden; es war eine durch und durch christliche Stadt mit einem

---

[1]) Malalas Chronographia S. 389 f. [Οἱ πράσινοι ἐν Ἀντιοχείᾳ] ἐφό-
νευσαν, φησὶν, Ἰουδαίους μηδενὸς φειδόμενοι. Καὶ ἀνηνέχθη τῷ αὐτῷ βασιλεῖ
Ζήνωνι τὸ γενόμενον ὑπὸ τῶν πρασίνων πρὸς τοὺς Ἰουδαίους ἀσέβημα, καὶ
ἀγανάκτησε κατὰ τῶν πρασίνων λέγων διά τι τοὺς νεκροὺς μόνον τῶν Ἰουδαίων
ἔκαυσαν; ἐχρῆν γὰρ αὐτοὺς τοὺς ζῶντας καῦσαι. Die Byzantiner zitiere ich
nach der Bonner Ausgabe.

[2]) Das. 396.

Erzbistum geworden und seinen rechten Söhnen vollständig unzugänglich. Das Verbot, daß Juden die heilige Stadt betreten dürfen, von Konstantin erneuert, bestand noch fort und wurde von den Behörden und den noch mißgünstigeren Geistlichen aufs strengste gehandhabt. Nur Tiberias, die herrliche Stadt am See, von R. Jochanan zum Range einer akademischen Stadt erhoben, behauptete noch diesen Rang, war dadurch ein Mittelpunkt und genoß auch bei den ausländischen Juden Autorität. Selbst der jüdische König von Arabien unterwarf sich freiwillig den Mahnungen, die ihm von Tiberias zukamen.[1]) Das Christentum hatte aber auch da Platz gegriffen und Tiberias war ebenfalls der Sitz eines Bistums. In den galiläischen Gebirgsstädten wohnten Juden, wahrscheinlich derselben Beschäftigung wie ihre Vorfahren ergeben, dem Landbau und der Ölzucht.

Nazareth, die Wiege des Christentums, wo man die schönsten Frauen in ganz Palästina antraf, hatte, wie es scheint, meistens jüdische Bewohner, da es nicht zum Range eines Bistums erhoben war. Auch Skythopolis (Bethsan), welches in diesem Jahrhundert die Hauptstadt des zweiten Palästina (Palaestina secunda) bildete, so wie Neapolis (Sichem), die Hauptstadt der Samaritaner, seitdem Samaria christlich geworden war, hatten jüdische Einwohner.[2]) Aber in allen diesen Städten, mit Ausnahme von Nazareth, erscheinen die Juden nur als Minderzahl und verschwinden fast gegen die zahlreiche christliche Bevölkerung. Das Christentum hatte sich Judäas vollständig bemächtigt und war der Erbe des Judentums geworden. Während die ehemaligen Herren des heiligen Landes öfter chikaniert wurden, wenn sie eine baufällige Synagoge mit einem Anschein von Neubau ausbesserten, erhoben sich überall im Lande Kirchen und Klöster. Bischöfe, Äbte und Mönche machten sich in Palästina breit und verwandelten es zum Tummelplatz dogmatischen Gezänkes über die einfache und doppelte Natur Christi.

Über das bürgerliche und geschäftliche Leben der palästinensischen Juden wissen wir gar nichts aus dieser Zeit. Merkwürdig ist es, daß sie, trotz der Hintansetzung von seiten des Staates, doch die Modetorheit der Rennbahn mitmachten. Es gab unter ihnen ebenfalls Wagenlenker, Wettfahrer und Farbenparteien von Grünen und Blauen, wie in Konstantinopel, Antiochien und anderen größeren

---

[1]) Vgl. darüber Note 5.　　[2]) Daf.

Städten des byzantinischen Reiches. Aber wie in jener Zeit jede Lebensbewegung den Stempel des Konfessionellen an sich trug, so mischten sich auch in den Parteikampf der Farben die religiösen Streitigkeiten. Der Sieg oder die Niederlage der jüdischen, samaritanischen oder christlichen Wagenlenker waren zugleich Veranlassungen zu Angriffen dieser Religionsgenossen auf ihre Gegner. [1]

Eine Art Lehrtätigkeit bestand wohl unter den palästinensischen Juden; allein sie muß so dürftig und bedeutungslos gewesen sein, daß sich weder der Name eines Ortes, wo ein Lehrhaus bestanden, noch der einer Person, welche der Träger derselben gewesen sein mochte, erhalten hat. Die angesehensten Gesetzeslehrer führten den Titel Vortragende (Resche Pirke, ἀρχιφερεκίται[2]), und der jüngere Mar-Sutra, Sohn des hingerichteten Exilarchen gleichen Namens, der, wie schon oben erzählt, als Kind nach Palästina gebracht worden war, fungierte als solcher. [3] Neben und unter den Resche Pirke lehrten andere unter dem Titel die „Alten" (πρεσβύτεροι) oder unter dem Namen „Lehrer" (magistri). Die Dürftigkeit der Lebensverhältnisse zwang die Lehrer Sold für ihre Tätigkeit zu nehmen, was früher niemals vorkam und auch in dieser Zeit scharf getadelt wurde, aber nicht abgestellt werden konnte. [4] Die Lehrweise war, dem verkommenen Zustande der Zeit entsprechend, ohne Bedeutung, ohne Selbständigkeit, ohne Geist. Das Studium der strengen Halacha hatte längst seine Pflege in Palästina eingebüßt. Die agadische Homilie war der Lieblingsgegenstand für Hörer und Lehrer. Aber auch in diesem Punkte war dieses Jahrhundert nicht schöpferisch. Man sammelte und stoppelte nur alles zusammen, was aus frühern Zeiten bekannt war. Die Sammlung der Agadas war leicht. Da es gestattet war, sie niederzuschreiben, so hat sich der eine oder der andere kleine agadische Sprüche oder längere Ausführungen in einem Hefte angemerkt, und daraus entstand die

---

[1] Malalas Chronographia 446. Ἦσαν δὲ καὶ ἄλλοι ἡνίοχοι . . . Σαμαρεῖται καὶ Ἰουδαῖοι. Theophanes Chronographia I. 356. Τούτῳ τῷ ἔτει — ἐστασίασαν οἱ Ἰουδαῖοι καὶ Σαμαρεῖται ἐν Καισαρείᾳ τῆς Παλαιστίνης, καὶ ποιήσαντες πρὸς ἀλλήλους ἐν τάξει Πρασινοβενέτων ἐπῆλθον τοῖς Χριστιανοῖς τῆς αὐτῆς πόλεως.

[2] Justiniani novellae No. 146. [Vgl. über die Archipherekiten Brüll, Jahrb. V. 94—97 und jetzt auch noch meine Abhandlung über die Lehrverfassung der Metibtas in der Monatsschr. Jahrg. 52.

[3] Seder Olam sutta, Ende.

[4] Massechet Derech-Erez c. 4.

Literatur der Agada, der sogenannten Midraschim, welche die Prediger beim Vortrage benutzten. Man ordnete den agadischen Stoff entweder nach dem fortlaufenden Text des Pentateuchs und der fünf hagiographischen Bücher, welche in der Synagoge vorgelesen wurden, oder man stellte ihn für die außerordentlichen Sabbate und Feiertage zusammen (Pesikta's).[1] Die Halacha oder das Gesetzesstudium fand nur insoweit Pflege, als es für das tägliche Bedürfnis der religiösen Praxis (Ma'asséh) nötig war. Die wenigen Kundigen stellten für die Ritualien alles zusammen, was aus ältern Voraïtas und dem jerusalemischen Talmud darüber vorhanden war, fügten allenfalls hinzu, was der Brauch in den Gemeinden, im Widerspruch mit den Autoritäten, als religiöse Sitte (Minhag) sanktioniert hatte. Auf diese Weise entstanden die sogenannten kleinen Traktate (Massechtot Ketanot). Nur ein einziger Name von denen, welche als Sammler für die religiöse Praxis tätig waren, klingt aus jener lautlosen Zeit herüber. Ein gewisser R. Jonathan wird als der letzte Praktiker[2] (Ssof Ma'asséh) bezeichnet, ohne daß man weiß, in welcher Zeit er gelebt hat. Nur ungefähr ist angedeutet, daß er nach R. Giza und R. Simuna (d. h. also nach 550) gewirkt hat.

Der Gottesdienst erhielt in dieser Zeit einen veränderten Charakter. Während früher jedermann, selbst Unmündige[3], vor die Gesetzeslade treten und als Vorbeter fungieren durften, mußte in diesem Jahrhundert, weil die Kenntnis des Hebräischen geschwunden war, ein eigner Beamter dafür angestellt werden, der den Titel Chasan führte.[4] Gewisse Partien des Gottesdienstes trug der Vorbeter mit einer Art Kantilation vor.[5] An Sabbaten, Feiertagen und Halbfeiertagen blieb zwar die Vorlesung aus der heiligen Schrift mit targumistischer Übersetzung des Vorgelesenen und dem agadischen Vortrage, der sich daran knüpfte, Hauptbestandteil des Gottesdienstes; aber es setzten sich schon neue Partien an, teils Psalmen, teils neuformulierte Gebetstücke (Pijut, Chasanut.[6] Eigene

---

[1] [Als solche kommen in Betracht die Pesikta di R' Kahana (ed. Buber 1868) u. P'sikta Rabbati (ed. Friedmann, Wien 1880).]

[2] S. Note 2. [Vgl. die Bemerkungen hierzu.]

[3] [Unmündige durften nie gottesdienstliche Funktionen ausüben.]

[4] Massechet Soferim c. 10. halacha 8; 14, 14; 19, 12. [Vgl. über die Bedeutung des Chasan eine Abhandlung über die Entwicklung der synagogalen Literatur im Jahrg. 52 der Monatsschr.]   [5] Soferim 14, 9; 20, 9.

[6] Das. 13, 10 f.; 14; 16, 12; 19. [Die vom Verf. hier angewendeten Bezeichnungen decken sich nicht mit dem Inhalt dieser Stellen.]

Gebräuche waren damals noch für den Gottesdienst üblich, welche sich später verloren haben. Nicht nur die Esther Rolle, sondern auch die übrigen vier sogenannten hagiographischen Bücher (Megillot: Schir haschirim, Ruth, Kohelet und Echa) wurden an zwei oder einem Sabbat vor dem Tage, an welchem sie öffentlich vorgelesen wurden, und zwar nachmittags, ebenfalls gelesen und agadisch erläutert. [1]

Bis zu Justinians Zeit genossen die Juden Palästinas und des byzantinischen Reiches, so sehr sie auch bürgerlich hintangesetzt wurden, wenigstens vollkommene Religionsfreiheit. Die Kaiser mischten sich in die innern Angelegenheiten nicht ein. Der erste, der sie bürgerlich noch mehr beschränkte und ihnen noch dazu Gewissenszwang aller Art auflegte, war der Kaiser Justinian. Von ihm rührt das schmachvolle Gesetz her, daß jüdischen Zeugen keine Glaubwürdigkeit beizumessen sei gegen Christen, nur untereinander seien sie zulässig (532); [2] die Juden waren indessen noch bevorzugt gegen die Samaritaner, deren Zeugnis gar keine Gültigkeit hatte, und die auch nicht einmal über ihre Hinterlassenschaft testamentarisch verfügen durften. Es war dies ein Akt der Rache gegen die Samaritaner, weil sie mehrere Aufstände gegen die kaiserliche Gewalt versucht und sich einst auch einen König Julian ben Sabar gewählt hatten (um 530). Da die Juden sich aber nicht an diesem Aufstande beteiligt hatten[3], so genossen sie einen gewissen Vorzug vor den Samaritanern. Sonst stellte Justinian die Anhänger beider Bekenntnisse in jeder Beziehung gleich. Obgleich die Juden und Samaritaner gleich den Ketzern von Ehrenämtern ausgeschlossen waren, sollten sie nach einer Verfügung das lästige und kostspielige Dekurionat (Magistratswürde) zu übernehmen verpflichtet sein, ohne jedoch die damit verbundenen Privilegien zu genießen, nämlich Befreiung von Geißelstrafe und Exil. „Sie sollten das Joch tragen, wenn sie auch darunter seufzen; aber jeder Ehre sollen sie unwürdig gehalten sein" (537). [4]

Der Kaiser verbot auch bei schwerer Strafe den Juden am Passahfeste feiertägigen Gottesdienst zu halten und ungesäuertes Brot zu genießen. Es gab nämlich noch immer eine christliche Sekte, die „Vierzehntägen" genannt, welche die Ostern nicht

---

[1] Das. 14, 18; 18, 4.
[2] Codex Justiniani L. I. T. 5. § 21; Novella 45.
[3] S. Note 6.
[4] Novella 45.

nach der Bestimmung der nicäischen Kirchenversammlung unter
Konstantin am Sonntag nach Vollmond im Frühlingsanfang feierten,
sondern sich nach dem jüdischen Passahfest richteten und sie mit
den Juden zugleich am fünfzehnten Nissan begingen. Anstatt diese
Sekte zur Beobachtung der kirchlichen Regeln anzuhalten, verletzte
Justinian durch ein Gesetz das Gewissen der Juden auf das Empfindlichste. So oft nämlich in einem dem Schaltjahr vorangehenden
Jahre das jüdische Passahfest mit dem christlichen Ostern zusammen-
traf, durften es die Juden nicht in dieser Zeit feiern, damit es nicht
den Anschein habe, als feierten die Christen das jüdische Passah. Noch
andere Eingriffe machte Justinian in die religiösen Angelegenheiten. Eine
jüdische Gemeinde, vielleicht in Konstantinopel, war seit einiger Zeit
in Spaltung geraten. Ein Teil derselben wünschte, daß der Vorlesung aus dem Pentateuch und den Propheten an den Sabbaten
und Feiertagen eine Übersetzung der verlesenen Abschnitte in
g r i e c h i s c h e r Sprache für die Unkundigen und das weibliche Geschlecht nebenhergehen solle. Die Frommen dagegen und namentlich die Gesetzeslehrer empfanden eine Scheu, die Sprache ihrer
Peiniger und die Sprache der Kirche beim Gottesdienste zu gebrauchen,
wohl auch darum, weil dann keine Zeit für die krause agadische
Auslegung bliebe. Der Streit darüber war so heftig, daß die
griechische Partei ihn vor den Kaiser brachte und an ihn, als die letzte
Instanz, appellierte. Justinian mußte sich allerdings nach seiner Anschauungsweise für die griechische Übersetzung entscheiden. Er empfahl
den Juden, sich besonders der Septuaginta oder Aquilas' Übersetzung
beim Gottesdienste zu bedienen. Auch in jede andere Sprache, wie
die lateinische in den italischen Provinzen, sollten die Vorlesungen
aus der heiligen Schrift übertragen werden. Soweit war Justinian
im Rechte. Er verbot zwar auch, unter Androhung körperlicher
Züchtigung, den Anhängern der alten Liturgie, die griechische oder
neuerungssüchtige Partei in den Bann zu tun. Aber auch diese
Verfügung könnte allenfalls als ein Akt der Gerechtigkeit angesehen
werden, indem der Kaiser die liturgische Freiheit gewahrt wissen
wollte. Allein eine andere damit verbundene Verfügung zeigt
unzweideutig, daß er damit nur ein Bekehrungsinteresse verfolgt
hat, weil er im Wahne war, daß durch die Benutzung der griechischen
Übersetzung beim synagogalen Gottesdienste, namentlich der Septuaginta, welche bereits christlich zugestutzt war, die Juden für den
christlichen Glauben gewonnen werden würden. Er verfügte nämlich

bei schweren Strafen, daß sämtliche jüdische Gemeinden des byzan=
tinischen Reiches sich bei den sabbatlichen Vorlesungen durchaus einer
Übersetzung in griechischer oder lateinischer Sprache bedienen sollten,
natürlich auch diejenigen, welche gar keine Lust dazu hatten. Er
verbot ferner die bis dahin übliche a g a d i s c h = e r b a u l i c h e   A u s =
l e g u n g der heiligen Schrift (δευτέρωσις) zu gebrauchen. Justinian
wollte demnach die nationale Auffassung der heiligen Schrift zu=
gunsten der im Sinne des Christentums vielfach veränderten Über=
setzung unterdrücken. Der Gottesdienst in der Synagoge sollte als
Mittel zur Bekehrung der Juden dienen, und der fromme Geist,
der in den agadischen Auslegungen und Homilien weht, sollte ver=
mittelst der typologischen Umdeutung des Inhaltes zugunsten der
christlichen Glaubenslehren verbannt werden. Justinian, der Despot,
beabsichtigte also keineswegs der Synagoge eine Art Freiheit zu
schenken, sondern wollte im Gegenteil ihr eine Art Zwang auflegen.
Es war ihm auch so sehr ernst mit diesem Erlasse, daß er seinem
Minister A r e o b i n d u s den Befehl erteilte, das Edikt in betreff
der griechischen Übersetzung bei synagogalen Vorlesungen allen
Beamten der Provinzen bekannt zu machen und ihnen einzuschärfen,
über die pünktliche Erfüllung desselben streng zu wachen (13. Fe=
bruar 553). [1])

Indessen hat dieses bösgemeinte Edikt keine weitern Folgen
gehabt; daß Bedürfnis nach einer Übersetzung der heiligen Schrift
war bei den Juden im allgemeinen nicht so lebhaft, daß sie davon
hätten Gebrauch machen sollen. Die Partei, die es gewünscht hatte,
stand vereinzelt, und allzuschwer war es nicht, wo die Gemeinden
einig waren, den Gottesdienst in hergebrachter Weise zu begehen
und sich den Augen der Behörden zu entziehen. Die Kanzelredner
fuhren fort, sich der bisher üblichen Auslegung zu bedienen und
unterließen es keineswegs in ihren Vorträgen versteckte Angriffe
auf das judenfeindliche Byzanz zu machen. „Dort gibts Gewürm
ohne Zahl" (Psalm), „das bedeute die zahllosen Edikte, welche
das römische Reich (Byzanz) gegen uns schreibt; die großen und
kleinen Tiere, das sind die Herzöge, Statthalter und Heerführer;
wer sich ihnen zugesellt (von Juden) wird einst zu Spott werden". [2])
„Wie der abgedrückte Pfeil nicht eher wahrgenommen wird, bis er

---

[1]) S. Note 7. [Vgl. hierüber meine Ausführungen in der Monatsschr. a. a. O.]
[2]) Midrasch Tehillim zu Psalm 104, 25 [(ed. Buber, Wilna 1891
S. 445 bis 446)].

das Herz getroffen, so geht es mit den Dekreten Esaus (Byzanz).
Seine Pfeile kommen plötzlich, und man gewahrt sie nicht eher, bis
das Wort gesprochen ist, ob es gilt Hinrichtung oder Kerker. Der
Pfeil, der am Tage fliegt, das sind ihre Schreibereien."[1] In
diesem Sinne predigten die Lehrer in Judäa. Die Fürsorge des
byzantinischen Hofes für das Seelenheil der Juden bergewissern
noch andere Erlasse und Verbote. Sie durften nicht in den Synagogen den Vers des Einheitsbekenntnisses rezitieren, als wenn auch
nur das Aussprechen des Bekenntnisses: „unser Gott ist einig-einzig"
ein lächerlicher Protest gegen die Dreieinigkeit wäre. Sie durften
ferner nicht im Gebet den Vers „heilig, heilig, heilig ist der Herr
Zebaoth" sprechen, weil dieser Vers christlicherseits als unwiderleg-
licher Beweis für die Dreieinigkeit geltend gemacht, von den jüdischen
Vorbetern deswegen mit einem erläuternden Zusatz gegen die Dreieinigkeit gesprochen wurde. Endlich durften sie nicht an Sabbaten
die Abschnitte aus dem Propheten Jesaia öffentlich lesen und auslegen, welche für das elende, sturmgepeitschte, ungetröstete Zion Trost
und Erhebung aus dem Staube verheißen. Damit die Juden ja
nicht diese Verbote übertreten, fanden sich Aufpasser in den Synagogen ein, welche das Gebet zu überwachen hatten. Diese weilten
zur Beaufsichtigung an Sabbaten und Festtagen, an denen der
Gottesdienst länger dauerte, stundenlang in den Bethäusern. Die
Juden mußten sich fügen; um nicht Strafen zu verfallen, sprachen
sie die verbotenen Gebetstücke leise oder versammelten sich zitternd
um gemeinsamen Beten zu einer anderen Tageszeit hinter dem
Rücken der Auflaurer.

Es muß aber eine eigene Bewandtnis damit gehabt haben, daß
Justinian, der von fanatischem Bekehrungseifer beseelt war, doch
den Juden weder direkt noch indirekt das Christentum aufzwang,
wie er es mit den Samaritanern machte. Sollte er ihre entschiedene
Abneigung und ihre große Zahl gefürchtet haben? Nur eine fern-
liegende Gemeinde in Afrika in der Nachbarschaft von Mauretanien mit
Namen B o r i o n hat Justinians Bekehrungseifer empfunden. Die
Juden dieser Stadt Borion führten den Ursprung ihrer Ansiedlung
in Salomos Zeit zurück und rühmten sich, der weise König habe
ihre Synagoge erbaut. Sie bildeten einen kleinen Freistaat, der
weder den Römern, noch später den Vandalen zinsbar war. Bei

---

[1] Midrasch Tehillim zu Psalm 120, [5 (ebend. S. 504—5.)]

Belisars Kreuzzug gegen die Vandalen müssen die Juden Borions wohl Widerstand geleistet haben, da sie Justinian zur Taufe zwang und ihre alte Synagoge in eine Kirche verwandelte. [1]

Die palästinensischen Juden hatten keine Ursache, mit Justinians Regierung zufrieden zu sein, die mit ihrem System der Steuererpressung und der Scheinheiligkeit doppelt auf ihnen lastete. Der Statthalter des ersten Palästina, Stephanus, sicherlich nicht besser als die meisten Beamten der justinianischen Zeit, mochte wohl dazu beigetragen haben, die Gemüter zu erbittern, und war daher verhaßt. Doch war die Zeit dahin, wo die Juden, wenn das Joch der Fremdherrschaft unerträglich wurde, es mit Unwillen abgeschüttelt und zu den Waffen gegriffen haben. Die Samaritaner aber waren in dieser Zeit leidenschaftlicher und tollkühner, weil ihnen seit den Tagen des Kaisers Zeno viel Leid zugefügt worden war. Die wiederholten Aufstände, die sie vergeblich versucht, hatten die ihnen angelegten Fesseln nur noch drückender gemacht, namentlich, seitdem sie unter ihrem Eintagskönig Julian die ihnen verhaßten Christen so schonungslos niedergemetzelt hatten. Sie wurden noch nachdrücklicher zur Annahme des Christentums gezwungen, und wer sich widersetzte, verlor das Recht, über sein Vermögen zu verfügen. Obwohl der Bischof S e r g i u s von Cäsarea den Samaritanern das Zeugnis ausgestellt hatte, daß ihre Halsstarrigkeit erweicht sei, sie dem Christentume sich immer aufrichtiger anschlössen', und, obgleich er es bei Justinian durchgesetzt hatte, daß die gegen sie erlassenen Gesetze gemildert würden, so bargen sie doch im Herzen den tiefsten Haß gegen ihre Peiniger, und als solche betrachteten sie sämtliche Christen. Bei einer Wettfahrt der Wagenlenker in der Hauptstadt Cäsarea, wo es durch die Eifersucht der Farben aufeinander stets tumultuarisch zuging, ließen die Samaritaner die Zügel schießen und fielen die Christen an. Die jüdische Jugend machte gemeinsame Sache mit ihnen. Beide vereint, metzelten ihre christlichen Gegner nieder und zerstörten die Kirchen. Als der Statthalter Stephanus den Christen zu Hilfe eilte, bedrängten sie ihn und seine militärische Begleitung so hart, daß er sich in sein Amtsgebäude (Praetorium) zurückziehen mußte, töteten ihn in seinem Hause und verbreiteten Schrecken in der Stadt und Umgegend (Juli 556). Die Samaritaner rechneten wahrscheinlich auf einen ihrer Stammesgenossen mit Namen

[1] Procop de aedificiis VI. 2.

Arsenios, der bei der allmächtigen Kaiserin allmächtiger Günstling war und für sie geheime Aufträge besorgte. [1] Stephanus'
Gemahlin eilte nach Konstantinopel, um dem Kaiser von den Unruhen und dem Tode ihres Gatten Anzeige zu machen, und Justinian
sandte hierauf dem Statthalter des Orients, Amantius, der in Antiochien residierte, den Befehl zu, mit Waffengewalt einzuschreiten.
Amantius konnte den Befehl leicht ausführen, da die Bewegung
nicht von ernstlicher Bedeutung war, indem weder sämtliche Samaritaner, noch Juden Palästinas sich dabei beteiligt hatten. Die Strafe
traf daher auch nur die Schuldigen, die aber dem Geiste jener Zeit
angemessen war: Köpfen, Hängen, rechte Hand abhauen und Güterkonfiskation. [2]

Justinians Nachfolger, Justin der Jüngere, scheint keine Veränderung in den Gesetzen gegen die Juden vorgenommen zu haben.
Wiewohl er die drückenden Bestimmungen seines Vorgängers gegen
die Samaritaner erneuerte und dieselben des Rechts beraubte, letzt-
willige Verfügung über ihr Vermögen zu treffen und Geschenke an
Lebende zu machen, findet sich von ihm dennoch kein Edikt zum Nachteil
der Juden. Unter den beiden vortrefflichen Kaisern Tiberius und
Mauritius ist von Juden keine Rede. Erst unter dem Thronräuber
Phokas, welcher die Zeiten der Caligula und Commodus wieder
heraufbeschwor, kommt eine Begebenheit vor, welche beweist, wie
sehr die Juden von der Willkür der Beamten und dem Übermut
der Geistlichen gelitten haben müssen, so daß sie sich zu grausamer
Tätlichkeit hinreißen ließen. In Antiochien, wo ein Haß zwischen
Juden und Christen seit Jahrhunderten bestand und durch stete
Reibungen noch mehr gesteigert wurde, überfielen die Juden, vielleicht bei Gelegenheit von Wettfahrten im Zirkus, ihre christlichen
Nachbarn, vergalten ihnen die erlittenen Unbilden mit gleichem
Maße, töteten diejenigen, die in ihre Hände fielen, und warfen sie
ins Feuer, wie es jene mit den Juden ein Jahrhundert vorher
gemacht hatten (S. 17). Den Patriarchen Anastasius, der Sinaite
genannt, ein Gegenstand besonderen Hasses, mißhandelten sie schimpf-
lich, ehe sie ihm den Tod gaben und schleiften seinen Leichnam durch
die Gassen. Als Phokas von diesem Aufruhr Nachricht erhielt,

<hr />

[1] Das. Historia arcana edit. Bonn p. 150—52 und Cyrillus Scytho-
politanus St. Sabae vita in monumenta ecclesiae graecae edit. Cotelerii
T. III. p. 340.

[2] Malalas Chronographia 488. Theophanes chronographia 1. 356.

ernannte er Bonosus zum Statthalter des Morgenlandes und
Kotys zum Heerführer der morgenländischen Truppen und gab
ihnen den Auftrag, die Aufständischen zu züchtigen. Aber die Juden
Antiochiens hielten sich so tapfer, daß das römische Heer nichts gegen
sie vermochte. Erst als sie mit zahlreichen Truppen, aus der Nachbarschaft zusammengezogen, von neuem angegriffen wurden, mußten sie
die Waffen strecken und fielen der Rache der römischen Heerführer
anheim, welche sie teils töteten, teils verstümmelten und teils in
die Verbannung schickten (Septbr. und Oktobr. 608). [1]

Der Ingrimm der Juden fand unerwartet und gerade durch
die Untaten des Kaisers Phokas Gelegenheit sich Luft zu machen.
Der Thronraub dieses Kaisers an seinem Vorgänger Mauritius hatte
den Perserkönig Chosrau II., der des letzten Schwiegersohn war,
herausgefordert, Angriffe auf die römische Besitzung im Orient zu
machen. Ein ungeheures persisches Heer überschwemmte Kleinasien
und Syrien unaufhaltsam, ungeachtet dessen, daß der neuerwählte
Kaiser Heraklius dem Perserkönig die verdiente Züchtigung des
Phokas angezeigt und um Frieden gebeten hatte. Eine Abteilung
des persischen Heeres unter dem Feldherrn Scharbarza stieg
dabei von den Höhen des Libanon herab, um Palästina dem byzantinischen Zepter zu entreißen. Bei der Nachricht von der
Schwäche der christlichen Waffen und den Fortschritten des persischen
Heeres erwachte eine ungestüme Kampfeslust in der Brust der palästinensischen Juden. Die Stunde schien geschlagen zu haben, die
jahrhundertelang erduldete Demütigung dem zwiefachen Feinde, dem

---

[1] Theophanes das. I. 456. Das Jahr, welches aus dem griechischen
Texte nicht zu ermitteln ist, läßt sich aus der lateinischen Übersetzung des
Anastasius Bibliothecarius fixieren, das. II. 140. Für die unbestimmte Bezeichnung des Theophanes: τούτῳ τῷ ἔτει hat Anastasius: anno imperii
Phocae septimo. Aus dieser Übersetzung kann ein fehlender Passus im
Originale ergänzt werden: et non valuerunt (Bonosus et Kotys) sedare
inquietudinem eorum (Judaeorum). Den Monat bestimmt das Chronicon
Paschale (edit. Bonn I. 699): καὶ κατὰ πέρας τοῦ σεπτεμβρίου μηνὸς
τοῦ ιδ' ἰνδικτιῶνος ἀπηγγέλη ὡς Ἀναστάσιος ἀνῃρέθη ὑπὸ στρατιωτῶν. Da
die andern Quellen einstimmig den Patriarchen von den Juden umbringen
lassen, so kann der Widerspruch zwischen denselben und dem Chronicon
paschale nur dadurch aufgehoben werden, daß man in dem Texte des
letzteren eine Lücke annimmt. Die Hauptquelle für das Faktum des Aufstandes der Juden in Antiochien scheint Malalas gewesen zu sein, dessen
Chronographie zum Schlusse defekt ist; denn Theophanes exzerpiert ihn oft
wörtlich.

Römer und Christen, zu vergelten. Der Herd der kriegerischen
Bewegung der Juden war die Stadt Tiberias. Sie ging von einem
Manne namens Benjamin aus, welcher ein erstaunliches Vermögen besaß und es dazu verwendete, jüdische Truppen anzuwerben
und auszurüsten. Ein Aufruf erging an sämtliche Juden Palästinas,
sich zu sammeln und sich dem Zuge der Perser anzuschließen. Die
kräftigen jüdischen Bewohner von Tiberias, Nazareth, den galiläischen
Gebirgsstädten scharten sich sofort um die persischen Fahnen. Wut-
erfüllt, wie diese Schar war, hat sie sicherlich die Christen und ihre
Kirche in Tiberias nicht verschont und wohl dem Bistum ein Ende
gemacht, obwohl diese Tatsache nicht erzählt wird. — Unter Schar-
barzas Heer marschierten sie auf Jerusalem zu, um die heilige Stadt
den Christen zu entreißen. Die Juden Südpalästinas schlossen sich
ihnen an, und mit diesen vereint und von einer Sarazenenschar
unterstützt, nahm der persische Feldherr Jerusalem mit Sturm.
(Juli 614). Neunzigtausend Christen sollen in Jerusalem umgekommen sein. [1] Aber erfunden ist der Zug, daß die Juden die
christlichen Gefangenen den Persern abgekauft und sie mit kaltem
Blute getötet haben sollen. Nur im heißen Kampfe und in der
Wallung des Siegesrausches mögen sie ihren Todfeinden das getan
haben, was ihrer wartete, wenn sie unterlegen wären. In einer
Zeit, wo die Religion die Köpfe benebelt und die Herzen aus-
getrocknet hatte, war bei keiner Religionspartei Menschlichkeit anzutreffen. Gegen die christlichen Heiligtümer wüteten die Juden allerdings schonungslos. Sämtliche Kirchen und Klöster wurden durch
Feuer zerstört, woran die Juden allerdings mehr Anteil gehabt
haben mögen als die Perser. [2] War doch Jerusalem, der Juden
ureigener Besitz, ihnen durch List und Gewalt entrissen worden!
Mußten sie nicht die heilige Stadt durch die Verehrung des Kreuzes-
holzes und der Märtyrergebeine für ebenso entweiht halten, wie
durch die Götzen des Antiochos Epiphanes und Hadrians? Die
Juden scheinen sich der Hoffnung hingegeben zu haben, daß die
Perser ihnen Jerusalem mit einem Gebietsteile als Gemeinwesen
übergeben würden. Religionseifer und Rachegefühl zugleich fana-

---

[1] Note 8.

[2] [Diese auf Quellen aus byzantinischen Schriftstellern beruhenden Angaben sind nach Harkavy bei Rabbinowitz S. 37 Anm. 6 nur mit Vorsicht
aufzunehmen, da christliche Schriftsteller, wie Barhebräus, darüber ganz
schweigen].

tisierten sie, die Gegenstände der Entweihung aus der heiligen Stadt verschwinden zu machen.

Mit den Persern vereint, streiften die Juden in Palästina umher, zerstörten die Klöster, von denen das Land erfüllt war, und vertrieben oder töteten die Mönche. Eine Schar, bestehend aus Juden von Jerusalem, Tiberias, Galiläa, Damaskus und sogar von Cypern, unternahm einen Streifzug gegen Thrus, aufgefordert von den Juden dieser Stadt (4000), die Christen in der Osternacht plötzlich zu überfallen und niederzumachen. 20000 Mann soll die jüdische Schar betragen haben. Die Veranlassung zu dieser Kraftanstrengung ist nicht bekannt. Die Unternehmung scheiterte aber, weil den Christen in Thrus verraten wurde, was ihnen bevorstand. Sie kamen daher ihren Feinden zuvor, bemächtigten sich ihrer jüdischen Mitbewohner, warfen sie in Kerker und erwarteten die Ankunft der jüdischen Schar, welche die Tore verschlossen und verteidigt fand. Diese rächte sich wiederum an ihren Feinden durch Zerstörung der Kirchen um Thrus. So oft aber die christlichen Thrier die Nachricht von der Zerstörung einer Kirche erhielten, töteten sie hundert von den gefangenen Juden und warfen ihre Köpfe über die Mauer. Auf diese Weise sollen 2000 derselben ums Leben gekommen sein. Die jüdische Belagerungsschar aber, entmutigt durch den Tod ihrer Brüder, zog ab und wurde von den Thriern verfolgt. [1]

Ungefähr vierzehn Jahre waren die palästinensischen Juden von dem Anblick ihrer christlichen Feinde befreit. Die Erfolge der ersten Zeit erfüllten sie mit Freuden. Es gingen wohl manche Christen aus Furcht oder Verzweiflung an dem Fortbestand des Christentums zum Judentum über. Einen großen Triumph bereitete den Juden die Bekehrung eines Mönchs, der sich aus freiem Antriebe zum Judentum bekannte. [2] Dieser Mönch hatte viele Jahre in dem Kloster auf dem Berge Sinaï mit Büßungen und Litaneien zugebracht. Mit einemmal stießen ihm Zweifel an der Wahrheit des Christentums auf. Er wollte durch lebhafte Träume darauf gekommen sein, die ihm auf der einen Seite Christus, die Apostel und Märthrer in finstern Nebel gehüllt, auf der andern Seite Mose, die Propheten und die heiligen Männer des Judentums lichtumflossen zeigten. Des inneren Kampfes müde, stieg er vom Berg Sinaï

---

[1] Eutychius Alexandrinus (Ibn-Batrik) annales II 220—23).
[2] [Vgl. auch RdÉI. Rev. V. S. 202—3 betr. die Bekehrung eines Bischofs.]

herab, wanderte durch die Wüste nach Palästina und begab sich
endlich nach Tiberias, wo er der Gemeinde seinen festen Willen,
sich zum Judentum zu bekennen, kundgab. Er unterwarf sich der
Beschneidung, nahm den Proselytennamen A b r a h a m an, heiratete
eine Jüdin und wurde ein eifriger Verfechter des Judentums und
ein heftiger Gegner seiner angestammten Religion[1]).

Indessen hatte sich die Hoffnung, welche die Juden auf den
persischen Sieger gesetzt hatten, nicht erfüllt. Die Perser räumten
ihnen nicht die Stadt Jerusalem ein, taten nichts, um ein freies
jüdisches Gemeinwesen aufkommen zu lassen und mögen sie noch
außerdem durch Steuern bedrückt haben. Es entstand daher eine
große Verstimmung zwischen den Bundesgenossen, die wohl auch
in Tätlichkeit ausgeartet sein mochte. Der persische Feldherr bemächtigte sich daher vieler Juden Palästinas und schickte sie in die
Verbannung nach Persien. Dieses Verfahren machte die Juden noch
unzufriedener und bewog sie, ihre Gesinnung zu ändern und sich
dem Kaiser Heraklius zu nähern. Dieser Fürst, der das seltene
Beispiel gab, wie ein abgestumpfter Feigling gleichsam über Nacht ein
feuriger Held werden kann, und der, nachdem er jahrelang die
Schmach gehäufter Niederlagen mitangesehen hatte — indem sein
Reich von zwei Feinden, den Persern von der einen und den
Avaren von der andern Seite, eingenommen war — sich plötzlich
ermannte und ihnen Sieg auf Sieg abrang, fand sich geneigt, die
Feinde in Judäa für sich zu gewinnen, um dem Hauptgegner Verlegenheit zu bereiten. Heraklius ging daher ein förmliches Bündnis
mit den Juden ein, das wahrscheinlich Benjamin von Tiberias
betrieben hatte, sicherte ihnen Straflosigkeit für die den Christen zugefügten Unbilden zu und verhieß ihnen noch andere Vorteile, die
wir weiter nicht kennen (um 627.[2])

Heraklius Siege, Chosraus Verblendung und die Empörung
seines Sohnes Syroes gegen ihn, brachten dem griechischen Kaiser
wieder alle jene Länder ein, die nahe daran waren, dauernd in
persische Satrapien umgewandelt zu werden. Infolge des Friedens-
schlusses zwischen Heraklius und Syroes — der seinen alten Vater
entthronte und töten ließ — verließen die Perser Judäa, und so
kam das Land wieder in byzantinische Botmäßigkeit (628). Im
Herbste dieses Jahres zog der gekrönte Kaiser im Triumph nach

---

[1]) Antonius a St. Saba homilia 84..s. Note 5.
[2]) Note 8.

Jerusalem, um am vermeintlichen Grabe Jesu Dank für die unerwartet errungenen Siege darzubringen und das geraubte echte Kreuz wieder dort aufzurichten. Auf seinem Zuge berührte Heraklius Tiberias, wo er von dem reichen Benjamin gastlich bewirtet wurde, der auch das byzantinische Heer mit Lebensmitteln versorgte. In einer Unterredung fragte ihn der Kaiser, was ihn denn bewogen habe, eine den Christen so feindliche Gesinnung zu zeigen. Offenherzig antwortete Benjamin: „Weil sie Feinde meines Glaubens sind". [1])

Als Heraklius die heilige Stadt betrat, verlangten die Mönche und der Patriarch Modestus ungestüm von ihm, daß er sämtliche Juden Palästinas ausrotten möchte, zunächst aus Rache für ihr Verhalten gegen die Christen, und aus Vorsicht, damit sie nicht bei etwaigen neuen Einfällen sich feindselig gegen die Christen zeigen sollten. Der Kaiser berief sich aber auf das den Juden gegebene feierliche und schriftliche Versprechen, das er nicht verletzen dürfe, ohne vor Gott als Sünder und vor den Menschen als Treubrüchiger zu erscheinen. Dagegen machten die fanatischen Mönche geltend, daß die Ermordung der Juden, weit entfernt ein Verbrechen zu sein, im Gegenteil ein Gott gefälliges Opfer sein werde. Das Sündhafte daran wollten sie übernehmen und für ihn eine besondere Fastenwoche einsetzen. Sie wollten nämlich in der ersten Woche der großen Fleischfasten vor Ostern nicht einmal Eier, Käse und Fische genießen. Diese Wendung überzeugte den überfrommen Kaiser; er beschwichtigte damit sein Gewissen und ließ eine Hetzjagd gegen die Juden in ganz Palästina anstellen und alle diejenigen niedermetzeln, welche sich nicht in den Schlupfwinkeln der Gebirge bergen oder nach Ägypten entfliehen konnten. [2])

In Ägypten bestanden damals noch jüdische Gemeinden und selbst in Alexandrien, aus dem sie der Fanatiker Cyrill im Anfang des fünften Jahrhunderts vertrieben hatte (B. IV$_4$. S. 359), waren die Juden wieder angesiedelt. Ein wegen seines Reichtums und seiner Freigebigkeit ausgezeichneter alexandrinischer Jude Namens U r b i b, hatte während einer seuchenerzeugenden Hungersnot die Dürftigen ohne Unterschied des Glaubens mildherzig gespeist. [3]) Von dem ehemaligen Glanze und der Bedeutung der alexandrini-

[1]) Note 8.
[2]) Eutychius das. II. 243 f. Vgl. dies. Note 8.
[3]) Eutychius das. II. 133.

schen Juden war allerdings kaum der Schatten geblieben. Aber wenn sie auch in der allgemeinen Entartung der Zeit ihren Sinn für Wissenschaft und Bildung eingebüßt hatten, so blieb ihnen doch das warme Mitgefühl für ihre leidenden Brüder. Sie nahmen die unglücklichen Flüchtlinge aus Judäa, die Opfer des mönchischen Fanatismus, brüderlich auf. Von der Verfolgung des Heraklius blieb nur Benjamin von Tiberias, der Hauptagitator in dem Aufstande gegen die Römer, verschont; aber er brachte seine Religion zum Opfer seiner Ruhe. Auf Zureden des Kaisers empfing er die Taufe. [1]) Das Andenken an Heraklius' schmachvollen Treubruch gegen die Juden erhielt sich durch die ihm zu Ehren eingesetzte Fastenzeit noch lange, indem sie die morgenländischen Christen, namentlich die Kopten und Maroniten, noch mehrere Jahrhunderte beobachteten. Sie büßten das Gemetzel vieler Tausende von Menschen durch Enthaltung von manchen Speisen ab. [2])

Heraklius erneuerte bei dieser Gelegenheit das Hadrianische und Konstantinische Edikt, daß die Juden Jerusalem und dessen Weichbild nicht betreten durften (628. [3]) Die Verfolgung dieses Kaisers gegen die Juden Palästinas [4]) gab der Sage Veranlassung zu erzählen, Heraklius habe durch astrologische Verkündung erfahren, daß dem byzantinischen Reiche von einem beschnittenen Volke Untergang bevorstehe und, indem er dieses auf die Juden bezogen, habe er einen Befehl in seinem ganzen Reiche ergehen lassen, sämtliche Juden, welche sich nicht zum Christentum bekehren wollten, zu vertilgen. Er habe sogar, so erzählt die Sage weiter, an Dagobert, König von

[1]) Theophanes Chronographia I. 504.

[2]) Eutychius das. S. 243.

[3]) Consitutiones imperatoriae No. 2. Über das genaue chronologische Datum der Anwesenheit Heraklius' in Jerusalem, vgl. Weil: Leben Mohammeds 198. Note 309.

[4]) [Auf Heraklius sind wohl mehrere die Religionsübungen und gottesdienstlichen Verrichtungen betreffende Verordnungen zurückzuführen. Vgl. hierüber Graetz in Monatsschrift 1887, S. 550—556, ferner das von Ginzberg in JQR XVIII 107 ff. aus der Geniza veröffentlichte Fragment eines Responsum von einem jüngeren palästinensischen Zeitgenossen Jehudaï Gaons, wo von der Zeit kurz vor dem Eindringen des Islams berichtet wird: ובן אבר
מר יהודאי ז"ל שגזרו שמד על כל בני א"ר שלא יקרו קריית שמע ולא יתפללו
והיו מניחין איתן לרכנס שחרית בשבת לומר ולומר מעבדות והיו אומרים
בשחרית בשבת ממעד וקדושה ושנוי והיו נושרים דברים הללו באונס
ולא ברצון ועכשיו שבילה הקב"ה מלכות אדום ובוצל גזרותיה ובאו ישמעאלים
והניחום לעסוק בתורה ולקרא קריית שמע ולהתפלל.]

Frankreich geschrieben, die Juden seines Landes zur Taufe zu zwingen und die Widerstrebenden auszurotten. [1] Indessen ist Heraklius von diesem Blutbade freizusprechen. Denn nach seinem Tode befanden sich noch Juden in der byzantinischen Hauptstadt, und diese benutzten die Verwirrung, welche nach dem Tode seines Sohnes Konstantin entstanden war, als Volk und Heer gegen die Kaiserin Martina und ihren Sohn Herakleonas erbittert waren, die Sophienkirche zu zu stürmen (641). [2] Auch bedurfte es nicht der astrologischen After-weisheit, um die Schwächung des byzantinischen Reiches durch das beschnittene Volk der Araber zu prophezeien. Noch während Heraklius Leben pochte dieses ritterliche, von Begeisterung für einen neuen Glauben erglühte Volk an die Pforte des byzantinischen Reiches und verlangte mit wildem Ungestüm Eingang. Der Kaiser erlebte noch, wie Judäa, Syrien und Ägypten dem Kreuze entrissen wurden und unter die Herrschaft der Nachfolger des Propheten von Mekka kamen. Die Christen, bis dahin fanatisch verfolgungssüchtig, erfuhren bei dieser Gelegenheit, wie Unduldsamkeit schmerzt. Aber der Islam war lange nicht so verfolgungssüchtig wie das Christentum.

[1] Fredegardus Chronicon c. 2, und Pertz Monumenta I. 286. Joseph Kohen Dibre ha-jamim. Emek ha-bacha edit. Wiener. S. 8.
[2] Nicephorus Patriarcha Constantinopolus: de rebus post Mauritium gestis p. 35.

Zweites Kapitel

Die europäischen Länder.

Lage der Juden in Europa; die Gemeinden Konstantinopels; die Tempel-
gefäße; die Juden Italiens; Papst Gelasius; Theoderichs des Großen
Verhalten; der Minister Cassiodor; Tapferkeit der Juden Neapels;
Papst Gregor I.; Stellung der Juden in Frankreich; die Konzilienbeschlüsse gegen sie; Fanatismus des Bischofs Avitus von Clermont;
König Chilperich und sein jüdischer Juwelier Priscus; der Apostat Phatir;
Verfolgung unter König Dagobert. Alter der Juden in Spanien; ihre
ungestörte Ruhe unter Römern und arianischen Westgoten. Reccareds
Gesetze; Sisebuts Verfolgung; Swintilas Judenfreundlichkeit; Sisenand's
judenfeindliche Dekrete; Isidor von Sevilla; Streitschriften für und gegen
das Judentum; Chintilas harte Judengesetze.

500—640.

Die Juden in Europa haben im eigentlichen Sinne des Wortes
erst eine Geschichte, seitdem sie durch das Zusammentreffen günstiger
Umstände ihre Kräfte entwickeln konnten und Leistungen hervorbrachten, wodurch sie ihren Brüdern im Orient den Vorrang streitig
machten. Bis dahin ist nur von Martyrien zu berichten, die sie
von der siegreichen Kirche erlitten, und die sich in allen Ländern mit
nur geringer Abwechselung monoton wiederholen. Der Sklave, über
den sein übermütiger, unbarmherziger Herr die Peitsche schwingt,
ist kein Gegenstand der Geschichte. Wer vermöchte auch den Juden
in alle Winkel der Erde zu folgen, wohin sie Unglück und Wander-
lust geführt haben! „Durch die ganze Welt zerstreut," sagt ein be-
rühmter Schriftsteller dieser Zeit von ihnen, „durch die ganze Welt
zerstreut und geteilt sind die Juden dem römischen Joch unterworfen
und leben doch nach ihrem eignen Gesetze". [1] Nun, das römische
Joch haben sie zwar nicht getragen; denn Rom selbst war unterjocht und geknechtet von naturwüchsigen, rauhen Völkerschaften, welche
ihm alle Freveltaten vergalten, die es an Völkern und Ländern

---

[1] Cassiodor in Psalmum 58. 12.

verübt hatte. West- und Ostgoten, Gepiden, Heruler und Lango-
barden rissen der römischen Buhlerin die Krone vom Haupte und
traten sie in den Staub. Sie war viel unglücklicher als Jerusalem, da sie nicht einmal Kinder hinterließ, welche um ihr trauriges
Geschick weinten und ihren Schmerz dichterisch verklärten. Ihre
Kinder, durch Müßigang und Spiele verweichlicht, waren zu Bettlern
herabgesunken. Nur die Herrschsucht war noch der Siebenhügelstadt
geblieben, aber sie hatte sie ihrer ehemaligen Feindin, der Kirche,
vererbt.

Von einigem Interesse ist nur noch, wie sich die Juden in
den europäischen Staaten angesiedelt und wie sie unangefochten,
friedlich und in freundlichem Verkehr mit ihren Nachbarn gelebt
haben, bis sie die siegreiche Kirche immer mehr eingeengt und ihnen
die Lebensluft entzogen hat. Im byzantinischen Reiche, im ostgotischen Italien, im fränkischen und burgundischen Gallien, im westgotischen Spanien, überall stoßen wir auf dieselben Erscheinungen.
Das Volk, selbst die Barone und Fürsten, sind ganz entfernt von
Unduldsamkeit, haben keinerlei Antipathie gegen die Juden, verkehren
mit ihnen ohne Vorurteil; aber die höhere Geistlichkeit sah in dem
Wohlstand und Behagen der Juden eine Schmälerung des Christentums. Sie will durchaus den Fluch zur Wahrheit machen, den der
Stifter des Christentums über die jüdische Nation angeblich ausgesprochen hat, und jeder judenfeindliche, engherzige Gedanke eines
Kirchenvaters gegen dieselben soll durch Verkümmerung ihrer Existenz
buchstäblich in Erfüllung gehen. Auf Konzilien und Synoden beschäftigt die Geistlichkeit die Judenfrage ebenso lebhaft wie die Dogmen-
streitigkeit und die einreißende Verhöhnung der Sittlichkeit, welche,
trotz der kirchlichen Strenge und der Kräftigung der Religiosität,
(oder vielleicht in Folge derselben) immer mehr unter Geistlichen
und Laien überhand nahm.

Eigentümlich ist es aber, daß gerade die römischen Bischöfe,
die sich immer mehr als Hort der Christenheit geltend machten, unter
allen andern die Juden am duldsamsten und mildesten behandelten.
Die Inhaber des päpstlichen Stuhles setzten einen Ruhm darein,
die Juden vor Unglimpf zu schützen und Geistliche wie Fürsten zu
ermahnen, dem Christentum keine Anhänger durch Gewalt und Druck
zuzuführen. Diese Milde war im Grunde eine Inkonsequenz; denn
die Kirche mußte, wie sie sich infolge des nizäischen Konzils ausgebildet hat, ausschließend, daher verfolgungssüchtig und hartherzig

sein. Sie konnte nicht anders als zu Juden, Samaritanern und
Ketzern sagen: „Glaubet so, wie ich glaube, oder sterbet." Das
Schwert mußte den Mangel an Überzeugungsgründen ersetzen. Aber
wer wird nicht die freundliche Inkonsequenz Gregor des Heiligen
vorziehen vor der schrecklichen Konsequenz der verfolgungssüchtigen
Könige Sisebut und Dagobert, die allerdings, kirchlich gesprochen,
katholischer waren als der Papst! Indessen hatte es mit der Duldung auch der mildesten Bischöfe nicht zu viel auf sich. Sie scheuten
nur Bekehrungszwang durch Verbannung oder Tod aufzulegen, weil
sie überzeugt waren, daß auf diesem Wege die Kirche nur mit
Scheinchristen bevölkert würde, welche ihr im tiefsten Herzen fluchten.
Aber sie scheuten sich nicht, Beschränkung und Plackereien über die
Juden zu verhängen und sie auf der Stufenleiter der Gesellschaft
den Leibeigenen zunächst zu stellen; dies schien fast allen Vertretern
des Christentums in den barbarischen Jahrhunderten durchaus gerecht
und gottgefällig. Die Völker, welche auf das arianische Bekenntnis
getauft waren, übten indessen weniger Unduldsamkeit gegen die
Juden. Je mehr also der Arianismus in Europa verdrängt wurde
und dem katholischen Bekenntnis wich, desto mehr wurden die Juden
vom Bekehrungseifer geplagt. Ihr kräftiger Widerstand reizte stets
zu neuen Angriffen. Ihre heldenmütige Standhaftigkeit der steten
Ungunst gegenüber ist daher eine Größe, welche die Geschichte nicht
verschweigen darf. Auch waren die Juden in diesen wissensfeindlichen Jahrhunderten nicht aller Kenntnisse bar. Wenigstens kannten
sie ihre Religionsurkunden besser, als die niedere Geistlichkeit, welche
nicht einmal ihre Meßbücher zu lesen verstand.

Die Rundschau über die Niederlassung der Juden beginnt, wenn
wir Asien verlassen, mit dem byzantinischen Reiche. Hier lebten
sie schon in den Städten, ehe noch das Christentum die Weltherr-
schaft angetreten hatte. In Konstantinopel bewohnte die jüdische
Gemeinde, von deren Mitgliederzahl wir keine Nachricht haben, ein
eigenes Quartier, der Erzmarkt genannt ($Χαλκοπράτεια$), wo sich
auch eine große Synagoge befand. Sie wurden aber von einem
Kaiser, Theodosius II. oder Justin II., daraus vertrieben, und
die Synagoge wurde in die „Kirche der Gottesmutter" verwandelt, die von dem Ort den Namen „Kirche der chalko-
pratianischen Gottesgebärerin" erhielt. [1]) Seitdem wohnten die

---

[1]) Theophanes chronographia I. p. 382, vgl. dazu Du-Cange historia
byzantina p. 164.

Juden in einem andern Viertel, das Stenor genannt (Stanor, Stanayre, Judeca).

Die Juden der byzantinischen Hauptstadt sahen mit Schmerz, wie die heiligen Gefäße des zerstörten Tempels, die von Gefangenschaft zu Gefangenschaft gewandert waren (B. IV$_4$. 353.), durch den Feldherrn Belisar, den Eroberer des Vandalenreiches, aus Karthago, wo sie nahe an ein Jahrhundert lagen, nach Konstantinopel gebracht wurden (534). Neben dem Vandalenfürsten Gelimer, dem Enkel Genserichs, und den Schätzen dieses unglücklichen Königs, wurden auch die jüdischen Trophäen im Triumph aufgeführt. Ein Jude, der mit tiefem Kummer die lebendigen Denkmale von Judäas einstiger Größe in der Gewalt seiner Feinde sah, bemerkte gegen einen Höfling, es sei nicht ratsam, sie in dem kaiserlichen Palast niederzulegen, da sie Unglück bringen könnten. Wie sie Rom Unheil brachten, das durch Genserich geplündert worden war, so hätten sie auch über dessen Nachkommen Gelimer und seine Hauptstadt Mißgeschick heraufbeschworen. Es sei wohl richtiger, die heiligen Geräte dahin zu bringen, wo sie der König Salomo hatte anfertigen lassen, nach Jerusalem. Dem Juden mag eine schwache messianische Hoffnung geschmeichelt haben, daß, wenn erst die heiligen Gefäße wieder in Jerusalem eingezogen sein würden, auch die Zerstreuten des heiligen Landes dahin zurückgeführt werden würden. Sobald der Kaiser Justinian Nachricht von dieser Äußerung erhielt, fürchtete sich sein abergläubisches Gemüt vor den Folgen, und er ließ in aller Eile die Tempelgefäße nach Jerusalem bringen, wo sie in einer Kirche aufbewahrt worden sein sollen.[1]

Von den Juden in den Provinzen des byzantinischen Reiches ist keine Nachricht bekannt, obwohl sie in Mazedonien, Griechenland, Illyrien von jeher seßhaft waren und auch in später Zeit zahlreiche Gemeinden bildeten. Ihre herabgedrückte Stellung durch die Edikte der Kaiser Justin und Justinian, wodurch sie weder zu Militärchargen noch zu bürgerlichen Ehrenämtern zugelassen wurden, ist schon oben (S. 16, 21) erwähnt. Doch ließen ihnen die Kaiser wenigstens die selbständige Gemeindeverwaltung und eigene Gerichtsbarkeit in Zivilprozessen. Jede Gemeinde hatte ihren jüdischen Bürgermeister (Ephoros), der über Marktpreise, Maß und Gewicht

---

[1] Procopius bellum Vandalicum II. c. 9. p. 446. [Nach anderen Berichten sollen die Tempelgefäße auf der Fahrt über das Meer verschwunden sein.]

die Aufsicht führte.[1] — Eingriffe in die religiösen Verhältnisse der
Juden haben sich die fanatischen Kaiser, und namentlich der bigotte
Justinian, nicht selten erlaubt. Wenn sie in Judäa noch gewisse
politische Rücksichten nahmen wegen der Nachbarschaft mit dem Perser-
reiche, um die Juden nicht allzusehr zu reizen und sie nicht zu Ver-
schwörungen und zum Anschluß an die Perser zu treiben, so fielen
diese Rücksichten gegen die ganz ungefährlichen Juden der europäischen
Provinzen weg. So wie Justinian einen Machtbefehl gegen die
frühzeitige Feier des Passah und die agadische Auslegung der heiligen
Schrift in den Synagogen erlassen hat, so werden die ihm ähnlichen
Kaiser noch manche andere Willkür angeordnet haben. Aus Justinians
Verfahren gegen die durch Belisars Siege dem byzantinischen Reiche
untergeordneten Gemeinden Afrikas läßt sich das Allerschlimmste
folgern. Er schrieb an den Statthalter von Afrika, Salomon,
unter anderem, daß die Synagogen, sowie die Kirchen der Arianer
und Donatisten und die Tempel der Heiden ihren Bekennern entzogen und in Kirchen verwandelt werden sollen (1. August 535).[2]

Das byzantinische Reich und seine Kaiser waren auch wegen
dieser ewigen Plackereien den auswärtigen Juden sehr verhaßt.
Darin stimmte der jüdische König von Arabien, der deswegen Ver-
geltung an den byzantinischen Kaufleuten nahm, mit den Juden
Neapels überein, welche heldenmütig kämpften, um nicht unter die
Herrschaft dieser verfolgungssüchtigen Kaiser zu kommen. Wie früher
an Rom, so sahen die Juden aller Länder in dieser Zeit an Byzanz
ihren Erzfeind, und trotz des Verbotes deuteten die Prediger den
Vers: „Es wird einer herrschen aus Jakob und wird vernichten den
Rest aus der Stadt" auf das sündenbelastete Konstantinopel.[3]

In Italien waren die Juden bekanntlich noch zur Zeit der
Republik ansässig und genossen so lange volles Bürgerrecht, bis die
christlichen Kaiser es ihnen geschmälert haben. Sie mögen mit ge-
rechtfertigter Schadenfreude gesehen haben, wie die weltgebietende
Roma zur Beute der Barbaren und zum Gespötte der Welt geworden war, und man auf sie buchstäblich das Klagelied über Jerusalem anwenden konnte: „Die Herrin der Völker, die Fürstin der
Länder ist eine Frohndienerin geworden." Nach den Gepiden und
Herulern, die Rom nur vorübergehend geknechtet, kamen die Goten

---

[1] Basilica I. 42.
[2] Justinia novella 37.
[3] Targum Pseudo-Jonathan zu Numeri 24. 19.

und brachten den Namen Rom in Vergessenheit, indem sie unter
dem Amaler Theoderich (Dioterich) das ostgotische Reich gründeten.

An den Plagen, welche die wilden Schwärme barbarischer Völker
über die römische Welt gebracht, hatten die Juden auch ihr gutes
Teil. Mit der Annahme des Christentums hatten die germanischen
und slavischen Horden von ihren Lehrern, den Römern, Intoleranz
gelernt, welche in ihren rohen Gemütern noch gehässigere Formen
annahm. Die jüdischen Kanzelredner dieser Zeit hatten über neue
Feinde Israels zu klagen: „Siehe Herr, wie vielfach meine Feinde
sind. Wenn Esau (Rom) Jakob haßt," so drücken sich die Agadisten
aus, „so hat er noch einen Scheingrund dafür, weil ihn dieser um
die Erstgeburt gebracht; aber was hat Israel den B a r b a r e n
und G o t e n getan [1])?" Aber was konnten die Barbaren den
Juden rauben? Ihre politische Selbständigkeit hatten sie längst eingebüßt, und ihr geistiges Gut war gesichert genug, um zerstört werden
zu können; aber Rom rissen sie die Krone vom Haupte und legten
ihm das Sklavengewand an.

Nicht einmal politischer Mittelpunkt von Italien blieb Rom,
sondern Ravenna, abwechselnd mit Verona, wurde Residenz des ostgotischen Reiches. In diesen Städten, sowie in Rom, Mailand und
Genua bestanden auch in dieser Zeit jüdische Gemeinden. Auch in
Unteritalien waren die Juden zahlreich vertreten, namentlich in dem
schönen Neapel, auf der Insel Sizilien in Palermo, Messina, Agrigent
und Sardinien. Bei Venusia, dem Geburtsorte des Dichters Horaz,
zeugen noch griechische, lateinische und hebräische Inschriften auf Grab-
mälern von dem Vorhandensein einer nicht unbedeutenden Gemeinde
aus der Kaiserzeit. In Palermo wohnten jüdische Familien von
altem Adel, welche den Namen N a s a z (Naßi) führten und vielleicht aus dem Patriarchenhause abstammen. Als Rechtsquelle für
die italienischen Juden galten gesetzlich die theodosianischen Dekrete,
daß sie zwar ihre eigene Gerichtsbarkeit und innere Gemeindeverwaltung haben, aber keine neue Synagoge bauen dürften, von
richterlichen Ämtern und Militärgraden ausgeschlossen sein und keine
christlichen Sklaven halten sollten. Der letzte Punkt gab öfters Veranlassung zu Reibungen zwischen der Geistlichkeit und den Juden.
Denn die häufigen Einfälle der barbarischen Völker und die Kriege
häuften die Zahl der Gefangenen, und die Juden trieben lebhaften

---

[1]) Midrasch zu Psalter. Ps. 25, 14 und 109, 3 [ed. Buber S. 108a
Anm. 51].

Sklavenhandel, wenngleich sie nicht die einzigen Sklavenhändler waren. Die entvölkerten Städte und die verödeten Äcker machten den Sklavenmarkt zum Bedürfnis, um Arme für die Gewerbe des täglichen Lebens und den Ackerbau zu haben. Die jüdischen Besitzer pflegten ihre Sklaven in das Judentum aufzunehmen, teils weil dies eine talmudische Anordnung war, die Sklaven entweder zu beschneiden oder, wenn sie sich dagegen sträubten, sie wieder zu veräußern[1]), und teils um nicht bei der Ausübung religiöser Vorschriften von fremden Elementen im Hause gestört zu werden. Die Sklaven selbst zogen es vor, bei ihren jüdischen Herren zu bleiben, die sie mit seltenen Ausnahmen menschlich behandelten, sie als Hausgenossen betrachteten und Freud und Leid mit ihnen teilten.

Indessen wenn auch die Beschränkungen des theodosianischen Kodex Gesetzeskraft hatten, so kam es noch immer darauf an, ob sie auch praktisch gehandhabt wurden. Die Bischöfe auf dem apostolischen Stuhl, welche von den römischen Staatsmännern die politische Gewandtheit gelernt hatten, waren zu klug, um fanatisch zu sein. Sie drückten oft, wenn die Juden gegen die Kirchensatzungen verstießen, ein Auge zu und hatten am wenigsten Vorurteile gegen ihre jüdischen Nachbarn. Der Papst Gelasius hatte einen Juden aus Telesina, der den Titel „der Durchlauchtigste" (clarissimus) führte, zum Freunde und empfahl auf dessen Verlangen einen Verwandten desselben, Antonius, dem Bischof Secundinus mit vieler Wärme. Er drückt seinen Wunsch aus, daß Antonius nicht nur von Belästigung befreit werde, sondern auch an Secundinus einen eifrigen Helfer haben möge. — Als über einen Juden Basilius Klage geführt wurde, daß er christliche Sklaven aus Gallien gekauft habe, und dieser sich entschuldigte, daß er nur heidnische Sklaven kaufe, und es nicht zu verhindern sei, wenn unter einer Anzahl Sklaven sich auch einige Christen befänden, ließ der Papst Gelasius diese Entschuldigung gelten. An den Bischof von Syrakus schrieb er wegen eines Sklaven, der seinem jüdischen Herrn entlaufen war und in einer Kirche unter dem Vorwande Schutz gesucht hatte, daß er Christ sei und von seinem Herrn mit Gewalt zur Beschneidung gezwungen worden sei, die Sache zu untersuchen und, wenn der jüdische Herr recht habe, daß er ihn bereits beschnitten gekauft, ihm denselben zurückzuerstatten (495).[2])

---

[1]) [Vgl. Babli Jebamot 48a].
[2]) Mansi concilia T. VIII, p. 35. 131. 132.

Eigentümlich war die Stellung der Juden in Italien, als es unter Theodorich ostgotisch geworden war. Ausbrüche eines feindseligen Geistes gegen die Juden kamen während dessen Regierung nicht selten vor, die aber im Grunde nicht ihnen galten, sondern eine Demonstration gegen den verhaßten König sein sollten, weil er Arianer war, d. h. weil sein Glaubensbekenntnis war, daß Gott der Sohn dem Vater nicht gleich, sondern nur ähnlich sei. Theodorich war den Juden keineswegs gewogen, er wünschte ihre Bekehrung. Er ließ gelegentlich durch seinen Ratgeber und Minister Cassiodor an die Mailänder Gemeinde schreiben: „Was suchst du, o Juda, zeitliche Ruhe, da du doch in deiner Verstocktheit die ewige nicht finden kannst".[1] Rasch und gründlich hatte er die Kirchensprache erlernt, der vor kurzem bekehrte Ostgote. Als die Juden zu Genua um die Erlaubnis nachsuchten, ihre Synagoge in besseren Stand setzen zu dürfen, ließ ihnen Theodorich antworten: „Warum wünscht ihr, was ihr doch fliehen solltet? Wir erteilen euch zwar die Erlaubnis, aber wir tadeln den Wunsch, der in Irrtum befangen. Indessen können wir die Religion nicht befehlen und niemanden zwingen, gegen sein Gewissen zu glauben." Er gestattete den Juden weder neue Synagogen zu bauen, noch alte zu verzieren, sondern nur die schadhaften auszubessern.[2]

Allein der ostgotische Herrscher setzte einen Ruhm darein, den Frieden im Inneren aufrecht zu erhalten und die Gesetze achten zu lassen und ward darum auch den Juden gerecht, wenn ihnen ohne ihr Verschulden Unbill zugefügt wurde. Der geheime Haß der Katholiken gegen die Arianer, die mit tiefem Ingrimm die Ketzerei auf dem Throne sahen, während die katholische Kirche nur großmütig geduldet war, ergriff jede Gelegenheit, um Theodorich ungestraft etwas versetzen zu können. Als in Rom einst einige Sklaven gegen ihre jüdischen Herren sich auflehnten, rottete sich der Pöbel zusammen, verbrannte die Synagoge, mißhandelte die Juden und plünderte ihre Habe, um Theodorichs Erlasse zu verhöhnen. Dieser, davon in Kenntnis gesetzt, machte dem römischen Senat, der nur noch ein Schatten seiner ehemaligen Größe war, bittere Vorwürfe darüber, daß er solchem Unfug gegenüber Nachsicht geübt habe, und trug ihm mit aller Strenge auf, die Schuldigen zu ermitteln und sie zum Schadenersatz anzuhalten. Da aber die Urheber des Tumults

---

[1] Cassiodor variae edit. St. Mauri V, 37.
[2] Das. II. 27.

nicht entdeckt werden konnten oder sollten, verurteilte Theoderich die römische Kommune zum Schadenersatz. Indessen gab es einige Fanatiker darunter, welche bei dieser Gelegenheit ihren Widerstand gegen Theoderich mit einer Art Märtyrersucht zeigen wollten, und diese verweigerten ihre Beiträge zum Ersatz des den Juden zugefügten Schadens. Theoderich verstand aber den Hintergedanken und duldete solchen Widerstand nicht. Er ließ vielmehr die Opponenten durch Henkers Hand auf öffentlicher Straße geißeln. Aber diese Strenge hetzte ihm die ganze katholische Kirche auf den Hals.[1]

Es wirft ein günstiges Licht auf die italienischen Juden dieser Zeit, daß trotz der allgemeinen Verwilderung und Entsittlichung die politische und kirchliche Literatur ihnen kein anderes Verbrechen zur Last legt, als Verstocktheit und Unglauben; das Judentum muß sie also vor der allgemeinen Lasterhaftigkeit geschützt haben. Cassiodor, Theoderichs Ratgeber, der nach Ablegung aller Würden Mönch geworden war und unter anderen Schriften auch eine homiletische Auslegung der Psalmen verfaßt hat, nimmt in diesem Werke häufig auf die Juden Rücksicht, redet sie apostrophisch an und wendete alle rednerischen Mittel an, um sie zu bekehren: „Höret, ihr Juden, begreifet, ihr Hartnäckigen, wie der Sänger Asaph von der Ankunft Christi gesprochen hat. Was wollet ihr noch verehren, da ihr die Worte eurer Propheten nicht kennt? Kommt zu den katholischen Priestern, es mögen sich eure Ohren öffnen, damit ihr durch die Gnade des Herrn der ewigen Taubheit entgeht".[2] Der neunundvierzigste Psalm schien Cassiodor eine wahre Fundgrube für die Hauptlehren des Christentums zu sein; er fand darin die Fleischwerdung Christi ganz deutlich und gab sich Mühe, seine Deutung den Juden begreiflich zu machen. Indessen beschlich ihn doch der Zweifel an der Glaubensfähigkeit der „Verstockten", und er redet sie pathetisch an: „Warum fürchtet ihr nicht euern Untergang? Glaubet doch, daß er bereits erschienen ist, dessen Erscheinen in diesem Psalm so unzweideutig vorher verkündet ist."[3] Aber die Juden Italiens haben schwerlich die Psalmenauslegung des Exministers gelesen, oder, wenn sie sie gelesen, sind sie schwerlich von seiner abgeschmackten und sinnlos typischen Texterklärung sehr erbaut gewesen.

---

[1] Cassiodor variae edit. St. Mauri IV. 43. Vgl. Gibbon, Geschichte des Verfalles des römischen Reiches, übersetzt von Sporschil 1827.

[2] Cassidor conclusio ad Psalmum 81.

[3] Das. conclusio ad Psalmum 49.

— Charakteristisch für diese Zeit ist es, mit welchen unehrenhaften Namen Cassiodor — der nächst Boethius der einzige Träger einer gewissen philosophischen Bildung des sechsten Jahrhunderts war — die Juden bezeichnete. Man könnte ein Schimpfwörterbuch daraus sammeln. Er nennt sie „Skorpione und Löwen", „wilde Esel", „Hunde und Einhörner". [1]

Trotz dieser Antipathie der Stimmführer gegen sie waren die Juden Italiens im Verhältnis zu denen des byzantinischen Reiches noch glücklich. Theoderichs Nachfolger, seine schöne und gebildete Tochter Amalasuntha, und später deren Gemahl und Mörder Theodat, ein philosophischer Schwächling, gingen von den Grundsätzen ihres Vorgängers nicht ab. Der vorletzte ostgotische König Theodat, dessen Feigheit eher an einen entnervten Römer, als an einen wilden Sohn Teuts erinnert, hatte einen jüdischen Zauberer, zu dessen trügerischer Kunst er in der Not seine Zuflucht nahm. [2]

Mit zäher Treue hielten auch die Juden zu dem König Theodat, der sich schon selbst aufgegeben hatte. Die Juden Neapels setzten ihr Leben ein, um nur nicht unter die Zuchtrute Justinians zu kommen. — Belisar, der Eroberer des vandalischen Reiches, der lorbeerbekränzte Held, der vor Justinians Zorn zitterte und sich zum blinden Werkzeug seiner Tyrannei gebrauchen ließ, hatte bereits ganz Sizilien und die Südspitze des italienischen Festlandes unterworfen und näherte sich mit Eilschritten dem schönen Neapel, der größten Stadt Unteritaliens. Auf seine Aufforderung an die Einwohner, sich zu ergeben, spalteten sich die Neapolitaner in zwei Parteien, wie dies in Kriegen häufig vorkommt, wenn die Bewohner einer Stadt weder zur regierenden Dynastie, noch zum fremden Eroberer ein Herz haben. Auch die Kriegspartei war nicht gewillt, sich für die in Italien verhaßten Ostgoten zu opfern. Nur die Juden und zwei durch die ostgotischen Könige zu Ansehen gelangte Rechtsanwälte, Pastor und Asklepiadorus, waren entschieden dagegen, die Stadt dem byzantinischen Helden zu überliefern. Die Juden, patriotisch und begütert, erboten sich, ihr Leben der Verteidigung der Stadt zu weihen und ihr Vermögen dafür zu verwenden. Sie versprachen Neapel während der Belagerung mit allen Bedürfnissen zu versehen, um der Furcht vor Mangel an Lebensmitteln zu begegnen. Ihr Beispiel und die Tätigkeit Pastors und seines Kollegen

---

[1] Cassiodor opera II. 69a. 136b, 184b. und an noch vielen Stellen.
[2] Procopius de bello Gothico I. p. 45.

ermutigten die Bewohner der Stadt zu energischer Gegenwehr und
machten Belisar so erschöpft, daß er bereits im Begriffe stand, die
Belagerung aufzuheben. Die Juden ganz allein verteidigten die
Meeresseite der Stadt und kämpften mit so viel Tapferkeit, daß der
Feind nicht wagte, nach dieser Seite die Angriffe zu richten. Ein
zeitgenössischer Geschichtschreiber hat dem Heldenmut der Juden von
Neapel ein ehrenvolles Denkmal gesetzt.[1]

Als die Feinde bereits in einer Nacht durch List in die Stadt
gedrungen und beinahe Herren derselben geworden waren (536),
setzten die Juden noch immer den Kampf mit Löwenmut fort, da
sie überzeugt waren, daß sie am allerwenigsten Gnade vor den Augen
des Siegers finden würden. Erst mit Tagesanbruch, als die Feinde
sie durch Überzahl erdrückt und viele von ihnen bereits getötet hatten,
verließen sie ihren Posten. Den überlebenden jüdischen Kämpfern
erging es sicherlich nicht besser, als ihren Verbündeten Asklepiadorus
und Pastor, welche der Volkswut zum Opfer fielen. Der erste wurde
ermordet und zerfleischt, der letztere, den ein plötzlicher Tod solchen
Qualen entzogen hatte, an seiner Leiche geschändet. — Namen und
Zahl der jüdischen Helden hat der Griffel der Geschichte nicht aufgezeichnet. Was die italienischen Juden mit Schaudern ahnten, traf
ein; sie kamen unter die Botmäßigkeit des Kaisers Justinian, dessen
judenfeindliche Gesinnung ihm einen Platz neben Hadrian, Domitian,
Konstantin und Peröz anweist. Das weltgebietende Italien sank zu
einer Provinz des byzantinischen Reiches (Exarchat) herab, und die
Juden Italiens zitterten vor dem Exarchen von Ravenna.

Doch nicht lange blieb dieses Verhältnis. Justinians Nachfolger mußten einen großen Teil Italiens auf immer den riesen-
starken, ungeschlachten Longobarden überlassen (589), die, halb heidnisch und halb arianisch, sich wenig um die Juden kümmerten.
Wenigstens ist in der longobardischen Gesetzsammlung keine Ausnahme für Juden anzutreffen. Aber auch als die Longobarden sich
zum Katholizismus bekehrten, ging es den Juden Italiens leidlich,
denn das Oberhaupt der katholischen Kirche, die Päpste, waren frei
von harter Unduldsamkeit. Gregor I., der Große und Heilige genannt, der den Grundstein zur Herrschaft des Katholizismus gelegt,
sprach den Grundsatz aus, daß die Juden nur durch Überredung und
Sanftmut, nicht durch Gewalt zur Bekehrung gebracht werden sollten

[1] Procopius de bello Gothico I. c. 8. S. 44, c. 16. S. 53.

(590—604). Gewissenhaft wahrte er das den Juden als Römern von den römischen Kaisern zuerkannte Bürgerrecht, damit es ihnen nicht verkümmert werden sollte. In dem Gebiete, das dem Petristuhle unterworfen war, in Rom, Unteritalien, Sizilien und Sardinien, hielt er mit Strenge darauf, gegenüber den fanatischen Bischöfen, welche die Bedrückung der Juden für ein frommes Werk hielten. Seine Hirtenbriefe sind voll ernster Ermahnungen: „Wir verbieten, die Juden zu belästigen und zu beschränken gegen die eingeführte Ordnung, wir gestatten ihnen ferner als Römer zu leben und über ihr Eigentum ohne Benachteiligung zu schalten; nur sei ihnen nicht gestattet, christliche Sklaven zu halten". [1] Als einige Glaubenseiferer in Neapel die jüdischen Feiertage stören wollten, schrieb er an den Bischof Paschasius, solches streng zu verbieten, da den Juden seit undenklichen Zeiten Religionsfreiheit zugestanden ist. [2]

Der Bischof Victor von Palermo nahm einst mehrere Synagogen und die dazu gehörigen Armenhäuser und Schulen in Beschlag, ließ sie in Kirchen verwandeln und eignete sich die Bücher und Ornamente an. Da die Juden sich wegen dieser Gewalttätigkeit an den Papst gewendet hatten, ließ er die Sache genau untersuchen, und da das Recht auf Seiten der Juden war, so rügte er die Untat des Bischofs eindringlich. Da aber die Synagogen bereits als Kirchen geweiht waren und nicht mehr zurückerstattet werden durften, so verurteilte er Victor von Palermo, den Wert derselben laut Schätzung der Gebäude und der dazu gehörigen Gärten an die jüdische Gemeinde zu zahlen. [3]

Mit vieler Entrüstung schrieb er an den Bischof Januarius von Cagliari auf Sardinien, daß er vernommen habe, wie ein zum Christentum übergetretener Jude, mit Namen Petrus, am Tage nach seiner Taufe die Synagoge besetzt und ein Kreuz, ein Christus- und Marienbild darin aufgestellt hätte. Er befahl ihm, die Gegenstände des Ärgernisses für die Juden aus der Synagoge entfernen zu lassen. [4] Gregor war unermüdlich darin, das den Juden zugefügte Unrecht abzuwenden und sie vor Übergriffen zu schützen. — Die Juden von Terracina (in Campanien) hatten eine neue Synagoge erbaut, ein Recht, das ihnen früher ausnahmsweise eingeräumt und

[1] St. Gregorii magni epistolae Liber I. epistola 10; XII. 18.
[2] Daf. XI. 15; XIII. 12.
[3] Daf. VII. 25; VIII. 24.
[4] Daf. VII. 5; IX. 6.

von Gregor bestätigt worden war. Der Bischof Petrus hatte den
Bau zerstört und den Platz mit Beschlag belegt unter dem Vorwande, daß er der Kirche zu nahe liege und der Gottesdienst dadurch gestört werden könnte. Auf die Klage der Juden ließ der
gerechte Papst die Sache untersuchen und verfügte, daß falls die
Kirche durch die Nachbarschaft der Synagoge Störungen erleiden
sollte, den Juden ein anderer Platz einzuräumen sei. Petrus
wies ihnen darauf laut Befehl einen Platz an, ließ sie aber später
auch von dort vertreiben. Sobald Gregor durch einen Juden der
Stadt Nachricht davon erhielt, bedeutete er den Bischof Petrus,
seine Gewaltätigkeiten gegen die Juden einzustellen und ihnen den
einmal eingeräumten Platz zu überlassen.[1] Diese Gesinnung machte
der Papst geltend, so weit sein Einfluß reichte. Er hörte einst von
römischen Juden, welche geschäftshalber nach Massilia (Marseille)
gereist waren, daß die dortigen Juden von dem Bischof Theodor
und von Virgilius, Bischof von Arles, mit Gewalt zum Christentume gezogen wurden und er ließ es sich angelegen sein, seine
Unzufriedenheit mit der gewaltsamen Bekehrung zu erkennen zu
geben.[2]

　　So sehr aber Gregor die Zwangstaufe der Juden verabscheute,
ebenso sehr gab er sich Mühe, dieselben auf anderem Wege in den
Schoß der Kirche zu locken. Er scheute es nicht einmal, auf den
Eigennutz zu spekulieren und erließ denjenigen jüdischen Ackerspächtern
und Bauern einen Teil ihrer Grundsteuer, welche zum Christentume
übergingen. Er verhehlte sich zwar nicht, daß die auf diesem Wege
gewonnen Täuflinge nur zum Schein das Christentum annahmen;
aber er rechnete auf deren Nachkommen: „Wir gewinnen, wenn auch
nicht sie selbst, doch gewiß ihre Kinder," schrieb er.[3] Als er erfuhr,
daß auf der Insel Sizilien ein Jude namens Nasas einen Elias-
altar (wahrscheinlich eine Synagoge unter diesem Namen) erbaut
hatte, und daß sich Christen dabei zum Gottesdienst einfanden, befahl
er dem Präfekten Libertinus, das Gebäude zu zerstören und Nasas
dafür körperlich zu bestrafen.[4] Leidenschaftlich verfolgte Gregor die
Juden, welche christliche Sklaven kauften oder hielten. Die Anschauung
dieser Zeit war, daß die christlichen Sklaven durch ihren jüdischen

---

[1] St. Gregorii Magni epistolae I. 10, 34, 35.
[2] Das. I. 47.
[3] Das. II. 32 und V. 8.
[4] Das. II. 37.

Herrn befleckt würden. Nicht Menschlichkeit, sondern kirchliche Anschauung machte ihn und andere gegen den Sklavenbesitz und Sklavenhandel der Juden eifern. Als Gregor erfuhr, daß der genannte
Nasas christliche Sklaven besaß, befahl er, sie ihm zu entreißen und
in Freiheit zu setzen.[1] Im fränkischen Reiche, wo der Fanatismus
noch nicht durchgegriffen hatte, war es den Juden nicht verboten,
Sklavenhandel zu treiben. Darüber war Gregor entrüstet und schrieb
an die damaligen Könige T h e o d e r i ch (Diterich) von Burgundien,
T h e o d e b e r t (Dietbert) von Austrasien, sowie an die Königin
B r u n h i l d e, er wundere sich, wie sie den Juden gestatten können,
christliche Sklaven zu besitzen. Er ermahnte sie mit vielem Eifer,
dieses Übel zu beseitigen und die Gläubigen von der Gewalt ihrer
Feinde zu befreien.[2] Dem westgotischen Könige R e c c a r e d,
der sein Land dem päpstlichen Stuhle unterworfen hatte, schmeichelte
Gregor über die Maßen für sein Intoleranzedikt, welches den Juden
den Ankauf christlicher Sklaven untersagte und sie von Ämtern aus-
schloß. Gregors Eifer vermochte aber nicht, den Sklavenhandel der
Juden zu unterdrücken. Das Mittelalter, wie das Altertum konnte
der Sklaven nicht entbehren, und die Juden waren vermöge ihrer
ausgebreiteten Verbindung die besten Zwischenhändler für diesen
allerdings gemütempörenden, aber damals keineswegs entehrenden
Handelszweig.

Während im byzantinischen Reiche und in Italien das Christentum, das dort schon in der Kaiserzeit festen Fuß gefaßt, von vornherein dem Judentume mehr oder minder feindselig gegenüber stand
und die Stellung der Juden zur christlichen Gesellschaft auch bei der
Besitznahme der Ostgoten und Longobarden sich bereits zu deren Nachteil geändert hatte, gestalteten sich die Verhältnisse der Juden im
europäischen Westen, in Frankreich und Spanien, wo die Kirche sich
erst mühsam Bahn brechen mußte, auf eine viel günstigere Weise.
Durch die Einfälle der Barbaren waren diese Länder aus den Fugen
gerissen. Die römischen Einrichtungen, politische wie kirchliche, waren
ziemlich verwischt, und die daselbst durch heidnische oder oberflächlich
bekehrte Völker neu entstandenen Reiche bildeten sich unabhängig
von der Kirchensatzung aus. Es dauerte lange, bis der Katholizismus die Oberhand in Westeuropa gewinnen konnte, und so lange
genossen auch die dort angesiedelten Juden ungestörte Ruhe, bis

[1] St. Gregorii Magni epistolae II. 39, III. 38.
[2] Daf. VII. 114.

die siegende Kirche ihren Fuß auf den Nacken derer setzte, deren unbeugsamer Widerstand ihr Unruhe verursachte und sie bis an die Zähne gegen das Judentum bewaffnete.

Die erste Ansiedelung der Juden in Gallien war kein so wichtiger Gegenstand, um aufgezeichnet zu werden; daher ist man bei diesem Punkte auf Vermutungen angewiesen. Die Einwanderung der Juden in diese wichtige und reiche Provinz fällt wohl noch in die Zeit der Republik oder Cäsars. [1]) Die jüdischen Kaufleute, welche geschäftlicher Verkehr aus Alexandrien oder Kleinasien nach Rom und Italien geführt, die jüdischen Krieger, welche die über Judäa siegenden Kaiser Vespasian und Titus als Gefangene in die römischen Provinzen versprengt hatten, fanden ihren Weg freiwillig oder gezwungen auch nach den gallischen und iberischen Provinzen. Doch haben wir keine bestimmte Nachricht über das Vorhandensein der Juden in diesen Ländern vor der Tempelzerstörung. Ungeschichtlich und wohl weiter nichts als agadische Ausschmückung ist die Nachricht, daß ein Frommer einst die weite Reise von Gallien (oder Spanien) nach Jerusalem gemacht, um Mehlopfer auf den Altar zu bringen, und als er bemerkt, daß die Priester den größten Teil des Opfers verzehrt, die große Anstrengung bereut haben, bis man ihn damit beruhigte, daß er dafür einen um so größeren Lohn zu erwarten hätte. [2]) Die hadrianische Judenverfolgung in Judäa hat neue jüdische Flüchtlinge bis Gallien und Spanien gehetzt; glücklicherweise gab es im römischen Reiche noch kein raffiniertes Polizeisystem, welches sie als Staatsverbrecher aus der Dunkelheit vor das Prätorengericht hätte schleppen können. Das Vorhandensein der Juden in Westeuropa ist erst im zweiten Jahrhundert sicher.

Die gallischen Juden, mögen sie nun als Geschäftsleute oder Flüchtlinge, mit dem Säckel oder im Sklavengewande in Gallien angekommen sein, genossen volles römisches Bürgerrecht und wurden von den erobernden Franken und Burgundern ebenfalls als Römer behandelt. Die älteste fränkische und burgundische Gesetzgebung betrachtete die Juden nicht als eine zurückgesetzte, besonderen Bestimmungen unterliegende Volksklasse. In dem von Chlodwig gegründeten fränkischen Reiche wohnten die Juden in der Auvergne (Arverna), in Carcassonne, Arles, Orleans und bis hoch im Norden, Paris und

---

[1]) [Vgl. jed. Aronius, Regesten zur Gesch. d. Juden im Fränkischen und Deutschen Reiche, Berlin 1887, Nr. 1 gegen Ende.]
[2]) Siehe Note 9.

Belgien. Zahlreich wohnten sie in der altgriechischen Hafenstadt Marseille, welches die „hebräische Stadt" genannt wurde, in Arles, wo sie bis ins sechste Jahrhundert sich der griechischen Sprache bedienten, in Beziers (Bitterae) und in der narbonnensischen Provinz, wo sie in so großer Anzahl vorhanden waren, daß ein Berg bei Narbonne nach ihnen benannt war (mons judaicus) [1]. Das narbonnensische Gebiet gehörte eine geraume Zeit hindurch zum westgotischen Spanien, und daher nimmt die jüdische Geschichte dieses Landstriches teil an allem Geschickswechsel ihrer Brüder jenseits der Pyrenäen.

Unbeschränkt trieben die Juden des fränkischen und burgundischen Reiches Ackerbau, Gewerbe und Handel. Sie befuhren mit eigenen Schiffen die Flüsse und das Meer. [2] Auch die Arzneikunst übten sie aus, und die jüdischen Ärzte wurden sogar von den Geistlichen zu Rate gezogen, welche sich nicht ganz auf die wundertätige Heilung der in Krankheitsfällen gesuchten Heiligen und Reliquien verlassen mochten. [3] Die Juden verstanden auch die Waffen zu führen und nahmen lebhaften Anteil an den Kriegen zwischen Chlodwig und den Feldherrn der Westgoten bei der Belagerung von Arles (508.) [4] Die gallischen Juden führten neben den biblischen auch die landesüblichen Namen Armentarius, Gozolas, Priscus, Siderius. Sie lebten mit der Bevölkerung des Landes im besten Einvernehmen, und es kamen sogar Ehen zwischen Christen und Juden vor. Selbst christliche Geistliche ließen sich an jüdischer Tafel wohlschmecken und luden auch ihrerseits Juden zu Gast. Bei dem Tode des beliebten Bischofs Hilarius von Arles, welcher dem römischen Bischof gegenüber Selbständigkeit zeigte, waren die Juden ebenso betrübt, wie seine Diözesankinder, weinten an seinem Grabe und vermischten ihre hebräischen Trauergesänge mit den kirchlichen Litaneien. Andere Kirchenfürsten nahmen jedoch Anstoß daran, daß die Juden sich bei christlichen Gastmählern mancher Speisen enthielten, die ihnen ihre Religionsvorschriften verboten. Darum untersagte das Konzilium zu Vannes (465) den Geistlichen, an jüdischen Gastmählern teilzunehmen, „weil es unwürdig sei, daß, während die Christen die Speisen bei Juden genießen, diese die

[1] Bei Bouquet recueil des historiens des Gaules T. IX. S. 522. [Vgl. jetzt auch Régné im RdÉJ. LV. S. 2, Anm. 2.]

[2] Folgt aus Gregor von Tours de gloria confessorum c. 97.

[3] Folgt aus demselben Schriftsteller historia Francorum V. 6.

[4] Cyprianus vita Caesarii pud Surium. [Vgl. Groß, Gallia judaica S. 76.]

Speiſen der Juden verſchmähen und es den Anſchein habe, als wenn
die Geiſtlichen niedriger ſtänden als die Juden. [1)] Aber dieſer
Konzilbeſchluß drang nicht durch; die kanoniſche Strenge vermochte
nichts über den freundlichen Verkehr. Daher mußte das Konzilium
von Agdes (506) dieſen Beſchluß erneuern [2)], aber mit nicht beſſerem
Erfolge, und das kanoniſche Verbot mußte noch öfter wiederholt
werden. Die Juden Galliens lebten alſo trotz ihrer Entfernung
vom Mittelpunkte des Judentums, Judäa und Babylonien, ſtreng
nach den Vorſchriften ihrer Religion. Sie hatten da, wo ſie an-
ſäſſig waren, ihre Synagogen und ihre gemeindlichen Einrichtungen
ganz nach talmudiſcher Satzung. [3)]

　　　Das freundliche Verhältniß zwiſchen den Juden und der Bevölkerung Galliens erlitt keine Trübung, auch als die katholiſche
Kirche durch den Übertritt Chlodwigs zu ihr herrſchend geworden
war. Clodwig war ein Menſchenſchlächter, aber kein Fanatiker.
Als er das Heidentum mit dem Chriſtentum vertauſchte, war die
Geiſtlichkeit ihm zum Dank verpflichtet, und er brauchte ihr keinen
Einfluß und kein Übergewicht einzuräumen. Indem er ſeinen Nachfolgern ein erbliches Königtum hinterließ, waren ſie nicht gleich den
weſtgotiſchen Wahlkönigen in peinliche Lagen und Verlegenheiten verſetzt und brauchten nicht der Kirche Zugeſtändniſſe zu machen oder
Opfer zu bringen. Daher blieben heidniſche Sitten unter den
Franken noch lange Zeit in Übung, und die Juden durften
unangefochten ihrer Religion leben. Die Geiſtlichen, obwohl ſtets
begierig, die Juden in den Schoß der Kirche zu bringen, mußten
ſich mit frommen Wünſchen und Überredungskünſten begnügen. Der
fromme Biſchof Sidonius Apollinaris empfahl einen Juden dem
Papſte Eleutherus [4)] aufs wärmſte, bat deſſen Intereſſen zu fördern
und entſchuldigte ſich, daß ihn nicht der Unglaube der Juden dazu
bewog, ſondern die Rückſicht, daß man die Juden, ſo lange ſie noch
Hoffnung auf Bekehrung gewähren, nicht verdammen dürfe. [5)]

[1)] Concilium Vaneticum c. XII. bei Mansi concilia T. VII 954.

[2)] Concilium Agathense bei Mansi. Daſ. VIII. p. 170. [Vgl. Regeſten Nr. 16 betreffs weiterer Beſtimmungen über Taufen von Juden.]

[3)] Folgt unter anderen aus Gregor von Tours historia Francorum
VI. 17: Priscus die Sabbati nullum in manus ferens ferra-
mentum, leges mosaicas quasi impleturus.

　[4)] [Eleutherus war nicht Papſt, ſondern Biſchof von Blandin und
Tournai; vgl. Régné a. a. O. Anm. 3.]

[5)] Sidonii epistolae 6, 11; vgl. 4, 5.

Freilich gaben sich manche fanatische Geistliche alle Mühe, die
Juden durch allerlei Mittel, selbst durch Mißhandlung, zu bekehren,
setzten harte Beschlüsse auf den Konzilien durch; allein die Ver-
folgungen blieben vereinzelt, selbst wenn einer oder der andere
der energischen Könige sie billigte oder die Hand dazu bot. Bur-
gundien aber war stets judenfeindlicher gesinnt als das eigentliche
Frankreich, seitdem dessen König Gundobad (473—516) mit der
Annahme des katholischen Glaubens (516) die Unterdrückung der
Arianer und Juden zur Staatsmaxime machen zu müssen glaubte.
Dieser König [1]) zog zuerst eine Scheidewand zwischen Juden und
Christen, indem er in den Zusätzen zur alten burgundischen Gesetz-
gebung einen Paragraphen hinzufügte, daß die Verletzung eines
Christen von der Hand eines Juden schwerer bestraft werden sollte,
als von den Seiten eines Glaubensgenossen. Die Strafe sollte
bestehen in Verlust der Hand oder 85 Schillingen Lösegeld (solidi,
ungefähr 4 1/2 Pfd. Silber), während ein Christ nur eine geringe
Summe für die Verletzung zu erlegen hatte. [2]) Er bestätigte den
Beschluß des Konzils von Epaone unter dem Präsidium des ver-
folgungssüchtigen Bischofs A v i t u s , daß auch christliche Laien keinen
Teil an jüdischen Gastmählern nehmen dürften. [3]) Die fränkischen
Könige dagegen, die Nachkommen Chlodwigs, welche ein Konzil nach
Orleans zusammenberiefen (533), verboten anfangs nur Ehen zwischen
Juden und Christen. [4])

Von Burgundien aus verbreitete sich aber allmählich ein feindseliger
Geist gegen die Juden auch über die fränkischen Länder. Das dritte
und vierte Konzil zu Orleans (538 und 541), die nur wenige Jahre
später tagten, verfügten schon harte Bestimmungen gegen dieselben.
Sie verboten nicht nur den Christen, an jüdischen Gastmählern teilzunehmen, und den Juden Proselyten aufzunehmen, sondern untersagten den letzteren auch, sich während der Osterfeier auf Straßen
und Plätzen sehen zu lassen, „weil ihr Erscheinen eine Art Beleidi-
gung gegen das Christentum sei." Childebert I. von Paris nahm
den letzten Punkt in seine Konstitution auf (554) und erhob hiermit

---

[1]) [Er verbot zunächst die Ehen zwischen Juden u. Christen (500); vgl.
Scherer, Beiträge zur Geschichte des Judenrechts im Mittelalter, Berlin, 1902
I. S. 27 und Regesten Nr. 15.]

[2]) Lex Burgundiorum additamenta XV. [Nach Scherer c. 500.]

[3]) Concil. Epaonense c. 15; bei Mansi T. VIII. p. 561.

[4]) Conc. Aurelianense II. c. 19. Mansi das. 838 und 861.

die klerikale Unduldsamkeit zum Staatsgesetz. [1] Zwar war die feindliche Gesinnung noch nicht maßgebend für Childeberts Mitkönige.
Die Zersplitterung in dem fränkischen Reiche durch die vielen Herrscher,
die, obwohl Blutsverwandte, doch einander blutig haßten, beschränkte
solche intolerante Kundgebungen auf einzelne Gebiete. Selbst hochgestellte Kirchenfürsten verkehrten noch immer mit Juden auf freundlichem Fuße, ohne darin eine Gefährdung der Kirche zu sehen. [2]
Aber der Fanatismus ist seiner Natur nach ansteckend; hat er erst
in irgend einem Lande festen Boden gewonnen, so bemächtigt er
sich der Gemüter und besiegt alle Bedenklichkeiten. Im fränkischen
Reiche ging der Judenhaß von einem Manne aus, der als Verkörperung desselben gelten kann, von dem Bischof Avitus von Arverna,
der seinen Sitz in Clermont hatte. Er war für die fränkischen Juden
das, was Cyrill für die Juden Alexandriens gewesen war.

Die jüdische Bevölkerung seines Bistums war ihm ein
Dorn im Auge, und er fanatisierte seine Beichtkinder gegen sie.
Wiederholentlich forderte er die Juden Clermonts zur Bekehrung
auf, und da seine Predigten taube Ohren fanden, so stachelte er
die Menge auf, die Synagogen zu überfallen und sie dem Erdboden
gleich zu machen. Damit begnügte sich indes der Fanatiker nicht,
er stellte vielmehr den Juden die Wahl, entweder die Taufe anzunehmen oder die Stadt zu verlassen. Aber nur einziger Jude
empfing die Taufe, wurde aber dafür in der ganzen Gemeinde
Gegenstand des Abscheus. Als er in seinem weißen Täuflings-
gewande am Pfingsten durch die Straße ging, wurde er von einem
Juden mit übelriechendem Öl begossen. Das schien der fanatisier-
ten Menge eine Herausforderung, und sie griff die Juden tätlich an.
Da diese sich in ihre Häuser zurückzogen, wurden sie überfallen und viele
von ihnen ermordet. Der Anblick des vergossenen Blutes machte
die Schwachherzigen schwankend, und fünfhundert derselben flehten
den Bischof Avitus um die Gnade der Taufe an und beschworen ihn,
sofort dem Gemetzel Einhalt zu tun. Die treu gebliebenen Juden
entflohen jedoch nach Marseille (576.) [3] Die christliche Bevölkerung
beging den Tauftag der Fünfhundert mit ausgelassenem Jubel, als

---

[1] Conc. Aurel. III. c. 13. und IV. c. 31.   Mansi 15 und 117.   Pertz
monumenta Germaniae leges I, 1.

[2] Gregor von Tours historia eccles. 4, 12, 35.   Vita patrum p. 1176
edit. Ruinant.

[3] Gregor von Tours historia Francorum V. 11.

wenn das Kreuz sich eines Sieges rühmen dürfte, den das Schwert
errungen. Die Nachricht von dem Vorfall in Clermont machte den
Fanatikern große Freude. Der Bischof Gregor von Tours
forderte den frommen Dichter Venantius Fortunatus
auf, die Großtat des Avitus zu besingen. Aber die lateinischen
Verse des aus Italien nach Frankreich eingewanderten Dichters
haben, anstatt Avitus zu verherrlichen, ihm ein Schanddenkmal gesetzt.
Sie veranschaulichen recht lebendig, daß die Juden von Clermont
unschuldig gelitten und sich nur mit Verzweiflung im Herzen zum
Christentume bekehrt haben. Einige Verse aus der langen Sieges-
hymne des Fortunatus geben ein lebendiges Bild der damaligen
Zeitanschauung.

> Arger Zwist gärte damals im Schoß der Avernergemeinde,
> Die vereint in der Stadt, aber im Glauben entzweit;
> Ekler Judengeruch war Christi Getreuen zuwider,
> Ein ungläubiger Stamm Ärgernis gläubigem Volk:
> Stolzer Nacken, er will des Herren Joch nicht ertragen,
> Aufgeblähtem Gemüt schwillt gar so eitel der Kamm.
> Oft zwar hat sie ermahnt in des Herren Liebe der Priester,
> Daß der Bekehrten Saat sprieße zum Himmel empor;
> Aber es hält ein Schleier den Geist mit Düster umfangen,
> Daß ihr schändlicher Blick nimmer erschaue das Licht.
> Nun ist gekommen der Tag, da der Herr zum Himmel hinauf fuhr,
> Und der Menschensohn zog nach den Bahnen des Heils:
> Da zerstöret das Volk, vom Glauben entflammt, der Juden
> Synagoge — und wüst siehst du den Ort, wo sie stand!
> So zur Zeit, wo Christi Macht in den Himmel emporstieg,
> Stürzt, da er sich erhebt, tief das verhaßte Geschlecht.
> Aber zu Mosis abtrünnigem Volk spricht also der Priester
> Sanft, — es hatte der Zorn heftig gereizt ihr Gemüt:
> „Sieh', was tust du, du Judenvolk, unbelehret, ob alt auch?
> Daß du dein Leben erneu'st, lerne zu glauben als Greis!
> Doch die Rede wird lang, und kurz ist die Zeit: nun so höre:
> Folge dem bittenden Wort, sonst so ziehe hinweg,
> Hier zwingt keine Gewalt! So pfleget denn Rat nach Belieben,
> Folgt mir, dem Hirten, und bleibt — folgt der Verstocktheit und flieht!"
> So sprach milde und fromm des Priesters Mund zu den Leuten,
> Daß nach eigener Wahl jeglicher ziehe den Pfad.
> Doch blind, wütend, empört, tobt wild die Judengemeinde,
> Sammelt sich, birgt sich sodann drinnen im sichern Haus.
> Christi Gläubige sehen die Bastardrotten sich scharen,
> Hurtig sind sie am Platz, ahnend die tückische List.
> Macht euch zittern das Schwert? Nehmt, wie euch Recht ist, und sterbet,
> Wo ihr leben gekonnt, hättet Ihr Glauben gehabt!

Siehe da wird dem Priester gebracht die eilige Botschaft:
„Nimm die jüdische Schar, Hirt, in die Herde denn auf!
Laß uns nicht sterben, erwirb dem Gotte uns lebend; denn Tod bringt
Jeder Verzug, und es sinkt hin, was du eben gewannst!
Eile, beflügle den Fuß, denn kommst du zu spät, dann beweine,
Vater, den kläglichen Tod, der dir die Söhne geraubt".[1]

So machten sich die Wirkungen des hoch auflodernden Fanatismus in vielen Teilen Frankreichs bemerkbar. Das Konzil von Mâçon (581) faßte mehrere Beschlüsse, welche darauf hinausgingen, den Juden eine niedrige Stellung in der Gesellschaft anzuweisen. Sie sollten weder als Richter fungieren, noch als Steuerpächter zugelassen werden, „damit die christliche Bevölkerung ihnen nicht untergeben scheine." Die Juden sollten ferner den christlichen Priestern tiefe Verehrung zollen und in ihrer Gegenwart nur auf ausdrückliche Erlaubnis sitzen dürfen. Die zum Judentum Übertretenden sollten streng bestraft werden. Das Edikt, daß die Juden zur Osterzeit sich nicht öffentlich blicken lassen dürfen, schärfte dieses Konzil neuerdings ein, und verbot den jüdischen Sklavenbesitzern, ihre Sklaven ins Judentum aufzunehmen.[2] Selbst der König Chilperich — obwohl er den katholischen Geistlichen nicht sehr hold war, Anstoß nahm an den von ihnen gepredigten Vorstellungen von der Gottheit und der Wunderkraft der Reliquien und dafür von Gregor von Tours als Nero und Herodes gebrandmarkt wurde — folgte dem von Avitus ausgegangenen Bekehrungseifer. Auch er zwang die Juden seines Reiches, die Taufe anzunehmen, und hob selbst die jüdischen Neophyten aus der Taufe, war aber mit dem Schein der Bekehrung zufrieden und hatte nichts dagegen, wenn die Juden nichtsdestoweniger fortfuhren, den Sabbat zu feiern und die Gesetze des Judentums zu beobachten.

Ein angesehener, reicher Jude Priscus aus Paris, Geschäftsträger und Juwelier[3] des Königs Chilperich, war standhaft geblieben und ließ sich nicht bekehren, obwohl der König es ihm sehr ans Herz legte. Einst als Priscus und der Bischof von Tours bei Chilperich

---

[1] Venantü Honorii Clementiani Fortunati carmina V. 5. V. 17—36, 63—86, 107—111.

[2] Conc. Matisconense c. 12—14, Mansi IX. 34 f.

[3] Priscus war vielleicht auch Münzmeister zusammen mit Domnulus um 555 in Châlons sur Marne vgl. Ponton d'Amécourt, description raisonnée des monnaies mérovingiennes Paris 1874; Revue des Et. j. X. 237.

waren, faßte der König den ersteren freundlich beim Kopf und sprach zum letzteren halb scherzhaft, halb ernst: „Komm, Priester Gottes und lege diesem die Hand auf." Priscus mochte es aber nicht so weit kommen lassen und eröffnete mit dem König und Gregor, der als Repräsentant der gelehrten christlichen Theologie galt, ein Religionsgespräch. „Ich kann nicht glauben," sprach er, „daß Gott eine Ehe eingegangen sei und einen Sohn habe, noch daß er überhaupt eines Teilnehmers an seinem Reiche bedürfe. Wie könnte Gott Mensch werden, von einem Weibe geboren, gegeißelt und dem Tode überliefert werden?" Chilperich wurde bei diesen Worten stutzig und überließ dem Bischof die Verteidigung der Glaubenslehren. Priscus setzte ihm aber scharf zu, da er in der Bibel sehr belesen war. Er sprach weiter: „Wenn Gott die Menschen von der Sünde erlösen wollte, brauchte er sich nicht zu vermenschlichen und sich gewissermaßen zu erniedrigen; er hätte dazu seine auserwählten Propheten und Apostel senden können." Priscus' Gewandtheit brachte Gregor von Tours in solche Verlegenheit, daß er, außer stande, beglaubigte Belegstellen für die Menschwerdung und Kreuzigung aus den biblischen Urkunden heranzuziehen, sich auf apokryphische, von christlicher Hand eingeschobene Verse zu berufen gezwungen war.[1]

Obgleich Priscus nicht durch Überzeugung für das Christentum gewonnen werden konnte, so hörte der König Chilperich dennoch nicht auf, ihn mit seinem Bekehrungseifer zu quälen. Als er ihn aber immer noch standhaft fand, ließ er ihn, um seinen Unglauben zu beugen, zu Paris in einen Kerker werfen. Durch reiche Geschenke brachte es indes Priscus dahin, daß er auf freien Fuß gesetzt und ihm vor der Hand eine Frist gestattet wurde, bis er die Hochzeit seines Sohnes mit einer Jüdin aus Marseille gefeiert haben werde.

---

[1] Gregor von Tours historia Francorum VI, 17. Gregor zitiert als Beweis für die Kreuzigung jenen apokryphen Vers aus den Psalmen: Dominus regnavit e ligno, der sich zu Hieronymus' Zeit nicht mehr im Psalter fand, wie dieser Kirchenvater im prologus glacatus bezeugt. Dieser Vers soll sich in einem lateinischen Psalmkodex auf der Pariser Bibliothek erhalten haben. Daß er von christlicher Hand eingeschoben und nicht „von den Rabbinen vertilgt worden", wird bei dem jetzigen Stand der Bibelexegese und den erkannten Spuren von Interpolation niemandem zweifelhaft sein. Aber nicht minder interpoliert ist der Vers in dem Apokryphon Baruch 3, 28: post hoc visus est in terris et cum hominibus conversatus est (scil. Deus) — auf den sich Gregor von Tours ebenfalls beruft — ein Einschiebsel, wie der Zusammenhang beweist.

Er dachte gewiß nicht daran, sich zu bekehren, sondern wollte wohl nur
Zeit gewinnen, um ein sicheres Asyl aufzusuchen. Aber seine Stunde
hatte geschlagen. Ein getaufter Jude, namens Phatir (oder
Pater), den der König aus der Taufe gehoben hatte, und der gegen
Priscus von dem Hasse eines Apostaten gegen Treugebliebene erfüllt
war, lauerte ihm mit seinen Sklaven an einem Sabbat auf, als
Priscus unbewaffnet erschien. Phatir und seine Sklaven fielen
plötzlich ihn und die Freunde in seiner Begleitung an und töteten
sie mit ihren Schwertern (582). Da der Mörder trotz seines scheinbaren Eifers für den Glauben den Zorn des Königs fürchtete,
flüchtete er mit seinen Sklaven in die nahegelegene Kirche des
heiligen Julian. Chilperich war in der Tat über diesen Mordanfall
aufgebracht und befahl, die Mörder zu bestrafen. Darauf entfloh Phatir,
wurde später begnadigt, aber von Priscus' Verwandten im Gebiete
des Königs Guntram — wohin er sich zurückgezogen hatte — erschlagen.

Seine Sklaven wurden schon vorher bei der Nachricht, daß sie als
Mörder gerichtet werden, sollten, auf ihr Verlangen von einem aus ihrer
Mitte noch in der Kirche getötet. Und als der Überlebende mit gezücktem
Schwerte aus der Kirche stürzte und sich Bahn brechen wollte, fiel das
vor der Kirche versammelte Volk über ihn her und stieß ihn nieder[1],
wahrscheinlich aus Teilnahme für den gemordeten Priscus[2].

Nach Chilperichs gewaltsamem Tode kamen die fränkischen Juden
vom Regen in die Traufe; denn Protektor des Reichs wurde jener
König Guntram, der burgundischen Fanatismus mitbrachte. Als
dieser auf seinem Zuge nach Paris in Orleans anhielt, stimmten
auch die Juden dieser Stadt in den Jubelrausch der Empfangs-
feierlichkeiten mit ein; sie dachten ihn durch Schmeicheleien dafür
zu gewinnen, daß er ihre von der Menge zerstörte Synagoge auf
Staatskosten wieder aufbauen lassen werde. Aber ihre Zuvor-

---

[1] Gregor von Tours historia Francorum VI. 17. Der Schluß dieses
Kapitels hat manche Dunkelheit, indem der Text sehr verderbt ist, so daß
der Herausgeber Ruinant dazu anmerkt (S. 294), daß Priscus nicht
sogleich das Leben ausgehaucht, sondern nach dem Mordanfall entkommen
sei. Der deutsche Übersetzer des Gregor, Giesebrecht (in dem Sammelwerke
der Geschichtsschreiber der deutschen Vorzeit K. 4, S. 329) schlägt einige
plausible Emendationen vor, welche zwar viele, aber nicht sämtliche Schwierigkeiten heben.

[2] [Auf dem im Jahre 589 zu Narbonne stattfindenden Konzil wird
den Juden unter Androhung von Strafen verboten, bei Beerdigungen Psalmen
zu singen; vgl. Régné a. a. O S. 7].

kommenheit brachte den entgegengesetzten Eindruck auf ihn hervor. Er äußerte sich hart über die Juden, sprach ein Weh über sie aus und nannte sie „schlecht, treulos und arglistig". Der Bischof von Tours lobte ihn dafür über die Maßen.[1]) König Guntram bestätigte sämtliche Beschlüsse des Konzils von Mâcon. Die Juden waren dadurch in eine niedrige Stellung gebracht und durften an dem öffentlichen Leben nicht teilnehmen.[2]) Unter Guntrams Regierung kamen, wie sich denken läßt, Judenverfolgungen vor. Darin zeichneten sich die Bischöfe Virgilius von Arles und Theodor von Marseille aus, welche mit Gewalt die Juden zur Taufe zwangen. Der Papst Gregor mußte ihnen diesen falschen Eifer streng verweisen (591). Die verwitwete, vielfach geschmähte Königin Brunhilde scheint dagegen milde gegen die Juden gewesen zu sein. Sie gestattete ihnen sogar den Besitz christlicher Sklaven, wurde aber dafür von demselben Papste scharf getadelt (599).

Die letzten merowingischen Könige verfielen immer tiefer in übereifrige Kirchlichkeit und in den dadurch bedingten Judenhaß. Chlotar II. ein Muttermörder und dennoch als ein Musterkirchlicher Frömmigkeit gerühmt, dem die Gesamtmonarchie des fränkischen Reiches zugefallen war (613), sanktionierte die Beschlüsse des Pariser Konzils, daß die Juden weder zu einer obrigkeitlichen Gewalt, noch zum Kriegsdienst zugelassen werden dürften (615). Die Übertreter dieses Edikts sollten mit strengster Strafe belegt werden.[3]) Sein Sohn Dagobert wird in der jüdischen Geschichte den judenfeindlichsten Königen zugezählt. Viele Tausende vor dem Fanatismus des westgotischen Königs Sisebut nach dem Frankenreiche entflohener Juden erregten die Eifersucht dieses schwelgerischen Königs. Er schämte sich, hinter den Westgoten zurückzustehen und von ihrem Religionseifer übertroffen zu werden. Er erließ daher einen Befehl, daß sämtliche Juden Frankreichs bis zu einem bestimmten Tage sich entweder zum Christentume bekennen oder als Feinde behandelt werden und mit dem Tode büßen sollten (um 629). Die gleichzeitigen Judenverfolgungen in Frankreich und im byzantinischen Reiche haben die Chronisten darauf geführt, daß sie auf gemeinsame Verabredung zwischen Heraklius und Dagobert erfolgt sei, indem der erstere den

---

[1]) Gregor von Tours historia Francorum VIII. 1.
[2]) Pertz Monumenta Germaniae leges I. 4.
[3]) Concil. Parisiense c. 15, Mansi T. X. 542 ff. Pertz Monumenta leges I. 15.

fränkiſchen König auf die Gefahr aufmerkſam gemacht, welche der
Chriſtenheit von ſeiten eines beſchnittenen Volkes drohe.[1]) Indeſſen
ſtand Dagobert ſchwerlich damals mit dem byzantiniſchen Kaiſer in
Verbindung. Viele Juden ſollen bei dieſer Gelegenheit zum Chriſten-
tume übergegangen ſein. Ob dieſer Taufbefehl in allen Teilen des
Reiches ſtrenge befolgt wurde, iſt ſehr zweifelhaft. Die fränkiſche
Monarchie, obwohl unter einem Oberhaupte vereinigt, war kein einheitlicher, organiſch zuſammenhängender Staat. Die Auſtraſier, die
deutſchen Völker, gehorchten nur ungern einem neuſtriſchen Könige,
und da die Bevölkerung überhaupt nichts weniger als fanatiſch war,
ſo durften die Juden wahrſcheinlich, nachdem Dagoberts Zorn ver-
raucht war, im Lande bleiben. Daher kommt es, daß das Konzilium
von Rheims (624—625) wieder die früheren kanoniſchen Beſchlüſſe
gegen die Juden erneuern mußte. Es verbot noch einmal den
Handel mit chriſtlichen Sklaven, die Teilnahme an jüdiſchen Gaſt-
mählern und die Bekleidung von öffentlichen Ämtern.[2]) Je mehr
das Anſehen der merovingiſchen Schlafmützenkönige, wie man ſie
nannte, ſank, und die Macht der politiſch umſichtigen Hausmeier, der
Nachkommen Pipins, ſtieg, deſto mehr hatten die Juden vor Verfolgung und Quälereien Ruhe. Die Vorläufer Karls des Großen
mochten wohl ahnen, daß die Juden eine brauchbare Menſchenklaſſe
ſind, deren Rührigkeit und Verſtandesgewecktheit dem Staate nur
Nutzen bringen könnte. Nur noch der Betrieb des Sklavenhandels
blieb immer ein Gegenſtand der Klage auf den Kirchenverſamm-
lungen; aber ihr Eifer vermochte dieſen Menſchenhandel nicht ab-
zuſtellen, weil ſie ihn nur einſeitig verdammten.

Die Niederlaſſungen der Juden in Deutſchland ſind ſicherlich
nur als Kolonien der franzöſiſchen zu betrachten, mit denen ſie in

---

[1]) Die Tatſache von einer Judenverfolgung unter Dagobert iſt nicht
wegzuleugnen. Sie wird von Fredegard Chronicon c. 42, in den Gesta
Dagoberti und in den jüdiſchen Chroniken des Joſeph Cohen dibre hajamim
anfangs und Emek ha-Bacha S. 8. erzählt. Freilich iſt der Zug, daß es auf
Heraklius, Inspiration geſchehen, ſagenhaft. [Vgl. jed. Regeſten Nr. 61.]
Paulus Emilius (in ſeinem Werke de rebus Francorum p. 44) beleuchtet
den Hintergrund dieſer Verfolgung: Eorum Hebraeorum tamen aliquot
milia in Galliam effugerunt (e Hispania). Turpe videbaturFranco a
Wisigothis ejectos finibus suis receptos diutius retinere ac Wisigothis
religioni cedere. Dagobertus igitur diem praestit, intra quam quiqui
ortalium religionem nostram non profiteantur, hostes judicarentur,
comprehensique capite luerent.

[2]) Conc. Rhemnense c. 11, Mansi X. p. 96.

dem den merovingischen Königen unterworfenen Austrasien gleiches
Geschick geteilt haben. Nach einer Chronik sollen die ältesten Juden
der Rheingegend Nachkommen jener Legionen gewesen sein, welche
sich an der Einäscherung des Tempels beteiligt hatten. Die Wangionen
hätten sich aus der Unzahl jüdischer Gefangenen schöne Weiber aus-
gesucht, sie in ihr Standquartier an den Ufern des Rheins und des
Mains gebracht und sie zur Befriedigung ihrer Lust gebraucht. Die
aus jüdischem und germanischem Blute geborenen Kinder wären von
den Müttern im Judentum erzogen worden, weil die Väter sich
nicht um sie gekümmert haben. Diese Mischlinge sollen nun die
ersten Gründer der jüdischen Gemeinden zwischen Worms und Mainz
gewesen sein. Sicher ist es, daß in der römischen Kolonie der Stadt
Cöln eine jüdische Gemeinde bestand, lange ehe noch das Christentum durch Konstantin zur Macht gelangt war. Die Gemeindeführer
und die angesehenen Mitglieder hatten von den vorchristlichen Kaisern
das Privilegium, von den lästigen städtischen Ämtern befreit zu sein.
Der erste christliche Kaiser beschränkte sie aber darin und befreite nur
zwei oder drei Familien davon. Auch hatten die cölnischen Juden
das Privilegium eigener Gerichtsbarkeit, welches sie bis in das Mittelalter hinein behalten durften. Ein nichtjüdischer Kläger, selbst ein
Geistlicher gegen einen Juden mußte seine Klage vor dem jüdischen
Richter (Judenbischof) anbringen.

Wenn die Geschichte der Juden in europäischen Ländern, Byzanz,
Italien, Frankreich nur ein geringes Interesse darbietet, so erhebt
sich die Geschichte derselben auf der pyrenäischen Halbinsel zu einer
höheren Bedeutung. Die jüdischen Bewohner dieser glücklichen Halbinsel haben durch ihre innige Beteiligung an dem Ergehen des
Landes, das sie liebten, wie man nur ein ererbtes Vaterland lieben
kann, zu dessen Größe beigetragen und dadurch weltgeschichtlich eingegriffen. Für die Entwicklung des Judentums hat das jüdische
Spanien fast eben soviel beigetragen wie Judäa und Babylonien,
und wie in diesen Ländern, so ist auch in jenem an fast jeden Fuß-
tritt für den jüdischen Stamm eine unvergeßliche Erinnerung geknüpft. Cordova, Granada und Toledo heimeln die Juden ebenso
verwandt an wie Jerusalem und Tiberias, und fast noch mehr als
Nahardea und Sura. In Spanien erlangte das Judentum, nachdem es im Morgenlande zum Stillstand gekommen und alters schwach
geworden war, neue Jugendfrische und wirkte befruchtend über einen
weiten Kreis. Spanien sollte einen neuen Mittelpunkt für die weit-

hin Zerstreuten bilden, in dem sie sich geistig sammeln und auf den
sie mit Stolz hinweisen konnten. Mehr als in anderen Ländern
interessieren hier die ersten Anfänge der jüdischen Kolonie, wie sie
sich zur Gemeinde ausgebildet, und wie sie sich hier gewissermaßen
zu einem konzentrierten Gemeinwesen im geistigen Sinne gesammelt
haben.

Die erste Ansiedlung der Juden im schönen Hesperien verliert
sich in nebelhaftes Dunkel.[1]) Sicherlich waren sie noch während der
römischen Republik als Freie, welche die ergiebigen Quellen dieses
Landes ausbeuten wollten, dahin gekommen. Der Apostel Paulus
hatte eine Sehnsucht, Spanien zu besuchen, um seine Botschaft für
das den Völkern verkündete Heil an den Grundstock der jüdischen
Gemeinden anzuknüpfen. Die gehetzten Opfer der unglücklichen
Aufstände unter Vespasian, Titus und Hadrian wurden auch nach
dem äußersten Westen zersprengt. Achtzigtausend derselben sollen,
wie übertreibend erzählt wird, nach Spanien als Gefangene geschleppt
worden sein. Lange sind diese wohl nicht im Sklavengewande geblieben; das Mitgefühl ihrer freien Brüder hat sich gewiß beeilt,
die Pflicht der Auslösung, die wichtigste unter denen, welche das
talmudische Judentum seinen Bekennern vorschreibt, an ihnen zu
erfüllen. Wie massenhaft die Juden in manchen Teilen Spaniens
angesiedelt waren, beweisen die Namen, die sie ihnen aufgedrückt
haben. Die Stadt Granada hieß in früherer Zeit die Judenstadt[2]),
weil sie nur von jüdischen Bewohnern bevölkert war; denselben
Namen führte auch das uralte, von Phöniziern erbaute Tarracona
(Tarragona), noch ehe die Araber es erobert hatten.[3]) In Cordova
gab es aus alter Zeit ein Judentor[4]) und bei Saragossa eine
Festung, welche in arabischer Zeit Ruta al Jahud hieß.[5])

Ihre Ansiedelung in Nordspanien bis Tortosa bezeugt ein auf-
gefundenes Grabdenkmal, welches in drei Sprachen, hebräisch, griechisch
und lateinisch, die Erinnerung an eine jung verstorbene Jüdin verewigt, deren Landesname Belliosa und heimischer Name Miriam
gelautet hat. Dieses Denkmal beweist, daß die spanischen Juden

---

[1]) S. Note 9.

[2]) Arrazi, arabischer Schriftsteller des zehnten Jahrhunderts bei Gayangos
history of the mohametan dynasties in Spain I 347; vgl. Memorias de la
real Academia de la historia F. VII. p. 241.

[3]) Vgl. Zedner in Benjamin of Tudela ed. Asher II. Note 5.

[4]) Al Makkari bei Gayangos das. I. 207.

[5]) Öfter bei spanisch-maurischen Schriftstellern erwähnt.

aus griechisch redenden Ländern stammten, daß sie dann unter
römischer Herrschaft das Lateinische erlernt und daß sie die heilige
Sprache der Urheimat nicht vernachlässigt hatten. Der spanische
Ahnenstolz, der auch ein Erbteil der Juden dieses Landes geworden
war, begnügte sich nicht mit der Tatsache, daß die jüdische Kolonie
in Spanien schon das Bürgerrecht in diesem Lande hatte, ehe noch
die Westgoten und andere Völkerschaften den eisernen Fuß in das
Land gesetzt hatten, sondern wollte für sie noch ein höheres Altertum behaupten. Die spanischen Juden wollten schon nach der Tempelzerstörung durch den babylonischen Eroberer Nebukadnezar hierher
verpflanzt worden sein. Einige jüdische Familien, die Ibn - Daud
und die Abrabanel, rühmten sich von dem davidischen Königshause abzustammen, deren Urahnen sich seit undenklichen Zeiten teils
in der Gegend von Lucena und teils um Toledo und Sevilla angesiedelt haben sollten.[1] Die zahlreiche spanisch-jüdische Familie
Nasi führte ihren Stammbaum ebenfalls auf den König David
zurück und bewies es durch Stammbaum und Siegel.[2] Bescheidener
war die Familie Ibn - Albalia; sie datierte ihre Einwanderung
erst aus der Zeit der zweiten Tempelzerstörung. Ihre Familien-
tradition erzählt, der römische Statthalter von Spanien habe sich
von dem Besieger Jerusalems edle Familien aus der Hauptstadt
Judäas erbeten, und Titus habe ihm solche zugesendet. Darunter
habe sich ein Mann namens Baruch befunden, der die Kunstweberei
der Vorhänge für den Tempel verstanden. Dieser Baruch, der sich
in Merida niedergelassen, soll der Stammvater der Ibn-Albalia geworden sein.[3]

Da die mit den Israeliten sprachverwandten Phönizier in Spanien
Stapelplätze für ihre Waren angelegt und feste Städte zur Aus-
beutung der Reichtümer des Landes gegründet hatten, so gab dieser
Umstand der Sage eine scheinbare Stütze, daß die hebräisch klingen-
den Städtenamen von den eingewanderten Israeliten zur Erinnerung
an die heimatlichen Töne oder an die erlittenen Schicksale herrührten.
Die Stadt Toledo (Toletum), eine geraume Zeit die Hauptstadt der
phyrenäischen Halbinsel, gab, weil sie im Munde der Juden und Araber
Tolaitola klang, Veranlassung zu der Behauptung, sie wäre

---

[1] Ibn-Giat bei Abrabanel Kommentar zu Zacharia 12, 7 und zu II.
Könige Ende.
[2] Ibn-Verga Schebet Jehuda edit. Hannover p. 89.
[3] Abraham Ibn-Daud Sefer ha-Kabbalah.

von den nach der Eroberung Jerusalems durch Nebukadnezar eingewanderten Israeliten erbaut worden, und ihr Name erinnere an
ihr Exil (Taltel) oder an alte israelitische Geschlechter (Toledoth).[1]
Die ganze Ungereimtheit dieser stolzen Sage veranschaulicht ein
späterer spanisch-jüdischer Dichter in folgender Strophe:

> Die Stadt Toledo erbaut
> Von edlen Hebräern,
> Gefangenen der babylonischen Macht;
> Sie kamen auf Schiffen des Aspanas
> Und des Königs Pyrrhus[2].

Toledo soll ferner den israelitischen Exulanten als ein neues
Jerusalem gegolten haben, so daß sie ringsumher Städte mit denselben Namen angelegt hätten, wie sie in Judäa bestanden und zwar
in demselben Verhältnis ihrer Entfernung von der Hauptstadt.[3]

Die spanischen Städte Escaluna, Maqueda, Jopes, Aceca sollen
zur Erinnerung an Askalon, Makeda, Joppe, Aseka erbaut worden
sein.[4] Die Leiden der Juden in Spanien unter der Herrschaft
fanatischer christlicher Könige zwangen zu einer eigentümlichen Er-
dichtung, die Juden so früh als möglich in Spanien einwandern zu
lassen. Man wollte den handgreiflichen Beweis liefern, daß die
Juden der pyrenäischen Halbinsel an Jesu Kreuzestod ganz unschuldig
gewesen, und ein Grabstein aus der salomonischen Zeit sollte Zeugnis
dafür ablegen. Man wollte diesen Grabstein mit der Inschrift:
„Hier ist das Grab Adonirams, des Dieners vom König Salomo,
der gekommen war Tribut einzutreiben und gestorben den —" in
Murviedro, dem alten Sagunt, gefunden haben.[5] So haben sich
der Stolz und der Notstand die Hand gereicht, um die Ansiedlung
der Juden in Spanien in die graue Vorzeit zu versetzen.

Aber wenn die Juden auch weder zu Salomos Zeit, noch
während des babylonischen Exils nach Spanien gekommen waren,
so waren sie tatsächlich seßhaft in diesem Lande, ehe noch die Horden

---

[1] [Vgl. die Auszüge aus Joseph Sambaris Chronik bei Neubauer,
Mediaeval Jews Chronicles I, S. 141.]

[2] De Barrios historia universal judaica p. 23.

[3] [Vgl. Neubauer a. a. O.]

[4] Von jüdischen Schriftstellern zuerst meines Wissens bei Abrabanel II.
Könige Ende und von christlichen bei Arias Montanus.

[5] Die Sagen sind fleißig zusammengestellt von Francisco Martinez
memoria sobra la primera venida de los Judios en España in den genannten memorias de la real Academia von 1799.

der Völkerwanderung, die Alanen, Vandalen, Sueven es durchrasten
und die Westgoten sich darin festsetzten. Sie wohnten in den Städten
und auf dem platten Lande, trieben Ackerbau, entweder selbst oder
durch ihre Sklaven, besaßen Weinberge und Ölpflanzungen, betrieben
Handwerke, Handel und sogar Schiffahrt nach der nahegelegenen
afrikanischen Küste.[1]) Da die Juden unter römischem Schutze eingewandert waren, so genossen sie in der spanischen Provinz, wie in
allen übrigen Provinzen des römischen Reiches, das Munizipalrecht
gleich den übrigen Römern und waren unter kein Ausnahmegesetz
gestellt.

Obwohl das Christentum frühzeitig in Spanien so tief Wurzel
geschlagen hat, daß noch vor Konstantins Bekehrung eine Kirchenversammlung von neunzehn Bischöfen, sechsunddreißig Presbytern
und mehreren niedern Geistlichen in Illiberis (Elvira nahe bei
Granada) zusammen kommen konnte, so standen die Juden bei der
christlichen Bevölkerung wie bei der heidnischen in vollster Achtung
und hatten sich über keine Zurücksetzung zu beklagen. Die zum
Christentume bekehrten Iberer und Römer sahen damals noch nicht
in den Juden einen von Gott verworfenen Stamm, dessen Nähe
gemieden werden müsse. Sie verkehrten mit ihren jüdischen Nachbarn in vollster Harmlosigkeit. Die neubekehrten Landbewohner,
welche von ihren Aposteln viel über Juden und Judentum predigen
hörten und von der tiefen Kluft zwischen Judentum und Christentum keine Ahnung hatten, ließen ihre Feldfrüchte ebenso oft von
jüdischen Frommen wie von ihren Klerikern einsegnen. Eheverbindungen zwischen Juden und Christen fanden in Spanien ebenso
statt wie in Gallien.

Die höhere katholische Geistlichkeit mochte aber diese gemütliche
Annäherung der Christen an die Juden nicht dulden. Sie erblickte
darin eine Gefahr für die kaum befestigte Kirche. Den Vertretern der
katholischen Kirche in Spanien gebührt der Ruhm — wenn es einer
ist — zuerst eine Scheidewand zwischen Juden und Christen aufgerichtet zu haben. Die Kirchenversammlung von Illiberis (um 306)[2]), an
deren Spitze Osius, Bischof von Cordoba, stand, verbot den Christen,
bei Strafe der Ausschließung von der Kirchengemeinschaft, gemüt-

---

[1]) Folgt aus Lex Visigothorum L. XII. T. III. § 6. Vgl. dazu
Graetz' Dissertation: Die westgothische Gesetzgebung in Betreff der Juden
im Seminarprogramm 1858.

[2]) [Zum richtigen Datum vgl. Scherer a. a. O. S. 39.]

lichen Umgang mit den Juden zu pflegen, Ehen mit Juden einzugehen und die Feldfrüchte von ihnen einsegnen zu lassen, „damit
der von den Geistlichen gespendete Segen nicht unwirksam und vergeblich erscheine." [1] Indessen ging die böse Saat des Judenhasses,
welchen die illiberitanische Synode zuerst ausgestreut, erst viel später
als giftige Frucht auf. Als die germanischen Horden der Völkerwanderung, Sueven, Vandalen und Westgoten, das schöne Land zuerst zur Wüstenei machten und dann zu ihrem Wohnsitz wählten,
mußten sich die Katholiken des Landes gefallen lassen, das Joch
politischer und kirchlicher Abhängigkeit zu tragen. Denn die Westgoten, welche dauernden Besitz von der Halbinsel ergriffen hatten,
waren zufälligerweise auf das arianische Glaubensbekenntniß getauft worden. Und obwohl ihnen im ganzen der Streitpunkt der
beiden Bekenntnisse, ob der Gottessohn dem Vater gleich oder ähnlich und ob der Bischof Arius als rechtgläubig oder als Ketzer zu
betrachten sei, ziemlich gleichgültig war, so haßten die arianischen
Westgoten doch die katholischen Urbewohner gründlich, weil sie in
jedem Katholiken einen Römer und folglich einen Feind erblickten.
Die Juden dagegen blieben unter den arianischen Königen unangefochten, sie genossen bürgerliche und politische Gleichheit und wurden
zu öffentlichen Ämtern zugelassen. [2] Ihre Gewandtheit und Kenntnisse, die sie vor den ungebildeten Westgoten voraus hatten, machten
sie zu Ämtern besonders befähigt. Ohne daß gerade die arianischen
Könige eine besondere Vorliebe für Juden und Judentum zu haben
brauchten, mochten sie sie deswegen begünstigen, weil sie keine
Katholiken waren und nicht wie diese auf Propaganda ausgingen.
Die günstige Lage der Juden in Spanien dauerte über ein Jahrhundert, in der Zeit als dieses Land zuerst eine Provinz des tole-
danisch-westgotischen Reiches und auch später, als es unter Theudes (531)
Mittelpunkt desselben geworden war. Die Juden, welche in der
narbonnensischen Provinz und in dem zum westgotischen Reiche gehörenden afrikanischen Gebiet wohnten, erfreuten sich derselben bürger-
lich-politischen Gleichheit. Einige unter ihnen leisteten den westgotischen Königen wesentliche Dienste. Diejenigen Juden, welche

---

[1] Concilium Illiberitanum canon 49, 50 bei d'Aguirre collectio conciliorum I. 279.

[2] [Vgl. jedoch über den Ausschluß der Juden von Zivil- u. Militär-
ämtern und über die Ordnung ihrer religiösen Verhältnisse, Scherer a. a. O.
S. 20.]

am Fuße der Pyrenäen wohnten, verteidigten nämlich die Pässe, welche von Gallien ins Land führten, gegen die Einfälle der Franken und Burgunder, welche ein lüsternes Auge auf Spanien hatten. Sie galten als die treuesten Grenzwächter, und ihr kriegerischer Mut erwarb ihnen besondere Auszeichnung. [1] Mit Judäa oder Babylonien müssen die westgotischen Juden in Verbindung gestanden haben, entweder über Italien oder über Afrika, von wo aus sie wohl ihre Religionslehrer hielten. Denn sie waren den talmudischen Vorschriften vollständig zugetan, enthielten sich des Weines von Nichtjuden und nahmen ihre heidnischen und christlichen Sklaven in den jüdischen Bund auf, wie der Talmud es anordnet. [2] Während ihre Stammesgenossen jenseits der Pyrenäen vielfach beengt und gewaltsam zum Christentum geführt oder zur Auswanderung gezwungen wurden, genossen sie vollkommene Religionsfreiheit und noch dazu das Privilegium, das ihnen in allen übrigen Ländern Europas streitig gemacht wurde, ihre Sklaven in ihre Religion einzuweihen.

Aber von dem Augenblicke an, als die katholische Kirche herrschend in Spanien und der Arianismus verfolgt wurde, trat für die Juden dieses Landes ein ungünstiger Wendepunkt ein. [3] Der König Reccared, welcher auf der Kirchenversammlung zu Toledo das arianische Glaubensbekenntnis abschwor, legte im Verein mit der Synode zuerst den Juden Beschränkungen auf. [4] Es wurde ihnen untersagt, Ehebündnisse mit Christen einzugehen, christliche Sklaven zu erwerben und öffentliche Ämter zu bekleiden; die aus einer Mischehe geborenen Kinder sollten mit Gewalt zur Taufe geschleppt werden (589). [5] Sie wurden dadurch in eine Ausnahmestellung gewiesen, die um so mehr schmerzen mußte, als sie von Ehrgefühl beseelt waren und mit ihren Mitbürgern bisher auf gleichem Fuße gelebt hatten, ja noch bevorzugter als die Katholiken waren. Am drückendsten empfanden sie die Beschränkung des Sklaven-

---

[1] Concilium Toletanum XVII, bei d'Aguirre daf. II. p. 753. No. 6.

[2] Dies folgt aus den häufigen Konzilienbeschlüssen der toletanischen Synoden.

[3] [Über die dabei mitwirkenden sozialen und religiösen Gründe vgl. Dahn, Könige der Germanen Bd. V, Würzburg 1870, S. 181—182.]

[4] [Vgl. hierüber die z. T. zu einer anderen Beurteilung gelangende Studie von Görres in Hilgenfelds ZwTh Bd. 40, S. 283—289: König Rekkared der Katholische u. d. Judentum.]

[5] Vgl. darüber die Dissertation: „Die westgotische Gesetzgebung in Betreff der Juden" im Seminarprogramm 1858.

beſitzes. Sie ſollten von jetzt an keine chriſtlichen Sklaven kaufen
oder als Geſchenk annehmen und im Übertretungsfall, wenn ſie die
Sklaven ins Judentum aufnähmen, das Recht daran verlieren; das
ganze Vermögen desjenigen, der einen ſolchen beſchnitten hat, ſollte
dem Fiskus verfallen. Sämtliche Wohlhabende im Lande beſaßen
Sklaven und Leibeigene, welche ihre Äcker beſtellten und für des
Hauſes Bedürfniſſe ſorgten, nur die Juden ſollten dieſes Vorteils
beraubt ſein. Es iſt begreiflich, daß ſich die vermögenden jüdiſchen
Sklavenbeſitzer Mühe gaben, dieſes Reccaredſche Geſetz rückgängig
zu machen. Sie boten dem König eine bedeutende Summe dafür
an. Er wies aber das Anerbieten zurück und wurde dafür vom Papſt
Gregor, deſſen Herzenswünſche durch dieſe Geſetzgebung erfüllt waren,
über die Maßen gelobt (599). Gregor verglich den weſtgotiſchen
König mit dem israelitiſchen König David, „der das Waſſer, welches
ihm die Helden mit Gefahr ihres Lebens gebracht hatten, nicht annehmen mochte und es vor dem Herrn ausgoß". Ebenſo habe
Reccared das Gold, das ihm angeboten worden, dem Herrn geopfert.[1]
Zur ſelben Zeit beſtätigte Reccared einen Beſchluß der narbonnen-
ſiſchen Kirchenverſammlung, daß es den Juden nicht mehr geſtattet
ſein ſollte, bei Leichenbegängniſſen Pſalmen zu ſingen — ein Brauch,
den ſie wahrſcheinlich von der Kirche angenommen hatten.[2]

Wenn auch Reccared die beſchränkenden Geſetze gegen die Juden
ſtreng ausgeführt wiſſen wollte, ſo war es doch den Juden nicht
ſchwer, ſie zu übertreten. Die eigentümliche Staatsverfaſſung des
weſtgotiſchen Spaniens gab ihnen dazu die Mittel an die Hand. Der
König war nach dieſer Verfaſſung nicht der mächtigſte Herr im Lande,
deſſen Willen jedermann Richtſchnur war. Im Gegenteil, die
weſtgotiſchen Großen, welche das Recht hatten, den König zu
wählen, waren auf ihrem Gebiete unumſchränkte Herren, und weder
dieſe, noch das Volk teilten den kirchlichen Fanatismus gegen die
Juden. Sie gewährten ihnen nach wie vor die Freiheit, Sklaven
zu kaufen, und mochten ſie auch zu Ämtern verwendet haben. In
zwei Jahrzehnten waren die Reccaredſchen Geſetze gegen die Juden
vollſtändig außer Brauch gekommen. Reccareds Nachfolger: Liuva,
Victorich und Gundemar, hatten ſich wenig daran gekehrt und waren
überhaupt den Juden nicht abgeneigt.[3]

---

[1] Bei d'Aguirre daſ. S. 406 Nr. 49.

[2] **Concilium Narbonense** canon 9 bei d'Aguirre daſ. 386.

[3] Folgt aus dem Paſſus in Siſebuts Geſetz. **Lex Visigothorum XII.**

Da wurde ein Mann zum König der Westgoten gewählt, der sonst milde und nicht ungebildet, für die Juden seines Reiches aber eine Geißel war und infolgedessen über dieses selbst ein schweres Verhängnis heraufbeschwor. S i s e b u t [1]), ein Zeitgenosse des Kaisers Heraklius, war gleich diesem ein fanatischer Judenverfolger. Aber während Heraklius in dem Aufstande der palästinensischen Juden eine Art Entschuldigung für sein Verfahren fand und überdies von den blindwütenden Mönchen dazu förmlich gezwungen worden war (S. 31), tat es Sisebut aus freien Stücken, fast gegen den Willen der katholischen Geistlichkeit. Gleich im Anfange seiner Regierung (612) beschäftigten ihn die Juden. Sein Gewissen fühlte sich beschwert, daß trotz des Reccaredschen Gesetzes noch immer christliche Sklaven jüdischen Herren dienten, von ihnen zum Judentume geführt wurden und gerne darin verharrten. Er erneuerte daher jenes Gesetz und befahl den Geistlichen und Richtern, sowie der Gesamtbevölkerung des Landes, strenge darauf zu achten, daß Christen nicht mehr im Dienstverhältnis zu den Juden stehen sollten; aber er ging darin weiter als Reccared. Die Juden sollten nicht bloß keine Sklaven e r w e r b e n, sondern die bereits erworbenen, nicht b e h a l t e n dürfen. Derjenige Jude, welcher bis zum ersten Juli [2]) seine christlichen Sklaven nicht freigelassen oder verkauft haben würde, dessen Vermögen sollte dem Fiskus verfallen. Nur die Juden, die sich zum Christentum bekehrten, sollten die Erlaubnis haben, Sklaven zu halten und sogar einen Erbanteil an den jüdischen Erbverwandten entzogenen Sklaven beanspruchen dürfen. Sisebut beschwor seine Nachfolger feierlich, dieses Gesetz aufrecht zu erhalten. Ein König, der dieses Gesetz aufzuheben sich unterfangen sollte, sei — so lautet Sisebuts Verwünschungsformel — „in dieser Welt der tiefsten Schmach und in jener der ewigen Höllenpein in den Flammen des Fegefeuers verfallen."[3]) Trotz dieser ernsten Ermahnung scheint dieses

---

2. 13. Dudum latae constitutionis auctoritas ab domino Reccaredo sufficere poterat, ut mancipia christiana nullatenus in Hebraeorum jure manerent obnoxia, si . . . eorum pravitas subripiendo principum animos aliqua sibi injusta non poposcisset beneficia, und gegen Ende dieses Paragraphen: Nam et quisquis de Judaeis sub nomine proprietatis fraudulenta suggestione aliquid a praecessoribus nostris visus est promeruisse. Über die Autorschaft dieser Gesetze vgl. Dissertation S. 32.

[1]) [Vgl. auch Dahn, Bd. VI, Würzburg 1871, S. 422 und das. Anm. 2.]
[2]) [Nach Dahn a. a. O. bis Januar d. J.]
[3]) Lex Visigothorum XII. 2. § 13. 14.

Geſetz jetzt ebenſowenig wie unter Reccared ausgeführt worden zu
ſein. Die unabhängigen Fürſten des Landes umgaben die Juden
mit ihrem Schutze um Vorteile willen oder aus Trotz gegen den
König. Selbſt manche Geiſtliche und Biſchöfe ſcheinen die Juden
begünſtigt und ſich nicht um den Befehl gekümmert zu haben. [1]
Um dieſe Nachſicht oder dieſen Trotz zu vereiteln, dekretierte Siſebut,
daß ſämtliche Juden des Landes binnen einer gewiſſen Friſt entweder die Taufe nehmen oder das weſtgotiſche Gebiet verlaſſen
müßten. Vermutlich haben es die Juden nicht an Anſtrengung
fehlen laſſen, den harten Schlag abzuwenden, aber vergebens. Dieſer
Befehl wurde ſtreng vollſtreckt. Die Schwachen, die Hab und Gut oder
das Land, das ihre Väter ſeit undenklichen Zeiten bewohnt, liebten,
ließen ſich taufen. Die Starken dagegen, deren Gewiſſenhaftigkeit
keinen innern Vorbehalt gutheißen konnte, wanderten nach Frankreich oder dem nahegelegenen Afrika aus (612—613). Die Geiſtlichkeit war aber mit dieſer Zwangsbekehrung keineswegs zufrieden,
und einer ihrer Hauptvertreter tadelte den König, „daß er zwar
Eifer für den Glauben gezeigt, aber nicht nach Gewiſſen.“ [2] Siſebut
hat mit dieſer fanatiſchen Verfolgung die Auflöſung des weſtgotiſchen
Reiches angebahnt.

Seine Strenge gegen die Juden dauerte nicht länger als ſeine
Regierung. Sein Nachfolger S w i n t i l a , ein milder und gerechter
König, den die Bedrängten „Vater des Vaterlandes“ nannten, ſetzte
ſie außer Kraft. Die verbannten Juden kehrten in ihr Vaterland,
die getauften zum Judentum zurück (621—31). [3] Die Bekehrten
hatten ohnehin mit der Taufe das Judentum nicht aufgegeben.
Man begnügte ſich damals mit dem Akte der Taufe, ohne zu unter-
ſuchen, ob die Täuflinge noch in ihren bisherigen Gebräuchen und
Sitten verharrten. Die heidniſch geſinnten Römer fuhren fort den
Jupitertag (Donnerstag) zu feiern, die Weſtgoten ihre heidniſchen

---

[1] Folgt aus Concilium toletanum IV. can. 58 bei d'Aguirre II. 188.

[2] Isidor Hispalensis Chronicon No. 120, historia Gothorum No. 60,
vgl. Diſſertation S. 3. Unbegreiflich iſt es, wie Helferich (Entſtehung und
Geſchichte des Weſtgoten-Reiches, Berlin 1858) dieſes von dem Zeitgenoſſen
Iſidor ſo rundweg erzählte Faktum von Siſebuts Judenverfolgung in einen
vom Pöbel veranſtalteten Judenkrawall umdeuten konnte (S. 70). Drei
Jahrhunderte ſpäter berief ſich Biſchof Amolo auf Siſebuts Judenverfolgung
als auf eine gottgefällige, nachahmungswerte, verdienſtliche Handlung.

[3] Diſſertation S. 9.

Gebräuche zu beobachten, und so brauchten sich auch die Juden nicht zu scheuen, ihre Religionsvorschriften zu beobachten. Eine Verschwörung der Großen und Geistlichen entthronte aber den edlen König Swintila und erhob an dessen Stelle ein gefügiges Werkzeug, mit Namen S i s e n a n d. Die Geistlichen gewannen wieder unter diesem Könige die Oberhand. Noch einmal wurden die Juden Gegenstand der synodalen Verhandlung auf der Kirchenversammlung zu Toledo (633). An der Spitze derselben stand ein zwar unterrichteter und billig denkender Prälat I s i d o r, Erzbischof von Hispalis (Sevilla), der aber doch die Befangenheit seiner Zeit teilte. Diese Kirchenversammlung sprach den Grundsatz aus, daß die Juden nicht mit Gewalt und durch Strafandrohungen zum Christentum geführt werden sollen, jedoch sollten die Reccaredschen Gesetze gegen sie vollstreckt werden. Die ganze Strenge der geistlichen Gesetzgebung sollte die unter Sisebut gewaltsamerweise bekehrten und wieder zurückgetretenen Juden treffen. Obwohl die Geistlichkeit selbst jenen Schritt tadelte, so hielt sie es doch für eine Pflicht, diejenigen, welche einmal der kirchlichen Sakramente teilhaftig geworden waren, im Christentume zu erhalten, „damit der Glaube nicht geschändet werde". Jene Zeit kannte nun einmal die Religion nur als ein äußerliches Bekenntnis. Die Sophisterei, daß jemand eine Weihe an sich tragen könne, die ihm wider seinen Willen aufgelegt sei, der er stets zuwiderhandele, ja gegen die er einen Abscheu empfinde, beherrschte das ganze Mittelalter und beherrscht noch heute solche Kreise, welche das in die Sinne Fallende und Materielle höher stellen, als das Innerliche und Geistige. Die unter Sisenand tagende Synode bestimmte demgemäß, daß die einmal getauften Juden mit Gewalt der Beobachtung der jüdischen Religion und dem Umgange mit ihren Stammesgenossen entzogen, daß die Kinder beiderlei Geschlechtes ihrem Herzen entrissen und in Klöster gesteckt werden sollten. Die ehemals getauften Juden, welche dabei ergriffen würden, daß sie Sabbat und jüdische Feiertage beobachteten, sich nach jüdischem Ritus verheirateten, die Beschneidung übten, sich gewisser Speisen nach der Norm des Judentums enthielten, sollten diese Übertretung mit Verlust der Freiheit büßen. Sie müßten zu Sklaven gemacht und nach Bestimmung des Königs an rechtgläubige Christen verschenkt werden. Die gewaltsam bekehrten Juden und ihre Nachkommen sollten nach dieser kanonischen Gesetzgebung nicht als Zeugen zugelassen werden, „weil derjenige nicht gegen Menschen wahrhaft

sein könne, der gegen Gott treulos geworden"[1]), so lautete die
Folgerung des tagenden Unverstandes. Dieser Strenge gegenüber
erscheint die Behandlung der eigentlichen Juden noch ganz milde.

Aber die Geistlichkeit wollte auch diese dem Judentume abwendig machen.[2] Isidor von Sevilla verfaßte zwei Bücher gegen
die Juden[3]), worin er die Glaubenslehre des Christentums aus dem
alten Testamente belegte, natürlich in einer geschmacklosen, sinnlosen
Art, mit der Verhöhnung des Textsinnes und der Geschichte, wie
es seit der kirchenväterlichen Polemik gegen das Judentum üblich
war. Die spanischen Juden sahen sich dadurch herausgefordert, um
einander in dem angestammten Glauben zu stärken, den Streit aufzunehmen und die Scheinbeweise zu widerlegen. Die Gebildeten
unter ihnen setzten den Streitschriften auch ihrerseits solche entgegen,
wahrscheinlich in lateinischer Sprache.[4] Ihre überlegene Kenntnis
der biblischen Urkunden machte ihnen den Sieg leicht. Auf die
Hauptentgegnung, daß das Zepter aus Juda gewichen ist, die
Christen also, welche Könige haben, das wahre Israel bildeten, wiesen
die Juden auf ein jüdisches Königreich im äußersten Osten hin, das
von einem Nachkommen Davids regiert werde.[5] Sie meinten
wahrscheinlich das jüdisch-himjaritische Reich in Südarabien, das
aber von einem zum Judentume bekehrten Königshause regiert
wurde.

Die Beschlüsse des vierten toledanischen Konzils und Sisenands
Verfolgung gegen die jüdischen Zwangstäuflinge scheinen nicht in
der beabsichtigten Strenge ausgeführt worden zu sein. Der spanisch-
westgotische Adel nahm die Juden immer wieder unter sein Patronat,
und dagegen war die königliche Gewalt ohnmächtig. Da bestieg den
westgotischen Thron ein König, der Sisebut ähnlich wahr, Chintila.[6] Dieser berief seinerseits eine allgemeine Kirchenversammlung nach der Hauptstadt Toletum zusammen und ließ von der-

[1] Quellen in Dissertation S. 9 und 34.
[2] [Nach Dahn a. a. O. S. 424 u. Anm. 1, sollten ihnen die Kinder
genommen und zur Taufe geführt werden.]
[3] Isidori Hispalensis contra Judaeos libri duo.
[4] Vgl. Dissertation S. 35.
[5] Die Stelle ist interessant: Judaei mentientes nescio quem regem
ex genere Judae in extremis Orientis partibus regnum tenere. (Isidori
contra Judaeos C. I. § 8).
[6] Placitum Judaeorum unter Chintila im Jahre 637 vgl. Revue des
Ét. j. II. 137 f.

selben nicht nur sämtliche judenfeindliche Paragraphen der früheren
Gesetzgebung bestätigen, sondern verfügte auch, daß niemand in dem
westgotischen Reiche bleiben dürfe, der nicht das katholische Glaubensbekenntnis annehme. Die tagende Geistlichkeit nahm diese Vorschläge freudig an und jubelte, daß „durch die Frömmigkeit des
Königs endlich der unbeugsame Unglaube der Juden gebrochen
werden würde." Sie fügten noch das kanonische Gesetz hinzu, wonach künftighin jeder König vor seiner Thronbesteigung einen feierlichen Eid ablegen müsse, daß er die Verletzung des katholischen
Glaubens von seiten der getauften Juden nicht zugeben und ihren
Unglauben nicht begünstigen, sondern die kanonischen Beschlüsse gegen
sie streng ausführen werde (638). Die Juden mußten zum zweiten Male
zum Wanderstabe greifen, und die getauften, aber im Herzen ihrem
Glauben anhangenden Juden mußten ein Bekenntnis (Placitum)
unterschreiben, daß sie den katholischen Glauben ohne Vorbehalt halten
und beobachten werden. [1] Aber dieses Bekenntnis der in tiefster
Seele Gekränkten war nicht aufrichtig und konnte es nicht sein.
Sie hofften stets auf bessere Zeiten, wo sie die Maske würden ab-
werfen können, was bei der Wahlverfassung des westgotischen
Reiches sehr nahe lag. Dieser Zustand dauerte auch nur während
Chintilas Regierung vier Jahre (538—642).

[1] Folgt aus dem Eingang des placitum Judaeorum für Recceswinth
lex Visigothorum C. XII. T. 9. § 16.

Drittes Kapitel

Die Juden der arabischen Halbinsel.

Einwanderung der Juden in Arabien. Die jüdischen Stämme in und um
die Stadt Jathrib und in der Landschaft Chaibar. Ihre Festungen und
Schlösser. Die Juden in Jemen. Ihre Macht und ihr Einfluß auf die
arabischen Stämme. Einige Stämme nehmen das Judentum an. Das
jüdisch-himjaritische Reich. Abu-Kariba, der erste jüdisch-himjaritische
König und die jüdischen Weisen Kaab und Assad aus Jathrib. Jussuf
Dhu-Nowas, der letzte jüdisch-himjaritische König und sein Ende. Fehden
der jüdischen Stämme in Jathrib mit den Arabern. Der jüdische Dichter
Samuel ben Adija und sein Sohn Schoraich. Der jüdische Häuptling
Kaab und die Kämpfe der Juden von Jathrib.

500—662.

Ermüdet von der Betrachtung der kläglichen Lage der Juden
in ihrer Urheimat und in den europäischen Ländern und von dem
Einerlei fanatischer Bedrückung in der Christenheit, ruht der Blick des
Beobachters freudig aus auf ihren Zuständen in der arabischen Halbinsel. Hier durften die Söhne Judas frei ihren Nacken erheben und
brauchten sich nicht scheu und gebückt ängstlich umzusehen, ob sich
nicht der geistliche Zorn auf sie entladen und der weltliche Arm
gegen sie erheben würde. Hier wurden sie nicht von den Bahnen
der Ehre und staatlicher Gleichberechtigung zurückgewiesen, sondern
durften unter einer freien, frischen, begabten Bevölkerung ihre Kräfte
frei entfalten, durften Mannesmut zeigen, um den Preis des Ruhmes
wetteifern und mit dem Schwerte in der waffengeübten Hand sich
mit dem Gegner messen. Weit entfernt, ein Joch zu tragen, waren
die arabischen Juden nicht selten die Führer arabischer Stämme.
Sie bildeten eine Macht durch ihre geistige Überlegenheit, schlossen
Schutz- und Trutzbündnisse und führten Fehden, handhaben aber
auch neben dem Schwerte und der Lanze die Pflugschar und die
Lyra und wurden allmählich die Lehrer des arabischen Volkes. Die
Geschichte der Juden in Arabien in dem Jahrhunderte vor Mohammeds

Auftreten und während seiner Wirksamkeit bildet ein schönes Blatt
in den jüdisch-geschichtlichen Jahrbüchern.

Die erste Einwanderung jüdischer Stämme in die freie, mannigfaltige, krafterweckende Halbinsel ist in die Nebel der Sage gehüllt.
Bald sollen Israeliten, welche Josua zur Bekämpfung der Amalekiter
gesandt hatte, sich in der Stadt Jathrib (später Medina)[1]) und
in der Landschaft Chaibar (4—5 Tagereisen im Norden von Jathrib)
zum Teil niedergelassen haben. Bald sollen die israelitischen Krieger
unter Saul, welche den schönen, jungen, amalekitischen Königssohn
verschont haben, und von dem Volke wegen ihres Ungehorsams ver-
stoßen worden wären, nach dem Hegas (Nordarabien), dem Wohn-
sitze der Amalekiter, zurückgekehrt sein und sich dort angesiedelt haben.
Auch unter David soll eine israelitische Kolonie nach Nordarabien
gekommen sein. Der unglückliche König, der vor seinem ehrgeizigen
Sohne entfliehen mußte, habe sich nach Hegas gewandt, dort einige
Jahre bis Absaloms Tod geweilt und jüdische Ansiedler dort zurück-
gelassen.[2]) Möglich, daß seefahrende Israeliten unter den mächtigen
Königen Judas, welche auf dem roten Meere nach dem Goldlande
Ophir steuerten, in Südarabien (Jemen, Himjara, Sabäa), in den
bedeutenden Handelsplätzen Mariba, Sanaa (Usal) Faktoreien
für den Tauschhandel mit Indien angelegt und eine jüdische Kolonie
gegründet haben. Die späteren arabischen Juden wollten aber von
ihren Vorfahren gehört haben, daß viele jüdische Flüchtlinge bei der
Zerstörung des ersten Tempels unter Nebukadnezar nach Nordarabien
gekommen seien.[3]) Ganz zweifellos ist es indes, daß die Kriege
zwischen Juden und Römern der arabischen Halbinsel eine jüdische
Bevölkerung zugeführt haben. Jene todesmutigen Zeloten, welche
nach der Einäscherung des zweiten Tempels sich zum Teil nach
Ägypten und Kyrene geflüchtet haben, um dort den verzweifelten
Widerstand gegen Roms Knechtung fortzusetzen (B. III₃ S. 553f.),

[1]) [Über Juden in Medina vor und nach Muhammeds Auftreten vgl.
besonders Hirschfeld in Rev. des. Ét. juives VII. S. 147 ff., wo auch Proben
aus jüd.-arab. Dichtern gegeben werden; vgl. ferner ebendenselben in The
Jewish Encyclopaedia II, S. 42.]
[2]) Die Quellen dieser Sagen, Mohammed Abulfara's Kitab Al-Aghani,
Abulfeda historia anteislamitica und Ibn-Khaldun sind angegeben von
Caussin de Perceval: essai sur l'histoire des Arabes T. II. p. 642 f.
[3]) Tabari mitgeteilt von de Sacy, mémoire de l'Académie des inscriptions T. XLVIII. p. 670. Abulfeda und Ibn-Khaldun bei Caussin
de Perceval das. 644.

haben sich in zersprengten Scharen auch nach Arabien gewendet, wo
sie ihren Freiheitssinn und ihre kriegerische Haltung nicht aufzugeben
brauchten. Von diesen Flüchtlingen stammten drei jüdisch-arabische
Stämme, die Benu-Nadhir, die Benu-Kuraiza und
die Benu-Bachdal, von denen die beiden ersteren aharoni-
discher Herkunft waren und sich daher Kohanim (Alkahinani)
nannten.[1]) Noch ein anderer jüdischer Stamm war in Nordarabien
ansässig, die Benu-Kainukaa, mit anderer Lebensweise als
die Nadhir und Kuraiza[2]), und wohl auch von einer anderen geschichtlichen Welle dahin verschlagen. Diese Stämme mit noch einigen
anderen, wenig bedeutenden und wenig genannten, den Benu-
Akra, Benu-Ghaura, Benu-Zaid, Benu-Auf,
Benu-Alaßis, hatten ihren Mittelpunkt in der Stadt Jathrib
in der Landschaft Hegas, die in einer fruchtbaren, mit Palmen
und Reispflanzen bebauten, von kleinen Bächen bewässerten Gegend
lag. Da die jüdischen Stämme öfter von Beduinen belästigt wurden,
so bauten sie in der Stadt und Umgegend Kastelle auf hochgelegenen
Plätzen, welche ihre Unabhängigkeit schützten. Wenn sie anfangs die
Alleinherrscher dieses Landstriches waren, so mußten sie später den
Bodenbesitz und die Macht mit arabischen Stämmen teilen, als
(um 300) zwei Bruderstämme sich in derselben Gegend niederließen,
die Benu-Aus und Chazrag (zusammen die Stämme Kaila
genannt), zu welchen die Juden bald in freundliche, bald in feindliche Verhältnisse traten.

Nördlich von Jathrib war die Landschaft Chaibar, durchgängig von Juden bewohnt, die dort ein eigenes Gemeinwesen bildeten. Die Juden von Chaibar sollen von den Rechabiten abstammen[3]), die auf Geheiß ihres Urahns Jonadab ben Rechab ein
nomadisierendes, nasiräisches Leben führten und nach der Zerstörung
des ersten Tempels bis in die an Palmen und Getreide reiche
Gegend von Chaibar gewandert sein mögen. Die chaibarensischen
Juden besaßen eine Reihe von Festungen oder Schlössern[4]), gleich

---

[1]) Kitab Al-Aghani und Ibn-Khaldun bei demselben 645 f. Ibrahim
Halevi bei Weil: Mohammed der Prophet S. 413 zu Anmerkung 144.

[2]) Es ist sicherlich ein Fehler, aus falscher Etymologie hervorgegangen,
wenn der Verf. des Samhudi die Kuraiza mit den Karäern identifiziert. Ritter
Erdkunde XII. S. 63.

[3]) Rapoport in Bikure ha-Ittim (Zeitschrift) Jahrg. 1824. S. 51 ff.

[4]) Abulfeda ed. Adler I. 65. Vgl. Weil: Mohammed 186 f.

den christlichen Ritterburgen: Bara, Fadak, Kulla, Naïm, Natum, Sab, Sulalim, Ubej, Watih. Die stärkste Festung war Kamus, auf einem schwer zugänglichen Berge erbaut. Diese Schlösser schützten sie vor räuberischen Einfällen der kriegerischen Beduinen und setzten sie in den Stand, manchem Verfolgten Asyl zu geben. Wadil-Kora (das Tal der Dörfer) eine fruchtbare Talebene, eine Tagereise von Chaibar entfernt, war ebenfalls ganz von Juden bewohnt.[1]) Ob dasselbe zu Chaibar gehörte oder ein selbständiges Gemeinwesen bildete, weiß man nicht. In Mekka dagegen, wo das Heiligtum der Araber stand, wohnten wohl nur wenig Juden.

Dagegen waren sie zahlreich in Südarabien (Jemen) vertreten, in dem Lande, „dessen Staub Gold war, das die gesündesten Menschen erzeugte, und dessen Frauen ohne Schmerz gebaren" (wie die Einwohner es rühmten). Aber die Juden des glücklichen Arabiens lebten, ungleich denen in Hegas, ohne stammesgenössischen, gewissermaßen politischen Zusammenhang und wohnten unter den Arabern zerstreut. Dennoch erlangten sie mit der Zeit so viel Einfluß auf die arabischen Stämme und Könige von Jemen (Himjara), daß sie die Ausbreitung des Christentums in dieser Gegend zu verhindern vermochten. Die byzantinisch-christlichen Kaiser hatten nämlich ihr Augenmerk auf diese Stapelplätze für indische Erzeugnisse gerichtet. Ohne gerade an Unterjochung der tapferen Himjariten (Homeriten) zu denken, wollten sie sich dieselben durch Bekehrung zum Christentume befreunden. Das Kreuz sollte die Handelsverbindung vermitteln. Der zweite christliche Kaiser Konstantinus hatte schon Missionäre nach Himjara gesendet, aber sie vermochten die Bekehrung nicht durchzusetzen, da ihnen die Juden entgegenarbeiteten.[2]) Erst zu Ende des fünften oder im Anfange des sechsten Jahrhunderts gelang es den christlichen Sendboten, einen arabischen Häuptling mit seinem Stamme, der seinen Hauptsitz in der Handelsstadt Nagaran hatte, für das Christentum zu gewinnen.[3]) — Nur halb zu Arabien gehörte eine Insel Jotabe (jetzt Tijbân) im roten Meere (15 Meilen südlich von der Hauptstadt Aila), auf welcher seit undenklichen Zeiten ein kleiner jüdischer Freistaat bestand, der seine Unabhängigkeit gegen Perser,

[1]) Vgl. Ritter Erdkunde XII. 62. 402.
[2]) Philostorgius c. III. No. 4.
[3]) Vgl. Caussin de Perceval, essai sur l'histoire des Arabes ebendas. I. 34.

Griechen und Römer behauptete und erst unter Kaiser Justinian erobert wurde.[1])

Vermöge ihrer semitischen Abstammung hatten die Juden Arabiens viele Berührungspunkte mit den Eingeborenen des Landes. Ihre Sprache hatte Verwandtschaft mit der arabischen, ihre Sitten, insoweit sie nicht die Religion erzeugt hatte, waren nicht verschieden von denen der Söhne Arabs. Die Juden arabisierten sich daher so vollständig, daß sie sich nur durch ihr religiöses Bekenntnis von den Landesbewohnern unterschieden. Eheverbindungen zwischen beiden beförderten die Verähnlichung des Charakters beider Völkerschaften. Die südarabischen Juden verlegten sich gleich den Himjariten mehr auf den Welthandel zwischen Indien, dem byzantinischen Reiche und Persien, die nordarabischen Juden dagegen trieben ein Beduinenleben: Ackerbau, Viehzucht, Zwischenhandel in Karawanenzügen, Waffenhandel, auch wohl Räuberhandwerk. Nur der Stamm Kainukaa betrieb wenig Ackerbau, besaß auch keinen günstigen Boden für Palmenpflanzung, wovon die Bewohner von Hegas ihre Hauptnahrung zogen, sondern betrieb mehr die Goldschmiedekunst und Geldwechselgeschäfte.[2]) Ein Platz in Jathrib, wo die Kainukaa ihre Geschäfte hatten, hieß M a r k t d e r K a i n u k a a (Ssuk alkainukaa).[3]) — Die arabischen Juden hatten ebenfalls eine patriarchalische Stammesverfassung, mehrere Familien waren unter einem Namen vereinigt und wurden von einem Häuptling (Schaïch) geführt, der im Frieden die Händel schlichtete und Recht sprach, im Kriege die waffenfähige Mannschaft anführte und Bündnisse mit Nachbarstämmen abschloß. Gleich den Arabern übten die Juden der Halbinsel Gastfreundschaft gegen jedermann, der ihr Zelt betrat, und unverbrüchliche Treue gegen Bundesgenossen; aber sie teilten auch die Fehler der Urbewohner, rächten den Tod eines ihrer Glieder mit unerbittlicher Strenge, legten sich in Hinterhalte, um Feinden aufzulauern und ihnen den Garaus zu machen. Es kam auch vor, daß ein jüdischer Stamm in Bundesgenossenschaft zu einem arabischen trat und dadurch feindselig gegen einen Bruderstamm verfuhr, der zu einer anderen Partei gehörte. Aber wenn Juden auch miteinander Fehden hatten, so milderte doch bei ihnen die angestammte Tugend die Beduinen-Grausamkeit, den Feind schonungslos zu be-

[1]) Procopius de bello persico I. 19. Ritter Erdkunde XIV. 19.
[2]) Ibn-Khaldun bei Caussin de Perceval III. 80.
[3]) Das.

handeln. Sie löſten die Gefangenen eines Bruderſtammes, mit dem
ſie eben Krieg geführt, aus der Hand der Bundesgenoſſen aus, um
ſie nicht in heidniſcher Gewalt als Sklaven zu laſſen, weil, wie ſie
ſagten: „die Auslöſung der religionsgenöſſiſchen Gefangenen eine
religiöſe Pflicht iſt." [1]) Wie die Juden den Arabern an Tapferkeit
nicht nachſtanden, ſo rangen ſie auch mit ihnen um die Palme der
Dichtkunſt. Denn zur Zierde eines edlen Arabers gehörte nebſt
Mannhaftigkeit und Mut auch die Poeſie, welche auch von Häuptlingen gepflegt und von arabiſchen Königen, wie die von Hira und
Jemen, reich belohnt wurde. Der Dichter war nebſt dem Helden
der gefeierteſte Mann in Arabien, dem ſich die Herzen und Zelte
weit öffneten. Die Juden Arabiens verſtanden es ebenfalls, die
arabiſche Sprache wohllautend zu ſprechen und die gebundene Rede
durch den Gleichklang des Reimes zu zieren. [2])

Die Religionskenntnis, welche die arabiſchen Juden bei ihrer
Flucht aus Judäa aus der Heimat mitbrachten, und die ihnen ſpäter
von den Lehrhäuſern noch zugeführt wurde, gab ihnen eine Überlegenheit über die heidniſchen Stämme, die ſie zu Herren derſelben
machte. Während nur wenigen Arabern bis tief ins ſiebente Jahrhundert die Schreibekunſt geläufig war, verſtanden ſie die Juden im
allgemeinen, bedienten ſich aber dazu der Quadratſchrift, der ſogenannten aſſyriſchen Schriftzeichen. Da die wenigen Araber, welche
es dahin gebracht, ſchreiben zu lernen, ſich ebenfalls mehr der
hebräiſchen Schriftcharaktere bedienten, ſo ſcheinen ſie die Schreibekunſt erſt von den Juden erlernt zu haben. [3]) Die heilige Schrift

[1]) Koran Sura II. Vers 85 und die Kommentatoren dazu. Ich zitiere
den Koran nach Maraccios Text und nach deſſen Versabteilung.

[2]) Vgl. ein Fragment eines jüdiſchen Dichters aus dem Kitab-al-
Aghani, mitgeteilt von Perron im Journal asiatique 1838 Novembre p. 446
noch aus dem Jahrhundert vor Mohammed. Vgl. weiter.

[3]) Weil im Leben Mohammeds ſtellt unrichtig auf, daß das Aſſirjanijiah, deſſen ſich die jüdiſchen Sekretäre Mohammeds bedient, und das
im Chamis mit Kitab al-Jahûd identifiziert wird, ſyriſch bedeute (S. 140
und Note 209). Warum ſollten ſich die Juden der ſyriſchen Schriftzüge
bedient haben? Das Aſſirjanijiah bedeutet aber nichts anders als das im
Talmud erwähnte Kitab aschurit, welches die übliche Quadratſchrift iſt,
im Gegenſatze zu Ibrit, der alten ¹oder ſamaritaniſchen Schrift. Die
Araber lernten das Schreiben erſt wenige Jahrzehnte vor Mohammed.
Vgl. de Sacy mémoire de l'Académie des inscriptions T. L. 315 und
Journal asiatique 1836 S. 533 S. 537 f. Caussin de Perceval histoire
des Arabes I. 262. [Es beweiſen jedoch alte, aus dem 6. Jahrhundert ſtam-

lesen konnte wohl jeder Jude in Arabien. Darum nannten sie die
Araber „das Volk der Schrift" (Ahl'ul Kitab).[1]

Das Judentum war den arabischen Juden in der Form, wie
es überliefert wurde, mit dem Gepräge, das ihm die Tannaiten und
Amoräer gegeben, hochheilig. Sie hielten streng Speisegesetze, Festtage und den Fasttag des Jom Kippur (bei ihnen A s ch u r a genannt).[2] Den Sabbat beobachteten sie so streng, daß sie trotz ihrer
Kriegslust und der Gelegenheit, sie zu befriedigen, an demselben
das Schwert in der Scheide ruhen ließen.[3] Obwohl sie sich in
diesem gastfreundlichen Lande über nichts zu beklagen hatten und
es als ihr Vaterland betrachten und lieben durften, so sehnten sie
sich doch nach der Rückkehr ins heilige Land ihrer Väter und erwarteten jeden Tag die Ankunft des Messias, der sie mit den übrigen
Zerstreuten des Volkes Israel vereinen und das Davidische Reich
wiederherstellen werde.[4] Beim Gebete richteten sie daher, wie
sämtliche Juden auf dem Erdenrund, ihr Gesicht nach Jerusalem.[5]
Mit den Juden in Palästina standen sie in Verbindung; den Autoritäten in Tiberias ordneten sie sich auch nach dem Untergange des
Patriarchats willig unter und empfingen von dort aus und wahrscheinlich auch von den babylonischen Lehrhäusern religiöse Anordnungen und Schriftdeutungen. Jathrib war der Sitz jüdischer Gelehrsamkeit; dort gab es Gesetzeslehrer (Achbâr, Chabar genannt) in
einem Lehrhause (Midras)[6], welche die Schrift auslegten. Aber
bedeutend war die Schriftkunde der arabischen Juden nicht. Sie
kannten sie nur durch die Brille agadischer Auslegung, weil sie ihnen
auf ihren Reisen bekannt oder durch Einwohner zugetragen wurde.
Die glänzende Geschichte der Vorzeit wuchs ihnen mit den legenden-
haften Zusätzen so sehr zusammen, daß sie das Gold von den Schlacken
nicht mehr zu sondern vermochten. Mit dichterischer Phantasie be-

mende arabische Inschriften, daß der arabischen sogen. kufischen Schrift, ebenso
wie der hebräischen Quadratschrift, die alte aramäische Schrift zugrunde liegt;
vgl. Harkavy bei Rabbinowitz a. a. O. S. 79.]

[1] Öfter im Koran.

[2] Alkazwini bei Pococke specimen ed. White 301 und die alten
Traditionen darüber zusammengestellt von Mahmud Effendi im Journal
asiatique, Jahrg. 1858 S. 117 ff.

[3] Vgl. Weil Mohammed S. 93, 164.

[4] Koran an mehreren Stellen.

[5] Folgt aus Sura II. und G'elaldeddin bei Maraccio I. 61.

[6] Baidawi zu Koran Sura II. 90.

gabt, schmückten arabische Juden ihrerseits die biblische Geschichte mit
interessanten Zügen aus, die dann als echte Tatsachen in Umlauf
kamen. Josephs Geschichte, schon in der Bibel eine anziehende, fast
dramatisch spannende Erzählung, wurde in Arabien von jüdischen
Dichtern noch romantischer fortgebildet. Der Kern der schönen
Dichtung von Joseph und Zuleika (der arabische Name für Potiphar),
ist sicherlich in jüdisch=arabischem Kreise entstanden.[1]

Indem die Juden Arabiens die Freiheit in vollem Maße genossen
und keinerlei Zwang unterworfen waren, konnten sie ihre Religions=
ansichten ohne Scheu vertreten und ihre heidnischen Nachbarn in
harmlosen Mitteilungen damit bekannt machen. Der für Geistiges
empfängliche Sinn der Araber fand Gefallen an dem halb kindlichen,
halb erhabenen, poetisch=religiösen Inhalte der heiligen Schrift, und
allmählich wurden gewisse jüdische Vorstellungen und religiöse Be=
griffe in Arabien heimisch und geläufig.[2] Die arabischen Juden
gaben den Arabern eine Kalenderordnung, ohne welche sie sich gar
nicht zurecht finden konnten. Die Araber hatten nämlich vier heilige
Monate im Jahre, in denen Waffenstillstand zwischen den sich be=
fehdenden Stämmen und das Aufschieben der Blutrache stattfanden.
In diesen Monaten fand die Pilgerschaft nach Mekka und der Besuch
von Marktplätzen statt. Der ganze öffentliche und friedliche Ver=
kehr beruhte auf diesen Monaten. Da die Araber aber nur zwölf
Mondmonate zählten, so fielen die Friedensmonate nach und nach
in alle Jahreszeiten und in Zeiten, wo das Reisen und der Ge=
schäftsverkehr erschwert waren. Gelehrte Juden aus Jathrib lehrten
daher die Araber, einen Monat in solchen Jahren einzuschalten,
welche hinter dem Sonnenjahre sehr zurückblieben. So nahmen
die Araber den neunzehnjährigen Zyklus von den Juden an (um

---

[1] Der Eingang der zwölften Sura des Koran von Joseph zeigt deut=
lich, daß die Geschichte und Sage von Juden stammen.

[2] Geiger schließt irrtümlich aus dem Vorkommen mehrerer hebräischen
und talmudischer Wörter im Koran, wie Thaurât, Luchât, G'anat-Adn,
G'ahannam, Sabt, Thâbût, Sekinah, Achbâr, Taghut (Taut, טעות Götzen=
dienst), zu denen man noch hinzufügen könnte Messieh, Nebi, und andere,
daß Mohammed sie aus dem Judentume aufgenommen habe. Im Gegen=
teil, da sie im Koran ohne Erläuterung gebraucht werden, so folgt daraus,
daß sie bereits vor Mohammed eingebürgert waren und von Mohammeds
Zuhörern ohne weiteres verstanden waren. Vgl. Geigers Preisschrift: Was
hat Mohammed aus dem Judentum aufgenommen S. 44 ff.

420)[1]) und nannten die Einschaltung Naßi, sicherlich nach dem Umstande, weil die Juden ihren Festkalender von ihrem Naßi (Patriarchen) zu empfangen pflegten.

Es gelang den Juden sogar, die Araber über ihren geschichtlichen Ursprung zu belehren, von dem ihre Erinnerungen schwiegen, und den sie gläubigen Sinnes als ihr Ureigenes annahmen. Es lag nämlich den Juden viel daran, von den Arabern als Stammesverwandte betrachtet und anerkannt zu werden. Es waren zu viele gesellschaftliche Interessen daran geknüpft, als daß sie es sich hätten entgehen lassen sollen. Der Mittelpunkt des Landes, die heilige Stadt Mekka (Alcharam), um einen alten Tempel (Kaaba, das Viereck) oder eigentlich um einen schwarzen Stein erbaut, an der Grenze zweier feindlichen Hauptstämme, der Uraraber und der unechten, eingewanderten Araber (Mostarab) gelegen, war ein Asyl für sämtliche Araber, an dem das Schwert nicht aus der Scheide kommen durfte. Die fünf Messen, die größte zu Okaz und die übrigen zu Menganna und Minai bei Mekka, zu Honain zwischen Mekka und Thaif, und die fünfte zu Dh'ul-Megaz am Hafen, konnten nur in den vier heiligen Monaten des Jahres bezogen werden, wo der Gottesfriede herrschte. Wer diesen Waffenstillstand und die Sicherheit des Lebens inmitten einer kampfeslustigen und gegen Blutvergießen wenig gewissenhaften Bevölkerung mitgenießen wollte, mußte seine Verwandtschaft mit den Arabern nachweisen, sonst war er von diesen Vorteilen ausgeschlossen.

Zum Glücke erinnerten sich die arabischen Juden der Abstammung der Araber, wie sie in dem ersten Buche des Pentateuchs angegeben ist, und sie bot ihnen eine Handhabe, ihre Stammverwandtschaft mit den Arabern darzutun. Nach der biblischen Genealogie war Eber (Heber) Stammvater der Hebräer und sein Sohn Joktan Stammvater der Araber. Aber auch Ismael, Abrahams Sohn, wird in der Bibel als Stammvater der Araber bezeichnet. Die Juden waren also überzeugt, von zwei Seiten her mit den Arabern verwandt zu sein, durch Joktan und

---

[1]) Diesen interessanten Punkt überliefern die meisten arabischen Schriftsteller, von den ältesten Abu-Mâschar, Albiruni und Maßudi bis auf Abulfeda. Vgl. Mémoire de l'académie des inscriptions vol. LXVIII p. 616ff.; Journal asiatique 4me. série T. I. p. 346, und die ausführliche Abhandlung von Mahmud Effendi: sur le calendrier arabe avant l'islamisme im Journal asiatique 5me. série T. II, p. 173ff.

durch Ismael. Auf diese zwei Urahnen führten die zwei arabischen
Hauptstämme, von den Juden belehrt, ihre Ahnenreihe zurück, indem die echten Araber (die Himjariten) von Joktan, die unechten
dagegen (die Nordaraber) von Ismael ausgegangen seien. Durch
diese Anknüpfungspunkte hatten die Juden weiten Spielraum,
die Beweise für ihre Stammverwandtschaft zu vervielfältigen.
Sie mochten zu den Arabern gesprochen haben: „Sehet, diese heilige
Kaaba, die ihr so hoch verehret, sie ist von Ismael erbaut, dem
Sohne unseres gemeinsamen Ahnen Ibrahim; er hat die Steine
dazu auf seinen Schultern herbeigeschafft. Der schwarze Stein in
der Kaaba (ursprünglich ein Fetisch), er trägt in seiner Vertiefung
die Spuren von Ibrahims Fußtapfen, als er einst bei seinem Sohne
zum Besuch war. Jenes Bild im Tempel, das euch hochheilig ist,
es stellt den ehrwürdigen Patriarchen vor, unsern und euren Stamm-
gründer. Die heilige Quelle Semsem bei Mekka, die euch zur Zeit
der Pilgerfahrt so sehr labt, sie sprudelte zuerst aus der Erde für
Hagars Sohn Ismael, als sie vor Sarah entfloh. Die Zeremonie,
siebenmal um die Kaaba zu laufen, geschieht zur Erinnerung an
Hagar, welche sich hierher geflüchtet und ihren Sohn hierher gebracht hat." Das alles schien den Arabern, welche genealogische
Stammtafeln liebten und froh waren, ihre Abstammung und Geschichte so hoch ins graue Altertum hinaufrücken zu dürfen, ebenso einleuchtend, wie schmeichelhaft. Sie bemühten sich infolgedessen, ihre genealogischen Erinnerungen und Traditonen mit den biblischen Nachrichten
in Einklang zu bringen. Obwohl ihre Erinnerungen kaum sechs Jahrhunderte hinaufreichten, einerseits auf ihren Stammahnen J a r o b
und dessen Söhne oder Enkel H i m j a r und K a c h t a n, anderseits auf A d n a n, so war das keine Schwierigkeit für ihren gegen
Geschichtstreue gleichgültigen Sinn. Sie machten Jarob getrost zum
Sohne K a c h t a n s (Joktans), und Ismael gaben sie einen Sohn
A d n a n oder knüpften die genealogischen Fäden auf andere Weise
an. Von der Kluft der Jahrtausende zwischen den angeblichen
Vätern und Söhnen hatten sie keine Ahnung. Die Südaraber
nannten sich fortan ohne Skrupel K a c h t a n i d e n und die Nordaraber J s m a e l i t e n.[1]) Gerne räumten sie den Juden Stammes-

[1]) Die Sagenhaftigkeit der Abstammung der Araber von Ismael, welche
sich gewiegte Historiker nicht klar machen konnten, sowie der Ursprung der
Kaaba ist lichtvoll behandelt von Dr. Ley in einer Jnauguraldissertation:
de templi Meccani origine, Berlin, 1849, bei Schade. Die Verwandtschaft

rechte, d. h. Gleichberechtigung an allen Vorteilen der Geſellſchaft ein.

Bei dem innigen Verkehr zwiſchen Juden und Arabern und
bei der reichen Belehrung, die das Judentum den Söhnen der Wüſte
darbot, deren unpoetiſche Mythologie ihnen keinen Stoff zur Begeiſterung lieferte, konnte es nicht fehlen, daß manche arabiſche
Häuptlinge eine beſondere Zuneigung zum Judentume faßten und
ſich dazu bekehrten, ohne daß es gerade die Juden auf Bekehrung
angelegt hätten. Da die Araber noch im Heidentume die Beſchneidung hatten, ſo war der Übertritt zum Judentume ein ganz
Leichtes. Bei dem engen Zuſammenhange und dem Aufgehen der
Familienglieder im Stamme nach der phylarchiſchen Verfaſſung der
Araber, brachte es die Ordnung mit ſich, daß, wenn der Häuptling,
als der Weiſeſte, zum Judentume überging, er ſogleich ſeinen ganzen
Anhang mit herüberzog. Von mehreren arabiſchen Stämmen wird
ausdrücklich beurkundet, daß ſie ſich zum Judentume bekehrt haben [1]):
die Benu-Kinanah, ein kriegeriſcher ſtreitluſtiger Stamm, der
mit den hochangeſehenen Koraiſchiten in Mekka verwandt war, ferner
mehrere Familien aus dem Stamme Aus und Chazrag in Jathrib,
die von den Familien Zoraik, Haritha, Nabbgar und
endlich ein gaſaniſcher Stamm, aus welchem ein gefeierter jüdiſch-
arabiſcher Dichter hervorgegangen iſt.

Epochemachend in der arabiſchen Geſchichte iſt aber der Übertritt eines mächtigen jemeniſchen Königs zum Judentume, deſſen
Geſchichte früher in das Dunkel der Sage gehüllt war und erſt durch
neuentdeckte Quellen und mühſame Forſchung den Charakter einer
beglaubigten Tatſache erhalten hat. Die Fürſten oder Könige von
Jemen mit Namen Tobba, welche öfter über ganz Arabien herrſchten,
führten ihren Urſprung geſchichtlich auf den Stamvater Himjar
und ſagenhaft auf Kachtan zurück. Einer dieſer Tobba, der
jüngere, mit Namen Abu-Kariba Aſſad-Tobban (Sohn
des Maliki-Kariba) war ein Mann von Einſicht, Kenntniſſen, dich-
teriſcher Begabung und von einer Tapferkeit, die ihn zu Eroberungen
aufſtachelte. Abu-Kariba unternahm alſo einen Kriegszug (um 500)
einerſeits gegen Perſien, das damals unter dem König Kawâdh zerrüttet

---

zwiſchen Arabern und Juden durch Abraham galt ſchon vor Mohammed
als Tatſache. [Vgl. von jüd. Quellen den Bericht in Pirke di R' Eliéſer
Kap. 30.]

[1]) Vgl. Note 10. T. Ende.

war, und anderseits gegen die arabischen Provinzen des byzantinischen Reiches. Auf seinem Zuge berührte er die nordarabische Hauptstadt J a t h r i b und ließ seinen Sohn daselbst als Statthalter zurück,
weil er sich nichts Schlimmes von den Einwohnern versah. Kaum
war er aber weiter gezogen, als ihm die trübe Kunde zukam, daß
die Jathribener seinen Sohn erschlagen hätten. Von Schmerz und
Zorn ergriffen, beweinte Abu-Kariba ihn durch einige Verse und
kehrte um, um Blutrache an der verräterischen Stadt zu nehmen.
Sein Plan war, alle Palmenwälder zu zerstören, die Stadt dem
Erdboden gleich zu machen, die Männer mit der Schärfe des
Schwerts zu erschlagen, Frauen und Kinder in die Sklaverei zu führen.

In Jathrib wohnten zwei arabische Stämme die B e n u - A u s
und C h a z r a g und die jüdischen Stämme Kuraiza und Nadhir
(wie schon erwähnt). Abu-Karibi entbot zuerst die Stammeshäupt-
linge zu sich ins Lager zum Zweck einer scheinbar friedlichen Unterredung. Als sie aber vor ihm erschienen, ließ er sie sämtlich enthaupten, bis auf einen ebenso tapferen wie dichterisch begabten Mann,
O c h a i c h a h, der dem Gemetzel entkam, nach der Stadt zurückkehrte,
und einen festen Widerstand organisierte. Darauf belagerte Abu-
Kariba mit seiner zahlreichen Reiterschar die Stadt und ließ die
Palmenbäume, von denen die Bewohner ihre Hauptnahrung zogen,
umhauen. Ein jüdischer Dichter aus Jathrib sang bei dieser Gelegenheit eine Elegie auf die umgehauenen Palmbäume [1]), welche
die Araber wie lebende Wesen liebten und über deren Zerstörung
sie wie über den Tod eines teuren Verwandten klagten. Die Juden
kämpften, an Tapferkeit mit den Ausiten und Benu Chazrag wett-
eifernd, gegen Abu-Kariba und ermüdeten seine Schar. Während
der Belagerung erkrankte der himjaritische König schwer und fand
kein frisches Wasser in der Nähe, seinen brennenden Durst zu löschen.
Alle diese Umstände machten ihn geneigt, auf friedliche Unterhand-
lung einzugehen. Zwei jüdische Gesetzeslehrer (Achbâr) aus Jathrib
vom Stamme Kuraiza, mit Namen K a a b und A s s a d [2]), benutzten
die Erschöpfung, in der sich Abu-Kariba befand, sich in sein Zelt
zu begeben und ihm ins Herz zu reden, den Jathribenern zu ver-

---

[1]) Kitab al-Aghani, mitgeteilt von Perron im Journal asiatique,
Jahrg. 1838, S. 446.

[2]) Tabari, mitgeteilt von de Sacy in mémoire de l'académie des inscriptions T. XLVIII. S. 873. Da heißt es ausdrücklich: deux docteurs
juifs habitants de Koreïta, dont l'un se nomma Caab et l'autre Asad,
vinrent le trouver (Tobba).

zeihen und die Belagerung aufzuheben. Was ihm die jüdischen
Weisen sagten, ist nicht bekannt, da die arabischen Quellen an diesem
Punkte den Faden der Geschichte abgeschnitten und das Spinngewebe
der Sage angeknüpft haben, um ihren Religionsstifter Mohammed
und die Stadt seiner Hauptwirksamkeit (Medina) zu verherrlichen.
Die Sage erzählt, Kaab und Assad hätten den himjaritischen König
gewarnt, Jathrib zu bedrohen und zu zerstören, weil Gott selbst sie
überwache, indem in derselben einst ein Prophet auftreten werde,
der in Jathrib sein Asyl und sein Grab finden werde. Darauf
habe sie Abu-Kariba gefragt, woraus sie das alles läsen, und sie
hätten geantwortet: „In der Thora!“ Als sie darauf der König
gefragt, was denn an der Thora sei, hätten sie ihm von Moses
Sendung gesprochen und ihm den Inhalt des Judentumes auseinandergesetzt[1]). Sicher ist nur so viel, daß die jüdischen Weisen
Gelegenheit fanden, mit Abu-Kariba vom Judentume zu sprechen
und ihm lebendiges Interesse dafür einzuflößen wußten. Die Auseinandersetzung von Kaab und Assad errege so sehr seine Teilnahme,
daß er beschloß, das Judentum anzunehmen, und er bewog auch
das himjaritische Heer, dasselbe zu tun.[2]).

Auf seinen Wunsch begleiteten ihn die zwei jüdischen Weisen
aus Jathrib nach Jemen, um das Volk zum Judentume zu bekehren. Indessen war die Bekehrung nicht so leicht; ein Volk läßt nicht
sofort auf Verlangen von seiner angewöhnten Denkart, seinen Sitten
und Unsitten. Die Sage erzählt noch, die Bewohner der Hauptstadt
S a n a a hätten dem Könige die Tore verschlossen und ihn mit
Krieg bedroht, weil er den Kultus seiner Väter abgestellt. Darauf
habe Abu-Kariba die Himjariten durch eine wunderbare Probe von
der Göttlichkeit des Judentums überzeugt. In einem Berge, nahe
bei Sanaa, gab es nämlich eine Höhle, welche von den Einwohnern
benutzt wurde, um zweifelhafte Fälle zur Klarheit zu bringen. So
oft ein Streit unter Parteien ausbrach, sandten die Richter beide
in die Höhle, und regelmäßig soll der schuldige Teil von einem aus-
brechenden Feuer verzehrt worden und die gerechte Partei verschont
geblieben sein. In dieser Höhle soll auch das Judentum nach der

---

[1]) Kitab al-Aghani im Journal asiatique das. und andere Schriftsteller im genanntem mémoire.

[2]) Über die Geschichtlichkeit der Tatsache und die Chronologie vgl. Note
10. I. [Indessen hat erst sein Sohn Jussuf sich förmlich zum Judentum bekannt; vgl. Nöldeke a. a. O. S. 178.]

arabischen Sage die Feuerprobe bestanden haben. Während die
Priester mit ihren Götzen von einer Flammenzunge, wie man sie
bis dahin nicht gesehen, verbrannt worden wären, seien die zwei
jüdischen Weisen, welche die Thora an ihren Hals gebunden hatten,
unversehrt geblieben.[1] Darauf hätten sämtliche Himjariten das
Judentum angenommen.[2] Kaab und Assad sollen auch einen Tempel
des Götzen Rajam in Sanaa mit Erlaubnis des Königs zerstört
haben, und der Dämon sei daraus unter der Gestalt eines schwarzen
Hundes entflohen.[3]

Indessen weiß die beglaubigte Geschichte, daß nicht sämtliche
Himjariten das Judentum angenommen, sondern daß ebensoviele
Heiden wie Juden im Lande wohnten, ihre Götzentempel behielten
und ihren Kultus frei üben durften. Überhaupt wird das Judentum, zu dem sich der König von Jemen bekannte, nur ein sehr
oberflächliches geblieben sein, ohne tief in Sitte und Lebensweise
einzudringen. — Auch ein Häuptling des edlen Stammes der Kenditen mit Namen Harith Ibn-Amru, Schwestersohn des
Königs von Jemen, nahm das Judentum an. Abu-Kariba setzte
ihn zum Unterkönig über die Maadditen am roten Meere und gab
ihm auch die Statthalterschaft über Mekka und Jathrib.[4] Mit Harith
ging auch ein Teil der Kenditen zum Judentume über. Die Nachricht von einem jüdischen Könige und einem jüdischen Reiche in dem
schönsten und fruchtbarsten Teile Arabiens verbreitete sich durch die
vielen Fremden, welche das Land geschäftshalber besuchten, und drang
bis zu den Juden der entferntesten Länder. Auch die Juden des
westgotischen Spanien erfuhren davon, glaubten aber, daß der himjaritische König vom Hause Davids stammte (oben S. 70), wie
denn überhaupt die Sage verbreitete, in Jemen befänden sich
mehrere israelitische Stämme in ungebrochener Kraft, welche noch
vor der Zerstörung des ersten Tempels und vor dem Untergange
des israelitischen Reiches dorthin ausgewandert wären.[5]

Abu-Karibas Regierung war nach Annahme des Judentums
nicht von langer Dauer. Sein kriegerischer Sinn ließ ihn nicht auf

[1] Tabari bei de Sacy das. 675, und andere arabische Schriftsteller.
[2] [Die Bekehrung der Himjariten zum Judentum unter Jussuf erstreckte
sich auch nicht über das gesamte Volk; vgl. Nöldeke a. a. O. Anm. 4].
[3] Ibn-Ischak in Sirat ar-Rasul f. 5.
[4] Vgl. Note 10. I.
[5] Vgl. weiter bei Eldad, dem Daniten, Note 19.

dem Throne ausruhen, ſondern trieb ihn zu kühnen Unternehmungen.
Auf einem dieſer Kreuzzüge ſoll er von ſeinem eigenen Heer, das
der Mühen und Märſche überdrüſſig war, erſchlagen worden ſein.
Da Abu-Kariba drei unmündige Söhne hinterließ, Haſſan, Amru
und Zu'ra, ſo kam das Reich unter Vormundſchaft. Der Regent
Rabia Jbn-Naſſ'r aus dem Stamme der Lachmiden, bekannte ſich ebenfalls zum Judentume.[1]) Er ſcheint gewiſſenhaft die
Krone dem rechtmäßigen Thronerben Haſſan übergeben zu haben
(um 503), der aber, gleich ſeinem Vater, von Luſt zu Kriegs-
abenteuern hingeriſſen, nicht lange regierte. Er ſoll durch die Hand
ſeines eigenen Bruders Amru, den die Offiziere des himjaritiſchen
Heeres dazu aufgeſtachelt hätten, gefallen ſein (um 508). Amru
ſoll aber ſeine blutige Untat bereut und die böſen Ratgeber haben
hinrichten laſſen. Er verfiel in eine ſchwere Gemütskrankheit, konnte
ſich nicht bewegen und mußte auf einer Sänfte getragen werden.
Davon erhielt er den Namen der Mann der Sänfte (Dhul-
Awad) oder der Sitzende (Al-Mauthabân). Während ſeiner
kurzen Regierung und nach ſeinem Tode (um 510) geriet das himjaritiſche Reich in große Verwirrung und Zerſtückelung. Die Unter-
könige über verſchiedene Landſtriche machten ſich unabhängig, verwandelten ihre Statthalterſchaften in eigene Königreiche und regierten
unter dem Titel Kail oder Dhu.[2]) Ein Uſurpator Lachiatha
Janûf[3]) bemächtigte ſich der himjaritiſchen Städte Zafar und Sanaa,
ſetzte ſich auf den himjaritiſchen Thron und ſchändete ihn durch Weich-
lichkeit und Laſter. Von dem Umſtande, daß er nach Weiberart
Ohrringe trug, erhielt er den Schimpfnamen Dhu-Schanatir
(Ohrringträger).[4]) Der Wollüſtling befleckte die übriggebliebenen
Prinzen des himjaritiſchen Königsſtammes durch unnatürliche Lüſte.
Sicherlich bekannte er ſich nicht zum Judentume. Als ſich aber
Dhu-Schanatir auch an dem jungen Prinzen Zu'ra vergreifen
und ihn ſchänden wollte, warf dieſer ſich auf den Laſterhaften, über-
wältigte den Schwächling und tötete ihn mit einem Meſſer. Die

---

[1]) [Vgl. jed. Rothſtein, Die Dynaſtie der Lachmiden in Al-Chira, Berlin
1899, S. 39.]

[2]) Vgl. darüber Caussin de Perceval, histoire des Arabes T. I.
S. 100—105, 117 f.

[3]) [Über den Namen vgl. Nöldeke a. a. O. S. 173 Anm. 1.]

[4]) [Schanâtir bedeutet vielleicht „Finger"; möglich auch, daß es bedeutet:
der von Schanâtir. Vgl. Nöldeke a. a. O.]

Nachricht von dem Tode des Thrannen verbreitete Jubel in der himjaritiſchen Hauptſtadt. Die Bevölkerung begrüßte Zu'ra als den Retter des Landes, ſetzte ihm die Krone auf erklärte ihn für den Würdigſten, ſie zu tragen[1]) (um 520).

Zu'ra, der von einer Burg[2]) den Namen Dhu - Nowas erhielt, war ein eifriger Anhänger des Judentums. Er legte ſich deswegen zu dem arabiſchen auch den hebräiſchen Namen Juſſuf bei. Sein Eifer für die Religion, für die ſein Vater ſich begeiſtert hatte, verwickelte ihn aber in Unannehmlichkeiten und brachte Unglück über ihn, ſein Reich und die jüdiſchen Bewohner Himjaras. Als ſollte das Judentum durchaus eines politiſchen Unterbaues und ſtaat-licher Grundlage entbehren, führten Beſtrebungen, welche der Kirche von Eroberung zu Eroberung verhalfen, das Judentum zu neuen Niederlagen. Der König Zu'ra Juſſuf Dhu-Nowas hatte erfahren, welche Mißhandlungen ſeine Glaubensgenoſſen im byzantiniſchen Reiche täglich zu erdulden hatten, und es erfüllte ihn mit Teilnahme für die Bedrückten. Er wollte daher durch Repreſſalien die byzan-tiniſchen Kaiſer zur Gerechtigkeit gegen die Juden zwingen. Als einſt römiſche (byzantiniſche) Kaufleute in Handelsgeſchäften durch Himjara reiſten, ließ er ſie auffangen und hinrichten. Dieſe Tat verbreitete Schrecken unter den chriſtlichen Kaufleuten, welche mit dem Lande der Wohlgerüche und indiſcher Reichtümer in Verbindung ſtanden. Der indiſch-arabiſche Handel geriet dadurch ins Stocken. Dhu-Nowas beſchwor aber dadurch einen ſchweren Krieg über ſein Land herauf.

Ein Nachbarkönig, Aidug, wohl einer der Vaſallenkönige, die ſich losgeriſſen hatten, und der noch dem Heidentume zugetan war, machte dem jüdiſchen Könige Vorwürfe über ſeinen unpolitiſchen Schritt, den Handel mit Europa zu untergraben. Die Entſchul-digung, welche Dhu-Nowas ihm gab, daß jährlich viele Juden unſchul-digerweiſe im byzantiniſchen Reiche umgebracht werden, machte auf Aidug keinen Eindruck. Er erklärte ihm den Krieg, beſiegte ihn in

---

[1]) Ibn-Jſchak Sirat ar-Rasul f. 5. Abulfaradſch Jſfahani Kitab al-Aghani IV. 298. Ibn-Badran ed. Dozy 84 f. Schultens historia Joctani-darum 26. 78.

[2]) Kremer bei Nöldeke, a. a O. S. 174 ff. Fell, die Chriſtenverfolgung in Südarabien, Zeitſchrift der D. M. Geſellſch. 1881. [Über die jüd.-himja-ritiſche Chriſtenverfolgung vgl. auch Halévy in RÉJ. XVIII, 16—42, 161—178, u. XXI. 73—76.]

einer Schlacht (521) und soll infolgedessen das Christentum angenommen
haben. Indessen verlor Dhu-Nowas in diesem Kriege nicht das
Leben, wie christliche Quellen angeben, sondern raffte sich wieder auf,
verwickelte sich aber durch heftige Erbitterung in neue Verlegenheiten. Die Stadt Negran in Jemen war meistens von Christen
bewohnt und hatte auch einen christlichen Häupling H a r i t h (Aretas)
I b n   K i l â b, welcher ein Vasall des jüdisch-himjaritischen Reiches
war. Harith mag bei dem Kriege gegen Aidug seine Vasallenpflicht
nicht getan und sonst Widerspenstigkeit gezeigt haben. Eine Nachricht erzählt, in Nagaran seien mit Wissen des Häuptlings Harith
zwei jüdische Jünglinge ermordet worden, was den jüdischen König
mit Unwillen erfüllt habe.[1]) Genug, Dhu-Nowas hatte Grund,
den Herrscher von Nagaran als einen Empörer zu züchtigen. Er
belagerte die Stadt mit 120000 Mann, wie übertreibend angegeben
wird, und brachte die Einwohner in solche Bedrängnis, daß sie kapitulieren mußten. Dreihundertundvierzig angesehene Männer, mit
Harith an der Spitze, begaben sich darauf in Dhu-Nowas' Lager,
um die Friedensbedingungen zu unterzeichnen (523). Das soll der
König vom Himjara, obwohl er den Männern Unverletzbarkeit zu-
gesichert hatte, ihnen die Wahl zwischen Annahme des Judentums
oder Tod gestellt haben, und, als sie sich weigerten, ihr Bekenntnis
abzuschwören, sollen sie enthauptet und ihre Leichen in den Fluß
geworfen worden sein. Die ganze Begebenheit ist aber so sagenhaft gehalten, daß der geschichtliche Kern nicht zu ermitteln ist.[2])
Sicher ist nur soviel, daß Dhu-Nowas den Christen im himjaritischen
Reiche hohe Steuern aufgelegt hat, als Repressalie für die Mißhandlungen, welche seine Glaubensgenossen in den christlichen Ländern
erlitten.

Das Gerücht trug die Vorgänge in Nagaran von Zunge zu
Zunge, vergrößerte die Zahl der Opfer, stempelte die Bestrafung
von Empörern zu einer Christenverfolgung von seiten eines jüdischen
Königs und dichtete daraus ein tränenreiches Martyrologium, das,
obwohl die Erfindung und die Übertreibung an demselben noch kennt-
lich ist, noch heutigen Tages buchstäblich geglaubt wird. Nahrung
erhielt das falsche Gerücht von Dhu-Nowas' Grausamkeit gegen die
Christen durch einen Flüchtling D a u s   D h u - T h ' a l a b â n,

---

[1]) Ibn-Alkelbi, zitiert von Ibn-Khaldun bei Caussin de Perceval, histoire des Arabes I. 128.
[2]) Vgl. Note 10. II.

welcher durch Arabien, Syrien und das byzantinische Reich wanderte
und überall die gehässigsten Schilderungen von dem jüdischen Könige
und den Leiden der Christen im Himjara entwarf, um die Gemüter
zu einem Kreuzzug gegen den angeblichen Tyrannen und Christen-
verfolger zu erhitzen. Ein syrischer Bischof, S i m e o n, von Bet-
Arscham, der gerade auf einer Reise nach Nordarabien begriffen
war und den übertriebenen Schilderungen Glauben schenkte, tat
ebenfalls das Seinige, dem jüdischen Könige Feinde zu erwecken.
Simeon schickte ein geharnischtes Sendschreiben an einen anderen
Bischof in der Nachbarschaft von Arabien (524) und beschwor ihn
darin, die Christen gegen den jüdischen König aufzuhetzen und
namentlich den Negus (König) von Äthiopien zum Kriege gegen ihn
zu entflammen. Er machte auch den Vorschlag, daß die Lehrer des
Judentums in Tiberias verhaftet und gezwungen werden sollten,
an Dhu-Nowas zu schreiben, er solle die Bedrückung der Christen
um ihretwillen einstellen. Daus begab sich seinerseits zum byzantinischen Kaiser Justin I., schilderte ihm übertreibend Dhu-Nowas'
Grausamkeiten gegen die Christen, zeigte ihm ein halbverbranntes
Evangelium, das er aus den Flammen gerettet haben wollte, und
forderte von ihm im Namen der Religion Rache an dem jüdischen
Könige. Der Kaiser, ein schwacher blödsinniger Greis, dessen Heer
in einen Krieg mit Persien verwickelt war, ging auf Daus' Plan
nicht ein. Er antwortete: „Himjara ist zu weit entfernt von uns,
und ich kann kein Heer in so weite Strecken durch Sandwüsten
marschieren lassen. Aber ich werde an den König von Äthiopien
schreiben; er bekennt sich zum Christentume wie wir, und er ist
Arabien näher als ich." Er schrieb auch in der Tat an den äthiopischen König E l e s b a a (oder A t z b e h a), Truppen nach Himjara
zu senden.

So verschworen sich viele Feinde, einen König zu verderben,
der es gewagt hat, sich seiner Glaubensgenossen mit Wärme und
Eifer anzunehmen. Dhu-Nowas' mächtigster Feind war der Negus
von Äthiopien, Elesbaa, ein Mann von Glaubenseifer durchdrungen,
der mit Mißgunst die Krone auf dem Haupte eines Juden sah.[1]
Es bedurfte bei ihm nicht der Aufstachelung von allen Seiten, ihm
war das jüdische Reich längst ein Dorn im Auge. Elesbaa rüstete
eine bedeutende Flotte aus, welche der byzantinische Kaiser oder

---

[1] [Über den Beweggrund vgl. Nöldeke a. a. O. S. 188, Anm. 1.]

vielmehr sein junger Mitregent Justinian durch Schiffe von Ägypten
aus verstärkte. Ein zahlreiches Heer setzte über die schmale Straße
des roten Meeres nach Jemen über, und die christliche Mannschaft
schloß sich ihm rachevoll an. Dhu-Nowas traf zwar Vorkehrungen,
das äthiopische Heer am Landen zu hindern, indem er die Landungs-
plätze mit Ketten sperren ließ und seinerseits ein Heer sammelte.
Allein das himjaritische Heer stand im Mißverhältnis zu den zahlreichen äthiopischen Kriegsscharen. Die kleinen Könige von Jemen
(die Kaïl), welche Dhu-Nowas aufgefordert hatte, das gemeinsame
Vaterland vor dem Eindringen fremder Heere zu verteidigen, blieben
gleichgültig gegen die herannahende Gefahr oder waren im voraus
von Elesbaa gewonnen. So war der jüdisch-himjaritische König auf
sein treues Heer, das aus Reiterei bestand, und auf seinen Mut angewiesen. Das erste Zusammentreffen fiel ungünstig für Dhu-Nowas
aus. Die Stadt Zafara (Thafar) fiel in die Hände des Feindes
und mit ihr die Königin und die Schätze. Den himjaritischen Kriegern
entsank der Mut. Juffuf Dhu-Nowas, der alles verloren sah, starb
eines Königs würdig. Um nicht in die Hände des übermütigen
Feindes zu fallen, stürzte er sich mit seinem Rosse von einem Felsen
ins Meer, das seine Leiche ins Weite trug (um 530.[1]) Die
siegenden Äthiopier wüteten in Himjara mit Feuer und Schwert,
plünderten, mordeten und führten die Wehrlosen als Gefangene
hinweg. Am heftigsten waren sie gegen die Juden in Himjara
entflammt, und Tausende von ihnen fielen als Sühnopfer für die
zweideutigen christlichen Märtyrer von Nagaran. Das war das Ende
des jüdisch-himjaritischen Reiches, das über Nacht entstanden und
über Nacht wieder verschwunden war. Etwa drei Jahrzehnte, seitdem Abu-Kariba das Judentum in Jemen eingeführt hatte, beherrschte es ein christlicher König. Die Juden, welche dem Schwerte
der Äthiopier entgangen waren, retteten sich sicherlich nach Nordarabien, so daß gewiß kein Jude in Himjara geblieben ist. Um so
mehr erscheint die Erzählung als augenfällige Erfindung, daß ein
Bischof, Gregentius von Tafar, vierzig Tage lang einen Religionsdisput mit einem gelehrten Juden gehalten und ihn wie die
übrigen Juden für das Christentum gewonnen habe.[2]

---

[1] Vgl. Note 10 II.; Caussin de Perceval, histoire des Arabes das.
110 f.

[2] Schon von Pagi als Fabel erkannt, zu Baronius annales Jahr 523.
Note X.

Ungefähr um dieselbe Zeit gerieten auch die Juden von Jathrib in heftige Fehden mit ihren arabischen Mitbewohnern. Sie scheinen mit dem Untergange des jüdisch-himjaritischen Reiches in ursächlichem Zusammenhange zu stehen. Die jüdischen Stämme in Jathrib hatten wegen ihrer Beziehung zum himjaritischen Könige, dem Oberherrn der Landschaft, die Herrschaft über die heidnisch-arabischen Stämme. Ein jüdischer Häuptling, den einige Quellen Alghitjun, andere Scherif Ibn-Kaab nennen, führte das Regiment. Die Araber aus den Stämmen Kaila (Aus und Chazrag) trugen aber mit Unwillen die Abhängigkeit von den Juden und nahmen die Gelegenheit wahr, sobald die letzteren keine Unterstützung von Himjara aus zu erwarten hatten, sie abzuschütteln. Die näheren Vorgänge sind jedoch nicht bekannt; es wird nur berichtet, daß ein chazragitischer Häuptling Malik, Sohn oder Enkel Aglans, auswärtige Hilfe herbeirief, um seine Stammesgenossen unabhängig zu machen. Ein Häuptling der Araber aus dem Stamme Gasan, Harith Ibn Abu-Schammir, mit dem Beinamen Alarag (der Hinkende), der mit den Stämmen Kaila blutsverwandt war, wurde angegangen, mit seinen kriegerischen Scharen nach Jathrib zu kommen. Dieser abenteuerlustige Araberfürst, der im Dienste des byzantinischen Hofes stand, nahm die Einladung nur zu willig an. Um den Argwohn der Juden nicht zu erregen, als gälte der Kriegszug ihnen, gab Ibn-Abu-Schammir vor, er beabsichtige seinen Marsch nach Himjara zu nehmen. Er schlug bei Jathrib ein Lager auf und lud die jüdischen Häuptlinge zu sich ein. Viele von ihnen erschienen in der Erwartung, von dem freigebigen Fürsten mit Geschenken bedacht zu werden, wie es Sitte war. Sobald sie aber das Zelt des gasanidischen Fürsten betraten, wurden sie einzeln niedergemacht. Darauf sprach Ibn-Abu-Schammir zu den Arabern von Jathrib: „Ich habe euch von einem großen Teil eurer Feinde befreit; jetzt wird es euch leicht sein, die übrigen zu bewältigen, wenn ihr Kraft und Mut zeigt." Er zog ab. Die arabischen Stämme wagten aber doch nicht, offen mit den Juden anzubinden, sondern nahmen zur List ihre Zuflucht. Malik, der chazragitische Häuptling, wußte die Juden zu überzeugen, daß der von dem gasanidischen Fürsten begangene Mord an den jüdischen Häuptlingen ohne ihr Wissen und Wollen geschehen sei, und forderte sie auf, jedes Mißtrauen fahren zu lassen und ein Friedensbündnis mit ihren Nachbarstämmen zu schließen. Er bereitete zu diesem Zweck ein Gastmahl vor und lud die jüdischen

Häuptlinge dazu ein. Sie gingen in die Falle und wurden während des Mahles ermordet. Auch der jüdische Fürst Alghitjun oder Ibn-Kaab wurde von Malik erschlagen. So ihrer Führer beraubt, wurden die Juden von Jathrib leicht von den Arabern überwunden und mußten ihnen die besten Plätze einräumen (um 530—35). In der ersten Zeit konnten sie den Verlust ihrer Herrschaft und das Gefühl der Demütigung nicht verschmerzen. Ihr ganzer Unwille war gegen Malik Ibn-Aglan, den Urheber ihres Sturzes, gerichtet. Sie sollen sein Bild in ihren Synagogen aufgehängt und, so oft sie dieselben betraten, Flüche gegen dasselbe ausgestoßen haben. Die Unsicherheit ihres Daseins bewog sie aber, ihrem Hasse keinen Raum zu geben. Sie begaben sich nach und nach unter den Schutz des einen oder des anderen Stammes und wurden auf diese Weise Klienten oder Schutzgenossen (Mawâli) der Aus und Chazrag. [1] Sie hofften aber auf die Ankunft des Messias, der ihre Feinde demütigen werde. [2]

Der gafanidische Fürst Harith Ibn-Abu Schammir führte auch auf seinem Rückzuge von Jathrib eine Fehde gegen einen jüdischen Dichter, der dadurch unter den Arabern eine außerordentliche Berühmtheit erlangt hat. Samuel Ibn-Adija (geb. um 500, gest. um 560), dessen ritterlicher Charakter sich durch die Angriffe der Gafaniden bewährt hat, ist durch seine Verbindung mit dem bedeutendsten arabischen Dichter der vormohammedanischen Zeit zur Unsterblichkeit gelangt. Seine Geschichte gewährt einen Einblick in die Lebensverhältnisse der arabischen Juden. Samuel stammte nach einigen aus einem heidnischen Geschlechte, aus dem Stamme der Gafaniden, nach anderen dagegen war er jüdischen Ursprungs oder richtiger, er hatte eine arabische Mutter und einen jüdischen Vater. [3]

---

[1] Kitab al-Aghani und Ibn-Khaldun bei Caussin de Perceval, histoire des Arabes T. II. 650 f. Vgl. Note 10. III.

[2] Weil, Mohammed S. 411 nach Ibrahim Halebi.

[3] Ibn-Doraid bei Rasmussen: historia regnorum Arabum ante Islamismum p. 11, berichtet über ihn nach dessen Übersetzung: Samuel religione erat Judaeus, neque vero gente. Erat enim Arabs et quidem de nobilissima prosapia regum ghassanidarum. Vgl. darüber Baron de Slane: Divan d'Amroulkais p. 25. Note 1 und Caussin de Perceval das. II. Note 2: Suivant les uns le père de Samouel était d'origine ghassanide: d'autres disent que sa mère appartenait à la race de ghassan, mais que Ad'ia était issu de Cohin, fils de Haroun, père des tribus juives Corayzha et de Nadhir. Kitab al-Aghani IV. 264, bei Ibn-Khaldoun f. 129. Jedenfalls ist Geigers Zweifel, ob Samuel dem Judentum angehört

Sein Vater Adija wohnte früher in Jathrib, baute aber später in
der Gegend von Taima eine Burg, die von ihrer bunten Farbe
A l a b l a ł genannt und in der arabischen Poesie verewigt wurde.
Samuel, Häuptling eines kleinen Stammes, war in Hegas so angesehen, daß sich schwache arabische Stämme, wie die Benu-Fezara,
unter seinen Schutz begaben.   Jeder Verfolgte und Geächtete fand in
Alablał Asyl, und der Besitzer der Burg stand mit seinem Leben für
die Sicherheit der Schützlinge ein.   Als der abenteuernde kenditische
Fürstensohn J m r u l ł a i s Jbn-Hogr, der Dichterkönig der Araber,
der den Meuchelmord an seinem Vater zu rächen hatte, von heimlichen und offenen Feinden umlauert und eingeengt, nirgends Schutz
finden konnte, kam er einst nach langen Jrrfahrten zu einem Häuptling der Benu-Fezara und bat ihn um gastfreundliches Asyl.   Dieser,
mit Namen A m r u J b n - G a b i r, vermochte ihm aber keines zu
gewähren und erwiderte ihm mit echt arabischer Beredsamkeit:
„Soll ich dir einen Schutzort zuweisen?   Jch habe den Kaiser der
Griechen besucht und das Reich des Naman von Hira gesehen, aber
ich habe nirgends eine Stätte gefunden, welche die Hilfeflehenden
besser zu schützen vermöchte als der Ort, den ich dir nennen werde,
und ich habe keinen eifrigern Beschützer kennen gelernt, als den
Herrn desselben."   „Wer ist der Mann und wo wohnt er?" fragte
Jmrulkais.   „Es ist der Jude Samuel, Sohn Adijas", antwortete
Amru, „und ich werde dich durch einen sicheren Führer in seine
Burg geleiten lassen.   Sicherlich ist das der rechte Mann, der dir
in deiner Ratlosigkeit beistehen wird."   Der Ratgeber gab ihm
hierauf einen Führer, R a b i a J b n - D h a b a, der ebenfalls
Dichter war.   Unterwegs sprach Rabia zum Fürstensohn: „Samuel
liebt die Dichtkunst; dichten wir beide ein Loblied auf ihn, das wir
in seiner Gegenwart abwechselnd vortragen, um ihn für dich einzunehmen."

In Alablał angelangt und zu dem jüdischen Burgherrn geführt,
begannen beide arabische Dichter ihren Wettgesang, um Samuels
Wohlwollen durch die Verherrlichung seiner Person zu gewinnen, nach
der übertreibenden Manier der Araber.   Jmrulkais' Lobgedicht auf

hat (Preißschrift S. 9) gründlich beseitigt.   [Der Name von Samuels Vater
wird verschiedentlich angegeben; Adija war der Name des Großvaters.   Zur
neuesten Literatur über Samuel, arabisch Samau'al, vgl. Steinschneider
Arabische Literatur der Juden, Berlin 1902 S. 4—5.   Über den jüdischen
Charakter seiner Dichtungen vgl. Hirschfeld in JQR XVII. S. 431 ff.]

Abijas Sohn ist nicht bekannt. Von Rabias Versen dagegen sind einige erhalten und enthalten eine ziemlich plumpe Schmeichelei:

> „An Samuel erkennt man Überlegenheit jeder Art, er übertrifft die Sterblichen alle und läßt seine Zeitgenossen weit hinter sich zurück.‟

Der jüdische Dichter und Burgherr, wenn auch nicht von solcher Schmeichelei gewonnen, war jedenfalls stolz darauf, dem gefeiertesten Dichter Arabiens, dessen Ruf und Abenteuer auf der Halbinsel erklangen, Asyl zu geben. Er nahm Imrulkais, seine Tochter und sein übriges Gefolge in Alablak auf und beherbergte sie einige Zeit. — Da der kenditische Prinz keine Aussicht hatte, unter den arabischen Stämmen Hilfe zur Rachenahme an dem Mörder seines Vaters (Mondhir, König von Hira) und zur Wiedereroberung seines väterlichen Erbes zu finden[1]), ging er mit dem Plane um, dem byzantinischen Kaiser Justinian, dessen morgenländische Besitzungen durch den lachmidischen Araberfürsten Mondhir sehr viel gelitten hatten, für sich zu gewinnen. Er wollte eine Reise nach Konstantinopel unternehmen und ein Heer zur Bekämpfung seines Erzfeindes anwerben. Als sich Imrulkais zur Reise anschickte, ließ er sich von Samuel ein Empfehlungsschreiben an den hinkenden Gafanidenfürsten, den schon genannten Harith Ibn-Abu-Schammir, geben, welcher im Dienste des byzantinischen Kaisers stand. Harith sollte auf Samuels Empfehlung dem kenditischen Fürstensohne sicheres Geleite bis zur Hauptstadt des byzantinischen Reiches verschaffen. Der jüdische Dichter mußte also bei dem Gafanidenfürsten etwas gegolten haben, vermutlich wegen seiner Abstammung vom Gafanidenstamme mütterlicherseits. Imrulkais übergab Samuel bei seiner Abreise seine Tochter, seinen Vetter, fünf wertvolle Kettenpanzer und andere Waffen zur Bewahrung. Samuel versprach ihm, die ihm anvertrauten Personen und Gegenstände wie seinen Augapfel zu hüten. Aber diese Waffen brachten ihm Unglück. Als nämlich der Gafanidenfürst in Hegaz war, sicherlich zur Zeit, als er von den Stämmen Kaila gegen die Juden von Jathrib gerufen worden war, rückte er vor Samuels Burg Alablak und verlangte die Auslieferung von Imrulkais' Waffen, man weiß nicht, ob noch während dessen Leben oder nach seinem Tode. Welches Recht Harith darauf geltend machte, oder ob die Forderung nur ein Vorwand war, und

---

[1]) [Vgl. Rothstein a. a. L. S. 93—94.]

wodurch sich überhaupt seine Gesinnung gegen Samuel feindselig
geändert hat, dies alles ist sehr dunkel.

Samuel verweigerte, seinem Versprechen gemäß, die Auslieferung
der Waffen. Darauf veranstaltete Harith eine förmliche Belagerung
der Burg. Da diese aber unangreifbar war, so wandte der Unmensch ein grausames Mittel an, Samuel zur Nachgiebigkeit zu
zwingen. Er hatte einen Sohn Samuels, der von seiner Amme
außerhalb der Festung geführt wurde, gefangen, und drohte ihn zu
töten, falls der Vater seinen Wunsch nicht erfüllte. Einen Augenblick
nur schwankte der unglückliche Vater zwischen der Pflicht für seinen
Schützling und dem Gefühle für seinen Sohn; bald gewann jene
die Oberhand, und er sprach zu dem Gasanidenfürsten: „Tue was
du willst; Verrat ist ein Halsband, das nicht rostet, und mein Sohn
hat Brüder!" Der Unmensch, ungerührt von solchem Hochsinn,
tötete den Sohn vor den Augen seines Vaters. Harith mußte dennoch unverrichteter Sache von Ablak abziehen. Auf seinem Rückzuge durch die Landschaft Chaibar bekämpfte er, vielleicht aus Rachegefühl, die dortigen Juden, machte viele Beute und schleppte Frauen
und Kinder als Gefangene mit. Später gab er ihnen wieder die
Freiheit.[1] Samuel überlieferte die Waffen auf der Messe zu Okaz
den rechtmäßigen Erben. Es bildete sich daher unter den Arabern
ein Sprichwort: „Treuer als Samuel" sagten sie, wenn sie übertreibend den höchsten Grad von Treue bezeichnen wollten.

Gegen diejenigen, welche ihn ob seiner Härte gegen seinen Sohn
tadelten, verteidigte er sich in einem Gedichte, das Gesinnungsadel,
Mut und Ritterlichkeit auf eine kräftige Weise ausdrückt:

> „O Tadlerin, laß ab den Mann zu tadeln,
> Den man schon oft dem Tadel trotzen schaute.
> Du solltest, irrte ich, zurecht mich weisen,
> Nicht irren mich mit unverständigem Laute.
> Bewahrt hab' ich des Kenditen Panzer,
> Verrat' ein anderer das ihm Anvertraute!
> So riet vordem mir Adija, mein Vater:
> „O, reiß nicht ein, Samuel, was ich baute!"
> Er baute fest die Feste mir, in welcher
> Dem Dränger Trotz zu bieten mir nicht graute."

Von den Lebensschicksalen und dem Ende des ritterlichen Dichters
ist sonst nichts bekannt. Er scheint aber mit viel Ungemach gekämpft
und stets seine Ehre gewahrt zu haben, wie folgendes Gedicht bezeugt:

[1] Ibn Kutaiba edit. Wüstenfeld p. 314, vgl. Note 10. III.

„Wenn zweifelhaft und mißlich stehn die Sachen,
Und den Bedenker bang die Folgen machen,
Die Knochen bricht der enggeschnallte Brustgurt,
Und sich von Brüdern sagen los die Schwachen:
Dann meid' ich, was bequemer meiner Schwäch' ist,
Und tu' was dient die Ehre zu bewachen."

Vor seinem Ende (um 560) konnte er mit stolzem Bewußtsein auf sein ritterliches Leben und seinen Schutz, den er den Schwachen gewährt, zurückblicken.   Sein Schwanenlied lautet:

„O wüßt' ich, wann sie meinen Tod einst klagen,
Was mir die Klagefraun für Zeugnis geben,
Ob sagen: „Geh nicht von uns! Denn in mancher
Bedrängnis wußtest du, uns zu erheben.
Dein Recht zu nehmen ließest du niemals zu,
Und ließest dich nicht mahnen, es zu geben"[1]).

Sein Sohn Schoraich[2]) folgte in seine Fußstapfen der Ehre und Hochherzigkeit. Als einst der gefeierte arabische Dichter Maimun Ascha, dessen ungebundene Laune ihm viel Feinde gemacht, von einem Gegner verfolgt, gefangen und zufällig unter anderen Gefangenen unerkannt in Schoraichs Burg Taima gebracht wurde, sang er als Mittel zur Rettung ein Lobgedicht auf Samuel:

„Sei wie Samuel, als ihn dort umdrängte
Der Kriegsfürst mit des Heeres Waffenlast:
„Steh' zwischen Kinderlosigkeit und Untreu!
O schlimme Wahl, die du zu wählen hast."
Doch er sprach schnell gefaßt: Ermorde deinen
Gefangenen, ich beschirme meinen Gast."

Schoraich, gerührt von den Versen zum Andenken an seinen Vater, bemühte sich den gefangenen Dichter Ascha zu befreien. Er bat den Sieger, mit dem er befreundet war, ihm diesen Gefangenen zum Geschenk zu machen, was dieser ihm gern gewährte, da er in ihm nicht seinen Feind vermutete. Ascha, von den Fesseln befreit, ließ sich von Schoraich ein schnellfüßiges Kamel geben, eilte davon und dankte seine Rettung Samuels edlem Sohne (um 580).

---

[1]) Nach Rückert Übersetzung der Hamasa 22 f. Über Samuel ben Adija vgl. Abulfeda in Pocock's specimen ed. White 524. Freytag: Hamasae carmina p. 49 f., über sein Leben und chronologisches Datum de Slane Divan d'Amroulkais p. 23 ff., nach dem Kitab al-Aghani; Caussin de Perceval, histoire des Arabes II. 318 f., 322 f.
[2]) De Sacy chrestomathie arabe T. II. p. 475.

Gegen das Ende des sechsten Jahrhunderts hatten sich die Juden von Jathrib wieder von den harten Schlägen, welche ihnen die arabischen Nachbarstämme versetzt hatten, so ziemlich erholt. Ihre Herren, die Stämme Aus und Chazrag, hatten sich in blutigen Fehden, die zwanzig Jahre gedauert haben, erschöpft, während die Juden in ihrem Schutzverhältnisse weniger davon berührt waren. Infolge eines zweiten Krieges zwischen denselben Stämmen kamen die Juden wieder zu einer Bedeutung in Jathrib. Dieser Krieg, der infolge der Ermordung eines jüdischen Schützlings ausbrach und über dreißig Jahre dauerte (um 583—615), hatte folgenden Ursprung: Ein Mann aus dem Stamme Aus, H a t i b , hatte einen Juden erschlagen, der zu den Schützlingen der Chazrag gehörte; dafür nahmen diese Rache und töteten den Mörder. Dieser Vorfall entzündete wieder den unter der Asche glimmenden Funken des Hasses zwischen den beiden Stämmen. Anfangs hatte die Feindseligkeit einen harmlosen Charakter. Man schlug sich mit Stöcken, so oft die feindlichen Parteien aneinander gerieten. Nach und nach wurde sie blutig, zumal als die Aus ihren Anführer verloren, ihre Gegner die Oberhand in Jathrib erhielten und einen Zweig der Aus, die B e n u - N a b i t , daraus verbannten. Die zwei kriegerischen jüdischen Stämme Kuraiza und Nadhir hielten sich anfangs neutral, obwohl der Krieg wegen Ermordung eines ihrer Glaubensgenossen ausgebrochen war.

Die gedemütigten Aus, welche Verstärkung brauchten, wandten sich an die Juden mit der Bitte, Partei für sie zu nehmen, und diese waren auch einer geneigt dazu, da sie wahrscheinlich von dem Übermut der Chazrag manches zu erdulden hatten. Als die Sieger Nachricht von dieser Geneigtheit der jüdischen Stämme erhielten, ihren Gegnern beizustehen, schickten sie eine Botschaft an sie ab, folgenden Inhalts: „Wenn euch mit den Aus vereinigen werdet, rufen wir andere zahlreiche ihr Stämme für uns auf, durch deren Hilfe wir euch vernichten werden. Und selbst wenn wir unterliegen sollten, werdet ihr nicht verschont bleiben; denn unsere Verbündeten werden unsere Niederlage rächen und euch züchtigen. Wenn ihr daher klug seid, so nehmet keine Partei und laßt uns unseren Streit mit unseren Brüdern unter uns auskämpfen." Die Stämme Kuraiza und Nadhir fanden diesen Rat gerecht und versprachen Neutralität. Die Chazrag verlangten aber Bürgschaft für dieses Versprechen und ließen sich vierzig jüdische Kinder als Geiseln liefern, welche verschiedenen chazragitischen Familien zur Wahrung übergeben wurden.

Einige Zeit darauf benutzte ein treuloser Häuptling A m r u
J b n - N o m a n aus dem chazragitischen Zweig Bejdha die jüdischen
Geiseln zur Bedrückung der Juden. Er sprach zu seinen Stammesgenossen: „Unser Vater Bejdha hat uns ein undankbares Gefilde
hinterlassen, während die Juden der Kuraiza und Nadhir das beste
Wasser und die fruchtbarsten Dattelpflanzungen haben. Zwingen wir
sie, uns ihr Gebiet abzutreten." Die Benu-Bejdha waren damit
einverstanden und ließen den Juden wissen, wenn sie ihnen ihre
Ländereien nicht überlassen wollten, würden sie ihre Kinder umbringen. Die Kuraiza waren aus Erbarmen für ihre Kleinen geneigt, sich der harten Bedingung zu fügen. Aber einer unter ihnen,
K a a b J b n - A s s a d stachelte ihren Mut auf, sich diese Schmach
nicht gefallen zu lassen, und sie ließen den Benu-Bejdha sagen:
„Wir treten nichts ab von unserem Gebiete, führt eure Drohung
aus, wenn ihr es wollet." Darauf töteten diese auf Amrus An-
raten die jüdischen Geiseln, welche bei ihnen untergebracht waren.
Sie überredeten auch andere chazragitische Familien, ihre Untat
nachzuahmen. Die Besonnenheit eines chazragitischen Häuptlings
rettete den übrigen Geiseln das Leben. A b d a l l a h J b n - U b e j,
ein Mann von eben so großer Klugheit und Gerechtigkeitsliebe, wie
von Tatkraft, erklärte, er wollte nicht Mitschuldiger einer solchen
Grausamkeit und eines solchen Wortbruches sein, und schickte ein
jüdisches Kind, das ihm übergeben war, seinen Eltern zurück; sein
gegebenes Beispiel wurde von anderen Häuptlingen nachgeahmt.

Darauf nahmen die Juden sofort offen Partei für die Aus,
boten den vertriebenen Benu-Nabit ihre Häuser als Zufluchtsstätten
an und erklärten, daß sie sie als Brüder aufnehmen und verteidigen
werden. Die Kuraiza und Nadhir rüsteten sich alsbald zum Kampfe
und sammelten sich unter dem Befehle des K a a b J b n - A s s a d.
Der jüdische Stamm Kainukaa, der mit den Chazrag verbunden
war, wollte jedoch die Verbindung nicht auflösen und kämpfte fortan
in deren Reihen gegen die eigenen Religions- und Stammesgenossen.
Da beide Parteien sich durch Hinzuziehung von Hilfsscharen gestärkt
hatten, so fiel das Treffen, das sie einander auf dem Gebiete der
Kuraiza in Buath lieferten, blutig aus; die Kuraiza und Nadhir
kämpften unter Kaab mit Löwenmut. Die Chazrag wurden aufs
Haupt geschlagen und zersprengt, und der grausame Amru Jbn-Noman
wurde tödlich verwundet. Die Kainukaa litten mit ihnen, aber ihre
Religionsgenossen aus den Familien Kuraiza und Nadhir lösten deren

Gefangene aus, welche in die Hände der siegenden Aus und ihrer
Bundesgenossen gefallen waren. Nachdem die Chazrag die Sieger
um Schonung ihres Lebens angefleht hatten, stillte sich die Wut der
Sieger; aber sie verwüsteten die Häuser und Palmenpflanzungen
ihrer Gegner. Abdallah Jbn Ubej hatte keinen Anteil an dem
Kampfe genommen und sich, um der Wut der Sieger zu entgehen,
in seiner Burg verschanzt. Aber der ausitische Führer H o d h a i r
und der jüdische Häuptling K a a b hatten vor der Schlacht geschworen,
sie wollten nicht eher Wein trinken, bis sie die Chazrag besiegt und
das Schloß Muhazem zerstört haben würden. Sie unternahmen
daher mit ihren Truppen die Zerstörung desselben. Da aber Abdallah
Zeugen aufstellen konnte, daß er nicht beteiligt am Kampfe war,
und daß er sich Mühe gegeben, seine Stammesgenossen von dem
heillosen Kriege abzuraten, so begnügten sie sich, in der Mauer eine
Bresche zu machen.[1]) Jnfolge dieses Jathribkrieges, auf den ein
Friedensschluß folgte (615), wurden die jüdischen Stämme wieder
ebenbürtige Bundesgenossen der Araber von Jathrib. — Jndessen
war mit dem Friedensschlusse die Erbitterung nicht aus den Gemütern
verwischt. Die Chazrag konnten ihre Demütigung nicht verschmerzen
und die Aus ihren Übermut nicht zügeln. Es gab noch immer
kleine Reibungen in Jathrib, die nur durch die Klugheit Abdallahs
nicht zur Kriegsflamme aufloderten. Abdallah ging damit um,
König von Jathrib zu werden und hatte zu diesem Zwecke die
Kainukaa eng an sich gefesselt. Sie verteidigten ihn gegen die
Ausiten und seine Gegner aus dem eigenen Stamme.[2]) Er wußte
aber auch den Stamm Nadhir von ihren Bundesgenossen abzuziehen
und für die Chazrag zu gewinnen. Die Nadhir wurden nun Gegner
der Ausiten und der Juden aus dem Stamme Kuraiza (615—622).
Der Schutz, den ihnen Abdallah verhieß und gewährte, kam ihnen
aber zu statten, als ein mächtiger Feind, zu dessen Größe die Juden
viel beigetragen, den Fanatismus der Araber gegen sie entzündete.

[1]) Caussin de Perceval II. 674 ff. nach dem al-Aghani.
[2]) Folgt aus den Zitaten aus dem Tarikh al-Chamis bei Weil: Mohammed 119. Note 159.

Viertes Kapitel.

Mohammed und die Juden.

Der Religionsstifter von Mekka und Medina: sein Verhältnis zum Judentume und zu den Juden Arabiens. Abdallah Ibn-Salâm und die jüdischen Ansar; Pinchas Ibn-Asura und die jüdischen Gegner Mohammeds. Krieg mit dem jüdischen Stamm der Benu-Kainukaa, ihre Niederlage und Auswanderung. Krieg mit den Benu-Nadhir und ihre Auswanderung. Der jüdische Häuptling Hujef; der Koalitionskrieg gegen Mohammed. Krieg mit den Benu-Kuraiza und Untergang derselben. Krieg mit den Juden von Chaibar; die jüdischen Helden Kinanah und Marhab. Niederlage der Chaibarenser. Die Jüdin Zainab. Gehässigkeit des Koran gegen die Juden. Auswanderung der Juden von Chaibar und Wadil-Kora nach Kufa.

622—640.

Das Judentum hat in der saburäischen Epoche nicht bloß einige arabische Stämme für sein Bekenntnis gewonnen und den Söhnen der Wüste überhaupt gewisse unentbehrliche gesellschaftliche Einrichtungen gelehrt[1]), wie die Regelung des Jahres, wovon Verkehr und Handel, Krieg und Frieden abhingen, sondern hat auch einen Religionsstifter erweckt, der in immer größeren Kreisen in die Weltgeschichte eingriff und noch in der Gegenwart fortwirkt. Mohammed, „der Prophet von Mekka und Jathrib," war zwar kein Sohn des Judentums, aber er hat sich an dessen Brust genährt. Er ist durch das Judentum angeregt worden, eine neue Religionsform mit staatlichem Grunde in die Welt zu setzen, welche man Islam nennt, und diese hat wiederum auf die Gestaltung der jüdischen Geschichte und die Entwickelung des Judentums mächtig eingewirkt. In den friedlichen Zusammenkünften in Mekka, seinem Geburtsorte, auf den Meßplätzen und auf Reisen hörte Abdallahs Sohn viel von der Religion sprechen, welche das Bekenntnis des einzigen, weltbeherrschenden Gottes an ihre Spitze setzt, von Abraham, der sich dem Dienste dieses Gottes geweiht hat, von religiösen und sittlichen Einrichtungen, welche die Bekenner dieser Religion vor den Götzendienern

[1]) [Über die soziale Lage der Juden zur Zeit vor Mohammeds Auftreten, vgl. auch Goldziher in Mélanges judéo-arabes VIII. in RdÉJ. XLIII. S. 10—14.]

voraus hatten, und sein ursprünglicher und empfänglicher Sinn war
mächtig von all' diesem ergriffen. Ein angesehener Mekkaner,
Waraka Ibn-Naufal, aus dem edlen Stamme der Koraischiten, ein Vetter Mohammeds Gattin Chadiga, der das Judentum
angenommen und Hebräisch zu lesen verstand[1]), flößte sicherlich
Mohammed Liebe für Abrahams Religion ein.

In der Geschichte findet sich schwerlich eine Persönlichkeit, welche
Mohammed gliche: er war aus Widersprüchen zusammengesetzt.
Neben demütiger, gottdurchdrungener Frömmigkeit besaß er einen
maßlosen Hochmut. Hingebung war in ihm gepaart mit Selbstsucht,
Hochsinn mit Gemeinheit, schwungvolle Poesie mit engherzigem
Kleinlichkeitssinn, Einfachheit und Mäßigkeit in Speise und Kleidung
mit unersättlicher Liebesbrunst, Offenheit mit tückischer Verstellung,
Mut mit Feigheit, ekstatische Verzückung mit berechnender Schlau-
heit. Jeder Zoll an ihm war ein Araber, ein wilder Sohn der
Wüste, und doch durchbrach er die engen Schranken seines Volks-
tums und öffnete seinen Stammesgenossen einen weiten Gesichtskreis.
Einerseits veredelte er die Araber durch erhabene Lehren, anderseits bestärkte er sie in ihrer Beschränktheit und ihren Vorurteilen.
Er verstand weder das Lesen, noch das Schreiben und machte doch
ein Buch (Koran) zum Mittelpunkte einer neuen Religion.

Mohammeds erste Lehren, die er in krankhaftem Zustande der
Epilepsie empfangen und in engem Kreise als höhere Offenbarungen
vom Engel Gabriel ausgegeben hat, trugen ganz und gar eine
jüdische Färbung.[2]) Zu allererst stellte er den einfachen, aber
noch nicht beherzigten Gedanken des Judentums auf: „Es gibt keinen
Gott als Allah“, und erst später fügte sein Hochmut den Satz als
Bekenntnisbedingung hinzu: „und Mohammed ist sein Prophet“.
Wenn er von diesem Gotte sagte, er habe keinen Genossen (Anti-
trinität), er dürfe nicht im Bilde verehrt werden; wenn Mohammed

---

[1]) Ibn-Ischak in Sirat ar-Rasul und Hussein Addiabekri in Camis
bei Weil: Mohammed Beilage zu Ende. Nöldeke hat in der Zeitschrift der
deutsch-morgenl. Gesellschaft (Jahrg. 1858 S. 699 ff.) gründlich nachgewiesen,
daß Waraka Jude blieb und nicht zum Christentum überging, und daß der
Einfluß des Christentums auf Mohammed sehr gering war. [Es herrschen
jedoch über Warakas Religion und seine hebräischen Kenntnisse Meinungsverschiedenheiten in den arabischen Quellen; vgl. Harkavy bei Rabbinowitz S. 102.
Nach Caetani, Annali del Islam, Mailand 1905, S. 170 war Waraka Christ.]

[2]) [Über die Grundlagen von Mohammeds Lehren vgl. auch Caetani
a. a. O. S. 181 ff.]

gegen den wüsten Götzendienst predigte, der in der Kaaba mit drei-
hundert Göttern getrieben wurde; wenn er gegen die Unsittlichkeit
eiferte, die offen und ohne Scheu unter den Arabern auftrat;
wenn er die gefühlsempörende Unsitte verdammte, daß Eltern ihre
neugeborenen Töchter aus Bequemlichkeit oder Besorgnis ins Wasser
warfen, und wenn er dieses alles als nichts neues, sondern als
Lehre der alten Abrahamsreligion ausgab, so mußte das Judentum darin einen Sieg seiner Wahrheiten und eine Erfüllung seiner
Prophezeiungen sehen, „daß einst jedes Knie sich zu dem einzigen
Gotte beugen, jede Zunge ihn anbeten werde", gerade wie zur
Zeit, als Paulus von Tarsus zuerst die Hellenen mit der Geschichte
und dem Inhalte des Judentums bekannt machte. Das Beste,
was der Koran enthält, ist der Bibel oder dem Talmud entlehnt.[1])
Erst die Kämpfe, die Mohammed in Mekka mehrere Jahre hindurch (612—622) für diese geläuterten Lehren zu bestehen hatte,
setzten diesem edlen Kerne eine widerliche Schale an. Mohammeds
Verhältnis zu den Juden Arabiens hat nicht wenig dazu beigetragen,
den Lehrinhalt des Islams zu bestimmen und zu modifizieren. Ihnen
ist ein Teil des Korans bald in freundlichem, bald in feindlichem
Sinne gewidmet.

Als Mohammed in Mekka, dem Sitze des arabischen Götzen-
tums, kein Gehör fand und sich sogar in Gefahr befand, wandte
er sich an einige Männer aus Jathrib und forderte sie zur Annahme
seiner Lehre auf. Diese, welche mit den jüdischen Religionslehren
vertrauter waren, als die Mekkaner, fanden in Mohammeds Offenbarungen viel Verwandtschaft mit dem, was sie von ihren jüdischen
Nachbarn öfter vernommen hatten. Sie zeigten sich daher geneigt,
sich ihm anzuschließen, und brachten ihre Stammesgenossen dahin, ihn
einzuladen, nach Jathrib zu kommen, wo seine Lehren schon wegen
der dort zahlreich wohnenden Juden Anklang finden würden. Sobald er dahin kam (622, dem Jahre der Auswanderung: Hegira),
ließ es sich Mohammed angelegen sein, die Juden von Jathrib für
sich zu gewinnen, und sein Streben so darzustellen, als wollte er
das Judentum zur allgemeinen Anerkennung in Arabien bringen.

[1]) Vgl. Geigers Preisschrift: Was hat Mohammed aus dem Judentume
aufgenommen. Zu dem dort Gegebenen läßt sich noch vieles hinzufügen.
[Vgl. auch die Schrift Hartwig Hirschfelds: Jüdische Elemente in Korân,
Berlin, 1878, ferner viele Untersuchungen von Goldziher und J. Barth,
Midraschische Elemente in der muslemischen Tradition in der Festschrift für
A. Berliner, Berlin 1903, S. 33—40.]

Er war gerade am Versöhnungstage in die Stadt eingezogen, welche
von ihm den Namen bekommen sollte „Stadt des Propheten"
(Medina) und als er die Juden fastend sah, sagte er: „Es geziemt
uns noch mehr als den Juden, an diesem Tage zu fasten, und er
führte den Fasttag A s ch u r a ein.[1]) Mohammed schloß mit den
jüdischen Stämmen ein förmliches Bündnis zu gegenseitiger Hilfe-
leistung[2]) und bestimmte ihnen zu Liebe die Richtung des Angesichtes
beim Gebete (Kiblah) nach Jerusalem.[3]) Bei Streitigkeiten zwischen
Juden und seinen Anhängern (Moslemin), die ihm zur Entscheidung
vorgelegt wurden, zeigte er sich den Juden geneigter. Deswegen
zogen es die Jünger Mohammeds vor, ihre Streitsache vor einen
jüdischen Häuptling zu bringen, weil sie von einem solchen mehr
Unparteilichkeit erwarteten als von Mohammed. So nahm einst
ein Mohammedaner den jüdischen Häuptling K a a b I b n Al-Aschraf und dagegen sein Gegenpart, ein Jude, Mohammed zum Schiedsrichter.[4]) Mohammed hielt sich eine Zeitlang einen jüdischen Sekretär
für seine Korrespondenz, weil er selbst des Schreibens unkundig
war.[5]) Den Juden Medinas war dieses Entgegenkommen von seiten
eines so viel verheißenden Mannes sehr schmeichelhaft. Sie betrachteten in halb und halb als j ü d i s ch e n P r o s e l y t e n und
glaubten durch ihn das Judentum zur Macht in Arabien gelangen
zu sehen. Einige von ihnen schlossen sich ihm innig an und wurden
seine Hilfsgenossen (Ansar), darunter ein gelehrter Jude A b d a l l a h
I b n = S a l ā m aus dem Stamme Kainukaa und M u k ch a i r i k
aus einer angesehenen Familie der Alghitiun.[6]) Abdallah soll ihm,
ehe er sich zu Mohammed bekannte, drei Fragen vorgelegt haben,
um ihn zu prüfen, ob er von prophetischem Geiste beseelt sei. Die
drei Fragen lauteten: „In welchem Falle nimmt das ungeborne Kind
das Geschlecht des Vaters und in welchem das der Mutter an; was
wird den Frommen im Paradiese zur Speise vorgesetzt werden,

---

[1]) Eine alte Tradition, die auf Abu-Musa und Ibn-Abbas, Begleiter
Mohammeds, zurückgeführt wird. Vgl. darüber Journal asiatique Jahrg.
1858 p. 116 f. und 125.

[2]) Vgl. Caussin de Perceval a. a. O. III. 22 ff.

[3]) Kommentatoren zu Koran Sura 2, 151 f. bei Maraccio Refutatio
p. 61. [Vgl. jetzt hierüber auch Caetani a. a. O. S. 467 ff.]

[4]) Gʼalalein zu Sura 4, 58 bei Maraccio 158 b.

[5]) Quellen bei Weil: Mohammed 140, Note 209; Caussin de Perceval
das. III. 74.

[6]) Caussin de Perceval das. 25. [Caetani S. 413.]

und welches iſt das Zeichen des jüngſten Tages." Dieſe drei Fragen,
die aus dem Kreiſe der talmudiſchen Agada entnommen ſind, ſoll
nun Mohammed, ſicherlich von einem andern vertrauten Juden in-
ſpiriert, richtig beantwortet haben. Abdallah ſoll von dieſen Antworten ſo betroffen geweſen ſein, daß er Mohammed als einen göttlichen Propheten anerkannt hat.[1]) Abdallah und andere Juden waren
Mohammed bei den Offenbarungen des Korans behilflich, und die
ungläubigen Araber hielten es ihm oft genug vor, daß „er ein Ohr
ſei" (Alles gläubig annehme), daß ihn nicht der Engel Gabriel, ſondern
ein Menſch belehre."[2]) Indeſſen, wenn ihn auch Abdallah Ibn-
Salâm und andere jüdiſche Anſar unterſtützten, ſo waren ſie weit
entfernt, ſeinetwegen das Judentum auf zugeben, ſondern beobachteten nach wie vor die jüdiſchen Geſetze, ohne das Mohammed anfangs
Anſtoß daran genommen hätte.[3])

Aber nur ein geringer Teil der Juden Medinas trat zu der
Schar der Gläubigen über, beſonders als ſie ſein ſelbſtſüchtiges Streben,
ſeinen Hochmut und ſeine unerſättliche Geſchlechtsliebe erkannten.
Sie hatten ein zu hohes Ideal von den Propheten im Herzen, als
daß ſie dieſen leidenſchaftlichen Mann, den es nach jedem ſchönen Weibe
gelüſtete, ihnen hätten gleichſtellen ſollen. „Sehet ihn", ſprachen
die Juden, „bei Gott! er wird von keiner Speiſe ſatt und hat keine
andere Sorge als um die Weiber. Iſt er ein Prophet, ſo möge
er ſeinem Prophetenamte obliegen, nicht den Weibern.[4]) Oder die
Juden ſagten: wenn Mohammed ein Prophet iſt, mag er in Paläſtina auftreten, denn nur dort offenbart ſich Gott einem Auserwählten.[5]) Auch wendeten die Juden gegen ihn ein: „Du rühmſt dich,
von Abrahams Religion zu ſein, aber Abraham aß nicht Fleiſch und
Käſe von Kamelen."[6]) Hauptgegner Mohammeds von jüdiſcher
Seite[7]) waren P i n e h a s I b n A z u r a vom Stamme Kainukaa,
ein Mann mit beißendem Witze, der bei jeder Gelegenheit ihn
lächerlich machte; ferner jener obengenannte K a a b I b n Al-

---

[1]) Bei Weil Mohammed S. 93, Note 120.
[2]) Vgl. Geiger: Preisſchrift S. 39.
[3]) Weil daſ. S. 90, Note 115.
[4]) Kommentare zu Koran Sura 4, 52 bei Maraccio 19a und 158b, 371.
[5]) G'alalein zu Sura 17, 77 bei Maraccio 413 b. Geiger daſ. S. 12.
[6]) Derſ. bei Maraccio 130 a. Vgl. Theophanes Chronographia I. 511.
[7]) [Über eine jedoch mit Vorſicht aufzunehmende Liſte von jüdiſchen
Gegnern Mohammeds in Medina vgl. Hirſchfeld in RÉJ. X. S. 11—12 u.
Caetani a. a. O. S. 414.]

Aschraf, von einem arabischen Vater und einer jüdischen Mutter geboren; ein Dichter Abu-Afak, Greis über hundert Jahre alt, der ihn bei den unwissenden und blinden Arabern verhaßt zu machen trachtete, und Abdallah, Sohn Sauras, aus der Familie Alghitiun, welcher als der gelehrteste Jude von Hegas galt. Selbst jüdische Proselyten, wie Kinana Ibn-Suria, der von den Ausiten abstammte, erkannten Mohammeds Prophetentum nicht an.[1]) Als einst Omar, zuerst heftiger Gegner und dann energischer Anhänger Mohammeds, unter eine Schar Juden trat, fragte ihn Pinehas Ibn-Azura[2]): „Welcher von den Engeln ist der Begleiter eures Propheten?" Und als ihm Omar erwiderte, es sei Gabriel, da entgegnete Pinehas witzig, auf einen agadischen Ausspruch anspielend[3]): „Dieser Engel ist unser Feind, denn er verkündet stets nur Strafen für uns." Von Pinehas rührt auch das treffende Wort her, das er Mohammed entgegnete, als dieser den jüdischen Stamm der Benu-Kainukaa anging den Islam anzunehmen. Mohammed hatte sich in seinem Briefe des Ausdrucks bedient: „Gebet Gott ein schönes Darlehn." Darauf ließ ihm Pinehas antworten: „Gott ist so arm, daß er ein Darlehn von uns verlangt." Abu-Bekr, der nachmalige Kalif, soll dem Witzling dafür eine harte Strafe zugedacht haben, so daß Pinehas leugnen mußte, es gesagt zu haben.[4]) Mohammed merkte sichs aber wohl und teilte seinen Jüngern eine angebliche Offenbarung mit: „Gott hat die Stimme derer gehört, die da sprachen, Gott ist arm und wir sind reich. Ihre Rede wollen wir aufschreiben und ihre Tötung der Propheten, und zu ihnen sagen: nehmet die Pein des Fegefeuers hin."[5]) So neckten sich die jüdischen Gegner Mohammeds mit ihm herum, legten seinen Aussprüchen und Offenbarungen einen lächerlichen Sinn unter und behandelten ihn wegwerfend, ohne zu ahnen, daß der schwache Flüchtling aus Mekka, der hilfeflehend nach Medina gekommen war, binnen kurzem ihre

[1]) Vgl. Weil Mohammed S. 119 Note 60 und Maraccio 158 b. Weil 118. Note 156. Caussin de Perceval a. a. O. III. 26.

[2]) Die Kommentatoren zur Sura 2, 97 bei Maraccio 43. Die Situation wird verschieden referiert, vgl. Geiger das. 18.

[3]) [Von Gabriel wird derartiges nicht in der Agada berichtet; vielmehr heißt es in den Midraschim zu Gen. 37, 15 nur, daß unter איש Gabriel zu verstehen sei.]

[4]) Quellen bei Geiger S. 15.

[5]) Koran Sura 3, 182.

Stämme demütigen und zum Teil vernichten und über einen großen
Teil ihrer Religionsgenossen bis in die entferntesten Zeiten das Los
werfen würde! Sie bauten zu sehr auf ihren Mut und auf ihre
Stärke und vergaßen, daß der gefährlichste Feind derjenige ist, welchen
man allzu sehr verachtet.

Mohammed nahm auch anfangs in schlauer Verstellung die
Geringschätzung der Juden mit scheinbarem Gleichmute hin. Er
sprach zu seinen Gläubigen: „Mit dem Volke der Schrift (Juden)
streitet nur auf anständige Weise und saget: wir glauben an das,
was uns, und an das, was euch offenbart ist. Unser Gott und
euer Gott ist nur einer, und wir sind ihm ganz ergeben."[1] „Gebet
den Schriftbesitzern weder Recht noch strafet sie Lügen," soll er
seinen Jüngern eingeschärft haben. — Aber für die Dauer konnte
das Verhältnis nicht in den Schranken der Duldung bleiben. Von
der einen Seite gaben sich die Juden Mühe, ihm seine Gläubigen
abwendig zu machen, selbst seine treuesten Gefährten Omar, Hud=
seifa und Maad.[2] Es gelang ihnen auch den ersten Mann in
Medina¹, den Chazragiten A b d a l l a h J b n = U b e j, welcher auf
dem Punkte stand, zum Könige dieser Stadt erwählt zu werden
und durch Mohammeds Ankunft in den Schatten gestellt wurde, so
sehr gegen ihn einzunehmen, daß er bis an sein Lebensende Opposition gegen Mohammed machte. Von der anderen Seite drangen
seine Gläubigen in ihn, sich bestimmt darüber auszusprechen, wie
er es mit dem Judentume halte. Sie sahen, daß seine Anhänger
unter den Juden noch fortfuhren, die jüdischen Gesetze zu beobachten,
sich des Kamelfleisches zu enthalten, und fragten ihn: „Ist die Thora
ein göttliches Buch, so laßt uns auch deren Vorschriften befolgen."[3]
Da Mohammed zu sehr Araber war, um sich dem Judentume anschließen zu können, anderseits wohl erkannte, daß die Araber den
ihnen ganz fremden religiösen Bräuchen Widerstand leisten würden,
so blieb ihm nichts übrig, als mit den Juden entschieden zu brechen.
Er offenbarte hierauf eine lange Sura (die S u r a d e r K u h
genannt), voller Schmähungen gegen die Juden. Die Richtung beim
Gebete änderte er ab und verordnete, daß sich die Gläubigen nicht
mehr nach Jerusalem, sondern nach Mekka und dem Kaaba-Tempel

---

[1] Koran, Sura 29, 46.
[2] G'alalein bei Maraccio das. 122.
[3] Weil das. 90, Note 115. Vgl. Theophanes Chronographia ed. Bonn
I. 511.

wenden sollten (624).[1]) Gegen den Vorwurf der Inkonsequenz
berief er sich auf eine angebliche Offenbarung durch Gabriel: „Die
Gesichtsrichtung (beim Gebete) haben wir deswegen geändert, damit
man unterscheide zwischen denen, welche dem Propheten folgen,
und denen, welche ihm den Rücken zukehren. Manchem ist das
unlieb, aber nicht dem, den Gott regieret. Wo du auch bist, wende
dein Gesicht nach dem Tempel Alharram (Kaaba), wo du dich auch
befindest — Volk der Schrift! Wisse wohl, daß diese Wahrheit von
seinem Gotte ist."[2]) Das Fasten am Versöhnungstage (Aschura)
schaffte er ab und setzte dafür den den Arabern seit uralter Zeit
heiligen Monat Ramadhan ein.[3]) Er mußte noch vieles zurück-
nehmen von dem, was er früher als Gottes Offenbarungen ausgegeben hatte. Mohammed behauptete jetzt, in der Thora sei von
seinem Erscheinen und seinem Prophetenberufe viel die Rede gewesen[4]), die Juden hätten aber die Stellen ausgemerzt. Während
er früher gepredigt hat, die Juden hätten den rechten Glauben,
verbreitete er später, sie verehrten Esra (Ozaïr) als Sohn Gottes[5]),
wie die Christen Jesus, folglich seien auch sie als Gottesleugner zu
betrachten. Seine Verbitterung gegen die Juden, welche sein
Prophetentum leugneten und seine Vorspiegelungen durchschauten,
führte ihn immer mehr zu Ungerechtigkeiten gegen sie. Ein Gläubiger
von den medinensischen Hilfsgenossen hatte einen Panzer gestohlen,
und als es ruchbar geworden war, legte er ihn, um den Verdacht
von sich abzuwälzen, in das Haus eines Juden, als wäre dieser der
Dieb gewesen. Der Jude schwor aber bei Gott für seine Unschuld
am Diebstahle. Darauf riefen die Ansar Mohammed auf, dem
eigentlichen Dieb beizustehen, weil er doch zu den Gläubigen gehörte, und Mohammed ging darauf ein.[6])

So sehr er aber auch im innersten Herzen die Juden haßte,
so wagte er es doch so bald nicht, sie durch Tätlichkeiten zu reizen.
Noch war sein Ansehen nicht befestigt genug, und die Juden waren

---

[1]) Sprenger, Leben und Lehren Mohammeds.

[2]) Koran Sura 2, 145—154.

[3]) Weil, Mohammed 91, Caussin de Perceval Mohammed III. 34.

[4]) [So soll dem Zahlenwert nach in den Worten במאד מאד Gen. 17,
20, Er. 1, 7 Mohammed angedeutet sein; vgl. Abr. Ibn Esra im kurzen Exodus-
Kommentar, ed. Reggio, Prag 1840, S. 6.]

[5]) Koran Sura 9, 31.

[6]) Quellen bei Maraccio 166 a. f.

durch ihre Zahl und ihre Verbindung teils mit den Chazragiten und teils mit den Ausiten der Schar seiner Anhänger überlegen. Dieses Verhältnis änderte sich aber nach der Schlacht bei Bedr (Winter 624), als die geringzähligen Mohammedaner einen Sieg über die zahlreichen Koraischiten davon getragen hatten. Mohammed war dadurch der Kamm so sehr geschwollen, daß er seitdem die Rolle eines demütigen Propheten mit der eines argwöhnischen Tyrannen vertauschte, dem jedes Mittel, auch Meuchelmord, recht war, sich seiner Feinde zu entledigen. Indessen ließ er sich noch immer von der Klugheit lenken, nicht mit den mächtigen jüdischen Stämmen anzubinden; er begann mit den schwachen und wehrlosen. Eine Dichterin A s m a, Tochter Merwans, aus einem jüdischen Stamme geboren und mit einem Araber verheiratet, wurde von einem Meuchelmörder in der Nacht auf ihrem Ruhebette erschlagen, weil sie Satiren gegen den falschen Propheten gedichtet hatte. Und Mohammed sprach des anderen Tages: „Wer einen Mann sehen will, der Gott und seinem Gesandten einen Dienst geleistet, der sehe Omeïr an" (so hieß der Mörder).[1]) Einige Tage später wurde der jüdische Greis Abu-Afak von Omeïrs Sohn ermordet, und später auch Kaab Ibn Al-Aschraf, weil er die bei Bedr gefallenen Koraischiten durch eine Elegie betrauert hatte.[2])

Darauf sollte der jüdische Stamm der Kainukaa seinen frommen Zorn empfinden. Es war der schwächste der jüdisch-arabischen Stämme, und zu ihm gehörte jener Pinehas Ibn-Azura, der Mohammed durch schlagenden Witz lächerlich machte. Deswegen richtete sich sein Haß zuerst gegen die Kainukaa. Die Veranlassung war geringfügig. Ein Mohammedaner hatte einen Juden wegen eines schlechten Spaßes erschlagen, und die Kainukaa nahmen Rache dafür. Darauf forderte sie Mohammed auf, sich zum Islam zu bekennen oder den Krieg zu gewärtigen. Sie erwiderten ihm: „Wir sind zwar friedlich gesinnt und halten gerne das Bündnis mit dir; allein da du Gelegenheit suchst, uns zu bekriegen, so werden wir zeigen, daß wir auch Mut haben." Sie rechneten darauf, daß ihre glaubensgenössischen Stämme, die Nadhir und Kuraiza, sie nicht im Stiche lassen würden, und zogen sich in ihre Festungen bei Medina zurück. Mohammed sammelte darauf seine Truppen und belagerte die Kainukaa. Wären die

---

[1]) [Vgl. Caetani S. 518.] —

[2]) Weil das. 117 f. [Ausführlicheres hierüber vgl. bei Caetani S. 534 bis 536; vgl. das. S. 537 über die Ermordung anderer Juden.]

zahlreichen Juden Nordarabiens, die Nadhir, Kuraiza und die von
Chaibar, in richtiger Voraussicht, daß ihnen Ähnliches wie den
Kainukaa bevorstand, ihnen zu Hilfe gekommen, und hätten sie mit
dem Gegner Mohammeds ein Schutz= und Trutzbündnis geschlossen,
wie zur Zeit, als es bereits zu spät war, so hätten sie ihn und
seine geringen, zum Teil nicht ganz zuverlässigen Anhänger er=
drücken können. Allein die Juden litten gleich den Arabern an
Zersplitterung und hatten nur ihre selbstsüchtigen Stammesinteressen
im Auge. Fünfzehn Tage kämpften die Kainukaa tapfer und warteten
auf Verstärkung von ihren Glaubensbrüdern. Als diese aber aus=
blieb, öffneten sie dem Feinde die Tore ihrer Burgen. Mohammed
ließ sämtliche kainukaaischen Juden in Fesseln schlagen und machte
Miene, sie abzuschlachten; aber ein drohender Blick des Chazragiten
Abdallah Ibn=Ubej, ihres Bundesgenossen, schreckte ihn von diesem
Vorhaben zurück. Abdallah faßte ihn am Panzerhemde und sprach:
„Ich lasse dich nicht los, bis du mir die Bitte gewährst, die Ge=
fangenen loszulassen; denn sie bilden meine Stärke, sie haben mich
gegen die Schwarzen und Roten verteidigt."[1] Mohammed sprach
dann eingeschüchtert: „Laßt sie frei, Gott verdamme sie und ihn
mit ihnen!" Die Juden des Stammes Kainukaa, siebenhundert an
der Zahl, mußten ihre Habe im Stiche lassen und ganz entblößt
nach Palästina auswandern (Februar 624).[2] Sie ließen sich jen=
seits des Jordans in Batanäa, dessen Hauptort Adraat war, nieder[3],
wo sie wahrscheinlich von ihren Glaubensgenossen, die zurzeit von
dem byzantinischen Joche befreit waren, brüderlich aufgenommen
wurden.

Nach dem Siege über die Kainukaa brachte Mohammed den
Moslemin eine Offenbarung gegen die Juden, welche sie jedes Schutzes
berauben sollte: „O, ihr Gläubigen, wählet keine Juden und Christen
zu Bundesgenossen; sie mögen sich selbst beschützen. Wer sich mit
ihnen befreundet, ist einer von ihnen; Gott duldet kein sündhaftes
Volk."[4] Den Christen schadete diese Ausschließung weniger, da sie
nicht zahlreich in Nordarabien vertreten waren und sich überhaupt
passiv verhielten. Die Juden hingegen, an Unabhängigkeit gewöhnt
und voll sprudelnden Mutes, waren durch diese Achtserklärung in

---

[1] [Vgl. Caetani S. 522.]
[2] Das. 119. Caussin de Perceval a. a. III. 80 ff.
[3] [Ein Teil blieb in Wadi al-Qurâ; vgl. Caetani S. 523.]
[4] Koran Sura 5, 59, 60. [ed. Flügel V. 56.]

gefährliche Reibungen verwickelt. Ihre ehemaligen Schutzgenoſſen
ſagten ſich meiſtens von ihnen los und übten auf Mohammeds
Geheiß tückiſche Rache an ihnen. Ein Moslem tötete einen Juden,
der ſein Lebelang ſein Wohltäter geweſen, und der Bruder des
Mörders, ſelbſt noch ein Heide, war empört darüber.[1] Bei ſolcher
Lage gehörte Mut dazu, wenn ſich einige Muſelmänner, welche ihre
anerzogene Treue nicht durch Fanatismus unterdrückt hatten, dennoch
der Juden angenommen haben. Dieſen Mut bewies der ſchon genannte edle Abdallah. Als Mohammed zum Gefechte bei Uchûd
ausrückte, gehörte auch Abdallah zum Gefolge und entbot dazu
eine Schar von ſechshundert jüdiſchen Bundesgenoſſen vom Stamme
Nadhir. Der Prophet mochte ſie aber nicht eher am Kampfe teilnehmen laſſen, bis ſie ſich zum Islam bekannten. Als ſie ſich aber
deſſen weigerten, zog auch der edle Chazragite Ibn-Ubej mit drei-
hundert Mann ab.[2]

Bei dieſem gegenſeitigen tödlichen Haß zwiſchen Mohammed
und den Juden iſt es glaublich, daß die Benu-Nadhir ihn einſt in
ihre Burg Zuhara eingeladen haben in der Abſicht, ihn von der
Terraſſe herabzuſtürzen und ſeinem Leben ein Ende zu machen.
Ihr Häuptling war damals Hujej Ibn-Achtab, ein mutiger
Krieger. Mohammed war der Einladung gefolgt, um ſich von den
Nadhir den Anteil an Löſegeld für erſchlagene Araber zahlen zu laſſen,
merkte aber an den Bewegungen der Juden, daß ſie es auf ſein
Leben abgeſehen hatten, machte ſich davon und eilte nach Medina.
Schwer ſollten die nadhiritiſchen Juden dieſes Vorhaben büßen.
Mohammed ſtellte ihnen die Wahl, ihre Heimat innerhalb zehn
Tagen zu verlaſſen oder ſich auf den Tod gefaßt zu machen. Die
Nadhir waren anfangs bereit, den Kampf zu vermeiden und aus-
zuwandern, allein ermutigt von Abdallah Ibn-Ubej, der ihnen Hilfe
verſprochen, nahmen ſie den hingeworfenen Fehdehandſchuh auf.
Aber ſie warteten vergebens, in ihren Burgen eingeſchloſſen, auf
die in Ausſicht geſtellte Unterſtützung. Mohammed begann den
Krieg gegen ſie damit, daß er die Dattelbäume, welche ihnen die
Nahrungsmittel lieferten, ausreißen und verbrennen ließ. Darüber
waren ſelbſt ſeine eigenen Leute empört; denn dieſen gewiſſenloſen
Kriegern war eine Palme heiliger als ein Menſchenleben. Nach

---

[1] Weil, Mohammed a. a. O.
[2] Daſ. 124. Caussin de Perceval daſ. 95.

mehrtägiger Belagerung mußten die Nadhir kapitulieren, und die Bedingung war, daß sie ohne Waffen auswandern mußten und von ihrer Habe nur soviel mitnehmen durften, als ein Kamel tragen kann. Sie wanderten darauf, sechshundert an der Zahl, mit klingendem Spiele aus, ließen sich teils bei ihren Brüdern in Chaibar und teils bei Jericho und in Adraat nieder (Juni — Juli 625).[1]) Den Krieg gegen die Nadhiriten rechtfertigte Mohammed hinterher durch eine Koranoffenbarung: „Gott preiset, was im Himmel und auf Erden ist, er ist der Allverehrte, der Allweise. Er ist es, der die Ungläubigen unter den Schriftbesitzern aus ihren Wohnungen vertrieb, zu den schon früher Ausgewanderten (Kainukaa). Ihr dachtet nicht, daß sie auswandern würden; sie selbst glaubten, ihre festen Plätze würden sie gegen Gott beschützen; aber Gott fiel über sie her von einer ganz unerwarteten Seite und warf Schrecken in ihr Herz, so daß ihre Häuser von ihren eigenen Händen sowohl, als von denen der Gläubigen verwüstet wurden. Nehmet dies zur Belehrung, ihr, die ihr Augen habet. Hätte Gott nicht Verbannung über sie verhängt, so hätte er sie schon in dieser Welt gezüchtigt, doch in jener harrt ihrer die Pein der Hölle. Dieses ist, weil sie sich Gott und seinem Gesandten widersetzen; wer sich Gott widersetzt, den bestraft er mit Strenge. Sowohl euer Abhauen einiger Dattelbäume als eure Schonung anderer geschah mit der Erlaubnis Gottes; denn er straft damit die Übeltäter. Hast du nicht gesehen, wie die Heuchler ihren ungläubigen Freunden unter den Schriftbesitzern sagten: „„Werdet ihr vertrieben, so wandern wir mit euch aus, wir werden niemandem gegen euch gehorchen, werdet ihr bekriegt, so stehen wir euch bei!““ — „Aber Gott bezeugt, daß sie Lügner sind. Wenn jene vertrieben werden, so ziehen sie nicht mit ihnen weg, werden sie bekämpft, so leisten sie ihnen keinen Beistand, und täten sie es auch, so würden sie bald den Rücken kehren und jene blieben hilflos. Die Heuchler gleichen dem Satan, welcher die Menschen zum Unglauben verleitet, und wenn sie ungläubig geworden, zu ihnen sagt, ich teile eure Schuld nicht; ich fürchte den Herrn der Welt."[2])

Die vertriebenen Benu-Nadhir, welche in Arabien geblieben waren, nahmen ihr Unglück nicht so gleichmütig hin, sondern bemühten sich, eine Koalition der Feinde Mohammeds zusammenzubringen, um ihn mit vereinten Kräften zu bekämpfen. Mehrere

[1]) Weil Mohammed 135. Caussin de Perceval 121 ff.
[2]) Koran Sura 59, 1—8, 11—16, [ed. Flügel 1—3, 11—12, 16.]

angesehene Nadhiriten: **Hujej ben Akhtab**, **Kinanah ben Abû'l Chukaûk** nebst einigen anderen und **Sallam Ibn-Mischkam**, stachelten die Koraischiten in Mekka, den mächtigen Stamm der Ghatafan und andere zu einem Bundeskriege gegen den übermütigen, tyrannischen Propheten auf, der mit jedem Tage mächtiger und grausamer wurde. Die Feinde Mohammeds in Mekka, obwohl racheglühend gegen ihren Stammesverwandten, mußten aber erst durch die Juden zu neuem Kampfe angeregt werden. Die Koraischiten waren nämlich zweifelhaft geworden über den Wert ihres ererbten Kultus gegenüber der von Mohammed gepredigten Religion und fragten die Juden: „Ihr Männer des Buches, die ihr alle Völker durch eure Schriften übertreffet, sagt uns, welche Religion ist die bessere; unsere angestammte oder Mohammeds?" Die Juden antworteten ihnen: „Die eurige ist besser." Darauf soll sich Mohammeds Tadel beziehen: „Siehst du nicht jene, denen ein Teil der Schrift zugekommen ist; sie glauben an Gott und an Taghut (Götzentum) und sprechen zu den Ungläubigen: ihr seid besser geleitet als jene, welche an Mohammed glauben."[1]

Endlich waren die arabischen Stämme durch die Rührigkeit der Nadhiriten zu einem Koalitionskriege bereit. Schwerer wurde es ihnen, ihre Glaubensbrüder, die Benu-Kuraiza, zur Teilnahme zu bewegen. Ihr Häuptling, **Kaab-Ibn-Assad**, wollte den Nadhiriten Hujej, der ihn um Asyl gebeten, anfangs gar nicht aufnehmen, weil sein Stamm ein Bündnis mit Mohammed und den Moslemiten geschlossen hatte, und er verblendet genug war, auf Mohammeds Wort zu bauen. Doch Hujej, der den Häuptling Kaab an ihre gegenseitige Freundschaft erinnerte und den Kuraiza mit einem Eide versprach, daß er und seine Freunde sich im äußersten Falle mit ihnen in die Festung einschließen würden, erlangte endlich Einlaß. Er wußte ihn so sehr von der Gefahr zu überzeugen, welche ihnen, als Juden, von seiten Mohammeds drohte, und von der Gewißheit des Sieges, welchen so zahlreiche Verbündete über die geringere Zahl der Moslemin erringen müßten, daß die Benu-Kuraiza sich anschlossen. — Zehntausend Mann Verbündete rückten ins Feld und dachten Medina unversehens zu überrumpeln. Allein

---

[1] Koran Sura 4, 49 bei Maraccio das. 158 b; über das Wort Taghut f. o. S. 79 Anmerkung 2. [In den vom Verf. zitierten Koranversen, 52 ff. ed. Flügel, wird auf die **Christen** hingewiesen, während von den Juden in V. 45—49 gesprochen wird. Vgl. Rabbinowitz a. a. O. S. 113—114.]

Mohammed war durch einen Verräter gewarnt worden und ließ, ohne tollkühn ein Treffen im offenen Felde gegen die Übelzahl zu wagen, Medina mit einem tiefen Graben und anderen Vorkehrungen schützen, was von den Arabern als Feigheit ausgelegt wurde, aber von sicher berechnender Klugheit Mohammeds zeugt (Februar 627).

Die Araber, gewöhnt auf Ritterweise Mann gegen Mann zu kämpfen, erschöpften ihre Pfeile gegen die Schanzen ohne Erfolg.[1]) Es gelang Mohammed endlich sogar, gegenseitiges Mißtrauen unter die Hauptverbündeten, die Koraischiten, Ghatafan und Juden zu streuen. Er schickte einen heimlichen Boten vom Stamme Ghatafan zuerst zu den Kuraiza, der sie überredete, sich von den Verbündeten zu trennen, weil jene um einen Separatfrieden mit Mohammed unterhandelten, und daß sie dann, alleinstehend, zu schwach zum Widerstand und wegen ihrer Nähe allen Gefahren ausgesetzt sein werden. Die Kuraiza glaubten dem Falschen und versagten den Verbündeten, an einem allgemeinen Sturm gegen Medina teil zu nehmen, teils weil sie am Sabbat nicht zur Schlacht ausrücken mochten, teils weil sie zuerst von den Verbündeten Geiseln in Händen haben wollten, daß jene nicht Verrat an ihnen üben würden. Nuaim, der Unterhändler, hatte aber jene schon von der Absicht der Kuraiza im voraus in Kenntnis gesetzt, daß sie nicht zum Kampfe ausrücken werden, und es als Zeichen der Lauheit ausgegeben, und da ohnehin im beginnenden Frühjahr die Witterung ungünstig war, zogen die Verbündeten unverrichteter Sache ab.

Der Grabenkrieg, wie er genannt wurde, war für Mohammed glücklich abgelaufen und wurde nur den Juden verderblich, die seinen ganzen Zorn empfinden sollten. Denn gleich am Tage nach dem Abzug der Verbündeten zog Mohammed, sich auf eine vorgebliche Offenbarung berufend, mit dreitausend Mann gegen die Kuraiza zu Felde. Er hatte seine Anhänger zu diesem Kriege förmlich fanatisiert: „Wer gehorsam ist, der verrichte sein Gebet in der Nähe der Kuraiza.“ — Zu schwach zur Feldschlacht, zogen sich die Juden in ihre Burgen zurück und verschanzten sie. Darauf belagerte sie Mohammed mit 3000 Mann fünfundzwanzig Tage hintereinander (Februar — März 627). Da den Kuraiza die Lebensmittel ausgegangen waren, mußten sie an Kapitulation denken. Sie verlangten von Mohammed, daß er sie ebenso wie ihre Brüder, die Nadhir,

---

[1]) [Über die Art der Kriegführung wie auch der Belagerung und Verteidigung Medinas vgl. Caetani S. 620—621.]

behandeln, d. h. mit Frauen, Kindern und einem Teil ihrer Habe
abziehen lassen sollte. Der rachsüchtige Prophet verwarf aber diesen
Vorschlag und verlangte, daß die Kuraiza sich auf Gnade und Ungnade ergeben sollten. Darauf traten die Juden zur Beratung zusammen und baten ihren Führer, Kaab-Jbn-Assad, ihnen Vorschläge
zu machen. Dieser stellte ihnen drei Wege vor. Sie sollten entweder zum Islam übergehen, oder, echt zelotisch, ihre Frauen und
Kinder mit eigenen Händen töten und dann einen verzweifelten
Ausfall machen, oder endlich in derselben Nacht eines Sabbat, wo
die Feinde einen Angriff nicht erwarteten, einen plötzlichen Überfall
veranstalten. Aber die Kuraiza konnten sich mit keinem dieser Vorschläge befreunden. Sie mochten weder ihre Religion verleugnen,
noch den Sabbat durch Krieg verletzen, noch die teuren Wesen opfern.
„Nun," erwiderte Kaab, da ihr Männer ohne Entschluß seid, so er-
gebet euch!"

Sie baten darauf Mohammed, ihnen den Ausiten Abu-Lubâbah
zuzusenden, um mit ihm zu unterhandeln.[1] Dieser, als ihr ehe-
maliger Verbündete, hatte ihnen viel Interesse gezeigt. Mohammed
gewährte ihnen diese Bitte. Als Abu-Lubâbah in die Festung ein-
gelassen war, kamen ihm die Kuraiza laut schluchzend und weh-
klagend entgegen und beschworen ihn bei ihrer Bundesgenossenschaft
und bei den Kämpfen, die sie gemeinsam bestanden, ihnen die
Wahrheit zu sagen, ob Mohammed wenigstens ihr Leben schonen
würde. Abu-Lubâbah, anfangs von Mitgefühl hingerissen, aber zu
vorsichtig, um ein Wort zu sprechen, fuhr mit dem Finger an seinen
Hals und gab ihnen so ihr bevorstehendes Geschick zu erkennen.
Bald aber bereute er es und redete ihnen zu, sich auf Gnade und
Ungnade zu ergeben. Als die Kuraiza darauf auf Mohammeds
Befehl gefesselt wurden, baten ihn die Ausiten, sie zu verschonen.
Mohammed aber, der weder Gnade üben, noch es mit den Ausiten
verderben wollte, wandte einen hinterlistigen Ausweg an. Er über-
ließ die Entscheidung dem Ausspruche des Ausitenhäuptlings Sa'ad,
der damals schwer erkrankt war an einer Wunde, die er bei der
Belagerung von Medina von den Verbündeten erhalten hatte.
Mohammed wußte, daß Sa'ad, erbittert über die Wunde, nicht zugunsten der Juden sprechen würde. In der Tat fiel sein Urteil
unmenschlich genug aus. Sa'ad, die letzte Instanz, sprach die ver-

---

[1] [Vgl. Caetani S. 629.]

hängnisvollen Worte aus: „Ich verurteile alle Männer zum Tode, alle Frauen und Kinder zur Gefangenschaft, ihr Hab und Gut als Beute den Moslemin." Mohammed verfehlte nicht, dieses Urteil als ein göttliches zu bestätigen und vollstrecken zu lassen. Nahe an siebenhundert Juden, darunter auch die Häuptlinge Kaab und Hujej, wurden auf einem öffentlichen Platze in Medina geschlachtet und in eine gemeinsame Grube geworfen; der Platz erhielt davon den Namen der Markt der Kuraiza.[1]) Diese Schändlichkeit wurde im Namen Gottes geübt. Der Koranvers darüber lautet: „Gott vertrieb diejenigen der Schriftbesitzer (Juden), welche ihnen, den Verbündeten, beigestanden, aus ihren festen Plätzen und warf Schrecken in ihr Herz. Einen Teil von ihnen habt ihr erschlagen und einen anderen gefangen genommen; er hat euch ihr Land, mit ihren Wohnungen und Gütern, das ihr früher nie betreten, zum Erbteil gegeben. Gott ist allmächtig."[2])

Die Frauen wurden gegen Waffen und Pferde vertauscht, und ein schönes Mädchen, Rihâna, behielt sich Mohammed als Buhlerin, die aber seine widerlichen Gunstbezeugungen stolz zurückwies. Nur ein einziger der Kuraiza sollte am Leben bleiben. Ein Chazragite Thabit, dem ein Jude, Zabir-Ibn-Bata, während der Fehden zwischen den Stämmen Kaila Leben und Freiheit geschenkt hatte, verwendete sich für seinen Retter bei Mohammed. Weil Thabit sich sehr verdient gemacht hatte, gewährte ihm Mohammed Zabirs Leben und die Rückerstattung der Familienglieder und Güter. Voller Freude eilt er zu dem greisen Zabir, ihm die günstige Wendung seines Geschickes zu verkünden. „Ich danke dir," sprach der jüdische Greis, der noch in Fesseln lag, „aber sage mir, was ist aus unserm Anführer Kaab geworden?" „Er ist tot," antwortete Thabit. „Und Hujej Ibn-Achtab, der Fürst der Juden?" — „Tot." — „Und Azzel Ibn-Samuel, der unerschrockene Krieger?" — „Tot." — „Dann mag ich nicht mehr leben," sprach Zabir, „und verlange von dir, Freund, nur die Gnade, mich durch deine Hand sterben zu lassen." Er reichte ihm hierauf seinen Hals hin mit zelotischem Heldenmute, und Thabit gab ihm den Tod.[3])

Ein Jahr darauf kamen die Juden der Landschaft Chaibar, ein

---

[1]) Weil das. 167 f. Caussin de Perceval Mohammed III. 141 ff.

[2]) Koran Sura 33, 26 f.

[3]) Caussin de Perceval nach dem Sirat ar-Rasul und Chamis.

Bund von kleinen jüdischen Republiken, an die Reihe.[1]) Der Grund
zum chaibarischen Kriege ist nicht bekannt geworden; aber wozu bedurfte es noch bei Mohammed eines Grundes? Ein Häuptling der
Chaibariten, mit Namen Aljußar Ibn-Rizam, soll an einer
neuen Koalition gegen Mohammed gearbeitet und den Stamm
Ghatafan und noch einen anderen zum Kriege gegen ihn aufgestachelt haben. Mohammed ließ Aljußar nach Medina locken unter
dem Scheine, er werde ihn zum Fürsten von Chaibar machen, und
ließ ihn unterwegs ermorden (Ende 627).[2]) Der Hauptgrund zum
Kriege gegen Chaibar war aber, die beutegierigen Muselmänner,
welche einen erfolglosen Zug gegen Mekka unternommen hatten,
mit der Beute der chaibarischen Juden zu befriedigen. Der Krieg
gegen Chaibar war aber nicht so leicht und nahm die Verhältnisse
eines ausgedehnten Feldzuges an. Denn hier gab es, wie schon
erwähnt, eine Reihe von Festungen, die in guten Zustand gesetzt
waren und von Männern verteidigt wurden, die als lebende Festungen
gelten konnten. Die exilierten Nadhiriten in Chaibar entflammten
ihre Genossen zu tapferem Kampfe. Arabische Stämme Ghatafan,
Fezara hatten Hilfe zugesagt. Die Seele der Chaibariten war der
verbannte Nadhirite Kinanah Ibn'ul Rabia' (o. S. 101),
ein Mann von zelotischer Standhaftigkeit und Löwenmut, welcher
König der Juden hieß. Ihm zur Seite stand Marhab, ein
Riese von himjaritischer Herkunft, der jedem Schwertstreiche trotzte.
Mohammed wendete sich daher vor dem Beginn des Krieges im
Gebete zu Gott, daß er ihm Sieg über die Juden von Chaibar
verleihen möge. Der Krieg, zu welchem Mohammed 14000 Mann
entboten hatte, dauerte beinahe zwei Monate (Frühjahr 628). Ein
jüdischer Tapferer, der Nadhirite Sallam Ibn-Mischkam hatte geraten, den Angriff nicht abzuwarten, sondern mit großen Massen
dem Feinde entgegenzugehen. Der Rat wurde aber verworfen.
Die Chaibariten zersplitterten ihre Kräfte, indem sie die Mann-
schaften in die verschiedenen Festungen legten.[3]) Der Krieg gegen

---

[1]) [Ihnen, wie den Juden von Makna hatte Mohammed noch kurz zuvor
ein Schreiben gesandt, in dem er sie seines Wohlwollens versicherte. Vgl.
Hirschfeld in JQR XV. S. 170 ff. u. S. 177—179, ferner Caetani S. 635
bis 636.]

[2]) Caussin de Perceval. III. 159 f. bei Weil lautet die Angabe
anders das. 171 Note 255.

[3]) Caussin de Perceval 195 nach dem Tarif Chamis.

Chaibar nahm daher denselben Charakter an, wie der gegen die anderen jüdischen Stämme. Er begann ebenfalls mit Umhauen der Palmbäume und dem Berennen der kleinen Festungen, welche nach kurzem Widerstande fielen. Am längsten und tapfersten leistete die Burg Kamuß, auf einem steilen Felsen erbaut, Widerstand. Mehrere Male schlugen die Juden den Sturm der Mohammedaner zurück. Abu-Bekr und Omar, die zwei tapfersten Feldherrn Mohammeds, später seine Nachfolger (Kalifen), ließen ihren Soldaten- ruhm vor den Mauern Kamuß'. Marhab tat Wunder der Tapfer- keit, er hatte den Tod seines Bruders Harith zu rächen, der bereits gefallen war. Als Mohammed gegen ihn den dritten Feldherrn Ali, den späteren Gegenkalif, aussandte, rief der jüdische Held: „Chaibar kennt meine Tapferkeit, ich bin Marhab, der Held, schwer bewaffnet und erprobt im Feld!" Er forderte dann Ali zum Zweikampf heraus. Aber seine Stunde hatte geschlagen; er fiel durch die Hand eines ebenbürtigen Gegners. Nach vielen Anstrengungen gelang es den Feinden, in die Festung einzurücken. Wie es den Gefangenen erging, ist nicht bekannt. Kinanah wurde gefangen und gefoltert, damit er die verborgenen Schätze entdecken sollte. Aber er ertrug, wie die Zeloten nach dem Untergange Jerusalems, Schmerzen und Tod, ohne ein Wort zu sprechen. Nachdem die Festung durch Über- rumpelung gefallen war, entsank den jüdischen Kriegern der Mut, und die anderen Festungen ergaben sich unter der Bedingung freien Abzugs. Später wurden sie im Besitz ihrer liegenden Gründe ge- lassen und brauchten nur die Hälfte ihres Ertrages alljährlich als Tribut zu zahlen.[1]) Die bewegliche Habe wurde erbeutet, und die mohammedanischen Krieger kehrten beladen mit den Schätzen der Juden heim. Auch Fadak Wadi'l-Kora und Taima unterwarfen sich, und deren jüdische Bewohner durften laut eines Vertrages in ihrem Lande bleiben. — Das Jahr 628 war für die Juden über- haupt verhängnisvoll. Es bezeichnet den Sieg Mohammeds über die chaibarischen Juden, den Untergang der letzten freien jüdischen Stämme und die Verfolgung der Juden Palästinas durch den Kaiser Heraklius, welche auf kurze Zeit wieder zu den Waffen gegriffen hatten. Das Schwert, welches die Hasmonäer zuerst zur Ver- teidigung ihrer Religion in die Hand genommen und das sie den Zeloten und diese wieder den arabischen Juden vererbt hatten, wurde den letzten jüdischen Helden von Chaibar entwunden, und

[1]) Weil 184 ff. Caussin de Perceval 196 ff.

fortan mußten die Juden ein anderes Schild zum Schutze ihres
Heiligtums gebrauchen.

Zwei schöne jüdische Frauen brachte sich Mohammed aus dem
chaibarischen Kriege mit, Safia, die Tochter seines Todfeindes,
des Nadhiriten Hujej, dessen Blut er zu Medina wie ein Schlächter
vergießen ließ, und Marhabs Schwester, die schöne Zainab, die
Frau Sallams. Dieses mutige Weib ersann eine List, um sich an
dem Mörder ihrer Glaubensbrüder und Verwandten zu rächen. Sie
stellte sich freundlich gegen ihn, bewirtete ihn und ließ ihn Liebes-
genuß erwarten. Arglos aß Mohammed eine vergiftete Keule, die
sie ihm und seinen Tischgenossen vorgesetzt. Einer derselben starb
daran. Mohammed aber, der den Bissen als unschmackhaft aus-
gespieen, war für den Augenblick zwar gerettet, aber er litt lange
Zeit daran und fühlte in seiner Todesstunde noch die Folgen der
Vergiftung. Als Mohammed sie nach dem Grunde ihrer Tat fragte,
erwiderte Zainab kaltblütig: „Du hast meinem Volke unsägliche Leiden
zugefügt; ich dachte daher, bist du bloß ein kriegslustiger Unter-
drücker, so werde ich meinem Volke Ruhe durch Gift verschaffen,
bist du aber ein Prophet, so wirst du durch Gott davor gewarnt
werden, und es wird dir nicht schaden." Mohammed ließ sie darauf
hinrichten.[1]) Darauf erließ Mohammed an seine Truppen den Befehl, das von den Juden erbeutete Küchengefäß nicht eher zu gebrauchen, bis es mit Wasser ausgekocht wurde.[2]) — Der Rest der
Juden gab noch immer die Hoffnung nicht auf, sich seines Erzfeindes
entledigen zu können. Sie intrigierten gegen ihn heimlich und
machten mit den unzufriedenen Arabern gemeinschaftliche Sache. Das
Haus eines Juden Suwailim in Medina war der Sammelpunkt
für die Unzufriedenen, welche Mohammed und seine fanatische Schar
die Heuchler (Munafikun) nannten. Es wurde aber verraten, und
Suwailims Haus wurde in Brand gesteckt.[3])

Über Mohammeds Tod (632) empfanden die Juden in Arabien
eine gerechte Schadenfreude; denn sie glaubten, gleich anderen, die
Araber würden von dem Wahnglauben geheilt sein, daß er ein höheres,
mit Unsterblichkeit begabtes Wesen wäre. Allein schon hatte sich der

---

[1]) So nach den meisten arabischen Chronographen. [Nach andern Berichten hat Mohammed ihr verziehen; vgl. Hirschfeld in RÉJ. X, S. 30.]
[2]) Weil Mohammed 188.
[3]) Caussin de Perceval III. 284.

Fanatismus, gepaart mit Eroberungs- und Kriegslust, der Araber bemächtigt, und sie nahmen die häßlichen Seiten des Koran ebenso wie die dem Judentum entlehnten Wahrheiten in demselben als unverbrüchliches Gotteswort hin. Das Judentum bekam an dem Islam, den es an seiner Brust genährt hatte, einen zweiten mächtigen Feind. Der Koran wurde das Grundbuch für einen großen Teil der Menschheit in drei Erdteilen, und da er von gehässigen Aussprüchen gegen die Söhne des Judentums gefüllt ist, so erzog er die mohammedanischen Völker, wie die Evangelien die christlichen, zum Hasse gegen dieselben. So groß war der Fanatismus des zweiten Kalifen O m a r, einer wilden, energischen Natur, daß er das von Mohammed eingegangene Friedensbündnis mit den Juden von Chaibar und Wadi'l-Kora brach, sie von ihrem Grund und Boden vertrieb, ebenso wie die Christen aus Nagaran, damit der geheiligte Boden Arabiens nicht von Juden und Christen entweiht werde. Die Ländereien der Juden wies Omar den mohammedanischen Kriegern an, und den vertriebenen Juden wurde dafür — noch gerecht genug — ein Landstrich in der Nähe der Stadt Kufa am Euphrat angewiesen (um 640).[1] Doch, wie kein Übel in der Geschichte ganz ohne segensreiche Folgen ist, so beförderte auch die Herrschaft des Islam die Erhebung des Judentums aus der teilweisen Verkümmerung.

[1] Abulfeda annales ed. Adler I. 135, Tabari bei Weil: Geschichte Kalifen I. 56.

Vierte Epoche der ersten Periode:
Die gaonäische Zeit.

Fünftes Kapitel.
Das erste gaonäische Jahrhundert.

Die Eroberungen des Islam; Jerusalem. Omars Unduldsamkeit; der Omarbund. Jüdisches Urteil über die Herrschaft des Islam. Glückliche Lage
der babylonischen Juden. Der Exilsfürst Bostanai und die persische
Königstochter Dara. Das Schulhaupt R. Isaak und der Kalif Ali;
die Gaonwürde. Reform des Ehescheidungsgesetzes. Das Exilarchat
und Gaonat. Huldigungsfeierlichkeiten für den Exilarchen; die Hochschulen und ihre Kollegien. Die Gemeindeverfassung. Der Bann. Der
einigende Verband der zerstreuten Juden. Gedrückte Lage der westgotisch-spanischen Juden. Die Konzilien und Gesetze. Der Erzbischof
Julian von Toledo und die Juden. Verschwörungsversuch; die Juden
zur Leibeigenschaft verurteilt, erlangen durch den Sieg des Islam Freiheit
und angesehene Stellung.

640 (658) — 760.

Kaum ein Jahrzehnt nach Mohammeds Tode gehörten die
schönsten Länder im Norden Arabiens und im Nordwesten Afrikas
den Söhnen der Wüste, welche mit dem Schwerte in der einen,
mit dem Koran in der andern Hand über die Grenzen der Halbinsel hinausgestürmt waren mit dem Rufe: "Es ist kein Gott als
Allah und Mohammed sein Prophet!" Obwohl kein hinreißender,
überwältigender Held an der Spitze der arabischen Scharen die
Siegesbahn beschritt, so siegten sie doch mit noch viel größerer
Schnelligkeit als die Heeressäulen des mazedonischen Alexander. Das
altersschwache, zersetzte Perserreich erlag den ersten Stößen, und die
byzantinischen Provinzen Palästina, Syrien und Ägypten, deren
Bevölkerung nur geringe Anhänglichkeit an den von Intrigen
lebenden Hof von Konstantinopel empfand, wehrten sich nicht einmal gegen die Araber. Medina, eine Oase in der großen Wüste,
ein den Völkern unbekannter Flecken, wurde, wie einst Rom, die

Gesetzgeberin für Millionen. Den eroberten Völkerschaften ver-
schiedener Zunge blieb keine andere Wahl, als entweder Mohammed
als Propheten anzuerkennen und sich dem Islam zu ergeben, oder
Tribut zu zahlen. Palästina ging kaum ein Jahrzehnt, seitdem es
Kaiser Heraklius den Persern entrissen hatte, dem byzantinischen
Reiche wieder verloren. Juden und Samaritaner waren darin
einig, die Araber bei der Eroberung des Landes zu unterstützen,
um von dem schweren Joche des tückischen Byzanz befreit zu sein.
Ein Jude spielte das starkbefestigte Cäsarea, die politische Hauptstadt
des Landes, das 700000 streitbare Männer gehabt haben soll, und
darunter 200000 Juden, den Muselmännern in die Hand. Er zeigte
ihnen einen unterirdischen Gang, der die Belagerer ins Innere der
Stadt führte.[1] Auch die heilige Stadt unterlag nach einer kurzen
Belagerung den mohammedanischen Waffen. Der zweite Nachfolger Mohammeds, der Kalife Omar, nahm in eigener Person
Besitz von Jerusalem (um 636)[2] und legte den Grundstein zur
Moschee des Felsens (as Suffara), welche allen Muselmännern ein
hochverehrtes Heiligtum geworden ist. Den Namen hat diese Moschee
von einem vierzig Fuß langen und vier Fuß hohen unregelmäßigen
Felsstück in der Mitte der Moschee, welches an einer Stelle ein
Loch hat.

Omar wollte nämlich das mohammedanische Heiligtum auf
demselben Platz erbauen, auf welchem einst der Tempel gestanden
hatte und verlangte von dem damaligen Bischof von Jerusalem,
S o p h r o n i u s, ihm den Platz zu zeigen. Nach einigen Aus-
flüchten wies dieser auf ein durchlöchertes Felsstück, auf welchem die
Juden am Fasttage zur Erinnerung an den Untergang Jerusalems
zu trauern pflegten und das die Christen aus liebevoller Pietät mit
allerlei Unrat beworfen hatten. Omar, im Glauben, daß dieser
Fleck der Mittelpunkt des ehemaligen Heiligtums gewesen sei, säuberte
selbst das Felsstück und legte den Grundstein zur Moschee um dasselbe: „Dieser Stein soll ein Gotteshaus werden." Es ist aber nur
ein Trümmerstück von irgendeinem zerstörten Gebäude im ehemaligen Jerusalem. Der Bischof hat vielleicht selbst geglaubt, daß
der Stein, an dem die Juden Klagelieder wimmerten, den Tempel-

---

[1] Beladhori bei Weil: Kalifengeschichte Anhang zu B. I. S. 2. Vgl.
Caussin de Perceval, histoire des Arabes III. 500.

[2] [Die Angaben über das Jahr der Eroberung Jerusalems schwanken
zwischen 636—640.]

platz bezeichne, oder hat den Kalifen täuschen und einen beschmutzten
Platz für das mohammedanische Heiligtum anweisen wollen. Er hat
aber damit eine arge Täuschung veranlaßt. Denn die mohamme-
danischen Gläubigen verehren diesen Felsen bis auf den heutigen
Tag als allerheiligst, als die Pforte zum Himmel, wie sie den
schwarzen Stein in der Kaaba in Mekka verehren, in dem sie die
Fußstapfen des Erzvaters Abraham erblicken. Bedeutungslosen
Trümmerstätten, vom Bau des Hauses Israel losgelöst, zollten die
Mohammedaner wie die Christen weihevolle Verehrung, die Eigner
aber, denen sie diesen Abhub verdankten, ächteten sie. Der Bischof
Sophronius, welcher Omar die Schlüssel von Jerusalem überreicht
hatte, unbelehrt von dem Wechsel der Geschicke, den er selbst erfahren (o. S. 28), soll sich vom Kalifen in der Kapitulation be-
dungen haben, daß es den Juden verwehrt bleiben sollte, in der
heiligen Stadt zu wohnen. Ein eigenes Geschick! Jerusalem wurde
zwar auch den Muselmännern eine Stätte der Verehrung und der
Wallfahrt und von ihnen die Heilige (Alkuds) genannt, aber
ihren Söhnen sollte sie unzugänglich bleiben.[1] Auch aus Tiberias
soll Omar die Juden samt den Christen vertrieben und hiermit der
Lehrtätigkeit der dortigen Schule ein Ende gemacht haben.[2] Doch
erhielten sie unter den nachfolgenden Kalifen wieder die Erlaubnis,
sich da abermals anzusiedeln.[3]

Der junge Islam war also nicht weniger unduldsam als das
Christentum. Wie Omar die Juden aus Chaibar und die Christen
aus Nagaran ausgewiesen hat, so erteilte er den auf Eroberung
ausgesandten Feldherrn Verhaltungsregeln gegen Juden und Christen.
Diese Regeln führen den Namen „der Omarbund", weil sie
von diesem Kalifen stammen, und enthalten mancherlei Beschränkung
gegen die beiden „Völker der Schrift" (Juden und Christen). Sie
dürfen keine neuen Gotteshäuser bauen, noch baufällige wieder herstellen, und sollen in den Synagogen und Kirchen nur halblaut
singen und still für die Verstorbenen beten. Sie dürfen ihre Mitglieder nicht hindern, den Islam anzunehmen und sollen den Musel-

---

[1] Bar-Hebraeus Chronicon syriacum ed. Kirsch syrischer Teil 108;
vgl. Munk, Palestine S. 614.

[2] Raumer Palästina S. 138. Die Quelle ist nicht angegeben.

[3] Der Pilger Willibald berichtet im Jahre 765: ibi (Tiberiade) sunt
multae ecclesiae et synagogae Judaeorum, bei Robinson, Palaestina
II. 522.

männern mit Achtung begegnen. Sie sollen ferner kein Amt bekleiden und über Mohammedaner nicht Recht sprechen. Sie dürfen nicht auf Rossen reiten und sollen eine eigene Tracht anlegen, um auf den ersten Blick von den Moslemin unterschieden werden zu können.[1] Juden und Christen dürfen sich auch keines Siegelringes bedienen, welcher als ein besonderes Ehrenzeichen galt. Während die Mohammedaner steuerfrei waren und höchstens nur eine geringe Abgabe für die Armen zu leisten hatten, mußten die Juden und Christen Kopfsteuer (G'esiah') und Grundsteuer (Charag) zahlen. Trotzdem fühlten sich die Juden in dem neuentstandenen islamitischen Reiche freier, als in den christlichen Ländern. Die beschränkenden Omargesetze kamen unter Omar selbst nicht zur Ausführung. Dann setzten selbst die fanatischen Muselmänner die Juden nur als Religionsbekenner zurück, verachteten sie aber nicht als Menschen und Bürger, erwiesen vielmehr verdienstvollen Juden hohe Achtung. Die ersten Mohammedaner hatten noch mit Juden als ihresgleichen verkehrt, achteten sie als Freunde und Bundesgenossen und hatten selbst als Feinde ein Interesse an ihnen. Die asiatischen und ägyptischen Juden begrüßten daher die Mohammedaner als ihre Befreier vom Joche der Christen. Eine mystische Apokalypse aus der ersten Zeit des Islam spricht die Freude über den Sieg des Islam deutlich aus. Sie legt die Gedanken der Juden dem Engel Metatoron in den Mund. Simeon ben Jochaï, der als Mann der Geheimnisse betrachtet wurde, wird das Entstehen des Islam im voraus verkündet, und er klagt darüber im Gebet: „Haben wir nicht genug an dem Reiche des boshaften Edom (römisch-christliches Reich), daß noch das Reich Ismaels sich erhebt?" Darauf erwidert ihm Metatoron: „Fürchte dich nicht, Menschensohn! Gott stellt nur das ismaelitische Reich auf, um euch von dem boshaften Edom zu befreien. Er stellt ihnen einen Propheten auf, wird ihnen Länder unterwerfen, großer Haß wird zwischen ihnen und den Söhnen Esaus (Christen) sein."[2] Das waren die Gefühle der Juden bei den Eroberungen der Mohammedaner.

Ein großes Maß von Freiheit erlangten die Juden in dem ehemals babylonischen Landstriche (von den Arabern Jrak genannt)

[1] D'Hosson, histoire des Mongols III. I. 274. Weil: Kalifen II. 353 f.

[2] Nistarot di R' Simeon Ben-Jochaï (verfaßt im Jahre 750); vgl. Note 16.

durch die Siege der Mohammedaner. Bei ihren Kriegszügen gegen
die letzten persischen Könige hatten ihnen die Juden und die nestorianischen Christen vielfachen Vorschub geleistet, weil sie von den
letzten sassanidischen Fürsten Druck und Verfolgung erlitten hatten.
Die Juden und die chaldäischen Christen bildeten den Kern der Bevölkerung an dem unteren Euphrat und Tigris, und ihre Hilfe muß
den Arabern so willkommen gewesen sein, daß selbst der fanatische
Kalife Omar ihnen Belohnungen und Privilegien erteilte. Das
Oberhaupt der chaldäischen Kirche mit dem Titel Patriarch oder
Katholikos, Jesujabu, erhielt von Omar ein Diplom mit gewissen Freiheiten und besonders mit dem Rechtsbefugnis, daß ihm
sämtliche christliche Gemeinden in Irak nicht bloß kirchlich, sondern
auch politisch zu gehorchen haben. Der nestorianische Katholikos übte
die Gerichtsbarkeit über sämtliche Christen seiner Diözese und zog
von ihnen die Abgaben ein, die sie an das islamitische Staatsober-
haupt zu leisten hatten. Ganz dieselbe Stellung erhielt sicherlich infolge geleisteter Dienste ein Abkömmling der Exilsfürsten vom Hause
David, mit Namen Bostanaï[1]), den die mohammedanischen
Feldherren als Oberhaupt der Juden anerkannten. Omar zeichnete
Bostanaï so sehr aus, daß er ihm eine Tochter des persischen
Königs Chosrau, mit Namen Dara[2]), welche mit ihren Schwestern
in Gefangenschaft geraten war, zur Frau gab[3]) (um 642). Eigentümliche Wendung des Geschickes! Der Enkel eines Geschlechtes,
das sich der Abstammung vom Hause Davids rühmte, heiratete eine
Fürstin, deren Ahnen ihre Stammtafel bis auf Darius, den Gründer
des persischen Königshauses, zurückführten! Bostanaï war demnach der erste Exilarch, der von der mohammedanischen Staatsmacht
als Vasall eingesetzt war. Gleich dem nestorianischen Katholikos hatte
der Resch-Galuta politische und richterliche Befugnisse, und sämtliche
Juden des babylonischen Landstrichs bildeten unter ihm ein eigentümliches Gemeinwesen. Bostanaï erhielt auch ausnahmsweise die
Erlaubnis, einen Siegelring (Guschpanka) zu führen, wodurch er
den Urkunden und Erlassen einen offiziellen Charakter geben konnte.
Das Insiegel trug das Bild einer Fliege, welches auf irgendeine
unbekannte geschichtliche Anspielung deutete.

[1]) Vgl. Note 11.
[2]) [Der richtige Name ist Izdúndád. Vgl. Schechter, Saadyana, Cam-
bridge 1903, S 75. Anm. 3.]
[3]) Note 11.

Bostanaï, der Sohn des Exilarchen Chaninaï (o. S. 15), muß übrigens keine unbedeutende Persönlichkeit gewesen sei, da die Sage sich an ihn geheftet und ihn schon vor der Geburt verherrlichen wollte. Sie erzählt: Ein König habe das ganze exilarchatische Geschlecht vom Hause Davids ausrotten lassen. In einem Nachtgesichte sei er aber wegen dieser frevelhaften Tat gewarnt worden. Als er nämlich im Traume sämtliche Bäume eines Lustgartens (Bostan) bis aufs kleinste Reis habe umhauen wollen, sei ihm ein ehrwürdiger Greis erschienen, habe ihm das Werkzeug der Zerstörung aus der Hand genommen und es ihm an die Stirne mit solcher Heftigkeit geschleudert, daß ihm ein Blutstrom über Gesicht und Bart geflossen sei. Von Schmerz überwältigt und von Ehrfurcht für den Greis ergriffen, habe der König den Greis um Gnade angefleht und ihm gelobt, das zarte Reis, welches das Beil verschont, zu pflegen, damit es zu einem laubreichen Baume emporschieße. Beim Erwachen seien dem Könige die wirren Traumbilder beunruhigend im Gedächtnisse geblieben, und Blutspuren an seinem Lager hätten ihn überzeugt, daß der Traum kein Phantom gewesen, sondern eine ernste Bedeutung habe. Begierig, die Deutung des Traumgesichts zu erfahren, sei er an einen traumkundigen Juden gewiesen worden. Dieser, ein alter Mann, dessen Tochter mit einem Gliede des exilarchatischen Hauses verheiratet war, habe den Traum auf die Verfolgung des Exilarchenhauses und auf die Frucht bezogen, welche noch im Schoße seiner Tochter schlummerte. Der König, von der Richtigkeit der Deutung überzeugt, habe befohlen, die Witwe, welche vermutungsweise den letzten Stammhalter des Exilarchenhauses im Schoße trüge, mit aller Sorgfalt zu umgeben. Sie habe dann richtig einen Knaben geboren, und dieser habe von dem Umstande des Lustgartens (Bostan) den Namen Bostanaï erhalten. Für die Erhaltung des jungen Bostanaï hätten die Herzen aller Juden nah und fern geschlagen und ihre Hoffnung auf ihn gesetzt, und er habe den Erwartungen entsprochen. Denn er habe sich durch Gelehrsamkeit und Verstandestiefe ausgezeichnet und sich durch taktvolles Benehmen einer hohen Stellung würdig gezeigt. Als der König einst den herangewachsenen Jüngling zu sehen gewünscht, habe er Weisheit und Anstand bekundet. Denn, obwohl von einer Fliege so heftig gestochen, daß ihm das Blut heruntertroff, habe er aus tiefer Ehrfurcht vor dem Könige keine Bewegung gemacht, die lästige Blutsaugerin zu verscheuchen. Der König habe ihn dafür

sehr gelobt, ihn mit Geschenken überhäuft, ihn zum Exilarchen eingesetzt und ihm die Befugnis erteilt, Richter und Schulhäupter zu
ernennen. Zum Andenken an die Fliege, die ihm so nützlich gewesen, habe Bostanaï ihr Bild als Wappenzeichen für das Exilarchat
angenommen. Die arabischen Kalifen hätten Bostanaï in dieser
Würde bestätigt, und der vierte Kalife, dem er einst mit den heiligen
Schriften entgegengekommen war, habe, als erfuhr, daß er im Alter
von fünfunddreißig Jahren noch ledig sei, ihm die schöne Königstochter zur Frau gegeben.[1]   Um glaubwürdig zu erscheinen, hat die
Sage einige geschichtliche Züge an ihrem Bilde angebracht.

Das jüdisch-babylonische Gemeinwesen, welches durch Bostanaï
wieder eine Bedeutung erlangte, erhielt erst seine Befestigung und
Abrundung unter dem vierten Kalifen Ali, Mohammeds Gefährten
und Schwiegersohn, dem Helden von Chaibar. Omar war durch
einen Meuchelmörder gefallen (644), sein Nachfolger Othman war
durch einen weitverzweigten Aufstand umgekommen (655), und Ali
wurde von den Verschworenen zum Kalifen ausgerufen, hatte aber
vielfache und erbitterte Gegner zu bekämpfen. Das islamitische Reich
war in zwei Lager gespalten; ein Teil war für Ali, der seine
Residenz in der neuerbauten Stadt Kufa in Irak errichtet hatte,
und ein anderer für M o a w i j a, einen Verwandten des ermor-
deten Kalifen Othman. Die babylonischen Juden und die nestorianischen Christen entschieden sich für Ali und leisteten ihm Vorschub.
M a r e m e s, der Alis Feldherren bei der Belagerung von Mossul
unterstützte, wurde von ihm als Katholikos anerkannt. Ein Jude
A b d a l l a h J b n - S a b â war ein begeisterter Parteigänger Alis
und bewies mit mystischen Gründen, daß ihm allein die Nachfolge
im Kalifate gebühre, da auf ihn der Geist von Mohammed ebenso
übergegangen sei, wie von Mose auf Josua.[2]   Bei der Einnahme
der Stadt Perôz-Schabur oder Anbar von seiten Alis sollen neunzigtausend Juden zusammengekommen sein, und an ihrer Spitze ein
Schulhaupt M a r - J s a a k von Sura[3], um dem von seinen eigenen
Anhängern lau unterstützten Kalifen zu huldigen (um 658). Der

---

[1] Note 11.
[2] Schahrastani, Religionssekten Text ed. Cureton 132 f.   Haarbrückers
Übersetzung I. 200.
[3] [Jsak war Schulhaupt in Firûz Schabur, wo zeitweilig ein Lehrhaus
bestand; vgl. Monatsschrift, Jahrg. 52 meine Notiz].

unglückliche Ali nahm diese Huldigung hoch auf[1]) und erteilte sicherlich dem jüdischen Schulhaupte Privilegien, wie dem chaldäischen Katholikos. Wahrscheinlich datiert sich von dieser Zeit und dieser Veranlassung der Brauch her, daß das Schulhaupt von Sura eine gewisse Würde bekleidete und den Titel Gaon[2]) (Würdenträger) annahm. Mit dem Gaonat waren gewisse Befugnisse verbunden, welche selbst auch der politisch hochgestellte Exilarch nicht anzutasten wagte. Es gestaltete sich dadurch ein eigentümliches Verhältnis zwischen diesen von Hause aus rivalisierenden Ämtern, dem Exilarchat und dem Gaonat, das zu Mißhelligkeiten führte. Mit Bostanaï und Mar-Isaak, den von den Chalifen anerkannten jüdischen Würdenträgern, beginnt daher ein neuer Abschnitt in der jüdischen Geschichte, die gaonäische Epoche.

Ob Bostanaï damals noch am Leben war, als die Juden Babyloniens Ali huldigten, und wie er sich dazu verhielt, ist ungewiß. Es wird weiter nichts von ihm erzählt, als daß er fromme Gesinnungen hatte[3]) und in Pumbadita begraben war, wo sein Grab noch in spätester Zeit ein Gegenstand der Verehrung war.[4]) Nach seinem Tode brach eine Spaltung in seinem Hause aus, welche kein günstiges Licht auf seine Söhne wirft. Bostanaï hinterließ nämlich mehrere Söhne von verschiedenen Frauen, von denen einer Sohn der persischen Königstochter Dara war. Dieser mag, weil in seinen Adern königliches Blut floß, des Vaters Liebling gewesen und vielleicht zum Nachfolger in der Exilarchenwürde bestimmt worden sein. Seine Brüder von den jüdischen Frauen waren daher neidisch auf ihn und behandelten ihn als einen Sklaven, d. h. als einen von einer gefangenen Nichtjüdin Geborenen, der allerdings nach talmudischem Rechte als Unfreier galt, sobald er nicht den Beweis liefern konnte, daß seine Mutter oder er selbst förmlich durch eine

---

[1]) Scherira Sendschreiben ed. Goldberg S. 39. Vgl. Note 13.

[2]) Der Titel Gaon scheint nicht hebräischen, sondern arabischen oder persischen Ursprungs zu sein. [Es ist jedoch zu bemerken, daß der Titel auf die biblische Wendung גאון יעקב in Pf. 47, 5 zurückzuführen ist, und daß der volle Titel lautete: ראש ישיבת גאון יעקב. Vgl. Rabbin. S. 128 Anm. 19. Im übrigen muß die Gaonatswürde schon einige Zeit vorher bestanden haben, wie aus dem Scherira-Brief (ed. Neubauer Mediaeval Jewish Chronicles I, S. 33 oben, hervorgeht. Zur neuesten Darstellung der Gaonenepoche vgl. Bacher-Epstein in Jewish Encyclopaedia V, 567—71.]

[3]) Folgt aus dem Gutachten Responsa Schaare Zedek p. 3 a Nr. 17.

[4]) Benjamin von Tudela Itinerarium bei der Stadt Pumbadita.

Urkunde (Emanzipationsakte) in den Stand der Freien erhoben worden
war. Eine ſolche Urkunde fand ſich aber nicht vor. Die Brüder
gingen daher mit dem Vorhaben um, den Sohn von der Königstochter, ihren eigenen Bruder, als Sklaven zu verkaufen. So em-
pörend auch dieſes Verfahren von Brüdern gegen einen ſo nahen
Blutsverwandten war, ſo wurde es doch von einigen Mitgliedern
der wahrſcheinlich pumbaditaniſchen Hochſchule teils aus religiöſer
Skrupuloſität und teils aus Liebedienerei gegen Boſtanaïs legitime
Söhne gutgeheißen und unterſtützt. Andere Geſetzeslehrer behaupteten
dagegen, es ſei nicht anzunehmen, daß Boſtanaï, der ein frommer
Mann war, die perſiſche Königstochter geehelicht hat, ohne ihr vorher in beſter Form die Freiheit geſchenkt und ſie zur ebenbürtigen
Proſelytin erhoben zu haben. Um nun die ehemalige Königstochter
und ihren Sohn vor Demütigung zu ſchützen, beeilte ſich ein
Oberrichter Chaninaï für ſie von ſeiten des Gerichtshofes eine
Freiheitsurkunde auszuſtellen. Dadurch war zwar das böſe Vorhaben
der Brüder vereitelt, aber an dem Sohn der ehemaligen Heidin
haftete der Flecken der Illegitimität. Seine Nachkommen wurden
bis in die ſpäteſte Zeit nicht zum Range von Nachkommen des
Boſtanaïſchen Exilarchenhauſes zugelaſſen.[1])

Der Name von Boſtanaïs Sohn, der ihm in der Exilarchenwürde folgte, iſt nicht bekannt.[1]) Es ſcheint, daß unter den Brüdern
Streit darüber ausgebrochen iſt, und daß ſich einer derſelben widerrechtlich die Würde von einem der geldgierigen Statthalter, die in
Kufa, in der Nähe Suras, reſidierten, beſtätigen ließ. Auch zwiſchen
den Schulhäuptern und den Nachkommen Boſtanaïs herrſchte Miß-
helligkeit, ſo daß dieſe genötigt waren, um ihr Anſehen zu behaupten, willkürliche Eingriffe in die Gewohnheiten der beiden Hochſchulen von Sura und Pumbadita zu machen.[2]) Die Nachfolger
Boſtanaïs im Exilarchate ſetzten willkürlich die Präſidenten der Lehrhäuſer ab und ernannten ihnen ergebene Perſonen an deren Stelle.
Die religiöſen Führer des Volkes hatten daher einen Ingrimm
gegen Boſtanaïs Nachkommen. Noch in ſpäter Zeit mußte ſich eine
Autorität des Judentums mit den Worten verwahren: „Ich ſtamme
wohl aus dem Exilarchenhauſe, aber nicht von den Söhnen Boſtanaïs,

---

[1]) Responſa Schaare Zedek p. 3 a, Nr. 17.

[2]) [Nur in die Angelegenheiten der ſuraniſchen Hochſchule griffen die
Exilarchen ein, wie aus Scheriras Brief S. 36 hervorgeht.]

welche hochmütig waren und ungerechten Druck ausübten".[1] Die leidenschaftlichen Streitigkeiten um das Kalifat zwischen dem Hause Alis und den Omejaden wiederholten sich im kleinen in dem jüdischen Babylonien. Das halbe Jahrhundert von Bostanaï und der Entstehung des Gaonats bis zum Exilarchat Chasdaïs (um 670 bis 730) ist daher sehr dunkel. Von den fungierenden Gaonen und Schulhäuptern innerhalb dieser Zeit sind ebenfalls nur wenige bekannt und ohne chronologische Reihenfolge. Nach Mar-Isaak, wahrscheinlich dem ersten Gaon der suranischen Hochschule, fungierte R' Hunaï gleichzeitig mit Mar-Râba in Pumbadita (um 670—80).[2] Diese beiden Schulhäupter erließen eine wichtige Verordnung in betreff der Ehescheidung, wodurch ein talmudisches Gesetz außer Kraft gesetzt wurde. Nach talmudischen Grundsätzen kann nämlich die Ehefrau nur in seltenen Fällen auf Scheidung antragen, und zwar, wenn der Gatte an einer ekeligen Krankheit leidet oder eine widrige Hantierung treibt. Selbst wenn die Frau einen unüberwindlichen Widerwillen gegen den Ehegatten empfindet, soll sie von Gerichtswegen gezwungen werden, bei ihm zu bleiben und ihre Pflichten zu erfüllen, und sie wird mit Verlust der Morgengabe und selbst ihrer Mitgift bedroht, falls sie auf Scheidung besteht. In der saburäischen Zeit hatte man diese Härte ein wenig gemildert, daß, wenn die Frau ihren Widerwillen gegen den Ehegatten nach Verlauf eines Jahres nicht aufgibt, das Gericht wohl auf die Ehescheidung eingeht, und den Gatten dazu zwingt, die Frau aber dadurch Einbuße an ihrem Vermögen erleiden soll. Dadurch wurde aber die Milde trügerisch. Durch die Herrschaft des Islam änderte sich das Sachverhältnis. Da der Koran die Stellung der Frauen ein wenig gehoben hatte und der Ehegattin gestattet, auf Scheidung anzutragen, wandten sich unzufriedene Ehefrauen an das mohammedanische Gericht und erzwangen, ohne Verlust, die Ehescheidung. So sehr hatte in kurzer Zeit die Anschauung des herrschenden Volkes auf die Juden eingewirkt. Infolgedessen führten R' Hunai und Mar-Râba eine vollständige Reform der Ehescheidungsgesetze ein. Sie hoben nämlich das talmudische Gesetz vollständig auf und gestatteten der Ehefrau auf Ehescheidung anzutragen, ohne daß die

[1] Scherira Sendschreiben S. 37, 39.

[2] Vgl. Sepher ha-Ittur I. 59 b: מדתקינו רבנן סבוראי בשנת תתק״סב למנין שטרות ביומי מר רבנא גאון מפומבדיתא מירבא ומר רב הונא גאון מסורא ואיהי הוא דאסר בנתא ואיהו הנא הויא הויא דהאשה נקנית.

Frau dadurch irgendeinen Verlust an dem ihr Zukommenden zu erleiden haben sollte.[1]) Es trat hierdurch ein Gleichheitsverhältnis zwischen Ehemann und Ehefrau gesetzlich ein.

Auf diese beiden Schulhäupter folgten in Sura Mar-Scheschna ben Tachlifa, der offiziell Mascherschaja zeichnete, und in Pumbadita Mar-Bußaï oder Bostanaï (um 680—689), von denen nichts weiter bekannt ist, als daß namentlich an Scheschna viele gutachtliche Anfragen von auswärtigen Gemeinden gerichtet wurden.[2]) Die Anfragen sind so einfach, daß die gaonäischen Gutachten weiter nichts als die talmudische Entscheidung als Antwort anzuführen brauchten. Diese Tatsache beweist, daß der Talmud im siebenten Jahrhundert noch wenig bekannt war und wenig studiert wurde. Mar-Scheschnas gutachtliche Sprache ist noch in talmudischem Idiom gehalten.[3]) Sein Nachfolger im suranischen Gaonat war Mar-Chaninaï aus Nehar-Pakor (689—697) und sein Kollege in Pumbadita Hunaï Mari ben Joseph (689 bis um 700), von denen gar nichts bekannt geworden. Ebensowenig von ihren Nachfolgern Nahilaï Halevi aus Nares (697—715), R' Chija ans Mesene und Mar-Rabjah nacheinander in Pumbadita (um 700—719).[4]) Während dieser Zeit fungierte der Exilarch Chasdaï, sicherlich ein Enkel oder Urenkel Bostanaïs, von dem nichts mehr bekannt ist, als daß er zwei Söhne hatte, die zum ersten Male biblische Namen von königlichem Klange führten. Der eine hieß Salomo und der andere David[5]), der Vater des Stifters der Karäersekte. Der Exilarch Chasdaï scheint mit den beiden Schulhäuptern in gutem Einvernehmen gestanden zu haben, weil die geschichtlichen Erinne-

---

[1]) Scherira Sendschreiben 39. Responsa Geonim Schaare Zedek p. 56 a, Chemda G'nusa Nr. 140. Vgl. Tossafot Ketubot 63 b und Ascheri das. No. 35. [Vgl. jeb. Rabbinowitz a. a. O. S. 131—2, Anm., u. J. Müller מפתח לתשובות הגאונים, Berlin 1891 S. 63.]

[2]) Responsa das. p. 46 b No. 14; p. 61 b No. 33; Resp. Gaonim (ed. Fischel Leipzig 1858) No. 155 (wiederholt No. 266); No. 350, 351.

[3]) [Aus ihnen können wir betreffs der Lage der Juden entnehmen, daß zuweilen die staatlichen Behörden die religiösen Instanzen zugunsten ihrer Gewaltmaßregeln gegen Juden zu beeinflussen suchten; vgl. Weiß Dor Dor we-Dorschaw, T. IV. Wien 1887 S. 10 u. Halachoth P'sukoth (ed. Müller in Fuchs' Hachoker I, S. 277 Nr. 121).]

[4]) Scherira das. S. 39. Über die Chronologie der gaonäischen Diadoche vgl. meinen Artikel in Frankels Monatsschrift, Jahrg. 1857 S. 336 f. 381 f. und die synchronistische Tafel dazu.

[5]) Vgl. Note 12.

rungen über die Nachfolge aus dieser Zeit weniger verworren sind; in dieser Zeit mag sich daher das gegenseitige Verhältnis der drei Spitzen des jüdisch-babylonischen Gemeinwesens ausgebildet haben (Anfang des achten Jahrhunderts).

Dieses Gemeinwesen, das sich nach außen als eine Art Staat ausnahm, erhielt eine eigene Gliederung. Während das nestorianische Patriarchat, welches ebenfalls religiöse und politische Interessen zu vertreten hatte, eine einzige Spitze, den **Katholikos**, hatte, dem die übrigen Bischöfe untergeordnet waren, teilte im jüdischen Babylonien der an der Spitze stehende Exilarch seine Machtbefugnisse über die Gemeinden mit dem Gaonat. Beide bildeten zusammen die Einheit des Gemeinwesens. Der Fürst des Exils (Resch-Galuta) vertrat die **politische** Seite. Er repräsentierte die babylonische Judenheit gegenüber den Kalifen und den Statthaltern und zog die Steuern von den Gemeinden ein, um sie der Staatskasse abzuliefern. Die Exilarchen machten ein fürstliches Gepränge, trugen Prachtgewänder, fuhren in Staatswagen und hatten Vorreiter und eine Art Leibwache und große, überhaupt fürstliche Huldigung.[1]) Die **religiöse** Einheit des Judentums dagegen war in dem zweigestaltigen Gaonat dargestellt. Es legte den Talmud aus, um ihn aufs Leben anzuwenden, erließ neue Gesetze und Bestimmungen, sorgte für deren Erfüllung und verhängte Strafe über die Übertreter. Die **richterliche** Gewalt teilte der Exilarch mit dem Gaon von Sura und dem Schulhaupte von Pumbadita. — Es ist eine eigentümliche Erscheinung, daß damals fast sämtliche Religionsbekenntnisse einen politischen Halt suchten und das Geistliche mit dem Weltlichen zu vereinen strebten. Das römisch-katholische Christentum, oder die lateinische Kirche, suchte in Italien einen politischen Schwerpunkt. Das Kalifat, ursprünglich ein geistliches Amt, wollte, als es politische Gewalt angenommen hatte, das **Imamat** oder die geistliche Autorität nicht fahren lassen. Das chaldäische Patriarchat, oder die morgenländische Kirche, und das Judentum mochten nicht ohne politische Gewalt bleiben und suchten sie, wenn auch in beschränktem Maße, mit Unterordnung unter das Kalifat, mit der geistlichen zu verbinden.

Das Verhältnis des Exilarchen zu den Schulhäuptern[2]) ge-

---

[1]) Vgl. Note 11. [2]) [Über das Verhältnis zwischen Exilarchat und Gaonat vgl. jetzt meine Abhandlung im Jahrg. 52 der Monatsschrift.]

staltete sich derart, daß dem ersten das Ernennungsrecht derselben zustand, doch wohl nicht ohne Zustimmung des akademischen Kollegiums. Das Schulhaupt des suranischen Lehrhauses war aber allein berechtigt, den Titel Gaon zu führen neben dem alten Titel Resch-Metibta, der Präsident der pumbaditanischen Hochschule dagegen hatte offiziell jenen Titel nicht. Überhaupt genoß der Gaon von Sura mit der Hochschule eine durchgängige Bevorzugung vor seinem pumbaditanischen Kollegen teils durch die Erinnerungen an deren große Gründer Rab und R' Aschi, und teils durch deren Nähe zu Kufa, der Hauptstadt von Jrak und dem islamitischen Osten. Das Schulhaupt von Sura saß bei feierlichen Gelegenheiten zur rechten Seite des Exilarchen, hatte überall den Vortritt, erhielt von gewissen Einkünften zwei Drittel für sein Lehrhaus und vertrat den Exilarchen, wenn die Würde erledigt war. Eine Zeitlang wurde auch zum Präsidium des pumbaditanischen Lehrhauses nur ein Mitglied des suranischen Kollegiums ernannt, so daß diese Hochschule sich nicht aus sich selbst ergänzen durfte. Es war dieselbe Abstufung in der Hierarchie, wie in der nestorianischen Kirche, daß der Bischof von Kaskar zwar unter dem Katholikos stand, aber den Vorrang vor den übrigen Bischöfen des Landes hatte.

Da der Exilarch durch das Privilegium der ersten Kalifen fürstliches Ansehen genoß, so wurde er auch mit einer gewissen Feierlichkeit und mit Pomp in seine Würde eingesetzt. Obwohl das Amt erblich im Hause Bostanaïs war, so gehörte doch zur Ernennung eines neuen Exilarchen die Zustimmung der beiden Hochschulen, und es bildete sich allmählich ein Zeremoniell für die H u l d i g u n g aus.[1]) Die Würdenträger der beiden Hochschulen samt ihren Kollegen und die angesehensten Männer des Landes begaben sich zum Aufenthaltsorte des designierten Exilarchen, der vermutlich eine Zeitlang in Sura wohnte. In einem großen und ausgeschmückten Raume waren Ehrensitze für ihn und die beiden Vertreter der Hochschulen vorbereitet. Der Gaon von Sura hielt eine Anrede an den künftigen Fürsten des Exils, machte ihn auf die Pflichten seines hohen Amtes aufmerksam, warnte ihn, sich nicht über seine Brüder in Hochmut zu erheben. An einem Donnerstag fand stets die eigentliche Huldigung statt, die in der Synagoge vor sich ging. Sie bestand

---

[1]) Ausführlich beschrieben in Jbn-Vergas Schebet Jehuda Nr. 42 aus einem alten gaonäischen Responsum und von dem Babylonier Nathan in Jochasin; vgl. Note 13; [ferner [Goldziher in] RÉJ. j. VIII, 122—125.]

darin, daß die beiden Würdenträger ihm die Hand aufs Haupt legten und unter Trompetenklang riefen: „Es lebe unser Herr, der Fürst der und der, der Fürst der Gefangenschaft!" Das Volk, das bei dieser Gelegenheit zahlreich herbeizuströmen pflegte, stimmte jubelnd ein. Alle Anwesenden gaben darauf dem neuernannten Exilarchen das Ehrengeleite von der Synagoge in sein Haus, und von allen Seiten flossen ihm Huldigungsgeschenke zu.

Am darauffolgenden Sabaat war feierlicher Gottesdienst für den neuen Fürsten. Eine turm= säulenartige Emporbühne wurde eigens für ihn in der Synagoge eingerichtet und mit kostbaren Stoffen aus= geschmückt, damit ihm, gleich den Königen aus dem Hause Davids ehemals im Tempel die Auszeichnung erwiesen werde, auf einem erhöhten und von dem Volke getrennten Sitz zu erscheinen. Unter einem zahlreichen und ehrenvollen Gefolge wurde er zum Gottes= dienste geleitet, wo der Vorbeter abwechselnd mit einem volltönenden Chor die Gebete vortrug. Auf die Tribüne geführt, näherte sich dem Exilarchen das Oberhaupt des suranischen Gaonats, beugte das Knie vor ihm und setzte sich zu seiner Rechten. Dasselbe tat sein Kollege von Pumbadita und nahm darauf den linken Sitz ein. Bei dem Vorlesen aus dem Gesetze (Pentateuch) brachte man die Thora= rolle zu dem Exilsfürsten, was als ein besonderes königliches Vor= recht angesehen wurde. Auch räumte man ihm dabei den sonst nur den Abkömmlingen aus aharonidischem Hause gebührenden Vorrang ein, die Reihe der Vorlesungen aus dem Gesetze zu eröffnen. Ehrenhalber diente ihm der Präsident der suranischen Hochschule als Dolmetsch (Meturgeman) für den gelesenen Abschnitt. Nach dem Vor= lesen aus der Gesetzesrolle pflegte der Exilsfürst einen halachischen und hagadischen Vortrag zu halten. Doch durfte der Exilarch, wenn er nicht gelehrt war, diese Funktion dem Gaon von Sura über= tragen. In dem Schlußgebete für die Verherrlichung des Gottes= namens (Kadisch, Gloria) wurde der Name des Exilarchen erwähnt: „Dies möge eintreffen beim Leben des Fürsten." Darauf folgte ein besonderer Segen für ihn, die Häupter der Hochschule und deren Glieder (Jekum Purkan). Die Namen der Länder, Städte und Personen aus nah und fern, welche durch Spenden ihre Teilnahme an die Hochschulen bekundeten, wurden ehrenvoll erwähnt. Eine feierliche Prozession aus der Synagoge in das Haus oder den Palast des Exilsfürsten und ein glänzendes Gastmahl für die Würdenträger, die hervorragenden Personen, wozu auch Staatsbeamte zugezogen

zu werden pflegten, bildeten den Schluß dieses eigentümlichen Hul-
digungsaktes für den Exilarchen.

Einmal im Jahre, in der dritten Woche nach dem Hüttenfeste,
fand eine Art Cour beim Exilarchen statt. Die Schulhäupter mit
ihren Kollegien, die Gemeindevertreter und sonst noch viel Volkes
fand sich bei ihm in Sura ein, wahrscheinlich mit Huldigungs-
geschenken. Am Sabbat fand dann dasselbe Zeremoniell statt, wie
bei der Ernennung. Auch Vorträge wurden in der Courwoche gehalten, und diese Cour hieß die **große Versammlung** (Kallah-
Rabati), oder die **Exilarchenfahrten** (Rigle di Resch
Galuta).[1]) Der Exilsfürst bezog seine Einkünfte für sein Haus und
zur Behauptung seiner Würde teils von gewissen Landstrichen und
Städten und teils von außerordentlichen Einnahmen. Die Distrikte
Naharowan (östlich von Tigris), **Farsistan, Holwan,** so
weit der Gerichtsbezirk des Exilsfürsten reichte, brachten ihm noch
in den schlimmsten Zeiten des Verfalls siebenhundert Golddenare
(ungefähr 700 Dukaten) ein[2]), um wieviel mehr erst in der Zeit
des Glanzes und der Machthöhe! Der Exilsfürst hatte aber auch
das Recht, den Gemeinden seines Gerichtssprengels eine Zwangs-
steuer aufzulegen[3]), und die Beamten des Kalifats unterstützten ihn
darin, weil sie selbst ihren Vorteil dabei fanden.

Den zweiten Rang in dem jüdisch-babylonischen Gemeinwesen
oder kleinen Vasallenstaate nahm der Präsident der Hochschule von
Sura ein, der, wie schon erwähnt, allein offiziell den Titel Gaon
führte und bei allen Gelegenheiten den Vortritt und den Vorrang
vor seinem Kollegen von Pumbadita hatte, selbst wenn jener ein
Jüngling und dieser ein Greis war.[4]) Indessen hatte auch die
pumbaditanische Hochschule in bezug auf innere Verwaltung und
Geschäfte vollständige Gleichheit und Unabhängigkeit, wenn nicht der
eine oder der andere Exilarch nach orientalischem Regimente wider-
rechtliche Eingriffe machte. — Die Präsidenten der beiden Lehrhäuser waren von einem Kollegium umgeben, welches eine Rangstufe höherer und niederer Mitglieder bildete. Dem Präsidenten
zunächst stand ein Oberrichter (Dajan di Baba, Ab-Bet-Din)[5]),

---

[1]) Vgl. Note 13.

[2]) [Da die Einkünfte des Gaon von Sura nach Jochasin (ed. Krakau
S. 124 a unt.), 1500 Dukaten betragen haben, so müssen die des Exilarchen
doch wohl größer gewesen sein.]

[3]) Nathan der Babylonier bei Zakuto in Jochasin.   [4]) Das.

[5]) [Der Dajan di Baba ist nicht identisch mit dem Ab-Bet-Din. Es

welcher die richterlichen Funktionen ausübte und in der Regel designierter Nachfolger war. Unter ihm standen sieben Vorsteher der Lehrversammlung (Resché-Kallah) und drei, welche die Titel Genossen oder Gelehrte (Chaberim) führten, die zusammen den engeren Senat gebildet zu haben scheinen (Alufim).[1] Nächstdem gab es ein Kollegium[2] von 100 Mitgliedern, welches in zwei ungleiche Körperschaften zerfiel, in eine von siebzig Mitgliedern, welche das große Synhedrion repräsentierte, und in eine von dreißig, welche das kleine Synhedrion, bildete. Die siebzig Mitglieder waren ordiniert, also zum Aufsteigen befähigt, und führten den Titel Lehrer. Sie standen unter den sieben Vorstehern der Lehrversammlung, ohne daß das Verhältnis zueinander recht klar wäre. Die Dreißig oder das kleine Synhedrion scheinen nicht vollberechtigt Sitz und Stimme gehabt zu haben, sondern bildeten nur Kandidaten (B'ne-Kijumé).[3] Die Mitglieder des Kollegiums vererbten ihre Stellen meistens auf ihre Söhne. Nur das Präsidium war nicht erblich.[4]

Dieses eigentümlich organisierte und abgestufte Kollegium der

gab einen Oberrichter des Exilarchenhofes, der רֵישׁ דַּיָּינָא דְּבָבָא דְּמָרוּתָא genannt wurde, und einen Oberrichter des Gaonats, das einen besonderen Gerichtshof, שַׂר שְׁלִישִׁיבָה oder ב"ד של ישיבה hatte; vgl. meine Notiz im Jahrg. 52 der Monatsschrift.]

[1] Vgl. Harkavy, Samuel b. Chofni. [Anm. 128.]

[2] [Zu der in Nachstehendem gegebenen Schilderung der Verfassung der Lehrhäuser ist zu bemerken, daß das eigentliche Gelehrtenkollegium im ganzen nur aus 70 Mitgliedern bestanden hat, unter denen es insofern eine Abstufung gab, als die älteren Gelehrten, vielleicht drei Reihen bildend, zu halachischen Entscheidungen berufen waren, indem der Ausdruck „ordiniert" nicht wörtlich zu nehmen ist, während den Gelehrten der anderen Reihen, den sogenannten B'ne Sijume, mehr die diskussive Ausarbeitung der im Lehrhaus gepflogenen Verhandlungen und deren Abschluß oblag. Die Haupttätigkeit der Hochschulen bestand immerhin in der Erörterung des im Talmud niedergelegten Stoffes und der Festsetzung der Halacha. Infolgedessen wurde auch den Schülern große Aufmerksamkeit zugewendet. Es gab sogenannte Talmidim oder Talmide Chachamim, die eigentlichen Schüler, und die sogen. Tarbizal, die zwar für das Lehrhaus noch nicht reif waren, die aber keineswegs ganz von der Fürsorge seitens des Lehrhauses ausgeschlossen waren und deren Notizen auch stellenweise im Talmudtext Aufnahme gefunden haben, wie Brüll a. a. O. S. 78 ff. ausführt. Vgl. zu dieser hier gegebenen Darstellung meine Bemerkungen im Jhrg. 52 der Monatsschr.]

[3] [Die Bezeichnung lautet B'ne Sijume, vgl. Halberstamm in Kobaks Jeschurun Jahrg. V, T. I, S. 137.] [4] Vgl. Note 13.

beiden Hochschulen verlor aber allmählich den Charakter eines L e h r -
k ö r p e r s und erhielt den eines beratenden und beschließenden
P a r l a m e n t s. Zweimal im Jahre kam das Kollegium in hergebrachter Weise zu gemeinschaftlicher Sitzung (Kallah) zusammen,
im März und September (Adar und Elul), und tagte jedesmal
einen ganzen Monat (Kallah-[Versammlungs-]Monat). Während
dieser Zeit beschäftigten sich die Mitglieder zwar auch t h e o r e t i s c h
mit Erörterung und Erläuterung eines früher schon als Thema auf-
gegebenen Talmudabschnittes. Aber die Haupttätigkeit der Sitzung
war p r a k t i s c h e n Zwecken zugewendet. Neue Gesetze und Verordnungen wurden beraten und zum Beschlusse gebracht, und Anfragen, die von auswärtigen Gemeinden während des Semesters
eingelaufen waren, wurden besprochen und gutachtlich beantwortet.
Diese Veränderung in den Funktionen der Hochschule war durch die
veränderten Zeitumstände geboten. In der Amoräerzeit, solange
der Talmud noch nicht abgeschlossen, der Lehrstoff der Mischna mit
den Zusätzen und Folgerungen noch nicht jedermann zugänglich war,
nahm das Schulhaupt auf die Jünger Rücksicht, indem es ihnen die
Mischna erläuterte und die daran sich knüpfenden Traditionen ein-
prägte. Sobald aber der Talmud als ein umfassendes Corpus
juris abgeschlossen war, konnte man die lebendigen Träger und Ausleger halb und halb entbehren. Eigenes Studium trat an die Stelle
lebendiger Mitteilung, und nur dunkle, verwickelte Partien bedurften
der Erläuterung von seiten eines Kundigeren. Aber dazu bedurfte
es nicht gerade des Schulhauptes, und darin bestand auch nicht seine
Überlegenheit. Der Abschluß und die Verbreitung des Talmuds hat
daher das Band gelöst, welches früher Meister und Jünger um-
schlang, solange jener noch Quelle der Überlieferungen war, und
diese sich nur auf diesem Wege Kunde verschaffen konnten. Jetzt
aber war der Präsident des Lehrhauses mehr für die Senats-
mitglieder und für die Gesamtjudenheit als geistlicher Gesetzgeber
und offizieller Vertreter des Judentums, als für den Jüngerkreis
vorhanden. Selbst bei den theoretischen Debatten über Talmud-
abschnitte nahm das Lehrhaus keine Rücksicht auf die Jünger. Sie
hatten auch gar nicht in den Beratungssaal Zutritt, sondern saßen
in einem daranstoßenden Hofe (Tarbiza), wo sie zuhörten oder auch
nicht zuhörten. Von diesem Umstande erhielten die Jünger den
Spottnamen „Höfler" [(Tarbizaï). [1] Nur den Mitgliedern des

[1] Belehrend ist dafür die Stelle Menachot 82 b (nach der Lesart des

Kollegiums wurde für das Semester bis zur Versammlung ein bestimmtes talmudisches Thema zum gründlichen Studium aufgegeben,
die Talmudjünger dagegen waren nicht an das Thema gebunden
und überhaupt auf Selbststudium angewiesen.[1]

Je mehr sich die Lehrhäuser von Sura und Pumbadita in
regelmäßig tagende Synoden verwandelten, desto mehr überwog die
praktische Tätigkeit die theoretische. Nach und nach nahm die Beantwortung der zahlreich von auswärts eingelaufenen Anfragen über
religiöse, sittliche und zivilrechtliche Punkte einen großen Teil der
Sitzungen in Anspruch. An jedem Tage wurde eine Reihe von
Anfragen vorgelesen, besprochen und erörtert. Jedes Mitglied des
Kollegiums durfte sich an der Debatte beteiligen, und am Ende
resümierte der Präsident die verschiedenen Ansichten, entschied endgültig und ließ den Entscheid von dem Sekretär niederschreiben.
Zum Schlusse der Sitzung wurden sämtliche gutachtlichen Bescheide
noch einmal vorgelesen, von dem Schuloberhaupte im Namen des
ganzen Kollegiums unterschrieben, mit dem Siegel der Hochschule
(Chumrata) bekräftigt und der betreffenden Gemeinde — durch
Boten — mit einer feierlichen Grußformel von seiten des Kollegiums
zugesandt. Ein solches Sendschreiben pflegte von den Gemeinde-
mitgliedern mit ebensoviel Ehrfurcht aufgenommen zu werden, wie
eine päpstliche Bulle in katholischen Kreisen. Jede Gemeinde pflegte
mit den Anfragen zugleich reiche Geldspenden einzuschicken. Gingen
diese Spenden für eines der beiden Lehrhäuser ein, so hatte das
andere keinen Anteil daran. Wurden sie aber ohne bestimmte Angabe zugesendet, so erhielt die suranische Schule, als die erste, zwei
Tritteil davon und das übrige gehörte der Schwesterschule. Diese
eingegangenen Spenden verteilte der Präsident unter die Mitglieder
des Kollegiums und die Talmudjünger.[2]

Neben diesen außerordentlichen Einkünften bezogen beide Hochschulen auch r e g e l m ä ß i g e Einnahmen von dem ihnen unter-
gebenen Gerichtsbezirke. Zu Sura gehörte der Süden von Irak
mit den beiden wichtigen Städten Wasit und Baßra; seine Gerichtsbarkeit erstreckte sich bis Ophir (Indien oder Jemen?). In späterer
Zeit belief sich die Einnahme von diesen Ländern noch immer auf

Aruch: Artikel Tarbiza), wo Kallah und Tarbiza entgegengesetzt werden.
Vgl. Tossafot dazu, daß die Stelle einer spätern Zeit angehört.

[1] Nathan Babli das.
[2] Das.

1500 Golddenare (Dukaten). Zu Pumbadita gehörten die Gemeinden
im Norden, und sein Gebiet erstreckte sich bis Chorasan.[1] Die Ernennung von Richtern für einen Bezirk (Reschut) besorgte wahrscheinlich das Oberhaupt im Verein mit dem Oberrichter und den
sieben Gliedern des engeren Senats. Jede der drei Spitzen des
jüdisch-babylonischen Gemeinwesens hatte demnach die Befugnis, in
einem abgegrenzten Bezirke Richter für die dazu gehörigen Gemeinden
zu ernennen; die Gemeinden standen also entweder unter der Botmäßigkeit des Exilsfürsten oder des Gaon von Sura oder hingen
von der pumbaditanischen Hochschule ab. Der für eine Gemeinde
ernannte Richter erhielt von seiner Behörde ein D i p l o m (Pitka
di-Dajanuta).[2] Die Richter, welche den Titel D a j a n führten,
hatten aber nicht bloß zivilrechtliche, sondern auch religiöse Entscheidung zu treffen und waren hiermit auch R a b b i n e r. Der
ernannte Richter-Rabbiner wählte sich aber aus den Gemeindegliedern zwei Beisitzer (Sekenim) und bildete mit ihnen das R i c h t e r -
und R a b b i n a t s - K o l l e g i u m. Von dem Richter-Rabbiner
wurden alle gültigen Instrumente, Ehepakten, Scheidebriefe, Wechsel,
Kaufscheine und Schenkungsurkunden bestätigt. Er war hiermit auch
G e m e i n d e n o t a r und erhielt für diese verschiedenen Funktionen
teils einen bestimmten Beitrag von jedem selbständigen Gemeinde-
gliede, teils Honorar für das Ausstellen der Urkunden und endlich
ein wöchentliches Gehalt von den Fleischverkäufern.[3] Dem Dajan
war auch ein Sekretär beigegeben, den er selbst besolden mußte.
Wahrscheinlich standen auch die Kinderschulen, welche mit den Synagogen verbunden waren, unter der Aufsicht des Richter-Rabbiners.

Die Gemeindeverfassung im jüdischen Babylonien, welche der
ganzen Judenheit zum Muster diente und sich teilweise bis auf die
neueste Zeit behauptet hat, war folgendermaßen gestaltet: An der
Spitze der Gemeinde stand eine Kommission für Besorgung der gemeindlichen Interessen, bestehend aus sieben Mitgliedern. Sie sorgte
zunächst für Aufrechterhaltung der eingeführten Ordnung, und ganz

---

[1] Nathan Babli.

[2] **Responsa** Geonim Schaare Teschubah Nr. 217. Halachot Gedolot (ed. Wien) S. 33 a, vgl. Frankels Monatsschrift Jahrgang 1858.
S. 237. Jahrgang 1859 S. 109. Vgl. noch RÉJ. V. p. 206. (MS. Petersburg f. 78). [Vgl. jetzt hierzu Harkavy, T'schuboth ha-Geonim Berlin
1887 Nr. 180 S. 81 u. auch S. 355—356.]

[3] Folgt aus dem Berichte des Nathan Babli und Resp. Schaare Zedek
S. 75, Nr. 14.

besonders lag ihr die Ordnungspflege ob, welche der Talmud als
die erhabenste Pflicht einschärft. Die Vorsteher wurden daher als
Versorger der Gemeinde, Parnese ha-Kenéset bezeichnet. Sie wurden
nach einem unbekannten Wahlmodus von sämtlichen beitragsfähigen
Gemeindegliedern erwählt, welche als solche das Wahlrecht hatten
(Borrerim).[1] Die Aufsicht über die Gemeindeangelegenheiten hatte
der Delegierte des Exilarchen oder eines der Schulhäupter. Er hatte
auch die Befugnis, über widersetzliche Mitglieder Strafen zu verhängen. Die Strafen bestanden entweder in Geißelhieben (Bastonade)
oder in Bann.[2] Der Bannstrahl, diese unsichtbare Waffe des Mittelalters, welche die Getroffenen zu wandelnden Leichen machte, ist
zwar jüdischerseits weder so oft, noch so willkürlich geschleudert
worden, wie in der Christenheit, aber er schwirrte auch da schauer-
lich genug. Der einfache Bann (Niduj) traf denjenigen, welcher sich
den religiösen oder behördlichen Anordnungen nicht fügte. Er war
milde in der Form, indem nicht jedermann gehalten war, sich von
dem Gebannten zu entfernen, und noch weniger seine eigenen
Familienglieder. Wer aber innerhalb der Frist von dreißig Tagen
nicht Reue zeigte und um Aufhebung des Bannes antrug, verfiel
in den schweren Bann (Cherem, Peticha).[3] Dieser Bann verscheuchte seine engsten Freunde von ihm, vereinsamte ihn inmitten
der Gesellschaft, ließ ihn wie einen vom Judentume Ausgestoßenen
behandeln. Niemand durfte mit ihm geselligen Umgang pflegen,
wenn er nicht derselben Strafe verfallen wollte. Die Kinder des
Gebannten sollten aus der Schule und seine Frau aus der Synagoge gewiesen werden. Man durfte seine Toten nicht bestatten und
nicht einmal seinen neugeborenen Sohn in den Abrahamsbund aufnehmen. Jedes Abzeichen des Judentums sollte ihm entrissen und
er als ein von Gott Verfluchter gebrandmarkt werden. Die Bekannt-
machung des Bannes wurde an das Gerichtsgebäude angeheftet und
der Gemeinde mitgeteilt.[4] Indessen so traurig auch der Bann

[1] Folgt aus demselben Gutachten.

[2] Nathan Babli das. Respons. Schaare Zedek p. 91, Nr. 38.

[3] [Die Peticha war nur die Ankündigung der Exkommunikation, des
sogen. שביתא; vgl. Revue a. a. O. und Harkavy a. a. O. Nr. 182, S. 84:
וכתבנא עלוהי פתיחתא דנן לשמותיה.]

[4] Diese Bannstrenge wird beschrieben in Respons. Gaonim Schaare Zedek
p. 75 Nr. 14 und zitiert im Kommentar zu Alfassi Traktat Baba-Kama,
letzter Abschnitt Nr. 200. Der Gewährsmann, der Gaon R'Paltoj (842—58),
gibt nicht gerade an, daß dieser Bann erst zu seiner Zeit eingeführt wurde,

mit seinen Folgen war, so war er das einzige Mittel zu einer Zeit, wo dem großen Haufen nicht mit Überzeugung beizukommen war, die religiöse Einheit zu wahren, das Recht zu handhaben und die gesellschaftliche Ordnung aufrecht zu erhalten.

Das jüdische Gemeinwesen, der exilarchatische Staat in Babylonien, so abhängig er auch von den Launen der islamitischen Statthalter und der Willkür der eigenen Träger war, erglänzte in der Ferne mit dem Glorienscheine von Macht und Größe. In dem Exilsfürsten erschien den Juden auf dem ganzen Erdenrund, soweit sie dunkle Kunde davon hatten, das davidische Zepter immer noch fortbestehend, und in den Gaonen der beiden Hochschulen sahen sie die lebendigen Träger und Fortpflanzer der idealen talmudischen Zeit. Je weiter sich die Herrschaft des Kalifats im Hause Omejas erstreckte, im Norden bis Transoxanien, im Osten bis Indien, im Westen und Süden bis Afrika und zu den Pyrenäen, je mehr Anhänger fanden die babylonisch-jüdischen Oberhäupter. Jede Eroberung der mohammedanischen Feldherren erweiterte die Grenzen für die Herrschaft des Exilsfürsten und der Gaonen. Selbst Palästina ordnete sich Babylonien unter [1]), da es des Mittelpunktes beraubt war. Die Herzen aller Juden schlugen den Machtinhabern am Euphrat entgegen, und ihre Spenden strömten ihnen freiwillig zu, damit das Haus Davids würdig auftreten und die talmudischen Hochschulen in Glanz fortbestehen könnten. Sich dem Mittelpunkt in Babylonien unterzuordnen, gebot ebensosehr die religiöse Pflicht, wie das patriotische Gefühl. Selbst aus Spanien und Frankreich wurde den Würdenträgern gehuldigt. In den Synagogen wurde allsabbatlich zum Schluß des Gebetes der Segen Gottes erfleht für den Exilsfürsten, die Schulhäupter und ihre Kollegien. Der Schmerz des Zerstreutseins in alle Winkel der Erde war durch das Bewußtsein gelindert, daß da an den Strömen Babels, wo die Blüte des jüdi-

---

sondern setzt ihn als etwas in den babylonischen Jeschibot Bekanntes voraus. Vergebens bezweifelt Salomon Luria (zu Baba-Batra daf.) teilweise die Echtheit dieses Responsum. Es ist genug bezeugt durch die Milderung, welche in R'Hais Zeit eingeführt wurde. Vgl. Resp. Schaare Teschuba Nr. 41. [Vgl. jetzt auch das von Marmorstein in Monatsschrift 1906, S. 596—599 veröffentlichte Fragment des Briefes eines vom Bann Betroffenen.]

[1]) Folgt aus Abraham Jbn-Daubs Sefer ha-Kabbalah (ed. Amst.) p. 69 b.

schen Volkes sich in seiner Vollkraft niedergelassen, wo die großen Amoras gelebt und gewirkt, ein fast staatliches jüdisches Gemein- wesen bestehe. Dort in dem Ursitze jüdischer Größe strömte, so wurde im jüdischen Kreise allerwärts geglaubt, der Urquell alt- jüdischer Weisheit. „Gott habe die Hochschulen von Sura und Pum- badita zwölf Jahre vor der Einäscherung des Tempels durch Nebu- kadnezar entstehen lassen und sie besonders geschützt. Sie haben nie Verfolgungen durch Rom und Byzanz erlitten, keinen Zwang und keine Knechtung gekannt. Von dort aus werde die Erlösung Israels ausgehen, und die Bewohner dieses glücklichen Erdpunktes werden auch von den Leiden der messianischen Zeit verschont bleiben". [1] Das war die Anschauung derer, welche das Exilarchat und Gaonat nicht mit eigenen Augen gesehen hatten. Es galt für eine Ehre, nach dem Tode in einer Trauerfeierlichkeit an den Hochschulen er- wähnt zu werden. Dazu wurde ein Tag an jedem Versammlungs- monat bestimmt. Die Tätigkeit der Lehrhäuser ruhte an demselben, die Kollegienmitglieder trauerten um die verstorbenen Wohltäter der Hochschulen innerhalb eines Jahres und beteten für deren Seelen- ruhe (Hespéd, Aschkabá). Selbst von Frankreich und Spanien sendete man später eine Liste der Verstorbenen ein, um sie der Ehre teilhaftig werden zu lassen. [2] Nur die palästinensischen Gemeinden mochten sich dem babylonischen Gaonat nicht unterordnen und noch weniger dem Exilsfürsten huldigen. In Tiberias, das nach der Er- oberung der Mohammedaner wieder Vorort der Gemeinden war, lebten noch Nachkommen jenes Mar-Sutra II., welcher ein Jahr- hundert vorher bei der Verfolgung unter dem kommunistischen König Kavádh als Kind dahin entführt worden war. Diese Nachkommen erbten vom Vater auf Sohn den Vorsitz im Lehrhause und rühmten sich, die echten Sprößlinge des Königs David und die rechtmäßigen Exilarchen zu sein. Die Würdenträger in Babylonien gaben sie als Anmaßer und Eindringlinge aus. Es herrschte daher eine Span- nung zwischen den Führern der Juden Palästinas und denen Baby- loniens, die so weit ging, daß die ersteren die Laut- und Akzent- zeichen, welche in Babylonien eingeführt worden waren, nicht an- nehmen mochten. Da sie aber nicht entbehrt werden konnten, so wurden sie hier geändert und gemodelt, um den Schein der Nach-

---

[1] Midrasch Tanchuma zu Perikope Noach c. 1. Vgl. Zemachs Gut- achten zu Ende von Eldad Ha-Dani bei Jellinek Bet-ha-Midrasch II. p. 105.
[2] Folgt aus Resp. Schaare Zedek p. 20, No. 12. [Vgl. Revue a. a. O.]

ahmung zu vermeiden. Da das babylonisch-assyrische System die Vokalzeichen oberhalb der Konsonanten angebracht hat, so setzten die Tiberienser die Vokalzeichen unterhalb der Buchstaben, führten andere Zeichen für Abteilungen der Versglieder und für Anlautung oder Auslautung der Silben ein und änderten auch teilweise die Figuren. So entstand ein anderes System, das eine Zeitlang als tiberien- sisches bezeichnet wurde, aber allmählich das babylonische so sehr verdrängte und in Vergessenheit brachte, daß es allgemein als einziges und ursprüngliches galt.[1])

Die Juden Spaniens, denen eine so glänzende Rolle in der jüdischen Geschichte zugeteilt war, hatten keine Ahnung davon, daß der Umschwung im Osten durch den Eintritt des Islam in die welt- geschichtliche Bewegung auch eine Wendung ihres herben Geschickes herbeiführen würde, und daß sie trotz räumlicher Entfernung mit ihren Brüdern im mohammedanischen Reiche in enge Verbindung kommen würden. Gerade zur Zeit, als ihre Brüder in Irak einen hohen Grad von Freiheit und Selbständigkeit erlangten, hatten sie den Leidenskelch bis zur Hefe leeren müssen. Ein Teil derselben war zum Auswandern, ein anderer Teil zur Annahme des Christentums gezwungen worden und mußte auf Befehl des Königs Chintila in einer Schrift treues Festhalten am katholischen Bekenntnis und auf- richtiges Verwerfen des Judentums geloben (o. S. 71). Nichts- destoweniger hingen die zwangsweise getauften Juden im west- gotischen Spanien dem verpönten Judentume mit ganzer Seele an. Der unabhängige westgotische Adel schützte sie zum Teil vor der Strenge des Königs, und sobald der fanatische Chintila die Augen geschlossen hatte, kehrten sie unter seinem Nachfolger Chindaswind offen zum Judentume zurück.[2]) Denn dieser König war ein Feind der Geistlichen, welche die Macht der Krone zugunsten der Kirche beschränken wollten und stets zu Empörungen bereit waren, wenn der Fürst nicht in ihrem Sinne regierte. Chindaswind trieb diese

---

[1]) [Neben dem tiberiensischen System gab es noch ein anderes, ein zuerst im Jahre 1894 aus den Schätzen der Genisa in Kairo bekannt gewordenes, jedenfalls auch palästinensisches System, das wohl, weil unpraktischer, als älter anzusetzen ist. Vgl. das ganze Material hierüber bei Kahle, Beiträge zur Geschichte der hebräischen Punktation, in Stades ZAW Jhrg. 1901. S. 273 ff. Vgl. auch meine Abhandlung in der Monatsschrift Jahrg. 52.]

[2]) [Dahn a. a. O. S. 425 Anm. 2 findet die Angaben d. Verf. „allzu- bestimmt."]

ins Exil, und sie mußten da Zuflucht suchen, wohin sie die verfolgten
Juden getrieben hatten, in Afrika und Südgallien.. Während dieser
vortreffliche König streng gegen die Anmaßenden war, zeigte er
den Juden gegenüber Milde.   Trotz des beschlossenen kanonischen
Gesetzes, daß jeder gewählte König bei seiner Thronbesteigung einen
feierlichen Eid abzulegen habe, weder Juden noch Ketzer in seinem
Lande zu dulden, gestattete Chindaswind den verbannten Juden die
Rückkehr in ihr Vaterland, und sie wurden während seiner Regierung
(642—52) wenig gekränkt.[1]   Nur mußten sie eine Art Judensteuer
für jeden Kopf an den Staatsschatz leisten (Indictiones judaïcae).[2]

Sein ihm unähnlicher Sohn Recceswinth schlug auch in
betreff der Juden ein entgegengesetztes Verfahren ein.   Aus Fanatismus oder um sich bei der dem Throne feindlichen Geistlichkeit
einzuschmeicheln, trug er selbst in der Kirchenversammlung, welche
zugleich ein Parlament war, auf strenge Behandlung der Juden an,
namentlich derer, welche früher zum Scheine Christen waren.   In
der Thronrede hielt Recceswinth an die Mitglieder der Kirchenversammlung folgende Ansprache: „Ich klage die Lebensweise und
das Verhalten der Juden an, weil ich erfahren habe, daß das
Land meiner Regierung durch ihre Pest befleckt ist.   Denn während
der Allmächtige aus diesem Reiche die Ketzereien von Grund aus
vertilgt hat, ist diese Schmach der Kirchenschändung allein zurückgeblieben und soll durch unsere Frömmigkeit gebessert oder durch unsere
Strenge vertilgt werden.   Es haben nämlich einige von ihnen ihren
alten Unglauben beibehalten, andere, obwohl durch das Bad der
Taufe geläutert, sind so sehr in den Irrtum des Abfalls zurück-
gesunken, daß an ihnen die Lästerung noch abscheulicher erscheint als
an denen, welche nicht durch die Taufe geläutert sind.   Ich beschwöre
euch daher, daß ihr ohne Vergünstigung und ohne Ansehen der
Person einen Gott und dem Glauben wohlgefälligen Beschluß gegen
die Juden fassen möget."   Das toledanische Konzil (das achte) erließ
indes keine neuen Gesetze in betreff der Juden, sondern bestätigte
nur die kanonischen Beschlüsse des vierten toledanischen Konzils unter
Sisenand (v. S. 69)[3], die streng genug waren.   Demnach durften

---

[1] Vgl. die Dissertation: Die westgotische Gesetzgebung in betreff der
Juden, im Programm des jüd. theol. Seminars 1858 S. 11 f.

[2] Das. S. 20.

[3] Concilium Toletanum VIII. præfatio 12, 13 und canon XII bei
d'Aguirre, collectio conciliorum II. p. 540, 547.

die Juden im Lande bleiben, nur durften sie keine christlichen Sklaven
besitzen, kein Amt bekleiden und auch nicht als Zeugen gegen Christen
zugelassen werden.[1] Es traf sie also im westgotischen Spanien dieselbe Entwürdigung, wie ein Jahrhundert vorher im byzantinischen
Reiche (o. S. 21), daß ihrem Worte und ihrem Eide keine Glaubwürdigkeit beigemessen werden sollte. Aber noch viel härter war
das Los derer, welche während der Verfolgung zum Scheine das
Christentum angenommen hatten. Sie wurden gezwungen, im
Schoße der Kirche zu verbleiben und mußten neuerdings das Judentum abschwören. Eine Flucht war ihnen unmöglich, denn die
schwerste Strafe war über denjenigen verhängt, der sich dem Christentume entziehen, sich irgendwo verbergen oder gar das Land verlassen
wollte. Selbst die Mitwisser und Beförderer einer Flucht sollten der
Strafe verfallen. Die Geschichte hat die Namen derer nicht aufbewahrt, welche sich für ihre Religion geopfert haben. Diejenigen
aber, welche den Schein fortsetzten und sich doch innerlich zum Judentum bekennen wollten, mußten neuerdings einen Abschwörungsschein
(placitum Judaeorum) ausstellen. Die Juden der Hauptstadt
Toletum (Toledo) unterschrieben am 18. Februar 654 ihr Bekenntnis
folgenden Inhalts für den König Recceswinth: Sie hätten zwar schon
unter dem König Chintila gelobt, im katholischen Glauben zu ver-
harren, aber ihr Unglauben und der angestammte Irrtum von ihren
Vorfahren hätten sie gehindert, Christus als ihren Herrn anzuerkennen.
Jetzt aber versprächen sie freiwillig für sich, ihre Frauen und Kinder,
daß sie sich nicht mehr mit den Riten und Bräuchen des Judentums
befassen wollten. Sie wollten nicht mehr mit ungetauften Juden
verdammenswerten Umgang pflegen, nicht mehr unter Verwandten
(Bruder- und Schwesterkindern) heiraten, nicht mehr jüdische Frauen
heimführen, nicht mehr jüdische Hochzeitsgebräuche beibehalten, nicht
mehr Beschneidung üben, nicht Passah, Sabbat und andere jüdische
Feste feiern, nicht mehr die Speisegesetze des Judentums beobachten,
überhaupt nicht mehr das üben, was die Satzung der Juden und
die verabscheuungswürdige Gewohnheit vorschreibt. Sie wollten
vielmehr mit aufrichtiger Hingebung gemäß den Evangelien und der
apostolischen Tradition glauben und bekennen und die Kirchen-
vorschriften ohne List und Schein beobachten. Nur das eine sei
ihnen unmöglich, Schweinefleisch zu genießen; sie könnten diesen

---

[1] Vgl. Dissertation S. 25.

Widerwillen nicht überwinden. Sie versprächen indes, das, was mit Schweinefleisch gekocht ist, ohne Scheu zu genießen. Derjenige unter ihnen, welcher sich eine Übertretung des Versprochenen zu schulden kommen lassen werde, sollte von ihnen selbst oder von ihren Söhnen mit Feuer oder durch Steinigung getötet werden; das alles beschwören sie bei der Trinität. Doch stünde es dem Könige frei, ihn zu begnadigen, alsdann aber sollte der Übertreter als Leibeigener behandelt werden dürfen.[1]) Ähnliche schriftliche Versicherungen mußten sicherlich auch die zwangsweise getauften Juden in den übrigen Städten des westgotisch-spanischen Reiches geben. Dabei mußten sie noch immer die Judensteuer zahlen.[2]) Der Staatsschatz sollte durch den Bekenntniswechsel keine Einbuße erleiden.

Zur selben Zeit hob Recesvinth das römische Gesetzbuch auf, das bis dahin für Römer und auch für Juden Richtschnur war, ließ die westgotischen Gewohnheiten, die Erlasse der früheren Könige und der Konzilien in einen Kodex sammeln und erhob ihn zur allein gültigen Norm für sämtliche Bewohner des Landes. In diese Gesetzsammlung nahm Recesvinth auch die harten Erlasse aus früherer Zeit gegen Ketzer und Juden auf und besonders gegen die jüdischen Zwangstäuflinge, welche ebenfalls als Ketzer galten, als judaisierende Ketzer nämlich. Er fügte auch seinerseits neue hinzu. Über die heimliche Ausübung des Judentums von seiten dieser Unglücklichen war Tod durch Feuer oder Steinigung verhängt und im Begnadigungsfalle ewige Leibeigenschaft.[3]) Da aber der König Recesvinth wohl wußte, daß die unabhängigen Adligen im Lande die Juden beschützten und den gezwungen Bekehrten gestatteten, nach ihrer Überzeugung zu leben, erließ er eine Verordnung, daß kein Christ bei Strafe des Bannes und des Ausschlusses aus der Kirche die heimlichen Juden begünstigen sollte.[4]) Indessen führte diese Maßregelung und Vorkehrung doch keineswegs zum Ziele. Die heimlichen Juden oder die judaisierenden Christen, wie sie offiziell hießen, rissen das Judentum nicht aus ihrem Herzen, sondern hingen ihm um so fester an, je gefahrvoller es für sie wurde.

---

[1]) Placitum Judaeorum lex Visigothorum liber XII. Titel II. § 16, d'Aguirre das. S. 567.
[2]) Folgt aus concilium toletanum XIV. praef. 8—9 und can. I. bei d'Aguirre das. 736, 740 und Visigothorum VII. 2, § 18.
[3]) Vgl. Dissertation S. 21 ff., 33 f.
[4]) Lex Visigothorum L. XII. Titel 2. § 15.

Die spanischen Juden lernten frühzeitig die Kunst, inmitten von
Todesgefahren ihrer Religion im tiefsten Herzen treu zu bleiben und
ihre tausendäugigen Feinde zu ermüden. Sie fuhren fort, in ihren
Häusern die jüdischen Feste zu feiern und die von der Kirche vorgeschriebenen Feiertage zu mißachten. Dem wollten aber die Vertreter der Kirche entgegenarbeiten und erließen eine Verordnung,
welche die Unglücklichen ihrer Häuslichkeit berauben sollte. Sie
mußten die jüdischen und christlichen Festeszeiten unter den Augen
der Geistlichen zubringen, damit sie gezwungen seien, jene zu verletzen und diese zu feiern (655). Die Übertreter sollten je nach dem
Alter durch schwere Buße oder Geißelhiebe bestraft werden.[1]
Während die getauften Juden solchergestalt durch ausgesuchte
Maßregeln gepeinigt wurden, waren die Juden unter Recesvinth
unangefochten. Selbst das Recht, christliche Sklaven für ihr Haus
und Feld zu besitzen, war ihnen tatsächlich eingeräumt. Hohe und
niedere Geistliche selbst verkauften ihnen, ohne Rücksicht auf die
Kirchengesetze, christliche Leibeigene. Der König brachte diese von
Geistlichen selbst ausgegangene Übertretung der kanonischen Edikte
auf einer Kirchenversammlung (der zehnten) zu Toledo zur Sprache,
erinnerte die Mitglieder an die alten Gesetze und beschwor sie, ihnen
Geltung zu verschaffen. Die Kirchenversammlung verhängte infolgedessen über die christlichen Sklavenverkäufer den Bann und verdammte sie zur ewigen Höllenstrafe (656)[2], ohne dadurch eine
größere Wirkung hervorzubringen.

Als Recesvinth nach langer Regierung starb (672), mögen die
vielfach durch ihn geplagten getauften Juden Freude empfunden
haben, ohne sich jedoch der Hoffnung hinzugeben, daß es ihnen
unter seinem Nachfolger Wamba, dem die Großen des Reiches
mit dem Schwerte in der Hand die Krone aufgezwungen hatten,
besser gehen würde. Die feindlichen Gesetze gegen sie bestanden zu
Rechte, die höhere Geistlichkeit überwachte deren Ausführung, und
sie mußten ihr Leben unter lauter Zwang und Heuchelei zubringen.
Um sich von diesem Drucke zu befreien, beteiligten sie sich an einem
Aufstande gegen Wamba. Graf Hilderich, Statthalter der zu Spanien
gehörenden Provinz Septimanien versagte nämlich dem neugewählten
König seine Anerkennung und pflanzte die Fahne des Aufstandes

---

[1] Concilium toletanum IX, canon 27 bei d'Aguirre 576
[2] Conc. tolet. X. canon 7, das. 581.

auf. Er versprach, um sich Verbündete mit Schätzen zu erwerben, den getauften Juden sichere Zuflucht und Religionsfreiheit in seiner Provinz, und diese der Einladung folgend, wanderten aus.[1]) Der Aufstand Hilderichs von Nismes nahm eine größere Ausdehnung an und versprach einen glücklichen Ausgang, als der Feldherr Paulus, den Wamba gegen die Aufständischen in Septimanien abgeordnet hatte, gemeinschaftliche Sache mit ihnen machte und von ihnen in Narbonne zum Könige gewählt wurde. Doch dauerte Paulus' Regierung nicht lange. Wamba zog mit einem Heere gegen Narbonne, nahm es ein, bemächtigte sich der Führer Paulus und Hilderich und bestrafte sie strenge. Von Wambas Verhalten gegen die Juden ist nur soviel bekannt, daß er sie aus der Stadt Narbonne vertrieb, vermutlich weil sie sich an dem Widerstande beteiligt hatten. Auf dem Konzile, das unter ihm tagte (dem elften) bildeten die Juden keinen Gegenstand der Gesetzgebung. Sie scheinen vielmehr während seiner Regierung (672—80) eine gewisse Freiheit genossen und etwas zu ihrer Selbsterhaltung unternommen zu haben.

Um einerseits zu beweisen, daß sie nicht gerade vernunftberaubt und wahnwitzig sind, weil sie sich mit dem Christentum nicht befreunden konnten — wie ihre Feinde sie in Konzilen und Schriften zu schildern pflegten — und anderseits um sich selbst und ihre halb dem Christentume angehörigen Brüder im angestammten Glauben zu erhalten, verfaßten Begabte unter ihnen g e g e n c h r i s t l i c h e S c h r i f t e n, wahrscheinlich in lateinischer Sprache.[2]) Von dem Inhalte dieser polemischen Schriften ist nur ein Punkt bekannt geworden. Sie beriefen sich auf eine Tradition (eine agadische), daß der Messias erst im sechsten Jahrtausend der Welt erscheinen werde. Denn die sechstausend Jahre entsprächen den sechs Schöpfungstagen, und das siebente Jahrtausend bilde den Weltsabbat, die eingetretene Messiaszeit. Sie führten dabei den Psalmvers an: Tausend Jahre sind in Gottes Augen wie e i n Tag.[3])

[1]) Lucas Tudensis in seiner Chronik p. 59. Vgl. Lembke: Geschichte von Spanien S. 103 ff. und Adolf Helfferich: Entstehung und Geschichte des Westgotenreiches. S. 185.

[2]) Das Vorhandensein antichristlicher Schriften unter den westgothisch-spanischen Juden bezeugt lex Visigothorum (II. 3, 11). Si quis Judaeorum libros illos legerit, vel doctrinas attenderit, in quibus male contra fidem Christi sentitur etc.

[3]) Die Ansicht der Juden über das siebente Jahrtausend der Messiaszeit entwickelt Julian von Toledo in seiner apologetischen Schrift contra Judaeos

Da nun nach ihrer Berechnung der Zeit von der Weltſchöpfung
bis zu Jeſu Erſcheinen noch kaum fünf Jahrtauſende abgelaufen
waren, ſo konnte, nach ihrer Behauptung, damals der Meſſias nicht
erſchienen ſein. Dieſer Einwand muß von den jüdiſchen Schriftſtellern ſo ſchlagend geführt worden ſein, daß manche Chriſten dadurch im Glauben ſchwankend geworden waren.[1]

Dieſer teilweiſen Freiheit des Kultus, des Gedankens und des
Wortes machte Wambas Nachfolger ein Ende, der ſich durch Argliſt
in den Beſitz der Krone geſetzt hatte. Erwig, byzantiniſchen Urſprungs und mit der Doppelzüngigkeit und Gewiſſenloſigkeit der entarteten Griechen reichlich ausgeſtattet, hatte dem König Wamba einen
Schlaftrunk eingegeben und dadurch veranlaßt, daß dieſer mit dem
Mönchsgewande bekleidet und er ſelbſt zum Nachfolger ausgerufen
worden war. Um die Uſurpation legitimieren zu laſſen, mußte

Buch I. (in der bibliotheca patrum maxima ed. Lugduni T. XII. p. 615 ff.)
Cum (Judaei) Christum necdum pro salute hominum in mundum venisse,
sed adhuc venturum esse praesumunt . . . dicentes quod adhuc quinta
aetas saeculi evolvatur, et necdum adhuc venerit sextae aetatis
curriculum, in quo venturum nosci oporteat Christum. Darauf redet
Julian die Juden an: Ubi ista legistis? An forte ex illa opinione hoc
dicitis, quae in Psalmo proscribitur, ubi ait: „Quoniam mille anni ante
oculos tuos tanquam dies una", ut sicut sex diebus factus a deo mundus
perscribitur, ita ut quasi sex aetates in annis sex millibus distinguantur.
Die Juden hatten aber dieſes Dogma aus talmudiſch-agadiſchen Quellen.
Vgl. Sanhedrin 97 f. Tana di-be Elia rabba c. 2. [Vgl. jed. Revue a.
a. O. S. 206—207.] Es geht alſo darauf hervor, daß die ſpaniſchen Juden
direkt oder indirekt im ſiebenten Jahrhundert mit dem Talmud bekannt
waren. Übrigens war Julian ſo unwiſſend in der Kirchengeſchichte, daß es
ihm entgangen iſt, daß die Kirchenlehrer ſelbſt im apoſtoliſchen und nach-
apoſtoliſchen Zeitalter das chiliaſtiſche Dogma von ſechs Jahrtauſenden der
Welt als gewiß annahmen. Vgl. Barnabas (Epistola 15 c.): ὅτι συντελεῖ ὁ
Θεὸς Κυριὸς ἐν ἑξάκις χιλίοις ἔϑεσι τὰ πάντα ἡ γὰρ ἡμέρα παῦ αὐτῷ
χίλια ἔτη. Juſtinus Martyr, Irenäus Apollinaris und andere Kirchenväter
haben den meſſianiſchen Chiliasmus in ihre Chriſtologie gezogen. Vgl. über
die ſchwankenden Berechnungen in dernach apoſtoliſchen Zeit über dieſen Punkt,
Piper Karl's des Großen Kalendarium S. 149 ff.

[1] Julian von Toledo daſ. vor der oben zitierten Stelle: (Judaei) qui
caeca infidelitatis nocte possessi, non solum barathro detestabilis per-
fidiae concidunt, sed etiam quosdam e fidelium numero titubare
compellunt, cum Christum etc. Und im Anfang des dritten Buches:
Hoc primum omne genus christianorum admoneo, ut quisquis christianorum a quolibet Judaeo secundum codices Hebraeorum aetates
ipsas computare audierit, non illi cor suum inflectat.

Erwig der Geistlichkeit Zugeständnisse machen, und reichte ihr die
Juden als Opfer hin. Vor der Kirchenversammlung, welche ihm die
Krone aufs Haupt setzen sollte, hielt er mit erlogenem Pathos eine
fanatisierende Anrede gegen die Juden und legte eine Reihe von
Gesetzen gegen dieselben zur Bestätigung vor. Der Teil der Thronrede in betreff der Juden lautete[1]): „Mit einem Thränenstrom flehe
ich die ehrwürdige Versammlung an, auf daß das Land durch euren
Eifer von dem Aussatze der Entartung gereinigt werdet. Erhebet
euch, erhebet euch! rufe ich euch zu. Löset der Schuldigen Knoten,
bessert der Übertreter schandbare Lebensgewohnheit, leget des Eifers
Gürtel an, erleichtert die Bürde, und was noch mehr ist, vertilget
von Grund aus die Pest der Juden, welche stets zu neuem Wahn-
witze sich verhärtet! Prüfet die Gesetze, welche von unserer Majestät
gegen den Abfall der Juden neuerdings promulgiert sind. Denn wir
müssen uns hüten, durch Auflösung der Kirchengesetze, die mit Ana-
thema gegen deren Irrtümer erlassen wurden, uns nicht der Schuld
der Juden teilhaftig zu machen, besonders wenn jenes Gesetz nicht
gehandhabt wird, durch welches unser glorreicher Vorgänger Sisebut
alle seine Nachfolger mit einer Fluchformel gebunden hat, daß sie
nicht gestatten mögen, daß christliche Sklaven den Juden untertan
seien oder dienen."

Unter den siebenundzwanzig Paragraphen, welche Erwig der
Kirchenversammlung zur Bestätigung vorgelegt hat, galt nur ein
einziger den Juden, die übrigen aber betrafen jene zwangsweise
Getauften, welche trotz der Versprechung christlichen Bekenntnisses und
der Androhung schwerer Strafen dem Judentum nicht entsagen mochten.
Mit den Juden machte Erwigs Gesetzvorschlag kurzen Prozeß. Es
wurde ihnen bedeutet, sich, ihre Kinder und Angehörigen innerhalb
eines Jahres zur Taufe zu stellen, sonst würden ihre Güter konfis-
ziert werden und sie selbst würden hundert Geißelhiebe bekommen,
ihre Kopf- und Stirnhaut würde zur ewigen Schmach abgeschunden
und sie außer Landes verwiesen werden. Für die seit lange getauften Juden wurden die alten Gesetze erneuert, daß sie nicht die
Bräuche des Judentums beobachten sollten; nur verwandelte Erwig
die verschärfte Strafe der Steinigung und des Feuertodes in scheinbar
mildere: Güterkonfiskation, Geißelhiebe, Kopfhautabschinden und Verbannung. Dieser sophistische König rechtfertigte die Änderung des

---

[1]) Concilium toletanum XII. praefatio 3, bei d'Aguirre das. S. 682.

alten Strafverfahrens dadurch, daß es nicht gerecht und nicht biblisch
sei, sämtliche Vergehungen mit einer und derselben Strafe zu be-
legen. Nur die Ausübung der Beschneidung belegte dieses Gesetz
mit noch härterer Pein und für Frauen mit Naseabschneiden. Jedermann war angewiesen, das Judaisieren der ehemals Getauften an-
zuzeigen; auf Verheimlichung und Fluchtversuch war Strafe gesetzt.
Es wurde ihnen verboten, die gegenchristlichen Schriften zu lesen
und die Jugend darin zu unterrichten, und die Strafe auf ein solches
Vergehen sollte nicht bloß den Lehrer, sondern auch die Schüler von
zehn Jahren an treffen. Ferner sollten sie nicht nur die christlichen
und jüdischen Festeszeiten unter den Augen der Geistlichen zubringen,
sondern sie sollten auch einem geistlichen Paßzwange
unterworfen sein. So oft sie eine Reise unternahmen, sollten sie
sich bei den Geistlichen des Ortes melden und sich von ihnen be-
scheinigen lassen, wie lange sie an dem Orte zugebracht, und ob sie
während der Zeit streng kirchlich gelebt haben. Sie sollten öffentlich
das Judentum abschwören, zu ihrer aufrichtigen Bekehrung zur
katholischen Kirche eine vorgeschriebene Eidesformel schwören: „Bei
dem Gotte Israels, bei Christus, dem Einen in der Dreiheit, bei
den Reliquien der Apostel und Heiligen, bei den Evangelien", und
die Plagen Ägyptens, das Strafgericht über Dathan und Abiram
und die Schrecken des jüngsten Gerichtes vor Christi Tribunal auf
sich herabrufen, daß ihre Lossagung vom Judentume und ihr Bekenntnis des Kirchenglaubens aufrichtig seien. Dabei sollten sie zu
keinem Amte zugelassen, nicht einmal als Dorfschulzen (villicus, actor)
über christliche Leibeigene angestellt werden und keine Sklaven halten
dürfen, mit Ausnahme derer, welche ein Zeugnis beizubringen imstande wären, daß sie einen unverdächtigen christlichen Wandel geführt
haben. Eine Abschrift der gegen sie erlassenen Gesetze sollten sie
stets bei sich führen, um sich nicht mit Unkenntnis derselben entschuldigen zu können. Geistliche und königliche Richter wurden angewiesen, streng über die Ausführung der Verfügung zu wachen, und
allen Christen war es untersagt, von den getauften Juden irgendein
Geschenk anzunehmen.[1]

Die Kirchenversammlung, an deren Spitze der Metropolitan
von Toledo, Julian, von jüdischer Abkunst, war[2]), genehmigte sämt-

---

[1]) Die Quellen und die kritische Beleuchtung derselben in der genannten
Dissertation S. 15 f. 26 f. 34.

[2]) Isidor Pacenus chronicon in Florez España sagrada T. VIII. p. 294.

liche Gesetzesvorschläge Erwigs und verfügte, daß die Geltung dieser
Gesetze, wie sie durch den Synodalbeschluß bestätigt worden, durch
allgemeine Anerkennung für alle Ewigkeit unverbrüchlich seien. Zwei
Tage nach der Schließung der Kirchenversammlung wurden die Juden,
die treugebliebenen und die getauften, zusammenberufen; die Gesetze
wurden ihnen vorgelesen und zur strengen Nachachtung eingeschärft
(25. Januar 681). Zum dritten Male mußten die getauften Juden
das Judentum abschwören und eine Bekenntnisschrift (Indiculum)
ausstellen[1]) — mit derselben Aufrichtigkeit wie früher unter Chintila
und Recceswinth.

Aber auch diese judenfeindlichen Gesetze blieben größtenteils
Buchstaben und wurden nicht mit Strenge ausgeführt, trotz Erwigs
Bosheit. Seit dem Aufstande des Hilderich von Nismes und des
Paulus — deren Anhänger und Angehörige hart verfolgt wurden —
kamen zu den übrigen Schäden des westgotischen Reiches noch eine
tiefe Spaltung und leidenschaftliche Parteiung hinzu. Erwig war
gewissermaßen nur Führer einer Partei der Großen und stimmberech-
tigten Adeligen, die andere Partei war ihm feindlich und wurde von
ihm verfolgt. Männer von altem Geschlechte wurden zu Knechten
erniedrigt, auf die Folter gespannt und ihrer Güter beraubt.[2]) Sämtliche Verfolgten machten also gemeinschaftliche Sache und die Juden
beider Färbungen wurden von der königsfeindlichen Partei geschützt,
weil sie Gegenstand seines Hasses waren. Die Synagogen wurden
zwar in Spanien zerstört, aber die Juden blieben im Lande, trotz
der Gesetze[3]), und scheinen sogar einen kirchenfeindlichen Einfluß im
Lande geübt zu haben. Denn der König Erwig[4]) forderte den angesehensten und gelehrtesten Bischof seiner Zeit, den Metropolitan
Julian von Toledo, seinen Mitschuldigen, auf, eine Gegenschrift zu
verfassen gegen die von Juden schriftlich und mündlich verteidigte
Ansicht, Jesus könne nicht der Messias gewesen sein, da zu seiner Zeit
das sechste Jahrtausend noch nicht begonnen hatte (o. S. 147).

Auf Verlangen des Königs und aus eigenem Eifer unternahm
der Prälat von jüdischer Abkunft die Verteidigung von Jesu Messianität und die Entkräftung der Ansicht von dem sechstausendjährigen

---

[1]) Lex Visigothorum Ende.
[2]) Concilium toletanum XV. praefatio.
[3]) Vgl. Dissertation S. 16.
[4]) Einleitung zu Julians tres liberi de demonstratione Aetatis sextae
contra Judaeos.

Weltalter. Bei Abfassung seiner Schrift: „Über den Nachweis des sechsten Zeitalters gegen die Juden" (686) war Julian aber überzeugt, daß er schwerlich die Juden zum Glauben wieder bekehren könne, und es lag ihm mehr daran, diejenigen Christen, welche durch die Beweisführung der Juden schwankend geworden waren, zum Glauben zurückzuführen, „damit wenn auch der Jude dadurch nicht gebessert werden wird, der Christ wenigstens Nutzen davon ziehe."[1] Julians Beweisführung ist, selbst vom christlichen Standpunkte aus betrachtet, schwach. Zuerst bestreitet er überhaupt den Satz, daß der Messias im sechsten Jahrtausend erscheinen müsse, da es nirgends in der heiligen Schrift vorkomme. Er weist dann nach, daß durch Jesus die Erfüllung der Zeiten, von welcher die Propheten geweißsagt, durch andere untrügliche Zeichen eingetreten sei. Die Ansicht vom messianischen Jahrtausend sei auch nicht einmal von den Juden zur Zeit Jesu und der Apostel in ihrer Polemik gegen sie geltend gemacht worden. Dann behauptete er, wenn es richtig ist, daß der Messias mit dem sechsten Zeitalter der Welt im Zusammenhange stehe, so dürfe dieses nicht nach J a h r e n und J a h r t a u s e n d e n berechnet, sondern müsse nach G e s c h l e c h t e r n und G e n e r a - t i o n e n gezählt werden. Nun seien von Adam bis Jesus, nach dem Matthäusevangelium, fünf Generationsgruppen abgelaufen, von Adam bis zur Sintflut, von da bis Abraham, vom ersten hebräischen Patriarchen bis zum König David, von ihm bis zum babylonischen Exile, und endlich das fünfte Zeitalter reiche vom Exile bis Jesus. Mit ihm habe demnach das sechste Zeitalter begonnen. Endlich geht Julian weiter, zu behaupten, Jesus sei, selbst nach Jahren gezählt, im sechsten Jahrtausend geboren, wenn man sich an die Zahlenreihe der Patriarchen von Adam bis Abraham nach der Zählungsweise der griechischen Übersetzung (Septuaginta) hält. Allerdings weiche das hebräische Original der Thora von dieser Zahlsumme bedeutend ab. Nach demselben fehlt über ein Jahrtausend von Adam bis Jesus. Das gibt Julian zu. Allein er hilft sich mit der Behauptung, auf die griechische Übersetzung der Thora sei deswegen mehr zu geben, weil die Übersetzer vom heiligen Geiste bei ihrem Werke inspiriert waren, und demnach, wenn auch vom Buchstaben abweichend, die innerliche Wahrheit aufgestellt hätten. Oder er schließt sich der Ansicht

---

[1] Vgl. o. S. 133 Note 2 und Julian, das. B. I. ut si non corrigatur Judaeus, saltem proficiat christianus.

des Kirchenvaters Augustin an, welcher meint, die Juden hätten, um dem Erscheinen Jesu im sechsten Jahrtausend das Gewicht zu benehmen, die Zahlen im hebräischen Original gefälscht, damit weniger herauskomme und behauptet werden könne, die Erfüllung der Zeiten sei nicht eingetroffen.[1]

Gelegentlich wiederholte der Metropolitan von Toledo alle die Beweise der Kirchenväter, daß das Judentum ohne Tempel nicht bestehen könne und redete die Juden pathetisch an: „Wo ist also das Land der Verheißung, in welchem ihr gesündigt habet und aus welchem ihr verbannt seid? Suchst du das Reich der Juden? Es gibt keines. Suchst du den Altar der Juden? Es gibt keinen. Suchst du das Priestertum der Juden? Es gibt keines." Dagegen herrsche Christus überall. Und wenn es auch an einigen Punkten Ungläubige gebe, so entgehen auch sie nicht der Herrschaft des Christentums, da sie von solchen Fürsten unterjocht worden, in deren Herzen Christus wohne.[1] In der Herrschaft und der Unterjochung anderer suchte das damalige Christentum die Bewahrheitung seiner Sendung, und weil das Judentum damals in Knechtsgestalt umherwandelte, verkannten Kirchenlehrer und Völker seine innere Größe. — Wenn auch Julian offiziell als Kirchenfürst und Präsident der parlamentarischen Kirchenversammlung ein Feind der Juden war, so hatte er doch im Privatleben keine Abneigung gegen seine ehemaligen Glaubensgenossen. Er hatte in seiner Umgebung einen Juden mit Namen

---

[1] Julian B. III. p. 629 A. Sic enim dicit (Augustinus): Inquiunt, non esse credibile septuaginta interpretes, qui uno simul tempore, unoque sensu interpretes fuerunt, erare potuisse, aut ubi nihil eorum intererat, voluisse mentiri, Judaeos vero, dum nobis invident, mutasse quaedam in codicibus suis. ut nostris minueratur autoritas. Diese Behauptung, die Juden hätten in der nachchristlichen Zeit die Zahlen der Lebensjahre in der Patriarchentafel der Genesis gefälscht, was auch von syrischen Kirchenschriftstellern geltend gemacht wurde, ist barer Unsinn. Damals waren bereits Kopien der Thora in drei Erdteilen verbreitet, und eine so frappante, konsequente Änderung war nicht möglich. Die griechischen Übersetzer der Sept. haben allerdings kein Interesse an der Fälschung gehabt, aber wohl christliche Alexandriner in den ersten Jahrhunderten der Kirche. Ich habe in einer Abhandlung nachgewiesen, daß die Fälschung der Zahlen in der LXX. gerade zu Gunsten des Dogmas geschehen ist, daß Jesus mit dem Ablaufe des sechsten Jahrtausends erschienen sei: Fälschung im Texte der Septuaginta in Frankels Monatsschrift, Jahrgang 1853, S. 436 ff. und 1854, S. 121.

[2] Das. B. I. S. 619 A 620 C. B.

Restitutus, mit dem er Umgang pflog. Durch ihn überschickte Julian seine Schrift, über „das zukünftige Leben", seinem Amtsgenossen, dem Bischof Idalus von Barcelona. Dieser, ein einfältiger Fanatiker, war aber nicht wenig erstaunt darüber, daß ein Jude der Überbringer eines heiligen Buches von einer so anerkannten orthodoxen Autorität sein sollte, und er drückte seine Verwunderung in einem Schreiben an Julian aus (687), wie er eine geistliche Schrift einem ungläubigen und gottlosen Juden anvertrauen konnte; er habe das betrachtet, als wenn ein Tier ein Lichtträger wäre.[1]

Schlimmer noch erging es den westgotisch-spanischen Juden unter Erwigs Nachfolger. Egica war ein Schwiegersohn Erwigs, und von ihm zum Nachfolger ernannt, damit seine Nachkommen vor Verfolgung gesichert seien. Aber der neue König, der Wambas Verwandter war, dachte nicht an den Eid, den er seinem Schwiegervater geschworen hatte, sondern nur an die Rache, die er an Erwigs Kindern nehmen wollte, und die Geistlichkeit zeigte sich bereitwillig, ihn seines Eides zu entbinden und ihm die Freiheit zu Verfolgungen zu geben. Gegen die halbbekehrten Juden war er anfangs milde[2]), um einen Gegensatz zu Erwigs strengen Maßregelungen aufzustellen. Er redete ihnen freundlich zu, daß sie sich dem Christentume aufrichtig anschließen und das Judaisieren fahren lassen mögen. Er gestattete ihnen sogar christliche Sklaven zu halten, was ihnen unter Erwig untersagt war. Zum Schein bekräftigten sie durch einen Eidschwur, der Kirche anhänglich zu sein; aber im Herzen blieben sie nichtsdestoweniger dem Judentum treu. Da nun Egica einsah, daß er mit seiner Milde nicht weiter kam, verfiel auch er auf Strenge. Er verjagte zwar die Juden nicht aus dem Lande, aber er tat ihnen noch Schlimmeres: er beschränkte sie in ihrem Erwerbe. Er verbot den Juden und den judaisierenden Christen den Besitz von Ländereien und Häusern, ferner die Schiffahrt und den Handel nach Afrika und Geschäftsbetrieb mit Christen überhaupt. Alle ihre unbeweglichen Güter mußten sie an den Fiskus abgeben, und sie wurden dafür — wohl nicht sehr gerecht — entschädigt. Nur die aufrichtig Bekehrten sollten von dieser Beschränkung befreit sein und auch nicht die Judensteuer zu zahlen brauchen; aber den Ausfall für dieselben sollten die übrigen Glieder zu decken gebunden sein. Dieses höchst

---

[1] Dissertation S. 16.
[2] Das. S. 17, 29.

beschränkende Gesetz ließ Egica ebenfalls durch die Kirchenversammlung bestätigen (693). Erwigs quälerische Gesetze wurden zwar durch Egica aufgehoben, aber dafür wieder durch Receswinths Edikte und das neue Gesetz vermehrt.

Durch dieses neue Gesetz, das nicht umgangen werden konnte, da die Einziehung ihrer unbeweglichen Güter tatsächlich ausgeführt wurde, waren die Juden zur Verzweiflung getrieben; sie machten daher einen gefährlichen Versuch, sich gegen ihre unerbittlichen Feinde zu verschwören. Sie knüpften Verbindung mit ihren glücklicheren Brüdern in Afrika an und beabsichtigten, wahrscheinlich mit Hilfe der kühn vordringenden Mohammedaner und unzufriedenen Großen im Lande, das westgotische Reich zu stürzen (694). Leicht hätte der Versuch gelingen können, da der Staat durch Zwietracht, unnatürliche Laster und Schwäche in einem hohen Grade in Verfall und Auflösung begriffen war. Aber die Verschwörung der Juden wurde vor der Zeit verraten, und die schwerste Strafe traf nicht nur die Schuldigen, sondern sämtliche jüdische Bewohner Spaniens. Der König Egica legte der eigens dazu zusammenberufenen Kirchenversammlung von Toledo die Beweise von der Verschwörung vor und knüpfte daran einen Gesetzesvorschlag, daß sämtliche Juden der Leibeigenschaft verfallen sollten. Das Konzil, nicht minder entrüstet über die Verwegenheit der Juden, genehmigte Egicas Dekret (November 694): „Weil die Juden nicht bloß gegen ihr Versprechen das Glaubensgewand, welches ihnen die Mutter-Kirche durch das Bad der Taufe angelegt durch die Beobachtung ihrer Riten befleckt, sondern auch die Macht des Reiches durch Verschwörung an sich zu reißen getrachtet haben." Infolgedessen wurden sämtliche Juden Spaniens und der gallischen Provinz als S k l a v e n e r k l ä r t, an Herren verschenkt und durch das Land verteilt, ohne daß es ihren Herren freistand sie freizulassen. Die Kinder von sieben Jahren an wurden ihren jüdischen Eltern entrissen und Christen zur Erziehung übergeben. Eine Ausnahme war nur gemacht zugunsten der kriegerischen Juden, welche in den Engpässen der gallischen Provinz eine Vormauer gegen feindliche Einfälle bildeten. Ihre Unentbehrlichkeit und Tapferkeit schützten sie vor der Entehrung und Knechtung, aber zur Bekehrung sollten sie jedenfalls gezwungen werden.[1]

---

[1] Dissertation a. a. O. [Nach Dahn a. a. O. S. 428 Anm. 4 soll dies auf einem Mißverständnis des Verf. beruhen.]

Bis zu Egicas Tod blieben die spanischen Juden in diesem
Zustande der Erniedrigung. Eine nicht ganz zuverlässige Quelle
berichtet: Sein Sohn Witiza, ein vortrefflicher König, der dem
Lande Eintracht geben wollte, habe auch die verbannten Juden
zurückgerufen, die feindseligen Gesetze gegen sie aufgehoben und ihnen
den Vollgenuß der bürgerlichen Rechte verliehen.[1] X Diese Angabe
aber ist ganz unwahrscheinlich; denn dann hätten die Juden nicht
einen so tiefen Haß gegen die Westgoten gezeigt und nicht dem
Feinde, der dem westgotischen Staate ein Ende machen sollte, so
eifrig die Hand geboten und Vorschub geleistet. Nach Witizas Tod
hatte nämlich die letzte Stunde dieses Reiches geschlagen. Die aus
Spanien zu verschiedenen Zeiten ausgewanderten Juden in Afrika
und ihre unglücklichen Glaubensgenossen in der Halbinsel machten
gemeinschaftliche Sache mit dem mohammedanischen Eroberer Tarik,
welcher ein kampflustiges Heer von Afrika nach Andalusien hinüber-
setzte. Nach der Schlacht bei Xerez (Juli 711) und dem Tode
des letzten westgotischen Königs Roderich drangen die siegenden
Araber vor und wurden überall von Juden unterstützt. Hatten sie
eine Stadt erobert, so ließen die Feldherren nur wenige moslemitische Truppen als Besatzung zurück, weil sie sie zur Unterwerfung
des Landes brauchten, vertrauten sie vielmehr den Juden an. So
wurden die eben noch geknechteten Juden Herren der Städte Cordova,
Granada, Malaga und anderer.[2] Als Tarik vor die Hauptstadt
Toledo rückte, fand er nur eine kleine Besatzung darin, indem die
Großen und Geistlichen zur Sicherung ihres Lebens entflohen waren.
Während die Christen in der Kirche waren und um Schutz ihres
Reiches und ihrer Religion beteten, öffneten die Juden dem arabischen
Sieger die Tore[3], empfingen ihn mit Jubel und rächten sich für
die tausendfältige Kränkung, die sie im Laufe eines Jahrhunderts
seit Reccared und Sisebut erfahren hatten (Palmsonntag 712). Auch
die Bewachung der Hauptstadt überließ Tarik den Juden und zog
immer weiter, um den feigen Westgoten, welche in der Flucht ihr
Heil gesucht hatten, die geretteten Reichtümer abzujagen. Auch als

---

[1] Lucas Tudensis Chronicon S. 69.
[2] Almakkari bei Gayangos history of the mohametan dynasties in
Spain I. 280. Lembkes Geschichte von Spanien I. 266. Weil Chalifen I.
31, 519, 528. [Vgl. auch Dahn a. a. O. S. 429.]
[3] Ibn-Haijan bei Gayangos das. S. 283. Ibn-Adhari ed. Dozy I. 31,
Lucas Tudensis das. S. 70. [Nach Dahn a. a. O. nicht ganz gesichert.]

der Statthalter von Afrika, Musa Ibn-Nosair, auf Tariks Siege und Beute neidisch, ein zweites Heer nach Spanien hinüberschiffte und Städte eroberte, überließ er sie den Juden zur Bewachung.[1]) Die spanischen Juden kamen also unter günstigen Umständen unter die Herrschaft der Mohammedaner und galten gleich denen in Babylonien und Persien als ihre Bundesgenossen. Sie wurden freundlich behandelt, erhielten Religionsfreiheit, die sie so lange entbehrt hatten, durften die Gerichtsbarkeit über Glaubensgenossen üben und hatten nur gleich den unterworfenen Christen eine Kopfsteuer (Dsimma) zu zahlen. So wurden sie in den großen Verband aufgenommen, welcher sämtliche Juden im islamitischen Reiche gewissermaßen zu einem Gemeinwesen vereinigte.

[1]) Almakkari bei Cayangos history of the mohameta dynasties in in Spain I. 284.

Sechstes Kapitel

(Fortsetzung.)

Das erste gaonäische Jahrhundert. Die Anfänge der neuhebräischen Literatur und der gegentalmudischen Bewegung.

Teilnahme der Juden an der arabischen Sprache und Literatur: Messer-G'awaih, Sumair. Die neuhebräische Poesie: Jose b. Jose, Simon b. Kaipha; der Reim; Janai, Eleasar Kaliri und andere poetanische Dichter. Opposition gegen den Talmud; der falsche Messias Serene. Der jüdische Häuptling Kaulan und die spanischen Juden. Das Schulhaupt Natronai und die Apostaten. Verfolgung unter dem Kaiser Leo. Auswanderung der Juden nach der Kriminsel und dem Chazarenlande. Der falsche Messias Obadia Abu 'Isa. Die messianische Apokalypse. Krieg und Untergang Abu-'Isa's. Die Sekte der Jsawiten. Der Exilsfürst Salomon; R. Achai aus Schabcha, Verfasser der Scheeltot.

658—760.

Mit der räumlichen Ausdehnung des mohammedanischen Reiches nahm auch die innere Tätigkeit der Juden in demselben in großen Verhältnissen zu. Die ersten Kalifen aus dem Hause Omejja waren wegen ihrer beständigen Kämpfe mit den Nachkommen und Genossen Mohammeds, mit den Fanatikern für den Buchstaben des Koran und mit den Anhängern des geistlichen, von Mohammed auf übernatürliche Weise übergeleiteten Jmamats (höheren Priestertums) durchaus frei von der Engherzigkeit und der Verfolgungssucht des Stifters und der ersten zwei Kalifen Abu-Bekr und Omar. Die Beherrscher der Mohammedaner Moawia, Jezid I., Abd'ul-Malik, Walid I. und Suleiman (656—717) waren viel mehr weltlich als geistlich gesinnt, hatten einen weiten politischen Gesichtskreis und banden sich wenig an die engherzigen Vorschriften des Koran und der Traditionen (Suna). Sie liebten die arabische Dichtkunst — Abd'ul-Malik war selbst Dichter — schätzten das Wissen und belohnten die Männer der Feder ebenso reichlich, wie die Männer des Schwertes, die für sie kämpften. Die Juden in den mohammedanischen Ländern eigneten sich daher bald die arabische Sprache an, weil sie mit der hebräischen Sprache, die jedem von ihnen mehr oder weniger bekannt war, in vielen Wurzeln und Bildungen verwandt ist und weil sie ihnen zum Verkehr unentbehrlich war. Die Begeisterung, welche die Araber für ihre Sprache und Poesie empfanden, die Sorgfalt, die sie darauf verwendeten, sie rein, ebenmäßig und klangvoll zu gebrauchen, wirkte auch auf die Juden und lehrte sie, sich einer korrekten Sprache zu bedienen. In den sechs Jahrhunderten seit dem Untergang der jüdischen Nation hatten die Juden den Sinn für Schönheit und Anmut im Ausdrucke verlernt, sie waren nachlässig in ihrer Sprache, unbekümmert um reine Formen und gleichgültig, die Gedanken und Empfindungen in eine ansprechende Hülle zu kleiden.[1] Ein Volk mit einer lallenden Sprache, das ein Gemisch von Hebräisch, Chaldäisch und verdorbenem Griechisch redete, war nicht imstande, eine Literatur zu erzeugen, und noch weniger die verwöhnte Muse der Poesie zu fesseln. Eine Ausnahme hatten, wie bereits erzählt, die Juden in Arabien gemacht. Sie hatten von ihren Nachbarn Geschmack und die Kunst gelernt, die Rede gefällig und eindringlich zu gestalten. Die jüdischen Stämme Kainukaa und Nadhir, welche nach Palästina und Syrien ausgewandert, die Juden von Chaibar und Wadil'-Kora, welche in die Gegend von Kufa und in den Mittelpunkt des Gaonats verpflanzt worden waren (S. 109, 119), brachten Geschmack und Liebe für die poetische arabische Sprache in ihre neue Heimat mit und flößten sie ihren Glaubensbrüdern ein. Kaum ein halbes Jahrhundert nach der Besitzergreifung von Palästina und den persischen Ländern durch die Araber verstand es ein babylonischer Jude bereits, die arabische Sprache schriftstellerisch zu handhaben. Der jüdische Arzt Masardjaweih aus Baßra übersetzte eine medizinische Schrift, die Pandekten des Presbyters Ahron, aus dem Syrischen ins Arabische (um 683).[2] Fortan waren die Juden gleich den syrischen Christen die Vermittler der wissenschaftlichen Literatur für die Araber. Auch

---

[1] [Dieses Urteil bedarf insofern der Einschränkung, als sich im Talmud und Midrasch vielfach poetische Stellen finden; vgl. auch Revue a. a. O. S. 207).]

[2] Ibn-G'olg'ol bei Abulfarag' Listoria Dynastiarum ed. Pococke 148 und Ibn-Abi-Osaibia, Casiri bibliotheca Arabica-hispana I. 175. Wüstenfeld, Geschichte der arabischen Ärzte S. 9; Hebr. Bibliogr. IV, S. 20—21; Loeb Magazin VII. S. 101. [Vgl. jetzt Steinschneider, die arab. Literatur d. Juden, Berlin 1902, S. 13—15.]

auf andere Künſte verlegten ſich die Juden im islamitiſchen Reiche,
da die Araber im erſten Jahrhundert nur dem Kriegshandwerke,
dem Koranleſen, der Dichtkunſt oder dem Genuſſe ergeben waren
und anderweitige edle Tätigkeit den Ungläubigen, d. h. den Juden
und Chriſten, überließen. Ein Jude S u m a i r prägte für den
Kalifen Abb'ul-Malik die erſten mohammedaniſchen Münzen mit
Legenden aus dem Koran (695).[1]

Die Begeiſterung der Araber für ihre Sprache und den Koran
weckte auch im Herzen der Juden dasſelbe Gefühl für die hebräiſche
Sprache und ihre heiligen Urkunden. Ohnehin waren die Juden
jetzt darauf angewieſen, ſich mehr mit der heiligen Schrift vertraut
zu machen, um in Streitfragen zwiſchen ihnen und den Mohammedanern nicht beſchämt dazuſtehen. Die Anhänger des Koran pflegten
nämlich den Juden gegenüber zu behaupten, in der Thora ſeien
Mohammed und ſeine Offenbarung angedeutet. Namentlich beriefen
ſie ſich auf den Vers[2]): „Der Herr kam vom Sinaï, erſchien vom
Berge Seïr und offenbarte ſich auf dem Berge Paran." In dem
erſten Teile ſoll die ſinaitiſche Offenbarung, in dem mittleren Satz
die Verkündigung des Evangeliums und in dem letzten die Offenbarung des Islam liegen; dieſe habe die vorangegangenen Offenbarungen aufgehoben.[3] Die Juden mußten ſich, um ſolche wider-
ſinnige Behauptungen zu widerlegen, tiefere Kenntnis der heiligen
Sprache und ihrer Literatur aneignen. Waren die Begabten unter
ihnen bis dahin nur auf den Talmud und die agadiſche Auslegung
angewieſen, ſo führte ſie das Bedürfnis zur Urquelle der Bibel
zurück. Dieſe Rückkehr zu den heiligen Urkunden muß bereits im
erſten gaonäiſchen Jahrhundert ſtattgefunden haben; denn in der
darauf folgenden Zeit zeigte ſich bereits eine ſolche allgemeine und
innige Vertrautheit mit denſelben, daß man leicht daraus folgern
kann, der Grund dazu ſei vorher gelegt worden. Die Erfindung der
Vokalzeichen für den Text kam zuſtatten, ſie erleichterte die Be-
ſchäftigung mit der heiligen Schrift. Die heilige Sprache konnte
erſt dadurch ihre Auferſtehung feiern, ſie war nicht mehr ein totes

---

[1] Repertorium für hebräiſche und morgenländiſche Literatur IX. S. 216,
.226 Note. ·

[2] Deuteronomium 33, 2.

[3] Vgl. Schahraſtani Sektengeſchichte Text ed. Cureton S. 165 f. und
Haarbrückers Überſetzung I. S. 251; Saadia Emunot III. 8, Maimuni
Iggere Teman. ed, Amſt. 124 d.

Idiom für die Gelehrten, sondern konnte ein Bildungsmittel fürs Volk werden. Die Lesezeichen lichteten die Scheidewand zwischen den Kundigen (Chacham) und den Laien (Am ha-Arez) mehr und mehr.

Die nächste Folge der Berührung mit den begeisterten Arabern und der Vertiefung in die heiligen Urkunden war die Geburt einer **neuhebräischen Poesie.**[1]) Dichterische Gemüter mußten sich angeregt fühlen, den hebräischen Sprachschatz ebenso wie die Araber den ihrigen, in gebundener Rede, in gemessenen Versen anzuwenden. Aber während die arabischen Dichter das Schwert, das Rittertum, die zügellose Liebe besangen, über den Verlust vergänglicher Güter klagten, und Gegner, die sie mit dem Schwerte nicht erreichen konnten, mit den Waffen der Satire verwundeten, kannte die neuerwachte hebräische Poesie nur einen einzigen Gegenstand würdig der Begeisterung und Anbetung: **Gott und sein Walten,** und nur einen einzigen Gegenstand würdig der Klage: **die Verlassenheit der jüdischen Nation und ihr Leiden.** Die neugeborene hebräische Dichtkunst, so sehr sie auch von der biblischen Poesie in Form und Inhalt verschieden war, hatte mit ihr doch den religiösen Grundton gemein. Der lobpreisende Psalm und das gemütergreifende Klagelied waren die Muster für die neuen jüdischen Dichter. Aber auch ein drittes Element beanspruchte Be-

[1]) [Die in Nachstehendem vom Verf. gegebene Darstellung der Entstehung der neuhebräischen Poesie ist dahin zu ergänzen, daß der kunstgemäße Piut keineswegs erst auf arabischen Einfluß zurückzuführen ist. Er zeigt vielmehr, ebenso wie der ältere Piut, vielfache Übereinstimmung mit den Formen der syrischen Poesie, wie schon Zunz in Literaturgesch. der syr. Poesie S. 23—24 und Luzzatto in der Einleitung zur Betulat bath Jehuda S. 11—12 ausführen. Seine Einführung in den Gottesdienst rührt, aller Wahrscheinlichkeit nach, von der Zeit her, in der durch die justinianische Novelle die belehrenden Vorträge beim Gottesdienste verboten waren; damals übernahm der Chasan, bis dahin nur Synagogenbeamter und Kinderlehrer, die Aufgabe, die halachischen und homiletischen Belehrungen für das Volk in das Gewand von liturgischen Einschaltungen zu kleiden. Diese besonderen Einschiebungen in den Gottesdienst, die mit bestimmten Melodien vorgetragen wurden, nannte man Chasanut. Vgl. hierfür besonders Sefer ha-Ittim des Juda ben Barzilai ed. Schor, Berlin 1903, S. 252. M. Schreiner in Monatsschrift 1898 S. 220 ff. und 1899, S. 522. Die weiterhin genannten Poetanim, einschließlich Kalir, haben wohl noch in der Zeit der byzantinischen Herrschaft über Palästina oder in der Zeit des Überganges zur Araberherrschaft gewirkt. Vgl. hierüber jetzt meine Ausführungen in der Monatsschrift Jahrg. 52.]

rücksichtigung. Seit dem Untergang der staatlichen Selbständigkeit
war die Lehre die Seele des Judentums geworden; religiöses
Tun ohne Kenntnis des Lehrstoffes galt als wertlos. Der Mittel-
punkt des sabbatlichen und feiertägigen Gottesdienstes war das Vor-
lesen aus Thora und Propheten, die Verdolmetschung des Vorgelesenen
durch die Targumisten und die Erläuterung des Textes durch die
Agadisten (Homiletiker). Die neuhebräische Poesie durfte in keinem
Falle der Belehrung ganz bar sein, wenn sie sich Eingang in die
Gemüter verschaffen wollte. Der Dichter hatte keinen anderen
Schauplatz als die Synagoge, kein anderes Publikum als die zum
Gebet und zur Belehrung versammelte Gemeinde, und die Poesie
mußte ein synagogales oder liturgisches Gepräge annehmen.

Das äußere Bedürfnis kam dem poetischen Drange entgegen.
Der ursprüngliche Gottesdienst mit seinen einfachen und kurzen Gebet-
stücken genügte nicht mehr. Er wurde zwar durch Rezitation von
Psalmen und eigene liturgische Stücke erweitert, aber auch diese
füllten die Zeit nicht aus, welche die Gemeinde gerne im Gottes-
hause zubrachte. Namentlich erheischten die tiefer Andacht geweihten
Tage des Neujahrsfestes und des Versöhnungstages, welche die in
Reue zerknirschte und um Sündenvergebung und Erlösung flehende
Gemeinde einen großen Teil des Tages (oder den ganzen) im Verlaufe fesselten, eine Erweiterung des Gottesdienstes und mehr An-
dachtsmittel. Die Reihe der neuhebräischen Dichter, welche die synagogale Poesie anbauten, eröffnet, soviel bis jetzt bekannt ist, Jose
ben Jose Hajathom, dessen Schöpfungen nicht ohne echten
poetischen Schwung, wenn auch ohne künstlerische Formen, sind.
Vaterland und Zeitalter desselben sind durchaus unbekannt, doch
scheint er ein Palästinenser gewesen zu sein und wohl nicht vor der
ersten gaonäischen Zeit gelebt zu haben.

Jose ben Jose[1]) nahm die Gefühle und Erinnerungen, welche
die Gemeinde am Neujahrstage bewegen, zum Thema seiner Dichtungen. Am Neujahr, am Wendepunkt eines neuen Zeitabschnittes,
wo nach jüdischer Anschauung die Geschicke des laufenden Jahres
für die einzelnen und die Gemeinde entschieden werden, feierte er
in einem erhabenen Gedichte Gott als den mächtigen Herrn, als den
Weltenschöpfer, als den gerechten Richter und als den Erlöser Israels.
Das Gedicht, das sich den alten Gebetstücken für das vorgeschriebene

---

[1]) Vgl. darüber Frankel, Monatsschrift, Jahrg. 1859, S. 401, 437 ff.

Schofarblasen anschloß und sie verdolmetschen will, umfaßt in engem Rahmen Israels glänzende Vergangenheit, gedrückte Gegenwart und das Ideal der ihm verheißenen Zukunft (Tekiot). Josés Gedicht ist zugleich ein Jubel- und Klagepsalm, mit Bußgebeten und Hoffnungsgedanken durchflochten. Malerisch ist die Auferstehung kurzen, schlagenden Worten beschrieben:

> „Aus Gräbern Dröhnen.
> Von Höhen Stürmen,
> Wenn von Gebein,
> Auf dem sich Hügel türmen
> Erschallen wird
> Der längst Entschlafenen Stimme.
> Hoch auf den Bergen
> Sehet das Banner wehen!
> Mächtiger Hall
> Des Schöpfers wird ergehen
> Und laut dann jubeln
> Der Verstummten Stimme". [1]

Ein zweites größeres Gedicht Jose ben Joses hat den ehemaligen Kultus am Versöhnungstage im Tempel zum poetischen Thema, auf welchen die zuschauende Nation in andachtsvoller Stimmung zu lauschen pflegte, und dessen Verlebendigung durchs Wort am geeignetsten war, die großen Erinnerungen an die schönen Zeiten der nationalen Selbständigkeit zu wecken (Abodah).[2] Es ist eine Art liturgisches Epos, welches die Schöpfung des Alls und des Menschen, die Gottvergessenheit der ersten Menschengeschlechter, Abrahams Gotteserkenntnis, die Erwählung seiner Nachkommen als Gottesvolk, die Berufung des aharonidischen Hauses zum Tempeldienste ruhig und ohne lyrischen Schwung besingt. Bei dem Priestertume Aharons angelangt, schildert der Dichter die Funktionen des Hohenpriesters am Versöhnungstage im Tempel nach der Beschreibung der Mischna bis zum Augenblicke, wo der Hohepriester, vom ganzen fröhlichen, der Sündenvergebung durch sichtbare Gnadenzeichen vergewisserten Volke begleitet, sich vom Tempel in seine Häuslichkeit begibt — ein schönes Stück Vergangenheit, das im Herzen des jüdischen Stammes stets einen starken Widerhall fand. Erhabenheit der Gedanken und Gehobenheit der Sprache bilden die Eigen-

[1] Nach M. Sachs' Übersetzung der Sichronot von Jose in seiner Machsor-Ausgabe.

[2] [Über die Abodah-Dichtungen vgl. jetzt J. Elbogen, Studien zur Geschichte des jüdischen Gottesdienstes, S. 49 ff.]

heit in Joſé ben Joſés Poeſie. Als Probe möge der Eingang ſeiner
Abodah dienen:

> „Ihn (Gott) ſingt der Mund aller Geſchöpfe,
> Von oben erſchallet und von unten ſein Ruhm,
> Herr! ruft die Erde, Heiliger! der Himmel,
> Aus den Waſſern tönen Lieder dem Mächtigen in Höhen,
> Gloria aus den Tiefen, Loblied von den Sternen,
> Rede vom Tage, Geſang vom Dunkel,
> Das Feuer verkündet ſeinen Namen,
> Der Wald jauchzt ihm Melodien zu,
> Das Tier lehrt Gottes übergewaltige Größe".[1]

Joſe ben Joſes Neujahrsklänge und Tempeldienſtepos ſind
Beſtandteile des Gottesdienſtes für einige Gemeinden geworden und
dienten den Späteren zum Muſter. Seine Verſe ſind noch ohne
Reimklang und ohne Silbenmaß, ein Beweis für ihr hohes Alter.
Das einzige Künſtliche an ſeinen poetiſchen Erzeugniſſen iſt der
alphabetiſche Versanfang (alphabetiſches Akroſtichon), wobei ihm manche
Pſalmen, die Klagelieder Jeremias und die nachtalmudiſchen Gebetſtücke zum Muſter gedient haben. In den Erſtlingen der neuhebräiſchen Poeſie wird die Form vom Gegenſtande beherrſcht. —
Aus der älteſten Zeit hat ſich noch eine andere Abodah erhalten,
welche einem Dichter S i m o n b e n K a i p h a zugeſchrieben wird.
Die Abodah von Joſé ben Joſé ſcheint dieſer nachgedichtet zu ſein,
ſie iſt aber hinter dem Muſter weit zurückgeblieben, und dennoch iſt
ihr die Ehre zuteil geworden, in die Synagogen des Gaonats eingebürgert zu werden. An den Namen Simeon Kaipha, welcher wie
der jüdiſche Name des Apoſtels Petrus klingt, hat ſich eine ſonder-
bare Sage geheftet: der Apoſtel, auf den ſich der Fels der katho-
liſchen Kirche gegründet, habe dieſe Abodah gedichtet, um am Eingang ſein echtjüdiſches Bekenntnis der Gotteseinheit auszuſprechen
und ſeine Anhänglichkeit an Jeſus zu widerrufen[2]), als wenn der
Jünger, der ſeinen Meiſter dreimal verleugnet, ſeinen Unglauben mit
dieſem liturgiſchen Gedichte habe beſiegeln wollen.

Lange konnte ſich die jüdiſch-liturgiſche Poeſie (die man gewöhn-
ich die p o e t a n i ſ c h e, von ποιητής abgeleitet, nennt), nicht in-
dieſer Formeinfachheit bewegen. Die Juden wurden allmählich mit

---

[1] Zum Teil nach Zunz' Synagogale Poeſie S. 130.
[2] Frankels Monatsſchrift ebendaſ. S. 437 f [Vgl. auch Vogelstein-
Rieger, Geſchichte der Juden in Rom I, S. 165 ff. Elbogen a. a. O.
S 84 u. 79.]

der arabischen Poesie vertraut, der in derselben herrschende Wohlklang des Reimes sagte ihnen zu, und sie wurden verwöhnt, im Reim
die Vollendung der Poesie zu sehen. Die poetanische Dichtung
durfte daher, wenn sie Eingang finden wollte, dieses Kunstmittel
nicht entbehren; auch sie verlegte sich darauf. Der erste Dichter,
soviel bekannt ist, der den Reim in die neuhebräische Poesie eingeführt
hat, war Jannaï, wahrscheinlich ein Paläſtinenſer. Er hat für
die außergewöhnlichen Sabbate, welche wegen geschichtlicher Erinnerung
oder als Vorbereitungszeit für die nahen Feiertage eine höhere
Bedeutung haben, versifizierte Gebetſtücke gedichtet. Die agadischen
Vorträge, welche für solche Sabbate eingeführt waren, scheinen den
Gemeinden nicht mehr zugesagt zu haben, weil die Prediger nicht
imstande waren, Neues und Anziehendes zu schaffen, sondern jahraus
jahrein dieselben Vorträge, wie sie gesammelt waren, mit Anfüh-
rung der Gewährsmänner gewissermaßen ablasen. Die Dichtungen
Jannaïs und seiner Genossen wollten daher den Kern der agadischen
Auslegung retten und ihn durch Verse gefällig und genießbar machen.[1]
Jannaïs Erzeugnisse sind daher poetisierte Agadas. Aber da er nicht
Dichter genug war, um das Wahre und Treffende in der agadischen
Literatur zur Anschauung zu bringen, seine Reime auch nicht be-
flügelt und wohltönend sind, und er sich noch dazu die Bürde alpha-
betischer Versanfänge nebst Verflechtung seines Namens auflegte,
so sind seine Dichtungen dunkel und ungelenk ausgefallen. Die
Bruchstücke, die sich von seinen dichterischen Erzeugnissen erhalten
haben, verraten auch nicht einmal Gedankentiefe und halten auch
nicht im Entferntesten einen Vergleich mit Jose ben Joses erhabenen
Versen aus.

Überhaupt hat die neuhebräische Poesie durch die Einführung
des Reimes in der ersten Zeit nichts gewonnen. Eleasar ben
Kalir oder Kaliri[2] (aus Kiriat-Sepher), einer der ältesten und
fruchtbarsten poetanischen Dichter, ein angeblicher Jünger Jannaïs[3],
dichtete ebenso schwerfällig und hart, aber noch viel dunkler als sein
Meister. Er hat über hundertundfünfzig liturgische Stücke gedichtet,
Hymnen für die Feiertage, Bußgebete für die heiligen Tage, Klage-

---

[1] Frankels Monatsschrift a. a. O. S. 437 f.
[2] Vgl. Rapoports Briefe an Luzzato S. 187; Zeitschr. Lebanon VIII,
328; Ersch, Enzyklopädie Bd. 32, S. 135 und Berliners Geschichte der
Juden in Rom II, S. 15. (H.) [Vgl. über Kalir jetzt auch Monatsschrift
Jahrg. 1908.] [3] Frankels Monatsschrift, Jahrg. 1859, S. 437 f.

lieber für die Hauptfasttage und noch andere Gattungen, die sich
unter keine Formel fassen lassen. Kaliri hat einen großen Teil der
agadischen Literatur mit vieler Künstelei versifiziert, aber nur wenige
Stücke haben poetischen Wert, und Schönheit kein einziges. Um die
Schwierigkeiten, welche die Andeutung auf die Agada, der Reim,
alphabetische Anfänge und Namenverschlingung machten, zu bewältigen, mußte Kaliri der hebräischen Sprache Gewalt antun, dem
tyrannischen Wortgebrauch Hohn sprechen und unerhörte Wortbildungen
schaffen. Er stellte öfter statt eines durch Wortfarben ausgedrückten
Gemäldes dunkle Rätsel hin, die ohne tiefe Belesenheit in der
Midrasch-Literatur nicht gelöst werden können. Dennoch drangen
Kaliris poetanische Dichtungen in die Liturgie der babylonischen,
italienischen, deutschen und französischen Gemeinden ein; nur die
spanischen Juden, von feinfühligem Sprachtakt geleitet, wiesen sie ab.
Kaliri wurde als der Hauptschöpfer der poetischen Literatur gefeiert, und die Sage verherrlichte seinen Namen. Man erzählte von
ihm, er habe seine poetische Begabung durch magische Mittel erlangt.
Als Kind habe er Kuchen, mit Buchstaben von Psalmenversen versehen, genossen (Kilurah), davon habe er den Sängergeist und seinen
Namen Kalir empfangen. Weiter erzählt die Sage, sein Lehrer
Jannaï habe ihn beneidet, weil er sich durch dessen Ruhmesglanz
verdunkelt fühlte, und ihm eine giftige Eidechse in den Schuh gelegt,
woran Kaliri gestorben sei. Eine seiner Dichtungen, welche er beim
Tode unvollendet gelassen, soll sein Bruder Juda durch einige Verse,
welche das Akrostichon seines Namens tragen, ergänzt haben. Außer
Jannaï und Kaliri klingen nur noch zwei[1]) Namen aus der Jugend-
zeit der neuhebräischen poetanischen Literatur herüber: J o c h a n a n
H a k k o h e n[2]), wahrscheinlich ein Palästinenser, und D a v i d b e n
H u n a , sicherlich ein Babylonier. Von beiden haben sich nur noch
einige Überbleibsel erhalten.[3]) — Die Aufnahme der poetischen
Dichtungen in die Liturgie gab dieser einen veränderten Charakter.
Die Übersetzung der vorgelesenen Abschnitte und die agadischen Vor-

---

[1]) Nach hinterlassenen Notizen sind noch die Namen zweier poetanischen
Dichter hier hinzuzufügen: R. Pinchas und R. Jehoschua (Einleitung zu
Saadias Agron, Zeitschrift für die alttestamentliche Wissenschaft II. S. 83 bis
84) Geigers Jüd. Zeitschrift X. S. 303. [Vgl. jetzt Harkavy, Studien und Mit-
teilungen aus der Kaiserl. Öffentl. Bibliothek in St. Petersburg, T. V,
S. 110—115 und Monatsschrift Jahrg. 1908.]

[2]) [Dieser hat doch wohl viel später gelebt; vgl. Elbogen a. a. O. S. 84.]

[3]) Frankels Monatsschrift, Jahrg. 1859, S. 437 f.

träge, welche ohnehin, weil die Juden im islamitischen Reiche arabisch
sprachen, dem Volke fremd geworden waren, verschwanden allmählich
aus dem Gottesdienste, und ihre Stelle nahmen die dichterischen
Stücke (Pijutim) ein, da sie doch denselben Dienst leisteten und einen
poetischen Anstrich hatten. Der Gottesdienst erhielt dadurch eine
größere Ausdehnung. Der Vorbeter verdrängte den agadischen
Prediger. Der Gesang wurde in die Synagoge eingeführt, da
die dichterischen Gebetstücke nicht rezitiert, sondern gesungen wurden
(Chasanut)[1]. Gewisse Gesangsweisen (Wasn, Lachn) wurden für
dieses und jenes Stück stehender Gebrauch. Indessen nahmen nicht
alle Gemeinden die poetanischen Bestandteile in den Gottesdienst
auf. Die talmudischen Autoritäten sträubten sich anfangs dagegen,
weil jene hauptsächlich in die Fugen des Hauptgebetes eingeschaltet
zu werden pflegten und also die Aufeinanderfolge und den Zusammenhang der einzelnen Teile störten.

Die Rückkehr zum Urquell der Bibel hatte in Dichtergemütern
die Flamme der Poesie entzündet, aber zugleich auch ein wildes
Feuer angefacht, das anfangs Trübung, Spaltung und Fluch in
seinem Gefolge hatte, dann aber dem Judentume Läuterung,
Kräftigung und Segen brachte. Der Anstoß zu jener Bewegung,
welche das jüdische Gemeinwesen in Ost und West in zwei Lager
spaltete, hat seinen Ursprung im ersten gaonäischen Jahrhundert,
obwohl der erste Ansatz dazu dem Auge des Forschers verhüllt ist.
Dieser vermag nur die Zeitlage auseinanderzusetzen und die Umstände,
gewissermaßen den Stand der Witterung, anzugeben, innerhalb
welcher sich die geschichtliche Neugeburt ins Leben gerungen. —
Der babylonische Talmud beherrschte das jüdisch-babylonische Gemeinwesen, wie schon angegeben. Er war nicht bloß das Gesetzbuch,
sondern auch die Grundverfassung für die geschlossene Körperschaft,
deren Würdenträger der Exilsfürst und die beiden Präsidenten der
talmudischen Hochschulen waren. Durch die Ausdehnung des Islams
von Indien bis Spanien und vom Kaukasus bis tief nach Afrika
hinein erweiterte sich auch die Herrschaft des Talmuds über seine
ursprüngliche Grenze hinaus, indem, wie schon erwähnt, die entferntesten Gemeinden mit dem Gaonat in Verkehr standen, sich bei
ihm Rat über religiöse, sittliche und zivilrechtliche Fragen holten
und die Entscheidungen, welche auf Grund des Talmuds gegeben
wurden, gläubig annahmen. Die babylonischen Gemeinden fühlten

[1] [Über Chasnnut vgl. jetzt Monatsschrift Jahrg. 1908.]

sich von den talmudischen Satzungen nicht beengt, weil sie Fleisch von ihrem Fleische waren und aus ihrer Mitte, aus ihren Anschauungen, Sitten, Gewohnheiten und von ihren Autoritäten hervorgegangen waren. Die afrikanischen und europäischen Gemeinden waren zu ungebildet in Bibel und Talmud, als daß sie ein Urteil darüber hätten haben sollen. Sie nahmen die Bescheide der Gaonen als unverbrüchliche Norm hin, ohne sich viel darum zu kümmern, ob sie mit der Bibel übereinstimmten oder ihr widersprachen.

Ganz anders war es mit den aus Arabien in Palästina, Syrien und Irak angesiedelten arabischen Juden, den Benu-Kainukaa, den Benu-Nadhir und den Chaibariten. Es waren Söhne der Wüste, Männer des Schwertes, Krieger und Ritter, welche von Hause aus an Freiheit des Lebens und an Kraftentwicklung gewöhnt waren und geselligen Umgang mit ihren ehemaligen arabischen Bundes- und Kampfgenossen pflogen, unter denen sie nach der Eroberung Persiens und Syriens wieder angesiedelt waren. Das Judentum war zwar auch ihnen teuer, sie hatten dafür Freiheit, Gut, Vaterland, Ruhm geopfert und Mohammeds Zumutung widerstanden, ohne sich zum Islam zu bekennen. Allein zwischen dem Judentume, das sie in Arabien geübt hatten, und dem, wie es der Talmud lehrte und die Hochschulen als bindende Norm aufstellten, war eine Kluft. Sie mußten nach talmudischer Vorschrift der fröhlichen Geselligkeit mit ihren ehemaligen Genossen entsagen, durften nicht an ihren Weingelagen — welche die Araber trotz des Verbotes im Koran sehr liebten — teilnehmen, kurz, sie fühlten sich durch den Talmud beengt.

Die Juden aus Arabien hatten auch am meisten Berührungen mit den Mohammedanern, waren daher auch öfter in die Polemik verwickelt, ob das Judentum noch fortdauernd Gültigkeit habe, oder ob es durch den Islam aufgehoben sei, und mußten, um den Gegnern die Antwort nicht schuldig zu bleiben, sich in der Bibel umsehen. Da mag es ihnen einleuchtend geworden sein, daß manches, was vom Talmud und den Hochschulen als religiöse Vorschrift ausgegeben wurde, in der Bibel nicht vorkomme. Um die Notwendigkeit der talmudischen Satzungen für die Erhaltung des Judentums zu begreifen, dazu bedurfte es einer tieferen Einsicht, als sie die Juden mit arabischen Anschauungen hatten. Aus welchen Veranlassungen auch immer eine Abneigung gegen die talmudischen Vorschriften entstanden sein mag, sicher ist es, daß sie zuerst im Schoße der jüdisch-arabischen Kolonie in Syrien oder Jrak ihre Anfänge hatte; von da aus mag sie sich anderen Kreisen mitgeteilt haben. Eine vollständig beurkundete Quelle erzählt, daß im Anfange des achten Jahrhunderts viele Juden in Syrien sich leicht gewinnen ließen, das talmudische Judentum aufzugeben, und sich nur an die biblischen Vorschriften zu halten.[1])

Der Hauptanstifter, der sie dazu verleitete, war ein Mann aus Syrien mit Namen S e r e n e[2]) (Serenus), der sich als Messias ausgab (um 720). Er versprach den Juden das heilige Land wiederzugeben und natürlich vorher die Mohammedaner daraus zu vertreiben. Veranlassung zu dem Versuche, die längst entbehrte Selbständigkeit wiederzuerlangen, mag der fanatische Kalife Omar II. (717—720) gegeben haben. Dieser bigotte Fürst, durch die Intrigen eines eifrigen Koranlesers auf den Thron erhoben, setzte die beschränkenden Gesetze seines Vorgängers Omar I., den Omarbund (v. S. 122), welche unter den staatsklugen Omejaden in Vergessenheit geraten waren, wieder in Kraft. Nach seinem Regierungsantritt schrieb er an die Statthalter: „Reißet keine Kirche und keine Synagoge ein, aber gestattet nicht, daß neue auf eurem Gebiete erbaut werden."[3]) Omar II. legte sich auf Proselytenmacherei, verhieß den Neubekehrten verlockende Begünstigungen und zwang auch geradezu die Christen[4]) und wohl auch die Juden zur Annahme des Islam. Aus diesem Grunde mögen die Juden geneigt gewesen sein, sich dem falschen Messias anzuschließen und seinen Vorspiegelungen Glauben zu schenken, er werde sie wieder in dem Lande ihrer Väter frei machen und ihre Feinde vernichten. Auf seine Fahne schrieb Serene die Lossagung von den talmudischen Satzungen. Er schaffte den zweiten Feiertag, die vorgeschriebenen Gebetformeln und die talmudischen Speisegesetze ab, gestattete den Wein von Nichtjuden, das Heiraten innerhalb der vom Talmud verbotenen Verwandtschaftsgrade und das Schließen der Ehe ohne Ehekontrakt. Diese talmudfeindliche Richtung mag ihm viele Anhänger geworben haben. —

[1]) [Die Behauptung, daß von den arabischen Juden die talmudfeindliche Bewegung ausging, ist durch die auf persischen Ursprung hinweisenden Namen der Seltierer zu berichtigen; vgl. Revue a. a. O. S. 207—208 und Rabbinowitz a. a. O. S. 170.]

[2]) Vgl. Note 14.

[3]) Weil, Kalifen I., 583.

[4]) Theophanes Chronographia I., 614.

Serenes Ruf drang bis nach Spanien, und nicht wenig Juden dieses Landes entschlossen sich, ihr Hab und Gut im Stich zu lassen und sich um den vermeintlichen Messias zu scharen. Kaum ein Jahrzehnt, seitdem die spanischen Juden durch die Eroberungen der Mohammedaner die Befreiung von dem Joche der Westgoten erlangt hatten, wollten sie, wenigstens viele unter ihnen, das neugewonnene Vaterland wieder verlassen.[1]) Es scheint, daß sie mit der Herrschaft und der Verwaltung der mohammedanischen Statthalter nicht zufrieden waren. Da sie den Arabern bei der Eroberung der Halbinsel wesentliche Dienste geleistet hatten, so mögen sie besondere Berücksichtigung und Auszeichnung erwartet haben, statt dessen wurden sie gleich den Christen ausgesogen. Die Dsimmi, die Steuerzahlenden, mußten nämlich die Geldgier von vier Instanzen befriedigen: die Steuereinnehmer, welche nicht sehr glimpflich mit ihnen verfuhren, die Statthalter von Spanien (Abd'ulaziz, Musas, des ersten Eroberers Sohn, und nach ihm sein Vetter Ajub), welche ungeheure Summen erpressen ließen, ferner die Statthalter von Afrika, denen Spanien untergeben war, und die auch ihren Anteil an den Schätzen des Landes wünschten, und endlich den Kalifen selbst, der die Halbinsel nur als ergiebige Geldquelle erachtete. Als daher ein Häuptling eines Berberstammes, der jüdischer Abkunft war, die Fahne des Aufstandes gegen den tyrannischen Statthalter Alhorr aufpflanzte (718), mögen sich viele spanische Juden ihm angeschlossen haben. Dieser Häuptling hieß Kaulan al-Jahudi. Er wußte sich einige Zeit in Aragonien und Katalonien gegen die Waffen der Mohammedaner zu behaupten. Endlich wurde Kaulan besiegt und hingerichtet, und seine Anhänger wurden zerstreut.[2]) Die durch Gelderpressung gequälten spanischen Juden, welche sich an Kaulans Aufstand beteiligt hatten, mögen dafür von dem Statthalter hart bestraft worden sein. Aus diesem Grunde haben sich wohl viele entschlossen, dem Rufe des syrischen Messias zu folgen und ihren unbeweglichen Besitz zu verlassen. Der Statthalter Anbasa (Ambiza) zog darauf die Güter der Ausgewanderten für den Fiskus ein (721).[3])

---

[1]) Note 14.

[2]) Don Faustino Bourbon: Cartas para illustrar la historia de España arabe bei Gayangos, history of the mahometan empire in Spain T. II, p. 410, Note 1.

[3]) Note 14.

Serenes Ende war, wie er es verdient hatte, kläglich. Er wurde gefangen und vor den Kalifen Jezid, Omars II. Nachfolger, gebracht, der seinen messianischen Vorspiegelungen ein Ende machte. Er legte ihm verfängliche Fragen vor, die er nicht beantworten konnte. Serene soll aber vor dem Kalifen geleugnet haben, eine ernste Absicht gehabt zu haben; er soll geäußert haben, er habe sich bloß mit den Juden einen Spaß erlauben wollen. Darauf übergab ihn der Kalife den Juden selbst zur Bestrafung. Viele von seinen Anhängern, welche ihre Leichtgläubigkeit bereuten, wollten sich wieder den Gemeinden anschließen, von denen sie sich durch die Übertretung der talmudischen Satzungen getrennt hatten. Die syrischen Gemeinden waren aber zweifelhaft, ob und wie sie die Reuigen wieder in ihren Schoß aufnehmen sollten, und ob sie nicht als Proselyten zu behandeln seien. Sie wandten sich deswegen an das Oberhaupt der pumbaditanischen Hochschule, Natronaï ben Nehemia.[1]) Dieser, welcher den Beinamen Mar-Janka führte, war auf Mar-Rabja (o. S. 130) gefolgt (719). Er war mit dem Exilsfürsten Chasdaï verschwägert und übte ein so strenges Regiment über die Kollegienglieder von Pumbadita aus, daß sie auswanderten und sich um den zeitgenössischen Gaon zu Sura, mit Namen Jakob von Nahar-Pakod, scharten.[2]) Worin Natronaïs Strenge bestand, wird nicht angegeben. Auf die Anfrage wegen Aufnahme von Serenes Anhängern entschied Natronaï im milden Sinne. Seine Entscheidung lautete, daß nach talmudischem Gesetze ihrer Aufnahme in den Gemeindeverband nichts im Wege stehe, da sie als Juden behandelt werden müßten. Nur müßten sie öffentlich in der Synagoge Reue und Bußfertigkeit zu erkennen geben, frommen Wandel nach talmudischer Vorschrift versprechen, und allenfalls sollten sie auch der Geißelstrafe unterworfen werden.[3]) Es gab aber auch damals andere Apostaten, welche sich sogar über die biblischen Vorschriften, Sabbat, Schlachtritual, Blutgenußverbot, Eheverbot unter Verwandten hinweggesetzt hatten. Es ist aber nicht bekannt, in welcher Gegend diese, welche mit dem Judentume ganz und gar gebrochen hatten und doch sich weder zum Christentume noch zum Islam bekannten, ihre Heimat hatten. Sie schienen aber schon lange in dieser Apostasie gelebt zu haben, da einige ihrer Söhne Reue darüber empfanden

---

[1]) Note 14.
[2]) Scherira Sendschreiben p. 49.
[3]) Note 14.

und sich dem Judentum ganz wieder zuwenden wollten. Da die
Gemeindevorsteher ratlos waren, ob sie dieselben als Juden aufnehmen sollten, richteten sie ebenfalls eine Anfrage an Natronaï.
Auch in diesem Falle gab derselbe einen milden Bescheid. „Es sei
richtiger, sie unter die Flügel Gottes aufzunehmen, als sie zurückzuweisen." Nur diejenigen, welche in verbotener Ehe erzeugt worden
sind, sollen als Bastarde bekannt gemacht werden.[1])

Um dieselbe Zeit trafen die Juden des byzantinischen Reiches
harte Verfolgungen, von denen sie sich lange nicht erholen konnten.
Sie gingen von einem Kaiser aus, von dem Feindseligkeiten gegen
sie am wenigsten zu erwarten waren. Leo, der Isaurier, ein rauher
Bauernsohn, von Juden und Arabern auf das Götzendienerische der
Bildverehrung in den Kirchen aufmerksam gemacht, hatte einen Kampf
zur Vertilgung der Bilder unternommen. Weil er aber von den
bilderverehrenden Geistlichen dem rohen Volke als Ketzer und Jude
verlästert wurde, wollte Leo durch Verfolgung der Ketzer und Juden
seine Rechtgläubigkeit bekunden. Er erließ einen Befehl, daß sämtliche Juden im byzantinischen Reiche und der Rest der Montanisten
in Kleinasien bei schwerer Strafe sich dem griechischen Christentum
zuwenden sollten (723). Viele Juden nahmen infolgedessen, wenn
auch mit Widerwillen die Taufe an[2]), minder standhaft als die
Montanisten, welche, um ihrer Überzeugung nicht untreu zu werden,
sich in ihrem Bethause versammelten und sich selbst den Feuertod
gaben. Diejenigen Juden, welche sich taufen ließen, dachten aber,
der Sturm werde vorübergehen, und es werde ihnen gestattet sein,
zum Judentum zurückzukehren. Sie nahmen daher nur zum Scheine
das Christentum an, beobachteten aber im Geheimen die jüdischen
Riten; dadurch zogen sie sich aber neue Verfolgungen zu. So ver-
kümmerten die Juden im byzantinischen Reiche unter unaufhörlichen
Plackereien immer mehr, so daß sie eine Zeitlang dem Blicke der
Geschichte entrückt sind.

Viele Juden des byzantinischen Reiches entzogen sich jedoch dem
Taufzwange durch Auswanderung. Sie verließen ein Land, wo ihre

---

[1]) Responsa Gaonim Schaare Zedek p. 24 a. No. 7. [In dem genannten Responsum läßt Natronai die Apostaten die volle Strenge des
Gesetzes fühlen, nämlich Ausschließung aus der Gemeinschaft, während die
mildere Behandlung der von Scram Verführten im Responsum Nr. 10
(p. 246) anempfohlen wird; vgl. Rabbin. a. a. O. S. 173.]

[2]) Theophanes Chronographia I. p. 617. Cedrenus historiarum compendium. I. 793.

Vorfahren sich angesiedelt hatten, ehe noch die verfolgungssüchtige
Kirche entstanden war. Die kleinasiatischen Juden wählten die nahe
kimmerische oder taurische Halbinsel (die Krim) zum Wohnplatze,
wo zwar unzivilisierte Völker skythischen, finnischen und slavischen
Ursprungs mit götzendienerischem Kultus, Alanen, Bulgaren, Chazaren,
Ulzinguren mit einem Rest von Goten hausten, die aber nicht eifersüchtig waren, wenn Menschen von anderer Nationalität und anderen
Glaubens sich in ihrer Nachbarschaft niederließen. Es entstanden
daher jüdische Gemeinden, neben denen, welche schon aus früherer
Zeit bestanden, an dem Küstensaume des Schwarzen Meeres und
der Meerenge in Theodosia (Kaffa), landeinwärts in Kareon-
polis (Sulchat, Solgat, jetzt Eski-Krim) am Fuße des Agirmisch-
Gebirges, dann in Phanegoria (jetzt Taman) und in dem
gegenüberliegenden Bosporus (Kertsch) das von den Juden
Sepharad genannt wurde.[1]   Von der Krim aus verbreiteten
sich die griechischen Juden nach Kaukasien und den gastfreundlichen
Ländern der Chazaren am Westrande des Kaspi-Sees und an der
Mündung der Wolga (Atel). Jüdische Gemeinden entstanden in
Berdaa (Derbend), an der alanischen Pforte, in Sementer
(Tarku'[2]), beide am Kaspi-See) und endlich in Balangiar, der
Hauptstadt des Chazarenlandes. Durch ihre Tätigkeit, Geschicklichkeit
und Einsicht gewannen bald die eingewanderten griechischen Juden
Einfluß unter den barbarischen Völkern und bereiteten ein klangvolles
geschichtliches Ereignis vor.

Kaum drei Jahrzehnte nach dem Untergang des falschen Messias
Serene entstand auf einem anderen Schauplatze abermals eine talmudfeindliche Bewegung, gepaart mit messianischer Schwärmerei. Sie
wurde durch einen phantastischen und kriegerischen Mann hervorgerufen, Obaia (Obeïd-Allah) Abu-'Isa ben Jshak aus der
persischen Stadt Jsfahan.[3]   Er war nicht unwissend, verstand Bibel

---

[1] Vgl. Note 23.

[2] Vgl. Harkavy, die Juden und die slavischen Sprachen S. 77—79,
Revue des Ét. j. V. 208. [Das im Text vom Verf. Ausgeführte erledigt
sich durch den Hinweis auf die obige Abhandlung Harkavys und dessen Darstellung an erstgenannter Stelle, wonach Juden in jenen Gegenden schon
seit dem Beginn der gewöhnlichen Zeitrechnung wohnen.]

[3] Alles denselben Betreffende ist zusammengestellt in Note 15. [Nach
Ibn Haz'm im Kitâb al-Milal w'al-Naḥl führte er auch den Vornamen:
Mohammed; vgl. Poznánski in JQR. XVI, S. 770. Nach Harkavy's:
לקורות הכתות בישראל bei Rabbin. a. a. O. S. 501 war er gemäß der An-

und Talmud und konnte auch ſeine Gedanken ſchriftſtelleriſch äußern.
Die plötzliche Geneſung von einem Ausſatze ſoll ihn darauf geführt
haben, daß ihm ein hoher Beruf zugeteilt ſei. Doch gab ſich Abu-
ʿIſa nicht direkt als Meſſias aus, ſondern als deſſen Vorläufer und
Wecker (Daï), dem er den Weg bahnen wollte. Er hatte überhaupt
eine eigentümliche Anſicht über die meſſianiſche Vorläuferſchaft. Er
meinte nämlich, fünf Vorläufer müßten dem Meſſias vorangehen,
von denen je ein ſpäterer immer vollkommener ſei als ſein Vorgänger. Sich ſelbſt hielt Abu-ʿIſa für den letzten und vollkommenſten
Vorläufer, der an Würdigkeit dem Meſſias ebenbürtig ſei. Ihm
war es mit ſeinem Berufe ernſt, er glaubte an ſich und verkündete,
Gott habe ihn erweckt, den jüdiſchen Stamm von dem Joche der
Völker und der ungerechten Herrſcher zu befreien.

Der meſſianiſche Verkünder von Iſfahan fand einen ſtarken
Anhang, es ſollen ſich 10000 Juden um ihn geſchart haben, ihm
am Befreiungswerke behilflich zu ſein. Ihnen legte Abu-ʿIſa das
Judentum abweichend von dem beſtehenden aus; aber die abweichenden
Punkte ſind nicht bekannt. Die Eheſcheidung hob er ganz und gar
auf, ſelbſt für den Fall des Ehebruchs. Die drei täglichen Gebetzeiten vermehrte er um vier und berief ſich dabei auf einen Pſalm-
vers: „Siebenmal des Tages preiſe ich dich“.[1] Indeſſen behielt
Abu-ʿIſa die talmudiſch vorgeſchriebenen Gebetformeln bei und rüttelte
auch nicht an der beſtehenden Kalenderordnung. Sein eigentümliches
Religionsſyſtem ſtellte er in einer Schrift dar. Darin unterſagte er
ſeinen Anhängern den Genuß von Fleiſch und Wein, erklärte aber
den Opferkultus für aufgehoben.

Das meſſianiſche Befreiungswerk wollte Abu-ʿIſa mit dem
Schwerte in der Hand durchſetzen und verwandelte ſeine Gläubigen
in Krieger, denen er hoch zu Roß wie ein Feldherr voranritt. Der
Zeitpunkt für einen Befreiungsverſuch mit bewaffneter Hand konnte
nicht günſtiger ſein. In allen Provinzen des mohammedaniſchen
Reiches brachen die Flammen der Empörung gegen den letzten
Kalifen aus dem Hauſe der Omejaden, Merwan II., aus.[2] Ehr-

---

gabe ſeiner Schüler durchaus unwiſſend. Vgl. ebendort S. 502, wonach
er ſeinen Anhängern auch die Lektüre des Evangeliums und des Korạn
empfohlen hat, da Jeſus und Mohammed auch als Propheten anzuſehen ſeien.]
    [1] Pſalm 119, 164
    [2] [Nach Kirkiſſani bei Harkavy-Rabbinowitz a. a. O. trat Iſfahậni
unter Abdu'l Malik ben Merwận auf 685—705.]

geizige Statthalter, unzufriedene Parteigänger, die wühlerischen
Charigiten, welche für die Nachkommen Alis das Kalifat erobern
wollten, und endlich die Abbassiden, welche auch ihrerseits Anspruch
auf die Herrschaft machten, alle diese feindlichen Elemente verschworen sich zum Untergange der Omejaden und machten die weiten
Länderstrecken des Reiches zum Tummelplatze wilder Leidenschaften.
Während dieser aufstandsreichen Zeit, namentlich als Abu-Moslim,
Emissär der Abbassiden, die Fahne der Empörung in Chorasan
aufpflanzte (Ende 747), scheint auch Abu-ʿJsa mit einer Schar in
der Gegend von Jssahan sein Befreiungswerk begonnen zu haben
und konnte es während der darauffolgenden Wirren behaupten, als
Merwans Feldherr am Euphrat (bei Kerbela) ein furchtbare Niederlage erlitt (August 749) und der Kalife selbst am Zabflusse so geschlagen wurde, daß er von Land zu Land fliehen mußte, ohne
Anhang und Unterstützung zu finden. Der unglückliche Merwan wurde
zuletzt in Aghypten, wohin er von der Tigrisgegend über Syrien
und Palästina geflohen war, getötet (August 750), und die schwarze
Fahne der Abbassiden siegte über die Omejaden.[1] Der Abbasside
Abdallah, seine Feldherren und Helfershelfer verfolgten die Glieder
des Hauses Omeja und deren Anhänger mit Feuer und Schwert,
und er erhielt davon den Namen Alssafâh (der Blutvergießer).

Gleich nach Merwans Sturz regten sich auch messianische
Schwärmereien in Palästina, weil man glaubte, infolge der unüber-
sehbaren Wirren werde das mohammedanische Reich in Trümmer
zusammenbrechen. Es erschien damals in Palästina eine Schrift in
rätselhafter, apokalyptischer Gestalt[2], welche zum Zwecke hatte, die
Hoffnungen auf baldige Erlösung durch das Auftreten des wahren
Messias zu wecken. Die Ansichten dieser mystischen Schrift, welche
Muster für spätere Ausarbeitung derselben Gattung wurde, verdient
auseinandergesetzt zu werden.[3] Der Verfasser läßt die herannahende Erlösungszeit mit ihren Vorzeichen durch eine Himmelsstimme
verkünden und zwar für den Tannaiten R' Simon ben Jochaï, der
in der Sage als Wundermann galt (B. IV₄. S. 180). Als derselbe

---

[1] Weil, Kalifen I. 697 ff.
[2] [Die folgenden Ausführungen des Verf. über diese Apokalypse erledigen sich durch die Nachweise Steinschneiders in ZDMG. Jhrg. 1874,
S. 635—647, wonach deren Entstehungszeit in die Epoche des ersten
Kreuzzuges zu setzen ist; weiteres in den Bemerkungen zu Note 16.]
[3] Vgl. das Nähere über diese Apokalypse Note 16.

vor den Verfolgungen der Römer flüchtete und jahrelang in einer
Höhle lebte, so beginnt das mystische Flugblatt, habe er vierzig Tage
und Nächte um „die Geheimnisse des Endes" gefleht und er sei
folgender Offenbarung gewürdigt worden: Das edomitische (römische)
Reich werde durch die Herrschaft der Söhne Ismaels einen mächtigen Feind erhalten. Darauf werden die Kalifen der Reihe nach
vorgeführt von Omar I. an, der eine Moschee auf dem Tempelberge
erbauen wird, bis auf den letzten aus dem Hause Omeja, Merwan,
der mit seinem Namen deutlich genannt wird. Von diesem Kalifen
heißt es dann in der Offenbarung: „Es wird ein anderer tapferer,
kriegslustiger König (Kalife) aufstehen, und Unruhen werden in seinen
Tagen sein. Und das ist das Zeichen: Wenn die Moschee bei
Damaskus einstürzen wird, dann wird seine Regierung ein Ende
haben, und das Reich Ismaels wird untergehen, und das ist
M e r w a n. Denn bis zu seiner Zeit waren die Helden Kedars
(Araber) mächtig. Der nordöstliche Winkel (Chorasan) wird sich
gegen ihn empören, seine drei großen Heere werden fallen am Tigris
und am Euphrat, er selbst werde entfliehen, ergriffen, gefoltert und
getötet werden, und seine Söhne werden gehängt werden." Der
Jordan war's, der das Blut der haufenweise erschlagenen Omejaden
getrunken hat. „Dann wird ein frecher König (der Abbaffide Abdallah Abul'abbas Alsafäh) drei Monate regieren, und darauf wird
das boshafte Reich (Rom-Byzanz) die Oberhand über Israel neun
Monate gewinnen."

Die Offenbarung fährt fort: „Dann wird der Messias, der
Sohn Josephs (aus dem Stamme Ephraim) erscheinen, wird die
Israeliten nach Jerusalem führen, den Tempel wieder erbauen, den
Opferkultus herstellen, und Himmelsfeuer wird die Opfer (wie in
der Gnadenzeit) wieder verzehren (zu Ende des Jahres 751). Aber
es wird ein böser König mit dem Namen A r m i l o s auftreten
mit einem Kahlkopfe, kleinen Augen, dem Aussatz auf der Stirne
und mit einem tauben und einem scharfhörenden Ohre. Der Stimme
der Menschlichkeit wird Armilos sein taubes Ohr, der Stimme der
Grausamkeit dagegen sein offenes Ohr hinhalten. Er ist nämlich
entsprungen vom Satan und dem schwarzen Steine, welchen die
Tochter des Kaisers Tiberius, der Sage nach [1]), in die Welt gesetzt
hat. Armilos wird mit dem Messias aus dem Stamme Ephraim

---

[1]) Vgl. das Nähere über diese Apokalypse Note 16. [Vgl. die Bemerkungen dazu.]

Krieg führen und ihn samt den Israeliten aus Jerusalem vertreiben. Sie werden dann fünfundvierzig Tage in der „Wüste der Völker" zubringen, auf die Nahrung von Salzkräutern und Wüstenpflanzen angewiesen sein, werden geprüft und geläutert werden. Der messianische Vorläufer vom Hause Ephraim wird durch Armilos umkommen, und Israel wird seinen Tod beweinen. Dann wird der wahre Messias aus dem Hause Davids erscheinen, aber das vielgeprüfte Volk wird ihm nicht glauben, ihn für einen Betrüger halten, da der Messias doch eben umgekommen sei, und wird ihn schmähen. Aber, da die Israeliten in Not und Drangsal sich aufrichtig zu Gott wenden werden, wird er sie erhören und den Messias in den Wolken des Himmels erscheinen lassen. Dieser wird Armilos überwinden, ganz Israel von allen Enden der Erde sammeln und sie nach Jerusalem führen. Die heilige Stadt wird zwar, weil bis dahin durch die Herrschaft der Nichtjuden verunreinigt, in Feuer aufgehen; aber Gott wird ein fertig gebautes Jerusalem vom Himmel heruntersenden, eine glanzvolle, anziehende Stadt, welche die Völker anlocken wird. Auch ein fertiger Tempel wird vom Himmel herabgelassen werden. Diese glückliche, messianische Zeit wird zwei Jahrtausende dauern, und darauf wird das jüngste Gericht beginnen. Himmel und Erde werden altern, Sonne und Mond verblassen, Berge wanken, die Pforten der Hölle und die Pforten des Paradieses sich öffnen, die Frevler werden von jener, die Frommen von diesem aufgenommen werden, jene ewige Pein, diese ewige Seligkeit haben." Solches sei R' Simon ben Jochaï durch den Engel Metatoron offenbart worden. Es ist das erste abgerundete Gemälde von der messianischen Leidens- und Gnadenzeit.

Der Verfasser dieser Apokalypse hat demnach das Anbrechen des messianischen Reiches mit dem Sturze der Omejaden erwartet, im Laufe des Jahres 751. Ob diese Verkündigung mit dem Auftreten des Abu-Isa in Persien in irgend einem Zusammenhange stand, läßt sich nicht ermitteln. Der kriegerische Vorläufer des Messias behauptete sich aber auch während Abul'abbas' Regierung (750—54), weil durch den Widerstand von Merwans Feldherren die Zeit voll Unruhen war. Abu-Isa scheint sich aber in Persien nicht für sicher gehalten zu haben und wandte sich deshalb mit seinen Anhängern nach Norden, der Gegend von Raï. Seinen Anhängern spiegelte Abu-Isa vor, er wolle die Juden dieser Gegend, welche von den Söhnen Moses abstammten (B'ne-Mosché) zur

Teilnahme an dem Befreiungswerke auffordern, im Grunde war
aber die Wahl dieses Schauplatzes nur eine Taktik. Hier befehligte
nämlich ein Rebellenhäuptling, der Gueber Sinbad, ein Heer
von 60000 Mann und leistete dem Kalifen Abu-G'ifar Almansur,
Bruder und Nachfolger des ersten Abbassiden, kräftigen Widerstand.
Hier konnte sich also Abu-ʿIsa entweder als Sinbads Parteigänger
oder auf eigene Faust halten. Aber Sinbads Heer wurde geschlagen,
und die Reihe kam auch an die jüdische Schar. Sie wehrte sich
aber tapfer gegen das Heer des Kalifen. Abu-ʿIsas Anhänger
erzählten: es sei durch ein Wunder geschehen. Ihr Führer habe
nämlich mit einem Myrtenstabe eine Linie um seine Krieger gezogen
und ihnen bedeutet, so lange sie diese Linie nicht überschreiten,
würden sie unbesiegbar bleiben. Er selbst aber soll sich auf seinem
Rosse über die Linie gewagt und viele Mohammedaner getötet
haben, bis er selbst unter Schwertstreichen fiel (um 755).[1] Seine
Krieger zerstreuten sich; die Juden von Issahan mußten für den
Aufstand büßen. Seine Anhänger bewahrten ihm indessen ein treues
Andenken, gewiß weil er kein Betrüger war, sondern nur im Wahne
handelte. Unter dem Namen Isawiten oder Issahaner behaupteten sie sich bis ins zehnte Jahrhundert, die erste Religionssekte,
welche das Judentum seit Untergang des jüdischen Staates aus sich
entlassen hat. Die Isawiten lebten nach Vorschrift ihres Meisters,
beobachteten manches vom talmudischen Judentume und verwarfen
vieles davon.[2]

Dieser Bewegung gegenüber verhielten sich die leitenden Personen
des Judentums an dem Sitze des Gaonats völlig gleichgültig. Sie
hatten keine Ahnung davon, daß ein neuer Geist sich innerhalb
ihres eigenen Kreises regte, welcher ihren talmudischen Riesenbau in
seinen Tiefen erschüttern sollte. Die Oberhäupter selbst haben teilweise eine Spaltung gefördert. Die Exilarchen regierten mit
empörender Willkür. Sie setzten die Schulhäupter ab und ernannten
solche, die nicht völlig würdig für dieses Amt waren. Nach Natronaï
Mar-Jankas Tod (um 730) kehrten unter seinem Nachfolger Jehuda
die ausgewanderten Glieder nach Pumbadita zurück. Der Exilsfürst
Chasdaï war ebenfalls gestorben, und seinen Platz nahm sein Sohn
Salomo ein (um 730—761). In Sura war aber nach dem Tode
des Gaon Jakob ein solcher Mangel an fähigen Personen ein-

---

[1] [Vgl. jedoch den anderen Bericht bei Harkavy a. a. O.]
[2] Note 16.

getreten, daß der Exilarch genötigt war, gegen den Brauch, die Stelle mit einem Pumbaditaner **Mar ben Samuel** zu besetzen (733—751).[1]) Während seiner Zeit und der seines Nachfolgers **Mâri Hakohen** (751—759), fungierten in Pumbabita vier Schulpräsidenten nacheinander[2]), von denen der dritte, **Natroj aus Bagdad** — das bald nach seiner Gründung (um 758) eine jüdische Gemeinde hatte —, widerrechtlich vom Exilarchen eingesetzt wurde. Die Nachfolge gebührte nämlich dem Gelehrten R' **Acha aus Schabcha**[3]), dem jener Natroj vielfach untergeordnet war.[4]) Gekränkt über die erfahrene Zurücksetzung, wanderte R' Achaï nach Palästina aus.

Alle diese Schulhäupter des ersten gaonäischen Jahrhunderts haben sich durch nichts Besonderes ausgezeichnet. Sie fungierten in althergebrachter Weise wie ihre Vorgänger, die Saburäer, legten den Talmud aus, leiteten die jährlichen Versammlungen und beantworteten die eingelaufenen Anfragen. Selbst die dankbare Chronik, welche deren Namen und die Dauer ihrer Funktion gewissenhaft überliefert, weiß nichts von ihren etwaigen Leistungen zu erzählen.[5]) Nur ein einziges literarisches Erzeugnis ist aus ihrer Mitte hervorgegangen. Jener R' Acha, welcher wegen Zurücksetzung bei der Wahl für das Präsidium der pumbaditanischen Hochschule nach Palästina ausgewandert ist, schrieb 191 Vorträge, gemischt aus Halacha und Agada nieder (um 760), geordnet nach der Reihenfolge der pentateuchischen Vorlesungen. Jeder Vortrag ist durch bekannte halachische und agadische Voraussetzungen eingeleitet, und daran schließt sich eine Frage für praktische Fälle, die aus dem reichen Material des Talmuds beantwortet werden. Der Hauptentwicklung der Frage geht ein Segensspruch voran: „Gepriesen sei der Name des Heiligen, der uns die Thora und die Gesetze durch unseren Lehrer Mose gegeben hat, um das Haus Israels zu belehren".[6]) Wegen der Frageform — welche für Vorträge überhaupt sehr beliebt

---

[1]) [Er war ein Enkel des pumbaditanischen Gaon Raba; vgl. über ihn Harkavy, T'schuwoth Hageonim S. 357 u. Schechter, Saadyana S. 78.]

[2]) Mar-Joses ben Chutanai, Samuel ben Mari, Mar-Natroj Kahana ben Emuna und Abraham Kahana (739—761). Scherira Sendschreiben S. 39.

[3]) [Er war Schüler des Mar ben Samuel; vgl. Brüll Jahrbücher II, S. 146 ff.]

[4]) [Der fragliche Ausdruck משרית bedeutet doch wohl nur „Schüler."]

[5]) [Vgl. Doroth Harischonim III, 180 ff.]

[6]) Vollständig erhalten ist diese Segensformel in Scheeltot Nr. 1 und 64, unvollständig in Nr. 66, 121, 145, 154, 165, 166, 170.

und in den Lehrhäusern üblich war — führt R' Achas Werk den Titel S ch e e l t o t (Fragen). Es enthält wenig Neues und Bedeutendes und gruppiert nur Zusammengehöriges, welches in den weiten Räumen d s Talmud zerstreut vorkommt, übersichtlich zusammen, will aber keineswegs als Kompendium des Talmuds gelten. Die Sprache ist noch vollständig formlos. Die Scheeltot sind für spätere agadische Sammelwerke Muster geworden. [1]) So bewegten sich die gaonäischen Lehrer im Kreise und schienen nicht zu ahnen, daß außerhalb desselben eine Gärung entstand, welche ihnen den Boden zu entziehen drohte.

[1]) [Vgl. über die Scheeltot besonders J. Reifmann in Beth-Talmud, Jhrg. III, S. 26 ff. nach dessen Ansicht sie uns nicht in vollständiger Gestalt vorliegen, Weiß a. a. O. S. 23—26, wie es auch z. T. die jetzt von Kamiuka in Wien erscheinende neue Ausgabe auf Grund von Handschriften erweist: Nach Brüll a. a. O. S. 149 ff. sind die Scheeltot vielleicht in Palästina verfaßt. Vgl. auch Mendelson in RÉJ. XXXII, S. 59 ff und Monatsschrift Jahrg. 1908.]

Siebentes Kapitel.

Entstehung des Karäertums und deren Folgen.

Anan ben David, Stifter des Karäertums; seine Genossen und Jünger. Die Massoreten. R' Jehudai Gaon. Neues Verhältnis zwischen Exilarchat und Gaonat. Die Chazaren und ihre Bekehrung zum Judentum; ihr König Bulan und sein jüdischer Lehrer Isaak Sangari. Karl der Große und die Juden. Die Familie Kalonymos aus Lucca in Mainz. Ursprung der deutschen Juden. Der jüdische Gesandte Isaak. R' Machir in Narbonne. Die judenfeindlichen Verhältnisse im Kalifat. Sahal Al-Tabari. Jehuda Judghan der Perser und die Sekte der Judghaniten. Benjamin Nahawendi und die Makarijiten. Die Mystik von der Verkörperung Gottes (Schiur Koma.) Die Mystiker an den Hochschulen. Streitigkeiten um das Exilarchat und Gaonat. Das Karäertum; Nissi ben Noach. Meswi und Ismael und die Albariten; Mose der Perser, und die Tiflisiten. Mose aus Baalbek. Inkonsequenzen und Erschwerungen im Karäertume.

761—840.

Geschichtliche Geburten treten ebensowenig wie natürliche ohne Wehen zutage. Wenn eine neue geschichtliche Erscheinung sich ins Dasein ringen soll, muß die Behaglichkeit der bestehenden Zustände gestört, das träge Ausruhen auf liebgewordener Herkömmlichkeit aufgerüttelt, die Macht der Gewohnheit gebrochen werden. Der Fortschritt in der Geschichte ist ohne Kampf und Gegensatz undenkbar. Das unerbittliche Rütteln am Bestehenden, wie sehr es auch anfangs mit Schmerz empfunden wird, kommt sogar dem Bestehenden, wenn es gesund und lebensfähig ist, zustatten; es zerstreut die Nebel, vernichtet den Schein und läßt das verhüllte und verkannte Wesen in größerer Klarheit ans Licht treten. Der Gegensatz, dieses Salz der Geschichte, das die Fäulnis abwehrt, hatte seit mehreren Jahrhunderten in der jüdischen Geschichte gefehlt. Darum war das religiöse Leben in eine Art Verdumpfung und Versteinerung geraten. Das paulinische und nachapostolische Christentum war ein solcher Gegensatz gewesen, und weil dasselbe das normierende Gesetz aufgehoben, das Erkennen geächtet und dafür den Glauben hin-

gestellt hatte, erzeugte es in der Entwicklung des Judentums das
Festklammern am Gesetz und das Ausspinnen des Religiös-Gesetzlichen bis in die feinsten Fäden. Der Talmud war das Produkt
dieser gegensätzlichen Bewegung; er war die allein herrschende
Autorität innerhalb des Judentums geworden und hatte die Bibel
aus dem Volksbewußtsein verdrängt. Die Erleuchtung des Geistes,
die Erwärmung des Gemütes, der zugleich innig-religiöse und
poetische Hauch, welche den heiligen Urkunden entströmen, waren
den Gemeinden und den Hauptvertretern abhanden gekommen. Das
Talmudstudium selbst, das in der Zeit der Amoräer erfrischend und
erhellend gewirkt hatte, war in der Epoche der Saburäer und im
ersten gaonäischen Jahrhundert zur trockenen Gedächtnissache herabgesunken und ermangelte der geistigen Befruchtungsfähigkeit. Es
fehlte der scharfe Luftzug, welcher die verschlossenen dumpfen Räume
durchwehen sollte. Der Widerspruch gegen den Talmud, welcher
von den zwei messianischen Verkündern, S e r e n e und A b u - ʿ I s a,
als Stichwort ausgegeben wurde, hinterließ keine tiefe Spuren, teils
weil die Bewegung mit messianisch-schwärmerischem Beisatze behaftet
war und nur Enttäuschung zurückließ, teils weil sie von unbekannten Persönlichkeiten ohne Gewicht und Autorität ausgegangen
war. Sollte die Einseitigkeit überwunden, die Bibel wieder in ihre
Rechte eingesetzt und das religiöse Leben wieder vergeistigt werden,
so mußte die gegensätzliche Richtung, die bis dahin nur in winzigen
Kreisen herrschte, von einer nüchternen, mit einem offiziellen
Charakter bekleideten Persönlichkeit getragen, in größere Kreise eingeführt werden.[1] Nur wenn die Bewegung nicht in einem ent-
legenen Winkel, sondern in dem Mittelpunkte des damaligen jüdischen
Lebens vorginge, konnte sie in die Massen dringen und wiedergebärend
wirken. Eine solche Bewegung ging von einem Sohne des Exilsfürsten
aus dem Bostanaïschen Hause aus und hatte darum eine nachhaltige
Wirkung.

Der Exilarch Salomo war, wie es scheint, kinderlos gestorben
(761—62), und die Würde sollte auf dessen Neffen A n a n ben
David übergehen. Die Biographie dieses so tief in die jüdische

---

[1] [Diese Ausführungen über die Bedeutung des Karäertum erledigen
sich in Hinblick auf die von mehreren Gelehrten zutage geförderten gegenteiligen Ergebnisse der Forschung und die Unhaltbarkeit der diesbezüglichen
Thesen des durch Firkowitz vielfach irregeführten Pinsker in seinem Likkute
Kadmoniot.]

Geschichte eingreifenden Mannes, dessen Anhänger sich bis auf den heutigen Tag erhalten haben, ist vollständig unbekannt und durch die später eingetretene Parteiung völlig entstellt. Während ihn seine Jünger als einen frommen und heiligen Mann verehren, der, „wenn er zur Zeit des Tempelbestandes gelebt hätte, der Gabe des Propheten gewürdigt worden wäre"[1], können ihn seine Gegner nicht genug herabsetzen. Anan soll, nach einer unverbürgten Nachricht, nicht in Babylonien, sondern im fernen Osten gelebt und erst zur Zeit der Wahl nach Bagdad gekommen sein.[2] Doch geben auch die Gegner zu, daß Anan sehr gelehrt im Talmud war, wie er auch sich des talmudischen Stiles mit Gewandtheit bediente. Ebenso gewiß ist es, daß der Exilarchensohn manchen Bestimmungen des Talmud keine religiöse Autorität eingeräumt hat, und daß seine talmudfeindliche Gesinnung jedenfalls den Vertretern der beiden Hochschulen, welche die Exilarchenwahl leiteten, bekannt gewesen sein muß.[3] Zwei Brüder fungierten damals zu gleicher Zeit als Gaonen, Söhne Nachmans: R' Jehudaï, der Blinde, in Sura (fungierte (759—62) und R' Dodaï in Pumbadita (751—64). Diese beiden Brüder mit ihren Kollegien vereinigten sich nun, Anan von der Nachfolge in der Exilarchenwürde auszuschließen, und an seiner Stelle seinen jüngeren Bruder Chananja (oder Achunaï?) zu wählen (766—767). Aber Anan stand nicht allein. Er hatte Freunde, wie jeder Hochgestellte. Vermöge seiner Anwartschaft auf ein Fürstentum, dem mindestens sämtliche jüdische Gemeinden des Morgenlandes unterworfen waren, mochte er manchen Ehrgeizigen, Gewinnsüchtigen und Schmarotzer angezogen haben. Er hatte aber auch Anhänger an denen, welche mehr oder minder offen im talmudischen Judentum nicht das wahre erblickten und in Anan einen mächtigen Vorkämpfer begrüßten. Drei seiner Gesinnungsgenossen hat die Tradition

[1] Makrizi bei S. de Sacy, Chrestomathie arabe I. 301 (2. édition.)

[2] Daf. Vgl. über Anan, die Entstehung des Karäismus und Anans Doktrin Note 12, 2, 3 und Note 17. [Besonders aber die von Harkavy bearbeitete Note 17, ferner dessen Aufsatz im Jahrb. für jüd. Geschichte und Literatur II (1899) Seite 107, 122, u. Poznański: Anan et ses écrits in RÉJ. XLV. S. 161—187, XLVI 50—69, 176—203].

[3] [Da Anan wohl längere Zeit in Persien und den von den früher genannten Sektierern stark beeinflußten Gegenden sich aufgehalten hat, so nahm er viele Häresieen in sich auf. Anan hat von den früheren Sektierern wie auch namentlich aus alten Schriften sadduzäischen Inhaltes, die sich im Geheimen erhalten haben, vielfach geschöpft; vgl. besonders hierüber in Harkavys Zusätzen zu Note 17.]

namhaft gemacht, welche vielleicht gar Mitglieder des gaonäiſchen Kollegiums waren: R' Ephraim, R' Eliſa und R' Chanuka.[1] Die ananitiſche Partei ließ es nicht an Anſtrengungen fehlen, ſeine Wahl bei dem damaligen Kalifen Abugaſar Almanſur durchzuſetzen, der ihm ſehr gewogen geweſen ſein ſoll. Allein die Gegenpartei ſiegte. Sie ſoll ihm nach dem Leben getrachtet und ihn beſchuldigt haben, daß er auf Empörung gegen den Kalifen ſinne. Möglich, daß Almanſur, der im Anfange ſeiner Regierung die bewaffnete Schar des Abu-'Iſa zu bekämpfen hatte, der Beſorgnis Raum gegeben hat, Anan werde dieſelbe Rolle unter denſelben Stichwörtern fortſetzen. Der Kalife ſoll ihn hierauf in einen Kerker geworfen haben. In demſelben befand ſich, wie die Sage erzählt, ein Mohammedaner, und beide ſollten gehängt werden. Sein mohammedaniſcher Leidensgenoſſe habe[2] ihm aber geraten, dem Kalifen zu erklären, er gehöre einer andern Sekte an als ſein Bruder Chananja. Darauf habe ihn Almanſur wieder in Freiheit geſetzt — die Anhänger ſagen: weil er Gunſt vor demſelben geſunden, die Gegner: infolge reicher Geldgeſchenke — und er habe ihm geſtattet, mit ſeinen Anhängern nach Paläſtina auszuwandern.[3]

Unter allen dieſen zweifelhaften Angaben iſt nur das eine gewiß, daß Anan genötigt war, ſein Vaterland zu verlaſſen, und daß er ſich in Paläſtina anſiedelte.[4] In Jeruſalem baute er eine eigene Synagoge, die ſich bis zu den Zeiten des erſten Kreuzzuges erhalten hat. Es iſt ebenfalls ſicher, daß Anan infolge der kränkenden Zurückſetzung, die er von den Gaonen erfahren hat, über das Gaonat erbittert war und dieſe Erbitterung auf den Talmud,

---

[1] Gedächtnistafel im karäiſchen Gebetbuche und Katalog der karäiſchen Autoritäten. [Es beruht dies auf einer Fälſchung vgl. RÉJ. a. a. O. S. 209.]

[2] [Es war dies der Rechtsgelehrte Abū-Hanīfa, deſſen Lehre noch jetzt in der Türkei herrſcht].

[3] Eliah ben Abraham Miſrachi bei Pinsker Likkute Kadmoniot Beilage und bei Simcha Lucki Orach Zadikim ed. Wien 19 a. [Bei Pinsker a. a. O. iſt hiervon nicht die Rede.]

[4] Daß Jeruſalem Stammſitz des Karäismus war, ergibt ſich aus den Angaben von Niſſi ben Noach und Salmon ben Jerucham, und auch die falſche Korrektur eines alten Kopiſten des Megillat Taanit ſpricht dafür, da er die Akra (Burg Zion) erklärt mit: Ort der Karäer מקום הקראים . . . . תקרא. [Niſſis Berichte ſind als Fälſchungen anzuſehen; vgl. Frankl in Smolenskis Haschachar Jhrg. VIII 29ff. Vgl. über das Zweifelhafte von Anans Aufenthalt in Jeruſalem Harkavy bei Rabbinowitz S. 188 Anm. 36.]

kraft dessen jenes seine Bedeutung hatte, übertragen hat. Anan
zeigte nämlich eine ingrimmige Feindseligkeit gegen den Talmud
und dessen Träger. Er soll geäußert haben, er wünschte, daß
sämtliche Talmudanhänger sich in seinem Leibe befänden, so würde
er sich entleiben, damit sie mit ihm stürben.[1]) Er fand am Talmud
alles verwerflich und wollte das religiöse Leben wieder an die Bibel
anknüpfen. Er warf den Talmudisten vor, sie hätten das Judentum gefälscht und nicht nur vieles zur Thora hinzugefügt, sondern
noch mehr davon aufgegeben, indem sie manches für nicht mehr
verbindlich erklärten, was nach dem Wortlaut der Schrift für alle
Zeiten Geltung haben soll. Anans Grundsatz war: „Suchet fleißig
in der Schrift."[2]) Möglich, daß Anan auf diese Feindseligkeit gegen
die Tradition infolge der Parteiungen in der mohammedanischen
Welt gekommen ist. Hier kämpfte die Partei, welche neben dem
Koran auch die Überlieferung für notwendig hielt (Suniten) gegen
eine andere, welche die letztere verwarf und das Wort des Koran
allein als Norm anerkannte (Schiiten). Nach dem Beispiel der
letzteren verwarf auch Anan die im Talmud gegebene Tradition.
Von diesem Zurückgehen auf die Schrift (Mikra) erhielt das Religionssystem, das er aufrichtete, den Namen S c h r i f t b e k e n n t n i s
oder K a r ä e r t u m.[3]) Seine Ansichten über die religiösen Gebote
und Verbote legte Anan in drei Schriften nieder. Er verfaßte
nämlich einen Kommentar zum Pentateuch — gewiß das allererste
Erzeugnis dieser Art — ferner ein Kompendium über die religiösen
Pflichten und eine Schrift unter dem Titel F a d h l a k a h, die
ersten zwei im talmudischen Idiome, das dritte wohl arabisch.[4])

Diese Schriften Anans sind ein Raub der Zeit geworden[5]);

[1]) Vgl. Note 12, 3, Anmerkung 1. [Vgl. jedoch RÉJ. a. a. O.]
[2]) [Über dies Vorkommen dieses Satzes in der karäischen Literatur vgl.
Harkavy a. a. O. S. 189 Anm. 38.]
[3]) Über die Karäer vgl. Ersch, Enzyklopädie B. 33. S. 11 ff. (H.)
[4]) [Den Angaben über einen Pentateuchkommentar Anans ist keinerlei
Glauben beizumessen; das Buch der Gebote ist identisch mit der sogen. Fadh-
lakah; vgl. Harkavy a. a. O. Anm. 39.]
[5]) [Einzelnes aus Anans Buch der Gebote zitieren spätere Karäer,
meist Jephet ben Ali, teils in dem aramäischen Original, teils in arabischer
Wiedergabe. Auch hat Harkavy mehrere Fragmente des Originals gefunden,
die er, nebst Zitaten bei Späteren, herausgegeben hat unter dem Titel
Likkute Kadmoniot Teil II, (Studien und Mitteilungen Teil VIII) Petersburg 1903. Vgl. auch Poznańskis bereits erwähnte Studie.]

daher ist der ursprüngliche Charakter des Karäertums durchaus
dunkel. Nur soviel ist klar, daß der Stifter der karäischen Sekte in
feindseliger Haltung gegen den Talmud das religiöse Leben eher
erschwerte als erleichterte, vieles wieder zur Geltung brachte, was
die Zeit und die Sitte längst aufgegeben hatten, und in seinem
blinden Eifer, der talmudischen Gesetzesauslegung etwas zu versetzen,
in lächerliche Übertreibungen verfiel. Er bediente sich aber der talmudischen oder richtiger mischnaitischen Deutungsregeln, vermöge
welcher er ebenso wie die alten Lehrer der Mischna berechtigt zu
sein glaubte, neue Religionsgesetze zu folgern. Die bedeutendste
Umgestaltung erfuhren die Bestimmungen über die Festzeiten, über
Sabbat und über Ehe= und Speisegesetze. — Den Festkalender, der
seit der Mitte des vierten Jahrhunderts eingeführt war (B. IV₄,
S. 317), schaffte Anan ab; da er aber für diesen Widerspruch keine
biblische Grundlage hatte, so war er genötigt, auf die Zeit des
zweiten Tempels und der Tannaiten zurückzugehen. Die Monats-
anfänge sollten nicht bestimmt aufeinander folgen, sondern wie in
der früheren Zeit durch das Beobachten des jungen Mondes jedesmal festgestellt werden. Die Schaltjahre sollten nicht eine regelmäßige Reihenfolge nach dem neunzehnjährigen Zyklus haben, sondern
von der jedesmaligen Prüfung des Standes der Saatfelder, namentlich der Gerstenreife, bedingt sein. Es war dies weniger eine selbständige Neuerung als das Wiederauffrischen einer Festordnung,
deren Unhaltbarkeit bei der Zerstreuung des jüdischen Stammes
augenscheinlich war.¹) Für Anan und seinen Anhang in Palästina
bot allerdings dieses veränderliche Kalenderwesen wenig Schwierigkeit, aber es beweist, daß er keinen Fernblick für zukünftige Zustände
hatte. — Das Wochenfest setzte er ebenso wie ehemals die Sadduzäer
fünfzig Tage vom Sabbat nach dem Passahfeste an.

In der strengen Sabbatfeier ließ Anan den Talmud weit, weit
hinter sich zurück. Am Sabbat dürfe man kein Heilmittel anwenden,
nicht einmal für gefährlich Erkrankte, nicht die Beschneidung vornehmen, nicht sein Haus verlassen in einer Stadt, wo die jüdische
Bevölkerung mit der nichtjüdischen vermischt wohnt, nichts Warmes
genießen, ja nicht einmal am Vorabend Licht oder Feuer für den
Abend anzünden und auch nicht von andern anzünden lassen. Anan
führte den Brauch ein, den Sabbatbeginn vollständig im Dunkeln

---

¹) Vgl. Alberuni in RÉJ. XII. 259.

zuzubringen. Dieses alles und noch andere Erschwerungen wollte er aus den Buchstaben der Schrift herauslesen. Die Speisegesetze verschärfte Anan ins Maßlose, und die Verwandtschaftsgrade für verbotene Ehen dehnte er viel weiter als der Talmud aus, so daß die Ehe des Oheims mit der Nichte und der Stiefgeschwister, die einander ganz fremd sind, als Blutschande gelten sollte. Was bedeutete gegen diese übertriebene Strenge die Abschaffung der Gebetkapseln (Phylakterien, Tephillin), des Feststraußes am Hüttenfeste, des Lichtfestes, eingesetzt zur Erinnerung an die Hasmonäerepoche, und andere Kleinigkeiten? Er hat, wie die Gegner mit Recht behaupteten, einen neuen und zwar einen noch mehr erschwerenden Talmud aufgestellt.[1]) Das religiöse Leben erhielt durch Anan einerseits einen düstern, anderseits einen nüchternen, poesielosen Charakter. Er klebte so sehr an dem Buchstaben, daß er die Passahbrote aus Gerstenmehl bereitet wissen wollte, damit sie sich auch durch den Stoff als „Brot der Armut" auszeichnen; auch dürften diese erst gegen Abend des Rüsttages gebacken werden. Die seit einer langen Reihe von Jahrhunderten eingeführten Gebetformeln, die zum Teil noch im Tempel üblich waren und einen geheiligten Charakter hatten, wies der Stifter des Karäertums aus dem Bethause und mit ihnen auch die Gebetstücke der poetanischen Schöpfungen, welche der neuhebräischen Poesie eine neue Quelle eröffnet hatten. Statt dessen sollten in den karäischen Synagogen nur biblische Stücke litaneiartig in geschmackloser Auswahl rezitiert werden. Da die Juden im islamitischen Reiche die eigene Gerichtsbarkeit hatten, so erstreckte sich Anans Neuerung auch auf das Zivilrecht. So stellte er — im Widerspruch mit dem Bibelworte — die Töchter den Söhnen in bezug auf die Erbschaft gleich, sprach dagegen dem Gatten die Erbfähigkeit an der Hinterlassenschaft der Ehefrau ab.

Obwohl Anan einen mächtigen Anstoß zur Bibelforschung gegeben hat[2]), so war weder seine Zeit reif genug, noch reichte sein Geist dazu aus, eine gesunde, selbständige Schrifterklärung zu schaffen. Er selbst mußte zu Deuteleien greifen, wie sie kaum die von ihm geschmähten Talmudisten aufstellten, um seine Neuerung zu begründen. Indem er den Talmud verwarf, brach er die Brücke ab,

---

1) Natronai Responsum in Amrams Gebetordnung סדר ר׳ עמרם ed. Warschau p. 38 a. [Natronais Worte a. a. O. lauten jedoch: ותקן תלמוד של רעיע ושל עול לעצמו.]

2) [Diese Annahme kann nicht als zutreffend bezeichnet werden.]

welche die biblische Vergangenheit mit der Gegenwart verband, und
sprach der Geschichte Hohn. Das karäische Bekenntnis entbehrt daher
des geschichtlichen Bodens, es hat keine Naturwüchsigkeit, und alles
ist daran gekünstelt und geschraubt. Auf die Volkssitte und das
Volksbewußtsein nahm Anan keinerlei Rücksicht. Da er erst das
religiöse Leben durch die Deutung der Schrift begründen und aufbauen mußte, erhielt das Karäertum einen schwankenden Charakter.
Eine bessere oder schlechtere Schrifterklärung konnte das religiöse Tun
in Frage stellen, das Gesetzliche ungesetzlich und umgekehrt machen.
Wie er für die Geschichte kein Verständnis hatte, so hatte er auch
keinen Sinn für die Poesie. Die heilige prophetische und dichterische
Literatur diente ihm nur dazu, dieses und jenes Gesetz, diese und
jene religiöse Bestimmung zu beweisen. Er verschloß dem frisch sich
regenden poetischen Drange die Pforten zum Heiligtume.

Eigentümlich ist es aber, daß sich Anan und sein Anhang für
ihre Opposition gegen den Talmud auf den Stifter des Christentums beriefen. Jesus sei, nach ihrer Ansicht, ein gottesfürchtiger,
heiliger Mann gewesen, habe gar nicht als Prophet anerkannt sein,
noch dem Judentum eine neue Religion entgegensetzen, sondern
lediglich die Thora bestätigen, und die Menschensatzung aufheben
wollen. Die Evangelien seien nicht als Urkunden einer neuen
Offenbarung oder eines neuen Bundes zu betrachten, sondern nur
als Lebensgeschichte Jesu und als Ermahnungsvorschriften zu einem
Leben nach der Thora anzusehen. Infolgedessen erklärte Anan, die
Juden hätten an Jesus Unrecht begangen, ihn zu verurteilen.[1]
Wie Anan den Stifter des Christentums anerkannte, so zollte er
auch Mohammed Anerkennung als Propheten für die Araber.[2]
Aber weder durch Jesus noch durch Mohammed sei die Thora auf-
gehoben worden, da ihre Verbindlichkeit für alle Zeiten gelte.[3]

Wie groß Anans Anhang war, der ihm in die Verbannung
folgte, läßt sich nicht mehr ermitteln. Seine Jünger nannten sich
nach ihm A n a n i t e n und Karäer (Karaïm, Karaïmen, Bene Mikra),
und ihren Gegnern gaben sie den Schimpfnamen R a b b a n i t e n,
was soviel als Anhänger von Autoritäten bedeuten sollte (Rabbanin,

---

[1] Schahrastani, übersetzt von Haarbrücker I. 253, daraus Abulfeda bei
de Sacy, Chrestomathie arabe I. 326 und Makrizi das. 301. Vgl. ein
Zitat aus einer karäischen Schrift bei Wolf, bibliotheca hebraea IV. 1086.
[2] [Hierbei war viel politische Berechnung im Spiel; vgl. Harkavy a. a
O. S. 192, Anm. 39.] [3] Makrizi bei de Sacy das. 301.

Ribbonin, Bene-Rab). Die Spannung und Gereiztheit war anfangs zwischen beiden Religionsparteien außerordentlich heftig. Daß die Vertreter der Hochschulen den Stifter und seine Anhänger in den Bann gelegt und aus dem Kreise des Judentums ausgeschlossen haben, versteht sich von selbst.[1] Aber auch die Karäer sagten sich ihrerseits von den Rabbaniten los, gingen keine Ehe mit ihnen ein, nahmen an ihren Tafeln keinen Teil, ja mieden sogar am Sabbat das Haus eines Rabbaniten, weil, nach ihrer Ansicht, dort der heilige Tag entweiht wurde.[2] Die Rabbaniten nannten die Karäer Ketzer (Minim, Apikorsim), predigten gegen sie von den Kanzeln herab, namentlich gegen das Sitzen im Dunkeln am Sabbatabend[3] und ließen die Anhänger Anans nicht zum Gebete zu. Die Karäer ihrerseits hatten nicht Schmähungen genug gegen die beiden Hochschulen und ihre Vertreter. Sie wendeten auf sie das Gleichnis des Propheten Zachariä an, von den zwei Weibern, welche die Sünde in einem Scheffel nach Babylon tragen und ihr dort eine Stätte gründen.[4] „Die beiden Weiber, das sind die beiden Gaon- sitze in Sura und Anbar (Pumbadita)." Dieser Spott, der von Anan ausgegangen sein mag, blieb stehend bei den Karäern, und die beiden Hochschulen wurden von ihnen nicht anders genannt, als „die zwei Weiber".[5]

So war denn der jüdische Stamm zum dritten Male in zwei feindliche Lager gespalten. Wie im ersten Zeitraume Israel und Juda, und wie während des zweiten Tempels Pharisäer und Sadduzäer, so standen sich jetzt Rabbaniten und Karäer feindlich gegenüber. Jerusalem, die heilige Mutter, die schon so viele Kämpfe ihrer Söhne untereinander erlebt hat, wurde wiederum der Schau- platz eines bruderfeindlichen Kampfes. Die karäische Gemeinde, die sich von dem Gesamtverbande losgesagt hatte, erkannte Anan als den berechtigten Exilsfürsten an und legte ihm und seinen Nach- kommen diesen Ehrentitel bei. Beide Parteien bemühten sich, die Kluft soviel als möglich zu erweitern.

[1] Abu-Jakob ben Bakhtewi bei Pinsker Beilagen 75 und Abulfari Sahal Sendschreiben das. 37.

[2] Folgt auch aus dem Sendschreiben Abulfari Sahals, Menahem Gizni bei Pinsker das. S. 60, Jehuda Hadassi Eschkol Nr. 179, und Simcha Luzki Orach Zadikim 19 a.

[3] Vgl. Tanchuma Noah anfangs.

[4] Zacharia 5, 6—11.

[5] Vgl. die Stellen in Note 12, Anmerkung 3.

Wie lange Anan ſeiner Gemeinde vorſtand, iſt nicht bekannt
geworden. Nach ſeinem Tode zeigten ſeine Anhänger ſo viel Verehrung für ihn, daß ſie eine Totenfeier in den Sabbatgottesdienſt
für ihn einführten. Sie beteten für ihn: „Gott möge ſich des
Fürſten Anan, des Gottesmannes erbarmen, der den Weg zur Thora
gebahnt, die Augen der Karäer erleuchtet, viele von der Sünde
zurückgebracht und uns den rechten Weg gezeigt hat. Gott möge ihm
eine gute Stätte anweiſen neben den ſieben Klaſſen, welche ins
Paradies eingehen.“ Dieſe Gedenkformel für ihn iſt bis auf den
heutigen Tag bei den Karäern ſtehend geblieben.[1] Das unparteiiſche Urteil kann aber dieſe Lobeserhebung nicht unterſchreiben,
wenn es auch die Spaltung des Judentums, die er hervorgerufen,
ihm nicht zur Laſt legen will, da die Entfaltung der jüdiſchen Lehre
erſt dadurch ermöglicht wurde. Die Geſchichte vermag ſeine Geiſtes-
größe nicht anzuerkennen. Anan war kein tiefdenkender Kopf. Der
philoſophiſchen Erkenntnis war er vollſtändig bar. Er hatte noch
einen ſo niedrigen Begriff von der Seele, daß er im peinlichſten
Feſthalten an dem Buchſtaben der Bibel ihr das Blut als Sitz angewieſen hat.[2] Aber auch in ſeiner Oppoſition gegen das talmudiſche Judentum war er inkonſequent. Er ließ nicht wenige
Ritualien als verbindlich beſtehen, die ebenſowenig wie die von ihm
verworfenen Satzungen auf bibliſchen Urſprung zurückgeführt werden
können, wie das vorſchriftsmäßige Schlachten. Hatte er demnach
dem, was im Volksbewußtſein als heilig galt, Rechnung getragen,
ſo war ſeine ganze Neuerung unberechtigt.

Nach Anans Tode übertrug die karäiſche Gemeinde ſeinem Sohn
Saul die Führerſchaft. Das[3] gegentalmudiſche Religionsgebäude,
das Anan aufgeführt hatte, wurde indes nach ſeinem Tode erſchüttert.
Er hatte die freie Forſchung aus dem Schriftwort an die Spitze
geſtellt, daß nur das Schriftgemäße religiöſe Gültigkeit haben ſollte.
Aber das Schriftwort iſt deutbar. Seine Jünger, welche von der
Auslegungsfreiheit Gebrauch gemacht haben, fanden ſchon, daß ihr
Meiſter nicht unfehlbar war und verwarfen manche von ihm ab-
geleiteten religionsgeſetzlichen Beſtimmungen. So löblich es auch iſt,

---

[1] Karäiſches Gebetbuch.

[2] Vgl. Saadia Emunot VI 1. [Seine ſonſtigen Anſchauungen charak-
teriſiert auch das Verbot, ſich des Arztes und der Arzneimittel zu bedienen,
da dies eine Verletzung der Schriftworte am Schluß von Exodus 15, 26 ſei.]

[3] Aus der volkst. Geſchichte B. II.

dem Geist nicht durch den Autoritätsglauben Fesseln anzulegen und
sich beim Hergebrachten zu beruhigen, so kann es doch für eine
Religionsgemeinschaft von schädlicher Wirkung sein, wenn es jedem
einzelnen gestattet sein soll, vermittelst einer abweichenden Wort-
deutung — gleichviel ob richtig oder erträumt — an dem Bestehenden
zu rütteln. Die Karäer achteten aber nicht auf die auflösende
Wirkung ihres Prinzips, lockerten das einheitliche Band ihres Zu-
sammenhangs und gerieten in Zersplitterung. Je mehr sich das
Karäertum von Palästina aus über die Länder des Kalifats aus-
breitete, desto mehr zerfiel sein Zusammenhang in lauter winzige
Sekten und gab ihren Gegnern, den Rabbaniten, Recht, zu behaupten, daß ohne Überlieferung von Geschlecht zu Geschlecht und
ohne Autorität eine Religion keine Sicherheit habe.

Indessen hatte diese Sektiererei eine Lichtseite[1]), sie setzte die
heilige Schrift wieder in ihr Recht ein und löste sie von dem Banne,
in dem die Talmudisten sie jahrhundertelang gehalten. Jeder Stimmführer einer Sekte mußte den Inhalt und Wortlaut der Bibel stets
bei der Hand haben, um sie als Waffe und Schild gegen die Gegner
zu gebrauchen. Die Einführung der Vokal- und Akzentzeichen zur
Belebung des Textes hatte die Vertiefung in die Bibel erleichtert.
Um in den Sinn der heiligen Schrift tiefer einzudringen, mußte
die Aufmerksamkeit auf die grammatischen Regeln, auf Form,
Bildung und Gefüge der heiligen Schrift gerichtet werden. Die
Karäer waren es, welche die hebräische Grammatik zuerst angebaut
haben. Es wurde ihren Bekenntnisgenossen zur religiösen Pflicht
gemacht, sich mit ihren Regeln vertraut zu machen. Die eifrige
Beschäftigung mit der Bibelkunde lenkte auch im karäischen Kreise
die Aufmerksamkeit auf die Beschaffenheit des überlieferten heiligen
Textes, die Richtigkeit desselben zu prüfen und ihn vor Entstellungen
zu sichern.

Dieser Zweig der Bibelkunde, der mit der Grammatik teilweise
zusammenhängt, wurde Masora genannt, Überlieferung über jeden
Vers und fast über jedes Wort, über Schreib- und Leseweise desselben, über Regeln und Ausnahmen.[2]) Diese masoretische Sorgfalt

---

[1]) [Über die Unhaltbarkeit der nachfolgenden Ausführungen vgl. Harkavy, Studien und Mitteilungen Bd. V, S. 8. Anm. 6.].

[2]) [Über die Masora vgl. Weiß a. a. O. 238—263, ferner J. Harris
in *JQR* I S. 128—142 und 222—257, Bacher in Winter und Wünsches
Anthologie II. S. 121—132, ebendenselben in: Die Anfänge der hebräischen
Grammatik S. 7 ff., und Monatsschrift Jahrg. 1908/l

kam aber viel zu spät. Unglückliche Zeiten und Gewissenlosigkeit
hatten bereits im Text arge Verwüstungen angerichtet, und die
Masora konnte nur den Befund des Textes, wie er zurzeit vorlag,
bezeugen. In den blutigen Verfolgungen zur Zeit des Königs
Antiochus und des Kaisers Hadrian hatten die Schergen neben den
Leibern auch die Seele der Judenheit getroffen, sie hatten die
heiligen Bücher zerrissen oder verbrannt. Nach eingetretener Ruhe
mußten neue Exemplare abgeschrieben werden; aber es fand sich
kein sorgfältig überwachtes Musterexemplar, nach welchem die Abschriften gemacht werden konnten. Die sorgfältig abgeschriebene, im
Tempel aufbewahrte Musterschrift des Fünfbuches der Thora, erbeutet und in strengem Gewahrsam in Rom unter der von Titus
entführten Beute gehalten, wurde in den Kämpfen der Völkerwanderung gegen Rom wiederum erbeutet, verschleppt und ist verschwunden. So wurden neue Abschriften aus schadhaften Vorlagen
angefertigt. Den teilweise verderbten Text schädigten gewissenlose
Abschreiber noch mehr durch Unachtsamkeit. Man verwünschte zwar
diese Schänder der Heiligtümer in die Hölle, weil sie gedankenlos
Fehler in den Text brachten, bald Verse oder Versteile, Worte oder
Buchstaben übersprangen, bald sie doppelt schrieben; aber diese nach-
trägliche Verdammnis hat die Schäden nicht ausgebessert. Und durch
wie viele Hände sind die biblischen Bücher in dem Zeitraum von
tausend Jahren abgeschrieben worden? Zu den alten Fehlern kamen
neue hinzu. Für sorgfältige, zuverlässige Abschriften wurde wenig
gesorgt. Die Schulhäupter in Palästina und Babylonien sorgten
mehr für den Ausbau des Talmud, als für die korrekte Erhaltung
des heiligen Textes. Sie waren auch außerstande, die Abschriften
der Exemplare für die über die Länder zerstreuten Gemeinden zu
überwachen. Ganz besonders waren dichterisch gehaltene Verse,
welche die Abschreiber nicht verstanden oder mißverstanden haben,
arg verdorben und entstellt.

Nun erwachte mit dem Eifer für das Verständnis der heiligen
Schrift auch die Gewissenhaftigkeit für die Herstellung des richtigen
Textes. Man forschte nach gut erhaltenen und zuverlässigen Exem-
plaren. Aber was fand man? Man fand, daß auch die besseren
Exemplare in den Urwohnsitzen jüdischer Gemeinden nicht überein-
stimmen. Morgenländische und abendländische, d. h.
babylonische und palästinensische Exemplare wichen voneinander in
Versabteilungen, in Wortformen und auch in anderen Punkten ab,

selbst in dem für allerheiligst gehaltenen Text des Fünfbuches der Thora. Die Verse aller Bücher wurden zwar aufs sorgfältigste gezählt, damit keiner verloren gehen sollte, und doch zeigte sich eine klaffende Verschiedenheit in der Zählung. Während die Babylonier das Fünfbuch in 5848 Verse zerlegten, hatten die Palästinenser die Zahl 15852. Auch in anderen Punkten fand man bei der Vergleichung mannigfache Verschiedenheit in der Schreibweise, fehlende Wörter und Buchstaben. Nun ließen es sich die Karäer sehr angelegen sein, einen korrekten Text anzufertigen und die Masora, d. h. die Überlieferung, zu berücksichtigen. Aber wie gesagt, es kam zu spät. Sie konnten nur Entstellungen für die Zukunft verhüten, aber die Schäden von Jahrhunderten nicht mehr verbessern, sie hatten auch keine Ahnung von der eingerissenen Verderbnis. Die Rabbaniten, die Schulhäupter in Babylonien, kümmerten sich noch weniger um Sicherung des Textes; ihr Eifer war noch immer der Auslegung des Talmud und der Entscheidung von praktischen Fragen zugewendet. Als Masoreten werden namhaft gemacht: R'Jonathan, R'Chabib und R'Pinchas der Schulvorsteher (Rosch-Jeschibah)[1], ohne daß man wüßte, ob sie ebenfalls Karäer waren, und zu welcher Zeit sie gelebt haben[2].

Während die Karäer in der Schriftstellerei außerordentlich tätig waren, die Schriftauslegung (Bibel-Exegese), hebräische Sprachkunde und Masora anbauten[3], war der rabbanitische Kreis sehr unfruchtbar an literarischen Erzeugnissen. Nur eine einzige Erscheinung ist aus dieser Zeit bekannt geworden. Der bereits genannte R'Jehudaï, Gaon von Sura, verfaßte ein talmudisches Kompendium unter dem Titel feste und kurze Praxis (Halachot Ketuot oder Kezubot). Es ist aber ungewiß, ob er es vor oder nach der Entstehung des Karäertums verfaßt hat. R'Jehudaï hat darin das Zerstreute aus dem Talmud ordnungsmäßig zusammengetragen und mit Weglassung der Diskussionen das praktisch Gültige kurz angegeben. Aus einigen Bruchstücken zu schließen, waren R'Jehudaïs

---

[1] Note 17 II.

[2] Vgl. Hazefirah 1874 Nr. 15: [Brüll, Jahrbücher II. 174. H.] [Vgl. über die tiberiensische Masoretenschule auch Merx in den Verhandlungen des V. Orientalisten-Kongresses Abtlg. II, Bd. I, S. 188—209. R' Chabib und R' Pinchas waren keine Karäer.]

[3] [Zu diesen Ausführungen vgl. die früheren Bemerkungen.]

Halachot in hebräiſcher Sprache abgefaßt[1]), und er hat damit den
Talmud volkstümlich und für jedermann verſtändlich gemacht. Das
Werk drang daher auch bis in die entfernteſten jüdiſchen Ge-
meinden, wurde das Muſter für ſpätere Ausarbeitungen ähnlicher
Art, iſt aber durch ſpätere Erzeugniſſe verdrängt worden und ab-
handen gekommen.

Die karäiſchen Wirren haben auch dazu beigetragen, das Anſehen der Exilarchen zu ſchmälern[2]). Bis Anan waren, wie bereits
gezeigt, die Hochſchulen mit ihren Kollegien den Exilsfürſten untergeordnet, die Schulhäupter wurden von ihnen gewählt oder beſtätigt
und hatten bei der Beſetzung der erledigten Würde keinen unmittelbaren Einfluß. Als es aber den Gaonen gelungen war, Anan vom
Exilarchate zu verdrängen, ließen ſie ſich dieſe Macht nicht mehr
entwinden, ſondern machten ſie bei der Nachfolge geltend, ſchon aus
dem Grunde, um nicht karäiſch geſinnte Fürſten an der Spitze des
jüdiſchen Gemeinweſens zu laſſen. Das Exilarchat, das von Boſtanaï
an erblich war, wurde von Anan an wählbar, und die aka-
demiſchen Präſidenten leiteten die Wahl. Nach Chananja oder
Achunaï (o. S. 183) brach, kaum zehn Jahre nach Anans Abfall
vom Rabbanismus, wieder eine Streitigkeit um das Exilarchat
zwiſchen zwei Prätendenten, Sakkaï ben Achunaï und
Natronaï ben Chabibaï, aus. Der letzte war unter
R' Jehudaï Mitglied des Kollegiums geweſen. Der Grund der
Streitigkeiten, die einige Jahre dauerten, iſt nicht bekannt. Die
beiden Schulhäupter dieſer Zeit Malka ben Acha von Pum-

---

[1]) Vgl. über R' Jehudaï's Halachot die kritiſche Abhandlung Luzzattos
in deſſen Sammelſchrift Bet ha-Ozar I, S. 53 ff. [Die R' Jehudaï zuge-
ſchriebenen Halachot Peſſukot wurden ediert von Schloßberg, Verſailles 1886,
und die Halachot Kezubot von Ch. M. Horowitz in Halachiſche Schriften
der Gaonim I, S. 14—37 (H).] [Die Halachot Jehudaïs waren urſprünglich im talmudiſch-aramäiſchen Idiom abgefaßt, wie A. Epſtein in ſeiner
Abhandlung über die Halachoth Gedoloth in Horodecki's Hagoren III
(Berdyczew 1902), S. 67 ausführt. Die hebräiſche Überſetzung iſt wohl in
Griechenland vorgenommen worden. Zu erwähnen iſt noch J. Müller,
Handſchriftliche, dem Jehudaï Gaon zugewieſene Lehrſätze, Berlin, 1891.
Zur Charakteriſtik Jehudaïs und Würdigung ſeiner Gelehrſamkeit vgl. das
von Ginzberg in JQR XVIII, S. 111—112 veröffentliche Reſponſum eines
ſeiner Schüler.]

[2]) [Die Minderung des Anſehens des Exilarchates iſt eher auf das
Kalifat zurückzuführen, das dieſe Würde für Geld verkaufte; vgl. den Scherira-
Brief (ed. Neubauer S. 33 u. dort Anm. 9 u. 17) u. RÉJ. S. 212.]

babita (fungierte 771 bis 773) und **Chaninaï Kahana ben Huna von Sura**[1]) (765—75) vereinigten sich, um Natronaï zu stürzen und brachten es dahin, daß er wahrscheinlich durch den Hof des Kalifen aus Babylonien verbannt wurde. Er wanderte nach Maghreb (Kairuan) aus, wo seit Gründung dieser Stadt eine zahlreiche jüdische Gemeinde war. Sakkaï wurde in der Exilarchen- würde bestätigt, obwohl der verbannte Exilarch talmudisch sehr gelehrt war[2]). Als die spanischen Gemeinden das Ansuchen an ihn stellten, ihnen ein Talmudexemplar zuzusenden, kopierte er ein solches aus dem Gedächtnis. Immer mehr geriet das Exilarchat in Abhängig- keit vom Gaonate, welches mißliebige Fürsten in die Acht erklärte und nicht selten in die Verbannung schickte. Da sich aber die Exil- archen, wenn sie zur Macht gelangten, der Abhängigkeit entschlagen wollten, so entstanden daraus Reibungen, die einen schlimmen Einfluß auf das babylonische Gemeinwesen übten. Es scheint, daß die Gaonen seit der Entstehung des Karäertums sich auch auf einen Zweig der Literatur legten, den sie bisher vernachlässigt hatten. Die Agada oder die homiletische Ausschmückung der Bibel war bisher nur in Judäa gepflegt worden. Der schon erwähnte Gaon Chaninaï Kahana, ein Jünger R' Jehudaïs, trug, soviel bekannt ist, zuerst neben dem halachischen Stoff auch agadische Auslegungen für die Jünger vor. Aus diesem Vortrage sammelte ein Jünger R' Samuel einen Midrasch auf einige Bücher des Pentateuchs unter dem Titel **Espha**[3]) (nach dem Anfangsverse). Auch andere Agadasamm- lungen, wie das **Jelamdenu** (Tanchuma), mögen in derselben Zeit entstanden sein[4]).

Nach R' Chaninaï Kahana fungierte in Sura **Mari-ha-Levi ben Mescharschaja** (775—78) und auf ihn folgte R. **Bebaï-ha-Levi ben Abba** (775—88). Ihre pumbaditanischen Zeitgenossen waren nach **Malka**, jenem Gaon, welcher zur Amtsentsetzung des Exil-

---

[1]) Vor ihnen fungierten unmittelbar nach den beiden Nachmaniden: Chananja ben Mescharschaja von Pumbadita (764—71) und Achunaï Kahana ben Papa (762—67), nach Scheriras Sendschreiben, vgl. darüber Frankels Monatsschrift Jahrg. 1857 S. 383 f.

[2]) Vgl. Note 12, 4.

[3]) Jalkut zu Numeri Nr. 736, 220 d. Vgl. dazu [Zunz, Gottesdienstl. Vorträge S. 279 u.] Rapaport in Kerem Chemed VI. S. 241. [Vgl. auch Brüll, Jahrb. II, S. 82 u. Revue a. a. O.]

[4]) [Vgl. auch Lerner in Jahrbuch der jüd.-literarischen Gesellschaft, Frkf. a. M. 1903, S. 207 ff. u. 1904, II. S. 407 u. Monatsschrift Jahrg. 1908.]

archen Natronaï am meisten beigetragen hatte: R a b b a ben Dudaï
(773—82), der in einem Punkte zur karäischen Strenge hin-
neigte und von R' Jehudaï abging[1]), und nach Rabbas Tod, nachdem sein Nachfolger S c h i n u j nur kurze Zeit fungiert hatte,
R' C h a n i n a ï ben Abraham Kahana (782). Zwischen ihm und
dem damaligen Exilarchen entstand ein Zerwürfnis unbekannter
Art, das dahin führte, daß der Gaon seines Amtes entsetzt und an
seiner Stelle H u n a M a r h a - L e v i ben Jsaak erwählt wurde (786).

Die beiden zeitgenössischen Gaonen, R' Bebaï und Chinaï, führten
mit Zustimmung des Exilarchen eine wichtige zivilrechtliche Verordnung ein. Bis dahin konnte eine Schuld, sei es von seiten der
Gläubiger, sei es von seiten einer Witwe für ihre Ehepakten, von
den Erben nicht eingefordert werden. Nur falls der Erblasser
Liegenschaften hinterlassen hatte, konnten sich die Gläubiger oder die
Witwe daran halten. Die beiden Präsidenten der Hochschulen ver-
ordneten aber, daß die Erben auch mit der beweglichen Erbschaft
die hinterlassenen Schulden des Erblassers tilgen müssen. Diese
Verordnung (vom Jahre 787) wurde mit dem Insiegel des Exilarchen und der Gaonen versehen, sämtlichen jüdischen Gemeinden
des Morgenlandes zugestellt, mit dem Bedeuten, daß der Richter,
der ihr zuwiderhandeln sollte, seine Amtsentsetzung zu gewärtigen
habe[2]). Es scheint, daß diese Verordnung aus einem Zeitbedürf-
nisse infolge der Besitzveränderungen der Juden im Kalifat hervorgegangen ist. Bis dahin Bodenbesitzer, Ackerbauer und Viehzüchter,
haben sie sich seitdem mehr auf den Handel gelegt, den die bedeutende Ausdehnung des islamitischen Reiches von Indien bis zu
den Säulen des Herkules begünstigt hat. Während früher ein
Familienvater durchschnittlich den Seinigen Grundbesitz hinterließ, so
vererbte er ihnen von Handel und Gewerbe nur Kapitalien. Die
Maßregel der beiden Gaonen wollte demnach auch bei verändertem
Besitzstande den Schuldforderungen Sicherheit gewähren.

Ungefähr gleichzeitig mit der Entstehung des Karäertums fiel
ein Ereignis vor[3]), das zwar wenig in die Entwickelung der jüdischen

---

[1]) Vgl. Note 23, II.

[2]) Scherira, Sendschreiben, S. 39 (ed. Neub., S. 36). Ittur, ed. Venet.
S. 20 a. 77 d. Vgl. Frankels Monatsschrift Jahrg. 1857. S. 339. Das genaue
Datum dafür gibt Jsaak ben Reuben Albargeloni an (Schaare Schebuot
gegen Ende): im seleuzidischen Jahre 1098 = 787.

[3]) [Nach Harkavy in RÉJ a: a. O. S. 213 hat die Bekehrung der
Chazaren wohl schon c. 620 stattgefunden.]

Geschichte eingegriffen hat, aber das Selbstbewußtsein der Zerstreuten gehoben und ihren Mut aufgerichtet hat. Der heidnische König eines im Norden hausenden barbarischen Volkes nahm zugleich mit seinem Hofe das Judentum an. Die Chazaren oder Kozaren[1]), ein finnischer Volksstamm, verwandt mit den Bulgaren, Avaren, Uguren oder Ungarn, hatten sich nach der Auflösung des Hunnen-reiches an der Grenzscheide von Asien und Europa niedergelassen. Sie hatten ein Reich an der Mündung der Wolga (von ihnen Itil oder Atel genannt) an dem Kaspisee gegründet, wo jetzt Kal-mücken hausen, in der Nähe von Astrachan. Der Kaspisee führte von ihnen den Namen das Chazarenmeer. Ihre Könige mit dem Titel Chakane oder Chagane, führten die kriegerischen Söhne der Steppe von Sieg zu Sieg. Den Persern hatten die Chazaren so großen Schrecken eingeflößt, daß einer ihrer Könige, Chosrau, sein Reich vor deren ungestümen Einfällen nur durch eine feste Mauer, welche die Pässe zwischen dem Kaukasus und dem Meere verrammelte, schützen konnte. Aber die „Pforte der Pforten" (Bab al abwab unweit Derbend) war nicht lange eine Schranke für den Kriegsmut der Chazaren. Nach dem Untergang des persi-schen Reiches überstiegen sie den Kaukasus, machten Einfälle in

---

[1]) Die arabischen Schriftsteller nennen sie חזר (Chazar), der russische Annalist Nestor stets Cozari. Die jüdischen Schriftsteller dagegen, um nicht an חזיר zu erinnern, orthographieren bald כוזר bald כזר. — Das Faktum von der Bekehrung der Chazaren zum Judentum, das man früher als Fabel behandelt und noch vor drei Dezennien nur halbgläubig angenommen hat, wurde in jüngster Zeit durch arabische Quellen von vielen Seiten bestätigt gefunden. Ousley, der Herausgeber des Ibn-Haukal oder richtiger des Istakhri; Frähn, der Kommentator des Ibn-Foßlan de Chazrisa (mémo-ire de l'académie impériale des sciences de Petersbourg 1822 T. VIII.) d'Hosson, peuples du Caucase, Dufrémery (Journal asiat. 1849, p, 470 f.) und Meassef Niddachim p. 117 haben die Nachrichten der arabischen Schrift-steller Ibn-Foßlan, Istakhri, Maßudi, Ibn-Alathir und Dimeschki über das Chazarenreich und dessen jüdisches Bekenntnis in ein helles Licht gesetzt und die Nachrichten der jüdischen Quellen darüber bestätigt. Die beiden Briefe an den Chazarenkönig und von ihm sind als geschichtlich in allen Partieen anerkannt von Reinaud (Abulfeda, introduction p. 299) und von Vivien de St. Martin, les Khazars (mémoire lu à l'académie des inscriptions et des belles lettres. Paris 1851). Vgl. noch Neumann, die südrussischen Völker; Carmoly, Itinéraires de la terre sainte. Bruxelles 1847, des Khozars p. 1—104. [Zur Schreibung des Namens bei jüd. Schriftstellern vgl. RÉJ. a. a. O; zur Schreibung כזר vgl. auch T'schuboth ha-Geonim ed. Harkavy, Nr. 557, S. 278.]

Armenien und eroberten die Krim-Halbinsel, welche davon eine
Zeitlang Chazarien hieß. Die byzantinischen Kaiser zitterten
vor den Chazaren, schmeichelten ihnen und zahlten ihnen Tribut,
um ihre Gelüste nach der Beute von Konstantinopel zu beschwichtigen. Die Bulgaren und andere Völkerschaften waren Vasallen der
Chazaren, die Kiewer (Russen) am Dniepr mußten den Chaganen
jährlich ein Schwert und ein feines Pelzwerk von jedem Rauchfang
liefern. Mit den Arabern, deren Grenznachbarn sie allmählich wurden,
führten sie blutige Kriege.

Neben den Kriegern gab es unter den Chazaren auch Ackerbauer und Hirten. Ihre Lebensweise war einfach; sie nährten sich
von Reis und Fischen und wohnten in Zelten. Nur der Chagan
hatte einen Palast an der Wolga. Seine Macht über sein Volk
war unbeschränkt, weil er wie der Dalai-Lama abgöttisch verehrt wurde. Verhängte er Todesstrafe über einen seiner Untertanen, so nahm dieser sich in tiefem Gehorsam selbst das Leben.
Damit die geheiligte Person des Chagans nicht fortwährend in Berührung mit den Staatsangelegenheiten kommen sollte, hatte er
einen Stellvertreter oder Unterkönig, der den Titel Peg oder Peh
führte. Nach und nach kam es dahin, daß der Peg der eigentliche
Regent des Chazarenreiches war, während die Chagane stets im
Harem schwelgten. Die Chazaren wie ihre Nachbarn, die Bulgaren
und Russen, huldigten einem groben Götzendienste, der mit Sinnlich-
keit und Unkeuschheit gepaart war. Durch die Araber und Griechen,
die in Handelsangelegenheiten nach der Hauptstadt Balangar kamen[1]),
um die Produkte ihrer Länder gegen feines Pelzwerk einzutauschen,
lernten die Chazaren den Islam und das Christentum kennen. Auch
Juden fehlten im Chazarenlande nicht. Ein Teil jener Flüchtlinge,
welche dem Bekehrungseifer des byzantinischen Kaisers Leo (725)
entgangen [waren (o. S. 172), hatte sich da angesiedelt. Durch
diese griechischen Juden lernten die Chazaren auch das Judentum
kennen[2]). Als Dolmetscher oder Kaufleute, als Ärzte oder Ratgeber

---

1) [Vgl. jedoch den Zweifel bei Harkavy a. a. O.]
2) Diese Nachricht tradiert Ibn-Alathir (bei Frähn das. S. 597). Nach
desselben Übersetzung lautet die Stelle: Refert Ibn-El Athir imperatorem
Constantinopolis regnante Harun Raschidio expulisse quiquid Judaeorum
in ipsius regno. Hi cum Chazarorum terram se recepissent, populum
experti essent socordem et simplicem, suam eis obtulere religionem,
quam illi suis institutis sacris potiorem cum cognovissent, eam amplexi
aliquamdiu servabant. Ebenso Maßudi. In diesem Referat Maßudis und

wurden die Juden am chazarischen Hofe bekannt und beliebt und flößten dem kriegerischen Herrscher Bulan Liebe für das Judentum ein.

Die Chazaren hatten aber in späterer Zeit nur eine dunkele Kunde von der Veranlassung, die ihre Vorfahren zur Annahme des Judentums bewogen hat. Ein späterer chazarischer Chagan erzählte die Geschichte ihrer Bekehrung folgendermaßen: Der König Bulan habe einen Abscheu vor dem wüsten Götzentume seiner Vorfahren empfunden und es in seinem Reiche verboten, ohne sich einer anderen Religionsform anzuschließen. Durch einen Traum sei er in seinem Streben nach einer würdigen Gottesverehrung bestärkt worden. Ein Engel sei ihm erschienen und habe ihm Waffenglück gegen die Araber und Reichtum verheißen, wenn er sich zum wahren Gotte bekennen würde. Denselben Traum habe auch der Unterkönig gehabt. Als er dann einen großen Sieg über die Araber errungen und die armenische Festung A r d e b i l [1]) erobert hatte (731), hätten sich Bulan und der Peg entschlossen, das Judentum öffentlich zu bekennen. Der Kalife, sowie der byzantinische Kaiser hätten aber gewünscht, den Chagan der Chazaren für die Annahme ihres Bekenntnisses zu bewegen, und zu diesem Zwecke hätten sie Abgeordnete mit Schreiben und reichen Geschenken, begleitet von Religionskundigen, an Bulan geschickt. Dieser habe hierauf einen Religionsdisput unter seinen Augen veranstaltet zwischen dem byzantinischen Geistlichen, dem mohammedanischen Religionsweisen und einem jüdischen Gelehrten. Die Vertreter der drei Religionen hätten dann lange hin und her disputiert, ohne einander oder den Chagan von der Vortrefflichkeit der einen Religion gegen die andere zu überzeugen. Da aber Bulan gemerkt, daß der Vertreter der Christusreligion und des Islam beide

Ibn-Alathirs ist nur das Datum falsch. Denn die Verfolgung der Juden im byzantinischen Reiche fand nicht zu Ar-Raschids Zeit, sondern früher unter Leo dem Isaurier statt, wie aus Theophanes und Cedrenus bekannt ist.

[1]) Von der Eroberung Ardebils spricht auch der Brief des Chazarenkönigs an Chasdai Ibn-Schaprut, dort heißt es ארדיל, und das gibt einen Anhaltspunkt für die Chronologie. Die Eroberung Ardebils fällt nach arabischen Schriftstellern bei d'Hosson (peuples du Caucase, S. 59) und bei Dorn (Nachrichten über die Chazaren in mémoire des sciences politiques et historiques de St. Petersbourg, série VII., Jhrg. 1844, S. 445 f.) in das Jahr 731. Das stimmt mit Jehuda Halevis Angabe, daß die Bekehrung der Chazaren zum Judentume ungefähr vier Jahrhunderte vor Abfassung seines Werkes 1140, also um 740 stattgefunden hat. [Vgl. jed. zur S. 196, Anm. 3.]

ſich auf das Judentum als auf den Ausgangspunkt und Grund ihres
Glaubens beriefen, ſo habe er den chriſtlichen Geſandten unter vier
Augen gefragt, ob er dem Islam den Vorzug gebe. Und als dieſer
das Judentum auf Koſten der Religion Mohammeds ſehr hoch geſtellt, habe Bulan dasſelbe Mittel auch bei dem mohammedaniſchen
Weiſen angewendet, und ihm das Geſtändnis abgelockt, daß das Judentum unendlich höher ſtehe als das Chriſtentum. Darauf habe Bulan
den Geſandten des Kalifen und des Kaiſers erklärt: da er aus dem
Munde der Gegner des Judentums das unparteiiſche Geſtändnis
von deſſen Vorzüglichkeit vernommen, ſo bleibe er bei dem Vor-
ſatze, das Judentum als ſeine Religion zu bekennen. Er habe darauf
ſich der Beſchneidung unterworfen[1]). Der jüdiſche Weiſe, der bei
der Bekehrung Bulans tätig war, ſoll Iſaak Sangari oder Sin-
gari[2]) geweſen ſein.

Die Umſtände, unter welchen der Chagan das Judentum angenommen hat, mögen ſagenhaft ausgeſchmückt ſein, aber die Tatſache iſt von vielen Seiten zu beſtimmt bezeugt, als daß ſie bezweifelt werden könnte. Mit Bulan bekannten ſich auch die Großen
des Reiches, ungefähr viertauſend an der Zahl, zum Judentume.
Nach und nach drang es auch ins Volk ein, ſo daß die meiſten
Städtebewohner des Chazarenreiches Juden waren, während das
Militär aus mohammedaniſchen Söldlingen beſtand[3]). Es gab aber
auch Vaſallenkönige in dem großen Gebiete, das dem Chagan unterworfen war, und auch von dieſen nahmen wohl einige die Religion
ihres Gebieters an. Wenigſtens wird das von dem Könige des
Landſtriches Semender[4]) an der Weſtküſte des Kaspiſees (jetzt

---

1) Briefe des Chazarenkönigs an Chasdai Ibn-Schaprut. Ähnliches erzählt Al-Bekri, mitgeteilt von Dufrémery im Journal asiatique a. a. O.

2) Wird zuerſt von Nachmani (colloquium, ed. Jellinek, S. 14) genannt.
Der angebliche Grabſtein des Iſaak Sangari, der in Tſchufut-Kale in der
Krim mit einem dunkeln Datum gefunden worden ſein ſoll, wodurch be-
hauptet wird, die Chazaren hätten ſich zum Karäismus bekannt, iſt gründlich
als unecht und gefälſcht nachgewieſen worden von Rapaport: Kerem Chemed
V, S. 197 f. [Zur ferneren Literatur über Iſaak Sangari vgl. Harkavy in
EÉJ. a. a. O.]

3) Ibn-Foszlan bei Frähn de Chazaris p. 484. Nach Dimeschki waren
ſämtliche Chazaren Juden, daſelbſt 597: Chazari et rex eorum omnes Judaei.
Eine andere Nachricht daſelbſt lautet: Chazari duabus nationibus constitu-
untur, militibus scilicet, qui Mohammetani, et civibus, qui Judaei sunt.

4) Daſ. S. 615 und 617 nach Ibn-Haukal. Wenn bei mohammedaniſchen Schriftſtellern vom Übertritt der Chazaren zum Islam erzählt wird,

Tarki) erzählt. In der ersten Zeit mag das Judentum der Chazaren oberflächlich genug ausgesehen und wenig auf Änderung des Sinnes und der Sitte eingewirkt haben. Erst ein späterer Nachfolger Bulans, der den hebräischen Namen Obadjah führte, machte mit dem jüdischen Bekenntnisse Ernst[1]. Er lud jüdische Gelehrte in sein Reich ein, belohnte sie königlich, gründete Bethäuser und Lehrstätten, ließ sich und sein Volk in Bibel und Talmud unterrichten und führte den Gottesdienst nach dem Muster der alten Gemeinden ein[2]. So viel Einfluß gewann das Judentum auf die Gemüter dieses unkultivierten Volksstammes, daß während die heidnisch gebliebenen Chazaren ihre Kinder ohne Gewissensbisse als Sklaven verkauften, die jüdischen diese Unsitte eingestellt haben[3]. Nach Obadjah regierte noch eine lange Reihe von jüdischen Chaganen; denn nach einem Staatsgrundgesetz durften nur jüdische Herrscher den Thron besteigen[4]. Weder Obadjah, noch seine Nachfolger waren unduldsam gegen die nichtjüdische Bevölkerung des Landes, die im Gegenteil mit vollständiger Gleichheit behandelt wurde. Es gab einen obersten Gerichtshof, bestehend aus sieben Richtern, zwei Juden für die jüdische Bevölkerung, ebensoviel mohammedanischen und christlichen für ihre Religionsgenossen und einem heidnischen für die Russen und Bulgaren[5]. Jeder Religionsbekenner wurde nach seinem Gesetzbuche gerichtet. Das Chazarenreich, von jüdischem Geiste durchweht, hätte ein Muster von Duldsamkeit für Christen und Mohammedaner zu seiner Zeit und noch ein Jahrtausend später abgeben können. Die auswärtigen Juden hatten anfangs keine Ahnung von der Bekehrung eines mächtigen Königreiches zum Judentume, und als ihnen ein dunkles Gerücht darüber zukam, glaubten sie, Chazarien sei von den Überbleibseln der ehemaligen Zehnstämme bevölkert. Die Sage erzählte: Weit, weit hinter den finsteren Bergen, der kimmerischen Finsternis des Kaukasus, wohnen wahre Gottes-

---

wie z. B. Ibn-Alathir vom Jahre 254 d. Hegira = 868, so gilt das nicht vom Hauptreiche, sondern von Vasallenländern und ihren Königen.

[1]) Über den Rabbinismus der Chazaren vgl. Harkavy, Monatsschrift 1882, S. 171.

[2]) Brief des Chazarenkönigs.

[3]) Ibn-Haukal (oder Istakhri) bei Ousley.

[4]) Das.

[5]) Maßudi, Istakhri und Ibn-Foßlan sprechen von neun Mitgliedern des Gerichtshofes. [Die beiden ersteren sprechen von 7 Richtern; die Zahl 9 bei letzterem beruht wohl auf Verwechslung der Zahlworte חמש und תשע in der arabischen Schreibung.]

verehrer, heilige Männer, Nachkommen Abrahams von den Stämmen
Simeon und Halbmanasse, die so mächtig seien, daß ihnen fünfundzwanzig Völkerschaften Tribut zahlen[1]).

Um dieselbe Zeit, in der zweiten Hälfte des achten Jahrhunderts,
treten auch die Juden Europas ein wenig aus dem Dunkel heraus,
das sie seit Jahrhunderten bedeckte. Von den Machthabern begünstigt, wenigstens nicht gemißhandelt und verfolgt, erhoben sie sich
zu einer gewissen Höhe der Kultur. Karl der Große, der Gründer
des fränkischen Kaisertums, dem Europa die Neugeburt und die
teilweise Befreiung von der Barbarei verdankt, hat auch die geistige
und gesellschaftliche Erhebung der Juden in Frankreich und Deutschland gefördert. Nach langen Jahrhunderten von Niedrigkeit und
Mittelmäßigkeit sah die Menschheit wieder einen echten Helden erstehen mit dem Gepräge des Genies, der nicht bloß mit Waffen zu siegen,
sondern auch Saaten der Kultur und Gesittung auszustreuen verstand. Durch die Schöpfung des deutsch=fränkischen Reiches, das sich
vom Ozean bis jenseits der Elbe undvom Mittelmeere bis zur Nord-
see erstreckte, verlegte Karl den Mittelpunkt der Geschichte nach West-
Europa, während er bis dahin in Konstantinopel an der Grenze
von Ost-Europa und Asien gewesen war. Obwohl Karl Schutzherr
der Kirche war und die Suprematie des Papsttums begründen half,
und obwohl der zeitgenössische Papst Hadrian nichts weniger als
judenfreundlich war und die spanischen Bischöfe wiederholentlich
ermahnte, die Christen von der Gemeinschaft mit Juden und Heiden
(Arabern) fern zu halten[2]), so war Karls Blick doch zu weit, als
daß er in bezug auf die Juden die Befangenheit der Geistlichen hätte
teilen sollen. Er war im Gegenteil ziemlich frei von Vorurteilen
gegen sie. Allen Kirchensatzungen und Konzilienbeschlüssen entgegen,
begünstigte der erste fränkische Kaiser die Juden seines Reiches und
zog Nutzen von einem kenntnisreichen Manne dieses Stammes, der
für ihn Reisen nach Syrien machte und die Erzeugnisse des Morgen-

---

[1]) Eldad der Danite vgl. Note 19, Targum zu Chronik I. 5, 26, wo
von den „finstern Bergen" חשׂרי קבל die Rede ist, dem Aufenthalt von
dritthalb Stämmen, Josippon (Pseudojosephus) c. 10. Die zwei Ansichten,
die richtige, daß die Chazaren Proselyten, und die fabelhafte, daß sie
Abkömmlinge der Zehnstämme waren, finden sich zusammengestellt in dem
Büchlein Scheerit Israel c. 9.

[2]) Muratori rerum italicarum scriptores T. III. 2, p. 240, 277
Mansi concilia T. XII, 784, 814.

landes nach dem Frankenreiche brachte[1]). Wenn sonst die Fürsten die Juden in Strafe nahmen, falls sie von Geistlichen oder Kirchendienern Kirchengefäße kauften oder in Pfand nahmen, so verfuhr Karl darin entgegengesetzt; er belegte die kirchenschänderischen Geistlichen mit schwerer Strafe und sprach die Juden frei davon[2]).

Die Begünstigung der Juden von seiten Karls des Großen hatte zwar in dem Interesse ihren Grund, das dieser weitblickende Kaiser an der Hebung des Handels und Vermehrung des Nationalreichtums nahm. Die Juden waren damals die Hauptvertreter des Welthandels[3]). Während der Adel dem Kriegsgeschäfte, der Kleinbürger den Handwerken, und der Bauer, der Leibeigene, dem Ackerbau oblagen, waren die Juden, weil nicht zum Heerbanne zugezogen und nicht im Besitz von Feudalgütern, auf das Export- und Importgeschäft mit Waren oder Sklaven angewiesen, und die Gunst, die ihnen Karl zuwendete, war gewissermaßen ein Privilegium, erteilt an eine Handelskompagnie[4]). Beschränkt waren sie nur gleich den anderen Kaufleuten im Handel mit Getreide und Wein, weil der Kaiser den Gewinn von Lebensmitteln für ein schändliches Gewerbe hielt. War auch schon diese materielle Schätzung der Juden ein Fortschritt gegen die Beschränktheit der merovingischen Herrscher, der Gunthram und Dagobert, welche in den Juden nur Gottesmörder sahen, so zeigte Karl auch noch Interesse an der geistigen Hebung der jüdischen Bewohner seines Reiches. Wie er für die Heranbildung der Teutschen und Franzosen durch Herbeirufen von kundigen Männern aus Italien Sorge trug, so lag es ihm auch am Herzen, die Juden Teutschlands und Frankreichs einer höheren Kultur teilhaftig werden zu lassen. Er verpflanzte daher eine gelehrte Familie aus Lucca, Kalonymos, seinen Sohn Mose und seinen Neffen nach Mainz (787)[5]), sicherlich in der Absicht, der Unwissenheit der deutschen

[1]) Monachus Sangallensis de gestis Caroli magni I. 18.

[2]) Capitularia Caroli bei Bouquet recueil T. V, p. 679. Vgl. indessen die Capitularia bei Pertz leges T. I. p. 194.

[3]) [Vgl. hierüber besonders Höniger in der Zeitschrift für die Geschichte der Juden in Deutschland I S. 80—83.]

[4]) In den Kapitularien Karls und seiner Nachfolger werden die Juden öfter zu den negotiatores gezählt. Vgl. Capitularia bei Pertz a. a. O. p. 114, Nr. 4.

[5]) Die Verpflanzung der Luccenser Familie nach Mainz setzt Josef Kohen (Emek ha-Bacha 13) ausdrücklich unter Karl den Großen. Nach Carmoly (Annalen Jahrg. 1839, S. 222) soll ein handschriftlicher Machsor-

Juden zu steuern. Die Söhne Jakobs in Germanien haben sich, wie die Söhne Teuts, allerdings am spätesten von der Barbarei losgemacht. Deutschland, dem jetzt die gebildete Welt neidlos die Palme der Wissenschaft reicht, war zu Karls Zeit noch der Sitz dumpfer Unwissenheit, nicht bloß im Norden, wo die reckenhaften Sachsen unter Wittekind hausten, sondern auch in der Mittelrheingegend, die mit dem Frankenreiche in Verbindung stand.

Die erste Einwanderung der Juden in Deutschland ist in undurchdringliches Dunkel gehüllt. Wollte man der Sage Glauben schenken, so hätten sich bereits Juden in Worms niedergelassen, als Deutschland noch mit Urwald und Sümpfen bedeckt war, und wilde Bären die einzigen Herren im Lande waren. Nicht lange nach Josuas Eroberung, so erzählt die Sage, als der Stamm Benjamin wegen der Untat an der Frau zu Gibea von den übrigen Stämmen beinahe aufgerieben worden war, seien tausend Benjaminiten, um dem Blutbade zu entgehen, geradewegs nach Deutschland ausgewandert und hätten eine Gemeinde zu Worms gegründet[1]). — Dergleichen Erfindungen, um das Alter der Gemeinden hoch hinaufzurücken, waren übrigens nicht von der Eitelkeit, sondern vom Selbsterhaltungstrieb eingegeben. Als man die Juden Deutschlands für die Verurteilung Jesu verantwortlich machte und sie als Gottesmörder zu Tausenden hinschlachtete, mußten sie auf Mittel sinnen, sich von dieser unsinnigen

Kommentar dieses Faktum ins Jahr 719 nach der Zerstörung = 787 chr. Z. setzen. Jedenfalls ist das Datum bei Sal. Luria (Responsa Nr. 29) 849 der Zerstörung eine Korruptel. Die meisten Schriftsteller nennen übrigens Kalonymos von Lucca und nicht R' Mose als das Haupt der Auswanderer. Vgl. S. D. Luzzatto, il Giudaismo illustrato, S. 30 ff. Die Genealogie der Kalonymiden aufstellen, womit sich die Herrn Rapaport und Zunz geplagt haben, heißt den Sisyphusstein wälzen. Es hat so viele jüdische Gelehrte mit Namen Kalonymos in Deutschland, Italien und Südfrankreich gegeben, daß deren Registrierung und die ihrer Nachkommen eine Unmöglichkeit und zugleich eine ganz nutzlose Arbeit ist; vgl. Saige, Groß, Monatsschrift, Jahrg. 1878, S. 249; RÉJ. VII. S. 154 — פירוש אבי"ר ר' ברכה היצחרי ‏.בעיר נרבונה — בן נתיבב — רב נשיא מזרע בית דוד קרוב למלכות [Was hier als historische Tatsache angenommen wird, ist in dieser Form in das Reich der Legende zu verweisen; es spielen Vorgänge aus dem Ende des 10. Jahrhunderts hinein. Vgl. das Material hierüber in Aronius Regesten Nr. 70 Ende. S. 26 und Nr. 136 S. 58 und ferner Monatsschrift Jahrg. 1908.]

1) D. Kimchi zu Richter 20, 15 im Namen eines „Midrasch". In unsern Ausgaben heißt es zwar, die Benjaminiten seien nach Romania ausgewandert. Jechiel Heilperin (Seder ha-Dorot) las indes „nach Deutschland und der Stadt Worms".

Anklage loszumachen, und sie machten geltend, sie seien lange, lange vor Jesu Geburt in den deutschen Gauen ansässig gewesen. Die Wormser Gemeinde wollte bereits zur Zeit Esras von Jerusalem ein Sendschreiben erhalten haben, sich an den Hauptfesten in dem Tempel einzustellen, sie habe aber darauf erwidert, daß sie sich am Rhein ein Neu-Jerusalem gegründet und von dem alten, als ohnehin aller Gnadenmittel entbehrend, nichts wissen wolle[1]). Um sich recht augenfällig von der Mitschuld an Jesu Kreuzestod zu reinigen, schmiedete man einen Brief aus jener Zeit, welcher an die Wormser oder Ulmer oder Regensburger Gemeinde gerichtet worden sei, um sie von den Vorgängen bei Jesu Auftreten in Kenntnis zu setzen[2]). War eine Notlüge je gestattet, so war es diese, weil sie eine lügenhafte, verkehrte, hohnsprechende Anschuldigung entkräften und den Tod von tausend Unschuldigen abwenden wollte. Nicht viel glaubwürdiger klingt das Zeugnis, welches das Vorhandensein einer jüdischen Gemeinde in Worms im ersten christlichen Jahrhundert aus untergegangenen Leichensteinen verbürgen will[3]). Sichere Zeugnisse über das Vorhandensein von Juden in der von Römern gegründeten agrippinischen Kolonie (Cöln am Rhein) datieren erst aus dem vierten Jahrhundert[4]). Ob sich aber die Juden daselbst in den wilden Stürmen der Völkerwanderung behauptet haben, ist sehr fraglich. Sicherlich sind die deutschen Gemeinden nur als Kolonien der französischen zu betrachten, mit denen sie in dem den merobingischen Königen unterworfenen Austrasien gleiches Geschick geteilt haben. Auch die Juden Englands sind französischen Ursprungs und wanderten wohl erst im siebenten Jahrhundert dahin[5]). Eine regelmäßige Gemeindeverfassung haben die deutschen Juden sicherlich erst durch die aus Lucca verpflanzte Kolonie der Familie Kalonymos erhalten.

[1]) Maaße Nissim-Buch.

[2]) Über die Quelle, wo dergleichen Briefe mitgeteilt werden, vgl. Fabricius, Codex Apocryphus novi testamenti, T. III, p. 493 f.

[3]) Lewysohn, Epitaphien des Wormser Friedhofes S. 3. Das älteste der vorhandenen Grabdenkmäler von Worms stammt aus dem Jahre 1070, dai. S. 87. Das Datum 900 auf einem Leichenstein beruht auf einer falschen Lesart, wie Rapaport im Vorworte zu den Epitaphien der Prager Gemeinde, Gal Ed, nachgewiesen. Ebenso unerwiesen ist es, daß ein Leichenstein des Prager Friedhofes das Datum 780 trägt, Rapaport a. a. O.

[4]) Codex Theodosianus L. XVI, T. 8, § 21. S. 6. IV. S. 333 Anmerk.

[5]) Eduard Gans in Zunz' Zeitschrift S. 108.

Weltgeschichtlich bekannt ist die Gesandtschaft Karls an den mächtigen Kalifen Harun Ar-Raschid, der ein Jude mit Namen Isaak
beigegeben war (797). Obwohl Isaak anfangs neben den Edelleuten
Landfried und Sigismund wohl nur die Rolle eines Dolmetschers
hatte, so war er doch in die diplomatischen Geheimnisse Karls ein-
geweiht[1]). Als daher die beiden Hauptgesandten auf der Reise
gestorben waren, war er allein im Besitz des Antwortschreibens und
der reichen Geschenke von seiten des Kalifen, und der Kaiser empfing
ihn in Aachen in feierlicher Audienz[2]). Der Kaiser soll auch durch
die Gesandtschaft den Kalifen gebeten haben, ihm einen gelehrten Juden
aus Babylonien für seine Lande zuzuschicken, und Harun soll ihm
einen R' Machir zugesandt haben[3]), den Karl der jüdischen Gemeinde zu Narbonne vorgesetzt habe. Machir, der der Stammvater
gelehrter Nachkommen wurde, wie Kalonymos aus Lucca, gründete
in Narbonne eine talmudische Hochschule[4]). ✗

Infolge ihrer günstigen Stellung in dem deutsch-fränkischen
Reiche, wo sie Äcker besitzen, Gewerbe und Schiffahrt betreiben
durften und weder vom Pöbel, noch von den wahrhaft frommen
deutschen Geistlichen geplagt wurden, konnten sich die Juden ihrem
Wandertrieb überlassen und sich in vielen Gauen Deutschlands aus-
breiten. Zahlreich wohnten sie im neunten Jahrhundert in den
Städten Magdeburg, Merseburg und Regensburg[5]). Von da aus
drangen sie immer weiter bis in die von Slaven bewohnten Länder-
striche jenseits der Oder bis nach Böhmen und Polen. Indessen bei
aller Gunst, die ihnen Karl zuwandte, fiel es ihm, wie auch den
besten Männern des Mittelalters, schwer, sie als vollständig ebenbürtig mit den Christen zu behandeln. Die Kluft, welche sich durch
die Bestimmungen der Kirchenväter zwischen dem Christentum und
Judentum aufgetan hatte, und die von einzelnen Geistlichen und
Synoden erweitert worden, war zu tief, als daß sie ein der Kirche

---

[1]) [Vgl. jedoch Regesten Nr. 68, S. 25.]

[2]) Eginhardi annales in Pertz' monumenta Germaniae I. p. 190, 353.
[Unter den Geschenken befanden sich auch die Schlüssel zum heiligen Grabe;
vgl. Rabbinowitz S. 209, Anm. 4.]

[3]) Zacuto, Juchasin, ed. Filipowski, S. 84. [Vgl. jedoch hierüber Aronius in der Zeitschrift für die Geschichte der Juden in Deutschland II, S. 82 ff.]

[4]) [Vgl. hierzu auch Régné in RÉJ. I, S. 20—21.]

[5]) Der Kürze wegen vgl. über die Quellen Ersch und Gruber, Sekt. 2,
B. XXVII, S. 64 f. und Stobbe, die Juden in Deutschland während des
Mittelalters.

treu ergebener Kaiser hätte überspringen können. Auch Karl hielt
in einem Punkte den Unterschied zwischen Juden und Christen aufrecht und machte ihn dauernd durch eine Eidesformalität, welche den
Juden auferlegt werden sollte, wenn sie gegen einen Christen zu
zeugen oder zu klagen hatten. Bei einem Eide gegen einen Christen
mußte der Jude sich mit Sauerampfer oder Dornen umgeben, in
der Rechten die Thora halten und Naamans Aussatz und die Strafe
der Rotte Korah auf sich zum Zeugnisse der Wahrheit herabrufen.
Falls kein hebräisches Thoraexemplar vorhanden ist, sollte eine
l a t e i n i s c h e B i b e l genügen[1]). Man darf aber nicht verkennen, daß es eine Milde und ein Abweichen von der Kirchensatzung war, wenn die Juden überhaupt zum Eide gegen Christen
zugelassen wurden.

Im Morgenlande wurden die Juden im Anfange des neunten
Jahrhunderts ebenfalls auf unangenehme Weise erinnert, daß sie
auch von den besten Herrschern Zurücksetzung und Leiden zu gewärtigen haben. Die Regierungszeit der abbassidischen Kalifen Harun
Ar-Raschid und seiner Söhne wird als die Blütezeit des morgenländischen Kalifats betrachtet. Und gerade aus dieser Zeit wurden
von jüdischer Seite Klagen über Bedrückung laut. Möglich, daß
Harun, als er gegen die Christen das Omarsche Gesetz (o. S. 122)
erneuerte (807), es auch auf die Juden angewendet hat, daß sie
einen auszeichnenden Fleck von gelber Farbe an ihrem Anzuge, wie
die Christen eine blaue Farbe, tragen, und daß sie sich statt des
Gürtels einer Schnur bedienen sollten[2]). Nach seinem Tode (809),
als seine zwei Söhne Mohammed A l e m i n und Abdallah
A l m a m u n , für die der Vater das Kalifat in zwei Teile geteilt
hatte, einen verheerenden Bürgerkrieg im ganzen Gebiet des großen
Reiches gegeneinander entzündeten, wurden die Juden namentlich
in Palästina schwer heimgesucht. Sie hatten aber die Christen zu
Leidensgenossen. Raub und Metzeleien waren in den vier Jahren
des Bruderzwistes (809 bis 813) an der Tagesordnung. Die Leiden
müssen so bedeutend gewesen sein, daß sie ein Agadist jener Zeit

---

[1]) Bei Pertz monumenta, leges I. 194. Stobbe S. 262, Note 144.
Über die Formalitäten bei Eiden in der gaonäischen Zeit vgl. Respons.
Gaonim Schaare Zedek 76, No. 22. [Bei einem Rechtsstreit mit einem
Christen mußte der Jude mehr Zeugen als jener, je nach dem Wert des
Gegenstandes, beibringen; vgl. Regesten Nr. 73.]

[2]) Weil: Kalifengeschichte II. 162, Note 1 nach Ibn-Khaldun und Ibn-
Alathir.

aus der Volksstimmung heraus als Vorzeichen für die baldige Ankunft des Messias ausgegeben hat. „Israel kann nur durch Bußfertigkeit erlöst werden, und die wahre Buße kann nur durch Leiden,
Drangsal, Wanderung und Nahrungslosigkeit gefördert werden", so
tröstete dieser Redner die betrübte Gemeinde. In dem Bruderkriege
zwischen den beiden Kalifen[1]) sah er den Untergang der ismaeli-
tischen Herrschaft und die Nähe des messianischen Reiches. „Zwei
Brüder werden über die Ismaeliten (Mohammedaner) am Ende
herrschen; in dieser Zeit wird der Sproß Davids aufblühen, und
in den Tagen dieser Könige wird der Herr des Himmels ein Reich
erstehen lassen, das nimmermehr untergehen wird." „Gott wird
vertilgen die Söhne Esaus (Byzanz), Israels Feinde, und auch die
Söhne Ismaels, seine Widersacher." Indessen war diese Erwartung,
wie viele andere, trügerisch. Der Bruderkrieg hatte wohl das
Kalifat erschüttert, aber nicht aufgelöst. Alemin wurde getötet, und
Almamun wurde Alleinherrscher des ausgedehnten Reiches.

In Almamuns Regierungszeit (813—833) fällt die Kulturblüte
des morgenländischen Kalifats. Da er einer freien religiösen Richtung huldigte und die mohammedanische Stockorthodoxie verfolgte,
so konnten sich die Wissenschaften und eine Art Philosophie entwickeln.
Bagdad, Kairuan in Nordafrika und Merw in Chorasan wurden
Mittelpunkte für die Wissenschaft, in allerlei Fächern, wie sie Europa
erst viele Jahrhunderte später besaß. Der griechische Geist feierte
seine Auferstehung in arabischer Hülle. Staatsmänner rangen um
die Palme der Gelehrsamkeit mit den Männern der Muße und

---

[1]) Ich habe in Frankels Monatsschrift, Jahrg. 1859, S. 112, darauf
aufmerksam gemacht, daß das agadisch-mystische Werk Pirke di R' Elieser
auf die Herrschaft der zwei Brüder im Kalifat anspielt (c. 30) und in dieser
Zeit verfaßt wurde, was nicht ausschließt, daß ältere Agadas darin aufgenommen wurden. In demselben Kapitel wird auch die arabische Sage von
Abrahams Besuch bei Ismael mitgeteilt, und Ismaels Frauen, welche die
arabischen Quellen bei Tabari und anderen Wala und Sajjida heißen,
werden im Pirke di R' Elieser die eine Chadiga (צדישה), wie Mohammeds
erste Frau, die andere Fatima (פטימא), wie dessen Lieblingstochter, genannt.
Aus P. d. R' Elieser ist die Sage in Targum Pseudojonathan übergegangen.
In demselben Kapitel wird auch auf die Land- und Seekriege Raschids
gegen Byzanz angespielt. Vgl. damit Weil a. a. O. S. 156, und Theophanes Chronographie I. 714 ff. Israels Leiden in dieser Zeit werden
erwähnt P. d. R' Elieser c. 32, 43, 48. [Vgl. [schon Zunz in s. gottesdienstlichen Vorträgen S. 276, ferner] Zeitschrift der Deutsch-Morgenländ. Gesellschaft
B. XXVIII. S. 645 und hebräische Bibliographie B. XVII. S. 10. (H.)]

Zurückgezogenheit. Die Juden blieben nicht unberührt von dieser Schwärmerei für die Wissenschaft, da doch Forschen und Grübeln ihre innerste Natur ist. Sie nahmen redlichen Anteil an dem geistigen Streben, und manche ihrer Leistungen fand bei den Arabern Anerkennung. Die Geschichte der arabischen Kultur hat manchen jüdischen Namen in ihren Annalen aufgezeichnet. Wenn es auch zweifelhaft ist, ob Maschallah ben Atari, der die Astronomie und Astrologie angebaut, und Jakob Jbn-Scheara[1]), der zuerst mathematische Schriften aus Jndien nach dem Kalifat gebracht und übersetzt hat, dem Judentume angehört haben, so ist ihnen jedenfalls Sahal Al-Tabari[2]), der unter den Arabern einen klangvollen Namen hat, zuzurechnen. Sahal mit dem Beinamen Rabban (der Rabbanite, Talmudkundige) aus Tabaristan (am Kaspisee, um 800) wird als Arzt und Mathematiker gerühmt, übersetzte den Almagest des griechischen Astronomen Ptolemäus, das Grundbuch für Sternkunde im Mittelalter, ins Arabische und erkannte zuerst die Strahlenbrechung des Lichts[3]). Sein Sohn Abu-Ali (835—853) wird zu denen gezählt, welche die Arzneikunde gefördert haben, und war der Lehrer zweier medizinischen Autoritäten unter den Arabern, des Razi und Anzarbi. Abu-Sahal Ali verließ aber das Judentum, ging zum Jslam über und wurde Leibarzt und Würdenträger eines Kalifen[4]).

Eifriger als Arzneikunde, Mathematik und Sternkunde wurde von den Muselmännern die Religionswissenschaft, als eine Art Religionsphilosophie (Kalâm), betrieben. Sie wurde mit derselben Wichtigkeit wie die Staatsangelegenheiten behandelt, und übte auf die Politik Einfluß. Die islamitische Religionsphilosophie verdankt

[1]) Mohammed ben Jshak in der Zeitschrift der deutsch.-morgenl. Gesellschaft 1857. S. 630. Jbn-Esra bei de Rossi manuscripti codices hebraici codex 212. [Masch'allah, genannt der Einzige seiner Zeit in der Wissenschaft der Urteile, war sicher Jude; vgl. besonders Steinschneider a. a. O. S. 15—23, hingegen war Jakob Jbn-Scheara nicht Jude; vgl. RÉJ. a. a. O S. 214.]

[2]) Vgl. Berliners Magazin 1880 S. 102; RÉJ. V. p. 214. [Vgl. über ihn Steinschneider a. a. O. S. 23 ff.]

[3]) Wüstenfeld, Geschichte der arabischen Ärzte und Naturforscher S. 20; vgl. Wenrich, de auctorum graecorum versionibus, p. 228.

[4]) [Vgl. Steinschneider a. a. O. S. 32 ff., ferner ebendort über andere arabisch schreibende Astronomen und Mathematiker.]

ihren Urſprung der Dunkelheit, Zweideutigkeit und Ungereimtheit,
welche ihrem Grundbuche, Koran, anhafteten. Neben dem großen
Gedanken: „Gott iſt einzig und hat keinen Genoſſen", finden ſich
darin ganz unwürdige und plumpe Vorſtellungen von Gott, wie ſie
nur in dem Kopfe eines Sohnes der Wüſte Platz greifen konnten,
der keine Ahnung hatte, wie ſeine angeblichen Offenbarungen von
Gott den Begriff der göttlichen Erhabenheit aufheben. Indem die
Ausleger des Koran dieſe Widerſprüche ausgleichen wollten, kamen
ſie auf Gedanken, die weit über den beſchränkten Geſichtskreis des
Islam hinausgingen. Manche Ausleger (Mutakallimun) gerieten
durch vernunftgemäße Deutung in Widerſtreit mit den Buchſtaben-
gläubigen und wurden von dieſen verketzert. Waßil Ibn-Ata (750)
und ſeine Schule (die Mutazila, d. h. die abgeſonderte, verketzerte) begründeten eine vernunftgemäße Theologie. Die Mutaziliten betonten ſcharf die Gotteseinheit und wollten jede beſtimmte Eigenſchaft von Gott entfernt wiſſen, weil das göttliche
Weſen dadurch geteilt und vielfältig erſchiene, und man mit der
Annahme derſelben mehrere Weſen (Perſonen) in Gott ſetzte. Sie
behaupteten ferner die menſchliche Willensfreiheit (Kad'r), weil die
unbedingte Vorherbeſtimmung Gottes, die der orientaliſche Geiſt
vorausſetzt und der Koran beſtätigt, mit der göttlichen Gerechtigkeit,
welche die Guten belohnt und die Böſen beſtraft, unverträglich
ſei. Solche und andere Lehrmeinungen ſtellten die mutazilitiſchen
Religionsphiloſophen auf. Sie glaubten aber, obwohl ſie weit über
den Koran hinausgingen, noch immer auf deſſen Boden zu ſtehen,
und, um ihre Lehre mit den plumpen Ausſprüchen ihres Religions-
buches in Einklang zu bringen, wendeten ſie dieſelbe Methode an,
welche die jüdiſch-alexandriniſchen Religionsphiloſophen (B. III.₅ 337)
gebrauchten, um die Bibel mit der griechiſchen Philoſophie zu ver-
ſöhnen. Sie deuteten die Verſe in allegoriſchem Sinne (Tawil)
um. Je mehr ſie mit der Gedankenwelt der griechiſchen Philoſophie,
die durch Überſetzungen zugänglich gemacht war, vertraut wurden,
und je klaffender ihnen die Widerſprüche zwiſchen Vernunft und
Glauben erſchienen, deſto mehr nahmen ſie zu Umdeutungen Zuflucht.
Die Allegorie ſollte die tiefe Kluft zwiſchen dem vernünftigen Gottes-
bewußtſein und dem unvernünftigen, wie es der Koran lehrt, aus-
füllen. Die denkgläubige mutazilitiſche Theologie der Mohammedaner, obwohl auch anfangs verketzert, errang ſich nach und nach
die Herrſchaft; die Schulen von Bagdad und Baßra erklangen von

ihren Lehren. Der Kalife Almamun erhob sie zur Hoftheologie und
verdammte die alte, naïve Religionsanschauung[1]).

Die Anhänger der Orthodoxie waren aber ob dieser Freiheit
der Deutung entsetzt, weil der Buchstabe des Koran unter der Hand
in den entgegengesetzten Sinn umgewandelt wurde, und der naïve
Glaube allen Halt verlor. Sie hielten daher streng an dem Buch-
staben und an dem natürlichen Schriftsinne fest und verwarfen die
Allegorie als Ketzerei. Einige von ihnen gingen aber noch weiter.
Sie nahmen sämtliche im Koran oder in der Überlieferung gebrauchten
Ausdrücke von Gott, so grob sinnlich sie auch klangen, im buchstäblichen
Sinne und stellten eine ganz unwürdige Gotteslehre auf. Wenn
Mohammed eine Offenbarung mitgeteilt hat: „Mein Herr kam mir
entgegen, reichte mir die Hand zum Gruße, sah mir ins Gesicht, legte
seine Hand zwischen meine Schultern, so daß ich die Kälte seiner
Fingerspitzen empfand," so nahm die orthodoxe Schule (Muschabbiha,
mugassimah) dieses alles in empörender Buchstäblichkeit hin. Diese
Schule (Anthropomorphisten) nahm keinen Anstand es auszusprechen:
Gott sei ein Körper mit Teilen und habe eine Gestalt; er sei sieben
Spannen lang, nach seiner eigenen Spanne gemessen. Er befinde
sich an einem besonderen Orte, auf seinem Throne. Man dürfe
von ihm aussagen, daß er sich bewege, hinauf und hinabsteige, ruhe
und verweile. Dergleichen und noch mehr lästerliche Beschreibungen
grobsinnlicher Art[2]) gaben die rechtgläubigen moslemitischen Religionslehrer von dem höchsten Wesen, um ihr Festhalten an dem Buchstaben des Koran gegenüber den Denkgläubigen zu bekunden.

Die Juden des Morgenlandes lebten in zu innigem Verkehr
mit den Muselmännern, als daß sie von diesen Richtungen hätten
unberührt bleiben sollen. Dieselben Erscheinungen wiederholten
sich daher im jüdischen Kreise, und die Spannung zwischen Karäern
und Rabbaniten trug dazu bei, die islamitischen Schulstreitigkeiten
auf das Judentum zu übertragen. Die offiziellen Träger des Judentums, die Kollegien von Sura und Pumbadita, hielten sich zwar

---

[1]) [Fast die meisten Elemente hat der mutazilitische Kalâm
dem Judentum entlehnt, besonders die Verwerfung der Anthropomor-
phismen und das Problem der Willensfreiheit; vgl. Schreiner, der Kalâm
in der jüdischen Literatur, Beilage zum Jahresbericht der Lehranstalt u. s. w.
Berlin 1895, S. 3—4.]

[2]) Vgl. Schahrastani nach Haarbrückers Übersetzung I, 115 f., 213, 214
und Frankels Monatsschrift, Jahrg. 1859, S. 115 f.

davon fern. Ganz in den Talmud und dessen Auslegung vertieft, beachteten sie anfangs die leidenschaftliche Bewegung der Geister gar nicht, oder gaben ihr nicht nach. Aber außerhalb derselben tummelten sich die Geister in derselben Rennbahn und rissen das Judentum in einen neuen Läuterungsprozeß hinein. Wie zur Zeit der Gnostiker gärte und wogte es; die seltsamsten, abenteuerlichsten Verbindungen und Gestaltungen wurden zutage gefördert und jüdische Anschauungen bald mit griechischen, bald mit islamitischen, bald mit persischen Vorstellungen geschwängert. Der matte Strahl der Philosophie, der in diese naive, bewußtlose, dumpf-religiöse Welt hineinfiel, brachte eine grelle Beleuchtung hervor. Im allgemeinen folgten die Karäer der mutazilitischen (rationalistischen) Richtung, die Rabbaniten dagegen, welche auch die seltsamen agadischen Aussprüche über Gott zu vertreten hatten, der wissensfeindlichen (mugassimitischen) Richtung[1]. Da aber im karäischen Kreise das religiöse Gebäude noch nicht abgeschlossen war, so bildeten sich innerhalb desselben neue Sekten mit eigentümlichen Theorien und abweichender religiöser Praxis.

Der erste, von dem es bekannt ist, daß er die mutazilitische Richtung der islamitischen Theologie auf das Judentum übertrug, war Jehuda Judghan[2] der Perser aus der Stadt Hamadan (um 800). Seine Gegner berichten von ihm, er sei ursprünglich ein Kamelhirt gewesen. Er selbst gab sich für den Vorläufer des Messias aus, und als er Anhänger fand, entwickelte er ihnen eine eigentümliche Lehre, die ihm auf prophetischem Wege

---

[1] [Dieses Urteil ist dahin zu ändern, daß gerade die Rabbaniten der mutazilitischen Lehre huldigten, was besonders an dem im 9. Jahrhundert, noch vor Saadja, wirkenden David al-Mokammez zu sehen ist, während der erste philosophische Schriftsteller der Karäer, Kirkissani, ein jüngerer Zeitgenosse Saadjas ist. Vgl. auch Harkavy in RÉJ. a. a. O. S. 215—216 und Rabbinowitz a. a. O. S. 217 über den Anteil der Karäer an dem sogenannten Schiur Komah. Im übrigen berichten arabische und jüdische Schriftsteller übereinstimmend von einer großen Anzahl jüdischer Muttakalimûn vor Saadja; vgl. Schreiner a. a. O. S. 5.]

[2] Vgl. Note 18 Nr. I. [Judghan ist als Schüler von Abu Isa Isfahâni wohl etwas früher anzusetzen. Er war nicht Kamelhirt, sondern wurde von seinen Anhängern אלראעי, der Hirt, im Sinne von „Führer" genannt, woraus sich die spöttische Deutung seiner karäischen Gegner herleitet; vgl. Harkavy nach Kirkissani bei Rabbinowitz S. 503. Vgl. auch ebendort über die unrichtige Identifizierung mit Jehuda, dem Perser.]

zugekommen sei. Im Gegensatz zu der althergebrachten Anschauungsweise, welche die biblischen Erzählungen von Gottes Tun und Empfinden buchstäblich verstanden wissen wollte, behauptete Jehuda
Judghan: man dürfe sich das göttliche Wesen nicht sinnlich und
menschenähnlich vorstellen; denn es sei erhaben über alles Wesen der
Kreatur. Die Ausdrücke der Thora darüber seien in einem höheren
allegorischen Sinne zu fassen. Auch dürfe man nicht annehmen,
Gott bestimme vermöge seiner Allwissenheit und Allmacht auch die
menschlichen Handlungen voraus; denn dann würde man die Gottheit zur Urheberin der Sünde machen, und eine Strafe dafür wäre
eine Ungerechtigkeit. Man müsse vielmehr von Gottes Gerechtigkeit
ausgehen und annehmen, der Mensch sei Herr seiner Handlungen,
er habe Willensfreiheit, und Lohn und Strafe kommen auf eigene
Rechnung. Während Jehuda aus Hamadan nach dieser Seite hin
einer freien Ansicht huldigte, empfahl er nach der praktischen Seite
die strengste Askese. Seine Anhänger enthielten sich des Fleisches
und Weines, fasteten und beteten viel, waren aber in betreff der
Festzeiten schwankend[1]). Denn Jehuda behauptete, die Bibel habe
die Feste nach dem Sonnenjahr angeordnet; es sei also ebenso falsch
mit Anan bloß das Mondjahr zu berücksichtigen, als mit den Rabbaniten beide Jahresformen zu kombinieren. Näheres über diesen
mutazilitisch-asketischen Vorläufer des Messias ist nicht bekannt. Seine
Anhänger, die sich noch lange als eine eigene Sekte unter dem
Namen J u d g h a n i t e n erhielten, glaubten so fest an ihn, daß
sie behaupteten, er sei nicht gestorben und werde wieder erscheinen,
um eine neue Lehre zu bringen, wie es die mohammedanischen
Schiiten von Ali glaubten. Einer seiner Jünger, M u s c h k a, wollte
die Lehre des Stifters den Juden mit Waffengewalt aufzwingen.
Er zog mit einer Schar Gesinnungsgenossen von Hamadan aus,
wurde aber, wahrscheinlich von den Muselmännern, mit neunzehn
Mann in der Gegend vom K u m (östlich von Hamadan, südlich von
Teheran) getötet.

Jehuda Judghan hatte mehr Gewicht auf asketische Lebensweise
als auf philosophische Begründung des Judentums gelegt und war
daher mehr Sektenstifter als Religionsphilosoph. Ein anderer zeitgenössischer Karäer, B e n j a m i n b e n M o s e a u s N a h a w e n d
(800 bis 820)[2]), hat die mutazilitische Religionsphilosophie unter den

---

[1]) [Die Feste ließen sie nur als Erinnerungszeichen gelten.]
[2]) Vgl. über ihn Note 17 III. und Note 18 II.

Karäern heimisch gemacht. Benjamin Nahawendi gilt unter seinen
Bekenntnisgenossen als eine Autorität und wird von ihnen gleich
dem Stifter Anan verehrt, obwohl er vielfach von ihm abwich. Er
soll ein Jünger von Anans Enkel, dem karäischen Oberhaupte
Josiah, gewesen sein. Benjamin war von der Voraussetzung
der Mutaziliten ganz durchdrungen. Er nahm nicht bloß Anstoß an
den sinnlichen und menschlichen Bezeichnungen von Gott in der
heiligen Schrift, sondern auch an der Offenbarung und Weltenschöpfung.
Er konnte sich nicht dabei beruhigen, daß das geistige Wesen die
irdische Welt hervorgebracht habe, mit ihr in Berührung gekommen
sei, sich zum Zwecke der Offenbarung auf Sinaï räumlich beschränkt
und artikulierte Laute gesprochen haben sollte. Um dem hohen
Begriffe von Gott nichts zu vergeben und doch die Offenbarung der
Thora zu retten, kam er auf einen ähnlichen Gedanken wie Philo
der Alexandriner (B. III.5, 396 f.), Gott habe unmittelbar nur die
Geisterwelt und die Engel geschaffen, die irdische Welt dagegen sei
von einem der Engel geschaffen worden. Gott sei also nur
mittelbar als Weltenschöpfer zu betrachten. Ebenso seien die Offenbarung, die Gesetzgebung auf Sinaï und die Begeisterung der Propheten
nur von einem Engel ausgegangen. Allerdings widerspreche
der schlichte Wortsinn der heiligen Schrift dieser Annahme auf das
Entschiedenste. Allein man dürfe nicht bei dem Buchstaben stehen
bleiben, sondern müsse ihn in einem höheren Sinne auffassen. Wie
ein Kalif einen Botschafter aus seinem Kreise entsendet, ihm Befehle erteilt, ihm seinen Namen leiht und sich solchergestalt mit ihm
identifiziert, ebenso ist das Verhältnis zwischen Gott und dem gesetzes-
offenbarenden Engel zu fassen. Wenn es heißt „Gott schuf, Gott
fuhr herab, Gott erschien", so sei das alles nicht unmittelbar von
ihm selbst, sondern von seinem stellvertretenden Engel zu verstehen.
Nach acht Jahrhunderten feierte Philo's Logos in Nahawendi's
Engel seine Auferstehung[1]. Übrigens war Benjamin kein tiefdenkender Kopf. Von der Seele hatte er noch einen so niedrigen
Begriff, daß er ihren Sitz in einem begrenzten Körperteile annahm,
und nach biblischer Anschauung glaubte er, die Höllenstrafe werde
nicht an der unsterblichen Seele, sondern an dem sterblichen Leibe
vollzogen werden[2]. Einige Jünger eigneten sich Benjamins Ideen-

---

[1] [Über den Unterschied in der Lehre des Logos zwischen Philo und
Benjamin vgl. Weiß a. a. O. S. 71 und Poznański in RÉJ. Bd. 50,
S. 8 ff.]   [2] Saadia Emunot VI, 4.

kreis an und wurden, man weiß nicht aus welchem Grunde, als
eine besondere Sekte, M a k a r i j i t e n oder M a g h a r i j i t e n [1]),
genannt.

Während Benjamin Nahawendi religionsphilosophisch weit von
dem Lehrbegriffe des Judentums, wie er allgemein anerkannt war,
abging, näherte er sich nach der Seite der Pflichtenlehre sogar den
Rabbaniten. In einem Werke über die Gesetze (Sefer ha-Dinim,
auch Maszas Binjamin) und in anderen Schriften, die er verfaßte,
verwarf er manche Erklärung Anans und anderer Karäer, nahm
dagegen manche talmudische Bestimmungen auf und stellte es den
Karäern anheim, diese als Norm anzunehmen oder zu verwerfen [2]).
Benjamin Nahawendi führte sogar einen Bann ein, der nur wenig
von dem Banne der Rabbaniten verschieden war, um den Gesetzen
Nachdruck zu geben. Wenn eine verklagte Partei sich auf die er=
gangene Einladung nicht dem Gerichte stellt und sich ihm dann entziehen
will, so dürfe man sie sieben Tage hintereinander verfluchen und
den Bann über sie verhängen. Er solle darin bestehen, daß kein
Gemeindemitglied mit dem Gebannten verkehren, ihn nicht grüßen,
nichts von ihm annehmen dürfe; man solle ihn überhaupt wie einen
Verstorbenen behandeln, bis er sich füge. Setze er sich hartnäckig
über den Bann hinweg, so dürfe man ihn dem weltlichen Gerichte
überliefern. Auch an dem talmudischen Grundsatz hielt Benjamin
fest, daß jeder Sohn des Judentums verpflichtet sei, seine Streitsache
von einer jüdischen Gerichtsbehörde entscheiden zu lassen, und es ver=
pönt sei, sich an das weltliche Gericht zu wenden. — Obwohl Ben=
jamin Nahawendi im einzelnen sich dem Rabbanitentum zuneigte,
so hielt er nichtsdestoweniger an dem karäischen Prinzip der freien
Bibelforschung fest. Man dürfe sich nicht an Autoritäten binden,
sondern müsse seiner eigenen Überzeugung folgen; der Sohn dürfe
vom Vater, der Jünger vom Meister abweichen, sobald sie Gründe
für ihre abweichende Ansicht haben. „Das Forschen ist Pflicht, und
Irrtum im Forschen ist keine Sünde."

[1]) Note 18 II. [Über diese wahrscheinlich auf ältere, teilweise im
Geheimen gepflegte Ideen sich stützende Sekte vgl. die Bemerkungen zu
der betreffenden Note.]

[2]) [Zitate aus Benjamins Gesetzbuch hat Harkavy in Likkute Kadmo=
nijot Teil II, S. 175—184 zusammengestellt. Besonders interessant sind die
Mitteilungen S. 176—178 über die zwei verschiedenen Arten von Monaten,
den Mond= und Sonnenmonat.]

Wie die altgläubigen mohammedanischen Religionslehrer der ausschweifenden Vernünftelei der Mutaziliten entgegenarbeiteten und in das entgegengeſetzte Extrem verfielen, ſich die Gottheit körperlich vorzuſtellen, ihr Glieder mit einer ungeheuerlichen Ausdehnung und körperartigen Bewegung beizulegen, ſo verfuhren auch jüdiſche Anhänger der alten Lehre, welche die der Vernunft Rechnung tragende Neuerung für einen Abfall vom Judentume hielten, und gerieten ſo auf die unſinnigſte Vorſtellung von der Körperlichkeit Gottes[1]). Auch ſie wollten die bibliſchen Bezeichnungen „die Hand, der Fuß, das Sitzen und Gehen Gottes" buchſtäblich genommen wiſſen. Die agadiſche Auslegung der Schrift, die ſich zuweilen in ſinnlichen, handgreiflichen, für das Verſtändnis der Menge berechneten Wendungen gehen läßt, leiſtete ihrer gegenjüdiſchen Theorie Vorſchub. Dieſe Theorie, die von einem Schwachkopf ausging, aber durch die geheimnisreiche Art ihrer Bekundung Anhänger fand, entwirft eine förmliche Schilderung von Gottes Weſen, Glied für Glied, mißt ſeine Höhe von Kopf bis zu Fuß nach Paraſangenzahlen, ſpricht in heidniſcher Weiſe von Gottes rechtem und linkem Auge, Unter- und Oberlippe, von Gottes Bart und ähnlicher Zergliederung, was auch nur zu wiederholen gotteslästerlich iſt. Um aber der Erhabenheit und Gottes Größe nichts zu vergeben, dehnt ſie jedes Glied ins Ungeheuerliche aus und meint damit Genüge getan zu haben, wenn ſie erklärt, das Meilenmaß, nach dem die Teile gemeſſen werden, überrage bei weitem die ganze Welt (Schiur-Komah). Dieſem ſo läſterlich zergliederten und gemeſſenen Gotte gibt dieſe Theorie einen eigenen Haushalt im Himmel mit ſieben Hallen (Hechalot). In der höchſten Halle ſitze Gott auf einem erhabenen Throne, deſſen Umfang ebenfalls ungeheuerlich ausgemeſſen wird. Der Thron werfe ſich täglich dreimal vor Gott nieder, bete ihn an und ſpreche: „Laſſe dich auf mich nieder, denn deine Laſt iſt mir ſüß!!!" Die Hallen bevölkert dieſe verkörpernde Theorie mit Myriaden von Engeln, von denen einige mit Namen genannt werden, in willkürlicher Zuſammenſetzung hebräiſcher Wörter mit fremdſprachlichen, barbariſchen Klängen. Als höchſten Engel ſtellt ſie aber einen mit Namen Metatoron[2]) auf und fabelt von ihm, nach dem Vorgange chriſtlicher und mohammedaniſcher Schriftſteller (Buch

---

[1] [Diese Ausführungen erledigen ſich durch die Bemerkungen zu S. 212; vgl. auch RÉJ. V. S. 216.]

[2] [Vgl. hierüber „Hebräiſche Bibliographie" XX, S. 119.]

Enoch und Buch der Jubiläen), es sei Enoch oder Henoch, ursprünglich Mensch, von Gott in den Himmel versetzt und in flammendes Feuer verwandelt worden. Mit sichtlichem Wohlgefallen verweilt diese Theorie bei der Schilderung dieser Ausgeburt einer krankhaften Phantasie. Sie entblödet sich nicht, ihn neben die Gottheit zu setzen und ihn den kleinen Gott zu nennen. Anderseits macht sie auch Metatoron zum Kinderlehrer, der die sündenlos verstorbenen oder kaum zur Geburt gelangten Kleinen täglich mehrere Stunden unterrichte. Er allein sei im Besitze aller Geheimnisse der Weisheit.

Diese aus mißverstandenen Agadas, jüdischen, christlichen und mohammedanischen Phantastereien zusammengesetzte Theorie hüllte sich in geheimnisvolles Dunkel und behauptete eine Offenbarung zu sein[1]). Um der Frage zu begegnen, woher sie denn diese, dem Judentum, d. h. der heiligen Schrift und dem Talmud, hohnsprechende Weisheit habe, beruft sie sich auf eine himmlische Mitteilung. R'Jsmael, der Hohepriestersohn, sei durch Beschwörungsformeln in den Himmel gekommen, sei gewürdigt worden, den göttlichen Haushalt zu schauen, habe mit den „Engeln des Angesichtes" Unterredungen gepflogen, und der höchste Engel, Metatoron, habe, auf Gottes Geheiß, ihm die Gestalt Gottes mit den Maßbestimmungen und noch vieles Andere offenbart. Freilich seien die Engel neidisch darauf gewesen, daß ein Staubgeborener solcher tiefen göttlichen Geheimnisse gewürdigt werden sollte; aber Gott habe die Engel angefahren und ihnen bedeutet, daß er R' Jsmael und mit ihm seinem Volke diese Geheimnisse offenbaren wolle als Lohn für treues Ausharren

---

[1]) Vgl. über diese Geheimlehre Frankel Monatsschrift, Jahrgang 1859. S. 67 ff., 103 ff., 141 ff. [Zunächst muß mit Rabbinowitz a. a. O. S. 222 bis 223 festgestellt werden, daß die Anhänger der Geheimlehre sich gerade in einen bewußten Gegensatz zu der als „geringe Weisheit" betrachteten Gesetzeskunde stellten. Über den Schiur Komah selbst ist nun nach den Ausführungen Gasters in Monatsschrift 1893, S. 179—185 u. 213—230 anzunehmen, daß sein Ursprung schon in gnostischen Schriften und in mystischen Apokalypsen, wie in Pseudepigraphen der letzten Zeiten vor und der ersten Zeiten nach Entstehung des Christentums zu suchen ist, da seine Jdeenkreise auch bei den vor dem Jslam schreibenden Byzantinern nachweisbar sind. Aus den jüdischen Quellen drangen diese Anschauungen in mohammedanische Kreise. Über die Mystiker der Geonimzeit und ihren Einfluß auf das Gebetritual vgl. auch Ph. Bloch in Monatsschrift ebendort S. 18 bis 25, 69—74, 257—266 und 305—311.]

in Leidenszeiten. Bald heißt es wieder, Mose habe schon bei seiner
Himmelfahrt, um die Thora zu empfangen, dieselbe Lehre vernommen — ebenfalls zum Neide der Engel — er habe sie jedoch
nur einzelnen, nicht dem Volke, mitgeteilt, und so sei sie in Vergessenheit geraten. Als R' Jsmael diese Geheimlehre seinem Freunde
R' Akiba mitgeteilt, habe dieser große Freude darüber empfunden
und geäußert, wer sich täglich damit beschäftige, sei der jenseitigen
Seligkeit gewiß.

Wie es keinen, noch so handgreiflichen Unsinn gibt, der nicht,
mit Ernst oder Nachdruck geltend gemacht, Liebhaber fände, so fand
auch diese G e h e i m l e h r e , deren Mittelpunkt die grobsinnliche
Auffassung Gottes bildet, einen Anhang. Die Adepten nannten
sich „M ä n n e r   d e s   G l a u b e n s “ (Ba'ale Emunot auch Ga-
l u t i j a ?). Sie rühmten sich, Mittel zu besitzen, um einen
Einblick in den göttlichen Haushalt zu haben. Vermöge gewisser
Beschwörungsformeln, Anrufungen von Gottes- und Engelnamen,
Rezitierens gewisser litaneiartigen Gesänge, verbunden mit Fasten
und asketischer Lebensweise, seien sie imstande, Übermenschliches zu
leisten. Die Besitzer der Geheimlehre wollten von den Heimlichkeiten
anderer genaue Kunde haben, die Schleichwege von Verbrechern,
Mördern, Dieben, Ehebrechern, Verleumdern, alles, was sich in
Dunkel hüllt, kennen, als wenn sie Zeugen dessen gewesen wären.
Sie rühmten sich, gleich den Essäern und andern Dunkelmännern
aus der Jugendzeit des Christentums, Krankheiten durch Beschwörungen
heilen, wilde Tiere bannen, das aufgeregte Meer beschwichtigen zu
können. Sie bedienten sich dazu der Amulette und Kameen (Kameot)
und schrieben darauf Gottes- oder Engelnamen mit gewissen Figuren;
Wundertätigkeit war diesen Mystikern eine Kleinigkeit. Sie behaupteten, jeder Fromme vermöchte Wunder zu tun, wenn er nur
die rechten Mittel anwendete. Zu diesem Zwecke verfaßten sie eine
Menge Schriften über theoretische und praktische Geheimlehre, welche
meistens platten Unsinn enthalten, zuweilen aber einen poetischen
Schwung annehmen. Indessen gab diese mystische Literatur nur
Andeutungen. Den eigentlichen Schlüssel zum Einblick in die göttlichen Geheimnisse und zur Wundertätigkeit überlieferten die Adepten
nur gewissen Personen, an deren Stirn- und Handlinien sie erkennen
wollten, daß sie dazu würdig seien.

Der mystische Spuk trieb sein Wesen vorzüglich in Palästina,
wo das eigentliche Talmudstudium darnieder lag. Nach und nach

drang er auch in Babylonien ein[1]). Das zeigte sich bei der Wahl
eines Oberhauptes für die pumbaditanische Hochschule (814)[2]). Als
Abumaï ben Abraham gestorben war, hatte die nächste Anwartschaft
auf die Nachfolge ein Mar Ahron (ben Samuel?) sowohl wegen
seiner Gelehrsamkeit als auch deswegen, weil er bis dahin als Oberrichter fungiert hatte. Nichtsdestoweniger wurde ihm ein anderer
vorgezogen, der ihm an Gelehrsamkeit nachstand und schon in der
Jugend Mühe hatte, sich im Talmudstudium zurecht zu finden, der
Greis Joseph ben Abba[3]), und zwar aus dem Grunde, weil er
der Mystik ergeben war und man von ihm glaubte, der Prophet
Elia würdige ihn seines vertrauten Umganges. Eines Tages präsi-
dierte dieser Joseph ben Abba einer öffentlichen Versammlung und
rief in Verzückung aus: „Machet dem Alten Platz, der jetzt eintritt!"
Die Augen aller Anwesenden waren auf den Eingang gerichtet und
ehrfurchtsvoll wichen die zur Rechten des Schulhauptes Sitzenden
aus. Sie sahen aber niemanden eintreten und waren dadurch um
so fester überzeugt, daß der Prophet Elia unsichtbar eingetreten sei,
sich zur Rechten seines Freundes R' Joseph niedergelassen und dem
Lehrvortrage beigewohnt habe. Niemand wagte seit der Zeit den
Platz neben dem Schulhaupte von Pumbadita einzunehmen, der
durch Elia geehrt und geheiligt worden sei, und es wurde Brauch ihn
leer zu lassen[4]). Mar Ahron aber wanderte, wahrscheinlich wegen
der erfahrenen Zurücksetzung, nach Europa aus, vielleicht mit der

---

[1]) [In der Tat aber dürfte es umgekehrt sein, indem z. B. gerade
das Gebetritual in Babylonien vielfache mystische Einschläge zeigt.]

[2]) Schulhäupter waren nach Huna — Mar ha-Levi und Bebaï ha-Levi

In Pumbadita:	In Sura:
Manasse ben Joseph (788—796),	Hilaï ben Mari (788—797),
Jeschaja ben Abba (796—798),	Jakob ben Mardochaï [ha-Kohen]
Joseph ben Schila (798—804),	(797—811), *)
Mar-Kahana ben Chaninaï (804—810),	Abumaï ben Mardochaï (811—819).
Abumaï ben Abraham (810—814).	

*) [Über seine literarische Tätigkeit und seine mitunter zu Erleichte-
rungen neigenden Ansichten, vgl. Weiß, a. a. O. S. 44—45, Müller,
Maphteach S. 73—74 und JQR. XVII. S. 274 ff.]

[3]) [Was der Verf. hier von Joseph ben Abba berichtet, beruht auf einem
Mißverständnis von Scheriras Worten (ed. Neub. S. 37): דהוה מצער נפשיה
על גירסיה בינקותיה, die vielmehr den Sinn haben, daß er viel Mühe auf
sein Studium verwandt hat, weswegen ihm auch sein Lehrer die künftige
Leitung des Volkes verheißen hat.]

[4]) Scheriras Sendschreiben; vgl. Note 12, 5.

Gesandschaft, welche der Kalife Almamun an den Kaiser Ludwig den Frommen schickte[1]), und ließ sich bei R' Kalonymos nieder[2]), der damals wohl schon in Mainz wohnte. Als R' Joseph nach zweijähriger Funktion (814—16) starb, und damals gerade ein Erdbeben verspürt wurde, glaubten die Frommen nicht anders, als daß die Erde selbst sich ob seines Todes entsetzte. Sein Nachfolger **Mar-Abraham ben Scherira** (816—828) war ebenfalls ein Mystiker. Man erzählte sich von ihm, daß er aus dem Flüstern der Dattelpalmen an windstillen Tagen die Zukunft zu deuten vermocht habe[3]). Während dieser Zeit fungierten mehrere Schulhäupter in Sura: **Zadok** (auch **Isaak**) ben Aschi (820—21), **Hilaï** ben Chaninaï (821—24) und **Kimuj** ben Aschi (824—27), von denen jedoch nichts weiter als ihre Namen und die Dauer ihrer Funktion bekannt sind. Nur von R' **Zadok** Gaon rühren mehrere rechtsgutachtliche Bescheide her, die er auf ergangene Anfragen erlassen hat[4]).

Aber ebenso wie die Geheimlehre fand auch die freiere Richtung, ja selbst das Karäertum, Eingang in die Hallen der Lehrhäuser. Durch diese gegensätzliche Geistesrichtung entstanden natürlich Reibung und Spannung, und diese traten bei der Erledigung des Exilarchats an den Tag. Im Jahre 825 sollte ein neuer Exilsfürst erwählt werden. Zwei Prätendenten traten auf, um einander diese Würde streitig zu machen, **David ben Jehuda** und **Daniel**. Der letztere neigte sich dem Karäertum zu. Dennoch und vielleicht gerade deswegen fand er Anhänger in Südbabylonien, die ihm ihre Stimmen gaben. Die Nordbabylonier dagegen, welche zu Pumbadita (Anbar) gehörten, waren entschieden für David, der sicherlich zu den Frommgläubigen gehörte. Der Streit wurde mit Erbitterung geführt. Der Mystiker Abraham ben Scherira wurde infolgedessen abgesetzt und an seine Stelle R' **Joseph ben Chijja** ernannt, man weiß nicht, von welcher Partei. Aber Abraham hatte in Pumbadita Anhänger, die fest zu ihm hielten und dem Gegengaon die Anerkennung versagten. Der

[1]) Vgl. Weil, Kalifen II.   [2]) Vgl. Note 12, 5. [Zur Berichtigung vgl. die Bemerkungen daselbst ~~und Monatsschrift Jahrgang 1908~~]

[3]) Responsa Gaonim Schaare Teschuba, ed. Fischl, Nr. 74; Aruch, Artikel סים; En Jacob zu Sukkah I. Der Beiname Kabasi (aus Kabas in Afrika) muß an diesen Stellen gestrichen werden; er stammt aus einer Verwechselung [Vgl. ~~auch~~ RÉJ. V. S. 209.].

[4]) [Es sind von ihm auch mehrere das Rechtsleben betreffende, aus den Zeitverhältnissen hervorgegangene Verordnungen ergangen; vgl. Weiß a. a. O. S. 43—44.]

Streit konnte in der eigenen Mitte nicht ausgetragen werden, und beide Parteien wandten sich an den Kalifen Almamun mit der Bitte, den Exilarchen ihrer Wahl zu bestätigen. Almamun war aber damals auch von einer Streitigkeit in der morgenländischen Kirche zwischen zwei Prätendenten um das chaldäisch-christliche Patriarchat in Anspruch genommen und wollte sich solche Prozesse vom Halse schaffen. Er lehnte daher die Einmischung in die inneren Angelegenheiten der Juden und Christen entschieden ab und erließ ein Dekret, daß es fortan jeder Partei gestattet sei, für sich ein religiöses Oberhaupt zu ernennen. Wenn zehn Juden sich einen Exilarchen, zehn Christen einen Katholikos, oder zehn Feueranbeter sich einen Obermagier wählen wollen, so bleibe ihnen das unbenommen[1]). Dieses eben so weise, wie den Bestand des Exilarchats gefährdende Dekret war wohl beiden Parteien nicht recht, da es den Streit unentschieden ließ. Wir sind im Dunkeln darüber, wie er geschlichtet wurde; nur so viel ist bekannt, daß sich David ben Jehuda behauptet und noch über ein Jahrzehnt fungiert hat (bis um 840). Auch an der suranischen Hochschule waren infolgedessen Streitigkeiten ausgebrochen (827), deren Natur und Tragweite jedoch nicht bekannt geworden sind. In der pumbaditanischen Hochschule dauerte aber die Spannung zwischen den beiden Schulhäuptern länger fort. Zuletzt einigten sich beide Parteien dahin, daß beide Gaonen in Funktion bleiben und Titel und Einnahmen teilen sollten. Nur sollte Abraham den Vorzug genießen, bei allgemeinen Versammlungen den Vortrag halten zu dürfen.

Eines Tages trafen beide Schulhäupter von Pumbadita in Bagdad zu einer Huldigungsversammlung ein, wobei ein Vortrag gehalten zu werden pflegte. Die Hauptstadt des Kalifats hatte damals eine zahlreiche jüdische Gemeinde[2]) und mehrere Synagogen, von denen die größte nach ihrem Eigentümer B a r N a s c h a l a hieß. Bagdad, das näher zu Pumbadita als zu Sura lag, gehörte zum Sprengel der pumbaditanischen Hochschule, und deren Präsident genoß daselbst den Vortritt vor dem suranischen[3]). Als der Vortrag beginnen sollte, und die Stimme des Ausrufers laut verkündete: „Hört, was die Schulhäupter euch vortragen werden!" brachen die Anwesenden aus der Nähe und Ferne in Klagen aus über die eingetretene Zerrissenheit und Spaltung, die durch die Funktion von

---

1) Vgl. Note 12, 6.   2) Ibn-Giat Halachot.   3) [Vgl. jedoch Taam Sekenim S. 56, woraus ersichtlich, daß Bagdad gerade zu Sura gehörte. Hierauf machte mich Herr Dr Elbogen-Berlin aufmerksam.)]

zwei Schulhäuptern für ein und dasselbe Lehrhaus sich grell ver-
körpert zeigte. Das Weinen der Menge wirkte so erschütternd auf
R' Joseph ben Chijja, daß er aufstand und öffentlich erklärte, er lege
die Würde nieder und überlasse sie ausschließlich seinem Gegner. Für
diesen hochherzigen Entschluß erteilte ihm Mar Abraham einen be-
leidigenden Segen: „Der Himmel möge dir Anteil am jenseitigen
Leben verleihen!"[1] Erst nach dessen Tode (828) wurde der edle
R' Joseph wieder zum Gaon von Pumbabita ernannt (828—33).
Nach seinem Tode kam wieder eine Unregelmäßigkeit in der Besetzung der erledigten Stelle vor. Der Exilarch David ben Jehuda
überging einen Würdigern, R' Joseph ben Rabbi (R' Abba), der
als Oberrichter die Anwartschaft hatte, um einen minder fähigen
Greis, R' Isaak ben Chijja, zu ernennen. Beinahe wäre es wieder
zu Reibungen gekommen, wenn nicht der ernannte Gaon Zuvorkommenheit gegen den gekränkten Joseph gezeigt hätte: „Gräme
dich nicht," sprach er zu ihm, „wir stehen zu einander in demselben
Verhältnis wie Rabba zu R' Joseph (in der Amora-Zeit), und ich
bin gewiß, daß du mein Nachfolger wirst." In der Tat wurde
R' Joseph ben Rabbi nach dessen Tod Schulhaupt vom Pumbabita (833—42), ohne Anfechtungen zu erleiden. In der suranischen
Hochschule wurden die Reibungen anfangs beigelegt und R' Mose
ben Jakob zum Gaon ernannt (827—37), der ebenfalls der Geheimlehre zugetan gewesen sein und wundertätige Kuren vollbracht haben
soll[2]. Aber nach seinem Tode entstanden wieder Mißhelligkeiten,
die eine solche Zerrüttung hervorbrachten, daß das suranische
Gaonat zwei Jahr ohne Oberhaupt war (837—39)[3]. Der eigentliche Hintergrund aller dieser Zerwürfnisse ist für uns noch in Dunkel
gehüllt, aber sicherlich hatte das Karäertum Anteil daran. So sehr
auch die Rabbaniten das karäische Bekenntnis haßten, verketzerten
und sich dagegen abschlossen, so nahmen sie doch manches von ihm
auf oder taten es ihm nach[4].

Wenn Anans Sekte den Samen der Zwietracht bis in die altehrwürdigen Hallen der Lehrhäuser getragen hat, so war sie selbst

---

[1] Scherira daselbst. [ed. Neub. S. 28.]
[2] Haï Gaon in dessen Responsum, mitgeteilt von Elieser Tunensis in
der Sammlung Taam Sekenim S. 56. [Vgl. RÉJ. a. a. O. S. 216.]
[3] Scherira das.
[4] Vgl. Note 23, II. [Diese Ausführungen erledigen sich durch die
Bemerkung zu S. 182.]

noch weniger frei davon. Der Grundsatz den das Karäertum an die Spitze seiner Lehre stellte, die unbeschränkte Freiheit der Schriftforschung und das Regeln der religiösen Praxis nach den gefundenen Resultaten der Forschung, brachte die Erscheinung hervor, daß fast jeder selbständige Karäer ein eigenes Judentum aufstellte, je nach den Ergebnissen seiner Schrifterklärung. Die religiöse Praxis war bedingt von guten oder schlechten Einfällen der Schrifterklärer. Außerdem war die Schriftauslegung noch in ihrer Kindheit; die Kenntnis der hebräischen Spracherscheinungen, die Grundlage einer gesunden, sinngemäßen Exegese, war dürftig; der Willkür war Tür und Tor geöffnet. Jeder glaubte im Besitze der Wahrheit zu sein und den andern, der seine Ansichten nicht teilte, bemitleiden, wo nicht gar verdammen zu dürfen. Ein klägliches Bild von dem Zustande des Karäertums[1]) kaum ein Jahrhundert nach Anan, liefern eine der karäischen Autoritäten, Nissi ben Noach, und die neuen Sekten, die sich aus dem Schoße des Karäertums herausgebildet haben. Nissi ben Noach, der auch R'Acha hieß (blühte um 850)[2]), erzählt in seiner Selbstbiographie, wie er ein herbes Geschick erfahren, seine Eltern früh verloren habe und auch um die Hinterlassenschaft derselben gekommen sei. Eine alte Großmutter nahm sich seiner an und speiste ihn mit Tränen in den Augen. Herangewachsen, habe er viele Länder gesehen, Sprachen erlernt, zu den Füßen vieler Lehrer gesessen, bis er endlich nach Jerusalem, dem Hauptsitze des Karäertums, gekommen sei. In der heiligen Stadt fand er unter den Karäern „Spaltungen ohne Heilung," die Erklärungen zur Thora meistens fremdsprachlich aramäisch oder arabisch geschrieben und voneinander abweichend. Ihm selbst war durch viele Mühe ein neues Licht aufgegangen, und er fand, daß er bisher nicht nach der „Vorschrift der Thora" gelebt habe. Seine neue Theorie erweckte ihm aber viele Gegner und Feinde. Seine Freunde und Verwandten selbst verfolgten ihn, „sogar sein eigener Jünger trat gegen ihn, als einen Irrlehrer, auf, und vergalt ihm Böses für Gutes."

Um seinen Standpunkt zu rechtfertigen, verfaßte Nissi ben Noach eine Schrift, die sich an die zehn Gebote anlehnte, um daraus sämtliche Religionspflichten zu entwickeln. Im Gegensatz zu seinen

---

1) [Vgl. Ersch und Gruber, Enzyklopädie, B. 33, S. 11 ff. (H.)]
2) Vgl. über denselben Note 17, V. [Nach P. F. Frankl im Haschachar VIII, S. 29 ff. hat Nissi nicht vor 1200 gelebt, frühestens jedoch, wie Harkavy in Likkute Kadmonijot Teil II, S. VII ausführt, drei Jahrhunderte nach Anan.]

Vorgängern und Zeitgenossen bediente sich Nissi der hebräischen
Sprache; denn es sei eine Schmach, für die Auseinandersetzung der
Lehren des Judentums das Arabische oder Aramäische zu gebrauchen.
Diese Schrift (unter dem Doppeltitel Bitan ha-Maskilim und Peles)
hat aber einen eben so platten, geistlosen, verschwommenen, weit-
schweifigen Charakter, wie fast sämtliche Geisteserzeugnisse der Karäer.
In den engen Gesichtskreis des Buchstabens gebannt, vermochte er
sich ebenso wenig wie der Stifter und seine Nachfolger zur lichten
Höhe eines großen Gedankens zu erheben. In abgeschmackter Weise
gibt Nissi den Lesern seiner Schrift den Rat, sich zuerst in die
heilige Schrift zu verliefen, dann sich den grammatischen und massoretischen Apparat mit dem „Vokalsysteme der Babylonier" anzueignen,
ferner Mischnah und Talmud mit der dazu gehörigen Literatur zu
studieren, dann philosophische Schriften zu lesen und endlich sein
Buch zur Hand zu nehmen. Nissi stellte auch die Prinzipien des
Judentums auf, von der Gotteseinheit und Unkörperlichkeit ausgehend und bis zur Offenbarung am Sinai fortschreitend, aber es
ist eine pedantische Philosophie und klingt wie ein schlechter Midrasch[1]).

Ein neues Element scheint Nissi ben Noach in das Karäertum
eingeführt zu haben, wodurch es noch mehr den Charakter einer
Reform einbüßte. Er behauptete nämlich gegen das talmudische
Judentum und sogar gegen Anan, die levitischen Reinheitsgesetze
seien nicht mit dem Untergange des Tempels außer Kraft gesetzt,
sondern behielten noch ihre fortdauernde Verbindlichkeit. Jeder
Israelit müsse sich namentlich für die Sabbate, Festeszeiten und
sogar für die Neumondstage von verunreinigenden Personen und
Gegenständen fern halten, und, wenn eine Verunreinigung eingetreten
sei, die vorgeschriebenen Waschungen und Bäder anwenden. Nissi
ben Noach ging noch weiter. Er meinte, daß die Bethäuser und
Synagogen, welche, wo immer auch in den Ländern der Zerstreuung
erbaut worden, dieselbe Heiligkeit hätten, wie der Tempel zu Jerusalem. Folglich dürften levitisch verunreinigte Personen sie nicht
betreten und müßten sich sogar vom Gebete fern halten. Nissis
Lehre fand unter den Karäern Beifall; sie entfernten sich dadurch

---

[1]) Jetzt gedruckt in Pinskers Likkute Kadmoniot. S. 1—13 [Diese
Schrift ist ein Machwerk des XII. Jahrhunderts; vgl. P. F. Frankl in
Haschachar VIII, S. 121 ff. und Harkavy bei Rabbinowitz S. 230].

noch mehr von den Rabbaniten und näherten sich den Samaritanern, welche ebenfalls die levitischen Reinheitsgesetze beobachteten. Die Karäer mieden dadurch den Umgang mit den Rabbaniten vollständig, weil sie ihnen, da sie jene Vorschriften gar nicht mehr beobachteten, für verunreinigend galten. Da die Zufälle der Verunreinigung oft und unwillkürlich eintreten, so sind die Karäer noch heutigen Tages nicht selten verhindert, ihre Bethäuser zu besuchen und halten sich daher in der Vorhalle der Synagoge auf. Daher die den Reisenden aufgefallene Erscheinung, daß die Synagogen der Karäer öfter leer, die Vorhallen dagegen von Betenden gefüllt sind. Noch erschwerender wirkte diese Erneuerung der levitischen Bestimmungen auf das Haus. Die Frauen, die in gewissen Zuständen für verunreinigend gehalten werden, müssen vom Umgang mit reinen Personen fern gehalten und in einen abgeschiedenen Winkel des Hauses verwiesen werden. Alles, was sie während dieser Zustände berührt haben, muß, je nach der Natur des Gegenstandes, gewaschen oder vernichtet werden. Die Beobachtung der Reinheitsgesetze hatte noch andere Erschwerungen im Gefolge, und das Karäertum geriet dadurch immer tiefer in ängstliche Skrupulosität und Verdumpfung des Geistes.

Andere Karäer hatten wieder andere wunderliche Einfälle in betreff einzelner Bestimmungen des Judentums. Musa (oder Meswi) und Ismael[1]) aus der Stadt Akbara (7 Meilen östlich von Bagdad) haben eigene Ansichten vom Judentum auch in betreff der Sabbatfeier aufgestellt (um 834—42), die aber nicht näher bekannt sind. Auch sie näherten sich den Samaritanern. Die beiden Akbariten behaupteten ferner, das pentateuchische Verbot der Fettteile gelte nur für Opfertiere, anderweitig aber seien sie zum Genusse gestattet. Musa und Ismael fanden Anhänger, welche nach deren Theorie lebten, und diese bildeten eine eigene Sekte innerhalb der Karäer unter dem Namen Akbariten. Gleichzeitig mit ihnen trat ein anderer Irrlehrer auf, Abu-Amran Mose, der Perser, aus dem Städtchen Safran (bei Kerman-Schah in Persien), der nach der Stadt Tiflis in Armenien auswanderte. Abu-Amran Altiflisi stellte wieder andere Ansichten auf, die er auch in der Schrift begründet glaubte. In bezug auf die Fettteile schloß er sich den Akbariten an; Bruder- und Schwesterkinder wollte er gleich den übrigen Karäern als Blutsverwandte betrachtet und die

---

[1]) Vgl. dazu Note 18, III. [und die Bemerkungen daselbst.]

Festtage weder mit den Rabbaniten, noch mit den Karäern angesetzt wissen. Es soll weder eine feste Kalenderberechnung stattfinden, noch soll der sichtbar gewordene Neumond als Anfangspunkt für den Monat gelten, sondern der Augenblick, wo der Mond sich verdunkelt. Mose, der Perser, leugnete ferner die leibliche Auferstehung und führte noch andere Abnormitäten ein, die nicht weiter bekannt sind. Seine Anhänger bildeten eine eigene Sekte unter dem Namen Abu-Amraniten oder Tiflisiten[1]) und behaupteten sich einige Jahrhunderte. — Ein anderer Mose (oder Meswi) aus Baalbek (in Syrien) setzte diese fort entfernte sich aber noch weiter vom Karäertum[2]). Der Baalbekite behauptete, das Passahfest müsse immer am Donnerstag und der Versöhnungstag am Sabbat gefeiert werden, weil dieser Tag in der Bibel als Doppelsabbat bezeichnet wird. Das Wochenfest soll allerdings nach dem Wortlaute stets am Sonntag gefeiert werden, doch sei es zweifelhaft, von welchem Sonntag nach dem Passah die fünfzig Tage gezählt werden sollen. In manchen Punkten wich Mose Baalbeki von Rabbaniten und Karäern zugleich ab; er stellte auf, beim Gebete solle man sich nicht nach der Richtung des Tempels wenden, sondern stets nach Westen. Auch er bildete eine eigene Gemeinde, die sich Baalbekiten[3]) oder Mesviten nannte und sich lange behauptete.

Da das Karäertum keinen religiösen Mittelpunkt und keine die Einheit repräsentierende geistliche Behörde hatte, so lag es in der Natur der Sache, daß die eine karäische Gemeinde nicht mit der anderen übereinstimmte. So feierte die Gemeinde in der Landschaft von Chorasan die Feste anders als die übrigen Karäer. Diese waren zwar bestrebt, das Mondjahr mit dem Sonnenjahr auszugleichen, und ein Schaltjahr einzuführen, so oft die Gerstenreife sich verspätete, nach dem Wortlaute der Bibel. Aber die Reife dieser Getreideart ist zu sehr von klimatischen Einflüssen bedingt, als daß sie eine feste Norm abgeben könnte. Da nahmen denn die Hauptgemeinden der Karäer, deren Sitz in Palästina war, das heilige Land zum Maßstabe. So oft im Monate Nissan die Gerstenreife sich verspätete, schalteten

---

1) Note 18, IV.

2) [Nach Pinsker, Likkute S. 43 identisch mit Mose Akbari; vgl. ebendort S. 88, Anm. 3, Ende betreff seines späteren Übertritts zum Christentum.]

3) Note 18, V.

sie einen Monat ein und feierten das Passah- und das Wochenfest
einen Monat später. Die Karäer in Ägypten dagegen meinten, da
der heilige Gesetzgeber die Bestimmung über das Passahfest i n
Ä g y p t e n geoffenbart hat, weshalb dieses Land zum Maßstabe
genommen werden müsse. Es war dieselbe Schwankung wie unter
den Christen in betreff der Osterfeier in den ersten Jahrhunderten
bis zur Kirchenversammlung zu Nizäa.

Einige karäische Lehrer gaben sich Mühe, der Zerfahrenheit Herr
zu werden und Ordnung in das wirre Chaos zu bringen. Die unbeschränkte Freiheit der Schriftforschung, die Anan zur Bedingung
gemacht, hatte jedem einzelnen die Beurteilung dessen, was verbindlich oder nicht verbindlich ist, in die Hand gelegt, den beschränkten
Geist des Individuums zum Richter über die Religion eingesetzt und
dadurch den Wirrwarr und die Sektiererei erzeugt. Diese Freiheit
wollten einsichtsvolle Karäer, welche die Schäden tief empfanden,
unter Regel und Gesetz bringen und sie teilweise beschränken, um
einen sichern Boden zu gewinnen. Die Regel dazu entnahmen sie aber
aus der mohammedanischen Theologie und wendeten sie auf das
Judentum an. Wie die schiitischen (traditionsleugnenden) Lehrer
des Islam, nahmen sie d r e i Q u e l l e n [1]) für das religiös Verbindliche an: d e n   W o r t l a u t   d e r   S c h r i f t (K'tab), die
A n a l o g i e   o d e r   F o l g e r u n g (Heckesch) und die Ü b e r e i n -
s t i m m u n g (Kibbuz). Den Begriff der Schrift faßten sie aber
nicht wie die Rabbaniten, als gleichbedeutend mit der Thora oder
dem Pentateuch, sondern dehnten ihn auch auf die Bücher der Propheten und der Hagiographen aus. Was in diesen Büchern der
heiligen Gesamtliteratur als religiös verordnet oder vorausgesetzt
werde, oder was auch nur beiläufig und nebenher in der Bibel vorkomme, das sei Norm für die religiöse Praxis. Die Fälle, welche
nicht deutlich in der Schrift angegeben sind, können durch Analogie
aus ähnlichen Fällen gefolgert werden. Aber auch manches, was
weder ausdrücklich, noch angedeutet in der Schrift geboten ist, aber
von jeher Brauch innerhalb des jüdischen Stammes war, gehöre
in den Kreis des Religiösen. So ist zwar nirgends in der ganzen
heiligen Schrift angegeben, daß der Monat mit dem Erscheinen des
Neumondes anzufangen sei, auch nicht, daß das Schlachten des
Viehes nach gewissen Vorschriften erfolgen solle; aber da diese und

---

[1]) Vgl. Note 17, IV.

andere Punkte von jeher im jüdischen Stamme üblich waren, und
zwischen Rabbaniten und den meisten Karäern darin Übereinstimmung
herrsche, so seien sie hiermit dem Zweifel enthoben und religiös verbindlich.   Diese Regel war im Grunde ein Zugeständnis an den
Rabbanismus und an den Talmud.   Denn woher konnten die
Karäer, welche erst von gestern waren, überhaupt wissen, daß dieses
und jenes seit undenklichen Zeiten Brauch war in Israel? Doch
nur durch den Talmud, das lebendige Gedächtnis der Überlieferung.
Die Karäer haben demnach die Tradition im Prinzip anerkannt,
nannten auch die Regel der Übereinstimmung nach und nach Überlieferung (Haatakah) oder Erblehre (Sebel ha-Jeruschah).
In der Praxis verfuhren sie aber willkürlich, indem sie das eine als
Tradition beibehielten und das andere verwarfen.   Sie kamen daher
nicht aus der Willkür heraus.

Wer die Männer waren, welche die drei Regeln, um den Umfang des Religiösen abzugrenzen und zu begründen, aufgestellt haben,
ist nicht bekannt geworden.   Die Regel der Analogie führte das
Karäertum zu neuen Erschwerungen und Verlegenheiten, namentlich
in betreff der Ehebeschränkung wegen Blutsverwandtschaft.   Das Ehe-
verbot mit der Tochter ist nämlich im Pentateuch nicht ausgesprochen,
wohl aber mit der Enkelin, es muß demnach aus einer Folgerung
geschlossen werden.   Auf diese biblisch begründete Schlußfolgerung
bauten einige Karäer und gingen weiter, die Verwandtschaftsgrade
ins Maßlose auszudehnen.   Sie behaupteten, Mann und Frau
werden in der Schrift als vollständige Blutsverwandte bezeichnet.
Folglich sind die auch nicht in gemeinsamer Ehe erzeugten Kinder
ebenfalls als Blutsverwandte zu betrachten, und völlige Stiefgeschwister dürfen miteinander keine Ehe eingehen.   Die Karäer
gingen aber noch weiter.   Das Verhältnis der Blutsverwandtschaft
zwischen Mann und Frau bleibe fortbestehen, auch wenn die Ehe
aufgelöst sei.   Durch das Eingehen einer neuen Ehe des Mannes
mit einer anderen Frau und der Frau mit einem anderen Gatten
werde die Blutsverwandtschaft auf die einander ganz unbekannten
Gatten übertragen, so daß die sämtlichen gegenseitigen
Familienglieder der Eheleute erster und zweiter Ehe miteinander
blutsverwandt und deren Verehelichung untereinander als Blutschande
zu betrachten seien.   Diese aus der Eheverbindung entsprungene
Verwandtschaft müsse auch auf die dritte und vierte Ehe übertragen
werden, so daß der Kreis der Blutsverwandtschaft bedeutend erweitert

werde. Dieses künstliche Verwandtschaftsshstem nannten die Urheber Übertragung (Rikkub, Tarkib). Warum sie inkonsequent bei der vierten Ehe stehen geblieben sind, bleibt ein Rätsel, und es hat den Anschein, als ob sie · von der äußersten Konsequenz zurückgeschreckt wären. In einen solchen Wirrsal verwickelte sich das Karäertum durch das Bestreben, mit der Vergangenheit zu brechen[1].

[1] [Eine ausführlichere Darstellung mit Beispielen erfährt dieser Gegenstand bei Weiß a. a. O. Abschnitt 7, S. 72 ff.]

Achtes Kapitel.

Günstige Lage der Juden im fränkischen Kaiserreiche.

Kaiser Ludwigs Gunstbezeugung für die Juden: die Kaiserin Judith und die Gönner derselben. Ihr Erzfeind Agobard; sein Sendschreiben gegen die Juden. Der Proselyte Bodo-Eleasar. Ludwig behandelt die Juden als besondere Schutzgenossen des Kaisers.

814—840.

Von der Zerklüftung des Judentums im Morgenlande, von den Reibungen zwischen dem Exilarchat und dem Gaonat und den Schulhäuptern untereinander hatten die europäischen Juden keine Ahnung. Ihnen erschien Babylonien, der Sitz der gaonäischen Hochschulen, in einem idealen Glanze, als ein Heiligtum, als eine Art Vorhimmel, als Stätte ewigen Friedens und göttlicher Erkenntnis. Ein gutachtlicher Bescheid von Sura oder Pumbadita, so oft er bei den europäischen Gemeinden eintraf, galt als ein wichtiges Ereignis und wurde, eben weil er ohne Anspruch, Ehrgeiz und Hintergedanken erteilt wurde, mit viel größerer Verehrung gelesen und befolgt als eine päpstliche Bulle in katholischen Kreisen. Die abendländischen Völker, an Kultur und Schrifttum noch in der Kindheit begriffen, standen auch in religiöser Beziehung unter Vormundschaft, die Christen unter dem päpstlichen Stuhle, die Juden unter den gaonäischen Hochschulen. Einige hervorragende Juden beschäftigten sich zwar mit Agada und Geheimlehre in Frankreich und wohl auch in Italien, aber sie betrachteten sich selbst nur als unmündige Jünger morgenländischer Autoritäten. Die günstige Lage der Juden im fränkischen Reiche, welche von Karl dem Großen begründet und von seinem Sohne Ludwig (814—40) erhöht wurde, spornte sie zu einer Art Geistestätigkeit an, und sie legten soviel Eifer für das Judentum an den Tag, daß sie auch Christen dafür zu begeistern vermochten.

Karls des Großen Nachfolger, der gutmütige, aber willenlose Kaiser Ludwig, überhäufte trotz seiner Kirchlichkeit, die ihm den Namen „der Fromme" eintrug, die Juden mit außerordentlichen

Gunstbezeugungen. Er nahm sie unter seinen besonderen Schutz[1]), und litt nicht, daß ihnen von seiten der Barone oder der Geistlichkeit Unbill zugefügt würde[2]). Sie genossen Freizügigkeit durch das ganze Reich[3]). Sie durften — trotz der vielfach erlassenen kanonischen Gesetze — nicht nur christliche Arbeiter bei ihren industriellen Unternehmungen gebrauchen, sondern auch ganz frei Sklavenhandel treiben, Leibeigene im Auslande kaufen und im Inlande verkaufen. Es war den Geistlichen untersagt, die Sklaven der Juden zur Taufe und dadurch zur Emanzipation zuzulassen[4]). Den Juden zuliebe wurden die Wochenmärkte vom Sabbat auf den Sonntag verlegt[5]). Von der Geißelstrafe waren sie befreit, es sei denn, daß ihre eigenen Gerichtsbehörden sie über die Schuldigen verhängten. Auch den barbarischen Ordalienproben durch Feuer und siedendes Wasser, die statt des Zeugenbeweises eingeführt waren, unterlagen die Juden nicht[6]). Sie durften unbeschränkt Handel treiben, nur mußten sie an den Fiskus eine Steuer davon zahlen und jedes Jahr oder jedes zweite Jahr Rechenschaft über die Einnahmen ablegen[7]). Juden waren auch Steuerpächter und hatten dadurch gegen ausdrückliche Bestimmungen des kanonischen Rechtes eine gewisse Gewalt über die Christen[8]). Ein eigener Beamter, mit dem Titel J u d e n m e i s t e r (magister Judaeorum), war dazu ernannt, über die Privilegien der Juden zu wachen, damit sie von keiner Seite verletzt würden. Dieser Beamte hieß zu Ludwigs Zeit E b e r a r d[9]).

---

[1]) [Vgl. hierüber Regesten Nr. 81—83.]

[2]) Quia inter nos vivunt (Judaei) et maligni eis esse non debemus, nec vitae, nec sanitati, vel divitiis eorum contrarii. Agobard, de insolentia Judaeorum in dessen opera, ed. Baluze, T. I, p. 63.

[3]) Bouquet, recueil des historiens des Gaules II, p. 649, 50.

[4]) Agobard a. a. O. p. 61; Rhabani Mauri (richtiger Amolonis) epistola sive liber contra Judaeos (in der Sammlung von Chifflet scriptorum veterum quinque opuscula, Dijon 1656), c. 41; Bouquet das. IV, chartae Ludovici Pii No. 33—34.

[5]) Agobard das. 65. Mercata, quae in sabbatis solebant fieri, transmutari praeceperunt (missi regis) — dicentes hoc Christianorum utilitati propter diei dominici vacationem congruere — ne sabbatismus eorum (Judaeorum) impediretur.

[6]) Bouquet das.

[7]) Das.

[8]) Rhabani (Amolonis) epistola: quod quidam ipsorum (Judaeorum) in nonnullis civitatibus telonarii inlicite consistuntur.

[9]) Agobard p. 105. Everardus, qui Judaeorum nunc magister est.

Man könnte verſucht ſein, zu glauben, dieſe auffallende Begünſtigung der Juden von ſeiten eines kirchlich-frommen Kaiſers ſei
aus Handelsrückſichten geſchehen. Der Welthandel, den Karl der
Große angebahnt hatte, und den die Räte Ludwigs zur Blüte
bringen wollten, war größtenteils in den Händen der Juden, weil
ſie leichter mit ihren Glaubensgenoſſen anderer Länder in Verbindung treten konnten, und weil ſie weder durch die Feſſel des Ritter-
dienſtes und Wehrſtandes, noch durch die Gebundenheit der Leib-
eigenſchaft daran verhindert waren und gewiſſermaßen den Bürger-
ſtand bildeten. Allein die Gunſt hatte einen tieferen Grund. Sie
galt nicht bloß den jüdiſchen Kaufleuten und Handelstreibenden,
ſondern den Juden als ſolchen, den Trägern einer geläuterten Gotteserkenntnis. Die Kaiſerin Judith, Ludwigs zweite
Gemahlin und die allmächtige Beherrſcherin ſeines Herzens, hatte eine
beſondere Vorliebe für das Judentum. Dieſe mit Schönheit und
Geiſt begabte Kaiſerin, welche ihre Freunde nicht genug bewundern,
ihre Feinde nicht genug ſchmähen konnten, hatte eine tiefe Verehrung für die Helden der israelitiſchen Vorzeit. Als der gelehrte
Abt von Fulda, Rhabanus Maurus, ihre Gunſt gewinnen
wollte, kannte er kein wirkſameres Mittel, als ihr ſeine Ausarbeitung
der Bücher Eſther und Judith zu widmen und ſie mit dieſen
beiden jüdiſchen Heldinnen zu vergleichen[1]). Die Kaiſerin und ihre
Freunde, wahrſcheinlich auch der Kämmerer Bernhard, der
eigentliche Regent des Reiches, waren wegen der Abſtammung der
Juden von den großen Patriarchen und Propheten ihre Gönner
Um derentwillen ſeien ſie zu ehren, ſprach dieſe judenfreundliche Partei bei Hofe, und der Kaiſer ſah ſie ebenfalls in
demſelben Lichte[2]). Gebildete Chriſten erfriſchten ihren Geiſt an
den Schriften des jüdiſchen Philoſophen Philo und des jüdiſchen
Geſchichtſchreibers Joſephus und laſen ſie lieber als die Evangelien[3]).
Gebildete Edeldamen und Edelleute bei Hofe ſprachen es daher offen

---

[1]) Rhabanus' Widmungsſchreiben bei Bouquet, recueil IV, p. 355.

[2]) Agobard de insolentia Judaeorum p. 64: Fautores Judaeorum —
illos — laetificantes patriarcharum causa honorandos esse putant. —
Quod cari sint (Judaei) vobis (imperatori) propter patriarchas. [Über
Rhabanus' Verkehr mit ſchriftkundigen Juden vgl. Regeſten Nr. 101.]

[3]) Rhabani epistola c. 24: Breviter amonendum putamus, ut etiam
libri Josephus et Philo, homines quidem docti, sed Judaei impii ex-
siterunt, quia eos nonnuli nostrum nimis ammirari soleant et
plus etiam quam divinas litteras legere dilectant.

aus, sie wollten lieber einen Gesetzgeber haben wie die Juden,
d. h. daß ihnen Mose und das Judentum erhabener erschienen, als
Jesus und das Christentum. Sie ließen sich daher von Juden den
Segen erteilen und für sich beten[1]). Die Juden hatten infolge-
dessen freien Zutritt bei Hofe und verkehrten unmittelbar mit dem
Kaiser und den ihm nahen Personen. Verwandte des Kaisers be-
schenkten jüdische Frauen mit kostbaren Gewändern[2]), um ihre
Verehrung und Anhänglichkeit zu bekunden.

Bei solcher außerordentlicher Gunst von seiten des Hofes war
es ganz natürlich, daß die Juden des fränkischen Reiches — welches
auch Deutschland und Italien umfaßte — eine ausgedehnte Religionsfreiheit genossen, wie kaum in unseren Tagen. Die gehässigen
kanonischen Gesetze gegen sie waren stillschweigend außer Kraft gesetzt.
Die Juden durften ungestört neue Synagogen bauen und frei über
die Bedeutung des Judentums in Gegenwart christlicher Zuhörer
sprechen, daß sie „die Nachkommen der Patriarchen", „das Geschlecht
der Gerechten", „die Kinder der Propheten" sind[3]). Ohne Scheu
durften sie ihre aufrichtige Meinung über das Christentum, über die
Wundertätigkeit der Heiligen und Reliquien und über die Bilder-
verehrung äußern[4]). Christen besuchten die Synagogen, erbauten
sich an dem jüdischen Gottesdienst und, merkwürdig genug, fanden mehr
Geschmack an den Vorträgen der jüdischen Kanzelredner (Darschanim)
als an den Predigten der Geistlichen[5]), obwohl jene schwerlich den

---

1) Agobard de insolentia Judaeorum. Quod excellentissimae personae
capiant eorum (Judaeorum) orationes et benedictiones et fateantur,
talem se legis auctorem habere velle, qualem ipsi habent.
Agobard verschweigt geflissentlich die Namen der jüdischen Gönner, er will
dem Kaiser gegenüber die Kaiserin nicht anklagen.

2) Das. Quod honorabiliter ingrediantur (Judaei) in conspectu vestro
et egrediantur; dum ostendunt vestes muliebres, quasi a consanguineis
vestris et matronis Palatinorum uxoribus eorum directas.

3) Agobard das. 103: Dum se patriarcharum progeniem, justorum
genus, Prophetarum sobolem superbo ore perloquuntur (Judaei), igno-
rantibus (Christianis), qui haec audient.

4) Das. S. 77.

5) Das. 64: Ad hoc pervenitur, ut dicant imperiti Christiani, melius
eis praedicari Judaeos quam presbyteros nostros. Ebenso
Amolo a. a. O. c. 41. Et cum eis servos Christianos habere non liceat,
habent servientes sibi liberos Christianos, in quibus tantum proficiat
eorum impietas — ut dicant, melius eos sibi praedicari quam presbyteros
nostros.

tiefen Inhalt des Judentums auseinanderzuſetzen imſtande waren.
Jedenfalls müſſen wohl damals die jüdiſchen Kanzelredner in der
Landesſprache vorgetragen haben. Hochgeſtellte Geiſtliche trugen
keine Scheu, von den Juden die Auslegung der heiligen Schrift zu
lernen. Wenigſtens geſteht es der Abt Rhabanus Maurus von Fulda
ein, daß er von den Juden manches gelernt und in ſeine Kommentarien zur heiligen Schrift, die er dem nachmaligen Kaiſer Ludwig
dem Deutſchen gewidmet, verwebt habe[1]). Infolge der Begünſtigung
der Juden vom Hofe wurden einige Chriſten aus dem Volke für
das Judentum eingenommen, ſahen es als die wahre Religion an,
fanden es überzeugender als die Chriſtuslehre, beobachteten den
Sabbat und arbeiteten am Sonntag[2]). Mit einem Worte, die
Regierungszeit des Kaiſers Ludwig des Frommen war für die Juden
ſeines Reiches ein goldenes Zeitalter, wie ſie es in Europa weder
vorher noch ſpäter bis in die neuere Zeit erlebt haben.

Aber wenn der jüdiſche Stamm zu allen Zeiten Feinde hatte,
ſo konnten ſie in dieſer Zeit den franzöſiſchen Juden, eben weil
dieſe ſich in der Gunſt des Hofes ſonnten und auch beim Volke
beliebt waren, und weil ſie mit ihren Religionsanſichten frei auftreten durften, gewiß nicht fehlen. Die Anhänger ſtrenger Kirchlichkeit ſahen in der Verletzung der kanoniſchen Geſetze zugunſten der
Juden und in der ihnen gewährten Freiheit den Untergang des
Chriſtentums. Neid und Gehäſſigkeit verſteckten ſich hinter die
Orthodoxie. Die Gönner der Juden bei Hofe, die Kaiſerin an der
Spitze, wurden ohnehin von der klerikalen Partei, die den Kaiſer
zu beherrſchen trachtete, bitter gehaßt. Sie übertrug den Ingrimm
gegen die freiſinnige Partei am Hofe auf die Juden. Der Vertreter der kirchlichen Rechtgläubigkeit und des Judenhaſſes in dieſer
Zeit war A g o b a r d, Biſchof von Lyon, den die Kirche zum Heiligen
geſtempelt hat. Agobard war ein unruhiger, gallerfüllter Mann,
deſſen Leidenſchaftlichkeit ihn bis zur Verleumdung der Kaiſerin

---

[1]) Rhabanus Maurus, praefatio in reges: Practerea Hebraci cujus-
dam modernis temporibus in legis scientia capitulis traditionem Hebraeorum non paucis locis simul cum nota nominis ejus inscrui. Ebenſo
in der praefatio in Paralipomena.

[2]) Agobard de insolentia Judaeorum 107: Unde et in tantum grave
pelagus nonnulli ex vulgaribus ac rusticis abducuntur, ut hunc solum
Dei esse populum, apud hos (Judaeos) piae religionis observantiam,
ac multo certiorem quam nostra sit fidem — et ore impio inter pares
et consimiles fateantur. Vgl. Amolo a. a. O. c. 61.

Judith, bis zur Auflehnung gegen den Kaiser und bis zur Ver-
führung der Prinzen hinriß. Er unterstützte die pflichtvergessenen
Söhne des Kaisers, namentlich Lothar, die sich gegen den Vater
auflehnten. Man nannte ihn daher den Achitophel, der den
Absalom-Lothar gegen David-Ludwig aufstachelte.
Dieser Bischof sann darauf, die Freiheit der Juden zu beschränken
und sie wieder in die niedrige Stellung zurückzuweisen, die sie unter
den entarteten merowingischen Königen eingenommen hatten. Ein
geringfügiger Vorfall bot ihm eine Handhabe dazu[1]).

Die Sklavin eines angesehenen Juden von Lyon war ihrem
Herrn entflohen und, um ihre Freiheit zu erlangen, hatte sie sich
von Agobard taufen lassen (um 827)[2]). Die Juden sahen in diesem

[1]) [Das Auftreten Agobards gegen die Juden ist jedenfalls noch vor
825 anzusetzen.]

[2]) Um die chronologische Aufeinanderfolge der judenfeindlichen Schriften
Agobards, die in mancher Beziehung merkwürdig sind, festzustellen, muß
Folgendes erwogen werden. Bouquet setzt die „Consultatio ad Adalhardem,
Walam et Helisachar" vor das Jahr 826, als das Todesjahr des Abtes
Adalhard von Corbey (Recueil IV. p. 385. Note), und das Sendschreiben
an den Abt Wala und Hilduin (epistola ad proceres Palatii) ins Jahr
828. Allein gerade die letzte Schrift scheint Agobards erste Streitschrift
gewesen zu sein. Denn in derselben setzt er die Geschichte von der getauften
Sklavin als etwas Unbekanntes auseinander; nunc autem causam hujus
persecutionis — me vobis significante — cognoscere dignamini (ed. Baluz,
p. 192.) In dem erstgenannten Schreiben, der consultatio, dagegen setzt
Agobard das Faktum als bekannt voraus: praefata de causa (das. p. 191).
Der Adalhard in diesem Schreiben braucht nicht gerade der Abt von Corbey
gewesen zu sein, da es mehrere hochgestellte Personen dieses Namens unter
Ludwig gegeben hat. Hingegen da Wala in dem Sendschreiben ad proceres „Abt" tituliert wird, so folgt daraus, daß es nach 826 geschrieben
wurde, da Wala diesen Titel erst nach dem Tode seines Bruders Adalhard
von Corbey erhielt. Die Schriften de judaicis superstitionibus und de
insolentia Judaeorum, beide gleichzeitig, die letzte von Agobard allein, und
die erste von ihm und den Bischöfen Bernhard und Faof verfaßt, setzt Baluz
mit Recht in das Jahr 829, weil darin die Kirchenversammlung zu Lyon
über diesen Gegenstand erwähnt wird, und diese 829 stattfand. Hingegen
scheint die Schrift ad Nibridium dem Konzil vorangegangen zu sein, da sie
das Zustandekommen eines solchen veranlassen will. Die Reihenfolge der
Agobardschen judenfeindlichen Schriften ist demnach: 1) Epistola ad proceres Palatii Walam et Hilduin; 2) Consultatio ad proceres; 3) Ad Nibridium; 4) und 5) De judaicis superstitionibus und de insolentia Judaeorum. Diese Schriften sind ins Deutsche übersetzt worden von Dr. Emanuel
Samoszk, Leipzig, bei Hunger 1852. [Über Agobards Auftreten gegen die
Juden vgl. Simson, Ludwig der Fromme, Teil I S. 393, Foß im Archiv zur För-

Akte einen Eingriff in ihr verbrieftes Recht, und der Eigentümer
verlangte die Auslieferung der ihm entlaufenen Sklavin. Da Agobard sich aber dessen weigerte, wandten sich die Juden an Eberard,
den Meister der Juden, und er war sofort bereit ihnen kräftig zur
Seite zu stehen. Er drohte dem Bischof, falls er die Sklavin nicht
ihrem Herrn zurückerstattete, würde er vom Kaiser eine außerordentliche Kommission (Missi) mit Machtbefugnis versehen kommen lassen,
die ihn durch Strafen zur Auslieferung zwingen werde. Das war
der Anfang eines Streites zwischen Agobard und den Juden, welcher
sich mehrere Jahre hinzog, zu vielen Verdrießlichkeiten Anlaß gab
und zur Folge hatte, daß Agobard zuletzt seines Amtes entsetzt
wurde. Es handelte sich für Agobard nicht um diese Sklavin, sondern
um Aufrechterhaltung und Behauptung der die Juden beschränkenden kanonischen Gesetze.

In der Verlegenheit zwischen den Eingebungen seines Judenhasses und der Furcht vor Strafe, wandte sich Agobard an die Vertreter der kirchlichen Partei bei Hofe, an W a l a, Abt von Corvey,
und H i l d u i n, Abt von St. Denis und Erzkanzler, von denen
er wußte, daß sie die Kaiserin und ihre Günstlinge, die Juden,
gründlich haßten. Er bestürmte sie, daß sie es beim Kaiser durch-
setzen möchten, die Freiheiten der Juden aufzuheben. In diesem
Schreiben stellt er es so dar, als ob er von dem Privilegium der
Juden nichts wüßte. „Die Juden verbreiteten ein Edikt, das sie
vom Kaiser haben wollten, kraft dessen niemand einen Sklaven von
ihnen ohne Einwilligung taufen dürfe. Ich aber kann durchaus
nicht glauben, daß aus dem Munde des allerchristlichsten und frommen
Kaisers ein der Kirchenregel so entgegengesetzter Spruch hervorgegangen sei." Agobard klagt darin die Juden an, daß ihr ver-
stockter Unglaube nicht nur verhindere, daß einer der Ihrigen zu
Christi Glauben übergehe, sondern auch nicht aufhöre, die Gläubigen
öffentlich und insgeheim zu schmähen und zu lästern. Er beruft
sich auf das Beispiel der Apostel und Aposteljünger, welche Sklaven
in den neuen Bund aufgenommen haben. Er möchte diesen Auto-

derung christlicher Literatur Jahrg. 1897, Abschnitt 8, Eichner in Hilgenfelds
ZwTh Bd. 41, S. 514—552, Regesten Nr. 84 ff. Theodor Reinach in Aotes
et conférences de la Société des Études juives, (Beilage zur RÉJ,
Jahrg. 1905.) Über die Chronologie der judenfeindlichen Schriften Agobards,
abweichend von des Verfassers Anordnung, vgl. Simson a. a. O.
S. 393 ff., Regesten Nr. 84, Reinach a. a. O. S. XCV.]

ritäten folgen, trage aber Bedenken, den Befehl, welcher im Namen
des Kaisers gezeigt werde, zu übertreten. Er flehe daher Wala und
Hilduin an, da sie die vorzüglichsten Gewissensräte des Kaisers seien,
bei ihm Fürsprache für seine Unduldsamkeit einzulegen[1]).

Diese Männer scheinen sein Vorhaben beim Kaiser befürwortet
zu haben; aber auch die judenfreundliche Partei war nicht untätig,
die Umtriebe der Klerikalen zu durchkreuzen. Der Kaiser scheint
hierauf den Bischof und die Vertreter des Judentums zur Aus-
tragung des Streitpunktes vorgeladen zu haben. Drei Personen
wurden ernannt, die Parteien zu vernehmen: der schon genannte
Wala, ein gewisser Adalhard (nicht des ersteren Bruder) und der
Kanzler Helisachar, Abt von Trier. Agobard war bei diesem Verhör
so voller Wut, daß er, wie er sich selbst ausdrückt, „mehr gebrummt
als gesprochen hat"[2]). Darauf wurde Agobard zur Audienz beim
Kaiser eingeführt. Als der Bischof vor Ludwig erschien, blickte ihn
der Kaiser so finster an, daß er kein Wort hervorzubringen imstande
war und weiter nichts vernahm, als den Befehl, sich zu entfernen.
Beschämt und verwirrt kehrte der Bischof nach seinem Sprengel
zurück. Bald erholte er sich aber von seiner Verwirrung und zettelte
neue Umtriebe gegen die Juden an. Er schrieb in scheinbarer
Demut an die drei Schiedsmänner und verlangte ihren Rat, was
er zu tun oder zu lassen habe. „Wenn ich," schreibt er, „den Juden
oder ihren Sklaven die Taufe verweigerte, so fürchte ich die göttliche Verdammnis; wenn ich sie ihnen aber erteile, fürchte ich Anstoß
zu erregen und kann feindseliger Angriffe auf mein Haus gewärtig
sein"[3]). Das war aber nichts als Heuchelei, denn er ließ die Kanzeln
des Lyoner Bistums von judenfeindlichen Predigten widerhallen.
Ten Pfarrkindern schärfte er ein, den Umgang mit Juden abzubrechen,
von ihnen nichts zu kaufen und ihnen nichts zu verkaufen, an ihren
Mahlen nicht Teil zu nehmen und nicht in ihren Dienst zu treten.
Agobards Beweisführung und Redefigur war folgendermaßen: „Wenn
jemand seinem Herrn in Liebe und Treue zugetan ist, so wird er
nicht dulden, daß ihn ein anderer schmähe, und noch weniger würde
er mit ihm freundlich verkehren oder gar sein Tischgenosse werden."
Nun verfluchten die Juden (wie Agobard lügenhaft sprach und schrieb)
Christi Namen in ihren Gebeten, folglich dürften die Christen, wenn

---

[1]) Agobards Sendschreiben Nr. 1.
[2]) Sendschreiben Nr. 2. Dilectio vestra audivit me mussitantem
potius quam loquentem.   [3]) Ders. bei Baluze, p. 99 f.

sie ihren Herrn und Erlöser lieben, das nicht zugeben und noch
weniger mit dessen Feinden Gemeinschaft machen[1]).

Wären die Juden nicht imstande gewesen, dieser alles Maß
überschreitenden Gehässigkeit Schranken zu setzen, so hätten sie sich
auf eine blutige Verfolgung gefaßt machen müssen, so sehr hatte
Agobard böse Leidenschaften gegen sie aufgestachelt. Glücklicherweise
waren die jüdischen Gönner bei Hofe für sie tätig, dem fanatischen
Priester das Handwerk zu legen. Sobald sie Kunde von dessen
Treiben erhielten, erwirkten sie vom Kaiser S c h u t z b r i e f e (Indi-
culi) mit dem kaiserlichen Insiegel versehen und sandten sie den
Juden von Lyon zu. Ein Handschreiben war an den Bischof gerichtet, daß er seine geifernden Predigten bei Strafe einstellen, und
ein anderes an den Statthalter des Lyoner Bezirkes, daß er den
Juden Beistand leisten solle (826—27). Agobard kehrte sich aber
nicht an diese Schreiben und schützte aus Böswilligkeit vor, die
kaiserlichen Handschreiben seien nicht echt und könnten es auch nicht
sein. Darauf begab sich der Judenmeister Eberard zu ihm, um ihm
den Zorn des Kaisers gegen seine Auflehnung zu verkünden. Aber
er blieb so hartnäckig, daß der Kaiser zwei Kommissarien, G e r r i k
und F r i e d r i c h, hochgestellte Edelleute des Hofes, mit Vollmachten
versehen, absenden mußte, um den tobenden und aufrührerischen
Bischof zur Vernunft zu bringen. Agobard war aber bei der Ankunft der Kommissarien abwesend und also für den Augenblick vor
Demütigung geschützt. Welche Machtmittel die Kommissarien gegen
ihn anzuwenden angewiesen waren, ist nicht recht klar. Aber sie
müssen sehr strenge gewesen sein; denn die wenigen Geistlichen, die
an Agobards Treiben beteiligt waren, wagten nicht, sich zu zeigen[2]).
Bezeichnend ist es aber, daß die Bevölkerung von Lyon keineswegs
für ihren Bischof Partei gegen die Juden genommen hat.

Haman-Agobard ruhte aber nicht in seinen judenfeindlichen Bestrebungen. Er wollte den Gönnern der Juden bei Hofe entgegenarbeiten, dem Kaiser ins Gewissen reden und ihn gegen die Juden
einnehmen. Vielleicht war er schon damals von den Plänen der
Verschworenen Wala, Helisachar und Hilduin unterrichtet, welche die
Söhne des Kaisers aus erster Ehe gegen die Kaiserin und den Erzkanzler Bernhard aufreizen wollten, weil diese den Kaiser bewogen
hatten, eine neue Teilung des Reiches zugunsten des Sohnes von
der Judith zu entwerfen. Denn Agobard setzte von jetzt an jede

---

2) Sendschreiben Nr. 3 und 5.   3) Sendschreiben Nr. 5.

Scheu bei Seite und trat ganz entschieden auf, als ahnte er, daß
die judenfreundliche Partei ihrem Sturze nahe sei. Er wandte sich
an die Bischöfe des Reiches, daß sie dem Kaiser sein Unrecht vor-
halten und ihn bestimmen möchten, die Scheidewand zwischen Juden
und Christen, wie sie zur Zeit der Merowinger bestanden, wieder aufzurichten. Von Agobards Sendschreiben an die Prälaten ist nur ein
einziges vorhanden, das an den Bischof N i b r i d i u s von Narbonne[1]).
Es ist voller Galle gegen die Juden und interessant sowohl wegen
des finsteren Geistes seines Absenders, als auch wegen der Geständ-
nisse, die er darin macht. Er erzählt Nibridius, daß er auf einer
Rundreise in seinem Sprengel seinen Pfarrkindern eingeschärft habe,
den vertrauten Umgang mit Juden abzubrechen. Denn es sei
unwürdig, daß die Söhne des Lichtes sich mit den Söhnen der
Finsternis beflecken sollten, und daß „die makel- und runzellose
Kirche, die sich für die Umarmungen des himmlischen Bräutigams
vorbereiten müsse, sich durch die Verbindung mit der befleckten,
runzligen und verstoßenen Synagoge" entehren sollte. Es sei sündhaft, daß die jungfräuliche Braut Christi die Mahle der Buhlerin
genießen und durch die Gemeinschaftlichkeit von Speise und Trank
nicht bloß in mannigfaltige Laster verfallen, sondern auch Gefahr
laufen sollte, den Glauben einzubüßen. „Denn aus allzugroßer
Vertraulichkeit und fleißigem Zusammenleben beobachten einige von
Christi Herde mit den Juden den Sabbat und verletzen den Sonntag durch Arbeit und vernachlässigen die Fasten." Im Verlaufe
des Sendschreibens berichtet Agobard, daß er wahrgenommen, wie
einige Christen dem Judentum zugetan waren, und er dem täglich
sich mehrenden Übel mit vieler Anstrengung habe steuern wollen,
deshalb habe er seinen Beichtkindern befohlen, sich des Umgangs
mit Juden und freundlicher Nachbarschaft mit ihnen zu enthalten,
wie Mose ehemals den Juden befohlen, den Umgang mit Heiden
zu meiden. Denn der Einfluß der Juden auf die einfachen Gemüter sei bedeutend. Während es den Christen nicht gelingen wolle,
bei allem Entgegenkommen auch nur eine einzige jüdische Seele für
das Christentum zu gewinnen, habe sich ein Teil der Christen bei
den gemeinschaftlichen Mahlen auch an der geistigen Speise der Juden
gesättigt. Wiewohl ihn der Magister der Juden, Eberard, und die
Kommissarien im Namen des Kaisers an dem guten Werke zu

---

[1]) [Über dieses vgl. jetzt Régné a. a. O. S. 30 ff.]

hindern suchten, so habe er sich bisher nicht daran gekehrt. Endlich
forderte er den Bischof von Narbonne auf, seinerseits die Gemeinschaft der Christen mit Juden zu hindern und seine Mitbischöfe und
Geistlichen zu demselben Verhalten zu bewegen; denn die Juden,
die unter dem Gesetze stehen, stehen zugleich unter dem Fluche, der
sie umgibt wie ein Gewand, in sie eindringt wie Wasser. Diejenigen,
welche die apostolische Heilsverkündigung verwerfen, müssen nicht
bloß gemieden werden, sondern sind auch dem Strafgericht verfallen,
gegen welches der Untergang Sodoms und Gomorrhas noch milde
zu nennen ist[1]).

So sehr auch Agobards giftiger Judenhaß als ein Ausfluß
seines Gemütes zu betrachten ist, so kann man nicht leugnen, daß
er sich damit vollständig auf dem Boden der Kirchenlehre befunden
hat. Er beruft sich mit Recht auf die apostolischen Aussprüche und
kanonischen Gesetze; die geheiligten Konzilienbeschlüsse waren allerdings auf seiner Seite. Agobard mit seinem glühenden Hasse befand sich auf dem Standpunkte der Rechtgläubigkeit, während Kaiser
Ludwig mit seiner Milde auf dem Wege der Ketzerei war. Agobard
wagte aber nicht, diesen Gedanken laut werden zu lassen; er äußert
sich vielmehr in dem Sinne, daß er unmöglich glauben könne, der
Kaiser habe die Kirche an die Juden verraten. Daher fand auch
seine Klage Widerhall in den Herzen der Kirchenfürsten. Es versammelten sich eine Reihe von Bischöfen in Lyon, welche Beratung
hielten, wie die Juden zu demütigen wären, wie man ihr friedliches Leben stören, wie man den Kaiser selbst zur Annahme der
Beschlüsse bewegen könnte. Es beteiligten sich an diesem judenfeindlichen Konzil unter andern Bernhard, Bischof von Brienne,
und Eaof, Bischof von Châlons. Die Mitglieder beschlossen,
dem Kaiser ein Schreiben einzureichen, ihm das Sündhafte und Gefährliche der Judenbegünstigung auseinanderzusetzen und die Punkte
zu formulieren, welche abgestellt werden sollten (829). Das Synodal-
schreiben, wie es uns vorliegt, ist nur von drei Bischöfen unter-
zeichnet, von Agobard, Bernhard und Eaof unter dem Titel: „vom
Aberglauben der Juden" (de judaïcis superstitionibus)[2]). Voran
ging eine Einleitung von Agobard, worin er sein Verhalten in diesem
Streite auseinandersetzt. Daß der Bischof sein Verfahren zu recht-

---

[1]) Sendschreiben Nr. 3.

[2]) [Gemeint sind vielleicht Schriften, wie Schiur Komah u. dgl., die
Agobard, wenn auch nur aus zweiter Quelle, gekannt hat.]

fertigen versucht hat, ist ganz in Ordnung. Von kirchlichem Standpunkte aus hatte er, wie gesagt, so ganz Unrecht nicht. Aber es
ist interessant, daß er manche Tat und manches Wort zu beschönigen
und zu mildern gezwungen ist, um nicht als F e i n d d e r J u d e n,
sondern als E i f e r e r f ü r d e n G l a u b e n zu erscheinen. Nur
hin und wieder vermag er seinen Ingrimm nicht zurückzuhalten und
verrät seine wahre Gesinnung. Freilich greift er öfter zu lügen-
haften Erfindungen und Übertreibungen, um den frommen Kaiser
aufzustacheln. Nächst den Juden galt Agobards Anklage den Juden-
freunden bei Hofe, die an allem schuld seien.

Er behauptete in diesem Einleitungsschreiben, die Kommissarien
G e r r i k und F r i e d r i c h samt Eberard, die zwar im Namen des
Kaisers auftraten, aber sicherlich nur im Namen eines andern (des
Satans) handelten, hätten sich den Christen fürchterlich und den Juden
sehr zutunlich gezeigt. Wenn er auch verschweige, wie sehr sie ihn
selbst verfolgten, so dürfe er doch die Leiden, die sie der Kirche zugefügt, der sie Seufzer und Tränen ausgepreßt, nicht mit Stillschweigen übergehen. Durch die Vorschubleistung der Kommissarien
aufgebläht, hätten sich die Juden in deren Gegenwart nicht gescheut,
Jesus zu schmähen. Der Kamm sei den Juden dadurch gewachsen,
weil die Kommissarien einigen ins Ohr flüsterten, die Juden seien
nicht so verabscheuungswürdig, wie viele glaubten, sondern dem Kaiser
sehr teuer. Er und die Eiferer für den Glauben seien von den
Gönnern der Juden übel behandelt worden, obgleich er weiter nichts
getan, als seinen Pfarrkindern einzuschärfen, daß sie den Juden nicht
christliche Sklaven verkaufen, noch zugeben, daß sie solche nach Spanien
verkauften, daß Christen nicht bei Juden dienen, nicht mit ihnen
den Sabbat feiern, nicht mit ihnen an den Fasten Fleischspeisen genießen, auch nicht Fleisch von den Juden kaufen sollten, weil sie nur
das verkauften, was ihnen zum Genusse verboten ist, das sie sogar
beleidigend c h r i s t l i c h e s V i e h (christiana pecora) nennen. Auch
verkauften die Juden nur solchen Wein, den sie nicht trinken mögen, weil
ihn die Christen berührt hätten. Wie gemildert und geschwächt erscheint
diese Darstellung gegen das Geständnis, das Agobard vor Nibridius
abgelegt, er habe den Christen seines Sprengels gepredigt, sich von
den Juden fern zu halten und nicht an deren Tafel teilzunehmen!
Im weiteren Verlaufe hebt der Ankläger die schon von Hieronymus
geltend gemachte Unwahrheit hervor, daß die Juden Jesus täglich
in ihren Gebeten schmähten. Trotzdem habe er, der Bischof, das

von der Kirche gegen ſie vorgeſchriebene Verhalten beobachtet, habe
ihnen nichts Böſes zugefügt, ihr Leben, Geſundheit und Vermögen
unverletzt gelaſſen. Denn man müſſe die Juden vorſichtig behandeln.
Allein ſie mißbrauchten dieſe Nachſicht, weil ſie ſich der Gunſt und
Zuvorkommenheit von ſeiten des Hofes und der Großen erfreuen.
Durch die Verfolgung, die er erfahren, werden die einfältigen
Chriſten verleitet, in den Juden etwas Beſſeres zu erblicken.

Er wolle daher auseinanderſetzen, wie die Leiter der galliſchen
Kirche, Könige wie Biſchöfe, auf den Konzilien ſich angelegen ſein
ließen, die Chriſten von der Gemeinſchaft der Juden fern zu halten;
dies ſtimme mit den Ausſprüchen der Apoſtel vollkommen überein
und könne ſogar aus dem alten Teſtamente belegt werden. Zugleich wollte er beweiſen, wie niedrig und unwürdig die Juden von
Gott denken. Dieſes alles haben er und ſeine Mitbiſchöfe in einem
Schreiben zuſammengeſtellt. Zuletzt erzählt Agobard dem Könige
ein haarſträubendes Märchen, das, wenn es wirklich auf Tatſachen
beruhte, auf die Chriſten damaliger Zeit nicht minder ein grelles
Licht würſe als auf die Juden. Chriſten hätten freie Männer, ihre
eigenen Glaubensgenoſſen, den Juden als Sklaven verkauft, und dieſe
hätten ſie nach Spanien ſpediert, oder auch die Juden hätten Chriſten-
knaben geſtohlen und als Sklaven verkauft. Das habe ihm ein
Flüchtling aus Cordova erzählt, der vor mehr als zwanzig Jahren
von einem Juden aus Lyon dahin verhandelt worden wäre[1].
Agobard verſtand es ſchon, ſämtliche Juden für das Verbrechen eines
einzelnen verantwortlich zu machen. Indeſſen verfiel weder er, noch
ſeine Zeit auf die ſchamloſe Anklage, daß die Juden Chriſtenkinder
ſchlachteten und ihr Blut tränken. Aber vorbereitet hat er ſie
jedenfalls.

In der Hauptſchrift, welche Agobard mit den zwei genannten
Biſchöfen überreichte, ſuchten ſie den Kaiſer Ludwig noch mehr gegen
die Juden einzunehmen. Die dringende Notwendigkeit, ſagten ſie,
gebiete ihnen, dem Kaiſer vorzuſtellen, welche Vorſicht man gegen
den Unglauben, Aberglauben und die Irrtümer der Juden gebrauchen
müſſe, und die Leiter der galliſchen Kirche ſeien darin mit dem
beſten Beiſpiele vorangegangen. Es ſei ihre Pflicht, aufmerkſam zu
machen, welcher Schaden den gläubigen Seelen durch das Gefäß des

[1]) Sendſchreiben Nr. 4.

Teufels, die Juden nämlich, drohe; an dem Kaiser sei es, vermöge seiner Frömmigkeit Mittel dagegen anzuwenden. Dann lassen sie die Beispiele des Menschenhasses folgen. Der heilige Hilarius habe Juden und Ketzer nicht einmal eines Grußes gewürdigt. Der heilige Ambrosius habe einem Kaiser der Juden wegen getrotzt. Die Heiligen Cyprianus und Athanasius, die Vorbilder der gallischen Kirche, haben den Gläubigen eingeschärft, den befleckenden Umgang mit Juden zu meiden. Das Konzil von Epaon, von vierundzwanzig Bischöfen gehalten, habe den kanonischen Beschluß geheiligt, daß kein christlicher Laie Tischgenosse eines Juden werden solle, und kein Bischof bei Verlust seiner Seligkeit in alle Ewigkeit diesen Beschluß rückgängig machen dürfe. Dasselbe habe die Synode von Agde bekräftigt, und das Konzil von Maçon habe noch hinzugefügt, daß Juden keine Richter über Christen, nicht einmal Steuerpächter werden dürfen, um keine Gewalt über Christenmenschen auszuüben, daß Juden in der Osterwoche sich auch nicht auf Straßen und Plätzen blicken lassen sollten, daß sie den Geistlichen demütige Ehrfurcht zu erweisen hätten, und daß sie keine christlichen Leibeigene halten dürften.

Die Bischöfe, die Vertreter der kirchlichen Rechtgläubigkeit jener Zeit, führten dann dem Kaiser das Beispiel des Evangelisten Johannes und dessen Jüngers Polykarpus an, wie sie die Nähe der Ketzer Cerinth und Marcion geflohen seien. „Nun sind", so folgerten sie weiter, „die Juden noch viel schlimmer als Ketzer, die doch das Christentum zum Teil haben und an Jesus glauben." Die Juden seien daher mehr noch als Ketzer zu fliehen und zu meiden. Dann erzählten sie in der Denkschrift, die Juden hätten unwürdige Vorstellungen von Gott, indem sie sich ihn körperlich mit Gliedmaßen versehen dächten (d. h. nur die Mystiker o. S. 211). Sie behaupteten, die Buchstaben der Thora hätten vor der Weltschöpfung existiert, und daß es mehrere Erden, Himmel und Höllen gäbe. Kein Blatt des alten Testaments wäre frei von Fabeleien, welche die Juden hinzugedichtet hätten und noch immer hinzudichteten. Agobard und seine Mitbischöfe sahen, wenn sie den Aberglauben der damaligen Juden in Frankreich anklagten, recht gut den Splitter in den Augen anderer, aber nicht den Balken in den eigenen. Indem sie ferner hervorhoben, daß die Juden sich blasphemierende Geschichtchen von Jesus erzählten, kamen sie auf die Schlußfolgerungen. Da die Juden den Sohn verleugnen, verdienen sie auch den Vater

nicht, und da sie noch dazu Jesu jungfräuliche Geburt nicht aner-
kennen, so seien sie die wahren Antichristen.	Wenn die Gönner
der Juden meinen, man müsse sie wegen ihrer großen Ahnen, der
Patriarchen, ehren, und daß sie wegen dieser edlen Abstammung
vorzüglicher seien als die Christen, so müßte man die Sarazenen
(Araber) ebenfalls hochhalten.	Denn auch sie stammen von Abraham
ab.	Die Juden seien aber, weit entfernt, edler als die Christen zu
sein, noch schlimmer als Sarazenen und Agarener, die doch Gottes
Sohn mindestens nicht getötet haben[1]).

Vom Standpunkte des Glaubens und der kanonischen Gesetze
war die Beweisführung Agobards und der anderen Bischöfe unwider-
leglich, und, wenn der Kaiser Ludwig der Fromme auf diese Logik
etwas gegeben hätte, so hätte er die Juden seines Reiches mit
Stumpf und Stiel vertilgen müssen.	Er gab aber glücklicherweise
gar nichts darauf, entweder, weil er Agobards Gesinnung kannte,
oder, weil ihm vielleicht die Anklageschriften gegen die Juden gar
nicht zu Gesichte kamen, indem — wie Agobard fürchtete — die
Freunde der Juden bei Hofe sie gar nicht vorlegen ließen.	Der
judenfeindliche Bischof von Lyon rächte sich aber dafür, indem er sich
ein Jahr darauf (830) an der Verschwörung gegen die Kaiserin Judith
und ihre Freunde beteiligte, und sogar sich den entarteten Söhnen
anschloß, welche den Vater entthronen und demütigen wollten und
ihr Vorhaben zum Teil auch ausgeführt haben.	Agobard wurde daher
seiner Bischofswürde entkleidet und mußte nach Italien entfliehen.
Später gab ihm Ludwigs Langmut seine Würde zurück; aber er
unternahm nichts mehr gegen die Juden.

Bis an sein Lebensende blieb Ludwig den Juden gewogen,
obwohl sein frommes Gemüt durch den Übertritt eines seiner Lieblinge zum Judentume tief verwundet wurde, und diese Tatsache
ihn gegen sie hätte erbittern können.	Die Bekehrung des Edelmanns
und hohen Geistlichen B o d o zum Judentume hat zu ihrer Zeit
viel Aufsehen gemacht.	Die Chroniken berichten darüber, wie über
Kalamitäten von Heuschreckenschwärmen, Kometenerscheinungen, Über-
schwemmungen und Erdbeben.	Der Fall war in der Tat von
außergewöhnlichen Umständen begleitet und geeignet, fromme Christen-
seelen stutzig zu machen.	B o d o oder P u o t o, aus einem alten

---

[1]) Sendschreiben Nr. 5.

alemannischen Geschlechte, weltlich und geistlich unterrichtet, war Geistlicher geworden und nahm den Rang eines Diakonus ein. Der Kaiser war ihm sehr gewogen und ernannte ihn zu seinem Seelsorger, um ihn stets bei sich zu haben. In fromm-katholischer Gesinnung hatte sich Bodo die Erlaubnis erbeten, nach Rom ziehen zu dürfen, dort den Segen des Papstes zu empfangen, und an den Gräbern der Apostel und Märtyrer zu beten. Der Kaiser gewährte ihm diesen Wunsch, entließ ihn und gab ihm reiche Geschenke mit. Aber anstatt in der Hauptstadt der Christenheit in seinem Glauben gestärkt zu werden, faßte Bodo gerade dort eine tiefe Vorliebe für das Judentum. Die Veranlassung dazu ist unbekannt geblieben. Sollte vielleicht die an Ludwigs Hofe günstige Stimmung für Juden und Judentum ihn angeregt haben, darüber nachzudenken, beide Religionsformen miteinander zu vergleichen und die Vorzüge des Judentums herauszufinden? Das unsittliche Treiben der Geistlichen in der christlichen Hauptstadt — welches Veranlassung gab zur Satire von der Päpstin Johanna, die Petri Stuhl besudelt hat — und ihre Unflätigkeit überall, selbst in den Kirchen, hat ihn mit Ekel erfüllt und ihn dem sittenreinen Judentume näher gebracht. Er schrieb selbst später, daß er und andere Geistliche in den Kirchen mit verschiedenen Frauen Unzucht getrieben habe. Die christliche Rechtgläubigkeit, ohne nach dem wahren Grunde von Bodos Gesinnungsänderung zu forschen und in sich zu gehen, war mit der Antwort bei der Hand: Satan, der Feind des Menschengeschlechts und der Kirche, habe ihn dazu verleitet. Oder man sagte sich, die Juden hätten ihn dazu beredet.

Bodo reiste also stracks von Rom nach Spanien, ohne Frankreich und den Hof zu berühren, um dort förmlich zum Judentum überzutreten, riß sich von Vaterland, Ehrenstellen und freundschaftlichen Kreisen los, ließ sich in Saragossa beschneiden, nahm den Namen E l e a s a r an und ließ sich den Bart wachsen (August 839). Von seinem Gefolge, das er zur Annahme des Judentums bewegen wollte, blieb nur sein Neffe bei ihm. Liebe war keineswegs der Beweggrund von Bodo-Eleasars Religionswechsel. Denn er heiratete erst in Saragossa eine Jüdin, scheint in den Militärstand bei einem arabischen Fürsten getreten zu sein und empfand einen so grimmigen Haß gegen seine ehemaligen Glaubensgenossen, daß er dem mohammedanischen Herrscher von Spanien zugeredet hat, keinen Christen in seinem Lande zu dulden, sondern sie zu zwingen, entweder den

Islam oder das Judentum anzunehmen. Darauf sollen sich die spanischen Christen hilfeflehend an den Kaiser von Frankreich und an die Bischöfe gewandt haben, alles aufzubieten, um sich diesen gefährlichen Apostaten ausliefern zu lassen[1]).

Kaiser Ludwig war allerdings, wie schon erwähnt, über Bodos Übertritt zum Judentum im ganzen tief betroffen und trauerte darüber. Allein er ließ die Juden seinen Schmerz nicht empfinden und machte sich keinen Vorwurf daraus, sie begünstigt und Bodos Abfall vielleicht auf dem Gewissen zu haben. Er fuhr fort, die Juden gegen Ungerechtigkeiten zu schützen und bewies es bei einem Rechtsfalle, der einige Monate nach Bodos Bekehrung zu seiner Kenntnis gelangte[2]). Eine jüdische Familie, ein Vater, mit Namen G a u d i o c u s und zwei Söhne, Jacob und Vivatius, besaß nämlich Landgüter in Septimanien (im Süden Frankreichs) mit Äckern, Weinbergen, Wiesen, Mühlen, Gewässern und anderen Zugehörigkeiten. Einige übelwollende Personen machten sie den Juden streitig, man weiß nicht unter welchem Vorwande. Sobald der Kaiser Ludwig Kunde davon erhielt, bestätigte er nicht nur den Juden ihre Besitzungen und Rechte, sondern sprach auch den Grundsatz aus, daß, wenngleich die apostolischen Gesetze ihn nur verpflichteten, für die Wohlfahrt der Christen Sorge zu tragen, sie ihn doch nicht hinderten, seine Gerechtigkeit und sein Wohlwollen allen Untertanen zuteil werden zu lassen, zu welchem Bekenntnis sie auch gehören mochten (Februar 939). Wahrlich, dieser ebenso menschliche wie

---

[1]) Hauptquelle für diese Nachricht ist Rhabani Mauri (richtiger Amolonis) epistola contra Judaeos c. 42. Quod enim nunquam antea gestum meminimus, seductus est ab eis (Judaeis) Diaconus palatinus, nobiliter nutritus, et in ecclesiae officiis exercitatus et apud principem bene habitus, ita ut deseruit penitus Christianorum regnum et nunc apud Hispaniam inter saracenos Judaeis sociatus persuasus est, circumcisionem carnalem accipere, nomen sibi mutare, ut qui antea Bodo nunc Eleazar appellatur. Vgl. annales Bertiniani oder Prudentii Trecensis bei Bouquet, recueil des historiens, VI, p. 200 f. Duchesne, T. III, p. 156. Pertz, monumenta Germaniae I, 49, 65 und 442. Der Chronifstil für dieses Faktum lautet: Puoto diaconus de palatio humani generis hoste pellectus, lapsus est in Judaismum. Interessant sind epistolae Alvari et Eleazari bei Florez, España sagrada, XVII, p. 178 ff., XVIII, Auf. [Vgl. Regesten Nr. 103 Ende.]

[2]) [Der hier angeführte Fall trug sich im Februar 839 zu, also noch vor Bodos Übertritt. Vgl. Regesten Nr. 102 und 103 Ende betreff des Datums von Bodos Übertritt.]

fromme Fürst hat weit eher den Namen „der Große" verdient, als mancher Despot und Glückzerstörer in der Geschichte, da er in einer barbarischen, bigotten, unmenschlichen Zeit edle, menschliche Gesinnung zu wahren gewußt hat! Von Ludwig dem Frommen rührt wohl der anfangs gutgemeinte Gedanke her, der sich durch das ganze Mittelalter hindurchzieht, daß der Kaiser der natürliche Schutzherr der Juden sei, und, daß sie gewissermaßen als seine Klienten unantastbar seien[1]).

[1]) Bouquet, recueil, pag. 624. CCXXXII. Die Formel für den den Juden gewährten kaiserlichen Schutz lautete: Domatum Rabbi et Samuelem nepotem ejus sub nostra defensione oder sub nostro mundeburdo suscepimus. Bouquet das. 624, Nr. 32—34.

Neuntes Kapitel.

Das Sinken des Exilarchats und die Anfänge einer jüdisch-wissenschaftlichen Literatur.

Kaiser Karl der Kahle und die Juden. Der jüdische Arzt Zedekias. Der jüdische Diplomat Juda. Der Judenfeind Amolo. Das Konzil von Meaux. Amolos judenfeindliches Sendschreiben. Nachwirkung desselben. Taufzwang der Juden im byzantinischen Reiche unter Basilius Macedo und Leo. Demütigung der Juden und Christen im Kalifat. Sinken des Exilarchats und Hebung der pumbaditanischen Hochschule; Paltoj und Mar-Amram; Gebetordnung. Die schriftstellerischen Gaonen. Simon Kahira. Der arabische Josippon. Isaak Israeli. Die karäischen Schriftsteller; Mose Daral. Asketische Richtung des Karäertums. Eldad, der Danite und Zemach Gaon. Jehuda ben Koreisch. Ehrenvolle Stellung der Juden und Christen unter dem Kalifen Almutabhid. Sinken der suranischen Hochschule. Kohen-Zedek und seine Bestrebungen. Die Exilarchen Ukba und David ben Sakkal.

840—928.

Das goldene Zeitalter für die Juden im fränkischen Reiche war mit dem Tode Kaiser Ludwigs des Frommen für eine geraume Zeit dahin. Das abendländische Europa, von Anarchie zersetzt und von fanatischen Geistlichen beherrscht, bot keine Stätte für die Entwicklung des Judentums. Zwar war Karl der Kahle, Ludwigs Sohn von der Judith, um dessentwillen im fränkischen Kaiserreiche so viele Wirren entstanden waren, die zuletzt zu der Teilung des Reiches in Frankreich, Deutschland, Lotharigen (Lothringen) und Italien führten (843), durchaus kein Feind der Juden. Er scheint im Gegenteil von seiner Mutter eine gewisse Vorliebe für sie geerbt zu haben. Er hatte einen jüdischen Leibarzt Zedekias, den er sehr liebte. Zedekias' ärztliche Geschicklichkeit galt aber der unwissenden Menge und der wundergläubigen Geistlichkeit als Magie und Teufelswerk[1]). Karl der Kahle, seit 843 König von Frankreich,

---

[1]) Hinkmar und Regino bei Pertz, Monumenta Germaniae, I, 504. 589.

hatte auch einen anderen jüdischen Günstling namens Juda, der ihm so viele politische Dienste geleistet hat, daß er ihn seinen Getreuen nannte.[1] Gesetzlich blieben daher die Juden unter ihm wie unter seinem Vorgänger gleichberechtigt mit den Christen. Sie durften ihre Geschäfte unbeschränkt betreiben und Ländereien besitzen. Einige von ihnen behielten oder erhielten die Zollpacht[2]. Aber an dem höheren Klerus hatten sie unversöhnliche Feinde. Sie hatten in Agobard die Würdenträger der Kirche allzusehr gereizt, als daß diese, zwar Liebe und Milde im Munde führend, ihnen diese Stellung hätten gönnen sollen.

Der erbittertste Feind der Juden war Agobards Jünger und Nachfolger im Amte, der Bischof Amolo von Lyon. Er hatte von seinem Meister Judenhaß und Sophisterei gelernt. Indessen stand Amolo nicht vereinzelt damit; der Bischof von Rheims, Hinkmar, ein Liebling des Kaisers Karl, Vanilo, Erzbischof von Sens, Rudolph, Erzbischof von Bourges und andere Geistliche teilten seine judenfeindlichen Gesinnungen. Auf einem Konzil, das diese Prälaten in Meaux (unweit Paris) zustande brachten, um einerseits die Macht des Königs zu brechen und die der Geistlichkeit zu erhöhen, andererseits der Liederlichkeit mancher Geistlichen zu steuern, beschlossen sie, die alten kanonischen Gesetze und die Beschränkungen der Juden wieder ins Leben zu rufen und von Karl bestätigen zu lassen. Wie weit sie die Beschränkungen ausgedehnt haben wollten, sagten die Konzilmitglieder nicht deutlich; aber sie legten, wie es Agobard getan hatte, dem Könige eine Reihe von früheren gehässigen Verfügungen gegen die Juden zu beliebiger Auswahl vor und gingen bis auf den ersten christlichen Kaiser Konstantin zurück. Sie erinnerten an die Erlasse des Kaisers Theodosius II., nach welchen kein Jude irgend ein Amt oder eine Würde bekleiden dürfte. Sie erinnerten ferner an die Konzilienbeschlüsse von Agde, Mâcon, Orleans und an das Edikt des merowingischen Königs Childebert (S. 54), daß die Juden nicht als Richter und Zollpächter fungieren, sich in der Osterwoche nicht auf den Straßen zeigen dürften, und daß sie den Geistlichen demütige

---

[1] Fidelis meus Juda in der histoire des comtes de Barcelona par Diego p. 26; venit denique Juda Hebraeus, fidelis noster, ad nos et de vestra fidelitate multa nobis designavit. Vgl. RÉJ. X. p. 248.

[2] Ergibt sich aus Amolos Sendschreiben gegen die Juden, wovon weiter.

Verehrung zu erweisen hätten. Sogar auf außerfranzösische, also
nicht Gesetz gewordene Synodalbeschlüsse beriefen sie sich, auf das
Konzil von Laodicea, welches den Christen verbot, Festgeschenke und
ungesäuerte Brote von den Juden anzunehmen, sich an deren Fest-
freuden und Mahlzeiten zu beteiligen, und sogar auf die unmenschlichen westgotischen Synodalbeschlüsse, die doch eigentlich weniger
gegen Juden schlechthin, als vielmehr gegen getaufte und dem
Judentum dennoch anhängliche Juden gerichtet waren. Es lag also
eine doppelte Gehässigkeit darin, wenn die Konzilmitglieder an jenen
westgotischen Synodalbeschluß (S. 69) erinnerten, welcher vorschreibt,
daß die Kinder den Juden (d. h. den bekehrten) entrissen und
unter Christen gesteckt werden sollten. Zum Schlusse betonten sie
den einen Punkt, daß jüdische und christliche Sklavenhändler gehalten
sein mögen, heidnische Sklaven innerhalb des christlichen Gebietes
zu verkaufen, damit sie zum Christentume bekehrt werden könnten
(28. Juni 845)[1].

Die Prälaten hatten darauf gerechnet, den König Karl, der
wegen des Einfalls und der Plünderungen der Normannen in einer
schlimmen Lage war, zur Annahme ihrer Beschlüsse zu bewegen,
und hatten darum die Landesplagen von seiten der Normannen
als eine göttliche Züchtigung wegen der Sündhaftigkeit des Königs
angedeutet. Sie hatten sich aber verrechnet. Noch war Karl nicht
so gedemütigt, um sich von fanatischen und ehrgeizigen Geistlichen
Gesetze vorschreiben zu lassen. Obwohl sein Liebling Hinkmar,
Bischof von Rheims, sich an dem Konzil beteiligte, ließ er es doch
auflösen und die Mitglieder auseinanderjagen. Später ließ er dieselben zu einer neuen Kirchenversammlung unter seinen Augen in
Paris (14. Februar 846) zusammentreten und die Verbesserung der
kirchlichen Angelegenheiten beraten. Von den achtzig Beschlüssen
des Konzils von Meaux mußten sie selbst drei Viertel fallen lassen
und darunter auch den Antrag auf Beschränkung der Juden[2]. Die

---

[1] Concilium Meldense canon 73. Der Schluß: Ut mercatores hujus
regni, Christiani sive Judaei, mancipia pagana intra Christianorum
fines vendere compellantur, gehört nicht zum vorangehenden Zitat aus
den Beschlüssen des toledanischen Konzils, sondern ist ein selbständiger Antrag. Es geht übrigens daraus hervor, daß die Juden nicht die einzigen
Sklavenhändler waren.

[2] Concilium Parisiense 846. Dort heißt es (bei Sirmond III, p. 21):
quia factione quorumdam motus est animus ipsius regis contra epi-

niedrige Stellung der Juden ist daher in Frankreich weder unter den Karolingern noch später zum Gesetz erhoben worden. Höchstens beschränkte Karl die jüdischen Kaufleute darin, daß sie von ihrem Warenumsatze elf Prozent an den Fiskus abgeben mußten, während die christlichen nur zehn zu leisten hatten[1].

Amolo und seine Gesinnungsgenossen konnten aber die Niederlage, die sie im Konzil zu Meaux erlitten hatten, und das Scheitern ihres Planes, die Juden zu erniedrigen, nichtverschmerzen. Der Nachfolger Agobards wendete sich miteinem Sendschreiben an die höhere Geistlichkeit und ermahnte sie auf die Fürsten dahin einzuwirken (846), daß sie die Privilegien der Juden aufheben und sie in eine niedrige Stellung versetzen. Amolos Sendschreiben, voller Gift und Verleumdung gegen den jüdischen Stamm, ist ein würdiges Seitenstück zu Agobards Klageschrift gegen sie an Kaiser Ludwig. Vieles ist auch darin dieser entlehnt, wie es überhaupt nur wenige neue Gesichtspunkte enthält. Der Eingang bezeugt, daß die Juden noch immer im Volke und beim Adel geachtet und geehrt waren, und um diese Achtung wollte sie eben Amolo bringen. Er unternahm es zu beweisen, wie verächtlich der Unglaube der Juden, wie schädlich ihr Umgang für die Gläubigen sei, „was vielen unbekannt ist, nicht bloß dem Volk und der Menge, sondern auch den Adligen und Hochgestellten, Gelehrten wie Ungelehrten"[2]. Er wollte diesen allen, d. h. dem ganzen französischen Volke, mit Ausnahme der un-

scopos, dissuadentibus primoribus regni sui ab eorum (episcoporum) admonitione et remotis ab eodem concilio (Meldensi) episcopis, ex omnibus illis capitulis haec tantum observanda collegerunt, undeviginti capitula ex octoginta. Der Beschluß gegen die Juden fehlt ebenfalls in den Akten des Pariser Konzils.

[1] Capitularia Caroli Calvi bei Bouquet, recueil, T. VII. in Pertz monumenta, leges, I., 540.

[2] Der Titel der Schrift lautet: Rhabani Mauri archiepiscopi Moguntii epistola seu liber contra Judaeos. Die Kritik hat aber festgestellt, daß dieses Sendschreiben nicht von Rhabanus Maurus, sondern von Amolo stammt, was auch aus dem Inhalte c. 43 unzweideutig hervorgeht, wo er auf Agobard, als seinen Vorgänger und Lehrer, hinweist. Vgl. Abelung, Zusätze zu Jöchers Gelehrtenlexikon, Artikel Amolo. — — — Der Eingang lautet: Detestanda Judaeorum perfidia quantum sit noxia fidelibus — apud multos incognitum est, non solum vulgares et plebeios, sed etiam nobiles et honoratos, doctos pariter et indoctos, et apud eos maxime, inter quos nulla praefatorum infidelium habitatio et frequentatio est.

duldsamen Geistlichen die Binde von den Augen reißen und ihnen
dartun, wie sie durch freundlichen Verkehr mit den Juden dem
Untergange nahe seien. Zu diesem Zwecke stellte er die judenfeindlichen Stellen aus den Evangelien und Kirchenvätern zusammen,
und, was dort von Ketzern gesagt wird, wendete Amolo gleich Agobard ohne weiteres auf die Juden an, da sie noch schlimmer als
Ketzer seien. Von getauften Juden, welche damals meistens ihren
Abfall durch Verleumdung ihrer ehemaligen Glaubensgenossen beschönigen wollten, hatte er vernommen, daß die Juden die A p o s t e l
„A p o s t a t e n" nannten, und daß sie den Namen Evangelien auf
hebräisch gehässig umdeuteten; ferner hätten die Juden die Weisung
erhalten, überall im Morgen= und Abendlande, diesseits und jenseits
des Meeres, nicht mehr den neunzehnten Psalm in den Synagogen
zu singen, weil dieser deutlich und klar auf Jesus hinwiese[1]).

Er wirft den Juden Blindheit vor, indem sie glauben, daß
ihnen zwei Messiasse erscheinen werden. Der eine, vom Geschlechte
Davids, sei schon zur Zeit der Tempelzerstörung geboren und lebe
in Rom unter einer abschreckenden Gestalt verborgen. Der andere
Messias aus dem Stamme Ephraim werde gegen Gog und Magog
Krieg führen, von ihnen aber getötet und von ganz Israel beweint
werden[2]). Gegen das Ende seines Sendschreibens bedauerte Amolo
am meisten, daß das jüdische Volk in Frankreich Redefreiheit genoß,
daß viele Christen ihm anhänglich waren[3]), und daß die Juden
christliche Dienstleute halten durften, die 'in deren Häusern und
Feldern arbeiteten. Auch er beklagt sich darüber, daß einige Christen
es aussprachen, die jüdischen Kanzelredner gefielen ihnen besser als

---

[1]) Rhabanus c. 2—10.

[2]) Diese agadische Sage tritt bei Amolo zuerst vollständig auf, c. 12
bis 13, während sie sich literarisch erst zwei Jahrhunderte später im Buche
Zerubabel (verf. um 1050) kristallisiert hat.

[3]) Das. c. 41. Quod enim multum dolendum est et per hos inimicos crucis Christi, licentiosa libertate, quod volunt agentes et sicut
volunt agentes — dum multi Christiani — contra decreta canonum
ita indifferenter eis adhaerent ut incessanter eorum conjunctu pollu-
antur et ipsis serviant tam in domibus quam in agris. [Der vollständige
Wortlaut ist nach Regesten Nr. 107 folgender: Quod enim multum dolendum est et per hos inimicos crucis Christi, licentiosa libertate, quod
volunt loquentes et sicut volunt agentes, assidua apud nos et in diver-
sis eius regni civitatibus, quacunque populus ille diffusus est, animarum
damna contingunt, dum multi christianorum contra auctoritatem
scripturarum et decreta canonum etc.]

die christlichen Presbyter, als wenn es die Schuld der Juden gewesen wäre, daß die Geistlichen nicht imstande waren, ihr Publikum
zu fesseln[1]). Auch das Ereignis, daß der Geistliche und Edelmann
Bodo zum Judentum übertrat und das Christentum gründlich haßte,
machte Amolo den Juden zum Vorwurf[2]). Von jüdischen Über-
läufern will er gehört haben, daß jüdische Steuerpächter arme Christen
so lange drückten, bis diese Christus verleugneten[3]), — als wenn eine
solche Untat hätte verborgen bleiben können, bis sie Apostaten ans
Tageslicht ziehen mußten.

Er selbst, erzählt Amolo, habe nach dem Beispiele seines Lehrers
und Vorgängers Agobard wiederholentlich in seinem Bistume darauf
gedrungen, daß die Christen sich von der jüdischen Gemeinschaft los-
sagen und sich nicht an deren Speise und Trank verunreinigen möchten;
alle seine Tätigkeit sei aber unzulänglich. Daher forderte er sämtliche Bischöfe des Landes auf, daß sie auf die frommen Christen ein-
wirken mögen, die alten kanonischen Beschränkungen der Juden wieder
einzuführen[4]). Auch er zählte die Reihenfolge der judenfeindlichen
Fürsten und Konzilien auf, welche die Erniedrigung der Juden zum
Gesetze erhoben haben, ganz so wie es Agobard und die Mitglieder
des Konzils von Meaux getan hatten. Amolo erinnert noch oben-
drein an den frommen westgotischen König Sisebut, welcher die
Juden seines Reiches zum Christentum gezwungen hat[5]). „Wir dürfen
nicht", so schließt das gehässige Sendschreiben, „wir dürfen nicht durch
unsere Zuvorkommenheit, Schmeichelei oder gar Verteidigung die verdammten und ihre Verdammnis verkennenden Menschen (die Juden
nämlich) sicher machen"[6]).

Für den Augenblick hatte Amolos giftiges Sendschreiben ebenso-
wenig Wirkung, wie Agobards Anklage und der Konzilbeschluß von
Meaux gegen die Juden. Aber nach und nach verbreitete sich das
Gift von der Geistlichkeit unter Volk und Fürsten[7]). Die Auflösung
Frankreichs in kleine selbständige Staaten, welche sich der königlichen

---

[1]) Rhabanus vgl. oben S. 233, Anmerkung 4.

[2]) Das. c. 42.   [3]) Das.   [4]) Das. c. 43.   [5]) Das. c. 44 ff.

[6]) Das. 60. Homines namque perditos et suam perditionem non
videntes (id est ipsos Judaeos) non debemus nostris blanditiis et adu-
lationibus vel (quod absit) defensionibus reddere male securos. Dieser
Passus scheint eine Pointe gegen einige Geistliche zu sein, welche den
Juden Wohlwollen zeigten und sie in Schutz nahmen.

[7]) [Über einschränkende Erlasse gegen Juden aus dieser Zeit vgl. Regesten Nr. 114—117a.]

Lehnsherrſchaft entzogen, trug dazu bei, daß die Juden dem Fanatismus der Geiſtlichen und der Tyrannei kleiner Fürſten preisgegeben
waren. So weit ging die Verfolgungsſucht des franzöſiſchen Klerus,
daß der jedesmalige Biſchof von Béziers vom Palmſonntag an bis
zum zweiten Oſtertag die Chriſten durch leidenſchaftliche Predigten
aufforderte, an den Juden dieſer Stadt Rache zu nehmen für Jeſu
Kreuzigung. Die von der Paſſionspredigt fanatiſierte Menge pflegte
ſich dann mit Steinen zu bewaffnen, die Juden zu überfallen und
ſie zu mißhandeln. Jahraus jahrein wiederholte ſich der Unfug,
dem der Biſchof jedesmal ſeinen Segen erteilte. Öfter ſetzten ſich
die Juden von Béziers zur Wehr, und dann gab es auf beiden
Seiten blutige Köpfe[1]). Dieſe unerhörte Barbarei dauerte mehrere
Jahrhunderte. Ein ähnlicher Unfug herrſchte eine Zeitlang in
T o u l o u ſ e. Die Grafen dieſer Stadt hatten das Recht, jährlich
am Karfreitag dem Syndikus oder Vorſteher der jüdiſchen Gemeinde
eine derbe Ohrfeige zu verſetzen, ſicherlich ebenfalls aus Rachenahme
für Jeſu Tod, nach der Vorſchrift: Du ſollſt deine Feinde lieben.
Man erzählt, einſt habe ein Kaplan, namens Hugo, ſich ausgebeten,
dieſe Ohrfeige erteilen zu dürfen und habe ſo derb zugeſchlagen,
daß der unglückliche Syndikus leblos zu Boden ſtürzte. Der Judenhaß, der eine Art Berechtigung für dieſe Unmenſchlichkeit begründen
wollte, erſand eine Fabel, die Juden hätten einſt die Stadt Toulouſe
an die Mohammedaner verraten oder verraten wollen[2]). Eine
ebenſo unwahre Erfindung iſt es, daß die Juden die Stadt Bor-
deaux an die Normannen verraten hätten. Später wurde die Ohrfeige in Toulouſe in eine jährliche Geldleiſtung von ſeiten der Juden
verwandelt.

Ludwigs des Frommen Urenkel, Ludwig II., Lothars Sohn,
ließ ſich ſo ſehr von Geiſtlichen umſtricken, daß er, ſobald er Selbſt-
herrſcher von Italien wurde (855), einen Konzilbeſchluß beſtätigte,
wonach ſämtliche Juden Italiens das Land, welches ihre Vorfahren
lange vor den eingewanderten Germanen und Longobarden bewohnt hatten, verlaſſen ſollten. Bis zum 1. Oktober desſelben Jahres
dürfe ſich kein Jude in Italien blicken laſſen. Jeder Betroffene
dürfe vom erſten beſten ergriffen und zur Strafe abgeliefert werden.

---

[1]) Chronica des Gaufredus Voisinensis bei Bouquet, recueil, XII.
436 und Vaisette, histoire de Languedoc, II, p. 485.

[2]) Vgl. darüber Duchesne, scriptores Francorum, III, 430, Bouquet,
recueil, IX. 116, histoire de Languedoc, II, 151.

Glücklicherweise für die Juden war der Beschluß unausführbar[1]). Denn Italien war damals in lauter kleine Gebiete zersplittert, deren Beherrscher dem Kaiser von Italien meistens den Gehorsam versagten. Mohammedaner machten häufige Einfälle ins Land und wurden öfter von christlichen Fürsten gegeneinander oder gegen den Kaiser zu Hilfe gerufen. In dieser Anarchie fanden die Juden Schutz genug, und der Erlaß blieb wahrscheinlich auf dem Papier. — Eine örtliche Vertreibung der Juden fiel auch in Frankreich vor. Ansegisus, Erzbischof von Sens, welcher das Primat über sämtliche gallische Geistliche hatte und der zweite Papst genannt wurde, vertrieb die Juden zugleich mit den Nonnen aus Sens[2]) sicherlich nach dem Tode Karls (zwischen 877—882)[3]). Den Grund dieser Verfolgung und deren Zusammenhang mit der Vertreibung der Nonnen, deutet die Chronik kaum an. Unter Karls Nachfolgern, als die Macht des Königtums immer unbedeutender wurde und die Bigotterie der Fürsten zunahm, kam es soweit, daß der König Karl der Einfältige sämtliche Ländereien und Weinberge der Juden im Herzogtum Narbonne aus übergroßem Eifer der Kirche von Narbonne schenkte (899, 914)[4]). Allmählich gewöhnten sich französische Fürsten an den Gedanken, daß der Schutz, den der Kaiser Karl der Große und noch mehr sein Sohn Ludwig den Juden gewährte, eine Verpflichtung für sie enthalte, d. h. daß sie Schützlinge der Machthaber seien und deren Vermögen und Personen den Fürsten angehörten. Wenigstens liegt dieser Gedanke dem Aktenstücke zugrunde, wodurch der Usurpator Boso, König von Burgund und der Provence, der von Geistlichen umgeben war, die Juden der Kirche schenkte[5]), d. h. über sie gewissermaßen wie über Leibeigene verfügte. Sein Sohn Ludwig bestätigte diese Schenkung (920). Dieser Zustand der willkürlichen Behandlung der Juden hörte erst mit der Regierung der Capetinger auf.

[1]) Pertz monumenta leges I. p. 137.

[2]) Chronicon bei Bouquet recueil VIII. 237.

[3]) [Als Datum der Ausweisung muß wohl 875—876 angenommen werden, da sie wahrscheinlich erfolgte mit Rücksicht auf die Invasion der Normannen (876), mit denen die Juden in Verbindung gestanden haben sollen; Vgl. Groß, Étude sur Simson ben Abraham de Sens in RÉJ. VI, S. 170.]

[4]) Die Aktenstücke darüber bei Bouquet, IX, 480, 521.

[5]) Bouquet, recueil, XI. Charta zum Jahre 920. [Vgl. jetzt auch Régné in RÉJ. LV. S. 223—225, wonach die Erneuerung des Edikts 922—923 stattgefunden hat.]

Wie im Westen Europas, so fielen die Juden im Osten dieses Erdteils, im byzantinischen Reiche, einem traurigen Geschicke anheim. Ungeachtet der Zwangstaufe und der Verfolgung von seiten des Kaisers Leo, des Isauriers (o. S. 172), waren die Juden wieder im ganzen byzantinischen Reiche und namentlich in Kleinasien und Griechenland verbreitet. Unter welchen Kaisern sie die Erlaubnis erhielten, das Judentum wieder zu bekennen, ist nicht bekannt, vielleicht unter der Kaiserin Irene, welche durch ihre Verbindung mit Karl dem Großen nicht so engherzig wie ihre Vorgänger war. Manche Juden Griechenlands beschäftigten sich mit Seidenraupenzucht, mit Pflanzung von Maulbeerbäumen und Seidenspinnerei[1]). Sie hatten von alters her einen Brauch, die Seidenraupen nur an Feiertagen, aber nicht am Sabbat zu füttern, fragten einst bei einem Gaon an, wie es damit zu halten sei, und erhielten den Bescheid, daß es auch am Sabbat gestattet sei (um 840). Allen den Beschränkungen der früheren Kaiser waren die griechischen Juden übrigens unterworfen und durften ebensowenig zu einem Amte zugelassen werden wie die Heiden und Ketzer, „damit sie aufs äußerste erniedrigt erscheinen"[2]). Nur Religionsfreiheit war ihnen gestattet.

Da gelangte Basilius der Mazedonier auf den Thron, nachdem er seinen Vorgänger Michael aus dem Wege geräumt hatte. Basilius gehörte nicht zu den verworfensten byzantinischen Herrschern, er war der Gerechtigkeit und Milde nicht ganz verschlossen. Aber er war darauf versessen, die Juden zum Christentum herüberzuziehen. Er veranstaltete daher Religionsdisputationen zwischen jüdischen und christlichen Geistlichen und dekretierte, daß jene entweder ihre Religion bis zur Unwiderleglichkeit beweisen oder eingestehen sollten, „daß Jesus der Gipfelpunkt des Gesetzes und der Propheten sei".

---

[1]) Daß die Juden Seidenzucht in Griechenland betrieben haben, folgt daraus, daß König Roger von Sizilien sie aus Griechenland nach Italien verpflanzte, um dort diesen Zweig der Industrie anzubauen; bei Pertz, monumenta, V, 192. Benjamin von Tudela berichtet, daß die Juden von Theben diese Kunst betrieben: ed. Asher, p. 16. Außerhalb Griechenlands konnte die Seidenzucht aus Mangel an Maulbeerbäumen nicht gepflegt werden. Die Anfrage der Juden an den Gaon R' Mathatia in Resp. Gaonim Nr. 230 (Schaare Teschubah) zwischen 860—869 in betreff der Bienenzucht konnte nur von griechischen Juden ausgegangen sein.

[2]) Legum compendiarius bei Leunclav, jus Graeco-Romanum, II, 97: Ἕλληνες καὶ Ἰουδαῖοι καὶ Αἰρητικοὶ οὔτε στρατεύονται οὔτε πολιτεύονται ἀλλ᾿ ἐσχάτως ἀτιμοῦνται.

Da aber Basilius voraussah, daß die Juden schwerlich durch Disputationen von der Wahrheit des Christentums überzeugt werden dürften, versprach er denen, welche zur Bekehrung sich geneigt zeigen würden, Ehrenstellen und Würden[1]). Was den Widerstrebenden widerfahren sollte, verschweigen die Quellen, sicherlich harte Verfolgung. Eine unverbürgte Nachricht erzählt, ein Kaiser Basilius habe über die Gemeinden des griechischen Reiches so starke Verfolgungen verhängt, daß mehr als tausend derselben aufgerieben worden seien, und ein hebräischer Dichter, Schefatia, aus Oria in Süditalien, habe fünf derselben dadurch gerettet, daß er dessen verrückte Tochter geheilt[2]). Durch Aussicht auf Belohnung allein hätten die Juden sich schwerlich für das Christentum gewinnen lassen, wenn nicht die Drohung mit Tod oder dem Elend des Exils Nachdruck gegeben hätte. Viele Juden gingen bei dieser Gelegenheit zum Christentum über oder taten so, als wenn sie gläubig geworden wären. Kaum aber war Basilius gestorben (886), so warfen sie hier wie in Spanien und Frankreich und überall, wo es ihnen der Zwang aufgelegt hatte, die Maske ab[3]), und wandten sich wieder der Religion zu, der ihr Herz auch nicht einen Augenblick untreu geworden war. Sie hatten sich aber verrechnet. Basilius' Sohn und Nachfolger, Leo der Philosoph genannt — ein damals von der Schmeichelei billig erteilter Titel — übertraf noch seinen Vater an Härte[4]). Leo erließ ein Gesetz, welches die früheren Bestimmungen in den alten Gesetzsammlungen in betreff der

---

[1]) Leonis novellae constitutiones in Kriegels Ausgabe des corpus juris T III, p. 798, § 55; Theophanes continuatus p. 341: Symeon magister ibid. 690; Georgius monachus ibid. 842; Cedrenus compendium 241 f.

[2]) Alter Machsor-Kommentar zum Pismon: Jisrael Noscha'; vgl. Zunz synagogale Poesie S. 170 [und Zunz Literaturgeschichte der synagogalen Poesie S. 235.] Wenn Zunz diese Sage auf Basilius II. bezieht, so ist das ungerechtfertigt, da von diesem keine Judenverfolgung bekannt ist, wohl aber von Basilius Macedo. [Vgl. jetzt für des Verfassers Annahme die Chronik des Achimaaz von Oria ed. Neubauer in Jewish Mediaeval Chronicles II. S. 115—118, wonach das Verfolgungsedikt von Basilius 868 erlassen wurde und auch überall, mit Ausnahme von Oria, in Kraft trat; vgl. auch Kaufmann in der Monatsschrift Jahrg. 40, S. 497 ff.]

[3]) Theophanes continuatus a. a. O.

[4]) [Vgl. über seine das Ehe- und Zivilrecht beschränkenden Bestimmungen Scherer a. a. O. S. 16. Diegenannte Chronik berichtet allerdings von Leo das Gegenteil].

Religionsfreiheit der Juden aufhob und verschärfte, daß die Juden
nur nach christlicher Vorschrift leben sollten, und derjenige, welcher
in die jüdischen Bräuche und Denkungsart zurückfiel, sollte als ein
Abtrünniger, d. h. mit dem Tode, bestraft werden (um 900)[1].
Indessen fanden sie sich nach dem Ableben dieses Kaisers, wie nach
Leo dem Isaurier, wieder im byzantinischen Reiche ein[2].

Auch in den Ländern des Kalifats, namentlich in Babylonien
(Irak), wo der Herzschlag des jüdischen Stammkörpers war, büßten
die Juden nach und nach die günstige Stellung ein, die sie vorher
eingenommen hatten, obwohl die Unduldsamkeit der mohammedanischen Machthaber lange nicht so hart wie die der christlichen war.
Aber auch hier waren sie der Willkür preisgegeben, seitdem die Kalifen
ihre Machtvollkommenheit den Wesiren überließen und sich selbst zur
Ohnmacht verdammten. Die Kalifen nach Almamun wurden immer
mehr der Spielball ehrgeiziger und habsüchtiger Minister und Militär-
obersten, und die morgenländischen Juden mußten öfter die Gunst
der Herren des Augenblicks teuer erkaufen. Der Kalife Almutawakkil,
Almamuns dritter Nachfolger, erneuerte wieder die Omarschen Gesetze
gegen Juden. Christen und Magier, zwang sie eine Absonderung
bezeichnende Kleidung zu tragen — gelbe Tücher über ihrem Anzug
und eine dicke Schnur statt des Gürtels — ließ Synagogen und
Kirchen in Moscheen verwandeln und verbot den Mohammedanern,
Juden und Christen Unterricht zu erteilen, und sie zu Ämtern zuzulassen (849—56)[3]. Von ihren Häusern mußten sie den zehnten
Teil des Wertes an den Kalifen zahlen und durften nach einer
späteren Verordnung nicht auf Pferden reiten, sondern nur auf
Eseln oder Mauleseln (853—54). Die Exilsfürsten hatten ihre Bedeutung verloren, seitdem der Kalife Almamun jenes Gesetz erließ,
daß sie nicht mehr von oben anerkannt und unterstützt werden sollten
(o. S. 221), und noch mehr durch Mutawakkils Fanatismus. Sie
hörten mit der Zeit auf, öffentliche Würdenträger mit einer gewissen
politischen Machtbefugnis zu sein, deren Befehle von den Glaubensgenossen streng befolgt werden mußten. Auf die Anerkennung von

---

[1] Leonis novellae a. a. O.

[2] Folgt daraus, daß Sabbathai Donnolo um 950 Leibarzt des byzantinischen Exilarchen war, und daß Konstantin um 1026 in einem Streit
zwischen einem getauften Juden und seinen ehemaligen Glaubensgenossen
eine billige Eidesformel vorschrieb (Leunclav jus Graeco-Romanum T. I.
p. 118—120).

[3] Quellen bei Weil, Kalifen II, 353 f.

außen mußten sie Verzicht leisten und sich mit der Stellung begnügen, die ihnen die Gemeinden aus alter, liebgewonnener Erinnerung einräumten. Die strenge Unterordnung unter dieselben war aufgelöst. Die Namen der aufeinanderfolgenden Exilarchen sind daher wegen ihrer zunehmenden Bedeutungslosigkeit für eine geraume Zeit ganz unbekannt geblieben.

Je mehr das Exilarchat sank, desto mehr hob sich das Ansehen der pumbaditanischen Hochschule, und deren jüdische Gemeinde, welche einflußreiche Mitglieder zählte, zu ihrer Gerichtsbarkeit gehörte. Pumbadita erhob sich, zunächst aus der untergeordneten Stellung, die sie sich bis dahin hatte gefallen lassen müssen. Sie stellte sich mit der Schwester, akademie von Sura auf gleichen Fuß, und ihre Schulhäupter nahmen ebenfalls den Titel Gaon an. Dann entzog sie sich der Abhängigkeit von dem Exilarchate. Während früher das Schulhaupt und das Kollegium von Pumbadita sich zur Huldigung des Exilarchen einmal des Jahres zum Aufenthaltsorte desselben begeben mußten, stellten sie solches nach der Zeit des Exilfürsten David ben Jehuda ein. Wollte das Oberhaupt der Exulanten eine öffentliche Versammlung halten, so mußte es sich nach Pumbadita begeben[1]. Wahrscheinlich ging diese Erhebung oder Überhebung der pumbaditanischen Hochschule von dem Schulhaupte Paltoj ben Abaji aus (fungierte 842 bis 58), der die Reihenfolge der bedeutenden Gaonen eröffnete und den Bann sehr streng gehandhabt wissen wollte[2]. In Sura wurde nach der zweijährigen Vakanz des Gaonats (o. S. 222) Mar Kohen-Zedek I. ben Abimaï erwählt (fungierte 839—49), von dem sehr viele gutachtliche Bescheide ausgingen, und der zuerst eine Gebetordnung (Siddur) angelegt hat[3]. Sein Nachfolger Mar Sar-Schalom ben Boas (849—59), ebenfalls Zeitgenosse Paltojs, hat seinerseits die Rechtsgutachten-Literatur bereichert. Einer seiner Bescheide bezeugt die tiefe Sittlichkeit, von welcher die Träger des talmudischen Judentums durchdrungen waren. Auf eine Anfrage, ob ein Jude einen Raub an einem Nichtjuden begehen dürfe, wo es ohne üblen Ruf für die Bekenner des Judentums ausgeführt

---

[1] Scherira Sendschreiben, vgl. Note 12, 6 und Note 13.

[2] Responsa Gaonim Schaare Zedek p. 75, Nr. 14. [Über seine literarische Tätigkeit, seinen Eifer gegen die ausschließliche Beschäftigung mit den Halachasammlungen, wie seine Worterklärungen vgl. Weiß a. a. O. 131—133.]

[3] Jbn-Giat in dessen Halachot. [Vgl. Derenburg in Geigers älterer Zeitschrift V, 389, Anm. 1; Weiß S. 111 und über seine Lehrweise ebendort S. 112.]

werden könne, erwiderte Mar Sar-Schalom mit vieler Entrüstung, daß das nach talmudischen Grundsätzen streng verpönt sei. Man dürfe Nichtjuden ebensowenig wie Juden mit einem Worte täuschen oder durch den Schein von Gefälligkeit für sich einnehmen wollen. Dagegen war auch er in dem Dämonenglauben seiner] Zeit befangen und glaubte, daß böse Geister sich an jeden heften, der eine Leiche zur Grabstätte begleitet[1]).

Streitigkeiten um die Nachfolge in der Gaonwürde blieben auch in dieser Zeit nicht aus, obwohl die Exilsfürsten schwerlich dabei ihr Gewicht geltend machen konnten. Nach Paltoj — da sein unmittelbarer Nachfolger[2]) nur sechs Monate fungierte — brach in der pumbaditanischen Hochschule eine Spaltung um die Besetzung der Vakanz aus. Ein Teil des Kollegiums war für Menahem, den Sohn jenes Joseph ben Chija, der auf seine Würde Verzicht geleistet hatte (o. S. 222), wahrscheinlich aus Rücksicht für seinen edlen Vater. Ein anderer Teil stellte einen Gegen-Gaon in Mar-Mathatia auf; wahrscheinlich wegen seiner bedeutenden talmudischen Gelehrsamkeit, denn er wird von den Nachfolgern als eine Autorität in diesem Fache angesehen[3]). Die Spaltung dauerte anderthalb Jahre (858—60), bis zu Menahems Tode. Dann schlossen sich die ihm zugetanen Mitglieder der Hochschule ebenfalls Mar-Mathatia an, der nun in Frieden beinahe zehn Jahre fungierte (860—69).[4]) Sein zeitgenössischer Neben-Gaon von Sura, R' Natronaï II. ben Hilaï (859—69), führte eine fruchtbare Korrespondenz mit den Gemeinden des Auslandes[5]) und war der erste — soviel bekannt ist —, der sich dabei der arabischen Sprache bedient hat[6]), während seine Vorgänger ihre Sendschreiben in einem Gemisch von Hebräisch und Chaldäisch abfaßten. Natronaï korrespondierte auch mit der jüdisch-spanischen Gemeinde von Lucena[7]), die sicherlich das Arabische besser verstanden hat als das Hebräische. Eine mystische Sage erzählt von Natronaï, er sei auf wunderbare Weise durch Überspringen des Raumes von Babylonien nach

---

[1]) Responsa Gaonim Schaare Zedek p. 29 b. Nr. 6; 21 b. Nr. 20.

[2]) Achaї Kahana ben Mar.

[3]) Das. S. 87 a. Anf. Nr. 17, 94 a. Nr. 5.

[4]) Scherira Sendschreiben.

[5]) [Über seine Korrespondenz mit Kairuân in Nordafrika vgl. Büchler in RÉJ. Bd. 51, S. 158—159.]

[6]) Responsa Gaonim das. p. 27 b, Nr. 38.

[7]) Siddur des Mar-Amram, ed. Warschau, Anf.

Spanien[1]) gekommen, habe dort den Talmud gelehrt und sei auf dieselbe Weise wieder zurückgekehrt[2]). — Er hatte noch den ganzen Ingrimm gegen die Karäer und deren Stifter, wie die Gaonen in der ersten Zeit dieser Sekte, „weil sie die Worte der talmudischen Weisen verspotten und verachten und sich einen eigenen willkürlichen Talmud zusammengestellt haben"[3]). Sein Jünger und Nachfolger M a r - A m r a m ben Scheschna (869—81), hat ebenso viele gutachtliche Bescheide wie sein Vorgänger ausgestellt[4]), wie er denn überhaupt Mar-Natronaï als Autorität verehrte und in dessen Spuren wandelte. Mar-Amram ist der Begründer der liturgischen Gebetordnung für die europäischen Gemeinden. Auf eine Anfrage einer spanischen Gemeinde unter Vermittlung ihres religiösen Führers R'Jsaak ben Schimeon stellte er alles zusammen, was die talmudische Satzung und der Brauch in den Hochschulen über Gebete und Gottesdienst festgestellt hatten (Siddur R' Amram, Jesod ha-amrami[5]). Mar-Amram stellte wie sein Vorgänger die Fassung der Gebete, wie sie sich im Laufe der Zeit ausgebildet hat, als unverbrüchliche Norm hin; wer davon abweicht, soll als Ketzer betrachtet und aus der Gemeinschaft Israels ausgeschlossen werden.[6]) Nur die poetanischen Zusätze zu den Festgebeten waren zu Mar-Amrams Zeit noch nicht im allgemeinen Gebrauche, und er stellte die Auswahl dem Belieben anheim.

Während Mar-Amrams Gaonat fungierten in Pumbadita zwei Schulhäupter nacheinander: R a b b a ben Ami (869—72), von dem nichts weiter bekannt ist, und M a r - Z e m a c h I. b e n P a l t o j (872—90), welcher die Reihe der s c h r i f t s t e l l e r i s c h e n Gaonen eröffnet. Bis dahin hatten sich die Leiter der Hochschulen nur mit Auslegung des Talmud, mit der Regulierung der innern Angelegen-

---

[1]) Vgl. RÉJ. V, p. 218. Geigers Zeitschrift II. S. 305.

[2]) Responsum R' Haï im Sammelwerke Ta'am Zekenim p. 55 [und jetzt auch Schor in der Einleitung zu Juda ben Barsilais Sefer Haittim.]

[3]) Siddur des Mar-Amram S. 13, 38.

[4]) Er pflegte seinen Bescheiden einen bemerkenswerten Schlußpassus in Form eines Grußes beizufügen; vgl. Resp. d. Geonim ed. Lyck Nr. 56, [und ferner über Amram Weiß a. a. O. S. 120—122.]

[5]) Über Mar-Amrams Funktionsdauer s. Note 19 Anm. Seine Gebetordnung, gedruckt Warschau 1865, hat viele jüngere Bestandteile. [Über den Siddur R' Amrams vgl. auch die Zeitschrift לבנון V, S. 6 ff., ferner jetzt wichtige Beiträge zur Textgestaltung von Marx im Jahrbuch der jüdischen literarischen Gesellschaft Bd. V., Frkf. a. M. 1907.]

[6]) Jbn-Jarchi Manhig 82 b. Simon Duran Responsa Teil III. Nr. 290.

heiten und mit Beantwortung gutachtlicher Anfragen beschäftigt.
Allenfalls sammelte der eine oder der andere derselben agabische
Aussprüche zu einem Sammelwerke. Zu schriftstellerischer Tätigkeit hatten sie entweder keine Muße, oder keine Veranlassung, oder
keinen Beruf. Als aber der Eifer für das Talmudstudium immer
mehr in den Gemeinden Ägyptens, Afrikas, Spaniens und Frankreichs erwachte, die auswärtigen Talmudbeflissenen aber jeden Augenblick auf Dunkelheiten und Schwierigkeiten in dem weitschichtigen
und nicht selten rätselhaften Talmud stießen, sie sich öfter an die
Hochschulen um Erklärung und Lösung von Fragen wendeten und
die Anfragen immer mehr ein t h e o r e t i s c h e s Interesse bekundeten,
sahen sich die Gaonen genötigt, statt einfacher, kurzer Bescheide, eingehende Schriften über gewisse Partieen des Talmud abzufassen, um
sie den Studierenden als Leitfaden in die Hand zu geben. Der
Gaon Zemach ben Paltoj von Pumbadita stellte eine alphabetische
Erklärung dunkler Wörter im Talmud (geschichtlichen, onomastischen
und antiquarischen Inhalts), zusammen unter dem Titel: A r u c h, ein
talmudisches Lexikon[1]), worin er auch Bekanntschaft mit der persischen
Sprache zeigte. Diese Worterklärung bildet den ersten Keim zu
dem immer mehr anwachsenden Fache der talmudischen Lexikographie.

Der zweite gaonäische Schriftsteller ist N a c h s c h o n ben Zadok
von Sura (881—89), Zemachs Zeitgenosse. Auch er schrieb Erklärungen über dunkle Stellen im Talmud, aber nicht in alphabe-
tischer Ordnung, sondern zu den Traktaten[2]). Berühmt hat sich
Nachschon gemacht durch das Auffinden eines Schlüssels zum jüdischen
Kalenderwesen, daß nämlich die Jahresordnung und die Feste sich
nach einem Kreislauf von 247 Jahren wiederholen, und daß demnach die Jahresformen unter vierzehn Rubriken eingereiht werden
können. Dieser Schlüssel ist bekannt unter dem Namen Z y k l u s

---

[1]) Bruchstücke aus diesem Aruch des R' Zemach sind zusammengestellt
von Rapoport: Biographie des Nathan Romi Noten Nr. 24 und Zusätze
S. 81. Sie lassen sich durch die neue Edition des Juchasin von Filipowski
noch vermehren. [Vgl. auch die Nachweisungen von Harkavy in RÉJ. VII,
S. 194. Nach Luzzatto Beth ha-Ozar I, S. 46b veranstaltete Mar
Zemach auch eine Sammlung gaonäischer Responsen; vgl. auch die Bücherliste
in JQR XIII S. 53, Nr. 30, und Müller, Maphteaoh, S. 132 ff.]

[2]) Responsa Gaonim ed. Cassel Anfang und Ende vgl. Rapoports
Einleitung dazu. [Von Nachschon rühren auch im Sinn der Zahlenspielerei
gehaltene Erklärungen zum Pentateuch her; vgl. Grünhut in RÉJ. 39,
310—313.]

des R' Nachschon (Iggul di R' Nachschon.)[1] Wahrscheinlich ist auch dieser Nachschon Verfasser der Chronologie der talmudischen und saburäischen Epoche unter dem Titel: „Reihenfolge der Tannaïm und Amoraïm" (Seder Tannaim w'Amoraim), verfaßt 884 oder 87[2]. Der chronologische Teil ist indessen in dieser Schrift Nebensache, der Hauptzweck derselben ist, Regeln anzugeben, wie aus der talmudischen Diskussion Resultate für die Praxis erzielt werden können.

Der dritte Schriftsteller aus dieser Zeit war R' Simon aus Kahira oder Misr[3] in Ägypten, der zwar kein offizieller Würdenträger der babylonischen Hochschulen war, aber als Zuhörer derselben imstande war, ein Kompendium über den ganzen Kreis des Rituellen und Religiösen zu verfassen (um 900)[4]. Dieses Werk hat den Titel: die großen Halachot (Halachot Gedolot) und sollte eine Ergänzung zu R' Jehudaïs ähnlichen Leistungen sein (o. S. 193)[5].

[1] Gedruckt zusammen mit שארית יוסף von Joseph ben Schemtob ben Josua, 1521. Vgl. darüber Scaliger de emendatione temporum II. und 132 ff. und Luzzatto Calendario Ebraico per venti secoli. Padua 1849. [Nachschon gilt auch als Verfasser eines Kompendiums über rituelle Schlachtung; vgl. Weiß a. a. O. S. 122—124. Über seinen Iggul vgl. jetzt Bornstein in seiner Studie über den Kalender, in der Jubelschrift für Sokolow, Warschau 1904, S. 155—158.]

[2] Die Zeit der Abfassung spricht entweder für Zemach oder Nachschon; da aber der Verfasser ein Suraner war, so scheint das Seder Tannaim Nachschon anzugehören, wenn es überhaupt von einem Gaon stammt. Es wurde ediert von Luzzatto 1839 in Kerem Chamed IV. 184 ff. [Vgl. jetzt die Ausgabe in der Festschrift für Z. Frankel. Breslau 1871, S. 27—37.]

[3] Vgl. darüber Frankels Monatsschrift Jahrg. 1858. S. 217 f. und Jahrg. 1882 S. 472; die Halachot Gedolot werden zuerst von Saadia zitiert; das Zitat bei ben Koraisch ist interpoliert, da derselbe Karäer war (wie die Kritik festgestellt hat.) Gedruckt ist das Werk Venedig 1550, Wien 1810. [Gegen das Karäertum von Juda ben Koreisch vgl. Frankels Monatsschrift, Jhrg. 1881, S. 470—473 und Jahrg. 1882, S. 13. (Vgl. auch S. 472—475 über Halachot Gedolot) (H.).]

[4] [Vgl. zu dieser Bezeichnung Anm. 5.]

[5] [Betreff der Halachot Gedolot kann nun nach der genannten Studie von Epstein in Hagoren III, S. 46—81 als feststehend angenommen werden, daß Simon Kajjâra — so ist der Name anstatt Simon aus Kahira zu lesen, da er vielleicht Pechhändler gewesen ist (vgl. schon Harkavy in T'schuboth ha-Gaonim S. 374—375 und Poznański in ZfHB. VI, S. 99) — in Sura lebend, c. 825 die gewöhnliche, in Umlauf befindliche Rezension der Halachot Gedolot auf Grund der Scheeltot und Jehudaïs Halachoth verfaßt hat. Diese Rezension (ed. Traub, Warschau 1874.), wurde von den Gaonim benutzt, auch in Nordfrankreich und Deutsch-

Aber der Verfasser war nicht imstande den reichen, verschiedenartigen
Stoff zu bewältigen und übersichtlich zu ordnen. Seine Arbeit ist
weder erschöpfend noch abgerundet. R' Simon aus Kahira war
einer der ersten, der die traditionelle Zahl von 365 Verboten und
248 Geboten vollständig aufzuzählen versuchte, hat aber dabei manche
Mißgriffe gemacht[1]). In der Einleitung zu diesem Werke behauptet
er die Wichtigkeit der Tradition, wahrscheinlich den Karäern gegenüber. Dieses Werk wurde eine Fundgrube für die Späteren, wurde
aber von den Gaonen nicht besonders geachtet. — Auch ein geschichtliches Sammelwerk entstand in dieser Zeit; die Geschichte der nachexilischen Epoche bis auf den Untergang des Tempels hat ein
Unbekannter in arabischer Sprache teils aus Josephus und den
Apokryphen und teils aus Sagen zusammengetragen. Dieses Ge-
schichtswerk führt den Titel: Geschichte der Makkabäer
oder Josef ben Gorion (Tarich al Makkabaïn, Jussuf Ibn
G'orgon), arabisches Makkabäerbuch[2]). Später hat es ein italienischer
Jude mit Zusätzen in die hebräische Sprache mit vieler Sprach-
gewandtheit übertragen, und diese Überarbeitung ist verbreitet unter

land, wo aber Jehudai als Verfasser galt. Um 890 wurde eine zweite
Rezension zusammengestellt, die nach der Handschrift der Vaticana nun in
der Editio Hildesheimer (Berlin 1889) vorliegt. Diese wurde von Spanien
aus verbreitet, — daher die Bezeichnung הלכות גדולות של אספמיא — aber
vielleicht in Kairuân verfaßt; sie war in diesen beiden Ländern, Italien und
Südfrankreich, verbreitet.]

1) Maimuni Einleitung zu Sefer ha-Mizwot. [Der Brauch, die 613
Gebote, in sogenannten Asharoth zusammengestellt, täglich zu beten, bestand
schon früher; vgl. Harkavy in RÉJ. VII, a. a. O. und ferner über dieses
Thema Bloch in RÉJ. V, S. 27 ff.]

2) Es ist zum Teil in der Polyglotte unter dem Titel arabisches
Makkabäerbuch abgedruckt, aber vollständiger bis auf Titus' Zeit herab-
reichend in zwei bodlejanischen Handschriften vorhanden (Uri Katalog
Nr. 782. 829). Dunasch ben Tamim kennt schon manches aus diesem Werke
(Munk, Notice sur Aboulwalid 54, 2). Daher muß es vor ihm verfaßt
sein (vor 955). Den hebräischen Josippon konnte Dunasch nicht kennen.
[Die Grundlage des Josippon bildet Hegesippus (vgl. Harkavy bei Rab-
binowitz S. 262—3 Anm. 71). Das Werk wurde ursprünglich in hebräischer
Sprache verfaßt, später in Jemen ins Arabische übersetzt; es gab einen
großen und einen kleinen Josippon; vgl. Neubauer in JQR. XI. 355—364.
Über die arabische Version des Josippon vgl. Wellhausen in den Abhandlungen
der Königl. Gesellschaft der Wissenschaften zu Göttingen, Neue Folge Bd. I.
Nr. 4; Ferner vgl.: Zur Kritik des Gorionides in GGM. Jhrg. 1895 und
RÉJ. Bd. 31, S. 283—289 und Vogelstein-Rieger, Geschichte der Juden in
Rom I. S. 185 ff.]

dem Titel Josippon (Pseudojosephus). Dieses Werk hat bei
der Unbekanntschaft mit den urkundlichen Quellen der ältern jüdischen
Geschichte viel beigetragen, die Aufmerksamkeit der Juden auf ihre
glorreiche Vorzeit zu erwecken.

Die schriftstellerische Tätigkeit der offiziellen Vertreter des Judentums an den beiden Hochschulen bewegte sich innerhalb des talmudischen Kreises. Von wissenschaftlicher Forschung hatten sie keine
Ahnung, mochten sie wohl auch als Hinneigung zum Karäertum ver-
ketzern[1]). Aber außerhalb des Gaonats, in Ägypten und Kairuan,
regte sich ein Drang nach Wissenschaft unter den Rabbaniten, anfangs
schwach, aber mit jedem Jahre immer höher anschwellend, als fühlten
die rabbanitischen Denker, daß, so lange das talmudische Judentum
in wissensfeindlicher Abgeschlossenheit verharrt, es gegen das Karäertum nicht Stand halten könne. Textgemäße Auslegung der heiligen
Schrift (Exegese) und hebräische Sprachkunde waren die Fächer,
welche die Karäer anbauten, und eine Art Philosophie zogen sie
mit hinein, wenn auch nur als Hilfswissenschaft. Auf diesem Gebiete traten gegen Ende des neunten Jahrhunderts einige Rabbaniten einen Wettlauf mit ihnen an. In Ägypten verfolgte die
wissenschaftliche Richtung ein sonst unbekannter Mann namens Abu-
Kethir, Lehrer des später berühmt gewordenen Saadia[2]). Abu-
Kethir führte in Palästina wissenschaftlichen Unterredungen mit dem
bedeutendsten arabischen Geschichtschreiber Maßudi[3]).

Einen bedeutenden Namen hat Isaak ben Suleiman
(Salomo) Israeli (geb. um 845, st. 940), als Arzt, Philosoph
und hebräischer Sprachforscher[4]). Isaak Israeli stammte aus Ägypten
und wurde von dem letzten aghlabitischen Fürsten Ziadeth-

---

[1]) [Dagegen spricht die schon im 7. Jahrhundert nachweisbare Über-
setzertätigkeit der Rabbaniten.]

[2]) [Dies kann wohl als gesichert angenommen werden.]

[3]) Maßudi bei de Sacy Chrestomathie arabe I, 340, 51: „Es hörte
Said der Fajumite bei Abuh-Kethir:" — ‏דכאן קד קרא סדיר — אלפירומי עלי‏
‏אבי בתיר‏. Dazu de Sacy: „Abou-Kethir, docteur juif, avec lequel
Massudi avait soutenu des controverses en Palestine." [Nach Goldziher
in RÉJ. XLVII. S. 41 ff. hat dieser Autor wohl auch über das vielfach
einen Streitpunkt zwischen Judentum und Islam bildende Thema der sogen.
Abrogation des Gesetzes geschrieben.]

[4]) [Vgl. über ihn jetzt Steinschneider in der Monatsschrift 1900 S. 528 bis
536 und Arabische Literatur der Juden S. 38—45, ferner Poznański in
seiner in der Festschrift für Harkavy demnächst erscheinenden Abhandlung:
‏אנשי קירואן‏ Nr. 29. Danach ist Israeli wohl nicht vor 953 gestorben.]

Allah als Leibarzt nach Kairuan berufen (um 904). Dieser Fürst
hatte Freude an Possenreißerei und sophistischen Disputationen und
hielt sich zu diesem Zwecke einen Griechen, Ibn-Hubaisch, der eine
Fertigkeit in der hohlen Sophisterei seiner Landsleute hatte. Als
er einst durch zungenfertige Verleumdung den jüdischen Leibarzt in
Gegenwart des Fürsten in Verlegenheit bringen wollte, dieser ihm
aber Schlag auf Schlag entgegnete und ihn zum Schweigen brachte,
kam Isaak in besondere Gunst des Ziadeth-Allah. Als der Gründer
der fatimidischen Dynastie, Ubaid-Allah, der messianische Imam
(Almahdi, welcher der Sohn einer Jüdin gewesen sein soll), den
Aghlabiten-Fürsten besiegte und ein großes Reich in Afrika gründete,
trat Isaak Israeli in seine Dienste und genoß seine volle Gunst (909
bis 933). Er hatte einen bedeutenden Ruf als Arzt, und ein Kreis
von Zuhörern sammelte sich um ihn. Auf den Wunsch des Kalifen
Ubaid-Allah schrieb er acht Werke über Medizin, von denen das
beste, nach dem Urteil von Sachverständigen, das über die Fieber
sein soll. Der Verfasser war auch am meisten stolz darauf. Er
war nämlich nie verheiratet, und, als ihm seine Freunde wegen
seiner Kinderlosigkeit bemerkten, daß sein Name mit ihm aussterben
würde, erwiderte er, seine Leistung über die Fieber werde mehr als
Nachkommen seinen Namen verewigen[1]). Und er hatte es richtig
geahnt. Seine medizinischen Schriften wurden später ins Hebräische,
Lateinische und zum Teil ins Spanische übersetzt und von Heilkünstlern
mit vielem Eifer studiert. Ein christlicher Arzt, der Gründer der
Salernitaner medizinischen Schule, beutete Israelis Werke aus und
eignete sich einige seiner Schriften als Plagiator an[2]).

Als Arzt und medizinischer Schriftsteller war Isaak Israeli bedeutend und trug zur Entwicklung der Arzneiwissenschaft manches
bei; als Philosoph aber hat er nicht viel geleistet. Seine Schrift

---

[1]) Ibn-Abi Osaibia bei de Sacy, Abdelatif. 43 ff.; Said Ibn-Saad
Alkortobi bei Abraham ben Chasdai Einleitung zu seiner Übersetzung eines
Werkes von Isaak Israeli, mitgeteilt Orient., Literbl., Jahrg. 1843, S. 231;
Jahrg. 1849, S. 657 f.; Carmoly, histoire de médecins juifs, p. 384.

[2]) Sieben seiner Werke sind ins Lateinische übersetzt vorhanden
unter dem Titel: Opera Isaci, Lyon 1515. Der lateinische Übersetzer war
der Mönch Konstantin aus Karthago, st. 1087, dem der Herausgeber vor-
wirft, ein Plagiat an Israeli begangen zu haben. [Einiges aus seinen
medizinischen Schriften hat in hebräischer Übersetzung Steinschneider veröffentlicht in Monatsschrift 1893, S. 232—238.]

über die „Begriffsbestimmungen und Beschreibungen"[1]) zeigt lediglich den Eingang zum geheimnisvollen Tempel der Philosophie.

Er verfaßte auch einen philosophischen Kommentar zu dem Schöpfungskapitel in der Genesis (von dem noch ein Bruchstück vorhanden ist), aber mehr um Naturgeschichtliches und Philosophisches weitschweifig auseinanderzusetzen, als um den Sinn des Schrift zu ergründen[2]). Auch mit hebräischer Sprachforschung scheint er sich beschäftigt zu haben, aber eben nur obenhin[3]). Seine Vorträge wirkten indes eindringlicher als seine Schriften auf seine Zuhörer ein. Er bildete zwei Jünger aus, einen mohammedanischen A b u - G' a f a r I b n - A l g e z z a r, der auf dem Gebiete der Arzneikunde als eine Autorität anerkannt wird[4]), und einen jüdischen, D u n a s c h b e n T a m i m, der im Geist eseines Meisters weiter wirkte. Isaak Israeli wurde über ein Jahrhundert alt und überlebte noch seinen Gönner, den Kalifen Ubaid-Allah, der sich den Tod zugezogen, weil er auf den Rat seines jüdischen Leibarztes nicht hören wollte. Als

---

[1]) Nur noch in schlechter lateinischer Übersetzung vorhanden in der Sammlung opera omnia. Maimunis hartes Urteil über J. Israeli als Philosoph (Briefsammlung ed. Amst. 14 b) ist gerecht. [Israeli hat auch in arabischer Sprache ein „Buch der Elemente" verfaßt: כתאב אלאסטקצאת = hebr. ס׳ היסודות, ed. Fried, Frkf. a. M. 1900; vgl. auch dessen Abhandlung über dieses Buch Breslau 1884. Das „Buch der Begriffe" usw. oder „der Definitionen", in der hebräischen Übersetzung des Nissim ben Salomo, hat Hirschfeld in der Festschrift für Steinschneider, hebräische Abteilung S. 131—141, veröffentlicht, vgl. auch deutsche Abteilung S. 233—234. Von demselben ist auch ein kleines Fragment des arabischen Originals veröffentlicht in JQR. XIV, S. 689—693; vgl. auch Steinschneider a. a. O. 39.]

[2]) Jbn-Esra Einleitung zum Pentateuchkommentar. Ein Bruchstück daraus hat Senior Sachs mitgeteilt Orient, Jahrg. 1850, Nr. 11. Jsaaks weitläufiger Kommentar zum ersten Kapitel der Genesis hieß Perusch oder auch Sefer Jezirah, vnd daraus entstand der Irrtum, derselbe habe einen Kommentar zum Buche Jezirah geschrieben; vgl. S. Sachs Kerem chemed Jahrg. 1853. S. 67. Auch Menahem ben Saruk nennt die ersten Kapitel der Genesis Sefer Jezirot (ed. Filipowski S. 16 a.) Der Kommentar zum Buche Jezirah, welcher in so verschiedenen Übersetzungen vorhanden ist, gehört weder Jsaak Israeli, noch Jakob ben Nissim an, sondern Dunasch ben Tamim, wie Munk in notice sur Aboulwalid p. 44 ff. mit Recht, aber nicht entschieden genug, aufgestellt hat. [Vgl. aber doch über das Vorhandensein eines solchen Kommentars Steinschneider a. a. O. S. 44.]

[3]) Folgt aus Dunasch ben Tamims Jezirah-Kommentar, Fragment bei Dukes Kontres ha-Massoreth (Tübingen 1846) S. 9 Note und S. 73.

[4]) Wüstenfeld, Geschichte der arabischen Ärzte Nr. 120.

Isaak Israeli ins Grab sank (um (940)[1]), war unter den rabbanitischen Juden durch das Beispiel einer bedeutenden Persönlichkeit
die Bahn für eine wissenschaftliche Richtung bereits vorgezeichnet,
welche die künftigen Geschlechter durchlaufen sollten.

Während die Rabbaniten erst den Versuch machten, eine wissenschaftliche Richtung einzuschlagen, tummelten sich die Karäer auf der
breitgetretenen Bahn der mutazilitischen Philosophie, ohne jedoch einen
neuen fruchtbaren Gedanken aufzustellen; sie klebten an trockenen
Formeln. In kaum zurückgelegter Jugend zeigte das Karäertum
schon die Spuren vollendeten Alters. Der Bibelforschung, verbunden
mit Sprachwissenschaft wendete es alle Sorgfalt zu, aber auch hierin
machte es keinen Fortschritt. Es sind daher nur Namen und einige
bedeutungslose Aussprüche von Karäern dieses Zeitabschnittes bekannt[2]).

[1] Ibn-Abi Osaibia (bei de Sacy a. a. O.) gibt an, Isaak Israeli sei
über 100 Jahre alt geworden und gestorben gegen 320 der Hegira = 932.
Said Ibn-Saad Alkortobi (o. S. 266 Anm. 1) dagegen setzt seinen Tod 330
der Hegira. Die Differenz liegt in der Verwechselbarkeit der arabischen Zahlzeichen 20 und 30. Welche Zahl die richtige ist, entscheidet eine ältere
Quelle des Tarich des Ibn-Hamad, welches erzählt, Isaak Israeli habe den
Kalifen Obaid-Allah überlebt und ihm vergeblich abgeraten, ein Brechmittel
zu nehmen. (Mitgeteilt von Cherbonneau Journal asiatique 1855 Mai à Juin
541): Sa mort (d'Obeid-Allah) fut causée par une potion de colchique
éphémère. Un juif, nommé Isaac, l'en dissuadait en lui disant, que,
après le repos que le breuvage lui procurerait, les doleurs devaient
redoubler et l'emporter au tombeau. Il refusa de le croire — et la
mort succéda au calme qu'il avait obtenu. Nun starb Ubaid-Allah 322
der Hegira = 934—35. Folglich kann die Zahl 320 nicht richtig sein, sondern
330 ist vorzuziehen. Wenn Munk aus arabischen Historikern, Ibn-Alathir,
Ibn-Khaldun und anderen die Nachricht heranzieht, daß Isaak Israeli noch
den Tod des dritten fatimidischen Kalifen Ismael Almansur st. 341 Hg. =
953) überlebt hat (Notice das. S. 44), so beruht das auf einer Verwechslung zweier ähnlicher Tatsachen. — Denn auch Ismael-Almansur starb aus
Ungehorsam gegen seinen jüdischen Arzt. Ibn-Khaldun, übersetzt von de
Slane: Mansour s'exposa à la neige et entra au bain contre l'avis de
son médecin Isaac Ibn Suleiman al Israeli. Aber der Leibarzt des Kalifen
Ismael Almansur war Dunasch ben Tamim, der ihm ein Werk über
Astronomie gewidmet. Offenbar haben Ibn-Alathir und andere den
Meister mit dem Jünger verwechselt. Isaak Israeli starb demnach nach
Ubaid-Allah, und lebte nicht mehr zur Zeit Ismaels. [Über das hohe
Alter Israelis vgl. auch Isaak Lattes in seinem ספר קרית bei Neubauer
a. a. O. II, S. 235.]

[2] Vgl. über alle diese Punkte die interessanten Urkunden in Pinskers
Likkute Kadmoniot. [Denselben ist jedoch eine Glaubwürdigkeit kaum beizumessen.]

In der Stammgemeinde des Karäertums, in Jerusalem, nahm dasselbe einen büßermäßigen, asketischen, mönchischen Charakter an. Sechzig Karäer aus Nah und Fern taten sich zusammen, verließen ihr Hab und Gut und ihre Familie, lebten gemeinschaftlich, enthielten sich von Wein und Fleisch, trugen ärmliche Kleidung, fasteten und beteten. Dieses Büßerleben führten sie, um die Erlösung Israels herbeizuführen. Sie nannten sich die „Trauernden um Zion und Jerusalem" (Abelé Zion). Jeder von ihnen setzte zu seiner Namensunterschrift die Bezeichnung „der Trauernde" (ha-Abél) hinzu. Entweder sie selbst oder die übrigen Karäer, welche deren übertriebene Frömmigkeit bewunderten, wendeten auf diese sechzig Büßer den Vers an: „Das Bett Salomos ist von sechzig Helden umgeben", (hohes Lied) und noch andere Verse, die sie symbolisch verdrehten, um sie passend zu machen[1]. Die sechzig Büßer in Jerusalem scheinen eine Autorität und ein einigendes Band für die zerfahrenen karäischen Gemeinden gewesen zu sein. Ihre Gesetzesauslegung galt als Norm. Allein eben dadurch erhielt das religiöse Leben der Karäer im allgemeinen ein asketisches Gepräge. Nicht nur die levitischen Reinheitsgesetze beobachteten sie aufs strengste, wie es Nissi ben Noah ausgeklügelt hatte, sondern sie mieden fast den Umgang von Nichtjuden, mochten von ihnen weder Brot, noch Backwerk kaufen und überhaupt nichts genießen, was jene berührt hatten. Ja, sie gingen so weit, zu behaupten, der Genuß des Fleisches von solchen Tieren, die für den Altar tauglich sind, sei verpönt[2]. Je mehr sich die Karäer in diese büßermäßige Strenge verrannten, desto mehr betrachteten sie die Rabbaniten als Unreine, Verworfene und Gesetzesübertreter, deren Haus zu besuchen eine Sünde sei[3].

Die Karäer hatten sich nach und nach von Babylonien und Judäa aus einerseits nach Ägypten, andererseits nach Syrien und

---

[1] Sahal Abulfaris Sendschreiben bei Pinsker S. 31, 36, vgl. Note 17, VI.

[2] Das. S. 32.

[3] [Von bedeutenderen karäischen Gelehrten dieser Zeit wäre zu nennen Daniel ben Moses aus Kûm (Al-Kumsi), genannt Rosch-Kalla, der auch ein Sefer Hamizwoth verfaßte; vgl. Poznański in JQR. VIII, 681 bis 684, ferner die Auszüge aus dem Sefer Hamizwoth bei Harkavy in Likkute II, S. 187—192. Es wird ihm auch ein teilweise hebräisch, teilweise arabisch geschriebener Pentateuchkommentar zugeschrieben, von dem ein Fragment über Leviticus Kap. 26 Harkavy in Fuchs' Hachoker I, S. 169—173 veröffentlichte.]

nordwärts bis nach der Insel Krim verbreitet[1]). In Ägypten
sammelten sich große karäische Gemeinden in A l e x a n d r i e n und
K a h i r a ; in der Krim am B o s p o r u s (K e r t s c h), S u l c h a t
und K a f f a (T h e o d o s i a). Zur Vermehrung der Karäer trug
der Eifer einzelner viel bei, durch Disputationen, Predigten und
Sendschreiben Anhänger unter den Rabbaniten zu erwerben. Wie
jede im Mittelpunkte schwache Sekte ging auch das Karäertum auf
Propaganda aus, als könnte die äußere Ausdehnung die innere
Schwäche decken. Ein solcher Proselytenmacher war ein Mann, der
sich E l d a d nannte, ein Schlaukopf, der wunderliche und abenteuerliche Dinge zu erzählen, jede Maske zu tragen vermochte und zu
seiner Zeit viel von sich reden machte. Eldads abenteuerliche Wanderungen werfen ein grelles Licht auf die jüdische Geschichte der Zeit.
Er gehörte zu jener Klasse von Betrügern, die einen frommen Zweck
haben, die Leichtgläubigkeit der Menschen auszubeuten verstehen
und die Menge durch ein undurchdringliches Lügengewebe zu fangen
wissen.

E l d a d[2]) b e n M a c h l i (oder wie er sonst geheißen haben
mag, um 880 bis 890), stammte wahrscheinlich aus Palästina; denn
er sprach das Hebräische geläufig. Es gab vor, er sei dem Stamme
D a n entsprochen und ließ sich daher als D a n i t e n bezeichnen.
Er behauptete, der Stamm Dan wohne mit noch anderen drei
israelitischen Stämmen, Naphtali, Gad und Ascher in Äthiopien
und Südarabien, und bilde dort einen selbständigen Staat in einem
Umfange von sieben Monatsreisen. Er erzählte ferner, der Stamm
Dan sei schon vor der Reichsteilung unter Rehabeam und Jerobeam

---

[1]) Folgt aus Salmon ben Jerucham oder Rucheïm aus dem Sendschreiben des Menachem Gizni (bei Pinsker S. 47 f.) und aus einer Notiz
in einem alten Kodex. Vgl. Note 23 Ende.

[2]) Vgl. Note 19. [Über die Unhaltbarkeit dieser Angaben vgl. Harkavy bei Rabbinowitz S. 267, Anm. 74.]

[3]) [Zur Berichtigung der im Text folgenden Ausführungen sei hingewiesen auf A. Epsteins grundlegende Abhandlung über Eldad, (Preßburg
1891), wonach dieser keineswegs als ein derartiger Abenteurer zu betrachten
ist und entweder aus Jemen oder Südafrika stammt, worauf sein schwer-
fälliges, manche Arabismen enthaltende Hebräisch hinweist. Er war keineswegs ein Karäer, was auch aus seinen Angaben über das Schlachtritual
hervorgeht, das manche Berührungen mit den Halachoth Gedoloth aufwei .
Vgl. auch Weiß in Hachoker a. a. O. S. 326—329. Soeben erschien auch
Schloeßinger, The ritual of Eldad Hadani, Leipzig 1908, das mir jedoch
augenblicklich noch nicht zugänglich ist.]

nach Äthiopien ausgewandert, um sich nicht an dem Bruderkriege zwischen Juda und Israel zu beteiligen; später, nach der assyrischen Eroberung und nach dem Falle Samariens, seien die drei genannten Stämme zu ihnen gestoßen. Eldad schmückte ferner sein Märchen mit den Farben einer alten Sage aus, daß auch die **Söhne Mosis**, die Blüte der Leviten, an der Gebietsgrenze der vier Stämme wohnten, die Nachkommen jener Leviten, welche ihre Harfen an die Weiden des Euphrat aufhängten und sich weigerten, Zionslieder auf unheiligem Boden erklingen zu lassen. Als aber die Chaldäer sie zum Sange zwingen wollten, hätten sich die Mosesöhne die Finger abgebissen. Eine Wolke hätte sie dann in die Höhe gehoben und in das Land Chawila versetzt[1]). Um sie, die Lieblinge Gottes, vor Feinden zu schützen, habe sich ein Strom rings um ihr Gebiet gebildet, der aber nicht Wasser, sondern Steine und Sand mit reißender Schnelligkeit und betäubendem Getöse fortwälze. Dieser Steinstrom, **Sabbation** oder **Sambation** genannt, wälze sich sechs Tage, ruhe am Sabbat und sei an diesem Tage in einen dichten Nebelschleier gehüllt. So könnte niemand den Strom überschreiten. Mit den israelitischen Nachbarstämmen verkehrten **Bené Mose** an den Ufern des Stromes aus der Ferne, mit ihnen zusammen zu kommen, seien sie nicht imstande. In ihrem Gebiet gebe es kein Wild, sondern nur reine Tiere.

Die vier Stämme, so fabelte Eldad der Danite weiter, führten ein Nomadenleben, kannten aber auch das Waffenhandwerk, um Überfällen von seiten feindlicher heidnischer Stämme zu begegnen. Sie ständen unter einem gemeinschaftlichen Könige, der zur Zeit Eldads **Usiel** geheißen, auch hätten sie einen gemeinsamen Oberrichter, zurzeit **Abdin** genannt. Diese vollzögen noch die peinliche Gerichtsbarkeit und verhängten über die Verbrecher die vier biblischen Todesstrafen. Die Mutigen und Kriegstüchtigen bewachten die Grenzen, je ein Stamm drei Monate; die kriegsunfähigen Männer lägen dem Gesetzesstudium ob. Die freien Stämme in Äthiopien und Südarabien sprächen reines Hebräisch, kannten nur die Bibel, aber nicht den Talmud, auch nicht die Mischnah. Sie hätten zwar auch eine Art Talmud, d. h. eine Sammlung von Traditionen; aber diese Überlieferungen seien in reinem Hebräisch gehalten, schlicht ausgeprägt, ohne Diskussionen und werden sämtlich auf Mose zurückgeführt mit der Formel: „so sprach Josua aus dem Munde

---

[1]) [Vgl. Midrasch Schocher Tob zu Ps. 137, ed. Buber, S. 524.]

Moses, aus dem Munde Gottes". Dieses Märchen war
von Eldad sehr geschickt angelegt; er konnte damit den Talmud der
Rabbaniten in Mißkredit bringen. Die Daniten, welche gleich nach
dem Tode des Königs Salomo ausgewandert seien, kannten nicht
den babylonischen Talmud und die Lehrweise der Rabbaniten. Folglich ist das alles in späterer Zeit erfunden. Das Karäertum hatte
an Eldad einen gewandten Anwalt.

Hatte Eldad durch die Beschreibung eines selbständigen jüdischen
Reiches, dessen Bürger er sei, das Interesse der jüdischen Zuhörer
erweckt, so suchte er durch die Erzählung seiner Abenteuer und Er-
lebnisse die Gemeinden, die er besuchte, für sich einzunehmen. Er
erfand eine ganze Odyssee von Irrfahrten, die er durchgemacht haben
wollte; aber er erzählte sie in mattester Prosa. Er sei mit einem
Gefährten aus dem Stamme Ascher ausgezogen. Über den Zweck
seiner Reise widersprach er sich aber. Bald sagte er, er habe
Handelsgeschäfte im Auge gehabt, bald er habe den zerstreuten
Juden die frohe Botschaft von dem Vorhandensein eines selbständigen
jüdischen Reiches bringen wollen. Das Schiff, das er mit seinem
Gefährten bestiegen, sei durch einen Sturm gescheitert. Auf Brettern
schwimmend, hätten sie sich vom Schiffbruch gerettet, seien aber zu
einem menschenfressenden Volke verschlagen worden. Diese Poly-
pheme hätten seinen Gefährten, der fett gewesen, verzehrt, ihn
aber, den mageren, hätten sie in ein Verließ gebracht, um ihn auf-
zufüttern. Wie er dem sicheren Tode entgangen, erzählte Eldad,
sich widersprechend, auf verschiedene Weise. Den einen fabelte er
vor, er habe sich, während seine Wächter vom tiefen Schlafe
befangen gewesen, aus dem Kerker befreit, habe sie mit einem vor-
gefundenen Schwerte kalt gemacht und sei, um der Verfolgung zu
entgehen, einem Flusse zugeeilt. Die Menschenfresser hätten ihn
nicht ergreifen können, weil sie schwammartige Füße gehabt hätten.
Da sei er nach Ägypten gekommen und habe im Nil einen seltenen
Baum schwimmend gefunden, den er aufgefischt, und dessen Teile
er um einen hohen Preis verkauft hätte. Davon sei er reich
geworden.

In einer anderen Gegend erzählte Eldad die Umstände seiner
Rettung aus dem Kerker der Menschenfresser anders. Eine Horde
Neger hätte seine Feinde überfallen, ihn als Gefangenen mit sich
geführt und endlich an einen Religionsgenossen vom Stamme Isaschar
verkauft. Auf diese Weise sei er in das Gebiet dieses Stammes

gekommen, das an der Grenze von Medien und Perſien liegen ſoll.
Die Iſaſchariten hätte er als ein friedliches Völkchen gefunden, das
nur den Streit um die Bibelauslegung kannte und von Ackerbau und
Viehzucht lebte. Der Stamm Iſaſchar würde von einem Richter
namens Nachſchon regiert und ſpräche hebräiſch, perſiſch und türkiſch
(oder tatariſch, Kedar). Die Stämme Zebulon und Reuben wohnten
dieſſeits und jenſeits eines Gebirges Parian (oder Choraſan), ſtänden
mit Armenien in Handelsverbindung, gelangten bis zum Euphrat,
ſprächen hebräiſch und perſiſch, ließen auch das Perſiſche bei der
Vorleſung aus der Thora zu und führten gemeinſame Kriege gegen
die Nachbarn. Der Stamm Ephraim und der halbe Stamm Manaſſe
wohnten in der Nähe von Mekka und Medina. Sie ſeien mutig,
jähzornig, gute Reiter, Wegelagerer und lebten mit ihren Feinden
in ſteter Fehde. Um die Zahl der Zehnſtämme voll zu machen,
erzählte Elbad auch von den Stämmen Simeon und Halbmanaſſe,
die da im Lande der Chazaren wohnten, von fünfundzwanzig
Völkerſchaften Tribut zögen, und denen ſelbſt ein Teil der Mohammedaner untertan ſei. Es iſt augenſcheinlich, daß Elbad Kunde
hatte von dem jüdiſchen Chazarenreiche und auch von dem ehemaligen jüdiſchen Staate in Südarabien (Himjara v. S. 85), ſowie
daß er von den unabhängigen jüdiſchen Stämmen in Nordarabien
manches gehört, und daß er daraus ſeine Fabel von dem Vor-
handenſein der Zehnſtämme und der ſelbſtändigen jüdiſchen Reiche
zuſammengeflickt hat.

Wo Elbad zuerſt mit ſeinen erlogenen Abenteuern und Märchen
aufgetreten iſt, davon haben wir keine Kunde, wahrſcheinlich wohl in
Ägypten. Von da gelangte er nach Kairuan, der Hauptſtadt des fatimidiſchen Kalifats. Hier gab er ſich den Anſchein, keine andere
Sprache als Hebräiſch zu verſtehen und zeigte den dortigen Juden
einen vorgeblich danitiſchen Talmud, der aber nichts anderes war
als eine Miſchnah aus karäiſchen und rabbanitiſchen Beſtandteilen.
Elbad hatte ſogar die Unverſchämtheit, darin Moſe und Joſua redend
einzuführen, wie ihnen rituelle Fragen vorgelegt worden, und wie
ſie dieſe beantwortet hätten. Um die Rabbaniten jedoch nicht
allzuſehr vor den Kopf zu ſtoßen, fabelte er ihnen vor, die Daniten
und ihre Stammesgenoſſen hielten die babyloniſchen Gaonen hoch in
Ehren, und, wenn ſie für die Zerſtreuten Israels beteten, nannten
ſie dieſe zuerſt. Die Kairuaner, erſtaunt ob ſolcher wunderbaren
Neuigkeiten, die der fremde Mann ihnen erzählte, lauſchten andächtig

auf seine Worte, konnten sich aber eines unwillkürlichen Mißtrauens
nicht erwehren. Eldad hatte ihnen mehrere Wörter als echt hebräische
genannt, die durchaus nicht hebräisch klingen, und die rein erfunden
zu sein scheinen. Um die Richtigkeit seiner Angaben zu prüfen,
hatten die Kairuaner öfter nach denselben Bezeichnungen gefragt,
und Eldad war schlau genug, sich nicht durch Gedächtnisfehler zu
verraten. Bedenklicher schienen aber den Kairuanern die seltsamen
Ritualien, die er ihnen, als von Mose stammend, ausgegeben, und
die größtenteils ihren karäischen Ursprung verraten und daher von
talmudischen Normen stark abweichen. Das war eben der Hauptzweck seiner Wanderungen. Um ihr Gewissen darüber zu beruhigen,
schickten die Kairuaner eine Anfrage an die damalige rabbanitische
Autorität, den Gaon Mar-Zemach ben Chajjim von Sura (fungierte
889—895), den Nachfolger und Halbbruder des Gaon Nachschon
(o. S. 261). Sie teilten ihm einige Züge aus Eldads Erzählungen
mit und legten ihm namentlich seine danitischen Ritualien zur Be-
gutachtung vor.

Nach einiger Zeit traf ein Sendschreiben aus Sura an die
Gemeinde von Kairuan darüber ein. Mar-Zemach erwiderte, daß
Eldad ihm vom Hörensagen bekannt sei. Seinen Erzählungen von
den hebräisch redenden Stämmen dürften sie ohne Bedenken Glauben
schenken, denn einiges davon sei durch agadische Auslegung bestätigt.
Die Abweichungen vom Talmud in dem Judentume der Daniten
dürften sie nicht befremden, da selbst der Text der heiligen Schrift,
der doch jedermann vorliegt, verschieden ist in Babylonien und
Palästina in bezug auf Rechtschreibung, Versabteilung, Massora und
noch andere Punkte; um wieviel mehr sei Verschiedenheit in der
mündlichen Lehre erklärlich. Möglich auch, fügt Mar-Zemach hinzu,
daß Eldad wegen seiner Irrfahrten und Leiden manches vergessen
und verwechselt habe. Indessen mögen sie sich nicht irre machen
lassen, sondern fest an dem babylonischen Talmud halten, der ein
Ausfluß der Propheten und Weisen sei, welche schon unter dem
gefangenen König Jojachin Lehrhäuser an den Ufern des Euphrat
angelegt hätten, — Mar-Zemachs Blick war also nicht geschärft
genug, in Eldad den Aufschneider und verkappten Karäer zu erkennen.
Durch die Autorität des Gaon gehoben, schwand das Mißtrauen
gegen ihn ganz, und er galt seinen Zeitgenossen und der Nachwelt
als ein Abkömmling des Stammes Dan. Eldad konnte unangefochten seine Reise und seine Mystifikationen verfolgen. Wir finden

ihn später in der Berberei und in der Stadt Tahort (im Marok-
kanischen). Hier traf er den Arzt und Sprachkundigen Juda ben
Koreisch (blühte um 870—900)[1]), den die Karäer zu den Ihrigen
zählten[2]). — Ben-Koreisch scheint in Nordwestafrika in der Gegend,
welche die Araber Maghreb nannten, bei seinen Glaubensgenossen in Ansehen gestanden zu haben. Ben-Koreisch verfaßte
auch ein sprachvergleichendes Werk, worin er namentlich die Ähn-
lichkeit des Hebräischen und Arabischen in Stammbildung und
Formen nachwies[3]). Er zitiert den Koran und Verse von arabischen
Dichtern[4]). Sein grammatischer Standpunkt ist übrigens noch sehr
niedrig. Obwohl Ben-Koreisch die drei semitischen Sprachen und noch
dazu das Berberische gut verstand, ließ er sich von Elbad täuschen,
daß die angeblichen Daniten einen großen Wortschatz des Hebräischen
besitzen, der weit über den Kreis des biblischen Hebräisch hinausreiche.

Von der Berberei setzte Elbad nach Spanien hinüber, wiederholte da sein Lügengewebe und überlieferte Gesetzesbestimmungen
von dem Richter Othniel ben Kenaz, der sie von Josua und dieser
wieder von Mose vernommen. Die des Talmuds wenig kundigen
Juden Spaniens zollten ihm dafür große Verehrung. Von da aber
verliert sich seine Spur. Er verfiel wieder dem Dunkel, dem' er
entstammte. Elbads fabelhafter Bericht über seine Reise und seine
Abenteuer und über die Zehnstämme hat sich bruchstückweise (Sefer
Eldad ha-Dani)[5]) erhalten und ist natürlich als bare Geschichte an-

[1]) [Vgl. jetzt meine Abhandlung über Koreisch in der Monatsschrift
Jahrg. 1900, S. 486—507, wonach dieser in den ersten Jahrzehnten des
X. Jahrhunderts gewirkt hat; vgl. auch Steinschneider a. a. O. S. 71—72.]
[2]) Vgl. Note 19 und S. 234, Anm. 1. [Vgl. Halberstams Berichtigung
zu S. 234 Anm. 1.] [3]) [Der eigentliche Zweck des Werkes, wonach es
die Bezeichnung Risâle-Sendschreiben führt, ist, die Gemeinden Nordafrikas
zum beständigen Studium des Targum anzuregen.]
[4]) Von diesem Sendschreiben hat Schnurrer einige Proben (in Eich-
horns Bibliothek der biblischen Literatur Bd. III) gegeben, vollständig abgedruckt mit deutscher Übersetzung hat es der Konsul Wetzstein (Orient., Litbl.,
Jahrg 1842, Nr. 2). Zum zweiten Male herausgegeben mit Ben-Koreisch'
Sprachbemerkungen von Bargès und Goldberg Epistola, Paris 1857. Der
letztere gab in der Einleitung eine Biographie des Ben-Koreisch, sehr präzis
gehalten, wovon aber mehr als die Hälfte erdichtet ist.
[5]) In lateinischer Übersetzung von Genebrard Eldad Danius de Judaeis
clausis. Paris 1584. [Jetzt kritisch von Epstein in dem genannten Werk
nach verschiedenen Rezensionen herausgegeben, das Ritual von Schlößinger nach
z. T. neuen Texten aus den Funden in der Geniza in der S. 270 erwähnten
Schrift S. 70—102.]

gesehen worden. Das Vorhandensein der Zehnstämme in selbständigen Reichen umspielte wie ein süßer Traum die unter der Zuchtrute seufzenden Juden des Erdballs und weckte in sehnsuchtsvollen
Gemütern den Wunsch, diese Reiche aufzusuchen. Wie den Christen
das fabelhafte Reich des Priesters Johannes, wo das Urchristentum
in ursprünglicher Reinheit bestehen soll, so erschien den Juden das
Reich der Zehnstämme an den Ufern des Sabbationflusses in idealer
Verklärung.

Indessen ging das Institut, an welches sich die Erinnerungen
von der ehemaligen politischen Selbständigkeit des Judentums
knüpften, mit raschen Schritten der Auflösung entgegen. Das
Exilarchat verlor durch die Rivalität der pumbaditanischen Hochschule
immer mehr an Ansehen und an Einkünften, welche der Würde als
Halt dienten. Gefördert wurde das Hoheitsstreben der Pumbaditaner dadurch, daß der größte Teil des suranischen Kollegiums
innerhalb dreier Monate ausstarb. Nach dem suranischen Gaon
Z e m a c h   b e n   C h a j j i m (o. S. 274) wurde ein sonst unbekannter
R' Malchija zum Schulhaupte erwählt, starb aber einen Monat später,
und mit ihm wurden die angesehensten Mitglieder des Kollegiums,
wahrscheinlich infolge einer Seuche, dahingerafft (896)[1]. Die suranische Hochschule wählte zwar ihren neuen Gaon in der Person des
H a ï   b e n   N a c h s c h o n (fungierte bis 906), aber ihre Bedeutung
war dahin. Wenn auch vom Auslande noch Anfragen an sie
gerichtet wurden, in Babylonien selbst galt die Schwesterakademie
als Hauptträgerin der Autorität und hatte am meisten Einfluß.
Dieser Einfluß steigerte sich noch durch die Wahl eines Gaons von
Pumbadita, der bis dahin Rabbiner und Richter in der Hauptstadt
des Kalifats war[2], H a ï   b e n   D a b i d (890—897)[3]. Gerade in
dieser Zeit, zu Ende des neunten Jahrhunderts, gewannen die Juden
wieder eine ehrenvolle Stellung im Kalifate unter dem Kalifen
A l m u t a d h i d (892 — 902). Sein Wesir und Reichsverweser
U b a i d = A l l a h   I b n = S u l e i m a n stellte Juden und Christen

---

[1] Scherira Sendschreiben [ed. Neubauer, S. 39.]

[2] Isaak-Ibn-Giat, mitgeteilt aus einem Manuskript von Derenburg in
Geigers Zeitschrift, Jahrg. V, S. 398, Note 2. [Wurde bereits ediert von
Bamberger, Fürth 1861; die Stelle findet sich I. Bl. 63a (H.).]

[3] [Er soll in Gemeinschaft mit seinem Vater oder Bruder Anan
Werk aus dem Aramäischen ins Arabische übersetzt haben, vgl. JQR. VII.
S. 699. Auch gilt er als Verfasser eines Dokumentenbuches, Sefer ha-
Sch'taroth; vgl. JQR. XII, S. 571.]

als Beamte im Staate an. Als ihn einst der Kalife darüber zur
Rede stellte, erwiderte Ubaid-Allah: „Nicht aus Hinneigung zum
Judentume oder Christentume habe ich die Ungläubigen zum Staats-
dienste befördert, sondern weil ich sie für deine Dynastie treuer fand
als die Mohammedaner"[1]). Almutadhid bemerkte ihm zwar, er möge
es nur bei Christen bewenden lassen, die Juden aber von Staatsämtern ausschließen, weil sie im Glauben lebten, Macht und Herrschaft werde dereinst zu ihnen übergehen; aber Ubaid-Allah kehrte
sich nicht daran. Bei der Begünstigung der Juden von seiten des
Wesirs gewann am meisten die Gemeinde Bagdads. Angesehene
Juden dieser Stadt waren in dieser Zeit Joseph ben Pinehas
und sein Schwiegersohn Netira[2]). Da nun Haï ben David eine
Zeitlang in der Hauptstadt fungiert und sich bei der Gemeinde beliebt
gemacht hatte, wurde er als Gaon von Pumbadita von den einfluß-
reichsten Männern in seinem Vorhaben unterstützt, der pumbaditanischen Hochschule das Übergewicht zu verschaffen. In demselben
Sinne wirkten seine Nachfolger Kimoj ben Achaï (897—906)
und Mar Jehudaï ben Samuel (906—917), welche ihre
Laufbahn ebenfalls mit dem Rabbinate von Bagdad begonnen hatten[3])
und von den Großen dieser Gemeinde gefördert und unterstützt
wurden. Die Hochschule von Sura wurde aber dadurch immer mehr
herabgedrückt. Sie fristete noch ein mattes Leben unter dem Gaon
Hilaï ben Mischael (906—914); aber der Eifer für das Talmudstudium war an dieser Hochschule so erkaltet, daß sich keine Autorität
fand, die mit der Gaonatswürde bekleidet zu werden verdiente[4]). Um
indessen die suranische Akademie nicht eingehen zu lassen, wurde ein
Schulhaupt erwählt, Jakob ben Natronaï (Amram)[5]) (914 bis

[1]) Mares im Leben des Patriarchen Johannes bei Assemani, bibliotheca
orientalis, T. III, pars 2; dissertatio de Syris Nestorianis, p. XCVI, f.
[Unter Almutadhid drohte den Juden auf Anstiften eines hohen
Würdenträgers, namens Albagil, ein großes Unglück, dessen Ab-
wendung Netira bei dem durch ein Traumgesicht gewarnten Herrscher gelang.
Vgl. Harkavy: Netira und seine Söhne usw. in der Festschrift für A. Berliner
(Berlin 1903), S. 34—43, wo auch die Parallelen aus den arab. Schrift-
stellern beigebracht sind].

[2]) Bericht des Nathan Babli in Jochasin. [Vgl. auch Neubauer, a. a. O.
II, S. 78].

[3]) Folgt aus dem Zitat des Isaak-Ibn-Giat a. a. O.

[4]) Scherira Sendschreiben. [Bei Scherira ed. Neubauer a. a. O. wird
er Schalom genannt, bei Abraham ibn Daud ebendort I, S. 65, Hilai I.]

[5]) Scherira nennt den mittelbaren Vorgänger Saadias Jakob ben Na-

926), der so unbedeutend war, daß keine gutachtliche Äußerung von
ihm bekannt ist und der nach außen so sehr abhängig war, daß er
alle Willkürlichkeiten des pumbaditanischen Gaons gut hieß und nicht
wagte, ihm zu widersprechen.

Es trat nämlich ein Mann an die Spitze der pumbaditanischen
Hochschule, welcher den Ehrgeiz hatte, diese zum alleinigen Mittelpunkte des babylonischen Gemeinwesens und dadurch der ganzen
Judenheit zu machen, das Exilarchat zu untergraben und die Hochschule von Sura zum leblosen Schatten zu machen. Dieser Mann,
Mar Kohen-Zedek II. ben Joseph (fungierte 917—936),
war eine leidenschaftliche energische Natur, von der Gattung derer,
die zwar von persönlicher Selbstsucht frei sind, aber die Machtvergrößerung einer Körperschaft wie eine persönliche Angelegenheit
mit Hintansetzung aller Rücksichten betreiben. Zunächst, und wie es
scheint gleich nach Antritt seines Amtes, verlangte Kohen-Zedek, daß
die pumbaditanische Hochschule einen größeren Anteil von den Spenden
von nahen und fernen Gemeinden für die Akademien beziehen sollte.
Er begründete die Forderung damit, daß das pumbaditanische Kollegium und die Jünger zahlreicher seien als in Sura und also eine
größere Berücksichtigung verdienten. Daß Sura durch ihren Gründer
und ihr hohes Alter von jeher eine Bevorzugung genossen hat,
darum kümmerte sich Kohen-Zedek nicht. Wegen dieser Forderung
entstanden so lange Reibungen und Streitigkeiten zwischen den beiden
Hochschulen, bis sich angesehene Männer ins Mittel legten und die
Ausgleichung trafen, daß die Spenden fortan zu gleichen Teilen
verteilt werden sollten[1]). Kohen-Zedek hatte jedenfalls soviel gewonnen, daß die suranische Akademie die letzte Spur ihres Vor-
ranges eingebüßt hat. Dann begann er Streit mit dem Exilarchat,
um es zu verkleinern. Der Inhaber dieser Würde war damals
Ukba, ein Mann, der mit arabischer Bildung vertraut war und
selbst arabische Lieder zu dichten verstand. Kohen-Zedek verlangte,
daß die Besetzung der Richterstellen in den Gemeinden des Landes
Chorasan und [die Einkünfte aus denselben der pumbaditanischen
Hochschule zustehen sollten. Ob Chorasan früher zu Pumbadita gehört

fronai, Nathan Babli dagegen Amram ben Schelomo. Er hat also zwei
Namen geführt. Vgl. darüber Frankel, Monatsschrift, Jahrg. 1857, S. 343.
[Nach Harkavy a. a. O. S. 196 hat entweder Amram vor Jakob fungiert
oder beide waren Rivalen.]

    [1]) Nathan Babli das. [Vgl. auch Neubauer, Anecdota II, S. 78 ff.]

hatte und von den Exilarchen ihm entzogen worden war, so daß Kohen-Zedek nur ein früher besessenes Recht geltend machte, oder, ob er es ohne Rechtsanspruch forderte, ist nicht zu entscheiden. Ulba wollte seiner Würde nichts vergeben und appellierte an den Kalifen. Kohen-Zedek hatte aber Freunde in Bagdad, welche Einfluß bei Hofe hatten, unter anderen die schon genannten Joseph ben Pinehas und Netira. Diese brachten es dahin, daß der Kalife Almuktadir (regierte 908—932) oder richtiger der Wesir Ibn-Furat — da der Kalife sein Leben in Schwelgereien zubrachte — Mar-Ulba seiner Würde entkleidete und aus Bagdad, wo seine Residenz war, verbannte (917)[1]. Der Exilarch ging nach Karmisin (Karmanschah), fünf Tagereisen östlich von Bagdad), und Kohen-Zedek war froh, daß die Exilarchenwürde hier aufgehoben war. Der schwache Präsident von Sura, Jakob ben Natronaï[2], ließ diese Eingriffe ohne Widerspruch geschehen.

Indessen war ein Zufall dem verbannten Exilarchen günstig, so daß er Kohen-Zedeks Pläne durchkreuzen konnte. Der jugendliche und vergnügungssüchtige Kalife kam gerade zurzeit ebenfalls nach Kermanschah, welches in einer paradiesischen Gegend lag und von dem Kalifen durch Kunstbauten verschönert worden war. Da konnte er die Regierungssorgen und die Intrigen der aufeinander eifersüchtigen Höflinge vergessen. Auf den Spaziergängen des Kalifen pflegte ihn der verbannte Exilarch Ulba mit wohlgesetzten arabischen Versen zu begrüßen und zu lobpreisen. Seine Verse erschienen nun Almuktadirs Sekretär so trefflich, daß er es der Mühe wert hielt, sie aufzuzeichnen und den Kalifen darauf aufmerksam zu machen, welchen reichen Wechsel der jüdische Dichter in das einfache Thema der Huldigung zu bringen vermochte. Die Poesie war unter den Arabern so hoch geschätzt, daß kein noch so roher Herrscher ganz unempfänglich dafür war. Almuktadir ließ darauf den dichterischen Exilarchen zu sich entbieten, unterhielt sich mit ihm, fand Gefallen an ihm und fragte ihn zuletzt, welche Gunst er ihm gewähren könnte. Ulba wünschte nichts sehnlicher als in seine Würde wieder eingesetzt zu werden, was ihm der Kalife auch gewährte. Zum Erstaunen seiner Gegner kehrte er nach einjähriger Verbannung wieder nach Bagdad zurück und trat wieder in seine hohe Stellung ein (um 918). Die Dichtkunst war seine Retterin geworden. Allein Kohen-Zedek

---

[1] Vgl. Note 12, Nr. 7.
[2] [Es war Amram ben Salomo].

und ſeine Parteigenoſſen ließen Ukba den Triumph nicht lange ge=
nießen. Durch Geldbeſtechung und Intrigen ſetzten ſie es bei den
ihnen günſtigen Höflingen durch, daß er zum zweiten Male in die
Verbannung geſchickt wurde. Damit er ſich aber nicht wieder in
Gunſt ſetzen ſollte, wurde er aus dem ganzen morgenländiſchen
Kaliſenreiche verbannt und mußte nach dem jüngſt gegründeten
Reiche der Fatimiden in Afrika, nach Kairuan, fliehen[1]). Hier, wo
der Arzt und Philoſoph Iſaak Israeli in hohem Anſehen ſtand,
wurde Ukba mit Liebe empfangen und in hohen Ehren gehalten.
Die kairuaniſche Gemeinde behandelte ihn als Exilsfürſten, baute für
ihn einen erhöhten Ehrenſitz in der Synagoge und machte ihm die
Kränkungen vergeſſen, die er im Lande ſeiner Väter erfahren hatte
(um 919). Er war der zweite Exilsfürſt, der nach Kairuan aus=
zuwandern gezwungen war.

Da Kohen=Zedek in Ukba nicht ſo ſehr die Perſon, als vielmehr
die Exilarchenwürde bekämpft hatte, weil ſie der Machtvergrößerung
der pumbaditaniſchen Hochſchule im Wege war, ſo ſorgte er dafür,
daß kein Nachfolger ernannt wurde. Er wollte das Exilarchat ganz
und gar erlöſchen laſſen. Sein zeitgenöſſiſcher Gaon von Sura,
Jakob ben Natronaï, war entweder zu ohnmächtig oder zu befangen,
dieſem Plane entgegen zu handeln. So blieb die Exilarchenwürde
ein oder zwei Jahre ohne Träger[2]). Indeſſen, wenngleich das
Exilarchat der pumbaditaniſchen Hochſchule und ihrem Vertreter ver=
haßt war, ſo hing doch das Volk daran aus Gewohnheit und mit
ſeinen Erinnerungen an das davidiſche Haus. Es mochte deſſen
nicht entraten und drang auf die Wiederbeſetzung der Würde. Da=
durch ermannte ſich auch der ſuraniſche Gaon zu ſelbſtändigem
Handeln und wollte ſich nicht länger als willenloſes Werkzeug für
Kohen=Zedeks Ehrgeiz hergeben. Das Volk verlangte ungeſtüm
David ben Sakkaï, einen Vetter Ukbas, zum Exilsfürſten;
auch der einflußreiche Netira war für ihn[3]), und das ganze Kol=
legium der ſuraniſchen Hochſchule huldigte ihm (921) in Kasr, ſeinem

---

[1]) [Nach dem von J. Friedländer in **JQR.** XVII, S. 746 ff. veröffent=
lichten Fragment des arabiſchen Originals von Nathan Bablis Bericht wurde
Ukba auch das zweitemal nur aus Bagdad verbannt; im Betretungsfalle
ſollte er zur Annahme des Islam gezwungen werden. Mangels eines anderen
Zufluchtsortes im Kalifat begab er ſich nach Kairuân. Vgl. auch Poznański
in der Feſtſchrift für Harkavy Nr. 42 u. dort Anm. 1.]

[2]) [Nach obengenanntem Bericht drei bis vier Jahre.]

[3]) Folgt aus Nathan Bablis Bericht.

Wohnorte. Kohen-Zedek und das pumbaditanische Kollegium versagten ihm aber die Anerkennung. David ben Sakkaï war indessen ebenso entschieden und ehrgeizig wie sein Gegner und fest entschlossen, sich in seiner Würde zu behaupten. Er erklärte vermöge seiner Machtvollkommenheit Kohen-Zedek seiner Stellung als Gaon für entsetzt und ernannte an seiner Statt einen R'Mebasser (oder Mekasser) zum Gegen-Gaon. Ein Teil des pumbaditanischen Kollegiums verließ darauf Kohen-Zedek und ging zu seinem Gegner über, ein anderer Teil hielt aber fest an ihm. Wiederum entstanden innerhalb der pumbaditanischen Hochschule Zänkereien, worüber die Besseren im Volke wehmütig seufzten. Der Streit zwischen dem Exilarchate und Gaonate, der in alle Kreise des jüdisch-babylonischen Gemeinwesens drang, dauerte beinahe zwei Jahre.

Ein Blinder, wegen seiner Frömmigkeit von allen geachtet, Nissi Naharwani, dem die Zwietracht zwischen dem Exilarchen und dem Gaon tief zu Herzen ging, unternahm es, eine Versöhnung herbeizuführen. In später Nachtzeit tappte er sich durch mehrere Räume, bis er zu Kohen-Zedeks Studierzimmer gelangte, der über das plötzliche Erscheinen des würdigen Blinden in mitternächtlicher Stunde betroffen war. Nissi wußte dem erbitterten Kohen-Zedek so zu Herzen zu reden, daß er ihn zur Versöhnlichkeit geneigt machte. Von ihm begab er sich zum Exilarchen David und verkündete ihm, daß sein Gegner bereit sei, ihn anzuerkennen und mit ihm zusammen zu kommen. In Sarsar, eine halbe Tagereise südlich von Bagdad, trafen David und Kohen-Zedek mit ihrem beiderseitigen Gefolge zusammen, schlossen Frieden, und Kohen-Zedek mit seinem Kollegium gab dem Exilarchen das Ehrengeleite bis Bagdad (Herbst 921)[2]. David erkannte hierauf Kohen-Zedek als gesetzmäßigen Gaon von Pumbadita an, aber der Gegen-Gaon Mebasser mochte sich nicht unterwerfen und schied mit seinen Parteigenossen aus dem Lehrhause bis an sein Ende (925)[3]. Kohen-Zedek, dem der Plan, das Exilarchat aufzulösen, mißlungen war, erlebte noch, wie auch die von ihm gedemütigte Hochschule von Sura durch einen Mann aus fernem Lande neuen Glanz empfing und Pumbadita einige Jahre verdunkelte.

---

[1] [Über ihn als synagogalen Dichter vgl. Harkavy, Studien und Mitteilungen V, S. 115—117 und Bestimmteres in Horodeckis Hagoren II (1900) S. 86—88].   [2] Nathan Babli a. a. O.   [3] Scherira Sendschreiben.

Zehntes Kapitel.

Untergang des Exilarchats, Blütezeit der jüdischen Wissenschaft, die Epoche Saadias und Chasdaïs; Asien.

Saadia, sein Lebensgang, seine Jugendarbeiten, seine Polemik gegen das Karäertum. Salmon ben Jerucham und sein Kampf gegen Saadia. Der Exilarch David ben Sakkai. Saadia wird zum Gaon ernannt, seine Streitigkeiten mit David, seine Amtsentsetzung und schriftstellerische Tätigkeit, seine Religionsphilosophie. Der Ketzer Chiwwi Balchi. Saadias Versöhnung mit David. Untergang des Exilarchats. Saadias Tod. Untergang der suranischen Hochschule. Aaron Ibn-Sargadu. Jakob ben Samuel und sein Kampf mit den Karäern, Abulsari Sahal, Jephet ben Ali; Menahem Gizni. David Almokammez. Ben-Ascher und seine massoretische Leistung. Abschluß des massoretischen Textes. Die jüdischen Gemeinden auf der Krimhalbinsel.

928—970.

Als im christlichen Europa mit dem Untergang der Karolinger der letzte Dämmerstrahl geistigen Lebens erlosch und die mittelalterliche Finsternis sich immer unheimlicher verdichtete, erstrahlte im jüdischen Kreise das Geisteslicht zu heller Klarheit. Die Kirche wurde der Sitz mönchischer Unwissenheit und Barbarei, die Synagoge die Heimat der Wissenschaft und menschlicher Gesittung. In der Christenheit wurde jedes wissenschaftliche Streben von den Würdenträgern der Kirche und dem verdummten Volke als Satanswerk verdammt, in der Judenheit traten die Führer und Lehrer der Religion selbst den Geistesflug an und bestrebten sich, das Volk zur Höhe des Denkens zu erheben. Weit entfernt, das Wissen zu verdammen, betrachteten es mehrere Gaonen als Förderungsmittel und Vollendung der Religion. Drei Jahrhunderte hintereinander waren die Lehrer des Judentums zumeist auch Priester der Wissenschaft, und der tiefe Grund zu dieser Geisteshöhe wurde in dieser Zeitepoche gelegt. Zwei Männer, der eine im Osten und der andere im Westen, haben die Wissenschaft im Judentum heimisch gemacht: der Gaon Saadia und der Staatsmann Chasdaï. Mit ihnen beginnt eine neue Periode in der jüdischen Geschichte, die man getrost die wissen-

ſchaſtliche nennen darf. Es zog ein neuer Frühling in Israels
Geſchichte ein. Es grünte und blühte friſch und fröhlich, und auch
eine neue Poeſie ließ einer Lerche gleich, in reiner Luft ihre wohl-
lautende Stimme ertönen. Kaum merkten die Zeitgenoſſen, daß ein
Stück jüdiſches Altertum, das Exilarchat, zu Grabe getragen wurde.
Vor dem neuanbrechenden Leben wurde der Tote ſchnell vergeſſen.
Wie ſich das religiöſe Leben einſt vom Opfertempel loslöſte, ſo löſte
es ſich jetzt von dem Lehrtempel an den Ufern des Euphrat ab, geſtaltete ſich ſelbſtändig und ſchuf ſich einen neuen Mittelpunkt. Die
erſte Hälfte des zehnten Jahrhunderts bildet daher einen bedeutenden Wendepunkt in der Entwicklung der jüdiſchen Geſchichte, den das
Zuſammentreffen günſtiger Umſtände herbeigeführt hat. Die jüdiſche
Geſchichte wurde nach und nach auf europäiſchen Schauplatz verlegt,
das Judentum nahm ſozuſagen einen europäiſchen Charakter an und
ſtreifte immer mehr die orientaliſchen Formen ab. Saadia bildet
den letzten wichtigen Ausläufer der Entwicklung im Morgenlande,
Chasdaï und die von ihm erweckten wiſſenſchaftlichen Perſönlichkeiten
die erſten Träger einer jüdiſch-europäiſchen Kultur.

Saadia (arabiſch Saïd) ben Joseph aus der Stadt
Fajûm in Oberägypten (geb. 892 ſt. 942)[1]) war der erſte Begründer einer jüdiſchen Wiſſenſchaft unter den Rabbaniten und der
erſte Schöpfer einer Religionsphiloſophie im Mittelalter[2]). Er war
ein Mann von umfaſſenden Kenntniſſen, der den Bildungsſtoff der
Zeit von Mohammedanern und Karäern[3]) in ſich aufgenommen und
mit den talmudiſchen Elementen verarbeitet hatte. Aber bedeutender
noch als ſeine Wiſſensſchätze war ſeine ganze Perſönlichkeit, ſie war
durchweht von religiöſem Geiſte und tiefſittlichem Ernſte. Saadia
war ein ausgeprägter Charakter und gehörte zu denen, welche ſich
Rechenſchaft von ihrem Wollen zu geben wiſſen und das für Recht
Erkannte mit Beharrlichkeit ausführen.

Seine Jugendgeſchichte iſt ganz in Dunkel gehüllt. Von ſeinen
Lehrern iſt nur Abu-Kethir (o. S. 265) bekannt. Bedeutende Talmud-
kenner hat es ſchwerlich damals in Ägypten gegeben[4]), und wenn

[1]) [Über manche Einzelheiten aus ſeinem Leben und Wirken, die erſt
in den letzten Jahrzehnten bekannt geworden ſind und beſonders ſeine wiederholten Reiſen in Paläſtina, Syrien u. Babylonien. Vgl. Monatsſchr. Jhrg. 1908.]

[2]) [Doch muß das ſchon vorher anzuſetzende Auftreten von Dabid
Al-Mokammez in Betracht gezogen werden.]

[3]) [Von deren diesbezüglichen Schriften kann keine Rede ſein.]

[4]) [Über regeres geiſtiges Leben in Fajûm geben uns einige Fragmente

Saadia die ſteile Höhe dieſes Faches erklommen und eine Meiſterſchaft
darin erlangt hat, ſo zeugt dieſer Umſtand am bündigſten für ſeine
Geiſteskraft. Schriftliche Anleitungen der ältern Gaonen mögen ihn
allerdings beim Talmudſtudium unterſtützt haben. Ebenſo wie im
Talmud war Saadia in der karäiſchen Literatur heimiſch, wie ge=
wiß kein Rabbanite vor ihm. In ſeinem dreiundzwanzigſten Lebens=
jahre (915) unternahm er einen gewaltigen Angriff auf das Karäer=
tum, den es noch Jahrhunderte nachher tief empfand und lange
nicht vergeſſen konnte. Er verfaßte eine Schrift „zur Widerlegung
Anans" (Kitab ar-rud ila Anan.)[1]) Ihr Inhalt iſt unbekannt,
doch läßt ſich vermuten, daß Saadia einerſeits die Notwendigkeit
der Traditio nnachgewieſen, andererſeits Anans Jnkonſequenzen bloß=
gelegt hat. Für die Notwendigkeit der Überlieferung ſtellte er
ſieben Beweisgründe auf, die, ſo ſchwach ſie auch ſind, von den
Karäern ſelbſt ſpäter größtenteils anerkannt wurden. Das Schrift=
wort, meinte er, ſei für das Verſtändnis und die Ausübung der
Geſetze unzulänglich. Manche Geſetzesbeſtimmungen ſeien im Penta=
teuch nur umrißlich gegeben and bedürften der Erläuterung. Das
Verbot der Werktätigkeit am Sabbat ſei ſo allgemein gehalten, daß
man nicht wiſſe, welche Arbeiten darunter zu verſtehen ſeien. Gebete
ſeien im ſinaitiſchen Geſetze gar nicht vorgeſchrieben, und deren Not=
wendigkeit wiſſe auf eine mündliche Anleitung hin. Die einſtige
meſſianiſche Erlöſung und die Auferſtehung der Toten haben ihre
Begründung lediglich in der Überlieferung. Und endlich beruht die
israelitiſche Geſchichte und deren Verlauf einzig und allein auf
Tradition[2]). Wie Saadia ſeine Angriffswaffen gegen Anan ge=
ſchwungen hat, iſt nicht mehr zu erkennen. Er verfaßte auch eine
Schrift, worin er die maßloſe Ausdehnung der Verwandtſchaftsgrade
im Karäertume widerlegte[3]) und ſtellte Anan als einen Ehrgeizigen
dar, der „einen Überfluß an Frechheit und einen Mangel an Gottes=

im 2. Heft der Veröffentlichungen aus der Sammlung des Papyrus Rainer
manche Kunde.]

[1]) Vgl. über Saadias Schriften Note 20. [Das Erſtlingswerk Saa=
dias iſt der Iggaron oder Egron; vgl. Harkavy bei Rabbinowitz 281, Anm. 79.
Vgl. auch Monatsſchrift Jahrg. 1908.]

[2]) Salmon ben Jerochams Polemik gegen Saadia. Alphabet III. hand=
ſchriftlich. [Vgl. jetzt hierüber Poznański in JQR. X, S. 240—244; und eben=
dort XVIII, S. 113; vgl. auch die Bücherliſte in JQR. XIII. S. 54, Nr. 68.]

[3]) [Dieſe Angriffe hat Saadia wohl in ſeinem Sefer Arajot nieder=
gelegt.]

furcht gehabt" und den Abfall vom talmudischen Judentume nur
aus Trotz unternommen habe.

In kaum begonnenem Mannesalter unternahm Saadia ein noch
schwierigeres Werk, wodurch er folgenreich für das Judentum wirkte.
Bisher hatten die Karäer die heilige Schrift gewissermaßen in Beschlag genommen, die rabbanitischen Lehrer dagegen hatten sie vernachlässigt, weil der Talmud ihnen für das religiöse Leben aus-
reichend schien. Während die Karäer bereits eine Menge schrift-
erklärender Werke verfaßt hatten, war der Rabbanismus ganz arm
daran[1]). Saadia, der diesen Mangel fühlte, unternahm es, die
heiligen Urkunden ins Arabische, die Sprache, welche damals vom
äußersten Westen bis nach Indien verstanden wurde, zu übertragen.
Diese Übersetzung begleitete er mit kürzern oder längern Erklärungen,
je nachdem es der Gegenstand erforderte. Drei Zwecke hatte er
dabei im Auge[2]). Er wollte zunächst die heilige Schrift dem Volke
zugänglich machen, dann gedachte er dem um sich greifenden Karäertume entgegen zu wirken, welches durch die eigentümliche Schriftauslegung die talmudische Tradition Lügen strafte. Er hoffte dagegen durch dieses Eindringen in Ausdruck und Sinn der heiligen
Urkunden die Überlieferung und das talmudische Judentum begründen
und bewahrheiten zu können. Endlich wollte Saadia dem Volks-
wahne und der Verkehrtheit der Mystiker entgegenarbeiten, welche
die biblischen Äußerungen von Gott buchstäblich nahmen und unwürdige Vorstellungen von der Gottheit hatten, als von einem körper-
lichen Wesen, das Sinnesorgane, Bewegungen im Raume, Affekte
und Leidenschaften besitze. Er aber huldigte der philosophischen Richtung[3]), welche Gott in seiner Erhabenheit und Vollkommenheit als
Geist auffaßt. Seine Übersetzung sollte im Einverständnis mit der
Vernunft und der talmudischen Tradition sein. Das war der Grund-
kern seiner Ansicht vom Judentume. Das, was der Talmud lehrt
und einschärft, sei ebenso göttlicher Natur wie das Schriftwort, aber
weder die Schrift noch die Tradition dürften der Vernunft wider-

---

[1]) [Wie bereits bemerkt, ist diese Ansicht nicht mehr haltbar.]

[2]) Vgl. das Fragment von Saadias Einleitung in der Londoner Polyglotte T. VI, Anfang.   [3]) [Vgl. L. Bodenheimer: das Paraphrastische der
arabischen Übersetzung des Saadia in Monatsschrift Jahrg. 4, S. 23—33, Wolff:
Zur Charakteristik der Bibelexegese in Stades ZATW. Jahrg. 1885, S. 20 ff.,
ferner Hartwig Derenbourg in der Vorrede zu Bachers Edit. des Hiobkom-
mentars (Paris 1899) S. VIII ff. und Schmidel, Randglossen zu Saadias
Pentateuchübersetzung in Monatsschrift Jahrg. 1901 und 1902.]

ſprechen. Der Widerſpruch iſt nach Saadias Auffaſſung nur Schein;
durch ſeine Überſetzung und Erklärungsweiſe ſuchte er dieſen Schein
zu beſeitigen. Zu dieſem Zwecke bediente er ſich der Umdeutung
des Wortſinnes, welche oft nicht ohne Willkür und Gewalt geſchieht.
Saadia ging ſo weit, zu behaupten — um nicht ein böſes Prinzip,
den Satan, Gott gegenüber zu ſtellen, wie das Chriſtentum es
tut — daß der Satan, welchen der Dichter des Buches Hiob als
Verſucher einführt, nicht eine dämoniſche Gewalt, ſondern ein menſch-
licher Gegner des frommen Dulders geweſen ſei. „Denn", meinte
er, „wollte man annehmen, daß ein Engel Neid und Eiferſucht
empfinde, ſo müßte man auch zugeben, daß er auch andere Leiden-
ſchaften und ſinnliche Begierden hat, was aber dem Begriffe von
Engel widerſpricht"[1]). Wie Saadia der erſte Rabbanite war, der
einen Kampf gegen das Karäertum eröffnete, ſo war er auch der
erſte, der das Judentum mit den Ergebniſſen des philoſophiſchen
Denkens in Einklang zu bringen ſuchte (rationaliſierte). Er hielt
ſeine Überſetzungstätigkeit für ſo verdienſtlich, daß er hoffte, dadurch
von Gott Vergebung ſeiner Sünden und Anteil an der jenſeitigen
Glückſeligkeit zu erlangen[2]). Der arabiſche Stil, den er bei der
Überſetzung anwendete, iſt rein und zierlich. Er zeigte auch darin
eine Meiſterſchaft, daß er öfter in der Überſetzung ſolche arabiſche
Wörter wählte, die lautlich dem Hebräiſchen entſprechen. Saadia
ſchrieb auch, was ſonſt die arabiſierenden Juden ſelten taten, mit
arabiſchen Schriftzügen[3]), weil er auch auf mohammedaniſche Leſer
gerechnet hat.

Wiewohl Saadia in ſeiner Bibelüberſetzung eine hohe Geiſteskraft und Selbſtändigkeit bewährt, ſo ſind ſeine Leiſtungen doch nicht
ſehr hoch anzuſchlagen[4]). Schon der Umſtand, daß er die Schrift
nicht ihre eigene Sprache ſprechen ließ, ſondern bald die talmudiſche
Überlieferung, bald die philoſophiſche Überzeugung in Wortbedeutung
und Satzverbindung wiederfinden wollte, mußte ihn die richtige Er-

<hr>

1) Vgl. das Fragment aus Saadias Hiob-Kommentar in Munks Notice
sur Saadias p. 8. [Vgl. jetzt in der Ausgabe von Bacher: Oeuvres complètes
de R' Saadia, Bd. V, (Paris 1899), S. 11.]

2) Schluß zur Pſalmenüberſetzung, vgl. Note 20.

3) Jbn-Eſras Kommentar zur Geneſis 2, 11. Folgt auch daraus, daß
Mohammed Jbn Jsḥaḳ, ein Mohammedaner, der nicht lange nach Saadia
gelebt, deſſen Schriften geleſen und beurteilt hat.

4) [Vgl. jedoch das anderweitige Urteil bei Steinſchneider, a. a. O.,
S. 55 unter Abſchnitt D.]

klärung verfehlen lassen. Er nahm die Schriftauslegung (Exegese) in den Dienst der Tradition und Zeitphilosophie und trug in den Text mehr hinein als der Wortsinn zuließ. Auch war ihm die wahre Bedeutung des hebräischen Sprachschatzes nicht erschlossen, die hebräische Sprachkunde befand sich noch auf der Stufe der Anfänge, und Saadia hat sie nur wenig über diese Stufe gehoben. — Gleichzeitig mit der Übersetzung arbeitete Saadia eine Art hebräische Grammatik in arabischer Sprache aus und verfaße auch ein hebräisches Lexikon (in hebräischer Sprache: Iggaron)[1]. Aber auch in diesem Punkte verfehlte er oft das Richtige in Spracherscheinung und Wortbedeutung. Indessen sind seine exegetischen und grammatischen Leistungen insofern von Bedeutung, als er innerhalb des rabbanitischen Kreises Bahn gebrochen und Bibelerklärung und Sprachforschung in ausgedehntem Umfange als neue Fächer eingeführt hat. Selbst seine Irrtümer wirkten belehrend für die Folgezeit.

In seiner Erklärung zum ersten Buche des Pentateuchs hatte Saadia neuerdings die Karäer angefeindet. Er hatte sich namentlich bemüht zu beweisen, daß der karäische Festkalender nicht im Sinne der heiligen Schrift sei. Er ging aber darin so weit, zu behaupten, daß das rabbanitische Kalendersystem sogar mit dem neunzehnjährigen Zyklus und den Verschiebungen mancher Feste nicht später eingeführt worden sei, sondern von jeher auch in der Zeit des zweiten Tempels und in der biblischen Periode im Gebrauche gewesen[2]. — Durch die Angriffe auf das Karäertum hatte er in ein Wespennest gestochen und erweckte gegen sich einen Schwarm von Gegnern. Die Karäer hatten bis dahin die Waffen gegen das talmudische Judentum geschwungen, ohne Gegenwehr zu finden. Es war ihnen daher sehr ungelegen, daß ein Rabbanite mit Geist und Wissen ausgestattet, gegen sie in die Schranken trat. Es entstand

---

[1] [Die Einleitung, hebräisch und arabisch, hat Harkavy veröffentlicht in Studien und Mitteilungen T. V, S. 40—59; vgl. hierzu auch Bacher in RÉJ. XXIV, S. 307 ff., wonach die erste Vorrede nur hebräisch war. Eine Probe aus dem Werk selbst gibt Harkavy in Hagoren I, S. 89—90 und VI, S. 26—30; aus einem anderen sprachwissenschaftlichen Werk ebendort S. 30 bis 38. Vgl. ferner Bacher: Die Anfänge der hebräischen Grammatik S. 38 bis 40 über Saadias sprachwissenschaftliche Werke.]

[2] Polemik des Salmon ben Jerucham gegen Saadia Alphabet IV. und Gutachten R' Hais handschriftlich, in deren Besitz mich die Güte des Herrn Luzzatto gesetzt hat. [Vgl. hierüber jetzt Rabbinowitz, S. 285, Anm. 1 und Bornstein a. a. O., S. 160.]

daher ein lebhafter Kampf zwischen den beiden Bekenntnissen, der insofern nützlich war, als er das wissenschaftliche Interesse weckte. Ein Hauptgegner Saadias war der Karäer Salmon ben Jerocham (Ruchaïm). Dieser Karäer (geb. in Fostat 885 st. um 960), der in Palästina lebte[1]), nur um einige Jahre älter als Saadia war, und den die Karäer fälschlich als dessen Lehrer ausgaben, hatte sich nicht über die Mittelmäßigkeit seiner Glaubensgenossen erhoben. Er war eine heftige, gallige Natur, welche wissenschaftliche Fragen mit Keifen und Schimpfen erledigen zu können vermeinte. Als Salmon ben Jerocham von Palästina wieder nach Ägypten gekommen war und gewahrte, daß Saadias schriftliche und mündliche Angriffe auf das Karäertum sogar in karäischen Kreisen Eindruck gemacht und Zweifel erweckt hatten, brach er in eine Art Wut gegen den jungen geistvollen, rabbanitischen Schriftsteller aus und nahm sich vor, eine doppelte Entgegnung auszuarbeiten, in hebräischer Sprache für Kundige und in arabischer für das Volk. In der hebräischen Polemik, die aus achtzehn alphabetischen Stücken in elenden Knittelversen besteht (Milchamot)[2]), behandelte er Saadia wie einen Buben und die ganze Schrift ist durchweht von Schmähsucht und Grobheit. Nicht wegen ihres Inhaltes oder ihrer Form, sondern wegen der Art und Weise, wie die Karäer ihre Irrtümer zu beschönigen suchten, verdient die polemische karäische Schrift einige Beachtung. Sie ist in Form eines Sendschreibens an die karäischen Gemeinden Ägyptens abgefaßt.

Zuerst versuchte Salmon die Behauptung Saadias zu widerlegen, daß es neben der schriftlichen Lehre noch eine mündliche gäbe. Gäbe es eine solche, so dürfte das Schriftwort nicht davon schweigen. Der Talmud, der sich als die mündliche Lehre ausgibt, sei voll von

---

[1]) [Über Salmon ben Ruch[e]im vgl. jetzt Poznański in JQR. VIII, S. 684 ff. und XVIII, S. 220—222. Danach ist Salmon c. 915—920 geboren, stammte nicht aus Fostât, sondern vielleicht aus Palästina und hat seine Streitschrift wohl erst 940 verfaßt. Über seine Kommentare, die nicht vor dem 6. Jahrzehnt des 10. Jahrhunderts verfaßt sind, vgl. Steinschneider a. a. O. § 76—78 und S. 340; über den Charakter derselben vgl. auch Poznański in JQR. XIII, S. 336—338. Die in der nächsten Anmerkung angeführte Muqaddima ist gefälscht.]

[2]) Von den Milchamot des Salmon sind abgedruckt Einleitung und erstes Alphabet in Orient Litbl. Jahrg. 1846 col. 23, 163, 211 und ein Fragment daraus in Pinskers Likkute Beilagen S. 18. Der größte Teil ist noch Manuskript in mehreren Bibliotheken.

Kontroversen und Meinungsverschiedenheiten und enthalte lauter Unsicherheit, der eine behauptet dieses, der andere jenes. Die sieben
Beweise, welche Saadia für die Notwendigkeit der mündlichen Überlieferung als Ergänzung zur schriftlichen aufgestellt hat, widerlegte
Salmon nicht ohne Geist. Dann setzte er weitschweifig auseinander,
daß der rabbanitische Festkalender nicht aus uralter Zeit stamme, da
ihn der Talmud selbst nicht kenne. Er warf Saadia vor, daß er
sich mit den Talmudlehrern in Widerspruch gesetzt habe. Dann suchte
Salmon mit schwachen, grammatischen Gründen die Lehre der Karäer
zu beweisen, daß man am Sabbat kein Licht und Feuer, wenn auch
vor Sabbat angezündet, brennen lassen dürfe, da auch solches eine
Verletzung der Sabbatruhe sei. Er warf im Verlaufe seiner Streitschrift den Rabbaniten vor, daß sie vom Wege der Wahrheit abgewichen seien, Unerlaubtes gestatteten und Erlaubtes verböten, die
Berührung mit unreinen Personen und Gegenständen ungescheut
übten. Sodann kehrte Salmon seine Geschosse gegen den Talmud.
„Gegen unsern Lehrer Anan hat er (Saadia) seine Zähne gefletscht,
weil dieser gegen seine Weisen die Waffen geschliffen. Nun darum
soll mein Köcher gegen ihn klirren, alle meine Pfeile will ich gegen
ihn abdrücken, will die Gräuel deiner Lehrer aufdecken." Salmon
ging darauf die agadischen Aussprüche durch, welche von Gott in
menschlicher Weise sprechen, deckte die Blößen jener mystischen Schriften
auf, welche Gott Gliedmaßen und räumliche Ausdehnung beilegen
(Schiur Komah o. S. 216), für deren unwürdige Auffassung von
Gott er sämtliche Rabbaniten verantwortlich machte, ohne zu bedenken,
daß sie nur Ausgeburten einzelner Gedankenlosen waren.

Ben Rucheim war übrigens nicht der einzige Karäer, der
Saadias Angriffe auf das Karäertum abzuwehren suchte. Als wenn
die Existenz ihres talmudfeindlichen Bekenntnisses dadurch gefährdet
wäre, eiferten sie gegen den jungen Rabbaniten von Fajjûm, der
mit Geist und Mut diese Neuerung bekämpfte. Noch zwei oder
drei karäische Lehrer von Bedeutung zogen gegen ihn, teils in eigenen
Schriften, teils gelegentlich, zu Felde. J o s e p h R o ë h[1], H a s s a n
b e n M a s c h i a c h und I b n = S a k a w e i h i , wenn dieser nicht
mit einem der beiden ersten identisch ist[2]). Joseph ben Abraham

---

[1]) Frankel, Monatsschrift Jahrg. 1871, S. 114. [Über dessen spätere
Lebenszeit — er schrieb 1036—1037 — vgl. Harkavy in RÉJ. VII,
S. 197 und jetzt Poznanski in JQR, XIX, S. 63—65.]

[2]) [Über diese karäischen Gegner Saadias vgl. jetzt Poznanski in JQR.

Roëh (Abu-Jakob Albassir)[1], der wegen seiner Blindheit und seiner
„die Leuchte" betitelten Schrift „der Hellsehende" genannt wird, viele
Reisen gemacht hatte, mit der arabischen Schulweisheit vertraut war
und mehrere Sprachen verstand, verfaßte mehrere philosophische
Schriften in scholastischem (mutazilitischem) Geiste und auch religiös
gesetzliche Abhandlungen teils in hebräischer, teils in arabischer
Sprache. Indessen hat ihn keines seiner Werke so berühmt gemacht,
wie dasjenige, worin er gegen das System der Verwandtschafts-
übertragung (o. S. 228 f.) angekämpft hat. Manche Eheverbindung,
welche ältere Karäer als Blutschande gebrandmarkt hatten, gestattete
er einzugehen. In einem seiner Werke (Maor) polemisierte Joseph
Roëh gegen Saadia (910—930). — Hassan ben Maschiach, Verfasser
eines praktisch-religiösen Werkes, schrieb eine eigene Abhandlung
gegen den Fajjûmiten[2].

Wenn die karäischen Schriftsteller glaubten, durch heftiges Poltern
und Schmähen Saadia zum Schweigen zu bringen, so hatten sie
sich geirrt. Er blieb ihnen die Antwort nicht schuldig, rechtfertigte
seine Behauptungen und war stets schlagfertig. Zwei polemische
Schriften erließ er noch gegen das Karäertum in arabischer Sprache,
eine Schrift der U n t e r s c h e i d u n g (Tamjiz)[3] und eine gegen
Ibn-Sakaweihi[4]. Sämtliche gegenkaräische Arbeiten Saadias sind
ein Raub der Zeit geworden und nur aus der Erinnerung Späterer
bekannt. Überhaupt haben sich von Saadias Schriften nur wenige
erhalten; selbst seine talmudischen Arbeiten, die methodisch angelegt
waren, sind untergegangen, eine Einleitung in den Talmud, Übersetzungen der Mischna und eine arabische Abhandlung über zivilrechtliche und rituelle Themata[5]. Seine Leistungen verbreiteten aber

XVIII, S. 212 ff. Gegen Ibn Sakaweihi verfaßte Saadia eine Streitschrift
unter dem Namen: Kitâb al-Rudd' alâ Ibn Sakawelhi, wovon Hirschfeld
in JQR. XVI, S. 105—112 und Harkavy ebendort S. 656—657 Fragmente veröffentlichten. Zu erwähnen ist noch Ben Suta oder ben Sita,
über den zu vergleichen ist Poznanski in der Monatsschrift, Jahrg. 1897,
S. 203—212 und JQR. XVIII, S. 212, Nr. 1.]

[1] Vgl. über ihn Pinsker Likkute Nr. 14. In Maor polemisierte Joseph
gegen Saadia, zitiert von Jephet ben Zair in Dod Mardochai und anderen
Schriftstellern.

[2] Sendschreiben des Sahal Abulsari.

[3] [Fragmente hiervon in JQR. XIII., S. 655 ff. und XVI., S. 102 ff.]

[4] Note 20. [Über Fragmente dieses Werkes vgl. oben.]

[5] [Einiges hat sich doch erhalten; vgl. die Bemerkungen zu Note 20, I.]

seinen Ruf in den Gemeinden des afrikanischen und morgenländischen
Kalifats. Der greise Isaak Israeli (o. S. 267) las mit Gier Saadias
Schriften, und sein Jünger Dunasch ben Tamim verschlang
sie[1]. Auch nach dem Sitze des Gaonats war Saadias klangvoller
Name gedrungen und lenkte die Aufmerksamkeit der Stimmführer
auf ihn[2].

Die suranische Hochschule war nämlich in klägliche Verkümmerung
geraten, und es war ein solcher Mangel an gelehrten Männern eingetreten, daß der Exilarch David ben Sakkaï genötigt war, einen
Weber von Profession, mit Namen Jom-Tob Kahana ben
Jakob (Haï ben Kimoj), mit der Gaonwürde zu bekleiden. Allein dieser
starb nach zweijähriger Funktion (926—28). Der pumbabitanische
Gaon Kohen-Zedek, der seiner Hochschule die ausschließliche Geltung
zuzuwenden sich bestrebte, hatte den Exilarchen, mit dem er wieder
versöhnt war, bestimmt, die suranische Akademie ganz eingehen zu
lassen, den Rest der Mitglieder nach Pumbabita zu versetzen, und
einen Titular-Gaon von Sura zu ernennen, der seinen Sitz in
Pumbabita haben sollte. Schon war ein Sohn eines pumbabitanischen Gaon, namens Nathan ben Jehudaï, mit dieser Titular-
würde bekleidet, als er plötzlich starb[3]. Sein plötzlicher Tod scheint
von den Zeitgenossen als ein Fingerzeig angesehen worden zu sein,
daß es ein sündhaftes Beginnen sei, die alte ehrwürdige Hochschule
von Sura eingehen zu lassen. Der Exilarch David beschloß daher,
die Vakanz wieder zu besetzen, und hatte dafür zwei Männer im
Vorschlag: Saadia und einen sonst unbekannten Zemach ben
Schahin, der von altem Adel war. Über die Wahl eines dieser
beiden beriet sich der Exilarch mit dem blinden Nissi Naharwani,

---

[1] Ebend. bei Tamim in dessen Jezirah-Kommentar, zum Teil abgedruckt Orient. Literbl., Jahrg. 1862, col. 563.

[2] [Saadia hatte sich wiederholt im Orient, am Sitz der Hochschulen,
aufgehalten, auch in Syrien und Palästina. Dort griff er auch in den seit
dem Jahre 921 von Jerusalem aus entbrannten Kalenderstreit ein,
zwischen dem die geistige Suprematie für das heilige Land anstrebenden Aaron(?)
ben Meïr und den babylonischen Hochschulen, zu welchem Zweck Saadia
auch das in einigen Fragmenten noch erhaltene Sefer ha-Moadim verfaßt
hat. Vgl. über diesen Gegenstand die genannte, das gesamte Material be-
hehandelnde Studie von Bornstein und Abr. Epstein in Hagoren V, S. 118
bis 142. Über seine Reisen siehe Schechters Saadyana Nr. 50, S. 133 bis
135; vgl. ferner Monatsschrift Jahrg. 1908.]

[3] Nathan Babli Jochasin, Scherira Sendschreiben. [ed. Neubauer,
S. 39 Ende.]

dessen Rat um so uneigennütziger war, als er selbst mit Rücksicht
auf seine Blindheit die Gaonwürde abgelehnt hatte. Nissi stimmte
für Zemach, nicht deswegen, weil er gegen Saadia etwas einzuwenden
hatte; im Gegenteil, er spendete ihn überschwengliche Lobeserhebungen.
„Saadia übertrifft an Weisheit, Frömmigkeit, Beredsamkeit alle
seine Zeitgenossen", sprach Nissi, „aber er besitzt einen festen, unabhängigen Sinn, der vor nichts zurückschreckt." Von diesem unbeug-
samen Sinn Saadias fürchtete Nissi, der ihn richtig beurteilte, einen
Ausbruch von Reibungen zwischen ihm und dem Exilarchen, der in
dem suranischen Gaon nur ein gefügiges Werkzeug brauchte, um die
Anmaßung der pumbaditanischen Hochschule niederhalten zu können.
Nichtsdestoweniger entschied sich David für Saadias Wahl[1]). Er
wurde aus Ägypten nach Sura berufen und förmlich zum Gaon
ernannt (Mai 928)[2]). Es war ein Ausnahmefall, daß eine auswärtige Persönlichkeit, die nicht eine Reihe von Jahren an den
talmudischen Schulen zugebracht hat und von Stufe zu Stufe auf
der Leiter der Ämter aufgestiegen war, zur höchsten Würde nächst
dem Exilarchen erhoben wurde. Außerdem war Saadia im Grunde
mehr durch wissenschaftliche Leistungen als durch talmudische Gelehrsamkeit bekannt. Mit Saadias Berufung zum Gaonate hat
Babylonien gewissermaßen die Suprematie, die es sieben Jahrhunderte über die Judenheit aller Länder besessen hatte, an das
Ausland abgetreten und die philosophische Wissenschaft zur Gleichberechtigung mit dem Talmud erhoben. Der Forschergeist, welcher
mit Anan, dem Stifter des Karäertums, aus den Hallen der Hochschulen verbannt worden war, hielt in Saadia seinen feierlichen Ein-
zug in dieselben[3]).

Saadia verlieh durch seine Persönlichkeit und seinen Ruf der
suranischen Hochschule einen neuen Glanz, und während seines Prä-
sidiums trat Pumbadita in den Schatten. Die Lücken, welche im
akademischen Kollegium entstanden waren, suchte er zu ergänzen;
er berief würdige, wenn auch junge Männer zu den akademischen
Ämtern und war seinen Berufspflichten treu. Mit welchen Ge-

---

[1]) Wörtlich nach den Berichten des Nathan Babli das. [Neub. a. a. O. II.
S. 80.]		[2]) Scherira das.

[3]) [Die Behauptungen in diesem Satz sind, wie bereits wiederholt bemerkt, nicht haltbar.]

[4]) Scherira bemerkt dies in seinem Sendschreiben mit einem hämischen
Seitenblick [Neub. a. a. O. I, S. 40 Afg.].

fühlen mag er zum ersten Male die Lehrhallen betreten haben, wo
die großen amoräischen Autoritäten gewirkt hatten. Bald aber mußte
ihm sein gesunder Sinn sagen, daß von der ehemaligen Größe kaum
noch ein Schatten geblieben war, daß die hochtönenden Titel und
Würden nur noch Scheindinge waren, daß der Todeswurm bereits
an diesen heiligen Altertümern nagte. Das Exilarchat, der Gipfel
des jüdisch=babylonischen Gemeinwesens, war ohne innern Wert und
in steter Reibung mit den Hochschulen, statt mit ihnen in Einklang
zu wirken. Ohne offizielles Ansehen bei Hofe konnte das Exilarchat
sein Dasein nur von den Höflingen und Machthabern des Tages
gewissermaßen erkaufen[1]), aber eben so gut durch Mehrgebot von
einer andern Seite in den Staub gedrückt werden. Die mühsam
gefristete und erkaufte Stellung erforderte bedeutende Summen,
und diese wurden vom Volke durch Gewalt und mit Willkür er=
preßt. Und wie beim Exilarchat sah es auch in den akademischen
Kollegien aus. Korruption und Volksbedrückung waren an der
Tagesordnung, um nur recht viele Mittel zur Behauptung der Würde
zu erlangen[2]). Redlicher Sinn, Tugend, innere Frömmigkeit waren
den Stimmführern ganz abhanden gekommen. Der Exilarch David
sandte einst seinen Sohn aus, um von den Gemeinden außerordent=
liche Geschenke einzutreiben, und als die Gemeinde von Fars (Ha=
madan?) dieselben verweigerte, legte sie David in den Bann, machte
davon dem Wesir Anzeige, dieser wiederum dem Kalifen, der dafür
der Gemeinde bedeutende Strafgelder auflegte. Und die Gaonen
der Hochschulen hatten kein Wort des Tadels dafür[3])! Saadia selbst, so
sehr auch sein hoher Sinn über manche Vorgänge empört war, mußte
schweigen, denn seine Stellung war noch zu neu. Auch hatte ihm
gerade seine Größe Feinde erweckt, die auf seinen Sturz lauerten.
Nicht bloß Kohen=Zedek war eifersüchtig auf ihn, weil Pumbadita
durch ihn verdunkelt wurde, sondern ein junger Mann aus Bagdad,
von tiefen Kenntnissen, großen Reichtümern und bedeutendem Ein=
flusse, Aaron (Kaleb) Jbn=Sargadu[4]), war mißgünstig auf

---

¹) [Vgl. Abraham ibn Daud im Sefer ha-Kabbala, ed. Neubauer, a. a. O.
I, S. 65: וחיו קונים נשיאותם מן המלכים כמו מוכסים.]

²) Diese grelle Schilderung beruht teils auf den mitzuteilenden Tat=
sachen, teils auf den Nachrichten des Zeitgenossen Sahal Abulsari in dessen
Sendschreiben bei Pinsker [Teil II] S. 31.

³) Nathan Babli das.

⁴) [Der richtige Name ist Kalaf ibn Sargadu; vgl. Harkavy bei Rabbino=
witz, S. 198. Über ihn siehe jetzt Steinschneider a. a. O., § 34, S. 71.

ihn und ihm feindlich gesinnt. Saadia hüllte sich daher gegenüber
den tiefen Schäden in dem jüdischen Gemeinwesen Babyloniens in
Schweigen, da er erst festen Boden in seinem Wirkungskreise gewinnen wollte. Als ihm aber das unsittliche Treiben der Vertreter
des Judentums zu arg und sein Rechtsgefühl zu sehr verletzt wurde,
und als man ihm gar zumutete, sich an Schlechtigkeiten zu beteiligen,
konnte er nicht mehr an sich halten und offenbarte seinen unbeug-
samen Charakter.

Ein geringfügiger Vorfall hatte die ganze sittliche Verderbtheit
der jüdischen Würdenträger grell ans Tageslicht gezogen. Ein Prozeß
um eine bedeutende Erbschaft war vom Exilarchen David aus Rücksicht auf reichen Gewinn nicht ganz gewissenhaft entschieden worden.
Um das Erkenntnis rechtskräftig und unangreifbar zu machen, verlangte David die Unterschrift der beiden Gaonen unter die von ihm
ausgestellte Urkunde. Der greise Kohen-Zedek hatte nichts dagegen
einzuwenden und erteilte seine Zustimmung. Saadia aber mochte
nicht einer Ungerechtigkeit seinen Namen leihen. Auf das Drängen
der Parteien gab er den Grund seiner Weigerung an. Der Exilarch
David, dem nun doppelt daran lag, Saadias Unterschrift zu haben,
ließ ihm durch seinen Sohn Jehuda kraft seiner Würde die Weisung
zugehen, ohne Umstände das Aktenstück zu unterschreiben. Saadia
entgegnete ruhig, das Gesetz verbiete ihm solches; denn es schreibe
vor, in Rechtssachen keine Rücksicht auf groß oder klein zu nehmen.
Abermals sandte David seinen Sohn zu Saadia, und ließ ihm mit
Amtsentsetzung drohen. Jehuda schlug anfangs einen sanften
Ton an und beschwor Saadia, keine unangenehmen Reibereien zu
veranlassen. Als er ihn aber standhaft fand, und er des Hin-
und Hergehens müde war, hob er die Hand gegen Saadia auf und
forderte ungestüm dessen Unterschrift. Saadias Leute warfen aber
den Frechen hinaus und verrammelten die Tür des Sitzungssaales.
David ben Sakkaï, der sich für beschimpft hielt, entsetzte darauf den
Gaon seines Amtes, legte ihn in den Bann und ernannte auf der
Stelle einen Nachfolger, Joseph ben Jakob ben Satia, einen
jungen Mann, der Saadias Schüler hätte sein können. Saadia
war aber nicht der Mann, sich durch Gewaltstreiche einschüchtern
zu lassen. Er erklärte seinerseits David seiner Würde als Exilarch

Exzerpte aus seinem Pentateuchkommentar bei Tanchum aus Jerusalem gibt
Harkavy in der Beilage חדשים וגם ישנים Nr. X, zu Rabbinowitz' hebräischer
Übersetzung von Graetz Band VII. (דברי ימי ישראל Bd. V.) S. 23.]

für entsetzt und ernannte gemeinschaftlich mit seinem Anhange dessen Bruder J o s i a H a s s a n zum Exilsfürsten (930)[1].

Sofort bildeten sich zwei Parteien in Babylonien, eine saadianische und eine davidische. Zu Saadia hielten sämtliche Glieder des suranischen Kollegiums, viele angesehene, verdienstvolle und gelehrte Männer Bagdads[2], und darunter auch die Söhne Netiras[3], welche den Einfluß ihres Vaters geerbt hatten. Gegen ihn waren Aaron Ibn-Sargadu, sein Anhang und wahrscheinlich auch Kohen-Zedek mit dem pumbaditanischen Kollegium. Beide Parteien appellierten an den Kalifen A l m u k t a d i r und bestachen die Günstlinge und Höflinge, um den Herrscher günstig für ihre Sache zu stimmen. Ibn-Sargadu ließ es sich 10000 Denare kosten, um Saadias Enthebung vom Gaonate durchzusetzen[4]. Der Kalife wollte beide Parteien vernommen wissen und ließ ein förmliches Verhör in Bagdad anberaumen unter dem Vorsitze des Wesirs Ali Ibn-Isa, dem viele Großwürdenträger beiwohnten[5]. Der Streit wurde indessen nicht ausgetragen, wahrscheinlich wegen der vielen Wesire, die in den letzten zwei Regierungsjahren des Kalifen Almuktadir aufeinander folgten, und der Unruhen, die während dieser Zeit in der Hauptstadt herrschten (930—932). Saadia behauptete sich während dieser Zeit als Gaon, hatte aber einen Gegen-Gaon an Joseph ben Satia; ebenso bestanden in dieser Zeit zwei Gegen-Exilarchen: David und sein Bruder Josia Hassan.

Erst als der Kalife Almuktadir in einem Aufruhr erschlagen worden (Oktober 932) und der bettelarme K a h i r als Kalife ausgerufen wurde — der sich zum Huldigungsakt erst Kleidungsstücke ausleihen mußte — obsiegte diejenige Partei, welche mehr Summen für die leere Schatulle des Kalifen liefern konnte, und das war die davidische. Der Exilarch verschwendete die von den Gemeinden erpreßten Einnahmen, um den Sturz seines Gegners herbeizuführen. So wurde es Saadia endlich von seiten des Kalifen untersagt, als

---

[1] Nathan Babli das.; Abraham Ibn-Daud. Scherira Sendschreiben. [ed. Neub. S. 65, vgl. Anecdota II, S. 80—81.] Vgl. Harkavy in Frankel-Graetz Monatsschrift 1882, S. 167.

[2] Nathan Babli, Maßudi in Note 20.

[3] [Isaak und Sahl; vgl. Harkavy in der Festschrift für Berliner S. 37 bis 38, Friedländer in JQR. XVII., S. 753.]

[4] [Nach Nathan Babli im Juchasin, ed. Schullam, Krakau 117b waren es 60000.]

[5] Maßudi bei de Sacy Chrestomathie arabe I 350, Note 52.

akademischer Präsident zu fungieren, vielleicht auch in Sura zu
weilen (anfangs 933). Der Gegen-Exilarch Hassan wurde nach Chorasan verbannt, wo er später sein Grab fand[1]). Saadia lebte darauf
vier Jahre zurückgezogen in Bagdad (933 bis 937) als Privatmann.
Unbegründet ist aber die Nachricht, daß ihm der Exilarch David nach
dem Leben getrachtet habe, und daß er deswegen genötigt gewesen sei,
sich zu verbergen[2]). Aber seine Gesundheit hatte durch die jahre-
langen Streitigkeiten und Kränkungen gelitten, er wurde schwermütig.
Sein Trübsinn störte indessen seinen Geist nicht. Er verfaßte gerade
während der Zurückgezogenheit seine besten Schriften, die den Stempel
der Gedankenfrische und Originalität an sich tragen. Er schrieb talmudische Abhandlungen, dichtete poetische Stücke und reimlose
Gebete voll religiöser Wärme, stellte eine vollständige Gebetordnung (Siddur) nach Art der Amramschen (o. S. 261)[3]) und die
Regeln der Kalenderordnung (Ibbur) zusammen, polemisierte gegen
den Massoreten Aaron ben Ascher aus Tiberias und war überhaupt während dieser Zeit schriftstellerisch fruchtbar[4]).

Die Höhe seiner Leistungen besteht aber in seinen philosophischen
Arbeiten, die er in zwei Schriften niedergelegt, in einem Kommentar
zum Buche der Schöpfung (Sefer Jezirah) und in einem
großen Werk über „Glauben und Glaubenslehren"[5]), beide in arabischer
Sprache. Saadia war der erste, der ein ziemlich vollständiges religions-
philosophisches, gegliedertes System aufgestellt hat. Denn wiewohl
die karäischen Lehrer breite philosophische Auseinandersetzungen liebten
und sie oft bei unpassenden Gelegenheiten anzubringen pflegten, so
haben sie es weder bis dahin, noch überhaupt zu einem umfassenden,
abgerundeten Religionssystem gebracht. Aber auch die Araber hatten
bis dahin noch keine systematische Philosophie erzeugt. Saadia hat
demnach aus seiner eigenen Denkkraft heraus das Gebäude einer
jüdischen Religionsphilosophie aufgeführt, wenn er auch der arabisch-
mutazilitischen Schule philosophische Themata und die Methode der
Behandlung entlehnt hat.

Als Saadia seinen Kommentar zu dem halb mystischen und

[1]) Nathan Babli, Scherira; vgl. Note 20.
[2]) Dieselbe Note.
[3]) [Über Saadias Siddur vgl. jetzt Bondi im Rechenschaftsbericht der
Jüdisch-literarischen Gesellschaft, Frankfurt a. M. 1904, S. 1—37.]
[4]) Das.
[5]) [Der Titel lautet vielmehr: Religion und Dogmen].

halb philosophischen „Buch der Schöpfung"[1]) schrieb, dessen
Ursprung noch immer nicht gefunden ist, und das neben tiefen Ge=
danken kindische Spielereien enthält, war sein Denken noch unreif.
Nicht nur hat er den Gedankengang dieses eigentümlichen Schöpfungs=
systems nicht erfaßt und manches hineingetragen, was demselben
fremd ist, sondern auch einen eigenen Gottesbegriff aufgestellt, der
an jene Lehre anstreift, welche überall im größten und kleinsten
göttliche Wirksamkeit und Kraft, aber nirgends Gott gewahrt (Pan=
theismus). Die Allgegenwart Gottes faßte Saadia so auf, daß
Gott das Leben und das Wissen der Welt sei. Wie das Leben
des Organismus in jedem Teilchen vorhanden ist, so ist Gott in
allen Teilen des Weltalls gegenwärtig, in Bergen, Strömen, Meeren.
Und wie das Wissen nicht wechselt mit dem Wechsel der Dinge, so
wechselt auch Gott nicht in dem Gewoge der Erscheinungen im
Weltall. Und, wie die Erkenntnis nicht befleckt werden kann, so
kann Gott, obwohl in allen Dingen seiend, nicht von ihnen befleckt
werden. Aber obwohl er im Weltall und in allen Teilen des=
selben ist, so ist er doch erhaben darüber, führt und leitet es, wie
der Geist der Seele innewohnt und doch mehr ist, als diese und sie
leitet. Wie ist aber diese tatsächliche Gegenwart Gottes in allen
Dingen denkbar? Oder, inwiefern ist er das Leben und die Seele
des Weltalls? Diese Frage beantwortet Saadia auf eine sonderbare
Weise. Gott hat alle Dinge mit seiner Luftströmung durchdrungen
und durchzogen, er selbst stehe mit der Atmosphäre in unmittelbarer
Verbindung. So ist er vermöge dieses Äthers in allen Teilen der
Welt; denn es gibt keinen noch so harten Körper, der nicht in seinen
Poren Luft enthielte. Vermittelst dieser Atmosphäre wirke Gott
im Weltall, indem er sie bewege, und diese die Bewegung weiter
fortpflanze. So angeschaut, könne das Schriftwort ganz buchstäblich
verstanden werden, worin es heißt: „Ich (Gott) bin im Himmel
oben und auf der Erde unten", und: „Alles, was Gott will, tut
er im Himmel und auf Erden". Sein Wille wirke in jedem Augen=

---

[1]) Ich habe früher das Sefer Jezirah in die gnostische Zeit gesetzt, bin
aber davon zurückgekommen, weil darin einige Termini aus der arabischen
Zeit vorkommen und gestehe, nicht zu wissen, wohin es zu plazieren ist.
Wahrscheinlich ist es in Tiberias entstanden. [Das Sefer Jezirah ist wohl
sicher im 9. Jahrhundert entstanden; vgl. Ph. Bloch in Winter und Wünsches
Anthologie, Trier 1892/93, Bd. III, S. 244. Es ist herausgegeben von
L. Goldschmidt, Frankfurt a. M. 1894, wozu jedoch zu vgl. Epstein in
der Monatsschrift, Jahrg. 1895, S. 46 ff. u. S. 134 ff.]

blick mittels der Luft auf die Dinge, gestalte und verändere sie. Dieses **Luftmittel** nenne die heilige Schrift die **Herrlich- keit Gottes** (Kabod), die talmudische Ausdrucksweise dafür sei **Schechinah**, und das Buch der Schöpfung bezeichne es durch „**Geist des lebendigen Gottes**". Vermöge desselben teile Gott seinen Auserwählten höhere Erkenntnis mit, und die heilige Schrift bediene sich dafür des Ausdruckes: „Es ruhe auf ihnen der Geist Gottes". Auch Mut und Tapferkeit verleihe Gott vermöge desselben Mittels seinen Berufenen; er habe ehemals dadurch seine Propheten begeistert, seine Offenbarung am Sinai verkündet und alle Wunder und Zeichen bewirkt[1]). Diese saadianische Auffassung verrät das mühsame Ringen, das dunkle Rätsel zu lösen, wie Gott erhaben über die Welt und doch jeden Augenblick eingreifend in ihre Werkstätte zu denken sei. Dem unreifen Lebensalter gehört auch Saadias wunderliche Spielerei an, die **Zehngebote** mit den **zehn Grundeigenheiten** der Dinge aus der aristotelischen Philosophie in Verbindung zu bringen[2]).

Diese unreifen Gesichtspunkte hat Saadia bei dem Aufbau seiner Religionsphilosophie (Emunot we-Deot) einige Jahre später (934)[3]) ganz fahren lassen, so daß sich keine Spur mehr davon findet. Er verfaßte dieses religions-philosophische Werk, um den irrtümlichen Ansichten seiner Zeitgenossen über die Bedeutung des Judentums zu begegnen und sie zu berichtigen, einerseits wegen der Ungläubigen und Zweifler, welche dem Judentum den Boden entzogen, und anderseits wegen der dummgläubigen Masse, welches jedes Nachdenken über Religion als Gottesleugnen verketzerte[4]). „Mein Herz ist be-

---

[1]) Kommentar zum Sefer Jezirah (handschriftlich arabisch und hebräische Übersetzung in mehreren Bibliotheken) zu Abschnitt IV, Halachah 1. [Der arabische Kommentar/wurde ediert von Lambert, Paris 1891 (H.).] [Über Saadias Änderungen im Text des Sefer Jezirah vgl. Epstein in der Monats- schrift Jahrg. 1893, S. 117—120.]

[2]) Das. zu I, 1 mitgeteilt von Dukes Nachal Kedumim S. 3, Note.

[3]) Note 20. [Das arabische Original, Kitâb al-Amânât-w'al-I'tiquadât hat Landauer, Leyden 1880 herausgegeben; eine andere und wohl jedenfalls die ursprüngliche Rezension des Abschnittes VII, über die Auferstehung, ver- öffentlichte Bacher in der Festschrift für Steinschneider, hebräische Abteilung S. 98—112, deutsche Abteilung S. 219—226.]

[4]) Über dieses Werk vgl. J. Guttmann, die Religionsphilosophie des Saadia 1882, D. Kaufmann in seinem Werk über die Attributenlehre den Abschnitt über Saadia und S. Horovitz: Die Psychologie Saadias, im Jahresbericht des jüd.-theolog. Seminars, Breslau 1898.]

trübt", sagt Saadia in der Einleitung, „über vernünftige Wesen und
namentlich die meines Volkes, daß sie einen unlauteren Glauben und
einen verworrene Vorstellung darüber haben. Die einen leugnen die
sonnenklare Wahrheit und rühmen sich des Unglaubens. Andere
sind in das Meer des Zweifels versunken und die Fluten des Irr-
tums schlagen über ihrem Haupte zusammen, und kein Schwimmer
ist da, der sie faßte und herauszöge. Da mich nun die Gnade
Gottes mit etwas begabt hat, wodurch ich ihnen nützlich sein kann,
so halte ich es für meine Pflicht, sie durch Belehrung auf den rechten
Weg zu führen. Wollte jemand einwenden: ‚Wie sollen wir uns
durch philosophisches Denken zum wahren Glauben erheben, da doch
viele eben das für Ketzerei und Unglauben halten?' so erwidere ich:
‚Das tun nur die Stumpfsinnigen, die Gattung solcher, welche glauben,
daß jeder, der nach Indien gelangt, reich werde, oder, daß die Mond-
finsternis dadurch entstehe, daß der Drache die Mondscheibe verschlinge,
und ähnliches. Auf solche ist nicht viel zu hören'. Wollte aber
jemand der philosophischen Spekulation die talmudische Warnung
entgegensetzen: Wer über Entstehung der Zeit und des Raumes
nachgrübelt, verdient nicht zu leben, so antworten wir, der Talmud
könne das richtige Denken nicht verpönt haben, da die Schrift dazu anleitet und sogar auffordert. Die Warnung der Talmudweisen
gelte nur der eigenen Spekulation, welche einen eigenen Weg ein-
schlägt und die Wahrheit der Schrift nicht mit hineinzieht. Diese
bodenlose Spekulation kann allerdings zum Irrtum führen, und selbst
wenn sie zur Wahrheit führt, steht ihr diese nicht unerschütterlich fest,
weil sie sich der Offenbarung entschlagen und Zweifel an derselben
Raum gegeben hat. Aber, wenn die Philosophie an der Hand des
Glaubens forscht, so kann sie nicht auf Irrwege geraten; sie findet
vielmehr die Offenbarung bestätigt und ist imstande, die Einwürfe
zu widerlegen, welche von seiten des Unglaubens gegen sie erhoben werden. Die Wahrheit des geoffenbarten Judentums kann
als sicher vorausgesetzt werden, da sie durch Zeichen und Wunder
bestätigt worden. Namentlich ist das Wunder von dem Manna, das
vierzig Jahre angedauert hat, geeignet, jeden Zweifel niederzuschlagen.
Denn ein anhaltendes Wunder ist einleuchtender, als ein schnell vor-
übergehendes; dieses könnte auf Sinnestäuschung und Betrug be-
beruhen, jenes dagegen, da es tagtäglich wiederkehrt, schließt jede
Täuschung aus. Wollte jemand aber fragen: wenn die philosophische
Spekulation dieselbe Überzeugung zutage fördert wie die Offenbarung,

so sei diese ja überflüssig gewesen, da der menschliche Verstand auch
ohne göttliches Eingreifen auf die Wahrheit hätte kommen können,
so entgegne ich darauf, daß die Offenbarung deswegen nötig war,
weil ohne sie die Menschheit einen langen Weg hätte machen müssen,
um aus eigenem Nachdenken sich die Wahrheit klar vorzustellen.
Tausend Zufälle und Zweifel hätten es verhindern können. Darum
hat uns Gott aller dieser Mühen überhoben und uns seine Boten
gesendet, die uns Kunde von ihm gebracht und sie durch Wunder
vergewissert haben"[1].

Die saadianische Philosophie geht von der Offenbarung als
einer unumstößlichen Wahrheit aus, und sucht die Glaubenslehren
des Judentums durch dialektische Beweismittel zu erhärten. Saadia
entwickelte zuerst die Erkenntnisquellen der Wahrheit, wodurch sie
gefunden und erkannt werden könne. Es sind ihrer drei: die ver-
gewisserte Sinneswahrnehmung, das unmittel-
bare Verstandesurteil und die notwendige Schlußfolgerung vom Bekannten auf das Unbekannte.
Im Eifer, alle philosophischen Gedanken in der Schrift zu finden,
brachte Saadia auch Verse als Belege herbei, daß auch die Offen-
barungsschriften an diese drei Erkenntnisquellen appellieren. In dieser
Methode sucht er nachzuweisen, daß die Ergebnisse der vernunft-
mäßigen Erkenntnis mit den Lehren des Judentums zusammen-
klingen. Er legte nach zwei Seiten hin Gewicht auf den Satz,
daß das Judentum mit dem philosophischen Bewußtsein nicht im
Widerspruche stehe.   Der stumpfsinnigen, gedankenlosen Menge
gegenüber wollte er dartun, daß das Vernunftwidrige, Unsinnige,
Abergläubische, wie der Glaube an die Seelenwanderung, nicht im
Judentume liege[2], und die philosophisch gebildeten Zweifler wollte
er überzeugen, daß Judentum und Vernunft nicht in klaffender
Unverträglichkeit zueinander stehen[3].

Der Unglaube hatte nämlich im morgenländischen Kalifate infolge der Philosophenschulen der Mutaziliten solche Fortschritte gemacht, daß ein arabischer Dichter, ein Zeitgenosse Saadias, Abul-Alâ,
der die Gebrechen seiner Zeit geißelte, sagen konnte: "Moslemin,
Juden, Christen, Magier sind in Irrtum und Wahn befangen. Die
Welt hat nur zwei Gattungen von Menschen: die einen haben Ein-

[1] Emunot Einleitung.
[2] Das. Abschnitt VI, Kap. 7.
[3] Das. VII, 7—10.

sicht, aber keinen Glauben, die anderen sind gläubig, aber ohne
Verstand"[1]. In jüdischen Kreisen mäkelten schon manche an den
Bescheiden der Gaonen und nahmen sie keineswegs mehr wie Orakel-
sprüche hin[2]. Der aufgeklärte Sinn blieb aber nicht bei den Bestimmungen der gaonäischen Autoritäten und auch nicht beim Talmud
stehen, sondern kehrte seine Zweifel gegen die Glaubwürdigkeit der
Bibel und sogar gegen die Tatsache der Offenbarung. Der Karäer
Salmon ben Jerocham klagt über einige seiner Zeitgenossen, daß
sie nach den Schriften der Philosophen mühsam suchen, und nament-
lich nach den ketzerischen Schriften des jüdischen Apostaten J b n -
A r r a w e n d i, die zur Irreligiosität Anleitung geben und Gott
und seine Propheten leugnen. Wer solchen vorhält, daß es sündhaft
sei, den halten sie für einen Toren und machen sich über ihn lustig.
In ihren Forschungen gehen sie über Gott und seine Lehre hinweg[3].
Die Spitze des Unglaubens bildete in dieser Zeit der Rabbanite
C h i w w i A l b a l c h i[4] aus der Stadt Balch (im ehemaligen
Baktrien). Chiwwi schrieb ein Werk gegen die Bibel und Offen-
barung und machte zweihundert Einwürfe gegen ihre Wahrheit
geltend. Einige dieser Gründe sind von derselben Art, wie sie
noch heute der Unglaube und die Aufklärung als Waffe gegen die
Bibel gebraucht. Chiwwi behauptete unter anderem, es sei unglaublich, daß Gott sich dem sündhaften Geschlechte der Menschen
geoffenbart und die lichten Engel vernachlässigt habe. — Wie könne
Gott — warf Chiwwi ferner ein — Gefallen finden an Tempel, an
Opfern, an brennenden Lampen, an Weihrauch, Duft und Weinguß!
Solches vertrage sich mit der Größe Gottes nicht und könne nicht
von ihm angeordnet sein. Chiwwi hob auch die Widersprüche, die in
der Bibel vorkommen, hervor, um daraus die Ungöttlichkeit derselben
zu folgern. Den Durchzug der Israeliten durch das rote Meer

[1] Vgl. Weil Kalifen III, 72.

[2] Resp. Gaonim Schaare Zedek Anfang und Schaare Teschubah
Nr. 187. Dieses Responsum ist auf jeden Fall echt, wenn auch zweifelhaft,
ob es von Scherira stammt.

[3] Salmon ben Jerocham in dessen Kommentar zu Kohelet, mitgeteilt
von Pinsker Likkute Text, S. 27 f. Vgl. über den Unglauben der saabia-
nischen Zeit Maimuni Iggeret Teman ed. Amst. 125 d.

[4] Vgl. über ihn Note 20, II [Der richtige Name dieses teils unter
dem Einfluß des Magiertums, teils unter dem mohammedanischer Häretiker
stehenden Kritikers ist wohl Chajaweih; vgl. jetzt die Studie von Poznański
in Hagoren VII, S. 112—137 und die Bemerkungen zu Note 20, II.]

erklärte der ungläubige Forscher von Balch durch Ebbe und Flut;
Mose habe das Volk während des Zurücktretens des Meerwassers
hindurchgeführt. Das Wunder des Manna in der Wüste erklärte
Chiwwi ebenfalls auf natürlichem Wege, und Moses strahlendes Antlitz
beim Herabsteigen vom Berge Sinaï deutete er als eine hornartige
Vertrocknung der Gesichtshaut. Chiwwi war der erste rationalistische
Bibelkritiker, der vor keiner Konsequenz zurückschreckte. Und dennoch
fand er Anhänger in seiner Zeit, sogar Jugendlehrer verbreiteten seine
ketzerischen Ansichten über das Judentum in den Schulen[1]). In der
Bekämpfung von Chiwwis glaubensfeindlicher Richtung begegneten sich
die beiden Gegner, Saadia[2]) und Salmon ben Jerucham. Saadia
hatte noch in Aghpten gegen ihn eine Widerlegungsschrift verfaßt.
In seiner Religionsphilosophie nahm er besonders Rücksicht auf diese
offenbarungsfeindliche Richtung und suchte ihre Unhaltbarkeit aufzudecken, wie er auch die Einwürfe des Christentums und des Islam
gegen das Judentum nicht außer acht ließ[3]).

Das saadianische System der jüdischen Religionsphilosophie
nimmt seinen Ausgangspunkt — in mutazilitischer Weise — von der
Erschaffenheit des Weltalls, das nicht von Ewigkeit her vorhanden gewesen sei, was weitläufig bewiesen wird aus der Übereinstimmung der
dialektischen Schlußfolgerung mit dem Schriftworte. Sei das Weltall
räumlich und zeitlich begrenzt, so folge daraus, daß es sich nicht
selbst hervorgebracht habe, sondern notwendig einen Schöpfer voraus-
setze. Von diesem Punkte aus entwickelte Saadia die Grundwahr-
heit des Judentums von der Schöpfung aus Nichts, und widerlegte
den auf sinnlicher Wahrnehmung beruhenden Satz: aus Nichts wird
Nichts. Allerdings falle es dem menschlichen Denken schwer, sich eine
Schöpfung aus Nichts vorzustellen, aber da eine fehlerlose Schlußfolgerung dazu nötige, und das Gegenteil ebenso schwer zu denken
sei, müsse man sich dabei beruhigen. Man dürfe nicht nach dem
Endzwecke der Weltschöpfung fragen; denn der Zweckbegriff finde bei
Gott keine Anwendung. Man könne aber auch annehmen, Gott
habe das All geschaffen, um durch die Welt seine Weisheit kund zu
geben und das Glück der Geschöpfe zu fördern.[4])

---

[1]) Abraham Jbn-Daud [ed. Neubauer a. a. O. I, S. 66] Saadia Jbn-
Danân im Sammelwerk Chemdah Genusah von Edelmann, S. 28.

[2]) [Vgl. die Bücherliste in JQR XIII, a. a. O.]

[3]) Emunot II, 5; III gegen Ende 8 und 10. [Über Saadias Angriffe
gegen die Trinität vgl. Kaufmann im Magazin für die Wissenschaft des
Judentums 1887, S. 29—32.]   [4]) Daf. I, 1—3, 5.

Hat die philosophische Betrachtung Gott als Weltenschöpfer erkannt, so muß sie ihn sich auch als eine **Einheit** denken. Denn die Vielzahl in der Gottheit sei das Allerungereimteste, gegen das sich der einfache Menschenverstand sträube. Mit dem Begriffe Weltenschöpfer seien aber zugleich drei Eigenschaften Gottes gesetzt. Man könne ihn nicht anders als **seiend** (lebend, wirklich), als **weise** und als **mächtig** denken. Diese drei Attribute Gottes: **Dasein**, **Weisheit** und **Macht** machen eigentlich nur einen **einzigen** Begriff aus. Das menschliche Denken sei aber zu beschränkt und die menschliche Sprache zu dürftig, um diesen Begriff in einen einzigen Gedanken zu fassen, mit einem einzigen Worte zu bezeichnen, und sie seien daher genötigt, ihn in drei zu spalten. Mit der Annahme dieser drei Attribute Gottes treten wir der göttlichen Vollkommenheit nicht zu nahe, wie einige haarspaltende Mutaziliten glauben; denn sie bilden nicht einen fremden **Zusatz** zu seinem Wesen, sondern sind mit ihm eins[1]). Alle übrigen Eigenschaften dagegen müssen von der Gottheit ferngehalten werden, weil sie deren Vollkommenheit und Erhabenheit beeinträchtigen. Man dürfe nicht einmal von Gott aussagen, er sei **tätig**; denn Tätigkeit beziehe sich auf ein Etwas und werde davon bestimmt. Wenn aber die heiligen Schriften Gott Eigenschaften beilegen, daß er barmherzig sei, etwas wolle, zürne, bereue, so sei dies alles nur als Metapher zu betrachten, um für Menschen in menschlicher Redeweise zu sprechen. Die Verkündigung Gottes an die Propheten sei nicht als eine Veränderung in der Gottheit zu betrachten, sondern es sei eine augenblickliche **Lichtschöpfung** entstanden, welche den Propheten in mannigfaltiger Gestaltung sichtbar geworden sei und zu ihnen gesprochen habe[2]). Die Annahme einer plötzlichen Lichtbildung auf Gottes Geheiß ist ein Grundzug der saadianischen Anschauung, die sich durch seine exegetischen, polemischen und religionsphilosophischen Schriften hindurchzieht. Saadia glaubte dadurch die sinnliche Wahrnehmbarkeit Gottes beseitigt und doch die Prophetie als eine in die Sinne fallende Tatsache gerettet zu haben.

Den Mittelpunkt des von Gott geschaffenen Weltganzen bildet, nach Saadias Ansicht, die Erde, da die Himmelskörper sie als Diener umkreisen und sie deren Mitte einnimmt. Das Edelste und Vorzüglichste sei nämlich immer das Innere und die Mitte, wie die

[1]) Emunot II, 1—4.
[2]) Das. II, 7—8.

Frucht an der Pflanze, der Kern in der Frucht, das Dotter im Ei, das Herz im Menschen. Da nun das vorzüglichste Wesen auf Erden der Mensch sei, so müsse man folgern, der Mensch sei das vorzüglichste Wesen und der Endzweck der ganzen Schöpfung[1]). Der Mensch sei auch vorzüglicher als die Himmelskörper, die sich Saadia, wie die alte Welt überhaupt, als beseelte, ätherische Wesen dachte; er sei sogar vorzüglicher als die Engel[2]). Obwohl in einen befleckten und zerbrechlichen Leib eingeschlossen, reiche des Menschen Geistesblick über Erde und Himmel hinaus. Der Mensch sei der Herr der Schöpfung, er unterwerfe sich die Tierwelt, er mache kunstreiche Erfindungen. In der Erkenntnis liege des Menschen Größe und darin bestehe sein Vorzug vor allen anderen Wesen. Saadia betonte auch die menschliche Willensfreiheit auf das Bestimmteste.

Die Erkenntnis hat die Seele aus sich selbst, und sie wird ihr nicht erst durch die Sinneswahrnehmung zugeführt; denn auch die Blinden können sich das Sehen vorstellen und träumen vom Gesichtssinn. Die Sinne werden vielmehr erst durch die Seele zur Wahrnehmung ertüchtigt. Obwohl die Seele drei verschiedene Vermögen hat: Begehrung, Erregbarkeit und Erkenntnis, so ist sie doch ein einheitliches Wesen. Ihren Hauptsitz hat sie im Herzen, obwohl sie das ganze menschliche Wesen erfüllt. Der Körper ist nur ihr Werkzeug, vermittelst dessen sie auf die Außenwelt wirkt. Gott habe die Seele mit dem Leibe vereint, um sie für Wonne und Glück zu befähigen. Diese Wonne erlange sie aber nur durch gute Taten; böses Tun entstelle die Seele und verdunkele ihren Glanz. Finde man es unbegreiflich, daß Gott die strahlende Seele in den dunkeln Leib gebannt habe, so bedenke man, daß ohne diese Verbindung beide nicht hätten wirksam sein können, und der Hauptzweck der Schöpfung vereitelt worden wäre. Aber zu verlangen, daß Gott der Seele die Kraft hätte zuteilen sollen, auch ohne körperliche Werkzeuge zu wirken, hieße von dem Feuer verlangen, daß es kühle, und vom Schnee, daß er brenne. Erst durch die Verbindung der Seele mit dem Leibe erhalte diese ihre Vollkommenheit, beide bilden zusammen ein einheitliches Wesen[3]). Dieser Verbindung von Leib und Seele

---

[1]) Emunot IV, Einleitung und VI, 3.

[2]) Diese Ansicht Saadias findet sich nicht in seinen vorhandenen Schriften wird aber von Ibn Esra zitiert in dessen Kommentar zu Genesis 1 und an andern Stellen.

[3]) Emunot VI, 1—4.

habe der Schöpfer eine gewisse Dauer zugemessen, die er auch, ohne daß sein Wesen dadurch eine Veränderung erleide, verkürzen oder verlängern könne[1]).

Wenn die Seele vermöge ihres Erkenntnisvermögens sich die Erhabenheit Gottes tief einpräge, so könne es nicht fehlen, daß sie aus freien Stücken innige Liebe und Verehrung für ihn empfinde, sich nach ihrem Schöpfer sehne, vom Dankgefühl für ihn erfüllt sei, sich als seine Dienerin betrachte, Freud und Leid, die sein erhabener Wille über sie verhänge, für gut finde und in Demut und Ergebenheit ertrage. Das der Seele eingeborene Gefühl der Abhängigkeit von Gott ist die Quelle der Religion[2]). Der Mensch vermöchte also vermöge seiner eigenen Natur sich zur Gotteserkenntnis, zur Religion, zur Ausübung des Guten, d. h. zur Tugend zu erheben, und bedürfte der Offenbarung nicht. Er könnte die Glückseligkeit, die in der Beobachtung der Religion und Sittlichkeit liege, ohne Anregung von seiten der Gottheit erwerben. Allein der Weg der Erkenntnis sei weitläufig und mühsam, und selbst wenn der Mensch durch Beseitigung vielfacher Hindernisse und Widerwärtigkeiten dazu gelangte, würde er doch nicht das rechte Maß finden, wie die Religion und die Tugend geübt werden sollen. Die menschliche Seele empfinde wohl vermöge ihres Zuges zu Gott ein Andachtsbedürfnis, aber sie wüßte sich nicht selbst Maß und Verhältnis fürs Gebet zu bestimmen. Der menschliche Geist wisse wohl, daß Unkeuschheit, Diebstahl und Mord Laster seien, die er fliehen müsse; aber er würde aus eigenen Mitteln die Grenzlinie zwischen Erlaubtem und Verbotenem, d. h. das regelnde Gesetz, nicht finden können. Dazu bedurfte es der Offenbarung und Verkündigung von seiten Gottes, vermittelst seiner Boten und Propheten[3]).

Die Propheten läßt Gott durch Wunder, die er zu diesem Zwecke vorher verkündigt, bestätigen und bewahrheiten. Die Wunder sind gewissermaßen das Zeugnis, das die Gottheit den Propheten ausstellt, daß sie von ihm abgesandt seien und daß sie sein Wort verkünden. Die göttlichen Gesandten müssen der menschlichen Natur, selbst der menschlichen Schwächen und Wechselfällen vollständig teilhaftig sein. Hätte Gott Engel oder höhere Wesen zu seinen Gesandten auserkoren, so würden die Menschen, der Engelnatur un-

---

[1]) Emunot VI, 5.
[2]) Das. II, 10.
[3]) Das. III und Einleitung p. 3.

kundig, zweifelhaft geblieben sein, ob die vor ihnen gezeigten Wunder
von Gott oder von diesen höhern Wesen ausgingen. Die Propheten
durften auch nicht stets Wunder üben, nicht stets die Zukunft
schauen, sondern mußten wieder ihren Tribut an die menschliche
Beschränktheit zollen, damit die Menschen erfahren, daß die Gesandten
gleich ihnen zu den sterblichen Wesen gehören und die von jenen
gebrachte Kunde lediglich von Gott stamme. Die Propheten
waren daher durchaus nicht von ihren Mitmenschen unterschieden,
weder durch Essen und Trinken und Eheleben, noch durch ewige
Gesundheit und beständiges Glück, um dem Zweifel keinen Raum
zu geben, ob die Prophezeiung wirklich Gottes Wort sei. Die Propheten selbst wurden von der göttlichen Sendung durch ein ihnen
verständliches göttliches Zeichen vergewissert: durch eine Wolke, eine
Feuersäule oder eine Lichtschöpfung. Wenn auch solche Zeichen nicht
bei allen Propheten ausdrücklich erwähnt werden, so sind sie doch
aus Schriftandeutungen bei allen vorauszusetzen[1]). Indessen genügten Wunder nicht allein, um die Sendung des Propheten zu
beglaubigen, sondern der Inhalt seiner Sendung mußte den Stempel
des Glaubwürdigen und Göttlichen an sich tragen. Wollte jemand
durch Wunder ein unkeusches und unsittliches Leben, als von Gott
empfohlen, einschärfen, so würde der Inhalt seiner Sendung ihn
Lügen strafen. So wenig Zeugenaussagen je einen Richter bewegen
könnten, sich auf eine unmögliche Forderung einzulassen, ebensowenig
können Wunder, die eigentlich nur als Zeugen anzusehen seien, die
Verkehrtheit einer Offenbarung glaubwürdig machen[2]).

Durch Zeichen und Wunder ist das israelitische Volk dem Zweifel
an die Sendung des größten Propheten enthoben und zur Gewißheit
geführt worden, daß die von ihm gebrachte Lehre tatsächlich von Gott
stamme. Es ist daher Pflicht der Israeliten, diese Lehre treu zu be-
wahren. Ein großer Teil dieser Lehre des Judentums stimme auch mit
der Vernunft überein; es ist der Teil der vernunftgemäßen Religionsgesetze[3]), wie die demütige Verehrung Gottes, nicht unwürdig von ihm
zu sprechen oder von ihm zu denken, Gerechtigkeit, Wahrheit zu üben,
Unkeuschheit, Diebstahl, Verleumdung zu meiden, die Mitmenschen
wie sich selbst zu lieben und ähnliches. Der andere Teil des Juden-
ums, die rituellen Gesetze[4]), zeigen zwar nicht auf den ersten Blick,

---

[1] Emunot 3—5.   [2] Das. III, 8.
[3] Arabisch Al-Scharâ'iu al-'Aklijja, hebräisch Mizwot sichlijot.
[4] Arabisch Al-Scharâ'iu al-Sami'jja, hebräisch Mizwot schamijot.

daß sie an sich wünschenswert oder verwerflich wären. Man könnte also annehmen, daß sie nur Wert haben, weil durch sie der unbedingte Gehorsam gegen Gott betätigt werde. Indessen dürfte sich doch für einige rituelle Gesetzesbestimmungen ein vernunftgemäßer Grund finden lassen. Die Heiligung gewisser Zeiten könnte bezwecken, daß die Menschen an gewissen Tagen von der Arbeit ruhen und Muße für Gebet und Sammlung finden sollten. Die Auszeichnung gewisser Personen, wie der Aharoniden, könnte ihren Grund darin haben, daß sie als Vorbilder die übrigen Menschen zum Guten anleiten sollten. Das Verbot des Genusses mancher Tiere könnte gegen das Götzentum gerichtet sein. Das Verbot der Ehe innerhalb der Blutsverwandtschaft wolle wegen allzu leichter Vertraulichkeit der Familienglieder der Unzucht vorbeugen. Die levitischen Reinheitsgesetze bezwecken, eine größere Sehnsucht nach Gebet und Heiligtum im Gemüte zu erzeugen, wenn der Mensch durch den unreinen Zustand dieselben einige Zeit entbehrt habe. Doch gab Saadia diese vernunftgemäße Begründung der rituellen Gesetze nur als Vermutung und meinte, daß die göttliche Weisheit noch etwas ganz anderes damit bezweckt haben könne, das dem Menschen verhüllt sei[1]).

Aus den Ergebnissen der Philosophie und der Offenbarung stellte Saadia eine Art praktische Sittenlehre zusammen, welche als der Glanzpunkt seines Systems angesehen werden kann. Der Mensch, obwohl ein einheitlicher Organismus von Seele und Leib, habe vielfache Triebe und Neigungen. Der Begehrungstrieb der Seele strebe nach Lust und Genüssen, um die Anforderungen der Sinne zu befriedigen. Der Erregungstrieb erzeuge Mut, Ehrgeiz, Hochmut und Rachegefühl. Wolle der Mensch sich einem dieser Triebe ausschließlich überlassen, so würde er sich bald aufreiben. Aber auch unterdrücken solle er die Neigungen keineswegs, denn der Schöpfer habe sie nicht umsonst in die Seele gepflanzt. Jede von ihnen habe ihren Nutzen fürs Ganze. Wenn der Prediger ausruft: „Alles auf Erden ist eitel und windiges Streben," so wolle er damit keineswegs die menschlichen Triebe samt und sonders abgetötet wissen, sondern lediglich vor dem Übermaß eines einzigen Triebes auf Kosten der andern warnen. Das Erkenntnisvermögen der Seele, die Vernunft solle die Neigungen überwachen und sie in Grenzen weisen, damit sie nicht zum Schaden ausschlagen. Aber auch äußerliche Ausbildung

---

[1]) Emunot III, 1—2

des Erkenntnisvermögens, das einseitige Streben nach Weisheit, könne
zum Nachteil ausarten. Die Triebe müssen im Gleichgewicht gehalten
werden, daß keiner von ihnen die Oberhand über die andern be-
haupte und den Menschen ausschließlich beherrsche. Saadia zählte
dreizehn Leidenschaften auf und wies nach, daß jede von ihnen, ge-
mäßigt und beschränkt, des Menschen Gedeihen körperlich und geistig
fördern, ungezügelt aber, ihn selbst oder die Gesellschaft zugrunde
richten würde. Das Wohlgefallen an Essen und Trinken, an den
ehelichen Freuden, das Streben nach Reichtum, nach Nachkommenschaft, nach Herrschaft, nach Verbesserung der gesellschaftlichen Zustände, die Liebe zum Leben, der Drang, die Feinde zu züchtigen,
die Sucht nach Ruhe und Absonderung, der Trieb nach Weisheit
und Erkenntnis, der Hang nach beschaulichem Leben, nach Beten und
Fasten, haben sämtlich ihren Wert und Unwert. Mit Maß geübt
und im Sinne der Offenbarung und Vernunft gebraucht, erzeugen
sie Gutes für den einzelnen und die Gesellschaft, im Übermaß und
Übertreibung gepflegt, seien sie vom Übel. Als Muster des menschlichen Tuns könnte die Mischung von Farben und Tönen dienen,
die, einzeln, dem Gefühl oder Gehör grell erscheinen und einen unangenehmen Eindruck hinterlassen, harmonisch zusammengesetzt aber
Freude und Befriedigung erzeugen[1]).

Das Judentum, welches ein maßvolles sittliches Leben einschärfe,
sei für die Ewigkeit gegeben und könne durch nichts außer Kraft gesetzt
werden. Der letzte Prophet Maleachi habe verkündet: „Denket an die
Lehre Moses am Horeb für ganz Israel." Der göttliche Gesetzgeber
habe bei mehreren Bestimmungen den Zusatz hinzugefügt, daß sie für
alle Folgegeschlechter Gültigkeit haben sollten. Gott habe verkündet,
daß der jüdische Stamm nie aufhören werde, solange Himmel und
Erde bestehen; der jüdische Stamm habe aber ohne den Inhalt seiner
Lehre keine Bedeutung. Aus allem diesem ergebe sich die ewige Gültigkeit des Judentums. Weder das Christentum, noch der Islam
hätten Beweiskraft genug, das so unzweideutig geoffenbarte Gesetz
aufzuheben. Die Beweise, welche die Bekenner dieser Religionen und
jüdische Vernünftler für die zeitliche Geltung des Judentums aufstellen, beruhen, nach Saadias Ansicht, auf Unkenntnis und falscher
Auslegung[2]).

Durch Beherzigung der Wahrheit und Befolgung der Gesetze,

---

[1]) Emunot X. Abschnitt.   [2]) Das. III, 7—10.

welche das Judentum lehre, könne der Mensch diejenige Vollkommenheit
erreichen, welche ihm die Gottheit zugedacht habe. Ein vollkommen
religiös-sittliches Leben heiße Verdienst oder Tugend (Sechut), der
Abfall davon sei Sünde. Durch das gottgefällige Leben werde die
Seele geläutert, und durch die Sünde werde sie befleckt. Freilich das
beschränkte Menschenauge vermöge nicht zu unterscheiden, wie die
Seele durch eine Handlung vervollkommnet und durch eine andere
ihr ähnliche getrübt werden könne. Das komme aber daher, weil
uns das ätherische Wesen der Seele, welches Sterne und Engel an
Lauterkeit überstrahle, unbekannt ist. Dem Schöpfer der Seele dagegen stehe es zu, die eine Handlung zu gebieten und die andere
zu verbieten, oder die eine als Tugend und die andere als Sünde
zu stempeln. Wie denn auch ein Münzkenner auf den ersten Blick
eine echte Münze von einer falschen unterscheide, wie der Arzt die
Ursachen der leiblichen Störung erkenne, wie der geübte Physiogno-
miker (Kaisu) aus unmerklichen Spuren einen Menschen vom andern
unterscheide, Dinge, welche dem Unkundigen völlig rätselhaft seien. —
Der Mensch sei vermöge seiner seelischen Anlagen befähigt, den
h ö c h s t e n Grad der Tugend zu erreichen, und ein solcher, der sich
zur Höhe emporgeschwungen, würde ein vollkommen gerechter sein.
Es sei Wahnglaube der unwissenden Menge, daß kein Mensch ganz
sündenfrei sein könne. Wäre dem so, würde der seelenkundige Gott
ihm nicht ein so hohes Ziel gesteckt haben. Aber ebenso wie es
größere und geringere Sünder gibt, so gibt es auch eine Stufenreihe im Verhalten zur Tugend. Die sittliche Weltordnung erheische,
daß die Gerechten ewige Glückseligkeit erlangen, die Sünder bestraft
werden. Lohn und Strafe werden von der regelnden Gerechtigkeit
Gottes allerdings auch hienieden ausgeteilt, aber die harmonische
Ausgleichung finde erst in der jenseitigen Welt statt. Wenn Leiden
und gehäuftes Unglück auch den allervollkommensten Menschen treffen,
so dürfe diese Erscheinung die Überzeugung von der gerechten göttlichen Waltung nicht irre machen. Es diene dazu nicht bloß, um
die Tugend zu stärken, sondern auch, um für die Menschen das
Ideal heroischer Standhaftigkeit in der Tugend aufzustellen. Freilich
werde dann der jenseitige Lohn eines solchen Gerechten um so
größer sein. Die Leiden, welche selbst unschuldige Kinder erdulden,
haben auch einen Grund, um ihnen Verdienste zuzuwenden, damit
sie einer größern jenseitigen Glückseligkeit teilhaftig werden[1]. Un-

[1] Emunot V, 3.

gereimt ſei es aber, anzunehmen, daß Unſchuldige Sünden, vor
ihrer Geburt begangen, eine Art Erbſünde, durch ihre Leiden ab-
zubüßen hätten[1].

Wenn die jenſeitige Welt die rechte Ausgleichung der herben
Widerſprüche hienieden bringen ſolle, ſo könne der Tod nicht als das
Ende betrachtet werden, ſondern bilde bloß den Übergang. Der Tod
trenne nur auf einige Zeit die Seele vom Leibe. Die Seele um-
ſchwebe noch eine Zeitlang ihren Leib und empfinde ſchmerzlich
die Trennung von ihm, wie jeder von der Zerſtörung ſeines Hauſes
empfindlich berührt werde. Dieſer Schmerz heiße in der Sprache der
talmudiſchen Weiſen die G r a b e s l e i d e n (Chibbut ha-Keber).
Die lauteren Seelen der Gerechten erheben ſich dann zu einem
Orte der Seligkeit, die getrübten Seelen dagegen ſchweben ruhelos
im Weltall umher.[2] Eine weitere Belohnung für die Gerechten
und bußfertigen Sünder ſolle die A u f e r ſ t e h u n g ſein. Dieſe
Auferſtehung dachte ſich Saadia ganz nach talmudiſcher Auffaſſungs-
weiſe und mit dem Volksglauben übereinſtimmend, daß die durch
den Tod den Leibern entführten Seelen wieder mit denſelben vereinigt werden würden. Er bemühte ſich nur die Einwendungen zu
widerlegen, wie die in die Elementarwelt übergegangenen Teile des
Leibes ſich wieder zuſammenfinden, ſich vereinigen und zum Behältnis
der Seele umgebildet oder wieder hergeſtellt werden könnten. Die
Auferſtehung hängt nach Saadia mit der Zeit der meſſianiſchen Erlöſung zuſammen und folgt ihr nach. Dieſe gnadenreiche und glück-
ſelige Zeit wird auf Erden vor ſich gehen. Sie wird daher einen
zeitlichen Charakter haben, wird weder vollkommen, noch ewig ſein.
Selbſt ſündhaftes Leben wird in der meſſianiſchen Zeit möglich ſein,
wenn auch in ſehr beſchränkter Weiſe, weil die höhere Erkenntnis,
welche ſämtliche Teilhaber der meſſianiſchen Zeit durchdringen wird,
Sünden und Vergehungen nicht überhand nehmen laſſen werde.
Auch der Tod wird in dieſer Zeit nicht überwunden ſein, nur wird
die Lebensdauer eine größere Ausdehnung haben[3]. Saadia hat die
Ankunft des Meſſias noch in ſeiner Zeit erwartet, für deren Berechnung eine eigene Schrift verfaßt (Sefer ha-Galuj) und ſcheint
ſie auf das Jahr 964 beſtimmt zu haben[4]. An der Meſſiaszeit

---

[1]) Emunot VI, 7.   [2]) Daſ. VI, 6.
[3]) Die Abſchnitte VII und VIII in Emunot ſind ganz dieſem Thema
gewidmet.   [4]) Vgl. Abraham ben Chijja Sepher ha-Ibbur, ed. Filipowski,
Einleitung, p. XI, f.

werden auch die übrigen Völker Teil haben, je nach ihrem Verhalten zu dem israelitischen Volke. Die höchste Glückseligkeit trete aber erst mit dem jenseitigen Leben in der künftigen Welt ein (Olam ha-ba). Dort findet die Ausgleichung aller Mißklänge statt. Die Gerechten und Frommen werden von der Erde in einen ätherischen Raum entrückt werden, den die heilige Schrift Himmel nennt, die unbußfertig Gestorbenen werden in einen andern Raum versetzt, um je nach dem Grade ihrer Vergehungen Höllenstrafen zu erleiden[1]). Die Wohnungen der Seligen und das jüngste Gericht hat Saadia phantastisch ausgemalt; es ist der schwächste Teil seines Systems.

Überhaupt ist es Saadia nicht gelungen, seine Aufgabe zu lösen, das Judentum mit dem vernunftgemäßen Denken in Einklang zu bringen; es konnte ihm auch nicht gelingen, weil das Wesen der beiden Gegensätze, die er vermitteln wollte, nur einseitig und nicht tief genug von ihm erkannt war. Außerdem ging er überall von Voraussetzungen aus. Der Inhalt der heiligen Schrift und die Überlieferung des Talmud waren ihm unanfechtbare Wahrheiten, die er mehr durch vielfache als durch stichhaltige Gründe dem Verständnis näher bringen wollte. Überzeugend ist seine Beweisführung keineswegs. Sein Religionssystem verrät daher nach allen Seiten hin einen un-

Die von Saadia angestellte Berechnung des messianischen Jahres ergibt (nach der richtigen Auffassung des Kommentators Ben-Jemini zu Emunot VIII, 1) das Jahr 964. Woher Geiger (in dessen Moses ben Maimon, S. 69) das Jahr 988 genommen hat, ist mir nicht klar. Es ist jedenfalls falsch: denn Jephet, der seinen Danielkommentar 988 schrieb, bemerkt schon, die von Saadia berechnete Messiaszeit sei vorüber (Pinsker, Beilage, S. 81). Fürst (in seiner Übersetzung des Emunot, S. 425) ging dabei von einem unrichtigen Punkt aus, und die falsche Berechnung ergab ihm das Jahr 1123. [In der Tat hat Saadia das Erlösungsjahr auf 968 bestimmt; vgl Poznański: Die Berechnung des Erlösungsjahres bei Saadia in der Monatsschrift, Jahrg. 1900, S. 400 ff. und besonders S. 517. Dieses Thema behandelt Saadia auch im Emunoth we-Deoth und besonders in dem noch handschriftlichen Kommentar zu Daniel. Das Sefer ha-Galuj, wohl richtiger Sefer ha-Gilluj hat Saadia in seiner Verbannung verfaßt, nicht später als 934 als Polemik gegen seine Feinde, und zwar in zwei Rezensionen, von denen die erste in hebräischer Sprache mit Punktation und Akzentuation versehen war. Dem arabischen Titel entsprechend: כתאב אלטארד = liber repellens, heißt es wohl: „Buch der offenen Widerlegung". Es zerfiel in sieben Teile. Die Einleitung und einen Bruchteil des ersten Abschnittes hat Harkavy in Studien und Mitteilungen V, S. 150—193 veröffentlicht, wozu noch zu vergleichen ist Bacher in RÉJ., Bd. XXXIV, p. 311 ff.]

[1]) Emunot Abschnitt IX.

reifen Anfang. Auch ist Saadia genötigt, nicht selten dem Wortsinn
der Schriftverse Gewalt anzutun und Umdeutungen vorzunehmen,
die in seiner Zeit Beweiskraft gehabt haben mögen, einem richtigen
Schriftverständnis aber verkehrt erscheinen. Indessen überragt Saadia
dennoch seine Zeitgenossen, karäische wie moslemitische Religions-
philosophen, darin, daß er ein klares Bewußtsein davon hatte, wie
die allegorischen Umdeutungen nicht ins Maßlose durchgeführt werden
dürfen, sondern auch ihre Schranke und Regel haben. Er stellte
daher den Satz auf, die Verse der heiligen Schrift müssen durchaus
in ihrem natürlichen Wortsinn und in ihrer einfachen Bedeutung
genommen werden, es sei denn, daß sie entweder einer sinnlichen Tatsache oder der Vernunft oder einander oder
endlich der Überlieferung widersprechen. Nur in diesen vier
Fällen ergehe an den Denker die Aufforderung, das Wort oder den
Vers in einen andern Sinn umzudeuten. Wollte man überall allegorische oder metaphorische Umdeutungen zulassen, so würden die
Gesetzesvorschriften, die geschichtlichen Tatsachen, die Wunder, alles
dieses weggedeutet werden und es würde Bodenlosigkeit entstehen[1]).
Wie sehr aber auch Saadias Religionsphilosophie mit Mängeln behaftet ist, so war sie doch für die Folgezeit von bedeutender Tragweite. Schon der Umstand, daß ein Gaon und eine talmudische
Autorität dem Denken, der Vernunft, der philosophischen Welt-
anschauung Rechnung getragen, daß er sich bemüht hat, Schrift und
Überlieferung, Gesetzesvorschrift und Agada vernunftgemäß aufzufassen,
hat dem blinden Glauben einen Stoß versetzt. Mehrere nachfolgende
Gaonen und Vertreter des Judentums folgten seinem Beispiele,
und eine denkgemäße Deutung der Schrift und der Agada (Ratio-
nalismus) wurde in den babylonischen Lehrhäusern, in Afrika und
Spanien herrschender Ton, ja zuletzt Modesache. Saadias Wirksamkeit erstreckt sich durch viele Mittelglieder bis auf die Gegenwart
herab. Auch moslemitische Männer des Wissens studierten sein Werk
über „Glaubenslehre" und stellten es sehr hoch[2]).

	Während Saadia zukunfterleuchtende Gedanken entwickelte, lag
er noch immer im Banne und hatte keinen andern Wirkungskreis
als den schriftstellerischen. Die Verhältnisse hatten sich aber inzwischen

---

[1]) Emunot VIII, I.
[2]) Mohammed Jbn-Jschak im Fihrist al-Ulûm bei de Sacy Chrestomathie arabe a. a. O.; vgl. Zeitschrift der deutsch-morgenl. Gesellschaft
Jahrg. 1859, S. 576.

geändert. Statt des grausamen und geldsüchtigen Kalifen Kahir, der Saadias Amtsentsetzung dekretiert hatte, herrschte jetzt der gerechte Alradhi. Der Wesir Ali Jbn-Jsa, welcher Saadia günstig gestimmt war, gewann unter ihm wieder Einfluß. Der Gaon Kohen-Zedek, der gemeinsame Sache mit dem Exilarchen gemacht hatte, war gestorben (936), und sein Nachfolger Zemach ben Kafnaï war ein harmloser Mann. So hatte David nur noch Aaron Jbn-Sargadu zum Parteigänger. Das Volk aber nahm immer mehr Partei für Saadia. Als daher wieder ein bedeutender Prozeß vorfiel, schlug eine Partei den gebannten und abgesetzten Gaon zum Schiedsrichter vor, die Gegenpartei erwählte den Exilarchen. David war darüber so erzürnt, daß er den Mann, der an Saadia appellierte, mißhandeln ließ. Diese Gewalttätigkeit machte aber um so mehr böses Blut, als der Gemißhandelte gar nicht zum Gerichtssprengel des Exilarchen gehörte, und es ihm freistand, einen beliebigen Richter zu wählen, ohne daß der Exilarch das Recht hatte, Einspruch dagegen zu erheben. Angesehene Männer traten daher zur Beratung zusammen, wie der unheilvollen Zwietracht zwischen dem Exilfürsten und dem Gaon ein Ende gemacht werden könnte. Die Friedensvermittler begaben sich zu einem einflußreichen Manne in Bagdad, Kasser[1]) ben Aaron, Schwiegervater des Jbn-Sargadu, und legten ihm ans Herz, wie die Mißhelligkeiten bereits alles Maß überschritten, die Gemeinden in zwei Lager gespalten und die übelsten Folgen herbeigeführt haben. Kasser war mit ihnen einverstanden, den Frieden wieder herzustellen, und überwand auch die feindselige Stimmung seines Schwiegersohnes gegen Saadia. Darauf begaben sich die Vermittler zu David und redeten ihm so lange ins Gewissen, bis er sich erweichen ließ. Als Kasser des Exilarchen Geneigtheit zur Versöhnung gewiß war, suchte er Saadia dafür zu bestimmen, der sicherlich keinen Widerstand geleistet. Die ganze Gemeinde von Bagdad beteiligte sich bei dieser Friedensstiftung. Ein Teil begleitete David und ein anderer Saadia, bis beide in ein Zimmer zusammengeführt wurden. Die beiden Feinde umarmten und küßten einander und ließen von diesem Augenblicke an ihren gegenseitigen Groll fahren[2]). Die Versöhnung war so aufrichtig, daß der Exilarch Saadia mehrere Tage in seinem Hause bewirtete und ihn dann

---

[1]) [Nach Harkavy in RÉJ. VII, S. 199 lautete der Name nicht Kasser sondern Bisch'r oder Kis'r.]

[2]) 13. Adar = 27. Februar 937, nach Nathan Babli im Juchasin.

mit Ehrenbezeugungen in sein Amt wieder einsetzte. Der Gegen-
Gaon ben Satia wurde seiner Funktion enthoben, bezog aber seinen
Gehalt weiter.

Die suranische Akademie erhielt durch Saadia wieder neuen
Glanz und verdunkelte ihre Schwester[1]), an welcher zwei nicht
sonderlich bekannte Gaonen nacheinander fungierten: Z e m a c h b e n
K a f n a ï (936—938) und C h a n i n a b e n J e h u d a ï (938—943).
Die Anfragen aus den inländischen und auswärtigen Gemeinden
wurden wiederum nach Sura gerichtet, und Saadia beantwortete sie
unermüdlich, obwohl seine Gesundheit durch die Reibungen und
Kränkungen geschwächt war, und er an unheilbarer Schwermut litt.
Zahlreich sind seine gutachtlichen Antworten, wahrscheinlich aus dem
letzten Jahre seines Gaonats, von denen viele noch zum Teil in
hebräischer, größtenteils aber in arabischer Sprache vorhanden sind.
Saadias Seelengröße zeigte sich in seinem Verhalten zur Familie
seines Gegners David. Als dieser starb (um 940), stimmte Saadia
für die Ernennung seines Sohnes (Jehuda), der aber nur sieben
Monate seine Würde bekleidete. Er hinterließ bei seinem Tode
einen zwölfjährigen Sohn, den Saadia zum Nachfolger bestimmte.
Er nahm den Enkel seines ehemaligen Todfeindes ins Haus, ließ
ihn unterrichten und vertrat bei ihm Vaterstelle. Inzwischen sollte
ein Seitenverwandter die Würde übernehmen, ein Glied der Bene-
Haiman, die in Nisibis wohnten. Aber kaum war er ernannt, als
er mit einem Moslem in Streit geriet; Zeugen sagten gegen ihn
aus, er habe Mohammed gelästert, und er wurde infolgedessen getötet[2]). Als der von Saadia erzogene letzte Stammhalter des
Exilarchenhauses mündig und zum Exilsfürsten erhoben worden war,
brach auch gegen ihn der moslemitische Fanatismus los. Die Großen
und der Pöbel beschlossen, ihn während der Fahrt in seinem Staatswagen zu erschlagen, aus Mißgunst auf den Schatten einer fürstlichen Macht bei den Juden. Vergebens wollte der Kalife den
Meuchelmord verhindern. Der letzte Exilarch wurde ermordet, und
die Vertreter des Judentums beschlossen darauf, um den fanatischen
Haß abzuwenden, die Exilarchenwürde eingehen zu lassen[3]). So
erlosch das Exilarchat, nachdem es über sieben Jahrhunderte be-

---

[1]) [Nach Abraham ibn. Daûd (ed. Neubauer a. a. O. I, S. 66) hat Saadia
nicht mehr amtiert.]

[2]) Nathan Babli.   [3]) Vgl. Note i12, 8. [Dieses Ereignis gehört
chronologisch einer späteren Zeit an.]

standen und eine Zeitlang die Spitze und eine Art politischer Selbständigkeit des Judentums repräsentiert hatte. Wie die Patriarchen-
würde in Juda durch die Unduldsamkeit der christlichen Kaiser, so
ging die Exilarchenwürde durch den Fanatismus der Mohammedaner unter. Die Einheit der Juden wurde nur noch durch die
beiden Hochschulen repräsentiert; aber auch diese gingen ihrem Untergange entgegen.

Mit Saadias Tode (942) erlosch der letzte Abendschimmer der
suranischen Akademie. Er hinterließ zwar einen Sohn, Dossa,
der talmudisch und philosophisch gebildet war und einige Schriften
verfaßte hat[1]); aber er wurde nicht zum Nachfolger seines Vaters ernannt, sondern der früher abgesetzte Joseph ben Satia erhielt wieder
die Oberleitung der Hochschule. Jedoch vermochte dieser ihr Ansehen
gegen die Schwesterakademie nicht zu behaupten, die durch die
Wahl jenes Aaron Jbn-Sargado, des ehemaligen Gegners von
Saadia, sich wieder hob. Jbn-Sargado hatte nicht die akademische
Stufenleiter durchgemacht, war auch nicht Mitglied des Kollegiums
gewesen, sondern war ein reicher Privatmann in Bagdad vom Kauf-
mannsstande. Aber eben wegen seines Reichtums und auch wegen
seiner Kenntnisse und Tatkraft wurde er dem berechtigten Kandidaten Amram ben Meswi vorgezogen[2]) und fungierte beinahe achtzehn Jahre (643—60). Er besaß gründliche philosophische
Bildung, schrieb auch ein philosophisches Werk und einen Kommentar
zum Pentateuch[3]). Gleich Kohen-Zedek war Jbn-Sargado bemüht,
das pumbaditanische Lehrhaus auf Kosten des suranischen zu heben
und zum Mittelpunkt zu machen. Gutachtliche Anfragen vom Auslande wurden an ihn gerichtet[4]). Die suranische Hochschule wurde
dadurch immer mehr vereinsamt und da sie keine Beiträge erhielt,
verarmte sie, und deswegen konnte sie keine neuen Jünger anziehen,
die sich lieber dem reichen Pumbadita zuwendeten. Diese Verkümmerung der Hochschule veranlaßten ihr Oberhaupt Joseph ben
Satia, sie zu verlassen und nach Baßra auszuwandern (um 948)[5]).
Das von Rab gegründete Lehrhaus wurde nach mehr denn sieben-

---

[1]) [Vgl. über diesen, der beim Tode des Vaters noch sehr jung war und
das hohe Alter von ca. 90 Jahren erreichte, jetzt Poznański in Hagoren VI,
Berdyczew, 1906, S. 41—61 u. S. 119].   [2]) Scherita Sendschreiben.

[3]) Munk, guide des égarés I, 462. Zeitschrift He-chaluz II, 61. [Vgl
S. 293, Anm. 4.]

[4]) Vgl. Raschi Pardes, p. 26 c. ff.   [5]) Scherita Sendschreiben.

hundertjährigem Bestande geschlossen. Es scheint, daß die Suraner
den Untergang der altehrwürdigen Akademie nicht verschmerzen
konnten und Anstrengung machten, sie wieder in Gang zu bringen.
Vier junge Männer wurden ins Ausland geschickt, um die Teilnahme
reicher Gemeinden dafür zu wecken und sie zu Beiträgen für die
Fortsetzung des Lehrhauses zu bestimmen. Allein als hätte sich das
Geschick gegen Suras Fortbestand verschworen, konnten die vier Abgeordneten ihren Zweck nicht erreichen. Sie gerieten an der Küste
Italiens bei Bari in die Gefangenschaft eines maurisch-spanischen
Admirals Jbn-Rumahis und wurden der eine nach Ägypten, der
andere nach Afrika, der dritte nach Cordova und der vierte wahrscheinlich nach Narbonne verschlagen (um 948)[1]. Statt der suranischen Hochschule wieder aufzuhelfen, haben diese vier verschlagenen
Talmudkundigen unwillkürlich zum Untergange des Gaonats beigetragen. Die Talmudexemplare von Sura, die unberührt lagen,
wurden später nach Spanien verpflanzt. Babylonien, so lange Zeit
Mittelpunkt der Judenheit, sollte seine Führerschaft an das Ausland
abtreten.

Den Verfall der einen babylonischen Hochschule und die infolgedessen eingetretene Abspannung benutzten die Karäer, um unter den
Rabbaniten Anhänger für ihr Bekenntnis zu werben und zwar mit
einem Eifer, als gälte es, dem Rabbanismus den Todesstoß zu ver-
setzen. Solange der gewaltige Vorkämpfer Saadia lebte, wagten sie
sich nicht in den Bereich seiner Wirksamkeit. Nach seinem Tode
aber, als sie gewahrten, daß kein Mann von Bedeutung vor dem
Risse stand, glaubten sie gewonnenes Spiel zu haben. Der greise
S a l m o n b e n R u c h e i m eilte stracks mit dem jerusalemischen
Talmud in der Hand von Palästina nach Babylonien[2], um den
Verehrern Saadias augenscheinlich zu beweisen, daß dieser in der
Verteidigung der Talmudisten Tatsachen entstellt habe (vor 957)[3].
Er glaubte dadurch die Rabbaniten zum Karäismus hinüberziehen
zu können. Ein noch leidenschaftlicherer, eifrigerer und gewandterer

---

[1] Vgl. Note 21, II. [Hier sei nur bemerkt, daß es sich bei diesem
Bericht aller Wahrscheinlichkeit nach um eine Legende handelt und von vier
Sendboten aus Babylonien keine Rede mehr sein kann; weiteres vgl. zu S. 327.]

[2] [Salmon ben Ruche̊m s a n d t e den palästinensischen Talmud nach
Babylonien].

[3] Pinsker Beilage S. 14. Das Datum folgt daraus, das Salmon dieses
im Pf.-Kommentar mitteilt, der 984—87 geschrieben ist.

Proselytenjäger war der junge Karäer aus Jerusalem **A b u l f a r i
S a h a l b e n M a z l i a c h K o h e n**, der zu den frommen Büßern
der Karäergemeinde (o. S. 269) gehörte.   Abulfari Sahal verstand das
Arabische und Hebräische vortrefflich und schrieb einen sehr gewandten
hebräischen Stil, wie keiner seiner Zeitgenossen.   Er verfaßte eine
hebräische Grammatik, Kommentarien zu einigen Büchern der heiligen
Schrift und wohl auch ein Kompendium der religiösen Pflichtenlehre
unter dem Titel „Mizwot" (vor 958)[1].   Bedeutendes hat zwar
dieser karäische Schriftsteller in Grammatik und Exegese durchaus
nicht geleistet; es war den Karäern überhaupt nicht beschieden, über
die Anfänge hinauszukommen und Sahal noch viel weniger, da ihn
eine finstere, fast mönchische Frömmigkeit beherrschte, die ihn an den
starren Buchstaben bannte.   Seinen Bekenntnisgenossen gilt er nichtsdestoweniger als ein **g r o ß e r L e h r e r**.   Sahal schrieb auch eine
Widerlegung gegen Saadias Angriffe auf das Karäertum; es war
gewissermaßen eine Ehrensache unter den Karäern geworden, sich die
Sporen an diesem großen Kämpfer zu verdienen[2].

Sahal scheint seine polemischen Vorträge gegen die Rabbaniten
in Bagdad gehalten zu haben.   Er forderte das Volk auf, sich von
dem Hergebrachten loszusagen und den beiden Hochschulen den Gehorsam aufzukündigen, „welche die zwei Weiber sind, von denen der
Prophet Zacharia ausgesagt, daß sie die Sünde getragen und in
Babylonien abgesetzt haben."[3]   Sahal beschwor seine Zuhörer bei
ihrer Seligkeit, dem zu entsagen, was ihnen ihre rabbanitischen Lehrer
gestatten.   Sie sollen nicht mehr Öl in Schläuchen von Kamelhäuten
verwahren, nicht mehr von Mohammedanern oder Christen Backwerk
kaufen, nicht mehr mit levitisch verunreinigten Personen und Gegenständen in Berührung kommen, nicht mehr am Sabbat ihre Behausung

---

[1] Vgl. Eschkol Nr. 167, Munk Notice sur Aboulwalid und Katalog
in Orach Zadikim, p. 24 b.   Das Datum ergibt sich aus dem Umstande,
daß Jakob Tamani (st. 958) seine Werke zitiert; Pinsker Beilage IX, S. 87;
Meassef Nidachim, S. 197—203.   [Die Angaben Pinskers betreffs Jakob
Tamanis beruhen auf Fälschungen von Firkowitz, vgl. Harkavy, RÉJ. VII,
S. 200, bei Rabbinowitz, S. 310, Anm. 85.   Sahl schrieb wohl zwischen
960—1000: vgl. über ihn und seine Schriften gegen Saadia jetzt: Poznański
JQR. XVIII, S. 238—249.]

[2] Sahal zählt in seinem Sendschreiben an Jakob (bei Pinsker Beilage
S. 37) als Polemiker gegen Saadia auf außer Salmon ben Jerocham, Jephet
und Hassan ben Maschiach noch: Abul' Tajib Algibli und Ali ben
Hussain.

[3] Sahals Sendschreiben a. a. O. S. 42.

verlaſſen oder Waſſer ſchöpfen und ähnliches mehr. Alles dies ſei
nach dem Bibelworte ſtrengſtens verpönt, die fürchterlichſte Höllen-
ſtrafe würde den Übertreter ſolcher Satzung treffen[1]). In ſolche
kleinliche Skrupuloſitäten war das Karäertum geraten. Sahals Angriffe auf die Rabbaniten und ihr Bekenntnis waren zu plump und
zu verletzend, als daß ſie unerwidert hätten bleiben ſollen. Ein ein-
flußreicher Rabbanite ſcheint ihm vermittelſt des weltlichen Armes
Stillſchweigen aufgelegt zu haben[2]). Mit geiſtigen Waffen trat ihm
aber entgegen Saadias Jünger, Jakob ben Samuel[3]), den
beſonders die Schmähungen, welche Sahal und andere Karäer gegen
ſeinen Meiſter häuften, zur Gegenwehr ſtachelten. Auf Straßen und
öffentlichen Plätzen hielt er Standreden gegen das Karäertum und
den Proſelytenmacher Sahal[4]). Es iſt aber von dieſem Jakob ſonſt
nichts weiter als eben dieſe Polemik bekannt, und daß er ſie in
holprige hebräiſche Verſe brachte. Ob der Inhalt ſeiner Streitſchrift
beſſer war als die Form, iſt bei den vorhandenen Mitteln nicht zu
erkennnen; die Karäer haben ihm den Schimpfnamen Jakob „der
Verkehrte" angehängt, wie ſie überhaupt nie die Grenzen maßvoller
Debatte in ihrer Polemik einhielten.

Sahal blieb die Antwort nicht ſchuldig. In einem leidenſchaftlichen Sendſchreiben an Jakob in ſchön ſtiliſiertem Hebräiſch ſetzte
er die Angriffe fort und liefert damit ein ſo treues Bild von dem
Stande des Karäertums und ſeines Gegenſatzes in jener Zeit, daß
es auch Licht und Schatten auf beiden Seiten nicht vermiſſen läßt.
Nach dem Plänklergefecht in Verſen und den Vorwürfen über Jakobs
fehlerhafte hebräiſche Orthographie und über die Verletzung des Judentums von ſeiten der Rabbaniten fährt Sahal fort: „Ich bin aus
Jeruſalem gekommen, um das Volk zu warnen und den Sinn der
Gottesfürchtigen zu bekehren. O, hätte ich doch die Kraft, von Stadt
zu Stadt zu wandern, um das Volk Gottes zu erwecken. Du glaubſt,
daß ich des Gewinnes halber gekommen bin, wie andere es machen,
welche der Armen Fleiſch und Haut ſchinden. Ich aber bin im

---

[1]) Sendſchreiben daſ. S. 29, 30, 31. [Vgl. jedoch Harkavy a. a. O.]

[2]) Folgt aus dem Sendſchreiben S. 25 unten.

[3]) [Er iſt wohl identiſch mit dem von Abraham Ibn Esra zu Gen. 29, 15
erwähnten Ben Ephraim und ſtammte aus Paläſtina. Vgl. Pinſker Likkute I,
S. 24 und jetzt beſonders über ihn die Studie von Poznański im Gedenk-
buch für D. Kaufmann, S. 169—187.]

[4]) Sendſchreiben.

Namen Gottes gekommeu, um den Sinn und die Gedanken des
Volkes zur wahren Frömmigkeit zurückzuführen, um es zu warnen,
auf angelernte Menschensatzung zu bauen und auf die Aussprüche
der beiden schlechten Weiber (der gaonäischen Lehrhäuser) zu hören.
Wie sollte ich es unterlassen, da mein Inneres in mir tief bewegt
ist, ob der Gottentferntheit meiner Brüder und Volksgenossen, wie
sie einen schlechten Weg wandeln, ein schweres Joch dem unwissenden
Volke auflegen, es bedrücken und schinden, herrschen durch Bann und
Verfolgung, den weltlichen Arm der mohammedanischen Beamten
zu Hilfe nehmen, die Armen zwingen, auf Zinsen Geld zu nehmen,
um deren Säckel zu füllen und die sie unterstützenden Beamten be-
stechen zu können! Sie weiden sich selbst, führen aber nicht die
Gemeinden und lehren nicht Gottes Gebot im rechten Sinne. Fragt
sie jemand: „Woher hast du das und das?", so hassen sie ihn und
feinden ihn an. Fern sei es von mir, daß ich schweige, wenn ich
sehe, daß die Führer der Gottesgemeinden, die sich Synhedristen
nennen, mit Nichtjuden gemeinschaftlich ohne Gewissensbisse speisen.
Wie sollte ich schweigen, wenn ich wahrnehme, daß einige von
meinem Volke götzendienerische Bräuche üben, sich auf Gräber setzen,
bei Toten weilen, und R. José, den Galiläer, andächtig anrufen:
„O heile mich, o gib mir Schwangerschaft!" Sie wallfahrten zu
den Gräbern verstorbener Frommen, zünden Lichter dabei an,
räuchern vor ihnen und tun Gelübde, um von Krankheiten geheilt
zu werden. Wie sollte ich an mich halten, da ich sehe, daß viele
Israeliten am Sabbat in die Synagoge gehen, Männer mit Taschen,
Frauen im Schmuck und den heiligen Tag wie einen Werkeltag
behandeln! Wie sollte ich nicht um das Seelenheil meiner hochgestellten Glaubensbrüder besorgt sein, wenn ich sehe, daß sie von
Nichtjuden Backwerk und Salsamente kaufen und ohne Scheu genießen. Wie sollte ich ruhig bleiben, wenn viele das Fleisch genießen,
das nichtjüdische Fleischer aufgeblasen und mit demselben Messer behandelt haben, wie das zum Genuß verbotene und also verunreinigte,
zumal es überhaupt den Israeliten in der Zerstreuung ohne Tempel
und Opferweihen nicht gestattet ist, Fleisch von opferfähigen Tieren
zu genießen. O, hätte ich die Kraft, in alle Gegenden zu kommen,
laut zu rufen, im Namen Gottes zu warnen und zu mahnen, auf
daß sie von ihrem bösen Wege lassen."

„Wohl könnte jemand mir einwerfen", so fährt Sahal fort,
„daß unsere Brüder, die Rabbaniten, auf dem heiligen Berge Karmel

fern sind von solchem Tun, viele von ihnen sich des Fleisches enthalten, von Nichtjuden keine Speise kaufen, Leichname nicht berühren, levitische Verunreinigung meiden, weder Bruder- noch
Schwestertochter, noch Stiefschwester heiraten, überhaupt die Verwandtschaftsgrade der Karäer einhalten, zweierlei Festeszeiten feiern,
nach dem Mondmonate (wie die Karäer) und nach den rabbanitischen
Überlieferungen, und manche den rabbanitischen Festkalender aufgegeben haben. Wisse aber, daß solches infolge der göttlichen Gnade
geschehen ist, weil es den Karäern gelungen ist, denselben ihre
Überzeugung beizubringen und sie darauf zu führen, daß es des
Israeliten Pflicht sei, in der Schrift zu forschen und nicht am Hergebrachten zu kleben. Überhaupt ist in der Religion Selbstdenken
Pflicht und Anlehnen an Autoritäten Sünde. Niemand darf sich
damit entschuldigen, daß er die Religion in der Form von seinen
Vätern oder Lehrern überkommen habe, sondern er ist verpflichtet,
deren Lehren zu prüfen und sie zu verwerfen, falls sie den Worten der
Schrift entgegenlaufen." „Und nun, Haus Israel!" ruft Sahal aus,
„erbarmt euch eurer Seelen und wählet den guten Weg! Wendet
aber nicht ein, daß auch die karäischen Lehrer in der Auffassung
der Religionspflichten uneinig sind, und ihr zweifelhaft seid, auf
welcher Seite die Wahrheit ist. So wisset denn, daß die Karäer
keinerlei Autorität üben wollen, sondern nur zum Forschen anregen.
Was soll aber der Unwissende tun, der nicht imstande ist, für sich
selbst in der Schrift zu forschen, fragt ihr. Nun, ein solcher muß
allerdings den Ergebnissen der Forscher und Bibelerklärer vertrauen
und danach handeln."

Dann wendete sich Sahal in seinem Sendschreiben wieder an
seinen Gegner Jakob ben Samuel und fuhr fort: „Bist du etwa
besser als dein Lehrer Saadia? Hat er mit den Karäern disputiert?
Oft haben sie ihn zur Disputation aufgefordert, er aber wich ihnen
immer aus und kam nur mit solchen Karäern zusammen, die ihm
lieb waren. Auch konnten die Karäer nicht mit ihm am Sabbat
zusammentreffen, wegen der brennenden Lichter im Hause, das zu
betreten den Karäern verboten ist. Nur Hassan ben Maschiach wagte
es einst, Saadia zu begegnen, derselbe rief ihm aber zu: „Was
haben wir miteinander gemein?" Willst du, Jakob, daß wir zu
Disputation in der Synagoge zusammentreffen, so entweihe nicht
den Sabbat durch das Brennenlassen von Lichtern; ich weiß aber,
daß ihr die Lichter als eine Scheidewand zwischen euch und uns

gebraucht." Zum Schlusse prophezeite Sahal: „Gott werde nach
dem Worte der Propheten das Joch der zwei Weiber, das ist der
zwei Lehrhäuser von Sura und Anbar (Pumbadita), zerstören; dann
werde die Versöhnung und Verbrüderung aller Söhne Jsrals erfolgen,
und die messianische Zeit werde ihre Frucht sein[1]).

Auch ein anderer fruchtbarer karäischer Schriftsteller aus Bassra,
J e p h e t J b n A l i h a - L e v i (Abu Ali Hassan), (blühte 950—90)[2]),
polemisierte gegen denselben Jakob ben Samuel. Grammatiker,
Bibelkommentator, Gesetzeslehrer und anerkannte Autorität der
Karäer, die ihn zu ihren „großen Lehrern" zählen, war Jephet
nichts weniger als ein bedeutender Schriftsteller. Er teilte den
Fehler seiner Bekenntnisgenossen, sich in Wortschwall und Weitschweifigkeit zu ergehen, und blieb, gleich ihnen, an der Oberfläche
und bei dem Buchstaben stehen. Der Mangel der talmudischen
Dialektik hat sich an den karäischen Schriftstellern fürchterlich gerächt
und sie zu Schwachköpfen und langweiligen Schwätzern gemacht.
Jephets gereimte Polemik gegen Saadias Jünger trägt ebenfalls
diesen Stempel der Oberflächlichkeit und der Geschmacklosigkeit und
erreicht nicht einmal den schönen hebräischen Stil seines Zeitgenossen
und Freundes Sahal[3]). Beide, Sahal und Jephet, hielten an der
Eheerschwerung durch die weitgetriebene Ausdehnung der Verwandtschaftsgrade fest gegen die Ansicht ihres älteren Zeitgenossen Joseph
Roëh[4]) (Albaßir o. S. 290). Die Karäer gerieten in dieser Zeit
noch tiefer in Buchstabendienst, peinliche Religiosität und Gedanken-
stumpfheit. Salmon ben Jerucham, der bis in sein hohes Alter

---

[1]) Das höchst interessante Sendschreiben, das in mehreren Bibliotheken
als Mnuskript vorhanden ist, hat zuerst Pinsker veröffentlicht in Likkute kadmonijot [Teil II, S. 25 ff.] [Von karäischen Gelehrten dieser Zeit ist noch zu
nennen: David ben Abraham aus Fez, der ein umfangreiches, durch manche
hebräisch-arabische Sprachvergleichungen bemerkenswertes Wörterbuch verfaßt
hat, das in einigen Bruchstücken veröffentlicht ist. Vgl. über ihn jetzt Steinschneider a. a. O. § 47, S. 86 und Poznański in JQR. XVIII, S. 225—226.]

[2]) [Über diesen, der bis ca. 1000 wirkte, seine Polemik gegen Saadia und
seine z. T. in doppelten Rezensionen vorliegenden Bibelkommentare vgl.
jetzt Steinschneider a. a. O. S. 228—238 und Poznański in: Zur jüdisch-
arabischen Literatur S. 48—49].

[3]) Vgl. über Jephet Bargès, Rabbi Jephet ben Heli Bassorensis
Karaitae in psal. commentarii Praefatio; Munk, Notice sur Aboulwalid
S. 14 Pinsker das. Beilage III, 196 und über dessen Lebensalter das. 186 ff.
[vgl. vor. Anmerkung.] [4]) [Vgl. oben S. 289, Anm. 1.]

(mindeſtens 957)[1]) ſchriftſtellerte, Kommentare zum Pentateuch
und den Hagiographen verfaßte und noch andere, unbekannt gebliebene Abhandlungen ſchrieb, war ein abgeſagter Feind philoſophiſcher
Forſchung. In ſeinem Pſalmenkommentar klagte er bitterlich darüber, daß Juden ſich mit ketzeriſchen Schriften befaſſen und ſtieß
gegen deren Verfaſſer und Lehrer Flüche aus. „Wehe dem", rief
er aus, „der die Gottesbücher verläßt und andere aufſucht! Wehe
dem, der ſeine Zeit mit fremden Wiſſenſchaften tötet und der geläuterten Gotteswahrheit den Rücken kehrt!" Die Philoſophenweisheit
ſei eitel und nichtig, man finde nicht zwei unter ihnen, die in einem
Punkte einſtimmig wären. Sie ſtellten Grundſätze auf, welche der
Thora geradezu widerſprechen. „Da gibt es einige, welche ſich mit
der arabiſchen Literatur befaſſen, anſtatt daß die Lehre Gottes nicht
von ihrem Munde weichen ſollte." Salmon lobte einen Mann, der
ſich gerühmt, nie ein nichtjüdiſches Buch geleſen zu haben[2]). Welch
ein Abſtand zwiſchen Saadia und ſeinen karäiſchen Gegnern! Jener
befreundete ſich mit der Philoſophie und nahm ſie in den Dienſt des
Judentums, das er dadurch zur Gedankenhöhe erheben wollte, dieſer
verketzerte ſie, ohne ſie zu kennen und ließ ſein Judentum verknöchern.
Als die Rabbaniten den Tempel der Philoſophie betraten, mieden
ihn die Karäer wie ein Peſthaus.

Ein anderer karäiſcher Proſelytenmacher, M e n a h e m   a u s
G i z n a h[3]) (in Mittelaſien) trat in Ägypten auf, und machte ſich
an einen andern Verehrer Saadias, um ihn für das Karäertum
zu gewinnen. M e n a h e m   G i z n i[4]) hatte ſich von ſeiner Heimat
bis nach Alexandrien durchgebettelt und ſchrieb eine Art Bettelbrief
an die karäiſche Gemeinde von Kahira voller hohler philoſophiſcher
Redensarten. Von ſeinen Bekenntnisgenoſſen unterſtützt, kam er
nach der ägyptiſchen Hauptſtadt und erfuhr dort, daß ein gebildeter
Arzt, D a v i d   b e n   M e r w a n   A l m o k a m m e z   a u s   Jrak[5]),
eine angeſehene Stellung einnahm, vielleicht am Hofe des ſatimi-

---

[1]) [Vgl. oben S. 288, Anm. 1.]

[2]) Bei Pinſker a. a. O. S. 66 Note.

[3]) [Menahem Gizni lebte nach den neueren Forſchungen erſt im 14. oder
15. Jahrhundert, vgl. Harkavy in REJ. a. a. O.]

[4]) Bei Pinſker S. 183 f.

[5]) Vgl. über David Almokammez und die Sendſchreiben Pinſker Beilage II,
S. 17 ff. Über Almokammez' philoſophiſche Fragmente ſiehe Luzzattos Mitteilungen in Polaks Halichot Kedem S. 69; Orient. Litbl. 1847, col. 618 f.,

dischen Kalifen. David Almokammez hatte viele Reisen gemacht, war
mit der Literatur und Geschichte des Morgenlandes vertraut, schrieb
ein ausführliches Werk über die mohammedanischen, samaritanischen
und karäischen Sekten und auch ein philosophisches Werk über die
Gotteseinheit in der scholastischen (mutazilitischen) Manier. Er soll
ursprünglich ein Mohammedaner, später Saadias Zuhörer gewesen
sein, und mochte einige Zeit zwischen dem talmudischen Judentum
und dem Karäertum geschwankt haben. Aus diesem Grunde mochte
Menahem Gizni hoffen, ihn ganz auf die Seite der Karäer herüberzuziehen, wenn er ihm die karäischen Lehrsätze entwickeln würde. In
Kahira angekommen, richtete er an David mehrere Sendschreiben
philosophischen Inhalts. Menahems Sendschreiben, in Prosa und
Reimerei gehalten, können als Muster gedankenleeren Wortschwalls
und abgeschmackter Schnörkelei dienen.

Infolge des angestrengten Eifers der Karäer, ihrem Bekenntnis
den Sieg zu verschaffen, verbreiteten sie sich um die Mitte des
zehnten Jahrhunderts immer mehr und mehr, drangen auch nach
Spanien und erlangten eine Art Übergewicht in Afrika und Asien.
Von den ägyptischen Rabbaniten ist es bekannt, daß sie manches
von den Karäern angenommen haben[1]). Einen großen Einfluß übten

631 f., 642 ff. Könnte man annehmen, daß David, der Al-Iraki und Babli
genannt wird, aus Kufa stammte, das syrisch ʿAkula (עקולא) hieß, so würde
sein Beiname auch arabisch Al-Akuli lauten, und er wäre dann identisch mit
dem Philosophen Akuli oder Jbn Alakuli in dem von Munk veröffentlichten
Fragmente (Guide des égarés I, 462). Aus Akuli mag dann die Korruptel
עקילס הגר entstanden sein in Menahems Brief. [David Al-Mokammez oder
Al-Mikmas hat sicher Ende des 9. und Anfang des 10. Jahrhunderts
gelebt. Er verfaßte in arab. Sprache einen Kommentar zur Genesis unter
dem Titel: כתאב אלבליׄקה, von dem Jehuda ben Barsillai aus Barcelona
(12. Jahrh.) in seinem Kommentar zum Sefer Jezirah (ed. Halberstam,
Berlin 1885) einiges mitteilt. Sein Werk diente dem Karäer Jakob Kirkissani vielfach als Quelle für die Geschichte der Sekten. Vgl. über David
Almokammez, auch David ha-Babli genannt, Harkavh in der Beilage zu
Rabbinowitz Bd. III, S. 498—499 und in Hachoker II, S. 15—17. Danach
ist er kein Karäer gewesen, sondern Rabbanite. Zum Christentum
bekehrt, trat er wieder zum Judentum zurück, daher vielleicht der Name:
Mokammez, d. h. „der Springer". Aus seiner Polemik gegen das Christentum ist ein Fragment veröffentlicht in JQR. XV, 688—689. Er ist wohl
in Rakka geboren, aber nach Schiras ausgewandert. Vgl. auch Steinschneider
a. a. O., § 26, S. 37 und Poznański: Zur jüd.-arab. Literaur, S. 5 und
39—46. Auch die Angabe über das hohe Amt des Mokammez ist unzu-
treffend.] [1]) Vgl. Note 23, II.

zur selben Zeit als Karäer Mose und Aron ben Ascher[1]),
Vater und Sohn aus Tiberias (oder Moëziah, wie die Stadt
damals hieß, wohl nach dem fatimidischen Kalifen Moëz). Die
beiden Ben-Ascher (um 890—950) waren Grammatiker und
Massoreten, schrieben über die hebräischen Akzente und biblische
Orthographie in einer so harten Sprache und in so elender Reimerei,
daß ihre Bemerkungen größtenteils rätselhaft sind[2]). Aber nicht
diese geringfügigen Arbeiten haben eine bedeutende Tragweite erlangt,
sondern die von ihnen angelegten Bibelexemplare, welche beide
Ben-Ascher schrieben und mit äußerster Sorgfalt und Genauigkeit
nach den massoretischen Regeln korrigierten, die sie als ihr Element
vollständig beherrschten. Diese Ben-Ascherschen Bibelexemplare wurden
von Karäern und Rabbaniten als Muster anerkannt und wie ein
Heiligtum angesehen[3]). Aus denselben kopierte man später in
Jerusalem und Ägypten neue Exemplare. Der jetzt übliche massoretische Urtext der heiligen Schrift beruht größtenteils auf Ben-
Ascherschen Originalexemplaren, weil man rabbanitischerseits später
übersah, daß der Urheber zu den Karäern gehörte. Saadia dagegen, der noch Ben Ascher, den Sohn, kannte, war mit dessen
massoretischen Leistungen durchaus nicht zufrieden, polemisierte vielmehr gegen ihn und behandelte ihn wegwerfend in einer Schrift[4]),
die ebenfalls ein Raub der Zeit oder geflissentlich vernichtet worden
ist. Auch ein anderer, Ben-Naphtali, machte gegen Ben-
Aschers massoretische Resultate Ausstellungen, freilich meistens nur
in geringfügigen Punkten[5]). Nichtsdestoweniger behauptete sich der
von den Massoreten von Tiberias festgestellte Text der heiligen
Schrift und galt als unantastbar.

Wie die Karäer Sahal, Jephet, Menahem Gizni Proselyten
unter den Rabbaniten zu machen versuchten, ebenso sandten die
Rabbaniten Jerusalems Abgeordnete aus, um Bekehrungen unter

---

[1]) Note 29. [Die Angabe über das Karäertum dieser beiden
Massoreten ist nicht aufrecht zu erhalten; vgl. die Bemerkungen zu Note 23 II
und Monatsschrift Jahrg. 1908.]

[2]) [Jetzt vorliegend in der Edition von Baer und Strack: Die Dikduke
ha-Teamim des Aaron ben Mose ben Ascher, Leipzig 1879.]

[3]) [Vgl. Gottheil in JQR. XVII, S. 639—641.]

[4]) Note 21.

[5]) Die Differenzen zwischen Ben-Ascher und Ben-Naphtali finden sich in
der magna biblia rabbinica oder Mikraot gedolot zu Ende der Hagiographen.

den Karäern zustande zu bringen. Im Jahre 957 kamen Jerusa=
lemer nach der taurischen Halbinsel, predigten dort das talmudische
Judentum und gewannen zweihundert karäische Familienhäupter in
Sepharad (Kertsch), Sulchat (Eski=Krim), Onchat und Kaffa
(Theodosia), die mit allen ihren Gliedern sich den talmudischen Vor=
schriften unterwarfen. Die jerusalemischen Abgeordneten führten
bei dieser Gelegenheit für die taurischen Gemeinden in deren Bibel=
exemplare die hebräischen Vokalzeichen ein, die bis dahin ihnen
unbekannt waren. Die neubekehrten Rabbaniten wurden aber von
den Karäern wegen des Abfalls geschmäht und gemieden[1]. Die
karäische Gemeinde in der Krim hatte damals schon einen Gelehrten
aus der eigenen Mitte erzeugt, Jakob ben Mose Tamani
(aus Taman), der mit den Bekenntnisgenossen in Jerusalem in
Verbindung stand, ihre Schriften las und eigene Gesetzesauslegungen
schrieb (st. in Tschufut=Kalé 958)[2].

---

[1] Note 29.

[2] Pinsker Beilage XI, S. 86 f. [Die Ausführungen in diesem Ab=
schnitt, betreffend die rabbanitischen Sendboten und Jakob Tamani beruhen
auf Fälschungen des Karäers Firkowitz; vgl. Harkavy in RÉJ. VII
a. a. O., und bei Rabbinowitz, S. 316, Anmerkung 89 u. 90.]

Elftes Kapitel.
(Fortsetzung.)

Die Blütezeit der jüdischen Wissenschaft, die Epoche Saadias und Chasdais. Europa.

Die vier Gründer neuer Talmudlehrhäuser in Afrika und Europa. R' Mose ben Chanoch und die Gemeinde von Cordova. R' Chuschiel und die Gemeinde von Kairuan. Dunasch ben Tamim. Sabbatai Donnolo und der heilige Nilus. Die Juden in Spanien; der jüdische Minister Chasdai Ibn Schaprut, sein Charakter und seine Taten. Sendschreiben an den jüdischen Chagan Joseph von Chazarien. Schwächung des Chazarenreiches durch die Russen. Menahem ben Saruk und Dunasch ben Labrat. Die Einführung des neuhebräischen Versmaßes. Aufblühen der jüdisch-spanischen Poesie. Das Lehrhaus in Cordova. R' Chanoch und Ibn Abitur. Chasdais Tod.

940—970.

Mit dem Untergange des Exilarchats und der suranischen Hochschule verlor Asien die Führerschaft über die Gesamtjudenheit. Wenn sich Pumbadita unter Aaron Ibn-Sargadu geschmeichelt hatte, die Alleinherrschaft zu behaupten, so war es in einer Selbsttäuschung befangen. Innere Streitigkeiten arbeiteten an dessen Auflösung nach Ibn-Sargadus Tode. Kohen-Zedeks Sohn, mit Namen Nehemia, der schon mit ihm rivalisierte, aber keinen Anhang gefunden, hatte sich durch ein Manöver zum Schulhaupte aufgeworfen (960)[1], aber das Kollegium war gegen ihn, geführt von dem, dem alten Adel entsprossenen Oberrichter Scherira ben Chanania. Nur wenige Mitglieder und reiche Laien unterstützten Nehemia, die Gegner versagten ihm aber die Anerkennung während seiner ganzen Funktionsdauer (960—68)[2]. Und, während zwei Parteien sich das Gaonat von Pumbadita und hiermit die

---

[1] [Eines Manövers bedurfte es hierzu nicht; vgl. Harkavy in RÉJ. VII, S. 201 und bei Rabbinowitz, S. 371, Anm. 91.]

[2] Scherira Sendschreiben Ende. [ed. Neubauer, S. 41. Über Nehemia vgl. jetzt sein Sendschreiben nach Spanien, ed. Cowley in JQR. XIX, S. 105—106 und Poznański ebendort S. 399—401.]

religiöse Autorität über die Judenheit streitig machten, hatten die vier Gefangenen aus Sura (o. S. 316) neue Talmudlehrhäuser in Ägypten, Afrikija (Kairuan), Spanien und Frankreich gegründet und dadurch die Gemeinden vom Gaonate losgelöst. Diese vier Männer, welche den Blütenstaub talmudischer Geistesbefruchtung nach verschiedenen Punkten trugen, waren: R' S c h e m a r i a b e n E l - c h a n a n , welcher vom Admiral Jbn-Rumahis in Alexandrien verkauft, dann von der jüdischen Gemeinde ausgelöst wurde und endlich nach M i s i r (Kahira) gelangte; der zweite war R' C h u s c h i e l , der an der Küste Afrikas verkauft wurde und dann nach Kairuan kam. Der dritte war wahrscheinlich N a t h a n ben Jsaak Kohen, d e r B a b y l o n i e r , der vielleicht nach Narbonne gelangte[1]). Der vierte, R' M o s e b e n C h a n o c h erfuhr von allen am meisten Fährlichkeiten. Er war der einzige Verheiratete unter den vieren; seine schöne und fromme Frau, so wie sein Sohn im Kindesalter hatten ihn auf seiner Fahrt begleitet und gerieten mit ihm in Gefangenschaft. Jbn-Rumahis hatte aber auf das schöne Weib sein lüsternes Auge geworfen und gedachte, ihr Gewalt anzutun. Da fragte sie ihren Gatten auf Hebräisch, ob die im Meere Ertrunkenen die Auferstehung zu erwarten haben, und als er es ihr mit einem Bibelverse bejahte, stürzte sie sich ins Meer und ertrank. Tief betrübt und im Sklavengewande wurde R' M o s e b e n C h a n o c h mit seinem Söhnchen nach Cordova geschleppt und von der jüdischen Gemeinde ausgelöst; sie ahnte nicht, daß sie in ihm die Suprematie Spaniens über die Judenheit erworben hatte. R' Mose verriet nicht seine tiefere Talmudkunde in der Gemeinde, wohin er verschlagen wurde, um nicht von der Gottesgelehrtheit Nutzen zu ziehen. Er galt daher Anfangs als schlichter Gefangener. In ärmlicher Kleidung trat R' Mose in das Lehrhaus von Cordova, dem ein Richter-Rabbiner, Namens Nathan, mit sehr dürftigen talmudischen Kennt-

---

[1]) Vgl. Note 21, II. [Die im Text gegebene Erzählung von den vier Sendboten muß nach dem jetzigen Stand der Forschung wohl als einer historischen Begründung entbehrend betrachtet werden, zumal ein von Schechter in JQR. XI S. 647 ff. aus der Geniza veröffentlichter Brief bestimmt erweist, daß R' Chuschiel aus einem christlichen Lande, aller Wahrscheinlichkeit nach aus Süditalien, stammte und R' Schemaria stets in Ägypten lebte. Nathan der Babylonier ist auch entschieden auszuscheiden. Aus Babylonien könnten vielleicht nach Spanien gekommen sein R' Mose und sein Sohn R' Chanoch. Weiteres siehe zu Note 21 II und Monatsschrift Jahrg. 1908.]

nissen, vorstand, aber in Spanien als ein Licht angestaunt wurde.
Mose setzte sich wie ein unwissender Zuhörer in einen Winkel an
der Tür. Als er aber wahrnahm, daß Nathan bei der Erklärung
einer Talmudstelle sehr schülerhaft verfuhr, wagte er bescheiden
einige Einwürfe, die den Meister verrieten[1]).   Die Zuhörer im
Lehrhause waren erstaunt, in dem eben losgekauften Gefangenen
in Bettlergestalt einen tiefen Talmudkundigen zu erblicken. R' Mose
wurde gedrängt, die betreffende Stelle zu erläutern und noch
andere Fragen zu lösen, was er mit großer Sachkenntnis zur
größten Verwunderung des Zuhörerkreises tat.   Noch an demselben
Tage erklärte Nathan vor den Parteien, die seiner richterlichen
Entscheidung harrten: „Ich mag nicht mehr euer Richter und
Rabbiner sein; jener Fremde in ärmlicher Kleidung mag von jetzt
an euer Dajjan werden" — eine seltene Selbstlosigkeit! Sofort
wählte die reiche Gemeinde von Cordova R' Mose zu ihrem rabbinischen Oberhaupte, machte ihm reiche Geschenke, setzte ihm einen
Gehalt aus und stellte ihm einen Prachtwagen zur Verfügung.
Als der Admiral Ibn-Rumahis hörte, daß sein Gefangener der
Cordovaner Gemeinde so teuer war, wollte er den Kauf rückgängig
machen, um einen höhern Preis zu erzielen.   Da appellierten die
Juden beim gerechten Kalifen Abdul-Rahman III., unter Vermittlung des jüdischen Staatsbeamten Chasdaï, und stellten ihm
vor, daß sie sich vermittelst des R' Mose von dem Gaonat des
morgenländischen Kalifenreiches loszulösen vermöchten.   Abdul-
Rahman, der es ungern gesehen hatte, wie alljährlich bedeutende
Summen aus seinem Lande für das Gaonat, also für das Land
des ihm feindlichen Kalifats, ausgeführt wurden, war froh, daß in
seinem eigenen Reiche eine Stätte für das Talmudstudium gegründet werden sollte, und bedeutete seinen Admiral, von der
Forderung abzustehen[2]).   So wurde Cordova der Sitz eines bedeutenden, vom Gaonat unabhängigen Lehrhauses.   Wie R' Mose,
so gründeten seine ehemaligen Mitgefangenen, die ebenfalls bald
in den Gemeinden von Kahira und Kairuan als überlegene Talmudkundige erkannt wurden, bedeutende Talmudschulen für Ägypten

---

[1]) [Zur Beurteilung dieses Berichtes vgl. Doroth Harischonim III,
S. 294.]

[2]) Abraham Ibn-Daud in Sefer ha-Kabbalah, nach einer Erzählung von
Samuel ha-Nagid, der sie aus dem Munde von R' Moses Sohn Chanoch
vernommen hat.

und das fatimidische Kalifat und rissen unwillkürlich die Gemeinden dieser Länder von dem Gaonate los[1]).

Kein Land war aber unter den damaligen politischen und kulturgeschichtlichen Verhältnissen geeigneter, Mittelpunkt für die Gesamtjudenheit zu werden und die von Babylonien schwindende Führerschaft zu übernehmen, als Spanien oder das mohammedanische (maurische) Andalusien. Denn Ägypten war kein selbständiges Reich, sondern nur eine Provinz des fatimidischen Kalifats, welche die Politik eines jüdischen Renegaten dafür erobert hatte. Auch bot Ägypten keinen Boden für eine höhere Kulturblüte, sondern blieb auch jetzt, wozu es die Natur bestimmt hat, eine Kornkammer. Das in Afrika gegründete Reich der Fatimiden, Italien gegenüber, mit der Hauptstadt Kairuan (später Mahadia), gewährte allerdings einige Grundbedingungen zur Entwicklung des Judentums, und hätte ein Hauptschauplatz für die jüdische Geschichte werden können. Die reiche Gemeinde von Kairuan nahm das lebhafteste Interesse am Talmudstudium, wie an wissenschaftlichem Streben. Sie hatte noch vor R' Chuschiels Ankunft ein Lehrhaus mit einem Oberhaupte, der den Ehrentitel „Vorsteher der Lehrversammlung" (Resch-Kalla, Rosch) führte[2]). Wie sie dem verbannten Exilarchen Ukba Gastfreundschaft und Ehrenbezeugung bewilligte (o. S. 280), so nahm sie den dahin verschlagenen R' Chuschiel ehrenvoll auf, übertrug ihm den Titel Rosch und gewährte ihm die Mittel, dem Talmudstudium einen höheren Aufschwung zu geben. Dieser erzog während seiner Wirksamkeit (950—80) zwei Jünger, welche später als Autoritäten anerkannt wurden, seinen Sohn Chananel und einen Eingeborenen Jakob ben Nissim Ibn Schahin. Der Philosoph, Leibarzt und Günstling der ersten zwei Kalifen Isaak Israeli (o. S. 266) hatte Samen für eine jüdische Wissenschaft ausgestreut und deren Wachstum einem Jünger anvertraut, der ihm auch die Hofgunst zuwenden konnte.

Dieser Jünger Abusahal Dunasch Adonim ben Tamim (geb. um 900, starb um 960)[3]), der Vertreter der jüdischen Wissen-

---

[1]) Abraham Ibn Daud in Sefer ha-Kabbalah.

[2]) Folgt aus Raschi, Pardes, 21 b. Ittur 16 d. und Samuel Gama's Zusätze zum Aruch, Orient, Jahrg. 1851, col. 358. [Über die Bedeutung der Gemeinde in Kairuan schon in gonäischer Zeit vgl. jetzt die obengenannte Abhandlung von Poznański, S. 175—177.]

[3]) [Nach Poznański in der letztgenannten Abhandlung Nr. 14 ist er fast zu derselben Zeit geboren wie Saadia, also ca. 892 oder 893.]

ſchaft im fatimidiſchen Reiche, war Leibarzt bei dem dritten fatimidiſchen Kalifen Jsmael Almanſur Jbn' ul Kaim und
vielleicht auch ſchon bei deſſen Vater. Er ſtand in einem ſo günſtigen
Verhältniſſe zu dieſem, die Wiſſenſchaft fördernden Kalifen, daß
er ihm eines ſeiner aſtronomiſchen Werke widmete[1]). Dunaſch
ben Tamim ſtammte aus Jrak, bildete ſich aber ſchon in ſeiner
Jugend in Kairuan unter Jſaak Jsraeli aus, von dem er Mediziniſches, Sprachliches und Metaphyſik erlernte. Schon als zwanzig-
jähriger Jüngling hatte er ein reifes Urteil und kritiſierte Saadias
Schriften, die dahin gebracht wurden[2]). Dunaſch ben Tamim umfaßte den ganzen Kreis der damals beliebten Wiſſensfächer vollſtändig und verfaßte Werke über Medizin, Aſtronomie und über die
damals neu eingeführte indiſche Rechnungsweiſe. Er gibt ſchon eine
Rangordnung der damals gepflegten Wiſſenſchaften an. Die niedrigſte
Stufe nehmen, nach ſeiner Schätzung, die Mathematik, Aſtronomie
und Muſik ein. Höher ſtehen Naturwiſſenſchaft und Arzneikunde,
auf der höchſten Stufe aber die Metaphyſik, die Erkenntnis
Gottes und des Geiſtes (der geiſtigen Weſen)[3]). Die Ausbildung
der Medizin ſchreibt Ben-Tamim wunderlicherweiſe einem jüdiſchen
Verfaſſer zu. Er behauptet nämlich, die im Mittelalter hochgefeierte
mediziniſche Autorität Galenus ſei kein anderer geweſen, als der
jüdiſche arzneikundige Patriarch Gamaliel (B. IV, 4 S. 358).
Dieſe ſeine Schrulle beruhte auf einem Machwerk, das damals
in arabiſcher und hebräiſcher Sprache zirkulierte[4]). Dunaſch ben

---

[1]) In ſeinem Kommentar zu Sefer Jezirah (Manuſkript in mehreren Bibliotheken). Daß dieſer Kommentar Dunaſch ben Tamim, wie eine Handſchrift
der Pariſer Bibliothek und eine andere bei Luzzatto laut der Überſchrift
haben (Zion I, 47), und weder ſeinem Lehrer Jſaak Jsraeli, noch ſeinem
jüngern Zeitgenoſſen Jakob ben Niſſim (wie andere Manuſkripte haben) angehört,
hat Munk nachgewieſen; vgl. o. S. 267, Anm. 2. Munks Reſultate über dieſe
Perſönlichkeit (Notice ſur Aboulwalid, p. 43—60) tragen, wie alle ſeine
Arbeiten, den Stempel der Wahrheit, und ich lege ſie hier zugrunde mit Ausnahme ſeiner Anſicht über Dunaſch' Zeitgenoſſenſchaft mit Eldad ha-Dani.
[Vgl. über dieſen, von M. Großberg, London 1902, ſehr fehlerhaft herausgegebenen Kommentar, Steinſchneider: Die Juden als Überſetzer, S. 394 ff.
und Poznański a. a. O., wonach dieſes Werk eine Überarbeitung von Jſaak
Jsraelis Kommentar zum Sefer Jezirah ſein dürfte.]

[2]) Kommentar zu Sefer Jezirah Einleitung abgedruckt Orient, Jahrg. 1845,
col. 563.

[3]) Daſ. abgedruckt in S. Sachs Kerem chemed VIII, S. 64.

[4]) Daſ. Ende, abgedruckt Orient a. a. O.

Tamims Leistungen auf dem Gebiete der jüdischen Wissenschaft sind nicht sehr bedeutend. Er verfaßte eine hebräische Grammatik, die aber weiter nichts enthielt als eine Vergleichung der hebräischen mit den arabischen Spracherscheinungen[1]. Dann schrieb er eine Erklärung zu dem rätselhaften Buche der Schöpfung (955—56), weil ihm Saadias Arbeit darüber ungenügend erschien. Aber er hat ebensowenig wie Saadia die eigentümliche Idee dieses Weltschöpfungssystems ergründet. Die Araber stellten Dunasch ben Tamim so hoch, daß sie von ihm fabelten, er sei zum Islam übergetreten[2], um ihn zu den Ihrigen zählen zu können; er blieb aber sicherlich bis an sein Lebensende dem Judentume treu, stand mit dem jüdischen Staatsbeamten Chasdaï in brieflichem Verkehr und arbeitete für ihn ein astronomisches Werkchen über den jüdischen Festkalender aus.

Indessen, wenn auch Dunasch ben Tamim keine glänzende Erscheinung war, so hätte er der Kairuaner Gemeinde, und von da aus größern Kreisen, Anregung zu wissenschaftlicher Auffassung des Judentums geben können. Allein das fatimidische Kalifat war nicht geschaffen, Kulturboden für die Juden zu werden. Der fanatische Ursprung der fatimidischen Dynastie — zustande gebracht durch einen schwärmerischen Missionar, der in dem Kalifen vom Hause Ali eine Art verkörperter Gottheit erblickte, und gegründet von einem betrogenen Betrüger, der sich für den wahren Imam und Mahdi (Gottpriester) ansehen und verehren ließ — durfte folgerichtig das Judentum nicht dulden. Das einfache Vorhandensein von Andersgläubigen war schon ein tiefgreifender Zweifel an der Gottmenschheit des Mahdi. Wie die Nachfolger des ersten christlichen Kaisers, so gebrauchten auch die Nachfolger des ersten fatimidischen Kalifen das Schwert als Mittel zur Ausbreitung der Religion. Bald trat ein Fatimide auf, der, was seine Vorfahren aus Nachsicht versäumt hatten, gründlich nachholte und die Lehre vom göttlichen Imamat mit blutigem Fanatismus predigte. In solcher Umgebung konnte sich das Judentum nicht zum Lichte emporarbeiten; es bedurfte dazu günstigerer Lagen.

[1] Munk a. a. O., p. 56 f. [Über dieses, bei den Sprachgelehrten in nur geringem Ansehen stehende Werk (siehe meine Abhandlung über den Lexikographen Isak ibn Barûn, Paris 1901, S. 7, Anm. 1), vgl. jetzt Bacher in ZDGM., Bd. 61, S. 703—704 und Poznański a. a. O.]

[2] Saadia Ibn-Danans Responsum im Sammelwerke Chemda Genuzah von Edelmann, p. 15.

Noch weniger als die mohammedaniſchen Reiche, Ägypten und
Nordafrika, vermochten die chriſtlich-europäiſchen Länder Kulturſtätten
für das Judentum zu werden. Dort herrſchte damals noch eine
reckenhafte Barbarei und die entſchiedenſte Ungunſt für ein geiſtiges
Leben. Die Juden ſtanden nicht minder auf ſehr niedriger Stufe;
daher iſt die geſchichtliche Erinnerung über die europäiſch-jüdiſchen
Gemeinden ſtumm. Hier und da gab es in Italien Talmudkundige,
wie in O r a s (Oria bei Otranto), aber ſie brachten es kaum über
die Mittelmäßigkeit hinaus[1]). Überhaupt haben die italieniſchen
Juden in keinem Fache Meiſterſchaft erlangt, ſie blieben ſtets fleißige
und treue Jünger fremder Lehrer. In Babylonien machte man
ſich daher über „die Weiſen“ Roms, d. h. Italiens, weidlich luſtig[2]).
Selbſt S a b b a t a ï   D o n n o l o, der Vertreter der jüdiſchen
Wiſſenſchaft in der ſaadianiſchen Epoche in Italien, erſcheint als
eine mittelmäßige, wenn nicht gar kleinliche Perſönlichkeit. Dieſer
Mann iſt auch mehr durch ſeinen Lebensgang, als durch ſeine
Leiſtungen bekannt geworden.

Sabbataï Donnolo (Λόμνουλος, geb. 913, ſtarb um 970)[3]) aus
O r i a, geriet als zwölfjähriger Knabe in Gefangenſchaft, als die
Mohammedaner des fatimidiſchen Reiches unter dem Feldherrn
G'afar Ibn-Ubaid über die ſizilische Meerenge drangen, Einfälle in
Apulien und Kalabrien machten, die Stadt Oria plünderten und
die Einwohner töteten oder als Gefangene wegſchleppten (9. Tam-
mus = 4. Juli 925). Zehn angeſehene Gemeindeglieder von Oria
fanden dabei den Tod, und Donnolos Eltern und Verwandte wurden
nach Palermo und Afrika weggeführt. Er ſelbſt wurde in Trani
losgekauft. Verwaiſt und verlaſſen, war der junge Donnolo auf
ſich ſelbſt angewieſen und erlernte die Heilkunde und die Unheil-
kunde der Aſtrologie, erlangte in beiden Fächern einen ausgebreiteten

---

[1]) [Zur Berichtigung dieſes Urteils über das geiſtige Leben der Juden
in Süditalien ſei hingewieſen auf die gegenteilige Schilderung in der von
Neubauer, Anecdota II S. 111—132 im Jahre 1895 herausgegebenen Chronik
des Achimaaz von Oria, wozu zu vergleichen iſt: Kaufmann in der Monatsſchrift, Jhrg. 1896, S. 461 ff., und meine Ausführungen daſelbſt Jahrg. 1908.]

[2]) Vgl. Note 21, II.

[3]) Quellen über denſelben Melo Chofnaim, ed. Geiger, S. 29 f. Kerem
Chemed Jahrg. VIII, S. 98 f. und Amari historia dei Muselmani di Sicilia
(Florenz 1858) Vol. II, S. 171 ff. [Vgl. ferner Steinſchneider über Donnolo
in Virchows Archiv für pathologiſche Anatomie Bd. 38—42 und Ascoli, In-
scrizioni inediti, Florenz 1880, S. 65 ff.]

Ruf[1]) und war Leibarzt des byzantinischen Vizekönigs (Basilicus) Eupraxios, der im Namen des Kaisers Kalabrien beherrschte. Durch die ärztliche Praxis reich geworden, verwendete er sein Vermögen, um astrologische Schriften anzukaufen und Reisen zu machen, und bei astrologischen Meistern sich in dieser Afterwissenschaft zu vervollkommnen, um genau zu wissen, welche Planeten und Sterne einen günstigen und welche einen übeltätigen Einfluß üben. Donnolo gelangte auf diesen Reisen sogar bis Bagdad. Die Resultate seiner Forschungen legte er in einem Werke nieder (946), das ebenfalls einen Kommentar zum Schöpfungsbuche bildete (Chakmoni)[2]). Viel Weisheit war, nach den vorhandenen Bruchstücken zu urteilen, darin nicht enthalten. Aber der Verfasser schlug es so hoch an, daß er Sorge trug, daß sein Name „Sabbataï Donnolo aus Oras" auf die Nachwelt übergehe. Zu diesem Zwecke brachte er ihn in Akrostichen von sehr schlechten Versen und beschwor die Abschreiber seines Buches, den versifizierten Anfang ja nicht wegzulassen.

Indessen, so gering auch Donnolos Bedeutung neben seinem Zeitgenossen Saadia und anderen war, so erscheint er doch unendlich überlegen dem Vertreter der katholischen Frömmigkeit in dieser Zeit, seinem Landsmanne Nilus dem Jüngeren, den die Kirche heilig gesprochen hat. Das Verhältnis der beiden Italiener, des jüdischen Arztes und Astrologen und des Abtes von Rossana und Grotta Ferrata, gibt einen Maßstab für den Stand des Judentums und des Christentums in Italien in der Mitte des zehnten Jahrhunderts. Donnolo war mit Nilus von Jugend auf bekannt; sie waren vielleicht Leidensgenossen bei der Plünderung Unteritaliens gewesen. Als der jüdische Arzt den christlichen Asketen einst in einem krankhaften Zustande erblickte, den er sich durch übertriebene Kasteiung zugezogen hatte und von dessen Verkommenheit betroffen war, bot er ihm freundschaftlich und zuvorkommend ein

[1]) Vita St. Nili junioris in den Bolandisten acta Sanctorum zum 26. September T. V, S. 313. Ἔρχεται πρὸς αὐτὸν (Νεῖλον) Ἰουδαῖός τις ὀνόματι Δόμνουλος, ὃς ἦν αὐτῷ γνωστὸς ἐκ νεότητος αὐτοῦ, — διὰ τὸ εἶναι αὐτὸν σφόδρα φιλομαθῆ καὶ ἱκανὸν περὶ τὴν ἰατρικὴν ἐπιστήμην. Vgl. das. S. 316 und c. 8.

[2]) [Herausgegeben von D. Castelli, Florenz 1880. Über Donnolos Bearbeitung des Sefer Jezirah vgl. Epstein in der Monatsschrift, Jahrg. 1893, S. 458—462.]

Heilmittel an, daß ihn von der Fallſucht heilen ſollte, der er ent=
gegen ging.   Der heilige Nilus ſchlug aber das Anerbieten aus und
bemerkte, er wolle von einem Juden keine Medizin nehmen, um
ihm nicht den Triumph zu verſchaffen, ſich rühmen zu können, er
habe ihn, den Heiligen, den Wundertäter, geheilt.   Denn das würde
die einfältigſten Chriſten verleiten, ihr Vertrauen den Juden zu
ſchenken[1].   Er verlaſſe ſich mehr auf Gott, denn auf Menſchen.
Das Judentum ſtrebte nach Licht, das mönchiſche Chriſtentum nach
Dunkelheit.   Ein anderer Jude, der in Donnolos Geſellſchaft einſt
bei Nilus war, forderte ihn auf, ihm etwas von Gott mitzuteilen;
er ſcheint Luſt zu einem Religionsdiſput gehabt zu haben.   Der Abt
von Roſſana wollte ihm aber nicht Rede ſtehen und meinte, ſeine
Worte würden doch für die verſtockten Juden ohne Eindruck ver=
hallen, und er wollte nicht ins Waſſer ſchreiben oder ins Meer ſäen.
Er forderte aber ihn und Donnolo auf, ihm mit den Büchern des
Geſetzes und der Propheten in ſeine Zelle zu folgen und ſo lange
darin zu leſen, als Moſe auf dem Berge Sinaï weilte, dann wollte
er zu ihnen von Gottes Wort reden.   Ironiſch lehnten Donnolo
und ſein Genoſſe dieſen Vorſchlag ab[2].   Sabbataï Donnolo hat
aber ſo wenig Wirkung hervorgebracht, daß es faſt zwei Jahr=
hunderte bedurfte, ehe eine Perſönlichkeit von einiger Bedeutung in
Italien auftauchen konnte.   Von dem niedrigen Bildungsſtande der
italieniſchen Juden und der Bedrückung, die ſie erlitten, legt ein
homiletiſches Werk Zeugnis ab, das einen italieniſchen (römiſchen)
Verfaſſer vorausſetzt.   Dieſes Werk mit dem Titel (Tanna di=be
Eliahu)[3] läßt zwar den Propheten Eliah erzählen, ermahnen,
predigen, verheimlicht aber doch nicht, daß es zur Zeit verfaßt ſei,
die bereits neun Jahrhunderte ſeit der Tempelzerſtörung zählt.   Es
iſt in einem, wenn auch fließenden, doch ermüdend ſchleppenden
und geſchwätzigen Stile geſchrieben mit künſtlicher Nachahmung älterer
Agada=Manier, aber ohne deren epigrammatiſche Kernigkeit[4].   Es

---

[1] a. a. O.   Die Stelle lautet: σὺ δὲ (Δόμνουλε) οὐ κάλλως θυνήσθη
συμπαῖξαι τοὺς τῶν Χριστιάνων ἀκεραίους, εἰ μὴ ἐν τῷ καυχᾶσθαι σε τῶν
φαρμάκων μεταδοῦναι τῷ Νείλῳ.

[2] a. a. O.

[3] Abfaſſungszeit 968, ſ. RÉJ. III, S. 121.

[4] [Zu dieſem Urteil über das Werk vgl. die kritiſchen Bemerkungen
M. Friedmann's in der Vorrede zu ſeiner nach einem Manuſkript der Vaticana
veranſtalteten Edition (Wien 1900) und Theodor's in der Monatsſchrift 1900,
S. 554.]

schwimmt alles untereinander, Großes und Kleinliches, Erhabenes und Niedriges. Der Verfasser ermahnt zwar vielfach im Predigertone zur Demut, Bußfertigkeit, Redlichkeit in Wort und Tat, zum Almosenspenden und zu andächtigem Beten; aber er kennt kein höheres Ziel, als das Weilen im Lehrhause und das Zuhören der Vorträge, wenn man auch nicht viel davon verstehe. Der Prediger unter Eliahs Verkappung räumt zwar ein, daß ein Nichtjude gleich einem Israeliten des göttlichen Geistes teilhaftig werden könne je nach seinen Taten. Er schärft ein, daß ein Jude einen Andersglaubenden nicht einmal mit einer Kleinigkeit betrügen dürfe, „denn er ist als Bruder zu betrachten“. „Wer einen solchen bestiehlt, gegen ihn lügnerisch und meineidig verfährt, sein Blut vergießt, wird auch nicht zurückschrecken, an einem Glaubensgenossen ebenso zu handeln.“ Dennoch warnt er, mit Nichtjuden an einer Tafel zu speisen und mit ihnen Umgang zu pflegen[1]), gerade wie die Geistlichen der französischen Konzilien im entgegengesetzten Sinne den Christen eingeschärft haben. Die Schrift des unbekannten Verfassers klagt oft über Zusammenrottungen des Pöbels, um die Habe der Juden zu plündern, und über die Folterqualen, welche ihre Dränger ihnen auflegen, bis ihnen die Seele ausgeht. Sie zeigt daher Schadenfreude über die wiederholten Einfälle der Ungarn in Westeuropa, von den christlichen Zeitgenossen als Skythen geschildert und vom Verfasser Gog und Magog genannt, welche über Israels Dränger ein schweres Strafgericht verhängen, „wie wir es täglich sehen“.[2]) — In derselben Zeit verfaßte ein anderer jüdisch-italienischer

---

[1]) Tanna di-be Eliahu rabba c. 8, verglichen mit c. 9, 15 (S. 38 ed. Zdilkow) c. 28, S. 78.

[2]) Die Abfassung dieses Agadawerkes hat Herr Rapoport lichtvoll ermittelt und die scheinbaren Widersprüche glücklich aufgehoben (Biogr. d. Nathan Romi Note 43), nur hat er dessen Geburtsland verkannt. Es war nicht Babel, sondern die große Stadt Rom (die bei jüdischen, wie bei nachapostolischen Kirchenschriftstellern Babel genannt wird). Es weht im ganzen Werke, sozusagen, europäische Luft. Manche Redensarten erinnern stark daran. Der Umstand, daß in Tanna d. b. Eliahu nach Weltschöpfungsjahren gezählt wird, spricht besonders dafür. In Babylonien zählten die Juden bekanntlich nach seleuzidischer Ära: Die zweimal wiederkehrende Phrase: Gog und Magogs Strafgericht sei bereits über die Völker eingetroffen (c. 3, S. 7 b., c. 5, S. 13 a.) bezieht sich sicherlich auf die verheerenden Invasionen der Ungarn, wobei Italien am meisten gelitten, unter den deutschen Herrschern Arnulf bis Otto I. (in den Jahren 889—955). Der Chronograph Regino nennt die Ungarn: gens Hungarorum ferocissima et omni belua crudelior

Schriftſteller ebenfalls unter einem verkappten Namen eine Art
Geſchichte von der Weltſchöpfung bis zum Untergange des zweiten
Tempels durch die Römer, oder vielmehr er goß ein älteres arabiſches
Geſchichtsbuch ins Hebräiſche um und fügte einige Zuſätze hinzu.
Er trat als der alte Geſchichtsſchreiber Joſephus auf, verwandelte
aber dieſen Namen in J o ſ i p p o n[1]), miſchte in ſeiner Darſtellung Ge-
ſchichtliches und Sagenhaftes bunt durcheinander und übertrug Zuſtände
und Namen ſeiner Zeit aufs Altertum. Der Verfaſſer des hebräiſchen
Joſippon gebrauchte aber die heilige Sprache mit vieler Gewandtheit,
faſt in altbibliſcher Färbung, und das iſt auch ſein einziges Verdienſt.

Es gab alſo im zehnten Jahrhunderte nur ein einziges Land,
das wie dazu geſchaffen ſchien, dem Judentume ein fruchtbarer
Boden zu werden, worauf es die ſchönſten Blüten treiben und zu
einer höheren Entwicklung heranreifen konnte — das mohammedaniſche Spanien, welches den größten Teil der pyrenäiſchen Halb-
inſel umfaßte. Während das chriſtliche Europa wieder in vollſtändige
Barbarei verſank, aus der es die erſten Karolinger mühſam zu befreien ſtrebten, und während das morgenländiſche Kalifat das Bild
des herannahenden Greiſenalters darbot, brachte es das ſpaniſche
Kalifat unter den Söhnen Omejas voller Manneskraft und Geiſtes-
friſche zu einer Kulturhöhe, die das Mittelalter faſt vergeſſen macht.
Unter Abdul-Rahman III. (mit dem Beinamen An-Naſir) — der zuerſt
den vollen Kaliſentitel „Fürſt der Gläubigen" (Emir-Al-Mumenin)

a Scythis regnis et a paludibus, quas Thanais sua refusione in immen-
sum porrigitur, egressa est (bei Pertz monumenta Germaniae I, 599).
Eben nach dem Skythenlande verſetzt das Mittelalter Gog und Magog,
und die Ungarn konnten unter dieſem Namen bezeichnet werden. — Das
Verhältnis des T. d. b. Eliahu rabba zum Sutta iſt mir noch nicht klar.
[Friedmann in der Abhandlung über dieſes Werk (Wien 1902, S. 44—82)
will nachweiſen, daß es im großen und ganzen mit dem im Talmud Babli
K'thubboth 106a genannten Seder Eliahu identiſch ſei und der frühamoräi-
ſchen Zeit angehöre. Als Heimatort gilt ihm Paläſtina. Vgl. dagegen Theodor
in der Monatsſchrift, Jahrg. 1903, S. 70—79. Über Polemik des Seder
Eliahu gegen Karäer und Chajaweth aus Balch, vgl. Oppenheim in Beth-
Talmud I. S. 370 ff.]

[1]) Zeitalter und Vaterland des hebräiſchen Joſippon oder Pſeudo-
Joſephus hat Zunz richtig ermittelt (gottesdienſtl. Vorträge S. 150 ff.); [2. Aufl.
S. 154 ff.] im Nachweis des Urſprunges dagegen hat er ſich vergriffen(vgl.
o. S. 264, Anm. 2). [Vielleicht iſt der Joſippon identiſch mit einem von
dem perſiſch-jüdiſchen Schriftſteller des 14. Jahrhunderts, Salomon ben Samuel
aus Gorgang in Turkeſtan erwähnten שני ברית הימים דברי 'ס; vgl. Fränkel
in Monatsſchr. Jahrg. 1900, S. 523.]

führen konnte — war Spanien ausschließlich der Sitz der Wissenschaft und der Kunst, die sonst fast auf dem ganzen Erdenrund geächtet oder mindestens unbeachtet waren. Mit ihm begann die klassische Zeit der muslemitischen Kulturblüte, die mit Wohlstand und Kraftfülle gepaart war; sie konnte aber nur diese Stufe erreichen, weil ihre Träger edle Fürsten waren, die von Vorurteil gegen die Bekenner einer anderen Religion frei waren. Am meisten galten in Spanien die Lieblinge der Musen, die Meister des wohllautenden Sanges und der geistreichen Rede. Ein gelungenes Gedicht wurde fast noch mehr gefeiert als ein errungener Sieg, und der Sieg war wieder Gegenstand der Poesie. Jeder Große, vom Kalifen bis zum letzten Provinzial-Emir, war stolz darauf, Gelehrte und Dichter zu seinen Freunden zu zählen und ihnen über die Sorge für die Lebensbedürfnisse hinwegzuhelfen. Die Männer der Wissenschaft und der Poesie wurden zu hohen Ämtern befördert und mit den höchsten Staatsinteressen betraut.

Dieser geistigen Atmosphäre konnten sich die Juden Spaniens bei der dem jüdischen Stamme innewohnenden leichten Regsamkeit und Empfänglichkeit nicht entziehen. Ihr Sinn wurde von Begeisterung für Wissenschaft und Dichtkunst ergriffen, und auch das jüdische Spanien wurde „eine Freistätte der Bildung und Geistesregsamkeit, ein duftender Garten heiterer, lebensfreudiger Poesie, sowie der Sitz ernster Forschung und hellen Denkens"[1]. Gleich den Muzarabern, den unter Mohammedanern wohnenden Christen, hatten sie sich mit der Sprache und Literatur des herrschenden Volkes vertraut gemacht und liefen ihnen nicht selten den Rang ab. Aber während die Muzaraber ihre Eigentümlichkeit an das arabische Wesen so weit aufgaben, daß sie ihre Muttersprache, das gotische Latein, vergaßen, ihre Bekenntnisschriften nicht mehr verstanden und ich des Christentums schämten[2]), empfanden die Juden Spaniens

---

[1]) Vgl. M. Sachs, religiöse Poesie der Juden in Spanien, S. 182.

[2]) Ein Kirchenschriftsteller des zehnten Jahrhunderts klagt: Quis, rogo hodie, solers in nostris fidelibus laicis invenitur, qui scripturis sanctis inventus volumina quorumquumque doctorum latine conscripta respiciat? Nonne omnes juvenes christiani ... lingua disserti ... gentilicia eruditione praeclari, arabico eloquio sublimati, volumina Chaldaeorum avidissime tractant ... ecclesiasticam pulchritudinem ignorant. Heu proh dolor! linguam suam nesciunt Christiani ... ita ut omni Christi collegio vix inveniatur unus in milleno hominum numero, qui saluta-

bei zunehmender Bildung nur noch mehr Vorliebe und Begeisterung
für ihre heimatliche Sprache, ihr heiliges Schrifttum und ihre angestammte Religion. Weit entfernt, daß die Vertreter des Judentums die Aneignung des fremden Wesens verpönt und sie als Abfall gebrandmarkt hätten, waren sie Beförderer der arabischen Kultur;
sie zogen daraus frische Säfte, um das Judentum zu verjüngen und
zu veredeln. Durch ein Zusammentreffen glücklicher Umstände war
das jüdische Spanien imstande, zuerst mit Babylonien einen Wett-
streit anzutreten, dann ihm das Zepter zu entwinden und endlich die
Führerschaft über die Judenheit fast ein halbes Jahrtausend zu behaupten. Mit Recht sang ein jüdischer Dichter (Charisi):

> „Hispanien westlich gelegen,
> Und Babylonien ihm östlich entgegen
> Unter einem glücklichen Klima voll Segen;
> Es mußte darum in beiden,
> Gleichsam den Pfeilern zu des Erdballs Seiten,
> Die Wissenschaft sich verbreiten
> Und hier und dort, an beiden Enden,
> Sich zum höchsten Ziele wenden.
> So waren früher in Babels Kreisen
> Die Weltweisen,
> Und später in Sepharad
> Die Klugen in Rat und Tat,
> Kundig in des Gesanges Pfad.“
> „Als der Sängerchor hörte auf zu singen,
> Begann Hispanias Lyra zu klingen,
> Als Ostens Söhne keinen Ton mehr fanden,
> Da sind des Westens Dichter aufgestanden“[1]).

Drei Männer waren die Begründer der jüdisch-spanischen
Kultur: der nach Cordova verschlagene Talmudkundige M o s e b e n
C h a n o c h, der erste andalusische Grammatiker M e n a h e m b e n
S a r u k und der Schöpfer der Kunstform für die hebräische Poesie,
D u n a s c h I b n L a b r a t. Aber diese Kulturblüte konnte sich
nur durch die Mithilfe eines Mannes entfalten, der vermöge hoher
Begabung, gediegenen Charakters und hervorragender Stellung ge-
wissermaßen die Sonne war, die die Knospe erst zum Aufbrechen
trieb. Dieser Mann war A b u - J u s s u f C h a s d a i b e n I s a a k

---

torias fratri possit rationabiliter dirigere literas. (Epistola Alvari in
Flores, España sagrada, XI, 81).

[1]) Charisi in dessen 18. Makame (Tachkemoni) nach Zedners Übersetzung
in seiner Auswahl histor. Stücke, S. 70.

Ibn Schaprut (geb. um 915, gest. um 970)[1]) aus der edlen Familie Ibn Esra, der den geistigen Bestrebungen Halt und Mittelpunkt gegeben und die lange Reihe jener hochgesinnten und hochgestellten Persönlichkeiten eröffnet hat, welche die Beschützung und Förderung des Judentums und seiner Wissenschaft zu ihrer Lebensaufgabe gemacht haben. Chasdai war eine völlig moderne Gestalt, deren Charakter und Haltung ganz abwichen von dem Typus der vorangegangenen geschichtlichen Träger. Sein leichtes, geschmeidiges, anmutiges Wesen ließ weder die Schwerfälligkeit des Orientalen, noch den düstern Ernst des Juden erkennen; seine Handlungen und Äußerungen lassen ihn vielmehr als Europäer erscheinen, und mit ihm erhält die jüdische Geschichte ein — wenn man so sagen darf — europäisches Gepräge.

Chasdais Jugendgeschichte ist nicht bekannt. Seine Vorfahren stammten aus Jaën[2]); sein Vater Isaak, welcher wohl in Cordova wohnte, war wohlhabend, freigebig und ein Mäcen im Kleinen; von ihm lernte sein Sohn die Schätzung der Wissenschaft und die würdige Verwendung des Reichtums. Chasdai hatte sich auf die Arzneikunde und Sprachwissenschaft verlegt. Die erste eignete er sich jedoch nur theoretisch an; es wird ihm nur nachgerühmt, daß er eine Art Theriak erfunden hat, den die Araber unter dem Namen Faruk als Universalmittel betrachteten. Desto mehr Meisterschaft hatte Chasdai Ibn Schaprut in der Sprachkenntnis und in der Diplomatenkunst. Er kannte nicht nur das Hebräische und Arabische so gut, daß er es schriftstellerisch behandelte[3]), sondern — was unter den Christen Spaniens höchstens die höhere Geistlichkeit verstand — auch das Lateinische. Der Kalife Abdul-Rahman III., der mit den kleinen christlichen Höfen Nordspaniens in diplomatischem Verkehr stand, wurde auf Chasdais Wert und Brauchbarkeit aufmerksam und ernannte ihn zu seinem Dolmetscher und diplomatischen Vermittler (um 940). Zuerst pflegte Chasdai bloß als Gesandtschaftsbeirat den Hauptbotschafter an die christlichen Höfe Spaniens zu begleiten[4]). Je tüchtiger er sich aber bewährte und je mehr Dienste er dem Kalifen leistete, um so mehr wurde er von ihm

---

[1]) Vgl. Note 21, I. [Nach Steinschneider, Die arabische Literatur der Juden, S. 116 ist das Todesjahr 970 fraglich.]

[2]) Mose Ibn Esra bei Munk, Notice sur Aboulwalid, p. 77 f. Note 2

[3]) [Vgl. jed. Steinschneider a. a. O., § 72, S. 115].

[4]) Ibn-Adhari, Zitat Note 21, I.

geschätzt und befördert. Einst errang Chasdaïs Diplomatenkunst einen großen Sieg. Er brachte einen König von Leon, Sancho Ramirez, und eine Königin von Navarra, T o d a , samt Geistlichen und Großen nach Cordova, um einen dauernden Friedenstraktat mit Abdul=Rahman abzuschließen. Der Kalife belohnte seine Dienste mit der Belehnung solcher Ämter, durch welche er zugleich dem Staate noch mehr Dienste leisten konnte. Chasdaï wurde in einem gewissen Sinne Minister der auswärtigen Angelegenheiten. Er hatte die Gesandten zu empfangen, ihre Geschenke und Diplome entgegenzunehmen und ihnen Gegengeschenke von seiten des Kalifen einzuhändigen. Er war aber auch zugleich Handels= und Finanzminister, indem durch seine Hände die Landeseinnahmen für Produkte und Zölle in die Staatskasse flossen[1]. Bei alledem hatte Chasdaï keinen bestimmten offiziellen Titel; er war weder Wesir (Hagib bei den spanischen Arabern) noch Staatssekretär (Katib). Denn auch die Araber hatten anfangs ein zu starkes Vorurteil gegen die Juden, als daß sie diese in den Kreis der Staatswürdenträger hätten aufnehmen lassen sollen[2]. Noch war die eben aufblühende Kultur im mohammedanischen Spanien nicht imstande gewesen, die judenfeindlichen Aussprüche des Koran zu überwinden. Der gerechte und edle Fürst selbst, der zu seiner Zeit die größte Zierde des Thrones war, durfte sich nicht über diese angeborenen Vorurteile hinwegsetzen, die Juden selbst mußten sie erst durch ihre Geistesüberlegenheit nach und nach besiegen. Chasdaï hat zuerst unter den andalusischen Muslemin eine günstige Stimmung für seine Glaubensgenossen erweckt und sie durch seinen Zutritt zur Person des Kalifen vor Unbilden schützen können. Darum konnte ein jüdischer Sänger ihn mit den Worten preisen:

> „Er nahm von seinem Volke das drückende Joch,
> Weihte ihm seine Seele und nahm es ins Herz,
> Zerbrach die Geißel, die es verwundete,
> Und schreckte dessen herzlose Bedrücker von ihm zurück.

[1] Folgt aus Chasdaïs Sendschreiben an den Chazarenkönig.

[2] Über die Vorurteile der spanischen Mohammedaner gegen die Juden zu Abdul=Rahmans Zeit berichtet der Bischof von Cordova an den deutschen Gesandten des Kaisers Otto I.: Simul ipsorum (Christianorum) convictu delectantur (Saraceni), cum Judaeos penitus exhorreant. — Acta Sanctorum zum 27. Februar T. III, p. 712. Vgl. den Anfang von Chasdaïs Sendschreiben an den Chazarenkönig.

Der Unvergleichliche sandte es seinem Überreste
Zum Trost und zum Heile."[1])

In diesem Lobe ist nichts übertrieben. Chasdai war in der
Tat für die nahen und fernen Gemeinden ein Tröster und Befreier. Seine hohe Stellung und seine Reichtümer verwendete er
zum Nutzen seiner Glaubensgenossen. Sein tief religiöser Sinn
ließ ihn erkennen, daß er sein hohes Ansehen nicht seinem Verdienste,
sondern der göttlichen Gnade zu verdanken habe, und er fühlte sich
deswegen berufen, für seine Religions- und Stammesgenossen tätig
zu sein. Über die jüdische Gemeinde der Hauptstadt Cordova hatte
er eine Art richterlicher und politischer Oberhoheit inne[2]), sei es,
daß sie ihm sein Gönner, der Kalife, übertragen, oder, daß sich ihm
die Gemeinde freiwillig untergeordnet hat. Die babylonische Hochschule, der er reiche Spenden zufließen ließ, erteilte ihm den mehr
pomphaften als inhaltreichen Titel „Oberhaupt des Lehrhauses" (Resch-Kallah)[3]), obwohl er vom Talmud wohl noch
weniger verstand als jener R' Nathan, der seine Stelle R' Mose
selbstlos überlassen hatte. Mit Dunasch ben Tamim stand er in
schriftlichem Verkehr und ließ sich von ihm eine astronomische Berechnung des jüdischen Festkalenders anfertigen (o. S. 331). Mit
Saadias Sohn Dossa stand Chasdai ebenfalls in Briefwechsel
und ließ sich von ihm die Lebensbeschreibung seines großen Vaters
zuschicken[4]). Die Gesandten der vielen Herren, welche des Kalifen
Gunst oder Schutz suchten und auch ihm Geschenke zu bringen
pflegten, um sich seiner Fürsprache zu vergewissern, fragte Chasdai
über den Stand der Juden unter ihnen aus und suchte sie günstig
für seine Glaubensgenossen zu stimmen.

Bei zwei Gesandtschaften der mächtigsten Höfe Europas spielte
Chasdai eine Rolle, und sein Name wurde in ihre Geschichte
verflochten. Das von vielen Seiten bedrängte und verrenkte
byzantinische Kaisertum, das sich Jahrhunderte lang als Mumie er-

---

[1]) Aus dem Gedichte von M. ben Saruks Jüngern, mitgeteilt von Prof.
Luzzatto, Bet ha-Ozar, S. 23 f., und bei Philoxène Luzzatto, Notice sur
Abou-Jousouf Hasdaï, S. 68. Jetzt vollständig ediert von S. G. Stern,
Liber Responsionum תשובות תלמידי מנחם ודונש, Wien 1870.

[2]) Abraham Ibn-Daud im Sefer ha-Kabbalah, ed. Amsterdam, 70 a.

[3]) So wird Chasdai genannt von Dunasch ben Labrat in seiner Dedikation und von einem anderen Dichter [vgl. jedoch Harkavy in RÉJ. VII,
S. 202 ff.]

[4]) Abraham Ibn-Daud das. [ed. Neubauer S. 66].

halten hat, bedurfte ſtets auswärtiger Stützen. Der ſchwache und
pedantiſch gelehrte Kaiſer Konſtantin VIII.[1]), Sohn und Bruder der
Kaiſer, welche den Juden ſo viel Leid zugefügt haben (o. S. 256),
ſuchte eine diplomatiſche Verbindung mit dem mächtigen muslimi-
tiſchen Beherrſcher Spaniens, um einen Bundesgenoſſen gegen das
morgenländiſche Kalifat zu gewinnen. Er ſchickte daher eine feierliche Geſandtſchaft nach Cordova (um 944—949)[2]), und, um recht
vielen eitlen Glanz zu entfalten, gab er ihr reiche Geſchenke mit,
darunter auch ein ſchönes Exemplar eines griechiſch=mediziniſchen
Schriftſtellers (Dioskorides) über die einfachen Heilmittel, nach welchem
der Kaliſe und ſein mediziniſches Kollegium Verlangen hatten. Die
Geſandten des judenfeindlichſten Hofes wurden von dem jüdiſchen
Staatsmanne empfangen und zur Audienz geführt. Aber das Buch,
auf das die arabiſchen Ärzte und Naturforſcher einen ſo hohen
Wert legten, war für ſie mit ſieben Siegeln verſchloſſen; niemand
verſtand es zu leſen. Abdul=Rahman erbat ſich daher vom byzantiniſchen Kaiſer einen kundigen Mann, der neben dem Griechiſchen
auch das Lateiniſche verſtände, und Konſtantin ſandte, um ſich dem
mohammedaniſchen Hofe gefällig zu zeigen, einen Mönch Nikolas,
der Dolmetſcher ſein ſollte. Unter allen Ärzten Cordovas verſtand aber nur Chasdaï das Lateiniſche. Er wurde daher vom
Kaliſen beauftragt, ſich an der Überſetzung zu beteiligen, ſo daß
Nikolas das griechiſche Original ins Lateiniſche und Chasdaï dieſes
ins Arabiſche übertrug. Der Kaliſe Abdul=Rahman freute ſich über
das Zuſtandekommen einer Arbeit, die nach ſeiner Anſicht ſeiner
Regierung einen hohen Glanz verlieh[3]).

Bei der Geſandtſchaft, welche der mächtige deutſche Kaiſer Otto I.
an den Hof von Cordova ſchickte, hatte Chasdaï eine eigenartige
Rolle. Abdul=Rahman hatte nämlich vorher einen Botſchafter an Otto
geſandt und in dem Geſandtſchaftsſchreiben ſich einiger unglimpflicher
Ausdrücke gegen das Chriſtentum bedient. Die andaluſiſchen Geſandten hatten aber mehrere Jahre warten müſſen, ehe ſie zur
Audienz vorgelaſſen wurden. Nachdem ſie empfangen worden waren,
ſchickte der deutſche Kaiſer eine Gegengeſandtſchaft, an deren Spitze
der Abt Johannes von Gorze (Jean de Vendières) ſtand, und gab

---

[1]) [Es war der Kaiſer Romanus II; vgl. Steinſchneider a. a. O. S. 115 unten.]

[2]) [Das Datum iſt 948—949; vgl. Steinſchneider a. a. O.]

[3]) Jbn=G'olçol bei de Sacy, Abdellatif, S. 496 und bei Ph. Luzzatto
a. a. O., S. 6.

ihr ein Schreiben mit, welches ebenfalls harte Ausfälle gegen den
Jslam enthielt. Der Kalife, der etwas derartiges vermutete, be-
auftragte daher Chasdaï, den Jnhalt des gesandtschaftlichen Diploms
auszuforschen. Chasdaï verhandelte also mehrere Tage mit Johannes
von Gorze, und, obwohl dieser sehr gewandt war, so überlistete ihn
Chasdaï doch und erfuhr von ihm die Wendung des Sendschreibens.
Darauf ließ Abdul-Rahman die deutsche Gesandtschaft ein ganzes
Jahr auf Audienz warten und hätte sie noch länger hingezogen,
wenn nicht Chasdaï in Verbindung mit dem muzarabischen Bischof
von Cordova Johannes von Gorze bewogen hätten, sich vom Kaiser
ein neues, unverfängliches Diplom kommen zu lassen (956—59)[1].

Chasdaï, der von seinem Schauplatze aus gewöhnt war, die
Verhältnisse im großen anzusehen, fühlte sich tief bekümmert, wenn
er auf die Lage der Juden, auf ihre abhängige, geduldete Stellung,
auf ihre Zerstreuung und Zusammenhangslosigkeit einen Blick warf.
Wie oft mußte er aus dem Munde von Mohammedanern und
Christen den Haupteinwurf gegen die Wahrheit des Judentums
vernehmen: „Das Zepter ist von Juda gewichen, folglich ist es von
Gott verworfen." Chasdaï selbst teilte die beschränkte Anschauung
der Zeit, daß eine Religion und ein Volk, die nicht einen staatlichen Boden, König, Hof, Macht und Untertanen haben, keine
Festigkeit und Lebensfähigkeit hätten. Jhn beschäftigte daher die
dunkle Kunde von dem Vorhandensein eines selbständigen jüdischen
Reiches im Lande der Chazaren, die auch nach Spanien gedrungen
war, lebhafter als seine jüdischen Zeitgenossen. Eldads Erscheinen
in Spanien einige Jahrzehnte vor Chasdaïs Geburt hatte der un-
bestimmten Sage einige Glaubwürdigkeit verschafft, aber sie anderseits durch die Übertreibung, daß die Zehnstämme noch in unge-
schwächter Kraft fortbeständen, unwahrscheinlich gemacht. Chasdaï
unterließ es daher niemals, bei den Gesandtschaften aus weiter
Ferne Erkundigungen über ein jüdisches Reich und einen jüdischen
Herrscher anzustellen. Wie ein belebender Sonnenstrahl berührte
daher sein Gemüt, die Nachricht, die er von Gesandten aus Chorasan,
östlich vom Kaspisee, vernahm, daß es allerdings einen jüdischen
König im Chazarenlande gebe; sein innigster Wunsch war nun,
mit diesem in Verbindung zu treten. Noch glücklicher machte es

---

[1] Acta Sanctorum zum 27. Februar T. III, p. 712 und bei Pertz
monumenta IV, 371 ff.; vgl. Schlosser, Weltgeschichte V, 120. Klopp, Geschichte der deutschen Kaiserzeit, 140 ff.

ihn, als ihm die byzantinischen Gesandten die Nachricht bestätigten
und hinzufügten, daß der damals regierende Chagan der Chazaren den
jüdischen Namen J o s e p h führte, daß die Chazaren eine mächtige
und kriegerische Nation seien, deren Land nur fünfzehn Tagereisen
von Konstantinopel entfernt sei, und daß sie in Bündnis- und
Handelsverkehr mit dem byzantinischen Reiche ständen. Diese Nachricht erhöhte nur seine Sehnsucht, mit dem jüdischen Reiche und dem
jüdischen König in nähere Verbindung zu treten. Er sah sich daher
nach einem zuverlässigen Boten um, der sein Huldigungsschreiben
befördern und zugleich nähere Auskunft überbringen sollte. Die
Bemühung Chasdaïs um die Botschaft an die Chazaren ist zugleich
für die Geschichte interessant.

Zuerst hatte er zu seiner Freude einen Mann J s a a k b e n
N a t h a n gefunden, der erbötig war, die weite und gefahrvolle
Reise anzutreten, und Chasdaï hatte ihn mit reichen Mitteln, mit
Gefolge und Empfehlungsschreiben an den befreundeten byzantinischen
Hof versehen und ihn mit Abdul-Rahmans Gesandten nach Kon-
stantinopel reisen lassen. Der griechische Kaiser nahm den jüdischen
Botschafter gut auf, hielt ihn aber wahrscheinlich aus irgend einem
ränkevollen Hintergedanken, wie es den rechtgläubigen Griechen eigen
war, ein halbes Jahr zurück, und ließ ihn endlich die Rückreise nach
Spanien antreten mit einem Schreiben an Chasdaï, worin er das
Gefahrvolle einer Reise ins Chazarenland auseinandersetzte, „zu
Lande wegen der Fehden unter den Völkern in den Ländern am
Schwarzen Meer, und zu Wasser wegen der Unsicherheit der Fahrt
auf dem Meere". Der jüdische Hofbeamte war in Verzweiflung
über das Mißlingen seiner Sendung. Da erboten sich einige, sein
Schreiben über Jerusalem, Nisibis und Berdaa (Westarmenien) durch
Vermittlung zu besorgen. Als er aber darauf eingehen wollte, traf
eine Gesandtschaft des sklavonischen Königs H u n u [1]) in Cordova
ein (953)[2]), bei welcher sich zwei Juden befanden, M a r - S a u l
und M a r - J o s e p h. Die Juden an der Niederdonau müssen
also damals in gutem Einvernehmen mit den dortigen slavischen
Bewohnern gestanden haben. Die jüdischen Gesandten wußten auch
manches von dem Chazarenreich zu erzählen. Ein Jude aus diesem
Lande, Mar-Amram, ein Mann von Einsicht und Kenntnis, war,

---

[1]) [Über das Zweifelhafte dieses Namens vgl. Harkavy a. a. O. S. 203.]
[2]) Jbn-Adhari vgl. Note 21.

wie sie erzählten, nach Sklavonien gekommen und hatte sich gerühmt, in Ehren bei dem Chazarenchagan zu stehen und öfter von ihm zur Tafel gezogen worden zu sein. Chasdaï schickte sogleich einen Boten ab, diesen Amram nach Spanien zu berufen; er war aber nicht mehr anzutreffen. Indessen erboten sich die jüdisch-sklavonischen Gesandten Chasdaïs, Schreiben zu besorgen, zunächst an die Juden in Ungarn, welche es weiter über Rußland und Bulgarien befördern würden. Das enge Zusammenhalten der Juden machte es ihnen möglich, Verbindungen anzuknüpfen, wie sie damals und später noch dem mächtigsten Staate nicht möglich waren. Chasdaï ließ sich bestimmen, den sklavonischen Gesandten das Schreiben an den Chazarenkönig zu übergeben. Dieses in schöner hebräischer Prosa mit Eingangsversen — von Menahem ben Saruk abgefaßt [1]) — ist eine unschätzbare Urkunde für die Geschichte der Zeit und die Charakterisierung des Mannes. Der Verfasser hat geschickt durch seine fromme Sehnsucht staatsmännischen Sinn und durch seine demutsvolle Haltung Selbstgefühl und Bewußtsein seines Wertes durchblicken lassen. Sogar eine gewisse selbstgefällige Eitelkeit ist dem Sendschreiben anzusehen. Nachdem im Eingange dem schwülstigen Geschmacke der Zeit gehuldigt und in den gereimten Versen das Namensakrostichon verschlungen wurde, fährt Chasdaï in schöner Prosa fort: Er fühle sich eigentlich unwürdig, an den König das Wort zu richten und sei in Verlegenheit, das rechte Wort zu finden. Indessen hoffe er, der König werde Nachsicht mit ihm, dem Genossen derer haben, die im Exil leben, von denen der Glanz der Selbstständigkeit schon so lange erloschen ist. Denn wegen ihrer Sünden hätten die Juden Spaniens viele Widerwärtigkeiten erfahren, bis der König von Spanien ihm die Gunst zugewendet und es ihm vergönnt habe, den Trauernden Trost zu bringen. Dann beschrieb Chasdaï die geographische Lage Spaniens, berührte die Geschichte der Omejaden-Dynastie, rühmte seinen Gönner Abdul-Rahman, erwähnte die Quellen der reichen Einnahme des Landes und die Handelsverbindungen. Nebenher erwähnte er, daß die königlichen Landeseinnahmen vom Handel durch seine Hände gingen, wie er auch die Gesandtschaften der auswärtigen Mächte empfange, ihre Geschenke übernehme und ihnen Gegengeschenke zukommen lasse. Er beschrieb, welch unendliche Mühe er sich gegeben, Auskunft über das Chazaren-

---

[1]) Vgl. S. Sachs' Kerem Chemed, Jahrg. VIII, S. 189.

reich zu erlangen und einen zuverlässigen Boten zu finden. Er habe
dieses nicht aus eitler Neugierde und Ehrsucht getan, sondern um
zu erfahren, ob Israel auf einem Fleck der Erde frei von Ober-
herren sei. „Wüßte ich, daß dem so ist", schrieb Chasdaï oder
ließ schreiben, „so würde ich meine Ehren gering achten, meine
Stellung aufgeben, meine Familie verlassen, würde wandern über
Berg und Tal, zu Land und Wasser, bis ich mich vor meinem Könige
vom Stamme Israel niederwerfen könnte; würde mich erfreuen an
seiner Größe und seine Macht bewundern." Dann bittet das Sendschreiben um gründliche Auskunft über alles und besonders darüber,
von welchem der Zehnstämme die Chazaren ihren Ursprung haben,
über ihre politische und kriegerische Haltung, namentlich, ob der Krieg
auch am Sabbat geführt werde, und ob die hebräische Sprache bei
ihnen heimisch sei. Endlich fragte Chasdaï bei dem Könige an, ob
sich bei ihnen eine Andeutung erhalten habe, wann die Erlösung
Israels eintreffen werde. Denn der Leiden Maß sei voll, und er
müße täglich den Hohn hören: „Jedes Volk bildet ein geschlossenes
Königreich, ihr aber seid ohne Selbständigkeit." Deswegen habe
die Nachricht von dem jüdischen Chazarenreich erhebend auf sein
Gemüt gewirkt; denn dadurch könnten die Juden wieder ihr gebeugtes Haupt erheben und brauchten nicht beschämt zu verstummen[1]).
So richtete der Vertreter der Juden im äußersten Westen Europas
an den Juden auf dem Throne den Brudergruß.

Chasdaïs Sendschreiben gelangte glücklich auf Umwegen durch
einen Mann Jakob ben Eleasar aus dem Lande Nemez (Deutschland), in die Hand des Chagan Joseph, des elften jüdisch-chazarischen
Fürsten seit Obadiah, dem eigentlichen Begründer des Judentums
in Chazarien (o. S. 200). Der Chazarenstaat besaß damals (um
960) noch immer eine bedeutende Macht, obwohl er bereits einige
Gebiete oder Vasallenländer eingebüßt hatte. Er erstreckte sich noch
bis zum Jaik und dem Don im Norden, im Süden bis zur Kaukasus-
pforte (Bab al-Abwab, Derbend) über den Kaukasus hinweg bis
an das östliche Gestade des Schwarzen Meeres und bis zum Dniepr.
Im Osten reichte er längs des Nordrandes des Kaspisees (Bahr
G'orgon) und jenseits der Wolga bis zur Steppe der heutigen Kal-

---

[1]) Das Sendschreiben Chasdaïs an den Chazarenkönig, das Isaak Akrisch
auf einer Reise von Konstantinopel nach Ägypten aufgefunden hat, veröffentlichte er zuerst in einem Büchlein Kol Mebasser 1577; seitdem ist es öfter
abgedruckt worden; vgl. Carmoly, Itinéraires, S. 5 und 67.

müden. Der Mittelpunkt dieses Staates oder das eigentliche
Chazarien betrug indessen nur 120 Parasangen (30 Meilen) im Um-
fange, an den beiden Ufern der Wolga (Itil, Atel) bis an den
Kaspisee[1]). Die Residenz des Chagan Joseph befand sich auf einer
Wolga-Insel und hatte einen goldenen zeltartigen Palast mit einer
goldenen Pforte. Etwa ein Jahrhundert vor Josephs Regierungsantritt hatte einer seiner Vorgänger vom byzantinischen Kaiser
Theophil Baumeister aus Konstantinopel kommen lassen, um eine
Grenzfestung gegen die Einfälle der wilden Petschenegen erbauen zu
lassen (854), welche von ihren weißen Mauern S a r k e l (Weißstadt,
ἄσπρον ὁσπίτιον, russisch Bjelajaweza) genannt wurde. Und als
diese echt türkische Horde ein halbes Jahrhundert später in das
chazarische Gebiet einfallen wollte, wurde sie aufs Haupt geschlagen
(899)[2]). Auch gegen die Russen, welche seit der Einwanderung der
Waräger immer mächtiger wurden, und stets ein Gelüste nach dem
fruchtbaren chazarischen Landstriche hatten, mußten die Chagane ge-
rüstet sein. Sie waren daher genötigt, stehende Truppen zu unterhalten, die zu jeder Zeit bereit sein sollten, sich einem herannahenden
Feinde entgegen zu werfen. Im zehnten Jahrhundert belief sich
die Zahl der regulären Soldaten auf 12000, teils Schützen zu Pferde
mit Helm und Panzer, und teils Fußvolk mit Speeren. Es waren
Mohammedaner, welche vor Bürgerkriegen im Osten des Kaspisees
sich nach dem Chazarenlande geflüchtet hatten und von den Chaganen
unter dem Namen A r e s i a h in Sold genommen wurden. Auch
ihr Anführer war dem Islam zugetan; die übrigen Staatsbeamten
dagegen waren, sowie der ganze Hof, Juden[3]). Das altersschwache
byzantinische Kaisertum mußte um dieselbe Zeit das Chazarenreich
als Großmacht respektieren und den jüdischen Fürsten den Titel
„edle und erlauchte Chagane" zuerkennen. Während die byzantinischen Kaiser die diplomatischen Sendschreiben an den Papst und
die fränkischen Kaiser mit einer goldenen Bulle von geringem Gewichte (2 Solidi) zu siegeln pflegten, nahmen sie sie, wenn sie
an die Chagane schrieben, um ein Drittel schwerer[4]). Wer das

---

[1]) Theophanes continuatus III, c. 28, p. 122.

[2]) Vgl. Stritter, memoria populorum, in Augustis Memorabilien des
Orients 1802 III, 573.

[3]) Jbn-Foßlan, Jbn-Haukal und Maßudi bei Frähn: de Chazaris im
Mémoire de l'académie de St. Petersbourg VIII, 592 ff. und bei Carmoly,
Itinéraires, S. 16, 24 ff.   [4]) Constantinus Porphyrogenitus de Caeri-
moniis aulae byzantinae II, c. 44, 59.

pedantische Etikettenwesen dieses verrotteten Hofes kennt, wird begreifen, wieviel Furcht in einer solchen Ehrenbezeugung lag.

Die chazarischen Chagane nahmen ein lebhaftes Interesse an
ihren auswärtigen Religionsgenossen und übten Repressalien für die
ihnen angetanen Unbilden. Als einst einem Chagan zu Ohren
gekommen war, die Muselmänner hätten eine Synagoge im Lande
B a b u n g zerstört, ließ er das Minaret von der Moschee in seiner
Hauptstadt abbrechen und die Muezzin (Ausrufer) hinrichten (921).
Er erklärte, er würde aus Rache sämtliche Moscheen in seinem Lande
zerstören lassen, wenn er nicht fürchtete, daß die Mohammedaner
blutige Vergeltung an den Juden in ihrem Reiche üben würden[1].
Chasdaïs Sendschreiben machte daher dem Chagan Joseph beim
Empfange ebenso viele Freude, wie dem Absender die Gewißheit
von der Existenz eines jüdischen Reiches. Die zum Judentum be-
kehrten Chazaren verstanden das Hebräische und bedienten sich in
ihrer Korrespondenz der hebräischen Schriftzüge, wie ein unparteiischer
Zeitgenosse bezeugt[2]. Joseph setzte selber oder ließ von einem jüdischen
Gelehrten ein Antwortschreiben in dieser Sprache aufsetzen, um
Chasdaïs teilnehmende Wißbegierde zu befriedigen und zugleich mit
seinen Glaubensgenossen im fernen Westen in Verbindung zu treten.
Der Chagan drückte seine Freude über den Empfang des Schreibens
aus, benahm Chasdaï aber den Irrtum, als ob das Chazarenland
von urisraelitischen Stämmen bewohnt sei. Die Chazaren seien
vielmehr heidnischen Ursprungs, von T o g a r m a abstammend, wie
man mit Anlehnung an die Völkertafel der Genesis glaubte. Ihre
Stammverwandten seien die U g i e r , T i r a s (?), A v a r e n ,
U s e n , B a r s i l i e r (oder B a s i l i e r), die T a r n i e r (oder
T a r a k), die S a n g a r , B u l g a r e n und S a b i r e n , Völkerschaften, welche früher im dunklen Skythenlande hausten und später

---

[1] Jbn-Foßlan bei Frähn de Chazaris 294. Unrichtig übersetzt Frähn
das Wort Khanisah (כניסה) im arabischen Original mit Kirche, während
es ursprünglich und an dieser Stelle S y n a g o g e bedeutet, wie es d'Hosson
richtig auffaßt: les musulmans avaient détruit les temples des juifs
(peuples du Caucase, S. 42.)

[2] Mohammed Jbn-Jshak in Fihrist al-Ulum, mitgeteilt von Flügel
in der Zeitschrift der deutsch-morgenländischen Gesellschaft, Jahrg. 1859,
S. 566.

[3] [Vgl. zur Berichtigung das Verzeichnis von Harkavy bei Rabbinowitz
a. a. O., S. 344—345 nach einem Petersburger Manuskript des Chazaren-
briefes.]

zum Teil sich in den untern Donauländern und in Ungarn an=
siedelten. Der Chagan Joseph erzählt ferner ausführlich die Be=
kehrung seines Urahnen Bulan zum Judentum (o. S. 199), er nennt
die auf Bulan folgenden Könige, welche sämtlich hebräische Namen
führten. Auf Obadjah waren gefolgt: Chiskijah, Manasse I.,
Chanukah, Obadjahs Bruder, Isaak, Zebulon, Ma=
nasse II., Nissi, Menahem, Benjamin und Aaron,
Josephs Vater[1]). Der jüdische Fürst schildert hierauf den Umfang
seines Reiches und die Völker, die seinem Zepter untertan waren,
und bezeichnet sein Land als ein ackerbaufähiges und fruchtbares.
In betreff der messianischen Erlösungshoffnungen, die auch er in der
Brust hege, bemerkte der Chagan, daß er und die Juden seines
Landes nichts Bestimmtes wüßten: „Wir haben", berichtet er[2]),
„unsere Augen auf Jerusalem und die babylonischen Hochschulen ge=
richtet. Es möge Gott gefallen, das Erlösungswerk zu befördern.
Du schreibst mir, daß Du Dich sehnest, mich zu sehen; auch ich habe
Sehnsucht, Dich und Deine Weisheit kennen zu lernen. Könnte
dieser Wunsch in Erfüllung gehen und ich Dich von Angesicht zu
Angesicht sprechen, so wärest Du mir Vater, und ich Dir ein Sohn,
und Dir würde ich die Leitung meines Staates anvertrauen."
Hiermit schließt der denkwürdige Brief des jüdischen Chagan an
Chasdaï.

Als Joseph dieses Schreiben ausfertigte, konnte er sich noch
friedlicher Verhältnisse rühmen. Aber schon nach wenigen Jahren
änderte sich die Lage der Dinge. Einer von Ruriks Nachkommen,
der russische Großfürst Swiatislaw von Kiew, früher halb und
halb Untertan von Chazarien, führte einen gewaltigen Stoß gegen
dasselbe und eroberte die Grenzfestung Sarkel (965)[3]). Immer
mehr engten die vorwärtsdringenden und zur Großmacht aufstrebenden
Russen das Chazarenland ein. Einige Jahre später (um 969) nahm
derselbe Swiatislaw die Hauptstadt Itil (Atel) und auch die zweite
chazarische Stadt Semender ein[4]). Die Chazaren flüchteten sich

---

[1]) [Vgl. die vollständige Liste bei Rabbinowitz, S. 345, wonach hinter
Nissi einzuschalten ist: Aaron I, und die chronologische Bemerkung von Har=
kavy a. a. O.]

[2]) Auch das Sendschreiben des Chagan Joseph hat Isaak Akrisch auf=
gefunden und veröffentlicht (vgl. o. S. 346, Anm. 1). Seine Echtheit ist vor
dem Forum der strengsten Kritik anerkannt worden.

[3]) Nestor, der russische Annalist, übersetzt von Scherer, S. 53, 85.

[4]) d'Hosson, peuples du Caucase, p. 198.

teils auf eine Insel des Kaspisees, teils nach Derbend und teils
nach der Krim, wo ihre Stammverwandten wohnten, das von
der Zeit an den Namen Chazarenland führte. Seine Hauptstadt wurde Bosporus (Kertsch)[1]. So schrumpfte das Chazarenreich auf ein geringes Maß ein; Joseph war der letzte mächtige
Chazarenfürst.

Als Chasdaï dessen Sendschreiben empfing, war sein Gönner
Abdul-Rahman nicht mehr am Leben; doch sein Sohn Alhakem,
ein noch eifrigerer Beförderer der Wissenschaft und Poesie, aber
nicht kriegerisch gleich seinem Vater, hielt Chasdaï in Ehren, ließ
ihn in seinen Funktionen und räumte ihm einen sehr hohen Rang
als Staatsdiener ein[2]. Alhakem zog nicht weniger Nutzen als sein
Vater von Chasdaïs überlegener Gewandtheit. Ein jüdischer Sänger
preist seine diplomatischen Siege mit folgenden Worten:

> Mit Gottes Beistand siegte er wie ein Held
> Und eroberte durch der Rede Gabe Länder und Städte
> Ohne Schwertstreich und Lanzenwurf,
> Demütigte den Feind, vermöge seiner Klugheit.
> Panzerträger, Speereschleuderer, Schwerterhalter
> Beugen sich demütig, entfliehen vor ihm[3].

Angeregt durch das Beispiel der beiden, Geistesbestrebungen
huldigenden Kalifen, unterstützte auch Chasdaï im jüdischen Kreise
mit großer Freigebigkeit die Talente, und ihm gebührt der Ruhm,
die Blüte der andalusisch-jüdischen Kultur entfaltet zu haben. Er
zog begabte Forscher und Dichter nach Cordova in seine Nähe, und
diese belohnten ihn dadurch, daß sie ihn durch ihre Lieder und ihm
gewidmete Schriftwerke verewigten.

> „In Hispania weit und breit
> Ward betrieben zu Chasdaïs Zeit
> Die Pflege der Weisheit.
> Und sein Lob ward besungen
> Von beredten Zungen"[4].

Von den Forschern und Dichtern dieser Zeit werden nur vier

---

[1] [Diese Angaben beruhen auf Fälschungen von Firkowitz; vgl. Harkavy
a. a. O. S. 346, Anm. 100.]

[2] Jbn Abi Osaibija, mitgeteilt von Munk in Archives Israélites,
Jahrg. 1848, S. 326.

[3] Ben Saruks Jünger bei S. D. Luzzatto, Bet ha-Ozar, S. 24 a. f.
und Ph. Luzzatto, Notice sur Abou-Jousouf Hasdaï, S. 69.

[4] Charisi Makame 18, nach „Zedners Auswahl" übersetzt.

namhaft gemacht: Menahem ben Saruk, Dunasch ben Labrat, Abbun ben Sardah und Samuel[1]), von denen jedoch nur die zwei ersten bekannt wurden, mit dem jüdischen Minister Chasdaï in Verbindung standen und von ihm gefördert wurden. Beide haben die hebräische Sprache zum Gegenstande tiefer Forschung gemacht, sie vielfach bereichert und veredelt, so daß ein späterer Dichter mit Recht sagen konnte:

> „Unsere Sprache hat etwas Wunderbares,
> Sie ist von unendlich prophetischer Kraft;
> Knapp ihr Ausdruck und doch sehr weit,
> Kurz und reicht für Gedankenfülle aus"[2]).

Sie haben die Leistungen ihrer Vorgänger, seitdem die hebräische Sprachforschung die Denker beschäftigt hat, namentlich die karäischen Grammatiker[3]) und selbst Saadia, weit überflügelt. Dunasch ben Labrat hat der heiligen Sprache einen Wohlklang entlockt und einen ebenmäßigen Bau gegeben, wie man ihn gar nicht an ihr ahnte. Er führte zuerst das Versmaß in die hebräische Poesie ein und verlieh ihr den rechten Gleichklang und die symmetrische Abrundung des Strophenbaues. Dunasch wurde dafür von Saadia getadelt[4]), als wenn er eine unerhörte Neuerung eingeführt hätte, weil dadurch der hebräischen Sprache Gewalt angetan würde. Auch der Inhalt der neuen hebräischen Poesie wurde durch die jüdisch-andalusischen Dichter ein anderer und reicherer. Bisher hatte die Dichtkunst nur einen synagogalen Charakter, sie war immer zerknirscht und bußermäßig und kannte kein frohes Lächeln. Selbst wenn sie sich zum Hymnus verstieg, legte sie den düstern Ernst nicht ab und war immer schleppend und holprig. Kaliri war bis dahin ihr Muster.

---

[1]) Ders. Makame 3. Die Satire eines Menahemiten, mitgeteilt von Dukes Orient Jahrg. 1850, Literbl., col. 267 und Nachal Kedumim I, 7, vgl. das. S. 1, das Zitat von Saadia Jbn Danan. Dunasch selbst beruft sich in seiner Polemik gegen Menahem (Teschubot, ed. Filipowski, S. 73, 76 77) auf zeitgenössische Dichter und zitiert einige Verse von ihnen, wovon ein Zitat aus einem Lobgedicht auf Chasdaï und ein anderes auf die Weisheit. Diese Gedichte stammen also weder von Dunasch, noch von Menahem ben Saruk; folglich gab es zu dieser Zeit noch andere Poeten, die sogar metrisch gedichtet haben. [Vgl. jedoch betreffs des letzten Namens Harkavy a. a. O. 347, Anm. 101.]

[2]) Charisi Makame 1.

[3]) [Solche hat es nicht gegeben.]

[4]) Vgl. Note 21, I.

In Lehrgedichten und Streitſchriften ſank ſie ſogar zu elender
Reimerei herab, wie die Verſe von Salmon ben Jerucham, von
Abu Ali Jephet, von den ben Aſcher und Sabbataï Donnolo bezeugen.
Aber Chaśdaï gab den Dichtern Gelegenheit, das Thema zu wechſeln.
Seine impoſante Perſönlichkeit, ſeine hohe Stellung, ſeine Taten und
ſeine fürſtliche Freigebigkeit wirkten begeiſternd auf die Dichter, und,
indem ſie ihn aus vollem Herzen, mit Schwung und feuriger Begeiſterung, feierten und verherrlichten, hauchten ſie der ſcheinbar ab-
geſtorbenen hebräiſchen Sprache Verjüngung ein und machten ſie ſo
fortbildungsfähig und wohllautend. Allerdings haben ſich die jüdiſch-
andaluſiſchen Dichter die Araber zum Muſter genommen. Sie leugnen
es auch gar nicht, „daß Arab der Lehrmeiſter ward von Eber“.
Aber Dunaſch und andere, die die arabiſche Kunſtform bald nach-
ahmten, folgten nicht ſklaviſch dieſen Muſtern, zwangen nicht der
hebräiſchen Sprache ein ihr unnatürliches Versmaß auf, ſondern
lauſchten ihr die Wohlklänge ab und ergründeten ihre ureigene
Natur. Die Verſe aus dem Beginne der Blütezeit erhielten einen
raſchen, lebhaften, tänzelnden Schritt. Doch legte die hebräiſche
Poeſie in der Chaśdäiſchen Epoche noch nicht ganz ihre Steifheit
und Geſchraubtheit ab, „die Sänger ſingen zu Chaśdaïs Zeit erſt
zu zirpen an“, wie ein ſpäterer Kritiker unnachahmlich darüber ur-
teilt[1]). Das Lieblingsthema der neuhebräiſchen Poeſie wurde jetzt
das L o b g e d i c h t (Schir Tehillah) und die S a t i r e (Schir
Telunah); ſie pflegten aber auch die liturgiſche Poeſie und ver-
ſchönerten auch ſie mit dem Wohlklange des Versmaßes[2]).

Von den Lebensverhältniſſen und dem Charakter der zwei
erſten Begründer der andaluſiſch-jüdiſchen Kultur iſt nur wenig bekannt. Soviel ſich aus dem vorhandenen Material entnehmen läßt,

---

1) Abraham Jbn-Daud, Sefer ha-Kabbalah, Ende חסדאי הנשיא ר׳ בימי
‎.התחילו לצפצף ובימי ר׳ שמואל הנגיד נתנו קול

2) Von Dunaſch ben Labrat wird ausdrücklich ein metriſches Pijjut
mitgeteilt, Dukes, Nachal Kedumim, S. 7 oben. Außerdem kennt man zwei
metriſche Stücke, welche das Akroſtichon Dunaſch tragen, und da kein
anderer Dichter dieſes Namens bekannt iſt, als eben Dunaſch ben Labrat,
ſo gehören ſie ſicherlich ihm an: vgl. Landshut, Ammude ha-Aboda, S 61.
Die Jünger Menahems teilen in ihrer Polemik gegen ihn metriſche Pijjutim
von Dunaſch mit (bei Pinsker, Likkute, S. 166). Zunzens Urteil, daß „der
neuhebräiſche Versbau in der erſten Zeit nur auf die weltliche Poeſie be-
ſchränkt blieb“, und daß Jbn Gebirol zuerſt das Metrum in die ſynagogale
Poeſie eingeführt habe, iſt demnach zu berichtigen (Synagogale Poeſie, S. 216).
Zunz gerät auch hierbei mit ſich ſelbſt in Widerſpruch.

war Menahem ben Saruk aus Tortosa (geb. um 910, starb um 970) von Hause aus in dürftigen Umständen; mindestens reichte sein väterliches Erbe nicht zu seinem Lebensunterhalte aus. Chasdaïs Vater Isaak nahm sich seiner an und verhütete, daß nicht Sorgen die Keime seiner geistigen Begabung erstickten. Menahem setzte daher Isaaks Edelmut ein poetisches Denkmal in der von diesem errichteten Synagoge. Nach seinem Tode dichtete Ben Saruk ein rührendes Klagelied auf ihn, das die Gemeindeglieder zum ehrenden Andenken an den Verblichenen während der Trauerzeit rezitierten[1]). Das Studium der hebräischen Sprache war seine Lieblingsbeschäftigung. Er benutzte dazu die Arbeiten von Ibn Koraisch, Saadia und andern, wohl karäischen[2]) Grammatikern. Aber den edlen hebräischen Stil lernte er nicht von ihnen, das war sein angeborenes Talent. Menahem kann als der erste hebräische Stilist angesehen werden, und er übertraf noch Abulsari Sahal darin.

Als Chasdaï zu hoher Stellung gelangt war, berief er den Schützling seines Vaters mit schmeichelnden Worten und glänzenden Versprechungen nach Cordova. Ben Saruk, der sein Verhältnis zu dem jüdischen Minister selbst in gereimter Prosa beschrieb, bemerkt:

> „Deine Gabe nicht hat mich gezogen,
> Noch deine Großmut mich bewogen,
> Freundschaft wars, die mich angeregt,
> Bewunderung, die den Fuß mir bewegt."

Er wurde Chasdaïs Hofpoet, bezeugte ihm für seine Unterstützung warme Anhänglichkeit, pries ihn in allen Tonarten und „erschöpfte", wie er sich ausdrückte, „die Verskunst, um dessen Lob zu singen". Als Chasdaïs Mutter gestorben war, eilte der Minister um Mitternacht zum Dichter, um für sie ein Trauerlied zu bestellen, fand ihn jedoch bei der Lampe sitzend mit Versen beschäftigt: er war dem Wunsche seines Wohltäters zuvorgekommen. Bei dieser Gelegenheit schwor ihm Chasdaï, er werde ihm diese Aufmerksamkeit nie vergessen[3]).

Er ermunterte ihn auch, sich der Erforschung der heiligen Sprache zu widmen und deren verschiedene Formen und Wortbedeutungen

---

[1]) Menahems Sendschreiben, mitgeteilt von S. D. Luzzatto in Bet haOzar, S. 31 a.

[2]) [Solche hat es jedoch nicht gegeben.]

[3]) Menahems Sendschreiben.

zu ermitteln. Menahem arbeitete infolgedessen ein vollständiges
hebräisches Wörterbuch aus (um 965, Machberet)[1]), gab darin auch
einige grammatische Regeln und berichtigte seine Vorgänger vielfach.
In einer Umgebung aufgewachsen, wo das eindringlich und harmo-
nisch gesprochene Wort eine große Bedeutung hatte, stellte der
Grammatiker von Tortosa die Sprache im allgemeinen sehr hoch
und die heilige noch höher. „Gott hat den Menschen vor allen
Geschöpfen verherrlichen wollen, darum gab er ihm eine schöne
Gestalt und die Fähigkeit, schön und treffend zu sprechen. Wie Gott
durch die Sprachverleihung den Menschen bevorzugt hat, so hat er
Israel und dessen Sprache vor allen andern ausgezeichnet"[2]). Die
Gesetzmäßigkeit und Feinheit dieser Sprache aufzudecken, war der
Zweck seines Werkes. Menahem ben Saruk erkannte zuerst die
reine Wurzel an den hebräischen Sprachstämmen und sonderte sie
von den Anhängseln und Anfügungen aus — eine jetzt einleuchtende
Theorie, die aber von den vorangegangenen Grammatikern, Saadia
mit einbegriffen, verkannt wurde, wodurch diese in der Erzeugung
hebräischer Verse wahrhafte Mißbildungen und Mißtöne zutage
förderten. Bei jeder Wurzel setzte Menahem in seinem lexiko-
graphischen Werke die verschiedenen Bildungen und Formen auseinander, die sie angenommen, und erklärte ihre Bedeutungen oft
mit überraschender Feinheit und taktvollem Sprachgefühl. Wo er
nach seiner Auffassung der Bibelverse eine eigene Erklärung gibt,
zeigt er öfter gesunden Sinn und geläuterten Geschmack, und es ist
demnach ein entschiedener Fortschritt in der Schrifterklärung von
Saadia zu Menahem[3]). Hin und wieder stellte er Erklärungen auf,
welche der talmudischen Tradition und den damaligen Vorstellungen
geradezu entgegenliefen. Die Vorschrift im Gesetze: „das Zeichen
an der Hand und an der Stirn zu tragen", deutete Menahem nicht
auf das Anlegen der Gebetkapseln, sondern, gleich den Karäern, als
Erinnerung im bildlichen Ausdrucke gebraucht[4]).

[1]) Das Machberet von Menahem ben Saruk ist zuerst ediert von Filipowski, London 1855. [Über eine vollständigere Rezension vgl. Kaufmann
in ZDMG. 1886, S. 367—409; auch Weiß a. a. O., S. 232, Anm. 13—15.
Die Literatur über Menachem gibt Bacher bei Winter und Wünsche, die
jüdische Literatur seit Abschluß des Kanon, Bd. II, S. 231. Vgl. auch
desselben Abhandlung: Die Anfänge der hebräischen Grammatik S. 70—95.]
[2]) Einleitung zu Machberet.
[3]) Vgl. das. S. 55, 57, 81, 98.
[4]) Das. S. 99. [Vgl. jedoch die zutreffende Berichtigung bei Luzzatto,

Obwohl Menahem die hebräische Sprachforschung auf eine höhere Stufe gehoben hat, so ist er doch nicht frei von großen Irrtümern geblieben. In seiner Wurzelaussonderung ging er viel zu weit, glaubte, von falschen Gesichtspunkten ausgehend, nicht bloß zwei-, sondern sogar einkonsonantige Wortstämme annehmen zu müssen und verkannte dadurch das Gebilde der hebräischen Spracherscheinungen. Seine Bibelerklärungen sind nicht selten gekünstelt und gewaltsam, und er konnte sich überhaupt von der hergebrachten Exegese nicht ganz frei machen. Dennoch wurde sein lexikographisches Werk, weil hebräisch geschrieben, viel gelesen und benützt, verbreitete sich nach Frankreich und Italien, verdrängte die saadianischen und die karäischen Arbeiten und wurde eine zeitlang der Wegweiser für Bibelforscher. So edel, blühend und fließend Menahems hebräische Prosa ist, so unschön und ungelenk nehmen sich indessen seine Verse aus. Er verstand noch nicht, das arabische Versmaß zu handhaben. Ihn ergänzte nach mancher Seite sein Nebenbuhler Dunasch ben Labrat.

Dieser Dichter (auch Adonim genannt) stammte aus Bagdad, war jünger als Menahem (geb. um 920 st. um 990), wohnte in Fez und wurde ebenfalls von Chasdaï nach Cordova berufen[1]. Dunasch scheint vermögend gewesen zu sein und trat darum freier und unabhängiger auf, als der Grammatiker von Tortosa. Er war überhaupt eine feurige, rücksichtslose Persönlichkeit, die das Wort nicht auf die Goldwage legte, und zum literarischen Streite wie geschaffen. Auch er besaß tiefe Kenntnis der hebräischen Sprache, lehrte bereits im dreißigsten Lebensjahre vor einem Jüngerkreise, war ein viel gediegenerer Dichter als Menahem, führte, wie schon erwähnt, in Spanien in den rabbanitischen Kreis zuerst das Versmaß für die neuhebräische Poesie ein, womit er ihr einen neuen Reiz verlieh. Auch er machte Ausstellungen an Saadias exegetischen und grammatischen Leistungen, stellte sie in einer polemischen Schrift (Teschubot)[2] zusammen, nahm aber einen barschen

Bet ha-Ozar I, S. 35 a und bei Rabbinowitz S. 361 mit Hinweis auf Samuel ben Meïrs Erklärung von Exod. 13, 9 (ed. Rosin, S. 98).]

[1] Folgt daraus, daß Dunasch sich mit den politischen Vorgängen in Cordova sehr vertraut zeigt und auch aus dem Schlusse seiner Dedikation an Chasdaï.

[2] Diese Teschubot gegen Saadia sind soeben nach einem Luzzattoschen Manuskript von Dr. Schröter (Breslau 186_6) ediert. [Sie sind höchstwahr-

und rückſichtsloſen Ton gegen ihn an, obwohl er mit Saadia per-
ſönliche Bekanntſchaft hatte oder gar ſein Jünger war[1]). Sobald
ihm Menahems Lexikon zu Geſichte kam, machte ſich Dunaſch darüber
her, um die Irrtümer darin aufzudecken und verfaßte auch gegen ihn
eine kritiſierende Schrift (Teſchubot)[2]) in witzelndem, ſpöttelndem
Tone, mit vieler Gewandtheit zwar, aber in verletzender Art. Im
Eingange tut Ben Labrat, als wenn er den Angegriffenen beſchwichtigen wollte. „Ich weiſe dich zurecht, mein Bruder, damit
du mich lieben ſollſt. Iſt es ja unſere Pflicht, einander zurecht-
zuweiſen". Auf dieſen milden Eingang folgen aber gleich harte
Ausfälle: „Hätte ich nicht eingeſehen, daß dein Werk den Jüngern
und den ſogenannten Kundigen Nachteil bringt und verkehrte Anſchauungen einprägt, ſo würde ich geſchwiegen haben". Dunaſchs
Polemik gegen Menahem iſt zum Teil zutreffend, zum Teil aber
höchſt ungerecht[3]). Seine exegetiſchen Bemerkungen ſind überhaupt
richtiger, da er ſich weniger ängſtlich an den maſſoretiſchen Text an-
klammerte. Mehr als vierundzwanzig Verſe erklärte Ben Labrat
abweichend von der maſſoretiſchen Lesart, und ſeine Erklärung gibt
allerdings einen beſſern Sinn[4]). Dunaſchs Heftigkeit rührte vom
Hochmute der Gelehrtenkaſte her. Er glaubte, daß derjenige, der
nicht im Orient Weisheit erlernt, unwiſſend ſei. Er verachtete die
jüdiſchen Forſcher von Spanien als Unmündige und Unberufene
gründlich[5]). Darum hielt ſich auch Dunaſch nicht in den Grenzen
einer wiſſenſchaftlichen Fehde, ſondern gab ihr eine größere praktiſche
Tragweite. Er widmete ſeine kritiſierenden Ausſtellungen gegen
Menahem dem jüdiſchen Staatsmanne und ſtreute ihm in den
vorangeſchickten Huldigungsverſen ſo viel Weihrauch, daß ſeine Abſicht,

ſcheinlich in arabiſcher Sprache verfaßt und ſpäter ins Hebräiſche überſetzt
worden; vgl. meine Ausführungen in der Monatsſchrift, Jahrg. 1902,
S. 76—79.]

[1]) Folgt aus einer Notiz Note 21 II.

[2]) Die Teſchubot gegen Menahem ſind zuerſt veröffentlicht von Filipowſki,
London 1855.

[3]) [Die beſondere Bedeutung von Dunaſchs Werk liegt darin, daß er
entſchieden für die Vergleichung des Hebräiſchen mit dem Arabiſchen eintritt
und ſelbſt eine Liſte von 167, nur aus dieſer Sprache zu erklärenden Worten
aufſtellt. Zur Literatur über ihn vgl. bei Winter und Wünſche a. a. O.
und Bacher, Anfänge uſw. S. 95—114.]

[4]) Vgl. darüber deſſen Teſchubot 50 b; 59, 91, Ibn Esra Sephat
Jeter Nr. 107—117, 120, 122.   [5]) Vgl. Pinsker, Likkute, Noten S. 164.

den jüdischen Mäzen für sich zu gewinnen und Menahem in dessen Augen zu verkleinern, nicht zu verkennen ist.

In dem einundvierzig kleine Strophen enthaltenden Widmungsgedicht ermahnt der Dichter sein Herz, sich von den trügerischen Freuden und Genüssen dieser Welt abzuwenden und lieber ein Loblied in gemessenen Versen auf den „Fürsten" und das „Oberhaupt" der Gemeinde zu singen, „der die Scharen der Barbaren aufgerieben". Er hebt dann hervor, wie der Fürst Chasdaï zehn Festungen eingenommen, den Sohn Radmirs (Sancho Ramirez) samt Edelleuten und Geistlichen wie Landstreicher deren Feinden überliefert und die betörte Königin Toda trotz ihres männlichen Charakters ebenfalls nachgezogen habe. Vermöge seiner Klugheit zitterten Völker vor ihm und Könige sendeten ihm nach Spanien Geschenke. Sein Name sei gefeiert im Osten und Westen, das Haus Esaus und Arabs (Christen und Mohammedaner) preisen seine Huld. Seinem Volke wende er Wohlwollen zu, verjage seine Gegner und demütige die ihm Übelgesinnten. Den Armen erweise er sich als Vater; seine spendende Hand sei wie Tau für die Söhne der Muse, für die Söhne der Lehre (die Talmudbeflissenen) sei er Stütze und Leuchte und verwende sein Vermögen für Ankauf von Schriften. Darum habe er, der geringste der Lehrer, sich bewogen gefühlt, sein Verdienst zu preisen und sein Loblied an die Spitze seiner Schrift zu setzen.

Dunaschs Schmeicheleien gegen den jüdischen Hofmann und seine grobe Polemik gegen Menahem verfehlten den Eindruck nicht. Die Bewunderung, die Chasdaï für Ben Saruk hatte, verringerte sich, als er wahrnahm, daß Dunasch ein besserer Poet und ein mindestens ebenbürtiger Sprachkenner sei. Als nun gar einige Ohrenbläser, die sich bei dem jüdischen Großen in Gunst setzen wollten, Menahem bei ihm verleumdeten — der Gegenstand der Verleumdung ist nicht bekannt — verwandelte sich Chasdaïs Gunst in Ungnade gegen seinen bisherigen Schützling. Menahem scheint infolgedessen Cordova verlassen und sich in das Haus seiner Väter (in Tortosa?) zurückgezogen zu haben[1]. Seine Feinde wußten Chasdaïs Gemüt so sehr gegen ihn zu erbittern, daß er, uneingedenk der feierlichen Versprechungen, die er ihm in der Mitternachtsstunde nach dem Tode seiner Mutter gegeben, ihn ungehört verurteilte. Er ließ den Be-

---

[1] Folgt aus Menahems Sendschreiben bei Luzzatto, Bet ha-Ozar, S. 29 b.

fehl ergehen, Menahem zu züchtigen. An einem Sonnabend überfielen ihn jüdiſche Häſcher, mißhandelten ihn, warfen ihn am darauffolgenden Paſſahfeſte aus ſeinem Hauſe, das er von ſeinem Vater
ererbt hatte und mit ſeinen Brüdern bewohnte, zerſtörten es von
Grund aus und eigneten ſich die Materialien an. Der unglückliche
Menahem ben Saruk wäre dadurch ganz verkommen, wenn ſich
nicht Chasdaïs Bruder ſeiner erbarmt und ihm Lebensunterhalt gewährt hätte[1]).

Der Arme beeilte ſich, ſeinem ehemaligen Gönner Anzeige von
den erlittenen Mißhandlungen zu machen und ihn um Abhilfe zu
bitten. Aber Chasdaï, der ihn ohne Verhör verdammt hatte, blieb
taub gegen ſeine Klage und fügte noch Spott zum Unrecht hinzu.
Er ſchrieb ihm eine lakoniſche Antwort: „Biſt du ſchuldig, ſo habe
ich dich durch Strafen zur Beſſerung geführt; biſt du unſchuldig, ſo
habe ich dir durch unverdientes Leiden die ewige Seligkeit ver-
gewiſſert"[2]). Chasdaïs Verfahren gegen Menahem ben Saruk iſt
ein Schandfleck an ſeinem Charakter.

Allein der Unglückliche nahm ſeine Mißhandlungen nicht ſo ge-
duldig hin. Er richtete vielmehr eine ſcharf geſpitzte Epiſtel[3]) an
den Mächtigen, der ſich in ſeiner hohen Stellung unangreifbar
wähnte. Dieſer Brief iſt zugleich demütig und ſelbſtbewußt gehalten
und bewegt noch heute zu tiefem Mitleid für den Mißhandelten.
Er iſt zugleich ein Muſter ſchöner hebräiſcher Proſa. Menahem ſagte
ihm darin bittere Wahrheiten, an die das Ohr des Hochgeſtellten
nicht gewöhnt war. Aus Furcht, er möchte ſein Sendſchreiben
ungeleſen beiſeite legen, beſchwört er ihn im Eingange, Einſicht
davon zu nehmen. Nachdem er ſeinem ihm Tränen entlockenden
Schmerze Worte geliehen, bemerkt Ben Saruk: „Mein Weinen iſt

---

[1]) Menahems Sendſchreiben ſ. und S. 32 a. In Zeile 6 von oben muß
man ſtatt des ſinnloſen אביך leſen: לולי רחמי אדוני אחיך (Bemerkung des
Herrn P. M. Heilperin). [Vgl. jedoch die Richtigſtellung bei Stern, Liber
Responsionum, Wien 1870, S. XXXVIII, indem es ſich auf die früher
von Chasdaïs Vater erhaltenen Wohltaten (oben S. 353) bezieht.]

[2]) Daſ. 28 b.

[3]) Menahems Sendſchreiben, von Luzzatto zuerſt veröffentlicht (a. a. O.)
[auch von Stern a. a. O. S. XXIII—XXXVI] iſt eine höchſt intereſſante Urkunde. Der Text iſt aber an manchen Orten korrumpiert. So muß es
(S. 33 a, Zeile 10 v. o.) heißen: ספר המושב מאת ידידי שמריהו לצוצפות
ſtatt des ſinnloſen Wortes ב. המושב. [Vgl. auch Porges in RÉJ. XXIV,
S. 147.]

nicht das Zeichen der Demütigung vor dir, sondern die natürliche
Wirkung deiner Rechtsverhöhnung an mir. Du hast mich wie ein
Gott gerichtet, du bist Zeuge und Richter in einer Person und
beurteilst Herzensgeheimnisse. Aber selbst, wenn ich ein arger Verbrecher wäre, hättest du nicht Auftrag geben sollen, mich am Sabbat
und Feiertag zu züchtigen und die heiligen Tage zu entweihen".
Dann erinnerte Menahem Ibn Schaprut daran, wie er ihn früher
zu sich eingeladen, ihn bewogen, seine Heimat zu verlassen und in
Glut und Sturm sich in seine Nähe zu begeben; wie der Dichter
ihm in gebundener und ungebundener Rede Lob gespendet und die
Poesie zur beflügelten Botin seines Ruhmes gemacht; wie Chasdaï
ihm goldene Versprechungen gemacht und sie mit falscher Münze
eingelöst. Er beruft sich auf Zeugen seiner Unschuld, die er hätte
anhören müssen, ehe er seinen Feinden das Ohr geliehen. Aber
als ob er selbst vor soviel Kühnheit zurückschreckte, entschuldigte
Menahem zum Schlusse seinen Unmut und seine Verzweiflung und
bat um Gnade.

Menahems Sendschreiben scheint nicht ohne Eindruck auf Chasdaï
geblieben zu sein. Obwohl er ihn lange auf Antwort warten
ließ, schrieb er ihm doch endlich einen freundlichen Brief, der den
Unglücklichen erquickte. Menahem äußerte sich daher in einem zweiten
Sendschreiben in Danksagungen darüber, daß er sein gebeugtes Haupt
aufgerichtet, und daß seine Augen wieder zu ihm aufblicken dürfen,
wie die des Sklaven zu seinem Herrn[1]). Weiteres ist von Menahem
ben Saruk nicht bekannt. Er scheint übrigens vor seinem Nebenbuhler Dunasch gestorben zu sein. Indessen übernahmen seine Jünger
die Rechtfertigung ihres Meisters. Von diesen Jüngern werden drei
namhaft gemacht[2]): Jehuda ben Daud, Isaak Ibn-G'ikatil
mit Dichterbegabung und ein Ben-Kafron (Ephraïm?)[3]). Diese
drei Menahemisten nahmen sich ihres Meisters an und wehrten
Dunaschs Angriffe von ihm ab. Auch sie widmeten die polemische

---

[1]) Sendschreiben a. a. O. S. 33 a; vgl. die vorige Anmerkung.

[2]) Die Satire in Sterns liber responsionum, wo der Verfasser sich
selbst im neunten Verse nennt: Jehudi ben Schescher, und dieser ist kein
anderer als der von Mose Ibn Esra erwähnte. Die Satire ist also von einem
Dunaschiten gegen die Menahemisten gerichtet. Hingegen ist die Satire beginnend מה בני לבראש שמואל, offenbar von einem Menahemisten gegen
einen Jünger Ben-Labrats gerichtet; sie scheint aber defekt zu sein.

[3]) [Über Isak ben Kapron, vgl. Stern a. a. O. S. LXXV.]

Schrift dem jüdischen Minister und schickten ihr ein Loblied auf denselben und eine Satire gegen Ben Labrat voran. Chasdaï scheint gerade von einem diplomatischen Siege, den er für den Kalifen Alhakem errungen hatte, heimgekehrt zu sein, und daran knüpften die Menahemisten an, seinen Triumph mit folgenden Worten feiernd: „Dem Beschützer der Lehre, dem Fürsten in Juda bringt Gruß ihr Verge. Alle Welt jubelt über seine Rückkehr; denn so oft er abwesend ist, tritt Dunkel ein, die Übermütigen herrschen, fallen auch über Judas Söhne her. Chasdaï aber bringt wieder Ruhe und Ordnung zurück. Der Herr hat ihn zum Fürsten eingesetzt und ihm die Gunst des Königs zugewendet, daß er ihn über alle Großen erhoben. Er besiegte mit Gottes Beistand die Christen; alles huldigt ihm dafür und hofft auf ihn wie lechzendes Gefilde auf Tau und Regen". Seiner Wahrheitsliebe wollen die Retter von Menahems Ehre die Streitsache empfehlen und ihn zum Schiedsrichter machen gegen Ben-Labrat, „der sich zum Meister der Erklärer aufgeworfen, der ins Wesenlose zielt, der die heilige Sprache durch fremde Maße entweiht und verderbt" [1]). Die Erforschung und Ergründung der hebräischen Sprache wurde in Spanien mit leidenschaftlichem Kampf, mit heißem Blute, mit galliger Satire betrieben. Noch bei Dunaschs Leben setzten seine Jünger den Kampf fort, von denen nur ein einziger namhaft gemacht ist: Jehudi Ben-Scheschet. Die Menahemisten und Dunaschiten schleuderten witzige Spottlieder gegeneinander, welche wesentlich dazu beitrugen, die hebräische Sprache zu schleifen, sie gefügig, biegsam und reich zu machen [2]).

Wie Chasdaï Ibn Schaprut unmittelbar und mittelbar, bewußt und unbewußt, durch Aufmunterung und Belohnung Dichter und Pfleger der hebräischen Sprache weckte und bildete, so gründete er auch dem Talmudstudium eine Heimat in Spanien [3]). Die jüdische Wissenschaft war in Europa noch nicht flügge genug, um selbstständig den Aufschwung nehmen zu können; sie bedurfte eines Beschützers, der sie unter seinen Flügeln wärmte. Jener R' Mose ben Chanoch, welcher für die suranische Hochschule zu sammeln ausgezogen

[1]) Dieses Dedikationsschreiben stammt von Menahems Jüngern und nicht von ihm selbst.

[2]) [Diese Streitschriften sind in dem genannten Werk von Stern veröffentlicht.]

[3]) Ausführlicher als die jüdischen Chronographen setzt dies Ibn-Abi-Oſaibia auseinander, zitiert von Munk, Archives Israélites 1848, p. 326.

war und im Sklavengewande nach Cordova gebracht und dort ausgelöst wurde[1]), hatte ebenfalls an Chasdaï einen Gönner, und die
beiden wissensfreundlichen Kalifen sahen gerne ein selbständiges
Talmudstudium in ihrem Staate erblühen, um ihre jüdischen Untertanen von dem Kalifat von Bagdad loszulösen. R' Mose konnte
zu keiner günstigeren Zeit in Spanien eintreffen, um dem Talmud
eine sichere Stätte zu gründen, ohne welche die aufblühenden Geistesbestrebungen keinen Halt gehabt hätten. Wie die spanischen Araber
sich Mühe gaben, das Kalifat von Bagdad zu verdunkeln und allen
politischen und literarischen Glanz an sich zu ziehen, so lag es den
spanischen Juden am Herzen, und namentlich denen der Hauptstadt,
die babylonische Hochschule in den Schatten zu stellen und den Vorzug, den jene wegen der tieferen Talmudkunde genoß, auf das
Lehrhaus zu übertragen, das R' Mose in Cordova eröffnete. Sie
machten daher mit ihm förmlichen Staat, umgaben ihn mit Glanz
und erkannten ihn als Autorität an. Religiöse Anfragen, die sonst
an die babylonischen Schulen gerichtet wurden, ergingen von jetzt
ab an R' Mose[2]). Aus ganz Spanien und Afrika strömten lern-
begierige Jünglinge zu seinem Lehrhause. Es entstand ein Wetteifer, sich Talmudkenntnisse anzueignen, um fortan die babylonischen
Meister vollständig entbehren zu können. Chasdaï ließ auf seine
Kosten Talmudexemplare in Sura aufkaufen[3]), wo sie durch das
Eingehen der Hochschule in Massen unbenutzt lagen, um sie an die
Jünger zu verteilen, für deren Lebensunterhalt er wahrscheinlich
auch sorgte. Cordova wurde durch R' Mose das andalusische Sura,
und der Gründer des dortigen Lehrhauses hatte für Spanien dieselbe Bedeutung wie Rab für Babylonien. Obwohl er den be-
scheidenen Titel Richter (Dajan) oder Rabbiner führte, übte er doch
sämtliche Funktionen eines Gaon aus. Er ordinierte Rabbinen
für die Gemeinden, wie es scheint durch Handauflegen[4]), legte das
Gesetz aus, war die letzte Instanz für gerichtliche Entscheidungen
und durfte den Bann über ungefügige Gemeindeglieder verhängen.
Alle diese Funktionen gingen selbstverständlich auf die europäischen
Rabbinen über.

[1]) [Vgl. hierzu meine Ausführungen in der Monatsschrift Jahrg. 1908.]
[2]) Abraham Ibn-Daud. [Vgl. über ihn J. Müller, Jahresbericht der
Lehranstalt usw., Berlin 1889, S. 3—4 und S. 8—10.]
[3]) Vgl. Note 21, Ende.
[4]) [Von einer förmlichen Ordination konnte nicht wohl die Rede sein,
da sie außerhalb Palästina unstatthaft war.]

So wurde Spanien nach vielen Seiten hin der Mittelpunkt
des Judentums. Einige scheinbar zufällige Ereignisse haben den
Grund dazu gelegt, und das erwachte Selbstgefühl der spanischen
Juden ließ sich diesen Vorzug nicht mehr entwinden; sie gaben sich
vielmehr Mühe ihn zu behaupten und zu verdienen. Der Wohlstand der Cordovaner Gemeinde ermöglichte es ihr, die andalusische
Hauptstadt zum Brennpunkte aller Bestrebungen zu machen. Cordova zählte mehrere Tausend wohlhabender Familien, die an Pracht-
liebe mit den Arabern wetteifern konnten. Sie kleideten sich in
Seide, trugen kostbare Turbane und fuhren in Prachtwagen[1]). Sie
ritten hoch zu Roß mit wallenden Federbüschen und eigneten sich
ein ritterliches Wesen und eine Grandezza an, die sie vor den Juden
anderer Länder vorteilhaft auszeichnete. Es darf aber nicht ver-
schwiegen werden, daß manche unter ihnen ihren Reichtum dem
Sklavenhandel verdankten, indem sie Sklavonier aufkauften und sie
den Kalifen überließen, die aus ihnen nach und nach ihre Leibwache
bildeten[2]).

Nach R' Moses Tode (um 965) drohte eine Spaltung in der
Cordovaner Gemeinde wegen der Nachfolge auszubrechen. Auf der
einen Seite war sein Sohn R' C h a n o c h [3]), der als Kind mit
seinen Eltern die Gefangenschaft geteilt und gesehen hatte, wie
seine Mutter sich ins Wasser stürzte, um der Schändung zu entgehen. Als Nebenbuhler stand ihm gegenüber J o s e p h b e n
I s a a k I b n A b i t u r , der R' Moses ausgezeichneter Jünger
war, die arabische Literatur gut verstand, Dichterbegabung besaß
und ein Eingeborener war. R' Chanoch aber hatte weiter nichts
als Talmudkenntnisse und das Verdienst voraus, der Sohn dessen
zu sein, der die höchste Verehrung genossen. An Frömmigkeit und
sittlichem Adel gab einer dem anderen nichts nach. Es bildeten
sich zwei Parteien, die eine war für den Einheimischen und den
Vertreter der Bildung, die andere für R' Moses Sohn. Indessen,
ehe der Streit eine ernste Wendung nahm, legte Chasdaï das Gewicht seiner Stimme in die Wagschale für R' Chanoch, und er

---

[1]) Abraham Ibn-Daud.

[2]) Vgl. Gayangos, history of the mahometan dynasties in Spain I,
137, 380. Rainaud, invasions des Sarrazins en France, p. 233. Dozy,
histoire des Arabes en Espagne.

[3]) [Vgl. über seine literarische Tätigkeit J. Müller a. a. O. S. 4—5 und
S. 10—17.]

wurde Rabbiner von Cordova und Autorität für die jüdisch-
spanischen Gemeinden. So lange der jüdische Minister Alhakems
lebte, blieb Chanochs Rabbinat unangefochten[1]). Chasdaï Jbn
Schaprut starb noch beim Leben des edlen Kalifen (um 970)[2])
und hinterließ einen klangvollen Namen, den Juden und Mohammedaner um die Wette der Nachwelt überlieferten. Chasdaï scheint
keine namhaften Söhne hinterlassen zu haben[3]).

[1]) Abraham Jbn-Daud.

[2]) [Vgl. oben S. 339, Anm. 1.]

[3]) Ich kann die Ansicht Ph. Luzzattos nicht teilen, daß der Dichter Abu-
Amr Joseph ben Chasdaï und dessen Bruder Söhne des Chasdaï Jbn
Schaprut waren (Notice S. 60). Die alten Literarhistoriker, Mose Jbn-Esra
und andere, würden in diesem Fall nicht verfehlt haben, darauf aufmerksam
zu machen. [Vgl. Steinschneider a. a. O.]

Zwölftes Kapitel.

Morgenröte der jüdisch-spanischen Kultur und Verfall des Gaonats.

Die Gaon Scherira und sein Sohn Hai; Scheriras historisches Sendschreiben; Manasse Jbn Kazra; die jüdisch-spanischen Gemeinden: die Jünger Menahems und Dunaschs; Jehuda Chajug; Hassan ben Mar-Hassan; der Streit zwischen R' Chanoch und Jbn Abitur; Jakob Jbn G'au und sein Geschick. Die Juden Frankreichs; Nathan der Babylonier in Narbonne; R' Leontin; die Juden Deutschlands; Otto II. und Kalonymos; R'Gerschom und seine Verordnungen; R' Simeon aus Mainz; der Proselyt Wecelinus; Kaiser Heinrich II. und die Judenverfolgung in Deutschland; der Kalife Hakem und die Judenverfolgung in Ägypten und dem Orient; der jüdische Chagan David und die Russen; Untergang des jüdisch-chazarischen Staates; das Karäertum; Joseph Alkarkassani und Levi Halevi.

970—1027.

Wenn eine geschichtliche Schöpfung dem Untergange geweiht ist, so vermag auch der Kraftaufwand energischer Persönlichkeiten nicht, ihr das Leben zu erhalten, und gelänge es ihnen auch, durch opferwillige Hingebung deren Todesstunde aufzuschieben, so führt sie doch nur ein Scheinleben. So erging es dem einst lebensvollen und den Mittelpunkt bildenden babylonischen Gaonat. Nachdem ihm die gebildetsten Gemeinden Spaniens und Afrikas ihre Teilnahme entzogen und sich auf eigene Füße gestellt hatten, konnte es ihm nimmermehr gelingen fortzuleben. Vergebens strengten sich zwei Männer an, welche durch Tugenden und Kenntnisse die pumbaditanische Hochschule nacheinander zierten, ihm neuen Glanz zu verleihen. Sie konnten nur den Tod des Gaonats etwas über ein halbes Jahrhundert aufhalten; es zu erhalten und lebensfähig zu machen vermochten sie nicht[1]. Diese beiden Männer,

---

[1] [Der Verfall des Gaonats ist, außer durch den Mangel an Subsistenzmitteln, wie manche Funde aus der Geniza erweisen, besonders auch aus den allgemeinen politischen Verhältnissen zu erklären, die auch das Kalifat in jener Zeit erschütterten; vgl. Harkavy bei Rabbinowitz a. a. O., S. 359, Anm. 103.]

Vater und Sohn, die letzten pumbaditanischen Schulhäupter von
Bedeutung, waren R' Scherira und R' Haï (Haja), welche
die Spätern „die Väter und Lehrer Israels" nannten. Scherira,
Sohn des Gaon Chananja (geb. um 930 gest. 1000)[1]), stammte von
Vater- und Mutterseite aus angesehenen Familien, von denen
mehrere Glieder mit der Gaonenwürde bekleidet waren. Er rühmte
sich selbst, daß sein Stammbaum bis auf die vorbostanaïsche Exilarchenlinie hinaufreichte, deren Glieder wegen Entartung der Exilsfürsten diese Würde verlassen hätten und in den Gelehrtenstand getreten wären. Das Siegel der Scheiraïschen Familie war ein
Löwe[2]), welcher das Wappen und Fahnenbild der judäischen Könige
gewesen sein soll.

Scherira war ein Gaon von altem Gepräge, dem der Talmud
am höchsten stand und der wissenschaftlichen Ideen durchaus abhold
war[3]). Obwohl des Arabischen so weit kundig, daß er die gutachtlichen Entscheidungen in dieser Sprache an Gemeinden musli-
mitischer Länder abfassen konnte, bediente er sich doch lieber des
Hebräischen und Aramäischen und hatte wenig Sinn für die arabische Literatur. Seine schriftstellerische Tätigkeit beschränkte sich
einzig auf den Talmud und was damit zusammenhing. Scherira
verfaßte ein talmudisches Werk unter dem Titel „Geheimrolle"
(Megillat Setarim), das indessen untergegangen ist[4]). Die Wissenschaft der Bibelauslegung hat er schwerlich gepflegt. Aber sein sittlicher Ernst machte seinen Mangel an höherer Bildung vergessen.
Als Richter lag es ihm am Herzen, die Wahrheit ans Licht zu

---

[1]) Abraham Ibn-Dauds Nachricht, daß Scherira 100 Jahre alt geworden,
scheint auf einer Korruptel in seinem Original zu beruhen; denn dann wäre
er, wenn 898 geboren, zur Zeit seines Amtsantritts i. J. 968, ein Siebziger
gewesen; aber ein Jahr nach seinem Gaonatsantritt wurde ihm erst sein
Sohn Haï geboren. Es ist aber nicht wahrscheinlich, daß er erst im einund-
siebenzigsten Jahre seinen Sohn gezeugt hat [Die Angabe Abraham Ibn
Dauds ist doch gerechtfertigt; vgl. Harkavy und Rabbinowitz a. a. O.].

[2]) Abraham Ibn-Daud.

[3]) [Dieses Urteil ist doch etwas einzuschränken.]

[4]) Aboab Einleitung zu Menorat ha-Maor. [Das Werk behandelt die
talmudischen Agadoth. Erwähnenswert ist sein, auch von Abraham Ab-beth-
Din im Eschkol, ed. Auerbach, Halberstadt 1868 T. II, S. 47, zitierte
Ausspruch, daß nicht alle Agadoth Anspruch auf Beachtung haben; vgl. auch
Weiß a. a. O. S. 171. Von Scherira haben sich auch eine Anzahl von
Worterklärungen bei Spätern erhalten; vgl. Steinschneider a. a O.,
S. 98, Anm. 3.]

ziehen und das Urteil streng auf Rechtsbegriffe zu gründen. Als
Schulhaupt war er unermüdlich, die Nahen und Fernen zu belehren,
und seine gutachtlichen Entscheidungen sind daher außerordentlich
zahlreich. Aber Scherira hielt sich in seinen gutachtlichen Äußerungen
mit strengster Gewissenhaftigkeit an den Talmud und tadelte
einst einen Herrn, weil er seinem jungen Sklaven Unterricht in der
Bibel erteilen und ihn, als er herangewachsen war, eine gültige Ehe
mit einer Sklavin unter Beobachtung der Zeremonie eingehen ließ,
da dieses nach dem Ausspruch einiger talmudischer Lehrer verpönt
sei. Obwohl dieser Herr seinen Sklaven so rücksichtsvoll behandelt
hatte, daß seine Absicht, ihn als Freien anzuerkennen, gar nicht
zweifelhaft war, so verdammte Scherira doch alle Sklaven, deren
Frauen und Kinder, zu dauernder Dienstbarkeit[1].

Scherira war auch ein Adept jener Geheimlehre, die zu seiner
Zeit noch wenig Pfleger hatte. Er sprach seine in Dunkel gehüllte
Ansicht über diese Afterweisheit aus in einem Gutachten an einige
Gelehrte von Fez, welche ihn um Lösung eines Widerspruches
fragten. Während die Mischnah jede theosophische Untersuchung
verpönt und denjenigen verdammt, der auf die Ehre seines
Schöpfers keine Rücksicht nimmt, werden in der mystischen Kompo-
sition (Schiur Komah v. S. 216) im Namen R' Jsmaels Gott
menschliche Glieder in riesigen Verhältnissen beigelegt. Die Fezaner
fragten daher bei Scherira an, ob er diese Gott verkörpernde Schrift
für echt halte. Darauf erwiderte er, daß sie allerdings R' Jsmael
zum Urheber haben müsse, weil sich kein Mensch so etwas ausdenken
könne. Nur seien die der Gottheit zugeschriebenen menschlichen Organe
nicht buchstäblich zu nehmen, sondern es lägen der Darstellung tiefe
Geheimnisse zugrunde, die man nicht jedermann mitteilen dürfe,
nicht einmal im allgemeinen, geschweige denn in Ausführlichkeit. Nur
denjenigen, an deren Gesichtszügen und Handlinien zu erkennen sei,
daß sie würdig seien, Inhaber der Geheimlehre zu werden, dürfe
man sie überliefern. Damit entschuldigt sich Scherira, daß er nicht
auf die Frage näher eingehen könne[2].

[1] Resp. Schaare Zedek, S. 26b., Nr. 29.

[2] Dieses Scheriras̄che Responsum findet sich in Resp. Schaare Teschubah
Nr. 122. S. Sachs hat es neuerdings aus einer korrumpierten Handschrift
abgedruckt (Hatechija S. 41) und richtig nachgewiesen, daß es an die Gemeinde
von Fez gerichtet war (das. S. 44 f.) [Vgl. jedoch die Rechtfertigung
Scheriras bei Harkavy, Einleitung zu T'schuboth Hageonim (Studien und
Mitteilungen Th. IV) S. XVI ff. und S. XXVIII ff.]

Berühmt hat sich Scherira durch sein Sendschreiben gemacht, welches die Hauptquelle für die talmudische, nachtalmudische und gaonäische Geschichte geworden ist. Jakob ben Nissim (Jbn Schahin)[1], ein Jünger jenes nach Afrika verschlagenen Chuschiel (S. 327), der die talmudische Gelehrsamkeit in Kairuan pflegte, hatte im Namen der kairuanischen Gemeinde eine Anfrage geschichtlichen Interesses an Scherira gerichtet: Auf welche Weise sind die in der Mischnah enthaltenen Gesetzesbestimmungen niedergeschrieben worden? Wie kommt es, wenn die Traditionen uralt sein sollen, daß nur jüngere Autoritäten aus der Zeit nach der Tempelzerstörung als deren Träger namhaft gemacht werden? Welche Ordnung befolgte die Redaktion der Mischnah? Jakob fragte auch über die Reihenfolge der Saburäer und der Gaonen und über die Funktionsdauer eines jeden von ihnen. Scherira hatte diese im Hintergrunde versteckte Frage unbeantwortet gelassen, konnte sie auch gar nicht beantworten. Aber auf die offene Frage über die Reihenfolge der talmudischen, nachtalmudischen und gaonäischen Autoritäten gab er eine lichtvolle Antwort (987). In einem gemischten halb hebräischen, halb chaldäischen Stile gab er überraschende Aufschlüsse über dunkle Partien der jüdischen Geschichte. Die von ihm aufgezeichnete Chronik der Saburäer und Gaonen ist der Wegweiser für diese Geschichtsepoche. Scherira bewährt sich in diesem geschichtlichen Gutachten als echter Chronikschreiber mit der ganzen Trockenheit, Wahrhaftigkeit und Zuverlässigkeit eines solchen. Nur seine Urteile über die Exilsfürsten von der bostanaïschen Linie und über einige Zeitgenossen, namentlich über Aaron Jbn-Sargadu (S. 293) sind nicht ganz unparteiisch gehalten. Dem Gaon Scherira hat die jüdische Geschichte die Kontinuität des Fadens von Abschluß der talmudischen Epoche bis auf seine Zeit zu danken. Ein historisches Kunstwerk zu erzeugen, war nicht seine Sache, wie überhaupt nicht Sache des mittelalterlichen Geistes. Im Morgen- und Abendlande, unter Arabern, Spaniern, den germanischen Stämmen und Byzantinern war die lebendige Geschichtsschreibung zu einem dürren Skelett von

---

[1] Abraham Jbn-Daud nennt die Familie des Jakob ben Nissim mit dem Namen Jbn Schahin oder Schahun, vgl. Rapoports Biographie des R' Nissim Note 2 und 6. Die Pariser und die de Rossische Handschrift nennen sie Ben Joschijah, im Eingange zu Scheriras historischem Responsum. [Der Familiennamen war Jbn Schahin (Falke); Joschija war der Name des Großvaters; vgl. jetzt Poznańskis Studie über Kajruan Nr. 26.]

Namen und Jahreszahlen vertrocknet, und Scherira ſchrieb nicht
ſchlechter als ſeine Zeitgenoſſen.

Trotz ſeiner unermüdlichen Tätigkeit als Schulhaupt konnte er
den Verfall der pumbaditaniſchen Hochſchule nicht aufhalten. Der
Eifer für Talmudſtudium und wiſſenſchaftliches Streben war einmal
in den babylonischen Ländern erkaltet. So arm war die Akademie
an Männern, daß Scherira ſeinen begabten, frühreiſen Sohn Haï
im Alter von ſechzehn Jahren zur zweiten Würde als Oberrichter
promovieren mußte[1]. Die Hochachtung vor dem Gaon war ge-
ſchwunden. Einige böswillige Männer erhoben gegen Scherira eine
Anklage unbekannten Inhalts, wahrscheinlich wegen ſtrenger Handhabung des Regiments, bei dem damaligen Kaliſen Alkadir (um 997).
Infolgedeſſen wurden Vater und Sohn gefänglich eingezogen und
aller ihrer Güter beraubt, ſo daß ihnen nicht einmal die Mittel zur
Friſtung ihres Lebens geblieben waren. Auf Verwendung einer
angeſehenen Perſon wurden ſie indeſſen in Freiheit geſetzt und
durften wieder in ihrer Würde fungieren[2]. Scherira legte ſie aber
bald darauf, wie es heißt wegen hohen Alters, nieder, übertrug
ſie auf ſeinen Sohn Haï (998) und ſtarb einige Jahre ſpäter
(um 1000)[3].

Sein Sohn Haï, obwohl erſt ein Dreißiger[4], war ſo beliebt,
daß man bei ſeiner feierlichen Amtseinſetzung ihm zu Ehren als
Schlußſtück der Sabbatvorleſung die Stelle aus dem Pentateuch
hinzufügte, wo Moſe ſich vom Herrn einen würdigen Nachfolger
erbittet, und anſtatt der üblichen Prophetenstelle las man die
Erzählung von David, wie er ſeinen Sohn zum Nachfolger ſalben

[1] [Haï war damals ſchon 48 Jahre alt; vgl. auch Harkavy bei Rabbinowitz S. 361, Anm. 106.]

[2] Herr Prof. Luzzatto teilte mir brieflich eine ſehr einleuchtende Emendation für den unverſtändlichen Satz bei Abr. Jbn-Daud in betreff Scheriras
mit. Statt ונתלה ר׳ש, müßte es heißen: . . . ר׳ שרירא בידו אחת ונתלה,
בידי אשה אחת. Die Phraſeologie: נתלה ב׳ oder בידי kommt öfter bei
dieſem Chronographen vor in der Bedeutung: „ſich auf jemanden ſtützen",
„von jemandem protegiert werden". Ich halte dieſe Diorthoſe und Erklärung
für durchaus ſinngemäß. [Als beſſere Lesart ſchlägt Weiß a. a. O. S. 174
nach Jakob Bachrach vor: ונתלה מיד, d. h. Scherira erkrankte und ſtarb
alsbald. Ebenſo lieſt Bieſenthal in der Einleitung zu ſeiner Edition von
David Kimchis Wörterbuch (Berlin 1847), S. XLVIII Anm. 2, der es jedoch
ſo auffaßt: er erkrankte an der Hand infolge der Feſſelung.]

[3] Vgl. Harkavy in Frankel-Graetz Monatsſchrift 1883, S. 183.

[4] [Vgl. jedoch oben, Anm. 1.]

läßt. Zum Schluß setzte man die Worte hinzu: „Und Haï saß auf dem Throne seines Vaters Scherira, und seine Regierung war sehr befestigt"[1].

Von den Juden Syriens, Palästinas und Ägyptens schweigen die Chroniken der Zeit, sie waren für die geschichtliche Triebkraft vollständig abgestorben[2]. Die um etwas gehobene politische Stellung, welche ein syrischer Jude unter einem fatimidischen Kalifen einnahm, war nur von kurzer Dauer. Al-'Aziz, der dem Namen nach auch über Palästina und Syrien herrschte, aber die Gewalt mehreren Abenteurern, die sich der bedeutenden Städte und ganzer Distrikte bemächtigt hatten, überlassen mußte, hatte in Syrien einen Juden, namens **Manasse Ibn Kazra**, und einen Christen, namens **Isa**, als Statthalter eingesetzt (990). Beide legten es darauf an, ihre Glaubensgenossen zu Ämtern zu befördern und die Mohammedaner zu verdrängen[3]. Es war dieses im Sinne des Kalifen; denn die Mohammedaner Syriens, dem sunnitischen Glaubensbekenntnis zugetan, waren der fatimidischen Dynastie, die ihren Ursprung auf Ali zurückführte und die Sunna (Tradition) verwarf, nicht hold. Indessen ließen sich die jüdischen und christlichen Beamten mancherlei Bedrückungen zu Schulden kommen und machten die mohammedanische Bevölkerung in einem hohem Grade unzufrieden. Aber niemand wagte eine Klage gegen die Günstlinge des Kalifen laut werden zu lassen. Nur eine arme mohammedanische Frau hatte den Mut dazu. Bei der Anwesenheit des Al-'Aziz in Syrien schrieb sie auf ein Täfelchen: „Bei Gott, der die Macht der Christen durch Isa und die Macht der Juden durch Manasse

---

[1] Abudirham ed. Ven. p. 70 c.

[2] [Es hat aber doch eine Hochschule in Palästina bestanden, deren Leitung ungefähr in der zweiten Hälfte des 10. Jahrhunderts von den Hilleliden auf eine Priesterfamilie überging. Die Leiter nannten sich zunächst Ab-beth-Din. Deren erster war wohl im Jahre ca. 960 Joseph ha-Kohen. Um diese Zeit richteten die Juden des Rheinlands eine Anfrage an die palästinensische Akademie, wie aus einem mehrfach überlieferten Bericht des in der zweiten Hälfte des 12. Jahrhunderts lebenden Isaak Dorbelo hervorgeht; vgl. Büchler in RÉJ. XLIV, S. 237 ff. Über die palästinensische Akademie und ihre Anfänge vgl. besonders Epstein in der Monatsschrift, Jahrg. 1903, S. 340 ff., Poznański in RÉJ. XLVIII, S. 151 ff. Wir wissen ferner aus der genannten Achimaaz-Chronik, daß Al-'Aziz, der 975 gestorben ist, den aus Oria stammenden Paltiël mit einer hohen staatlichen Würde betraut hat; vgl. Poznański a. a. O. S. 135.] [3] Bar-Hebraeus Chron. syriacum p. 240. [Vgl. Poznański a. a. O. S. 149.]

Ibn Kazra erhöht und die Mohammedaner erniedrigt hat, beschwöre ich dich, daß du ihre Bedrückungen untersuchen mögest." Dieses Täfelchen warf sie Al-'Aziz zu. Der Kalife, von der besonderen Art betroffen, setzte die beiden Beamten ab und warf sie ins Gefängnis.

Von der Hinfälligkeit, Verknöcherung und dem Greisenalter der innern Verhältnisse der Juden im Morgenlande wendet sich der Blick froh zu der Frische und Jugendlichkeit der Gemeinden am Guadalquivir und Guadiana. Die mannigfaltigsten Kräfte regten sich diesseits und jenseits der Meerenge (Andalus und Maghreb) in jugendlicher Begeisterung und erzeugten eine Blütenpracht jüdischer Kultur. Es entstand in den jüdischen Gemeinden Andalusiens ein wahrer Wetteifer für die verschiedensten Zweige des Wissens, eine Freudigkeit des Lehrens und Lernens, ein Drang zu schaffen und darzustellen, welche Wunderbares zutage förderten. Die Saat, welche Chasdaïs Mäzenat, das Talmudstudium des R. Mose und die poetischen und sprachwissenschaftlichen Erzeugnisse Ben-Saruks und Ben-Labrats ausgestreut hatten, ging herrlich auf und trug die schönsten Früchte. Vielseitiges Wissen galt unter den spanischen Juden, wie unter den andalusischen Muslemin, als die schönste Zierde des Mannes und brachte Ehre und Reichtum. Nach Abdul-Rahmans des Großen Vorgang wurden jüdische Persönlichkeiten wegen ihrer Einsicht und Geschäftskenntnis mit Staatsämtern betraut und fungierten an mohammedanischen und christlichen Höfen Spaniens als Geschäftsträger und Minister. Diese Hochgestellten und Auserwählten nahmen sich Chasdaï zum Muster, Gelehrsamkeit und Poesie zu fördern und zu unterstützen, und führten für ihre höhere Stellung und ihre Reichtümer durch Freigebigkeit und Hochherzigkeit gleichsam einen Ausgleich herbei. Das Wissen selbst war weder einseitig noch trocken, sondern erfüllte sich mit gesunden Säften und bestrebte sich, frisch und genießbar zu bleiben. Die gebildeten Juden Andalusiens sprachen und schrieben die Landessprache ebenso rein und gewandt, wie ihre arabischen Mitbewohner, und diese waren selbst stolz darauf, wenn sie jüdische Dichter in ihren Reihen zählen konnten. Wenn die von den andalusischen Juden gepflegte Geistestätigkeit auch in mehrere Zweige zerfiel: in tiefere Kenntnis der Bibel (Exegese und Grammatik), in Talmudstudium und in Philosophie und Poesie, so waren die Träger eines derselben nicht gegen die andern abgeschlossen. Die Talmudbeflissenen waren weder gegen Bibelkunde noch gegen Poesie gleichgültig, und, wenn sie nicht selbst

Dichter waren, so fanden sie doch Geschmack an den rhythmischen
Erzeugnissen der neuhebräischen Dichtung. Die Philosophen setzten
ebenfalls einen Stolz darein, im Talmud heimisch zu sein, und
öfter waren die Rabbinen zugleich Lehrer der Philosophie.

Doch Wissen und Kunstsinn waren nicht bloß eine Zierde der
spanischen Juden, sondern hoben und veredelten ihr ganzes Leben.
Sie waren von jenem Hochsinn und jener Idealität erfüllt, welche
Gemeinheit und Niedrigkeit nicht an sie herankommen ließ. Die
hervorragenden Männer, die durch eine politische Stellung oder
andere Verdienste an der Spitze der spanischen Gesamtjudenheit
oder einzelner Gemeinden standen, waren meistens sittliche Charaktere,
von den edelsten Gesinnungen und zartesten Gefühlen durchdrungen.
Wenn sie die Ritterlichkeit mit den andalusischen Arabern teilten,
so übertrafen sie diese an Ehrenhaftigkeit und Edelsinn, die sie
immer noch bewahrten, als die Araber bereits entartet und verkümmert waren. Gleich ihren Nachbarn hatten sie ein stolzes
Selbstbewußtsein der eignen Persönlichkeit, das sich in einer langen
Namenreihe aussprach; aber dieses Selbstgefühl ruhte auf tief sittlichem Grunde. Sie hatten einen Ahnenstolz, und gewisse Familien,
wie die Ibn Esra, Alfachar, Alnakwah, Ibn
Paliag, Ibn Giat, Benveniste, Ibn Migasch,
Abulafia und andere, bildeten eine Adelsklasse. Aber sie suchten
in dem Vorzug der Geburt keine Vorrechte, sondern sahen darin
eine Verpflichtung, sich durch Kenntnisse und Edelsinn auszuzeichnen
und ihrer Ahnen würdig zu sein. Den Bildungsgrad, den die
Kulturvölker der Neuzeit erst anstreben: das Durchdrungensein von
Wissen, Gesinnung und Charakterfestigkeit war unter den spanischen
Juden in ihrer Blütezeit heimisch. Ihr religiöses Leben war durch
die höhere Bildung verklärt und idealisiert. Sie liebten ihre
Religion mit der ganzen Glut der Überzeugung und Begeisterung;
jede Satzung des Judentums, wie sie die Bibel vorschreibt und
der Talmud einschärft, war ihnen als solche heilig und unverbrüchlich; aber sie waren ebensoweit entfernt von dumpfer Stock-
gläubigkeit, wie von hirnloser Schwärmerei. Wiewohl sie ihr tiefer
Forschungstrieb hart an die Grenze des Unglaubens führte, überschritt kaum einer der jüdisch-spanischen Denker diese Scheidelinie,
noch fand die ausschweifende Mystik Eingang in ihre Herzen,
wenigstens nicht während der Blütezeit. Kein Wunder, wenn die
spanischen Juden von ihren Brüdern in den unkultivierten euro-

päischen und außereuropäischen Ländern, in Frankreich, Deutschland
und Italien als Wesen höherer Art angestaunt und verehrt wurden.
Ihre höhere Stellung und ihr eigenes Verdienst machten sie zu
Hauptträgern der jüdischen Geschichte. Die außerspanischen Gemeinden räumten ihnen gern denselben Vorrang ein, der früher
den babylonischen Akademien zugestanden wurde. Cordova, Lucena,
Granada nahmen bald die Stelle von Sura und Pumbabita ein.

Der offizielle Vertreter des Judentums in Andalus war der
schon genannte R. Chanoch (geb. um 940 st. 1014), der seines
Vaters Stelle im Rabbinate einnahm. Ihm ebenbürtig an Talmudkenntnis, aber überlegen an anderweitigem Wissen, war sein Rival
Joseph ben Isaak Ibn Abitur (Ibn-Satanas oder
Santas) aus einer der angesehenen andalusischen Familien[1]). Ibn-
Abitur war Verskünstler[2]), dichtete synagogale Stücke für den Versöhnungstag, die von seinen Landsleuten begierig aufgenommen
wurden und die alten Liturgien verdrängten; aber seine Verse sind
hart, ungelenk und entbehren vollständig poetischer Reize. Er hatte
nichts von Dunaschs Poesie gelernt. Joseph Ibn Abitur verstand
auch die arabische Sprache so gründlich, daß er imstande war die
Mischnah ins Arabische zu übersetzen[3]). Der Kalife Alhakem
hatte den Wunsch geäußert, eine Übersetzung des Grundbuchs für
die jüdische Tradition zu besitzen, und Ibn-Abitur erfüllte ihn zu
dessen Zufriedenheit. Der gebildete und wissensfreundliche Kalife
hatte dabei wohl nur den Zweck im Auge, seine bedeutende Bücher-
sammlung, deren Verzeichnis allein vierundzwanzig Bände ausmachte,
um die den Juden so teure Mischnah zu vermehren. Von dieser
Übersetzung hat sich indessen keine Spur erhalten, indem Alhakems
Nachfolger, ein fanatischer Muselmann, sämtliche Werke, die nicht
ein arabisches Interesse hatten, d. h. den größten Teil der Alhakem-
schen Bibliothek, vernichten ließ. — Neben R. Chanoch und Ibn-
Abitur gab es damals noch einen bedeutenden Talmudkundigen in

---

[1]) [Vgl. über ihn J. Müller a. a. O. und Steinschneider § 73, S. 11 f.]

[2]) Vgl. über seine Poesieen Sachs' Religiöse Poesie der Juden in
Spanien S. 248 ff., Kobez Maasse Jede Geonim II, 18 ff. 87, Landshut
Ammude ha-Aboda 92 f.

[3]) Fälschlich nehmen einige an, Ibn Abitur habe den ganzen Talmud
ins Arabische übersetzt. Die Hauptquelle, Abr. Ibn Daud, spricht nur von
den sechs Ordnungen scil. der Mischnah. [Ibn Daud spricht von einer
Erklärung des ganzen Talmud, vgl. ed. Neub. S. 69.]

Beganna (Paxena) unweit Almeria, namens Samuel ha-
Kohen Jbn Josiah aus Fez. Vertreter der Sprachwissenschaft und der hebräischen Poesie waren in der nachchasdäischen Zeit
die Jünger Menahems und Dunaschs, die einander mit Epigrammen
in Prosa und Versen befehdeten (o. S. 360), von denen Jsaak
Jbn G'ikatila die Dichtkunst pflegte und Jehuda Jbn
Daud die hebräische Grammatik weiter förderte. Der letztere, welcher
die lange arabische Namenreihe Abu-Zacharia Jachja
Chajug führte, aus einer fezanischen Familie stammend, hat
zuerst der hebräischen Sprachforschung einen festen Grund gegeben
und wird als der erste wissenschaftliche Grammatiker anerkannt.
Chajug erkannte zuerst[1]), daß die heilige Sprache in der Gestaltung,
die sie in der Bibel zeigt, durchweg aus dreikonsonantigen Stämmen
besteht, und daß manche Konsonanten (die flüssigen, vokalhaften und
gleichlautenden) verschlungen oder verschmolzen werden und in Vokale
übergehen. Er erklärte damit den Bau der schwachen Stämme und
machte es möglich, die Sprachformen und ihre Wandlung zu erkennen und für die Poesie anzuwenden. Chajug brachte damit eine
vollständige Reform in der Behandlung der hebräischen Sprache
hervor und lichtete das Chaos, in dem sich die Vorgänger und
selbst Saadia, Menahem, Dunasch und noch mehr die Karäer nicht
zurecht zu finden wußten. Seine grammatischen Grundsätze setzte
er in drei Büchern[2]) auseinander: über die halbvokaligen Stämme
(Quiescentes, Nachim), über die Stämme mit zwei gleichlautenden
Endkonsonanten (Geminata, Kefulim) und über Vokal- und Ton-
zeichen. Chajug schrieb, zunächst für seine Landsleute berechnet,

---

[1]) [Die Erkenntnis dieses Systems läßt sich schon bei Dunasch ben
Labrat nachweisen, wie aus meiner obenerwähnten Abhandlung über
ihn in der Monatsschrift 1902, S. 72—75, hervorgeht. Chajug war jedoch der
erste, der die neue Theorie nach arabischem Vorbild in ein System brachte.]

[2]) Vgl. Ewald und Dukes Beiträge Heft III, und Munk, Notice sur
Aboulwalid p. 64 f., neuerdings 1870 neu ediert von John W. Nutt. [Jn
Ewalds und Dukes' Beiträgen sind Chajugs' Werke in der Übersetzung Abraham
Jbn Esras ediert, von Nutt in der Übersetzung Mose Jbn Chiquitillas, wo
auch das Kitâb-al-Tankît = הנקוד ס' im arabischen Original gegeben ist;
dasjenige der beiden ersten Werke hat M. Jastrow, Leyden 1897 veröffentlicht. Chajug verfaßte auch ein von Abraham Jbn Esra als הרקמה ס' be-
zeichnetes Werk, von dessen arabischem Original, כתאב אלנתף, sich Fragmente
in Petersburg finden. Es ist eine Erklärung der in den grammatischen
Abhandlungen nicht behandelten Worte nach der Reihe der biblischen Bücher.
Vgl. Steinschneider a. a. O. § 75, S. 118—119.]

ſeine grammatiſchen Abhandlungen in arabiſcher Sprache. Daher
blieben ſie den außerſpaniſchen Juden unbekannt, und dieſe, ſo weit
ſie ſich mit Sprachforſchung beſchäftigten, verharrten bei Menahems
und Dunaſchs unvollkommenem Syſteme. Von den Leiſtungen der
Dichter dieſer Zeit — drei mit Namen Iſaak: **Ibn G'ikatila,
Ben Saul** und **Ibn Chalfon** — ſind nur winzige Bruchſtücke vorhanden[1]) und geſtatten kein Urteil über deren Wert oder
Unwert. Dieſe drei Dichter haben aber ihre Verſe, religiöſe wie
weltliche, in Maß geſetzt und dazu beigetragen, dem Versmaß Eingang in die hebräiſche Poeſie zu geſtatten und das Vorurteil zu
beſeitigen, das ſich anfangs dagegen geltend machte. Andere Wiſſensfächer außer Talmud und Sprachkenntnis wurden in dieſem Zeit-
abſchnitte wenig gepflegt; für die Philoſophie war der Geiſt der
ſpaniſchen Juden noch zu unreif. Die Aſtronomie, inſoweit ſie
zum jüdiſchen Feſtkalender nötig ſchien, hatte ihren Vertreter an
Haſſan ben Mar-Haſſan (Ali?) in Cordova, der zum
Rabbinate gehörte, den Titel Dajjan führte und ein Werk über
kalendariſche Aſtronomie ſchrieb (971)[2]), das von den Späteren als
unbefriedigend beurteilt wird.

Obwohl die Rabbinatswürde von Cordova lediglich ein
Ehrenamt war und R. Chanoch, der damit bekleidet war, wiewohl unbemittelt, dafür keinen Gehalt von der Gemeinde bezog[3]),
ſo entſtanden dennoch nach Chasdaïs Tode Streitigkeiten darüber[4]).
Die Anhänger des Joseph Ibn Abitur — wozu die Glieder der
weitverzweigten Familie Ibn Abitur und zwei bei Hofe beſchäftigte
Seidenfabrikanten, die Brüder **Ibn G'au,** gehörten — gaben
ſich viele Mühe, ihren Schützling zum Oberhaupte der Gemeinde
zu erheben. Der größte Teil der Cordovaner Gemeinde hielt dagegen an R. Chanoch feſt. Der Streit darüber war ſo heftig, daß
er auf friedlichem Wege nicht beigelegt werden konnte. Beide

---

[1]) Vergleiche der Kürze wegen die Quellenangabe bei Dukes Nachal Kedumim p. 9, 10. [Vgl. über dieſe Steinſchneider a. a. O. §§ 78 und 79,
S. 120—122, und Poznański, Zur jüdiſch-arabiſchen Literatur, S. 60—61].

[2]) Abraham bar Chijja Sefer ha-Ibbur II, p. 54; III, 5, p. 95; Iſaak
Israeli, Jeſſod Olam (ed. Berlin, 1848), T. II, p. 286; Obadja ben David
Kommentar bei Maimunis Kidduſch ha-Chodeſch VII. 1. [Vgl. Stein-
ſchneider a. a. O. § 74, S. 117—118.]

[3]) [Vgl. jedoch Abraham Ibn Daûd, ed. Neubauer S. 68: וצשו לו
‎כל הקהל פסיקא גדולה.]

[4]) Abraham Ibn Daud; über das Chronologiſche vgl. Note 21, I.

Parteien wendeten sich an den Kalifen. Angesehene Anhänger
R. Chanochs, siebenhundert an der Zahl, begaben sich in Pracht-
gewändern mit wallenden Federbüschen zu Wagen mehrere Tage
hintereinander nach Az-Zahra, Alhakems Residenz unweit Cordova,
um die Gunst des Kalifen für ihren Rabbinen zu erwirken. Die
Gegenpartei ersetzte ihre geringe Zahl durch größeren Eifer. Alhakem entschied sich gerechterweise für den Wunsch der Mehrzahl der
Gemeinde und bestätigte R. Chanoch im Rabbinate. Da aber Ibn
Abitur seine Ansprüche noch immer nicht aufgeben mochte, so wurde
er von der siegenden Partei in den Bann getan. Indessen ließ er
seine Hoffnung nicht fahren. Er wendete sich persönlich an den
Kalifen und hoffte ihn mit seiner Kenntnis der arabischen Literatur
und dem Dienste, den er ihm durch seine Übersetzung der Mischnah[1]
geleistet, günstig für sich zu stimmen und den Bescheid rückgängig
machen zu können. Er hatte sich aber getäuscht. Der Kalife entgegnete ihm: „Wenn meine Araber mich so verschmähten, wie dich
die Cordovaner Gemeinde, so würde ich mein Reich verlassen. Ich
kann dir nur den Rat geben, auszuwandern". Der Wunsch des
Kalifen schien Ibn Abitur Befehl zu sein und er verließ darauf
Cordova (um 975). Er mochte nicht Spanien ganz verlassen, weil
er sich mit der Hoffnung trug, seine Freunde würden sich Mühe
geben, eine günstige Wendung herbeizuführen. Er hielt sich
daher einige Zeit in der damals bedeutenden Hafenstadt Begenna
auf und wollte mit dem Rabbinen dieses Ortes, Samuel ha-Kohen,
eine Verbindung anknüpfen und ihn bewegen, den Bann aufzuheben. Aber dieser mochte ihn gar nicht vorlassen, weil der Bann
auf ihm lastete. Darauf schrieb ihm Ibn Abitur einen heftigen
Brief in aramäischer Sprache, worin er dessen Benehmen tadelte.
Da Ibn Abitur einsah daß er in Spanien keine Annehmer finden
konnte, begab er sich zu Schiffe nach Afrika[2]), durchwanderte einige
Zeit Maghreb, das fatimidische Reich und wohl auch Ägypten, ohne,
wie es scheint, irgendwo günstige Aufnahme zu finden.

Indessen trat doch plötzlich eine günstige Wendung für Ibn
Abitur ein. Einer seiner Hauptanhänger gelangte zu einer hohen
Stellung und wandte seinen Einfluß zu dessen Gunsten an. Dieser
Mann war der Seidenfabrikant J a k o b   I b n   G'a u,   dessen

[1] [Vgl. zu S. 372 Anm. 3.]
[2] Abraham Ibn Daud.

plötzliches abwechselndes Steigen und Fallen deutlich das Willkürregiment des spanischen Kalifats nach dem Tode des letzten gerechten
und gebildeten Kalifen Alhakem (976) bekundet. Der Kalifentitel
ruhte zwar scheinbar auf seinem Sohne H i s c h a m , einem schwächlichen Knaben, aber die Macht war in den Händen des Abuamriden
Mohammed A l m a n s u r , des Schreckens der Christen in ihren
nordspanischen Gebirgen und der Afrikaner in ihren Festungen.
Unter diesem mohammedanischen Major-domus erlangte Ibn Abiturs
Anhänger Jakob Ibn G'au Ansehen und eine gewisse Macht über
die jüdisch-spanischen Gemeinden. Der Ursprung seiner Stellung
war außerordentlicher Art. Jakob Ibn G'au und sein Bruder
Joseph lieferten für den Hof kostbare Seidenstoffe und Kriegsfahnen
mit kunstvoll eingewebten arabischen Sinnsprüchen, Emblemen und
Verzierungen. Ihre Seidenwebereien wurden bewundert und gesucht. Da sie wegen ihres Geschäfts Berührung mit Almansur
hatten, fanden sie einst im Hofe seines Palastes eine bedeutende
Summe Geldes, welche einige Provinzialen bei erlittener Mißhandlung verloren hatten.

    Die Brüder Ibn G'au nahmen sich vor, die gefundene Geld-
summe nicht für sich zu verwenden, sondern sie in Geschenken für
den jungen Kalifen und Almansur anzulegen, um sich diese für
ihre Parteisache geneigt zu machen und die Zurückberufung des gebannten und verbannten Ibn Abitur durchzusetzen. Ihr Vorhaben
gelang ihnen auch. Almansur ernannte (um 985) den älteren
Bruder Jakob zum Fürsten und Oberrichter über sämtliche jüdische
Gemeinden im Reiche des andalusischen Kalifats diesseits und jenseits der Meerenge von Segelmessa in Afrika bis zum Duero, dem
Grenzflusse des mohammedanischen und christlichen Spaniens. Er
allein sollte das Recht haben in den Gemeinden Richter und
Rabbinen einzusetzen, die Abgaben für den Staat und die Ge-
meindebedürfnisse zu bestimmen und verteilen zu lassen. Auch
äußerlichen Glanz verlieh ihm Almansur. Jakob Ibn G'au hatte
achtzehn Pagen zu seinem Ehrengeleite und fuhr in einem Staatswagen aus. Die Cordovaner Gemeinde, stolz auf die einem ihrer
Mitglieder gewordene Auszeichnung, erkannte ihn als Oberhaupt
der Gemeinde an, huldigte ihm und übertrug ihm das Recht, die
Würde auf seine Nachkommen zu vererben[1]). Die Dichter ver-

---

[1]) Abraham Ibn Daud.

kündeten sein Lob. Isaak Ibn Saul pries ihn und seine Söhne
in schwungreichen Versen[1]), wie früher Chasdaï besungen worden
war. Ibn-G'au verdiente auch das Lob, das ihm gespendet wurde.
Er war „Vater der Armen", die er täglich an seine Tafel
zog. Man nannte ihn auch deswegen den „Spender der Gastfreundschaft" (Is'hab al-Ansal)[2]). Wahrscheinlich unterstützte
er auch gleich Chasdaï Dichter und Gelehrte.

Sobald Ibn G'au zum Oberhaupt über die Juden des andalusischen Kalifats ernannt war, suchte er seinen Wunsch zu ver-
wirklichen, um dessentwillen er sich um die Gunst des Hofes be-
worben hatte. Er ließ R. Chanoch anzeigen, daß er sich der
rabbinischen Funktionen zu enthalten habe und drohte ihm, falls er
noch ferner als Rabbiner und Richter fungieren würde, ihn auf ein
Schiff ohne Steuer bringen zu lassen und ihn dem Meere auszusetzen, d. h. ihn wieder dahin zu bringen, woher er gekommen.
Dann traf Ibn G'au Anstalten, seinen Liebling Ibn Abitur zurück-
zurufen und mit der Rabbinatswürde zu bekleiden. Aber vorher mußte
der Bann von ihm genommen werden, und dazu mußte die ganze
Gemeinde ihre Zustimmung geben. Aus Rücksicht für den bei Hofe
angesehenen Ibn G'au unterschrieben sämtliche Gemeindemitglieder,
selbst seine ehemaligen Gegner, ein schmeichelhaftes Schreiben an
Ibn Abitur, der damals wohl noch in Afrika weilte. R. Chanoch
wurde abgesetzt. Als die Cordovaner Gemeinde und besonders
seine Freunde schon Vorbereitungen zum würdigen Empfange des
Ibn Abitur trafen, lief ein Schreiben von diesem ein, das sie
sehr enttäuschte. In harten Ausdrücken warf er ihnen ihr rücksichts-
loses Verfahren gegen seinen Gegner vor. Er rühmte in edel-
mütiger Weise R. Chanoch über die Maßen, sagte, er habe auf
seinen Wanderungen seinesgleichen an Tugendhaftigkeit und Frömmigkeit nicht gefunden und riet der Cordovaner Gemeinde, ihn wieder
in seine Funktionen einzusetzen[3]).

Indessen konnte sich Ibn G'au nicht in seiner Stellung behaupten. Almansur, sein Gönner, setzte ihn nicht bloß ab, sondern
warf ihn in den Kerker. Der Grund seiner Verdammung war
Redlichkeit und Uneigennützigkeit. Der Regent (Hagib) hatte ge-

---

[1]) Ibn G'anach, Rikmah, ed. Kirchheim, p. 122.
[2]) Ders. bei Munk Notice sur Aboulwalid p. 79, Note und Abraham
Ibn Daud.
[3]) Abraham Ibn Daud.

glaubt, daß der jüdische Fürst seine Macht über die Gemeinde des
abendländischen Kalifats zu Gelderpressungen benutzen und ihm reiche
Geschenke zuwenden werde; aber Ibn G'au hatte die Gemeinde
nicht belastet und konnte folglich Almansurs Geldgier nicht be=
friedigen.	Dafür wurde er seiner Freiheit beraubt (um 986).
Nachdem er ungefähr ein Jahr im Kerker zugebracht, befreite ihn
der Kalife Hischam, der Ibn G'au einst bei einem Gange zur
Moschee erblickte, nach dem Grunde seiner Einkerkerung fragte, und
als er ihn nichtig fand, seine Befreiung verfügte.	Jakob Ibn G'au
wurde von Hischam sogar wieder in seine Würde eingesetzt (um
987), wahrscheinlich während Almansurs Abwesenheit im Kriege —
aber da dieser nicht für ihn war, so hatte seine Stellung keine Be=
deutung.	Mehrere Jahre fungierte Ibn G'au in seiner oberrichter=
lichen Eigenschaft (bis um 990), während welcher Zeit R. Chanoch
abgesetzt blieb[1]).	Als Ibn G'au starb, beeilte sich einer von
R. Chanochs Verwandten, ihm die Nachricht zu überbringen und
gedachte, ihm damit eine große Freude zu bereiten.	Aber dieser
edle Rabbiner weinte bitterlich über den Tod seines Feindes und
klagte: „Wer soll jetzt für die zahlreichen Armen Sorge tragen,
die der Verblichene so reichlich verpflegt hat? Ich vermag ihn nicht
zu ersetzen, denn ich bin arm." R. Chanoch wurde wieder in sein
Amt eingesetzt.	Ibn Abitur hatte indessen seine Wanderungen fort=
gesetzt und war nach Pumbadita gekommen, wo R. Haï als
Gaon fungierte (um 1000).	Er dachte von den Vertretern der
babylonischen Akademie freundlich aufgenommen zu werden, weil
er voraussetzte, daß R. Haï gegen R. Chanoch feindlich gesinnt sei,
weil die Gründung der Talmudschule in Cordova durch R. Mose
und seinen Sohn das Lehrhaus um die Einkünfte von den reichen
und freigebigen spanischen Gemeinden gebracht und ihre Ver=
kümmerung veranlaßt hatte. Allein Ibn Abitur hatte sich in der
Voraussetzung getäuscht. — R. Haï, erhaben über solche eigennützige
Gesinnung, ließ ihn bedeuten, ihn nicht zu besuchen, da er wegen
des auf ihm lastenden Bannes nicht mit ihm verkehren dürfe.
Auch hier abgewiesen, begab sich Ibn Abitur nach Damaskus, wo
er sein Leben beendete[2]).	R. Chanoch überlebte seinen Gegner
um mehrere Jahre und erlebte den ersten Verfall Cordovas und

---

[1]) [Vgl. jedoch Rabbinowitz S. 370 Anm. 2.]
[2]) Abraham Ibn Daud.

die erste allgemeine Verfolgung seiner Glaubensbrüder in Deutschland, Afrika und dem Orient. Er starb durch einen Einsturz der Emporbühne (Almemar) der Synagoge, die er am Schlußtage des Laubhüttenfestes bestiegen hatte (September 1014)[1].

Im Zustande der Juden in Frankreich und Deutschland in dieser Zeit zeigt sich so recht, wie sehr ihre geistige Erhebung von der äußeren Stellung bedingt ist. Während des schlaffen Regiments der letzten Karolinger und auch noch unter den ersten Capetingern in Frankreich, als die weltlichen und geistlichen Vasallen mächtiger waren als das Königtum, und unter den sächsischen Kaisern war die politische Lage der Juden gedrückt und ihre wissenschaftliche Tätigkeit gleich Null. Zu Ämtern wurden sie durch kanonische Gesetze längst nicht mehr zugelassen; sie beanspruchten aber auch keine Ehre, und sie wären zufrieden gewesen, wenn man ihnen nur Ruhe, Sicherheit der Existenz und Religionsfreiheit gelassen hätte. Aber ihre Ruhe beunruhigte die Vertreter der Kirche, und sie war ohne Vorteil für die gewalttätigen Großen. In den französischen Territorien waren Barone und Geistliche im Besitze der Macht. Die Könige waren nach allen Seiten beschränkt und konnten die Juden nicht vor Willkür schützen, selbst wenn sie den besten Willen dazu gehabt hätten und nicht von der Geistlichkeit zum Judenhasse aufgestachelt worden wären. Hatten früher nur die fanatischen Geistlichen dogmatische Vorurteile gegen die Juden, so hatte ihr Eifer allmählich auch dem Volke Ingrimm gegen sie eingeflößt, und dieses, roh und plump, verblendet und verdummt, ein Sklave des Aberglaubens, sah in den Söhnen Israels eine gottverfluchte Kaste, die keines Erbarmens würdig ist. Man traute den Juden allerlei böse Zaubermittel zu, die sie zum Nachteil der Christen ausübten. Als der König Hugo Capet, der sich von einem jüdischen Arzte behandeln ließ, an einer schweren Krankheit starb, (996), glaubte das Volk nichts anderes, als daß er von den Juden getötet worden sei, und die mönchischen Chronisten trugen diesen auf nichts begründeten Wahn als Faktum in ihre Annalen ein[2]. Die französischen Juden besaßen zwar Äcker und Weinberge[3], aber sie entbehrten der Sicherheit der Existenz, welche nur eine einheitliche, geordnete und starke Staatsverfassung und die Herrschaft der Gesetze zu ge-

[1] Abraham Ibn Daud.
[2] Richeri historia bei Pertz monumenta Germaniae II, 657.
[3] Bouquet, recueil XII, p. 215.

währen vermögen. Der Bischof von Limoges ließ einen ganzen
Monat hindurch den Juden dieser Gemeinde das Christentum predigen und ihnen Jesu Messianität aus dem alten Testament beweisen. Jedoch vergebens; die Juden blieben im Sinne der
Geistlichkeit verstockt, und nur drei oder vier empfingen die Taufe.
Die übrigen wurden mit Weibern und Kindern aus der Stadt
verwiesen, und einige von ihnen nahmen sich aus Verzweiflung
das Leben (1010)[1].

Im französischen Süden, in der Provence und in Languedoc,
wo die Königsmacht gar keine Bedeutung hatte, hing das Schicksal
der Juden noch mehr von den Launen und den Gesinnungen der
Grafen und Vizegrafen ab. In einem Orte besaßen sie Ländereien
und Salinen und wurden sogar zum Amte des Landvogtes (Bailli)
befördert, in einem anderen mußten sie sich gefallen lassen, als
Hörige behandelt zu werden[2]. Die Hauptgemeinde war in Narbonne. Hier bestand seit der Zeit Karls des Großen ein talmudisches Lehrhaus, das aber nicht viel geleistet zu haben scheint,
indem es mehr agadische Mystik als tieferes Talmudstudium pflegte
und verbreitete. Da wurde plötzlich dorthin ein Talmudkundiger
von der suranischen Hochschule verschlagen, vielleicht Nathan ben
Isaak der Babylonier[3]), und dieser flößte den Juden Süd-
frankreichs regen Eifer für den Talmud ein. Vermutlich war es
sein Jünger R' Leon oder Leontin (Jehuda ben Meïr), der,
ohne etwas Schriftliches hinterlassen zu haben, als der erste Begründer jenes gründlichen Talmudstudiums, das fortan in Frankreich
und Deutschland blühte, angesehen wird. Sein berühmt gewordener
Jünger R' Gerschom gestand ein, er habe sein Wissen und seine
Art zu lehren R' Leon zu verdanken[4].

In Deutschland erfuhren die Juden in dieser Zeit unter den
sächsischen Kaisern zwar keine Bedrückung, aber auch keine Begünstigung. Das Lehnsystem, das sich im deutschen Kaisertum am folge-
richtigsten ausgebildet hatte, hinderte sie, Boden zu besitzen, und wies

---

[1] Ademar Cabanensis, chronicon ad annum 1010, bei Pertz, monum.
Germ. VI, 137.

[2] Vaisette, histoire de Languedoc, II, 381, 387, 442. Preuves 101,
214, 330; III. Preuves 49, 121, 137.

[3] [Vgl. jedoch die Bemerkung zu S. 327.]

[4] Elieser ben Nathan, Eben ha-Eser 92 c., 116 s; Responsa R. Meir
Rothenburgs, Nr. 104.

ſie auf den Handel hin. Jude und Kaufmann galten in Deutſchland als gleichbedeutend. Die Reichen machten Geldgeſchäfte, und
die weniger Bemittelten machten Anleihen, um die Kölner Meſſe
zu beſuchen und zahlten bei Rückkehr einen verhältnismäßigen niedrigen Zins[1]. Die deutſchen Kaiſer übernahmen das von den erſten
Karolingern eingeführte Regale einer beſtimmten Abgabe von den
Juden. Als Otto der Große die neuerbaute Kirche von Magdeburg
mit Subſiſtenzmitteln verſehen wollte, ſchenkte er ihr die Einnahme
von den Juden und andern Kaufleuten (965)[2]. Otto II.
ſchenkte ebenfalls, wie der damalige Kurialſtil lautete, „die Juden
von Merſeburg" dem Biſchof dieſer Stadt (981)[3]. Dieſer Kaiſer
hatte einen italieniſchen Juden mit Namen Kalonymos in
ſeinem Gefolge, der ihm mit zärtlicher Liebe zugetan war und
ihm in einer großen Not mit Lebensgefahr beiſtand. Kalonymos
hatte ihn in die Schlacht begleitet (982), welche Otto den Sarazenen und Griechen bei Baſantello lieferte. Als die Blüte der
deutſchen Ritterſchaft gefallen war und der Kaiſer ſein Roß eingebüßt hatte, führte ihm Kalonymos das ſeinige zu, damit er ſich
vor den umherſchwärmenden Feinden retten ſollte; er ſelbſt dachte
an keine Rettung, ſondern wartete voll ängſtlicher Sorge ab, wie
es ſeinem geliebten Herrn ergehen würde. Vermöge dieſes Roſſes
konnte der Kaiſer die Küſte erreichen und ſich auf ein Schiff
retten[4]. Aber die viel geprieſene Regierung der Ottonen gab
den ihnen unterworfenen Juden keinen Sporn, ſich aus der
niedrigen Stellung zu erheben. Vieles hatten die chriſtlichen Völker

[1] Raschi Pardes 19c. Responsa Sichron Jehudah ed. Berlin 1846.
Nr. 92, p. 51 b. ſ. [Vgl. auch Caro in der Monatsſchrift Jahrg. 1904, S. 581.]

[2] Leuber, stapulae Saxonicae, Nr. 1191. [Vgl. jedoch Regeſten Nr. 129.]

[3] Dithmar von Merſeburg Chronik, bei Pertz monumenta V, 758.
[Das Datum iſt 973; vgl. Regeſten Nr. 132.]

[4] Daſelbſt III, 12 bei Pertz a. a. O. 765. Die Quelle berichtet deutlich,
daß Kalonymos ein Freund des Kaiſers und auf deſſen Rettung bedacht
war. Imperator effugiens . . . vidensque a longe navim, Salandriam nomine, Calonimi equo Judaei ad eam properavit, sed ea praeteriens susci-
pere hunc recusavit. Ille autem (imperator) littoris praesidia petens, invenit
adhuc Judaeum stantem seniorisque dilecti eventum sollicite exspec-
tantem. Schloſſer hat dieſes Faktum (B. VI, S. 115) entſtellt, als wenn
Kalonymos erſt durch Ausſicht auf Gewinn den Kaiſer ins Schiff aufgenommen hätte. [Vgl. die Berichtigung in Regeſten Nr. 136, wonach ihn
kein Schiff aufnehmen wollte und auch Zeitſchr. f. Geſch. d. Juden in Deutſchland, Jhrg. I, S. 157 fg.]

von den Arabern gelernt, nur nicht Ermutigung der Wiſſenſchaft
unter Andersgläubender. Die deutſchen Juden waren daher, wenn
auch im allgemeinen ſittlicher, nüchterner und betriebſamer als die
chriſtliche Bevölkerung, doch nicht gebildeter als dieſe. Sie hatten
nicht einmal eigene Talmudlehrer von Bedeutung und erhielten ſie
erſt vom Auslande[1]). Ihre erſte talmudiſche Autorität war R. Gerſchom. Er und ſein Bruder R. Machir haben talmudiſche Gelehrſamkeit von Südfrankreich nach dem Rhein verpflanzt und ihr
eine Bedeutung gegeben, wie ſie nicht einmal die gaonäiſchen
Schulen kannten.

R. Gerſchom ben Jehuda (geb. um 960 ſt. 1028)[2])
ſtammte aus Frankreich[3]), hatte den oben genannten R' Leon zum
Lehrer und wanderte, man weiß nicht aus welcher Veranlaſſung,
nach Mainz aus. Hier gründete er ein Lehrhaus, das bald zahlreiche Jünger aus Deutſchland und Italien[4]) anzog. Die Verehrung
für R. Gerſchom war ſo groß, daß man ihn „die Leuchte der Zerſtreuten" (Meor ha-Golah) nannte, aber er geſtand demütig, er
verdanke ſein ganzes Wiſſen ſeinem Lehrer. Er legte ſeinen Jüngern
den Talmud mit einer Klarheit und Faßlichkeit aus, wie ſchwerlich
jemand vor ihm. Und in derſelben Methode ſchrieb er auch Kom-

---

[1]) [Vgl. den oben S. 369 Anmerkung 2 erwähnten Bericht des Jſaak
Dorbelo, wonach die rheiniſchen Juden u. a. wegen Ankunft des Meſſias und
wegen ritueller Angelegenheiten in Paläſtina anfragten.]

[2]) Nach Handſchriften mitgeteilt von Goldberg in Kerem chemed von
S. Sachs Jahrg. VIII. S. 106. [Nach Roſenthal, die Tekamot des R' Gerſchom, in der Feſtſchrift für Hildesheimer, Berlin 1890, S. 38, Anmerkung 1,
ſtarb R' Gerſchom 1040. Über ſeine Herkunft und das Todesjahr vgl. auch
Groß, Gallia judaica (Paris 1897.) S. 299.]

[3]) Daß R' Gerſchom aus Frankreich ſtammte, dafür ſprechen die franzöſiſchen Wörter, deren er ſich in ſeinen Kommentarien bediente. Vgl. darüber die Bruchſtücke aus ſeinem Kommentar zum Traktate Baba Batra,
mitgeteilt von Luzzatto Orient. Litterbl. Jahrg. 1847 col. 564 f. Auch ſein
Bruder Machir bedient ſich des Franzöſiſchen; vgl. Rapoport, Biographie
des Nathan Romi, Note 12. — Herr Reifmann hat unwiderlegbar nachgewieſen, daß der unter Raſchis Namen eingeführte Kommentar zum Traktat
Moëd Katon R. Gerſchom angehört (Frankels Monatsſchrift, Jahrg. 1854,
S. 230 f.) Auch dieſer enthält franzöſiſche Phraſen. Mit Recht nennt daher
Zakuto R. Gerſchom einen Franzoſen in Deutſchland: צרפתי בארץ
אשכנז (ed. Filipowski S. 212.)

[4]) Vgl. Raſchis Responsum, mitgeteilt von Luzzatto im Ozar Nechmad,
Jahrg. IV, S. 175.

mentare zum Talmud[1]), selbst über Traktate, die ein bloß
theoretisches Interesse haben. R. Gerschom war der erste Kommentator des weitschichtigen Talmud, und wer die Schwierigkeit
einer solchen Arbeit kennt, weiß, wie viel Geisteskraft, Hingebung
und Ausdauer dazu gehörte. Bald wurde er als rabbinische Autorität von den deutschen, französischen und italienischen Gemeinden
anerkannt; gutachtliche Anfragen wurden an ihn gerichtet[2]), und er
rivalisierte unbewußt mit dem letzten Gaon R. Haï, obwohl er sich
ihm mit der Demut eines Schülers untergeordnet fühlte. Es war
eine eigene Fügung, daß selbst die aufrichtigsten Verehrer des
Gaonats an dessen Untergange arbeiteten. R. Gerschoms hebräisch
geschriebene Talmudkommentare machten die gaonäische Hochschule
vollständig entbehrlich, drückten sie zu einer heiligen Reliquie herab
und lösten auch die deutschen und nordfranzösischen Gemeinden von
ihr los. Jeder Beflissene konnte sich jetzt selbständig in den Talmud
vertiefen und brauchte sich nicht Bescheide von Babylonien zu holen.

Berühmt wurde R. Gerschom mehr noch durch die **Verordnungen**[3]), die er erließ, als durch seine Talmudkommentare
Jene wirkten versittlichend auf die deutsche und französische Judenheit (Tekanot di R. Gerschom). Unter anderem verbot er die

---

[1]) [Es ist fraglich, ob die in der großen Wilnaer Talmudausgabe den
Namen R. Gerschoms tragenden Kommentare wirklich ihm angehören, wie
Brandin in RÉJ. XLII. S. 237—38 auf Grund der fremdsprachlichen
Wörter schließen will, oder vielmehr nur aus den Lehrhäusern seiner Schüler
hervorgegangen sind, wie Epstein in der Festschrift für Steinschneider,
bes. S. 130—132, aus inneren Gründen erweist. R. Gerschom sorgte auch
für korrekte Talmudexemplare und beschäftigte sich eifrig mit massoretischen Studien. Vgl. hierüber Weiß a. a. O. S. 314—315, Graetz in
der Monatsschrift 1887 (S. 1—37), der ihm das Sammelwerk Oohlah w'Ochlah
zuschreibt, und Groß a. a. O. S. 303.]

[2]) [Seine Responsen sind gesammelt bei J. Müller: תשובות חכמי צרפת
ולותיר, Wien 1881, S. 47 a.—59 b.]

[3]) Die Zahl der Verordnungen des R. Gerschom kann nicht kritisch
ermittelt werden. Im Kolbo gegen Ende (Nr. 116) und am Ende der
Responsen des R. Meïr Rothenburg heißt es zwar in der Überschrift, Tekanot
di R. Gerschom, ebenso in einem Machsor-Manuskript der Breslauer
Seminarbibliothek vom Jahre 1391 (Hs. Nr. 40 Bl. 309), allein bei näherer
Einsicht ergibt sich, daß die wenigsten R. Gerschom angehören. Sicherlich
stammt von ihm die Verordnung über Bigamie (Respons. Joseph Colon
Nr. 101 Ende, Kolbo l. c. und Estori Parchi Kaftor, c. 10), ferner über
die Einwilligung der Frau zur Scheidung (Ascheri Responsa K'elal 43,
Nr. 8.)

Vielweiberei, die auch unter den europäiſchen Juden im Gebrauch war[1]), und geſtattete ſie nur in äußerſten Notfällen. Er verordnete ferner, daß zu einer Eheſcheidung auch die Einwilligung der Ehefrau nötig ſei, während nach talmudiſchen Beſtimmungen der Gatte ihr den Scheidebrief gegen ihren Willen zuſtellen darf. Er ſchärfte ferner das Briefgeheimnis ſtreng ein und beſtimmte, daß der Überbringer ſich nicht erlauben dürfe, einen Brief, wenn auch unverſiegelt, zu leſen. Bei dem damaligen Verkehr, wo Reiſende die Briefpoſt beſorgten, war dieſe Verordnung von hoher Wichtigkeit für die mannigfaltigen Lebensintereſſen. Die Übertreter dieſer Verordnungen ſollten dem Banne verfallen. Obwohl dieſe und andere Beſtimmungen[2]) ohne ſynodale Förmlichkeit getroffen wurden und der Urheber keineswegs mit einem offiziellen Charakter bekleidet war, ſo wurden ſie doch von den deutſchen und franzöſiſchen Gemeinden wie ſynhedriale Beſchlüſſe mit aller Gewiſſenhaftigkeit befolgt; ſo groß war R. Gerſchoms Anſehen.

Gleichzeitig mit dieſer Autorität der deutſch-franzöſiſchen Gemeinden lebte in Mainz eine Perſönlichkeit, deren Verdienſte bisher unbekannt blieben. R. Simon[3]) ben Jſaak ben Abun, von einer franzöſiſchen Familie (aus le Mans?) abſtammend, war talmudiſch gelehrt und verfaßte ein ſelbſtändiges Werk in dieſem Fache (Jeſſod). Er war ferner ein gewandter und fruchtbarer neuhebräiſcher Dichter (Poetan) und verfaßte eine große Menge liturgiſcher Stücke, die kaliriſchen Muſtern nachgebildet ſind und ihnen gleichkommen an Härte, Anmutsloſigkeit und an der Manier, auf die agadiſche Literatur verſteckt und rätſelhaft anzuſpielen. Simon ben Jſaak war auch vermögend und dadurch auch imſtande, einen Sturm zu beſchwichtigen, der die deutſchen Juden aufzureiben drohte.

Das elfte Jahrhundert begann nämlich mit der erſten Judenverfolgung in Deutſchland[4]). Sie ging aber nicht vom Volke aus,

---

[1]) Vgl. darüber Tanna de Be Eliah maj. c. 18 p. 51, Respons. Alfaßi Nr. 185, woraus hervorgeht, daß Bigamie in Spanien noch um 1100 vorkam. [Vgl. jedoch Harkavy bei Rabbinowitz, S. 376, Anm. 111.]

[2]) [Über die Tekanot des R. Gerſchom, für die auch die Responſen des Moſe Minz eine Hauptquelle ſind, vgl. Roſenthals, S. 382, Anm. 2, genannte Studie a. a. O. S. 37—53. Darnach hat R. Gerſchom wohl auch eine Verordnung erlaſſen gegen den Mißbrauch, wegen einer Rechtsverweigerung den Gottesdienſt aufzuhalten, oder die Synagoge zu ſperren.]

[3]) Vgl. über ihn Note 22. [Vgl. auch Zunz, Literaturgeſchichte der ſynagogalen Poeſie, S. 111—115 und S. 235—238.]   [4]) Vgl. dieſelbe Note.

sondern von einem Fürsten, dem letzten Kaiser aus dem sächsischen Hause der Ottonen, von Heinrich II. Von Geistlichen geleitet, war dieser Kaiser so sehr den kirchlichen Interessen ergeben, daß er zu einem Heiligen erhoben werden konnte. Was aber Heinrich II. besonders gegen die Juden eingenommen hat, läßt sich nicht angeben. Möglich, daß die Bekehrung eines Geistlichen zum Judentume, die den deutschen Chronikschreibern wichtig genug war, sie als ein unglückliches Ereignis in ihre Jahrbücher einzutragen, den Zorn des Kaisers gegen die Juden erregt hat. Dieser Geistliche, mit Namen Wecelinus, war Kaplan des Herzogs Konrad, eines Verwandten des Kaisers. Nach seinem Übertritt zum Judentum (1005) verfaßte Wecelinus eine Schmähschrift gegen seinen ehemaligen Glauben und bediente sich darin einiger Ausdrücke und Redewendungen, die von seinem Hasse gegen das Christentum und von der Ungeschliffenheit des Zeitgeschmackes Zeugnis ablegen. „Lies, o Dummkopf," so redet der abgefallene Kaplan die Christen an, „lies den Propheten Habakuk, in welchem Gott spricht: Ich bin Gott und verändere mich nicht. Wenn er sich nun nach eurem Glauben verändert und ein Weib beschattet haben soll, wo wäre da die Wahrheit? Was antwortest du darauf, du Tier!" In solchem Stile ist Wecelinus' Schmähschrift gehalten. Sie nennt auch die Heiligen, welche die Kirche verehrt, geradezu Dämonen. Kaiser Heinrich war aber über den Abfall des Kaplans und seine giftige Schrift so sehr erzürnt, daß er einem seiner Hofgeistlichen, Heinrich, den Auftrag gab, eine Gegenschrift abzufassen, die nicht weniger grob und geschmacklos ist[1]).

Einige Jahre später (1012) erließ Kaiser Heinrich einen Befehl, daß die Juden von Mainz die Stadt verlassen sollten[2]). Es sollte aber nicht eine einfache Verbannung, sondern eine Brandmarkung dafür sein, daß sie die Taufe nicht empfangen mochten, und erstreckte sich nicht bloß auf Mainz, sondern traf sicherlich noch andere Gemeinden. Denn der Dichter S i m o n b e n I s a a k stimmte Klagelieder darüber an, wie über eine blutige Verfolgung, welche das Judentum im Herzen seiner Bekenner vergessen machen sollte:

> Die Verbannte, Wandernde, Verdüsterte
> Muß ihre Tränen verschlucken.

[1]) Bei Pertz monumenta II, 23. VI, 704. 720.
[2]) Note 22.

> Sie wird getreten, gestoßen, gepeinigt,
> In Kerker geworfen und sitzt veröbet.
> Die Wahnverehrer sitzen im Glücke,
> In sichern Burgen höhnen sie dein Lamm,
> Scheren es und schwächen seine Kraft mit des Joches Last.
> „Höret auf." sprechen sie, „euch der Banden zu entschlagen:
> Ihr seid verworfen, und für den Untergang bestimmt."
> So dulden wir um dich unsäglich Leid,
> Werden bestraft, geplagt und geschlagen.
> Sende bald deine Hülfe,
> Auf daß sich Edom nicht rühme: ich habe gesiegt.
> Laß deines Schwertes Blitz sie zittern machen,
> Ob der Untaten an deines Volkes Leichen.

In einem andern Bußgebet veranschaulicht derselbe Dichter die Leiden seiner Zeit:

> Du bist von je her, mein heiliger Gott,
> Warum sollten wir in Bedrängnis und Harm vergehen?
> Den ganzen Tag werden wir um deines Namens willen erschlagen,
> Wir sind grausamen Herren preisgegeben,
> Unser Blut soll die Erde trinken.

Und in einem andern:

> Genommen sind aus meinem Wohnsitz mir die Kleinen,
> Und sie schlagen, stoßen sie, werfen sie mit Steinen.
> Zu alten Leiden fügen neue die Unreinen.
> Mehr als neunhundert Jahr dauerts, was wir beweinen,
> Sie plündern schlau und mit Gewalt und verschonen keinen[1]).

Auch R. Gerschom, obwohl ganz ohne dichterische Begabung, hauchte den Schmerz über die harte Verfolgung Heinrichs II. in Bußliedern aus[2]): „Verächter deines Gesetzes hast du zu Herren über dein armes Volk gemacht, sie huldigen törichten Bildern und wollen uns zwingen, sie zu verehren". — „Sie drängen dein Erbe, dich mit einem geschaffenen Gott zu vertauschen". — „Sie verfügen, dich nicht mehr Freund und Herr zu nennen und dein Wort zu verwerfen. Spreche ich: ‚Fern sei's von mir, meiner Väter Schutz zu verlassen, so fletschen sie ihre Zähne, strecken ihre Hand zum Raube aus, öffnen ihren Mund zum Hohne'. Verjagt ist deine

---

[1]) Nach Zunz' Übersetzung: synagogale Poesie 175. [Desselben Literatur-geschichte S. 238—239.]

[2]) Über R. Gerschoms Selichot vgl. Landshut, Ammude ha-Aboda S. 57.

Gemeinde aus ihrem Sitze und ihrer Heimat, erschöpft und verschmachtet erhebt sie ihr Auge zu dir".

Während dieser ersten Judenverfolgung in Deutschland gingen manche, um ihr Leben oder ihre Habe zu retten, zum Christentum über, darunter auch R. Gerschoms eigener Sohn, was sein Herz betrübt, aber nicht lieblos gemacht hat. Als der Sohn später als Christ starb, beobachtete der unglückliche Vater die Trauerzeremonien um ihn, wie um einen Treugebliebenen. Wie lange die Verfolgung gedauert hat, läßt sich nur vermutungsweise aufstellen, etwa bis zum Winter 1013. R. Simon ben Isaaks Eifer gelang es, wohl durch große Geldsummen[1]), der Verfolgung Einhalt zu tun und die Erlaubnis für die Gemeinde zu erwirken, sich wieder in Mainz niederzulassen. Die dem Taufzwange unterliegenden Juden kehrten wieder in den Schoß des Judentums zurück, und R. Gerschom schützte sie vor Beschimpfung, indem er den Bann über diejenigen verhängte, welche ihnen den augenblicklichen Abfall zum Vorwurfe machen sollten. Die dankbare Gemeinde widmete R. Simon eine ewige Erinnerung, seinen Namen allsabbatlich in der Synagoge zu nennen, „daß er sich um die Gemeinde viel Mühe gegeben und daß durch ihn die Verfolgungen aufgehört haben". Auch das Andenken eines M a r - S a l o m o und seiner Frau R a h e l hat die Mainzer Gemeinde durch die sabbatlichen Erinnerungen erhalten, „daß sie einen Gottesacker in Mainz erworben und die Verfolgungen abgewendet haben"[2]). R. Gerschoms Namen wurde ebenfalls von ihr darum verewigt, „weil er die Augen der Zerstreuten durch seine Verordnungen erleuchtet hat"[3]). Das von R. Gerschom gegründete Lehrhaus in Mainz blühte über acht Jahrzehnte und wurde eine Bildungsstätte für Talmudbeflissene und Rabbinen von Deutschland, Frankreich und Italien.

Zur selben Zeit, mit dem Ablauf des vierten Jahrhunderts der Hedschra, in welchem die Karäer die Ankunft der messianischen Erlösung erwarteten[4]), brach im Morgenlande und Ägypten eine heftige Judenverfolgung aus, welche länger als die in Deutschland andauerte. Die deutschen Juden wurden gequält, weil sie nicht an Christus und die Heiligen, und die morgenländischen, weil sie nicht an Mohammed

---

[1]) [Über diese Vermutung vgl. Regesten Nr. 144 Ende.]

[2]) [Vgl. Regesten Nr. 145.]

[3]) [In demselben Jahre, in dem die Verfolgung stattfand, wurde in Köln die erste Synagoge erbaut; vgl. Regesten Nr. 146.]

[4]) Jephet ben Alî bei Pinsker, Likkute, p. 82.

und den sündenfreien Imam an den himmlischen Führer (Mahdi)
glauben mochten. Diese Verfolgung ging von dem wahnwitzigen
ägyptischen Kalifen Hakim aus, der, ein mohammedanischer Cajus
Caligula, von sich glaubte, er sei die fleischgewordene göttliche Macht
und der wirkliche Statthalter Gottes. Hakim verfolgte alle diejenigen, welche an seiner Göttlichkeit zu zweifeln sich unterfingen,
Mohammedaner, Juden, Christen ohne Unterschied. Anfangs lautete
Hakims Befehl, daß die Juden seines Reiches, die sich nicht zum
schiitischen Islam bekennen, an ihrem Halse die Abbildung eines
Kalbes tragen sollten, zur Erinnerung an das goldene Kalb ihrer
Vorfahren in der Wüste. Außerdem sollten sie sich durch ihr äußeres
Erscheinen von den Gläubigen unterscheiden, ganz nach den Omarschen Beschränkungen. Die Übertreter sollten mit Verlust von Hab
und Gut und mit Exil bestraft werden (1008). Gegen die Christen
erging eine ähnliche Verordnung. Als Hakim hörte, daß die Juden
seinen Befehl umgingen und goldene Kalbsbilder trugen, verfügte
er, daß sie einen Holzblock von sechs Pfund Schwere am Halse und
Glöckchen an ihren Gewändern tragen sollten, um sich von ferne
schon als Ungläubige anzukündigen (um 1010). Später ließ er
Kirchen und Synagogen in seinem Reiche zerstören und verjagte
Christen und Juden aus dem Lande (1014)[1]. Das fatimidische
Reich hatte aber damals eine bedeutende Ausdehnung. Es umfaßte
Ägypten, Nordafrika (Afrikia), Palästina und Syrien und da Hakim
auch im Kalifate von Bagdad Anhänger hatte, so blieben den Juden
nur wenige Zufluchtsstätten offen. Manche nahmen daher zum
Schein den Islam an[2]), um bessere Zeiten abzuwarten. Die Ver-
folgung dauerte, bis die Mohammedaner selbst ihres wahnwitzigen
Kalifen überdrüssig wurden und ihn erdrosselten (1020).

Auch der winzige jüdische Staat der Chazaren, der so lange
eine Zufluchtsstätte für jüdische Verfolgte gebildet hatte, ging in dieser
Zeit völlig unter. Die Chazaren hatten sich auf der Halbinsel
Taurien (Krim) niedergelassen und lebten dort unter ihrem jüdischen
Fürsten David. Ihre früheren Besitzungen waren von den Russen
eingenommen (o. S. 349 f), vor denen damals schon die schwachen

---

[1] Makrizi bei de Sacy, Chrestomathie arabe, I, 97 und histoire des
Druses. Bar-Hebraeus, Chronicon Syriacum, 215 f. Assemani, bibliotheca
Orientalis, dissertatio de Syris Nestorianis, III, 2, pag. 101.

[2] Saadia Jbn Danan in Edelmanns Chemdah Genusah, p. 16. Die
Notiz bezieht sich wahrscheinlich auf Hakims Verfolgung.

Völkerschaften im Kaukasus und am Schwarzen Meere zitterten. Diese bewarben sich um die Gunst der russischen Großfürsten, wie ehemals um den Schutz der chazarischen Chagane. Als daher der Großfürst Wladimir die Absicht zu erkennen gab, das plumpe Heidentum der Russen mit einer andern Religion zu vertauschen, beeilten sich die Nachbarfürsten, Abgeordnete an ihn zu senden, um ihn zur Annahme ihres Bekenntnisses zu bewegen. Es kamen griechische Presbyter vom byzantinischen Reiche und bulgarische Gesandte, die dem Katholizismus zugetan waren, und mohammedanische Ulemas aus Bagdad[1]). Auch der jüdisch-chazarische Chagan David wollte sich die Gelegenheit nicht entgehen lassen, Wladimir für die Annahme des Judentums zu bestimmen. Es erschienen auch jüdische Abgeordnete am Hofe zu Kiew. Die Vertreter der verschiedenen Bekenntnisse entfalteten ihre Beredsamkeit, um die Teilnahme der Russen zu erwecken (986). Gegen das Judentum soll aber Wladimir von vornherein Vorurteile gehabt haben, weil dessen Bekenner unter fremden Völkern weit und breit zerstreut lebten. Dagegen hatte er, laut der Erzählung der russischen Chronik, eine entschiedene Hinneigung zur griechischen Kirche. Als er daher seinen Bojaren seinen Plan vorlegte, das griechische Bekenntnis in Rußland einzuführen, erwiderten diese bedächtig, es sei in der Ordnung, daß die Vertreter je einer Religion diese als die beste empfehlen; um sich aber von der Vortrefflichkeit irgend einer Religion zu überzeugen, sei es ratsam, Abgesandte nach den Nachbarstaaten reisen zu lassen, damit diese an Ort und Stelle durch den Augenschein die beste Religion kennen lernen. Dieser Rat gefiel. Die Uferstaaten des Schwarzen Meeres sahen das seltene Schauspiel, wie russische Barbaren aus Kiew auf die Entdeckung einer ihnen zusagenden Religion ausgingen. Wahrscheinlich betrieben diese Abgeordneten nebenbei das Geschäft der Kundschafter. Auch nach dem Gebiete des jüdischen Chagan David, dessen Residenz S e p h a r a d genannt wurde, waren sie gekommen (987)[2]). Aber das griechische Bekenntnis trug den Sieg über das Judentum, den Islam und den römischen Katholizismus[3])

---

[1]) [Die Bulgaren bekannten sich damals zum Islam; vgl. Harkavy bei Rabbinowitz, S. 380 Anm. 112. Auch die Gesandtschaft aus Bagdad ist nirgends nachzuweisen.]

[2]) Note 23. [Dieser Bericht beruht auf einer Fälschung von Firkowitz; vgl. Harkavy a. a. O. Anm. 113.]

[3]) [Vgl. oben.]

davon, weil die Verbindung mit dem byzantinischen Reiche der noch
nicht konzentrierten russischen Macht die meisten Vorteile verhieß.
Wladimir und die Russen schlossen sich der griechischen Kirche an,
der Großfürst erhielt eine byzantinische Prinzessin zur Frau, und
der byzantinische Geist wurde seit dieser Zeit in Rußland herrschend.

Der jüdische Chagan David, der letzte, von dem die Geschichte
Kunde hat, war so eifrig dem Judentume zugetan, daß er einen
Boten nach Persien, dem Sitze jüdischer Gelehrsamkeit, in demselben
Jahre, in dem die russischen Abgeordneten an seinen Hof gekommen
waren, sandte, um alte Bibelrollen aufzusuchen und zu erwerben.
Dieser Bote A b r a h a m b e n S i m c h a reiste über Jßfahan nach
Susa und fand dort eine seltene Thorarolle, welche die jüdische
Gemeinde von Susa wegen ihres Alters so hochschätzte, daß sie
sie nicht veräußern mochte [1]). Nicht lange sollte das Judentum
einen, wenn auch beschränkten, politischen Boden haben. Die letzte
Stunde des jüdischen Chazarenstaates in Taurien hatte geschlagen.
Einer von Wladislaws Söhnen, Mjetislaw, dem der Vater das
Gebiet von Tamutarachan (Matarcha, Taman) zu Lehen gegeben,
hatte ein lüsternes Auge auf die gegenüberliegende Halbinsel geworfen. Der byzantinische Kaiser Basilius II. ermunterte ihn zu
deren Eroberung und stellte ihm ein Hilfsheer. Die Russen,
mit den Byzantinern vereint, besiegten hierauf die Chazaren. Der
christliche Chagan Georgius Tsulu geriet in Gefangenschaft, und das
jüdische Chaganat erlitt sicherlich auch zur selben Zeit seinen Untergang (1016) [2]). Die jüdisch-chazarischen Prinzen entflohen nach
Spanien, und ihre Nachkommen, die in Toledo wohnten, pflegten
das Talmudstudium [3]).

Chazarische Juden behaupteten sich übrigens noch lange auf
der Halbinsel Taurien, die in den Besitz der Griechen kam, und
bildeten eine eigene Gemeinde (Kehal Chazar) [4]) neben einer
griechischen Gemeinde (Kehal Gregas). Volksstämme jener Gegend
übertrugen den Namen Chazaren auf die Juden überhaupt und
nannten die letzteren durchweg G h y s s a r [5]). Da die Karärer auf

---

[1]) Note 23. [Dies beruht gleichfalls auf einer Fälschung; vgl. Harkavy
a. a. O. S. 382 Anm. 114.]

[2]) Cedrenus, historiarum compendium, II, 464.

[3]) Abraham Jbn Daud vgl. Note 23.

[4]) Pinner Prospektus der Manuskripte der Odessaer Gesellschaft S. 7,
11, 12, 29.	[5]) D'Hosson, peuple du Caucase, gegen Ende.

Taurien zahlreich vorhanden waren, so nahmen die chazarischen
Juden nach und nach das Karäertum an[1]).   Am Ende des elften
Jahrhunderts bestand bereits eine jüdische Gemeinde in der russischen
Hauptstadt Kiew, wahrscheinlich aus der Krim eingewandert, und
bewohnte eine eigene Straße.   Die Juden wurden wahrscheinlich
von dem Großfürsten Swiatopolk wegen ihrer Brauchbarkeit für
Gewerbe und Handel, wofür die wilden, kriegerischen Russen keinen
Sinn hatten, herangezogen und begünstigt[2]).   Es läßt sich aber
nicht ermitteln, ob die ersten jüdischen Gemeinden in Rußland zu
den Rabbaniten oder Karäern gehörten[3]).

Je weiter sich die Karäer ausbreiteten, desto mehr kamen sie mit
ihrem Grundprinzip in Widerspruch und arge Ratlosigkeit. Zwei Punkte
waren es namentlich, die ihnen große Verlegenheit bereiteten: der Festkalender und die Verwandtschaftsgrade betreffs Zulässigkeit einer Ehe.
In Palästina, ihrem Ursitze, bestimmten sie die Neumonde, Schaltjahre
und Feste nach der Beobachtung des Neumondes.   Die auswärtigen
Gemeinden hatten aber kein Mittel, die Festeszeit richtig zu treffen,
die babylonischen, morgenländischen und sicherlich noch mehr die weit
ab im Norden wohnenden karäischen Gemeinden waren daher genötigt, die Feiertage ihrer Gegner mitzufeiern, und sogar den
zweiten Feiertag zweifelshalber gut zu heißen.   Einer ihrer Autoritäten in dieser Zeit, S c h a ï c h A b u - H i s c h a m L e v i h a - L e v i,
der Sohn Jephets (o. S. 321), gab den entfernten Gemeinden den
Rat, zwei Feiertage hintereinander zu beobachten: „denn besser
sind zwei als einer"[4]).   Es entstand sogar deswegen eine Spaltung
im Karäertum, indem die Palästinensischen sich von den Morgenländischen trennten[5]).   Vergebens verpflichteten sich die Brautleute
am Hochzeitstage, die Vorschriften des Karäertums zu beobachten
und die Feste nach der von Palästina ausgehenden Weisung zu

---

[1]) [Nach Harkavy a. a. O. S. 382 Anm. 115 waren die ersten Juden-
gemeinden auf der Halbinsel Krim, wie auch in Rußland überhaupt, nur
rabbanitisch.]

[2]) Karamsin, Geschichte Rußlands in deutscher Übersetzung II, 118.
Strahl, Geschichte der russischen Kirche I, S. 131. [Hierüber vgl. auch
Harkavys in dem Januarheft der russischen Zeitschrift W'schod, Jahrg. 1881,
erschienene Abhandlung: Russen und Rußland in der hebräischen Literatur.]

[3]) [Vgl. Anm. 1.]

[4]) Levi ha-Levi, zitiert bei Pinsker, Beilage S. 89 f., und Hadassi, Eschkol
Nr. 187.

[5]) Levi ha-Levi das.

feiern[1]). Es war eine Unmöglichkeit geworden. Der zweite Punkt, die weitgehende Ausdehnung der Blutsverwandtschaft (o. S. 228 f.), erschwerte in kleineren karäischen Gemeinden das Schließen einer Ehe ungemein, indem die Gemeindemitglieder unversehens in ein verwandtschaftliches Verhältnis zueinander traten. Die von Joseph Roëh eingeführte Erleichterung (o. S. 290) fand keinen Anklang. Wie Jephet ben Ali und Abulsari Sahal, so hielten ihre Nachfolger an dem starren System der Übertragung (Rikkub) fest[2].

Die karäischen Autoritäten am Ende des zehnten und im Anfang des elften Jahrhunderts waren: Joseph ben Jakob Alkarkassani[3]) und die zwei Söhne Jephets, der schon genannte Levi ha-Levi und der andere mit Namen Saïd. Diese hatten sich sämtlich von der philosophischen Forschung abgewendet und erkannten ihr keine Berechtigung in religiösen Fragen zu. Saïd ben Jephet verwarf sogar die von den älteren karäischen Lehrern festgehaltene Regel der vernunftgemäßen Auslegung der Schrift. Dem Verstande, meinte er, dürfe keine Stimme einge-

---

[1] Hadassi, Eschol ha-Kofer, Nr. 10.

[2] Vgl. darüber bei Pinsker, S. 66 Note.

[3] Vgl. **RÉJ.** V, 209. [Diesen Autor hat der Verfasser, wie Harkavy a. a. O. S. 383 Anmerkung 117 bemerkt, mit Joseph ha-Roëh verwechselt. Der Vorname von Kirkissani ist Jakob. Er lebte aber im 10. Jahrhundert und hat als jüngerer Zeitgenosse Saadjas gegen diesen polemisiert. Er verfaßte im Jahre 936—937 ein zweiteiliges Werk: **Kitâb al-Riâdh w'al Hadaïk** „Buch der Gärten und Paradiese," als Pentateuchkommentar, und **Kitâb al-Anwâr w'al Marâkib**, „Buch der Aussichtstürme," das für die Sektengeschichte von großem Werte ist, und wovon Harkavy in den Memoiren der orientalischen Sektion der archäologischen Gesellschaft in St. Petersburg, Jahrg. 1894, einiges veröffentlicht hat (vgl. auch seine Beigabe zu Rabbinowitz Bd. III., S. 493 ff.) Kirkissani gehört zu den einsichtsvollsten, dem Rabbanitentum und den Schwächen seines Bekenntnisses mehr Verständnis entgegenbringenden Karäern. Über sein **Kitâb al-Anwâr** vgl. Poznański in der Festschrift für Steinschneider, S. 194 bis 218, und in Semitic Studies in Memory of Alexander Kohut, S. 435 bis 456, ferner Steinschneider a. a. O. § 43, S. 79—81, Poznański in JQR. XVIII, S. 216—219 betreffs seiner ruhigen Polemik, und in ZHB. Jahrg. III., 175. Über die Schreibung seines Namens Karkassani und seine Herkunft aus Karkassan, vgl. Harkavy in Hagoren VI, S. 29. Das vom Verfasser S. 393 erwähnte Sefer Bereschith ist wohl das Bereschith Rabba des im 11. Jahrhundert in Jerusalem wirkenden Jeschua ben Jehuda; vgl. über ihn Poznański in JQR. XIX, S. 65—70. — und Schreiner, Studien über Jeschua ben Jehuda, Beilage zum Jahresbericht der Lehranstalt u. s. w., Berlin 1900.]

räumt werden; denn er verbiete manches, was das Gesetz gestatte, und gestatte, was das Gesetz verbiete[1]). Joseph Alkarkassani[2]) (um 970—1000) aus Circesium am Euphrat, der auch in Ägypten lebte und liturgischer Dichter war, verfaßte einen Kommentar zum Pentateuch und ein Gesetzbuch: Wurzel der Religion (S. Bereschit, Ussul-al-Din). In betreff der rituellen Bestimmungen war er von äußerster Strenge. Er hielt an dem System der weitausgedehnten Verwandtschaft fest und behauptete, der Genuß einer Speise, die durch eine religiöse Übertretung erzeugt worden, sei streng verpönt[3]). Jephets Sohn, Levi ha-Levi, verfaßte (1007) ein Werk über die religiösen Pflichten des Judentums (S. ha-Mizwot), und sein Bruder Saïd ergänzte es später[4]). Die zahlreichen Schriften über die gesetzlichen Themata, welche seit Anan erschienen waren, genügten noch immer nicht, weil mit jeder Generation, ja mit jedem karäischen Gelehrten, neue Schwankungen und Ungewißheiten im Karäertum hinzukamen. Abu-Hischam Levi ha-Levi konnte mit seinem neuen Werke das Grundübel ebensowenig heilen, wie seine Vorgänger und Nachfolger. Er stellte nur die verschiedenen Meinungen nebeneinander und entschied sich bald für die eine und bald für die andere. Das Karäertum vergegenwärtigt das Jammerbild vom Welken vor der Blüte, das talmudische Judentum dagegen glich einem alten Kernstamme, der an seiner Krone frisches Laub und duftende Blüten treibt und in seinem Innern immer neue Jahresringe ansetzt. Es entwickelte sich aus ihm heraus ein neuer Knotenpunkt einer reichen, mannigfaltigen Epoche, die den, wenn auch von mancher Seite belächelten, Namen: die rabbinische tragend, darum nicht weniger glanzvoll ist. Die Sonne der jüdischen Geschichte ging im Osten unter, um im Westen strahlender aufzugehen.

[1]) Hadassi das. Nr. 168.
[2]) [Vgl. S. 392, Anm. 3.]
[3]) Bei Pinsker S. 85, 192, 200.
[4]) Das. 87 ff., 182. [Über Levi ha-Levi vgl. Steinschneider a. a. O. S. 85, nach dem Levi und Saïd identisch sind, indem die sogen. Kunja des ersteren „Abu Saïd" war, und Poznański in JQR. XIX, S. 59—63.

Noten.

1.

Aufstand der babylonischen Juden unter Kavâdh; der Exilarch Mar Sutra II.

Zum Schluß des Seder Olam Sutta findet sich eine ausnahmsweise ausführliche Erzählung von einem jugendlichen Exilarchen Mar Sutra und einer kriegerischen Bewegung der Juden unter seiner Leitung[1]). Diese Erzählung ist in chaldäischem Idiome gehalten und klingt ihrem ganzen Tone nach — bis auf einige unbedeutende Züge — durchaus historisch. Nur, weil der Text gerade an einer wichtigen Stelle sehr korrumpiert ist, ist die Erzählung mißverstanden und sind ihr unsinnige Deutungen untergeschoben worden. Durch die einfache Wiederherstellung der richtigen Lesart tritt daraus ein interessantes historisches Faktum hervor, daß sich mit einer durchgreifenden Bewegung im persischen Reiche in pragmatischen Zusammenhang bringen läßt. Der Verfasser des Seder Olam S. teilt zuerst mit, wie das Exilarchenhaus durch Sterblichkeit dem Untergange nahe gewesen, und wie ein junger Sproß desselben, Mar-Sutra, durch die Pflege des Resch Metibta Mar-Chanina erhalten worden. Interims-Exilarch während Mar Sutras Minorennität sei ein Mar Pachda gewesen, der durch Mar-Chaninas Vermittelung verdrängt wurde, indem der König die Würde dem fünfzehnjährigen Mar-Sutra übertragen habe. Dann fährt er fort: (בימי מר זוטרא) נהרג
מר ר' יצחק ריש מתיבתא ובההוא יומא נפק רבא מיד גדול זכר נשיאנו לחיי
העולם הבא אתחזי ליה עמודא דנורא ונפקו בתהריה ארבע מאין גוברין ועבדו
נפק רבא .קרבא עם פרסאי ואורירית מלבותא ונבא גזיאתא שבע שנין Statt
haben einige Lesarten gar die Korruptel: (נפק ביד רבא גדול). Es ist überflüssig zu wiederholen, wie die lateinische Übersetzung des Seder Olam, Genebrard, und die Historiker Schilard, Basnage und Neuere die Stelle verkannt haben, da sie nicht ahnten, daß hier eine Korruptel des Textes

---

[1]) [Einen Bericht aus Seder Olam nach einem Ms. Parma hat Schechter in der Monatsschrift 1895, S. 23 ff. veröffentlicht, wo auch S. 27—28 sich die Erzählung von Mar-Sutra findet, mit teilweise anderen L.-AA.]

[2]) [Das Ms. Parma, a. a. O. hat hier eine bessere L.-A.: אותו היום נפל מאור גדול, woraus in unseren Ausgaben des SO. die erwähnte Korruptel entstanden ist. Es handelt sich um einen Kometen, von dessen Erscheinen auch Barhebräus berichtet; vgl. Lazarus, die Häupter der Vertriebenen, S. 129, Anm. 2. Es ist dies aber nicht identisch mit dem folgenden: נפל כוכב גדול. Möglich auch, daß es in SO. lautete: אירחחזי עמודא דנורא.]

vorliegt. Die Historiker der Neuzeit trifft noch der Vorwurf, daß sie die Emendation, die Jakob Emden in seiner Ausgabe des S. O. (Hamburg 1757) vorgeschlagen hat, nicht benutzt haben. J. Emden emendiert nämlich ganz richtig: ונראה שצריך להיות: נפק רבא מר זוטרא או ריש גלותא. Diese Emendation wird durch die Ausgabe des kompletten Juchasin (ed. Filipowski) bestätigt. Zacuto hatte diese Lesart vor sich, und er übersetzt die Stelle (S. 93): וברום ההוא יצא מר זוטרא ונראה לו עמוד אש. Wäre der Exilarch Mar Sutra nicht selbst der Anführer gewesen, so wäre es auffallend, warum er denn später an der Brücke von Machuza samt Mar Chanina gehängt worden ist: ונקטוה פרסאי וקטלוה וצלבוה לריש גלותא ולריש מתיבתא על גשרא דמחוזא. Es bleibt also kein Zweifel darüber, daß der junge Exilarch die Waffen gegen den Perserkönig ergriffen hat, daß er ein bewaffnetes Gefolge von 400 Mann um sich hatte, daß er ein selbständiges (jüdisches) Gemeinwesen gründete (ואורירית מלביתא), und daß er Tribut auflegte (der nichtjüdischen Bevölkerung in dem jüdischen Gebiete): וגבא גזיאתא. Das Wort גזיאתא entspricht dem arabischen גזיה, das Tribut bedeutet, den Juden und Christen im Kalifate zu zahlen hatten. Die Dauer der Unabhängigkeit Mar Sutras wird wiederholentlich auf sieben Jahre angesetzt. So lange dauert aber auch Mar Sutras Exilarchat. Denn mit 15 Jahren wurde er Exilarch: וכד הוה מר זוטרא בר חמש עשרה שנים אזל הוא וריש מתיבתא לגבי מלכא וכו', und zweiundzwanzig Jahre wurde er alt. Man muß also lesen עשרים שנים, statt וחיה מר זוטרא עשרים ושתים שנים.

Die Zeit dieses Aufstandes läßt sich ziemlich genau ermitteln. Nach Mar Sutras Hinrichtung gebar seine Witwe einen Sohn, und das Haus Davids, d. h. die Witwe mit ihrem Sohne, entflohen: ובההוא רומא (ד)אקטיל מר זוטרא אתיליד ליה ברא וקרייוה מר זוטרא על שמיה דאביה וברקו דבית דוד. — Wohin sie geflohen sind, wird im nachfolgenden Passus angegeben: nach Palästina: ומר זוטרא בר מר זוטרא ר"ג סליק ליה לארץ ישראל ועילוה בריש פרקא. Man muß das aber so verstehen, daß er noch als Kind während der Verfolgung, die nur drei Jahre dauerte (ותלתא שנין)[1] (לא יכיל מר אהונאי לגלויי אבסי), mit seiner Mutter dahin kam. Die Erhebung zum Archipherekiten[2] geschah erst später, als Mar Sutra II. herangewachsen war. Die Zeit seiner Ankunft als Kind in Palästina wird aber genau bestimmt: im Jahre 452 seit der Tempelzerstörung und im Jahre 4280 mundi d. h. 520 der chr. Zeit. Denn Juden wie Syrer setzen die Tempelzerstörung zwei Jahre früher an, im christl. Jahre 68 und im Jahre der Welt 3828. Also im Jahre 520 kam das Haus Davids „nach Mar Sutras Tod" in Palästina an. Das Jahr 520 ist also der terminus ad quem. Der terminus a quo des siebenjährigen Exilarchats von Mar Sutra muß anderweitig ermittelt werden. Mar Sutras Vater R. Huna starb nach der beglaubigten Quelle in Scheritas Sendschreiben im Jahre 819 Seleucidarum = 508: בשנת תת"יט שכיב ר' הונא ריש גלותא. Mar Sutras Aufstand ist also zwischen 508 und 520 anzusetzen. Da gegen die Nachricht in Seder Olam Sutta, daß der Schwiegersohn des Exilarchen, Pachda, sich während Mar Sutras Minorennität das Exilarchat durch Bestechung angemaßt hat, nichts einzuwenden ist, so müssen

---

[1] [Cod. Parma a. a O. S. 28 liest: תלתין שנין.]
[2] [Vgl. Brüll, Jahrbücher V. 95 (H.)]

wir ihm auch einige Funktionsjahre einräumen. Die Unabhängigkeit des jüdiſchen Babyloniens würde demnach um 510—511 anzuſetzen ſein. Sche-tira, lediglich die Diadoche der Schulhäupter berückſichtigend, erzählt uns nichts von dieſer Bewegung, wenn nicht der unbedenkliche Paſſus שנת תתכ"ב ביום‎ כפור חוה זעפא‎ 822 = 511 darauf anſpielt.

Jedenfalls fällt die Bewegung innerhalb Kavâdhs Regierungszeit, und man wird dabei ſofort an den wilden Frauenkommunismus erinnert, welchen Mazdak gepredigt, und den König Kavâdh begünſtigt hat. Dieſe Begünſtigung dauerte auch nach Kavâdhs Rückkehr von ſeiner Flucht fort, nach 502. Das hat Caussin de Perceval aus vielen Momenten wahrſcheinlich gemacht. Il paraît aussi, qu'l (Cobad) cessa d'exiger impérieusement que l'on se conformât aux dogmes de Mazdac; mais quant à lui-même, il demeura constamment attaché à cette secte immorale; il soutint Mazdac contre les principaux mages, les seigneurs de la Perse, les membres mêmes de la famille royale[1]), et pendant longtemps Mazdac et ses disciples, que les Arabes qualifient de Zenadica, continuèrent à jouir auprès de lui d'un credit sans bornes (Essai sur l'histoire des Arabes, T. II, p. 80). Ein Paſſus in der Erzählung des Seder Olam ſcheint auf dieſe kommuniſtiſche Bewegung anzuſpielen. Er motiviert die Niederlage der Schaar des Mar Sutra damit daß die Lüſternen in derſelben geſündigt, heidniſchen Wein getrunken und an den Höfen der Fürſten gebuhlt hatten: ובסוף שבע שנין‎ חטאו חני דנקתי (רנתקי) דהוו בהדירה ואשבחיצלן דהוו שתורי רין נסך וקא‎ קא מזנאן בבית מלכי גוים‎. (Das Wort דנקתי oder רנתקי iſt ganz unverſtänd-lich, vielleicht iſt dafür zu leſen רגתני‎, das im Syriſchen concupicientes, Lüſterne, bedeutet)[2]).

Der anarchiſche Zuſtand des perſiſchen Reiches unter Kavâdh war dem Aufſtande der Juden günſtig. Herr de Perceval beſchreibt dieſen Zuſtand nach den Quellen folgendermaßen: On conçoit, que les sentiments et la conduite de Cobad ne lui attiraient point le respect des peuples. Les Arabes surtout n'avaient pour lui que du mépris, depuis qu'ils ne le voyaient plus occupé d'opérations militaires. Bientôt Hârith, roi des tribus de l'Arabie centrale, oubliant le traité conclu avec Cobad, cessa de retenir les hordes, dont il était le chef, et les laissa faire de nouvelles incursions dans l'Irak et la Mésopotamie (a. a. O. 81)[3]). Später über-gab Kavâdh das Königreich von Hira dieſem Kenditenfürſten Harith, das er dem Lachmidenfürſten Mondhir III. entzogen hatte, weil dieſer Oppoſi-tion gegen den Zendikismus machte. Dieſe Tatſache ſetzt de Perceval ins Jahr 518. Je conjecture, que l'extension de la puissance de Hârith et l'éviction de Moundhir peuvent correspondre à l'an 518 environ (daſ. 83.) Möglich, daß Harith es war, der mit ſeinen arabiſchen Truppen gegen Mar-Sutra gezogen und ſeine Schar aufs Haupt geſchlagen hat. Das Gebiet

---

[1]) [Vgl. auch Nöldeke a. a. O., S. 461.]

[2]) [Die richtige L.-A. ergibt ſich aus dem **Ms. Parma** a. a. O. S. 28, wo es heißt: חלבי וחטאו הבחורים דהוו בהדירה ואשבחינון דהוו שתירין רין‎ נסך וקא מזני בבנות גוים‎. Nach der L.-A. הבחורים könnte das rätſelhafte דנקתי aufgelöſt werden in ד' או רנקי ה'‎ „vierhundert Jünglinge." Vgl. auch die Vorſchläge bei Lazarus a. a. O., S. 169, Anm. 4.]

[3]) [Vgl. Nöldeke a. a. O., S. 149—150.]

Hira, zu dem auch die Stadt Anbar oder Firuz-Schabur gehörte, umfaßte auch den von Juden bewohnten Landstrich Nahardea mit Pumbadita. Vgl. de Perceval a. a. O. II. 9 Note 2 und Scherira Sendschreiben: ואתו רבנן דילנא מפומבדיתא לסביבות נהרדעא למדינתא דפרוז שאבור ed. Goldberg (in Chofes Matmonim S. 31.)

Wie dem auch sei, jedenfalls ist es sicher, daß die Nachricht in Seder Olam über den Aufstand der Juden unter Mar Sutra historisch ist, und daß das Ereignis in der nachamoräischen Zeit, d. h. nach Rabbinas Tod, nach 500, stattfand. Wir können noch in der Erzählung das Historische vom Sagenhaften unterscheiden. Sagenhaft sind die Züge von dem Aussterben des ganzen Exilarchenhauses bis auf Mar Sutra im Mutterschoße, ferner von dem Traume Mar Chaninas und dem Umhauen des Lustgartens (Bostan), die der Geschichte oder Sage des Exilarchen Bostanai entnommen sind, wo sie auch besser hineinpassen. Auch die Erklärung des Wappenzeichens des Exilarchenhauses eine Fliege „weil sie den Anmaßer der Exilarchenwürde Pachda zu Tode gestochen hat", ist wahrscheinlich erdichtet. Sie scheinen sogar tendenziös erdichtet zu sein. Denn das Seder Olam Sutta, das wahrscheinlich im Jahre 806 geschrieben wurde, wie Zunz richtig kombiniert (G. Vorträge S. 138), will die Behauptung durchführen, der letzte Sproß des Exilarchenhauses, der vom König Jojachin stammt, sei in Mar Sutra II. nach Palästina ausgewandert. Folglich stammten die babylonischen Exilarchen nicht von Jojachin ab, die Nachkommen Bostanais seien also Usurpatoren. Zu diesem Zwecke läßt der Verfasser das ganze Exilarchenhaus vor der Geburt Mar Sutras II. aussterben und überträgt die Sage von der wunderbaren Geburt Bostanais auf Mar Sutra II[1]).

2.

Zeit und Bedeutung der Saburäer (סבוראי) und palästinensische Halacha-Sammlungen.

Wenn man dasjenige, was in den primitiven Quellen über die Saburäer referiert wird, zusammenstellt, so erhält man eine ganz andere Vorstellung von denselben, als sie die Spätern gegeben haben. Abraham Ibn Daud nimmt fünf saburäische Generationen an und behnt ihre Epoche auf 187 Jahre aus bis zum Todesjahre R. Scheschnas; die 4449=689. (Sefer ha-Kabalah) ומת ר' שישנא בשנת ד' אלפים תמ"ט והוא סוף רבנן סבוראי המשה דורות ושניהם קפ"ז. Sein Zeitgenosse R. Tam geht noch weiter; er nennt das Seder Olam Sutta דרבנן סבוראי[2]) (סדר עולם und entnimmt daraus die Notiz, daß das Jahr 804 ein Erlaßjahr war: ור' חם מצא בסוף סדר עולם לרבנן סבוראי שנת ד' אלפים וה' מאות וששים וארבע לבריאת עולם — אז היתה שנת שמיטה (Sefer ha-Terumah Abschn. Abodah Sara Nr. 135.) R' Tam dachte sich also die Saburäer noch im Anfange des neunten Jahrhunderts existierend. Es ist aber ein Irrtum. Man darf sich die Saburäer nicht als eine Reihe von aufeinander folgenden Lehrern

---

[2]) Vgl. auch Brüll Jahrbücher II, S. 101 ff., Lazarus a. a. O. S. 122 ff.

[3]) [Vgl. jedoch die Berichtigung dieser Auffassung und der Schlußfolgerung durch Harkavy bei Rabbinowitz a. a. O. S. 381 Anm. 2.]

denken, die, gleich den Tannaiten und Amoräern vorher und den Gaonen nachher, nach einer bestimmten Richtung tätig waren, sondern als einen Kreis von Lehrern, welche das von den Amoräern unvollendet Gelassene zum Abschlusse gebracht haben[1]). Die eigentlichen Saburäer gehören nur einer einzigen Generation an. Diese Tatsache geht aus dem Seder Tannaim (das wir Luzzattos Veröffentlichung verdanken (in Kerem chemed IV, S. 184—200) und aus Angaben des Scherira in seinem berühmten historischen Sendschreiben unzweideutig hervor. Das erste, welches 884 oder 87 verfaßt wurde, bezeichnet wiederholentlich R. Giza und R. Simuna als das Ende der Saburäer (S. 188): ואחריהם (אחרי ר' אשי ורבינא) רבנן סבוראי שבזבותם נמחתו השמים ונרקעה הארין צד ר' גיזא ור' סימונא ר' גיזא (Ende): שהיו סוף סבוראי (S. 181) ואחריהם רב גיזא ורב סימונא סוף סבורא. ורב סימונא סוף סברא. Der um ein Jahrhundert später lebende Scherira, die gewichtige Autorität für die Geschichte der babylonischen Lehrhäuser, giebt dasselbe an: ובתר הכי (ובתר ר' אשי ורבינא) ודאי אף על גב דהוראה לא הות הוו סבוראי דנפשרי פירושי דמקרבי[2] להוראה ואיקרו הני רבואתה רבנן סבוראה וכל מא דהוי תלי וקאי פרשוה כגון ר' ריחומי ור' יוסף ור' אחא מבי חתים ורב רבאי מרוב ואמרין דגאון הוה ואוריך בשני וכמה סברי קבצי בגמרא אינון ורבנן בתריהון נמי כגון ר' צינא ור' סימונא. Also auch hier die letzten Saburäer R. Simuna und R'צינא. (Bemerken wir gleich im Voraus daß R. צינא eine Korruptel ist für גיזא; das Seder Tannaim aus Machsor Vitry hat einmal ר' גרדא, einmal ר' גירדא, die Asulaische Kopie dagegen hat beständig ר' גירדא. Simson aus Chinon (in Sefer Keritot) hat die Lesart גדא. Da ד und ז ähnlich klingen, so rechtfertigt sich die Lesart גירדא oder גיזא gegen die Korruptel צינא.) Diese beiden Lehrer nebst R. Rabaï aus Rob setzt Scherira noch vor den Untergang des persischen Reiches, noch vor das Jahr 900 Seleucidarum, also vor 589. Noch mehr, er läßt sie um das Jahr 520 fungieren. Scherira berichtet nämlich über die Epigonen der Amoräer und die Nachfolger des R. José oder Joseph, der im Jahre 787 Seul, = 476, Schulhaupt wurde: ובשנת תתב"ו שכיב ר' תחינא ומר זוטרא... ואשתיריר רב יוסי גאון במתיבתיך כמה שני ולבתר הכין ר' צינא (גיזא) בסורא ורב סימונא בפום בדיתא ובתר הכין ר' רבאי מרוב בן ביתירתא דילנא (פום בדיתא) ואמרין דגאון הוה ואוריך שני שמד וצרות בסוף מלכות פרסייא. Also R. José von Pumbadita starb einige Jahre nach 826 Sel. 515 d. h. um 520[3]) und auf ihn folgte in Pumbadita R. Simuna gleichzeitig mit R. Giza in Sura. Waren nun R. Giza und R. Simuna die letzten Saburäer so kann sich die Saburäerepoche nicht bis über 689 oder gar bis 804 hinaus erstreckt haben.

Auch aus einer anderweitigen Nachricht Scheritas folgt, daß in der zweiten Hälfte des siebenten Jahrhunderts die Saburäer-Diadoche bereits vorüber war. In der Responsen-Sammlung (Schaare Zedek S. 56, Nr. 15) giebt Scherira an, daß die Anordnung, daß auch die Ehefrau auf Scheidung

---

1) [Vgl. hierzu Brüll, Jahrbücher II, 17, Anm. 11 (H.).]
2) [Der Text verbessert nach ed. Neub. S. 25.]
3) Ich weiß nicht, woher Samuel ha-Nagid (bei Conforte Kore ha-Dorot Anfang) und nach ihm Abraham Jbn Daud die Notiz haben, daß R. José 514 starb; Scherira, die Hauptquelle, gibt doch an, er sei nach 515 gestorben. [Vgl. auch A. Epstein in RÉJ. XXXVI S. 228.]

antragen dürfe, in der nachsaburäischen Zeit von R. Rabah und Mar
Hunaï eingeführt worden sei und zwar ungefähr drei Jahrhunderte vor seiner
Zeit: ואחרי רבנן סבוראי כשראו חכמים שבנות ישראל הולכות ונתלות
בגוים ליטול להן גיטין מבעליהן ... תקינו בימי ר' רבה בר מר
(.I. ור' מר) הונאי נוחם צדן למורדת וחובעת גרושין ובואת אגו כתחגרן
החרום כשלש מאות שנה וריותר. Nun weiß man zwar nicht ganz genau,
wie man diese drei Jahrhunderte zurückdatieren soll, da dieses Scheriraische
Gutachten innerhalb der dreißigjährigen Funktionszeit Scheriras, 968—998,
geschrieben sein kann. Auch sind die Funktionsjahre R. Rabbas und Hunaïs
nicht nach Jahren[1]) bestimmt. Aber ungefähr lassen sie sich ermitteln.
R. Rabah war R' Jsaaks Nachfolger. Dieser wiederum war ein Zeitgenosse
des Kalifen Ali Abu-Taleb, dem er in Firuz-Schabur (Anbar) zur Huldigung
entgegenging. ומר ר' יצחק והוא שהדה בפירוט שאבור עת שכבשה עלי אבו.
טאלב ויצא מר ר' יצחק לקראתו והקביל את פניו וקבלו עלי בסבר פנים
יפות ואחריו מר ראבה שתקנו בימיו לתח גט לאלתר ובריריו היה בסורא
מר רב הונאי. Ali regierte, vom Tode Othmans gerechnet, Juni 656 bis
Januar 661. In Anbar war er im Mai 657 (vgl. Weil, Kalifen II, 218).
Da Jsaak Ali's Zeitgenosse war, so fungierten Mar Rabah und Hunaï etwas
später. Der Verf. des Jttur oder seine Quelle setzt sie fälschlich um 962 Sel.
= 651 (vgl. weiter). Nehmen wir das Jahr 670 an. Es folgt also daraus,
daß diese zwei Personen bereits zu der nachsaburäischen Zeit gerechnet
wurden: אחרי רבנן סבוראי.

Halten wir an dem in Seder Tannaïm entschieden ausgesprochenem Satze
fest: R. Giza und R. Simuna waren die letzten Saburäer, so muß
noch ein Punkt bei R. Scherira berichtigt werden. Scherira zählt nämlich
R. Rabaï aus Rob ebenfalls zu den Saburäern. Aber er setzt ihn einmal
vor das Paar Giza-Simuna, und das andere Mal nach[2]). Der Widerspruch
rührt aber von dem Zweifel her, der über R' Rabaïs Stellung herrschte.
Zweimal bemerkt Scherira bei der Nennung seines Namens: man sagt R. Rabaï
sei Gaon gewesen: ואמרין דגאון הוה. Dieser Satz will etwa nicht bedeuten,
er sei nach einigen der erste Gaon gewesen; denn Scherira nennt auch R. José,
der noch mit einem Fuße in der Amoräerzeit stand und ein Zeitgenosse
Rabinas war, einen Gaon ואשתייר ר' יוסי גאון במתיבתין. Der Titel
Gaon ist hier also nicht à la rigueur zu nehmen, sondern Scherira bezeichnet
damit einfach ein Schulhaupt. Er spricht aus der Anschauungsweise seiner
Zeit heraus, wo die Bezeichnungen גאון und ריש מתיבתא identisch waren.
Auch Nathan der Babylonier, der älter als Scherira ist, nennt die unmittelbar
nachamoräischen Autoritäten Gaonen und will damit bloß Schulhäupter bezeichnen (bei Jochasin): ומלך ר' יוסי שבימיו נחתם התלמוד וכשנפטר ר' יוסי
נשארו שתי הישיבות בלא גאון. Von R' Rabaï will Scherira demnach
nichts weiter referieren, als: Einige meinen, er sei Schulhaupt gewesen.
Aber er wußte nicht, in welcher Metibta er als solches fungiert hat, ob in
Sura oder Pumbadita. War R. Rabaï Schulhaupt, so muß er nach R. Giza
oder Simuna fungiert haben, da der letzte unmittelbar auf R. José gefolgt
und der erstere sein Zeitgenosse war. War er nicht Schulhaupt, so kann er

---

1) [Vgl. jedoch Brüll, Jahrbücher II, S. 110 u. S. 112 (H.).]
2) [Vgl. hierzu Frankel in der Monatsschrift 1861, S. 264—265, Anm. 4.]

ihnen vorangegangen ſein. Daher Scheritas Schwanken in bezug auf R. Rabaï[1]). Für uns genügt der Satz: R. Giza und R. Simuna waren die letzten
Saburäer; R' Rabaï, der ebenfalls zum Saburäerkreiſe gehört, kann alſo
nicht ſpäter gelebt haben. R. Simuna, als Nachfolger R. Joſés, fungierte
demnach um 520—550, wenn wir ſeine Funktionsdauer noch ſo ſehr aus-
dehnen. Woher Abraham Jbn Daud die Notiz hat, daß R. Simuna nur bis
4300 mundi = 540 fungiert hat, weiß ich nicht, vielleicht bloß annäherungsweiſe: וחיה רב סימונא עד שנת ד' אלפים ש'. Sein zeitgenöſſiſcher Kollege
R. Giza iſt vielleicht identiſch mit dem von Seder Olam Sutta erwähnten,
der infolge der Kataſtrophe unter Mar Sutra I ausgewandert iſt und ſich
am Fluſſe Zab niedergelaſſen hat: ומר ר' גיזא אחיו דאביתון דבית מר רב
נהילאי אזל ויתב בנהר צבא. Den Untergang Mar Sutras haben wir oben
um 518 angeſetzt. Die Verfolgung dauerte drei Jahre, ſo kann demnach
R. Giza um 520 das Rektorat von Sura übernommen haben. Die ganze
Dauer der Saburäerepoche beträgt alſo nicht mehr als ein halbes Jahrhundert, d. h. ein volles Menſchenalter[2]). Der Anfang iſt der Tod Rabinas
(500) und der Endpunkt der Tod R. Gizas und R. Simunas (550). Die
letzteren waren ſicherlich noch Jünger Rabinas. Daher berichtet auch Scherira, daß die meiſten Saburäer in kurzer Zeit ſtarben. ורובא דרבנן
סבוראי שכיבי בשנים מועטית דהבי פרשו גאונים בספרי זכרוניהם
בדברי הימים.

Bildeten die Saburäer lediglich einen zeitgenöſſiſchen Kreis von Epigonen der Amoräer, ſo iſt die Richtung ihrer Tätigkeit hiermit gegeben; ſie
kann keine ganz neue, ſondern nur eine ergänzende und abſchließende geweſen ſein[3]). Die Saburäer haben den Talmud in der Geſtalt, wie er
uns vorliegt, endgültig abgeſchloſſen und niedergeſchrieben. Das
geht unzweideutig aus dem Berichte in Seder Tannaïm hervor, wie Luzzatto
ihn mit Recht verſtanden hat: ואחריהם רבנן סבוראי ולא הוסיפו ולא הפליגו
בדעתם ... כלום אלא תקנו פרקי של כל תנויי בסדרן (S. 189). Übereinſtimmend hiermit berichtet Scherira, die Saburäer haben alles Zweifelhafte im
Talmud erklärt und ergänzt und manche Ergänzungen zum Talmud hinzugefügt:
וכמה סברי, כל מה דהוה תלי וקאים פרשוה (רבנן סבוראי), und weiter:
קבעי בגמרא אינון כר' נחימי ור' יוסי ור' אחאי ורבנן דבתריהון. Er tradiert auch nach alter Überlieferung, daß die Saburäer den talmudiſchen
Eingang zum erſten Abſchnitt von Kidduſchin hinzugefügt hätten: ונקטרינן
מן הראשונים דגמרא דריש האשה נקנית עד: בבסך מנא הני מילי רבנן
סבוראי בתראי תרצוהי וקבצוהי ודוזר מנה נמי. Unter den „letzten
Saburäern" verſteht Scherira hier offenbar R. Giza und R. Simuna, im
Gegenſatz zu R. Joſé und Konſorten, welche noch ebenbürtige Zeitgenoſſen
Rabinas waren, während die erſteren Epigonen waren. — Rapoport und
Chajes haben ſich Mühe gegeben, die ſaburäiſchen Zuſätze im Talmud,
Schitta Mekubbezet und anderen Quellen nach herauszufinden; vgl. Kerem
Chemed IV, 249 f. Jndeſſen iſt das Thema noch nicht erſchöpfend genug

---

[1]) [Nach Epſtein a. a. O., S. 231, Anm. 1, wäre der Ausdruck Gaon hier
wörtlich zu nehmen.]
[2]) [Vgl. auch Frankel a. a. O., S. 264, und Epſtein a. a. O., S. 230 ff.]
[3]) [Vgl. ebendart, S. 233—236.]

behandelt. Sicherlich stammt die abschließende, die Praxis normierende Formel im Talmud והלכתא von den Saburäern. Auf keinen Fall dürfen wir die talmudischen Zusätze später als R' Giza und R' Simuna, d. h. über das Jahr 550 hinaus ansetzen. Irrtümlich schreiben daher die Quelle des Ittur, und nach ihm Spätere, die Zusätze zu Kidduschin den, wie sich herausgestellt hat, um 670 lebenden Schulhäuptern R' Rabbah und R' Hunai zu:

ובתשובות: מורדת על בעלה דינה מדתקינו רבנן סבוראי בשנת תתקס״ב[1]
למנין שטרות וברומי [I. ברומי] מר רבנא [I. רבה] גאון בפימבדיתא ומר
ר' הונא גאון מסורא א״ע דאסר כתובה ואיהו חוא ואיהו תני חיא דהאשה נקנית
(Ittur ed. Venedig, p. 102 d). Weder gehören Rabbah und R' Hunai zu den Saburäern, wie aus der oben zitierten Stelle bei Scherira hervorgeht, noch haben sie die Zusätze zu Kidduschin eingeführt.

Der Name Saburai kann nach dem Auseinandergesetzten gar nicht zweifelhaft sein, und es ist unbegreiflich, wie man auf abgeschmackte und unverständige Erklärungen kommen konnte. Sagt es doch Scherira deutlich: Nach dem Untergang der Amoräer war zwar nicht mehr eine selbständige Legislation, aber ein Erklären und Abwägen des Vorhandenen dauerte noch fort: ובתר הכין (בתר ר' אשי ורבינא) ודאי אף על גב דהוראה לא חות איכא פירושי וסברן דקריבין להוראה. Und von diesem Abwägen der Meinungen haben die Lehrer ihre Namen: ואקרו חני רבוותא רבנן סבוראה. Aus den Kontroversen im Talmud haben die Epigonen der Amoräer, nach genauem Abwägen des pro und contra (סברא), die Praxis (הלכה) festgestellt. Die Formel dafür war מסתברא, „es ist als sicher anzunehmen". Vgl. Sanhedrin 43 b, wo gerade der Saburäer R' Rabai aus Rob (nach Scheriras Lesart) einen Zweifel durch die Formel: מסתברא löst. Man kann die Saburäer nach dieser Seite hin decisores nennen, weil sie in im Talmud offen gelassenen Fragen für die Praxis entschieden haben. Die Regeln, welche das Seder Tannaïm für die praktische Entscheidung aufstellt (vgl. oben S. 263 ff.), stammen sicherlich von den Saburäern, d. h. von den unmittelbaren Nachfolgern der Amoräer.

Da sich gezeigt hat, daß die Saburäer nicht eine Reihenfolge von Lehrern bildeten, sondern einer einzigen Generation, der unmittelbar nachamoräischen, angehören, welche sich nur bis in die Mitte des sechsten Jahrhunderts erstreckte, so bleibt eigentlich ein Zwischenraum von einem Jahrhundert zwischen ihnen und den Gaonen[2]. Denn das offizielle Gaonat entstand erst (wie weiter Note 13 nachgewiesen werden wird) unter dem Kalifen Ali 657[3]. Die anonymen Nachfolger von R' Giza und R' Simuna und die namhaft gemachten vom Jahre 589 an (wovon weiter) stehen zwischen den

---

[1]) Vielleicht ist zu lesen תתקפ״ב = 982 Sel. statt תתקס״ב. Dann würde es stimmen, daß Rabbah und Hunai im Jahre 671 fungiert haben.

[2]) [Nach J. Lewh im Jahresbericht des jüd.-theolog. Seminars, Breslau 1895, S. 5, Anmerkung 1 und 1905, S. 28, ist die Datierung der Saburäerepoche bis 689 so zu erklären, daß man sich dieselbe mit Abschluß des ersten Jahrtausends der seleuzidischen Ära, das zugleich Todesjahr des ersten literarisch hervortretenden Gaon, R' Scheschna, war, abgeschlossen dachte. Ein Unterschied zwischen der Tätigkeit der Saburäer und der der ersten Gaonen ist nicht anzunehmen.]

[3]) [Vgl. jedoch Monatsschrift 1908, S. 338, Anm. 2.]

Saburäern und Gaonen. Ihre Wirkſamkeit war ohne höhere Bedeutung,
daher hat die Sprache der Geſchichte keine Bezeichnung für ſie. Da ſie Abraham
Jbn-Daûd, nach der Autorität Samuel ha-Nagids ebenfalls Saburäer genannt
hat, ſo habe ich dieſe Benennung beibehalten zu müſſen geglaubt, ſie aber
als u n e i g e n t l i c h e S a b u r ä e r bezeichnet und die Zeit zwiſchen dem Amoräern und Gaonen die Epoche der Saburäer genannt. Sie drückt den Charakter vollſtändiger Unſelbſtändigkeit und Inferioriät aus. Sie hat keine
bedeutendere Perſönlichkeit und kein irgendwie bedeutendes Werk erzeugt.

Noch ein Punkt, der mit dem Obigen zum Teil zuſammenhängt, ſoll
hier erledigt werden. Das Seder Tannaïm hat zweimal nach der Notiz:
ר' גירא ור' סימונא סוף סברא, den Zuſatz: יונתן סוף מעשה‎ ‏ר'. Auch
Simſon von Chinon hat dieſe Notiz. Sonſt kommt meines Wiſſens dieſe Bezeichnung nicht vor. Dieſe rätſelhafte Notiz läßt ſich einigermaßen auf folgende
Weiſe erklären. R' Haï erwähnt halachiſche Zuſammenſtellungen für die Praxis
von ſeiten paläſtinenſiſcher Lehrer unter dem Titel: מעשים של בני ארץ ישראל
(bei Rapoport, Biographie des R' Niſſim, Note 16). Die Tätigkeit, die ſich
mit der Kaſuiſtik für die Praxis beſchäftigt hat, kann alſo מעשה genannt
worden ſein. Wir würden demnach eine Reihe oder einen Kreis von Männern, die nach dieſer Seite hin tätig waren, darunter zu verſtehen haben,
und R' Jonathan wäre der letzte derſelben. Der Name Jonathan und die
Bezeichnung מעשה, beide weiſen auf Paläſtina hin. In Paläſtina muß auch
das Bedürfnis fühlbar geweſen ſein, eine beſtimmte Norm für die religiöſe
Praxis zu haben[1]. Denn der Talmud Jeruſchalmi, der um 400 geſammelt
war, bot wegen ſeiner Kürze und ſeines ganzen Charakters keinen hinläng-
lichen Stoff dafür. Denn, während der babyloniſche Talmud neben der
Miſchnaherklärung neue Fälle und neue Geſichtspunkte behandelt, hat der
Jeruſchalmi größtenteils den Charakter eines Miſchnahkommentars beibehalten.
Aus einem Kommentar laſſen ſich aber keine Deziſionen für die tägliche
Praxis ausziehen. Sollten wir von dieſen מעשים של בני א"ר gar nichts
beſitzen? Iſt keine Spur davon geblieben? Ich vermute, daß die ſogenannten
kleinen Traktate (מסכתות קטנות) mit den paläſtinenſiſchen מעשים identiſch
ſind[2]. Daß dieſe Traktate jeruſalemiſch genannt wurden, d. h. paläſtinenſiſchen Urſprungs ſind, bezeugt Nachmani (in Orient Jahrgang 1851,
S. 217, Note, und Kirchheim: septem libri talmudici parvi, Einleitung, S III).

Dieſe kleinen Traktate, welche bald מסכתות, bald ברייתיך genannt
werden, nennt meines Wiſſens zuerſt der Karäer Niſſi ben Noach oder Achai,
der (wie weiter unten erwieſen werden wird, Note 17) im neunten Jahrhundert in Paläſtina geſchrieben hat[3]. Er ſchärft den Karäern ein, daß ſie
auch Kenntnis nehmen müſſen „von Miſchnah, Talmud, Halachot, großen und
kleinen Toſeftot", d. h. Borajtot: ולחבין במשנה ותלמוד בהלכות והתוספתות
גדולית וקטנות (bei Pinsker, Likkute Kadmoniot, Beilage S. 1, mitgeteilt) —
תוספית של בית רבי והתוספית של ר' נתן (Jalkut und Kohelet rabba zu 5, 8)

---

[1] [Es iſt aber zu bemerken, daß wir noch bei den allerletzten Amoräern
Babyloniens der Wendung שלחו מתם begegnen, woraus hervorgeht, daß
man von Babylon aus ſich in Paläſtina Belehrung geholt hat.]

[2] [Vgl. jedoch Harkavy a. a. O. S. 391, Anmerkung 3, wonach es mit
בכלו אנשי מעשה in Sota 9, 15 zu erklären wäre.]

[3] [Vgl. jedoch die Bemerkung S. 223, Anm. 2.]

הלכות גרים ועבדים .... הלכות ציצית תפלין ומזוזות. Dann erwähnt
ihrer Simon Kajjâra (in Halachot Gedolot Ende): חמשה חומשי תורה
שמונה נביאים אחד עשר כתובים ששה סדרי משנה ושיתה סדרי
תוספות. ותשצח דברים (של) תורה כהנים. וארבעה בדרש סופרים ספרא
וספרי שהן ארבעה ספרי ואלו הן בראשית רבא וכילתא דאלה שמית וספר
וידבר ואלה הדברים וכולהו פרושם בתורת כהנים (פרושים בתורת כהנים?)
והצונות וקטנות אין בספר [1] Vielleicht muß man lesen:
d. h. so viel als ברייתות קטנות; denn הצונות ist nur die hebräische Bezeichnung für ברייתות. Endlich nennt sie Scherira in seinem Sendschreiben:
ובריאתא נמי דקרינין לחון קטנות דלאו לאורויי מנהון אלא כגון
הלכות דרך ארץ והגדות (ed. Goldberg, p. 27; in Schulams Edition lautet der
Satz: דקרו לחון קטיצות). כגון הלכות דרך ארץ והגדות. Scherira
will keineswegs die kleinen Borajtot mit Derech Erez und den Agadas
identifizieren; denn sonst braucht er nicht hervorzuheben, daß man sie
nicht als Norm für die Praxis nehmen dürfe: die Agadas haben ohnehin keine halachische Autorität. Es scheint in dem vielfach korrumpierten
Texte ein Wort zu fehlen, etwa im Sinne von: דלאו לאורויי מנהון אלא
אנהון כגון הלכות דרך ארץ וכו׳, d. h. die kleinen Traktate oder Borajtot
haben nur so viel Autorität wie die Agadas. Es läßt sich demnach daraus
folgern, daß dieselben einen halachischen Charakter hatten.

Aus dem Zitat aus Halachot Gedolot ergibt sich, daß es viele oder
unzählige kleine Traktate gegeben hat. Wenn die Spätern, darunter zuerst Nachmani, von sieben solchen sprechen, so war ihnen nicht mehr bekannt. Wir
besitzen jetzt durch die Veröffentlichung der sieben bisher wenig bekannten
von R. Kirchheim (Frankfurt a. M. 1851), zehn kleine Traktate. Sie haben
fast durchweg einen mischnaitischen oder Boraita-Charakter. Der Grund dieser
Erscheinung ist, daß den Palästinensern nach Abschluß des jerusalemischen Talmuds die Selbständigkeit und die Kraft abhanden gekommen war, Halachas
zu erzeugen. Nun hatten die Palästinenser im Verhältnis weniges Talmudisches, d. h. amoräische Halachas zu sammeln, dafür aber mehr Boraitas.
Solche sachlich geordnete Boraitas bilden die kleinen Traktate.

1. מסכת ספר תורה lauter Boraitas.

2. מסכת סופרים. Die ersten fünf Abschnitte sind dieselben wie Nr. 1,
nur daß bald in dem einen, bald in dem andern einige Teile fehlen. Von
da ab bis zu Ende ist dieser Traktat selbständig, enthält meistens alte Boraitas,
aber auch Talmudisches, und zwar nur aus Jeruschalmi, und gar nichts
aus Babli. Daher ist es durchaus falsch, dessen Abfassung den Gaonim
zu vindizieren. Er ist in Palästina verfaßt, enthält auch eigentümliche Syn-
agogenriten, die in Babylonien ganz unbekannt waren [2].

3. מסכת כזולה, lauter Boraitas.

4. מסכת תפילין, ebenso.

5. מסכת ציצית, ebenso.

6. מסכת עבדים, ebenso.

---

[1] [Betreff der Bezeichnung ספרים חיצונים vgl. auch Asulai Schem
Hag'dolim II, S. 60, Nr. 65.]

[2] [Vgl. jetzt die Ausgabe von J. Müller, Wien 1878, und die Einleitung hierzu.]

7. מסכת כותים, enthält lauter alte Boraitas aus dem zweiten Jahrhundert und weiß noch nichts von dem gegen Ende des vierten Jahrhunderts gefaßten Beſchluß, welcher die Samaritaner den Heiden gleichſtellt.

8. מסכת גרים, Boraitas.

9. מסכת אבל רבתי, verſchieden von dem im Talmud erwähnten מסכת שמחות, eine kleine Sammlung (Auch sub voce אבל). Ebenfalls Boraitas[1]).

10. מסכת כלה. Dazu gehört auch ein Teil von דרך ארץ, wie aus einem handſchriftlichen Jalkut hervorgeht (mitgeteilt von Luzzatto, Kerem chemed, VII, S. 315 f.). Er enthält alte Boraitas, aber auch Sentenzen aus der krayäiſchen Zeit[2]).

Diese und andere, unbekannt gebliebene Traktate konſtituierten, wie ich vermute, den Inhalt der „paläſtinenſiſchen Praxis" בצשרים של בני ישראל, und unter den Autoritäten, welche die Sammlungen ordneten, wird R' Jonathan, als der letzte, namhaft gemacht. Da das Seder Tannaïm R' Jonathan nach den letzten Saburäern setzt, ſo würde dieſe Ordnung einen allerdings ſchwachen Haltepunkt bieten, daß derſelbe nach 550 gewirkt hat. Als Endzeit kann man wohl die Ausbreitung des Islams annehmen 650..

3.

Die Verfolgung der Juden unter dem perſiſchen König Hormiz IV. und ihre Beteiligung an dem Aufſtande des Uſurpators Bahram Kôbin.

Je mehr man Gelegenheit hat, Scheritas Berichte über die babyloniſchen oder perſiſchen Juden mit Notizen aus externen Quellen zu vergleichen, deſto mehr treten ſeine Geſchichtstreue und Akribie ans Licht. Er tradiert nämlich von einer Verfolgung der Juden am Ende des perſiſchen Reiches, und zwar nach R' Giza und Simuna (nach 550), wodurch die Lehrhäuser geſchloſſen, die Lehrtätigkeit geſtört wurde, und viele Gelehrte Pumbaditas nach Perôz-Schabur (Anbar) auszuwandern gezwungen waren והיו שני
שמד וצרות בסוף מלכות פרסיים ולא הוו יכולין למיקבע פרקי ואתובי
כיתיבתא וכדבר כמנהגי גאונות עד ביתר כבה שני ואתו רבנן דילנא מפום
בדיתא לסביבות נהרדעא למדינתא דפרוז שאבור ואילין גאונים דהוו במתיבתא
דילנא מפום בדיתא בתר אילין כילו בסוף מלכות פרסיים מן שנת תת"ק. ...

Aus den letzten Worten geht hervor, daß dieſe Verfolgung vor dem ſeleuzidiſchen Jahr 900 = 589 ſtattfand. Dieſe Tatſache wird durch eine Notiz eines byzantiniſchen Schriftſtellers beſtätigt, welche die Bewegung der Juden unter Bahram Kôbin beleuchtet. Es iſt aus der perſiſchen Geſchichte bekannt, daß dieſer Feldherr von königlichem Geblüte, um dem über ihn verhängten Tode von Seiten des Thrannen Hormiz oder Hormuz IV. zuvorzukommen, ſich gegen ihn empörte, anfangs für den Thronfolger Chosrau Firuz agierte, ſpäter aber ſelbſt den Thron beſtieg. Chosrau Firuz floh nach Kon-

---

1) [Vgl. hierzu Responſen Chemda Genusa, Nr. 90, S. 17 a.]
2) [Nach Krauß in RÉJ. XXXVI, S. 28 und ebendort Anm. 1 und 2 ſoll es als eine Gemara über einen tannaitiſchen Teil des Werkes zu betrachten ſein.]

stantinopel und flehte den Kaiser um Hilfe an. Nach anderthalbjährigem
Aufenthalte am byzantinischen Hofe zog er mit einem griechischen Heere
gegen Bahram Kôbin, und dieser mußte fliehen (vgl. de Sacy, mémoire
sur diverses antiquités de la Perse, p. 395 ff. und Richter, Geschichte
der Arsaziden- und Sassaniden-Dynastie S. 332 f.). Der byzantinische
Historiker Theophylaktos Simokatta, ein jüngerer Zeitgenosse dieser
Begebenheiten, erzählt: die Juden Persiens, welche damals sehr reich
waren, haben sich an Bahram Kôbins Aufstand beteiligt, und ihre Hinneigung zu ihm war von bedeutendem Gewichte. Dafür hat der Feldherr des Chosrau bei der Einnahme von Machuza viele Juden dieser Stadt
hinrichten lassen: ἕκτη δὲ ἡμέρα (l. ἕκτη δὲ ἡμέρᾳ) καὶ πολλοὺς τοῦ
Ἰουδαϊκοῦ ἱκανῶς μετεσχηκότας τῶν ὑπὸ τοῦ Βαρὰμ νεωτερι-
σθέντων τῷ ἀκινάκῃ διώλεσε (ὁ Μεβόδης) θάνατον ἐπιθεὶς ζημίαν αὐτοῖς.
Οὐκ ἀραξιόλογος γὰρ ἡ ὑπὸ τῶν Ἰουδαίων τῷ Βαρὰμ γεγονυῖα
πρὸς τὴν τυραννίδα ῥοπή. Πλῆθος γὰρ τοῦ τοιούτου ἔθνους πλούτῳ
κατάκομον τὸ τηνικαῦτα καιροῦ τὴν Περσίδα κατῆχε. ἐστὶ γὰρ πονηρὸν τὸ
ἔθνος ... φιλοθόρυβόν τε καὶ τύραννον. (Simocatta V., ed. Bonn, p. 218).
Halten wir den Punkt fest, daß der Beitritt der Juden zu Bahram für
ihn von großem Gewichte war, und, daß die persischen Juden damals die
Unruhen sehr liebten (φιλοθόρυβοι). Denn die Schilderung, daß die Juden
nichtswürdig und tyrannisch waren, können wir füglich auf Rechnung von
Simokattas Parteilichkeit setzen. Fixieren wir die Zeit von Bahrams Aufstand und der Beteiligung der Juden daran, so wird sich daraus ein merk-
würdiges pragmatisches Moment für die jüdische Geschichte ergeben. Die
Chronologie der Interimsregierung Bahrams ist bekanntlich noch nicht kritisch
festgestellt. Viele arabische Chronographen zählen nämlich Bahram als Usurpator gar nicht unter die persischen Könige. Gehen wir von sicheren Punkten
aus. Chosraus Sieg über Bahram fand statt im Sommer des Jahres 902
Sel. = 591. (Vgl. Simokatta a. a. O. V, 7, p. 211, Zeile 3 und die syrische
Chronik bei Assemani bibliotheca orient. III, P. I, p. 411.). Achtzehn
Monate weilte Chosrau am byzantinischen Hofe. Mirkhond berichtet
nach de Sacys Übersetzung: Parviz (Firuz) épousa la princesse Marie,
fille de l'empereur, et lorsqu'il eut passé dix-huit mois à la cour de
ce prince, l'empereur ordonna à son fils de partir accompagné d'une
armée (a. a. O. 398). Rechnen wir die Zeit, welche erforderlich war, daß
Bahram von Chorasan, wo er mit seiner Armee stationierte, nach dem Tigris
und auf die Hauptstadt Ktesiphon marschierte, ferner, daß der Prinz Chosrau
eine Armee gegen ihn sammelte, dann die Zeit, welche verfloß, ehe die
beiden Armeen bei Naharawan ins Handgemenge kamen, und endlich die
Zeit, welche Chosrau brauchte, um mit großen Hindernissen zuerst nach Circesium und dann nach Konstantinopel zu gelangen, so können wir Bahrams
Empörung ohne Bedenken im Sommer oder Herbst 589 ansetzen: nämlich
18 Monate Aufenthalt am byzantinischen Hofe und noch 6 Monate, im
ganzen zwei Jahre. Ungenau ist nun Mordtmann in betreff dieser Data.
In seiner Abhandlung über die Münzen mit Pehlwi-Legenden (Zeitschrift der deutsch-morgenländischen Gesellschaft, Jahrgang 1854, S. 116 f.)
läßt er Hormiz regieren 579—591 und dessen Sohn Chosrau 591—628,
so daß gar kein Raum für Bahram bleibt. Im Widerspruch damit sind

die Bahram-Münzen, die Mordtmann ſelbſt entzifferte, mit dem Prägungs-
jahr Eins (אחד, Achad). Ein Tarich ſetzt daher Bahrams Regierungszeit
auf zwei Jahre und einige Tage (bei Richter daſ. 233), d. h. von Sommer
589 bis Sommer 591. Bahrams Empörung gegen Hormiz fand demnach
im Sommer oder Herbſt 589 ſtatt[1]).

In dasſelbe Jahr ſetzt nun Scherira die Wiedereröffnung des
pumbaditaniſchen Lehrhauſes durch R' Chanan aus Jskija, im Jahre 900
Sel. = 589. ‎בתר אילין מילי מן שנת תת״ק מר ‎. . . ‎וארילין גאונים דהוו
‎ר׳ חנן מן אשיקיא. Die Verfolgung, von der Scherira früher berichtet,
wodurch die Lehrtätigkeit unterbrochen war, hörte alſo mit dem Jahre 589
auf. Hängt nicht die Wiedereröffnung der Lehrhäuſer mit Bahrams Aufſtande und der Hinneigung der Juden für denſelben pragmatiſch zuſammen?
Die Kombination dieſer drei Fakta drängt ſich von ſelbſt auf. Aber auch
ein anderes Moment drängt ſich der Betrachtung auf. Warum haben ſich die
Juden an Bahrams Aufſtand beteiligt? Simokatta antwortet darauf, weil ſie
φιλοθόρυβοι „aufruhrliebend" waren; dieſe Erklärung iſt unwahr. Die
babyloniſchen und perſiſchen Juden haben ſchwerlich aus bloßer Luſt an
Aufſtand und Empörung einen Uſurpator unterſtützt. Scherira gibt aber
den rechten Schlüſſel dazu. Sie haben für Bahram Partei ergriffen, weil
ſein Vorgänger ſie verfolgt, die Lehrfunktionen geſtört und viele zum Auswandern gezwungen hatte. Hormiz IV. war alſo der Verfolger. Ohnehin wiſſen wir von ihm, daß er ſich von den fanatiſchen Magiern zu Religionsverfolgungen verleiten ließ (Evagrius VI, 16), daß er überhaupt
tyranniſch verfuhr und viele Tauſende hinrichten ließ (Mirkhond bei de
Sacy a. a. O. 388). Wir können alſo pragmatiſch verbinden: die Verfolgung
der Juden durch Hormiz, das freundliche Verhältnis zwiſchen ihnen und
Bahram und das Wiedereröffnen der Lehrhäuſer. — Dieſe Verfolgung
dauerte aber nach Scherira nur einige Jahre ‎עד כמיר שנין. Die Späteren,
Abraham Jbn-Daûd u. a., haben die Verfolgung jedoch auf ein halbes Jahrhundert ausgedehnt, von R' Simunas Tod an gerechnet: ‎. . . ‎הדור השני
‎תלמידיר ר׳ סימונא ולא הוזכרו בשמותיהם כי הישיבות בטלו כמו נ׳ שנה אחר
‎מות ר׳ סימונא עד שנת ד׳ אלפים שמ״ט מפני שנאת מלכי פרס וגזירותיהם
Aber dieſe auf Kombination beruhende Angabe iſt unrichtig. Unter Nuſchir-
wan iſt keine Judenverfolgung bekannt. Er hat ihnen bloß ſo wie den
Chriſten Kopfgeld aufgelegt. Khondemir bei de Sacy (a. a. O. 372):
Noushirvan imposa aussi une capitation sur les juifs et les chrétiens.
Es bleiben alſo nur für die Verfolgung Hormiz' Regierungszeit 579—89
zehn Jahre.

4.

Die vorboſtanaiſchen Exilarchen.

Während Scherira bezüglich der Diadoche der Schulhäupter ſehr genau
iſt, iſt er in betreff der Exilarchen ſehr wortkarg, und über die Vorgänger
Boſtanais ſchweigt er ganz und gar. Der letzte von ihm genannte Reſch-

---

[1]) [Nach Nöldeke a. a. O. S. 431 hat Bahârm vom 27. Juni 590
bis Juni 591 regiert, wonach auch das Datum der Verfolgung des Hormiz
zu ändern wäre.]

Galuta in der unmittelbar nachtalmudischen Zeit ist, wie in Note 1 bemerkt wurde, R' Huna, st. 508. Ließe man sich von dem Seder Olam Sutta leiten, so wäre von dessen Nachkommen und überhaupt von diesem erlauchten Davidischen Hause keiner in Babylonien geblieben. Denn R' Hunas Sohn, Mar-Sutra, starb durch Henkers Hand, und dessen Sohn Mar-Sutra II. wurde nach Palästina gebracht (Note 1). Wir haben aber annehmen zu müssen geglaubt, daß diese Angabe aus einer feindlichen Tendenz gegen die babylonischen Exilarchen hervorgegangen ist. Denn Scherira, die glaubwürdigste Quelle für die jüdisch-babylonische Geschichte, läßt an einer Stelle gelegentlich die Äußerungen fallen, daß noch in der nachtalmudischen Zeit, zur Zeit des Perserreiches, die Exilarchen in Ansehen in Babylonien standen. Er, der überhaupt nicht gut auf die Resch-Galuta zu sprechen ist, berichtet von ihnen, daß sie zur Zeit der Perser tyrannisch herrschten (S. 37): הואיל והוה להון לרישי גלותא מרות קשה בימי פרסים.

Sehen wir uns nach Namen um, so kommt vor Bostanaï, der einen Wendepunkt für die Geschichte des Exilarchats bildet und Zeitgenosse des Kalifen Omar war (vgl. weiter), ein Name Kafnaï vor. In der Schulamschen Ausgabe des Juchasin wird, aus Nathan Bablis Mitteilungen, eine lückenhafte Reihenfolge der Exilarchen aufgeführt, und da heißt es: כפנאי בסתנאי. Der Karäer Jephet ben Said, der (1163) eine karäische Traditionskette zusammengestellt hat und Anans Vorfahren aufwärts aufzählt, nennt ebenfalls vor Bostanaï: Kafnaï: ורב כפנאי הנשיא מסרה לרב חנינאי בנו ורב חנינאי מסרה לרב בסתנאי בנו. Diese aus einer unbekannten Quelle geschöpfte Genealogie wird durch eine authentische Nachricht bestätigt. In dem bekannten Gutachten R. Haïs, worin die Geschichte Bostanaïs und seiner Söhne erwähnt wird Resp. Geonim Schaare Zedek, p. 3a, No. 17) heißt es: בוסתנאי ריש גלותא דהוא חנינאי. Hier ist offenbar ein Korruptel, es muß gelesen werden: בוסתנאי דהוא בן חנינאי. Wir haben demnach sichere Zeugnisse, daß vor Bostaïna zwei Exilarchen fungierten: Chaninaï und Kafnaï. Da Bostanaï bei der Eroberung der Araber (um 640) bereits mannbar und also um 600 geboren war, so fällt das Leben seiner Vorgänger ins sechste Jahrhundert [1].

5.

Die Juden Palästinas in der vorislamitischen Zeit.

Während Scherira über die Juden Babyloniens einige, wenn auch dürftige Nachrichten aus der Zeit zwischen dem Abschluß des Talmud und der Entstehung des Gaonats überliefert hat, verlautet über Judäa in dieser Zeit auch nicht ein Wort. Nur aus externen Quellen wissen wir, daß Juden zu dieser Zeit in Palästina wohnten. Diese zerstreuten Nachrichten sollen hier zusammengetragen werden. — Daß Juden in Tiberias, dem Hauptorte der talmudischen Zeit, zahlreich wohnten, erfahren wir aus den christlichen Chrono-

---

[1] [Die Liste ist so zu gestalten: Huna Mar, genannt im Arabischen Hakim — vgl. Harkavy, Tschuboth ha-Geonim S. 378, — der auch Ahunaï genannt wurde (vgl. Seder Olam Sutta ed. Neubauer II, S. 76 und Lazarus a. a. O. S. 129 Anm. 1 und S. 171 im Register), ferner Kafnaï, Chaninaï, Bostanaï.]

graphen Eutychius oder Jbn-Batrik (10. Saeculum; Annales, ed. Pococke,
V, II, p. 212, 220, 240). Theophanes nennt einen einflußreichen Juden
Benjamin von Tiberias aus dem Anfang des ſiebenten Jahrhunderts (vgl.
weiter). Tiberias war noch im ſechsten Jahrhunderts religiöſer Mittelpunkt.
Das folgt aus dem Sendſchreiben des Biſchofs Simeon von Bet-Arſcham
an Simeon, Abt von Gabula (in Assemani, biblioth. orientalis, I, 379).
Als der jüdiſch-himjaritiſche König Dhu-Nowas die Chriſten von Nagaran
bekämpfte, forderte der genannte Biſchof die Chriſten in Paläſtina auf, daß
die Führer des Judentums in Tiberias gefoltert und gezwungen werden
ſollten, den jüdiſchen König zu bedeuten, die Chriſtenverfolgung in Himjara
einzuſtellen. Der ſyriſche Text lautet: ונתלבכון דן את רשיר כהניא דיהדרא
דבטבריוס ונתאלצון דנשדרון לות הנא מלכא יהודריא דאתחזר דנבטל
אגונא ודרופיא מן בית המירירא. Der Einfluß der tiberienſiſchen Gemeinde
muß ſich alſo ſo weit erſtreckt haben, daß der Biſchof vorausſetzen konnte,
der himjaritiſche König würde einer Mahnung von dort aus Folge leiſten.
Ein Jahrhundert ſpäter hatte Tiberias noch dieſelbe Bedeutung; denn der
Mönch vom Berge Sinaï, der zum Judentume übergehen wollte, begab ſich
514 über Noara nach Tiberias, um dort ſein jüdiſches Bekenntnis abzulegen:
Fuit in monte Sina monachus et in cellula multos vixit annos. Vidit
turbam apostolorum et martyrum densissimis tenebris . . . a parte
opposita Mosem, prophetas et omnem populum judaeum splendida luce
conspicuos. . . . In Palaestinam pervenit rectaque contendit in Noara et
Libyadem (l. Tiberyadem), asyla Judaeorum, accepit uxorem, pro-
pugnator factus judaïcae superstitionis, Judaei eum secundum vocant
Abraham (Antiochii homilia 84 in maxima bibliotheca patrum, ed. Lugd.,
T. XII, p. 265). Von den Juden in Cäſarea und Neapolis (Sichem)
ſprechen Malalas und Theophanes, von denen in Nazareth der ſchon genannte
Jbn-Batrik, ſowie auch von denen in Galiläa im Anfang des 7. Jahrhunderts: אליהוד מן טבריה וגבל אלגליל ואלנצרה ומא חולה (daſ. II
213, 241). In Jeruſalem ſelbſt ſcheinen aber keine Juden gewohnt zu haben;
denn Jbn-Batrik ſpricht nur von Juden um Jeruſalem: אליהוד אלרי
חול בית אלמקדס (242, zweimal). Das iſt alles, was man von dem Aufenthalt der Juden in Paläſtina aus dem ſechſten und ſiebenten Jahrhundert
weiß.

6.

Die angebliche kriegeriſche Bewegung der Juden Paläſtinas unter Juſtinian.

Der byzantiniſche Chronograph Theophanes referiert, die Juden hätten
im Anfang der Regierung Juſtinians gemeinſchaftlich mit den Samaritanern
einen Aufſtand gemacht, die Chriſten totgeſchlagen und ſich einen König von
ſamaritaniſcher Abkunft gewählt, mit Namen Julian. Dieſen Bericht haben
manche Hiſtoriker ohne Kritik nachgeſchrieben und dann hinzugefügt: Als der
Aufſtand der Juden und Samaritaner gedämpft war, wären jüdiſche und
ſamaritaniſche Flüchtlinge nach Perſien gekommen und hätten den perſiſchen
König überredet, keinen Frieden mit dem Kaiſer zu ſchließen, weil ſie ihm

eine ganze Armee von Juden und Samaritanern zur Hilfe stellen wollten. Diese Angabe entbehrt aber jeder geschichtlichen Basis und beruht auf einem Mißverständnisse, das sich Theophanes hat zu Schulden kommen lassen. Die Hauptquellen über den Aufstand in Palästina, der Biograph des Abtes St. Saba, Chyrill von Skythopolis (in Cotelers monumenta ecclesiae graecae T. III, c. 70, S. 239) und Procop, beide Zeitgenossen Justinians, erzählen lediglich von dem Aufstand der Samaritaner gegen die byzantinischen Römer und erwähnen der Juden dabei mit keinem Worte (vgl. Procopius, historia arcana, c. 11). Selbst das Chronikon Paschale berichtet nur von dem Aufstande der Samaritaner: τούτῳ τῷ ἔτει Σαμαρειτῶν στασιασάντων καὶ ποιησάντων ἑαυτοῖς βασιλέα καὶ καίσαρα (ed. Bonn. p. 619.)

Der Irrtum entstand aus einer unverständlichen Konstruktion des Chronographen Malalas von syrischer Abkunft. Dieser barbarische Byzantiner, dessen Griechisch das unbeholfene Syrisch durchscheinen läßt, leitet den Aufstand der Samaritaner mit den Worten ein (Chronographia, p. 445): τῷ δὲ Ἰουνίῳ μηνὶ τῆς ἑβδόμης ἰνδικτιῶνος ταραχῆς γενομένης ἐθνικῆς, συμβαλόντων γὰρ τῶν Σαμαρειτῶν μεταξὺ Χριστιανῶν καὶ Ἰουδαίων κ. τ. λ. Der Sinn ist dunkel, bedeutet aber schwerlich, wie ihn die lateinische Version wiedergibt; Samaritanis enim Judaeisque cum Christianis conflictantibus. Denn der Kasus Ἰουδαίων ist nicht Genitivus absolutus, sondern wird gleich Χριστιανῶν von der Präposition μεταξὺ regiert. Eher kann der Sinn sein, daß die Samaritaner Christen und Juden angefallen haben. Und im ganzen Verlaufe der Erzählung spricht Malalas nur von den Samaritanern, daß sie viele Plätze in Skythopolis verbrannt haben (πολλοὶ τόποι ἐνεπρήσθησαν Σκυθοπόλει ἐκ τῶν αὐτῶν Σαμαρειτῶν), und daß 20000 Samaritaner infolge dieses Aufstandes umgekommen seien. — Malalas' dunkle und schwerfällige Konstruktion hat nun sein Kopist, Theophanes, mißverstanden und daraus das Faktum gemacht, die Juden hätten sich an dem Aufstande der Samaritaner beteiligt (Chronographia I, p. 274): τῷ δὲ Ἰουνίῳ μηνὶ Σαμαρεῖται καὶ Ἰουδαῖοι ἐν Παλαιστίνῃ βασιλέα Ἰουλιανόν τινα ἔστεψαν καὶ κατὰ Χριστιανῶν ὅπλα κινήσαντες κ. τ. λ. Da, wo Theophanes seine Quelle nicht mißverstehen konnte, berichtet er auch nur von Samaritanern allein, daß Flüchtlinge derselben dem König Chosrau die Überlieferung des Landes und Hilfstruppen (Juden und Samaritaner) versprochen haben: ἀναπεισθεὶς (ὁ Χοσρόης) ὑπὸ Σαμαρειτῶν τῶν προςφυγόντων αὐτῷ καὶ ὑποτιθεμένων αὐτῷ προδιδόναι τὴν χώραν αὐτῶν πᾶσαν, τὴν Παλαιστίνην, ὡς ἔχοντες καὶ συμμαχίαν Ἰουδαίους τε καὶ Σαμαρείτας χιλιάδας πεντήκοντα.

Wenn es noch eines Beweises bedürfte, daß die Juden an dem Aufstande der Samaritaner zu Justinians Regierungsanfang unbeteiligt waren, und den samaritanischen König Julian nicht anerkannt haben, so würde es aus einer unzweideutigen Tatsache gefolgert werden können. Chyrill von Skythopolis berichtet, der Kaiser Justinian habe den Samaritanern infolge ihrer Empörung die Strafe aufgelegt, daß sie keine Synagoge besitzen und kein Dispositionsrecht, über ihr Vermögen, zu testieren und zu schenken, haben sollten (a. a. O. p. 242). Ἰουστινιανὸς χρησάμενος τοῦ παύεσθαι τὰς τῶν Σαμαρειτῶν συναγωγὰς καὶ πάσης τῆς πολιτείας ἀπελαύνεσθαι καὶ μήτε κληρονομεῖν τούτων ἰδίοις, μήτε κατὰ δωρεὰς δίκαιον ἑαυτοῖς παραμένειν.

Übereinſtimmend damit finden ſich zwei Geſetze von Juſtinian, welche dieſe Rechtsbeſchränkung der Samaritaner ſanktionieren (Codex Justiniani L. I, T. V. Nr. 17 und 18): αὐτοκράτωρ Ἰουστινιανός. Αἳ τῶν Σαμαρειτῶν συναγωγαὶ καθαιροῦνται . . . Οὐ δύνανται δὲ διαδόχους ἔχειν ἐκ διαθήκης κ. τ. λ. — Nr. 19 desſelben Titels, welches beſtimmt, daß die ungläubig ge-bliebenen Kinder der Samaritaner, Manichäer, Montaniſten, Ophiten und und anderer Häretiker nicht erbfähig ſind, iſt datiert vom Jahre 530, hängt also mit dem Aufſtande der Samaritaner zuſammen: omnibus, quae nostrae constitutiones de poenis paganorum . . . et Samaritarum . . . causa con-stituerent, ex hac nostra lege confirmandis. Aus der Juſtinianiſchen Novelle 120, welche dieſe ſtrengen Strafen gegen die Samaritaner aufhebt (vom Jahre 551), erſehen wir, daß ſie infolge der Empörung verhängt worden waren. Σαμαρείτας γὰρ πρώην θρασυνομένους καὶ κατεπαιρομένους Χριστιανῶν πολλοῖς μὲν ἐπιτιμίοις ἐσωφρονίσαμεν, ἑνὶ δὲ μάλιστα, τῷ μήτε διαθήκας αὐτοὺς δύνασθαι γράφειν κ. τ. λ.

Allen dieſen Strafen waren aber die Juden nicht unterworfen; ſie durften ihre Synagogen behalten und über ihr Vermögen disponieren, ein Beweis, daß ſie von Juſtinian und ſeinen Beamten nicht als Mitſchuldige der Sama-ritaner betrachtet wurden. Daß die Juden gegen die Samaritaner bevor-rechtet waren, erhellt aus dem Geſetze des juſtinianiſchen Kodex, vom Jahr 531 (l. c. Nr. 21). Es erklärt die Samaritaner gleich Manichäern, Montaniſten und andern für unwürdig, auch untereinander als Zeugen aufzutreten, wäh-rend es den Juden gleich andern Häretikern, die Fähigkeit, untereinander Zeugnis abzulegen, zuſpricht: Inter se autem haereticis, vel Judaeis, ubi litigandum existimaverint, concedimus foedus permixtum, et di-gnos litigatoribus etiam testes introduci, exceptis scilicet his quos vel Manichaeus furor . . . vel pagana superstitio detinet, Samaritis nihilo minus. . . . Sed his quidem, i. e., Manichaeis . . . et paganis nec non Samaritis . . . omne testimonium, sicut et alias legitimas conser-vationes, sancimus esse interdictum. Die Samaritaner wurden im byzan-tiniſchen Reiche noch ſchlimmer behandelt, als die Juden, weil ſie als Apoſtaten vom Chriſtentum galten.

7.

Die juſtinianiſche Novelle über das Vorleſen der heiligen Schrift in den Synagogen.

Die Novelle 146 περὶ Ἑβραίων, erlaſſen an den praefectus praetorio Areobindus an den Jden des Februar 553, welche für die innern Verhält-niſſe der Juden des byzantiniſchen Reiches ſo wichtig iſt, hat vielfache Miß-deutungen erfahren. Klarer kann kein Erlaß abgefaßt ſein, als dieſe breite, ſich in Wiederholungen ergehende Novelle, und doch behauptet Zunz (Gottesdienſtl. Vorträge S. 11) „ſie verbreite mehr Dunkelheit als Licht über den Punkt, ob die griechiſche Überſetzung in den Synagogen geleſen wurde.“ Vgl. die verſchiedenen Anſichten darüber in der Zeitung des Judentums Jahrg. 1841, S. 171 und Frankel, Vorſtudien zur Septuaginta S. 58. Das Mißverſtändnis der Hauptsache beruht auf einer falschen Lesart der alten lateinischen Version. So lange man der Lesart folgte: quod quidam (Judaeorum) solum habentes hebraicam vocem et ipsa uti in sacrorum librorum lectione volunt, nec graecam tradere dignantur, konnte man keinen rechten Sinn darin finden. Durch die Wiederherstellung des ursprünglichen griechischen Textes dieser Novelle (in Kriegels corpus juris T. III, p. 640 ff.) tritt das richtige Sachverhältnis ans Licht, und man gewinnt dadurch einen Einblick in die Bestrebungen der Juden und in die Tendenzen des judenfeindlichen Kaisers. Der Streitpunkt, welcher vor den Kaiser gebracht wurde und dieses Edikt veranlaßt hat, war folgender. Eine Partei in einer griechisch redenden jüdischen Gemeinde wollte eine Neuerung einführen; sie wollte neben der Vorlesung der Perikope des hebräischen Textes auch noch deren griechische Übersetzung aus einer vorhandenen Version vorgelesen wissen. Dagegen waren aber die Frommen, namentlich die Vertreter des Judentums, die Lehrer und Prediger ganz entschieden; sie bestanden darauf, daß das Hebräische ganz allein vorgelesen werde. Das sagen unzweideutig die Worte der Einleitung aus (nach der wiederhergestellten Lesart). Der Kaiser erzählt: δι' αὐτῶν γὰρ τῶν προσενηνεγμένων ἡμῖν προσελεύσεων ἐμάθομεν, ὡς οἱ μὲν (τῶν Ἰουδαίων) μόνης ἔχονται τῆς ἑβραΐδος φωνῆς, καὶ αὐτῇ κεχρῆσθαι περὶ τὴν ἱερῶν βιβλίων ἀνάγνωσιν βούλονται. οἱ δὲ (falsche Lesart οὐδὲ) καὶ τὴν ἑλληνίδα προσλαμβάνειν ἀξιοῦσιν. Der Gegensatz von μόνῃ ἑβραΐς φωνῇ und προσλαμβάνειν τὴν ἑλληνίδα spricht klar genug den Streitpunkt aus: auf der einen Seite lediglich Vorlesen des hebräischen Originals, und auf der anderen Seite das Hinzuziehen einer griechischen Übersetzung. Von einem chaldäischen Targum ist hier durchaus keine Rede. — Aus der in dieser Novelle wiederholentlich gebrauchten Fassung: Das „Griechische zum Lesen" — „diejenigen sind berechtigter, welche die griechische Sprache zum Lesen (Vorlesen) ihrer heiligen Schrift hinzunehmen wollen" (τὴν ἑλληνίδα φωνὴν πρὸς τὴν . . . ἀνάγνωσιν προσλαμβάνειν), „es ist den Hebräern gestattet, die heilige Schrift in ihren Synagogen in der griechischen Sprache zu lesen" (διὰ τῆς ἑλληνίδος φωνῆς τὰς ἱερὰς βίβλους ἀναγινώσκειν), ich sage, aus dieser Fassung muß man folgern, daß die griechische Partei sich einer bereits vorhandenen griechischen Version bedienen wollte, um daraus neben dem Hebräischen vorzulesen. Sie verlangte, soweit Justinian ihre Intention verstanden hat, eine doppelte Rezitation, Hebräisch und Griechisch. Man darf also hierbei nicht an eine Übersetzung Vers um Vers, wie von einem Meturgeman, denken. Daher empfiehlt ihnen der Kaiser zunächst die Septuaginta und in zweiter Reihe die Aquilasche Version, als bereits vorhandene Versionen[1].

Ein noch wichtigerer Punkt in der Novelle ist das Verbot der Deuterosis: „Die von ihnen sogenannte Deuterosis verbieten wir ganz und gar" (τὴν δὲ παρ' αὐτοῖς λεγομένην δευτέρωσιν ἀπαγορεύομεν παντελῶς). Was ist unter diesem Worte zu verstehen? Einige Erklärer verstehen darunter den ganzen Talmud, andere bloß die Mischnah. Aber beide haben den Zusammenhang der Novelle verkannt. Es ist in dieser Novelle nur vom Gottesdienst in den Synagogen die Rede, wohin doch Mischnah und Talmud keines-

---

[1] Vgl. Kobak, ישרון VI, S. 126.

wegs gehören. Was auch Deuteroſis bedeuten möge, es muß jedenfalls einen
Beſtandteil des Gottesdienſtes ausgemacht haben. Der Zuſammenhang der
Novelle führt unbedingt darauf. Der Kaiſer erklärt diejenigen im Rechte,
welche das Vorleſen aus dem Griechiſchen neben dem Hebräiſchen in
den Synagogen wünſchen, weil es für jedermann verſtändlich iſt, verbietet ſogar das Hebräiſche allein zu gebrauchen, empfiehlt die Septuaginta,
weil darin prophetiſch auf Jeſus hingewieſen ſei, geſtattet aber auch den
Aquila und andere Verſionen. „Aber die ſogenannte Deuteroſis verbieten
wir ganz und gar, weil ſie nicht in den heiligen Büchern enthalten, noch
von oben durch die Propheten überliefert iſt, ſondern eine Erfindung (ἐξεύρεσις)
von Menſchen iſt, die aus der Erde ſpricht und nichts Göttliches in ſich hat."
Führt ſchon das δὲ (τὴν δὲ . . . δευτέρωσιν) auf eine Verknüpfung mit dem
Vorhergehenden, ſo erfordert es noch mehr der darauf folgende Paſſus: „Sie
ſollen die heilige Schrift ſelbſt leſen, die Bücher ſelbſt öffnen (αὐτὰς δὲ δὴ
τὰς ἱερὰς φωνὰς ἀναγνώσονται, τὰς βίβλους αὐτὰς ἀναπτύσσοντες) und nicht das
darin Verkündete verheimlichen, indem ſie das von außen hergekommene
ungeſchriebene Geſchwätz zum Verderben der Einfältigen dabei anwenden"
(τὰς ἔξωθεν δὲ παραλαμβάνοντες ἀγράφους κενοφωνίας). Alſo beim Verleſen
aus der heiligen Schrift ſollen ſich die Juden nicht der Deuteroſis bedienen,
welche hier näher erklärt wird durch ἄγραφοι κενοφωνίαι. Man braucht nicht
lange zu raten, daß unter Deuteroſis die agadiſche und halachiſche
Midraſch zu verſtehen iſt. Man muß das Wort in dem Sinne nehmen,
wie es die Kirchenväter brauchen[1]). Hieronymus, Epiphanius und andere
nehmen δευτέρωσις gleichbedeutend mit παράδοσις (vgl. Hieronymus Kom-
ment. zu Jeſaias 3, 14 und Epiphanius adversus haeres. 13): ἡ γὰρ παράδοσις παρ᾽ αὐτοῖς (᾽Ιουδαίοις) δευτέρωσις καλεῖται. Unter der Überlieferung
verſtehen ſie aber in ihrem Sinne wirkliche Zuſätze zu der heiligen Schrift
und wirkliche Deutung derſelben von ſeiten der Phariſäer; ſie ſprechen ſelten
von der παράδοσις, ohne ſie als κενοφωνία zu brandmarken. Da nun der
Kaiſer Juſtinian ſchwerlich die Novelle ſelbſt ſtiliſiert hat, ſondern einer ſeiner
Hoftheologen, ſo hat der Konzipient ſich offenbar der patriſtiſchen Redeweiſe
bedient, um den Midraſch zu bezeichnen, den der Kaiſer in den Synagogen
verbieten wollte. Die Deuteroſis iſt nichts anderes als die traditionelle oder
midraſchiſche Auslegung der heiligen Schrift.

Durch dieſe Auffaſſung tritt erſt der eigentliche Hintergrund des Streitpunktes deutlich ans Licht. Die Novelle gibt nämlich unzweideutig die
Gegner der griechiſchen Partei an, es waren die ἀρχιφερεκῖται (רישי פרקא),
die πρεσβύτεροι und die διδάσκαλοι oder, wie ſie noch richtiger bezeichnet
werden, die ἐξηγηταί, d. h. die Ausleger der heiligen Schrift, die רבנן דאגדתא.
Die Novelle verbietet ihnen bei ſchwerer Strafe, das Vorleſen aus dem
Griechiſchen durch Machinationen oder Bannflüche zu verhindern: οὐδὲ ἄδειαν
ἕξουσιν οἱ παρ᾽ αὐτοῖς ἀρχιφερεκῖται . . . προσαγορευόμενοι περινοίαις τισὶν
ἢ ἀναθηματισμοῖς τοῦτο κωλύειν. Sie verbietet den „Auslegern", wenn ſie
das Hebräiſche allein vorleſen, den Sinn zu verdrehen: καὶ μὴ παρρησίαν
εἶναι τοῖς παρ᾽ αὐτοῖς ἐξηγηταῖς, μόνην τὴν ἑβραΐδα παραλαμβάνουσι, κακ-
ουργεῖν ταύτην. Mit einem Worte, die griechiſche Partei war gegen die aga-

---

[1]) [Über die Bedeutung von δευτέρωσις bei den Kirchenvätern vgl. Bacher,
Agada der Tannaïten, I², S. 484.]

dische Auslegung der vorgelesenen Perikopen und wollte dafür eine einfache wörtliche Übersetzung derselben.   Darum rügt die Novelle in der Einleitung, daß die Juden sich unvernünftigen Auslegungen der heiligen Schrift hingeben: καὶ ἀλόγοις σφᾶς αὐτοὺς ἑρμηνείαις ἐπιδιδόντες.   Die Agabisten oder Prediger waren aber aus begreiflichen Gründen gegen die griechische Übersetzung. — Die agadische Auslegung war also im 6. Jahrhundert bei einem Teil der Bevölkerung in Mißkredit geraten.   Die griechische Partei, welche an den Kaiser appellierte, scheint denunziatorisch gegen die Agabisten aufgetreten zu sein, daß sie unwürdige Vorstellungen von Gott verbreiteten.   Daher drohte der Kaiser mit schweren Strafen denjenigen, welche „gottloses Geschwätz" (ἀθέους κενοφωνίας) in die Vorträge einführen, Auferstehung und jüngstes Gericht leugnen, und behaupten: das Werk und die Schöpfung Gottes sei durch die Engel geschehen: ἢ τὸ ποίημα τοῦ θεοῦ καὶ κτίσμα (διὰ) τοὺς ἀγγέλους ὑπάρχειν (Lesart des Haleanderschen Kodex).   Die Novelle erhält erst dadurch Sinn und Bedeutung, wenn man annimmt, daß der Streit zugleich für und gegen den Midrasch war[1].

8.

Die Beteiligung der Juden an Chosrau II. Kriegszug gegen Palästina.

Mehrere voneinander unabhängige Chronographen erzählen, daß die Juden sich dem persischen Heere Chosrau II. angeschlossen und zur Niedermetzelung der palästinensischen Christen beigetragen haben, nur weichen sie bei Angabe der Umstände voneinander ab.   Eutychius (Jbn-Batrik) erzählt: Als der persische Feldherr Chawarsijah (חורי׳יה) Damaskus eingenommen hatte und auf Jerusalem losging, sammelten sich zu ihm die Juden von Tiberias, den Bergen Galiläas, von Nazareth und der Umgegend und waren den Persern behilflich bei der Zerstörung der Kirchen und dem Gemetzel an den Christen: פבאני (אליהוד) רעינון אלפרס כלי חראב אלכנאס וקהל אלצצא־רי (annales II, 213).   Weiterhin hebt derselbe noch einmal hervor, daß die Juden samt den Persern (מ׳ אלפרס) eine unzählige Menge Christen in Jerusalem getötet haben.   An einer anderen Stelle (243) teilt Eutychius den racheschnaubenden Bericht der Mönche an den Kaiser Heraklius mit.   Dieser lautete: die Juden hätten noch mehr Christen erschlagen als die Perser: ואנהם (אליהוד) הם אלד׳ין קתל אלנצארי אכת׳ר בן אלפרס.   Ziehen wir die Übertreibung der Mönche ab, so bleibt doch übrig, daß die Juden mit den Persern gemeinschaftlich die Christen in Judäa bekämpften.   Dagegen hat Theophanes zwei Berichte zusammengeschweißt, um die Juden in ein gehässiges Licht zu stellen.   Einmal erzählt er: die Perser hätten, wie einige meinen, 90000 Christen durch die Hand der Juden erschlagen, und gleich darauf: „Denn sie (die Juden) haben die Christen gekauft und getötet (Chronographia I, 463): καὶ πολλοὺς ἀπέκτειναν (οἱ Πέρσαι) διὰ χειρὸς τῶν

[1] [Nach Brüll, Jahrb. V, S. 95, Anm. 1, ist unter δευτέρωσις zu verstehen der Vortrag des Targum; nach Rabbinowitz, S. 399, Anm. 1, und Harkavy a. a. O., S. 400, Anm. 124, ist darunter die Mischna, also wohl, einschließlich der Gemara, der Talmud zu verstehen.]

Ἰουδαίων, ὡς φασί τινες, μυριάδας ἐννέα, αὐτοὶ γὰρ ὠνούμενοι τοὺς Χριστιανοὺς καθὰ ἡμπόρει ἕκαστος ἀπέκτειναν αὐτούς. Die beiden Sätze widerſprechen einander. Der erſte gehört aber einer ſyriſchen oder ſyraiſtiſchen
Quelle an, wahrſcheinlich Malalas, der öfter die ſyriſche Redensart hat:
διὰ χειρός.

Barhebräus Abulfarag hat ebenfalls die Zahl der 90000 getöteten
Chriſten in Jeruſalem, aber er läßt ſie nicht von den Juden, und auch
nicht durch dieſelben, ſondern von dem perſiſchen Feldherrn Schaharabara
umbringen. Er hat auch einen glaubwürdigen Zug von dem freundſchaft-
lichen Verhältniſſe zwiſchen den Juden Paläſtinas und den eroberten
Perſern. Er referiert: „Zuerſt haben die Perſer einen Friedens- (oder
Freundſchafts-)Vertrag mit den Juden gemacht, zuletzt haben ſie auch
dieſe nach Perſien exiliert" (Chronicon Syriacum. ſyriſcher Text, p. 96):
בתר שתא כבתה (שתרברא) לאוי־שלם וקטל בה תשׁׁין אלפיא בנינשא ובקדמא
לירודיא שלמא עבדו (פרסיריא) איתא אף להון גלוו כלניאת לפרס. Iſt
ſchon die Zahl der in Jeruſalem allein Umgekommenen übertrieben, ſo
iſt es noch ungerechter, ſie ſämtlich auf Rechnung der Juden zu ſetzen. Wir
wollen daraus nur das Faktum herausheben, daß die Juden ſich den Perſern
bei der Eroberung Paläſtinas angeſchloſſen haben, ihrem Heere gefolgt ſind
und bei der Belagerung Jeruſalems tätig waren.

Der Herd der kriegeriſchen Bewegung der Juden gegen die Chriſten
ſcheint Tiberias geweſen zu ſein, und die Seele derſelben ein reicher Jude
Benjamin. Dieſer wird als der größte Feind der Chriſten Paläſtinas
dargeſtellt (Theophanes, Chronographia I. 504): ἐλθόντι δὲ αὐτῷ Ἡρακλείῳ
ἐν Τιβεριάδι κατηγόρησαν οἱ Χριστιανοὶ Βενιαμίν τινα ὀνόματι, ὡς κακο-
ποιοῦντα αὐτούς. ἦν γὰρ ἐνούσιος σφόδρα καὶ ὑπεδέξατο τὸν βασιλέα καὶ τὸν
στρατὸν αὐτοῦ. Heraklius fragte Benjamin, warum er feindſelig gegen die
Chriſten gehandelt: διὰ ποίαν αἰτίαν κακοποιεῖς τοὺς Χριστιανούς; er antwortete: ὡς ἐχθροὺς τῆς πίστεώς μου. War Tiberias Mittelpunkt, ſo erklärt
es ſich, warum Euthychius die Juden von Tiberias zuerſt nennt unter denen
welche ſich dem perſiſchen Feldherrn angeſchloſſen haben.

Indeſſen iſt noch ein Punkt zu erledigen. Wenn die Juden gemein-
ſchaftliche Sache mit den Perſern gemacht haben, wie kommt es, daß der
Hauptagitator Benjamin den Kaiſer und ſein Heer ſo freigebig bewirtet hat,
wie Theophanes erzählt? Wie kommt es ferner, daß, wie Varhebräus tradiert, die Perſer die Juden Paläſtinas nach Perſien exiliert haben, da ſie
doch deren Bundesgenoſſen waren? Endlich wird die Schwierigkeit noch
größer, wenn wir Euthychius' Bericht hinzuziehen, daß Heraklius mit den
Juden ein vollſtändiges Bündnis, einen ſchriftlichen Vertrag, geſchloſſen hat. Die Worte deſſelben lauten, nach Pocookes lateiniſcher Überſetzung (Annales II, 340): Cumque Tiberiadem pervenisset (Heraclius),
egressi ad ipsum Judaei Tiberiadis incolae, nec non regionis Galilaeae
... et Nazarethi ... cum muneribus, fausta comprecantes, rogantes ut
securitatem ipsis concederet, quam concessit, foedusque cum ipsis
literis obsignavit (וכתב להם כלך עהרא). Zwar ſtellt Euthychius das
Sachverhältnis ſo dar, daß Heraklius erſt bei ſeinem Eintreffen in Tiberias
auf ſeinem Triumphzuge nach Jeruſalem, nach ſeinem Siege über die
Perſer, mit den Juden ein Bündnis ſchloß, und man könnte es ſo faſſen,

daß er ihnen Amnestie für ihre Empörung bewilligt hat. Allein dem widerspricht Eutychius selbst. Er erzählt nämlich: Als Heraklius in Jerusalem
eintraf, traten die Mönche als Ankläger der Juden auf wegen deren Gemetzel an den Christen und Zerstörung der Kirchen und verlangten die Vertilgung der Juden. Als sich aber Heraklius auf sein Bündnis mit den Juden
berief und den Wortbruch von sich wies, entgegneten die Mönche: Christus
werde ihm die Ausrottung der Juden als Verdienst anrechnen, und, was die
Menschen betrifft, so werden sie ihn damit entschuldigen, daß er zur Zeit,
als er das Bündnis mit den Juden geschlossen, von ihren Untaten
an den Christen noch nichts gewußt habe: excusatum etiam te habe-
bunt homines, quod cum tibi obviam egressi muneribus te exceperint
(Judaei), quod dolo ab ipsis factum, et ad culpam, quam commiserant,
amoliendam. Hat also Heraklius von der Beteiligung der Juden an der
Demütigung der Christen nichts gewußt, so war der Vertrag nicht ein
Amnestiebrief, sondern ein freies Bündnis inter pares. Indessen ist
es unglaublich, daß das, was alle Welt wußte, Heraklius unbekannt geblieben
sein soll. Heraklius zieht nach Jerusalem mit dem Kreuzesholze, das die
Perser früher in Jerusalem bei der Belagerung geraubt hatten, woran sich
die Juden beteiligt hatten, und er soll mit ihnen ein Bündnis geschlossen
haben, im Wahne, die Juden hätten sich während der vierzehnjährigen
Okkupation neutral verhalten? Das ist ganz unmöglich.

Man müßte also annehmen, daß Eutychius' Bericht von dem Bündnisse
des Kaisers Heraklius mit den Juden erfunden ist. Aber dagegen sprechen
wieder zwei Umstände. Einmal, daß Theophanes selbst darauf hinweist in
der Erzählung, daß Benjamin von Tiberias den Kaiser und sein Heer verpflegt hat. Dann beruht Eutychius' Referat auf einer faktischen Tradition.
Denn infolge des Treubruches des Kaisers gegen die Juden haben die
Christen von Jerusalem eine neue Fastenwoche zur Büßung der scheinbaren
Sünde (nach ihrem Sinne) eingeführt. Diese Fasten, welche Herakliusfasten
hieß (צום הרקל), wurde, wie Eutychius erzählt, bis in seine Zeit von
den koptischen Christen beobachtet. Primam ergo jejunii septimanam . . .
jejunium absolutum statuerunt, in qua Heraclii gratia jejunarent . . . quò
remitteretur ipsi foederis sui violatio et Judaeorum caedes . . . ab
ovorum, casei et piscium esu in eadem abstinentes, eaque de re in omnes
regiones literas scripserunt. Ac Aegypti Cophitae in hunc usque
diem jejunium illud observant (das. 247). Eine solche Tradition,
welche auf einem alljährlich sich wiederholenden Ritus beruht, ist ihrer Natur
nach echt historisch. Ist es demnach unzweifelhaft, daß Heraklius mit den
Juden Palästinas ein Bündnis geschlossen hat, so kann es nicht aus Unkenntnis
ihrer Beteiligung an dem Kriege gegen die Christen geschehen sein. Die
Schwierigkeiten löst aber Barhebräus' Bericht: Die Perser haben zuerst mit
den Juden Frieden gemacht und später auch sie exiliert. Es muß also
innerhalb der 14jährigen Okkupation Palästinas von seiten der Perser eine
Sinnesänderung vorgegangen sein. Die Perser verfuhren feindlich gegen
die Juden, das war Grund genug, um die Juden zu veranlassen, sich von
ihnen, von denen sie so viel erwartet haben mochten, loszusagen und sich
wieder dem Kaiser Heraklius zuzuwenden. Heraklius, der an vielen Punkten
mit den Persern zu kämpfen hatte und sich überall nach Bundesgenossen

umsah, mochte froh sein, daß er die Juden von seinen Feinden abzog und sie in deren Feinde verwandelte. Das scheint mir die einzig mögliche Lösung zu sein, welche sämtlichen Berichten über dieses Faktum gerecht wird.

9.

Frühestes Vorkommen der Juden in Spanien und Frankreich.

Von den gehäuften Notizen, die man herangezogen hat, um das frühe Vorkommen der Juden auf der pyrenäischen Halbinsel zu beweisen, haben nur wenige Beweiskraft[1]). In Leviticus Rabba (c. 69) deutet R' Meïr „das Land der Gefangenschaft" auf Gallien und Spanien: ר' מאיר דריש וזרעך בארץ שביה מגליה ואספמיא. Indessen, da niemand für die Lesart ר' מאיר bürgen kann, so kann man streng genommen davon nicht beweisen, daß Juden in der Mitte des zweiten Jahrhunderts in diesen beiden Ländern bereits angesiedelt waren. Die übrigen Stellen, wo im Talmud oder Midrasch אספמיא vorkommt, beweisen für die Sache gar nichts. Denn entweder bezeichnet das Wort die weiteste Entfernung des Kontinents, gewissermaßen das finis terrae, oder es ist korrumpiert aus אפמיא-Apamea in Syrien oder Chaldäa. Der Beweis von der Notiz aus dem Talmud, daß ein Exilarch R' Isaak von קורטובא nach אספמיא gereist und dort gestorben ist, und man in Babylonien über die Indentität der Person verhandelt hat, beweist nur die logische Beschränktheit desjenigen, der ihn zuerst aufgestellt: יצחק ריש גלותא ... הוה קאזיל מקורטובא לאספמיא ושכיב שלחו מהתם ... מי חיישינן לתרי יצחק (Jebamot 115b). Wie kommt ein babylonischer Exilarch nach Spanien? Und was soll das bedeuten: Er reiste von Cordova nach Spanien? Und wie hat man über den Befund des Verstorbenen in Spanien ein Verhör in Babylonien aufnehmen können? Hier, wie an mehreren Stellen, haben spanische Kopisten, die bei קורטובא an die ehemalige spanische Hauptstadt Cordova erinnert wurden, aus אפמיא gemacht אספמיא. Der babylonische Exilarch ist nicht von Cordova nach Spanien, sondern von Corduene (in dem karduchischem Gebirge) nach Apamea in Mesene oder Südbabylonien gereist und dort gestorben[2]).

Es bleiben also nur drei, allerdings nicht sehr kräftige Beweise für den frühesten Aufenthalt der Juden in Spanien. Der Apostel Paulus schrieb an die judenchristliche Gemeinde von Rom von Korinth aus: er werde auf seiner Reise nach Spanien auch zu ihnen kommen (Römerbrief 15, 24, 28): ὡς ἐὰν πορεύωμαι εἰς τὴν Σπανίαν, (ἐλεύσομαι πρὸς ὑμᾶς)[3]) ἀπελεύσομαι δι' ὑμῶν εἰς Σπανίαν. Es muß also, wenn der Brief echt paulinisch ist, damals bereits jüdische Gemeinden in Spanien gegeben haben. Denn Paulus reiste nur dahin, wo Juden wohnten oder, was auf dasselbe hinausläuft, wo

---

1) [Vgl. jedoch hierüber Harkavy in RdÉJ. V, S. 203 und in Sichron la-Rischonim II, St. Petersburg 1900, S. 36—39, und bei Rabbinowitz a. a. O., S. 403, Anm. 125.]

2) [Vgl. den Erklärungsversuch bei Schor, Einleitung zur Edit. von Juda Barsilaïs S. ha-Ittim, S. X—XI, Anm. 5.]

3) [Die hier eingeklammerten Worte sind in den edd. nicht nachweisbar.]

unter den Heiden das Judentum durch Vermittelung der Juden bereits einigermaßen bekannt war, und wo er Anknüpfungspunkte für seine Heils-lehre, die er auf Abraham zurückführte, zu finden hoffte.   Daraus würde folgen, daß schon im Anfang der christlichen Zeit Juden in Spanien an-säffig waren.   Den zweiten Beweis liefert das Targum zu den Propheten, das zwischen 330 und 600 verfaßt wurde.   Es erklärt nämlich „die Verbannten Jerusalems in Sepharad" durch „die Verbannten in Spanien" וגלות ירושלם די באספמיא (zu Obadia B. 20).   Der dritte Beweis ist aus dem Seder Olam Suta (verfaßt um 806), welches berichtet, daß Vespasian viele Israeliten nach Spanien verbannt hat: בא אספסינום והחריב הבית והגלה את ישראל (ובתים הרבה מבית דוד ויהודה לאספמיא).   Die eingeklammerten Worte sind wohl als Zusatz eines spanischen Kopisten zu betrachten, der dadurch die Abstammung jüdisch-spanischer Familien vom Hause Davids begründen wollte (vgl. darüber Rapoport, Erech Millin, S. 156 ff.).   Aus kirchen-geschichtlichen Notizen erfahren wir, daß zur Zeit des illiberitanischen Konzils (vor 320) schon Juden in Südspanien vorhanden waren und Einfluß auf die christliche Bevölkerung übten, so daß das Konzil sich veranlaßt sah, zu warnen: possessores (terrae) non pateantur fructus suos quos a Deo percipiunt, cum gratiarum actione a Judaeis benedici. — Über den frühen Aufenthalt der Juden in Gallien haben wir keine Spur.   Denn in dem Bericht, daß R'Akiba in גליא war: אמר ר' עקיבא כשהלכתי לגליא, darf גליא nicht als das eigentliche Gallien, sondern muß als Gallien in Kleinasien gefaßt werden, wie Fürst im Orient richtig verstanden hat[1].

10.

Das jüdisch-himjaritische Reich, die Tobba und die Kriege des Dhu-Nowas.

I.

Als zuerst aus einigen dürren historischen Notizen das Faktum festgestellt wurde, in Südarabien hätten jüdische Könige geherrscht, klang es den be-schränkten Rationalisten des vorigen Jahrhunderts wie ein Ammenmärchen, das kaum die Mühe der Erforschung lohnte.   Durch den unermüdlichen Orientalisten Pocock gewann das Faktum mehr historische Konsistenz, aber es zerrann wieder in der Luft chronologischer Unbestimmtheit.   Pocock versetzte nämlich die Belehrung des jüdisch-himjaritischen Königs, — auf eine schlechte arabische Quelle vertrauend — sieben Jahrhunderte vor Mohammed, also um 130—80 der vorchristlichen Zeit, etwa in die Epoche der Hasmonäer.   Der geniale Sylvestre de Sacy, der Begründer einer wissenschaftlichen Richtung in der arabischen Literaturgeschichte, hat in seiner gelehrten Abhandlung: mémoire sur divers événements de l'histoire des Arabes avant Mahomet (mémoire de l'académe des inscriptions, T. 48, p. 484—763) mehr Licht über dieses interessante Faktum verbreitet, reiche Quellen dafür zugänglich

[1] [Es ist aber doch wohl anzunehmen, daß bereits mit den Römern Juden nach Gallien gekommen sind.]

gemacht und es dem historischen Gesichtskreise näher gerückt. De Sacy hat von den sieben Jahrhunderten drei eliminiert und die Begebenheit um 220—238 der christlichen Zeit versetzt, in die Zeit des Sturzes des Partherreiches. Aber auch dieses chronologische Datum ist viel zu hoch angesetzt. Denn dann müßte das jüdisch-himjaritische Reich bis zu seinem Untergang unter dem letzten König Dhu-Nowas (beiläufig im Anfang des 6. Jahrhunderts) drei Jahrhunderte bestanden haben, und dann müßten wir mehr Nachrichten in den jüdischen Quellen darüber haben. Noch auffallender als jene Schwierigkeit, die man darin gefunden hat, daß Josephus nichts von diesem Reiche zu erzählen weiß, wenn es zur Hasmonäerzeit bestanden haben sollte, wäre es, warum die talmudischen Nachrichten Stillschweigen darüber beobachten! So ganz ohne Verkehr standen die babylonischen Juden mit der arabischen Welt keineswegs. Der Talmud weiß manches von den Arabern unter dem Namen טייעא (= טייא = Stamm Tai) zu erzählen, sogar von ihren Festeszeiten, daß sie nicht fixiert sind. R. Levi, ein Jünger R. Jochanans (250—300), berichtet vieles über Arabien und seine Sprache. Und Jemen war nicht für die palästinensische und babylonische Welt verschlossen, sondern dem Weltverkehr geöffnet. Warum sollte den Juden während der Amoräerepoche diese für sie so schmeichelhafte Tatsache nicht zu Ohren gekommen oder von ihnen ignoriert worden sein? Ist man schon aus diesem Grunde berechtigt, an der Existenz des jüdisch-himjaritischen Reiches während der talmudischen Zeit zu zweifeln, so treten noch andere Momente dagegen auf, welche durch das jetzt zugänglich gemachte Kitâb al-Aghani von Abulfarag Alisjahani (um 950) die Zeit der Bekehrung des himjaritischen Königs zum Judentum ganz bestimmt zu Ende des fünften oder im Anfang des sechsten Jahrhunderts fixieren.

Perron, Professor der Chemie und Physik in Kairo und gründlicher Kenner der arabischen Literatur, hat durch kritische Beleuchtung und reiche Zusammenstellung der Quellen die Frage über den chronologischen Anfang des jüdisch-jemenitischen Reiches zum endgültigen Abschluß gebracht in einer großen Abhandlung (im Journal asiatique, Jahrg. 1838, Octobre-Novembre, S. 353—85 und 434—664). Die Abhandlung lautet: sur l'histoire des Arabes avant l'islamisme, de l'époque du petit Tobba, du siège de Médine et de l'introduction du Judaïsme dans le Jemen. Die Beweise Perrons für die spätere, sozusagen nachtalmudische Zeit des jüdisch-himjaritischen Reichs, welche zugleich für die kurze Dauer desselben gelten können, sind so unerschütterlich, daß Herr Caussin de Perceval, der sie nicht anerkennen mochte, in seiner Geschichte der Araber in viele Ungereimtheiten geriet. Da das Faktum für die jüdische Geschichte interessant ist und nicht ohne Einfluß auf die Geschichte der Juden in Arabien im allgemeinen blieb, so will ich hier Perrons Hauptbeweise aufführen und noch andere Beweise hinzufügen, welche das Resultat erhärten können.

1. Das Kitâb al-Aghani, welches alte historische Traditionen treu wiedergibt, berichtet, die Frau, welche den die Stadt Jathrib belagernden König Tobba — denselben, der infolge dieser Belagerung von zwei jathribensischen weisen Juden bekehrt, das Judentum annahm, — den jüngeren Tobba — mit frischem Wasser in seiner Krankheit labte, und die er reichlich belohnte, ich sage, diese Frau mit Namen Fâkha, lebte bis zum Erscheinen des

Islam: חתי אליאר אלאכלאב.   Also sie lebte noch entweder zur Zeit der Hegira 622 oder zur Zeit von Mohammeds erstem Auftreten in Mekka 612. Mag Fakha noch so alt geworden sein, so kann sie doch keineswegs um 320 gelebt haben, wohl aber um 500.   Folglich nahm Tobba, der himjaritische König, erst um 500 das Judentum an.

2. Noch schlagender ist folgender Beweis. Der Jathribener, welcher seine Landsleute zum Widerstand gegen diesen Tobba aufstachelte, war (nach dem Kitâb al-Aghani und Ibn-Jsḥâk's Sirât ar-Rasûl) der Ausite Ochaichah (אחירה) Ibn-G'ulah, zugleich Krieger, Waffenhändler, Wucherer und Dichter. An die Erzählung von Ochaichah knüpft das Kitâb al-Aghani die Geschichte von Tobba, der Belagerung von Jathrib, der Bekehrung des Tobba zum Judentum, der Reise der zwei jüdischen Weisen nach Himjara und der Einführung des Judentums im himjaritischen Reiche.   Sobald die Lebenszeit dieser Persönlichkeit fixiert wird, ist hiermit zugleich das Datum für das in Frage stehende Faktum gefunden.   Nun hatte Ochaichah eine Frau Salma, welche historisch wichtig für die Araber wurde.   Salma verließ nämlich ihren Gatten und wurde Mohammeds Urgroßmutter von Haschim.   Die Genealogie ist Haschim, Abdulmuttalib, Abdallah, Mohammed. Hier stehen wir auf festem chronologischen Boden.   De Perceval selbst, der das späte Datum für die Einführung des Judentums in Himjara bestreitet, setzt nach Vergleichung der arabischen Genealogieen die Heirat von Hischam und Salma 495 (histoire des Arabes T. I, p. 259).   Also um diese Zeit lebte Salmas erster Gatte Ochaichah und mit ihm der Proselyten-König Tobba.   Die Frage kann nur sein, ob die Belagerung Jathribs vor oder nach Salmas Scheidung von Ochaichah stattfand. je nachdem würde das fragliche Faktum vor oder nach 495 anzusetzen sein[1]).

[1]) De Perceval kann die Augen vor diesem gewichtigen Beweise nicht verschließen.   Er selbst setzt die Belagerung Jathribs von einem Könige Abu-Kariba um das Ende des 5. Jahrhunderts.   Nur reißt er diese Begebenheit aus dem Zusammenhang mit der Bekehrung des Königs zum Judentum, d. h. aus dem Pragmatismus, welchen sämtliche arabische Quellen über diese Zeit haben.   Auch ist er im Zweifel, ob dieser Abu-Kariba identisch ist mit dem Proselyten Tobba.   Seine Worte sind: (a. a. O. II, 654): L'Aboù-Kariba (qui entreprit l'expédition contre Jathrib) était-il un roi de Yaman? C'est une question, qu'il m'est impossible de résoudre.   Tout ce qu'il me parait constant, c'est que les détails que je vais exposer appartiennent à la fin du cinquième siècle à l'an 495 environ, bien que la légende arabe d'où je les tire la lie avec l'introduction du judaïsme dans les Yaman.   Aber nicht bloß diese Legende, d. h. das Kitab al-Aghani, sondern auch Tabari und andere verbinden die Belagerung Jathribs mit dem Proselytentum Tobba Abu Karibas.   Um nicht von diesem Beweise erdrückt zu werden, muß de Perceval zu einer ganz grundlosen Unterscheidung Zuflucht nehmen.   Je crois, bemerkt er (I, S. 92, Note 1), qu'il y a eu deux entreprises formées contre Jathrib par des rois différents, et à un long intervalle l'une de l'autre   Les historiens auront confondu les détails des deux sièges.   Aber das heißt nicht Kritik üben, wenn man sich mit sämtlichen Gewährsmännern in Widerspruch setzt.   Alle diese wissen nur von einer einzigen Expedition gegen Jathrib, und diese lassen sie von einem himjaritischen Könige Tobba Abu-Kariba unternehmen.   Daher ist es auch falsch, was dieser Geschichtsforscher (II,

3. Tabari (bei de Sacy), einer der ältesten arabischen Geschichtschreiber, gibt diesem Tobba drei Söhne: Hassan, Amru und Zorah oder Zerah. Den letzten identifiziert er mit dem letzten jüdisch-himjaritischen Könige Dhu-Nowas. Wenn also Tobbas Sohn bereits im Jahre 521 König war (siehe weiter unten), so kann doch sein Vater unmöglich um zwei Jahrhunderte früher gelebt haben, sondern höchstens einige Jahrzehnte. Maßudi, der zuverlässigste arabische Geschichtschreiber, stimmt damit zum Teil überein; er weicht nur darin von Tabari ab, daß er Dhu-Nowas als Sohn Zorahs, also als Enkel Tobbas, darstellt; דו נואס בן זרעה בן תבע אלאצגר (bei Schultens historia Joctanidarum). Tobba der Jüngere ist aber eben der zum Judentum übergetretene. Auf die anderen minder schlagenden und weitläufigen Beweise, die Perron aufstellt, kann hier nicht eingegangen werden. Man kann aber noch andere Beweise hinzufügen.

4. Der Philosoph Abu-Ali Jbn-Miskawaih setzte diesen Tobba in die Zeit des persischen Königs Kavâdh, über dessen Heer er einen Sieg davontrug: וקאל אבו עלי אבן מסכויה אן מלך אלפרס יום דלך הו קבאד ואן אלמלך אלדי תזאה בן מלך חמיר הו תבע ואלד חסאן (zitiert von Nowaïr bei Schultens historia Joctanidarum p. 66). Die Nachricht scheint Maßudi anzugehören; denn Jbn-Khaldûn teilt in seinem Namen dasselbe mit, daß Abu-Kariba, d. h. eben Tobba, Kavâdh besiegt hat (bei de Perceval I, 91). Nun, Kavâdhs Regierungszeit ist bis aufs Jahr ermittelt 492—531. Der erste jüdisch-himjaritische König gehört also dieser Zeit an. De Perceval will diesem Beweise die Spitze abbrechen. Er meint, dieser Kavâdh, Zeitgenosse des Abu-Kariba, sei nicht identisch mit dem König Kavâdh, sondern ein bloßer persischer Prinz gewesen (das.): l'un des chefs arsacides, nommé Cobad — qu'il ne faut pas confondre avec le monarque sassanide Cobâd — fut défait par l'armée himjarite. Ich weiß nicht, wie die Stelle im Original bei Maßudi lautet, bei Nowaïr lautet sie, wie wir gesehen, daß dieser Kavâdh der König von Persien war, der 492—531 regierte.

5. Tabari und Maßudi erzählen, daß Tobba seinen Neffen, den Kenditenhäuptling Harith Jbn-Amru Almaksur, zum König über die Maadditen gemacht hat. Maßudi fügt hinzu, Harith war Herrscher von Hira, Mekka und Medina gewesen: מלך (תבע) אבן אחתה אלחרת בן עמרו — אלכנדי מלך מצד והו צאחב אלחירה אלמכה ואלמדינה (bei Schultens a. a. O., Jbn-Khaldûn bei de Perceval I, 118, II, 268). Abulfeda gibt an, daß Harith ebenfalls Jude geworden sei: הם כלך בצדה אבן אחתה אלחרת בן עמרו ותהוד אלחרת (Pocock, specimen historiae arab. ed. White p. 427). Nun ist dieser Kenditenfürst Harith historisch bekannt: seine Geschichte ist verwickelt mit der des Perserkönigs Kavâdh und mit Almondhir von Hira. De Perceval selbst setzt ihn 495—524 (a. a. O. II, 286). Jbn-Alkindi stellt indessen die Verwandtschaft Hariths mit dem Königshause Tobbas ein wenig anders dar (bei de Perceval I, 117 f.).

6. Wenn man die Quellen mit kritischem Auge betrachtet, so zeigt sich noch dazu, daß eigentlich keine Differenz in bezug auf das Datum der Einführung des Judentums in Jemen stattfindet. Ehe ich aber daran gehe, die S. 653) darüber aufstellt. Peut-être s'agit-il d'un prince Abou-Carib dont parle Procope sous le nom Ἀβοχάραβος. Kurz, de Perceval verfährt bei diesem Punkte sehr unkritisch.

Ausgleichung zu treffen, müssen die Namen des betreffenden Tobba ermittelt werden, weil es mehrere Tobbas gegeben hat, nach den meisten arabischen Quellen drei, einen ältern, mittlern und jüngern, nach andern noch viel mehr.   Dieser Tobba nun, an den die Tatsache von dem jüdisch-himjaritischen Reiche geknüpft wird, hieß nach dem Kitâb al-'Ikd (zitiert von Perron a. a. O. S. 407): Tobba der Jüngere mit dem Hauptnamen Assad, dessen Kunje Abu-Kariba, und dessen Beiname Tobban war: והו אבו כריב בן כלירכב ‏:(nach Perron) ‏תבע אלאצגר וסמי איצא תבאן מלכרכב).   Da dieser Tobba Assad Abu-Kariba einen Sohn Hassân hatte, so kann er, der arabischen Sitte gemäß, auch אבו חסאן — (Abu-Hassân) genannt worden sein.   In der Tat nennt Hamdun (bei Nowaïr, Schultens a. a. O.) einen Tobba Abu-Hassân.   Bedenkt man, wie oft in der arabischen Geschichte von Tradenten und Kopisten Abu und Jbn verwechselt wurden, so kann es uns nicht wundern, wenn man demselben Tobba einen Vater Hassân (statt Maliki-Kariba) gegeben und dadurch die Reihenfolge verschoben hat.   Dieser Wirrwarr zeigt sich bei Hamza al-Jsfahani, der den Tobba, welcher das Judentum eingeführt, folgendermaßen aufführt: תבע בן חסאן בן תבע בן מלירכב — והי תבע אלאצגר אחד אלהבאבעה אנה אנצרף אלי אלרמן מע אלחברין יתחיד ודעא אלנאס אליה (Hamza hispanensis, ed. Gottwald, p. 131).   „Tobba, Sohn Hassâns, Sohn Tobba's, Sohn Malikariba's, und das ist Tobba der jüngere, der letzte der Tobbas, derselbe, der nach Jemen mit jüdischen Weisen zurückkehrte, das Judentum annahm und die Menschen dazu aufrief."   Man braucht nur die Namenverwechslung zu rektifizieren, und man hat bei Hamza dieselbe Nachricht, wie bei Tabari, Maßudi und Jschak Jsfahani. Dadurch schwindet der Zweifel, dessen de Perceval nicht Herr werden konnte (I, 108 f.).

Sahen wir auf der einen Seite dadurch eine Verwirrung entstehen, daß statt des einen Proselytenkönigs zwei angenommen wurden, Abu-Kariba Jbn-Malikariba und Tobba Jbn-Hassân, so wurde auf der andern Seite die Verwirrung noch größer, indem zwischen den ersten jüdischen König von Himjara und seine Söhne mehrere Könige eingeschoben wurden. Diese Könige waren weiter nichts als Vasallenhäuptlinge mit dem Titel Kail und Dhu, welche neben den Königen herrschten.   Die Annalisten Hamza und Abulfeda haben aber daraus selbständige Könige gemacht und sie mit einer bestimmten Regierungsdauer den Häuptlingen angereiht.   So z. B. der Kenditenhäuptling Harith, von dem Maßudi erzählt, Tobba habe ihn über die Maadbiten zum Könige eingesetzt, wird von Abulfeda zum Nachfolger eines himjaritischen Königs gestempelt: תם מלך בעדה אלחרת.   De Sacy und de Perceval selbst streichen einen Namen, Rabia Jbn-Nasr, den einige arabische Annalisten zum Nachfolger Tobbas Abu-Kariba machen, aus der Reihenfolge der himjaritischen Hauptkönige und nehmen mit Recht an, daß er bloß ein Fürst mit dem Titel Kail war (mémoire de l'Académie a. a. O. p. 560 f. und histoire des Arabes I, 99).   Nach Maßudi folgten auf den ersten Proselytenkönig zuerst sein Sohn Hassân und dann sein Sohn Amru; Hamza schiebt aber dazwischen einen Morthad, dessen Sohn Waliah (oder Wakiah) und sogar einen König Abraha (oder Jbrahim) Jbn-Alasbah אברהים בן אלאצבה, der einer späteren Zeit angehört.   Denn

Abraham hieß der Äthiopier, der nach Dhu-Nowas (nach 530) regierte und
Alasbah iſt kein anderer, als der äthiopiſche Negus Elesbaa (wovon weiter),
der gegen Dhu-Nowas Krieg geführt und Abraham zum Vaſallenkönig ein-
geſetzt hat. De Perceval hat alle dieſe Namen als Hauptkönige von Himjara aufgeführt, ohne auch nur eine Spur von Kritik zu üben. Er hätte
die Manier der arabiſchen Annaliſten und namentlich Hamzas kennen ſollen,
eine Menge Königsnamen aufzuführen und ihnen ſogar eine unmögliche
Regierungsdauer zu geben.

Während auf dieſe Weiſe alles für die Annahme ſpricht, daß Tobba-Abu-
Kariba zu Ende des fünften Jahrhunderts lebte: ſein Sieg über Kavâdh,
ſeine Zeitgenoſſenſchaft mit Ochaichah und noch anderes, ſpricht nur
ein einziges Moment dagegen, nämlich die Nachricht Hamzas, daß dieſer
Tobba Zeitgenoſſe des Gründers der Saſſanidendynaſtie Ardaſchir geweſen ſei.
Darauf haben de Sacy und de Perceval die Chronologie der himjaritiſchen
Könige gegründet. Aber wer bürgt für die Authentizität dieſer Nachricht?
Hamza iſt kein zuverläſſiger Gewährsmann und verdient um ſo weniger
Glauben, wenn er Tabari und Maßudi gegen ſich hat. Zwar bemerkt Hamza,
er habe in einer alten Geſchichte von Jemen geleſen, daß Amru Dhul' Awad
Zeitgenoſſe Schaburs I., Königs von Perſien, war (ed. Gottwald 130 f.).
Aber die Identität von Amru Dhul'-Awad mit Amru, dem Sohne Tobbas
Abu-Kariba, muß erſt kritiſch erwieſen werden, was kaum möglich iſt. So
weit alſo in der dunkeln Epoche Gewißheit erzielt werden kann, iſt das von
Perron aufgeſtellte Reſultat als ſicher anzunehmen, daß der erſte jüdiſche
König von Jemen um 500 gelebt, und daß das jüdiſch-himjaritiſche
Reich nicht länger als drei Jahrzehnte gedauert hat. Daher die Dürftigkeit
der Nachrichten darüber in außerarabiſchen Quellen.

Wenn übrigens die arabiſchen Annaliſten angeben, daß das ganze Land
Himjara infolge Tobbas Bekehrung das Judentum angenommen hat,
ותהודרת מכה חמיר, ſo iſt das eine jener Ungenauigkeiten, die bei arabiſchen
Schriftſtellern nicht ſelten ſind. Aus Prokops Nachrichten erfahren wir, daß
es noch unter dem letzten jüdiſchen Könige eine heidniſche Bevölkerung in
Himjara gegeben hat (Procopius de bello persico I, 26, p. 104): ἐπειδὴ
Ὁμηριτῶν τῶν ἀντιπέρας ἠπείρῳ Ἑλληναῖος ἔγνω πολλοὺς μὲν
Ἰουδαίους, πολλοὺς δὲ δόξαν τὴν παλαιὰν σέβοντας, ἣν δὲ καλοῦσιν
Ἑλληνικὴν οἱ νῦν ἄνθρωποι κτλ. Sicherlich haben während des Beſtandes
des jüdiſch-himjaritiſchen Reiches einige nichthimjaritiſche Stämme ebenfalls
das Judentum angenommen. Ibn-Kutaiba, einer der älteſten arabiſchen
Chronographen, berichtet: „Das Judentum war verbreitet im Stamme Himjar,
im Stamme der Benu-Kinanah, der Benu Al-Harith Ibn-Kaab und
der Kenda (Ibn-Cutaiba ed. Wüſtenfeld p. 209; vgl. Pococke, specimen,
140 und Chwolſon, die Ssabier, II, 404, wo eine Notiz von Dimeſchkі mitgeteilt wird, daß die Benu-Kinanah zuerſt dem Mondkultus gehuldigt und
dann das Judentum angenommen haben: וכנאנה כאנת תעבד אלקמר תם
תהודרת). — Die Nachricht, daß unter den Kenditen das Judentum verbreitet
war, ſtimmt mit der oben gegebenen Notiz, daß Harith, Häuptling der
Kenditen, unter Tobba Abu-Kariba ſich zum Judentum bekannt hat. Die
Kinanah waren mit den Koreiſchiten ſtammverwandt und wohnten in der
Nähe Mekkas (vgl. de Perceval I, 193 f., II, S. 688).

II.

Da das jüdisch-himjaritische Reich nur von kurzer Dauer war, so kann es höchstens auf Abu-Karibas Enkel übergegangen sein. Wie schon oben angegeben, nimmt Tabari drei Söhne desselben an: Hassân, Amru und Zorah (oder Zerah). Der letzte erhielt von einer Burg den Beinamen Dhu-Nowas, und das ist sein geschichtlicher Name geworden. Maßudi dagegen gibt Dhu-Nowas als Zorahs Sohn aus. Vor ihm regierte aber nach Übereinstimmung sämtlicher Quellen Lachiatha Janûf, der von den Ohrringen, die er zu tragen pflegte, Dhu-Schanatir hieß[1]). Er wird von sämtlichen Quellen als Usurpator bezeichnet. Ob Hassân und Amru sich zum Judentume bekannten, wird nicht berichtet. Dhu-Schanatir war gewiß nicht Jude, da er ganz offen Päderastie trieb, wie sämtliche Gewährsmänner berichten. Dhu-Nowas war aber, wie aus seiner Geschichte erhellt, Jude mit seinem ganzen Wesen. Auch der Name Jussuf, den er annahm, spricht dafür: Tabari (bei Schultens S. 108): ‏זרעא דו נואס אחר מלך חמיר ותהודת מעה חמיר וסמי רוסי‎. Die jüdische Geschichte interessiert eigentlich nur der letzte jüdisch-himjaritische König Dhu-Nowas, über dessen Leben und Taten die Quellen reichlich fließen; aber neben dem Tatsächlichen kommen auch viele Entstellungen und Übertreibungen vor, welche die Kritik eliminieren muß. Auch die Data seiner Regierungsdauer und seiner Taten sind bisher noch nicht kritisch genau festgestellt worden. De Perceval läßt ihn regieren von 490 bis 525. Das erste Datum hängt mit seiner fehlerhaften Chronologie der himjaritischen Dynastie überhaupt zusammen, das Datum 525 wird aber durch authentische Zeugnisse widerlegt. Nach meiner Auffassung regierte Dhu-Nowas von ungefähr 520 bis 530[2]).

Um zu einer Gewißheit zu gelangen, muß man die verschiedenen Vorfälle in Dhu-Nowas' Regierungszeit und die Quellen, welche darüber berichten, voneinander unterscheiden. Das erste Stadium bildet Dhu-Nowas' Krieg mit einem König von Auxum. Die Hauptquellen darüber sind Johannes von Asien oder von Ephesos und Malalas, von denen einer vom andern abhängig ist, und zwar wahrscheinlich Malalas vom ersteren. Aus Malalas' Bericht haben geschöpft Theophanes, Nikophorus Kallistus und Cedrenus, wie sich auf den ersten Blick zeigt. Die Angaben der drei letzteren haben also für uns keinen geschichtlichen Wert. — Das zweite Stadium ist Dhu-Nowas' Krieg gegen die Christen von Nagaran. Hier ist die Quelle das Sendschreiben des Bischofs Simeon von Bet-Arscham an den Abt Simeon von Gabula und einige Notizen bei arabischen Autoren. Die übrigen Quellen, Johannes von Asien und das Marthrologium des Metaphrastes, überbieten nur Simeons Übertreibungen und haben gar keinen historischen Wert. — Das dritte Stadium ist der Krieg des äthiopischen Königs gegen Dhu-Nowas. Hierbei ist Procop, Zeitgenosse der Begebenheiten und vorurteilsloser Erzähler, Hauptquelle und neben ihm über das Detail des Krieges Johannes von Asien und arabische Notizen. Die Forscher haben diese drei Stadien nicht voneinander unterschieden und sind daher in arge Konfusionen geraten. Die Annotatoren zu Malalas und Theophanes haben

1) [Vgl. jedoch S. 86, Anm. 4.]
2) [Vgl. jedoch Hirschfeld in REJ. VII, S. 175, Anm. 1 für die Ansicht von Caussin de Perceval.]

Widersprüche gefunden zwischen den Angaben dieser Chronographen und
Procops Bericht, wo gar keine sind, weil deren Berichte nicht einen und
denselben Vorfall zum Inhalte haben. Wir wollen diese drei Stadien
näher entwickeln.

A. Der Syrer Johannes von Asien und der Gräkosyrer Malalas berichten aus einer älteren Quelle folgendes: „Der jüdische König von Himjara
hat römische (byzantinische) Kaufleute, welche durch seine Länder zogen, ergreifen und hinrichten lassen dafür, daß „die Christen in den römischen
Ländern die Juden ihrer Länder mißhandelten und viele von ihnen töteten."
Dadurch wurde der indisch-äthiopische Handelsverkehr unterbrochen. Der
jüdisch-himjaritische König heißt in diesen beiden Quellen und in den von
ihnen abhängigen Dimianos, Dimiun, Damianos, Dimnos und
Dunaan. Johannes von Asien bei Assemani bibliotheca orientalis T. I,
p. 359: הָאַגְרָא דֵּין דִּרְהוּבְרִיא ... כַּד עָבְדִין בְּאַתְרוָתָא דַּחֲמִירַיָא לְמַ׳בַּאל
לְאַתְרוָתָא דַּהֶנְדְּוָיא לִמְתַגְּרֵין בְּהוּ אִיךְ אִיךְ דְּבַעְיָדָא .רָלַף מֶלֶךְ דִּי־בִּינוֹס (דִּימְיַין)
... וְלֶבֶךְ אָנוּן וְקַטֵּל אָנֵין יַבַ בְּלָה תַּאֲגוּרַתְהוֹן כַּד אָמַר „דְּמָזִיל לָם דְּבַאתְרוָתָא
דִּרְהוּבְרִיא בְּרִיסְטִינָא בִּישַׁרְיתָ שַׁתְּקִין לִיהוּדָיֵא דָּאִית בְּאַתְרוָתְהוֹן וְקַטְלִין
לְסַגְיָאָא מִנְהוֹן מְטֵּ׳לְהָדָא לָם לְהָלֵין קַטֵּל אָנָא" ... וּבַעֲלַת תַּאֲגַרוָתָא גּוַיתָא
דְּהֶנְדְּוָיא וְדַכֹוּשָׁיָא. Wörtlich damit übereinstimmend lautet es bei Malalas
(Chronographia I, 433): τῶν οὖν πραγματευτῶν ('Ρωμαίων) εἰσελθόντων εἰς
τὴν χώραν τῶν Ἀμεριτῶν (Ὁμηριτῶν) ἐπὶ τὸ ποιήσασθαι πραγματείαν, ἐγνωκὼς
Δίμνος (Theophanes Δαμιανός) ὁ βασιλεὺς τῶν Ἀμεριτῶν ἐφόνευσεν αὐτοὺς
καὶ πάντα τὰ αὐτῶν ἀφείλετο· λέγων ὅτι οἱ Ῥωμαῖοι οἱ Χριστιανοὶ κακῶς
ποιοῦσι τοῖς Ἰουδαίοις ἐν τοῖς μέρεσιν αὐτῶν καὶ πολλοὺς κατ᾽ ἔτος φονεύουσι
... καὶ ἐκ τούτων ἐκωλύθη ἡ πραγματεία. So weit klingt die Nachricht durchaus historisch. Damianos oder Dimianos ist der jüdisch-himjaritische König
Dhu-Nowas. Auch das, was die beiden Quellen weiter von den Folgen
erzählen, hat einen historischen Anstrich, daß ein Nachbarkönig (Aidug,
Andan, Adad) ungehalten über die Störung des Handelsverkehrs war und
Damianos den Krieg erklärt habe, daß derselbe einen Sieg über ihn errungen
und infolgedessen das Christentum angenommen habe. Das alles kann
geschichtlich sein. Man hat in der Voraussetzung, daß der Nachbarkönig der
Negus von Äthiopien gewesen sei, diesen Zug unhistorisch gefunden, da die
äthiopischen Könige lange vor dieser Begebenheit sich zum Christentume bekannten. Allein, beide Quellen sprechen gar nicht von dem Beherrscher
von Äthiopien, sondern von einem Könige, der in einem der sieben Reiche
„von Indien und Äthiopien" herrschte: Ἰνδῶν καὶ Αἰθιόπων ... βασιλεία ἑπτὰ
— מַלְכְּוָתָא דְּהֶנְדְּוָיא וְדַכֹוּשָׁיָא שְׁבַע. Den König, der über Damianos gesiegt hat,
(Aidug), nennen die Quellen bald den indischen, bald den äthiopischen.
Malalas: Αὐξουμίτων βασιλεύς; Johannes von Asien bald: מַלְכָּא דְּהֶנְדּוּ
אִירְדּוּג מַלְכָּא דְּכֹוּשָׁיָא, bald: גּוַיתָא דִּשְׁמֵהּ הוּא אַיִרְדּוּג. Aidug war wohl
nichts anderes als einer der Vasallenkönige, welche sich unter Hassân, dem
Sohne des Abu-Kariba, von dem himjaritischen Reiche unabhängig gemacht
haben. De Perceval nach arabischen Quellen: Hassan ne parvint pas à
reconstituer l'unité de l'empire himyarite. Les Cayl et les Dhou main-
tinrent contre lui leur indépendance, et le morcellement du pouvoir ne
fit que s'accroître pendant son règne (histoire des Arabes I, 119). Nur
der eine Zug in diesen gleichlautenden Erzählungen ist sicherlich falsch, daß

Aidug den himjaritischen König Damianos oder Dhu-Nowas auch zum
Gefangenen gemacht und hingerichtet, und daß sich dann ein anderer König
von Himjara aufgeworfen hat.   Dhu Nowas regierte noch lange nach
diesem Vorfalle.   Das Jahr dieses Krieges gibt nämlich Johannes von Asien
genau an: Das vierte Jahr des Justin oder das seleuzidische Jahr 832,
d. h. das christliche 521. Den Eingang der Erzählung; בה הכיל בזבנא הנא
גרש דנהוא קרבא למלכא דהזדריא bezieht Assemani mit Recht auf das genannte Jahr. In Malalas' Text fehlt jetzt die Datumangabe. Theophanes
und Cedrenus setzten aber drolligerweise das Faktum in das sechzehnte Jahr
Justinians, was jedenfalls falsch ist. Wir haben hierdurch also die Gewißheit, daß Dhu-Nowas bereits im Jahr 521 regierte.

B. Das zweite Ereignis in Dhu-Nowas' Leben ist sein Krieg gegen
Nagaran, dessen christlichen Fürsten und Bevölkerung. Ich habe oben das
Sendschreiben des Bischofs Simeon von Bet-Arscham (in Assemani bibl.
orient. I, 364 f.) als Hauptquelle dafür angegeben, ich muß aber diese
Angabe dahin beschränken, daß nicht sein ganzer Inhalt historisch ist.
Das Sendschreiben besteht nämlich aus vier Bestandteilen. — a) Die erste
Partie bildet den Eingang und die Beschreibung von Simeons und seiner
Begleiter Reise, bis sie in das Lager des Mondhir, Königs von Hira,
gekommen sind. Da seien ihnen heidnische Araber aus den Stämmen Tai
und Maabd begegnet und hätten ihnen zugerufen: „Was wollt ihr (Christen)
nun anfangen, da euer Christus vertrieben ist aus dem Lande der Römer,
Perser und Himjariten": פגערין הוו בן טריא חנפא ומידריא ואמרין הוו לן:
דמנא את לכין דיעבדיתון דהא משיחא דלכין אתטרד בן רהוביא (?) יפרסיא
וחבירריא. — b) Die zweite Partie bildet ein Schreiben des jüdisch-himjaritischen Königs an den König Mondhir, worin er ihm folgendes anzeigt:
Er habe die Regierung von Himjara angetreten, weil der christliche König,
den die Äthiopier eingesetzt, gestorben sei, und ein christlicher Nachfolger sich
nicht zu behaupten vermöchte. Er, der jüdische König, habe sämtliche Christen
gezwungen, Juden zu werden, habe 280 Priester hinrichten lassen, habe
ihre (?) Kirchen in eine Synagoge verwandelt, habe die Stadt (Nagaran)
mit 22000 Soldaten belagert, habe den Einwohnern zwar einen Eidschwur
geleistet, aber mit dem Vorbehalt, ihn zu brechen, weil er gegen Christen
und Feinde nicht Wort zu halten brauche, er habe ferner alle ihre Habe
eingezogen, die Gebeine eines Bischofs geschleift, eine Kirche mit allen Personen darin verbrennen lassen. Er habe darauf die übrigen gezwungen,
Christus zu verleugnen, sie seien aber standhaft im Glauben geblieben. Ihr
Oberhaupt habe ihn, den König, beschimpft und gekränkt, dafür habe er
sämtliche Große der Stadt hinrichten lassen. Auch die Frauen habe er zur
Verleugnung ihres Christenglaubens mit Strafandrohung aufgefordert, aber
die Fürstin Rumi habe sie zur Standhaftigkeit ermahnt. Es folgt dann eine
lange Rede der königlichen Märthyrerin an die Frauen von Nagarán. Dadurch ermutigt, hätten sämtliche Frauen den Märthyrertod erlitten. Dieses
alles schreibt der jüdische König selbst. Der Zweck seines Schreibens
an Mondhir sei gewesen, ihn aufzufordern, auf dieselbe Weise gegen die
Christen zu verfahren.

c) Die dritte Partie des Sendschreibens des Bischofs Simeon bildet die
Aussage eines Boten. Der Gesandte des christlichen Königs von Himjara

habe bei der Nachricht von der Chriſtenverfolgung einen Boten nach Himjara
geſendet, um Genaueres über die Vorfälle zu erfahren. Der zurückgekehrte
Bote habe erzählt, 340 Große (דורבנא) mit ihrem Häuptling an der Spitze
(Arethas ben Kaleb) ſeien aus der Stadt (Nagaran wahrſcheinlich) vor
dem jüdiſchen König erſchienen, wohl um wegen Aufhebung der Belagerung
zu unterhandeln. Der jüdiſche König habe hierauf den chriſtlichen Häuptling
mit den Worten angefahren: „Du haſt dich wohl auf Chriſtus verlaſſen, daß
du dich gegen mich empört haſt!“ דאתחלת לך על מ. Er habe ihn ferner aufgefordert, das Chriſtentum abzuſchwören. Arethas
habe aber eine lange Standrede voller Grobheiten gegen den jüdiſchen König
gehalten und habe ſeine Genoſſen zum Martyrium ermahnt. Darauf habe
der jüdiſche König ihn und die 340 Chriſten hinrichten laſſen. Dann teilt
der Bote das Märtyrertum eines jungen Kindes mit, das ſich durch
Schmähung des jüdiſchen Königs förmlich dazu gedrängt habe. — d) Der
letzte Teil des Sendſchreibens bildet eine Ermahnung des Biſchofs Simeon
an den Abt Simeon von Gabula, daß er die Verfolgung der Chriſten in
Nagaran den Biſchöfen und Äbten bekannt machen ſolle, namentlich dem
Biſchof von Alexandrien. Dieſer ſolle wiederum an den König von Äthiopien
ſchreiben, daß er den Chriſten Beiſtand leiſten möge. Die jüdiſchen Vertreter
von Tiberias ſollten ergriffen und gezwungen werden (vgl. den Text o. Note 5,
S. 408).

Aus der einfachen Analyſe des Inhalts ergibt ſich, daß nur Anfang und
Ende des Sendſchreibens einen hiſtoriſchen Charakter haben, die Partie b
dagegen ſicherlich Fiktion iſt. Es gehört nicht viel dazu, einzuſehen, daß ein
Tyrann, ein Henker, nicht in der Weiſe ſchreibt, daß er weder ſich ſeiner
blutigen Tat rühmt, noch ein begeiſtertes Martyrologium ſeiner Schlacht-
opfer gibt und noch viel weniger der Religion, als deren Feind er ſich
ausgibt, die Gloriole reicht. Jeder Satz in dieſem Stücke gibt ſich als
Dichtung aus. Und darauf beruht das Martyrologium des St. Arethae und
der Chriſten von Nagaran, das Metaphraſtes zugeſchrieben wird und nicht
nur in die Heiligen- und Kirchengeſchichte übergegangen iſt, ſondern auch
von Hiſtorikern als beurkundetes Faktum angenommen wurde. De Perceval
ſchreibt noch: Un acte de barbarie que le fanatiſme réligieux de Dhou-
Nowâs le porta à exercer contre les chrétiens de Nadjran, fut cauſe de
la ruine de l'empire himyarite (a. a. O. I, 125). Ich wiederhole: dieſe
ganze Erzählung von dem Sendſchreiben an Mondhir iſt erdichtet. Die
Partie c des Sendſchreibens ſieht nicht minder verdächtig aus, ſchon deswegen, weil ſie auf die Ausſage eines Boten beruht. Welcher Steno-
graph hat dieſem Boten die lange Schmährede des Arethas gegen den
jüdiſchen König mitgeteilt! Und nun gar das Martyrium de puero martyre,
von dem das Stück b gar nichts weiß! Außerdem widerſprechen ſich manche
Umſtände in den beiden Stücken. In b 280 Prieſter und dann alle
Chriſten als Märtyrer, und in c nur 340 Große! Man darf ſich nicht
auf die Nachrichten arabiſcher Schriftſteller berufen zur Unterſtützung des
Faktums einer allgemeinen Chriſtenverfolgung von ſeiten des Dhu-Nowas.
Sie beruhen ſämtlich auf einer falſchen Auslegung einer Koranſtelle „von
den Leuten der Feuergruben“ (אצחאב אלאחדוד Koran Sura 85, V. 4).
Die arabiſchen Schriftſteller verſtehen darunter Dhu-Nowas' Verfolgung der

Christen, obwohl der Vers gar nicht dazu paßt und eigentlich auf die Feuerprobe des Ananias, Mischael und Azaria geht, wie Geiger richtig nachgewiesen hat (Was hat Mohammed dem Judentum entnommen? S. 192 f.). Procop, ein Zeitgenosse des Dhu-Nowas, erzählt, daß auf den Christen in Himjara nur ein schwerer Steuerdruck lastete, weiß aber nichts von einer blutigen Verfolgung derselben (der Text weiter unten). Wie diese Fiktionen in Simeons Sendschreiben gekommen sind, kann man nach dem gegenwärtigen Stand der Quellen nicht beurteilen[1]). Indessen enthält die Partie c doch manches Tatsächliche, namentlich der Zug, daß Arethas oder Harith, Häuptling von Naçaran, sich gegen den jüdisch-himjaritischen König empört hat: למרד על. Damit würde die Nachricht des Ibn-Alkelbi stimmen, daß Dhu-Nowas Naçaran mit Krieg überzog, weil zwei Juden von den christlichen Einwohnern daselbst erschlagen worden sind (bei Caussin de Perceval a. a. O. 128): Suivant Ibn-el-Kelbi le meurtre de deux jeunes juifs, commis par des habitants de Nadjran, fut l'occasion ou le prétexte qui arma Dhou-Nowas contre cette ville.

Fassen wir das kritisch Gesichtete zusammen, so würde als Resultat bleiben, daß Dhu-Nowas gegen die Christen von Naçaran Krieg geführt hat, weil deren Häuptling Arethas (Harith, nach arabischen Quellen Abdallah) sich gegen ihn empört hat. Infolge der Belagerung waren die Einwohner von Naçaran gezwungen, zu kapitulieren, und trotz der Kapitulation ließ Dhu-Nowas den Häuptling und 340 angesehene Männer hinrichten, wenn wir dem Boten aus Hira Glauben schenken wollen, auf dessen Aussage diese Tatsache beruht. Von einer blutigen Christenverfolgung kann keine Rede sein, wohl aber von einem Steuerdrucke, den Dhu-Nowas den Besiegten auferlegt. Den Krieg von Naçaran kann man chronologisch ziemlich genau bestimmen. Der Verfasser des genannten Sendschreibens erzählt: er sei von Hira im Jahre 835 Seleucidarum abgereist und zwar im syrischen Monate Kanun, dem zweiten; nach zehn Tagen sei er in Mondhirs Lager angekommen: בכנון אחרי דהדא שנת תמניאא ותלתין וחמש :נפקינן מן חארתא דנומן. Der syrische Monat Kanun II. entspricht dem jüdischen Monate Tebet. Also im Dezember 523 oder Januar 524 war der Bischof Simeon in Mondhirs Lager. Da erfuhr er die Niederlage der Naçaraner, als etwas frisch Geschehenes. Der Krieg ist demnach gegen Ende des Jahres 523 vorgefallen. Erinnern wir uns, daß Dhu-Nowas im Jahre 521 eine Niederlage gegen den König Aidug erlitten hat, und daß dieser entweder schon früher Christ war oder erst infolge des Sieges Christ geworden ist. Die zwei Fakta stehen mithin in einem pragmatischen Verhältnisse zueinander.

C. Das dritte Stadium in Dhu-Nowas Regierung, wodurch der Untergang des jüdisch-himjaritischen Reiches herbeigeführt wurde, bildet der äthiopische Krieg. Hier müssen wir Procops Bericht, als den eines zeitgenössischen, vorurteilsfreien und exakten Historikers, zugrunde legen. Procop war auch gewissermaßen Augenzeuge dieser Begebenheiten, da er in dieser Zeit mit dem Feldherrn Belisar am Euphrat stand und die erste Kunde von den Vorgängen in Himjara erhielt. Er erzählt: Zur Zeit dieses Krieges (d. h. des persischen Krieges) hat der eifrig dem Christentum ergebene äthiopische König Helle-

---

[1]) [Vgl. auch Nöldeke a. a. O., S. 185, Anm. 1, Rothstein, Geschichte des Lachmidenreiches, a. a. O., S. 80 und ebendort, Anm. 1.]

stheaios, als er erfuhr, daß die an der jenseitigen Küste wohnenden Homeriten (Himjariten) — von denen ein Teil Juden und ein Teil Heiden war — den Christen maßlose Steuern auferlegt, eine Flotte und ein Heer ausgerüstet und die Homeriten mit Krieg überzogen. Er besiegte den homeritischen König, tötete viele Homeriten und setzte einen christlichen Homeriten mit Namen Esimphaios zum König ein (de bello persico I, c. 20): Ὑπὸ τοὺς χρόνους τοῦ πολέμου τοῦδε Ἑλλησθεαῖος, ὁ τῶν Αἰθιόπων βασιλεύς, Χριστιανός τε ὢν καὶ δόξης τῆσδε ὡς μάλιστα ἐπιμελούμενος ἐπειδὴ Ὁμηριτῶν τῶν ἀντιπέρας ἠπείρῳ ἔγνω πολλοὺς μὲν Ἰουδαίους ὄντας, πολλοὺς δὲ (vgl. o. S. 422), ἐπιβολῇ μέτρον οὐκ ἐχούσῃ ἐς τοὺς ἐκείνῃ Χριστιανοὺς χρῆσθαι, στόλον τε νηῶν καὶ στράτευμα ἀγείρας ἐπ' αὐτοὺς ἦλθε, καὶ μάχῃ νικήσας τόν τε βασιλέα καὶ τῶν Ὁμηριτῶν πολλοὺς ἔκτεινεν, ἄλλον τε αὐτόθι Χριστιανὸν βασιλέα καταστησάμενος — ὄνομα δὲ Ἐσιμφαῖον κτλ.

Diese Relation muß zugrunde gelegt und die christlichen und arabischen Nachrichten müssen daran kritisch korrigiert werden. Der König der Äthiopier, welcher gegen die Himjariten Krieg führte, heißt bei Theophanes (aus einer älteren Quelle) Elesbaa (Chronographia I, 260 f.): τῷ δὲ αὐτῷ ἔτει (nämlich dem fünften des Justinus) 522, wie aus Anastasius' Übersetzung hervorgeht) καὶ τὰ κατὰ τὸν ἅγιον Ἀρέθαν καὶ τοὺς ἐν Νεγρᾷ τῇ πόλει ἐπράχθη ὑπὸ τῶν Ὁμηριτῶν, καὶ πόλεμος Ἐλεσβᾶ τοῦ βασιλέως Αἰθιόπων πρὸς τοὺς Ὁμηρίτας καὶ ἡ νίκη αὐτοῦ. Bei abessinischen Schriftstellern führt er den Namen Caleb Eʒbeḥa. Man muß also statt Prokop den Namen Ἑλλησθεαῖος in Ἑλλησβεαῖος emendieren. Diese Zeit des Krieges des äthiopischen Königs gegen den himjaritischen (Dhu-Nowas) haben die Forscher falsch datiert. Nach Theophanes und Metaphrastes soll er in demselben Jahre stattgefunden haben, in dem Nagaran von Dhu-Nowas besiegt wurde, und dieses sogar schon im vierten oder fünften Jahre des Justin, also 521—22. Daß dieses Datum falsch ist, ergibt sich schon aus dem Sendschreiben Simeons (wie oben angegeben), wonach der Krieg gegen Nagaran zu Ende 523 stattfand. Caussin de Perceval setzt den Sieg über Dhu-Nowas und den Untergang des jüdisch-himjaritischen Reiches in das Frühjahr 525, indem er zwischen dem Krieg gegen Nagaran und dem des äthiopischen Königs so viel Zwischenraum läßt, daß der Kaiser Justin Nachricht von der Niederlage der Christen erhalten, an den äthiopischen König ein Schreiben richten, und dieser die Kriegsrüstungen vorbereiten konnte (a. a. O. I, 133 f.). Er hat aber die Datumsangabe bei Procop übersehen. Dieser bemerkt, daß der Sieg der Äthiopier über die Himjariten zur Zeit des persischen Krieges stattgefunden hat: ὑπὸ τοὺς χρόνους τοῦ πολέμου τοῦδε .... ἐπ' αὐτοὺς ἦλθε, nämlich Hellestheaios oder richtiger Hellesbeaios. Während dieses Krieges, d. h. während des Krieges, den Belisar im Auftrage des Kaisers Justinian gegen Kavâdh und die Perser führte, und den Prokop bis zur Schlacht bei Kallinikus mitmachte, so erzählt Buch I, Kapitel 13—18. Mithin geschah der Untergang des jüdisch-himjaritischen Reiches nicht während Justins, sondern im Anfang von Justinians Regierung, d. h. zwischen 527 und 31. Ja, wenn wir den ganz bestimmten Ausdruck bei Procop: in der Zeit dieses Krieges (ὑπὸ τοὺς χρόνους τοῦ πολέμου τοῦδε) betonen, so scheint darunter die Zeit verstanden zu sein, welche der Schlacht bei Kallinikus voranging, und welche Procop im 17. und 18. Kapitel erzählt.

Dieser Krieg fand statt nach dem vierten Jahre des Justinian in der Osterzeit, wie aus c. 16 Ende (ed. **Bonn** S. 81) und c. 18 (S. 91) erhellt, d. h.
im Frühjahr 531. Man kann demnach den äthiopischen Krieg
gegen Dhu-Nowas um 530 ansetzen, zumal der christliche König, an den
Justinian eine Gesandtschaft im Laufe des Jahres 531 schickte, nach Procops
Angabe, Esimphaios war, der noch vor Abraham regierte (vgl. Procop a. a. O.
S. 98, 105, 106). Dieser Esimphaios, von den Arabern Ariat genannt,
scheint nur kurze Zeit regiert zu haben. Denn Procop, die zuverlässigste
Quelle, datiert den Aufstand gegen Esimphaios mit den Worten: „nicht lange
später". (χρόνῳ οὐ πολλῷ ὕστερον S. 105, Zeile 4). Die Angaben der arabischen Quellen über die Regierungsdauer Ariats und seines Nachfolgers
Abraham (der bis zur Zeit von Mohammeds Geburt regiert haben soll, bis
570), sind sehr unzuverlässig und untereinander im Widerspruch. Procop
will also mit den Worten sagen: „Justinian schickte die Gesandtschaft, als
noch Hellestheaios (Hellesbeaios) in Äthiopien und Esimphaios in Himjara
regierte (im Jahre 531)", d. h. als der letztere noch regierte, und noch
nicht Abraham. Überhaupt macht die Erzählung Procops von dem Kriegs-
zuge des Äthiopiers gegen den homeritischen König, dem Siege über
ihn, die Einsetzung des Esimphaios als Vasallenkönig von Himjara, der
Gesandtschaft des Justinian an denselben und endlich dem Aufstande gegen
ihn, den Eindruck, daß dies alles in kurzer Zeit aufeinander folgte,
etwa in den Jahren 530—31.

Den Tod des Dhu-Nowas und den Untergang des jüdisch-himjaritischen
Reiches kann man demnach in das Jahr 530 setzen, und, da er, wie wir eben
gefunden, bereits im Jahre 521 regiert hat, so würde seine Regierung etwa
zehn Jahre gedauert haben. Die arabischen Quellen verlängern sie aber um
20 und 68 Jahre (Caussin de Perceval I, 121 nach Jbn-Khaldûn). — Die
drei Begebenheiten in Dhu-Nowas' Regierungszeit sind demnach chronologisch
so zu verteilen: A. Sein Krieg gegen den Nachbarkönig Aidug 521; B. Der
Krieg gegen Nagaran 523 und C. Der äthiopische Krieg gegen ihn 530. Es
bleibt also ein Zwischenraum von beinahe sieben Jahren zwischen den beiden
letzten Begebenheiten, während welcher Zeit die Christen, der Flüchtling Dus
Thu-Talaban, der Bischof Simeon von Bet-Arscham, der Kaiser Justinian,
der Bischof von Alexandrien gegen Dhu-Nowas machinieren und den äthiopischen Negus Elesbaa oder Hellesbeai gegen ihn aufstacheln konnten. Von
Dus, der den Kaiser Justin durch haarsträubende Erzählungen von Dhu-Nowas
Grausamkeiten gegen ihn erbitterte, wodurch Unglück und Unterjochung
über Himjara heraufbeschworen wurde, haben die Araber ein Sprichwort
erhalten: לא בדוס ולא באצלאק רחלה. „Nichts Schlimmeres als Dus und
die Erfolge seiner Reise" (bei Caussin de Perceval I, 132). Noch ist zu
bemerken, daß nach dem Bericht des Johannes von Asien der äthiopische
Sieger sämtliche Juden von Himjara erschlagen hat: וחרב לחילותיה ולבלהון
יודיא דבאתרא דחמיריא גמיראית (Assemani bibliotheca orientalis I,
p. 381).

III.

Der Untergang des jüdisch-himjaritischen Reiches hatte auch nachteilige
Folgen für die bis dahin mächtigen jüdischen Stämme in und um Jathrib.
Dieser Punkt ist für die Geschichte der Juden noch gar nicht ins Auge gefaßt

worden. Er läßt sich aber zu einer allerdings, der Natur der Quellen nach, nur
beschränkten Gewißheit erweisen. Bei der Schwächung der jüdischen Stämme,
welche bis dahin über die arabischen Stämme Kail (gespalten in die zwei
Hauptstämme Aus und Chazrag) geherrscht hatten, spielt in den arabischen
Quellen der Chazragite Malik Ibn-Aglan eine Hauptrolle. Er hat nämlich einen stammverwandten mächtigen Häuptling mit einer Schar kriegerischer
Beduinen herbeigerufen und mit ihrer Hilfe die Juden von Jathrib zum
Stande von Klienten (Mawali) heruntergebracht. Es kommt nun darauf an,
chronologisch zu bestimmen, wann dieser Malik Ibn-Aglan gelebt hat, und
wer der Beduinenhäuptling war. Läßt es sich nachweisen, daß diese Personen
und dieses Faktum der Zeit nach dem Untergange des jüdisch-himjaritischen
Reiches angehören, so wäre hiermit der Fingerzeig für die pragmatische Verknüpfung gefunden. Caussin de Perceval setzt zwar Malik und das Faktum
der Unterjochung der jüdischen Stämme von Jathrib um 492—495 (a. a. O.
II, S. 559—53). Ich glaube aber, daß sich der berühmte Historiker der
mohammedanischen Geschichte der Araber in diesem Punkte wie in manchen
andern in betreff der Chronologie versehen hat. Malik kann nämlich nicht
am Ende des fünften Jahrhunderts bereits ein Krieger im Mannesalter gewesen sein aus folgenden Gründen:

1. Ein Urenkel dieses Malik, mit Namen Abbas, gehörte zu den zwölf
Medinensern, welche Mohammed einluden, sich in ihrer Stadt niederzulassen
(im Jahr 621): Abbas ben Obada, ben Thalaba, ben Malik Ibn-
Aglan (de Perceval III, S. 2). Mag nun dieser Abbas im genannten Jahre
auch nur ein Dreißiger gewesen sein, so war er um 590 geboren. Folglich
wurde sein Urgroßvater Malik um 490 geboren, wenn drei Geschlechter von
einem Jahrhundert umspannt werden. Malik kann demnach nicht um 495
die Juden Jathribs bekämpft haben[1]).

2. Nachdem die beiden jathribensischen Stämme Aus und Chazrag die
Oberhand über die jüdischen Stämme gewonnen, entzweiten sie sich und
führten gegeneinander eine zwanzigjährige Fehde, wobei wiederum derselbe Malik eine Hauptrolle spielte. Dieselbe Fehde setzt Caussin de Perceval ebenfalls zu früh an zwischen 497—517 (das. II, 657 ff.). Denn am
Ende der zwanzigjährigen Fehde vermittelte ein angesehener Chazragite
Abu Hassân Thabit den Frieden, indem er Schiedsrichter zwischen den
beiden Stämmen war. Thabits Sohn, der Dichter Hassân, preist seinen
Vater wegen dieser Tat in einem Verse, den das Kitab al-Aghani aufbewahrt hat. Er lautet nach Caussin de Percevals Übersetzung (das. II, 661):
„C'est mon père (ואבי) qui a terminé le différend et conclu la paix . . .
entre les parties adverses rassemblées autour de lui." Dieser Hassân, der
Sohn des Schiedsrichters, der noch während Mohammeds Zeit blühte, wurde
nach sichern Traditionen 7 oder 8 Jahre vor Mohammed geboren (um
562—63; Caussin de Perceval ibid. II, S. 669). Sein Vater Thabit muß
aber zur Zeit seines Richteramts bereits in den besten Jahren gestanden
haben; denn einem bartlosen Jüngling würden sich die kriegerischen Stämme
nicht gefügt haben. Wäre er also nach Caussin de Percevals Annahme, um

---

[1]) [Vgl. jedoch die Bemerkung von Rabbinowitz a. a. O., S. 410, Anm. 2,
wonach dies chronologisch wohl möglich wäre.]

517 oder auch um 520—25 Schiedsrichter gewesen, so hätte er den Sohn als
ein Siebziger oder Achtziger gezeugt haben müssen.   Caussin de Perceval
fühlte diese Schwierigkeit und will den Ausdruck bei Hassân ראבי „mein
Vater" durch „mein Großvater" in poetischer Freiheit gebraucht wissen.   Aber
das ist ein gezwungener Notbehelf.

3. Es ist aber durch einen andern Umstand erwiesen, daß dieser Thabit
und folglich auch der fragliche Malik, der Unterjocher der jüdischen Stämme,
im sechsten und nicht im fünften Jahrhundert geblüht haben.   Thabit
war nämlich noch bei der zweiten Fehde zwischen den Aus und Chazrag tätig,
bei „dem Kriege Chatib", dessen Ende ein arabischer Annalist und mit ihm
Caussin de Perceval selbst in das Jahr 612 setzen (das. II, 686).   Thabit,
schon ein Greis, war in Gefangenschaft geraten und wurde zum Spott gegen
einen alten Bock ohne Hörner eingelöst.   Mag er im Jahre 615 ein hundert-
jähriger Greis gewesen, also um 515 geboren sein, so kann er doch nicht um
517 oder 520 den Frieden vermittelt haben.   Man muß demnach die erste
Fehde zwischen den Stämmen Kail später ansetzen, als es Caussin de
Perceval tut, zwischen 530—40 und das Ende derselben 550—69.   Dann
hatte Thabit das rechte Alter, um Schiedsrichter zu sein und einen Sohn im
Jahre 562 zeugen zu können.   Folglich war Malik Ibn-Aglan, der Gegner
der jathribensischen Juden, erst in der ersten Hälfte des sechsten Jahrhunderts Häuptling der Chazragiten.

4. Diese Annahme, daß die Unterjochung der Juden von Jathrib erst
nach 530, d. h. nach dem Untergang des jüdisch-himjaritischen Reiches, stattgefunden hat, wird auch von einer anderen Seite bestätigt.   Nach den arabischen Nachrichten hat Malik die Juden durch die Hilfe eines auswärtigen
Häuptlings gedemütigt.   Dieser Häuptling war kein anderer als der in der
arabischen, byzantinischen und persischen Geschichte berühmte Gafanidenfürst
Harith Ibn-Abu Schammir, auch der Hinkende (Alarag) genannt.
Ibrahim Halebi (bei Weil, Mohammed, S. 410) nennt den von den arabischen
Stämmen gegen die Juden zu Hilfe gerufenen Häuptling vom Geschlechte
G'ofna oder Gafna, d. h. einen Gafaniden.   Denn der erste Gafa-
nidenfürst hieß G'ofna (Caussin de Perceval a. a. O. II, 207).   Hariths
Vater hieß zugleich Harith und G'abala; man bezeichnet also den Sohn,
den Parteigänger des byzantinischen Reiches, entweder nach dem Namen des
Vaters Harith Ibn-G'abala, oder nach dem des Großvaters Ibn-Abu-
Schammir.   Von diesem Harith berichtet Procop, daß ihn der Kaiser
Justinian im Anfange seiner Regierung über sämtliche Araber, die unter
byzantinischer Botmäßigkeit standen, gesetzt und ihm sogar den Königstitel
verliehen hat, was bis dahin ohne Beispiel war (de bello persico I, 17, S. 89):
διὰ δὴ βασιλεὺς Ἰουστινιανὸς φυλαῖς ὅτι πλείσταις Ἀρέθαν τὸν Γαβαλᾶ
παῖδα ἐπέστησεν, ὡς τῶν ἐν Ἀραβίοις Σαρακηνῶν ἦρχεν, ἀξίωμα βασιλέως
αὐτῷ περιθέμενος, οὗ πρότερον τοῦτο τὸ ΄Ρωμαίοις γεγονὸς πώποτε.   Merken
wir uns, daß Procop den Gafanidenhäuptling, dem Justinian erlaubte, sich
König zu nennen, Arethas, Sohn des G'abala nennt, d. h. ins Arabische
übersetzt: Harith Ibn-G'abala.   Wenn nun Maßudi berichtet, daß ein
Gafanidenfürst von den Römern mit dem Titel Phylarch bekleidet
wurde, so werden wir sofort auf Harith Ibn-G'abala raten, und wenn
er ihn Abu-G'obaila nennt, so werden wir sofort auf Harith G'abala

raten, und, wenn er ihn Abu-G'obaila nennt, so werden wir keinen Anstand nehmen, daß אבו in אבן zu emendieren (vgl. Caussin de Perceval
a. a. O. II, 225): Maçoudi nous apprend, qu'il (Abou-Djobayla) avait
été investi par les Romains de la dignité de Phylarque. Keineswegs werden wir eine andere Persönlichkeit daraus machen, etwa einen
Abu-G'obaila, wie es Caussin de Perceval tut, da Procop aussagt, daß
die Titelverleihung an einen arabischen Häuptling von seiten der Römer
bis auf Arethas ben G'abala ohne Beispiel war. Nun berichten das Kitâb
al-Aghani und Jbn-Khaldûn, daß der Häuptling, den Malik gegen die Juden
zu Hilfe gerufen hat, Abu-G'obaila hieß (bei Caussin de Perceval II,
650 f.). Wir müssen auch hier an den Gasanidenfürsten Harith Jbn-
G'abala denken, um mit Jbrahim Halebi in Übereinstimmung zu bleiben,
der denselben Häuptling vom Geschlechte G'osna stammen läßt, d. h. von der
Gasanidenlinie. Wir brauchen auch hier nur „אבן גבל" in אבו גבילה,
d. h. Abu-G'obaila in Jbn-G'abala zu emendieren.

    5. Wir haben um so eher bei der Unterjochung der jathribensischen Juden
durch einen auswärtigen Häuptling an Harith Jbn-G'abala oder Harith
Jbn-Abu-Schammir zu denken, als einer der ältesten arabischen Annalisten
Jbn-Kutaiba tradiert, daß ebenderselbe in Arabien war, die Juden
von Chaibar besiegte, ihre Frauen und Kinder in Gefangenschaft führte,
später sie aber zurückschickte: וכאן כזו חרת בן אבי שמיר חיבר פסכר מן
אחלהא תם אצתקהם בעד מא קדם אלשאם (Ibn-Kutaiba ed. Wüstenfeld
p. 314). Derselbe Harith hat auch den jüdischen Dichter auf dessen Burg
Ablak belagert Er hatte also die Juden auf der arabischen Halbinsel bekriegt.
Es ist also ziemlich gewiß, daß er es war, den Malik gegen die Juden von
Jathrib zu Hilfe gerufen hat.

    Durch diese Annahme ist die Chronologie dieses Faktums gesichert. Denn
die Blütezeit dieses arabischen Häuptlings mit dem Königstitel ist durch die
byzantinischen Schriftsteller ziemlich gesichert. Caussin de Perceval setzt ihn
zwischen 529 und 70 (a. a. O. II, 233). Vom Jahre 531 wissen wir, daß er,
nach Procops Bericht, in Belisars Heer am Kriege gegen die Perser beteiligt
war und zu deren Niederlage bei Kallinikus beigetragen hat. Wenn er
es also war, der Malik gegen die jüdischen Stämme zu Hilfe gerufen hat,
so kann dieses im Jahre 530 geschehen sein, mithin gleichzeitig mit dem
Untergang des jüdisch-himjaritischen Reiches. Wenn wir in der
Gleichzeitigkeit der Fakta, des Unterganges des jüdischen Reiches von Himjara
und der Unterjochung der jüdischen Stämme Nabhir und Kuraiza, einen
pragmatischen Zusammenhang vermuten können, so wird diese Vermutung
durch eine Tradition bestätigt. Das Kitâb al-Aghani tradiert, Malik Jbn-
Aglan habe den jüdischen Fürsten Alghitjun getötet (bei Caussin de
Perceval das. II, S. 654). Dieser beweist auch aus dem Tarik Kamici, daß
Alghitjun (אלגיתיון) nicht Eigenname, sondern Titel war für die Juden
in Jathrib. Nowairi tradiert, daß der Ghitjun ein Verwandter und Repräsentant des Königs von Himjara war. Seit Tobba Abu-Kariba, wenn
nicht schon früher, war Jathrib von Himjara abhängig. Man kann sich also
denken, daß die judaisierten Könige von Himjara, namentlich Dhu-Nowas,
einen Juden zum Fürsten über Jathrib gesetzt haben, zumal die jüdischen
Stämme die Oberhand daselbst hatten. Wenn Malik den Ghitjun oder

jüdischen Statthalter getötet hat, so hat er damit die Unabhängigkeit Jathribs von Himjara ausgesprochen, und dieses kann erst nach dem Tode des Dhu-Nowas oder infolge desselben geschehen sein. Der Untergang des jüdisch-himjaritischen Reiches hatte demnach die Schwächung der jüdischen Stämme in Jathrib im Gefolge: quod erat demonstrandum.

11.

Der Exilarch Bostanai und die persische Königstochter.

Die interessante Nachricht, daß Bostanaï, der Begründer einer neuen[1]) Exilarchenlinie, eine persische Königstochter in der Ehe hatte, stammt aus einer authentischen Quelle, deren Worte, genau abgewogen, manchen Irrtum berichtigen können, der sich durch sekundäre und tertiäre Quellen in die jüdische Geschichte eingeschlichen hat. Die Hauptquelle ist R'Haï in einem Rechtsgutachten (Teschubot Geonim, Schaare Zedek, p. 3a, Nr. 17). Sie erzählt: Der zweite Kalife Omar gab die Tochter des Perserkönigs Chosrau oder Kesra dem Exilarchen Bostanai als Sklavin; dieser heiratete sie und zeugte mit ihr einen Sohn, welchen die Söhne von anderen Frauen als Sklaven behandeln wollten: בוסתנאי ריש גלותא דהוא (בר) חניגאי שבא על שפחתו בת כנסרי (.I כוסרי) מלך פרס דיחבה ניחליה עמר בן בטאג (.וכטאב) מלך ישמעאל במתנה וילדה בן ויבדו עליו אחרי למוכרו ונחלקי חכבי ישרבות בדבר יש מהן שאמרו כמה דלא הוה משוחרר עבד הוא וצריך שיחרור מאחיו וכחב מר ר' חנינאי דיאנא דבבא שמר שיחרור להדא שפחה מביח דינא ויש .מהן שאמרו בוסתנאי נשיא הוה וביריו לשוחררה Zunächst ist hier deutlich gegeben, daß die Sklavin oder richtiger Gefangene die Tochter Chosraus war, und nicht die Tochter des letzten Sassanidenkönigs Jesdigerd II. Bestätigt wird die Nachricht zum Teil durch Abulfarag Barhebräus, welcher erzählt: Die Töchter des Chosrau, welche als Gefangene bei Omar waren, haben ihn vor einem persischen General gewarnt: בנתיה דין דכסרו דבשביחא דטייא דטייא דבירין הוי אורדין לעבר (Assemani, bibliotheca oriental., T. III, pars 1, p. 422). In der Tat kann es nur eine von Chosraus Töchtern gewesen sein; denn Jesdigerd war nach einigen Annalisten noch im Knabenalter, als er auf den Thron gesetzt wurde (632 oder 634), nach andern höchstens ein Sechzehnjähriger. Er konnte also keine mannbaren Töchter gehabt haben, als seine Hauptstadt in die Hände der Mohammedaner fiel (637). Damit fällt Abraham Jbn-Dauds Angabe als ungenau weg, die da lautet, daß Omar Jesdigerds Tochter dem Bostanai gegeben habe: כי בימי עמר בן אכזאב נעקרה מלכות פרס והלכו נשרי ובנותיו של יזדגרד מלך פרס בשבי ועמד מלך ישמעאל ונתן בת יזדגרד לר' בוסתנאי ראש גלות. Der ganz unzuverlässige Theophanes gibt zwar an, die Mohammedaner hätten des letzten Perserkönigs Tochter in Gefangenschaft geführt, aber, um seiner Unzuverlässigkeit das Siegel aufzudrücken, nennt er diesen König Hormiz:

---

[1]) Über die früheren Exilarchen vgl. Revue des Ét. j. VIII, 122; Kobak Jeschurun, VIII, S. 77.

Οἱ δὲ Σαραχηνοὶ ἠχμαλώτευσαν τὰς τοῦ Ὑρμίσδου θυγατέρας (Chronographia I, p. 522)[1].

Auf der andern Seite ſehen wir aus R' Haïs Tradition, mit welcher
Abraham Jbn-Daûd übereinſtimmt, daß Omar die gefangene Königstochter
Boſtanaï geſchenkt hat.   Damit fällt die Angabe in dem Sagenbüchlein Geſchichte des Hauſes David מעשה בית דוד Amſterdam 1753, ausgezogen
in Heilprins Seder ha-Dorot, S. 37) als unhiſtoriſch, daß nämlich Alī,
der vierte Kalife, aus Verehrung für Boſtanaï ihm die Königstochter geſchenkt habe: ונתן עלי בן אבריטאבלב ... לו (לבסתנאי) בת מלך דארה לאשה.
Auch Jbn-Jachja hat, wahrſcheinlich aus derſelben Quelle, die falſche Angabe,
daß Alī ſich freundlich gegen Boſtanaï erwieſen habe: וימלך וישמעאל הנקרא
עלי כבד מאוד בוסתנאי ונתן לו לאשה בת מלך פרס.   Übrigens, wenn auch
das ganze Büchlein vom Hauſe Davids einen ſagenhaften Charakter hat, ſo
mag es dennoch manchen hiſtoriſchen Zug enthalten.   Es beruft ſich auch
namentlich in der letzten Partie auf „Denkwürdigkeiten vom Hauſe Davids"
(ספרי בית דוד oder ספר הזכרונות לבית דוד).   Die Sage von dem Traume
eines Perſerkönigs, der in einem Luſtgarten (Boſtan) ſämtliche Bäume bis
auf ein kleines Reis umgehauen habe, von der Deutung dieſes Traumes und
von dem Namen Boſtanaï (בסתנאי על שם הגן הנקרא בסתן), ſcheint ſchon
im neunten Jahrhundert in Umlauf geweſen zu ſein, da der Verfaſſer des
Seder Olam Suta dieſe Sage benutzt hat und ſie ungeſchickt auf den
Exilarchen Mar-Sutra übertragen hat (vgl. Note 1).   Auch den Umſtand
von dem Wappenbilde des Boſtana'ſchen Hauſes, einer Fliege, hat das Seder
Olam Suta aus „den Denkwürdigkeiten" entnommen, hat ihn aber auf eine
andere Weiſe gedeutet.   Das Sagenbüchlein hat auch den Umſtand, daß die
Söhne Boſtanaïs von ſeinen jüdiſchen Frauen die Ehe mit der Königstochter
als illegitim angegriffen haben.   Nur gibt es, im Widerſpruche mit der
obengenannten Hauptquelle, an, Boſtanaï habe mehrere Söhne mit der
Königstochter gezeugt.   ונולדו לו ממנה בנים ואחרי מותו עמדו עליהם בניו
הנשיאים ואמרו להם ... בני שפחה אתם.   So mag der Zug, daß die
Königstocher Dara (דאראי) hieß, echt hiſtoriſch ſein, wenn es nicht eine
Korruptel von כסרי iſt[2].   Jedenfalls ſtammt die Sage, welche Boſtanaï und
ſein Haus verherrlichen will, aus Babylonien, da man in Paläſtina, wie
oben (Note Nr. 1) angegeben, Boſtanaï und ſeine Linie nicht als legitime
Exilarchen und nicht als von dem König Jojachin abſtammend, anerkannt hat.

Übrigens darf man die Erzählung, daß Omar Boſtanaï die gefangene
Königstochter geſchenkt hat, nicht ſtreng nehmen.   Denn Omar war nie im
Jrak, und Boſtanaï wird auch ſchwerlich bei Omar in Medina geweſen ſein.
Es mag von dieſem Kalifen, der den mohammedaniſchen Feldherren über
alles Jnſtruktionen erteilte, dem General Saad, dem Eroberer von Kteſiphon,
der Befehl gegeben worden ſein, die Dienſte des jüdiſchen Parteigängers
durch ein ſolches Geſchenk zu belohnen.   Dieſer Punkt muß näher beleuchtet
werden, denn er iſt für die Geſchichte des Exilarchats und der jüdiſchen Geſchichte, deren Mittelpunkt das Exilarchat eine Zeitlang war, zu wichtig.   Zwei
Quellen, herrührend von Augenzeugen, welche über den Glanz des Exilarchen

[1] [Vgl. jedoch wegen des richtigen Textes Χοσρόου bei Theophanes, die
Bemerkung von Lazarus a. a. O. S. 174, Anm. 1.]
[2] [Vgl. jedoch in Betreff des richtigen Namens oben S. 124.]

berichten (wovon weiter Note 12), stimmen darin überein, daß der Exilarch eine Ehrenstellung im Kalifat eingenommen habe. „Wenn er ein Anliegen beim Kalifen hatte, so schicke dieser dem Exilarchen einen Staatswagen, den er aber anstandshalber nicht benutze, sondern nur seinem Wagen vorangehen lasse": והמלך שולח לו (לנשיא) מרכבת המשנה אשר לו . . . ולא היה לו רוכב בה מפני כבוד המלכות אבל הולכת לפניו (bei Jbn-Verga, Schebet Jehuda, Nr. 42). Bei der Audienz hatte er einen Ehrensitz (das. und Nathan ha-Babli im Sefer Jochasin). Der Exilarch hatte beim Ausfahren eine Ehrengarde von 50, später 15 Läufern: והחרישים איש רצים לפניו (Nathan) והולכים אחריו עד ט"ו אנשים. Daß die Würde des Exilarchats von den Kalifen nach geschehener Huldigung bestätigt wurde, wird sich bei der Untersuchung über die Reihenfolge der Exilarchen zeigen. Es ist nicht sehr fehl gegriffen, wenn das Maasseh Bet-David diese fürstlichen Prärogative zuerst an Bostanaï erteilen läßt: ויצו המלך להרכיבו (את בסתנאי) במרכבת המשנה ולמנות מתחת ידו שופטים ולהתחסק הוא בכל צרכי המלכות ילהנג ראשי ישיבות . . . סוריא נהרדעא ופומבדיתא להיות שופטים בדשותו בכל גביל ישראל זמן הרבה.

Diese Ehrenstellung genossen die vorbostanaïschen Exilarchen keineswegs. Denn im Talmud wird nichts davon erwähnt; nur das eine wird hervorgehoben, daß die Exilarchen die Befugnis der Strafgerichtsbarkeit hatten: ראשי גולה בבבל שרודין את העם במקלות[1]. Die persischen Könige während der letzten talmudischen Zeit und nach derselben seit Jesdigerd I. (458) waren verfolgungssüchtig gegen die Juden oder mindestens doch ihnen nicht sehr gewogen. Diese haben schwerlich den Exilarchen eine Ehrenstellung verliehen. Sicherlich war daher Bostanaï der erste Exilarch, welcher die Würde mit Prärogativen genoß. Wie Omar für geleistete Dienste Bostanaï die persische Königstochter als Sklavin schenkte, so hat er ihm wohl auch ein gehobenes Ansehen und eine Art fürstlicher Würde innerhalb der Judenschaft verliehen.

Von welcher Art diese Dienste waren, läßt sich teils aus der Zeitgeschichte, teils aus der Analogie von der Stellung der Würdenträger der nestorianischen Kirche folgern. Die Mohammedaner, die zugleich dem byzantinischen und persischen Reiche den Krieg erklärten und für die Schlachten mehr fanatische Begeisterung als Heeresmassen, mehr persönlichen Mut als Taktik hatten, mußten sich nach Verbündeten umsehen. Darauf waren sie von Hause aus bei ihren öfteren Fehden angewiesen. Im Jrak boten sich ihnen die nestorianischen Christen und die Juden als solche, da diese mit der Wirtschaft der persischen Könige und namentlich mit der Anarchie seit dem Tode Chosrau-Firuz Ursache hatten unzufrieden zu sein. Daher mochten die arabischen Feldherren im Namen des Kalifen diesen zwei Religionsgenossenschaften Freiheiten und Privilegien bewilligt haben. Von den Nestorianern wissen wir das entschieden. Omar erteilte dem nestorianischen Katholikos Jesujaba ein Diplom. Ali setzte Maremes zum Patriarchen oder Katholikos ein und gab ihm ein Freiheitsdiplom, weil er mit seinen Glaubensgenossen ihm bei der Belagerung von Moßul Vorschub geleistet hat (vgl. darüber Assemani, bibliotheca orientalis, dissertatio de

[1] Vgl. Revue des Et. j. VIII, p. 122 [und jetzt die Widerlegung bei Rabbinowitz, S. 413, Anm. 1].

syris nestorianis, T. III, pars 2, p. XCV). Von welchem Inhalte das Diplom war, erfahren wir aus einer Bestallungsurkunde für einen Katholikos, die erst in jüngster Zeit von Kremer aufgefunden worden. (Zeitschrift der deutschen morgenl. Gesellschaft Jahrg. 1853, S. 219). Die Urkunde ist zwar für den Katholikos Ebedjesu ausgestellt, der 1044—1075 fungierte, also von dem Kalifen Kaim Biamarillah; aber sie beruft sich auf den alten Usus und bestätigt früher erteilte Privilegien. Diese Bestallungsurkunde bestätigt den Katholikos (אלגאתלרק) und Patriarchen (אלבטרך) Ebedjesu in der durch rechtmäßige Wahlhandlung ihm übertragenen Würde, nachdem über sein Verhalten Erkundigungen eingezogen worden, und ernennt ihn zum Primas der Nestorianer Bagdads und anderer Gemeinden, die im Ländergebiet des Islam wohnen. Er allein soll das Recht haben, den üblichen Ornat zu tragen, und keinem Metropoliten, Bischof oder Diakonus sei der Gebrauch der Insignien gestattet. Die Urkunde bestätigt ferner die Privilegien, welche die reinwandelnden Kalifen (d. h. die vier ersten: Abu-Bekr, Omar, Othman und Ali) der nestorianischen Kirche gewährt haben. Die wesentlichen Funktionen des nestorianischen Katholikos werden namhaft gemacht: Neben der Oberaufsicht über die kirchlichen Angelegenheiten und die religiösen Stiftungen: 1. die jährliche Erhebung des Schutzgeldes (אסתרפא אלגזיה) von allen Männern, mit Ausnahme der Unmündigen, und dessen Ablieferung an die Staatskasse; 2. die Handhabung der Gerichtsbarkeit innerhalb der Konfessionsgenossen. Der Katholikos wird ermahnt, bei Rechtshändeln vermittelnd einzuschreiten, dem Schwachen gegen den Gewalttätigen beizustehen und „überhaupt das, was sich zum Unrechte hinneigt, zum Rechten wieder zurückzuleiten". Man sieht daraus, daß der Katholikos der nestorianischen Kirche von seiten der Kalifen nicht bloß als geistliches Oberhaupt, sondern auch als weltlicher Würdenträger anerkannt wurde, und zwar schon von den ersten vier Kalifen.

Sicherlich hatte der Resch-Galuta dieselbe Stellung zum islamitischen Staate wie der nestorianische Katholikos, und, wenn wir auch kein Diplom darüber besitzen, so sprechen dafür die weiter zu erwähnenden Momente, daß die Kalifen die Wahl der Exilarchen bestätigten oder verwarfen. Es spricht ferner dafür was Scherira berichtet: die Exilarchen hatten früher „Macht von seiten des Königs", d. h. des Kalifen besessen: שלטנותא דמלכא (דרישי) (גלותא). Aus dem Umstande, daß Bostanai so sehr in Gunst stand, daß er eine Königstochter von Omar als Geschenk erhielt, ist zu folgern, daß ihm zuerst die dem Exilarchate zugestandenen Prärogative, Macht- und Ehrenstellung erteilt worden sind. Aber ein solches Verhältnis dem Exilarchen eingeräumt, sondern sicherlich nur für Dienstleistungen. Man kann also Bostanai als den Begründer des fürstlichen Ansehens der Resch-Galuta betrachten. — Bostanais Blütezeit ist durch sein Verhältnis zu Omar gegeben. Im Jahre 637, als Ktesiphon eingenommen wurde (denn früher können die Königstöchter nicht in Gefangenschaft geraten sein) stand er in heiratsfähigem Alter. Wenn man dem Maasseh Beth-David trauen dürfte, war Bostanai damals 35 Jahre alt und unverheiratet (והיה בסתנאי בן ל"ה שנים). Er wäre demnach 602 geboren. Da er bei seinem Tode erwachsene Söhne hinterließ, so kann man seinen Tod frühestens um 660 ansetzen.

12.

Die Reihenfolge der nachbostanaischen Exilarchen und ihre Bedeutung [1]).

Scherira, der uns mit der Diadoche der Schulhäupter bis auf Jahr und Monat ihrer Funktionen bekannt macht, hat, wie es scheint, geflissentlich einen Schleier über die Exilarchen geworfen. Sie waren bei ihm und den Mitgliedern der Lehrhäuser mißliebig. Wenn Scherira von sich rühmt, er stamme aus dem Exilarchenhause, so fügt er, wie um einen Makel abzuweisen, hinzu: „aber nicht von den Söhnen Bostanais: ולא מכיר בסתנאי אנחנא אלא מקמי חבי טילי וקרינו ברבנן דמי חירבתא. Daher mochte dieser Annalist den Exilarchen von der bostanaischen Linie nicht die Ehre antun, ihre Reihenfolge anzugeben. Dieser Punkt ist daher in Dunkel gehüllt. Wir wollen versuchen, ihn durch gelegentliche Notizen bei Scherira und in anderweitigen Quellen ein wenig aufzuhellen, weil das geschichtliche Verständnis nicht selten davon abhängt. Es handelt sich zunächst um den unmittelbaren Nachfolger Bostanais, der, wie angegeben, mehrere legitime Söhne hinterlassen hat. Aber gerade sein Name und seine chronologische Stelle ist unbekannt geblieben.

1. Eine Quelle in Jacutos Jochasin (wahrscheinlich von Nathan, dem Babylonier, herrührend) [2]) und der Karäer Jefet ben Saïd nennen zwar Bostanais Nachfolger Chasdai: בסתנאי. חסדאי. שלמה (bei Jochasin); בסתנאי מסר לבנו חסדאי והוא לר׳ דוד הנשיא והיא לבנו ענן (Jefet). Aber diese Angabe ist entschieden falsch. Denn diesen Chasdai nennt Scherira ebenfalls und zwar als Vater des Exilarchen Salomo. Dieser Salomo nun fungierte sicherlich im Jahre 733. Denn in diesem Jahre setzte er Mar ben Samuel zum Gaon von Sura ein. כיון דלא הוה במחסיא דמפלג שקלירה שלמה בר חסדא ריש גלותא למר ר׳ מר בר שמואל ומניה במחסיא [3]). Dieser Mar ben Samuel wurde eingesetzt im Jahr 1044 Sel. = 733, nach der von mir korrigierten Chronologie der Gaonen in Frankels Monatsschrift, Jahrg. 1857, S. 383 und die Tafel dazu. Der Exilarch Salomo fungierte aber noch im Jahre 759; denn er setzte auch den Gaon R' Jehudai ein, nach Scherira: מר יהודאי גאון ... והות נמי מפומבדיתא ולא הוה מאן דמפליג בסורא אף הוא נמי שקלירה שלמה נמי שקלירה נשיא ומניה לתחם (dieses geschah 1070 Sel. = 759; a. a. O.). Der Exilarch Salomo fungierte also jedenfalls 733—759, aber auch vorher, denn er war bereits Exilarch, als er Mar ben Samuel einsetzte. Nehmen wir an, daß er die Exilarchenwürde 730 übernahm, so fällt das Exilarchat seines Vaters um 700—730. Bostanai fungierte aber (wie in der vorigen Note angegeben) bis um 660. Es bleibt also zwischen Bostanai und Chasdai eine Lücke von 40 Jahren für mindestens einen Exilarchen. Gerade um diese Zeit zwischen dem Todes-

---

[1]) Über die Exilarchen vgl. Lazarus in Brüll, Jahrb. Bd. X. (H.)

[2]) [Von Nathan rührt jedenfalls wohl nur der Bericht über die Ereignisse zu Ukbas, Kohen-Zedeks und Saadias Zeit her, bei Neubauer, Mediavael Jewish chronicles II, S. 78, 83 und 86; vgl. auch Friedländer in JQR. XVII, S. 752.]

[3]) Frankel, Monatsschrift, Jhrg. 1883, S. 186; Revue des Ét. j. XII, p. 262.

jahre Bostanais und dem Jahre 1000 Sel. = 689, d. h. in der unmittelbar
nachbostanaischen Zeit, während seines ersten Nachfolgers, fallen die Reibungen
zwischen dem Exilarchen und dem Kollegium der suranischen Hochschule, von
denen Scherira berichtet. Er gibt an: „Die Reihenfolge der suranischen
Gaonen vor dem Jahre 1000 Sel. vermag ich nicht in Ordnung darzustellen,
weil es unter ihnen Entartung und Haß gegeben, und die Exilarchen haben
sie ein- und abgesetzt: erst vom Jahre 1000 an ist mir die Reihenfolge bekannt:" לאבילין שני כלהון גאונים דהוו במתא מחסיא לא נהירנא להו שפיר
על הסדר וארית בהון חניפתא ונטורתא דנשיאים מעברון בהון וכהדרין להון
(...¹). Die Streitigkeiten fallen dem-
nach vor 689. Schwerlich übte Bostanai selbst dies Willkürregiment; denn
in diesem Falle würde R' Hai, der in dem oben (S. 433) zitierten Responsum von ihm referiert, nicht ermangelt haben, ihm etwas anzuhängen.
Es ist demnach wahrscheinlich, daß erst Bostanais unmittelbarer Nachfolger ein strenges Regiment gegen die suranischen Schulhäupter handhabte.
Man könnte sogar aus Scheriras Ausdruck: „דנשיאים מעברין להון" folgern,
daß bis zum Jahre 1000 Sel. = 689 mehrere Exilarchen fungiert haben.
Falsch ist es also jedenfalls, auf Bostanai unmittelbar Chasdai folgen zu
lassen²). Wir müssen vielmehr annehmen: 1. Bostanai; 2. eine Lücke von
mindestens 40 Jahren für einen oder mehrere Exilarchen, Söhne oder auch
Enkel Bostanais; 3. Chasdai und 4. Salomo ben Chasdai. War, wie
die Karärer angeben, David, der Vater des karäischen Schismatikers Anan,
ein Sohn Chasdais, so hatte dieser zwei Söhne: Salomo und David. Die
Karärer lassen den Exilarchen Salomo weg, obwohl seine Exilarchatsfunktion
durch Scherira am meisten bekundet ist, weil sie Anans Vater zum Exilarchen
stempeln wollten.

Wir haben oben gesehen, daß der Exilarch Salomo noch im Jahre 759
fungiert hat. Wie viele Jahre er noch später in Funktion war, hängt von
dem Datum ab, in welches das Schisma des Karäismus oder das Auftreten
Anans zu setzen ist.

2. Wir müssen uns auch hier von Scheriras genauer Angabe leiten lassen.
Er referiert: „Während die zwei Brüder Jehudai (in Sura) und Tudai
(in Pumbadita) gleichzeitig fungierten, trat Anan auf: והוא (יהודאי) ואחיו
(דודאי) הוו גאונים בתרתין בתיבתא בפרק אחד ובאותן הימים נפק ענן
Nun fungierten diese zwei Brüder (der erste 1070—73, der andere 1072 bis
75 Sel.) nur in den zwei Jahren 1072—73 gleichzeitig = 761 oder 62.
Demnach fiele Anans Auftreten in eines dieser Jahre. Die arabischen und
karäischen Schriftsteller haben andere Data, welche zwar dem ermittelten

¹) [Vgl. hierzu meine Darstellung in der Monatsschrift, Jahrg. 1908,
S. 334, Anm. 3, auf Grund der besseren LA. bei Neubauer: תפובאתא
וטריאתא.]

²) Handschr. Damascus 1383. כפנאר חנינאר ביסנינאר בר אדוי וחסדאי
ושלמה וריצחק הוא איסקוי יהודה זכאי הוא באבוי משה וריצחק הוא איסקוי
ודוד בן יהודה וחסדאי (Responsa Geonim, ed. Harkavy, S. 378). [Eine
aus einer tripolitanischen Bibel bei Neubauer, a. a. O. II, S. 248, veröffentlichte Liste fügt hinter Isaak-Iskawi noch ein: David ben Jehuda.
Betreffs Bar-Adoj vgl. auch Schechter, Saadyana, S. 75, Anm. 5, und Poznański
in „Schechters Saadyana", Frankf. a. M. 1904, S. 9, Anm. 2.]

nahekommen, aber sich als nicht ganz genau ausweisen.   Makrizi berichtet
(aus einer alten Quelle) an einer Stelle: Anan sei im Jahre 140 der Hegira
vom Morgenlande nach Bagdad gekommen und habe das Schisma herbeigeführt (bei de Sacy, Chrestomathie arabe, 2me ed., I Text, p. 91 und
Übers. 287): קדם עאנאן ראס אלגֿאלות בן בלאד אלשרק פֿי נחו אלארבעֿין
וֹמٓאٓרٓ٘ה٘ מן אלהגֿרה٘ אלי דאר אלסלאם.   Das mohammedanische Jahr 140
entspricht dem christlichen 758, also eine Differenz von 3—4 Jahren gegen
Scheritas Datum.   An einer andern Stelle gibt Makrizi ein anderes Datum
an: Anan sei vom Morgenlande nach Irak im Kalifat des Abugafar Almansur
gekommen, im Jahre 136 d. H.:   וקדם עאנאן מן אלשרק אלי אֿיראק פֿי
בֿלאפֿה אמיר אלמומנין אבֿי גֿעפר אלמנצור סנה שת ותֿלתֿין וٓמٓٳٓרٓٳ מן סני
אלהגֿרה٘ (das. S. 100 und S. 294), d. h. im Jahre 754.   Dieses Datum scheint
von den Karäern zu stammen.   Denn der erste karäische Annalist Jefet ben Said
hat diese Zeitbestimmung (in הצֿתקֿת התירה) (חֿלוקת ענן):   ותירה זה הדבר
בימי אבוגׄעפר אלמנצור בשנת קל״ו לקרן יצירא.   Die jüngeren Karäer haben
dieses Datum in verstümmelter Gestalt tradiert; aus אבוגׄעפר machten sie
אבוזׄצר, und das Jahr der Hegira 136 übertrugen sie auf das Jahr der
Welt 4400.   Diese Angabe darf also gar nicht in Betracht gezogen werden.
Wir haben also nur drei differierende Data: das Jahr 761—62 (Scherita),
das Jahr 758 (Makrizi) und das Jahr 754 (Karäer).   Das letzte Datum
beruht offenbar auf einer Konfusion.   Weil es bekannt war, daß Anan unter
dem Kalifen Abugafar Almansur aufgetreten ist, und dessen Regierung im
Jahre 136 d. H. = 754 begann, haben die Karäer dieses Jahr auch für
den Anfang des Schisma genommen.   Das mittlere Datum 758 = 140 d. H.
ist eine runde Zahl, die schon deswegen gegen eine präzisierte zurücktreten
muß.   Außerdem wissen wir, daß noch im Jahre 759 der Exilarch Salomo
fungierte, folglich kann Anan nicht ein Jahr vorher aufgetreten sein.   Wir
nehmen daher Scheritas Datum 761—62 für das Jahr des karäischen Schisma
als von allen Seiten gesichert an, und zwar in der Art, daß Salomo bis
dahin als Exilarch fungiert hat.   Erst mit seinem Tode begann die Rivalität
um die erledigte Exilarchenwürde und infolgedessen die Spaltung.

3. Der nächste Nachfolger Salomos läßt sich schwer ermitteln[1]).   Es
herrscht nämlich Meinungsverschiedenheit zwischen Rabbaniten und karäischen
Schriftstellern, ob Anan förmlich als Exilarch eingesetzt war oder
nicht.   Scherita schweigt über diesen Punkt hartnäckig.   Abraham Jbn-Daúd,
allerdings ein jüngerer und in betreff der Karäer nicht unparteiischer Annalist
von rabbanitischer Seite, behauptet: Eben, weil Anan wegen seiner heterodoxen
Richtung nicht zur Exilarchenwürde zugelassen wurde, habe er aus gekränktem
Ehrgeize gegen den Talmudismus Opposition gemacht: ענן מבית צור (.I דוד)
היה ותלמיד חכם היה בתחילה וחבירו בו עמין פסול כפני בן לא נסמך
לגֿאון וגם לא סירעֿוהו מן חשבים להיות ראש גלות ומפני הטינֿא שהיתה בלבו
עמד להסיר את ישראל מכֹל קבֹלת הֿבמים ...   Dieselbe Behauptung, nur
ausführlicher, teilt ein Karäer des dreizehnten Jahrhunderts, Elia ben Abraham, im Namen eines Rabbaniten, wahrscheinlich Saadias, mit in seinem
Werke חֿלוקֿת קראים ורבנים (Ms. zum Teil ausgezogen in Trigland, dia-
tribe de secta Karaeorum, p. 242, vollständig abgedruckt in Pinskers Likkute
Beilage Nr. XII).   Es wird behauptet, Anan, obwohl gelehrt, sei seinem

---

1) [Nach Harkavy, a. a. O. S. 378, war es Jsaak genannt Jskawi.]

jüngern und minder tüchtigen Bruder Anania nachgeſetzt worden, weil
ſeine Religioſität verdächtig war, und wegen dieſer Zurückſetzung habe Anan,
um der ihm von ſeiten des Kalifen drohenden Strafe zu entgehen, eine
neue Sekte geſtiftet. . . . ‏ולבן דתהם אשר חרף לבנן משכיל הגולה . . . וכתוב‏
‏בסבור שקירותיו כי ענן היה לו איח קטן ממנו ושמו חנניה וענן היה גדול‏
‏מחמניה אחיו בתורה ובשנים ולא רצו חכמי הדור להעמידו ראש גלות מפני‏
‏ויהזר פריצות וחסרון יראה ושמו פניהם אל חנניה אחיו משום ויתור ענוה‏
‏ובישבות יראת שבים שהיתה לו והעמידוהו ראש גלות . . . ובאותו העת מתקנא‏
‏ענן הוא וכל איש רע ובליעל . . . ונתכון במחלוקת בסתר משום פחד מלכות‏
‏. . . ופתח ואמר (למלך) כי דת אחר על חשבון ועבור תקופות ודתי על ראית‏
‏הירח ועבור האביב.‏   Dagegen behaupten die jüngern Karäer, Anan habe
bereits mit Übereinſtimmung des Volkes und durch Beſtätigung des Kalifen
die Exilarchenwürde inne gehabt, als er von den Gegnern ſeiner auf Reinigung
des Glaubens gerichteten Beſtrebung beim Kalifen als Empörer angeklagt
wurde. Derſelbe habe ihm zwar ſeine Gnade zugewendet, aber Anan habe
auf ſeine Würde verzichtet, weil er ſeine Wirkſamkeit verkannt und gehemmt
ſah (Simcha Luzki ‏ארח צדיקים‏, aus einer älteren Quelle, S. 19): ‏בעבור‏
‏ציצם חכמתי והפלגת חסידותו ויענותנותו בחרו אותו (ענן) כל בית ישראל‏
‏שתי הכתות הצדוקים והפרושים ומנוהו להיות נשיא אלהים בתוכם לאב‏
‏בית דין ולריש גלותא עליהם . . . במקום מלך על כל ישראל אנשי הגלות‏
‏ברשות מלך ישמעאל . . . וקמו עליו הזדים הארורים ויתנכלו עליו אותו להמיתו‏
‏ובאשר יראו בן המלך לחרגו חלכו ומסרוהו והלשינוהו אל המלך שמרד בחוק‏
‏המלכות ונתחייב מיתה והשם יתברך נתנהו לחן ולחסד בעיני המלך וחמל‏
‏עליו והצילו מידם ונשאר בחיים וברעות — הר' ענן הנשיא בן — מאס בראשות‏
‏ובחל ברבנות[1].‏   Auch Makrizi hat dieſen Zug — daß die Gegner nichts
gegen Anan ausführen konnten, weil der Kalife Almanſur ihm befreundet
war und ihn ehrte — gewiß aus karäiſchen Quellen geſchöpft: ‏פלם יקדרוא‏
‏מן תקריב אלבלביֿה לה ואכראמה‏ . . . ‏כלי בצאבתה‏ (bei de Sacy, Chreſtomathie arabe, I, Text, S. 108)

4. Mag nun Anan geſtürzt oder beſeitigt worden ſein, jedenfalls iſt
im Laufe der Jahre 761—62 ein Exilarch an ſeiner Stelle ernannt worden.
Die oben zitierte Quelle nennt ihn Chananja, Anans Bruder[2]).   Der
Karäer Elia, welcher dieſe rabbanitiſche Behauptung namhaft macht und ſie
als lügenhaft erklärt, gibt ſelbſt zu, daß Chananja an deſſen Stelle trat:
‏זה עשי בימי ענן וחמבליבו את חנניה אחיו מגזירת המלך כדי לשודר‏
‏לבנן ולהשבית דת הנאנחים הנאנקים מהם.‏   Dieſer Chananja iſt vielleicht

---

[1]) Eine Anekdote, die von Anan mitgeteilt wird, würde ſeine feindliche
Stimmung gegen die Rabbaniten dartun, wenn deren Echtheit erwieſen wäre:
‏ענן חביך שהירה אומר כי יתן שהיו כל חכמי ישראל בבטנו והיה נחתך‏
‏בחרב והיו מתים חם והוא‏.   Dieſe Anekdote teilt Moſe Tachau in ſeinem
Werke ‏כתב תמים‏ mit (Ozar Nechmad III, 64). Für die Echtheit läßt ſich
anführen, daß Moſe Tachau mit karäiſchen Schriften bekannt war, Stellen von
Sahal Abulſari und Abu-Ali (Jeſet) zitiert und an einer Stelle angibt, ein
karäiſcher Pentateuch-Kommentar ſei aus Babylonien über Rußland nach
Regensburg gebracht worden: ‏(חומש של הקראים) והגידרו לנו שוה זה ספר המצוקל‏
‏בא בבבלי לרוסיא ומרוסיא הביאוהו לרגנשבורק‏.   Auf derſelben Seite
kommt vor ‏אמר אבכרי‏ — ‏שאל אבולעלי‏.   Moſe Tachau kann demnach dieſes
biſſige Wort in den karäiſchen Schriften gefunden haben.

[2]) [Anan kann erſt c. 765 in Frage gekommen ſein, da Bagbad erſt 763
erbaut worden iſt. Chananja aber hat 771 nicht mehr amtiert.]

identisch mit Achunaï = אחונאי, dessen Sohn bald darauf Exilarch wurde. Dieser Punkt bedarf aber der kritischen Präzisierung. Im Laufe der Jahre 1082—84 = 771—73 brach nämlich wieder eine Rivalität um das Exilarchat zwischen Sakkaï ben Achunaï und Natronaï ben Chabibaï aus. Bei der Erwähnung des Schulhauptes Malka ben Acha bemerkt Scherira: Derselbe hat den Natronaï ben Chabibaï abgesetzt, als er die Würde usurpieren wollte gegen Sakkaï ben Achunaï, der bereits einige Jahre vorher Exilarch war. Beide Lehrhäuser vereinigten sich mit Sakkaï, setzten Natronaï ab, und er mußte nach Maghreb fliehen[1]. בתחריה מר ר' מלכא בר אחא בשנת אלף פ'ב והוא אחתיה לנטרונאי בר (2חביבאי נשיא בפלוגתא על זכאי בר מר אחונאי דהות נשיא קמי הכן במר שנין ואיכנפו תרתי מתיבתא עם זכאי הנשיא ועברוהי לנטרונאי ואפטר רב מלכא לגן עדן (בשית אלף פ'ד) ונטרונאי אזל למערב3). Wir haben hier also zwei feste Punkte. a) R' Malka fungierte 1082—84 (771—73), und innerhalb dieser zwei Jahre drang er darauf, unter Beteiligung beider Lehrhäuser, den Usurpator Natronaï abzusetzen; b) der Exilarch Sakkaï ben Achunaï war bereits einige Jahre Exilarch, als Natronaï ihn verdrängt hat. Mit dem Zusammenstellen von R' Malkas Tod (1084) und mit Natronaïs Auswanderung nach Maghreb wollte Scherira vielleicht andeuten, daß beide Fakta in demselben Jahre stattgefunden haben. Nehmen wir an, daß der Streit um das Exilarchat 772—73 entstand. Die „einige Jahre" (במה שנין), welche Scherira Sakkaï vor dem Streit fungieren läßt, fallen demnach mindestens innerhalb 770—73. Folglich hat der Exilarch, welcher an Anans Stelle trat, sei es Chananja oder Achunaï, Sakkaïs Vater, höchstens zwischen 762—70 fungiert. — Der Streit um das Exilarchat scheint übrigens keinen schismatischen Hintergrund gehabt zu haben. Denn Natronaï ben Chabibaï wird anderweitig als Talmudanhänger und Jünger R' Jehudaïs namhaft gemacht (Pardes, S. 28a): והדת מילתא אמרה ר' יהודאי גאון ריש מתיבתא כד הוו יתבי קמיה מר ר' חביבאי ומר ר' נטרונאי בר חביבא. Der Ausdruck יתבי קמיה bedeutet bei Scherira und überhaupt in der gaonäischen Schulsprache: eine dem Schulhaupte gegenüber untergeordnete Stellung einnehmen. Die Bezeichnung „Natronaï ging nach Maghreb", will sagen, er wurde aus Jrak verbannt, wie wir es bei dem Exilarchen Ukba finden.

5. Während wir aus den vier Jahrzehnten von 733—773 die Namen von drei Exilarchen kennen: Salomo, Chananja und Sakkaï ben Achunaï, sind wir bezüglich ihrer Nachfolger in den folgenden vier Jahrzehnten ganz im Dunkeln[4]. Scherira berichtet zwar, daß ein Exilarch im Jahre 1097 =

---

[1] [Unter dem im folgenden Zitat genannten מערב ist nicht Maghreb im Sinne von Nordafrika zu verstehen, sondern Spanien; vgl. Poznański in dem genannten Artikel über Kairuân Nr. 42, Anm. 1.]

[2] Ich habe die richtige Lesart aus den zwei Texten des Scheriraïschen Sendschreibens wiederhergestellt. Die Schulamsche Edition ist hier korrekter, nur hat sie נטריאנ בר זבריאנ statt חביבאי. Diese Lesart חביבאי ist aber aus dem Passus im Pardes gesichert.

[3] Vgl. Coronel, זכר נקי, S. 152 und 154: נטרונאי נשיא בר חנינאי והוא שבתאי לבני ספרד את התלמיד שלא מן הכתב.

[4] Vgl. jedoch Responsen der Geonim, ed. Harkavy, 389: הסדאי ריש גלותא ברירה המרוחה נטרונאי ר'ג לרבנא נתן בריה דרבנא חנינה לכל תלמידים הדרים בקירואן . . . [vgl. auch Bet Talmud IV, 339. H.].

786 das pumbaditaniſche Schulhaupt Chaninaï abgeſetzt hat: וגתריה מלך
‏בר חנינאי כהנא בר בר אברהם בשנת צ״ג וגברירה נשיא (בשנת צ׳ו)‏. Aber
wer damals Exilarch war, läßt ſich nicht nachweiſen. Möglich, daß es noch
Sakkaï war, der damals noch fungiert haben konnte. Carmoly vermutet, daß
es der Exilarch Samuel war, von dem wir aber nur eine höchſt dunkle
Kunde haben. Ein Kabbaliſt gibt nämlich an, ein R' Aaron, Sohn des
Exilarchen Samuel, der aus Babylonien wegen eines unbekannten Vor-
falls auswandern mußte, habe die Geheimniſſe des Gebetes dem R' Moſe
Saken mitgeteilt, welchen Kaiſer Karl von Lucca mit andern nach Mainz
verſetzt hat (Eleaſar von Worms Rokeach Ms. mitgeteilt in Mazref la
Chochmah): ‏וקבלו החסידים סוד תקין התפלות ושאר סודות רב כרב עד‏
‏אביו אהרון בנו של שמואל הנשיא אשר עלה מבבל משום מעשה‏
‏שהיה והוצרך לילך נ׳ ונד בארץ ובא בארץ לונברדיא בעיר‏
‏אחת שבשבה לוקא ושם מצא את ר׳ משה ... הוא היה הראשון שיצא‏
‏מלומברדיא הוא ובניו ור׳ קלונימוס ושאר אנשים חשובים הביאם המלך‏
‏קרלו עמו בארץ לונברדיא והושיבם במנגצא‏. Die Zeit dieſer Auswanderung von Lucca nach Mainz ſetzt Carmoly (nach einem handſchriftl.
Machſor ins Jahr 719 der Tempelzerſtörung, d. h. 787, was wohl richtig ſein
mag, da auch Joſua Kohen (Emek ha-Bacha) die Auswanderung unter Karl den
Großen ſetzt[1]). Dennoch kann der betreffende Exilarchenſohn nicht dieſer Zeit
angehören. Der Bericht des Eleaſar von Worms, auf dem Carmolys Kombination beruht, leidet ohnehin an Dunkelheiten. Was ſoll dann der Ausdruck
bedeuten: ‏עד אביו אהרון‏? Man hat daraus emendieren wollen: ‏אבו אהרון‏!
Aber dagegen ſpricht eine Notiz, die ich bald mitteilen werde. Ferner iſt
die Nachricht, daß dieſer Aaron oder Abu-Aaron das kabbaliſtiſche Geheimnis
der Gebete tradiert hätte, jedenfalls ein Anachronismus. Denn die alte
Myſtik kannte damals noch nicht ſolche Geheimniſſe. In einer Notiz (aus
einem alten Gebetbuche, Ms. des 14. Jahrhunderts in der Bibliothèque impériale,
Nr. 174) wird dieſer R' Aaron, Sohn des Exilarchen Samuel, ebenfalls
mit R' Moſe aus Lucca in Verbindung gebracht, aber ſie hat da eine viel
reinere Geſtalt. Die Stelle lautet (wie ſie mir der verſtorbene Ehrlich aus
Paris kopiert hat): ‏לשם תפארתך: עד כאן מדברי הירנים ומכאן ואילך מספר‏
‏זרא וביבי הקדמונים בשתהיו מגירים עד כאן (לשם תפארתך) היה השליח‏
‏צבור עד וביתחיל לאלתר ישיבתב. וכשבא הגאון ר׳ משה מלוקא בן רבינו‏
‏קלונימוס ביבי המלך קרלא למדינה בגירצא היה מנהיג את בני דורו לומר‏
‏מכאן ואילך עד ושבו אחד . כי גדול הדור היה ואין כל דבר נעלם ממנו.‏
‏הוא רבנא משה הזקן שיסד קרובה איבת נוראותיך והוא היה תלמידו של‏
‏אהרון אבי כל המדות בנו של רבנא שמואל הנשיא מבבל זכר צדיק‏
‏וקדוש לברכה‏. Hier iſt alſo nicht von kabbaliſtiſchen Geheimniſſen des Gebetes, ſondern einfach von Gebetſtücken die Rede, die R' Aaron tradiert und
R' Moſe in der Rheingegend eingeführt hat. Soll dieſe Notiz verbunden
mit der im Rokeach, als hiſtoriſch genommen werden, ſo würde der chronologiſche Punkt noch dunkler werden[2]). Denn, wenn die Einwanderung der

---

[1] [Es geht aber aus der in JQR. XVIII, S. 128 erhaltenen Mitteilung
von Anfragen des רב משולם בן הרב אנסקלונימוס במדינת לוקה אשר בארץ
‏פרנגה לר׳ שרירא גאון והאי אב ז״ל‏ deutlich hervor, daß die Kalonymiden
noch im letzten Drittel des 10. Jahrhunderts in Lucca lebten.]

[2] [Vgl. hierüber Epſtein im Hachoker II, S. 13 ff.]

Kalonymiden von Lucca nach Mainz im Jahre 787 stattgefunden hat, so muß R' Aaron mehrere Jahre vorher ihr Lehrer gewesen sein, also mindestens um 780. Sein Vater, der Exilarch Samuel, muß also damals nicht mehr fungiert haben, wenn man nicht annehmen will, daß der Vater selbst den Sohn ins Exil geschickt hätte. Von 780 rückwärts bleibt aber kein Raum für das Exilarchat eines Samuel, denn für diese Zeit haben wir, nach Scheritas authentischem Berichte, den Exilarch Sakkaï ben Achunaï. Es bleiben also nur zwei mögliche Fälle, entweder, daß der Exilarch Samuel vor dem ananitischen Schisma und auch vor dem Exilarchen Salomo fungiert hat, was gar nicht angeht, oder er hat nach der Einwanderung der Kalonymiden, nach 787 fungiert. Im letzten Falle ist entweder die Verbindung der Kalonymiden mit R' Aaron unhistorisch oder sie hat nicht in Lucca, sondern in Mainz stattgefunden. Scherira nennt aber einen bedeutenden talmudischen Gelehrten Mar-Aaron, der im Jahre 814 bei Besetzung des pumbaditanischen Gaonats gegen einen unbedeutenden, aber der Mystik ergebenen Mann zurückgesetzt wurde: (בתר ר' אבימאי) ובתריה

מר ר' יוסף בר אבא בשנת קכ"ה ולא הות דוכתיה דהות מר אהרין קכיה
דהוא אב בית דין והוי גמיר וצדיק כפי בניה מיהו על ידי חלום
אדברוה למר ר' יוסף גאון דהות חסיד טובא וזקן מאיד ואתמר דהוה אתי
אליהו ז"ל וייתיב במתיבתא דיליה (Scheritas Text habe ich hier nach den Andeutungen der beiden Rezensionen korrigiert). Möglich nun, daß dieser Mar-Aaron wegen erfahrener Zurücksetzung aus Babylonien ausgewandert, wie R' Achaï aus Schabcha ein halbes Jahrhundert vorher, und nach Europa gekommen ist. Er mag in Mainz bei den Kalonymiden nach 814 gelebt und gelehrt haben. Weil diese aber ihren Ursitz in Lucca hatten, mögen die Tradenten ihn dorthin, statt nach Mainz, versetzt haben. Aber dieser dunkle und verwickelte Punkt bedarf noch der Aufhellung durch authentischere Notizen[1].

6. Zwischen den Jahren 1127 und 1139 Sel. (816—827) brach abermals ein heftiger Streit um die Exilarchenwürde zwischen Daniel und David ben Jehuda aus. Es ist befremdend, aber für Scherira bezeichnend, daß er diesen Streit mit einem sehr ernsten Hintergrunde durch einige nichtssagende Worte andeutet, und ohne eine externe Quelle würde man seine Tragweite gar nicht kennen. Scherira berichtet nämlich ganz trocken: „Abraham ben Scherira (ein Mystiker) wurde im Jahre 1127 Sel. Schulhaupt von Pumbadita und fungierte 12 Jahre, der zweite nach ihm war Joseph ben Chija. Infolge des Streites zwischen dem Exilarchen Daniel und David ben Jehuda wurde R' Joseph mit der Gaonwürde bekleidet, und zuletzt einigten sich die Parteien dahin, daß beide den Titel führen sollten usw.

מר אברהם בר ר' שרירא בשנת קכ"ז מלך י"ב שנים והוה מר יוסף בר חייא
אב' בית דין ובפלוגתא דדניאל ודוד בן יהודה נשיאים איקרי מר יוסף
בגאונות ולסוף פריסו כתאוי[2] בין דיליה למר אברהם דמיקרו שני גאונים.

[1] [Vgl. zu diesen Ausführungen Neubauer in RÉJ. XXIII, S. 230.ff., wonach die Identität mit dem übergangenen Gaon abzuweisen ist, zumal nach der Achimaazchronik Abu-Aarons Auftreten in Südita lien um 860—870 anzusetzen ist.]

[2] [כתאיבה nach Neub., a. a. O. I, S. 38.]

‎מיחו כד מכנפין תריוירהו בחד דוכתא מר אברהם ויתיב מר יוסף קמיה.
(Die Lesart ist korrigiert nach den zwei Rezensionen.) Nach diesen dürren
Worten muß man den Streit kleinlich finden, angefacht von Ehrgeiz und begleitet von willkürlicher Abſetzung. Abulfaraǧ Barhebräus beleuchtet aber
durch eine intereſſante Notiz dieſen Streit, wodurch auch das Sinken des
Exilarchats erſt recht verſtändlich wird. Auch das Datum dieſes Streits wird
dadurch präziſiert. In ſeiner Chronik der jakobitiſchen Patriarchen (Ms. und
in lateiniſcher Überſetzung bruchweiſe mitgeteilt in Assemani, bibliotheca
orientalis, T. II, pars 1, S. 346) berichtet Abulfaraǧ bei Gelegenheit des
Streites in der jakobitiſchen Kirche zwiſchen dem Patriarchen Dionyſius von
Telmahar und Abraham folgendes: „Auch die Juden hatten einen Streit um
das Prinzipat. Denn die Tiberienſer hatten einen gewiſſen David an die
Spitze geſtellt, die Babylonier dagegen Daniel von der Sekte der Ananiten
(Karäer). Ihre Streitſache wurde vor den Kaliſen Mamun gebracht, und
derſelbe erließ ein Edikt, daß es zehn Männern, wenn ſie ſich ein geiſtliches
Oberhaupt wählen wollen, ſeien es Chriſten oder Juden oder Magier, ge-
ſtattet ſei, es zu tun: Judaei quoque de primatu altercati sunt. Nam
Tiberiadenses[1]) quidem Davidem quendam sibi praefecerunt, Babylonii

[1]) Daß die Tiberienſer bei der Einennung des Exilarchen beteiligt
waren, iſt Unſinn. Entweder hat Barhebräus ſich hier geirrt, oder die Lesart,
die Aſſemani vorgelegen hat, war korrumpiert[1a]). Ich vermute, daß der Text
urſprünglich gelautet hat: ‎אנבריא (Anbarenſer), und daraus entſtand die
Korruptel: ‎טברריא. Obwohl eigentlich Firuz-Schabur von den Arabern
Anbar genannt wurde, die zweite Hauptſtadt der lachmidiſchen Fürſten (vgl.
de Perceval, essay sur l'histoire des Arabes, T. II, p. 12, Note), ſo nannten
die Juden doch das nahgelegene Pumbadita oder Nahardea ebenfalls
Anbar[1b]). Benjamin von Tudela, der die Gegend bereiſt hat, ſagt zweimal:
Pumbadita iſt Anbar: ‎ומשם יום וחצי לאלאנבר היא פומבדיתא (ed. Asher II,
p. 69), und ebenſo muß man leſen (p. 53) ‎ומשם שני ימים לאלייבר (l. ‎לאלאנבר)
‎היא פומבדיתא אשר בנהרדעא. Der Karäer Abulſari Sahal, der während
des Beſtandes der Hochſchule Pumbaditas gelebt hat und in der Gegend war,
nennt die beiden Lehrhäuſer, auf welche er das Bild des Propheten
Zacharias von den zwei Weibern anwendet, Sura und Anbar, d. h. Pumbadita oder Nahardea. ‎ובאחרית הקץ בעתי ידרג (ה') את בקלו השני
— ‎והוא יול שתי נשים אשר מלכו על ישראל בסוריא ואנבאר וירוציאו את
‎ישראל מדרך התורה (bei Pinsker a. a. O. S. 42). Der Karäer Jakob ben Reuben
hat dieſelbe Deutung: ‎וראת אשה אחי: קרא לבלעד משנה הלבוד אשה
‎אחת...לבנות לה בית: היא סוריא: ונהרדעא אשר שם חזקום וחכמם
‎רב בר רבי ובני וחברים כלות ראשי ששם — (Sefer ha-Oscher, Ms. Leyden
p. 224 verso). Suria iſt hier offenbar Sura. So nennt es auch Benjamin
von Tudela: ‎ומשם (מ'יר קופא) יום וחצי לסורירא היא בתא מהסרא (Über
Suria vgl. Frankels Monatsſchrift Jahrg. 1883, 377). Ebenſo der Verfaſſer
der Maaszeh Bostanaï: ‎ימין. ‎ראשי ישיבות אחת של ימין ואחת של שמאל.
‎היא סוריא ושמאל נהרדעא ופומבדיתא. Da Sahal unter ‎סוריא das eine
Lehrhaus in Babylonien verſteht, ſo meint er ſicherlich unter ‎אנבאר das
andere, nämlich Pumbadita. Dieſes wurde, weil es in der Gegend lag,
die Nahardea hieß, auch mit dieſem Namen bezeichnet (vgl. Responsum
R'Haï in Geiger Zeitſchrift V, S. 398, Note 2): ‎ובאורהו זמן לא היה נורד
‎לא בנהרדעא ולא בסורא לומר סדר עבודה.

[1a]) [Vgl. jedoch Lazarus a. a. O., S. 30, Anm. 2.]
[1b]) [Vgl. jetzt auch Friedländer in JQR. XVII, S. 753 u. 756, Anm. 3.]

vero Danielem ex Ananitarum (ﬠננרא) secta (qui sabbatum solventes, feriam quartam ejus loco observant). Eorum causa ad Mamonem Chalifam delata, is lege lata sanxit, si decem cujuscumque religionis viri in unum congregati antistitem sibi creare vellent, sive Christiani sint, sive Judaei, vel Magi, id ipsis fas esse. Wenn auch Abulfaraǧ oder sein Gewährsmann etwas Unrichtiges in den Bericht einfließen läßt, daß die Ananiten oder Karäer den Mittwoch als Sabbat feiern, so wird der Hauptbericht dadurch nicht alteriert. Auch die Zeitangabe stimmt mit dem von Scherira für diese Tatsache angesetzten Datum. Sie wird bei Abulfaraǧ Barhebräus zum Jahre 1136 Sel. mitgeteilt, bei Scherira zwischen 1127—1139. Der Streit zwischen David und Daniel um das Exilarchat war also ein Kampf zwischen Rabbaniten und Karäern. Die Anbarener (nach der Korrektur) oder Pumbaditaner, waren für den rabbanitisch gesinnten David (ben Jehuda), die Babylonier dagegen für den Anhänger des Karäismus Daniel. Was unter „den Babyloniern" hier zu verstehen sei, ist zweifelhaft. Es können damit die Bagdadenser gemeint sein, denn in der gaonäischen Epoche nannten die Juden wenigstens Bagdad בבל (an vielen Stellen vgl. weiter Note 13 Anmerkung). Es kann aber auch das zur suranischen Hochschule gehörende Gebiet darunter verstanden sein. Denn, weil Sura in der Nähe des alten Babylon lag, nannte man es auch Babel (vgl. Responsum R' Haï in der Sammlung Taam Sekenim 56): וברשרבת סורא הרו דברים אלו רובם כי רחוקים משם (בני פומבדיתא) חם קרובים למדינת בבל ואני. Nicht anders ist auch der Ausdruck רב ירד לבבל zu verstehen: er ging nach dem bei Babylon liegenden Sura. — Es gab also damals, im Anfang des neunten Jahrhunderts, ein halbes Jahrhundert nach dem karäischen Schisma in dem jüdischen Babylonien oder in Irak, an dem Sitze der Hochschulen, so viel Karäer, daß sie Einfluß auf die Wahl des Exilarchen nehmen konnten: eine höchst überraschende Tatsache.

Noch wichtiger ist die Nachricht, daß bei diesem Streite zwischen David ben Jehuda und Daniel der Kalife Almamun die offizielle Bestätigung des Exilarchen, so wie des christlichen Primas, abgelehnt und entschieden hat, „daß es je zehn Personen freisteht, sich einen geistlichen Obern zu wählen." Es folgt daraus, daß bis dahin eine solche Anarchie nicht gestattet war, daß also die Ernennung des Exilarchen, wie die des nestorianischen Katholikos, unter staatlicher Kontrolle stand. Dann finden wir in diesem Nichtinterventionsedikt des Kalifen den Schlüssel zu einer historischen Bemerkung bei Scherira. Der letzte berichtet nämlich, in der Zeit des Exilarchen David ben Jehuda sei diese Würde machtlos geworden, so daß das pumbaditanische Kollegium das Joch des Exilarchats abschütteln konnte, und sich herausnehmen durfte, nicht mehr wie früher zur Huldigung vor dem Exilarchen zu erscheinen: ובאמצע שני רשמעאלים בימי דוד בן יהודה הנשיא אשתפילו (הנשיאים) מן שלטונותא דמלכותא ולא אזלין רשואתא דפומבדיתא בתרהון לריגלי אלא כד ניהא להו לנשיאים למיחוי להון ריגלי בפומבדיתא אתין להתם וקבצין (ed. Goldberg p. 37). Man geht wohl nicht fehl, wenn man das Sinken des Exilarchats mit dem Erlaß des Kalifen Almamun gerade infolge der Streitigkeiten zwischen David ben Jehuda und seinem Rivalen in pragmatischen Zusammenhang setzt. Weil der Exilarch nicht mehr von dem Kalifen als Primas der Juden anerkannt war, sank sein Ansehen, das nicht mehr auf Macht gestützt war, und die Gaonen beeilten sich, ihre Rechte auf Kosten des Exilarchats auszudehnen. Der Streit zwischen David und Daniel ist daher als Wendepunkt für die Geschichte des Exilarchats anzusehen. Dieser Streit brach aus, nach Abulfaraǧ Barhebräus, im Jahre 1136 Sel. = 825. Infolge desselben wurde der Gaon Abraham ben Scherira abgesetzt und Joseph ben Chija an seiner Stelle ernannt, nach Scheritas Bericht. Von welchem der zwei miteinander rivalisierenden Exilarchen diese Absetzung eines mystischen, frommen, aber nicht durch Gelehrsamkeit ausgezeichneten Mannes ausgegangen ist, darüber läßt uns Scherira im Dunkeln. Auch wissen wir nicht, wodurch die Versöhnung der streitenden Parteien (ולסוף פירוסו בראזי herbei-) geführt wurde. Nur aus einer andern Notiz ersehen wir, daß David über seinen Rivalen gesiegt hat, indem er im Jahre 1144 Sel. (833), also 8 Jahr nach dem Ausbrechen des Streites noch Exilarch war und R' Jsaak ben Chija zum Gaon von Pumbadita ernannte: Scherira: (בתר ר' יוסי ובתריה) בר' חייא) בשנת קל'ד מלך ר' יצחק בר חייא ... וכד סמכיה דוד בן יהודה נשיא למר ר' יצחק (p. 41). Was aus Daniel und seinen karäischen Anhängern geworden ist, wissen wir nicht. Um dieselbe Zeit fällt auch eine Streitigkeit in Sura, die Scherira nur dunkel andeutet: Nach אשר קרמיר בר (dessen Gaonat nach der von mir korrigierten Tafel 1135—38 Sel. also bis 827 dauerte) heißt es: והויין פלוגתא דליבא למסמך עליהון.

7. In dem Zeitraum von mehr als einem halben Jahrhundert nach David ben Jehuda wird kein einziger Exilarch namhaft gemacht[1]). Der erste Name, auf den wir stoßen, ist Ukba, einer der letzten Exilarchen, der von dem pumbaditanischen Gaon Kohen-Zedek ben Joseph verfolgt, abgesetzt und ins Exil getrieben wurde. Den Bericht über diesen Exilarchen und seinen Streit mit Kohen-Zedek verdanken wir einem Zeitgenossen, Nathan ben Jsaak, dem Babylonier, der um 950 von Babylonien ausgewandert sein muß (vgl. Note 21, II). ואשר אמר ר' נתן הכהן בר יצחק הבבלי ממה שראה על גלות טוקבא שהיא מדוד דוד שבא לאפריקא ונחב שררה בבבל שנים רבות שלא עמד במספרם יהיה ראש ישיבה בימיני מר רב כהן צדק בר רב יוסף בפומבדיתא מ' שנים. Ich betone diese Zeitgenossenschaft und gewissermaßen Augenzeugenschaft Nathans (ממה שראה), um seinem Bericht mehr historische Glaubwürdigkeit zu vindizieren, wenn er im Widerspruch mit Scherira steht, der ein jüngerer Berichterstatter war und die Vorgänge nicht aus Autopsie kannte. Der Widerspruch in betreff Kohen-Zedeks Funktionsdauer, welche von Nathan auf 40 Jahre ausgedehnt, von Scherira aber genauer auf 19 Jahre angesetzt wird, von 1228 bis 1247 Sel., läßt sich zwar ausgleichen, indem man das Zahlzeichen מ für eine Korruptel statt כ halten und diese Zahl für eine runde nehmen kann[2]). Allein es bestehen noch

---

1) Vgl. jedoch Frankels Monatsschrift Jhrg. 1883, S. 376: ר' אלעזר אלוף שבא מאליסאנו ... רב נחשון נאון (89—880) תבב ממנו להביא בשם ארבע איסרות מן האיטלקי [vgl. auch Bet Talmud IV, 339 (H.)]. [Danach sind in dieser Zeit Exilarchen gewesen: Natronaï II. und sein Sohn Chisdai II.; vgl. auch Harkavy a. a. O., S. 389.]

2) [Das in JQR. XVII. von Friedländer veröffentlichte Fragment des arabischen Originals von Nathans Bericht (S. 746 ff.) teilt mit, daß Kohen-Zedek ungefähr 4 Jahre im Amt war, bis der Streit ausbrach. Danach ist der Bericht im hebräischen Text zu verbessern, vgl. a. a. O. S. 749.]

andere chronologische und faktische Widersprüche zwischen Nathans und Scheriras
Bericht in betreff der Vorgänge während Kohen-Zedeks Gaonat.

Nathan tradiert nämlich folgendes über den Streit zwischen dem Exilarchen
Ukba und dem Gaon Kohen-Zedek. Er sei ausgebrochen wegen der Einkünfte
von den Gemeinden Chorasans, die Ukba für sich in Anspruch nehmen wollte.
Kohen-Zedek mit einigen angesehenen Juden Bagdads haben es durchgesetzt,
daß Ukba aus Bagdad verbannt wurde. Er begab sich nach Karmisin (קרמיסין
= Kerman-Schah), weilte dort ein volles Jahr, dichtete Loblieder auf den
Kalifen, der in der Nähe von Karmisin einen paradiesischen Aufenthaltsort
in Safran hatte. Infolgedessen wurde er vom Kalifen wieder in seine
Würde eingesetzt, bald darauf aber wieder von seinen Gegnern gestürzt und
aus dem östlichen Kalifat verbannt. Er begab sich darauf nach Maghreb-
Afrika. Über den letzten Punkt haben wir auch ein anderweitiges Zeugnis,
daß nämlich die Gemeinde von Kairuan dem zu ihr geflüchteten Exilarchen
Ukba in der Synagoge eine Art Thron neben dem Gesetzesschrein errichtet
und ihn überhaupt als Fürsten behandelt hat (Jbn-Jarchi im **Manhig**, ed.
Berlin, p. 32a): מנהג היה בקירואן למר עוקבא נשיאה שהיו מבזין לו כהא
כסא) של כבוד בבית הכנסת מצד הארון ולאחר שקראו בתורה כהן ולוי (I.
הרי מורידין לי התורה Um das Datum des Streites und der Absetzung
Ukbas zu fixieren, müssen wir in Nathans Referat weiter hinabsteigen. Nach
demselben blieb das Exilarchat 4—5 Jahre erledigt. Das Volk verlangte aber
die Wiederbesetzung und ernannte dazu Ukbas Verwandten David ben
Sakkaï. Der suranische Gaon erkannte ihn auch an, aber Kohen-Zedek
verweigerte drei Jahre die Huldigung. Ein blinder Gelehrter Nissi Naharwani vermittelte indessen die Versöhnung zwischen David und Kohen-Zedek.
Fünf Jahre nachher starb dieser Gaon von Sura (bei Nathan עמרם בן שלמה
genannt)[1]. An seiner Stelle wurde ein anderer האי בר קרימי erwählt, der
zwei Jahr fungierte, und nach seinem Tode berief David den berühmten
Saadia aus Fajum zum Gaon von Sura. Von diesem chronologischen
Punkte müssen wir ausgehen, um die Data aufwärts zu fixieren. Saadias
Berufung geschah 1239 Sel. = 928, also fungierte sein Vorgänger Haï (2 Jahre
nach Nathan) 1237—39. Fünf Jahre vorher geschah die Versöhnung, also
1232 oder 33. Dieses Datum stimmt mit Scherira überein, der ebenfalls
angibt, die Versöhnung der Parteien fand statt 1233 im Elul: והות פלוגתא
עד אלול שנת רל"ג ובדרו שלמא דוד נשיאה עם מבשר גאון. Weiter hinauf
beginnt aber die chronologische Differenz. Nach Nathan versagte Kohen-Zedek
David die Anerkennung 3 Jahre; David wäre demnach gewählt worden 1231,
4 oder 5 Jahre Vakanz des Exilarchats 1228—27. Mehr als ein Jahr vorher
fällt Ukbas Amtsentsetzung, Aufenthalt in Karmisin und zweite Absetzung,
also 1227—26.

Bei diesem Punkte tritt die Differenz zwischen Nathans und Scheriras
Bericht scharf hervor: 1. Nach dem ersten war Kohen-Zedek mindestens
bereits im Jahr 1226—27 Gaon, nach dem letzteren wurde er es erst im
Jahre 1228. — 2. Nach Nathan war Kohen-Zedek bereits Gaon als

---

[1] [In einem Sendschreiben des oben S. 291, Anm. 2 erwähnten Ben Meïr
wird als sein Anhänger ein Ahron ben Amram genannt; vgl. **Saadyana,**
S. 20 unten. Ob mit diesem identisch?]

David ben Sakkaï zum Exilarchen ernannt wurde, und jener versagte diesem drei Jahre die Anerkennung; nach Scherira war David vorher Exilarch, und er ernannte Kohen=Zedek zum Gaon. 3. Nach Nathan waren Kohen=Zedek und David Gegner, nach Scherira dagegen waren sie Freunde, so daß dieser jenen zum Gaon ernannte, während eine Gegenpartei in R' Mebasser einen Gegengaon aufstellte. Um die Widersprüche augenfällig zu machen, stelle ich beide Texte einander gegenüber.

שרירא	נתן הבבלי
שנת רכ"ח. והות פלוגתא בין רבנן	ונשארה הישרה (אחרי גלות יקבא)
דמתיבתא ודוד הנשיא דרבנן	כמו' ד' או ה' שנים בלא ראש עד
דמתיבתא איכנפו וקריווהו למר רב	שהיה קשה הדבר מאוד על ישראל
מכטר (מבשר?) כהנא גאון ודוד	ודברו על דוד בן זכאי שהוא בן דודו
נשיאה קריריה לבר ר' כהן צדק והות	של יקבא נשיא שיבר שישישו אותו
פלוגתא ביניהון עד אלול שנת רל"ג	ראש גלית יהיה כהן צדק. קשה
וצבדו שלמא דוד נשיאה עם מר	עליו הדבר שלא רצה בשרירת דוד
ר' מבשר גאון ייתיב ר' מבשר ורבנן	בן זכאי לפי שהיה קרובי של יקבא
דיליה לבדם ומובתחרים דרבנן הוו	ר"ג שיצבר אבל ראש ישיבת סירא
בהדיה וכר כהן צדק ורבנן דיליה	הנהוג איתי על עצמי . . . וצם כל זה
לבדם ובשנת רל"ז בכסלו שכיב ר'מכטר	היה כמאן כהן צדק ואיני ריצה
ואתו רבנן דיליה לות כהן צדק.	ברבר עד ג' שנים.

(Hier ist der Schulamsche Text korrekter als der Goldbergsche.)

Um die Widersprüche auszugleichen, glaube ich, daß Nathan als Zeitgenosse und Augenzeuge für das Faktische, Scherira dagegen als exakter Annalist für das Chronologische ein glaubwürdigerer Gewährsmann ist[1]. Demnach würde sich die Aufeinanderfolge der Tatsachen folgendermaßen gestalten. Im Jahre 1228 = 917 wurde Kohen=Zedek Gaon (nach Scherira). Damals war aber noch nicht David ben Sakkaï Exilarch (wie Scherira angibt), sondern Ukba fungierte noch (nach Nathan). Kohen=Zedek, der auch der suranischen Hochschule Einnahmen entzog, geriet mit Ukba sogleich in Streit wegen der Einkünfte von Chorasan und bewirkte dessen Absetzung und Verbannung; dies alles geschah noch im Jahre 1228. Ukba lebte in der Verbannung ein volles Jahr (nach Nathan), also 1229. Darauf wurde er vom Kalifen (Almuktabir Billah') wieder eingesetzt, um bald darauf durch die Intrigen seiner Gegner abermals gestürzt zu werden. Wir können das alles noch ins Jahr 1229 setzen. Dann trat eine Vakanz ein, die aber nicht vier oder fünf Jahr dauerte (nach Nathan), sondern nur zwei bis drei Jahre 1229—31. Darauf wurde David ben Sakkaï zum Exilarchen ernannt 1231. Da ihm Kohen=Zedek die Anerkennung versagte, so ernannte wohl David den Gegen=Gaon Mebasser (oder Mekasser). Der Streit zwischen David und Kohen=Zedek (nach Nathan) und innerhalb der pumbaditanischen

[1] [Zur größeren Glaubwürdigkeit Nathans gegenüber Scherira, vgl. auch Friedländer a. a. O. S. 752. Friedländer nimmt an, daß Nathan eine „Geschichte Bagdads" geschrieben hat, zu der auch das von Harkavy in der Festschrift für A. Berliner veröffentlichte Fragment über Netira gehört. Nathans Angaben werden fast durchgängig durch die der arabischen Schriftsteller bestätigt.]

Hochschule (nach Scherira) dauerte drei Jahre 1231—1233.   Im Elul des
Jahres 1233 geschah die Aussöhnung zwischen Kohen-Zedek und David durch
die Vermittlung des Nissi Naharwani (Datum nach Scherira, Faktum nach
Nathan).   In der pumbaditanischen Hochschule dauerte aber die Parteiung
noch fort, indem der Anhang Mebassers nicht von ihm lassen mochte, bis zu
dessen im Kislew 1237 erfolgenden Tode.   Auf diese Weise läßt sich die Differenz
ausgleichen, und man braucht nur da von Nathans Angaben abzugehen, wo er
selbst schwankt, nämlich in betreff der Dauer der Vakanz zwischen Ukbas Exil und
Davids Wahl.   Demnach fiel Ukbas Exil ins Jahr 1229 = 918, und da er,
wie Nathan bezeugt, viele Jahre fungiert hat, so wäre seine Funktionsdauer
anzusetzen um 900—918.   Die Lücke zwischen David ben Jehuda, der wohl
bis 840 fungiert hat, und Ukba, beträgt demnach 60 Jahre, innerhalb welcher
kein einziger Exilarch namhaft gemacht wird.

8. Der Exilarch David ben Sakkaï, war, wie Nathan berichtet, ein Verwandter Ukbas, sein Neffe (בן דודו).   Er wurde, wie oben angegeben, 1231
= 920 von dem pumbaditanischen Kollegium ernannt, und erst drei Jahr
später von Kohen-Zedek anerkannt.   Im Jahre 1239 = 928 berief er Saadia
aus Ägypten zum Gaon von Sura.   David hatte einen Bruder, Josiah-
Hassan, der von Saadias Partei als Gegen-Exilarch aufgestellt wurde.   Er
hatte auch einen Sohn Jehuda (Nathans Fragmente).   Dieser sollte nach
Davids Tod (vor Saadias Tod, also vor 942) Nachfolger werden, starb
aber 7 Monate nach seinem Vater.   Aus Nathans Worten ist es nicht klar,
ob Jehuda mit der Würde bekleidet worden ist oder nicht: נפטר ראש גלות
(דוד) ובקשו להנהיג בנו במקומו ולא עמד אחריו של אביו אלא ז' חדשים
בלבד ונפטר.   Jehuda hinterließ einen zwölfjährigen Sohn, bei dem
Saadia Vaterstelle vertrat.   Inzwischen sollte ein entferntes Glied des
Exilarchenhauses von den Bene-Heman aus Nisibis gewissermaßen als
Vikar fungieren, wurde aber vor der Ernennung wegen Lästerung
Mohammeds erschlagen.   Dies alles geschah noch vor Saadias Tod
(vor 942), wie aus Nathans Fragment hervorgeht.   Ob nun der von
Saadia erzogene Knabe, der Sohn Jehudas und Enkel Davids, zur
Exilarchenwürde gelangte, bedarf der kritischen Untersuchung.   Denn, als
Scherira sein historisches Responsum erließ, 987, war das Exilarchat bereits
erloschen.   Aber ein Sprößling des erlauchten Hauses war noch vorhanden, wie Scherira berichtet: והשתא לא אשתייר מכלהון דבי נשיאה אלא
חד ינוקא (Schulams Rezension).   Nach dem Goldbergschen Text soll zwar
nicht einmal ein Sprößling geblieben sein: והשתא לא אשתייר מן כולהון
דבית נשיאה במתא מחסיא ולא אפילו חד ינוקא (S. 37).   Allein diese
Lesart ist entschieden falsch.   Denn aus Abraham Ibn-Daûds Bericht erfahren
wir, daß das Kollegium der Hochschule von Pumbabita nach R' Haïs Tod
(1038) einen Nachkommen von David ben Sakkaï mit Namen Chiskijah zum
Schulhaupte ernannt hat.   בני ישרבת ר' האי הקרימו חזקיה ראש גלות
בן בנו של דוד בן זכאי והושיבוהו על בסא ר' האי.   Dieser Chiskijah
war nach R' Haïs Tod 1038 schon Vater von zwei erwachsenen Söhnen,
stand also damals im Mannesalter, und kann demnach im Jahr 987, zu
Scheriras Zeit, ein Kind gewesen sein.   Chiskijah war also wahrscheinlich ein
Sohn dessen, den Saadia erzogen hatte, also ein Enkel Jehudas und ein
Urenkel Davids ben Sakkaï.   Chiskijahs Vater, der zwischen Saadia und

Scherira blühte (940—980), scheint nun der letzte Exilarch gewesen zu sein[1]). Dafür spricht eine Notiz bei Jbn-Verga. Dieser hat nämlich in sein Werk über die Verfolgungen (Schebet Jehuda Nr. 42) einen Bericht über die Exilarchen aufgenommen. Zuletzt tradiert er aus einer unbekannten Quelle, die mohammedanischen Großen hätten den Glanz des Exilarchats beneidet und beschlossen, den Exilsfürsten auf seiner Fahrt zu erschlagen, und mit ihm die Angesehenen des jüdischen Volkes. Der Kalife hätte zwar dem bedrohten Exilarchen Hilfe geschickt, konnte aber seine Ermordung nicht hindern. Man beschloß hierauf jüdischerseits das Exilarchat eingehen zu lassen: לזמן (רב) כאשר ראו אנשי בבל גדולת הנשיא קנאו השרים וגם גם הארץ אמרו הנה עם בני ישראל הולך וגדול ומחר יקימו עם עזר זרע דוד . . . והסכימו כי כשיעבור הנשיא יהרגוהו ואחריו ראשי היהודים וכאשר נשמע בית המלך רצאו לעזרו אבל הנשיא כבר נהרג והצילו את שאר עמם . וכשישראל ראו זה אמרו לבטל הנשיאות מן היום והלאה והיה לו לורע דוד כתב איך בא ... מזרעו אבל לא שום שררה על ישראל. Da nun Jehuda, Davids Sohn, eines natürlichen Todes starb, sein Enkel Chiskija auch im Mannesalter nicht mehr als Resch-Galuta fungierte, so kann diese Verfolgung nur Jehudas Sohn und Chiskijas Vater getroffen haben, und unter ihm ist wohl das Exilarchat erloschen. Die Reihenfolge der Exilsfürsten aus dem Bostanaischen Hause wäre demnach folgendermaßen aufzustellen: 1. Bostanaï (um 600—660); 2. Sohn und Enkel anonym; 3. Chasbaï (um 700—730); 4. Salomo (730 bis 761—2). 5. Anan, der Stifter des Karäismus, und sein Bruder Chananja, Achunaï? (761—2 bis 770); 6. Sakkaï ben Achunaï (770 bis 800); 7. Samuel? (800—816); 8. David ben Jehuda — sein Gegen-exilarch Daniel — (816—840); 9. Eine Lücke (840—900)[2]); 10. Ukba (900 bis 918); 11. David ben Sakkaï (920—940); 12. Jehuda ben David 7 Monate; 13. Jehudas Sohn (um 950—80). — Sein Sohn Chiskija wurde als Schulhaupt erschlagen 1040. Seine beiden Söhne entflohen nach Spanien; deren letzter Sproß, der Dichter Chija Jbn-Aldaudi, starb in Kastilien 1154 (nach Jbn-Daûd).

13.

Das Exilarchat und Gaonat in ihrem gegenseitigen Verhältnisse.

Die politische Macht des Exilarchats begann, wie sich aus manchen Mo-menten (Nr. 11) ergab, mit Bostanaï. Für den Anfangspunkt des Gaonats gibt es aber keine Spur von Zeugnis, ja nicht einmal die eigentliche Be-deutung des Wortes גאון läßt sich, so weit jetzt unsere Kenntnis des Semi-tischen reicht, ermitteln. Es ist schwerlich hebräischen Ursprungs; denn dann würde es nach der festen Bedeutung, die es im biblischen und talmudischen Sprachkreise hat, Hochmut bedeuten[3]). So viel ist aber gewiß, daß es ein Ehrentitel sein soll. Man muß, um den historischen Anfang zu ermitteln, davon ausgehen, daß offiziell nur der Präsident der suranischen Hochschule diesen Titel führte, die Schwesterakademie in Pumbabita dagegen,

---

1) [Der letzte Exilarch Chiskia war ein Ururenkel von David ben Sakkaï, wie aus einem von Kameneßky in RÉJ. LV, S. 51, veröffentlichten Sendschreiben hervorgeht; die Genealogie desselben ist: Chiskia, David — der nicht Exilarch war — Chiskia, Jehuda, David ben Sakkaï.]

2) [Nunmehr zu ergänzen durch Natronaï II. und Chisdaï II.]

3) [Vgl. jedoch S. 127, Anm. 2.]

die überhaupt in vielen Punkten einen niederen Rang einnahm, nur ein
Schulhaupt (רים מתיבתא, ראש ישיבה), aber keinen Gaon an ihrer Spitze
hatte. Dieses bezeugt Nathan der Babylonier aus eigener Anschauung. In
den Zuschriften mußte der Präsident von Pumbabita dem von Sura den
Titel Gaon beilegen, ohne Gegenseitigkeit: וצור כשהיו משלחין אגרות זה
לזה ראש ישיבת פומבדיתא כותב: יתקרי הדין דיסקא קמי גאון ורבנן
דסורא וריש ישיבת סורא: יתקרי הדין דיסקא קמי רבנן דפומבדיתא
ואינו כותב לו גאון (Nathan Babli in Jochasin). Ursprünglich durfte
Pumbabita sein Schulhaupt nicht einmal aus dem eigenen Kollegium wählen,
sondern es wurde ihm von Sura zugewiesen: ובמא התלמוד לנגיד ר׳ שמואל
הלוי במעלות שנשאה בהם ישיבת סורא על ישיבת פומבדיתא: בראשונה לא
היו ממנין ראש ישיבה מפומבדיתא אלא מביאין מישיבת סורא ראש ישיבה
צליהן (Jochasin, ed. Filipowski, p. 85a). Dasselbe tradiert auch Nathan
Babli: שלא יהא גאון מפומבדיתא אלא מסוראו על פי ראש הישיבה שלה.
Das untergeordnete Verhältnis Pumbabitas gegen Sura wird auch von der
alten Urkunde, auf die ich später zurückkommen werde, bezeugt. Wenn die
pumbabitanischen Schulhäupter öfter mit dem Titel „Gaon" figurieren, so
rührt dieses teils von Ausländern her, welche von dem Rangunterschiede
nichts wußten, teils aus der Zeit, als sich Pumbabita die Parität errungen
hatte (seit 917), teils endlich aus der Zeit, als Sura untergegangen und
Pumbabita allein sich behauptet hat (945—1038). In dieser Zeit wurden
die Bezeichnungen „Gaon" und „Resch-Metibta" promiscue gebraucht; bis
dahin aber war Gaon ein privilegierter Titel der suranischen
Schulhäupter. Dieser Würdentitel war nicht ein leerer Schall und bedeutete nicht bloß einen Vorrang, sondern hatte einen realen Gehalt. Bei
der Vakanz des Exilarchats fungierte der Gaon von Sura als Exilarch und
bezog dessen Einkünfte: וצור כשימות ראש גלות כל הרשויריות שלו ינתנו לראש
(ישיבת) סורא ואין בהן לראש ישיבת פומבדיתא חלק כלל . . . וכשימות ראש
סורא גלות כל הרשויריות שלו ינתנו לראש ישיבת סורא (zweimal bei Nathan)[1]). Von
den Geldspenden aus dem Auslande hatte die Hochschule von Sura zwei
Teile, und die schwesterliche nur einen Teil[2]). Ein solcher Titel, verbunden
mit solchen Privilegien, kann nur von außen erteilt worden sein, sonst
hätte sich Pumbabita, das an Lehrkräften überlegen war, die Parität nicht
nehmen lassen.

Merkwürdig ist es, daß Scherira diesen Vorrang Suras vollständig verschweigt, ja bei manchen Gelegenheiten zu verstehen gibt, die Metibta von
Pumbabita habe die von Sura übertroffen. Es war dieses eine Parteinahme
pro domo. Es läßt sich aber folgern, wer der Hochschule von Sura Rang
und Privilegien erteilt, und zu welcher Zeit das Gaonat begonnen hat. Da
sicherlich der Rangunterschied zwischen den beiden Metibtas in der talmu-

---

[1]) [Dieser Bericht von dem Vorrang Suras gehört nicht Nathan Babli
an; vgl. auch Epsteins Aufsatz über die Quellen zur Gaonengeschichte in der
Festschrift für Harkavy, St. Petersburg 1908, hebr. Abteilung, S. 169—171.]

[2]) [Dem suranischen Gaon allein stand das Recht zu, bei der Thora-
verlesung seitens des Exilarchen die Lektion in der Targumparaphrase vor-
zutragen, während das Schuloberhaupt von Pumbabita sich passiv verhalten
mußte. Auch andere Privilegien standen ihm zu; vgl. Nathan Babli bei
Neubauer a. a. O. II, S. 83—84.]

dischen Zeit nicht vorhanden war, ebensowenig wie der Titel Gaon,
die persischen Könige in der nachtalmudischen Epoche den Juden nicht so
günstig waren, um eine besondere Würde zu verleihen oder auch nur zu
bestätigen, so bleibt nur der Beginn des Islam als die gelegene historische
Situation für das Verleihen einer Stellung an ein korporatives Gemeinwesen. Ich erinnere daran, daß nicht bloß die Katholici der nestorianischen
Kirche, sondern auch einzelne Klöster ihre Privilegien auf Omar oder auf
Ali zurückführten. Nun erzählt uns Scherira, daß R' Isaak Gaon dem
Kalifen Ali mit vielen tausend Juden entgegenging, als derselbe Firuz-
Schabûr (Anbar) einnahm (Mai 657, vgl. o. S. 399): ר' יצחק גאון והוא
שהיה בפירוז שאבור עת שכבשה עלי בן אבי טאלב ויצא מר ר' יצחק כן
פירוז שאבור לקראתו והקביל את פניו וקבל עלי בסבר פנים יפות והיו בפירוז
שאבור באותו שעה תשעים אלף מישראל. Der Text scheint sogar auszusagen,
daß R' Isaak mit den Tausenden von Juden in Anbar Ali die Eroberung
dieser Stadt erleichtert habe. Jedenfalls sagt die Notiz deutlich, daß Ali
ihn sehr freundlich empfangen habe. Sollte Ali nicht diesem R' Isaak
für die Dienstleistung, oder auch nur für die Huldigung — während der
Schwiegersohn Mohammeds von Feinden umringt war — ein Privilegium
erteilt haben! Freilich schweigt Scherira darüber, und wie es scheint geflissentlich, weil dieser R' Isaak ein Suraner war, und Scherira nur die
Metibta von Pumbadita verherrlichen wollte. Das ist aus dem ganzen Verlaufe klar. Vom Jahre 900 Sel. = 589 gibt Scherira nämlich die gleichzeitigen pumbaditanischen und suranischen Schulhäupter an. Zur Zeit von
Mohammeds Auftreten war Chanina aus Be-Gihara in Pumbadita und
R' Chananja oder Chaninai in Sura: ואחרי הורינו מר ר' כרי בלך כר
ר' חנינא בן בר גיהרא וביריבי רצא כחמד (משוגג) לצולם ואמרין דהוה בסורא
(var. חיננאי) באותן הרכים ר' חנניא. Darauf will Scherira deren Nachfolger aufzählen; es scheint hier im Texte ein Wort zu fehlen: וכתריהון "und
nach ihnen": מר רב חנא גאון פומבדיתא ומר ר' יצחק גאון והוא שהיה
בפירוז שאבור וכ'. Der Passus וכר ר' יצחק גאון, wie die Lesart in der
Schulamschen Edition lautet, hat keinen Sinn, wenn man nicht zu גאין das
Wort סורא ergänzt, so daß das Ganze lauten muß: וכר ר' יצחק גאון סורא
parallel dem ר' חנא גאון פומבדיתא.) Wenn auch Scherira hier den Ausdruck "Gaon" farblos für Schulhaupt gebraucht, so scheint es doch, daß dieser
Titel erst mit R' Isaak begonnen hat. Der Kalife Ali war es wohl, der ihm
diesen Titel und damit den zweiten Rang nächst dem Exilarchen eingeräumt
hat. Auch dafür bietet die Verfassung der nestorianischen Hierarchie eine
vollständige Analogie (vgl. Assemani, dissertatio de Syris nestorianis, T. III,
pars 2, p. 648). R' Isaak war demnach der erste Gaon, d. h. das erste
Schulhaupt von Sura, dessen Würde und Stellung vom Kalifate
privilegiert waren. Der Anfang des Gaonats fiele demnach ins Jahr 657,
während Alis Kalifat.

Über das Ernennungsverhältnis der Exilarchen und der Schulhäupter ist
in den Quellen nichts Bestimmtes angegeben. Sie lassen nämlich ungewiß,
ob das Exilarchat erblich oder wählbar, und wie die Nachfolge der Gaonen
beschaffen war. Die beiden Hauptquellen, welche über den Huldigungsakt

---

¹) [Vgl. jedoch die Aufklärung über die damals in Firûz-Schabur bestehende Schule in der Monatsschrift 1908, S. 338, Anm. 2.]

des Exilarchen berichten, ein altes gutachtliches Responsum (תשובת גאונים
ראשונים, zitiert von Ibn-Verga, Schebet Jehuda, Nr. 42) und Nathan, der
Babylonier, gebrauchen in betreff der Ernennung des Exilarchen unbestimmte
Ausdrücke: בשעה שישראל היו מבקשים להקים להם נשיא והוא הנקרא
ראש גולה (bei Ibn-Verga): על דברי ראש גלות ומה שאמר עוד ר' נתן הכהן
בשעה שיתכנה כך הוא הדבר אם הסכימה דעת הקהל למנותו מתקבצין
ראשי ישיבית. Indessen läßt sich aus des letzteren Worten: „Wenn die
Gemeinde sich geeinigt, ihn zu ernennen," schließen, daß der
Exilarch gewählt wurde. Seine Wählbarkeit ist auch historisch konstatiert.
Anan wurde abgesetzt und ein anderer an seine Stelle ernannt. Im Anfang
des neunten Jahrhunderts hatte die eine Partei David ben Jehuda, die
andere Daniel erwählt. Im darauffolgenden Jahrhundert wurde Ukba abgesetzt und später David ben Sakkai erwählt. Auch der Ausdruck im Edikt
des Kalifen Almamun in betreff der Bestätigung des Exilarchen spricht für
Wählbarkeit: si decem viri in unum congregati antistitem sibi creare
vellent (o. S. 445). Auf der anderen Seite war aber die Nachfolge im
Exilarchate auf die Familie beschränkt, welche von Davidischer Abstammung
gehalten wurde, und näher auf Bostanaïs Nachkommen. Man sollte also meinen,
daß hier der Sohn auf den Vater in der Würde folgte, und eine Wahl dabei
nicht anwendbar war. Um diese Schwierigkeit aufzuheben, muß man wohl
annehmen, daß ursprünglich die Exilarchenwürde erblich war. Als Anan
aber dem talmudischen Judentum gefährlich schien, und dessen Vertreter
sich anstrengten, ihn zu beseitigen, wurde wohl die Würde durch Wahl erteilt,
damit nur solche Personen zugelassen werden, welche dem Bestehenden nicht
gefährlich schienen. Über den Wahlkörper und Wahlmodus ist nichts bekannt.
Nathan drückt sich auch darüber unbestimmt aus „wenn die Gemeinde beschließt, einen Exilarchen zu ernennen": אם הסכימה דעת הקהל למנותו.
Man könnte vermuten, daß dieselben Klassen, welche sich zur Huldigung des
zu ernennenden Exilarchen einfanden, auch das aktive Wahlrecht hatten. Bei
der Huldigung beteiligten sich nämlich offiziell die Schulhäupter samt ihren
Kollegien, die Gemeindevorsteher, die Richter und andere angesehene Männer:
מתקבצין שני ראשי ישיבות עם בני ישיבותיהן כל ראשי הקהל והזקנים
(Nathan): היו מתקבצים כל ראשי ישיבות וראשי עם נדיבים יקנים ושופטים
אשר במלכות (Responsum bei Ibn-Verga). Jedenfalls hatten wohl die zwei
Schulhäupter eine gewichtige Stimme bei der Wahl.

Die Ernennung und Amtseinsetzung der Exilarchen geschah unter einem
feierlichen Zeremoniell, worüber wir zwei Urkunden besitzen (das schon genannte
Responsum bei Ibn-Verga und den Bericht Nathans des Babyloniers). Es
sei hier bemerkt, daß die erstgenannte Quelle älter sein muß als Nathan,
nämlich aus der Zeit, als noch die Schulhäupter von dem Exilarchen abhängig
waren (vor dem Streite zwischen David ben Jehuda und Daniel, vor 825).
Denn die beiden Berichte differieren wesentlich nur in einem Punkte. Das
Responsum gibt an, am Huldigungssabbat habe der Exilarch zuerst aus
der Thorarolle gelesen und nach ihm die Schulhäupter ihrer Rangordnung
nach: ומוציאין ספר תורה מן ההיכל ולביארין אותו אל הגמגל (מושב ריש
גלותא). לקרא ראשין ואחריו ראשי הישיבות Nathan dagegen
tradiert, die Schulhäupter haben nicht nach dem Exilarchen gelesen,
weil es unter ihrer Würde war, einem andern, d. h. dem Exilarchen, nach-
zustehen: וחזן הכנסת מוריד ספר תורה לראש גלות ... יקרא ... יאחריו

ראשי כלות אבל ראשי הישיבות עצמן אינן קורין באותו היום
מפני שקדמן אחר. Unter ihrer Würde konnte das nur ſein, als ſie ſich
vom Exilarchate unabhängig gemacht und die Wahl der Exilsfürſten in Händen
hatten[1]). — Eine Art Huldigungszeremoniell fand auch jedes Jahr an einem
Sabbat ſtatt, wie Nathan berichtet: ואם יתקבצו ראשי הישיבות שתיהן אצל
ראש גלות בארץ בבבל בשבת שרגילין להתקבץ אליו ראש ישיבת
סורא ותלמידיו קורין כל ראש גלות תחלה מפני כבוד תורה ואראש ישיבת
פומבדיתא לשמאלו. An welchem Sabbat die Huldigung ſtattfand, darüber
belehrt uns Scherira, nämlich am dritten Sabbat nach den Hüttenfeiertagen
כירן דאתקינו ריגלי דראשי גלותא והוי (alſo im Monat Marcheſchwan)
צריכין רשויאתא נפוס בדריתא למיזל חמן בשבת של לך דהוא ריגלא
דראשי גלואתא (Scheritas Sendſchreiben, ed. Goldberg, S. 37). Dieſe
Huldigung ſcheint auch den Namen כלה רבתי „große Verſammlung" geführt
zu haben. Vgl. Scherira (daſ. 40): אתו לבגדאד ואיתרמו בבי כנישתא דבר
נאשלא בכלה רבתי. Der Ausdruck kommt in den gaonäiſchen Reſponſen
öfter vor (vgl. Frankels Monatsſchrift, Jahrg. 1858, S. 222). Aus Scherira
geht hervor, daß dieſe Huldigung anfangs in Sura vor ſich ging: ... ר' אשר
שירא לריגלא דריש גלותא בגוה (בסורא) ... ובכל שתא כד חזא ריש גלותא
דקבץ ריגלא בבי רב (בסורא) אזלין לקמיה רשואתא ורבנן דפוס בדריתא.
Er gibt aber ſelbſt an, daß dieſes nur ſo lange dauerte, als die Exilarchen
mächtig waren. Nach dem Sinken derſelben unter David ben Jehuda begaben
ſich die Pumbaditaner nicht mehr nach Sura, ſondern, wenn der Exilarch eine
Verſammlung zuſammenberufen wollte, mußte er ſich nach Pumbadita begeben: בימי דוד בן יהודה הנשיא אשתהפילי מן שלטנותא דמלכותא ולא אזלו
רשואתא דפוס בדריתא בתרירהון אלא כד ניחא להון לנשיאים למהוי להון
ריגלי בפוס בדריתא אתין להתם וקבעין (daſ. S. 37). Aus Nathans Äußerung
ſehen wir aber, daß der Huldigungsſabbat in Atikah ſtattfand. Atikah war
ein Städtchen, das ſpäter zu Bagdad geſchlagen wurde (Weil, Kalifen, II,
S. 77, Note 1). Der Brauch muß ſich alſo ſpäter feſtgeſtellt haben, daß die
Verſammlung um den Exilarchen weder in Sura, noch in Pumbadita, ſondern
in Bagdad ſtattfand. In Bagdad reſidierten auch die Exilarchen zuletzt, wie
aus Nathans Bericht hervorgeht[2]).

Wie die Ernennung der Exilarchen, ſo iſt auch die der ſuraniſchen Gaonen
und der pumbaditaniſchen Schulhäupter nicht ganz klar[3]). Aus Scherira
ſcheint hervorzugehen, daß ein Avancement ſtattfand, ſo daß der Zweite in der
Rangſtufe nach dem Schulhaupte, der Oberrichter, mit der Würde bekleidet

---

[1]) [Wahrſcheinlich nach David ben Sakkais Zeit; vgl. Rabbinowitz, S. 136,
Anm. 2.]

[2]) Die Bezeichnung בבל als Stadt bedeutet bei Nathan Bagdad. Karmiſin
liegt fünf Tagereiſen im Oſten von בבל = Bagdad. ציר־צר מחלך חצר יום
מבבל. Il y a dans le territoire de Bagdad deux villages du nom de
Sarsar, de Saoy, Chrestomathie arabe I, p. 77, Note 21, im Namen eines
arabiſchen Schriftſtellers. Dadurch läßt ſich die Lage Suras einigermaßen
geographiſch beſtimmen. Der Geburtsort des Exilarchen David ben Sallai,
Kaſr, lag ſüdlich von Bagdad, 7 Mil von Sura entfernt: קצר בדרום בבל
בינו ובין סורא ז' מילין.

[3]) [Über das gegenſeitige Verhältnis zwiſchen Exilarchat und Gaonat, z.
B. die Legaliſierung der Gerichtsakte des erſteren durch das letztere, die ver-
ſchiedenen Gerichtshöfe uſw. vgl. Monatsſchr. a. a. O. S. 334 ff und beſonders
S. 336, Anm. 2.]

wurde. Der Dajan-di-Baba oder Ab-Bet-Din hatte die Anwartschaft
auf das Präsidium. Von der Nachfolge vom Jahre 1125 = 814 berichtet
Scherira, Joseph ben Abba sei zum Schulhaupt befördert worden, obwohl nicht
ihm die Stelle gebührte (ולא הות דוכתיה), sondern dem R' Aaron, der
Oberrichter war: (והוה מר רב אהרון קמיה דהוה אב בית דין). Ebenso
deutet er an, daß im Jahre 1144 = 833 die Ordnung gestört wurde, als
R' Isaak zum Schulhaupte ernannt wurde, und die Stelle dem Josef ben Rabbi
gebührte, der Oberrichter war: וכל סמכיה דוד בן יהודה נשיא למר ר'
רבא (der Text emendiert nach
beiden Rezensionen). יצחק קשר ליה למר ר' יוסף דהוה דיינא דבבא
Vom Jahre 1254 = 943 berichtet Scherira, Aaron
Jbn-Sargadu habe sich das Präsidium angemaßt, „obwohl der Platz dem
R' Amram ben Meswi gebührte": ולא הוה הוא (ר' אהרון) ראוי לגאונות בתר
כלה ריש משוי ר' דמר ברירא צמרם ר' למר הות דוכתא אלא אבינו נאון.
Scherira selbst war zuerst Oberrichter 1271 = 960 und dann wurde er Gaon
im Jahre 1279 = 968: (בשנת רע״א) ובשנת דין בית אב עירדנא בתחיא והוינא
רע״ט אסתמיכנא בגאונות. Anderseits wissen wir, daß die Exilarchen die
Schulhäupter ernannten. Der Exilarch Salomo berief für Sura zwei Schulhäupter aus dem pumbaditanischen Kollegium. David ben Sakkaï beriet sich
mit Nissi, ob er Saadia oder Zemach ben Schahin ernennen sollte (Nathan):
והיה ראש גלות מתייעץ מי רנוהג בה (בסורא) ונמלך לבו על ר' סעדיה פיומי
ועל צמח בן שהין. Endlich berief er Saadia aus Fajûm nach Sura, und
nach seiner Amtsentsetzung ernannte er einen andern. Man kann beide Tatsachen dahin vereinigen, daß allerdings der Dajan-di-Baba (oder auch der
erste Resch-Kallah) die Anwartschaft hatte, daß aber die Bestätigung dem
Exilarchen zustand. Dadurch ist Scheriras Anklage gegen die Willkür mancher
Exilarchen verständlich, sie bestand darin, daß diese außerhalb der Rangstufe
Schulhäupter ernannten.

Die Amtseinsetzung der Gaonen von Sura und der Schulhäupter von
Pumbadita geschah ebenfalls mit einem feierlichen Zeremoniell (Nathan): וכמו
שושין בדרך לו לעשות מנהגם כן מהם אחד כשיתמנה ישיבות מנהג כן
אליו אותו מורידין שאין תורה ספר מסף חוץ גלות לראש. Jede
der beiden Hochschulen hatte ein Kollegium um sich, dessen Zusammensetzung
und Stufenreihe aus Nathans Bericht und dem Bruchstücke eines Responsum
vom Gaon Amram ben Scheschna erkennbar sind. In der ersten Reihe vor
dem Metibta-Haupte saßen zehn Männer, wovon sieben den Titel „Häupter
der Lehrversammlung" führten, und drei „Genossen" hießen (Nathan):
וזה סדר ישיבתם ראש ישיבה יושב ולפניו עשרה אנשים והיא נקראת דרא
(שבעה .l) לפניו שיושבין והעשרה . . . הישיבה ראש אל ופניהם קמא
חברים ושלשה כלות ראשי אשר מהם. Jeder der sieben Resch-Kallah hatte
unter sich zehn untergeordnete Glieder, die den Titel אלופים (Lehrer) führten[1].
Diese siebzig, welche in sieben Reihen zu je zehn saßen, bildeten das große
Sanhedrin (Nathan): ולמה נקראו שכם ראשי כלות שכל אחד מהם ממונה
סנהדרין והשבעים . . . . אלופים הנקראים והם הסנהדרין מן עשרה על
שורות ז' שהם. Das Verhältnis der drei חברים, und ob sie auch unter-

<hr>

1) [Die Resche Kallah sind wohl identisch mit den Allufim; über Zusammensetzung und Gliederung der Kollegialmitglieder vgl. oben S. 135, Anm. 2 und
Monatsschrift Jahrg. 1908, S. 340 ff. und S. 455 ff.]

2) [Vgl. über diese jetzt auch Monatsschrift Jahrg. 1908, S. 457—458.]

geordneten Gliedern vorstanden, ist bei Nathan nicht klar. Aus dem Eingange des genannten gaonäischen Responsum läßt sich aber entnehmen, daß es im Lehrhause neben dem großen Sanhedrin auch ein kleines gegeben hat. Bestand das große aus 70 Mitgliedern, so mußte das kleine mindestens 23 haben[1]). Dieses war nun sicherlich zusammengesetzt aus den drei חברים und wahrscheinlich mindestens zwanzig untergeordneten Gliedern. Das Responsum nennt diese בני קיומי, eine rätselhafte Benennung. Die Stelle lautet: צברם בר שבנא ריש מתיבתא דמתא מחסיא לכל רבנן ותלמידיהון ושאר אחיונ בית ישראל הדרים במדינת ברצלונא יקרים וכבדים ואחוברים לפנינו ... קבלו שלום ממני ומבר רב צמח דיינא דבבא ומן רישי כלה ומכל חכמים הסמוכים שהם במקום סנהדרי גדולה[2]) ומן בני קיומי שהם במקום סנהדרי קטנה ומשאר חכמים ותנאים[3]) ותלמידי חכמים שבישיבה כולה ... השאלות ששאלתם לפנינו צויינו וקראו אותם לפנינו בשרושבים לפנינו אב בית דין ואלופים וחכמים וכל תלמידים (mit-geteilt von Luzzatto in dessen Sammelwerk Bet ha-Ozar, p. 48). Dabei ist zu bemerken, daß Amram Gaon hier die אלופים Ordinierte nennt (חכמים הסמוכים); daraus würde folgen, daß die בני קיומי nicht ordiniert waren. Bemerkenswert ist noch, daß nach Nathans Bericht, die Stellen der Resche Kallah, der Chaberim und der Allufim erblich vom Vater auf den Sohn übergingen: וכך היה מנהגם אם נפטר אחד מראשי כלות ריש לו בן הממלא את מקומי יורש מקום אביו ויושב בו ואפילו היה קטן בשנים וכן מן החברים ... ואין אחד כהן דולג על מפתן חברו ... והז' שורות כל אחד מכיר את מקומי ואין אחד כהן במקום חברו ואם יהיה אחד מהם מן הז' שורות גדול בחכמה בן האחד אין כושיבין אותו במקומו מפני שלא ירשה מאביו אבל מוסיפין לתת לו יותר מחקו מפני חכמתו. Das Kollegium der Metibta bestand demnach aus 1 Gaon, 1 Dajan-di-Baba, 7 Resche-Kallah, 3 Chaberim, 70 Allufim und 20 oder 30 Bene-Kijumé[4]). Jünger gab es noch in Nathans Zeit (920 bis 48) in der suranischen Hochschule 2400: שאר התלמידים שהם כ"ד מאות איש, wenn die Zahl nicht korrumpiert ist, statt כד' מאות = 400.

[1]) [Vgl. hierzu Monatsschr. S. 456 und ebenda Anm. 1.]

[2]) Daß die Kollegienmitglieder der zwei Hochschulen sich als Sanhedristen betrachteten, bezeugt auch der karäische Polemiker Abulsari Sahal in seinem Sendschreiben: וירדע אני ושומע כי ריש מן הרוצים ובנוהיגי עם ה' אשר נתנו נפשותם לרצותם ואומרים כי הם סנהדרין כאים אל בתי ישראל (ביום השבת לאבל ולשמחות ועמהם מן הגוים (Pinsker, Likute, Beilage III, S. 32).

[3]) תנאים bedeuten im Talmud Gelehrte, welche die Mischnah und die Boraïtas auswendig kannten; es waren lebendige Mischnah-Exemplare, die den Mangel an geschriebenen ersetzten. Man sprach sogar in der talmudischen Zeit verächtlich von diesen Gedächtnismenschen. Auffallend ist es, daß תנאים noch in der gaonäischen Zeit vorhanden waren. Denn auch Nathan spricht von solchen: ראש ישיבת סורא ... כתב לכל אנשי ישיבתו לתלמידים ולתנאים שבה שיבחרוהו (את דוד בן זכאי) [Über die תנאים vgl. jetzt Friedländer a. a. O. und Monatsschr. S. 458—459.]

[4]) [Bene Ssijumé. Vgl. Halberstamm in Kobaks ישרון V 137.] [Vgl. über diese jetzt Monatsschrift S. 342 ff. und S. 455 ff.]

14.

Der Pseudomessias Serene.

Das antitalmudische Schisma des Karaismus tritt nach den vorhandenen Quellen plötzlich und gewissermaßen unvorbereitet auf. Da eine solche Plötzlichkeit in der Geschichte ebenso unmöglich ist wie in der Natur, sondern jeder lauten Erscheinung stille, unsichtbare Vorbereitungen vorangehen, so haben sich Forscher bemüht, antitalmudische Bewegungen vor Anan aufzufinden. Es ist ihnen aber mißlungen, weil sie ohne rechte Quellenkenntnis und ohne kritischen Sinn an die Arbeit gingen. Sie haben den Katalog der jüdischen Sekten zur Lösung des Problems herangezogen, ohne zu bedenken, daß sämtliche Sekten bis auf eine einzige nachananitisch sind[1]). Die vorananitische jüdische Häresie haben sie so unkritisch angeschaut, daß sie deren Antezedenz nicht einmal wahrgenommen haben. Reiche, authentische Quellen bezeugen aber unzweideutig, daß zweimal vor Anan antitalmudische Bewegungen vorgegangen waren, die eine 40, die andere 10—15 Jahre vor der Entstehung des Karaismus, beide aber mit messianischem Apparate. Die erste derselben wollen wir hier nach den Quellen inhaltlich und chronologisch beleuchten.

In einem gaonäischen Responsum kommt folgendes vor. Ein Irrlehrer war aufgetreten, der sich für den Messias ausgab, und fand Anhänger. Diese waren in Ketzerei ausgeartet, beteten nicht die vorgeschriebenen Formeln, beobachteten manche Speisegesetze nicht, scheuten nicht den Genuß von Heidenwein, arbeiteten am zweiten Feiertage, schrieben nicht Ehekontrakte nach talmudischer Vorschrift. Sie wollen nun von ihrer Ketzerei lassen, dürfen sie ohne weiteres in den Gemeindeverband aufgenommen werden oder nicht? Diese Anfrage und ihre gutachtliche Antwort stehen mit noch drei anderen zusammen in der Responsensammlung (Schaare Zedek p. 24 a, b, Nr. 7, 8, 9, 10) und haben die Überschrift Natronaï, an den sie gerichtet waren: ר׳ נטרנאי ושמואל‬תם
‫בשביל מטה שצמד בגלותינו וישר״ץ שמו והיה אומר אני משיח והיה ושבי אחריו‬
‫בני אדם ויצאו למינות אינם מתפללין תפלה ואינן רואין את הטרפה ואינ‬
‫משמרין רינם משום רין נסך ועושין מלאכה ביום טוב שני ואינן כותבין‬
‫כתובות כתיקון חכמינו ז״ל כגון אלו שרט בידם מינות הרבה כהנין חוזרין‬
‫צריכין טבילה או לא‬. Ehe wir den Inhalt dieser Sektiererei feststellen, wollen wir den Namen des Pseudomessias und sein Zeitalter ermitteln. Dasselbe Responsum ist in Mose Trani's (1525—80) Gutachtensammlung (‫ת׳ מבי״ט‬ T. I, Nr. 19) aufgenommen. Dort lautet der Name des Pseudomessias ‫ושרידני שמו‬. Wir werden aus den externen Quellen sehen, daß diese Lesart richtig ist. Das Zeitalter läßt sich aus diesem Responsum nicht entscheiden, da es zwei Gaonen Natronaï gegeben hat: Natronaï ben Nehemia von Pumbadita, dessen Funktion begann 1030 Sel. = 719, und Natronaï ben Hilaï, der 10 Jahre fungierte (und zwar nach meiner Ermittelung) von 1170 bis 1180 Sel. = 859—69. Bei dieser Ungewißheit kommen uns externe Quellen, welche von einem Pseudomessias in den zwanziger Jahren des achten Jahrhunderts sprechen und zum Teil auch seinen Namen nennen, sehr zu statten.

----

[1]) [Dies trifft doch nicht für alle zu.]

1. Die älteste Quelle, welche darüber berichtet, ist zugleich die ausführlichste und authentische, weil sie von einem Zeitgenossen herrührt. Isidor Pacensis schrieb seine Chronik um 750, seine Zeitangabe und andere Umstände haben daher volle Glaubwürdigkeit. Er erzählt: In der Zeit des arabischen Statthalters Anbisa sind die Juden Spaniens von einem Pseudomessias, Namens Serenus, verführt worden. Sie ließen ihre Güter in Spanien im Stich, um sich zu ihm zu begeben. Der Statthalter Anbisa ließ hierauf ihre Güter für den Fiskus einziehen. Die Stelle lautet im Original: Hujus tempore (in aera Martyrum 759, anno Leonis secundo, Arabum 103) Judaei tentati sunt, sicut jam in Theodosii minoris fuerant, a quodam Judaeo sunt seducti, qui et per antiphrasin nomen Serenus accipiens, nubilo errore eos invasit, Messiamque se praedicans, illos ad terram repromissionis volari enuntiat, atque omnia quae possidebant ut amitterent imperat. Quo facto inanes et vacui remanserunt. Sed ubi hoc ad Ambizam pervenit, omnia quae amiserant, fisco adsociat. . . . Serenum ad se convocat virum, si Messias esse, quae dei facere cogitaret. (Chronicon Isidori Pacensis in Florez, España sagrada. T. VIII, p. 298.) Florez bemerkt, er habe diese Stelle aus einem seltenen Kodex kopiert. (Der letzte Satz, der unverständlich ist, setzt eine Lücke voraus. Denn nicht Anbisa, sondern ein Kalife hat den Pseudomessias vor sich geladen.) Aus Isidors Nachricht erfahren wir die Zeit und den Namen dieses Pseudomessias genau. Zwar herrscht unter den dreifachen Datumsangaben einige Differenz. Das Jahr 759 der Ära entspricht dem Jahre 721, indem man davon 38 Jahre abziehen muß. Das Jahr 103 der Hegira entspricht dem Jahre 721—22, aber das zweite Jahr Leons ist das Jahr 719, indem er 717 zu regieren anfing. Indessen kann sich Isidor in den Regierungsjahren der Kaiser geirrt haben. Jedenfalls ist dieser Pseudomessias während der Funktionszeit Natronaïs I. aufgetreten. Der Name lautet bei Isidor ganz unzweideutig Serenus, weil er einen schlechten Witz macht mit der Bedeutung des lateinischen Wortes Serenus „heiterer Himmel" und per antiphrasin nubilio errore „finsterer Irrtum". Serenus ist aber das Hebräisch geschriebene שרירי mit lateinischer Endung.

2. Dasselbe berichtet Conde (in seiner historia de la dominacion de los Arabos en España, T. I, p. 39) aus einer arabischen Quelle. Dieser Bericht fügt neue Umstände hinzu. Die Juden Spaniens empörten sich, weil ihnen eine Nachricht zukam, daß in Syrien ein Betrüger Zonoria auftrat, welcher sich Messias nannte, und ihnen was sie wünschten versprach. Sämtliche Juden Spaniens und Galliens reisten nach Syrien ab und verließen ihre Güter. Der Emir Ambiza zog dieselben ein. En este tiempo (723) los Judios que habia en España ... se alborotaron porque les vino nueva que en Siria se habia aparecido un cierto Zonoria impostor, que se decia ser su Messiah y rey prometido que ellos esperan. Y todos los Judios en España y Galia partieron a Siria abandonando sus bienes. El amir Ambiza aplicó todos sus bienes, casas y posesiones al estado. In dem Namen Zonoria erkennt man Serenus und שרירי wieder, nur ist er entweder durch die Aussprache der Araber oder arabischer Kopisten verstümmelt. Wir erfahren aus Conde, daß der Pseudomessias in Syrien auftrat. Das Datum differiert von Isidors Angabe nur um zwei Jahre.

3. Barhebräus erwähnt ebenfalls das Auftreten dieses Pseudomessias und gibt Zeit und Namen an. Im Jahre 1031 Sel. sagte ein Syrer, der Saûra hieß, von sich aus, er sei der Messias, und als er von dem Herrscher gefangen worden war, sagte er: ich habe mich über die Juden lustig gemacht: ובהוא זבנא (אלפא ולא״ ליונרא) אנש סורייא דשמה סאורא אמר כל נפשא דהוי משיהא וכד אתחתד מן שליטא אמר דביודיא אצטדית (Chronicon Syriacum, ed. Kirsch. ed. Bruns, p. 123). Das Jahr ist hier 720 angegeben. סאורא hat allerdings mehr Klangähnlichkeit mit Zonoria als mit Serenus, aber der Zeitgenosse Isidor ist dafür ein kompetenterer Zeuge. Keineswegs darf man aber daraus Severus machen, wie es die Übersetzer der Barhebräischen Chronik getan haben.

4. Auch die byzantinischen Annalisten erzählen von einem Pseudomessias aus dieser Zeit, geben ihn ebenfalls als Syrer aus, nur verschweigen sie seinen Namen. Hauptquelle ist Teophanes. Er berichtet in seinem Chronicon: In diesem Jahre erschien ein Syrer als falscher Messias und verführte die Hebräer, sagend, er sei Christus: τούτῳ τῷ ἔτει ἀνεφάνη τις Σύρος ψευδόχριστος, καὶ ἐπλάνησε τοὺς Ἑβραίους λέγων, ἑαυτὸν εἶναι τὸν Χριστόν κτλ. (Chronographia, ed. Bonn, I, 617). Die genaue Angabe des Jahres fehlt bekanntlich in unseren Ausgaben des Teophanes; ein Übersetzer hat sie indessen erhalten, nämlich im fünften Jahre des Kaisers Leon = 721—22: Anno imperii Leonis quinto apparuit quidam Syrius pseudochristus et seducit Hebraeos. Ebenso hat es Cedrenus (Historiarum compendium, ed. Bonn, I, 793): τῷ δὲ ἑ ἔτει (Λέοντος) ἐφάνη τις Σύρος ψευδόχριστος, καὶ ἐπλάνησε τοὺς Ἑβραίους κτλ.

Die externen Quellen geben also vollen Aufschluß über diesen Pseudomessias. Er hieß S e r e n u s (Isidor Pacensis) und war aus S y r i e n (arabische Quelle bei Conde, Barhebräus und Byzantiner). Das Datum schwankt zwischen 720 und 723. Es ist also kein Zweifel, daß er identisch ist mit שריני im gaonäischen Responsum, und daß der Gaon, an den die Anfrage seinetwegen gerichtet war, Natronaï I.[1]) war, der vom Jahr 719 an fungierte. — Die externen Quellen kannten an Serene nur die messianische oder pseudomessianische Seite, die jüdischen Zeitgenossen wußten aber mehr von ihm, daß er sich nämlich mit dem talmudischen Judentum in Widerspruch setzte und seine Anhänger zur Ketzerei verleitete.

Betrachten wir jetzt den Umfang der serenischen Ketzerei. Die Stelle, die oben mitgeteilt worden, sagt zwar nicht geradezu, daß der Pseudomessias seinen Anhängern das Abgehen von den talmudischen Vorschriften eingeschärft habe, sondern nur, daß sie es getan haben. Aber im Verlaufe erfahren wir, daß diese Ketzerei von ihm ausging. Es heißt nämlich weiter: ועוד אותו מטעה התיר להם עריות. Also er selbst hat ihnen Eheverbote gestattet. Wir können daraus entnehmen, daß die übrigen Punkte ebenfalls von Serene eingeführt wurden. Diese Punkte, über welche sich Serenes Ketzerei erstreckte, sind sämtlich talmudischer Natur, wie aus einer anderen Notiz hervorgeht. Natronaï wurde

---

[1]) Dadurch ist auch erwiesen, daß die Angabe in den Responsen des Bezalel Aschkenasi und Jbn Abi-Simra, welche das Responsum in betreff des Pseudomessias Serene zitieren, falsch ist, daß die Anfrage an R' Mose Gaon ergangen sei. Dieser fungierte nämlich über ein Jahrhundert später (827—37).

nämlich von einer andern Seite angefragt über Ketzer, welche sich über
biblische Vorschriften hinweggesetzt hatten, und er erwiderte darauf, daß ihm
vorher eine Anfrage zugegangen war in betreff solcher, die bloß talmudische Vorschriften verwarfen. Dabei rekapituliert er die oben zitierte
Anfrage kurz: הוו רודיען שלפני שאלות אלו רצאו שאלות לפנינו שבאו משם
וכתוב בהן שאלה שדוכה לזו וכפורש בה: שרש במקומנו בני אדם שיצאו
לתרבות רעה ולמינות ופקרו בדברי חכמים ואין כותבין כתובות וגיטין
וכו' ישראל וגבשיי יש מהן שמבקשין לחזור בהן וכו' (daf. Nr. 4). Demnach
haben sich Serene und seine Anhänger nur über Talmudisches hinweggesetzt.
Näher werden folgende Punkte angegeben:

1. אינן רואין את הטרפה.

2. אינם מתפללין תפלה, bedeutet nicht, daß sie überhaupt nicht beteten,
sondern daß sie die vom Talmud und dem Brauche eingeführten Gebetformeln
nicht für verpflichtend hielten.

3. אינם משמרין יינם משום יין נסך bedeutet, daß sie ihren Wein von
Nichtjuden berühren ließen.

4. עושים מלאכה ביום טוב שני, der zweite Feiertag ist nur talmudisch.

5. ואין כותבין, oder wie es in der Parallelstelle heißt: ואין כותבין
כתובות וגיטין בישראל, ist auch nur eine Opposition gegen die talmudische
Vorschrift, nämlich schriftliche Ehepakten auszustellen und Scheidebriefe zu
schreiben mit allen Formalitäten, die der Talmud einschärft.

6. התיר להם עריות, kann ebenfalls nur talmudischer Natur gewesen sein,
Ehen mit entfernten Verwandten auf- und absteigender Linie: שניות מדברי
סופרים. Alle diese Punkte, Speise- und Ehegesetze, zweiter Feiertag und
Gebetweise greifen tief ins Leben ein, darum sind sie in der Anfrage namhaft
gemacht. Serene mag aber noch andere talmudische Bestimmungen verworfen
haben. Mit Recht kann man daher den Pseudomessias Serene den ersten
Reformator nennen.

Übrigens geht aus einer andern Anfrage an Natronaï (daf. Nr. 7) hervor,
daß die Serener nicht die einzigen waren, welche talmudische Vorschriften verwarfen. Diese betraf nämlich solche, welche sich über die biblischen Vorschriften hinwegsetzten, weder Sabbat, noch Verbot von Blut und Unschlitt
beobachteten. Dabei wird die Bemerkung gemacht, daß diese Ketzer von andern
bekannten sonderbar abweichen. Denn die meisten Ketzer verwarfen nur
Talmudisches, hielten aber an Thora und Schrift fest, diese aber
sprechen der Bibel Hohn: כך ראינו שאותן מינין משווין הן מכל מינים
שבעולם שכל מינין פוקרין בדברי חכמים כגון טרפות וכגון יום טוב
שני מדרבנן שניות מדברי סופרים אבל בדברי תורה ומקרא מחזיקין
ובשמרין בעיקר ישראל. הללו שפרשתם פקרו בעיקר תורה ונשאו עריות
והולידו ממזרים וחללו שבתות. Es war demnach R' Natronaï bekannt, daß
es hier und da Juden gab, die sich praktisch über den Talmud hinweggesetzt
haben. Er spricht davon wie von einer täglichen Erscheinung. Also 40 Jahre
vor Anans Auftreten hatte schon eine antitalmudische Bewegung stattgefunden.
An einem Zusammenhang derselben mit den Sadduzäern ist durchaus nicht zu
denken. Wir kommen jetzt zu einem andern pseudomessianischen Antitalmudisten

15.

Der Sektenstifter Abu-ʿJsa Obadjah Jsfahani.

Über diesen Sektenstifter und seine Sekte, die Jsawiten. liegen uns zwei Berichte vor. Der eine stammt von David ben Merwan Almokammez[1]) (blühte um 950), ausgezogen in Hadassis Werk אשכל הכפר (Nr. 97), der andere von dem Mohammedaner Scharastani, der zwar erst um 1140 schrieb, aber seine Nachrichten über die jüdischen Sekten aus älteren Quellen schöpfte (Text, ed. Cureton, p. 168; Haarbrückers Übersetzung I, S. 254). Wenn, wie es den Anschein hat, Scharastani Almokammez' Bericht exzerpiert hat, so sind seine Angaben um so zuverlässiger. Makrizis Nachrichten darüber (in de Sacys Chrestomathie arabe I, 307) sind dürftig. Wir haben hier den Namen des Stifters, die Zeit seines Auftretens und seiner Wirksamkeit, seine Messianität und seine häretische Dogmatik zu beleuchten.

1. Name. Almokammez nennt ihn Abu-ʿJsa Obadjah aus Jsfahan: כת דת אבועיסי והוא עובדיה האספהני. Scharastani hat den Namen voller: אבועיסיר אצחק בן יעקוב. Er fügt hinzu, er wird auch genannt: עוביד (wie אלהים אי עוביד אללה. Der Name עוביד אללה oder עוביד אלהים (wie Haarbrücker richtig korrigiert) ist Obadjah arabisiert[2]). Der Sektenname lautet, wie wir gesehen, bei Almokammez כת אבועיסי oder עיסונים, bei Scharastani עיסויה (Jsawiten), bei Makrizi אלאצפהאניה (Jsfahaniten), nach der Geburtsstadt des Stifters.

2. Zeit. Scharastani gibt die Zeit seines Auftretens und deren Ende genau an. Er wirkte zur Zeit des Kalifen Almansur, und der Anfang seines messianischen Auftretens war in der Zeit des letzten Omejjaden Merwan: כאן פי זמאן אלמנצור ואבתדא דעותה פי. Merwans II. Kalifat[3]) זמאן אחד מלוך בני אמיה מרואן בן מחמד אלחמאר. begann 744 und das Almansurs, des zweiten Abbassiden, 754. Während der Unruhen, welche der Abfall der Provinzen des Kalifats gleich nach Merwans Regierungsantritt hervorrief, mag auch Abu-ʿJsa Obadjah als kriegerischer Messias aufgetreten sein. Er lebte aber noch einige Zeit unter Almansur; denn er griff dessen Heere in der Gegend der Stadt Raï an, wurde aber daselbst mit seinen Anhängern getötet. Scharastani: למא (אבועיסי) וקרל אנה חארב אצחאב אלמנצור באלרי קתל וקרל אצחאבה. Raï war mit ganz Chorasan im Anfang der Regierung Almansurs besetzt von dem Magier

---

[1]) Daß Almokammez Autor der von Jehuda Hadassi mitgeteilten Häresieen ist, geht aus dem Anfang und dem Verlaufe hervor: (של אבן על זו מנהגם שומרונים) כן ספר לנו דוד בן מרואן אלרקי הנודע באלמקמץ כתב בספריו ... כי הוא נתחכם בכתבי האומות ובספרי הרפואות ... אם הודיע בספריו רשם כל זה (Nr. 98) und im Verlaufe כי השומרונים ירחצו מטומאת קלה אלה הגיד דוד בן מרואן אלמקמץ במקצת ספריו ביד צרופים כי הם יתנו דמות לבורא וספר גם ביד אלאגדיה (אלמגאריה). [Mokammez war jedoch kein Häretiker.]

[2]) [Nach Harkavy bei Rabbinowitz, S. 502 a. a. O., ist es eine Ehrenbezeichnung: „Gottesdiener".]

[3]) Merwan ließ einen Resch-Galuta enthaupten; vgl. RÉJ. VIII, S. 124.

Sindbad, der erst im Jahre 138 Heg. = 755—56 besiegt wurde. Vgl. Weil, Kalifen, II, 34 nach Tabari. Zur selben Zeit scheinen auch Abu-ʿJsa und seine Anhänger besiegt worden zu sein. Er hat demnach sein Wesen ein Jahrzehnt getrieben, um 745—55[1]).

3. **Messianität.** Hadassi, d. h. Almokammez, sagt ausdrücklich, Abu-ʿJsa habe sich für den Messias ausgegeben: אמר (אבועיסי) כי אשר טענו הנבראים בצד המשיח הוא המשיח והאל הבוננו. Aus Scharastanis Worten dagegen scheint hervorzugehen, daß er sich nicht für den Messias gehalten, sondern nur für einen Propheten und Gesandten, für den, der zu dem Messias beruft, den messianischen Vorläufer: וזם (אבו עיסי) אנה נבי ואנה רסול אלמשיח אלמנתטר. Er glaubte auch, wie Scharastani tradiert, daß dem Messias fünf Gesandte nacheinander vorausgingen. Indessen da er verkündet, daß der Berufer zum Messias selbst Messias sei: וזם אן אלדאעי אירצא הו אלמשיח, so läuft das auf eins hinaus. Da seine Anhänger gewußt haben, daß er nicht vom Stamme Davids war, so mochte er sich gescheut haben, sich für den Davidischen Messias auszugeben, und hat vielleicht behauptet, er sei der Messias vom Stamme Joseph: (משיח בן יוסף). Dafür spricht auch sein kriegerisches Auftreten; denn der Volksglaube teilte dem ephraimitischen Messias eine kriegerische Rolle zu (wovon weiter unten). Abu-ʿJsa sagte auch von sich aus, Gott habe zu ihm gesprochen und ihn beauftragt, die Söhne Israels von der Hand der abtrünnigen Völker und der tyrannischen Könige zu befreien: וזם אן אללה תבאלי כלמה אן יכלץ בני אסראיל מן אידי אלאמם אלבאצין ואלמלוך אלטאלמין. Auch Maimuni scheint von Abu-ʿJsa, als von einem Messias, Kunde gehabt zu haben. In seinem Briefe über den Pseudomessias in Arabien zu seiner Zeit (Iggeret Teman)[2]) berichtet er: Im Anfang des Jslam trat ein Mann jenseits des Euphrat auf und sagte, er sei der Messias und zog mit 10000 Mann aus, aber sein Plan gelang nicht, und die Juden wurden durch ihn in der Stadt Jsfahan sehr verfolgt: ויש לכם לדעת כי בתחילת מלכות ישמעאל עמד איש בעבר הנהר ואמר שהוא משיח ויצא בכלל (I.) בחיל (!) עשרת אלפים מישראל וחיתה האות שלן מצורע והשכים בריא ולא נשלם עסקו ולא עמדה עצתו וחזר ונשארו ישראל אחריו בערי אספהאן בבוצם הגלות [והתחדשו עליהם בגללו הצרות]. Der Anfang des Jslam und die Stadt Jsfahan, beides paßt nur auf Abu-ʿJsa Jsfahani. Daß er zahlreiche Anhänger hatte, bezeugt auch Scharastani. פאתתבעה כתיר מן אליהוד.

4. **Dogmatik.** Daß Abu-ʿJsa Häretisches lehrte, bezeugt Scharastani im allgemeinen: „Er wich in vielen Punkten von den Hauptsatzungen des Gesetzes ab, die in der Thora erwähnt sind": ובאלה אליהוד פי כתיר בן אחכאם אלשריעה אלכבירה אלמדכורה פי אלתוריה. Indes will das nicht etwa sagen, daß er sich über viele pentateuchische Gesetze hinweggesetzt hat, sondern daß er sie anders gedeutet hat, als das damals bestehende, talmudische Judentum. Das geht aus Almokammez' Andeutung hervor, obwohl der eigentliche Sinn durch Hadassis ungeschickte Übertragung abgeblaßt erscheint. „Er hat erfunden und gedeutet die Schrift nicht im Geiste der Propheten": חמצרא וסדר כתובים וסדורים מדעתו בלי רוח נבואת אלהינו. Aus demselben An-

[1]) [Nach Harkavy a. a. O. ist Jsfahani 50 Jahre früher aufgetreten.]
[2]) [Vgl. Kobez, ed. Lichtenberg, S. 76.]

gabe, daß die Isawiten einiges vom talmudischen Judentum festhielten, wie
die 18 Gebetformeln und die Benediktionen vor und nach dem Schema, läßt
sich folgern, daß sie anderes verworfen haben: אף חייבו אלה הצסונים ר"מ
חתימות של רבנים וקריאת שמע עם ג' פרקים בכל יום מעט דברי בי רב
כחזיקים הם כנבואה. Besondere frappante Abweichungen werden weder
von Almokammez, noch von Scharastani namhaft gemacht. Denn daß Abu-
Isa siebenmaliges Beten täglich vorschrieb, nach einem Psalmenausdrucke,
statt des talmudisch vorgeschriebenen dreimaligen, ist keine einschneidende Häresie
(Almokammez): וגם חייב רום ז' תפילות בכל רום ממאמר שבע ביום הללתיך
(Scharastani gibt unrichtig an, daß Abu-Isa zehn Gebetzeiten für pflicht-
mäßig ausgab, ורבר אוקיתהא ... ואוגב עשר צלואה, da Almokammez die
Begründung aus der Schrift dafür anführt, und diese für sieben spricht).
Wenn Abu-Isa nach Almokammez die Scheidung ganz und gar aufhob, sogar
bei Ehebruch: ואסר שיגרש איש את אשתו אפילו בדבר ערוה, so ist das
allerdings ein Hinausgehen über die biblische Bestimmung. Wie es die Isawiten
mit dem Festkalender hielten, läßt sich aus den Worten, wie sie Jehuda Hadassi
wiedergibt, nicht entnehmen. Sie lauten: אף הם עושים המועדים כדבריהם
בשנות החמה. Es bedeutet allerdings, sie machen die Feste nach dem Sonnenjahr, d. h. abweichend vom rabbanitischen Festkalender, der nach dem kombinierten Jahre angelegt ist, aber das Wort כדבריהם ist störend; denn das
will sagen, gemäß der, nämlich „der Rabbaniten" Vorschrift. Zwei Eigentümlichkeiten werden noch von Abu-Isa, diesem kriegerischen Messias, mitgeteilt. Er schrieb seinen Anhängern Enthaltsamkeit von Wein und Fleisch vor,
sogar von Vogelfleisch, nach dem Beispiel der Rechabiten, die freilich nur dem
Weingenuß entsagten. (Mokammez): מזוללות בשר וירין אסר ממאמר הנאמר
על בני יונדב בן רכב. Bei Scharastani wird nur Enthaltsamkeit erwähnt:
וחרם פי כתאבה אלדבאח כלהא ונהא ען אבל די רוח עלי אלאטלאק טירא
Aus Scharastanis Worten geht hervor, daß Abu-Isa eine Schrift hinterlassen,
also nicht so unwissend war, wie bei Hadassi angegeben wird: ליץ ובצר חירה
מדעת[1]. — Dann tradiert Scharastani, derselbe sei zu den Söhnen Moses,
welche jenseits der Wüste wohnen, gezogen, um ihnen das Gotteswort zu
verkünden: ורהב אלי בני מושי בן עמראן אלדי הם ורא אלרמל ליסמעהם
כלאם אללה. Die Wüste bedeutet hier wohl die große Salzwüste, welche
sich nördlich von Isfahan erstreckt. Da wir aus einem anderen Passus bei
Scharastani wissen, daß er in Raï (dem alten Rhagae) war und dort die
Truppen des Kalifen angegriffen hat, so wird die Reise wohl von Isfahan
nach Raï gegangen sein. Man glaubte also damals in jüdischen Kreisen, daß
die Söhne Mose, von denen auch Eldad der Danite gefabelt hat, in der Gegend
von Raï ihren Sitz hätten. Der Gaon Zemach, Eldads Zeitgenosse, zitiert
einen Midrasch, worin erzählt wird, die Söhne Moses hätten sich die Finger
abgeschnitten, um nicht vor Nebukadnezar die Saiten zu schlagen: וכי בני
משה אצלם ונהר סבטיון מקיף להם אמת שבך אומרים רבותינו במדרש
שהגלה נכובדנצר לוריים בני משה ששים רבוא. R' Zemach spielt hier auf
Midrasch zum Psalter 137 an, wo aber von den בני משה keine Rede ist. —
Abu-Isa Obadjah trat demnach mehrere Jahre vor Anan auf und mobelte
am Judentume. Anan war also nicht der erste Häretiker.

[1] Vgl. RÉJ. V, p. 208.

16.

Eine meſſianiſche Apokalypſe mit hiſtoriſchem Hintergrunde[1]).

Während Abu-'Iſa mit dem Schwerte in der Hand meſſianiſche Propaganda machte, erſchien in Paläſtina eine apokalyptiſche Schrift, welche die Ankunft des Meſſias in nächſter Zeit prophezeite. Dieſe Apokalypſe iſt nach
vielen Seiten hin höchſt intereſſant. Sie beſchreibt die Reihenfolge der Kaliſen
bis zum Untergange der Omejjaden und gibt individuelle Züge von ihnen an,
ſo daß ſie als eine hiſtoriſche Urkunde gelten kann. Sie offenbart ferner die
Stimmung der jüdiſchen Frommen in betreff des herrſchenden Islam. Sie
eröffnet die Reihe der myſtiſchen Schriften, gibt einen Schlüſſel zum Ver
ſtändnis der verwandten Literatur und iſt auch in ſtiliſtiſcher Beziehung beachtenswert. Dieſe merkwürdige Schrift führt den Titel „Geheimniſſe des
R' Simon ben Jochaï" (נסתרות ד"ר' שמעון בן יוחאי), erſchien zuerſt in
einem Sammelwerke Saloniki 1743, aus dem ſie Jellinek abgedruckt hat in
ſeiner Agadaſammlung Bet-ha-Midraſch T. III, S. 78ff. (Leipzig 1855).
Fragmentariſche Parallelen liefert zu dieſer Apokalypſe eine ähnliche Schrift
unter dem Titel R' Simon ben Jochaïs Gebet: תפילת ר' שמעון בן יוחאי
(abgedruckt aus einer Handſchrift von Jellinek Bet-ha-Midraſch IV, T. 120f.),
die aber einer viel ſpäteren Zeit angehört. Daß die Apokalypſe, die נסתרות,
einen hiſtoriſchen Hintergrund hat, ahnte auch Dr. Jellinek, der in den einleitenden Worten dazu bemerkt: „Unſtreitig liegen uns hier beſtimmte hiſtoriſche
Anſpielungen vor, die noch der Unterſuchung bedürfen"; er bezieht ſie aber
auf die Geſchichte des erſten Kreuzzuges. Dem iſt aber nicht ſo. Es wird
ſich zeigen, daß der Verfaſſer der Apokalypſe mit der Kaliſengeſchichte
der Omejjaden ſehr vertraut war, und man kann bis auf Jahr und
Monat beſtimmen, wann er ſie verfaßt hat. Wir wollen aber dabei analytiſch
zu Werke gehen, damit der Leſer ſich ſelbſt von der Richtigkeit der Reſultate
überzeugen kann.

Die Einkleidung der Apokalypſe iſt folgender Art. Der Tanna R' Simon
ben Jochaï faſtete 40 Tage, um das Ende des Exils zu erfahren. Darauf
wurden ihm „die Geheimniſſe des Endes" offenbart in dem Verſe וירא את
הקני (Numeri 24, 21), worunter die Herrſchaft der Araber oder Ismaels
verſtanden wird[2]). Darüber grämt ſich R' Simon und klagt: „Iſt es nicht
genug, was uns Edom (Byzanz, Chriſtentum) getan hat, nun ſoll noch das
Reich Ismael kommen? לא דיינו כח שיעשה לנו מלכות אדום אלא אף מלכות
ישמעאל. Darauf erſcheint der Engel des Angeſichts, Metatoron (der in der
Agada Partei für Israel nimmt), und tröſtete ihn: durch das ismaelitiſche

---

1) [Vgl. hierzu Steinſchneider in ZDMG., Jahrg. 1874, S. 635—647,
der die Apokalypſe ihres hiſtoriſchen Hintergrundes entkleidet, und deren
Quelle aus anderen nichtjüdiſchen Apokalypſen nachweiſt. Steinſchneider
nimmt, a. a. O., S. 646, als Entſtehungszeit die Epoche des erſten Kreuzzuges an.]

2) Auch die Karäer verſtanden unter Keni das islamitiſche Reich, wie
Jakob ben Reuben (1050) in ſeinem bibliſchen Kommentar (ספר העושר) angibt: וירא את הקני זו מלכות ישמעאל, Ms. der Leydner Bibliothek, p. 74
recto.

Reich wird Israel von Edom befreit werden.   Gott stellte für die Ismaeliten einen Propheten nach seinem Willen auf, der ihnen das heilige
Land unterwerfen soll, und sie, die Araber, werden es Israel zurückerstatten.
Große Feindschaft wird zwischen ihnen und den Söhnen Esaus (Byzantinern,
Christen) sein: ‏ענח לו מטטרון שר הפנים אל תירא בן אדם שאין הקדוש‏
‏ברוך הוא מביא מלכות ישמעאל אלא כדי להושיעכם מזאת הרשעה (אדום)‏
‏והוא מצמיד עליהם נביא כרצונו ויכבוש להם את הארץ ובאים הם‏
‏(.ל ואיבה) גדולה תהיה ביניהם ובין בני‏ (לישראל) בגדולה ואימה‏ ‏ויחזירוה‏
‏עשו‏.   Der Apokalyptiker spricht hier deutlich genug von Mohammed und erkennt ihn als Propheten an, den Gott aufgestellt hat.   Dann werden
Beweise in agabischer Manier aufgestellt, daß schon Jesaia von den Kamel-
reitern (Arabern), für Israel als hilfebringend, prophezeit habe.   Auch Bileam
habe prophezeit, „daß die Keniten (Araber) nur von Abraham zehren werden".

Darauf geht die Apokalypse die Reihe der omejadischen Kalifen durch bis
auf Merwan, den letzten Omejaden.   Weggelassen sind diejenigen Kalifen,
die nur kurze Zeit regiert haben.   Über die älteren Kalifen sind die Angaben
unbestimmt, die letzten dagegen werden mit ganz deutlichen Zügen geschildert,
und die Schilderung bewährt sich als echt historisch.   Der Text ist nicht ganz
erhalten, hin und wieder machen sich Lücken bemerkbar. — Mit Übergehung
des Kalifen Abu-Bekr wird 1. Omar deutlich geschildert und der zweite
genannt.   Er wird durch den Bau der Moschee auf dem Tempelberge kennt-
lich: ‏המלך השני שיעמוד מישמעאל יהיה אוהב ישראל ויגדור פרצותיהם‏
‏ופרצות ההיכל וחוצב הר המוריה ועושה אותו מישור כלו ובונה לו שם‏
‏השתחויה על אבן שתיה שנאמר ושים בסלע קנך‏.   Das hebräische Wort
‏השתחויה‏ ist sehr glücklich dem arabischen Worte ‏מסגד‏ = Moschee nachgebildet[1]).   Omars glückliche Kriege gegen das byzantinische Reich werden ebenfalls erwähnt; dann wird von seinem Tode in Frieden gesprochen: ‏וימות‏
‏בשלום ובכבוד גדול‏.   Dem Apokalyptiker war nicht bekannt, daß Omar durch
einen Meuchelmörder umkam.

2. Darauf wird ein Kalife geschildert als großer Herrscher aus Hadramauth, der nur kurze Zeit regieren und von den Helden der Araber erschlagen werden wird: ‏יעמד מלך גדול מחצר מות וירשח ימים מועטים וירצדו‏
‏עליו גבורי בני קדר והרגוהו‏.   Darunter kann nur Othman gemeint sein,
der 11 Jahre regierte und von den Verschworenen aus Ägypten, Baßra und
Kufa, erschlagen wurde.   Daß er aber aus Hadramauth gewesen sein soll,
weiß die Geschichte nicht.

3. Dann heißt es: ‏ויעמדו מלך אחר ושמו מריאו‏.   Statt ‏מריאו‏, lese
ich ‏מוויאו‏ oder ‏מצאויה‏, d. h. Moawija[2]), der nach Othmans Tod von den
Syrern zum Kalifen ausgerufen wurde.   Hier ist offenbar eine Lücke, denn
die Schilderung dieses Kalifen fehlt, und, was darauf folgt, gehört einem
folgenden Kalifen an, wozu aber auch der Eingang ‏ויקם מלך אחר‏ fehlt.

4. Denn die Schilderung: „Man wird ihn von hinter der Herde
und den Eseln hinwegführen und auf den Thron setzen: ‏ויקחוהו‏
‏מאחרי הצאן והאתונות ויעלוהו למלוכה‏, spielt ganz unzweideutig auf
den Kalifen Jezid I., Moawijas Sohn und Nachfolger.   Das wird

---

[1]) [Vgl. dagegen Steinschneider a. a. O., S. 639, Anm. 28.]
[2]) [Vgl. dagegen die Aufrechterhaltung dieser LA. bei Steinschneider
a. a. O., S. 637.]

durch Abulfedas Bericht klar. Miſun, eine von Moawijahs Frauen und
Jezids Mutter war eine echte Araberin aus dem Stamme Kelbi. Einſt pries
ſie in einem Gedichte das idylliſche Hirtenleben und ſprach ihre Verachtung
gegen den Luxus des Palaſtes aus. Moawija fühlte ſich dadurch beleidigt
und wies ſie aus dem Palaſte zu den Herden ihres Stammes. Sie nahm
ihren Sohn Jezid mit: ‏פמצת‎ (מיסון) ‏אלי באהרה בני כלב ורזיד מעהא‎.
(Sie kehrte zurück zur Trift der Kelbiten und Jezid mit ihr): ‏אקאם רויד‎
‏מעהא בין אהלהא פי אלבאהריה‎ (Jezid blieb mit ihr zwiſchen ihren Stammesgenoſſen auf der Trift); Abulfeda, annales, ed. Adler, I, 399, 402. Der
Apokalyptiker durfte alſo mit Recht von Jezid ſagen: (‏וירקם מלך אהר‎)
‏ויקחוהו מאחרי הצאן וירליהו למלוכה‎.

5. Nach der Anſpielung auf Jezid iſt offenbar eine große Lücke; denn
die Worte ‏וייעמדו מכנה זרועות ארבע‎, „es werden vier Nachkommen von ihm
(als Kalifen) aufſtehen, d. h. regieren", paſſen nicht auf Jezid, der nur zwei
unmündige Söhne hinterließ, Moawija II., der nur 5 Monate nach ſeinem
Vater regierte, und Chalid, der gar nicht zur Regierung gelangte. Umſomehr paßt der Zug von den vier Söhnen und Nachfolgern auf Abdulmalik, als eine Sage zirkulierte, Abdulmalik habe einen Traum gehabt,
vier ſeiner Söhne würden ihm auf den Thron nachfolgen (vgl.
d'Herbelot, bibliothèque orientale, p. 7b, Artifel Abdulmalik). Überhaupt
wäre es auffallend, daß die ſtarke und 21 Jahre dauernde Regierung
Abdulmaliks in dieſer Apokalypſe nicht erwähnt ſein ſollte. Man muß daher
nach Jezid eine große Lücke annehmen, welche von Abdulmalik handelte, und
darauf paſſen die Worte: ‏וייעמדו במנו זרועות ארבע ורגדרו בהיכל‎. Schon
dieſer Zug, ſie werden den Tempel, d. h. die Moſchee auf der Tempel-
ſtätte, vergrößern, paßt auf Abdulmaliks erſten Sohn und Nachfolger, Welid I.,
von dem der Geograph Khondemir erzählt (bei d'Herbelot p. 898), daß er
die Moſchee in Jeruſalem vergrößert hat: Le géographe persan
Khondemir touche aussi aux bâtiments du même Welid et à l'agran-
dissement de la Mosquée dans la ville de Jérusalem.

6. Im folgenden iſt die Regierung des Kalifen Suleiman ſo genau
gezeichnet, daß die Schilderung einen zeitgenöſſiſchen Verfaſſer vorausſetzt.
Das Original lautet: ‏ולקן כלבות ארבע זרועית רעמוד כלך אהד ויימיצ‎
‏האפית והעברית והמשקלות ויישעה שלש שנים בשלוה ויהיה קמטה בעולם‎
‏וישלם הירלים גדולים על אדומים ושם ימות (.) ימוחו‎ ‏ברעב ויהירה עמהם‎
‏מזון הרבה והוא מונע להם אין (.) ואין‎ ‏נתן להם ויעמדו בני אדום על‎
‏ישביאל ויהרגו אותם ויעמדו בני ישביאל וישרפו המזון והנשארים ויראצו‎
‏ויראצו‎. Die dreijährige Regierungszeit paßt auf Suleiman, der nach arabiſchen Nachrichten 2 Jahr 8 Monate regierte. Noch mehr aber die Kriegs-
ereigniſſe, die umſomehr hiſtoriſch erſcheinen, als der ganze Paſſus ohne den
geſchichtlichen Hintergrund rätſelhaft und unverſtändlich ausſieht. Tabaris
Nachricht (bei Weil, Kalifen I, 567, Note 1) wirft ein helles Licht zum Verſtändnis deſſelben. Es heißt dort: „Als Suleiman Kalife wurde, zog er
gegen die Griechen und ſandte ſeinen Bruder Muslama voraus. Da kam
Jliun (Leo) der Jſaurier aus Armenien und forderte von Muslama einen
Mann (Unterhändler). — Die Patrizier ſagten zu Jliun: „Wenn du Muslama von uns entfernſt, ſchwören wir dir, daß wir dich zum Kaiſer wählen".
Jliun begab ſich zu Muslama und ſagte zu ihm: „Die Leute (Konſtantinopels)
wiſſen, daß, ſo lange du Lebensmittel haſt, du keinen Sturm auf die

Stadt unternehmen wirst; darum verbrenne deinen Vorrat, dann wird sich die Stadt dir ergeben". Muslama verbrannte alle Lebensmittel, aber dies erhöhte den Mut des Feindes und versetzte die Muselmänner in Not". Eine andere Tradition lautet: „Jlun kam zu Muslama und versprach ihm die Stadt zu überliefern, wenn er ihm die Lebensmittel schickte, damit die Griechen sähen, daß er mit ihm befreundet sei, und sich ihm ohne Furcht vor Plünderung und Gefangenschaft ergebe. Muslama erlaubte ihm, Früchte in Schiffen zu holen. Jlun hinterging ihn aber und bekämpfte ihn am folgenden Morgen. Die Muselmänner gerieten in Not und konnten keine Hilfe bekommen, doch blieben sie bis zu Suleimans Tod." — Jedes Wort in der Apokalypse ist durch diese Notizen historisch beurkundet. „Er (der Kalife) wird große Heere gegen die Edomim (Byzantiner) senden, sie werden aber in Hunger umkommen, obwohl sie viel Vorrat haben, weil er, der Feldherr Muslama, ihnen nichts verabreicht. Die Byzantiner werden gegen die Jsmaeliten aufstehen und sie erschlagen; die Jsmaeliten werden ihren Vorrat verbrennen, und die übrigen werden entfliehen." Von der Hungersnot im arabischen Heere berichtet auch der byzantinische Annalist Theophanes (Chronographia I, 611): λιμοῦ δὲ μεγάλου γεγονότος ἐν τοῖς Ἄραψι πάντα τὰ ἀποθνήσκοντα ζῶα αὐτῶν κατήσθιον. — Der Passus vom Verkleinern des Gewichts paßt aber nicht auf Suleiman, sondern auf seinen Vater Abdulmalik, der die ersten arabischen Münzen, die er schlagen ließ, und zwar von einem Juden Sumair, von schlechtem Gehalte machen ließ. Suleiman dagegen hat die Münzen verbessern lassen durch den Barmekiden G'afar, von dem diese Münzen den Namen G'afaria führten (vgl. Reiskes Abhandlung im Repertorium der biblischen und morgenländischen Literatur T. IX, p. 257). Möglich, daß dieser Passus im Texte der Apokalypse an unrechter Stelle steht und in die Lücke über Abdulmaliks Regierung gehört[1]).

7. Noch deutlicher als Suleimans Regierung ist die seines Bruders Hischam geschildert (die Regierung des Fanatikers Omar II. und des Schwelgers Jezid II. ist als kurz und unerheblich übergangen). Hischams Person und andere Umstände seiner Regierung sind ganz nach dem Leben geschildert, wie sie nur ein Augenzeuge kennen konnte: ואחר כך יעמוד מלך הגדול וימלוך יֹש שנים ואלו הם אותותיו: אדמדם שׂרפון הצין ריש לו שלש שומות אחת במצחו ואחת בידו הימנית ואחת בזרועו השמאלית וינֹב נטיעות ויבנה ערים חרבות ויבקע התהומות להעלות מים להשקות נטיעותיו ובני בנו בניו (.I ובניו ובני בניו) מרובין לאבל וכל כי שיעמוד עליו רגֹז בידו והארץ שוקטת בימיו וימֹית בשלום. Auf Hischam angewendet, ist jeder Zug in dieser Schilderung historisch. Hischam regierte 19 Jahre 9 Monate. Er schielte außerordentlich. So schildert ihn Abulfeda und andere רכאן אחול בין חיל[2]) השאם (Annales I. c. 456). Seine drei Male an Stirne, Hand und Arm werden wohl auch richtig sein. Von seinen Bauten erzählt

---

[1]) [Dagegen spricht jedoch der hebräische Text; vgl. Steinschneider, a. a. O., S. 638.]

[2]) Über den Ausdruck אחול בין חול, „sehr schielen" vgl. d'Herbelot, biblioth. orient. 418a und Adlers Note zu Abulfeda l. c. Hebräisch steht hier für „schielen" הצין שרפון vielleicht für הצין שרפות שפות: detortus oculo. [Es ist jedoch an das arabische שפן zu denken; vgl. Steinschneider a. a. O., S. 638, Anm. 25.]

Theophanes: Er fing an, Paläste in den Provinzen und Städten zu bauen (Chronographia I, p. 650): καὶ ἀμηρεύει (wurde Emir = Kalife) Ἰσάμ· καὶ ἤρξατο κτίζειν κατὰ χώραν καὶ πόλιν παλάτια, καὶ κατασπορὰς ποιεῖν, καὶ ὕδατα ἐκβάλλειν: fast wörtlich wie in der Apokalypse. — Daß ein Kalife viel Kinder und Enkel hatte, braucht eigentlich gar nicht bewiesen zu werden. Indessen berichten auch die arabischen Annalisten, daß Hischam eine große Nachkommenschaft hinterlassen hat: וחלף צרה בניו (Abulfeda l. c.) So ist auch dieser Zug in der apokalyptischen Schilderung historisch. — Hischams Feldherren führten glückliche Kriege.

8. Darauf folgt ein Schilderung, daß ein Kalife aufstehen wird, der Wasserbauten am Jordan vornehmen wird, die aber einstürzen werden, und, daß der Kalife von seinen Großen erschlagen werden wird. Die Züge lassen nicht lange raten, daß hier von Welid II. die Rede ist: ויעמד מלך אחר ויבקש לכרות מימי הירדן ויביא רחוקים בארצות נכריות לחפור ולעשות נחל ולעלות מימי הירדן להשקות הארץ ותפול עליהם חפירת הארץ ויהרגם וישמעו נשיאיהם ויעמדו על המלך ויהרגוהו. Der Zug von seinen Bauten am Jordan paßt auf Welid II., da dieser vor seiner Thronbesteigung sich in Palästina aufgehalten und dort ein schwelgerisches Leben geführt hat. Von den Bauten selbst und von dem Einsturze erzählen, meines Wissens, die arabischen Chroniken nicht. Ob der Erdeinsturz am Jordan identisch ist mit dem Erdbeben in Palästina, von dem Theophanes aus dieser Zeit berichtet (a. a. O. S. 651) kann nicht entschieden werden. Jedenfalls paßt der gewaltsame Tod nur auf Welid, da der vorletzte omejadische Kalife, Jezid III., in seinem Bette starb.

9. Der letzte omejadische Kalife, der unglückliche Merwan II., wird in unserer Apokalypse nicht bloß genannt, sondern die Vorfälle während seiner Regierung werden Zug für Zug geschildert, und an dessen Untergang wird die messianische Hoffnung angeknüpft: ויעמד מלך אחר בגבורה וארש בלחמה וקטשם בעולם ביניני. ואף מלכות ישמעאל ועלליהם הוא אומר שבר ה' מטה רשעים ואריזה זה כרוֹאן שׁר (l. שׂר) אצלו היו גבורי בני קדר קרירמים[1]) ותפשע עליו פרנק בזהרית צפונית וירגלו עליו ויפלו ממנו ג' חיילים גדולים בחידקל ובפרס (l. ובפרת) והוא בורח מפניהם ונלכד ונהרג ובניו יתלו על העץ. Merwans Tapferkeit und Kriegslaufbahn, die Unruhen unter seiner Regierung, der Aufstand im Nordosten (Chorasan) unter Abu-Muslim für die Abbassiden, die Niederlage seiner Heere bei Kerbela am Euphrat (29. August 749) und am Zab (25. Januar 750), seine Flucht, sein gewaltsamer Tod und die Hinrichtung seiner Kinder und sämtlicher Omejaden von seiten der siegreichen Abbassiden, alles ist geschichtlich treu. Innerhalb dieser Schilderung wird ein Wahrzeichen angegeben, daß Merwan und mit ihm der Islam untergehen wird, wenn ein Teil der Moschee bei Damaskus einstürzen wird. זה לך האות בשאתה רואה שנפל גירון המערבי שבמערב השתחוירה של בני ישמעאל בדמשק נפלה מלכותם במס ונכנסין ויוצאין במס. Dieser Passus kommt noch einmal in diesem Stücke zum Schlusse vor (er gehört aber einer andern Apokalypse an): זה לך האות בשאתה רואה שנפל גירון מזרחו שבדמשק נפלה מלכות בני מזרח. In der Apokalypse (bei Jellinek, Bethhamidrasch, 7, IV, S. 120) kommt auch dieses Wahr-

[1]) [Nach Rabbinowitz S. 436, Anm. 3 sind hierunter wohl die Fatimiden, im Gegensatz zu den Omejaden, zu verstehen.]

zeichen vor, dort lautet es: ובצת שיפול (¹חגיררדון שבמצרב יבל (של l.) בני: וירשמיאל בדמשק חפול מלכות ישמצמל. Das Wort נירון, oder נירון oder וירון, ist wohl G'ubair bei Damaskus²). Der Satz will jedenfalls aussagen: „Wenn etwas bei der Moschee einstürzen wird, dann wird das islamitische Reich untergehen". Da wir den Verf. so unterrichtet sehen, namentlich über die Regierungszeit der Kalifen Suleiman, Hischam, Welid II. und Merwan II., so ist kein Zweifel, daß der Einsturz der Moschee ein Faktum war, und, daß er zurzeit als ein ungünstiges Omen betrachtet wurde.

Ich rekapituliere nun. Nur ein Zeitgenosse konnte mit solcher Aus- führlichkeit und mit so viel Detail, wie es nicht einmal die mohammedanischen Quellen haben, über die Omejaden=Dynastie referieren. Da so manches über Vorgänge in Palästina tradiert wird, so scheint der Verf. ein Palästi- nenser gewesen zu sein. Darum weiß er überhaupt so viel von den Ome- jadischen Kalifen zu schildern, weil die meisten von ihnen in Damaskus residiert und deren Prinzen sich öfter in Palästina aufgehalten haben. Daher ist es auch begreiflich, daß der Verf. von jenen Kalifen, die in Medina residiert haben, entweder gar keine oder nicht ganz zutreffende Schilderungen macht. Den historischen Hintergrund dieser Apokalypse erkannte ich auf den ersten Blick; um aber nicht fehlzugehen, wandte ich mich brieflich um Aus- kunft an den gründlichsten Kenner der Kalifenzeit, an Herrn Professor Weil in Heidelberg. Derselbe hatte die Güte, in einem freundlichen Schreiben meine Vermutung zu bestätigen. Seine Worte lauten: „Das Fragment

---

¹) Ein Passus dieser interessanten Apokalypse kommt auch in Pirke de R' Elieser vor. Er lautet: ועוד היה ר' שמעון אומר ששמצ מר' ישמצאל כרין ששמצ שמלכות ישמצאל בא (אמר) צתידרין למוד הארץ בחבלים שנאמר והארץ יחלק במהיר וצושים בתי קברות מרבה לצאן ובשימות אדם קוברים אותו בכל מקום שהם מוצאים וחוזרין וחורשין הקבר וזורצים אותו. In Pirke de R'E. (c. 30) werden diese zwei Momente, das Aus- messen des Landes und die Benutzung der Grabstätten, aufgezählt unter den 15 Dingen, welche die Jsmaeliten üben werden: ר' שמצאל אומר ט"ו דברים עתידרין בני ישמצאל לצשות בארץ באחרית הימים ואלו הן ימדדו את הארץ בחבלים ויצשו בית הקברות למרבץ צאן אשפתות וכו'. Die Frage ist demnach, welche der beiden Schriften Original dafür ist. Indessen, da in Pirke de R'E. neben unverständlichen Momenten auch einige vor- kommen, die nur unserer Apokalypse entnommen sein können, weil sie hier im Zusammenhange stehen, so ist nicht daran zu zweifeln, daß der Verf. der Pirke sie sämtlich der Apokalypse entlehnt hat. Die entlehnten Punkte sind ויפסל סלצ מלכות — ויטצו גנות ופרדסים — ויגדרו פרצית בחבל ימדרו בהם. Die übrigen Punkte: חומות בית המקדש ויבני בנין בהיכל ומהם צל ראשי ההרים (?) וירבה השקר ותגש האמת וירחק חק מישראל וירבו צגוית בישראל, — ויקמצ חצירצ והקילבוס gehören vielleicht den Lücken an, die wir in der Apokalypse, namentlich nach Jezid I., wahrge- nommen haben. Vgl. o. S. 208, Anmerkung. [Vgl. jedoch Steinschneider a. a. O. S. 645—646.]

²) [Nach Zunz, Literaturgeschichte der Synagogalen Poesie, S. 604—605, ist die Erzählung vom Einsturz des G'eirun bei den Juden nicht vor dem 9. Jahrhundert im Umlauf gewesen. Vgl. auch Lekach Tob zu Num. 24, 17 (ed. Wilna 1884, S. 259). Nach Steinschneider a. a. O., S. 640—642, be- zeichnet G'eirun entweder ein Tor der Moschee in Damaskus oder in der Stadt selbst. Den Namen führt er auf den sagenhaften Riesen Gerion zurück.]

gründet sich gewiß auf historische Tatsachen; doch macht es die wort-
karge Form schwierig, alle Einzelheiten zu bestimmen, welche dabei angedeutet
werden". Bei manchen Punkten verwies mich Herr Prof. Weil auf seine
Kalifengeschichte. Ich habe mir aber Mühe gegeben, die meisten Einzelheiten als beurkundet nachzuweisen.

Wir haben also an diesen „Geheimnissen des R' Simon ben Jochai"
eines jener vaticinia ex eventu, die durch die Gruppierung der Vergangenheit die Verkündung der Zukunft bewahrheiten wollen. Gleich im Anfang
ist darauf hingedeutet, daß das Heil Israels, die messianische Erlösung, durch
die Entstehung des Islam gefördert werden soll. Zunächst wird sich die
Förderung darin zeigen, daß Edom (Byzanz) von dem islamitischen Reiche
gedemütigt werden wird. Die messianische Zeit wird aber erst ihren
Anfang mit dem Untergang des letzten Omejaden nehmen.
Der Apokalyptiker sah in dieser Katastrophe den Untergang des Islam überhaupt. Er fährt fort: Nach Merwan wird ein frecher König aufstehen, aber
er wird nur drei Monate regieren; ואחר בן רכבוד כלך זו פנים שלשה
חדשים. Dieser freche König kann nun, nach dem Vorausgeschickten, kein
anderer sein als der Stifter der Abassidendynastie, Abdalah Assaffah. „Er
wird drei Monate regieren", also hatte er damals noch nicht so lange
regiert. Merwans II. Tod fällt (nach Weils Berichtigung Kalifen I, 702)
auf den 5. August 750. Die Apokalypse ist also geschrieben zwischen
5. August und Oktober 750. — Das נסתרות דר' שמעון בן יוחאי
ist demnach, so viel bekannt, als älteste Schriftdenkmal aus der
gaonäischen Zeit und die älteste mystische Schrift[1]). Sämtliche
Messianologien der späteren Zeit, nicht bloß die mystischen, sondern auch die
quasi rationalistischen, wie die Saadias und Haïs, haben von unserer Apokalypse Elemente aufgenommen. Es ist daher wichtig zu erkennen, wie der
Apokalyptiker und mit ihm seine Zeitgenossen sich das Eintreffen der messianischen Zeit gedacht haben. 1. Nachdem der freche König drei Monate
regiert haben wird, wird Edom (Byzanz) über Israel 9 Monate herrschen.
Der Verf. erwartete also damals eine Eroberung Palästinas von seiten der
Byzantiner. Der byzantinische Kaiser Constantinus Kopronymos, in fort-
währenden Reibungen mit den Bilderverehrern, der Geistlichkeit und den
Bulgaren, dachte wohl schwerlich daran, Palästina wieder zu erobern; aber
der Apokalyptiker folgerte dies nicht aus den Tatsachen, sondern aus der
agadischen Auslegung eines Verses im Propheten Micha (5, 2): Gott wird
sie, die Israeliten, preisgeben, bis eine Gebärerin gebären wird (9 Monate).
2. Dann wird der messianische Vorläufer, der Messias aus dem Stamme
Joseph oder Ephraim (משיח בן יוסף), auftreten, der die Israeliten nach
Jerusalem führen, den Tempel erbauen, den Opferkultus wiederherstellen wird.
3. Darauf wird der Antimessias erscheinen unter dem Namen Armilaos. Diese Figur ist in den messianischen Schilderungen stehend geworden.
Da er hier zum erstenmal eingeführt wird, so ist es nicht überflüssig, die
Schilderung wiederzugeben, zumal sie als Kriterium zur Beurteilung der
einschlägigen Literatur dienen kann. Armilaos hat einen Kahlkopf,

---

[1]) [Vgl. jedoch die Bemerkung S. 464, Anm. 1. Nach Harkavy a. a. O.
S. 438, Anm. 125, dürfte der Midrasch 'Esser Galijot, auf den sich der
Gaon Zemach ben Chajjim beruft, älter sein.]

einen Aussatz an der Stirne, kleine Augen und ein taubes Ohr.
Er ist der Sohn des Satans und des Steines[1]): ויעמוד מלך רשע
ושמו ארמילאוס הוא קרח ועיניו קטנות וצרעת במצחו ואזנו ימנית סתומה
והשמאלית פתוחה ואם ידבר לו אדם טובה יטה לו אזנו סתומה ואם ידבר לו
אדם רעה יטה לו אזנו פתוחה והוא בריה דסטנא דסבנא ידאבנא. Wenn Hitzig
(im Kommentar zum Daniel) behauptet hat, der Kaiser Cajus Caligula habe
als Modell zu Armilaos' Bild gesessen, weil jener als armillatus in publi-
cum processit, von schwachem Haarwuchse (capillo raro), hoher Statur,
zarten Beinen, hohlen Augen geschildert wird, so ist diese Vermutung
durch unsere Apokalypse widerlegt. Die letzten drei Eigentümlichkeiten kommen
in dieser Schilderung gar nicht vor. Sie gehören späteren Anschauungen an,
als man die Karrikatur noch mehr karrifiert hat. Da Armilaos schon im
Targum zu Jesaias vorkommt (11, 4), so mag einer der judenfeindlichen
byzantinischen Kaiser als Vorbild dazu gedient haben. — 4. Armilaos wird
mit dem Ephraimitischen Messias Krieg führen und Israel in Wüsteneien
vertreiben. Dort wird der Messias umkommen und Israel durch Leiden geläutert werden. 5. Dann wird der wahre Messias, der Davidide, erscheinen;
Israel wird aber nicht an ihn glauben, da ein Messias schon umgekommen
war, und wird ihn steinigen wollen. 6. Dann wird sich Gott offenbaren,
der Messias wird auf den Wolken erscheinen, Armilaos töten, Israel nach
Jerusalem führen, und das zweitausendjährige messianische Reich wird beginnen. Darauf das jüngste Gericht. So weit geht diese Apokalypse. Was
weiter folgt, anfangend mit den Worten: ר' שמעון אומר עתיד הקב"ה לצרוף
לדבורה, gehört einer anderen Apokalypse an, die unter dem Namen
תפלת ר' שמעון בן יוחאי (bei Jellinek, Beth-Hamidrasch, Bd. IV.) Züge
aus der Zeit der letzten Kreuzzüge enthält.

[1]) Der Zug, daß Armilaos der Sohn des Satans und des
Steines ist, beruht auf einer eigentümlichen Sage. Sie erzählt, es gebe
in Rom einen Marmorstein von jungfräulicher Gestalt: אמרו שיש ברומי
אבן של שיש דבית נצרת יפה (so in mehreren messianischen Apokalypsen).
Dieser Stein ist eine Geburt von der Tochter des Kaisers Tiberius. Der
judenfeindliche Bischof Agobard klagt die Juden folgender Lügenhaftigkeit
gegen Christus an: Ad extrema vero, propter plura mendacia accusatum
(Christum) Tyberii judiciis, in carcerem retrusum, eo quod filiae ipsius
(cui sine viro masculi partum promiserat) lapidis conceptum intulerit
(de judaïcis superstitionibus, ed. Baluz, p. 77). Der Stein ist also eine
Geburt von Tiberius' Tochter, durch magische Mittel zur Welt gekommen.
Rom und das Christentum haben Anteil daran. Armilaos, als Erzeugnis
von Satan und dem Steine, ist entstanden durch die Kreuzung von Rom,
Christentum und Satan. Es ist also System in diesem Unsinn. Übrigens
kommt die Sage von Jesu Verhältnis zu Tiberius und seiner Tochter in
einem apokryphisch-aramäischen Evangelium vor (zitiert von Schemtob Ibn-
Schaprut in dessen polemischer Schrift ספר שהברו Ms. S. 181): אבן בוחן
בלשון ירושלמי בעזרא דישו בר פנדירא ובספר השני כתוב: אתא פילקוש
הגמונא ור' יהושע בן פרחיה ... ור' יהודה גניבא ור' רונתן בן בוטענא וישו
בן פנדירא לטבריא קמיה טברינוס קיסר אמר להון מה הלין עובדין
דעבדיתון אמר ליה בן אלהא אנא ומחינא ומסינא ומאן דבית דביה לחשנא ליה
וחיי ואתחא דלא ילדא חוי בר נש עבדות בדא מן בלבא דכר. אמרו ליה
לכון. אית לי ברתא דלא חוי בר נש עבדותה דתתעברי. אמרו ליה
אפקא לקמן. צוה לפקיד אפקוהי ולחש לה ויאיביברא.

17.

Zur Entstehung des Karäismus.[1]

Bearbeitet vom kaiserlich russischen Staatsrat Dr. A. Harkavy.

1.

Die ältere jüdische Überlieferung bezeichnet die Karäer gewöhnlich mit dem Namen der altjüdischen Sekte der Sadduzäer (צדוקים), oder sie betrachtet wenigstens den Karäismus als vom Sadduzäertum abhängig. Die bekannten Aussagen hierüber sind folgende:

a) Ein alter rabbinischer Autor, wahrscheinlich Saadia Gaon, äußert sich in seiner Streitschrift gegen Anan über letzteren wie folgt: באארו הדת נתקנא ענן הוא וכל איש רע ובליעל הנותרים מחרבות צדוק וביתוס ונתכון במחלוקת (zitiert im חלוק הקראים bei Pinsker II, 103; vgl. ibid. p. 95). Daß dieses Zitat Saadia angehört, nimmt Pinsker an (ibid. p. 98), und es ist auch uns sehr wahrscheinlich. Dem widerspricht nicht, was Saadia an einer anderen Stelle sagt (bei Salmon ben Jerucham, ibid. II, 19)· בעלי מקרא חדשים ורבותי חישנים הם קדושים, denn dieses bezieht sich auf die Neugestaltung des Sadduzäismus durch die Karäer. Jedenfalls gehört jene Streitschrift einem sehr alten Autor an, dem noch viele später ganz verschollene Tatsachen aus der Ananschen Epoche bekannt waren. — Hier wird also die Vereinigung der Überreste der alten Sadduzäer mit Anan ohne weiteres angenommen.

b) Bei Jehuda Halevi im Chazarenbuche lesen wir: ובעבדה יהודה בן כבאר ושמעון בן שטח ואתצאהבחמא ופי זמאנהמא נשא אצל מדהב אלקראיין למא גרי ללחכמים מ' ינאי אלך . . . חתי אנצרף שמעון בן שטח וסאיר תלאמירה מן אלאסכנדריה וצאר אלנקל אלי אולה וקד האצל ללקראיין אצל בקום ידאעצון תורה שבעל פה ויתחלון באלחגנ כמא תראהם אליום (III, 65; ed. Hirschfeld, p. 212). — („Nach ihm [Josua ben Perachjah] lebten Jehuda ben Tabbai und Simon ben Schetach und ihre Genossen. Zu ihrer Zeit entstand der Ursprung der karäischen Lehre infolge einer Kollision zwischen den Weisen und Jannaï usw. [hier folgt der talmudische Bericht aus Kidduschin 66a über Jannaïs Anteil an den Streitigkeiten der Pharisäer und Sadduzäer] bis Simon ben Schetach mit allen seinen Schülern aus Alexandrien zurückkehrte, und die Überlieferung ihre frühere Geltung bekam. Aber die Ansichten der Karäer hatten bereits Wurzel gefaßt bei Leuten, welche die mündliche Lehre negierten und vermeintliche Beweise erfanden, wie du es bei ihnen noch jetzt siehst"). Man sieht hieraus, daß auch nach Jehuda Halevis Ansicht das Karäertum im Sadduzäismus wurzelt, obwohl er sich des Unterschiedes zwischen beiden Sekten klar bewußt ist, wie aus dem weiteren Kontexte erhellt.

c) Dieselbe Ansicht teilt auch der Historiker Abraham Ibn-Daud, der im ספר הקבלה von Anan berichtet: כי אחר חרבן הבית נדלדלו הצדוקים עד שעמד ענן וחזקם. Manche Kodd. haben zwar חמירים statt הצדוקים; dies ändert aber an der Sache nichts, denn gemeint sind doch jedenfalls die sadduzäischen Ketzer, da sie schon vor der Tempelzerstörung existiert haben.

[1] Die folgende Notiz ist als Ergänzung und Modifizierung von Note 17, zum großen Teile nach neuestens aufgefundenen Quellen, zu betrachten. A. H.

d) Abraham Ibn Esra nennt gewöhnlich die Karäer צדוקים, manchmal abwechselnd מינים.

e) Ebenso drückt sich Samuel Ibn G'ami aus[1]): ובקום שני זנבות האודדים הצשנים צדוק וביתוס שני תלמידי רשע גם החמס למטה רשעים וחשך ענן וערפל קדרותו הבא אחריהם תרבות אנשים חטאים גם הוא קם על בית מרצים (Pinsker II, 155; vgl ibid, I, 13). Auch in den arabisch abgefaßten Schlachtregeln, die wahrscheinlich demselben Autor angehören, heißt es: אלצדוקים ואלביתוסים ומן תבעהם והם האולאי אלדין יתסמון באסם קראיין (die Sadduzäer und Boethusäer und ihre Anhänger, d. h. diejenigen, welche mit dem Namen Karäer bezeichnet werden — Geigers jüdische Zeitschrift, I, 241).

f) Endlich schließt sich auch Maimonides dieser Ansicht an, indem er im Kommentar zu Abot (I, 3) ausdrücklich sagt: והיו לזה החכם שני תלמידים האחר צדוק ושם השני ביתוס . . . ויצאו מן הכלל . . . . . . והניחו התורה התחברה לאחד כת אחת ולחברו כת אחרת . . . . . . וכאז יצאו אלו הכתות רעות וקראום החכמים צדוקים וביתוסים ויקראו באלו הארצות ר"ל מצרים קראים ושמחום אצל החכמים צדוקים וביתוסים והם אשר התחילו להשב על הקבלה.

Diese Zeugnisse aus der älteren jüdischen Literatur, die sich wohl vermehren lassen, sind keineswegs leicht hinwegzudeuten, wie es Rapoport tun will (bei Kaempf, Nichtandal. Poesie II., 240), dem übrigens nur ein Teil dieser Zeugnisse damals bekannt war[2]). Der einzige Punkt, worin Rapoport dort unbedingt recht hat, ist der Nachweis, daß in der Mischna Megilla (IV, 8) דרך הקראים eine späte Korrektur ist für das ursprüngliche דרך צדוקים. — Schon der Umstand, daß keine einzige ältere rabbinische Quelle dem Anan Selbständigkeit zuschreibt und, daß er immer als Restaurator des alten Sadduzäertums charakterisiert wird, verleiht den oben angeführten Zeugnissen besondere Kraft.

2.

Wenn wir von der rabbinischen Literatur zur karäischen übergehen, so finden wir, daß die ältesten Schriftsteller entweder ebenfalls deutlich ihre Sekte mit dem Sadduzäismus identifizieren, oder wenigstens diese Tatsache durchblicken lassen. Erst die Späteren, seit Saad Ibn-Mansur (Ende des XIII. Jahrh.), suchen die Identität beider Sekten zu leugnen in Anbetracht ihrer Verschiedenheit in der Dogmatik, was aber nichts beweist. — Die bekannten älteren Karäer, die davon handeln, sind:

a) Abu-Jusuph Ja'kub al-Kirkisani (schrieb im Jahre 937), der in seinem, neulich von uns edierten, Berichte über die jüdischen Sekten zuerst sagt: וצדוק הו אול מן כאשף אלרבאנין ואטהר אלבלאב כליהם ואטלע שיא מן אלחק ("Zadduk war der erste, welcher die Rabbaniten entlarvte, Widerspruch gegen sie äußerte und einen Teil der Wahrheit aufklärte"); und weiter von Anan heißt es bei ihm: והו אול מן בבב גמלה מן אלחק פי אלשראיע ("er war der erste, der die ganze Wahrheit in betreff der Gesetze erklärte"). Demnach ist das Verhältnis zwischen den beiden Sekten wie das eines Teiles zum Ganzen.

aa) Abu-Jakub Jusuf al-Bassir (יוסף הרואה) hat im כתאב לאנה לא שבחה פי אנה הו folgenden Passus (Ms. Petersb.) אלאסבצבצאר

1) [Vgl. jetzt Jubelschrift für Graetz, Breslau 1887, hebr. Abtlg., S. 13.]
2) [Vgl. auch die Ausführungen von Poznański in RÉJ. XLV, S. 169 ff., und besonders S. 173.]

אלמחר ללבלאס ואלביﭢאﭏﭏﭏﭏﭏ בה מן בעד עלו כלמה אלחכמים וקﭏﭏ מן
באﭏﭏﭏﭏﭏﭏﭏ נתﭏ בון אלﭏﭏﭏﭏﭏﭏﭏ תאצלא פי בית שני פיד אלרבﭏﭏﭏﭏ גלבת והם
אלמﭏﭏﭏﭏﭏﭏﭏ באﭏﭏﭏﭏﭏﭏﭏﭏﭏﭏﭏﭏﭏ ויﭏﭏ אלקﭏﭏﭏﭏﭏ ﭏﭏﭏﭏﭏﭏﭏﭏﭏﭏﭏ צﭏﭏﭏﭏ והם אלﭏﭏﭏﭏﭏﭏﭏﭏﭏﭏﭏ באﭏﭏﭏﭏﭏﭏﭏﭏﭏﭏﭏﭏﭏﭏﭏﭏﭏﭏﭏ.
(„Es iſt kein Zweifel, daß er [Anan] kühn im Widerſpruch und unerſchrocken
offen auftrat, nachdem die Anſichten der Weiſen [Rabbinen] hoch geſtiegen
und ihre Gegner vernichtet waren, trotzdem die Zwiſtigkeiten während des
zweiten Tempels exiſtierten, deren Folge war, daß die Rabbaniten, welche
Phariſäer hießen, die Oberhand gewannen und die Karäer, welche dann
S a d d u z ä e r g e n a n n t w a r e n, abgeſchwächt wurden").

β) Jakob ben Rëuben im חעשר ס׳ zum Pentateuch (bei Pinſker II, S. 84)
ſagt: דﭏ כי אם שהיה התﭏﭏﭏ הווה בבית שני ויﭏ הרבנים מנצחת והם
חﭏﭏﭏﭏﭏﭏ בפרושים ויﭏ הקﭏﭏﭏﭏﭏ נתﭏﭏﭏﭏﭏ והם היﭏﭏﭏﭏﭏﭏ צﭏﭏﭏﭏﭏﭏ.
Dieſer Autor kompilierte bloß aus älteren karäiſchen Autoritäten, zumeiſt aus
Jephet ben Ali; ob dieſer Paſſus ebenfalls letzterem oder dem al-Baſſir
entnommen iſt, kann jetzt nicht entſchieden werden.

γ) Der Verfaſſer des חﭏﭏﭏ הקﭏﭏﭏﭏﭏ והרבנים ſchreibt: וראשונים אנחנו מהם
[מן הרבנים] וכמﭏﭏﭏ היו נרﭏﭏﭏﭏﭏ ירושﭏﭏﭏﭏﭏ ושﭏﭏﭏﭏﭏ וצﭏﭏﭏﭏﭏ ובﭏﭏﭏﭏﭏﭏ
וﭏﭏ שﭏﭏﭏ ..... בﭏﭏﭏﭏﭏ צﭏﭏﭏ ובﭏﭏﭏﭏ (p. 104) und (Pinſker II, 101),
מﭏﭏﭏﭏ כי דﭏﭏ קﭏﭏﭏﭏﭏﭏﭏ היתה צﭏﭏﭏ ובﭏﭏﭏﭏﭏ תﭏﭏﭏ מﭏﭏﭏﭏﭏﭏ ובﭏﭏﭏ אמﭏﭏﭏ כי
דﭏ צﭏﭏﭏ ובﭏﭏﭏﭏﭏ הﭏﭏ, וכﭏ צﭏﭏﭏ ובﭏﭏﭏﭏﭏ מﭏﭏﭏﭏﭏ חﭏﭏﭏﭏﭏﭏ היﭏ ... הﭏﭏ נﭏﭏﭏ
כי לא מﭏﭏﭏﭏ עﭏﭏﭏ עﭏﭏﭏ כי אם מﭏﭏﭏﭏ דﭏﭏ, אﭏ אﭏﭏﭏ לﭏﭏ ומﭏ הﭏﭏﭏﭏﭏ אﭏﭏ
תﭏﭏﭏ צﭏﭏﭏ ובﭏﭏﭏﭏﭏ בﭏﭏﭏﭏ אﭏ כﭏ לﭏﭏ לא נﭏﭏﭏﭏ אﭏﭏﭏ uſw. Von zweierlei
Sadduzäern, von denen Mordechaï ben Niſſan fabelt (nach Epiphanius bei
de Roſſi im מﭏﭏﭏ עﭏﭏﭏﭏ), wiſſen die älteren Karäer, wie überhaupt die ältere
jüdiſche Literatur, nichts.

δ) S a h l A b u ' l - S a r i dagegen erwähnt die Sadduzäer nicht ausdrücklich, behauptet aber, daß die Vorfahren der Karäer im Geheimen nach der
wahren jüdiſchen Lehre lebten: בﭏﭏﭏﭏﭏ מﭏﭏﭏ בﭏﭏ ירﭏﭏ אﭏ ה׳ ויﭏﭏﭏ מﭏﭏﭏﭏﭏﭏ
וﭏﭏ אﭏﭏﭏ חﭏﭏﭏﭏ הﭏﭏﭏ וﭏﭏﭏﭏ קﭏﭏﭏ יﭏ הﭏﭏﭏﭏﭏﭏ וﭏﭏﭏﭏﭏﭏ uſw. בﭏﭏﭏ
תﭏﭏﭏﭏ וﭏﭏﭏﭏﭏ בﭏﭏﭏﭏ הﭏﭏﭏﭏﭏ לﭏ יﭏﭏ לﭏﭏﭏ לﭏﭏﭏﭏﭏ והﭏﭏ קﭏﭏﭏ הﭏﭏﭏﭏ
בﭏﭏﭏ. Auch ſprechen er und andere karäiſche Schriftſteller von Märtyrern
und Verfolgten (נאﭏﭏﭏﭏ und נﭏﭏﭏﭏ) in den alten Zeiten, was wiederum
andere in die vorananiſche Zeit ſetzen.

ε) Auch Jehuda Hadaſſi in einer beiläufigen Erwähnung der Sadduzäer
ſtellt ſich unbedingt auf ihre Seite gegen die Phariſäer, indem er von Jeſus
ſagt: יﭏﭏﭏ תﭏﭏﭏ בﭏﭏ יﭏﭏﭏ אﭏﭏﭏﭏﭏ כי יﭏﭏ אﭏﭏ מﭏﭏﭏﭏ וﭏﭏﭏ צﭏﭏﭏ בﭏﭏﭏﭏﭏ
בﭏﭏﭏﭏﭏ היﭏ לﭏﭏﭏ יﭏﭏﭏﭏ, וﭏﭏﭏﭏ צﭏﭏﭏﭏﭏ ובﭏﭏﭏﭏﭏ היﭏ בﭏﭏﭏ לﭏﭏﭏﭏﭏ
(לﭏﭏﭏﭏ =), ואﭏﭏ גﭏ הﭏﭏﭏﭏ מﭏﭏﭏ כמﭏ שﭏﭏﭏﭏ צﭏﭏﭏﭏﭏ, כﭏﭏﭏﭏ בﭏﭏ בﭏﭏﭏ עﭏ
כי היﭏ מﭏﭏﭏﭏ דﭏﭏﭏﭏ והﭏﭏﭏﭏﭏ והﭏﭏ לﭏ, ובﭏﭏﭏ הﭏﭏﭏ כמﭏ צﭏﭏﭏﭏﭏ כﭏﭏﭏﭏﭏ
עﭏ דﭏﭏﭏﭏﭏ בﭏﭏﭏﭏ ובﭏﭏﭏ ונﭏﭏﭏ בﭏﭏﭏﭏ מﭏﭏﭏ uſw. (Eſchkol ha-Kopher,
Alphabet 99, Buchſtabe Jod und Kaf nach der hieſigen Handſchrift, vgl.
unſer: Altjüdiſche Denkmäler aus der Krim S. 212, Anm. 2.)

3.

Abgeſehen von allen dieſen Zeugniſſen, deren hiſtoriſcher Wert doch
keineswegs gering anzuſchlagen iſt, iſt auch die Übereinſtimmung beider Sekten
in mehreren geſetzlichen Punkten, wie dies namentlich von Geiger mehrfach
hervorgehoben worden iſt, unmöglich anders als durch Entlehnung der ſpäteren

Sekte (Karäer) von der älteren (Sadduzäer) zu erklären, denn von einem
bloßen Zufalle kann bei einem solchen mehrfachen Zusammentreffen nicht die
Rede sein. Auch die Annahme Rapoports und des seligen P. F. Frankl nach
ihm, die Karäer hätten aus dem Talmud die sadduzäischen Differenzpunkte
mit den Pharisäern hervorgesucht und aus Opposition angenommen, ist für
das ältere Stadium des Karäismus, wo von einem aus talmudischen Quellen
zusammengelesenen und fabrizierten Stammbaume und anderen Kontra-
faktionen noch keine Spuren vorhanden sind, ganz unwahrscheinlich Zudem
findet die Übereinstimmung auch mit solchen sadduzäischen Lehrmeinungen
statt, die nicht aus dem Talmud, sondern aus Josephus und anderen Quellen
uns bekannt sind, oder erst durch historische und logische Beweise erschlossen
werden. Auch brauchen wir gar nicht zu einer solchen fernliegenden Vermutung Zuflucht zu nehmen, wie dies unten nachgewiesen werden wird. Es
lag auch offenbar im Interesse des Häresiarchen und seiner Lehre, an eine
alte Autorität anzuknüpfen, und zwar an eine solche, deren Losung er auch
auf sein Banner schrieb, nämlich: das Festhalten an dem geschriebenen Worte
der Schrift und die Mißachtung der traditionellen Institutionen, da auch von
den Sadduzäern dieses Prinzip vorausgesetzt wird, wie das דבר שהצדוקים
בידים בו zeigt (vgl. auch die Definition des Sadduzäismus bei Makrizi p. 105,
der aus einer karäischen Quelle schöpfte), wenn auch weder die letzteren, noch
Anan und seine Nachfolger dieses Prinzip konsequent durchzuführen imstande
waren. Oben wurde schon bemerkt, daß die Annahme, Anan habe die
sadduzäischen Lehrmeinungen aus dem Talmud hervorgesucht und zusammengestellt, unzulässig ist. Es mußte also eine andere Quelle für die Ansichten
der Sadduzäer gegeben haben. Wir haben neulich wirklich zwei karäische
Zeugnisse von der Existenz einer dem Zaddok zugeschriebenen Schrift noch
im 10. Jahrhundert aufgefunden: Ja'kub Kirkisani, der im Jahre 937
sein כתאב אלאנואר schrieb, sagt nämlich über Zaddok (als Fortsetzung des
oben angeführten Satzes) ודון [צדוק] כתאבא אכתר פיה בן טלב אלרבאנין
ואלטען עלרהם גיר אנה לם יקם עלי שי ממא קאלה דלילא ואנמא קאל דלך
עלי גהה אלכבר אלא פי שי שר ואחד והו תחרימהא לאבנה אלאך ואבנה אלאכה
פאנה אסתדל עלי דלך בקיאסהמא עלי אלעמה ואלכאלה. (Zaddok verfaßte
eine Schrift, worin er die Rabbaniten sehr schmähte und viele Einwürfe
gegen sie erhob; nur brachte er für seine Behauptungen keine Beweise bei,
sondern trug alles in Form einer Erzählung (oder: einer Tradition) vor, nur
in einem Falle zog er einen Beweis heran, nämlich beim Verbote der Nichte,
bei welcher Gelegenheit er sich des Analogieschlusses von der Tante und Base
bediente). — Das zweite Zitat befindet sich in einem arabischen Kommentare
zum Exodus, der handschriftlich in der St. Petersburger kaiserlichen öffentlichen Bibliothek vorhanden ist, und entweder Sahl ben Mazliach (schrieb
um 950—960) oder einen andern Karäer des 10. Jahrhunderts zum Verfasser hat. (Siehe meine Studien und Mitteilungen V, S. 225. Die Original-
quelle war wahrscheinlich die Streitschrift des Karäers משרית בן gegen Saadia;
vgl. Pinsker II, 95.) Da heißt es: פקד כאן אלקדמא רטלבו אלהלאל פיקול
[סעיד אלפיומי] כאן אלסבב פי טלבהם דלך בן גהה צדיק ובריהס, יכתברים
בין אלנאס כתב אלצדוקיה וליס פיהא שר ממא דברה הדא אל־גל, ודלך
אנה פי כתב צדוק אשיא אנכרהא עלי אלרבאנין פי בית שני פי אלקראבין
וגירהא ומא סמי פי כתאבה חרף ואחד ממא דברה אלפיומי. („Die Alten
pflegten den Neumond aufzusuchen [zur Bestimmung der Feiertage], in bezug

worauf Saadia behauptet, daß dies infolge [der Opposition] des Zadok und des Boethos geschehen sei; indessen die Schriften der Sadduzäer sind allgemein bekannt, und man findet in ihnen nichts von dem, was er vorbringt, denn die Schriften Zadoks sprechen wohl von dessen Streitigkeiten mit den Rabbaniten zur Zeit des zweiten Tempels über Opfer und andere Dinge, nicht aber ist da eine einzige Silbe zu finden über den Punkt, dessen Saadia gedenkt").

Da diese Zeugnisse als polemische Argumente gegen den Rabbanismus gebraucht werden, so ist es höchst unwahrscheinlich, daß die ganze Sache mit der Zadokschen Schrift (oder den Schriften) rein erfunden sein soll, da doch die Gegner mit einem einfachen נירתי ספר ונחזור die Karäer entwaffnen konnten. Am wenigsten ist eine einfache Erfindung von seiten Kirkisanis, nach dem ganzen Charakter seiner literarischen Tätigkeit zu urteilen, anzunehmen. Viel eher wird sich die Sache so gestaltet haben, daß die schwachen Überreste der Sadduzäer, welche nach der Zerstörung Jerusalems im Geheimen hinsiechten (worauf mehrere rabbinische und karäische Berichte hinweisen), zur Zeit der großen Sektenbewegung im Orient überhaupt und im Judentume insbesondere (7. bis 8. Jahrhundert) sich ebenfalls aufrafften und mit einer polemischen Schrift (oder mit Schriften) gegen ihre alten pharisäischen Gegner hervortraten, welche Schrift entweder noch dem Altertume angehört hatte, oder nach alten Traditionen neu abgefaßt, jedenfalls aber dem Stifter des Sadduzäismus zugeschrieben wurde. Diese Schrift diente denn auch den ersten Karäern als Quelle für die sadduzäischen Meinungen, welche sie sich angeeignet haben, wie auch als Waffe gegen den Rabbanismus.

4.

Das Fundament also und die Grundzüge des neuen Schisma, insofern es von der Mutterreligion abwich, gewährte der Sadduzäismus; aber auch andere jüdische Sekten lieferten Materialien zum Aufbau des Karäertums. Die uns jetzt bekannten waren: die Isuniten oder Isawiten (arabisch עיסונירה, עיסויה) und die Judghaniten (יורדגאניה). Der Stifter der ersten war אבו עיסי עובדיה, der 60 bis 70 Jahre vor Anan aufgetreten war. Obwohl von niedriger Herkunft und ganz unwissend — er war Schneider und verstand weder zu lesen noch zu schreiben — soll er dennoch mehrere Schriften veröffentlicht haben, was von seinen Anhängern als Wunder betrachtet wurde, und, nach dem Beispiele der damaligen mohammedanischen Sektenführer, vereinigte er mit geistlichen Funktionen auch politische Tätigkeit, indem er sich als Propheten und Messias ausgab, der persönlich von Gott den Auftrag erhalten habe, die jüdische Nation aus dem Exil zu befreien und ihre politische Selbständigkeit herzustellen. Er wollte sein Ziel mit den Waffen in der Hand erkämpfen, indem er an der Spitze eines Heeres von 10000 Gläubigen die Muhammedaner (wie es scheint in Ispahan) zur Schlacht herausforderte, wurde aber besiegt und erschlagen. Seine Parteigänger behaupteten aber, daß er nicht erschlagen, sondern in einer Höhle verborgen lebe, um nochmals zu erscheinen und seine göttliche Mission zu vollziehen. Sein Anhang, der sehr zahlreich war, ist, wie es scheint, ganz im Karäertum aufgegangen, da Anan den Isawiten Konzessionen machte und so manches von ihren Lehrmeinungen in sein System aufnahm, unter anderem wahrscheinlich auch das Sadduzäertum als Religionsquelle und als Waffe gegen den Rabbanismus zu benutzen. In der ersten Hälfte des 10. Jahrhunderts waren nur noch etwa 20 Personen von den Isawiten in Damaskus übrig. — Von ihrem Religionssystem ist nur wenig bekannt; jedoch wissen wir, daß, obwohl Abu Isa die Rabbinen sehr hochschätzte und sie mit den Propheten zu vergleichen pflegte, er dennoch manche Gesetzesbestimmungen den Sadduzäern entlehnte. Auch erkannte er die volle Berechtigung des Christentums für die christlichen Nationen und des Islams für die muhammedanischen Nationen an und empfahl sogar den Seinigen die Lektüre des Evangeliums und des Korans nebst ihren Kommentaren. Auch verbot er den Gebrauch des Fleisches und des Weines, solange Israel sich im Exile befinde. Alles dieses, wie auch die mildere Auffassung vom Islam, wurde auch von Anan anerkannt; wahrscheinlich nahm er auch (wie Schahrastani I, 167 und Makrizi p. 108 berichten) die Person Jesu (aber nicht das Christentum) in Schutz, da Jesus doch auch im Koran als Prophet angesehen wird. Vom Fleische gestattete er bloß Geflügel, mit Ausnahme der Hühner, und den Hirsch.

Die Sekte der Judghaniten verdankte ihre Entstehung einem gewissen Judghan, der vielleicht Jehuda geheißen und von seiner Partei mit dem Titel אלראעי (der Hirt, nicht אלדאעי, der Rufer, Missionär) belegt wurde. Er blühte 30—40 Jahre vor Anan. Er war Schüler des Abu-Isa und ging in seinen Fußstapfen, indem er sich ebenfalls als Propheten und Messias ausgab, wahrscheinlich als gesetzlicher Nachfolger seines Lehrers. Seine Anhänger glaubten gleichfalls, daß er nochmals erscheinen und seine Mission vollziehen werde. Nach Anans Auftreten verschwand allmählich auch diese Sekte, und im 10. Jahrhundert lebten die letzten dieser Sektierer in Ispahan. — Die Gesetzeslehre dieses Judghan war zumeist ähnlich der seines Lehrers; auch er verbot den Genuß des Weines und des Fleisches. Außerdem befahl er eifriges Beten und Fasten, was in der ersten Epoche des Karäertums auch beobachtet wurde (s. unten). In betreff des Sabbats und der Feiertage aber behauptete Judghan rationalistisch, daß sie nur für Palästina zur Zeit des Tempels obligatorisch waren, nachher aber die Gesetzeskraft verloren hätten und als bloßes Andenken zu betrachten seien. Auch diese ketzerische Meinung, welche spätere Karäer perhorreszierten, teilten mehrere Karäer noch im 10. Jahrhunderte.

5.

Außer den Entlehnungen von den genannten Sekten ließen Anan und die älteren Karäer auch viele rabbinische Gesetze und Institutionen bestehen, zumeist aber mit großer oder geringer Änderung. So z. B. befahl Anan das Gebet in einem besonders dazu bestimmten Lokal zu verrichten, das aber nicht Synagoge, sondern Hof (חצר) von ihm benannt wurde, vielleicht auf I. Könige 8, 64 sich berufend, wo nach dem Gebete Salomos קדש המלך את תוך החצר steht; statt des rabbinischen Schaltmonats אדר führte er שבט ein; das ungesäuerte Brot, welches die Rabbaniten zwar einfach, ohne Gewürze, aber aus jeder beliebigen Getreideart zu verfertigen erlauben, mußte nach Anan unbedingt aus Gerste bereitet werden; die im Talmud bei der Kinderbeschneidung erwähnten Kompresse und Pflaster (zum Stillen des Blutes) verwandelte er in ein unabänderliches Gesetz, ohne dessen Beobachtung die Beschneidung ungiltig sei, auch müßte letztere schlechterdings mit der

Schere vollzogen werden; den rabbinischen Esther-Fasttag übertrug er vom 13. Adar auf den 14. und 15. dieses Monats, d. h. auf die Purim-Feiertage; statt des einmaligen Zitierens des שיר של רום beim Morgengebete, ordnete Anan noch ein zweites שיר beim Abendgebete an; der rabbinische Gebrauch der Rezitierung der davidischen Psalmen beim Gebete veranlaßte ihn, dieselben ausschließlich zum Gebete zu verwenden und alle anderen Gebetstücke und liturgische Hymnen zu verwerfen.

Eine andere Kategorie karäischer Gesetze entnahmen Anan und seine Anhänger aus rabbinischen Lehrmeinungen, die zwar im Talmud als Aussagen einzelner angeführt, aber nicht als Gesetzesnorm anerkannt werden. So z. B. fordern die Karäer, daß bei der Schlachtung des Viehes nicht bloß zwei Gefäße, wie die rabbinische Gesetzesnorm verlangt, sondern vier durchgeschnitten werden müssen, übereinstimmend mit der Meinung des R. Jehuda bar Jlaï (Mischna Chullin II, 1; vgl. Berachot f. 22): den Fasttag zum Andenken an die Zerstörung Jerusalems übertrugen die Karäer vom 9. Ab auf den 10., offenbar nach einem Ausspruche R. Jochanans: אלכלא חיריתי באותו הדור לא קבעתיו אלא בעשירי (Ta'anit f. 29); Anan verbot den Koitus am Tage nach einer im Talmud (Schabbat f. 86) erwähnten frommen Sitte; die Pubertät der Knaben in betreff der Religionspflichten nahm Anan teils vom fünfjährigen, teils vom zwanzigjährigen Alter an, letzteres wohl nach dem talmudischen Ausspruche: בר כ׳ לצונשירן; die Heilung durch Ärzte verbot Anan, damit man sich ausschließlich auf die göttliche Hilfe verlasse —, wohl nach der talmudischen Tradition (Berachot f. 10; Pesachim f. 56), welche diese Ansicht dem König Ezechias zuschreibt, während jedoch der Talmud ausdrücklich ärztliche Hilfe zu gebrauchen erlaubt (Berachot f. 60); den rabbinischen Gebrauch der Wortanalogie (גזרה שוה) und der Sachanalogie (היקש) erweiterte Anan bis zur Verzerrung dieser nomokanonischen Regeln. Besonders trat sein Mißbrauch dieser Regeln hervor in dem Eheverbote bei verschiedenen Verwandtschaftsgraden, und Anan ist der Stammvater der nachher auch bei den Karäern so verrufenen Ausdehner jenes Verbotes (בעלי הרכוב), wie unten aus den Auszügen aus Anans ספר המצות ersichtlich ist.

Endlich kam eine Kategorie von Gesetzen und Ritualien hinzu, die Anan, wie es scheint, selbständig aus dem Bibelworte deduzierte oder als Meinungen früherer Sektierer durch das Bibelwort zu stützen suchte. Übrigens können wir jetzt bloß bei einem Teile davon nachweisen, auf welche Bibelstellen der Stifter des Karäismus und seine nächsten Anhänger sich stützten, bei einem großen Teile sind uns jetzt die biblischen Beweisstellen unbekannt, daher erscheinen jetzt viele ananitische Gesetze und Institutionen als rein willkürlich und aus der Luft gegriffen. So z. B. legte Anan die Pflicht auf, nicht nur von Gewächsen, sondern auch von Metallen und Mineralien den Zehnten zu geben, gestützt auf den biblischen Ausdruck ובל מעשר הארץ (Levit. 27, 30), was nach seiner Meinung alle Produkte des Erdbodens bedeute (vgl. Studien und Mitteilungen III, 44, Anm. 119)[1]); das Verbot des Koitus am Sabbate entnahm er den Sadduzäern, die es auf Grund des לא תעשה כל מלאכה untersagten, Anan suchte aber es noch durch den Vers בחריש ובקציר תשבות zu begründen. Die oben angeführte Bestimmung, wonach das ungesäuerte Brot ausschließlich aus Gerste zubereitet werden müsse, ist auf seine Ve-

[1]) [Vgl. jetzt RÉJ. XLV, S. 193.]

nennung לחם עני (Deuteron. 16, 3) gegründet, da die Armen zur Zeit Anans Gerstenbrot zu gebrauchen pflegten; das Verbot des Tragens am Sabbate, welches im Buche Jirmeja (17, 21) mit den Worten ולא תשאו משא ביום השבת ausgedrückt wird, beschränkte Anan auf Lasten, die auf den Schultern getragen werden müssen, indem er sich auf eine Wortanalogie (גזרה שוה) mit dem Ausdrucke בכתף ישאו (Numeri 7, 9) berief אין משא אלא בכתף] [דכתיב בכתף ישאו], ohne zu bedenken, daß man mit demselben Rechte das Tragen auf der Brust (nach Analogie des ונשא אהרן על לבו, Exob. 28, 29—30), auf der Stirn (nach Analogie des ונשא על מצחו ibid. 28, 38) oder im Schoße (שאהו בחיקך Num. 11, 12), als allein verboten erklären könnte; das Verbot des Lichtbrennens am Freitag Abend, auch schon des Freitag bei Tage angezündeten Lichtes, übernahm Anan unter anderem von den Sadduzäern, jedoch suchte er dieses Verbot aus dem Bibelworte neu zu begründen und zwar durch die künstliche Erweiterung der Regel der Wortanalogie bis zur Buchstabenanalogie, indem er לא תבערו אש (Exob. 35, 3) deshalb לא תעשה כל מלאכה (ibid. 20, 10) gleichstellte, weil der Buchstabe ת in beiden Stellen sich befindet (in תבערו und in תעשה). Aber das heißt wahrlich, jene Regel, welche die Rabbinen sehr behutsam und nur in tradierten Fällen anzuwenden pflegen (אין אדם דן גזרה שוה מעצמו אלא אם כן קבלה מרבו) ad absurdum treiben, da der Servilbuchstabe ת in den meisten mosaischen Gesetzen, Geboten und Verboten, sich vorfindet, und sie nach Anan alle miteinander verglichen werden müßten! Das Verbot, krankes Vieh zu schlachten, gründet Anan auf den Ausdruck וכי ימות מן הבהמה (Levit. 11, 39), der sich auf gefährlich krankes Vieh, das geschlachtet wird, beziehe und zwar deshalb, weil es ימות (masculinum) heißt, womit auf den Schlachtenden als auf eine Mannesperson hingewiesen werde, während das ה am Anfange des Wortes הבהמה anzeige, daß das Vieh, ehe es acht Tage alt wird, weder zum Essen erlaubt sei, noch verunreinige, was offenbar sich auf die rabbinische Regel des Buchstabenwechsels von ה und ת stützt. Die Deutung des ההרים (Jecheskel 15, 6, 15) als schwangere Frauen veranlaßte ihn, den Koitus mit letzteren in den ersten drei Monaten zu verbieten[1]). Zu Ananschen Gesetzen von unbekannter Herkunft gehören: Die Verpflichtung, 70 Tage nacheinander, vom 13. Nisan bis zum 23. Siwan zu fasten [im Eschkol von Hadassi, Alphabet 246, Buchstabe ר, und im Aderet von Baschjatschi wird sie sehr schwach begründet], wie auch das Fasten am 7. jedes Monats; die Beschneidung[2]) eines Erwachsenen ausschließlich am 11. Tage des Monates zu vollziehen[3]), die Aufnahme eines Proselyten ins Judentum ist nur am 8. des Monates gestattet[4]), mehr als einmal in 24 Stunden ist der Koitus verboten; die levitische Unreinheit ist auf das Wasser unanwendbar (wahrscheinlich weil dasselbe doch als Reinigungsmittel gebraucht wird); das Reinigungsbad eines levitisch Unreinen muß in einem Gefäße genommen werden usw. (4).

---

1) [So berichtet Juda ibn Bal'âm in seinem handschriftlichen Ezechielkommentar, vgl. a. a. O. S. 193—194.]

2) [Dieselbe soll nach Anan nur mittels einer Schere vollzogen werden, mit Berufung auf Josua 5, 2, was jedoch alle anderen Karäer zurückweisen; vgl. a. a. O. S. 195 und Studien VIII, S. 83.]

3) [Vgl. a. a. O., S. 196, Anm. 2.]

4) [Vgl. Studien a. a. O., S. 80—81.]

6.

Aus dieſen heterogenſten Elementen hatte Anan ſein Geſetzbuch, hebräiſch
ספר המצות und arabiſch פרלכה = Summe[1]) genannt (mehr als ein Geſetzbuch läßt ſich von Anan nicht nachweiſen; über ein anderes Werk ſiehe unten)
zuſammengeflickt. Der Gaon Natronaï berichtet, Anan habe ſeinen Anhängern
verſprochen, ihnen einen eigenen Talmud anzufertigen (ואעשה לכם תלמוד
משלי); es iſt aber leicht einzuſehen, daß, wenn auch darin die Sprache[2]) und
die ganze Manier des Talmuds vorherrſchen, es doch, im Ganzen genommen,
eher als Parodie des Talmuds betrachtet werden muß. Es iſt demnach kein
Wunder, daß das Werk auch bei den karäiſchen Gegnern des Rabbaniſmus
ſehr bald an Achtung verlor und einen üblen Ruf bekam, bis es auch von
Karäern ganz vergeſſen wurde. Eine der Hauptſtützen des Karäertums
Daniel Kumiſi[3]), der anfangs zu Anans Bewunderern zählte und ihn
ראש המשכילים (Haupt der Weiſen) zu betiteln pflegte, fand ſich nachher
ſo enttäuſcht, daß er ihn nunmehr ראש הכסילים (Haupt der Dummköpfe)
nannte.

Was die Dogmatik anbelangt, ſo hat Anan, wie es ſcheint, die des
Rabbaniſmus angenommen, da ſchon die vorangehenden Sekten gegen dieſelbe nichts einzuwenden hatten. Höchſtwahrſcheinlich hatten ſchon die Über-
reſte der alten Sadduzäer, dem Beiſpiele der Samaritaner folgend, ihre
Oppoſition gegen den Glauben an die Unſterblichkeit der Seele, die Auferſtehung und den Meſſias — eine Oppoſition, welche nach der Entſtehung
und Ausbreitung des Chriſtentums und des Islam, mit denen die Sektierer
mehr oder weniger zu liebäugeln pflegten, nicht mehr aufrecht gehalten
werden konnte — ganz aufgegeben. Eine unverbürgte Nachricht lautet, daß
Anan an die Seelenwanderung (אלתנאסך) geglaubt habe, ja, er ſoll ſogar
eine beſondere Schrift zur Verteidigung dieſes Glaubens verfaßt haben.
Jedenfalls hielten mehrere ſeiner Anhänger an dieſem Glauben feſt. Ander-
ſeits berichtet Saadia, daß er den bibliſchen Ausſpruch „das Blut iſt die
Seele" buchſtäblich genommen habe (Kitâb-al-Amanât, Anf. der VI. Abteilung, ed. Landauer, p. 190—191). Auf welche Weiſe Anan dieſe zwei
ſich widerſprechenden Anſichten auszugleichen ſuchte, iſt jetzt nicht bekannt.
Ebenſowenig können wir jetzt ermitteln, ob die große Wichtigkeit, welche die
Karäer dem Schlachten des Viehes beilegen, indem ſie von dem Vollzieher
dieſes einfachen Aktes, im Gegenſatz zum talmudiſchen הכל שוחטין, eine
ſtreng dogmatiſche profession de foi fordern, von dem ananitiſchen Glauben

---

[1]) Möglicherweiſe wurde mit letzterer Benennung die Aufzählung der
Geſetze nach Art der תרי״ג מצות in den הלכות גדולות des Zeitgenoſſen
Anans, Jehudaï Gaon, bezeichnet.

[2]) Die erhaltenen Bruchſtücke aus dem Ananſchen Werke ſind alle im
talmudiſch hebräiſch-aramäiſchen Idiom abgefaßt, wobei jedoch manche
Eigentümlichkeiten vorkommen; ſo z. B. gebraucht er immer für die dritte
pers. sing. אמא ſtatt אמר (nach dem Beiſpiele des talmudiſchen אריכא, תירבא),
für חכי נמיר gebraucht er zuerſt הם הכי (über den ſpäteren Gebrauch bei
den Gaonen und in Spanien vgl meine Studien und Mitteilungen, IV, S. 353,
wo außer Anan noch Samuel Ibn-Nagdila im Troſtſchreiben an Chananel
zuzufügen iſt).

[3]) [Vgl. über ihn oben S. 269, Anm. 3.]

an die Metempsychose oder von der strengen sadduzäischen Praxis beim Schlachten oder von diesen beiden Momenten zusammen abhängig ist.

Das oben Auseinandergesetzte glauben wir folgendermaßen resümieren zu können. Das älteste Karäertum besteht aus folgenden Bestandteilen:

1. Aus rabbanitischen Elementen, die entweder unverändert oder mit manchen Änderungen und Modifikationen aufgenommen wurden.

2. Andererseits aber waren die rabbanitischen Gesetzesbestimmungen die Veranlassung zu entgegengesetzten Bestimmungen karäischerseits, und zwar aus gemachter Opposition.

3. Mehreres entnahm Anan den alten Sadduzäern, deren Überbleibsel wahrscheinlich bis zu seiner Zeit existierten und vom Karäismus absorbiert wurden; jedenfalls waren damals besondere Schriften im Umlauf, die den alten Sadduzäern und dem Stifter ihrer Sekte zugeschrieben wurden und als Quelle für das karäische Lehrsystem dienten.

4. Ferner kommen noch hinzu manche Elemente von neueren Sekten, die am Schlusse des 7. und im 8. Jahrhundert, einige Jahrzehnte vor Anan, sich ausbreiteten, nämlich von Isawiten und Judghaniten, Sekten, die wiederum selbst vom Karäertum absorbiert wurden.

5. Endlich sind auch von Anan mehrere Ritualvorschriften auf Grund buchstäblicher Auffassung oder eigentümlicher Deutung der biblischen Worte neu geschaffen worden, um gleichsam die Benennung Karäer zu rechtfertigen.

Die weitere Gestaltung und Ausbildung des Karäertums in der nach-ananischen Zeit hoffen wir in einer anderen Notiz darzustellen.

Anmerkungen und Textbelege.

1. Ein ספר גזרתא der Sadduzäer, welches ihnen als Kodex der jüdischen Gesetze galt, wird schon im Fastenkalender erwähnt (מגילת תענית Kap. 4).

2. Schahrastanis Bericht über Abu-Isa wird bedeutend ergänzt und modifiziert durch die Nachrichten des Abu-Jusuf Ja'kub Alkirkisani (schrieb im Jahre 937 n. Chr.), der seinerseits aus den Schriften des David ben Merwan Almukammis und dem כתאב אלמקאלאת eines moham- medanischen Freidenkers Abu-Isa Alwarrâk schöpfte, in welch letzterer Schrift ebenfalls über jüdische Sekten berichtet wurde. Diese Schrift benutzte auch der bekannte Schriftsteller Albiruni, so oft er über jüdische Sekten spricht. (S. The chronology of ancient nations, an engl. version of the arab. text of Athar-al-Bakija of Albirûni, transl. by Ed. Sachau, London 1879, p. 270, 278, 279, 431). Kirkisanis Bericht in der ersten Abteilung seines כתאב אלאנואר ואלמראקב, von welchem bedeutende Fragmente hier und einige Teile im Brit. Museum sich befinden, lautet wie folgt:

וטהר בעד מן דכרנאה עבדיה והו אלמערוף באבי עיסי אלאצפהאני
אדעא אלנבוה. וכאן טהורה פי איאם עבד אלמלך בן מרון. ודכרו
אנה ראם אלכרוג עלי אלסלטאן ואתבעה קום וצאר מעה גיש וחורב וקתל
וקום מן אצחאבה יועמון אנה לם יקתל ואנמא דכל פי כרב מן אלגבל ולם
יערף לה כבר. ומעגותה ענד אצחאבה באנהם יועמון אנה כאן רגלא כאיטא

וכאן פיהא יזעמו אניא לֹא יכתב ולֹא יקרא. פאטֹהר כתבא ומצֹאחפא מן
גיר אן יעלמה אחד ובדמשק גמאעה מן אצֹחאבה יֹערפון באלעיסונִיה
(Kap. 2 der erſten Abteilung.)   Das 11. Kapitel derſelben Abteilung lautet:
אלבאב אלחאדי עשר. פי הבאיה קיל אבי עיסי והו עבדיה אלאצֹפהאני
קד אכברנא פימא תקדם אן אבא עיסי אדעא אלנבוה ואן טֹענתוה כאנת
ענד אצֹחאבה אנה כאן אמיא לֹא יכתב ולא יקרא ואנה אטֹהר כתבא ומצֹאחפא
ואן הדא לֹא יכון אלא בנבוה. פאמא מדﬞאהבה ואקאוילה פאנה חרם אלטלאק
כמא חרמתה אלצדוקיה ואלנצארי. ואוגב סבע צלואת פי כל יום דהב פי
דﬞלך אלֹי קול דוד שבע ביום הללתיך. וחרם אללחם ואלשראב לא מן אלכחﬞאב
בל באנה ועם אן אללה אמרה בדﬞלך באלנבוה ושﬞד אמר אלרבאנין ופכטהם
גדא חתי געלהם פי שבﬞיה במרתבה אלאנביא. וזעם אן אללה קאל לה לה אן
יצﬞלי בשמונה עשרה וקרית שמע עלﬞי מא קאל אלרבאניון. ואנמא פעל דﬞלך
ליסתמיל בה קלוב אליעֹאם ואלגאעﬞה ולדﬞלך צﬞאר אלרבאניון ואלגﬞמאעה לא
יﬞבעדו אלעיסוניה ולא ירונהם באלﬞעﬞין אלﬞﬞלﬞﬞי ירון בהא אלﬞעﬞאננﬞיﬞה ואלקראﬞﬞין.
ולקד סאלﬞת יעקוב אבן אפרים אלﬞﬞﬞﬞﬞﬞי פקﬞﬞלﬞﬞﬞﬞ לﬞ לﬞﬞ קרﬞﬞﬞﬞ אלﬞﬞﬞﬞ
וזﬞﬞﬞﬞﬞﬞ והﬞﬞﬞﬞﬞﬞ עﬞﬞﬞﬞﬞﬞﬞ מﬞﬞﬞﬞﬞﬞﬞﬞﬞﬞﬞﬞﬞﬞ. פקﬞﬞ
לﬞﬞﬞﬞﬞﬞﬞ לﬞﬞﬞﬞ יﬞﬞﬞﬞﬞﬞ פﬞﬞ אﬞﬞﬞﬞﬞﬞ. פﬞﬞﬞﬞﬞ קﬞﬞﬞﬞﬞﬞﬞﬞ אלﬞﬞ הﬞﬞﬞﬞﬞﬞﬞ אﬞﬞﬞﬞﬞﬞﬞﬞﬞﬞﬞ
ענﬞﬞ אﬞﬞﬞﬞﬞﬞﬞ אﬞﬞﬞﬞﬞ מﬞﬞ אﬞﬞﬞﬞﬞﬞﬞ אﬞﬞﬞﬞﬞﬞﬞﬞﬞﬞﬞﬞﬞﬞﬞﬞﬞﬞﬞﬞﬞﬞﬞﬞﬞﬞﬞﬞ. ואﬞﬞﬞ
אﬞﬞ עﬞﬞﬞﬞ בﬞﬞﬞﬞﬞﬞ עﬞﬞﬞﬞ בﬞﬞ מﬞﬞﬞﬞ וﬞﬞﬞﬞﬞﬞﬞﬞﬞﬞﬞ. וﬞﬞﬞﬞ אﬞﬞ כﬞﬞ
ואחד מנהמא מבעות אלﬞﬞ קﬞﬞﬞﬞﬞ ואﬞﬞﬞ בﬞﬞﬞﬞﬞﬞ אﬞﬞﬞﬞﬞﬞﬞ ואﬞﬞﬞﬞﬞﬞ ומﬞﬞﬞﬞﬞﬞﬞ
תﬞﬞﬞﬞﬞﬞﬞﬞ וﬞﬞﬞ אﬞﬞ אﬞﬞﬞﬞﬞﬞﬞ ואﬞﬞﬞﬞﬞﬞﬞ קﬞﬞ תﬞﬞﬞﬞﬞ כﬞﬞ אﬞﬞﬞ מﬞﬞﬞﬞﬞ בﬞﬞﬞ
פﬞ יﬞﬞﬞﬞ כﬞﬞﬞ תﬞﬞﬞﬞﬞ אﬞﬞﬞﬞﬞﬞ בﬞﬞﬞ פﬞﬞ אﬞﬞﬞﬞﬞ. ואﬞﬞﬞﬞ חﬞﬞﬞﬞ עﬞﬞﬞ אﬞﬞﬞﬞﬞﬞﬞﬞﬞ
להﬞﬞﬞ אﬞﬞﬞﬞﬞﬞ באﬞﬞﬞﬞﬞﬞ צﬞﬞﬞﬞﬞ לﬞﬞﬞﬞﬞﬞ וﬞﬞﬞﬞﬞﬞ לﬞﬞﬞﬞﬞ וﬞﬞﬞﬞ אﬞﬞﬞﬞﬞﬞ מﬞﬞ
אﬞﬞﬞﬞﬞﬞﬞ. וﬞﬞﬞﬞﬞﬞ לﬞﬞ כﬞﬞﬞ הﬞﬞﬞﬞﬞ. וﬞﬞﬞ יﬞﬞﬞﬞﬞ לﬞﬞﬞﬞ אﬞﬞﬞﬞﬞ אﬞﬞﬞ תﬞﬞﬞﬞﬞﬞ
אﬞﬞﬞ פﬞﬞﬞﬞ אﬞﬞﬞﬞﬞﬞﬞ לﬞﬞﬞﬞ רﬞﬞﬞ מﬞﬞﬞ אﬞﬞ יﬞﬞﬞﬞ פﬞﬞ דﬞﬞﬞ תﬞﬞﬞﬞ לﬞﬞﬞﬞﬞﬞ פﬞﬞﬞﬞ
מﬞﬞ אﬞﬞﬞﬞ מﬞﬞ דﬞﬞﬞ ואﬞﬞﬞﬞﬞﬞ רﬞﬞﬞﬞ. ונﬞﬞﬞ נﬞﬞﬞﬞ פﬞﬞﬞﬞ דﬞﬞﬞﬞ פﬞﬞﬞ בﬞﬞﬞ.
       Im achtzehnten Kapitel derſelben heißt es:
ואﬞﬞﬞ אצﬞﬞﬞﬞ אﬞﬞﬞ עﬞﬞﬞ אﬞﬞﬞﬞﬞﬞﬞﬞﬞ פﬞﬞﬞ אﬞﬞﬞﬞ בﬞﬞ מﬞﬞﬞﬞ בﬞﬞﬞﬞﬞ
פﬞﬞﬞ שﬞﬞﬞﬞ בﬞﬞﬞﬞﬞ נﬞﬞﬞﬞﬞ.

Wir machen hier darauf aufmerkſam, daß das Erſcheinen Abu-Iſas bis
jetzt, nach Schahraſtani, um mehr als ein halbes Jahrhundert zu ſpät angeſetzt
wurde.   Dieſer Heräſiarch trat nämlich nicht zur Zeit des letzten Omejaden
und des zweiten Abbaſſiden Almanzur (754—775) auf, wie Schahraſtani angibt, ſondern zur Zeit des vierten Omejaden-Kalifen Abd-ul-Malik (685 bis 705),
ca. 70—80 Jahre vor Anan.   Dazu paßt auch beſſer die Zeitbeſtimmung
Abu-Iſas im Sendſchreiben nach Jemen von Maimonides, wo es
von dieſem Pſeudo-Meſſias heißt: Im Anfange der Jsmaelitenherrſchaft
(בתחלת מלכית ישמעאל).   Demnach war Anan nicht der Zeitgenoſſe des
Abu-Iſa, ſondern ſein Nachfolger und gewiſſermaßen ſein Erbe, was uns
ſo manches erklärt.

Kirkisanis Bericht über Judghan lautet wie folgt: וכאן בעד אבי עיסי

יודגאן והו אלדי יסמﬞוﬨ אצחאבה ראעיא אי אנה ראעי אלאמה. ויקאל
אנה כאן תלמידא לאבי עיסי עבדיה ואדעי איצﬞא אלנבוה ותלאמﬞידה יזעמון
אלבאב (ibid Kap. 2.) Das zwölfte Kapitel daselbst lautet: אנה אלמסיח
אלﬨﬞאﬨני עשר פי חכאיה קול יודגאן והו אלראעי. אן יודגאן איצﬞא אדעי
אלנבוה ואצחאבה יזעמון אנה אלמסיח ואנה לﬦ ימﬨ והﬦ יﬨוקעון רגועה.
ואליודגאניה תחרﬦ אללחﬦ ואלשראב ויסﬨעמלון אלצבּאﬨ ואלצום כﬨירא.
ויזעמון אן אלסבﬨ ואלאעיﬦﬞאד סאקטﬨ פי הﬞﬞﬞﬞא אלעצר ואנמﬞא הי דכר. וקד
שארכהﬦ פי הﬞﬞﬞﬞא אלקול קום מן אלקראי﬩ ונח﬩ נﬞﬞﬞﬞﬞﬞﬞﬞﬞﬞﬞﬞ דכר דﬨﬨﬞﬞﬞ פימﬞﬞﬞﬞﬞﬞﬞﬞﬞﬞ בעד.

Und wirklich heißt es im Kap. 19 von den älteren Karäern in Baßra: וכא﬩

פיהﬦ איצﬞﬞﬞﬞﬞﬞﬞﬞﬞﬞﬞﬞﬞﬞﬞ מ﬩ יזעﬦ א﬩ גﬨﬞﬞﬞﬞﬞﬞﬞﬞﬞﬞﬞﬞﬞﬞﬞﬞﬞﬞ אלאעיﬦﬞﬞﬞﬞﬞﬞﬞﬞﬞﬞﬞﬞﬞﬞﬞﬞﬞﬞﬞ סאקטﬨ פי הﬞﬞﬞﬞﬞﬞﬞﬞﬞﬞﬞﬞﬞ א אלעצר ואנﬦﬞﬞﬞﬞﬞ
ואﬨﬞﬞ דכר. Von den Judghaniten seiner Zeit sagt Kirkisani: ואﬨﬞﬞﬞﬞﬞﬞﬞﬞﬞﬞﬞ אליודגאניה
אלראעי, פמ﬩ﬞﬞﬞ נפר יסיר באﬞﬞ. Daß der Beiname Judghans
רעיﬞﬞﬞﬞﬞﬞﬞﬞﬞﬞﬞא מהﬞﬞﬞﬞﬞﬞﬞﬞﬞﬞﬞﬞﬞﬞﬞ ,) der Hirt der Nation, gleich der Benennung des Mose (,אﬞﬞﬞﬞﬞﬞﬞﬞﬞﬞﬞﬞ
רועה ג﬩ﬞﬞﬞﬞﬞﬞﬞﬞﬞﬞﬞﬞﬞﬞﬞﬞﬞﬞ (רועה נאﬞﬞﬞﬞﬞﬞﬞﬞﬞﬞﬞﬞﬞﬞﬞ) war, erhellt aus der ironischen Benennung
(Kamelhirt oder der Hirt der Dummköpfe) bei Hadassi im Eschkol. Ebenso
erwähnt auch Albiruni (Athar al-Bakija. S. 15; englische Übersetzung von
Sachau, S. 18) den אלראעﬞﬞﬞﬞﬞﬞﬞﬞﬞﬞﬞﬞﬞﬞﬞﬞﬞ neben Abu-Jsa Al-Jßfahani, welchen
Titel natürlich Sachau (ibid. 372—373) damals nicht erklären konnte. Die
Schreibung אלראעﬞﬞﬞﬞﬞﬞﬞﬞﬞﬞﬞﬞﬞﬞﬞﬞﬞ bei Schahrastani, der man bis jetzt gefolgt war, ist
demnach ein leicht zu erklärender Schreibfehler, da die Verwechslung der
Buchstaben ד und ר auch in arabischen Handschriften häufig vorkommt. Was
seine Zeit anbetrifft, so gehörte, da er Schüler des Abu-Jsa war, sein Auf-
treten sicher nicht in die nachananitische Epoche, wie man bisher annahm,
sondern er war, gleich seinem Lehrer, der Vorgänger Anans, was übrigens
Kirkisani ausdrücklich bezeugt: וכא﬩ בעד יודגא﬩ כﬞﬞﬞﬞﬞﬞﬞﬞﬞﬞﬞﬞﬞﬞﬞﬞﬞ אנ﬩ כא﬩ ראס אלגלﬞﬞﬞﬞﬞﬞﬞﬞﬞﬞﬞﬞﬞﬞﬞﬞﬞﬞﬞﬞﬞﬞﬞﬞﬞﬞﬞﬞﬞ.

4. Wir geben zuerst einige Stellen aus Anans Gesetzbuch wörtlich:
a) Über das Verbot des Lichtbrennens am Sabbat[1]):

ואי אמרﬨ דלאבעורי בשבﬨה הוא דאסיר אבﬞﬞﬞﬞﬞﬞﬞﬞﬞﬞﬞﬞﬞﬞﬞ כי אבערניה טחולﬞﬞﬞﬞﬞﬞﬞﬞﬞﬞﬞﬞא שפיﬞﬞﬞﬞﬞﬞﬞﬞﬞﬞﬞﬞﬞﬞר דﬞﬞﬞﬞﬞﬞﬞﬞﬞﬞﬞﬞﬞﬞﬞﬞﬞﬞמי
לﬞﬞﬞﬞﬞﬞﬞﬞﬞﬞﬞﬞﬞﬞﬞﬞﬞﬞﬞﬞﬞﬞﬞﬞﬞﬞ בשבﬨﬞﬞﬞﬞﬞﬞﬞﬞﬞﬞﬞﬞﬞﬞﬞﬞﬞﬞﬞﬞﬞﬞﬞﬞﬞﬞﬞﬞﬞﬞ כﬨﬞﬞﬞﬞﬞﬞﬞﬞﬞﬞﬞﬞﬞﬞﬞﬞﬞﬞﬞﬞﬞﬞﬞﬞﬞﬞﬞﬞﬞﬞﬞﬞﬞ רחמנﬞﬞﬞﬞﬞﬞﬞﬞﬞﬞﬞﬞﬞﬞﬞﬞﬞﬞﬞﬞﬞﬞﬞﬞﬞﬞﬞﬞﬞﬞﬞﬞא לﬞﬞﬞﬞﬞﬞﬞﬞﬞﬞﬞﬞﬞﬞﬞﬞﬞﬞﬞﬞﬞﬞﬞﬞﬞﬞﬞﬞﬞ תבﬞﬞ
תרויﬞﬞﬞﬞﬞﬞﬞﬞﬞﬞﬞﬞﬞﬞﬞﬞﬞﬞﬞﬞﬞﬞﬞﬞﬞﬞﬞﬞﬞﬞﬞﬞﬞﬞ אסרי﬩ הוﬞﬞﬞﬞﬞﬞﬞﬞﬞﬞﬞﬞﬞﬞﬞﬞﬞﬞﬞﬞﬞﬞﬞﬞﬞﬞﬞﬞﬞﬞ בﬞﬞﬞﬞﬞﬞﬞﬞﬞﬞﬞﬞﬞﬞﬞﬞﬞﬞﬞﬞﬞﬞﬞﬞﬞﬞﬞﬞﬞﬞﬞﬞﬞﬞﬞ מﬞﬞﬞﬞﬞﬞﬞﬞﬞﬞﬞﬞﬞﬞﬞﬞﬞ מﬞﬞﬞﬞﬞﬞﬞﬞﬞﬞﬞﬞﬞﬞﬞﬞﬞﬞﬞﬞﬞﬞﬞﬞﬞﬞﬞﬞﬞﬞﬞﬞﬞﬞﬞﬞﬞﬞ
דﬞﬞﬞ מﬞﬞﬞﬞﬞﬞﬞﬞﬞﬞﬞﬞﬞﬞﬞﬞﬞﬞﬞﬞﬞﬞﬞﬞﬞﬞ מﬞﬞﬞﬞﬞﬞﬞﬞﬞﬞﬞﬞﬞﬞﬞﬞﬞﬞﬞﬞﬞﬞﬞﬞﬞﬞﬞ
שﬞﬞﬞﬞﬞﬞﬞﬞﬞﬞﬞﬞﬞﬞﬞﬞﬞﬞﬞﬞﬞﬞﬞﬞﬞﬞﬞﬞﬞ בﬞﬞﬞﬞﬞﬞﬞﬞﬞﬞﬞﬞﬞﬞﬞﬞﬞﬞﬞﬞﬞﬞﬞﬞﬞﬞﬞﬞﬞ .... היﬞﬞﬞﬞﬞﬞﬞﬞﬞﬞﬞﬞﬞﬞﬞﬞﬞﬞﬞﬞ אסיﬞﬞﬞﬞﬞﬞﬞﬞﬞﬞﬞﬞﬞﬞﬞﬞﬞﬞﬞﬞﬞﬞﬞﬞﬞﬞ ל﬩ לﬞﬞﬞﬞﬞﬞﬞﬞﬞﬞﬞﬞﬞﬞﬞﬞﬞﬞﬞﬞ בﬞﬞﬞﬞﬞﬞﬞﬞﬞﬞﬞﬞﬞﬞﬞﬞﬞﬞﬞﬞﬞ בי﬩ שרגﬞﬞﬞﬞﬞﬞﬞﬞﬞﬞﬞﬞﬞﬞﬞﬞﬞﬞﬞﬞﬞﬞא
וב﬩ כל נורﬞﬞﬞﬞﬞﬞﬞﬞﬞﬞﬞﬞﬞﬞﬞﬞﬞﬞﬞﬞﬞﬞﬞﬞﬞﬞﬞ אלﬞﬞﬞ בﬞﬞﬞﬞﬞﬞﬞﬞﬞﬞﬞﬞﬞﬞﬞﬞﬞﬞﬞﬞ בﬞﬞﬞﬞﬞﬞﬞﬞﬞﬞﬞﬞﬞﬞﬞﬞ דﬞﬞﬞﬞﬞﬞﬞﬞﬞﬞﬞﬞﬞﬞﬞﬞﬞﬞﬞﬞ דﬞﬞﬞﬞﬞﬞﬞﬞﬞﬞﬞﬞﬞﬞﬞﬞﬞﬞﬞﬞ דﬞﬞﬞﬞﬞﬞﬞﬞﬞﬞﬞﬞﬞﬞﬞﬞﬞﬞﬞﬞﬞﬞﬞﬞﬞﬞﬞ.

b) Über das Zubereiten von Speisen von Freitag auf Sonnabend[2]).

אﬨ אשﬞﬞﬞﬞﬞﬞﬞﬞﬞﬞﬞﬞﬞﬞﬞﬞﬞﬞﬞﬞ תאפﬞﬞﬞﬞﬞﬞﬞﬞﬞﬞﬞﬞﬞﬞﬞﬞﬞﬞﬞﬞ אפﬞﬞﬞﬞﬞﬞﬞﬞﬞﬞﬞﬞﬞﬞﬞﬞﬞﬞﬞﬞ ואﬨ אשﬞﬞﬞﬞﬞﬞﬞﬞﬞﬞﬞﬞﬞﬞﬞﬞﬞﬞﬞﬞ תבﬞﬞﬞﬞﬞﬞﬞﬞﬞﬞﬞﬞﬞﬞﬞﬞﬞﬞﬞﬞﬞﬞﬞﬞﬞﬞﬞ בﬞﬞﬞﬞﬞﬞﬞﬞﬞﬞﬞﬞﬞﬞﬞﬞﬞﬞﬞﬞﬞ (= קﬞﬞﬞﬞﬞﬞﬞﬞﬞﬞﬞﬞﬞﬞﬞﬞﬞﬞﬞﬞ אמﬞﬞﬞﬞﬞﬞﬞﬞﬞﬞﬞﬞﬞﬞﬞﬞﬞﬞﬞﬞﬞ) לﬞﬞﬞﬞﬞﬞﬞﬞﬞﬞﬞﬞﬞﬞﬞﬞﬞﬞﬞﬞﬞﬞ כי
היﬞﬞﬞﬞﬞﬞﬞﬞﬞﬞﬞﬞﬞﬞﬞﬞﬞﬞﬞﬞ דﬞﬞﬞﬞﬞﬞﬞﬞﬞﬞﬞﬞﬞﬞﬞﬞﬞﬞﬞﬞﬞﬞﬞﬞﬞﬞﬞﬞﬞﬞﬞﬞﬞﬞﬞﬞﬞﬞ לﬞﬞﬞﬞﬞﬞﬞﬞﬞﬞﬞﬞﬞﬞﬞﬞﬞﬞﬞﬞﬞﬞﬞﬞﬞﬞﬞﬞﬞ כﬞﬞﬞﬞﬞﬞﬞﬞﬞﬞﬞﬞﬞﬞﬞﬞﬞﬞﬞﬞﬞﬞﬞﬞﬞﬞﬞﬞﬞ יﬞﬞﬞﬞﬞﬞﬞﬞﬞﬞﬞﬞﬞﬞﬞﬞﬞﬞﬞﬞﬞﬞ מﬞﬞﬞﬞﬞﬞﬞﬞﬞﬞﬞﬞﬞﬞﬞﬞﬞﬞﬞﬞ דﬞﬞﬞﬞﬞﬞﬞﬞﬞﬞﬞﬞﬞﬞﬞﬞﬞﬞﬞﬞﬞﬞﬞﬞﬞﬞﬞ (= דﬞﬞﬞﬞﬞﬞﬞﬞﬞﬞﬞﬞﬞﬞﬞﬞﬞﬞﬞﬞﬞﬞﬞﬞﬞﬞﬞ) צﬞﬞﬞﬞﬞﬞﬞﬞﬞﬞﬞﬞﬞﬞﬞﬞﬞﬞﬞﬞﬞﬞﬞﬞ ופﬞﬞﬞ
מﬞﬞﬞ ובﬞﬞﬞﬞﬞﬞﬞﬞﬞﬞﬞﬞﬞﬞﬞﬞﬞﬞﬞﬞﬞﬞﬞﬞﬞﬞﬞﬞﬞﬞﬞﬞﬞﬞﬞﬞ מﬞﬞﬞﬞﬞﬞﬞﬞﬞﬞﬞﬞﬞﬞﬞﬞﬞﬞﬞﬞ דﬞﬞﬞﬞﬞﬞﬞﬞﬞﬞﬞﬞﬞﬞﬞﬞﬞﬞﬞﬞﬞﬞﬞﬞﬞﬞﬞ לﬞﬞﬞﬞﬞﬞﬞﬞﬞﬞﬞﬞﬞﬞﬞﬞﬞﬞﬞﬞ יﬞﬞﬞﬞﬞﬞﬞﬞﬞﬞﬞﬞﬞﬞﬞﬞﬞﬞﬞﬞ ולﬞﬞﬞﬞﬞﬞﬞﬞﬞﬞﬞﬞﬞﬞﬞﬞﬞﬞﬞﬞﬞﬞﬞﬞﬞﬞﬞ לﬞﬞﬞﬞﬞﬞﬞﬞﬞﬞﬞﬞﬞﬞﬞﬞﬞﬞﬞﬞ מﬞﬞﬞﬞﬞﬞﬞﬞﬞﬞﬞﬞﬞﬞﬞﬞﬞﬞﬞﬞﬞﬞﬞﬞﬞﬞﬞ ולﬞﬞﬞﬞﬞﬞﬞﬞﬞﬞﬞﬞﬞﬞﬞﬞﬞﬞﬞﬞ אפﬞﬞﬞﬞﬞﬞﬞﬞﬞﬞﬞﬞﬞﬞﬞﬞﬞﬞﬞﬞﬞﬞ

---

[1] [Vgl. Studien und Mitteilungen VIII, S. 69, und ebendort Anm. ריﬞﬞﬞז
die Ergänzung der Lücke.]

[2] [Ebendort, S. 71.]

למיפא לתרין זמנין ולבשולי לתרין זמני למיפא ולבשולי טמעלי שבתא מאי
דהוה להון למעלי שבתא ולבי שטשי ולשבתא ולאפוקי שבתא כי היכין דלא
לאצטריך אינש למיפא ולבשולי מאפוקי שבתא דלא לאפוקה לשבתא
בסרהבייא (= מהרה) וחשביה לבשולא למיפא לאודעך דכי היכין דרפתא
דגמרא ליה לניפיה ומסקת ליה מתנורא טיכולא אף בשולא נמי גטריה
לבשוליה ואסקיה מנורא מיכולא ופרט במיפא ובשולי לאודעך דכי האי גונא
הוא דאסיר למעבד בשבתא אבל כגון נקטי ירקא ופסוקי אירונא ותבורי
אמגווזי שפיר דמי.

c) Über das Schlachten von krankem und jungem Vieh[1]:

וכי יטות מן חבהמה דאי שחיט לה לבהמה ב[עידן דקריבה ל[מות
כנבלה היא וטשום הכי אטא (= אמר) יטות בלשון זכר לאודעך דלאו על
בהמה דטיתה טיפת קאים אלא על בהמה דשחטין לה בעידן מיתה קאים
דבהמה בלשון נקבה אקריא דקא אטא זאת הבהמה אשר תאכלו והואיל
דשחיטה זכר דשחיט טשום הכי אמא אמא ימות בלשון זכר ואטא הבהמה טפי
ביה הא דעד דהויא בת חמניא יומא לא טטמיא ולאכילה נמי לא שריא ולא
שרי לן למיכל אלא בהמה דלא טריעא.

d) Daß ein Knabe bis zum 7. Tage nach der Geburt und ein Mädchen
bis 14 Tage levitiſch verunreinigen:

וכי היכין דמאן דנגע בלידה [= ביולדת] או במאנה בשבעה ימי זכר
ובארבעה עשר יטי נקבה צריך כבום ורחיצה אף מאן דנגע בולד נטי או
במאניה בשבעה ימי זכר ובארבעה עשר [יטי נקבה] צריך כבום ורחיצה. אבל[2]
שלשים ושלשה יטי זכר וששים וששה יטי נקבה לא מטמא ולד בהדיה אטיה
דבטמאה שבעה ובארביםר מטמא ולד בהדי אטיה כתב וטטמאה שבעת יטים
וטטמא שבועים אקדים טמאה ליטים ובשלשים ושלשה וששה וששה אקדים
יטים לישיבה אשניה לדבוריה טדיבורא קדמאה לאודעך דבשלושים ושלשה
יטי דזכר ובששים וששה ימי דנקבה ימי טטמא ולד מטמא ולד בהדי אטיה. ובין הערבים
דיום שביעי דזכר ובין הערבים דיום אר[בעה עשר] דנקבה מחורינן ליה מאניה
דולד וטסהנין ליה במים ואף אמיה נטי מחורא טאניה וסהיא דכתיב עם אטו
ואבין שבעה יוטי זכר ובארבעה עשר יוטי נקבה כנדה היא דכתיב וטטמא
שבעת ימים כימי נדת דותה תטמא. וכתיב וטטמאה שבועים כנדתה ונדה בין
הערבים [דיום] שביעי דנדותה טהורא מאניה וסהיא.

e) Daß nur die gefliſſentliche Berührung eines unreinen Gegenſtandes
auch bei Kindern levitiſch verunreinige:

וכל הנגע בם יטמא וכבס בגדיו ורחץ במים וטמא עד הערב כתב קרא
וכל דאפילו קטנים דידעי [נפשיהו]. הנגע טפי ביה הי דמאן דלאו לכתחילה
נגע במאנא לא מיטמי וטפי ביה הי בערב לאודעך דההוא דמיטמי בהנך
טאני טיטמא עד דערבא שטשא.

f) Daß der Speichel eines Unreinen nur Männer, aber nicht Frauen
verunreinige:

[1] [Studien und Mitteilungen, S. 57—58 und Rabbinowitz, a. a. O. S. 505.]
[2] [Ebendort, S. 64.]

[וכי ירק הוב בטהור] ופרט ברוקא בטהור לאודעך דרוקא דוב לא מטמי
ליה אלא לאיש טהור דכתיב הכי בטהור וכתיב התם וטבל במים איש טהור
אבל טמאות אחריניאתא דזב מטמי בהן אפילו נשים וכל היכא דכתיב בהו
כל אפילו קטנים כל דידע נפשיה ומשום הכי פרט ברוקא בטהור.

g) Über verbotene Verwandtschaftsgrade:

§ 6 ואסיר[1]) ליה לוכר למינסב אשת בנה או אשת אחיה דאשת אביו כד
ילדה כלתו ולד מן אביו ואשת בן כלתו כד ילדת כלתו ולד מן בנו ואשת
בנו או אשת אחיו דבעל אטו כד ילדה אמיה ולד מניה ואשת בנו דבעל
בתו כד ילדה בתו ולד מניה לדוטמא [דדוטמא .[דבתה דאשת אביו ואחותה
דגברי בנה ואחאה אנון ודוטמא דבת כלתו בגברא בן כלתו הוא ודוטמא דבתו
ואחותו דבעל אטו בן בנו ואחיו אנון ודוטמא דבת בעל בתו בגברי בן בעל
בתו הוא והוא לכך (והילכך .[אסירא נשוחהון. ואסיר לה לנקבה לאינסובי
לבעל בתה או לבעל אחותה דאשת אביה כד ילדה אשת אביה ולד מן אמיה
ולבעל בת כלתה כד ילדה כלתה ולד מניה דדוטמא דבנה ואחיה דאשת אביה
בנשים ולבעל בת בעל בתה כד ילדה בתה ולד מניה בתה ואחותה אנון
דדוטמא דבן כלתה בנשים בת כלתה היא ודוטמא דבנו ואחיו דבעל אטה
בנשים בתו ואחותו אנון ודוטמא דבן בעל בתה בעל בנשים בת בעל בתה היא
והילכך אסירין בעליהון.

§ 11. ואסיר[2]) ליה לוכר למינסב אשת בעל אחות אביו ואשת בעל אחות אטו
וכל אחותהון דמן אבוהון בין טכשירא ובין מפסולא דדוטמא אשת אחי אביו
ואשת אחי אטו וברי בעל אחות אביו ובעל אחות אטו אינון הילכך אסורי
נשוחהון. ואסיר לה לנקבה לאנסובי לבעל אשת אחי אביה ולבעל אשת אחי
אמה ולטן כל אחיהון דמן אבוהון בין טכשירא ובין מפסולא ודוטמא דבעל
אחות אביה ובעל אחות אמה בנשים אשת אחי אביה ואשת אחי אמה אינון
הילכך אסורין בעליהון ודתנא כתב אשת אחי אביו לטפויי בה אסור הלין
קרובות וקרובין ולמיגטר מניה דכל עריות דדוטמייהו בגברי אסירין נשוחהון
דגברי ודוטמייהו בנשים אסירין בעליהון לנשים (דנשים .[ולאנגטורי דאשת
אחי אביו כי דוודתו (= כדוודתו) היא. § 17 ואסיר[3]) ליה לוכר למינסב אשת
בן אשתו ואשת בן בנה דאשתו ואשת בן בתה ובין (ומן .[כל אחותהון
בין דמן אב ובין דמן אם דדוטמא דבת אשתו ובת בנה ובת בתה בגברי בן
אשתו ובן בנה ובן בתה אינון והילכך אסירין נשוחיהם. ואסיר לה לנקבה
לאינסובי לבעל בת בעלה ולבעל בת בנו דבעלה ולבעל בת בתו ולטן כל
אחיהון בין דמן אב ובין דמן אם דדוטמא דבן בעלה ובן בנו ובן בתו בנשים
בת בעלה ובת בנה ובת בתו אינון הילכך אסירין בעליהון ודתנא כתב בת
אשתו לטפויי בה אסור הלין קרובות וקרובין.

h) Wenn ein Kinderloser zwei Frauen hinterläßt, so findet die Levirats-
ehe nicht statt:[4])

ואי מת ושביק תרתין נשי לא טיבטא ולא חדא טנהון דקא אמת אשת
המת בלשון יחיד קא מגטר לן דאי תרתין נשי שביק לא טחיבן ביבום.

[1]) [Studien und Mitteilungen, S. 91—92.] [2]) [A. a. O. S. 94.]
[3]) [A. a. O. S. 96.] [4]) [A. a. O. S. 111.]

i) Die Ordnung der Leviratsehe und über das Gerichtswesen [1]:

ואי ההוא קרוב דחוי ליה ליבומי יהיב ליה רשותא בי דינא לקרוב דבתריה
וטיבא דכתיב ויאמר הגואל לבעז קנה לך ואתא מקמי הכי ובעז עלה השער
וישב שם והנה הגואל עבר שׁﬞﬞו. וקא אמא ובעז עלה השער לאודעך דלבית
דין אזל וקא אמא ויקח עשרה אנשים מזקני העיר לאודעך דקמי דיני אמרו
מיליהון וקא קרי להון אנשים דלאו בית דין דין הגדול הוה ואמא מזקני העיר
וטפי כתב העיר ואי אמא מזקניה הוה סגי ליה אלא לאגמורך דלטמילי קלילתא
מטנין דיני בכל דוכתא דאית בהון ישראל והני מילי כי צריך מיזל לבית דינא
כי בעז משקל רשותא מגואל אחרנא אבל לא צריך מישקל רשותא מגואל
לא צריך בדינא אלא מכנף בי עשרה טשום דכתיב עשרה אנשים, ואמא להון
עדים אתם היום כי קניתי את כל אשר לפלוני בן פלוני וגם את פלונית אשת
פלוני קניתי לי לאשה להקים שם המת על נחלתו ולא יכרת שם המת מעם
אחיו ומשער מקומו עדים אתם היום ויאמרון ליה הנך עדים הכי יתן יי' את
האשה הבאה אל ביתך כרחל ולאה אשר בנו שתיהם את בית ישראל ועשה
חיל במשפחתך וקרא שם בעירך ויהי ביתך כבית פרץ אשר ילדה תמר
ליהודה מן הזרע אשר יתן יי' לך מן הנערה הזאת והדר נסיב לה כי דכתיב
ויאמר בעז לזקנים עדים אתם היום כי קניתי שׁﬞﬞו.

k) Über die Chalizaordnung [2]:

ומאן די לא צבי ליבומי יבמתו ולא איכא קרוב לבר מיניה ליבוטה אולא
יבמתו לבית דינא וקרי ליה ושלפא ליה מסניה וירקא ליה באפיה והדר
משתריא לאינסובי לכל דניחא לה דכתיב ואם לא יחפץ האיש לקחת את
יבמתו ועלתה יבמתו השערה אל הזקנים אולא יבמתו לבית דינא דמן סבי
דאתרא דקא אמא ועלתה הכא ועלתה דכתי' בית דינא קאים דכת' הכא ועלתה
וכת' התם וקמת ועלית אל המקום מה האיך ועלית לבית דינא הוא אף היך
ועלתה לבית דינא הוא אבל התם כת', ובאת אל הכהנים הלוים ואל השופט
והכא כתיב אל הזקנים דהתם בזמן דאיכא בית המקדש קאים ואף הכא בזמן
דלא איכא בית המקדש דשופט בארין ישראל הוא דטוקמינן דכת' שפטים
ושטרים תתן לך בכל הכא השערה ולא כתב שעריך ולא כתב
שער העיר או שער מקומה קא רמיז לך דכל היכא דאיכא נטי כינפא דישראל
קבעינן בית דינא לטידן טילי קלילתא כל' מילי דלא אית בהון קטלא כי היכא
דלא ניפק דין ישראל במוכות [?בטלכות .l] ובתי' [Wohl Hausbesitzer; so ist I.
wahrscheinlich auch Studien und Mittheilungen IV, S. 175, § 554 zu übersetzen:
vgl. auch den Kommentar des R'Chananael zu Pesachim f. 48 b.] וסבי טמטגנן
לטדי [כלומר בני בתאי דינא מן דגמור דכתיב אל הזקנים טפי ביה הי בזקנים
קא רמיז לך דזקנים דנטירי קא אמא כי דכתיב אספה לי שבעים איש
מזקני ישראל. ואטרה מאן יבט להקים לאחיו שם בישראל דאמרא קמי
דיני הכי ודקא אטא לא אבה יבמי ולא אטא ולא אבה יבמי קא טודע לך
דהיי [= דהאי] מאן יבטי להקים לאחיו שם בישראל מאן יבטי הוא וקא
אמא וקראו לו זקני עירו ודברו אליו דקרו ליה לבית דינא ואטרי ליה לטה
מאנתה להקים לאחיך שם בישראל וקא אמא ואמר לא חפצתי לקחתה דקאים

קמי דיני ואמא הכי וקא אמא ונגשה יבמתו אליו לעיני הזקנים וחלצה נעלו
מעל רגלו וירקה בפניו דקרבה יבכתו לגביה קמי דיני קמי דיני ושלפה ליה מסניה
מכרעיה וירקה באפיה דנעל מסנא הוא דכת׳ לא בלו שלמתיכם מעליכם
ונעלך לא בלתה מעל רגליך אמא בשלמה מעל ואמא בנעל מעל לאודעך
דנעל דומיא דשלמה הוא והיא נמי כסני דהכין דלבושא על כוליה גופא מלביש
אף מסני נמי על כולה כרעא לביש . ואמא וחלצה דומיא דחלוצי צבא דקא
מדמי להון להני מסני כי זינא דמלחמה דאי סים גרבי [מסני] הוא דשלפא
להון וגורבי לא שלפא להון דקא מדמי להון לוינא וינא לדיליה לחודיה דשלחי
להון וטני דתותיה לא שלחין להון אבל היכא דאמא של נעלך אפילו גורבי
נמי שלוף דכת׳ כי ישל אלוה נפשו מה של דנפש כולה נפש משתלפא אף
של דנעל כוליה נעל משתלוף בין מסניה ובין גרבא כולה כי אמא וחלצה
נעלו מעל רגלו בלשון יחיד דמסני לחודייהו הוא דשלפא להון דכת׳ דכא נעלו
מעל רגלו בלשון חד וכת׳ התם ונעלך לא בלתה מעל רגלך בלשון חד מה
נעלך דהתם דעל רובא קאים ואמריה בלשון חד אף היי נעל על רגליו
מסני קאים ואמריה בלשון חד דלא תשלוף גורבי כי היכי דפרישנן אבל בהדי
של כתב נעליך מעל רגליך בלשון רובא למשלוף גורביה בהדי מסניה . קא
אמא וענחה ואמרה ככה יעשה [לאיש אשר לא יבנה את בית אחיו דאמרא
בקלא רמא הכי דעננהי לישנא דקלא רכיא היא דכתיב ועני הלויים ואמרו
אל כל איש ישראל קול רם קא מנמר לן[1]‏] דעננתה בהדי אטירה קול רם
הוא . וקא אמא ונקרא שמו בישראל בית חלוין הנעל דמקרי שמו דההוא
מיתא ביני ישראל הכי דנקרא שמו על מיתא קאים דכת׳ להקים לאחיו שם
בישראל ובתר כן משתריא לאינסובי לכל דניחה לה דכת׳ לא תהיה אשת
המת החוצה לאיש זר יבמתו יבא עליה הא לא לא יבא יבמה עליה יכלא
נסבא לכל דניחה לה ויבמה בהכי משתריא . אבל כאן דמגריש אשתו לא
משתריא עד דכת׳ לה ספר כריתות ויהיב לה בידא ומשלח לה מביתו דכת׳
כי יקח איש אשה ובעלה . ו}}}{קא אמא כי יקח איש אשה ובעלה אלמא
אי לא בעלה לא צריך ספר ובעדים סגי ליה לטיפטרה וקא אמא והיה אם
לא תמצא חן בעיניו כי מצא בה ערות דבר דאי לא שפרא בעיניה דאשבחה
בה מילי סניתא ולא ניחה לה בגויה מגריש לה בין דלא צבי בה הוא ובין
היא . לא צביא ביה היא . עֲרוֹת דָבָר: (Anan deutete also

beiden Haß gegen den andern hegt.)

Nun mögen einige Stellen aus Kap. 1—2 und Kap. 13 der ersten Abteilung aus Kirkisânis Werk, welche manche interessante Nachrichten über
Anan enthalten, hier Platz finden. Kap. 1 heißt es von Daniel Kumisi:

אנה קו׳ פי אלכחאב עאלם פי אללגה ומע הדא פקד ערצת לה אפה קד
וצעת מן מקדארה ענד קום מן אצחאבנא והי אפראטה פי בגצה אליאנאניה
ומנאצבתה להם באלעדאוה וקד כאן פי אול אמרה יפצל עאנא׳ וידכרהא
פי כתאבה כתירא ויוסם אנה ראש המשכילים חם מן בעד דלך צאר
יקול אנה ראש הכסילים . In Kap. 2 befindet sich der kurze historische Bericht
über Anans Auftreten: וכאן בעד יודגאן עאנאן ראם אלגלות ודלך פי
איאם אבי געפר אלמנצור והו אול מן בין גמלה מן אלחק פי אלפראיץ.

וכאן עאלמא באקאויל אלרבאנין ולם יכן פיהם מן יטען פי עלמה. וחכי ען
האיי ראס אלמתיבה אנה כאן הו ואבוה יקלבאן כתאב עאנאן מן
אלארתמאני אלי אלעבראני. Im Kitab al-Istibsar von Joseph ha-Roe
[מן אלנבטיה אלי אלעבריה ואנה לם יאטר בהמא שי פי קולה : heißt es
אלא וערפא לה אצלא פי קול אלרבאנין] אלא מא קאלה פי אלבכור ואלפרק
בין אלדי אנזרע ענד אסראיל ובין אלדי אנזרע ענד אלאמם פלם יעלמא מטן
אכד דלך חתי וגדאה פי חזאנה ינאי (vgl. über diese Stelle Studien und
Mitteilungen V, S. 108) וקד אגתהד אלרבאנין פי קתלה פלם ימכנהם אללה. מנה

Kap. 13 handelt von Anans eigentümlichen Meinungen in Religions-
sachen und lautet[1]: אלבאב אלתאלת עשר פי חכאיה מא תפרד בה

ענן ראס אלגאלות ומן תאבעה אנה אנגאו פי אלסבת אלחמל אלכפיף ודלך
פי קולה אין תשא אלא בכתף דכתיב בכתף ישאו פהדא טאהר קולה.
פאמא קום מן אצחאבה פאנהם יועמון אנה אראד בדלך אלחמל פי דאכל
אלביות לילא יטלק ללנאס אן יחמלו פי ביותהם עלי אכתאפהם וקרה כלאטה
לא ידל עלי מא קאלו האולא, וסנשרח דלך פי טוצעה. וליס יגוז אלצלאה
אלא פי טוצע מחדוד ויסמיה חצר. וטעם אן מן אכל פי שבעת יטי מצה
פטירא מן אלחנטה פכאנה כאן אכל כמירא. ואוגב אלכתאנה באלמקראץ
דון גירה. ואמר באן יסתעמל פי אלכתאנה כרקתין כתאן כבירה וצגירה טע
דהן אלגוז ומן תכלף ען שי מן הדא אלאשיא פהו ענדה אקלף. וכדלך מן
כתנה מן לם יפעל בה דלך פהו איצא אקלף יחתאג יעיד כתאנתה. ואוגב
כתאנה אלבבאלג פי יום אחד עשר פי אלשהר דון סאיר איאם אלשהור. ואן
אלמראה אדא אראדת אן תדכל פי אלדין פאנהא תדכל פי יום חמניה פי
אלשהר. ואוגב טלב אלאביב פי יום ארבעה ועשרין מן שבט וטעם אן שבט
הו שהר אלכביסה דון אדר. וטאהר קולה יוגב אנה כאן יטלק אלעטה
ואלכאלה אלחי ליסת מן אלאב. ואצחאבה יהרבון מן הדא הרבא שדידא.
ואנגאו אן יתזוג רגל אבנה אטראה אביה אדא אדא לם יכן לאביה מנהא ולד אענני
מן אטהא וטעם וטעם אן קול אלכתאב ואשה אל אחותה יריד טראה ואבנה אכתהא
וטעם אן קול אלכתאב וכי ירוק הזב בטהור אן אלטראה כארגה מן דלך ואנה
אן בצק אלוב עלי טראה טאהרה לם תטמא. ואוגב צום סבעין יומא מן
תלתה עשר ניסן אלי תלתה ועשרין פי סיון. ואוגב צום אלסאבע מן כל
שהר. ואוגב צום יומי אלטגילה וחרם אלגמאע באלנהאר. וחרם אן יגאמע
אלאנסאן פי לילה ויום אכתר מן מרה ואחדה. וחרם זטי אלחאמל בעד אן
יציר להא ג' אשהאר. ואדא וקע יום כמסה עשר פי ניסן יום אלסבת דפע
אתכאד אלעיד אלי יום אלאחד אלדי הו יום סתה עשר ניסן וכדלך פי אלסכה. ולם
יוגב אלטמא עלי אלמאי. וטעם אן כלי לא יטמא מן כלי. ואסקט אלטמא מן
אלמת פי הדא אלעצר ולם יוגב אלטמא מן אלטדי. וטעם אן אלפאר טע סאיר

1) [Eine teilweise hebräische Übersetzung des Folgenden siehe bei Rabbinowitz, S. 504.]

אלאתמניה אדא דבחת כאן טמאה דון טמא אלמיית. ואעם אן בית אלאח'
לה משכב ואן חכם דלך חכם משכב נדה. ולם יוגב אלטמא אלא מן דנא
[vgl. Gan-Eden von Aharon f. 102c, 124 c.]
מנה חתי יסע עלי אלארץ. ואעם אן אלטמא אדא לא יגתסל מן כלי
פאנה לא יטהר. ואגא אן תקים אלנדה פי אלטחנה. ואגא אן תטרח
אלנדה פי אלקדר אבואר ותוקד תחתהא. ולם יגיז ללטאהר אלורע אלדין
אדא כאן מכאלפא לה פי פריצה ואחדה. ולם יוגב בעץ אלטמא אלא עלי
מן לה עשרין סנה ובעצה עלי מן לה כמס סנין. ואעם אן ולד אלבהימה
אלטאהרה אדא מאת קבל אן יאתי לה תמניה איאם לם יטמי. וחכי ענה
אנה כאן יקול באלתנאסך ואנה דון פיה [כתא]בא גיר אנא קד ראינא קומא
מן אצחאבה ירון הדא אלראי וסנדכר קול מן קאל באלתנאסך ואלתכריר
ואלרד עליה פימא בעד.

Wir setzen noch her die Stellen über das Verbot ärztlicher Hilfe und des Gebrauches von Arzneien, wie auch über das Beten. Erstere lautet:
אן אלענאניה תחרם אלטב ואסתעמאל אלאדויה וגיר דלך לקו' כי אני ייי
רופאך. Von קאלו פאדא כאן אללה הו אלטב יחרם אלאסתשפא בגירה
den täglichen Psalmen sagt Kirkisani: ואמא צלואת אלאוקאת אלתי יסמיהא
שיר פאן עאנ אן געל לכל יום מן אלאסבוע באלגדאה שיר ובאלעשי שיר
וקד תאבעה עלי דלך אכתר אצחאבנא. פאמא נחן פאנא לא נרי דלך בל
אלדי נרי אן לגמיע איאם אלאסבוע צלאה ואחדה באלגדאה וצלאה ואחדה
באלעשי.

St. Petersburg, November 1894.   A. Harkavy.

Der Karäismus, sein Entstehen und seine Entwicklung.

Es wird von Rabbaniten und Karäern als Tatsache vorausgesetzt, daß Anan der Urheber jenes Schisma war, welches man mit dem Karäertum bezeichnet. Unter Karäismus, oder wie es hebräisch lautet: דת בני מקרא, versteht man im allgemeinen den Ausbau des jüdisch-religiösen Lebens auf biblischer Basis mit Verwerfung der talmudischen oder rabbinischen Normen. Gedankenlose Historiker begnügten sich nachzuweisen, daß der Karäismus das und jenes als wesentlich festhält, das und jenes als Rabbinisches verwirft, und führten das alles auf Anan zurück. Sie haben keine Ahnung davon, daß das Karäertum zu ihrer Zeit nur wenige von den Normen beibehalten hat, welche Anan aufgestellt hat. Auf den Einwurf eines polemisierenden Rabbaniten (wahrscheinlich Saadias), daß Anan sich in vielen Punkten geirrt, und die späteren Karäer deswegen größtenteils von והאומר כי הנה ענן כמה שגגות שגה בתורה והאחרונים ihm abwichen: מכם לא סמכו במרבית דבריו ואם קבלה עליהם כי דבריו ענן מדבריו, auf diesen Einwurf entgegnet נאנחים ונאנקים למה לא סמכו על כל דבריו der unbekannte Verf. des חלוק הקראים יהרבני Folgendes: ... אמרו

(הקראים) החכמי־־־י בדברים נמני.. את כי אמרו שמא תנן ודורם לא הספיקו
כל צרכם בפירושם ונפלה שגגה ביניהם כהה וכהה.

Nicht bloß dieser Schriftsteller, der spätestens im 12. Jahrhundert geschrieben hat (vgl. Pinsker, Likute Kadmonijot, Text, S. 19, Anmerk. 2 und
Beilagen Nr. XII), sondern auch ein Karäer des elften Säkulums, Jakob
ben Reüben[1]), und einer der ältesten karäischen Polemiker und Kommentatoren, Salmon ben Jerucham (geb. um 885, gest. um 960)[2]) sprechen
es ausdrücklich aus, daß der Karäismus nicht ganz die Lehre Anans ist,
sondern daß seine Nachfolger von ihm abgewichen sind, weil er
noch an talmudischen Satzungen festhielt. Salmon stellt folgendes
auf (Kommentar zu Ps. 69, 1, arab. Ms. bei Pinsker, Text 21): „Anan trat
auf und erweckte die Herzen der Menschen, weil die Gewohnheit der Rabbaniten und ihre Beschäftigung mit dem Talmud sie die Lehre Gottes hat
vergessen lassen. Dann trat Benjamin auf, vermehrte die Anstrengung und
deckte Punkte auf, in betreff welcher sich Anan an die Rabbaniten
gehalten hatte. Nach Benjamin traten die Karäer auf, und haben
Zäune um die Pflichtenlehre Gottes gezogen. Dann traten Männer
von Ost und West auf, welche das Gesetz mehr kräftigten, richteten ihre Sinne
darauf, sich in Jerusalem niederzulassen, verließen ihr Hab und Gut und
verachteten das Weltliche, und diese wohnen jetzt in Jerusalem." Ich setze
die Stelle nach der von Pinsker gegebenen hebräischen Übersetzung her,
במלכות רביעית נתגלה ענן והעיר לבות אנשים ... לפי שהיה בנהג הרבנים
והתעסקותם בתלמוד כבר משכחת אותם תורת ה' והבנת האמתיות מכנה.
אחר כן נגלה בניָמין, והוסיף חזק וגלה דברים שהיה ענן נגרר בהם אחר
בנהג הרבנים. אחר כן נתגלה אחרי בניָמין הקראים הוסיפו גדרים במצות
ה'. ואחר כן עמדו אנשים במזרח ובמערב ויבריאו את בריתם ... ושמו מגמת
פניהם לשבת בירושלם ועזבו רכושם וביתם ומאסי בעולם הזה והם הנמצאים
שם בירושלם. In demselben Sinne, nur ein wenig verschieden, berichtet
Jakob ben Reüben (Kommentar zu Canticum 3, 1 in ספר הישר Ms. der
Leydn. Bibliothek): אחר כן נתהק אל דת ענן ובקשו מצוה ילא יכולו כי
היא ראש לפירים יעשה מדברי הרבנים אחרי כן נתגלה הדת השלישית
יהם הקראים האחרינים אשר דקדקי והעמיקו וגלו המצות ואין ד'ת אחריהם.

Hier haben wir also in dem kurzen Zeitraume von Anan 761 bis Salmon
ben Jerucham 950 drei Entwicklungen des Karäismus: Benjamin Nahawendi,
die Karäer (d. h. die Späteren) und die frommen Asketen in Salmons Zeit.
Ja, wenn man Jakob ben Reübens Worte urgiert, so war die Kluft zwischen
dem Karäismus und Anans Lehre ebenso weit, wie die zwischen Anan und dem
Rabbanismus; denn er nennt denselben eine neue Theorie: ד'ת שלישית
gegenüber der ד'ת ענן. Dies alles haben die Oberflächlichen übersehen,
welche sich mit dieser Sektengeschichte befaßten. Es folgt aus den Zitaten
dreierlei: 1. Man darf nicht alles, was im späteren Karäismus als religiöse
Pflicht oder als Opposition gegen den Rabbanismus vorkommt, auf den
Stifter übertragen. 2. Anan hat das Talmudische nicht ganz und gar verworfen, sondern etwas davon beibehalten. 3. Der Karäismus hat sich neu

---

[1]) [Jakob ben Reüben lebte in der ersten Hälfte des 12. Jahrhunderts,
vgl. Poznański in JQR. XX, S. 74.]

[2]) [Vgl. über ihn oben S. 288, Anm. 1.]

gestaltet durch Benjamin, die späteren Karäer und in der Zeit von Salmon ben Jerucham.   Da Benjamin Nahawendi um 800—820 geblüht hat (wie ich in Frankels Monatsschrift, Jahrg. 1859, S. 144 nachgewiesen), so fallen die zwei letzten Phasen zwischen 820—950.

I.

Die Frage: worin bestand Anans Schisma, hat durch das Vorhergehende ihre Berichtigung, aber nicht ihre Lösung erhalten.   Die Lösung ist auch sehr schwierig, wenn nicht gar unmöglich.   Anan hat zwar drei Schriften hinterlassen, worin er seine Grundsätze und seine Abweichung vom talmudischen Judentum entwickelt haben wird: 1. פירוש על התורה (zitiert im Katalog von Simcha Luzki Orach Zadikim); 2. ספר המצות [1]) und 3 פדלכה (zitiert von Jephet und mitgeteilt von Munk in Josts Annalen, Jahrgang 1841, S. 76)[2]).   Allein, alle diese Schriften sind untergegangen.   Von den ältesten karäischen Schriftstellern Benjamin Nahawendi und Nissi ben Noach (R'Aha)[3]) erwähnt der letztere Anan gar nicht und der erstere nur bei einem unwesentlichen Punkte[4]).   Die späteren karäischen Schriftsteller zitieren nur hin und wieder Aussprüche von Anan, eben, weil der Abstand zwischen ihnen und ihm ein großer war.   Aus solchen Einzelheiten lassen sich aber sein dogmatischer Standpunkt und der Umfang seines Schisma nicht beurteilen.   Wir wollen indessen die wesentlichen Notizen von Anan zusammenstellen, in der Hoffnung, daß Forscher auf karäischem Gebiete dieselben vermehren werden.

1. An die Spitze verdient ein Satz von Anan gestellt zu werden, der als sein Prinzip gelten kann.   „Suchet tief im Gesetze": כבו שעשה ר' ענן אשר אמר חפישו באוריתא שפיר (Zitat bei Jephet ben Ali, mitgeteilt von Pukes, Beiträge II, S. 26).   Dadurch wird allerdings der Talmudismus

---

[1]) Zwei Schriften scheinen in talmudischem Idiome, wie sie für die Entwicklung der Halacha in der gaonäischen Zeit üblich war, stilisiert gewesen zu sein.   Denn die wenigen Zitate, welche spätere karäische Schriftsteller von Anan anführen, sind in dieser Sprache gehalten.   Ein Zitat bei Jehuda Hadassi (Eschkol Nr. 166): כן אמר אדונינו משכילנו רבנו ענן ראש גולה: בידרנא דאיכא בין ובת הם קרובים בירושה הא דליבא בן נוסח ונפקין ... דיריביחין אבא בתריהון וכל נפקין דירכה בירושה וכ'   Ein anderes Zitat fundet sich bei Abulfaraj Josua ben Jehuda (in dessen Sefer ha-Jaschar, zum Teil mitgeteilt von Pinsker L. K., Beilagen, VI, S. 65, Anmerk. 3)· פרק בספיר דברי ענן: ... ואסור ליה לוזר למנסב אשת בעל אבי דדוביא כאשת בעל אשת אביו דבגרי בעל אשת בעל אמי הוא לכך אסורה אשיתו ואסור לה לנקבה לאנטובי לבעל אשת אביה דדוביא וכ' ... והאני דבני' לאשת אביו לצפורי בהדאה אסיר חלין קרובות וקריבו וכ'   Ein Zitat hat Mose Baschjaji (in seinem Sebach Pesach Ms. der Leyd. Bibliothek, Kod. Warner Nr. 5): מצאתי דפים ישנים מדברי סגולת ראש ... הגולה ר' ענן יצב: קא אבאבא [.] קאמינא) דדינא דסמא

[2]) [Zur Berichtigung dieser Angaben vgl. oben S. 185, Anm. 4.]
[3]) [Zur Berichtigung vgl. oben S. 223, Anm. 2.]
[4]) Benjamin Nahawendi erwähnt Anans Ansicht über den Wert eines hebräischen כבר, in Betreff dessen er mit ihm differierte: ללמדך כי מדברי אני בנימין בן משה כבר הוא עשרת אלפים כתיה ... אבל דברי ענן זצ"ל כי כבר חמשת אלפים מצוה שישרנג (in seinem משאות בנימין, ed. Goslow-Eupatoria, 1833).

völlig negiert. Nach demſelben iſt nämlich das religiöſe Leben abgeſchloſſen:
es beruht auf der Autorität der Halacha oder auf dem Brauche. Eine noch
ſo gründliche Forſchung im Schriftworte und noch ſo überzeugende Reſultate
können nichts daran ändern. Indem Anan die Forſchung als Kontrolle für
das religiös Verbindliche hinſtellte, hat er allerdings das Rabbiniſche nach
beiden Seiten hin, ſowohl die Tradition (הלכת למשה מסיני), als auch die
Verordnungen und Umzäunungen (גזרות ותקנות), als nicht verbindlich erklärt.
Von dem Umſtande der Forſchung hatten die Karäer auch den Namen: בעלי
חפוש נשלם ספר צרורי מדברי ר' ישועה (בן) (Zitat von Dukes daſ. 29):
יהודה) ודברי רבנן הנשיא ז"ל עם דברי המלמדים. וישבתו בעלי הרכוב
בינות למלבד ר' ישיעה אור בני מקרא מבעלי החפוש. Anan hat demnach
die Bibelexegeſe an die Stelle der Autorität geſetzt.

2. Sobald Anan der Tradition und dem religiöſen Volksbewußtſein die
Autorität abſprach und zum Aufbau des Judentums an das Schriftwort
appellierte, mußte er die Mittel angeben, wie die Religionsvorſchriften praktiſch
ausgeführt werden ſollen. Das Schriftwort iſt bei manchen Beſtimmungen
kurz, gibt auch nicht alle Fälle an und begrenzt ſelten die Dauer der Verbindlichkeit. Welche Regeln hat er zur Auslegung der Schrift aufgeſtellt? Es
ſcheint, daß er neben den grammatiſchen und lexikaliſchen Hilfsmitteln auch
die meiſten Interpretationsregeln des R'Jsmael (י"ג מדות) adoptiert hat[1]. Dieſer, bisher ganz überſehene, Punkt geht deutlich aus Moſe
Baſchjazis Abhandlung über die genannten Interpretationsregeln hervor (in
ſeinem מטה אלהים Ms.). Er gibt an, daß ſich Anan mit der Regel der
Folgerung (קל וחומר), der Wort- und Sinnanalogie und andern
Regeln einverſtanden erklärt hat. Ich gebe die Stellen in extenso:
ובן אמר ר' בנן ז"ל שזה האופן (קל וחומר) אמתי ממה שאמר הכתוב
ערות בת בתך לא תגלה ואסר בת הבת. ואם בת הבת אסורה כל שכן הבת
עצמה שהיא יותר חמורה מבחת (S. 16a). In betreff der Wortanalogie
zitiert Baſchjazi eine lange Stelle von Anan, worin derſelbe nachweiſt, daß
die levitiſchen Reinheitsgeſetze in der Gegenwart keine Verbindlichkeit mehr
haben, indem ſie nur für die Dauer des Tempel- und Opferkultusbeſtandes
gegeben wurden[2]: אמר ר' בנן ראש הגלות ז"ל כתוב הבא זאת התורה
לכל נגע הצרעת וכתוב זאת התורה לעולה ולמנחה וכתוב הבא זאת תורת
השלמים זאת תורת הזב. מה עולה ומנחה ונגעי הצרעת אין אנו עושים בגלות
עתה ונתבטלו אף טמאת מת בזב נתבטלו בגלות ואין אנו חייבים בשמירתם.
והכתוב לא חייב במציאת אפר הפרה והכהן המשיח וכמו
שנתבטלו אלו כך נתבטלה הטמאה כי בהרתם תלויה בם.... ובזמן הגלות
אין יש אפר הפרה ולא כהן משיח וכמו שנתבטלו אלו ותלוים בידי שמים
כך נתבטלה גם בן טמאת בת בגלות שלא יטהר זולת מי נדה (daſ.). Hier
haben wir deutlich die Wortanalogie (גזרה שוה). M. Baſchjazi erwähnt auch, daß Anan eine dritte Regel, den Lehrſatz aus einem Verſe
adoptiert hat: מבנין אב כבתוב אחד ובן נוטח חר' בנן לזה האופן. Zum
Schluſſe bemerkt Baſchjazi, daß die Karäer elf von den Interpretationsregeln

---

[1] [Vgl. auch die Zuſammenſtellung bei Harkavy in Studien VIII,
S. XI—XII.]

[2] [Vgl. auch die Mitteilung einer anonymen, rabbanitiſchen Streitſchrift
in RÉJ. a. a. O., S. 195 und Harkavy in Studien VIII, S. 167 mit einigen
Varianten.]

שלש עשרה האופנים שהתורה נדרשת בהן והאחד R' Jsmaels adoptierten:
בהם הסכמנו עשר (daſ. 20a): Daraus ſcheint hervorzugehen, daß ſich auch
Anan mit den elf Regeln einverſtanden erklärt hat. Jephet ben Ali und
Sahal Abulſari ſprechen von den 13 Regeln, wie von etwas, das auch im
Karäismus Geltung hat. Vgl. des letzteren Sendſchreiben (bei Pinsker S. 28):
כי לא ללמד על עצמו יצא כי כי אם ללמד על הכלל כלו יצא וזה אופן ברי"ג
מדות. Vgl. daſ. S. 26 und über Jephet daſ. S. 23 die polemiſchen Gedichte.
Auch Hadaſſi (in deſſen אשכל הכפר Nr. 174ff.) behandelt in ſeiner konfuſen Art
die Gültigkeit der 13 Jnterpretationsregeln: ר"ג התורה מדדות קבצו ובמשכילי
ומלמדים ולמדים אני ובראשי בתחלה באזניך אמר דבריו ואלה ... מדות
 שוד רשומיכו ... ג מדה והקש ... שוה מגזירה ילמדו ושוד ... וחומר
ובכלל ופרט בכלל ח' תורת בביאור ד' מדה משכילי מדבריו שנלמוד לכו
שבפרט מה אלא בבכלל ואין ... יפרט בכלל בה משכילי מחסד נלמוד וכן
כל מוסף הכלל את עשה ובכלל ד' מדה ... אב בבנין ו' מדה ...
ללמד לא כי ואמר הכלל מן יצא שהיה מדבר ח' מדה ... הפרט
סבל יהיא חלוף בה שאין בין נלבוד ט' מדה ... וכו' יצא עצמו על
מאוחר והמאוחר מוקדם המוקדם כי בכתוב הסדורים מן י' מדה ... הירושים
כסדר שלא ובמאוחר במוקדם י"א מדה ...   Die übrigen zwei Regeln ſind
agadiſcher Natur. Sie ſcheinen demnach in karäiſchen Kreiſen noch vor Hadaſſi,
wahrſcheinlich von Anan, angewendet worden zu ſein.

Indem Anan die alten Jnterpretationsregeln adoptierte, kehrte er hiermit nicht zur Bibel, ſondern zum Standpunkt der Miſchnaiten
oder älteren Tannaïm zurück. Wie dieſe, ehe die Miſchnah mit der
Autorität eines unfehlbaren Geſetzbuches bekleidet war, frei und ſelbſtändig
das Bibelwort deuteten, den Umfang und die Gültigkeit der pentateuchiſchen
Geſetze beſtimmten, ſo ſollte es noch fort freiſtehen, zu interpretieren. Anan
zerſchlug alſo nur die Feſſel der Autorität, wollte die Unterordnung unter die
Norm פלוני כדברי הלכה beſeitigen. Daß aber gerade dadurch das Judentum
zuſammengehalten und vor Zerfahrenheit geſchützt wurde, verkannte Anan.
Ihm lag daran, die Geſetzauslegung ebenſo flüſſig und frei zu machen, wie
zur Zeit der ſchammaitiſchen und Hillelſchen Schule, wie zur Zeit R'Akibas
und R'Jsmaels. Auch Jephet ben Ali hatte noch eine Ahnung davon, daß
Anan und Benjamin ſich die freie Schriftdeutung und Geſetzesauslegung der
Miſchnaiten herausgenommen haben: ובנימין ענן (משנה בעלי של) וצורחם
שחשב מה אחד כל ואמר מצות ספרי שחברו לרבנים המחליפים ושאר
דעתו אמתת על מופת שהוא לו שקם בראיות והמחזיק (Kommentar zu Deuteron.,
zitiert von Pinsker L. K., Text, S. 21). — Wenn ich ſage, Anan hat den
größten Teil der von R'Jsmael aufgeſtellten Jnterpretationsregeln adoptiert,
ſo ſoll weder damit geſagt ſein, daß er vermittelſt derſelben lediglich dieſelben Reſultate gefolgt, noch, daß er nicht neue Regeln aufgeſtellt hat.
Den Wortſinn und den Kontext hat er jedenfalls ſtark betont, und dadurch
kam er zu ganz wunderlichen Reſultaten. Die ungeſäuerten Brote ſollten
nach Anan durchaus aus Gerſtenmehl bereitet ſein, weil die Schrift ſie
בהשעורים המצה לתשובת צריך כי אמר נ"ל ענן רו' nennt: Armenbrot
עניים מאכל ל"ר צוני לחם הכתוב שאמר ממה (לבד (Elia Baſchjazi in אדרת
אליהו p. 39 b). Die ungeſäuerten Brote müßten erſt am Rüſttag gegen
Abend gebacken werden: המצה שתאפה צריך ענן רבנו החכם צוד ואמר
מציך תאכלו בערב בערב במאמר הערבים בין. Eine ſprachvergleichende Schrulle

verleitet Anan, das Hühnergeschlecht zu den verbotenen Vögeln zu zählen,
weil דוכיפתא „Hahn" im Chaldäischen bedeutet, und dieses Wort anklingt an
die verbotene Gattung דוכיפת (Jakob ben Rëuben a. a. O. zu Schemini, p. 40
recto); ורבנן אסר חתרגולת למבן בר מצא שבו בלשון ארמית דוכיפתא ובמרומה
לו כי הוא דוכיפת. Die Unterscheidungszeichen, welche der Talmud für die
reinen und unreinen Vogelgattungen aufstellt, verwarf Anan und gab dafür
andere an, die ganz willkürlich sind, weil sie nicht der Natur abzusehen sind.
Er gab zwei Zeichen für reine Vögel an, „Wasserschlürfen und Füttern der
Küchlein": ורבנן ראש הגולה אמר שני כמירים אשר רשאק חמים מים ויאכל
אפרוחיו (ebendas.), ebenso berichtet Aaron ben Elia (im Mibchar): ורבנן אמר בר
סוף בהור שואק חבים בלי הבדל וגם מאביל אפרוחיו וזה רחוק. Vermöge
seines Hängens am Buchstaben nahm Anan an, daß das Schlachten der Vögel
ein Abkneipen am Hinterkopfe sein soll, wie es beim Vogelopfer vorgeschrieben ist. Anans Jünger gingen aber schon davon ab (Elia Baschiazi
אדרת אליהו Schechita c. 6, B. 63a): חכמינו נחלקו בענין המליקה לשלש
דעות חדרת האחת היא דעת רבנו ענן שאמר שאין שחיטה בעוף כלל אלא
מליקה בפני שאין הבדל בין מה שישנה למקדש ובין מה שישנה חוין בן
חמקדש במליקת העוף... והתהכם ר' ישועה אמר שתלמידי ענן שהיו
נקראים ענינים שבו בזאת הדעת בראותם שפשוטי הכתוב עומדים בנגדם.
והדעת השנית היא דעת קצת בן התחכמים שאומרים שהמליקה היא השחיטה
(Vgl. die Fragmente vom Kommentar des Abulfaraj Josua ben Jehuda bei
Pinsker, Beilage, S. 73)[1]). Dieser Punkt ist sehr belehrend, wie vorsichtig
man zu Werke gehen muß bei Beurteilung dessen, was Anan und was seinen
Nachfolgern angehört. Wir sehen hier, daß ein Teil der Karäer, mit den
Rabbaniten übereinstimmend, das Abkneipen nur für Vögel gelten ließen,
andere dagegen es auch auf die reinen Vierfüßler angewendet wissen wollten.
Schahrastani dagegen stellt es so allgemein hin, daß man ohne jene Notiz annehmen könnte, es habe gar keine Differenz darüber unter den Karäern geherrscht. „Die Ananiten nennen sich nach einem Manne, namens Anan ben
Daûd Exilarch. Sie weichen von den übrigen Juden in bezug auf Sabbat
und Festeszeiten ab — und schlachten die Tiere vom Hinterkopfe:
אלבנאניה נסבו אלי רגל יקאל לה ענאן בן דאוד ראס אלגאלות יבאלפון
סאיר אליהוד פי אלסבת ואלאעיאד... וירבחון אלחיואן עלי אלקפאא
(Schahrastani, ed. Cureton, p. 167).

3. Über die von Anan ausgegangenen, tief eingreifenden, positiven Ver-
änderungen sind wir vollends im Dunkeln. Es lassen sich nur einige Momente
aus zerstreuten Notizen darüber zusammenstellen:

a) Der Festkalender. Er machte den Monatsanfang vom Erscheinen
der jungen Mondsichel und das Schaltjahr von dem Stande der Ernte gegen
den Frühlingsanfang abhängig. Makrizi, der aus Maßubi schöpfte, wie dieser
wiederum aus karäischen Angaben, führt diese Neuerung geradezu auf Anan
zurück (bei de Sacy, Chrestomathie arabe, T. I, Text 108, übers. 301 nach
de Sacys Übersetzung): Parmi les pratiques dans lesquelles il (Anan)
s'éloignait de l'usage des juifs, était celle qui concerne l'apparition de
la nouvelle lune.... Il ne s'embarrassait aucunement à quel jour de la
semaine tombait la néoménie. Il ne faisait point usage de calculs,

---

[1]) [Vgl. hierzu jetzt Harkavy, Studien VIII, S. 137.]

que suivaient les Rabbanites et de leur manière d'intercaler les mois
... il l'observait pour faire l'intercalation d'autre règle que celle d'exa-
miner l'état de l'orge: ‏ואיתמר (נאנאן) אלי כשף זרע אלשעיר‏. Aus einem
apologetischen Passus des Salmon ben Jerucham geht ebenfalls hervor, daß
schon Anan das karäische Kalenderwesen nach der Neumondphase eingeführt
hat (in der Polemik gegen Saadia Alphabet X, 21): ‏בעלי מקרא בראית‏
‏חירת ישמורו ותלמידי מאיר כינירני ר' ענן בזה יתפארו גם תלמידי ר'‏
‏בנימין בן משה בו ידברו‏. Die Mitteilung über den Ursprung des Streits
zwischen Anan und seinem Bruder Chananja um das Exilarchat (in ‏חלוק‏
‏הקראים והרבנים‏ bei Pinsker, S. 103) läßt Anan das Wort vor dem Kalifen
führen und die Differenz zwischen ihm und seinem Bruder in das Kalenderwesen setzen: ‏ופתח ואמר (ענן) כי דת אחר על החשבון ועבור תקופות ודרי‏
‏על ראית הירח ועבור האביב. והמלך ההוא היה חשבונו על הירח והאביב‏
‏ונכנס למלך ונתרצה בי‏. Ebenso Tobia im Namen Saadias (das. S. 95):
‏והיה ישראל כן צד שקמה מלכות ישמעאל יחדש דת לבקש הירח ועמד ענן‏
‏וכו'‏. Man darf also als gewiß annehmen, daß Anan den von Hillel II. eingeführten festen Kalender verworfen hat. Aber auch hierbei ging er nicht
auf die Bibel, sondern auf die mischnaitische Zeit zurück, wie sich denn
auch die späteren Karäer, zur Rechtfertigung ihres Standpunktes, auf die
Mischnah berufen. Es war demnach keine Neuerung, sondern nur die Reakti-
vierung einer früher bestandenen Ordnung. Es war aber noch weniger eine
Verbesserung, da ein schwankender Festkalender gegen einen festen ein schlechter
Tausch ist. — Daß infolgedessen Anan auch den zweiten Feiertag aufgehoben
hat, versteht sich von selbst. In Palästina wurde er von den Talmud-
anhängern nicht einmal für das Neujahr gefeiert, wie aus R' Nissims Anfrage an R' Hai hervorgeht (in Serachias ‏מאור‏ zu Jom-Tob. I.): ‏ונמצא‏
‏בשאלה למר ר' ניסים מלפני ר' האי למה אמר אדונינו שבני ארין ישראל‏
‏תופסין ראש השנה שני ימים הלא אנו ריאים עד כתה שאין תופסין‏
‏אלא יום אחד‏.

b) Das Wochenfest. Sicherlich stammt die Neuerung des Karäismus,
das Wochenfest 50 Tage vom Sabbat nach dem ersten Passahtage zu feiern,
von Anan her, obwohl Zeugnisse darüber fehlen, da sämtliche Karäer daran
festhalten. Übrigens ist das der einzige Punkt, den der Karäismus mit dem
Sadduzäismus gemein hat[1]).

c) Die verschärfte Sabbatstrenge. Bekanntlich läßt der Karäismus
im Punkte der strengen Sabbatfeier den Talmud und sogar die späteren Er-
schwerer weit hinter sich zurück. Es muß also ermittelt werden, inwieweit
Anan dabei beteiligt ist. Wir haben darüber Zeugnisse, daß er der Urheber
der Sabbatstrenge war. Er gab nämlich von dem pentateuchischen Verse,
betreffend das Ruhen am Sabbat, eine wunderliche Erklärung, daß man sich
innerhalb der Stadt und ihres Weichbildes von 2000 Ellen im Geviert nur
bewegen dürfe, wenn sie von Juden bewohnt ist. Hat sie aber auch eine
nichtjüdische Bevölkerung, so darf man sein Haus nicht verlassen, und eine
Raumveränderung ist nur gestattet, um sich in das Bet- und Lehrhaus zu
begeben. ‏שבו איש תחתיו אל יצא איש ממקומו רבנו ענן אמר שתחתיו‏
‏וממקומו יצלו לענין אחד והטעם ששניהם יורו על מצבר ... אבנם תחתיו‏

יורה על נקים רשותי עד אלפים עד שהיא אמה שהיא מגרש העיר ללכת אל בית
המדרש והכנסת ובקובץ יורה על זאת המדה בעצבה שהיא עד אלפים אמה
(b. Baschjazi). — Nach Anan אמנם אינה תחת רשותו כי יש בתוכה גויס
soll ferner die Beschneidung niemals am Sabbat vorgenommen werden, weil
die Wunde Heilmittel erfordert und diese anzuwenden am Sabbat nicht gestattet sei. Levi ben Jephet, in dessen S. ha-Mizwot bei Pinsker, S. 90:
ראש גלרית ישראל (ענן) היה (אומר) . . . ימול (בעת אשר המעשים בו אינם
אסורים והוא) במוצאי שבת אחר ביאת השמש והיה עושה זה בעבור לחירות
ובן משבילנו ענן; (181. Eschkol Nr. in) Hadassi Ebenso. הרפואה בחול [1]
אסר לחטשות חמילה ביום השבת כי אם בין השמשות למען רפואתה
Der Koitus ist nach Anan am Sabbat verboten: בחריש ובקציר תשבות אבר
(Ibn-Esra zu Exodus 34, 21). ענן ימבחה שמו כענן כי זה על משכב אשה
In diesem Punkte stimmte Anan mit den Samaritanern überein. Ob auch
das Verbot des Lichtbrennenlassens am Sabbatabend, und überhaupt das
לא תבערו אש, auch im passiven Sinne als verboten anzunehmen, von Anan
stammt, dafür habe ich keinen Beleg. Er hielt aber, wie die Beschneidung,
ebenso das Schlachten des Passahlammes am Sabbat für nicht gestattet, vielmehr sollte es in diesem Falle am Tage vorher geopfert werden: ש אוירמרר
אם נפל ארבע עשר יום שבת ישחמו יום י' מבעוד יום וידו הדם וצלו ויאכלו
בליל שבת. דא אכר ענן הנשיא . . . ובנימין הנאוונדי אמר כי ישחמ
הפסח ביום השבת בעצמו כי הוא בין החוקות שצונו יתברך. ודניאל
קומשי ואבועלי (רפה) אמר כי ישחמ בשבת גוף אחר על שם כלל ישראל
וישרף ולא יאכל (Jakob ben Reuben zu Abschnitt Bo, Jehuda Hadassi a. a. O.
Nr. 202 und Elia Baschjazi).

d) Die weite Ausdehnung der Verwandtschaftsgrade (רכוב) scheint nicht
von Anan herzurühren. Ein langer Passus, den Abulfarag Josua von Anan
in betreff dieses Punktes anführt (bei Pinsker S. 65, Anm 3), ist zu korrumpiert, als daß sich etwas Bestimmtes daraus entnehmen ließe. Gewiß ist
es, daß Anan die Gültigkeit der levitischen Reinheitsgesetze für die Zeit nach
der Tempelzerstörung nicht anerkannt hat (o. S. 488).

e) Die Ausdehnung der Levitatehe auf Verwandte überhaupt, die
sich auf die Geschichte von Boas und Ruth gründet, scheint von Anan ausgegangen zu sein, da Benjamin Nahawendi, der, wie wir sehen werden, in
vielen Punkten mit ihm differierte, auch darin eine abweichende, dem Talmud
zustimmende Ansicht hatte: ולפי הנראה שהאנשים ההם שהורו לעשות היבום
באחים ב״ש כגון בעלי הקבלה וקצת מהחמינו כגון ר' יוסף הקרקסאני ור'
בנימין הנאוונדר (Elia Baschjazi a. a. L. p. 93a).

f) Die Erbfähigkeit des Gatten an der Hinterlassenschaft der Frau scheint
Anan nicht anerkannt zu haben, wie aus dem Passus bei Jehuda Hadassi
(o. S. 491, Anm. 1) hervorgeht. Auch in diesem Punkte differierte Benjamin
von Anan.

g) Ob die Abrogierung der Phylakterien (תפילין), die Veränderung der
Liturgie, namentlich die Verwerfung der formulierten Eulogieen und endlich
die Veränderung der Fasttage von Anan ausgingen, läßt sich bei der jetzigen
Kenntnis der Quellen nicht ermitteln.

---

[1] [Vgl. zum Text Harkavy, Studien a. a. O., S. 132.]

II.

Wir haben aus einem Zitat aus Baschjazi gefunden, daß die Jünger Anans, welche sich Ananiten (עננים) nannten, von ihrem Meister in einem Punkte abgewichen sind (S. 494). Verfolgen wir diese Angabe. Zuerst wollen wir uns mit dem Namen beschäftigen. Levi ben Jephet gibt an, daß die Ananiten so genannt wurden, weil sie sich an Anan hielten: כאשר אמרו העננים והם אשר על דת ענן. Er unterscheidet sie von den Karäern: ויש באלה הצומות חלוף . . . בין הקראים ובין העננים (zitiert bei Pinsker S. 92). Abulfaraǵ Jehuda spricht ebenfalls von Ananiten: ולא נפל חלוף בין הרבנים ובין העננים כי המליקה . . . היא בצורת. Auch Abulfaraǵ Barhebräus nennt die Karäer Ananiten — עננרא (vgl. o. S. 444). Makrizi hat aber eine wunderliche Notiz, nach welcher gar zwischen Ananiten und Karäern ein wesentlicher Unterschied bestünde, indem die letzteren eine ältere Sekte gewesen, und Anan zugleich gegen sie und die Rabbaniten aufgetreten wäre: ואנח (צאנן) ראי מא צלّה אליהוד מן אלרבאנין ואלקראיין יבّאלף מא מעה (bei de Sacy Chrestom. I., S. 108, vgl. auch S. 167). Aus einer Notiz bei Salmon ben Jerucham (o. S. 490) könnte man anderseits urgieren, daß die Karäer erst später auftraten, erst nach Benjamin Nahawendi: ונתגלה ענן . . . אחר כן בנימין . . . אחר כן נתגלו הקראים. Indessen muß man hier ergänzen „die späteren Karäer" (הקראים האחרונים), wie die Parallelstelle bei Jakob ben Reüben lautet. Auf Makrizis Angabe ist nun gar nichts zu bauen. Es lag ihm, oder seiner Quelle, daran, so viel Sekten als möglich dem Judentume zu vindizieren, damit die mohammedanische Sage in Erfüllung gehe, daß das Judentum 71 Sekten habe, und so wurden Ananiten und Karäer in zwei gespalten. In Wahrheit aber waren beide ursprünglich identisch. Ich kann Pinskers Ansicht nicht teilen, daß die Karäer ursprünglich von den Ananiten verschieden wären und sich erst nach und nach unter Anans Fahne des Antitalmudismus geschart hätten (L. K., Text, S. 18 ff.). Benjamin Nahawendi kennt nur Karäer בעלי מקרא im Gegensatz zu Rabbaniten (s. weiter unten); ebenso stellt der jedenfalls ältere Karäer Nissi ben Noach בעלי המקראות in Gegensatz zu בעלי משנאות (bei Pinsker l. c. 40). Die früher promiscue gebrauchte Benennung Ananiten und Karäer scheint erst später differenziert worden zu sein, als ein Teil der Karäer Rabbanitisches aufgenommen hatte. Diese mögen dann Ananiten genannt worden sein, weil auch den Späteren eine dunkle Ahnung vorschwebte, daß Anan noch zum Teil im Rabbanismus gesteckt hat.

Die Namen von Anans unmittelbaren Jüngern lassen sich kritisch nicht mit Sicherheit fixieren. Das Tikkun ha-Karaim stellt drei derselben auf: רבינו ענן ותלמידיו ר' אחא ור' ביחא ור' בונדר (אביגדור) ושאול (aus einer Handschrift bei Pinsker, Beilagen, S. 186, Anmerkung, und korrumpiert bei Wolf, Bibliotheca IV, 1070, aus einem Leydner Kodex). Auch Simcha Luzki nennt diese Namen in seinem Katalog der karäischen Autoritäten: ענן ותלמידיו הר"ר אחא והר"ר ביחא והר' אביגדור. Indessen ist nicht allzuviel darauf zu geben. Denn R'Acha, welcher hier als unmittelbarer Jünger Anans aufgestellt wird, ist kein anderer als R'Nissi ben Noach[1] wie er selbst in seinem erhaltenen Werke seinen Doppelnamen angibt (bei Pinsker,

[1] [Vgl. oben S. 223.]

Text, S. 37): אני נסי בן נח באין חיל ולא כח הנקרא ר' אחא und weiter (אני נסי בן נח המכונה ר' אחא[1]). Acha = Niſſi ben Noach muß aber, wie ſich weiter zeigen wird, viel ſpäter als Anan, ja wahrſcheinlich nach Benjamin Nahawendi gelebt haben. Da nun dieſer durchaus nicht zu Anans unmittelbaren Jüngern gezählt werden kann, ſo kann auch ſchwerlich R'Mocha ſein Jünger geweſen ſein. Jedenfalls lebte dieſer R'Mocha nicht ſpäter als im neunten Jahrhundert. Denn Salmon ben Jerucham erwähnt ihn in einer Einl. neben anderen karäiſchen Autoritäten und zitiert ihn und ſeinen Sohn Moſe als Verſtorbene. Er bezeichnet beide als Erfinder der tiberienſiſchen Punktation: מר ר' אחא (l. מוחא) ובנו משה כתקנר הנקוד הטיבראני ירחמם האל בנקודיהם (vgl. Pinſker a. a. O., Beilage, S. 61 f.). Mocha und ſein Sohn Moſe werden als Maſſoreten genannt (bei Pinſker a. a. O., Text, S. 29 ff., wo auch von anderen älteren Maſſoreten die Rede iſt). Karäer haben ſich demnach frühzeitig mit Maſſora beſchäftigt[2]. — Neben Mocha und ſeinem Sohne Moſe nennt Salmon ben Jerucham in dieſer Einl. auch eine Autorität ר' אבינדור, wahrſcheinlich den als Jünger Anans ausgegebene. — Makrizi nennt noch einen Jünger Anans mit Namen Malik und ſagt von ihm aus, er ſei ein Sektenſtifter geweſen, und ſeine Anhänger hätten behauptet, Gott werde am jüngſten Gerichte nur diejenigen erwecken, denen er Propheten und Offenbarungsſchriften zugewieſen ומאלך הדא הו תלמיד צאנאן (bei de Sacy l. c. I, 117)[3]. Dieſer Malik iſt, wie ich vermute, den karäiſchen Schriftſtellern nicht unbekannt. Er wird von David Almokammez (bei Jehuda Hadaſſi)[4] und von Jakob ben Reuben erwähnt. Sie nennen ihn Malik בליך ארמלי oder הרמלי, vielleicht aus Ramla, alſo arabiſch Arrammli und hebräiſch ha-Ramli. Sie nennen ihn zuſammen mit dem Sektenſtifter Muſa (oder Meswi) Abuamran (vgl. Pinſker, Beilage, S. 84). — Wenn aber Malik, oder Malik Arramli ein Zeitgenoſſe Abu-Amrans war, ſo kann er nicht, wie Makrizi referiert, Anans unmittelbarer Jünger geweſen ſein; denn Abu-Amram blühte früheſtens um 830—40 (vergl. Note 18, IV).

Mögen nun die Jünger Anans ſo oder ſo geheißen haben, für die Geſchichte iſt nur der eine Punkt von Wichtigkeit, daß ſie nicht in verba magiſtri ſchwuren.

III.

Nach Salmon ben Jeruchams Notiz (o. S. 490), die uns zum Leitfaden dient, bildet Benjamin Nahawendi[5] ben Moſe eine Epoche in der

1) Simcha Luzki (in ſeinem Katalog, der einem älteren in חלוק הקראים entnommen iſt), zerreißt die zwei Namen und macht zwei Perſonen daraus, von denen er נסי בן נח nach Jephet ſetzt, wie denn überhaupt ſein Katalog ſehr verworren iſt.

2) [Die Angaben über die Karäer als Maſſoreten ſind unhaltbar.]

3) Vgl. Revue d. Ét. j. V. p. 211: וכאן באלרמלה מלך אלרמלי ויצרפון אלי הדה אלנגאריה באלרמלי והם אלמכרה.

4) [David Almokammez war kein Karäer. Vgl. oben S. 322—323, Anm. 5.]

5) Die Orthographie des Namens iſt durchaus nicht zweifelhaft. Scharaſtani ſchreibt בנימין אלנהאונדי und ebenſo Salmon, Jephet und Jakob

Entwicklung des Karäismus. Worin die Veränderung bestand, die Benjamin dem Karäertum gebracht, gibt Salmon nur im allgemeinen an. Nun hinterließ Benjamin eine Schrift über die Vorschriften des Judentums unter dem Titel דינים oder משאת בנימין, gedruckt in Goslow. Leider handelt dieses Buch lediglich von straf- und zivilrechtlichen Themen, so daß man daraus nicht seine eigentümliche Auffassung des Karäismus zu erkennen vermag. Der Epilog des Buches deutet aber seinen Standpunkt an. Er habe, sagte er, auch Rabbanitisches mit aufgenommen, obwohl sich dafür keine Belegwerte aus der Schrift beibringen lassen. „Wer von den Karäern es vorzieht, möge sich nach den rabbanitischen Vorschriften richten:" שלום רב לכל בני הגולה ממני בנימין בן משה ... כבר כתבתי לכם זה ספר דינים שתדינו בם בעלי מקרא אחיכם ורעיכם. וכבר על כל דין ודין רמזתי עליו מקרא. ושאר דינים שדנו בם ובחכבי הרבנים ולא יכולתי לרמוז בם מקרא בם גם אותם כתבתי שאם תחפצו תדינו בם. Benjamin hat also dem Rabbanismus Konzessionen gemacht. In einem Zitat aus einer anderen Schrift bemerkt er, daß er sich erlaubt habe, von den vorangegangenen Autoritäten abzugehen, denn das Forschen sei durch das Prinzip des Karäismus nicht bloß gestattet, sondern zur Pflicht gemacht. Daher dürfe der Sohn vom Vater, der Jünger vom Meister differieren (in Jephets Kommentar mitgeteilt von Dukes: Beiträge II, 26): ואמר בנימין ז"ל באחד מספריו: אני בנימין אחד מאלך אלפים ורבי רבבות (Lücke) לא דברתי ולא נביא אנכי ולא בן נביא וכן כל חכם מן הקראים לוקח זה הדרך ובחבו מה שהתחבונניכי הוא אמת וצוו לאנשים להבחין ולנחות(?) [1] ויש שירחליך את כל אחיו יבן כל אב ולא אמר האב אהב למה החלפת דברי וכן התלמיד למלמד ולכן רצאו מידי חובה והם נצולים מלפני ה' ואף על פי שיעבור מהם שגגה במקצת דבריהם וספריהם ויש להם שכר גדול על אשר גלו והאירו עיני האנשים. Wir sehen also daraus, daß zu seiner Zeit bereits viele karäische Schriftsteller aufgetreten waren, die unter sich und von dem Stifter differierten. Es ist uns nicht vergönnt, einen Überblick über Benjamins Differenzen zu haben, aber einige derselben, die uns aus zerstreuten Notizen bekannt sind, zeigen, daß er sich dem Rabbanismus näherte.

1. Wir haben bereits oben gefunden, daß er die Leviratsehe auf Brüder beschränkt wissen wollte, während seine Vorgänger und wahrscheinlich Anan selbst sie auf Verwandte überhaupt ausdehnten (o. S. 496).

2. Er deduzierte, daß das Abkneipen der Vögel nur für den Altar vorgeschrieben sei und nicht für den Profangebrauch, im Sinne des Rabbanismus: ודעת ר' בנימין האונדי שאמר הכתוב שם הנבלה בקרבן ובזולת הקרבן (ובקרבן) שיהא במליקה ובזולת הקרבן שיהיה בשחיטה וכבי שאין ראוי להחליף רצון הכתוב בקרבן לעשותו בשחיטה כן אינה ראויה בזולת הקרבן לצלות במליקה (Elia Baschjazi, אדרת, S. 63a).

ben Reuben. Munk hat schon richtig erkannt (Annalen Jahrg. 1841, S. 76), daß die Schreibweise האונדי oder האוונדי eine Korruptel ist. Nur diejenigen, welche gewöhnt sind, aus tertiären Quellen zu schöpfen, konnten dabei Zweifel hegen.

[1] [Nach Harkavy bei Rabbinowitz a. a. O. S. 445, Anm. 129, ist das Wort entweder mit לנחותם הדרך Exod. 13, 20 oder dem talmudischen נחית לעובקא דדינא zu erklären.]

3. In betreff der Bewegung im Raume am Sabbat differierte er ebenfalls von Anan und neigte ſich der talmudiſchen Auffaſſung zu. Man dürfe
ſich innerhalb der Stadt und des Weichbildes (תחום) zur Befriedigung eines
gebieteriſchen Bedürfniſſes und umſomehr zum Gebet und Lehrvortrag, bewegen; nur darüber hinaus dürfe man nicht gehen: ור׳ בנימין האונדי אמר

כי מלת תחתיו יורה על האמת והביא ראיה ראיה בעד הכרח אם צורך ואם הליכה במדרש ובבית
הכנסת. וכאמר אל יצא איש ממקומו יורה שכשיצא בעד הכרח שלא יהא
רשאי ללכת חוץ לתחום (daſ. 29b). Auch in einem anderen Punkte ging
Benjamin von der allzu ſkrupulöſen Sabbatſtrenge des Karäismus ab (vgl.
Tobia bei Pinsker Beil. S. 95).

4. Ganz im Sinne des Talmud ſpricht Benjamin Nahawendi dem Gatten
das Recht der Nutznießung und der Erbſchaft an dem Vermögen der Ehefrau
zu (S. 3a, 5b): משאת בנימין נכסי אשה נוספים על נכסי בעלה שנאמר
ונוסף על נחלת המטה וג׳. לפיכך נכסי אשה לבעלה בחיים ובמות והבעל
מוציא מיד הלקוחות מה שמכרה או שנתנה מן נכסיה תחת בעלה).

5. In talmudiſcher Weiſe deduziert Benjamin ferner, daß jüdiſche Parteien
ihren Prozeß jüdiſchen Richtern unterwerfen müſſen. Bei nichtjüdiſchen
Gerichten dürfen ſie ihn nicht einmal anhängig machen, wenn dieſelben auch
nach jüdiſchen Normen entſcheiden (daſ. 3a, 6b): אין אתה רשאי להזקיק את
ישראל בדיני גוים לא בשטרו ולא בפיסוק דינם ולא בעדרהם על פי
שדינם דין תורה ... אלא בבית דין ישראל לבד שנאמר ואלה המשפטים
אשר תשים לפניהם לפני ישראל ולא לפני גוים ולא לילך ולא להוליך אל
בית דינם שנאמר אין אלהים בישראל אתה הולך. אבל לבקש עזרה
מהם להבין ולהחזיק דין תורה על פושעים שלישראל מותר. Glaubt man da
nicht, einen ſtrengen Talmudiſten deduzieren zu hören?

6. Nahawendi will ſogar einen Bann über renitente Parteien verhängt
wiſſen (daſ. 2a): אם לא יקבל (הבעל דין) עליו משפט שדי נבדיל אותו
כמו שנאמר הוא יבדל מקהל הגולה. קוראין בעלי דיניך ומזמנין אותם
לבית דין ... וקובצין להם זמן ג׳ פעמים ... ואם שמע קביעות זמנו ולא יבא
מקללין אותו בבית דין שנאמר אורו מרוז וג׳ ... ואם לא יבא מקללין אותי
ערב ובקר בבית דין ז׳ ימים על דרך התורה. באיזה צד נוהגים עמו? לא
נשאל בשלומו ולא נצמוד אצלו ולא נאמרו לו ולא נקבל ממנו כל מתנה
וכל תשורה ונבדל ממנו ונחשבהו כמת עד שיבא לבית דין ... ואשר לא
יבא לאחר אלה ולא יקבל דין שדי מוסרים אותו לצרכאות המלכות.

7. Im Punkte der Eheſchließung weicht Benjamin vom Talmud vollſtändig
ab. Die Ehe ſoll geſchloſſen werden durch Verlobung, Heimführen, Morgengabe, Bundſchließen und vor Zeugen (Baſchjazi l. c. 89o.): ר׳ בנימין אמר
האשה נקנית בארוסה בלקיחתה במוהר בברית ובעדים. Daraus könnte man
folgern, daß Anan die Eheſchließung in der vom Talmud ſanktionierten Form
gelaſſen und erſt Benjamin die Ketubbah abgeſchafft hat.

Wenn Salmon ben Jerucham behauptet, Benjamin Nahawendi habe den
Karäismus dadurch befeſtigt, daß er in denjenigen Punkten, wo Anan noch
an dem Rabbanismus feſthielt, von ihm abwich, ſo hat er ihn nur einſeitig
aufgefaßt. Denn, wie gezeigt, hat ſich Benjamin in einigen Punkten an den
Talmudismus gegen Anan gehalten. Über Benjamins Schriften vgl. Pinsker,
Text, S. 45, über ſeine Dogmatik weiter unten, Note 18.

1) [Vgl. auch Studien a. a. O., S. 179.]

IV.

Unser Gewährsmann für die Entwicklung des Karäismus, Salmon ben Jerucham, stellt als dritte Phase „die jüngeren Karäer" auf. Aus der allgemeinen Beschreibung bei ihm und bei Jakob ben Rëuben erfahren wir aber wenig von der Natur der Leistungen dieser „קראים אחרונים". „Sie haben mehrere Bestimmungen aufgestellt, הוסיפו גדרים" sagt der eine; „sie haben sich vertieft, es genau genommen mit den Gottesgesetzen, דקדקו והעמיקו וגלו המצות", der andere. Worin bestand diese Tätigkeit? Wir sind hierbei auf Vermutungen angewiesen, die aber auf sicherer Basis beruhen. So wenig wir auch von dem System Anans, seiner Jünger und Benjamins wissen, so ist es doch klar, daß sie nicht konsequent mit dem Rabbanismus oder Talmud gebrochen haben, auch nicht brechen konnten. Es war den Karäern mit den sogenannten Ritualgesetzen des Judentums Ernst, sie betrachteten sie als Gottesgesetze, die man nicht leichthin behandeln dürfe. Sie waren durchaus keine Reformer und keine aufgeklärten Rationalisten, um nur die sogenannten Vernunftgesetze für verbindlich zu halten. Nur liegen selbst die biblischen Bestimmungen nicht so umgrenzt und abgeschlossen vor, daß nicht Zweifel über die Art und Weise der Ausübung derselben aufsteigen könnten. Nehmen wir die Beschneidung. Das Gesetz scheint deutlich, aber es ist fraglich, durch welche Personen, mit welchen Mitteln und unter welchen Umständen es ausgeführt werden soll. Der Talmudismus ist konsequent; er hat zur Beseitigung solcher Bedenken die Tradition oder die Halacha oder den Brauch (Minhag), d. h. das Volksbewußtsein. Indem der Karäismus diesen Halt fahren ließ, geriet er in Verlegenheit. Alles läßt sich nicht aus der Schrift herleiten, selbst bei der geschraubtesten Exegese. Anan ließ das rituelle Schlachten bestehen, sogar wie es scheint, unter den talmudischen Modifikationen. War das konsequent karäisch, d. h. auf biblischem Grunde? Einer der Karäer Menahem Gizni (Saadias Zeitgenosse?)[1] gesteht es ein, daß die Riten fürs Schlachten nicht in der Schrift begründet sind und doch von den Karäern festgehalten werden: תנאים על הבשר השחיטה... ומי שיחפש בתורה לא ימצא ... ודע כי האומר בתנאים או בסימנים כאשר בצופים ויתנו ד' סמנים זפק וקורקבן וכו' נתנו תנאים על השחיטה ואמרו שהיה דרסה וכו' ואין בהם זכר מן התורה ולא מן התוצאה (bei Pinsker, Beilage, S. 59) הם נודרים ולא מהירש ולא מקל וחומר. Kurz, der Karäismus hatte von Hause aus den Charakter der Willkürlichkeit, der Schwankung, der Inkonsequenz. Es erstanden neue Sekten, wie wir weiter sehen werden, welche mit dem Prinzip des Karäismus auch das Allerfesteste im Judentum aufrüttelten. Der Karäismus mußte diese Verlegenheit überwinden, oder in den Schoß des Rabbanismus zurückkehren. Da kamen einige Männer, oder vielleicht nur ein Mann mit Autorität bekleidet auf neue Formeln, um einerseits das Prinzip des Karäismus, die Biblizität festzuhalten, anderseits der Schwankung zu steuern.

Die angewendeten Formeln sind bekannt, sie sind laut Benennung und Zahl der mohammedanischen praktischen Theologie entlehnt, welche ebenso wie das Judentum zugleich eine Art Jurisprudenz ist (אחכאם auch עלם פקה) im Gegensatz zur theologischen Dogmatik (אלשריעה). Die sunnitischen Theo-

---

[1] [Vgl. über seine Zeit oben S. 322, Anm. 3.]

logen führten bekanntlich den ganzen Umfang ihrer Gesetze auf vier Wurzeln (אצול) oder Grundprinzipien zurück: Die Schrift oder das deutliche Koranwort (כתאב), die Sunna oder Tradition (אלסנה), die allgemeine Übereinstimmung (אלאגמאע) und die Analogie oder Folgerung (אלקיאס); (vgl. Schahrastani, ed. Cureton, S. 153 f. Haarbrückers Übersetzung I, S. 230): „Wisse, daß die Wurzeln der Gesetzesauslegung und ihre Säulen vier sind, die Schrift, die Sunna, die Übereinstimmung und die Folgerung, אעלם אן אצול אלאגתהאד וארכאנה ארבעה — אלכתאב ואלסנה ואלאגמאע ואלקיאס. Das schiitische Bekenntnis wich nur im Punkte der Tradition von dem orthodoxen ab, weil es dieselbe verwarf; es hat also nur drei Wurzeln oder Prinzipien. Da die Karäer mit ihrer antitraditionellen Richtung sich in der Lage der Schiiten befanden, so nahmen sie ebenfalls nur drei Prinzipien (מדות) an und paßten sie ihrer schismatischen Theologie an. Diese drei Wurzeln lauten bei ihnen ebenfalls: die Schrift (הכתוב, משמע), die allgemeine Übereinstimmung (קבוץ oder עדה) und die Analogie (היקש). Kurz und deutlich nennt sie Josua der Jüngere: האסור אם מן הכתוב ואם מן דרך ההיקש ואם מן הקבוץ. Genau die Zeit zu bestimmen, wann Karäer diese Formeln der mohammedanischen Theologie entlehnt haben, ist nicht möglich, aber jedenfalls geschah es früh. Denn Jehuda Hadassi referiert: Es existieren Differenzen über die Prinzipien innerhalb des Karäismus. Sahal Abulsari habe sie auf vier gebracht, nämlich die drei genannten und die Vernunft. Saïd ben Jephet dagegen habe die letztere verworfen, weil die Vernunft mit der Thora öfter im Widerspruche sei, und habe nur die drei anerkannt. Joseph ben Noah habe auch die Analogie nicht gelten lassen wollen (בני מקרא משבילי נותם Nr. 168, 169): אשכל הכפר עדן נתחלפו באלה מדות התורה. הכהן סהל בן מצליח אבולסארי הכלילם על ד' דברים: בחכמת הדעת ובמשמע ובהקש ובעדה התורה כתגברה, וסעיד בן יפת הלוי הכלילם בג' דברים במשמע בהקש ובעדה ולא בחכמת הדעת כי אמר הדעת תאסור בדברים ותתיר בדברים והתורה אוסרת מה שיתיר שכל הדעת ומתרת מה שאוסרה החכמה. . . . ויש מי שמודה בכתב ובקבוץ ולא יודה בהקש וזה יוסף בן נח. Zu Abulsaris Zeit müssen also schon die drei Prinzipien bestanden haben, und er wollte nur ein viertes hinzufügen, das ihm aber Saïd ben Jephet streitig machte. Auch aus dem Umstande, daß Saadia gegen den Karäismus geltend machte, man dürfe sich nicht von der Analogie leiten lassen, läßt sich folgern, daß diese Formel bereits vor seiner Zeit von den Karäern gehandhabt wurde. „Das erste ist, bemerkt Saadia, daß man die Folgerung in betreff der Religionsgesetze aufgeben muß": פאלמקדם אולא אבטאל אלקיאס פי אלשראיע אלסמעיה (bei Pinsker S. 20)[1].

Ich glaube nicht fehl zu gehen, wenn ich annehme, daß die sogenannten drei Wurzeln zwischen Benjamin Nahawendi und Salmon ben Jerucham (820—890)[2] eingeführt worden und daß darunter „das הוסיפו der jüngeren Karäer" oder das דקדקו והעמיקו "גדרים zu ver-

---

1) [Mit Recht bemerkt jedoch Harkavy bei Rabbinowitz a. a. O., S. 448, daß sich dies nur auf diejenigen Gesetze bezieht, deren Gründe uns nicht ohne weiteres erkennbar sind, die sogen. Chukkim.]

2] [Die letztere Zahl ist, da Salmon später gelebt hat, vgl. oben S. 288, Anm. 2, zu ändern.]

stehen ist.   Die drei Formeln (מדות) sind allerdings Bestimmungen oder
Abgrenzungen und setzen Vertiefung und größere Akribie voraus.
Durch die drei Prinzipien sollte einerseits dem Schwanken und der Willkür gesteuert und das karäische Grundprinzip gewahrt, und anderseits ein Mittel an die Hand gegeben werden, wie neue Bestimmungen gefolgert und neue Fälle beurteilt werden sollen.

Über die drei Prinzipien des Karäismus ist noch manches zu bemerken.
1. Der Schrift (משכב, כתוב) legten die Karäer einen andern Begriff
unter, als die Talmudisten und Rabbaniten.   Diese verstehen nur den Pentateuch darunter (תורה, אוריתא) im engsten Sinne.   Gesetzliche Bestimmungen der Propheten dagegen haben im Talmud lediglich den
Wert von Tradition (דברי קבלה), aber keinesweges streng biblische
Bedeutung.   Die Formel dafür lautet: דברי תורה מדברי קבלה (נביאים)
לא ילפינן Chagigah 10b; Niddah 23a; Baba kamma 2b).   Öfter wird
ein Prophetenvers als Beleg für eine Halacha zitiert, aber nur als Akkom-
modation (vgl. Chulin 17b).   Auch äußerlich wird die größere Heiligkeit
des Pentateuchs bekundet, indem verboten wird, eine Rolle der Propheten
oder Hagiographen auf eine Thorarolle zu legen: אין נותנין נביאים וכתובים
כל גבי תורה (Tosifta Megillah c. 4; Babli, Megillah p. 27a).   Die Karäer
dagegen verstanden unter Schrift nicht bloß den Pentateuch, sondern
auch Propheten und Hagiographen.   Jehuda Hadassi spricht sich darüber deutlich aus (Eschkol, Nr. 173, S. 70b): והם תורה, מדות התורה
ונביאים וכתובים ששלשתם נקראו תורה בכתוב ולא שמענו בקול ה'
אלהינו ללכת בתורותיו אשר נתן לפנינו ביד עבדיו הנביאים. ועליהם
אמר החכם מכל אדם חלא כתבתי לך שלישים במועצות ודעת.   Durch
diese Gleichstellung der prophetischen und hagiographischen mit den pentateuchischen Gesetzen gewann der Karäismus viel Spielraum für den Umfang
der Gesetze.   Alles was in der Bibel, gleichviel ob ermahnend, erzählend
oder anspielend, vorkommt, galt den Karäern als religiöse Norm.   Wenn der
Rabbanismus darauf pochte, die Tradition sei notwendig, da die pentateuchischen Vorschriften oft sehr knapp und dunkel gehalten seien, so machte
der Karäismus dagegen geltend, der Pentateuch habe seine Ergänzung in
den prophetischen und hagiographischen Schriften.

Durch das Appellieren an die Schrift als an die letzte Instanz war der
Karäismus dazu gedrängt, die Wortbedeutung des biblischen Sprachschatzes und
den Textsinn genauer zu bestimmen.   Die Grammatik im ausgedehnten Umfange wurde ein Hilfsmittel für die Gesetzesinterpretation.   Auch hierin war
den Karäern die mohammedanische Theologie Vorbild.   Diese stellt als Grund-
bedingung für die Gesetzesdeduktion genaues grammatisches Verständnis
der arabischen Sprache überhaupt und des Koran insbesondere auf: מצרפה
חפסיר אלקראן (vgl. Scharastani, Text, S. 154, Haarbrücker I, S. 232).   Daher
stellt Jehuda Hadassi, sicherlich nach Vorgängern, die Regeln der hebräischen
Grammatik unter die Interpretationsregeln.   Hebräische Sprachkunde war für die
Karäer nicht eine Nebensache, ein Moment der Bildung, sondern ein religiöses
Bedürfnis, gewissermaßen eine religiöse Pflicht.   Die Erweiterung der hebräischen Grammatik war das Werk der Karäer[1].

_____

[1] [Vgl. die wiederholten Bemerkungen hiergegen.]

2. In betreff der zweiten Interpretationsregel „der Übereinſtimmung"
waren die Karäer in einer argen Selbſttäuſchung begriffen. Sie haben dieſe
„Wurzel", wie wir geſehen, dem Islam entlehnt. Aber dort bedeutet ſie:
„die Übereinſtimmung der Genoſſen Mohammeds (אגמאע אלצחאבה;
vgl. Scharaſtani, S. 153, 155). Hatten ſich dieſe über einen religiöſen oder
juridiſchen Punkt ausgeſprochen, ſo hatte dieſer Ausſpruch Autorität, weil
angenommen wurde, daß die Gefährten, welche die rechtgläubigen Imame
ſind, dem Irrtum nicht anheimfallen können; denn Mohammed hatte ausgeſprochen: „Meine Gemeinde in ihrer Geſamtheit unterliegt nicht dem Ir-
tum" (daſ. 153). In dieſer Modalität konnten die Karäer aber dieſe Wurzel
nicht gebrauchen. Als ſie ſie entlehnten und auch dasſelbe Wort dafür an-
wendeten: (עדה, קבוץ), mußten ſie ihr eine andere Bedeutung geben. Sie
verſtanden darunter ſolche religionsgeſetzliche Beſtimmungen, die zwar in der
Schrift nicht angedeutet ſind, aber ſich von jeher im israelitiſchen Volke
behauptet haben. Inſofern iſt dieſe Wurzel nichts anderes als Tradition.
Die ſpäteren Karäer ſcheuen ſich auch nicht, das Ding beim rechten Namen
zu nennen. Sie nennen es „Überlieferung" (התקתה) oder „die Laſt
der Erbſchaft,"[1]) die Erblehre (סבל הירושה). Aaron ben Joſeph (Verf.
des מבחר, ſchrieb 1295) bemerkt in der Einleitung: שגם אנחנו נשבנים
על הכתוב ועל החקש ועל ההיתחקה כי זו ההיתחקה אינה חריסות הרשום
בכתב אבת ואינה בחלוקה, נתחקה אף היא בפה אחד בכל ישראל. Und in
Abſchnitt Bo: כי הכתוב לא פרט הדברים שהיו האבות נוהגים בהן כגון שחיטה
ואיברו: שסמך מצות התורות על סבל הירושים. Vgl. Elia Baſchjazi Anfang:
(החמינו) על שלשה דברים הכתוב עומד על הכתוב ועל החקש ועל סבל
הירושה. Im weiteren Verlaufe ſetzt er dieſen Punkt auseinander: אבנם יש
מצות אחרות שנתגדלנו בהן ואינן כתובות בתורה ושבו להיותן כטבע. ואלה
רקראו סבל הירושה והעתקה מפי החכמים כגון שחיטה הבהמות שתהיה
במאכלת ובכריתת סימנים בשיעור הראוי וכן קדוש החודש שידיה על פי
ראית הלבנה. Die Identität von עדה und סבל ירושה folgt auch aus Jehuda
Hadaſſis Angabe, daß einige dieſen Punkt, die Erblehre, verworfen haben,
aber mit Unrecht: ויש כי שמכלילם (הםדוה) בשני דברים במשמע ובחקש
ולא רודה בעדה סבל ירושתן ובדבריו מאין יודע האותריות והשמות
(והמעשים והוא יבטל טומאה וטהרה[2]) Die Verlegenheit brachte den
Karäismus alſo dahin, die Tradition, die ſie durch das offene Tor hinaus-
gewieſen haben, zu einer Hintertür wieder hineinzulaſſen. Nach und nach
redeten ſie ſich ein, für jedes traditionelle Geſetz gebe es eine Andeutung
in der Schrift, nur vermöge die Kurzſichtigkeit nicht ſie zu ſehen: כאמר החכם
ר׳ טוביה שבל מי שאומר שיש היתחקה שאין לה סריג מן הכתוב אין זה
אלא מקוצר יד שכל (Baſchjazi daſ.). Sie differenzierten auch die Traditionen
voneinander und wollten nur ſolche gelten laſſen, die nicht gegen den Schrift-
ſinn ſprechen, nichts zum Schriftworte hinzutun und ſogar eine Stütze an
demſelben haben und von ganz Israel angenommen werden: ואברו חבמינו
שבל קבלה שלא תצמוד נגד הכתוב ולא תוסיף על מה שאמר הכתוב וכל
ישראל מודים בה ויש לה סריג מן הכתוב נקראת היתחקה ונתקבלה ממנו
(bei demſelben). Indeſſen iſt dieſe Definition ſo vage, daß ſie auf kein

---

1) [Ob hier סבל wirklich als „Laſt", und nicht vielmehr als „Tragen"
aufzufaſſen iſt?]
2) [Vgl. auch Weiß a. a. O. S. 77.]

konkretes Beispiel paßt. Woher soll man denn eigentlich wissen, daß eine gesetzliche Bestimmung von jeher anerkannt war, und daß ganz Israel einig darin ist? Wenn die biblischen Schriften darüber schweigen, so bleibt nur das Zeugnis der Mischnah und des Talmud übrig. Einige ehrliche Karäer gestanden daher auch ein, daß der größte Teil der Mischnah und des Talmud traditioneller Natur sei: עוד אמרו החכמים שרוב המשנה והתלמוד דברי אבותינו הם (daf.). Eben so Aaron ben Joseph (Michbar, Einleitung): ואין זה תפארת לבעלי הקבלה כי רוב המאמרים הם אמרו אבותינו ולא הכחנו בכללם רק מה שאין הכתוב סובל והחלוקה עמו ושעומד נגד הפשט.

3. Die dritte karäische Interpretationsregel, die Analogie oder Folge-rung (היקש), hat in einem Punkte zu einer ausschweifenden Ausdehnung geführt. Einige Karäer haben die Blutsverwandtschaft in bezug auf das Ehe-verbot maßlos ausgedehnt. Da Mann und Frau in der Schrift als Bluts-verwandte betrachtet werden, so hört diese Verwandtschaft mit der Ehescheidung nicht auf, sondern dauert fort und geht auf den zweiten, dritten, vierten Gatten über, den sie nacheinander heiraten, so daß Verwandte des einen Gatten sich nicht mit denen des ganz fremden, zweiten, dritten, ehelich ver-binden dürfen. Diese Ausdehnung heißt bei den Karäern Übertragung רכוב (arabisch תרכיב). Baschjazi (l. c. 85b): בעלי הרכוב אמרו שהזכר ונקבה במדרגת גוף אחד ואסרו לאיש שאר אשתו בשאריו ועוד זאת האשה אם נשאת לאחר והיא היא ויהיו במדרגת גוף אחד ויאסרו שארי זה האיש לבעלה הראשון. וכן אם נשאת לאחר יהיה זה המשפט בעצמו עד ארבעה גופים (vgl. Responsum des Karäers Josua des Jüngern hinter אדרת אליהו 7b): ובדעת הזאת תהיה אשת הבעל במקום האם ובניה אחים ואחיותיה דודות ואחיות דודים. Diese Übertragung wurde im Anfang des zehnten Jahr-hunderts von Abu Jakob ha-Roëh oder Albaßir bekämpft: וחפרירזו (קצת בני מקרא) להרבות בהקשים יותר מדאי עד שאסרו צרירות רבות מאוד שהן מותרות. וזאת השטה כבר בטלוה וסתרוה על ידי מה שחשיב זה הזקן אבו יעקב אלבציר ואחריו הזקן הגדול אבולפראג פרקן בן אסר (Pinsker a. a. O., S. 147; vgl. Munk, Notice sur Aboulwalid Merwan Ibn-Djanah). Wir können daraus entnehmen, daß das Prinzip der Schlußfolgerung vor Salmon ben Jerucham, also vor 890 eingeführt wurde. Der Hauptopponent gegen das רכוב war, wie gesagt, Joseph ha-Roëh (nach Munks richtiger Auffassung identisch mit Albaßir). Dieser schrieb in Saadias Zeit und zwar entweder im Jahre 910 oder 930 (vgl. Note 20)[1].

V.

Eine andere tief eingreifende Erschwerung ist ebenfalls in den Karäismus eingeführt worden. Es ist bekannt, daß die Karäer noch jetzt die levitischen Reinheitsgesetze beobachten. Nicht bloß schließen sie Menstruierende und Wöchnerinnen von der Berührung, sondern auch solche Personen, die irgendwie durch Berührung eines Leichnams levitisch verunreinigt sind, vom Besuche der Bethäuser und vom Zusammenleben mit Reinen aus. Die fort-dauernde Gültigkeit der levitischen Reinheitsgesetze hat aber Anan ausdrück-lich negiert, wie aus der langen Notiz (o. S. 492) hervorgeht. Dagegen war ihre Beobachtung in der Zeit des Salmon ben Jerucham so fest-

[1] [Er blühte im elften Jahrhundert; vgl. Poznański in JQR. XIX, S. 63—65.]

gewurzelt, daß diese in seiner Polemik gegen Saadia den Rabbaniten
unter anderen auch das zum Vorwurf macht, daß sie sie mit der Tempelzerstörung für aufgehoben erklären (מלחמות ה') Ms. Alphabet XIII, 1)
תוכח כדרך משכילים לחקל חמורות ולהחמיר קלים טומאות נגיעה וטומאת
דברי שקר וכזב (Alphabet XIV, 4): אוהלים ולהתיר טמא ומרק פגולים
האומרים אין טומאה בגלות ואין טהרה וגם כל שאשה עושה לבעלה נדה
עושה לבעלה חוץ משלשה אמורה. Salmon ben Jerucham scheint sich also
gar nicht daran gekehrt zu haben, daß Anan in diesem Punkte dem Talmud
zugestimmt hat. Wann und von wem sind die levitischen Reinheitsgesetze in
der Zeit zwischen Anan und Salmon ben Jerucham wieder für verbindlich
erklärt worden? Mir scheint, daß R'Acha, Nissi ben Noach, der erste
Karäer war, der diesen Punkt besonders eingeschärft hat. Dieser schrieb ein
Werk über die religiösen Pflichten unter einem Doppeltitel: בוֹתֵן המשכילים
und ספר פלס באור המצות והנבונים, geordnet nach dem Dekalog (zum Teil
abgedruckt in Pinskers Likute, Text, S. 37 ff. und Beil. S. 2 ff.). Darin
kommt er oft darauf zurück, daß die Israeliten verpflichtet seien, sich von
Unreinheiten fern zu halten, namentlich am Sabbat, Festtagen und beim
Besuche des Bethauses: לפיכך חייבים כל ישראל להבדיל מכל הטמאות
ולהטהר מכל הנגיעות ולהתקדש באלה הימים ביותר בשבתות
ובמועדרים וביום וייכור וראשי חדשים יום צרות וצום ועת תפלה ... שלא
יתעסקו בטומאה ושלא ישגו אל יום קדוש שלא
לשבת עם אשה ושלא לטמא ולרגע בבל נבלה. — Ein großer Teil seiner Abhandlung ist diesem Thema gewidmet. Es scheint sogar aus seinen Worten
hervorzugehen, daß die Karäer seiner Zeit diese Seite des Judentums, den
Levitismus, noch nicht beobachtet haben. Denn er bemerkt: Da er gesehen,
daß er selbst die Gebote nicht nach Vorschrift ausübe, fühle er sich gedrungen,
das Richtige auseinanderzusetzen und zwar in hebräischer Sprache. Denn viele
irren in der Erklärung: וראיתי אני שאני מקים המצות והחקים כשלא כתוב
בתורה לא היה ולא נביא ובארכים בלשון צחות בדברי העברים ולא בלשון
אשורים וארמיים שהיא חרפה לאנשי הגולה שבעברים נשו העברים לשונם
ובמקרא שוגגים ובפתרונם נמוגים ... לפיכך חייבים אנו כל ישראל שלא
לאבול בל טמא ושלא לרגע בבל טמא. Nissi ben Noach kommt immer auf
diesen Punkt zurück: er schien ihm sehr wichtig zu sein.

Wir müssen jetzt fixieren, welcher Zeit er angehört[1]). Wir haben oben
(S. 497) gesehen, daß er zwei Namen führte, Nissi ben Noach und R'Acha.
Als R'Acha machen ihn die späteren Karäer zu einem Jünger Anans. Aber
dem kann nicht so sein. Denn in seinem Werke spricht er davon, daß bereits
viele Erklärungen zur Thora in aramäischer und arabischer Sprache existierten,
von älteren und jüngeren karäischen Verfassern: ראיתי המשכילים והאחרונים
... שעשו ספרים ... שפתרון הפותרים לא היה במוהו ... כל ספר שבארו
בעלי פתרונות. Da nun Anan sicherlich der erste Bibel-Kommentator war[2]),
so kann es unmittelbar nach Anan nicht viele Kommentarien gegeben haben.
Auch kennt Nissi bereits die drei Interpretationsregeln: וביד דעת התורה
ושבות מצותיה מתחלקת על ב' חלקים אחד מהם מצוה שצוה אל שדי בתורה

<hr/>

1) [Vgl. die Bemerkung S. 223, Anm. 2.]
2) [Vgl. die Bemerkung S. 185, Anm. 4, betreffs des angeblichen Bibel-
kommentars.]

... והיא ברורה וגלויה ... והשנית מצוה אפונה וסתירה יהיא נתחלקת על
שני פנים. אחד מהם מצות השכל שזכר ואמר מעט מהרבה לחייבנו לחקיש
כמותה ... והשנית מצות דברים שאינם ברורים וגלוים ואין במותם לחקים
כללהם ולהסבירה ואין אנחנו יודעים אותם ולא (.l אלא) בהגדת אב לבן
וראשון ואחרון שהחריבים אנחנו ללכת אחרי המגידים ששני הכריבים בהם
מאמינים ולהם מצדיקים שנאמר אם לא תדעי לך ... צאי לך בעקבי
הצאן (bei Pinsker, S. 11). Er gehört also keineswegs dem achten Jahrhundert an. Andererseits kann er nicht gar zu spät geblüht haben; denn
sein Stil und seine Beweisart sind unbeholfen, wie Pinsker richtig bemerkt.
Ich bin aber nicht mit dem gelehrten Kenner der karäischen Literatur darin
einverstanden, daß Nissis Polemik gegen die Rabbaniten gerichtet sei. Die
ganze Haltung der Einleitung spricht dafür, daß der Verfasser von Karäern
verfolgt wurde, weil er den bestehenden Karäismus für antibiblisch hielt:
רצאתי לנקרא עיר פרזות (ירושלם) ומצאתי דברים נפרצים עד לאין כרפה.
In Jerusalem gab es meistens Karäer.

Nissi ben Noachs Standpunkt ist eigentümlich. Er ist Karäer, verhält
sich aber auch zum Rabbanismus. Er schärft ein, Mischnah, Talmud und
Zubehör zu studieren: להבין במשנה ותלמוד בהלכות ותוספתות גדולות
וקטנות שיהיה בקי במשנה ובתלמוד ובהלכות וילקוט התוספות והגדות. Er
verfährt offenbar eklektisch. Das Eingehen einer Ehe bestimmt er ungefähr
wie Benjamin Nahawendi (o. S. 500), aber er läßt die talmudischen Ehe-
spalten (כתובה) nicht fahren: הלכך חייבים ישראל שלא לטמא בבעילית
הגרים ואפילו בנשים של ישראל שאין להם אישים אלא במאמר וברית
ובאריסה ובמגמנות ובמוהר ובכתיבה ובעדים ובלקיחה ובפרישי שמלה.
Einen neuen Gedanken führte er in den Karäismus ein. Das Bethaus
hat die Bedeutung des Tempels, und, so wie man diesen in levitisch
verunreinigtem Zustande nicht betreten durfte, ebenso dürfe man die Synagoge nur levitisch rein betreten: ללמדך שהחריבים ישראל להגביל בקדשות
ובתי כנסות בחזון לארין ... ללמדך שבל מקום שיש קהל מישראל וארון
ותורה שם אל הוא נקרא קדש כשבן וראיאל. Vgl. Jehuda Hadassi (Eschkol)
Nr. 137.

VI.

Der Karäismus ohne festen Halt verfiel immer tiefer in Exzentrizitäten.
Er bildete sich zu einem Pönitenzorden aus. In der leitenden Notiz von
Salmon ben Jerucham aus seinem Psalmen-Kommentar (o. S. 490) heißt es:
„Es sind später Männer aufgetreten, haben ihre Heimat und
Gut verlassen, das Weltliche hintangesetzt und befinden sich „jetzt"
in Jerusalem." Den Psalmen-Kommentar schrieb Salmon 953—57[1]). Also
damals gab es schon asketische Karäer in Jerusalem. Aus Sahal ben
Mazliachs Sendschreiben erfahren wir, daß in Jerusalem sechzig asketische
Karäer einsiedlerisch lebten, über Zion seufzten und trauerten und beabsichtigten, durch ihr Gebet die Erlösung zu befördern (S. 31): זה מנהג
ישראל אשר נתרצו ומהאות התצלם נזירי ומאבילה בשר ומשתית יין נואשי ...
וצפד גורם על נצמם ... עזבו מסחרהם ושבחו משפחתם ... נטשו ארמונים
ושכנו סנים ... נאנחים ונאנקים ועל שבר ציון צועקים (שׁׁשׁים גבריֹם) הם

<hr/>

[1] [Vgl. jedoch S. 288, Anm. 1.]

שׁשׁים משׁבּילים מיכּיחיים ומלבדים לישׂראל כּמאה וכּזהרה והם מכבּרים צונות

ישׂראל וכם תבא הגאלה לישׂראל. Dasſelbe berichtet der Zeitgenoſſe Jephet ben Ali in der Einleitung zum Pſalmen-Kommentar (zitiert von Munk, Notice sur Aboulwalid 15): „Die תמימי דרך ſind die Auserwählten der Karäer, von denen die meiſten in Jeruſalem leben, und das ſind die ſechzig Helden;" אן גלהם רבונון פי ירושׁלם ואלכסׁאיר כּתפּרקון פי אריץ גלות והם ׁׁשׁשׁים גבורים. Das ſind die „Trauernden um Zion", אבלי צׁיון, von denen in den karäiſchen Schriften ſo viel die Rede iſt. Ihre Askeſe beſtand darin, daß ſie ſich des Weines und Fleiſches enthielten. Auch dieſe Enthaltſamkeit leiteten ſie aus der Schrift ab. Da es heißt, man dürfe außerhalb des Lagers nicht ſchlachten, ſo deuteten ſie es: „außerhalb des Tempels" und ohne denſelben (Aaron in Mibchar zu Leviticus 17, 3): וריש מי שׁאסר בזה המאמר אבול בשׂר בגולה כי מחוץ כּולל כּל הצׁולם ור' שׁלמה השׁיב ואמר אם יעדר המחנה בכּל מחוץ למחנה. Aus Sahals Sendſchreiben ſehen wir, zu welcher lächerlichen Peinlichkeit der Karäismus zu ſeiner Zeit herabgeſunken war. Auch er behauptet, Fleiſch in der Zerſtreuung zu genießen, ſei überhaupt verboten: וׁקרו שׁל דבר בשׂר בקר וצׁאן אסור בגלות (S. 32).

Vor Abulſari Sahal, der ſich in ſeinem Sendſchreiben als Asketen gibt, iſt nur ein einziger bekannt, Jehuda ben Alan, welcher von D. Kimchi mit ראיתי במּחבּרת כּלי בן יהודה (.) יהודה Namensverdrehung genannt wird: בן כּלאן (.) חנזיר (Michlol 108 b), d. h. ein Büßer[1]. Pinsker vermutete, daß dieſer identiſch ſei mit dem von Maßudi (in de Sacys Chrestomathie arabe I.) genannten Jachja ben Zacharia, der im Jahre 320 d. H. = 932 ſtarb. Vgl. darüber Likkute, Text, S. 5.

18.

Die jüdiſchen Sekten im Orient nach Anan[2].

Anans Oppoſition gegen das beſtehende Judentum und ſein Lehrſatz „Suchet tüchtig in der Thora" haben ohne Zweifel die Sektenbildung im Orient erzeugt. Makrizi zählt zehn ſolcher Sekten auf, mit Ausſchluß der Karäer und Rabbaniten; aber das, was er von einigen derſelben ausſagt, iſt ſo vage, daß ſich nichts Beſtimmtes dabei denken läßt. Hiſtoriſch bezeugt ſind jedoch nur fünf bedeutende Sekten, wenn man die vorananitiſchen Jſawiten abzieht, und dieſe haben ſich infolge des Karäismus und anderer Einflüſſe gebildet. Sie beſtanden noch im zehnten Jahrhundert, ja einige davon noch länger. Es ſind die Judghaniten, die Makarijiten, die Albariten, die Abuamraniten oder Tifliſiten und die Balbekiten. Die Quellen dafür ſind: David Almokammez (im Auszuge bei Jehuda Hadaſſi אשׁבּיל הכּפר Nr. 97, 98), ferner Scharaſtani (ed. Cureton, S. 164 f.), dann Makrizi (bei de Sacy, Chrestomathie I, 307 ff. und Noten dazu) und endlich anderweitige Notizen.

---

[1] [Jehuda ben Alân war wohl kein Karäer; vgl. Steinſchneider, Arabiſche Literatur der Juden, § 67, S. 111—112, und Poznański, Zur jüdiſch-arabiſchen Literatur, S. 59.]

[2] [Über dieſe jüdiſchen Sekten vgl. den Anhang von Harkavh bei Rabinowitz a. a. O., S. 493—511 nach Kirkiſſanis Kitâb-al Anwâr.]

I. Die Judghaniten oder Jehudäer.

Sie haben ihren Namen vom Stifter Judghan, auch Jehuda aus Hamadan genannt. So vollständig bei Scharastani נסבוא אלירודגניה. Bei de Sacy falsch בודיאן für אלי רגל מן הבדאן וקיל כאן אסמה יהודא רודיאן und bei Jehuda Hadassi verschrieben דת יורגאן für יורדגאן (das ג für das arabische Ghain gesetzt). Es ist der von karäischen und rabbanitischen Schriftstellern oft genannte יהודה הפרסי [1]). Almokammez gibt an, Judghan habe sich für den Messias ausgegeben und messianisch gewirkt: יורגאן הוא חושב גמליך . . . . והתורה כי הוא המשיח ושכן בנבואה ומאביריו אמרו כי הוא חי ולא מת ויחתיד לבא ולהוריד ולהציל בנקמת יהודיך. Ähnliches berichtet Scharastani: „Was von ihm tradiert wird, ist seine Hochschätzung des Berufers des messianischen Vorläufers:" וקל כנה תשברם. אבר אלדראי. Beide berichten, Judghan oder Jehuda habe Fleisch- und Weingenuß untersagt und Fasten und Beten eingeschärft; (Almokammez): סדור דת זו אלירוגנים (.ל רודגנים) אוסרים הבשר והיין ועישים צומות ותפילות רבות; (Scharastani): Er fordert zur Enthaltsamkeit und vielem Beten auf (תכריר אלצלוה) und verbot Fleisch und Getränke aus Trauben bereitet (אלאכברה). Nach Scharastani nahm Judghan einen äußeren und einen inneren Sinn, eine buchstäbliche und eine allegorische Erklärung der Thora an: כאן רוזם אן אלתוריה תאהרא ובאטנא ינזילא ותאוילא und zwar ganz anders als sonst die Juden es tun. Er ging auch darin von den Juden ab, daß er die Vergleichung (Gottes mit der Kreatur) nicht gelten ließ und neigte sich zur Lehre des Kadr (der Selbstbestimmung des Menschen, im Gegensatze zum Fatalismus): ובאלפהם (אליהוד) פי אלתשביה וכאל אלי אלקדר. Mit einem Worte, er huldigte der Lehre der Mutaziliten, oder war ein jüdischer Mutazilite. Davon berichtet Almokammez oder sein Epitomator nichts. Dagegen stellt er noch ein Moment auf, das wiederum bei Scharastani fehlt. Jehuda aus Hamadan habe erklärt, daß die Sabbate und Festeszeiten in der Jetztzeit, d. h. nach der Tempelzerstörung, keine Bedeutung hätten: (דת ואומרים אלירוגנים) כי השבתות והמועדרים נפלו הם כארן בזו זמן. Dasselbe tradiert Jephet ben Ali von den Anhängern Judghans und den Schadghaniten, daß die Verpflichtungen der Thora nur für die Tempelzeit gälten, im Exil dagegen ihre Verbindlichkeit verloren hätten: יהרס דבר האומר שארן צלינו בגלות מצות והם היורדגאניים והשאדגאניים וזולתם האומרים שארן צלינו עמירת טומאה וטהרה בגלות וכן המודדרים אבנם נשברים לזכרון . . . . והקילו כל ישראל הרבה מן הצות שהתירו באבלת הגרים ואכילת השכניים (bei Pinsker a. a. O., Text, S. 26). Unter dem Namen Jehuda der Perser tradiert Abr. Ibn-Esra von ihm, daß er ein Buch geschrieben, um nachzuweisen, daß die Thora nach Sonnenjahren, und nicht nach Mond- oder kombinierten Jahren zählt (Einleitung zum Pentateuch): כי הנה יהודה הפרסי חבר ספר ובחשבון השמש השנה והחדשים ספר; Iggeret ha-Schabbat I.): אמר יהודה הפרסי כי שנות ישראל היו שנות החמה בעבור שבצא המועדרים בימים ידועים כי הפסח באביב שעורים ושבושות בקציר וסכות באסף (vgl. noch dessen Kommentar zu Exodus 12, 1; Leviticus 25, 19; Numeri 3,

---

[1]) [Vgl. Kirkisani bei Rabbin., S. 503 und REJ. V, S. 215, gegen diese Identifizierung, und oben S. 212, Anm. 2, betreffs des früheren Auftretens von Judghan.]

39). Wenn man auch kein Gewicht darauf legen wollte, daß Jehuda der Perſer im Kataloge der karäiſchen Autoritäten figuriert, ſo würde ſeine Dogmatik darauf hinweiſen, daß die Judghanija eine Abzweigung des Karäismus bildete. Es wird auch von ihm ein Kommentar zum Pentateuch zitiert (Luzki 25 b): פירוש על התורה חבורו של יהודה הפרסי [1]. Die Entſtehungszeit dieſer Sekte läßt ſich nur annäherungsweiſe beſtimmen. Jehuda Habaſſi ſetzt ſie gleich nach den Iſawiten und vor Ismael Akbari, Scharaſtani vor die Sekte, welchen ihren Ausgang von Benjamin Nahawendi nahm. Sie ſcheinen beide bei der Aufzählung der Sekten einer chronologiſchen Ordnung gefolgt zu ſein. Da nun Ismael Akbari um 833—42 auftrat und Benjamin um 800—20 blühte, ſo muß Jehuda Judghan mindeſtens ebenfalls im Anfang des neunten Jahrhunderts angeſetzt werden. Ihn zum Zeitgenoſſen und Mitagitator Anans zu machen, verbietet der Umſtand, daß Judghans Oppoſition gegen das beſtehende Judentum viel weiter ging als die Anans. Wie die anti-jüdiſchen Paulinisten ſpäter auftraten als die Judenchriſten, ebenſo kann Judghan nur Anans Nachfolger geweſen ſein.

Als eine Abzweigung der Judghaniten nennt Scharaſtani die Muſchkhaniten, deren Urheber ein gewiſſer Muſchkha war: ומנחם אלמושכאניה אצחאב מושבא עלי מדהב יודגאן. Die Muſchkhaniten unterſchieden ſich von der Stammſekte nur dadurch, daß ſie für ihre Lehre Propaganda machen und ſie mit dem Schwerte in der Hand aufzwingen wollten. Muſchkha zog mit 19 Mann aus und wurde in der Gegend von Kum getötet: ובֹרֹג פֹר תֹסֹיֹה עֹסֹר רֹגֹלֹא פֹקֹתֹל בֹנֹאֹחֹיֹה קֹם (daſ.). Sicherlich ſind die Muſchkhaniten bei Scharaſtani identiſch mit den Schabghaniten bei Jephet [2]. Einer der beiden Schriftſteller hat den Namen korrumpiert.

II. Die Makarjiten oder Magharijiten [3].

Um die Leſung des Namens zu rechtfertigen, bemerke ich von vornherein, daß de Sacy bei Abulfeda, welcher die ganze Stelle aus Scharaſtani ausgezogen, die Lesart gefunden hat: אלמקאריה, und nicht אלמקאריבה, wie Curetons Text lautet. Dieſe Lesart iſt ſchon darum falſch, weil jeder Sektenname im Arabiſchen die Endung יה haben muß; es hätte denn heißen müſſen אלמקארביה. Bei Jehuda Habaſſi nach Almokammez lautet der Sektenname אלמגריה, gewiß zu leſen אלמגריה, ſo daß die Differenz zwiſchen der einen und der anderen Lesart nur im ג oder ק beſteht. Die Bedeutung dieſes

[1]) [Nach Harkavy bei Rabbinowitz S. 454, Anm. 141, iſt auf dieſe Angabe von Luzki kein Verlaß.]

[2]) [Nach Harkavy a. a. O. Anm. 143 iſt die Bezeichnung Schabghaniten identiſch mit Judghaniten.]

[3]) [Über dieſe Sekte vgl. Harkavy a. a. O., S. 496—498, der ſie gemäß der Schreibung אלמגאריה mit den אנשי המערות identifiziert und in ihnen einen Überreſt der im 2. vorchriſtlichen Jahrhundert entſtandenen Eſſäer ſieht, da auch dieſe ein zurückgezogenes Leben führten, und auch in Ägypten, und zwar ſowohl in der Nähe von Alexandria als auch von Foſtät, wohnten, womit auch der in ihren Schriften vielfach genannte אלאסכנדרי, d. i. Philo, in Verbindung zu bringen iſt. Nach Poznański in RÉJ. L, S. 15 ff., iſt höchſtens ein Zuſammenhang mit den Therapeuten anzunehmen, mit denen ſie in ihren allegoriſchen Anſchauungen übereinſtimmen könnten.]

Namens ist unklar. Scharastani bemerkt, nachdem er die Dogmatik der Makarija auseinandergesetzt, der Urheber derselben sei Benjamin Nahawendi: **אלנהאונדי בניאמין הו אלמקאלה הדה צאחב ויקיל**[1]. Dasselbe scheint Almokammez sagen zu wollen, mit den Worten: (כמאמר oder כמאמר) **בנימין החאנדי**. Der Lehrinhalt dieser Sekte ist rein dogmatischer Natur. — Der Mittelpunkt dieser Dogmatik war nach Scharastani, daß Gott zu erhaben ist, um sich Menschen zu offenbaren: **יכלם אן אן תצאלי אלרב ויתצלי**. Die Offenbarung sei daher vermittelst eines Engels geschehen: **תצליבא תברא**. **מלאך בואסטה אלאנביא כאתב תצאלי אללה אן**. Diesen Engel habe Gott zu seinem Statthalter, gewissermaßen zu seinem Vize-Gott, gemacht, und alles, was in der Thora vom Tun Gottes erzählt wird, beziehe sich auf diesen Engel. Sämtliche Verse in der Thora, welche anthropomorphisch klingen, seien allegorisch zu nehmen: **פי אלמתשאבהה אלאראת אן אלתוריה בלהא מאדללה**. Ganz dasselbe berichtet Almokammez (freilich bei seinem Epitomator verdunkelt). Die ganze Stelle lautet: Im Gegensatze zu den Sadduzäern, welche Gott körperlich faßten: **מרואן בן דוד) גם וסמר אלמקמץ) בעד אלמגדיריה בחלוף זה אלאלהים קשורים כי לא הם מיסיפין בדמיון כי אם בספור התורה אשר ספוריה בפשיטה מפרשים ומברדים ועוד אומרים כי הם ספורים למקטע מלאכים ומהם הוא המלאך אשר ברא את היכלם במאמר בנימין החאנדי**. Auch aus einem Zitat bei Joseph Koch sehen wir, daß Benjamin Nahawendi annahm, Gott habe zuerst einen Engel erschaffen, und dieser Engel sei der Weltschöpfer: **אלנהונדי בנימין דברי אשר יאמר כי ה' ית״ש ברא מלאך והמלאך ברא את העולם כל ידו השמים והארץ ולבני האדם כלם**.

Diese Lehre von der Verwerfung des Anthropomorphismus (Muschabbiha) und der allegorischen Auslegung der Thora ist ganz die der mohammedanischen Mutazila. Wir sehen daraus, daß Benjamin Nahawendi, so wie Judghan, der den Kadr (liberum arbitrium) behauptete, Mutaziliten waren und eben so deren Anhänger, die Judghaniten und Makarijiten. Damit stimmt Makrizis Bericht überein, daß die Karäer (Ananiten) die strenge Gotteseinheit und die Gerechtigkeit behaupteten und die Vergleichung Gottes verwarfen, d. h. sich der Theorie der Mutaziliten angeschlossen haben: **תקול פאלענאניה באלתוחיד ואלעדל ונפי אלתשביה** (bei de Sacy, Text 116). Dasselbe berichtet Maßudi, der die Ansichten der Juden seiner Zeit aus Umgang mit ihnen sehr gut kannte, daß die Karäer Mutaziliten waren: **והם ואלענאניה מן ידהב אלי אלעדל ואלתוחיד** (das. 350). Auch Maimuni berichtet, daß die Karäer (und die späteren Gaonen von Saadia an) dem moslemitischen Kalam, d. h. der Mutazila, gefolgt sind und einiges davon entlehnt haben: **הדא אמא אלגזר אליסר אלדי תגדה מן אלכלאם פי מבני אלתוחיד ומא יתעלק בהדא אלמעני לבעץ אלגאונים וגד אלקראין פהי אמור אבדעוהא ען אלמתכלמין מן אלכלם** (More I, Cap. 71, ed. Munk, p. 91, Text). Ebenso berichtet Aaron Nikomedi, daß die Karäer und einige Rabbaniten sich der Mutazila angeschlossen haben, weil deren Grundsätze mit der Thora übereinstimmen: **הכמי הקראים וקצת כחכמי הרבנים נמשכו אחרי דעות מעזילה כי שראו בעיניהם**

[1] [Vgl. die Berichtigung dieser Auffassung durch Harkavy a. a. O. S. 455, Anm. 144, wonach der Sinn ist, daß Benjamin Nahawendi der Urheber des Ausspruches (מקאלה) von der Mittlerschaft des Engels ist.]

מסכימים ליסודות התורה (Ez-Chajim, ed. Delitzſch, S. 4). Wenn nun Scharaſtani das Entgegengeſetzte referiert, daß in betreff der dogmatiſchen Streitpunkte: Kadr (und Muſchabbiha) die Rabbaniten der Mutazila und die Karäer der entgegengeſetzten Theorie huldigen: ואבא אלקול באלקדר פאלרבאניון מנהם כאלמעתזלה פינא ואלקראיון כאלמגברה ואלמשבההה (165), ſo beruht das auf einer Veränderung, die bei Rabbaniten und Karäern vorgegangen war. Mit Saadia neigte ſich der Rabbanismus der Philoſophie, d. h. dem Kalam der Mutazila, zu[1]) und die letzten Gaonen traten ſchriftſtelleriſch als ſolche auf. Saadias Zeitgenoſſe Aaron Jbn-Sargadu, ſein Sohn Doßa, M'haï und ſein Schwiegervater Samuel ben Chofni, auch ein gewiſſer Jbn-Alakuli[2]), alle dieſe waren jüdiſche Mutaziliten. Da Scharaſtani die Schriften einiger von ihnen geleſen hatte, ſo konnte er mit Recht berichten, die Rabbaniten gehen mit der mohammedaniſchen Mutazila. Die Karäer dagegen ſanken ſeit Salmon ben Jerucham und Jephet ben Ali immer tiefer in Geiſtloſigkeit und Askeſe und mögen im Orient, ſo weit Scharaſtani Gelegenheit hatte, ſie kennen zu lernen, ein klägliches Bild geboten haben.

III. Die Albariten.

Den Namen haben dieſe Sektierer, wie Makrizi berichtet, von zwei Männern: Muſa dem Bagdadaner aus der Stadt Albara, und Jsmael ebenfalls aus Albara: ואלכברריה אצחאב מוסי אלבגדאני אלעכברי ואסמעיל אלעכברי. David Almokammez nennt zwar nur den letzteren: ענין דת אסמעיל אלעכברי; aber der Karäer Joſeph Bagi, Verf. des אגרת קריה נאמנה, nennt beide und zwar den erſten unter dem Namen Meswi (für Muſa, wie oft): ודת (?) וכתב דת משוי העכברי וכתב דת אלבתל תפליסים ודת כותים ודת משה אלועפרני ודת ישמעאל אלעכברי ודת עובדיה האספהני (bei Wolf Bibliotheca IV, p. 1091). Ebenſo Mardochai Troki[3]) (in דוד מרדכי c. 3)[4]). Worin das Schisma beſtand, iſt weder bei Almokammez, noch bei Makrizi angegeben. Der letzte referiert allgemein: Die Albariten wichen in einigen Punkten in betreff des Sabbat und der Auslegung der Thora ab: יכאלפון אשיאא מן אלסבת ותפסיר אלתוריה. Noch unbeſtimmter lauten die von Hadaſſi zitierten Worte: ובטל גם הוא הכתב והקריאה ואמר אסמעיל כי הם שקר ומי שצוה הוא חייב לאלהיך וכללי הפסוקים שהחליפו השומרונים הלכו גם הם[5]). Der Karäer Tobia

---

[1]) [Bekanntlich war ſchon der vor Saadia wirkende Al-Mokammez Mutazilit; vgl. Schreiner a. a. O. S. 22—25.]

[2]) [Sogar noch Niſſim ben Jakob aus Kairuân.]

[3]) [Der Verfaſſer des Dod Mordechai war nicht aus Troki, ſondern aus Kraßni-Oſtrow in der Nähe von Lemberg; vgl. Harkavy a. a. O. S. 456, Anm. 145.]

[4]) Vgl. auch Kirkisani in RÉJ. V, p. 217. וכאן בצד כנן אסמעיל אלעכברי (834—42) וילך פי אראם אלמעתצם באללה.

[5]) [Die Häreſie dieſes Sektierers beſtand darin, daß er den Text der Thora teils willkürlich geſtaltete, teils ſich nur nach dem K'tib richtete, ferner den Neumond mit dem Molad beginnen ließ, und das vom Nichtjuden direkt für den Juden am Sabbat zubereitete ohne weiteres geſtattete. Vgl. Harkavy a. a. O., S. 507—8 und Poznanski, in RÉJ., XXXIV, S. 161 ff.].

ben Mose (in אוצר נחמד f. 10) gibt an, daß schon Saadia gegen Mose Al-bari in betreff der Fetteile polemisiert hat: דע אחר כי זה הפירחומי חלין זכר דברי מישוי אלעכברי ואמר חלבו אחריו (הקראים) בהתרת חלבי חלים (חולין) וזכר טצנותיהם וחוק דבריהם ולא באר מן קלות ראשו ומיעוט דעתו (c. 19 דיני שחיטה).   Dasselbe berichtet Aaron Nikomedi (in וישראל נחלקו לג' דעות בבנין החלב מהם אומרים כי לא אסר הכתוב רק חלב קדשים לא חלבי חלים וזה דת משוי העכברי והנמשכ״ם אחריו.   Es wird sich weiter zeigen, daß Jsmael Albari dieselbe Ansicht hatte. Jsmaels Lebenszeit bestimmt Almokammez: er blühte zur Zeit des Kalifen Almotassim (834—842): ‏והיה בימי מעתצם באללה המלך‎[1].

IV. Die Abuamraniten oder Tiflisiten.

Auch diese Sekte hat ihren Namen vom Stifter, der Mose (Meswi) hieß, als solcher aber nach arabischer Weise den Beinamen Abu-Amran führte, aus der Stadt Safrân stammte und später nach Tiflis auswanderte (Almokammez): דת אבוצמרן שמו משה אלזפרני הניזד אבוצברן אלתפליסי אבוצמרן muß man lesen אבוצמרן.   הניצח מבקומו אל מדינת תפליס.   Statt wie aus einer Notiz von Jephet hervorgeht (zitiert von Dukes Beiträge II, S. 30—31): ודת אלצבדי ואלצגבריים אומר כי . . . חיים יש בעולם דתות רצות בזה העולם [חשלום] טוב ורע כי אין תחית המתים לעתיד לבא וחלך אחריהם משה אלזפרני הניזד אבוצברן הוא דת מישי שאומר אין תחית המתים. Wir sehen daraus, daß er die Auferstehung leugnete und zwar mit Anlehnung an mohammedanische Schismatiker.   Mose Abu-Amram war Karäer, nahm vieles von ihnen an, das Eheverbot mit der Bruder- und Schwestertochter, das Genußverbot des trächtigen Tieres und des Fötus, den Brauch, das Wochenfest vom Sabbat an zu zählen: פירש ואסר בת האח ובת האחות ובדומה לזה כדברי בצלי מקרא . . . אף אסר האליה העזבר והמזובר וחג השבועות חייב ביום ראשון בחרדי צליין.   Er wich indessen in folgenden Punkten von ihnen ab: a) Der Neumond beginnt mit dem Verschwinden des alten Mondes.   b) Die Fetteile am Tiere sind nur an Opfern verboten, nach der Tempelzerstörung dagegen ist deren Genuß gestattet.   Hierin stimmte er mit den Albariten überein, was auch in dem, allerdings verdorbenen Texte (bei Jehuda Hadassi) angedeutet wird: ואסמציל ואלצבברי חבירריו מחלרפי תורות דת אבוצמרן . . . נפרד נתחלק מן הצדה בדבריים אחדים כנון שלקח ראש חודש בכסוי הירח וסמך בפסוקים . . . בכסה ליום חגנו . . . ופירש פרושים אבודים בריח קדרים אף החתיר הבשר עם חלביו באשר הוא הגוף (?) בזו גלותך.   Jephet ben Ali berichtet ebenfalls von den Tiflisiten (אצחאב אלתפליסי), daß sie den Neu-mond mit der synodischen Konjunktion beginnen (bei Pinsker, Text, S. 26). Nach einem Zitat bei Abr. Jbn-Esra hat Mose ha-Parsi die Verse über das Passahopfer so gedeutet, daß nur beim Auszug aus Ägypten ein Lamm als Passah vorgeschrieben sei, später aber durfte es auch vom Rindergeschlecht gebracht werden (zu Exod. 12, 5): אמר משה בן עמרם (l. אבו עמרם) הפרסי כי השה חיוב פסח מצרים ובארין ישראל שה או פר וראיתי יובחת פסח . . . צאן ובקר שהוא פסח דורות.   Mose Abu-Amrans Zeitalter ist un-

---

[1] [Vgl. zu diesen Ausführungen z. T. Poznanskis Studie über Meswi al-Albari, RÉJ. XXXIV, S. 161 ff.]

gewiß. Es wird zwar angegeben, daß er zur Zeit des Malich Alramli aufgetreten ist: ארמלי (.I מליך) עמד זה אבועמרן בימי המלך; aber das gibt nicht mehr Gewißheit. Jedenfalls lebte er wohl im neunten Jahrhundert, da er mit Ismael Albari in Verbindung gesetzt wird, und dieser in der ersten Hälfte des neunten Jahrhunderts auftrat[1]).

V. Die Baalbekiten.

Auch sie haben ihren Namen vom Stifter Meswi aus Baalbek[2]) (Almokammez): הוא גם נפרד בעלבק היה ממדינת בעלבקי משוי דת .Er hat das karäische Prinzip der Biblizität ad absurdum geführt. Allerdings soll das Wochenfest am Sonntag stattfinden, aber man weiß nicht, von welchem Sonntag die 50 Tage zu zählen seien: שבעיית חג כי הוא גם נאם ראשון רום אריה יודע אינו אבל לעולם ראשון ביום. Auch sprach er einen Zweifel darüber aus, auf welche Weise der Monatsanfang bestimmt werden soll. באריה בבירור ידע ולא החדשים ראשי ידיעת כל בספק היה וגם בתורתך ויעמיד[3]). Den Ausdruck שבתון שבת beim Versöhnungstage urgierte er so, daß dieser Festtag stets auf einen Sonnabend fallen müsse; daher müsse der erste Passahtag stets an einem Donnerstag gefeiert werden: ניצן בשבת הכפורים רום שיפול בעד חמישי ביום לעולם יתחייב הפסח כי יד שבתון שבת הכתוב שאמר משום. Die Kiblah soll nicht gegen den Tempel, sondern überall gegen Westen gerichtet sein: יחריב התפלה חשתחורית גם ישרים ובמצרים במערב שהיה מי כל ודתו דינו זו בבירות ואחוריו במערב המקדש נגד אחוריו. Diese Stelle scheint Alkarkassani entlehnt zu sein, von welchem referiert wird: בפאת הוא התפילה בקום כי רואה היה היה כי המקדש בית אל אחוריו שישים במצרים שיהיה בעד רואה הוא וכי מערב (bei Pinsker S. 88). Gleich den Albariten und Tiflisiten gestattete Meswi Baalbeki den Genuß der Fetteile להאכיל חולין מזבחו החלבים התיר הוא כי בתורתך בחליפי ההרים מאנשי לקח הדת זו להקריבי בלי. Nach seiner Ansicht durften die Opfer nicht am Sabbat gebracht werden, vielmehr wurden die Sabbatopfer am Freitag dargebracht: שיקריבו יחייב לא ובשבת מצנתו ואמר פירש בשבתו הנאמר לפסיק . . . ריק בל קרבנות שבתו ליום נקרב היה השבת קודם. Eine Differenz ist wegen des schlechten Stiles, in dem Jehuda Hadassi die Sektengeschichte wiedergegeben hat, ganz unverständlich: בהטבה מותר קודש מימי הזהובים ציון כי ואמר עוד בורה חלב ורצון[4]). Es ist aber ganz unglaublich, daß Meswi Baalbeki zum Christentum übergetreten ist (wie Delitzsch annimmt, Ez-chajim, S. 322). Denn dann würde er keine Anhänger behalten haben, die sich nach seinem Namen genannt hätten[5]).

---

[1]) Über Ismael Albari und Benjamin Nahawendi, vgl. Revue des Ét. j. V., p. 217. [Er gilt als Schüler von Ismael Albari und polemisierte auch gegen Chiwwi oder Chajaweih aus Balch. Übrigens gab es auch eine mohammedanische Sekte אלזעפראניה; vgl. Harkavy a. a. O. S. 508.]

[2]) [Vgl. über ihn a. a. O. S. 509.]

[3]) [Er soll geraten haben, sich hierin den Rabbaniten anzuschließen.]

[4]) [Der Sinn ist nach Harkavy a. a. O., S. 458, Anm. 149, daß dies zur Erfreuung des Herzens gehört.]

[5]) [Vgl. jedoch a. a. O., Anm. 150.]

Von den übrigen Sektennamen, die Makrizi nach einer älteren Quelle mitteilt, sind nur zwei hervorzuheben: 1. Die Galutijiden; sie übertrieben den Anthropomorphismus: רתבאלג אלתנזיה פי אלתשביה. Sie waren Mystiker, wie ich nachgewiesen habe (Frankels Monatsschrift 1859, 117). 2. Die Scharaschtaner, welche behauptet haben, daß 20 Verse (פסוקים) in der Thora fehlen: ואלשרשתאניה אצחאב שרשתאן זעם אנה דהב מן אלתוריה תמאנון פאסוקה אי איה. Die übrigen sind bloß Unterabteilungen von Karäern; z. B. die Jrakaner, welche den Monat mit dem astronomischen Neumond beginnen und von den Chorasanern differieren. Es ist dasselbe, was Levi ben Jephet berichtet: אנשאב מארץ שנצר מן אחרני הקראין רצאו (החדש) כל אלאכראל בלבד (bei Pinsker S. 89). Was Makrizi von den Fajumiten erzählt, daß sie sich nach Saadia benennen und das Gesetz nach Notarikon auslegen, ist Unsinn: ואמא אלפיומיה פאנהא תכסב אלי אבן סעיד אלפיומי והם יפסרון אלתיריה כלי אלאחרוף אלקטעה[1]).

19.

Elbad der Danite[2]).

Mit diesem Touristen haben sich in neuester Zeit Rapoport, Landauer, Carmoly und Jellinek beschäftigt, ohne zu erkennen, daß er ein Abenteuer und Charlatan war. Dieses verdammende Urteil muß jeder fällen, der sich Mühe genommen, die Notizen, die wir über ihn haben, genau anzusehen[3]). Schon der Umstand, daß er sich als einen Sohn des Stammes Dan ausgab, daß er diesen Stamm in seiner Integrität fortbestehen, einen unabhängigen Staat mit einem König Usiel an der Spitze bilden ließ, und daß er Traditionen aus dem Munde Moses und Josuas in direkter Linie mitteilte, hätte darauf führen müssen, daß er es auf eine Mystifikation abgesehen hatte. Und nun erst der Umstand, daß er Wörter für althebräisch ausgab, die, so weit wir jetzt den Semitismus kennen, keinem Dialekt dieses Sprachstammes angehören, verrät doch einen Betrüger auf den ersten Blick! תנארא soll Taube, ריקות Vogel, דרמוש Pfeffer und שגיה Geschäft bedeuten![4]) (Sendschreiben der Kairuaner an Zemach Gaon): ולשון הקדש שהוא (אלדד) מדבר יש בו דברים שלא שמענו מעולם כמו לייה תנארא קירא תנתרא צפיר קירא ריקות פלפל דרמוש. בכון אלה כתבני מפיו הרבה שחיינו מראים לי הדבר ואמר לנו השם בלה״ק ואני בוקבין אותו. ואחר ימים חזרני ושאלני

---

1) [Das Urteil des Verfassers ist, nach Harkavy a. a. O., S. 459, Anm. 151, zu modifizieren, da die arabischen Schriftsteller Saadia nur Said, nicht Ibn Said nennen.]

2) Vgl. Frankels Monatsschrift, Jahrgang 1878, S. 423 ff. [Von neueren Abhandlungen über Elbad kommen in Betracht: Neubauer in JQR I, S. 104 ff., Abr. Epstein, Eldad Hadani, Preßburg 1892, D. H. Müller, Die Rezensionen und Versionen des Elbad Had-dâni in den Denkschriften der Wiener Akademie, 1892 —, das mir jedoch nicht zugänglich ist —, und zuletzt Schloessinger, The Ritual of Eldad Hadani, Leipzig-New-York 1908.]

3) [Das Urteil des Verfassers ist nach Epstein, vgl. oben S. 270, Anm. 3, und Harkavy a. a. O. S. 461, Anm. 154, erheblich einzuschränken.]

4) [Vgl. jedoch die Erklärungen hierzu bei Schloessinger a. a. O., S. 43—45.]

(על כל דבר ודבר ומצאנו אותו כדבור הראשון [1]). Ibn-G'anach im Namen des Ben-Koraiſch: רוזם (יהודה בן קריש) אנה כמ״כ אלרגל אלדאני יקול: (לר׳ שגירה במעני לי האגה ושגל [2]). Jehuda ben Koraiſch gab an, er habe von dem Daniten ſagen gehört: „ich habe שגירה", wenn er ſagen wollte: „ich habe ein Geſchäft, ich habe etwas vor." In Eldads הלכות שחיטה, das uns jetzt durch Goldberg (Jehuda ben Koraiſch ed. Paris) und Filipowſki (Jochaſin ed. London) vorliegt [3], kommen ebenfalls monſtröſe, ſelbſterfundene hebräiſche Wörter vor: פתמוהו אדם בדברים! והוכבשת רגליה! . . . בארץ פסוגה! . . . . ואם העטיטה מחתת טבעת הגדולה . . . ואם המאכלת (קצרה יכיל הרבה ולא המצוי ידיו ורגליו! [4].

Sehen wir uns Eldads Ritual über das Schlachten an, ſo ergibt ſich unzweideutig, daß er, der ſogenannte Danite, ein Karäer war. Bruchſtücke daraus liegen uns vor, teils in den oben angegebenen Werken, teils in dem Sendſchreiben der Kairuaner an Zemach und teils in Notizen von R' Baruch (zitiert von Mardochai zu Chullin I, Anfang). Dieſes Zitat, das am meiſten karäiſche Spuren enthält, lautet: כתב ר׳ ברוך ראיתי כתוב בהלכות שחיטה שהביא ר׳ אלדד . . . הבא מר׳ שבטים. אמר מפי יהושע מפי משה מפי הגבורה כל הזובח לה׳ ואינו יודע הלכות שחיטה וכו׳. ולא ישחוט עד שיהגה אל הקינה למקום תפילה ואם ישחוט ואם ישחוט בלא ברכה פגול . . . ואם לא הורחן. בשכבת זרע ושכב ישחט פגול. ואסור השחיטה מיד אשה (מיד סריס מיד זקן . . . ומנצר צר שרמלא ר״ח שנה [5]). Alle dieſe Punkte ſind echt karäiſch [6], wie aus dem הלכות שחיטה des Jehuda Hadaſſi, des Aaron Nikomedi, des Israel, des Weſtländers, und des Elia Baſchjazi in אדרת אליהו hervorgeht. Der Karäismus hat nämlich zwei leitende Prinzipien für das rituale Schlachten. Erſtens ſoll es eine gottesdienſtliche Handlung ſein und daher in der Richtung nach Jeruſalem vorgenommen werden (Baſchjazi): ומצוה טובה היא לשום פניו נגד ירושלם (Abweichend Israel der Weſtländer). Daher Frauen, Betrunkene, Unreine den Akt untauglich machen, ebenſo wenn er ohne Segensſprechung ausgeführt wird. Zweitens ſoll das Schlachten zum Zwecke haben, das Blut vollſtändig ausfließen zu laſſen, ſonſt würde das Blut in den Muskeln bleiben: שהשחיטה היא כריתת ד׳ סמנים לפי שבכריתתם רוצא הדם בהגוף הנשחט . . בראוי . . . שהכונה בשחיטה היא הוצאת הדם מכל איברי החי. Daher halten es die Karäer hier für unerläßlich, daß neben der Speiſe- und Luftröhre auch die Blutgefäße am Halſe (ורידים) durchgeſchnitten werden. Belege aus karäiſchen Schriften heranzubringen iſt überflüſſig; Fachmännern iſt das

---

1) [Vgl. jetzt Epſteins Edition, S. 5, Nr. 5.]

2) [Vgl. jetzt Sefer Haſchoraſchim, hebräiſche Überſetzung, ed. Bacher, Berlin 1897, S. 497 sub rad. שגה I.]

3) [Vgl. jetzt auch Schlöſſinger a. a. O., S. 57—103.]

4) [Vgl. die Erklärungsverſuche von P. F. Frankl in Monatsſchrift 1873, S. 490—495 und bei Schlöſſinger a. a. O., S. 42—43.]

5) [Vgl. jetzt Epſtein S. 13 f.]

6) [Nach Epſtein a. a. O. S. XLII ff. iſt vielmehr anzunehmen, daß Eldad in ſeiner vermutlichen Heimat Jemen derartige bei den Arabern übliche Bräuche ſich angeeignet hat, wie auch das Kolorit ſeiner Sprache und ſo manche Ausdrücke derſelben auf arabiſche Heimat hinweiſen; vgl. Schlöſſinger, a. a. O., S. 29—92.]

bekannt. Dieser Punkt wird in dem Ritual Elbads stark betont[1]): ein Schlachten gegen die Vorschrift bewirkt, daß das Blut, statt auszuströmen, sich innerhalb des Tieres sammelt; der Genuß desselben käme demnach dem Genießen des Blutes gleich: רשתה בידו עד כדי שחיטה בחמה אחרת והלך וכל נאמר על החגרמה (bei Goldberg l. c. XIX.): הדם בכל הבשר נבלה טריפה למה? דג כי שהגידרין שהדם יוצא מהן נגד טבעת הגדולה תשחיט חתיכתה שרש של גידי הדם ולא יצא חדם (daſ. XXI.). Auch die Tier- krankheiten bei Elbad (ה' טרפות) weichen zum Teil vom Talmud ab. Kurz, es ist nicht zu verkennen, daß Elbad ein Karäer war[2]). Wenn Elbad be- hauptete, daß die Daniten einen hebräischen Talmud besäßen, daß darin keine Kontroverse vorkomme, und daß darin alles traditionell auf Josua, auf Mose und Gott unmittelbar zurückgeführt werde: התלמוד שלהם בלשון הקודש מצוחצח ואינו מזויר בו שום חם לא מבצלי המשנה ולא מבצלי התלמוד אלא כך אומרים בכל הלכה כך למדנו מפי יהושע מפי משה מפי הגבורה: so hatte er es offenbar darauf abgesehen, den rabbanitischen Talmud in den Augen der Rabbaniten zu diskreditieren. Daher ist es erklärlich, daß die Kairuaner und R' Isaak und R' Simcha, die ihn gesprochen, darüber er- staunt waren, daß manches, das er ihnen mitteilte, mit dem Talmud über- einstimme, manches wieder davon abwiche: ר' צמח: ספרו לנו חבמים ששמעו מן רבנא יצחק בן מרנא ורבנא שמחה שראו ר' אלדד הדני והיו תמהים מדבריו שהיו במקצתן נראין כדברי חבמים שלנו ומקצתן היו מופלגין בדבריינו (מדבריהנו I.). Dennoch ließen sich Rabbaniten von ihm mystifizieren. Der Gaon Zemach entschuldigt Elbad, daß seine Abenteuer sein Gedächtnis ge- schwächt, und er darum vieles vergessen hätte: ויש לומר שאינו כלל רחוק שאלדד שגג והחליף מרוב צרוותיו שעברו עליו וטורח המענה גוף האדם. R' Chananael ließ sich von ihm täuschen und nahm einiges von ihm auf (vgl. Goldberg l. c. XXI. aus einem bodleianischen Kodex). Spätere zitieren die (הלכות אמר יהושע[3]), oder vielleicht הלכות ארץ ישראל הלכת א"י des Elbad Hadani als eine wichtige Halachaquelle, und nur ihr richtiger Takt sträubte sich gegen Aufnahme der Elbadschen Fiktionen (Tossafot zu Chullin Anf. und Meir Rothenburg Resp. 193). In Spanien scheint Elbad übrigens eine andere Traditionskette geschmiedet zu haben „im Namen Othniels", der es von Josua usw. vernommen (Chasdai im Sendschreiben an den Chazaren- könig): ובצמדו לדרוש (איש משבט דן) בהלכה כך היה אומר עתניאל בן קנז קבל מפי יהושע מפי משה מפי הגבורה. Die Karäer scheinen es gefühlt zu haben, daß Elbad Fleisch von ihrem Fleische war, indem er angab, daß der Rest der Stämme jenseits des Sabbationflusses den Talmud nicht kenne und

---

[1]) [Vgl. jedoch zu diesen Ausführungen Epstein a. a. O. Der Karäismus Elbads ist widerlegt durch seine Benutzung der Halachoth Gedoloth; vgl. Epstein S. XLVII—XLVIII und Schlössinger, S. 51—54 auch betreffs der Halachoth P'sukoth.]

[2]) [Dagegen ist zu bemerken, daß die alte karäische Autorität Daniel al-Kumssi energisch gegen einen Punkt von Elbads Ritual betreffs der Merk- male der reinen Vögel polemisiert; vgl. Schlössinger a. a. O., S. 47, Anm. 72 und S. 102—103, Anm. 102. Vgl. auch dessen Übersicht der Überein- stimmungen von Elbads Ritual mit palästinensischen Traditionen, S. 48—49].

[3]) [Vgl. Schlössinger a. a O., S. 9—10].

kein festes Kalendersystem habe (Jehuda Hadassi Eschkol Nr. 61): צדקת
אנשים בכל שבטי ישורון מעבר לנהר סמבטיון רצאו טרם גלות ירושלם בספר
אלדד הדני (הם) בתורת אל בלי משנה וגמרא חשבון לבנה כתקון רועיך.
Mit einem Worte, es ist kein Zweifel daran, daß Eldad ein verkappter Karäer
war, der nur deswegen Rabbanitisches mit Karäischem gemischt hat, um die
Rabbaniten nicht vor den Kopf zu stoßen. Möglich, daß er selbst ein solches
eklektisches Bekenntnis hatte.

Daß demnach alles, was Eldad von seinen Reisen und Abenteuern, von
den noch vorhandenen Zehnstämmen und von den Bene Mosche am Flusse
Sabbation erzählt, eitel Erfindung ist, versteht sich von selbst[1]). Es gehörte mit zu seiner Rolle, darzutun, daß das ursprüngliche Judentum anders
gestaltet war, und daß es sich noch rein bei den Stämmen erhalten habe, die
noch vor der Vertreibung der Zehnstämme ausgewandert sein sollen. Seine
Erfindungen sind teils in dem Sendschreiben der Kairuaner an Zemach Gaon,
teils im Eschkol des Hadassi und teils in den zwei Rezensionen niedergelegt,
die unter dem Titel ספר אלדד הדני zirkulieren (gedruckt zuerst in einer
italienischen Ausgabe entweder von Conat oder in Pesaro und Ferrara: Orient
Jahrg. 1846, Literaturbl. Nr. 31; Konstantinopel 1516, 1519 und zuletzt von
Jellinek im Bet Hamidrasch II, III)[2]). Die Verschiedenheit der Relation
rührt wahrscheinlich davon her, daß Eldad an jedem Orte, wo er sich aufgehalten, entweder geflissentlich oder von seinem Gedächtnisse verlassen, anders
erzählt hat. So kommen in Eschkol (Nr. 60) Züge vor, welche in den
anderen Schriften fehlen. Übrigens beruhten Eldads Angaben auf Tatsachen,
die er geflissentlich erweitert hat: nämlich auf der Tatsache von der einstigen
Existenz eines jüdisch-himjaritischen Reiches und unabhängiger Stämme in
Arabien, ferner auf der Tatsache von dem Vorhandensein des jüdisch-chazarischen Staates, und endlich auf der Tatsache von der Existenz kriegerischer
jüdischer Stämme in Ostcharasan bei Nischabur.

Wenn Eldad vier Stämme nach Kusch und Chavila[3]) verlegt, so wählte
er den Schauplatz des ehemaligen himjaritischen Reiches[4]). Wenn er die
Stämme Ephraim und Halbmanasse auf den Bergen in der Nähe von Mekka
oder Medina wohnen und sie kriegerisch auftreten läßt, so liegt dem die
Nachricht von den kriegerischen Stämmen Nadhir, Kuraiza und Chaibar zugrunde: ושבט אפרים וחצר שבט מנשה הם בהרים נגד מדינת נביא[5])
הישמעאלי שנקרא מיכה והם בעלי סוסים ויוצאים לשלול שלל ולבזו בז והם
גבורי חיל ואנשי מלחמה אחד מהם ינצח אלף איש. Andere zwei Stämme

---

[1]) [Vgl. jedoch die Nachweise Epsteins an verschiedenen Stellen seines
Werkes, daß so manches der Wirklichkeit entspricht, besonders S. XXXIV
bis XXXV. Die Erzählung von den B'ne Mosche ist alten Mythen entlehnt; vgl. a. a. O., S. XXXVII—XXXVIII.]

[2]) [Über die verschiedenen Rezensionen vgl. Epstein S. XLVIII—L
und Schlössinger a. a. O., S. 107 ff.]

[3]) [Über Chavila, vermutlich südöstlich von Äthiopien, vgl. Epstein, S. 37.]

[4]) [Vgl. jedoch Epstein, S. XXVII.]

[5]) [Vgl. zu den beiden folgenden Stellen die anderen LAA. bei Epstein
a. a. O., S. 32, Nr. 8—9. Für כוזרים liest er כשדים; vgl. ebendort S. 32,
Anm. 13. Für ומצד הישמעאלים ist wohl besser zu lesen mit Epstein
וקצת ישמעאלים.]

verlegte er direkt nach dem Chazarenland: ושבט שמעון וחצי שבט מנשה
בארץ כוזרים והם צד אין חקר והם נושאי מס מצשרים וחמשה מלכיות
לחם מס ומצד הישמצאלים פורעין לחם מס. (So lautet die Stelle in der Ed. Const.
1516, in den anderen Ausgaben steht קדרייס statt כוזריים und in der Ed.
Const. 1519 gar כסדרים, mit dem Zusatze: רחוק מירושלים ששה חדשים.
Aber die Lesart כוזריים empfiehlt sich am besten). Die Nachricht über die
Chazaren dürfte das noch am meisten historisch Begründete in Elbads Erzählung sein, freilich mit Ausnahme des Hauptpunktes, daß dort der Stamm
Simeon mit noch einem anderen gewohnt habe. — Zwei Stämme Sebulon
und Reuben versetzt Elbad nach dem Gebirge פריאן und läßt sie türkisch
sprechen: בני זבולון חונים בהר פריאן (Var. פארן) ושבט ראובן נגדם אצל
הר פריאן . . . ועושים מלחמות עם כל סביבותיהם . . . ומדברים בלשון קדר.
Das erinnert an den Bericht Benjamins von Tudela, welcher von einem eingeborenen Juden hörte, daß unabhängige kriegerische Juden auf den
Gebirgen Nischabur wohnten, welche (im 12. Jahrhundert) ein Bündniß
hatten mit den Ghusen oder ungläubigen Türken. Diese Juden bei Nischabur oder Ostchorasan wollten von den Stämmen Dan, Sebulon
usw. abstammen (Itinerarium, ed. Asher, Text 83 f.):[1] שמונה ועשרים יום
לחרי ניסבור ויש שם אנשים מישראל בארץ פרס שחם ימש יאימיזרי
כי בצרי ניסבור ארבצה שבטים מישראל דן וזבולן ונפתלי . . . (Lücke)
ואין צליהם צול גוים . . . והולכים למלחמה לארץ בית (l. גוז) דרך המדבריות
ויש להם ברית עם כופר אלחורף . . . צד שבאו את ארץ ניסבור והיתחדרו
רוישבים שם. Es ist ganz dieselbe Schilderung wie bei Elbad. Man muß
also bei Elbad statt פריאן oder פארן korrigieren in כראסן[2]. Denn Nischabur
gehörte zu Ostchorasan. Dann würde auch passen, daß diese Juden tatarisch
oder türkisch sprachen, und daß sie in dieser Sprache predigten: פותחין
בדרשות בלשון הקודש והסברא בלשון קדש (l. קדר) (So in der Ed. Const.
1516. In den übrigen falsch: בלשון פרס)[3].

Das Wichtigste an dem ganzen Elbad ist die Bestimmung seines Zeitalters. Es sind drei Data dafür vorhanden: 1. In der Edition von Const.
1516 kommt zum Schlusse vor: Elbad habe den Bericht nach Spanien gesendet im Jahre 43: שגר אגרות הללו בר אלדד לספרד שנת ארבצים ושלש
(Damit läßt sich allerdings nichts anfangen[4]. 2. Jbn-Jachja (im
hat in seinem Exemplare eine vollständige Zahl gefunden[4]. Auf die Anfrage
der Kairuaner an Zemach Gaon, antwortet dieser, er habe durch Tradition
von Isaak Gaon vernommen, daß einige Elbad um 640 = 880 christl. Zeit
gesehen haben: והשיב מר צמח דעו כי יש לנו בקבלה מרבינו יצחק גאון
שבשנת כמו תר"מ ראו אלדד הדני וחמהו וכו. Daburch wäre allerdings das

---

1) [Den vollständigen Text siehe jetzt bei M. Adler in JQR. XVII,
S. 84—86. Darnach ist, außer der großen Lücke, hinter נפתלי zu ergänzen
אשר und anstatt כות oder גוז ist vorzuziehen die LA. כוש; vgl. auch ebendort S. 94, Anm. 1].

2) [Nach Epstein, S. 31, Anm. 9, ist die L.-A. פארן gerechtfertigt; es sind
die Parouta-Gebirge, nördlich von den vorhergenannten, gemeint.]

3) [Vgl. jedoch die LA. פסר bei Epstein, a. a. O., S. 24 Ende und
die Berichtigung S. 46, Anm. 4, wonach קדר „arabisch" bedeutet.]

4) [Es ist dies 4643 = 883.]

Zeitalter genau bestimmt; allein diese Zahl findet sich in keiner einzigen Ausgabe, und, selbst wenn ihre Echtheit zugegeben ist, hat man keine Gewißheit, ob sie nicht korrumpiert ist. Man hat auch die Zahl bezweifelt; Rapoport liest dafür תקם ס = 800. Landauer, und nach ihm Fürst und Jellinek, lesen dafür תר"ם und verstehen darunter die seleuzidische Ära mit Hinzufügung der Tausend, also א' תרם = 1248 Sel. = 937. Also wieder Ungewißheit. 3. Wollte man sich an den Gaon R' Zemach halten, so treten andere Schwierigkeiten entgegen. Es hat drei Gaonen mit Namen Zemach gegeben: **Zemach ben Paltoj von Pumbadita** (872—890), **Zemach ben Chajjim von Sura** (889—896) und **Zemach ben Kafnai von Pumbadita** (936—38). Diejenigen, die Eldad ins zehnte Jahrhundert setzen, halten sich an den letzten Zemach. Zwar gibt Ibn-Jachja genau an, die Anfrage der Kairuaner sei an Zemach von Sura ergangen: אלו הדברים שאלת עשו בני אלקירואן מברבריאה אל מר צמח גאון שבמתא מחסיא. Allein mit diesem Punkte steht Ibn-Jachja, dem die Kritik nicht viel traut, allein und wird von den Editionen nicht unterstützt, welche einfach die Lesart haben: an Zemach Gaon, ohne weiteren Zusatz. Aber, selbst wenn man daran festhalten wollte, so zerbricht Ibn-Jachja selbst die von ihm gereichte Stütze, indem er erzählt: dieser R' Zemach habe von einem Gaon R' Isaak gehört, daß einige Eldad im Jahre so und so viel gesehen. Eldad muß also, so folgert Herr Rapoport, viel älter sein als Zemach, der ihn nur per traditionem kannte. Man müßte dann das Zeitalter dieses Isaak Gaon untersuchen, aber dann käme man in neue Wirrnisse ohne Ausweg.

Um Gewißheit über diese Datumfrage zu erlangen, müssen wir von sicheren Punkten ausgehen. Sicher ist es, daß die Kairuaner, welche eine Anfrage an R' Zemach richteten, von Eldad, als einem in ihrer Zeit aufgetretenen Manne sprechen: נודרע לאדונינו שנתארח בינינו אדם אחד ושמו אלדד הדני und weiter חזרנו ושאלנוהו . . . . כתבנו מפיו (vgl. o. S. 274). Die anfragenden Kairuaner, Eldad und Zemach Gaon sind demnach als Zeitgenossen anzusehen. Ibn-Jachja hat aber die Antwort Zemachs entweder mißverstanden, oder eine falsche Lesart vor sich gehabt. Die Richtige lautet nach der editio princeps, wie oben angegeben: ספרו לנו חכמים ששמעו מן רבנא יצחק בן מרנא ורבנא שמחה שראו ר' אלדד זה, d. h. Zemach antwortet den Kairuanern, Eldad sei ihm bekannt durch das, was er von einigen Gelehrten über ihn gehört, die sich's von Augenzeugen, R' Isaak und R' Simcha, erzählen ließen. Diese weitläufige Zeugenangabe faßt Ibn-Jachja kurz zusammen in den Satz: דעו כי יש לנו בקבלה מר' יצחק גאון שבשנת תר"ם ראו אלדד. Hier ist überhaupt das Wort גאון zugesetzt, und der zweite Augenzeuge שמחה רבנא unterdrückt. Dadurch ist Rapoports Annahme widerlegt. Wir brauchen nicht auf einen Gaon R' Isaak (oder R' Zadok) zurückzugreifen, sondern Zemach Gaon hörte Nachrichten von Zeitgenossen über Eldad, die sie von Augenzeugen vernommen hatten. Es fragt sich also nur noch, ob Eldad Zeitgenosse eines der beiden Gaonen Zemach am Ende des neunten, oder des Zemach in der ersten Hälfte des zehnten Jahrhunderts war. Eine Notiz in dem Sendschreiben des jüdischen Ministers Chasdai ben Schaprut an den Chazarenkönig löst diesen Zweifel. Dieser berichtet „zur Zeit unserer Väter kam zu uns nach Spanien ein Mann vom Stamme Dan, der hebräisch sprach usw.: ובימי אבותינו נפל אצלנו

איש מישראל נבון דבר היה מתיחס משבט דן צד שמגיע לדן בן יעקב והיה
מדבר בצחות וקורא לכל דבר בלשון הקודש. Obwohl Elbad hier nicht genannt wird, so ist es doch klar, daß von ihm die Rede ist. Elbad war also
in Spanien zur Zeit von Chasdaïs Vätern: בימי אבותינו, was zur Zeit
seines Vaters oder Großvaters bedeuten kann, aber keineswegs zu Chasdaïs
Zeit. Chasdaï war aber bereits im Jahre 940 im Dienste des
Abdulrahman (wie weiter nachgewiesen werden wird). Folglich kann Elbad
nicht Zeitgenosse des Zemach ben Kafnaï gewesen sein (936—38), denn dann
wäre er auch Zeitgenosse Chasdaïs gewesen, und derselbe hätte nicht schreiben
können, Elbad sei zur Zeit der Väter nach Spanien gekommen. Damit ist
auch widerlegt, was Landauer und Munk (Notice sur Aboulwalid p. 57, 60)
behauptet haben, daß Elbad Zeitgenosse des Kommentators des ספר יצירה,
d. h. (wie kritisch sicher ist) des Dunasch ben Tamim gewesen sei, weil nämlich der letztere im genannten Kommentar aussagt, er habe durch Abudani
und David aus Fez das Buch Jezirah nebst Saadias Kommentar empfangen,
und daß er von den Bene ha-Dani Prinzipien der Sprachvergleichung
gelernt: עד שהגיע אלינו מארץ ישראל אבודני ודוד החרש שהיו ממדינת
פאס ויביאו בידם ספר זה פתור מפי ר' סעדיה הפיתומי... ועקר זה קבלנוהו
מן בני הדני הבאים אלינו מארץ ישראל. Es ist aber entschieden falsch, daß
Dunasch ben T. mit Elbad in Rapport gestanden hat. Dunasch war ein
Zeitgenosse Chasdaïs, wie Munk selbst angibt (l. c. p. 52). Aber Chasdaï
war nicht Zeitgenosse Elbads, sondern lebte mindestens eine Generation später,
also ebenfalls Dunasch ben T. Es ist mir auch ganz unbegreiflich, wie Kritiker
darauf kommen konnten, Elbad ben Daniten mit dem Abudani im Jezirah-
Kommentar zu identifizieren[1]). Der Verfasser des Kommentars, der in
Kairuan lebte, wußte recht gut, daß Abudani und sein Genosse aus Fez
stammten: שהיו ממדינת פאס, und doch soll Elbad den Kairuanern haben
aufbinden können, er sei weit her, vom Stamme Dan? Es liegt nicht
viel daran, zu untersuchen, wer Abudani war, aber mit Elbad ist er gewiß
nicht identisch. Einen überzeugenden Beweis dafür, daß Elbad dem neunten
Jahrhundert und nicht dem folgenden angehört, liefert eine Notiz bei dem
Karäer Ali ben Jephet. Dieser tradiert, sein Großvater Ali (Jephets Vater)
habe eine Erklärung von Jehuda ben Koraisch adoptiert: באדרציר אמר מר'
ור' יהודה בן קוריש רי"ת בדרוקי... ואבינו זקננו בר' עלי המלמד רי"ת
החזיק אחריו (bei Pinsker S. 65): Nun war Jephet ein jüngerer Zeitgenosse Saadias (920—80).[2]) Folglich lebte sein Vater um 900 und Jehuda
ben Koraisch noch früher. Ben Koraisch verkehrte aber mit Elbad (wie oben
angegeben).

Haben wir gefunden, daß Elbad dem neunten und nicht dem zehnten
Jahrhundert angehört, so ist es eigentlich gleichgültig, an welchen der beiden
Gaonen Zemach die Kairuaner sich in betreff desselben gewendet haben, da
beide Zeitgenossen waren und fast zu gleicher Zeit fungiert haben. Indessen
scheint es, daß Ibn-Jachja recht hat, wenn er angibt, die Anfrage war an
den Suraner gerichtet[3]). Wir finden nämlich, daß der Gaon Zemach von Sura

---

1) [Vgl. auch Epstein S. 72—73.]
2) [Jephet ben Ali wirkte erst im letzten Viertel des 10. Jahrhunderts.]
3) [Vgl. a. a. O. S. 9—10.]

mit den Kairuanern in Verbindung ſtand (Pardes 21b): דין ביטול מודעה
של מר ר' צמח ראש ישיבה של בתא מחסיא פירש וכל [.] לכל החכמים
והזקנים של מדינת קירואן בלולי תורה וחכמה. Dieſer Zemach fungierte,
wie angegeben, 889—896[1]) er konnte alſo den Kairuanern antworten (wie
der Text des Jbn-Jachja lautete), daß ein R' Jſaak (und R' Simcha) Elbad
im Jahre 880 geſehen haben, nämlich noch vor ſeinem Gaonate. Die Anfrage der Kairuaner geſchah aber während ſeines Gaonats. Mithin kann
die Zahl תרם bei Jbn-Jachja richtig ſein. Ja, man könnte auch die Zahl

---

[1]) Um die Funktionsjahre des Gaon Zemach ben Chajjim von Sura zu
beſtimmen, muß ich eine kleine Korrektur zu der Chronologie der Gaonen,
wie ich ſie in der Frankelſchen Monatsſchrift (Jahrg. 1857, S. 336 und 381 ff.)
auseinandergeſetzt habe, anbringen. Das Datum der gaonäiſchen Verordnung
über die Angreifbarkeit der Mobilien für Schuldforderungen, das ich zum
Ausgangspunkte genommen habe (S. 338), fand ich beſtätigt durch eine Notiz
von Jſaak Albargaloni (שערי שבועות No. 13). Sie lautet: ומה שאנו דנין
היום בכל מקום לגבות כתובה ובעל חוב מבטלטלין ... עקר תקנה זו נקבעה
שנת אלף וצ"ח למנין שטרות בימי הגאונים האחרונים. Alſo im Jahre
1098 S. = 787; es iſt alſo erwieſen, daß Gaon Bebaï von Sura bis 1098
fungiert hat. Von dem Datum dieſer Verordnung muß bis Natronaï
82 Jahre zählen (wie ich daſ. 339 belegt habe). Natronaï muß demnach
bis 1180 S. fungiert haben. Da er nun mindeſtens im Jahre 1170 fungiert
haben muß, ſo ergibt ſich daraus die Richtigkeit der Schulamſchen Lesart,
daß Natronaï 10 Jahre fungiert hat: 1170—1180. In meinem Artikel
hatte ich der anderen Lesart den Vorzug gegeben, was hiermit berichtigt
werden muß. Das Plus von 2 Jahren in der Geſamtſumme der Funktionsdauer der ſuraniſchen Gaonen muß demnach ſpäter eliminiert werden. Nach
ſorgfältiger Erwägung des Scheriraſchen Textes ergab ſich mir, daß man
Natronaïs Nachfolger Mar-Amram nicht die Funktionsdauer von 18 Jahren
geben darf. Scherira berichtet nämlich, Amram habe bereits früher fungiert,
ſei abgeſetzt worden und habe im ganzen 18 Jahre fungiert: ובתריה מר
ר' עמרם ר"ח שנה וקמי הכין הוו פליג ליה ר' עמרם ואיקרי גאון ונחת
מיניה ובתר הכין מלך כדפרישנא. — Es ſcheint, daß er eine Zeitlang
Gegen-Gaon von Natronaï war. Einen Anhaltspunkt gibt Saadia Jbn-
Danan, der Amram nur 8 Jahre vindiziert: נטרונאי נפטר תר"ן ואחריו
ר' עמרם ונפטר שנת תרנ"ח. Indeſſen ſind 8 Jahre zu wenig; denn aus
einer Notiz ergibt ſich, daß Amram im Jahre 1189 noch fungiert hat (daſ.
340, 8). Man darf ihm alſo 12 Jahre, nach Natronaïs Tod, beilegen, alſo
1180—92. Dadurch gewinnt man ſpäter an Raum. Man kann ſeinem
Nachfolger 8 Jahre zugeſtehen, wie ſämtliche Editionen des Scheriraſchen
Sendſchreibens haben: 1192—1200, und man kann Hilai ben Miſchael [es
muß heißen Hilai ben Natronaï] ebenfalls 8 Jahre beilegen. Die korrigierten Data von Natronaï abwärts würden demnach ſo ausfallen:

1170—1180 Sel.	נטרונאי
1180—1192	עמרם
1192—1200	נחשון
1200—1207	צמח ב' חיים
[Eigentlich nur 1 Monat] ½	כלביא
1207—1217	האי בר נחשון
1217—1225	הלאי בר משאל [הילאי בר נטרונאי]

Auf dieſe Weiſe kann man ſämtliche Zahlen des Scheriraſchen Textes
feſthalten und braucht keine Konjektur und Emendation.

מ"ג in der Ed. Const. von 1516 festhalten und dazu ergänzen (תר)מ"ג). Indessen ist dieses nur Konjektur.

Man hat irrtümlich angenommen, daß Eldad in Babylonien war, weil ihn ein Rabbana Isaak und Rabbana Simcha gesehen haben. Diese brauchen aber nicht gerade Babylonier oder Irakenser gewesen zu sein. Den Titel רבנא führten auch außerbabylonische Talmudkundige[1]), wie z. B. Isaak ben Joseph, für den der Bibelkodex mit dem oberen Vokalsystem geschrieben wurde im Jahre 917 (Pinner prospectus S. 26 f.): יהיה זה מצחק לרבנא וצחק בן. Der Gaon Mar-Amram רבנא יוסה ועלי גזעי יוסי ודוד בני רבא יצחק schickte seine Gebetsordnung nach Spanien an רבנא יצחק בריה דרבנא שמעון (Orient. Litbl. 1847, S. 291). Wäre Eldad in Babylonien gewesen, so hätten ihn die Schulhäupter gesehen, Zemach Gaon hörte aber nur aus der zweiten Hand Nachrichten über ihn. — Als es mir zur Gewißheit wurde, daß Eldad ein verkappter Karäer war, hatte ich Jehuda ben Koraisch ebenfalls im Verdacht des Karäismus, zumal ihn die Karäer in Zitaten und Verzeichnissen zu ihren Autoritäten zählen. Den Verdacht begründete ein Ausdruck in der von Goldberg und Vargès herausgegebenen Abhandlung von Ben-Koraisch, indem er von אהל אלתלמוד (S. 43 unten) spricht, eine Phrase, die nur ein Karäer gebrauchen konnte[2]). Nun hat Pinsker ein langes Fragment von ben Koraisch veröffentlicht (S. 67 ff.), wo dieser gegen den Talmud polemisiert (vgl. das. S. 179 ff.). War nun Ben-Koraisch unstreitig ein Karäer, so ist das Talmudgünstige in seinen Schriften offenbar spätere Interpolation, wie denn ohnehin manches Stück in der edierten Risalet verdächtig erscheint.

20.

Das Chronologische in Saadias Leben und Schriften[3]).

Saadia ist einer der fruchtbarsten Schriftsteller in der jüdischen Literatur. Seine Produktionen umfassen Exegetisches (im weiteren Sinne), Polemisches, Talmudisches, Philosophisches, Grammatisches (im weiteren Sinne), Poetisches und Kalendarisches. Obwohl in jüngster Zeit viel über Saadia geschrieben worden, wie von Rapoport, Munk, Dukes, Geiger, Ewald, Fürst, so vermißt man noch immer einen vollständigen Überblick über den ganzen Umfang seiner schriftstellerischen Tätigkeit. Die chronologische Reihenfolge seiner Schriften ist noch nicht einmal in Angriff genommen worden. Hier soll der Versuch gemacht werden.

Wenn Abraham Ibn-Daûd in seiner Chronographie angibt, Saadia habe seine sämtlichen Schriften während seiner Amtsentsetzung in Sura und zwar in der Verborgenheit verfaßt: ובכתבואו חברו (ר' סדריה) כל ספריו, so kann nichts falscher sein. Denn aus dem Kommentar des Dunasch ben

---

[1]) [Vgl. auch Harkavy a. a. O. S. 464, Anm. 156.]

[2]) [Vgl. hiergegen Harkavy a. a. O., S. 465, Anm. 157.]

[3]) [Über Saadias arabische Schriften vgl. Steinschneider in: Arabische Literatur der Juden § 31, S. 48—69, und dazu Poznański, Zur jüd.-arab. Literatur S. 40—46, ferner meine in der Monatschrift, Jahrgang 1909, erscheinende Abhandlung über Saadias Leben und seine Schriften.]

Tamim zu Jezirah erfahren wir, daß Saadia schon manches geschrieben hatte, ehe er nach Sura berufen war: (כתבי ר׳ סעדיה) פֿצמים רבות לפֿי שכתבירו באו למדינתנו הידועה קירוואן לזקננו ר׳ יצחק בן שלמה ז״ל בשאלות מחכמות חיצוניות והוא צדירין בפֿירחום (בפֿירום) טרם לכתו לבבל והיה ר׳ יצחק מראה אותם לר ואנכי אז בן עשרים שנה. Es muß also untersucht werden, welche Schriften Saadia in Fajûm, und welche er in Babylonien verfaßt hat.

1. Die Erstlingsschrift[1]) Saadias scheint die Widerlegung Anans gewesen zu sein: כתאב אלרד עלי ענן. Denn Abraham Ibn-Esra zitiert in seiner Schrift יסוד מספֿר (Ms. der Seminarbibliothek) einen Vers aus einem Lobgedichte auf Saadia, daß derselbe mit 23 Jahren gegen Anan geschrieben: כתבו בן שלשה עשרים להפֿר עצת ענן אשר קשר ומרד[2]). Von dieser Widerlegungsschrift gegen Anan spricht, außer Jephet, auch Salmon ben Jerucham in seiner Polemik gegen Saadia: רוב בוטו ושנינ גלמו בבעלי מקרא רשימו וירא כי לא יכול למו על ספֿר החכם המאור תפֿארת סגולת ה׳ רבינו ענן הריק חרמו . . . שניו יחרוק על רבינו ענן כי חציו ברבוחיו שנ. Saadia verfaßte demnach diese Schrift um 915. Einen Passus aus Saadias Schrift gegen Anan hat der Verfasser des חלוק הקראים erhalten (bei Pinsker S. 103 vgl. das. 98)[3]). — Ob er noch vor dieser Zeit gegen den Karäismus polemisiert hat, hängt von der Richtigkeit des Datums ab, in welchem Joseph Roëh sein Werk מאור verfaßte. Denn darin hat dieser Saadia angegriffen. Nun zirkulieren über das Datum der Abfassung zwei Lesarten תר״ץ und תר״ז. Wenn die erste richtig wäre, hätte Joseph bereits 910 Saadia angegriffen[4]), und dieser hätte schon im achtzehnten Jahre Antikaräisches verfaßt.

2. Ewald behauptet, Saadia habe unter allen biblischen Büchern zuerst die Psalmen ins Arabische übersetzt und mit einem kurzen Kommentar begleitet. Dies soll aus der Nachschrift zur Psalmenübersetzung hervorgehen. (Beiträge zur ältesten Auslegung I, 5). Sieht man sich aber die Stelle näher an, so sagt sie dieses nicht so unzweideutig aus. Saadia spricht aus, er hoffe mit seiner Arbeit ein gottgefälliges Werk getan und sich bei Gott Lohn und Sündenvergebung erworben zu haben: עלי מא קדמנא מן ביאן מעאני בעץ כתבה ועלי מא נרגוה פֿי אתממאמה אלב, d. h. „dafür, daß wir vorher den Sinn einiger von seinen (Gottes) Schriften erläutert oder ausgelegt haben und daß wir, mit der Hoffnung auf ihn, es vollenden werden." (Ich verdanke die Kopie dieser Stelle der Gefälligkeit des Herrn Prof. Rödiger, der im Besitze des saadianischen Psalmenkommentars ist.) Ewald bezieht die Stelle nur auf die Psalmen, während sie in Wirklichkeit sich auf die ganze heilige Schrift geht. Saadia hatte schon einige Bücher übersetzt und kommentiert und hoffte, die übrigen ebenso zu behandeln. Kaum läßt es sich denken, daß Saadia mit dem Psalter begonnen haben sollte. Es scheint vielmehr, daß er mit dem Pentateuch den Anfang gemacht hat. Wie dem auch sei, so ist es gewiß, daß Saadia die exegetischen Werke noch in Ägypten verfaßt hat. Ehe wir zu

---

[1]) Vgl. מבא לאגרון, Geigers Zeitschrift X, S. 255. [Das erste Werk Saadias ist bekanntlich der Agron oder Iggaron.]

[2]) [Vgl. Geiger in Kerem Chemed IX, S. 64.]

[3]) [Über dieses Werk vgl. Poznański in JQR. X, S. 240—244 u. XX, S. 232.]

[4]) [Joseph Roëh hat erst im elften Jahrhundert gelebt.]

dieser Beweisführung schreiten, muß bemerkt werden, daß er zu den Übersetzungen auch kurze oder längere Erklärungen beigegeben hat, wie aus den
Psalmen- und Hiobkodizes hervorgeht [1]) (vgl. Munk Notice sur Saadia p. 7,
Note 2 und Ewald a. a. O.). Zum Pentateuch war gewiß ein Kommentar
beigegeben, wie Ibn-Esra (Einleitung zum Pentateuch) bezeugt, indem er dessen
Digressionen in der Schrifterklärung tadelt: ובמסילה הזאת עלה ר' סעדיה
גאון הגולה ובפירוש יהי מאורות הכניס דעות אחרות. Saadia selbst beruft
sich in seinem אמונות auf seinen Kommentar zur Genesis (I, 1 Ende):
יש לי ראיות אחרות מהם מה שכתבתי בפרשת בראשית ומהם בפירוש
ספר יצירה ובתשובתי על חירי הכלבי חוץ מדרכים אחרים תמצאם בשאר
חבורי (auch II, 3). Er hat also im Kommentar zur Genesis sieben Beweise
für die zeitliche Entstehung der Welt (חדוש העולם) beigebracht und die Ansicht von der Ewigkeit der Welt a parte ante widerlegt. Salmon ben Jerucham bezeugt, daß Saadia in der Erklärung zum ersten Kapitel der Genesis
sieben Beweise für die Notwendigkeit der Tradition neben der schriftlichen
Lehre aufgestellt hat (III, 9): וכפס שבעה ראיות הכתובות אשר בפתרון
בראשית לו נכתבות וגם בכל עת תזכרם ברבים לפתות לבבות עחה על
ראשך ולבך הם לרמתים ולחרבית. Gegen diese zwei Schriften, das כתאב
אלרד עלי כןֿ und das פתרון בראשית ist eigentlich Salmons Polemik gerichtet. Nun war Salmon ben Jerucham, als er diese polemischen Verse
schrieb, noch jung, wie er selbst angibt (II, 5): צעיר אני לימים ואתם ממני
קדומים לולי הבנים הזר הזה סעדיה עצמו בין החכמים לא כתבתי זאת
האגרת לעולמים. Salmons Geburtsjahr ist uns jetzt ungefähr bekannt aus
der Mitteilung einer Mukadamah bei Pinsker (Likute S. 61)[2]). Er feierte
im Jahre 1209 Seleucidarum sein dreizehnjähriges Bundesfest = 898, ist
also geboren 885 und war sieben Jahr älter als Saadia. Nehmen wir an,
daß ben Jerucham, als er sich צעיר nannte, zwischen 30 und 35 Jahren
stand, so schrieb er die Polemik 915—920. Innerhalb dieser Zeit hatte also
Saadia die Übersetzung und den Kommentar zum Pentateuch angefertigt,
aber nicht später, da er (wie weiter entwickelt werden wird) im Jahre 925
bereits eine Replik gegen seine karäischen Gegner und zwar gegen ben
Jerucham geschrieben hat[3]). Jedenfalls gehören seine exegetischen Werke noch
dem ägyptischen Lebensabschnitte an[4]), da er außer dem Pentateuchkommentar
auch den zu Jesaia im Kommentar zu Jezirah und den zu Hiob in der Einleitung zu Emunot erwähnt[5]).

3. Saadia schrieb seine grammatischen und lexikalischen Werke (die voll-

[1]) [Saadia hat seine exegetischen Schriften in verschiedenen Rezensionen
geschrieben; vgl. Näheres in der Monatsschrift, Jahrg 1909.]

[2]) [Diese ist jedoch eine Fälschung.]

[3]) [Vgl. oben S. 288; danach hat Salmon erst im sechsten Jahrzehnt
des zehnten Jahrhunderts seine Werke geschrieben.]

[4]) [Jedoch nur zum Teil, denn den Kommentar zu Daniel hat er erst
nach 933 verfaßt, vielleicht auch um diese Zeit den Mischlekommentar; vgl.
Monatsschrift, Jahrg. 1909].

[5]) Von Saadias Übersetzung sind jetzt bekannt die vom Pentateuch, von
Jesaia, Psalmen und Hiob. Diese führt auch den arabische Literarhistoriker
Mohammed Ibn-Ischak in seinem Fihrist al-Ulûm (um 988) auf mit den
Worten: [Vgl. hierzu Monatsschrift, Jahrg. 1909] כתאב. כתאב תפסיר אשעיא
תפסיר אלתוראה נסקא בלא שרח (?) והו הפסיר זביר. כתאב תפסיר אלנבת והו הפסיר זביר —

ſtändig aufgezählt ſind im Literaturblatt des Orient, Jahrg. 1849, S. 684f.),
wohl nicht lange nach ſeinen exegetiſchen Schriften, weil ſie den Schlüſſel zu
ſeiner Überſetzungsweiſe liefern ſollten[1]). Einige derſelben erwähnt Saadia ſelbſt
in ſeinem Kommentar zu Jezirah, und da er dieſen Kommentar ſchon in den
Emunot erwähnt, dieſes Werk aber im Jahre 934 verfaßte (wovon weiter unten),
ſo ſind die grammatiſchen Schriften jedenfalls vor ſeiner Gaonatszeit abgefaßt.

4. Ebenſo hat Saadia ſeine Asharot, verteilt auf den Dekalog: אזהרות
לרבינו סעדיה גאון, noch in Ägypten gedichtet; denn er beruft ſich darauf
ebenfalls im Kommentar zu Jezirah[2]). Dieſe Asharot nach dem Dekalog ſind
jetzt gedruckt in dem Sammelwerke קובץ משנה ידי גאונים ed. J. Roſen-
berg, Berlin 1856[3]). Ihre Identität mit den von Saadia ſelbſt zitierten
hat Dr. M. Sachs nachgewieſen (daſ. S. 85). Hingegen iſt es falſch, dieſe
Asharot mit der von Mohammed Ibn-Jschak ihm vindizierten Schrift כתאב
אלשראיע, wie Wunderbar behauptet (Literaturblatt des Orient, Jahrg. 1847,
S. 487f.), zu identifizieren. Denn da die Asharot hebräiſch ſind, ſo konnte
ſie der Mohammedaner nicht kennen. Er führt nur die von Saadia arabiſch
geſchriebenen Werke auf. Ebenſowenig ſind die Asharot mit der ſaadianiſchen
Schrift zu identifizieren, deren Titel Munk gefunden hat: כתאב אלקיאס עלי
אלשראיע אלסביצ'ה תאל'ת מרנו ורבנו סעדיה בן יוסף גירי (גאון) (Notice
p. 15). Hebräiſche Verſe können nicht eine arabiſche Überſchrift gehabt haben. Der
Inhalt dieſer Schrift bleibt noch problematiſch. אלקיאס bedeutet Folgerung[4]).

---

[1]) דאוד ע"ס — כתאב תפסיר כתאב איוב; vgl. de Sacy Chreſtomathie arabe I,
357f.). Mohammed nennt aber auch Saadias Überſetzung der Sprüche mit
den Worten: כתאב תפסיר אחכאם דאוד; de Sacy weiß nicht, was dieſes bedeuten ſoll. Man muß aber dazu ergänzen: אבן דאוד, und אחכאם bedeuten
die Sprüche Salomos, des Sohnes Davids. [Der richtige Titel des Mischle-
kommentars iſt כתאב טלב אלחכמה „Buch der Anleitung zur Erwerbung der
Lebensweisheit".] Daß Saadia die Sprüche und überhaupt den größten Teil
der Bibel überſetzt hat, ſagt Bachja (im חובות הלבבות). Vgl. Rapoport:
Saadias Biographie Note 33 und 41, נחל קדומים S. 5, Note 1 und S. 25.
Über כתאב אלאמאנאת bei demſelben weiter unten. [Über die jetzt vorliegenden
exegetiſchen Werke Saadias und zwar Pentateuch, Jesaia, Psalmen, mit Ausnahme von Psalm 90—106, — während das arabiſche Original der beiden
Einleitungen und der ausführliche Kommentar zu den vier erſten Kapiteln
jetzt von mir in der Harkavy-Jubelſchrift (St. Petersburg 1908, S. 135—160)
erſchienen iſt — Sprüche und Hiob, vgl. Steinſchneider, Arabiſche Literatur
der Juden, S. 55—60 und Poznański, Zur jüdiſch-arabiſchen Literatur,
S. 43—45. Hierzu kommt noch vermutlich ein Kommentar zu Jeremia,
deſſen Einleitung Hirſchfeld in JQR. XVIII, S. 317—325 veröffentlichte;
vgl. auch Monatsſchrift, Jahrg 1909.]
[2]) [Vgl. hierüber jetzt auch Poznański in ſeinen Studien zur gaonäiſchen
Epoche, Warſchau 1909, S. 62 (Sep.-Abdr. aus Hekadem, Jahrg. II.]
[3]) [Vgl. jetzt J. Müller in Oeuvres complètes de R' Saadia, T. IX,
Paris 1897, S. XVIII—XXII und S. 57—69.]
[4]) [Nach Steinſchneider a. a. O., S. 50—51 unter Nr. 13 iſt es eine
antikaräiſche Schrift und bedeutet: Beſtätigung der poſitiven Geſetze; vgl.
auch Poznański in JQR. X, S. 259—260. Ein Fragment veröffentlichte
Hirſchfeld ibid. XVII, S 721—725. Vgl. auch Monatsſchrift, Jahrg. 1909.]

5. Die talmudische Abhandlung über נדה הלכות führt Saadia ebenfalls in seinem Jezirahkommentar an ובכבר פרשנו בענין מצות נדה; sie gehört mithin ebenfalls dem ägyptischen Lebensabschnitte an. Da nun diese Abhandlung, wie Rapoport vermutet, nur einen Teil eines großen Werkes über טומאה וטהרה gebildet hat (Biographie Note 19)[1]), so gehört dieses ganze Werk derselben Zeit an. Saadia muß auch noch andere talmudische Schriften in Fajûm verfaßt haben, die seinen Ruf als Talmudisten begründet haben, sonst wäre man in Babylonien nicht darauf gekommen, ihm die Gaonwürde zu übertragen, die vor allem eine tüchtige talmudische Gelehrsamkeit erforderte[2]).

6. Zwei antikaräische polemische Schriften, die eine unter dem Titel כתאב אלתמייז (hebr. ספר המבחן, ההכרה) und die andere כתאב אלרד עלי בן סקויה. Gegen wen das erste gerichtet war und wer der sonst ganz unbekannte Ibn-Sakaweihi war, läßt sich nach den bis jetzt zugänglichen Quellen nicht entscheiden[3]). Daß die saadianischen Schriften Repliken waren, geht aus deren Inhalt teilweise hervor. Saadia hatte darin die anthropomorphistischen Agadas gegen die Angriffe der Karäer gerechtfertigt. Das sagt uns Mose Ibn-Esra (in ערוגת הבשם, Zion II, p. 137): אבל מה שהרחיבו רז״ל בדבריהם בדרשות ואגדות אשר אין השכל מקבל אותם הם העבריים ורבנו סעדיה ז״ל כתב בספר המבחן ויכתשיבוחיני על בן סקויה האפיקורוס ועל זלתו החולקים ומאריכים לשון על התריה ועל הקבלה בכל שירספיקו לבל שוביצרו בן המאמינים. Näheres erfahren wir darüber, daß die Einwürfe Saadias gegen die Angriffe eines Karäers auf die Agadas und das Schiur-Komah gerichtet waren. Er behauptet, die Agadas wollen nicht Gott anthropomorphisieren, sondern haben „das geschaffene Licht", in welchem sich die Gottheit zeitweise manifestiert, im Auge. Die Echtheit des Schiur-Komah sei nicht bewiesen, aber, selbst wenn es echt wäre, könnten dessen Angaben sich auf dieses geschaffene Licht beziehen (Einleitung des Jehuda ben Barsilai zu seinem Jezirahkommentar, mitgeteilt von Luzzatto in G. Pollaks הליכות קדם p. 696)[4]): ומצינו ספר אחד אחר של ר׳ סעדיה ז״ל שחבר כל טענות מין אחד.

---

[1]) [Vgl. auch a. a. O., S. 49 unter Nr. 7.]

[2]) Über die halachischen Schriften Saadias, von denen wir vollständig nur das ס׳ הירושות in der Ausgabe von J. Müller, Oeuvres etc., T. IX, S. 1—53 besitzen (vgl. auch ebendort, S. VIII—XVIII) vgl. Steinschneider a. a. O., S. 48—50 und Poznański in: Zur Jüd.-arab. Literatur, S. 41—42 und in seinen Bemerkungen zu Schechters Saadyana (Frankfurt a. M. 1904), S. 4. Vgl. auch Monatsschrift, Jahrg. 1909.]

[3]) [Das Kitâb al-Tamjiz, das hauptsächlich die kalendarische Polemik gegen die Karäer enthielt, ist 926—927 verfaßt. Exzerpte daraus gaben Poznański in JQR. X, S. 247—252, Harkavy ibid. XIII, S. 655 ff., wo unter anderem die Frage des zweiten Festtages behandelt wird, Hirschfeld ibid. XVI, S. 102 ff., vielleicht auch Schechter, Saadyana, Nr. IX, S. 30—34. Wie aus JQR. XVI, S. 105 hervorgeht, ist es vor der Schrift gegen Ibn-Sakaweih verfaßt. Letzterer ist der Autor eines Kitâb al-Fadhaih „Buch der beschimpfenden Dinge", worüber Harkavy einiges mitteilt in JQR. XIII, S. 661—663; vgl. auch Hakedem I (Petersburg 1907), S. 124—128). Jedenfalls aber ist an eine Polemik gegen den jüngeren Salmon ben Jerucham im Tamjiz nicht zu denken; vgl. auch Harkavy bei Rabbinowitz S. 468, Anm. 165.]

[4]) [Vgl. ed. Halberstam, Berlin 1885, S. 20—21, wonach die Ergänzungen im Text.]

[שם רש״י ירקב] שאמר [אותו הרשע על רבותינו ז״ל] חכמי התלמוד [חלילה
וחלילה] שהם היו נותנין דמות ותמונה לבורא העולמים [יתעלה שמו ויתרחק
מכל זה ואמר אותו הרשע שכך היה סבור ונראה לו מדברי רבותינו ז״ל] וחבר
רבנו סעדיה ספר בתשובות נכונות [וכמה ראיות האריך היה אותו רשע טועה
ומטעה] ובסוף השער אמר כל טענתו על האם דאכתריאל ועל האם דאמר בה
הרי אני כיוצא בהם [פירושה וסוף עניינין] לא הבין אותו זה האויל . . .
היא אור הברוא הבהיר . . . ומכאן תבין ותראה כי כל אור שראו הנביאים
[ושמעו הדבר ממנו] אור ברוא הוא . . . ואני משלים הדבר על שיעור קומה.

Gerade dieſe Angriffe richtete Salmon ben Jerucham gegen ihn in ſeinem
polemiſchen Pamphlet (Nr. XV bis Ende). Es beginnt mit den Worten
תצבת רבותיך אגלה אותם ואבתחא עתה מקצתם כי כולם מי רוכל לחרותה.
Unter andern führt er auch die Agada von R' Jsmael über אבתריאל an und
polemiſiert weitläufig gegen das Schiur-Komah (vgl. Frankels Monatsschrift
Jahrg. 1859, S. 69ff. und daſ. 109, Saadias Anſicht über Schiur-Komah).
Wenn, wie Munk aufſtellt, das תמריו Saadias auch das Kalenderweſen behandelt und die rabbanitiſche Anſicht verteidigt hat, was durch eine lange
Stelle daraus, von Jephet zitiert, beſtätigt wird (bei Pinsker S. 38, Note 1ff.),
ſo kann auch dieſes gegen Salmon ben Jeruchams Angriffe gerichtet geweſen
ſein, der dieſem Punkte mehrere Abſchnitte widmete (V.—X.). Es iſt alſo
kein Zweifel, daß das כתאב אלתמריו gegen Salmon ben Jerucham gerichtet
war[1]. Wie dem auch ſei, ſo iſt es gewiß, daß Saadia das תמריו noch vor
ſeiner Überſiedelung nach Babylonien geſchrieben hat. Denn es iſt, wie aus
einem Zitat bei Abraham ben Chijja העבור ספר ed. London 1851, p. 96f.)
erhellt, im Jahre 927 geſchrieben: וכיצאנו הגאון ר' סעדיה ז״ל זכר המחלוקת
הזה בספר הנקרא ספר ההכרה ואמר בלשון ערבי — השנה הזאת אשר אנו
עומדים בה הנה היא שנת אלף רל״ח למלכות אלכסנדרוס והיא שנת ד'
תרפ״ו לבריאת עולם לחשבוננו ויש אחרים שהושבים היום לבריאת עולם
תרפ״ז. Es iſt alſo ein Jahr vor dem Antritt ſeines Gaonats geſchrieben.
Wahrſcheinlich iſt auch die Schrift gegen Jbn-Sakawethi in Ägypten verfaßt;
denn nach der Übernahme des Gaonats hatte er mit inneren Feinden genug
zu tun, um Muße für auswärtige zu haben[2].

7. Auch die Schrift gegen den Kezer und erſten Bibelkritiker Chiwwi[3]
Albalchi hat er noch in Ägypten verfaßt[4]. Wir haben oben gefunden, daß
das Zitat bei Jehuda ben Barſilai aus Saadias Schrift gegen einen Kezer
dem תמריו entnommen iſt. Zum Schluſſe dieſes Zitats heißt es: וזאת אמר
חיוי אלבלכי בספר שכתב בו מאתים טענות למה עזב הקב״ה המלאכים

---

1) [Vgl. jedoch S. 526, Anm. 4.]

2) [Vgl. jedoch Harkavy a. a. O., S. 469, Anm. 166. Eine andere antikaräiſche Schrift Saadias, nach der gegen Jbn-Sakawethi, iſt das כתאב
אלרד עלי אלמתחאמל „Buch der Widerlegung gegen einen läſtigen An-
greifer", worüber vgl. Poznański JQR. X, S. 254—255, wonach es ſpäter als
933 verfaßt iſt, und ein Fragment hieraus bei Hirſchfeld a. a. O., S. 114
bis 119 Vielleicht iſt es auch eine Replik gegen Jbn Sakaweth, vgl. Monatsſchrift 1909.]

3) [Der richtige Name iſt Chajaweth.]

4) [Über dieſe in hebräiſcher Sprache verfaßte Schrift vgl. jetzt Poznański
in Hagoren VII, S. 116 und 120.]

‏הטהורים ובחר לשכן כבודו בין בני אדם הטמאים‎. Saadia beruft sich demnach im ‏תמייו‎ auf seine Schrift gegen Chiwwi. Folglich ist diese vor 927 geschrieben[1]); auch zitiert er sie in den Emunot (o. S. 523). Über Chiwwi weiter unten. Wer der Karäer ‏בן זוטא‎ oder ‏בן זיטא‎ war, mit dem Saadia einen Disput über traditionelle Auslegung hatte (Jbn-Esra Pent.-Komment. zu Exod. 21, 24), und von dem Jbn-Esra zwei abgeschmackte, grammatische Bemerkungen zitiert (das. zu Exod. 20, 23 und 22, 27), ist noch nicht ermittelt worden   Ob er identisch ist mit ‏זיטא‎ ‏אלצרי בן‎ am Rande eines Manuskriptes von Jbn G'anach?[2])

8. Wir sehen demnach, daß Saadia viele Schriften noch in Aghpten verfaßt hat[3]), wie eben Dunasch ben Tamim (o. S. 523) aussagt. Aus desselben Worten geht aber auch hervor, daß Saadia seinen Kommentar zu Sefer Jezirah oder das ‏כתאב אלמבאדי‎ nicht in Aghpten, sondern in Babylonien verfaßt hat, wie der Zusammenhang lehrt. Abudani und David aus Fez haben Dunasch ben Tamim das Sefer Jezirah erklärt und erläutert (‏פיתור וכפירש‎) von Saadia gebracht, und er (Dunasch) habe sofort Einsicht davon genommen, um zu sehen, welchen Fortschritt Saadia inzwischen gemacht hat. Denn an dessen früheren philosophischen Arbeiten, die jener noch in Fajûm geschrieben, habe er (Dunasch) manches auszusetzen gehabt, obwohl er damals erst 20 Jahre alt war (vgl. die Stelle im Orient, Literaturblatt, 1845, S. 563). Der Jezirahkommentar gehört demnach Saadias zweitem Lebensabschnitte an[4]). Saadia traf in Sura im Monat Jjar 1239 Sel. = 928 ein (nach Scherira), und, da er diesen Kommentar bereits in den Emunot zitiert (verf. 934), so ist er geschrieben 928—34. Man kann die Zeit vielleicht noch näher einschränken.

9. Es hängt mit dem Streit zusammen, den Saadia wider seinen Willen mit dem Exilarchen David ben Sakkai hatte. Der Verlauf dieses Streites hatte mehrere Wendungen. Wenn Abraham ben Daûd aufstellt, Saadia habe wegen der Streitigkeiten sich sieben Jahre im Verborgenen gehalten: ‏נחבא‎ ‏ר' סעדיה כמי ז' שנים‎, so ist das falsch. Scherira läßt die Zeit unbestimmt: ‏נחבא מר ר' סעדיה בכמה שנים‎; die sieben Jahre beziehen sich auf die Dauer des ganzen Streites, wie Nathan Babli genauer angibt: ‏ונתחזקה‎ ‏המחלוקת ביניהם צד ז' שנים‎. Innerhalb dieser sieben Jahre hat sich aber Saadia noch immer einige Jahre behauptet, wie aus folgenden Daten hervorgeht. Zwei Jahre nach Saadias Berufung brach der Streit aus (nach Scherira): ‏ואותיב (סעדיה) מתיבתא ב' שנין‎, also im Laufe des Jahres 930. Obwohl der Exilarch ihn seines Amtes entsetzte, so unterlag er doch nicht;

---

[1]) [Vielleicht aber schon bei seinem ersten Aufenthalt in Babylonien.]

[2]) Neubauer, Journal Asiatique 1862, II, p. 230. Dieser ‏בן זוטא‎ widerlegte Anans Ansicht, daß der Beischlaf mit einer Schwangeren verboten sei. [Über Ben-Suta und seine Polemik gegen Saadia vgl. Poznański in der Monatsschrift 1897, S. 203—212.]

[3]) [In die Jahre 921—923 fällt Saadias Polemik gegen den Palästinenser Ben Meïr betreffs des Kalenderstreites, dem das ‏ס' המועדים‎ gewidmet ist.]

[4]) [Nach Steinschneider a. a. O., S. 54 ist er noch in Aghpten verfaßt worden.]

denn er wurde von angesehenen und einflußreichen Juden Bagdads unterstützt (Nathan): וכל עשירי בבל ותלמידי הישיבות (l.) הישיבה (.) וחשובי
המקום חיו עם ר' סעדיה לזור אותו בכח ממונם והסברת פנים אצל המלך
ושריו וויצריו. Dasselbe berichtet Maßudi (bei de Sacy, Chrestomathie
arabe, I, 350): „Über einen großen Teil der angesehenen und gelehrten Männer
der Juden war Saadia Oberhaupt, und sie gehorchten ihm": ואהל אלפצל
ואלעלם מא בינהם (מן אליהוד) ותראס אלפיומי עלי כתיר מנהם ואנקאדוא
אליה. Er war daher imstande, als Gegen-Exilarchen den Hassan-Josia, den
Bruder Davids, aufzustellen, der von Saadias Partei gehalten wurde. Maßudi,
als Zeitgenosse, kennt den Streit genau. Er berichtet, daß der Zwist zwischen
Saadia und David ben Sakkaï zur Zeit des Kalifen Almuktadir ausgebrochen
ist, und daß Saadia seinem Gegner Widerstand geleistet: ובאנת לה (לסעיד)
קצץ באלבתראק מע ראס אלגאלות דאוד בן זכי ואשתרך עליה ולך
פי כלאפה אלמקתדר. Ferner berichtet er, daß die Juden deswegen in
Parteien auseinandergingen: ותחזב (קום) בן אליהוד לאגלהא; und endlich,
daß die Parteien ihre Streitsache vor den Wesir Ali ben Isa und in einer
Sitzung mit anderen Wesiren und Richtern brachten: והצרוא פי מגלס אלוזיר
עלי בן עיסי וגירה מן אלוזרא ואלקצאה. Diese Gerichtssitzung kann aber nur
zwischen 930 und 932 stattgefunden haben. Denn im Jahre 928 wurde Ali ben
Isa abgesetzt und verhaftet (Weil, Kalifen, II, S. 558f.) und gelangte erst
wieder zu Ansehen im Jahre 930 (das. 586). Im Oktober des Jahres 932
wurde der Kalife Almuktadir ermordet. Bis zu Almuktadirs Tod hat sich
also Saadia behauptet; denn Nathan Babli referiert sehr genau: Der Gegen-
Exilarch Hassan-Josia hat sich drei Jahre gehalten: ונהג (חסן אחי דוד רהוא
ראשהו) ג' שנים (ומת). Folglich hat sich Saadia ebenso lange behauptet.
Die Verbannung Hassans nach Chorasan, d. h. das Unterliegen der saadianischen Partei, erfolgte also erst drei Jahre nach dem Beginne des Streites.
Es ging demnach von Muktadirs Nachfolger aus, dem schäbigen, habgierigen
und verworfenen Kalifen Alkahir. Während dessen ganzer Regierungszeit
unterlag Saadia. Denn Alkahir regierte vom November 932 bis April 934,
und wenn man von den sieben Jahren, der Dauer des Streites, die drei
abzieht, in welchen sich Saadia behaupten konnte, so fallen von den vier
Jahren der Amtsentsetzung, zwei unter Alkahirs und zwei unter Alradhis
Kalifat. Die Versöhnung fand nämlich statt 936 (nach Nathan). Es ergeben
sich daraus folgende chronologische Data: 928—30 Saadia in unbe-
strittener Funktion des Gaonats, 930—32 oder 33 mit dem Gegen-
Gaon Joseph Bar-Satia und 932 (3) — außer amtlicher Tätigkeit.

10. Die religionsphilosophische Schrift Emunot verfaßte Saadia im Welt-
jahr 4693: ואולי יאמר איך יקבל השכל כי אין לעולם כי אם אד ד' אלפים
(I, 5 nach der richtigen Lesart des de Rossischen Kodex Nr. 83; ותרצ"ג שנה
in unseren Editionen falsch תרל"ג). Da nun Saadia die Aera mundi ein
Jahr später ansetzt (o. S. 527), so fällt die Abfassung ins Jahr 934, d. h.
während seiner Amtsentsetzung[2]. Dieses Werk verfaßte er sicherlich in Bagdad.

---

1) Scherira berichtet, der Gegen-Gaon sei nach Chorasan verwiesen worden:
ואדחי ראשיה לכרסאן. Dieser Passus scheint in Nathans Bericht ausgefallen
zu sein.

2) [Nach Steinschneider a. a. O. S. 52 ist es das Jahr 933.]

Diese Stadt hatte er im Sinne, wenn er aufstellt (in der Einleitung): כאשר סוברים עמי הארץ שבדבר הזאת כי כל מי שהולך אל ארין הורו שיישיר. Daß Saadia in Bagdad war und dort eine Sonnenfinsternis beobachtet hat, sagt uns Ibn-Esra in seinem אגרת השבת (C. III.): על כן טעה הגאון שאמר בי ראה ברגע קדרות השמש בבגדאד לא היה בעת המולד. Es ist vielleicht die allgemeine Sonnenfinsternis vom Jahre 934 am 16. April, Mittwoch 4 Uhr 30 Minuten (im Verzeichnis der in den Geschichtsbüchern angemerkten Sonn- und Mondfinsternisse). Man sieht daraus, daß von einem Leben im Verstecke keine Rede sein kann. Saadia hält sich während seiner Absetzung in Bagdad auf, von seinen Freunden geschützt. Sonst wäre auch Nathans Relation unverständlich, daß die Versöhnung dadurch erfolgte, daß ein Mann, der einen Prozeß hatte, Saadia zum Schiedsrichter gewählt hat. Wie konnte Saadia gewählt werden, wenn er sich in einem Versteck aufgehalten haben sollte? Was Abraham ben Daûd erzählt, Saadia habe seine sämtlichen Schriften im Verstecke verfaßt, beschränkt sich darauf, daß er die Emunot in Bagdad geschrieben hat, vielleicht auch etwas früher, im Jahre 933, seinen Kommentar zu Jezirah. — Nach Munk (Notice sur Saadia p. 16) lautete der arabische Titel der Emunot: כתאב אלאמאנאת ואלאעתיקאראאת. Der Titel scheint aber nach Mohammed Ibn-Jschak anders gelautet zu haben. Derselbe zählt nämlich unter Saadias Schriften auch eine unter dem Titel auf (bei de Sacy ibid. 357): כתאב אלאמתאל והו עשר מקאלאת, d. h. Schrift der Beweise und das sind zehn Abschnitte. Gerade so viel Abschnitte haben aber die Emunot. Folglich lautete der Titel אלאמתאל „argumenta"[1]).

11. Das ספר הגלוי, das Abraham ben Daûd zitiert und von dem Abraham ben Chijja (in מגלת המגלה) aussagt, Saadia habe darin die messianische Zeit berechnet (Einleitung zu dessen ס' החבור p. X.), hat Saadia später als die Emunot verfaßt. Denn bei Gelegenheit, wo er die Messiaszeit berührt (Abschn. VIII.) beruft er sich nicht darauf[2]).

12. Die Schriften, für welche sich kein chronologischer Anhaltspunkt geben läßt, sind folgende:

a) Eine Übersetzung der Mischnah ins Arabische mit einem Kommentar. Daß Saadia die Mischnah übersetzt hat, erfahren wir aus einer Notiz des Touristen R' Petachja aus Regensburg (um 1180). Er berichtet in seinem סבוב: In Irak bedienten sich zu seiner Zeit die Kundigen der Erklärung Saadias zur ganzen heiligen Schrift und zur Mischnah: ובארץ בבל לומדים פירוש ר' סעדיה שעשה מכל הקריח ומשה סדרים[3]). Da wir nun wissen, daß Saadias Erklärung und Übersetzung der Bibel in arabischer Sprache vorhanden war, so war wohl die zu Mischnah ebenfalls eine Version. Mohammed Ibn-Jschak scheint ebenfalls von dieser Mischnahübersetzung zu sprechen, indem

---

[1]) [Der Titel אלאמתאל ואלאמאנאת ואלאעתיקאראאת ist der richtige und es ist mit Harkavy a. a. O. S. 470—471, Anm. 168 die Annahme betreffs des Titels כתאב אלאמתאל zurückzuweisen; höchst wahrscheinlich ist dessen Vermutung, daß damit das הגלוי ס' gemeint ist, da dieses in dem Stil der Mischle ben Sira, ben Irai usw. verfaßt war, — daher der Name אמתאל —, und es auch zehn Abschnitte enthielt. Vgl. auch Studien usw., T. V, S. 146.]

[2]) [Vgl. über dieses Werk oben, S. 526 und die Ausführungen von Harkavy bei Rabbinowitz, S. 472—473, Anm. 173.]

[3]) [Vgl. jedoch den Zweifel bei Steinschneider a. a. O., S. 48.]

er unter Saadias Schriften eine mit folgenden Worten aufzählt: כתאב תפסיר
אלספר אלתאלת מן אלתוראה משרח. Wörtlich: „Die Überſetzung des dritten
Teiles des jüdiſchen Geſetzbuches von der anderen Hälfte der Thora mit Erklärung.“ In dieſer Faſſung hat der Satz allerdings keinen Sinn. Man muß
vielleicht אלתאני ſtatt אלתאלת emendieren, und der Satz würde dann heißen:
„Die Überſetzung des zweiten Geſetzbuches, nämlich von der anderen Hälfte
der Thora oder des Judentums.“ Der Pentateuch — deſſen Überſetzung von
Saadia Mohammed ben Jſchak erwähnt hat: תפסיר אלתוראה נסקא בלא
שרה — bildet den einen Teil der Thora im weiteren Sinne oder das Judentum, und die Miſchnah oder das traditionelle Geſetz des ספר תאני bildet den
anderen Teil desſelben. Das Wort משרח ſagt aus, daß die Überſetzung von
einer Erklärung begleitet war[1].

b) Eine Hodegetik zum Talmud: דרכי התלמוד, zitiert von dem Sammler
Bezalel Aſchkenaſi (vgl. Auſulaï Schem ha-Gedolim ed. Ben-Jacob, T. II.
b. 16, Nr. 59)[2].

c) Mehrere talmudiſche Abhandlungen über zivil- und eherechtliche Themata. Bekannt ſind: α) ס׳ השבועות, das ſchon Scherita erwähnt (Resp.
Gaonim 17b, Nr. 11 und wohl auch 15b, Nr 30: ומצאנו בספרי שערי צדק
über Scheidebrief)[3]. β) ס׳, [4] zitiert von Meïri אדוננו ר׳ סעדיה
Einleitung zu Abot ed. Stern p. 17: רבן קבלני בר׳ סעדיה ז״ל בספר הפקדון
שחברו לאחד שנתמנה דיין בעירו והיה העיר ההיא היו כלם סוחרים
ומפקירים זה לזה מכוינם והיי חלוקים תמיד בעניני פקדונותיהם ומתקוטטים
ויחיה אותו הדיין נבוך בעצמים והשתדל עמו לבאר לו דיני הפקדון.
γ) Handſchriftlich in der Bodleiana liegt ein Werk Saadias über Erbſchaft:
כתאב אלמוארת[5]. — δ) Eine Schrift über verbotene Ehegrade zitieren
Karäer von ihm (bei Pinsker S. 174, Note 1)[6]. Ob Saadia auch ein be-
ſonderes Werk über Eide (דיני שבועות) verfaßt hat, wie Rapoport behauptet
(Biographie Note 20), iſt nicht ſicher. Das Zitat von Jſaak Albargaloni
ſpricht nicht von einer Schrift Saadias. Ob die תקונים und שבועות
שערי in Verſen, in einem Parmenſiſchen Kodex (Dukes, Nachal Kedumim, S. 2)
Saadia angehören, iſt zweifelhaft[7]. Die talmudiſch-juridiſchen Schriften hat
er wohl in Jrak oder Bagdad verfaßt, nachdem er ſich praktiſch mit der talmudiſchen Jurisprudenz beſchäftigt hat.

---

1) [Vgl. gegen dieſe Ausführungen: Bacher, Abraham Jbn-Esras Einleitung zum Pentateuchkommentar und Harkavy a. a. O., S. 471, Anm. 169.
Über Talmudkommentare Saadias vgl. jetzt Monatsſchrift 1909.]

2) [Vgl. Harkavy a. a. O., Anm. 170, Steinſchneider a. a. O., S. 50,
Nr. 10 und J. Müller in Oeuvres complètes IX, S. 168, Nr. 119 u. Monatsſchrift 1909.]

3) [Der Anfang dieſer Schrift, arabiſch כתאב אלשהאדה ואלותאריק, in
JQR. XVI, S. 299.]

4) [Fragmente in Saadyana Nr. XI—XII, S. 37—41.]

5) [Jetzt herausgegeben von Horovitz und Müller in Oeuvres IX, S. 1—53,
im arabiſchen Original mit hebräiſcher Überſetzung.]

6) [Es iſt das gleichfalls eine antikaräiſche Schrift; ein Fragment veröffentlichte Hirſchfeld in JQR. XVII, S. 713—720. Vgl. Monatsſchr. 1909.]

7) [Vgl. hierüber Harkavy a. a. O., S. 471, Anm. 171.]

d) Eine liturgische Agende in arabischer Sprache סדור ר' סעדיה, hand-schriftlich in der Bodleiana. Er gibt darin Gebete und Pijutstücke an. Seine eigenen liturgischen Kompositionen sind ebenfalls darin enthalten (vgl. darüber Frankels Monatsschr. Jahrg. 1859, S. 407). Mohammed Jbn-Jschak nennt diese arabisch geschriebene Agende Saadias: כתאב אקאמה אלצלואת ואלשראיע (l. c.) „Einleitung[1]) zu den Gebeten und Gesetze“ (darüber). Diese Agende scheint er in Babylonien zusammengestellt zu haben, da sie vom babylonischen Ritus genaue Kunde gibt[2]).

e) ספר העבור über Kalenderberechnung. Auch dieses Werk kennt Mo-hammed ben Jschak unter dem Titel: כתאב אלעבור והו אלתאריך[3]); es scheint also ebenfalls in arabischer Sprache verfaßt gewesen zu sein, wie denn über-haupt der größte Teil seiner literarischen Produktionen arabisch war. Nach Luzzattos Untersuchung (Orient. Jahrg. 1851, p. 101 f.) ist Saadia der Er-finder des Verfahrens, die jüdische Kalenderberechnung durch Annahme von sieben verschiedenen Jahresformen zu erleichtern. ד' שערים דרב סעדיה גאון[4]). Wahrscheinlich war dieses Verfahren in dem כתאב אלעבור auseinandergesetzt.

f) תשובות על בן אשר. Daß er gegen einen der Begründer der Massora polemisiert hat, erfahren wir aus einem Zitat bei Dunasch ben Labrat in seinen Angriffen auf Saadias Exegese bei der Etymologie des Wortes תלפיות. Saadia behauptet das ת gehöre zum Stamme; Dunaschs Worte lauten: וישבה (סעדיה) חתו אשר בתלפיות כי הוא מציקרה לפי שהשיב על בן אשר ואמר: תלף תלף האותות. Über Ben-Ascher (s. weiter Note 23, II. — f.).

g) תשובות על בן זוטא, von Jbn-Esra zitiert (s. o. S. 528).

II.

Chiwwi[5]) Albalchi oder Alkalbi, gegen den Saadia polemisiert hat, war wie schon Rapoport richtig aufgestellt hat (Biographie Note 31), kein Karäer, sondern ein rabbanitischer Ketzer, oder richtiger der erste konsequente Bibel-kritiker. Das ergibt sich aus einer Notiz bei Salmon ben Jerucham, der eben-falls gegen ihn polemisiert hat. Aus dieser Notiz und aus einem Zitate bei Saadia können wir die Kritik Chiwwis gegen die Göttlichkeit der heiligen Schrift ihrem Umfange nach erkennen. Aus einem Zitate (v. S. 528) ergibt sich, daß Chiwi 200 Einwürfe gegen die Bibel gemacht, darunter den, warum denn Gott die Engel verlassen und seinen Wohnsitz (im Tempel) unter den Menschen

[1]) [אקאמה heißt nicht „Einleitung“, sondern „Aufstellung, Zusammen-stellung.]

[2]) [Über dieses Werk vgl. jetzt J. Bondi im Rechenschaftsbericht der Jüd.-literarischen Gesellschaft, Frankfurt a. M. 1904, S. 1—40 und Steinschneider a. a. O., S. 62—63, Nr. 25. Die Einleitung führt den Titel כתאב וגוב אלצלאה „Buch der für das Beten in Betracht kommenden Vorschriften“.]

[3]) [Über dieses, auch manches Antikaräische enthaltende Werk vgl. Poznański in JQR. X, S. 260—261 und Steinschneider a. a. O., S. 63, Nr. 26. Vieles davon enthält das von Neubauer in Mediaeval Jewish Chronicles II, S. 87—110 veröffentlichte Kitâb al-Tarikh.]

[4]) [Es kann nur von vier Jahresformen, also ד' שערים, gesprochen werden; vgl. jetzt Epstein in RÉJ. XLII, S. 204—210 u. XLIV, S. 230—236, Vornstein in der Jubelschrift für M. Sokolow, S. 113—116.]

[5]) [Der richtige Name ist nach Poznański in Hagoren VII, S. 113 und ebendort Anm. 3, Chajaweih.]

וזאת אמר חיוי אלבלכי בספר שכתב בו מאתים טענות: aufgeſchlagen hat

למה זב הקדוש ברוך הוא המלאכים הטהורים ובחר לשכן כבודו בין בני

אדם הטמאים. והשבתיו כששמצתי את דבריו בזה הלשון . . . עוד איך תדע

מה עשה למלאכי מרומים אפשר כי השכין בינימו אור בזה אלף פעמים . . . ואיך

תאמר מאסם ולא תגור מן החכמים. Salmon ben Jerucham erwähnt einen

anderen Einwurf Chiwwis. „Wozu hat Gott Opfer vorgeſchrieben, da er ſich

nicht nährt, wozu Schaubrote, da er nicht ſpeiſt, wozu Lampen, da er keine

Beleuchtung braucht? (Kommentar zu Kohelet 7, 10, zitiert und überſetzt von

Pinſler a. a. O., Text, S. 28): ולא תתנגד בצניני חתורה ותאמר למה חייב

ולמה לא חייב בעבודת כך וכך כדרך שתרגם חוי הכלבי יקללהו אל יאמר

ולמה חייב בעבודת הקרבנות אם אינו נזון ולמה חייב בלחם הפנים אם לא

יאכל ולמה חייב בנרות אם לא יקבל האורה וכבר השיבו צליו החכמים

וגצרו בו ואמרו לו אחת בסיל. Dieſe zwei Einwürfe erwähnt Saadia in

ſeinen Emunot (III, 10) unter den zwölf, welche man der Göttlichkeit der

Bibel entgegenſetzt, und ſucht ſie zu widerlegen. Man iſt dadurch zum Schluſſe

berechtigt, daß zehn von den dort aufgeführten zwölf Punkten aus den zwei

hundert ausgewählt ſind, welche Chiwwi gemacht hat[1]). Die übrigen zwei

(letzten) Einwürfe rühren von mohammedaniſchen und chriſtlichen Polemikern

her. Wir haben alſo daran einen Teil der Chiwwiſchen Kritik. Es ſind nach

der Reihenfolge in Emunot folgende:

1) אולי קצת בני אדם מקצרים להחזיק בספר הזה (תורה) בצבור
שאין פרושי המצות מבוארים בו.

2) והשנית: אולי אחד מקצר בצבור שהחושב שיש בו סתירה כאמור
בשמואל ויהי ישראל שמונה מאות אלף איש ובדברי הימים ויהי כל ישראל
אלף אלפים ומאה איש.

3) והשלישי: אולי יביאהו לזה המחשבה שיש בו הגדה שהוא שקר
שיהיה הבן גדול מן האב שנתים כי יהורם בן יהושפט מת והיה מ' שנים
ועמד אחזיה בנו תחתיו ונכתב במלכים שהיה לו שתים ועשרים שנה ובדברי
הימים שתים וארבעים שנה.

4) הרביצי: אולי ימהר בצבור מצות הקרבנות אם לשחוט הבהמות
(משום צער).

5) החמשי: אולי חושב יחשוב איך השכין הבורא אורו בין בני
אדם והניח המלאכים הטהורים.

6) והששי: אולי יתמה ממעשה המשכן ויאמר מה לבורא לאוהל
ולמסך ולנרות דולקות . . . וללחם אפוי ולריח טוב ולמנחת סולת
וירן ושמן ופירים ותרומה להם.

7) והשביעי: שיחשוב בחלקי המצות איך יהיה אדם בעוד גופו בבריאותו
אינגו תמים ובאשר יכרות ממנו דבר ידוע יהיה תמים ר"ל המילה.

8) והשמיני: שיחשוב בעניין פרה אדומה איך היתה מצוחה שתטהר
הטמאים ותטמא הטהורים.

9) והתשיעי: הקרבן אשר היו מקריבים לעזאזל ביום הכפורים כי כבר
נדמה לבני אדם שהוא שד.

10) והעשירי: על צגלה ערופה איך יכופר בה לעם עון שלא צשוהו.

1) [Nach Poznański in der oben genannten Schrift über Chajaweth,
Hagoren VII, S. 125—127, gehören nicht alle zehn ketzeriſchen Anſichten
dieſem an, ſondern, außer Nr. 5 und 6, vielleicht noch Nr. 2 und 4. Poznański
hat a. a. O., S. 115—125, alles über dieſen Ketzer Erhaltene geſammelt.]

Die hyperkritischen Bemerkungen Chiwwis, welche Ibn-Esra von ihm zitiert, zeigen ihn ebenfalls als einen freien, bibelkritischen Denker: daß das Wunder am roten Meere auf Ebbe und Flut zurückzuführen sei (Ibn-Esra Kommentar zu Exod. 14, 27), daß das Manna nur ein süßer Pflanzenkörper gewesen sei, den die Perser תרנגבין und die Araber מן nennen (das. 16, 13), und endlich, daß die Bedeutung des Satzes כי קרן עור פניו sei, Moses Gesicht sei wegen des Fastens hornartig vertrocknet gewesen (das. 34, 29). Aus der Fassung von Saadias Entgegnung auf Chiwwis Angriffe geht hervor, daß beide und ebenso Salmon ben Jerucham Zeitgenossen waren[1]). Es ist daher unverständlich, was Saadia Ibn-Danan berichtet, daß zu Chiwwis Zeit eine so allgemeine Judenverfolgung ausgebrochen wäre, daß viele zum Islam über- gegangen seien: (in Edelmanns Sammelwerk חמדה גנוזה, p. 16): כבר עברה חרב השמד על רבים מקהלות אשור ובבל ותימן ואפריקי וארץ המערב וארץ הזאת בימי חיוי הכלבי שחיק צצמות. In den mohammedanischen Reichen war eine ausgedehnte Judenverfolgung nur unter dem fatimidischen Kalifen Alhakim (im Anfang des elften Jahrhunderts) und später unter den Almohaden. Aber Chiwwi lebte als Zeitgenosse Saadias und Salmon ben Jeruchams vor dieser Zeit. Die Notiz bleibt also rätselhaft[2]). — Über das Epitheton אלכלבי oder אכלבי ist zu bemerken, daß nur das von Luzzatto veröffentlichte Zitat von Barsilaï die erste Schreibart hat, die übrigen Quellen, auch Salmon ben Jerucham, dagegen die letztere. Nur aus einer Angabe des Saadia Ibn-Danan (l. c. p. 28) läßt es sich entscheiden, daß Chiwwi in Balch lebte und lehrte, also Albalchi richtig ist: ובימיו (ביכיר ר' סצדירה) חיה חיוי הכלבי הסית והדיח הרבה מישראל וכחש בתורת ה' ובדה מלבו תורה חדשה אשר הורהו השטן הוא חיוי פלוסף ומשך ומשך גדול היה וחיִד רביני סצדירה שראה מלמדי תינוקות בצרי אלבלך בבבל מלמדים תורת חיוי הכלבי. Man sieht daraus, daß die frommen Schriftsteller geflissentlich den Namen des Erzketzers כלבי in כלבי verwandelt haben[3]).

21.

Chasdaï ben Isaak Ibn-Schaprut. Die vier gefangenen Talmudisten. Nathan der Babylonier.

I.

Die vortreffliche Monographie des frühverstorbenen Autors Philoxenos Luzzatto, Notice sur Abou-Jousouf Hasdaï-ibn-Chaprout (Paris 1852) hat die Biographie dieses jüdischen Staatsmannes nach den Quellen und mit glück- lichen Kombinationen so erschöpfend behandelt, daß nur wenig Nachlese bleibt. Nur in betreff zweier Punkte hat meine Forschung ein anderes Resultat er- geben. Der eine Punkt betrifft den Beginn von Chasdaïs Karriere und der andere dessen Lebensende.

[1] [Nach Poznański a. a. O., S. 115, hat er zur Zeit der in Note 18 behandelten Sektierer, also in der zweiten Hälfte des neunten Jahrhunderts gelebt; vgl. auch Harkavy, Studien usw. T. V, S. 147 u. S. 177, Z. 12—14.]

[2] [Vgl. auch Poznański a. a. O.]

[3] [Vgl. hierzu Harkavy bei Rabbinowitz, S. 474—475, Anm. 175 und Poznański a. a. O., S. 113—114.]

1. Der Beginn. Ph. Luzzatto geht dabei von Ibn-Djoldjols Relation aus, daß Chaẞdaï erſt durch ſeinen Eifer, die dunkeln Partien des griechiſchen Dioskorides ins Arabiſche zu überſetzen, ſich die Gunſt des Kalifen Abdul-Rahmanns III. Annaſir erworben habe. Der Dioskorides wurde dieſem Kalifen vom byzantiniſchen Kaiſer Conſtantinus VIII. Porphyrogenetes, dem Sohne des Baſilius Macedo, mit anderen Geſchenken durch eine Geſandt-ſchaft im Jahre 949 zugeſchickt. Da aber Dioskorides' Schrift über die ein-fachen Medikamente den Arabern ein verſiegeltes Buch war, ſo bat ſich der Kalife einen Mann aus, der des Lateiniſchen kundig ſei. Der byzantiniſche Kaiſer ſandte hierauf den Mönch Nicolas, der das Griechiſche für Chaẞdaï ins Lateiniſche, woraus dieſer wiederum die lateiniſche Verſion ins Arabiſche überſetzte. Der Zeitpunkt, in welchem die Überſetzung angefertigt wurde, iſt zwar nicht bekannt, fällt aber jedenfalls, wenn man die Rückreiſe der byzantiniſchen Geſandtſchaft, die Abſendung des Mönches Nicolas und das Geſchäft der Überſetzung berückſichtigt, mehrere Jahre nach 949. Folglich begann Chaẞdaïs Karriere bei dem Kalifen erſt im Anfang der fünfziger Jahre des zehnten Jahrhunderts. So ungefähr ſtellt es Luzzatto dar. Er ging aber dabei von de Sacys Überſetzung der Stelle bei Ibn-Djoldjol aus, deren Pointe im Original lautet: בן נחה אלתקרב אלי אלמלך עבד אלרחמן אלנאצר, welche de Sacy (in deſſen Description de l'Egypte par Abdallatif p. 496) ſo wieder-gibt: dans la vue de s'attirer la faveur du prince Abderrahmen (Hasdaï ben Bachrout l'Israélite y mettait beaucoup d'ardeur). Die Stelle läßt aber auch einen anderen Sinn zu. „In Rückſicht des Nahe-ſtehens bei dem Kalifen", d. h. weil Chaẞdaï dem Kalifen früher nahe-ſtand, war er eifrig, die Überſetzung zuſtande zu bringen. So faßt ſie Gayangos auf (in deſſen history of the mahometan dynasties in Spain, Appendix p. XXV.): Among those who owing to the esteem, in which they were held by the Khalif, could at any time go to the palace and enter the library, was Hasday ibn Bachrut the Israelite. Es ſcheint, daß Gayangos einen anderen Text als Ibn-Djoldjol benutzt hat. Nach der de Sacyſchen Auffaſſung hätte Chaẞdaïs Stellung bei Hofe erſt infolge der Überſetzung begonnen und wäre demnach ſpäter eingetreten. Nach Gayangos' Auffaſſung dagegen hätte er ſchon vor der Überſetzung eine Stellung ein-genommen.

Hätten wir bloß dieſe einzige Notiz zur Beſtimmung des Datums von Chaẞdaïs Ehrenſtellung, ſo wäre es allerdings zweifelhaft. Allein es gibt vollgültige Beweiſe, daß Chaẞdaï bereits zur Zeit der byzantiniſchen Geſandtſchaft bei Hofe angeſehen war. Moſe Ibn Esra ſetzt in ſeiner Poetik den Anfang der Blüte der hebräiſchen Poeſie in das Jahr 4700 der Weltära = 940 und zwar mit dem Mäzenat Chaẞdaïs (Munk, Notice sur Aboulwalid p. 77, Note 2). Von Moſe Ibn Esra hat Jehuda Alchariſi ſeine Angaben über die Anfänge der jüdiſchen Poeſie geſchöpft (in Tachkemoni Makame XVIII). Folglich muß Chaẞdaï ſchon im Jahre 940 ein Hofamt innegehabt haben, um Mäzen ſein zu können. Das wird auch von einer anderen Seite beſtätigt. Von den zwei Repräſentanten der Chaẞdaïſchen Kulturepoche hat der eine, Dunaſch ben Labrat, mit Saadia in Ver-bindung geſtanden und ihm metriſche Verſe gezeigt. Saadia war aber mit der Einführung des arabiſchen Metrums in die hebräiſche Poeſie unzufrieden und bezeichnete es als etwas Außergewöhnliches und Verwerfliches. Dieses alles folgt aus einer Stelle · in Dunaschs Kritik gegen Saadias (השובה) דברי. Ms. Schröter)[1] דיני כל סעדיה וכאומר ראש חישיבה בשבחי למשקל. אז נפלאו בעיניו ואמר לא נראה כמוהו בישראל. ידעני כי אז מר ר' סעדיה וזולתו בכל בני מזרח לא היתה להם ידיעה בחבור החרוזה ושקול הפירוט[2]). Nun starb Saadia 942. Folglich hat Dunasch schon um 940 gedichtet und sein Mäzen war Chasdaï. Aus der Polemik der Menahemisten gegen Dunasch scheint hervorzugehen, daß der letzte gar Saadias Jünger war: הלא ר' סעדיה יש לו כמה שירים . . . ולא נשקלו במשקל הערב והיתה בית ההיא צעיר תלמדריו בכל שכל. Und, als Dunasch gegen Menahem ben Saruk polemisiert hatte, war er etwa 30 Jahr alt; demnach fällt die Polemik zwischen beiden in die vierziger Jahre, und beide widmeten ihre Schriften Chasdaï, als er bereits Staatsmann war, und nicht ein Jahrzehnt später.

Noch entschiedener sprechen Chasdaïs Äußerungen selbst dagegen, daß er erst infolge der Übersetzung des Dioskorides, also nach 950, sich die Gunst des Kalifen erworben. Wir haben jetzt zwei historische Urkunden in dem Briefe Chasdaïs an den jüdischen Chagan der Chazaren und in dessen Antwort an jenen, deren Echtheit jetzt niemand bestreitet. Chasdaï sagt nun in seinem Sendschreiben, daß die Gesandtschaften des deutschen Kaisers, des Königs der Sklavonier und des byzantinischen Kaisers an den Kalifen von ihm eingeführt wurden, durch ihn die Geschenke überreichten und von seiner Hand Gegengeschenke empfingen: מלך אשכנזי ומלך הגבלים שהם אלצקלאב ומלך קשטנטיניה ומלכים אחרים על ידי תבאנה מנחתם ועל ידי תצאנה גבולתהם. Folglich war er zur Zeit, als die byzantinische Gesandtschaft ankam (949), bereits Staatsmann, und er ist es nicht erst infolge derselben durch seine Leistung bei der Übertragung des Dioskorides geworden. Ja, nach Ibn Adhari traf die byzantinische Gesandtschaft be.eits im Jahre 334 d. Hegira = 944—45 ein (ed. Dozy T. II, p. 229): פי סנה (334 וצל אלי אבי בחטר — צאחב אלקסטנטיניה — בחצר קרטבה רסל מלך אלרום אלפאבר . . . בן כלבוס אלי אלנאצר. Von den byzantinischen Gesandten erfuhr Chasdaï das faktische Vorhandensein des Chazarenreiches, das er selbst bis dahin halb als Fabel betrachtet hatte: כד אשר באו שלוחי קסטנטיניה בתשורה ובה. מאת מלכם אל מלבני ואשאלם כל הדבר. Nach Ibn Adhari (daf. II, p. 234) kam die Gesandtschaft des sklavonischen Königs Hunu im Jahre 342 der Hegira = 952 — 53 in Cordova an: פי סנה 342 קדרת רסל הונא מלך אלצקאלבה אלי אלנאצר, und auch dabei fungierte Chasdaï. Einige Jahre später begleitete Chasdaï des Kalifen Gesandten Mohammed Ibn-Hussain an den Hof des gallicischen Königs Ordoño ben Radmir (Ibn Adhari daf. p. 237): ופיהא (פי סנה 345) קדם מחמד בן חסין רסולא כאן בן אלנאצר אלי אלנאצר אלי ארדון בן רדמיר מלך גליקיה ומעה שבריוט אליהודי ובאתבה מאתבה אלי אלנאצר. Aus allen diesen Zeugnissen geht mit Bestimmtheit hervor, daß Chasdaï bereits in den zwei Jahren 940 und 48 seine Stellung bei Hofe hatte. Wenn Ph. Luzzatto weitläufig nachweist, daß das Eintreffen des Ramirez

---

1) [Vgl. ed. Schröter, Breslau 1866, Nr. 105, S. 31.]
2) [Mit Recht bemerken Harkavy und Rabbinowitz a. a. O., S. 476, Anm. 176, daß sich hieraus kein Beweis ergibt. Im übrigen setzt Steinschneider a. a. O., S. 115—116, die deutsche Gesandtschaft in das Jahr 956.]

und seiner Großmutter Toba — von dem Dunasch's Verse singen, daß Chasdai es veranlaßt habe — erst in den Jahren 958—59 stattgefunden habe, so spricht eine Quelle bei Almaffari dagegen. Diese gibt an, daß Abderrahman schon in den Jahren 933—936 mit Tuta (Toba) und ihrem Sohne oder Enkel Garcia (oder Sancho) zu tun hatte. Die Angabe lautet nach Gayangos' Übersetzung (a. a. O. II, 135): In the year 322 (933) Annasir made an incursion into the mountainous districts (Navarre), whence he marched on Pampluna. Queen Tutah dreading his vengance, came out to meet him and put herself under his power, upon which Annasir invested his son Garcia with the sovereignty of the land. — In the year 325 (936) hearing that Tutah queen of Banbelunah had infringed the treaty subsisted between the two, Annasir invaded her kingdom, subdued the greater part of it and compelled her to ask peace. In der Tat, wenn man Dunasch's Verse genau betrachtet, so sagen sie aus, daß Chasdai Ramiros Sohn mit Großen und Geistlichen halb als Gefangene nach Cordova gebracht und infolgedessen auch die Königin Toba oder Tuta dahin durch diplomatische Künste gezogen hat:

$$\text{... ולזרים כבש עשרה מבצרים}$$
$$\text{יהרבה הזמיר בשית ובשמיר}$$
$$\text{יהיביל בן רדמיר ושרים וכמרים}$$
$$\text{גביר גבור מלך הביא כהלך}$$
$$\text{ימחזיק בפלך לעם חם לו צרים}$$
$$\text{ומשך השוטה זקנתו טוטה}$$
$$\text{אשר היתה עובת מלוכה כגברים.}$$

Der Aufenthalt des vertriebenen Königs von Leon, Sancho Ramirez, in Cordova im Jahre 956—59, um sich von seiner Korpulenz heilen zu lassen und den Kalifen um Hilfe anzuflehen, ihn wieder auf den Thron zu setzen (wovon die spanischen Chronisten erzählen), braucht nicht mit dem Faktum, wovon Dunasch sang, identisch zu sein.

2. Chasdai's Lebensende. Ph. Luzzatto setzt dieses annäherungsweise ins Jahr 990 und schließt es daraus, weil der, unmittelbar nach Chasdai's Tod von einer Partei zum Rabbinen von Cordova erhobene Joseph ben Abitur in Cordova unterliegend, sich zu R' Hai begab, und dieser erst im Jahre 998 Gaon wurde (Notice p. 57). Indessen abgesehen davon, daß ben Abitur, ehe er zu R' Hai kam, sich vorher in anderen Ländern und Städten aufgehalten hat, in Bagana[1]), wahrscheinlich auch in Afrika und Ägypten, so sprechen einige Momente entschieden dafür, daß Chasdai noch bei Lebzeiten des Kalifen Alhakim, d. h. vor 976, gestorben ist.

a) Als sich nach Chasdai's Tode (wie Abraham Ibn Daûd ausdrücklich bemerkt), wegen des Rabbinats Parteien in Cordova bildeten, die eine an Moses' Sohn Chanoch festhielt, und die andere ben Abitur wünschte und ben Abitur in den Bann getan wurde, riet ihm der Kalife, an den er sich gewendet hatte, auszuwandern, und bemerkte ihm, daß, wenn seine Unter-

---

[1]) Die Stadt בגאנה, wovon Abraham ben David spricht: והלך מספרד אלבגאנה lautete arabisch ebenso בג'איה, heißt jetzt Pechina nahe bei Almeria und war ehemals eine bedeutende Hafenstadt. Vgl. Gayangos l. c. I, S. 359, Note 122. Es ist also nicht Baëna, wie Zunz behauptet hat.

tanen eine solche Unzufriedenheit mit ihm zeigten, selbst er auswandern würde: והמלך אמר לו אילו הישמאלים בורחים בי באשר עשו לך היהודים היריתי בורח מעניך. Dieser Kalife war aber sicherlich Alhakim, von dem der Chronograph vorher berichtet hat, daß ben Abitur für ihn die Mischnah (nicht den ganzen Talmud) ins Arabische übersetzt hat: ר' יוסף ן' אביתור פירש כל המשנה סדרים בלשון ערבי למלך ישמעאל ששמו אלחכים. Unmöglich konnte es dessen Nachfolger Hischam gewesen sein; denn dieser war bei seinem Regierungsantritt unmündig und blieb unter Vormundschaft bis zum Tode des Wesirs Almansur Ibn-Abi-Amr. Folglich brach der Streit um das Rabbinat von Cordova noch unter Alhakim aus, und zwar erst nach Chasdaïs Tod: ונחלק הקהל אחר פטירת ר' חסדאי הנשיא הגדול. Mithin starb Chasdaï vor dem Kalifen Alhakim vor 976.

b) Die hohe Stellung Jakob Ibn-G'au's, des Hauptanhängers von ben Abitur, fällt innerhalb des Wesirats des Almansur, der ihn dazu erhoben. Almansur war Wesir von 976—1002. Ibn-G'au fungierte als Oberhaupt der spanisch-jüdischen Gemeinden mehrere Jahre (wie Abraham Ibn Daûd bemerkt) ein Jahr mit Glanz, ein Jahr im Kerker und noch einige Jahre, vom Kalifen Hischam befreit, ohne Glanz: צוה המלך השאם להוציאו ולהושיבו לגדולתו ונעשה לו כן אבל לא שב כמו שהיה מפני כן. Man geht wohl nicht fehl, wenn man für Ibn-G'au's Funktion zehn Jahre annimmt, 990—1000. Sobald er zur Macht gekommen war, setzte er Chanoch ab und rief ben Abitur aus dem Exil zurück, also um 990. Dieser war aber schon durch seine Reisen so mürbe gemacht und so versöhnlich gestimmt, daß er, anstatt zurückzukehren, einen derben Brief an die Cordovaner Gemeinde erließ und sie ermahnte, seinen Gegner Chanoch zu respektieren. Sein Streit mit Chanoch fällt also vor 990, und damals hatte er schon viele Jahre im Exil zugebracht. Folglich muß Chasdaï lange vor 990 gestorben sein.

II.

Durch die Ermittelung von Chasdaïs Blütezeit läßt sich auch die Zeit der vier Gefangenen, welche in der jüdischen Geschichte epochemachend sind, chronologisch genau fixieren[1]. Denn trotz der gediegenen Untersuchungen Rapoports und Lebrechts ist dieser Punkt noch immer nicht genug erhellt. Abraham ben Daûd setzt das Faktum zur Zeit Scheriras um תש"ן = 990 (so die alten Ausgaben). Die Lesart Zacutos, ed. Filipowski, dagegen תש"ג = 943, ist wahrscheinlich eine Korruptel; denn 943 hat Scherira noch nicht fungiert. Gewiß ist nur so viel, daß die Gefangennahme dieser vier Männer zur Zeit Chasdaïs stattgefunden hat; denn einer von ihnen, R' Mose ben Chanoch, war noch zu Chasdaïs Zeit in Cordova, da dessen Sohn auch von diesem Staatsmann gestützt wurde, also um 940—70. Wir können diese Zeit noch mehr einschränken. Das Faktum muß nämlich noch während Annasirs Regierung vorgefallen sein; denn der Admiral, der sie zu Gefangenen gemacht und R' Mose nach Cordova gebracht hat, war (wie Lebrecht richtig herausgefunden hat) Ibn-Rumahis, und dieser war von demselben Kalifen ausgesandt (nach Abraham ben Daûd). רצא ממדינת קורטבא שליש

[1] [Vgl. über diesen Punkt meine Bemerkungen zu S. 327.]

כמונה על ציים שכו בן רמאחי' (.I רמאחיין) שלחו מלך ישמׁׁאל בספרד
ושמו עבד אלרחמן אלנאצר … ומצא אניה ובה ארבעה חכמים גדולים …
… Auch Saadia Ibn-Danan hat
die Lesart אבן רמאחאץ (Chemdah Genusah, p. 28). Dieſe Angabe iſt durch
Ibn-Khaldûn beſtätigt von Gayangos l. c. Appendix X, p. XXXV): The
commander in chief of the naval forces of Andalus (under Abdarrahman
Annasir) was a certain Ibn-Romahis. Da nun dieſer Kalife 961 ſtarb,
ſo fällt das Faktum um 940—961. Man kann aber dieſes Datum noch näher
fixieren. R' Moſes Sohn, Chanoch, war während der Gefangenſchaft noch ein
Knabe: רחנוך בנו צודנו נער. Nun ſtarb dieſer als Greis Oktober 1014.
Nehmen wir an, er ſei 70 Jahr alt geworden, ſo iſt er um 944 geboren. Um
961 war er alſo 17 Jahre alt und konnte nicht נער genannt werden. Man
muß alſo das Datum auf 948—955 beſchränken. Die Angabe, daß Chanoch
zur Zeit der Gefangenſchaft noch jung war, iſt um ſo gewichtiger, als ſie
ſicherlich von Samuel Nagid ſtammt, der deſſen Jünger war und die Vorfälle
bei der Gefangenſchaft aus deſſen Munde vernommen hat. So dürfte die
Angabe des Rodriguez de Caſtro, daß das erſte Lehrhaus in Cordova von
R' Moſe im Jahre 948 gegründet wurde, nicht ſo ſehr aus der Luft gegriffen
ſein: La primera academia se fundó en la ciudad de Cordova en el año
del mundo 4708 de Cristo 948 por R' Moseh (Bibliotheca española,
T. I, p. 2b).

Eine andere Betrachtung dürfte das gefundene Datum beſtätigen. Es iſt
kein Zweifel, daß die bedeutenden Talmudiſten — ארבעה חכמים גדולים —
von denen drei bedeutende Lehrhäuſer in Cordova, in Kairuan und in Kahira
gegründet haben, durchaus Babylonier waren. Es ſpricht einmal dafür,
daß der Zweck ihrer Reiſe להכנסת כלה war, d. h. (wie es Lebrecht ganz
richtig erklärt hat) zur Einnahme und Unterſtützung für das Lehrhaus[1]).
Unter כלה oder Lehrhaus κατ᾽ ἐξοχήν iſt aber nur das pumbaditaniſche oder
ſuraniſche zu verſtehen. Die vier Männer waren noch jung; denn nur R' Moſe
war verheiratet, hatte aber ſeine junge Frau und ſeinen jungen Sohn mit-
genommen. Dann konnten nur Babylonier zu tiefe talmudiſche Gelehrſamkeit
beſitzen, daß ſie die Rabbinen in Cordova beſchämen und die Lehrer für die
europäiſchen und afrikaniſchen Gemeinden werden konnten. Außerhalb Babyloniens war damals das Talmudſtudium ein ſehr oberflächliches, Paläſtina
mit eingeſchloſſen. Das fühlte auch Rapoport (Biographie des Chananel Note 2).
Nur meinte er, in Italien, das mit Paläſtina in Zuſammenhang geſtanden,
ſei ein gründlicheres Talmudſtudium vorhanden geweſen[2]). Aber die Beweiſe,
die er dafür herangebracht, ſprechen nur für das zwölfte, aber keineswegs für
das zehnte Jahrhundert. R' Hai Gaon macht ſich noch im elften Jahrhundert
über die jüdiſchen Gelehrten Italiens luſtig (Temim Deim Nr. 119): וכל
התלבושים שהחכמים הבאים מרומי משבשין אותם (deſſen Responsum in

---

1) [Der Ausdruck להכנסת כלה iſt in dieſem Sinne gewiß nicht aufzufaſſen, da die Einkünfte der Hochſchulen nicht ſo benannt wurden.]

2) [Vgl. jetzt Schechters Veröffentlichung in JQR. XI, S. 643 ff.,
Poznańskis Studie über Kairuân in der Harkavy-Feſtſchrift, S. 187—188 u.
S. 192—193. Auch iſt der hier im Text angenommene Zeitpunkt nicht der
richtige. Vgl. hierüber Näheres in der Monatsſchrift 1909.]

עצם זקנים p. 55, 56). Gegen Ende des elften Jahrhunderts konnte Nathan Romi, der Verfasser des Aruch, nicht von italieniſchen Talmudiſten lernen, ſondern mußte nach der Provence wandern und R' Chananel kopieren. Die erſten talmudiſchen Autoritäten in Europa waren der genannte Joſeph ben Abitur, Jünger R' Moſes, R' Leontin und deſſen Jünger R' Gerſchom. Wenn Sabbataï Donnolo einige Talmudkundige ſeiner Vaterſtadt Oria nennt, ſo waren ſie ſicherlich keine Autoritäten. Im zehnten und elften Jahrhundert berufen ſich ſämtliche Kundige auf „die Weiſen Babels", und kein einziger auf die חכמי איטליא. Auch ſagt Abraham ben Daûd in ſeinem Bericht über die Geſchichte der vier Gefangenen weder daß ſie aus Bari, noch daß ſie aus ספסתין oder סבסתין waren, ſondern „ſie wollten gerade zur Zeit der Gefangennehmung von Bari nach ספסתין reiſen: ארבעה חכמים היו הולכים ממדינת בארי למדינה נקראת ספסתין. Wir müſſen alſo dabei bleiben, daß die vier Talmudiſten Babylonier waren, Glieder der Hochſchule Pumbaditas oder Suras.

Iſt dem ſo, ſo dürfte ſich der vierte[1]) dieſer Talmudiſten, von dem die Hauptquelle ſagt: והרביעי איני יודע שמו, finden laſſen. Es iſt vielleicht Nathan der Babylonier נתן בר יצחק הכהן הבבלי. Aus der Filipowſkiſchen Edition des Juchaſin erfahren wir, daß Nathan Babli in Narbonne lebte und ein talmudiſches Lexikon verfaßte unter dem Titel: Aruch (p. 174b): ובצדוך ר' נתן הבבלי מנרבונא בדרך שגש. Allerdings kommt dieſer Paſſus auch im Aruch des Nathan Romi vor; aber dieſer konnte doch nicht der Babylonier aus Narbonne genannt werden[2]). Die Identität dieſes Nathan Babli mit jenem, von dem S. Schulam mehrere hiſtoriſche Stücke über die babyloniſchen Lehrhäuſer, über den Exilarchen Ukba, ſeinen Streit und ſeine Verbannung, über Saadia und ſeinen Streit mit David ben Sakkaï, über die Ernennung des Exilarchen, über die Einnahmen deſſelben und der Lehrhäuſer, kurz über das jüdiſch-babyloniſche Leben mitgeteilt hat, drängt ſich von ſelbſt auf. Aus der Faſſung dieſer Mitteilung geht ſogar hervor, daß Nathan, obwohl aus Babylonien, nicht daſelbſt geſchrieben hat: ואשר אמר ר' נתן הכהן בר יצחק הבבלי ממה שראה בבבל על ראש גלות עוקבא und weiter: ואמר ר' נתן שראה בנו של דוד בן זכאי. Nathan ſtammte alſo aus Babylonien, wohnte aber und lehrte nicht daſelbſt. Aus ſeiner Schrift hat ſicherlich S. Schulam, der erſte Herausgeber des Zacutoſchen Juchaſin, die hiſtoriſchen Stücke entnommen. Sonſt wüßte man nicht, woher er ſie genommen, da Nathan ſchwerlich eine fortlaufende Geſchichte des Exilarchats und Gaonats geſchrieben hat, ſondern nur bei dem einen und dem anderen talmudiſchen Artikel gelegentlich manches Hiſtoriſche tradiert haben mag[3]).

---

[1]) [Vgl. jedoch Revue des Ét. j. VII, 199 (H.).]

[2]) [Vgl. jedoch die Bezeichnung des Verfaſſers des Aruch als ר' נתן הבבלי im קיצור זכר צדיק des R' Joſeph Ibn Zaddik aus dem zweiten Drittel des 15. Jahrhunderts, ed. Neubauer, Mediaeval Jewish Chronicles I, S. 93, und ebenſo im Sefer ha-Kabbala des Abraham ben Salomo aus Torrutiel (Ende des 15. Jahrhunderts) ebendort, S. 102. Vgl. auch ferner Groß, Gallia judaica, S. 409. (Ich verdanke dieſe Hinweiſe Herrn Dr. Elbogen.)]

[3]) [Vgl. jetzt über Nathan ha-Babli Epſtein in der Feſtſchrift für Harkavy, S. 170—171.]

Aus den erhaltenen hiſtoriſchen Stücken kann man auch entnehmen, zu welcher Zeit Nathan ha-Babli ſeine Heimat verlaſſen hat. Er erzählt von dem Tode Saadias, und daß nach ihm ſein Gegengaon R' Joseph ben Jakob fungiert hat: ואחר פטירתו של ר' סעדיה נהג ר' יוסף בן ריעקב ישיבתו בסורה; alſo 942. Nathan weiß noch, daß nach Kohen Zedeks Tod in Pumbadita zuerſt Zemach ben Kafnaï, und dann Kaleb (Aaron) Ibn Sargadu fungiert haben: ולאחר פטירת כהן צדק ... נהג אחריו צמח בר כפנאי ר"ג חדשים (?) ונפטר ומלך אחריו (?) כלב בר יוסף הנקרא כלב בן שראגדו. Der letzte trat (nach Scherira) ſein Amt an 1251 Sel. = 940. Von der Ver-kümmerung der ſuraniſchen Hochſchule, welche ſo weit ging, daß Joseph ben Jakob Sura verlaſſen und ſich in Baßra niederlaſſen mußte, weiß Nathan noch nicht, was Scherira erzählt: ואתיחד ר' יוסף (בר ריעקב) במחסיא ואידלדלת כלתיה לגמרי ולא היה ליה פתחון פה אפילו בהדי ר' אהרון גאון ... ושבקה למחסיא ולבבל כולה ואזיל יתיב במדינת בצרה ושכיב התם. Kurz Nathan weiß noch nicht, daß die ſuraniſche Hochſchule ſich vollſtändig aufgelöſt hat: ועד השתא ליבא במחסיא מתיבתא (Scherira): in ſeinem Berichte exiſtiert ſie noch. Er muß alſo Babylonien verlaſſen haben, als noch R' Joseph, der letzte Gaon von Sura, fungierte, d. h. nach 942[1]). Daß Nathan ein Suraner war, geht ebenſo gewiß aus ſeinen hiſtoriſchen Stücken hervor, wie aus Scheriras, daß der Verfaſſer ſelbſt ein Pumbaditaner war. Wie Scherira für Pumbadita, ſo nimmt Nathan Babli Partei für Sura. Fragen wir uns, zu welchem Zwecke hat Nathan der Babylonier Babel, d. h. Sura, verlaſſen? So iſt die Antwort להכנסת כלה, d. h. er und ſeine Geführten: R' Mose, der Begründer des Talmudſtudiums in Spanien[2]), R' Chuſchiel in Kairuan und R' Schemarjah, der nach Mißr verkauft wurde[3]), wollten Gelder ſammeln für die verarmte Hochſchule von Sura, weil Pumbadita alle Einnahmen abſorbierte. Gerade der letzte Gaon von Sura, „der nicht einmal R' Aaron, dem Gaon von Pumbadita, ſtand halten konnte" (wie Scherira ironiſch bemerkt), hat dieſe vier Glieder ſeiner verarmten Hochſchule als Sendboten nach Europa und Afrika ausgeſchickt, um den Gemeinden die elende Lage Suras zu ſchildern und ſie zu bewegen, ihre Beiträge nicht Pumbadita, ſondern Sura zufließen zu laſſen. Weil aber die vier Sendboten, wozu auch Nathan gehörte, in Gefangenſchaft gerieten, kam Sura in die Lage, ſich ſelbſt auflöſen zu müſſen. Das iſt ein bündiger Pragmatismus. In Spanien, wo man Geſchichte ſammelte, erfuhr man nach und nach, daß R' Chuſchiel ſich in Kairuan und R' Schemarjah in Mißr be-finden; von dem vierten, der wahrſcheinlich nach Narbonne, nach einem chriſt-lichen Lande verſchlagen worden war, erfuhr man nichts. R' Nathan war für die Spanier verſchollen, während er in Narbonne lehrte und dort ein Lehrhaus gründete, von dem die Späteren ſagten: נרבונה היא עיר קדומה ובמנה יצא תורה לכל הארצות (Benjamin Tudela, p. 2). Kommen wir auf das Haupt-thema zurück: Wenn R' Nathan zu den vier Gefangenen gehörte, ſo iſt er ausgewandert nach 942, d. h. um 945. Und wenn wir das Moment berück-

---

    [1]) [Vgl. auch Epſtein a. a. O., S. 172 Aſg.]

    [2]) [Vgl. S. 540, Anm. 2.]

    [3]) [Vgl. jedoch meine Ausführungen in der Monatsſchrift 1909 über eine frühere Blüte des Talmudſtudiums in Spanien.]

sichtigen, daß Chanoch bei der Gefangenschaft noch jung war, so kann man deren Zeit 948—50 ansetzen. — Die zersprengten Glieder Suras gründeten also Lehrhäuser in Cordova, Kairuan, Misr und Narbonne und bildeten neue Brennpunkte für das Talmudstudium. Die Talmudexemplare von Sura ließ Chasdaï für Spanien aufkaufen, wie Dunasch sang: וללבני התורה ישובה, וגם אורה והנני אל כורא ישלח בספרים, was durch eine Notiz von Ibn Abi Ossaibia bestätigt wird (nach Munks Übersetzung Archives israélites 1848, p. 326, Note). Mais Hasdai ... parvint à se procurer tout ce qu'il désirait en fait de livres des juifs de l'Orient. — War Nathan der Babylonier in Narbonne, so war R' Jehuda oder Leontin sein Jünger, und dieser wieder Lehrer R' Gerschoms. Daher die tiefe Talmudkenntnis Gerschoms aus Tradition von einem Babylonier[1]).

22.

Die Judenverfolgung unter dem deutschen Kaiser Heinrich II. und der Retter der deutschen Gemeinden Simon ben Isaak.

Die Bußlieder (Selichot) des R' Gerschom ben Jehuda, der Autorität der deutschen Judenheit, klagen über harte Verfolgung und Taufzwang zu seiner Zeit: כגולתך דוחק צורר הצר סברה להביר באליל ניצ... יה זבי לבכים: ונמרטים ועליך כל היום נשחטים... בקום עלינו בעלי מארה בחוסדם יחד כצה נבערה גזורים עלי דודי ואדון בלקראות... דברי להחזות ואותי להלאות. האומרים אין צו לקבל אלה. השתחוות לפניך לצלם ולבלתי הקדיש המרבה לסלה. Sein Zeitgenosse[2]) und Mitrabbiner Simon ben Isaak ben Abbun (der Große oder ältere) aus Mainz hat ebenfalls Buß- und Klagelieder über erlebte Verfolgung gedichtet: Selichot-Sammlung ed. Fürstenthal, S. 568) כל היום הורגנו כל שם קדשך... סברנו ביד אדונינו קשים להתבזה... ממתים הירינו בשפך דמנו להתבזר גולה וסורה קדורנית חשובה... דרוסה בטונה גניחה נשובה... לנגדה בלבתה מצריה להתיבל לאבזר נואשתם לצאת מכבל מאוס נמאסתם בגלות לנדה... סבול צליך בליין וחריון... פנה להחש

[1]) [Vgl. hierzu Geiger in Hamaskir, Jahrg. 1860, S. 3—4, und Harkavy a. a. O., S. 480, Anm. 178.]

[2]) Die Zeitgenossenschaft von R' Gerschom und Simon ben Isaak, welche bisher nicht für sicher gehalten wurde, ist aus einer Notiz bestätigt. Ephraim von Bonn (1200) teilt in einem Machsor-Kommentar mit (Dukes Orient Literaturbl., Jahrg. 1844, col. 232) der erstere habe dem letzteren vorgehalten, er habe eine Midraschstelle übersetzt: ר' גרשום הקשה לר' שמעון והלא פסוק או הוחל לקרא ופסוק הקורא לבי הים וישפבם נדרש בבראשית רבה כל דור אנוש וארץ יכדתם אתה כל דור המבול. Diese Ausstellung bezieht sich auf das Pijut zum 7. Peßachtage (deutsch. Ritus: אמרו לאלהים אדררים); in demselben werden allerdings die zitierten Verse auf die Sintflut angewendet: שמופי ובם נשבצר רגל החפך עליהם בלחויה לגלגל בחול לקרא בשם אליל. Dieser Pijut trägt das Akrostichon: ... לרגל מרים קרא לבי הים וארבה השבים פתח בעים Simon ben Isaak. Derselbe war demnach nicht bloß Zeitgenosse von R' Gerschom, sondern verkehrte persönlich mit ihm. Zwei Pijutstücke (Ofan für das Zwischenfest des Peßach und Kerobot für das

אילותי פן יאמר אדום יכולתי . . . שבר חציך מאדום מזרימך . . . במה שעשו
בחללי עמיך . . . נקם הדם ונקם החמס . . . חוללה ידו לנפץ עם סגלה חפץ
פרוצה מבית אולה (daſ. 557ff.). Es war eine förmliche Religionsverfolgung[1]),
wobei einige zum Chriſtentum übergingen. Denn R' Gerſchom hat eine
Bannverordnung (חרם) erlaſſen, daß den ſpäter Zurückgetretenen ihre Apoſtaſie
nicht vorgeworfen werden dürfe (Responsum Raschis, Ozar Nechmad, II,
S. 176): ויבשו נורך שגזר ר' גרשום על בך שבל המבזיר (חרופים על מי
שנשבא בימי השמד) רהא בנדרי. Bekannt iſt, daß R' Gerſchoms Sohn die
Taufe empfangen hat. Aus der Faſſung in der erſten Quelle geht aber hervor, daß es eine Zwangstaufe war: ור' מאיר שבב כפר ר' יצחק מיריגא שר':
גרשום נתאבל על בנו שנשתמד אמנם אירבא למיבר שאין ללמוד ביומי דלאפושי
צערא הוא דעבד שלא זה זבה לשוב בתשובה (bei Mardochai Moed-Katon III,
Nr 886).

Rapoport hat dieſe Momente auf den erſten Kreuzzug bezogen (Biographie
des Nathan Romi, Note 46). Da aber aus Urkunden bekannt iſt, daß
R' Gerſchom im Jahre 1028 ſtarb (Kerem Chemed. VIII, S. 107), ſo iſt
dieſer Pragmatismus unhaltbar geworden. Man ſuchte einen anderen dafür
und glaubte ihn in der Verfolgung zu finden, von welcher Rudolph Glaber
(bei Bouquet, recueil X, p. 34) zum Jahre 1010 berichtet. Allein dieſer
Bericht iſt ſo vage gehalten, daß man nicht recht weiß, ob die Verfolgung die
Juden zu Orleans oder die in Frankreich oder auch andere getroffen hat. Die
ganze Darſtellung des Mönches Glaber hat einen verſchwommenen und hiſtoriſch
unfaßbaren Charakter. Die Juden bei Orleans (apud Aurelianum) hätten
einen Kloſterdiener Robert beſtochen, einen Brief mit hebräiſchen Schriftzügen
an den König von Babylonien zu überbringen, die Grabeskirche in Jeruſalem
zu zerſtören, da die Chriſten den Plan hegten, einen Kreuzzug zur Eroberung
Jeruſalems zu unternehmen. Als dann die Kirche wirklich zerſtört wurde, ſei
die Untat der Juden ruchbar geworden, und ſämtliche Chriſten des Erdkreiſes
(!) hätten beſchloſſen, die Juden aus ihren Ländern zu vertreiben. Unde
divulgatum est per orbem universum, communi omnium Christianorum
consensu decretum est, ut omnes Judaei ab illorum terris vel civitatibus
funditus pellerentur. Sicque universi odio habiti, expulsi de civitatibus,
alii gladio trucidati, alii fluminibus necati, nonnulli etiam sese diversa
caede interemerant . . . ita ut vix pauci illorum in orbe reperiantur
Romano. Man weiß nicht, was an dieſer übertriebenen Darſtellung geſchicht-

שמעון בן יצחק und שמעון בר אבון :Wochenfeſt) haben das Akroſtichon
בר אבון. Salomo Luria hat ihn demnach aus älteren und (wie ſich immer
mehr herausſtellt) authentiſchen, nur korrumpierten Quellen richtig bezeichnet:
ר' שמעון הגדול בר יצחק החסיר בר אבון הגדול בתורה ובחכמה בעושר
וביראתם (בימי ר' האי גאון) ובסודי סודות, und aus einer anderen Quelle:
ור' אליה הזקן) חיה ר' אלעזר הגדול ור' שמעון הגדול ממנצא. Daß
R' Simon ben Iſaak aus Mainz war und das Epitheton הגדול hatte, wird
aus einer anderen Notiz beſtätigt werden.

1) [Vgl. Regeſten Nr. 144, Ende.]

2) [Es iſt jedoch ſehr wohl möglich, daß eine damals in Frankreich aus-
gebrochene Verfolgung auch nach Deutſchland hinübergriff; vgl. Caro, Soziale
und Wirtſchaftsgeſchichte der Juden uſw. Bd. I, S. 165 und Lukas in der Monatsſchrift 1909, S. 111 betreffs Glabers und der damaligen myſtiſchen Richtung.]

lich ist. Zudem steht Glaber mit diesem Berichte vereinzelt. Die übrigen zeitgenössischen Chronikschreiber wissen durchaus nichts von einer so allgemeinen Judenverfolgung im ganzen römischen Reiche. Diejenigen, welche nach Wilken eine Verfolgung der französischen Gemeinde in dieser Zeit daraus machen (Zunz und andere), haben gar keinen Anhaltspunkt dafür, da Wilkens Bericht auf Glaber basiert, und dieser, wie wir gesehen, von einer Verfolgung der Juden per orbem universum, oder in orbe Romano spricht.

Allein die Verfolgung, über welche R' Gerschom und Simon ben Jsaak klagten, ging sie näher an; sie traf ihre eigene Gemeinde[1]. Die Quedlinburgischen Annalen referieren von einer Austreibung der Juden aus Mainz im Jahre 1012, bei Pertz monumenta Germaniae II, 81: 1012 expulsio Judaeorum facta est a rege (Henrico) in Moguntia. Also in Mainz selbst, wo R' Gerschom und R' Simon lehrten, war eine Judenverfolgung, ausgegangen von dem Kaiser Heinrich II., den die Kirche heilig gesprochen hat. Es war aber, wie die Klagen der beiden genannten Selichot-Dichter bezeugen, nicht bloß eine Verbannung aus Mainz, sondern ein Zwang zur Taufe. Die Tatsache wird auch von einer anderen Seite bestätigt. In einem handschriftlichen Memorbuche der Mainzer Gemeinde, das ein Synagogenfunktionär im Jahre 1296 aus einer älteren Schrift kopiert hat (im Besitz des Herrn Carmoly, dessen Gefälligkeit ich die folgende Notiz verdanke), werden (S. 44) Namen frommer Märtyrer dem Gedächtnis geweiht, und zwar im Anfange: מר שלמה ומרת רחל שקנו בית הקברות במגנצא ובטלו גזירות. רבינו גרשום שהאיר עיני גולה בתקנותיו. ר' שמעון הגדול שטרח עבור הקהילות ובכל גזירות. רבינו שלמה שהאיר עיני הגולה בפירושיו וכו'. Es waren also zu R' Simons Zeit Verfolgungen in der Mainzer Gemeinde, und derselbe hat sich bemüht, sie einstellen zu lassen. Erinnern wir uns, daß die Quelle bei Salomon Luria ihn als einen reichen Mann schildert. — Aus der Notiz der Quedlinburgischen Annalen ist das Datum der Verbannung der Juden aus Mainz von seiten Heinrichs II. angegeben: 1012. Wenn dieses Datum richtig ist, so hat die Verfolgung nicht allzulange gedauert. Denn am 16. Schebat = 30. Januar 1013 ließ R' Gerschom seiner Frau Bona eine Urkunde in Mainz ausstellen, daß ihr ihre Ketubbah abhanden gekommen ist (Kerem Chemed a. a. O.). בי"ד רומין לירחא דשבט שנת ד" תשע"ג למדינא דאנחנא רגילין למימנא במגנצא מרא איך ר' גרשום בר יהודה על לקדמנא ובך אמר אנא נסיבא אינתתא בן קדמת דנא ושמה בונא בת ר' דוד . . . . וחשתא ההוא שטר כתובה אירכס ובטיבא למיכתב לה אחרינא בחריקא וכו'. Also im Anfang des Jahres 1013 waren bereits wieder die Juden in Mainz. Man könnte vermuten, daß R' Gerschoms Frau das Instrument ihrer Ehepakten während der Verbannung verloren hat, und daß er darum bei der Rückkehr nach Mainz ihr ein neues ausstellen ließ. Jedenfalls ist die Verfolgung der Juden in Mainz und wohl auch in anderen Städten Deutschlands unter Heinrich II. historisch gesichert[2].

[1] [Vgl. hierüber Regesten Nr. 143 und Nr. 147.]

[2] Von derselben Verfolgung in Mainz spricht höchstwahrscheinlich auch das Responsum des Meschullam ben Kalonymos an denselben Simon ben Jsaak (in Resp. Gaonim, ed. Cassel Nr. 61). Der Respondent steht: „Gott möge die Leiden von uns, unseren Brüdern und den Genossen unserer

23.

Das Ende des jüdiſchen Chazarenreiches, Entſtehung des Vokalſyſtems, Ben-Aſcher[1]).

I.

Man nimmt gewöhnlich das Ende des jüdiſchen Chazarenreiches mit dem entſcheidenden Siege Swatoslaws über die Chazaren (968) an. Dem iſt aber nicht ſo. Neſtor, der ruſſiſche Annaliſt, berichtet: Als mohammedaniſche, byzantiniſche und bulgariſche Geſandte nach dem Hofe Wladimirs von Kiew kamen, um ihn zu bewegen, zu ihrer Religion, reſpektive Konfeſſion, überzutreten, haben ſich auch chazariſche Juden (Zidowe kosartii) eingefunden, um ihm das Judentum zur Annahme zu empfehlen. Sie ſprachen: „Wir haben gehört, daß die Bulgaren und die Chriſten (Byzantiner) gekommen ſind, jeder von ihnen, dich ihre Religion zu lehren. Die Chriſten glauben aber an den, den wir gekreuzigt haben, wir aber glauben an den einzigen Gott Abrahams, Iſaaks und Jakobs." Das war im Jahr 986. Gleich darauf ſandte Wladimir auf den Rat ſeiner Bojaren Geſandte an die Höfe, welche die verſchiedenen Religionen vertraten, um ſich an Ort und Stelle zu überzeugen, welcher Religion die Ruſſen den Vorzug geben ſollten (vgl. Scherers Überſetzung von Neſtors Annalen zum Jahr 986). — Auch iſt es ganz undenkbar, daß, wenn die Juden Chazariens ſchon damals ohne politiſches Oberhaupt geweſen wären, ſie gewagt haben ſollten, in einem mächtigen Reiche Propaganda zu machen. Solches kann nur der Vertreter eines politiſch ſelbſtändigen Gemeinweſens wagen. Es würde alſo ſchon aus dieſem Faktum folgen, daß

Gemeinde abwenden", unſerer Gemeinde, d. h. der Gemeinde, welcher ſowohl Meſchullam, als auch Simon ben Iſaak angehörte, d. h. **Mainz.** Der Paſſus lautet: שמע דברי שלום . . . לר' שמעון בן יצחק מ‍‍‍מני כר' קלונימוס ממני כי אני חנוו ממרחם צלקוני והוא ברחמיו הרבים ירחיב לנו בצר ויכלה התשואות ממנו ומאחינו ומבני קהלינו בקירוי תוחלתנו ומבטחנו ברוב חסדיו. — Die unverſtändlichen zwei Wörter: ברחם צלקוני müſſen wohl geleſen werden: בתחום צלקוני, in der Gegend von Zalkona. צרקוני oder צלקונה iſt nämlich eine Ortſchaft in Katalonien und wird auch in Emek ha-Bacha erwähnt neben Solſona (p. 66): גם על רושבי שלשונה וצאלקונה עלה הכורת. Die Emendation dafür: בצחם צל קוני. „Im Schutze des Schattens meines Schöpfers" (Respons. ibid. pag. 13) iſt höchſt gezwungen. Es ergäbe ſich aus dieſem Reſponſum, daß Meſchullam ben Kalonymos urſprünglich in Mainz gewohnt und wegen der Verfolgung nach Katalonien ausgewandert iſt; keineswegs darf man ihn mit Rapoport in Lucca ſuchen (daſ. 42 b). Wenn Meſchullam in Katalonien war, ſo iſt es viel natürlicher, daß an ihn eine Anfrage aus Narbonne gerichtet wurde (ibid. Nr. 140), als wenn Italien ſeine Heimat geweſen wäre. [Zur richtigen L.-A. בצחם צל קוני, vgl. Zunz, Literaturgeſchichte der ſynagogalen Poeſie, S. 111, A. 5 (H.).] [Zur Berichtigung vgl. auch Epſtein in RÉJ. XXVII, S. 87.]

[1] [Im allgemeinen erledigen ſich die Ausführungen im Text dadurch, daß die auf Abraham ben Simcha zurückgehende Urkunde, wie bereits zu S. 390 bemerkt, als gefälſcht nachgewieſen iſt, wodurch auch die daraus in Abſchnitt II gezogenen Schlußfolgerungen hinfällig werden; vgl. auch Harkavy a. a. O., S. 485, Anm. 180 und 181 und Monatsſchrift 1908, S. 609.]

ein jüdischer Chazarenstaat damals noch fortbestand. Diese Voraussetzung wird durch eine Urkunde bestätigt, welche aussagt, daß die Chazaren damals von einem jüdischen Fürsten David regiert wurden, und daß an seinen Hof russische Gesandte kamen, um das Judentum zu sondieren. Diese interessante Urkunde, welche der Karäer Firkowitz in Daghestan in einer alten Synagoge gefunden hat (mitgeteilt Orient Jahrg. 1841, Nr. 33, S. 222 und Zion I, p. 140, Note 5) lautet, wenn wir die Worte des Kopisten vom Jahre 1513 weglassen:

אנכי שלמה אמוני ישראל אברהם בן כ' שבחה
מעיר ספרד במלכות אחינו גרי הצדק כזירה בשנת אלף ושש מאות
ושמונים לגליותינו היא שנת ארבעת אלפים ושבע מאות וששה וארבעים
ליצירה לפי חמנין שמונים אחינו היהודים בעיר מטרכא בבא שלוחי
נשיא ראש ומשך מעיר צייב (.I קריב) לאדונינו דוד הנשיא החזרי בדבר
הדת לחקירה שלוחתי בשליחות ממנו לארץ פרס ומדי לקנות ספרי תורה
ונביאים וכתובים קדמונינו לקהלות כזר. ובצילם המדינה היא איספאן
שמכתי שיש בשושן ספר תורה קדמוני. ובבואי לשם הראות לי אחינו בני
ישראל בקהל גדול ובסופו כתוב ספור מסעות כה' יהודה המגיח והודיעינו
שאביו ר' משה הנקדן היה החבורה הראשון לקהל לתלמידים
למידת קריאת המקרא בהם. ובקשתי שימכרו לי וימאנו למכרו.
והתעתקתי הספור חזה מלה במלה כי יקרו לי דברי המגיח מאוד והוספתי
בו ביאור לדבריי המחתמים הירודים לי באמת. זכותם תגן עלי ויחזיר ה'
ואתחי]. לבירתי בחריים ובשלום אמן.

Darauf folgt ein Bericht über die Niederlassung der Juden in der Krim, beginnend mit den Worten:
אני יהודה בן משה הנקדן מזרחי בן יהודה הגביר איש נפתלי (abgedruckt Orient l. c. Nr. 21, S. 162, Zion I, 135 und Pinner, Prospektus der Manuskripte der Odessaer Gesellschaft, Odessa 1845, S. 6).

Jedes Wort dieser Urkunde trägt den Stempel der Echtheit an sich, daß die Chazaren ursprünglich Proselyten waren, daß Boten im Jahre 986 in Religionsangelegenheit von Kiew gekommen sind, und zwar Boten des Fürsten von Rußland und Moskwa: נשיא ראש ומשך. Die Worte sind einem Bibelverse entlehnt (Ezechiel 39, 1). Auch die Araber nennen die Russen ראס (vgl. Frähn Jbn-Foßlan)[1]. Die Stadt מטרכא ist Tamataracha, Tmotarakan, das alte Phanegoria, jetzt Taman. Dort wohnten längst griechische Juden, hatten die Zeitrechnung nach Weltjahren, wie in Palästina (und nicht die seleuzidische Ära, wie in Babylonien), und eben nach der dort üblichen Ära bestimmte der Reisende Abraham ben Simcha das Jahr, in welchem er von dem Chazarenfürsten David ausgesandt wurde, um alte Bibelexemplare zu kaufen. Die Stadt ספרד, die Heimat des Sendboten Abraham, und wahrscheinlich auch die Hauptstadt des Chazarenfürsten David, ist in der Nähe von Matracha das alte Bosporus, jetzt Kertsch (vgl. Pinster, Likute, Text, S. 17, Anm. 1). Wir haben also zwei voneinander unabhängige Zeugnisse über die Fortdauer eines, wenn auch kleinen, jüdischen Chazarenstaates nach Swatoslaws Siegen. Noch ein dritter Zeuge kann zugeführt werden. Abraham ben Daûd erzählt im Jahre 1161, er selbst habe in Spanien die Nachkommen jener Chazaren gesehen, die dahin gekommen wären, und, daß der Rest derselben in ihrem Lande dem Rabbanismus angetan wäre: — ויוסף מלכם (מלך כזריים) שלח ספר לרב חסדאי בר יצחק

---

[1] [Nach Harkavy a. a. O., S. 484, Anm. 179 nannten sie sie „Ruß".]

וראינו מבני בניהם תלמידי חכמים והודיעונו ששאריתם על דעת הרבנות.

Wahrſcheinlich ſind vornehme Chazaren nach dem Untergang ihres Reiches in der Krim durch Mietislaw und Baſilius II. erſt 1016 nach Spanien entflohen.

Wir haben bis jetzt den einen Teil der Urkunde des Abraham ben Simcha oder die chazariſche Seite in Betracht gezogen und ihn bewährt gefunden; aber auch das Übrige darin enthält nichts Verfängliches. Abraham kam nach Jsfahan, um alte Bibelexemplare aufzukaufen, hörte, daß in Suſa ein altes Pentateuchexemplar vorhanden iſt, reiſte dahin, ließ es ſich zeigen, fand darin zum Schluſſe eine Reiſebeſchreibung des Jehuda Magihah — deſſen Vater die hebräiſchen Vokale erfunden — und wollte es für ſich kaufen. Da es aber die Suſaner Juden nicht veräußern mochten, ſo kopierte er ſich die Reiſebeſchreibung. Er fleht zuletzt Gott um glückliche Heimkehr an. Dieſes alles ſcheint ebenſo echt zu ſein, wie der erſte Teil von den Geſandten des ruſſiſchen Fürſten hiſtoriſch dokumentiert iſt. Der Teil aber, welcher mit den Worten beginnt: אני יהודה בן משה הנקדן, trägt das Gepräge der Unechtheit an der Stirne und iſt von einem Karäer ſpäterer Zeit zwecks Myſti- fikation hinzugefügt worden.

II.

Ein Punkt in dieſer Urkunde iſt von hoher Wichtigkeit: Die Erfindung der hebräiſchen Vokalzeichen. Sie ſagt aus: „Der Vater des Je- huda Magihah, mit Namen Moſe der Punktator, war der erſte Er- finder, um für die Jünger das Leſen der heiligen Schrift zu er- leichtern" הודיעונו (אנשי שושן) שאביו ר' משה הנקדן היה האבודה הראשון להקל לתלמידים למידת קריאת המקרא. Zum Subſt. בודה muß man notwendig ergänzen: של נקורות, also, der Erfinder der Vokalzeichen. Dieſe Tradition trägt ihre Wahrheit in ſich durch die allereinfachſte Motivierung: „Weil das Leſen des vokalloſen hebräiſchen Textes immer ſchwerer wurde, erfand Moſe (aus Suſa?) die Vokalpunkte." Darum erhielt er auch den Namen „der Punktator". Die Frage über die Entſtehung der hebräiſchen Vokalzeichen, welche dem Hebraiſten ſo viel Kopfzerbrechen gemacht hat, wäre hiermit gelöſt. Die Kritik mußte ſich bisher mit der Antwort begnügen, daß, da weder der Talmud, noch der mit der hebräiſchen Bibelliteratur vertraute Kirchenvater Hieronymus die geringſte Andeutung über Vokalzeichen geben, dieſe erſt in der nachtalmudiſchen Zeit eingeführt worden ſeien. Aber warum hat ſich kein Zeugnis über die erſte, Epoche machende Einführung derſelben erhalten? Das quälte die Kritik. Jetzt haben wir das gewünſchte Zeugnis. — Das Thema über die hebräiſchen Vokal- und Akzentzeichen hat aber ſeit dem Jahre 1840 eine große Ausdehnung erhalten. Früher kannte man nur das übliche Zeichenſyſtem und hatte keine Ahnung davon, daß es noch ein anderes gibt. Da fand Firkowitz hebräiſche Bibelmanuſkripte nach einem ganz abweichenden Syſtem. Die Vokalzeichen haben andere Figuren und ſtehen durchweg oberhalb der Buchſtaben, die Akzentzeichen ſind ebenfalls anders geſtaltet. Pinner hat davon (in ſeinem Proſpektus) ein ganzes Fakſimile gegeben. Bisher ſind nur zwei Exemplare mit ſolchen Zeichen bekannt; eines

davon, die letzten Propheten umfassend, vom Jahre 916 (bei Pinner beschrieben S. 18, Nr. 3). Wir kennen demnach jetzt zweierlei Systeme, das übliche, in welchem die Vokalzeichen unterhalb stehen (mit Ausnahme des ה und ו) und das neuentdeckte mit anderen Figuren und der Stellung oberhalb. Wir wollen sie der Kürze wegen das Untersystem und Obersystem nennen. Aus einer Notiz in einem Pentateuchkodex mit Targum (in der Bibliothek von Parma) erfahren wir, daß das Obersystem das Assyrische und das Untersystem das Tiberiensische genannt wurde: חומש עם תרגום
‎. . . ובסופו כתוב כדבריב האלה תרגום זה נעתק מספר אשר הובא בארין‎
‎בבל ותהיה כנוקד למצלה בנקוד ארין אשור והשבר ר' נתן ברבי מכיר‎
‎בר' מנחם מאנקונה בר' שמואל בר' מכיר מכדינת איירידי (?) היא אצי נדע‎
‎קרן המחלוצין בארין מגנצא בשם הכבורך בר' מנחם בר צדיק הנקרן והניחו‎
‎ונסחו לנקיד כדברני (mitgeteilt von Luzzatto in הליכות קדם‎ p. 24 vgl.
de Rossi Codices manuscripti Nr. 12). Nathan ben Machir war ein Zeitgenosse Raschis; vgl. Responsum Raschis (in Goldbergs Sammlung חומש כטמנים S. 1) Ihre Namen haben beide Systeme wohl von dem Lande, wo sie erfunden worden, das eine in Assyrien (Susa?), das andere in Tiberias. Von dem tiberiensischen System, welches das jetzt übliche ist, wissen wir, daß die Karäer Mocha und sein Sohn Mose[1], die Massoreten, es eingeführt haben um 780—800: ומני ר' מוחא (l.) מר ר' אחא משה מתקני נקוד הטיבראני רחמם האל בנקודירם (o. S. 522), Nissi ben Noach spricht aber von Zeichen der Babylonier: ולאלוף נקודים ופסוק נקוד אנשי אשור (bei Pinsk. T. 38). Das טעמים וחסרות ויתרות לאנשי שנצר שנצר ist wahrscheinlich identisch mit dem נקור אשור. Nissi ben Noach scheint beide gekannt und dem babylonischen vor dem assyrischen System den Vorzug gegeben zu haben. — Es scheint aber noch ein drittes System gegeben zu haben, wenigstens was die Akzentzeichen betrifft. Denn das Machsor Vitry (zirka 1100) spricht von einem üblichen, einem palästinensischen und einem נקוד נוברני. (Kerem Chemed T. IV, p. 203 mitgeteilt von Luzzatto): שטעמי הנגרנות הם שנאמרו למשה מר חולש ומי זוקף ומי רושב ומי כומר ומי העולה ומי היורד ומי המלוש אבל מסני הנגרנות סופרים הוא שתקנום ולפיכך אין נקוד נוברני דומה לנקיד שלנו ולא שניחם דומים לנקוד ארין ישראל. Die Stelle scheint korrumpiert zu sein. ניברני soll (wie Luzzatto emendieren will) טברני bedeuten[2].

Bleiben wir bei den zwei Systemen, die uns bekannt sind. Es folgt aus dem Zitat von Salomon ben Jerucham Mukaddimah, daß das von Mocha und seinem Sohne eingeführte tiberiensische System jünger ist, als das נקוד אשור oder נקוד שנצר. Das assyrische System ist also vor 780—800 in Gebrauch gewesen. Aber seit wann? Darüber kann man jetzt nur so viel sagen: In der nachtalmudischen Zeit. Möglich, daß es zur Zeit eingeführt wurde, als die Mohammedaner ihre Vokalzeichen dem Syrischen entlehnt haben.

---

[1] [Vgl. dagegen Frankels Monatsschrift Jahrg. 1876, S. 480 und Jahrg. 1881, S. 403, wo מוחה ור' משה ור' als Fälschungen erklärt werden; ferner S. 348 und 395 über die Anfänge der Vokalzeichen (H.)]. [Vgl. auch Bacher in REJ. XII, S. 76.]

[2] [Vgl. hierüber oben, S. 389, Anm. 2.]

Einem Einwurfe muß noch begegnet werden, wenn das Resultat fest-
stehen soll, daß vorher das assyrische System in Gebrauch war und von dem
tiberiensischen verdrängt wurde. Wir haben gefunden, daß das tiberiensische
dem jetzt üblichen Punktationssystem entspricht und, daß es von Mocha und
seinem Sohne Mose eingeführt wurde. Beide gelten aber als Karäer
und Mocha als Jünger Anans[1]). Ist es aber nicht unglaublich, daß ein von
Karäern eingeführtes und von Karäern gebrauchtes Punktationssystem bei
Rabbaniten Eingang gefunden haben soll? Darauf erwidere ich Folgendes:
So schroff auch die zwei jüdischen Bekenntnisse gegeneinander standen, so haben
sie nichtsdestoweniger Einfluß aufeinander ausgeübt. Daß der Karäismus nach
und nach rabbinische Elemente in sich aufgenommen, ist oben nachgewiesen.
Aber auch die Rabbaniten, namentlich in Palästina, haben sich so manches
von dem Karäismus angeeignet. Sahal ben Mazliach bezeugt es ausdrücklich,
daß die palästinensischen Rabbaniten dem Fleisch- und Weingenuß entsagt,
levitische Reinheitsgesetze beobachtet, karäische Ehegesetze gehalten und zum
Teil auch den karäischen Festkalender angenommen haben (Sendschreiben bei
Pinsler, Anhang, S. 33): ואם יאמר אדם כי הנה אחרינו תלמידי הרבנים
בהר הקדש ובכרמלה רחוקים מן המעשים האלה חייב אתה לדעת כי הם
כמעשר בני מקרא עשו ומחם למדו. ויש מהם רבים שלא יאכלו בשר
וצאן ובקר בירושלים ... ולא יגעו אל המתים ולא יטמאו בכל הטומאות ...
ולא זה בלבד כי אם לא יקחו בת אח ולא בת אחות אשה ולא בת אשת
האב וינזרו מן כל העריות האסורות אשר אסרום חכמי בני מקרא רצ"ו
מפי ה' על ידי משה עבדו והם עושים בעזרת השם שני ימים יום אחד בראיית
הירח ויים אחד כאשר היו עושים לפנים ... ויש מהם שהאיר השם עיניהם
והניחו חשבין העבור הנתון [הנהוג?(?)] [למען חבור ושבו אל דרך האמת.
Wollte man diesem Propagandisten keinen Glauben schenken und seine
Angaben als Kunstgriff für die Proselytenmacherei ansehen, so bezeugen es
rabbanitische Nachrichten, daß die Palästinenser manche levitische Reinheitsgesetze beobachtet haben. Eine Menstruierende durfte nichts im Hause
anrühren (Responsa Gaonim שערי תשובה Nr. 72): אנשי מזרח נדה
משתמשת בכל צרכי הבית ... ובני ארץ ישראל אינה נוגעת בדבר
לח ולא בלבוש שבבית התירו מדוחק שתינית את בנה. Man wird einräumen müssen, daß solche Strenge antitalmudisch und nur dem Karäismus
entlehnt ist. Aus folgendem Passus (l. c. Nr. 176): אנשי מזרח אינן מיבלין
לא מקרי ולא מתשמיש ... משחרב בית המקדש אין המנוגעין מטמאין ובזמן
הזה אם ח"ו יהא תלמיד חכם מצורע אין דוחין אותו לא מבית הכנסת ולא
מבית המדרש דליבא השתא ותרה מחניך קדוש, geht hervor, daß die
אנשי ארץ ישראל, die Palästinenser, dieses alles streng genommen, Lustrationen
gebraucht und die Aussätzigen aus Synagoge und Lehrhaus gewiesen haben.
Diese Strenge ist aber jedenfalls karäischen Ursprungs (vgl. S. 508). Maimuni bezeugt, daß manche rabbanitischen Gemeinden von den Karäern den
Brauch angenommen haben, eine Wöchnerin 40 oder 80 Tage vom ehelichen

---

[1]) [Zu den folgenden Ausführungen sei hingewiesen auf Harkavy a. a. L.,
S. 195, Anm 41, wo dargetan wird, daß die Muladdimah des Salmon ben
Rucheim gefälscht ist, daß Mosche und Mocha eine und dieselbe Person sind,
und daß die tiberiensischen Massoreten, als deren erster R' Pinchas, genannt
Rosch-Jeschiba, anzusehen ist, Rabbaniten waren.]

Umgange fern zu halten (אסורי ביאה :(15) XI, [1)

מקומות ותמצא תשובות למקצת גאונים שילדה זכר לא תשמש מטתה עד
סוף ארבעים ויולדת נקבה אחר שמונים . . . אין זה מנהג אלא מזית היא
באותן התשובות ודרך אפיקורסית באותי המקומות ומן המינים (קראים)
כך אמר מר ר' יהודאי גאון על זה; vgl. Raschi Pardes p. 5b. ;למדו דבר זה

(?) שלמה ריש גלותא בשביל החיה שקטע הלכה חשב ז' לזכר כנדה ואח"כ
תשב ז' נקיים . . . ואמר רבא זכר זכר אדוננו לברכת לא כי אלא יולדת כנדה עד
שיפסוק הדם ממנה ואחר כך תספור ז' נקיים וכן אמר ריש כלה וריש
מתיבתא.   Vgl. dazu Maimuni Hil. Issure Biah XI, 6.   In vielen Gemeinden Ägyptens waren unter den Rabbaniten vollständig karäische Bräuche
eingeführt (Responsa Maimuni רוב ישראל אשר ברוב: Nr. 152): פאר הדור
ערי מצרים שכחו דיני תורתנו . . . ונהגו כמנהג מינית (קראים) עד שהן רוחצין
בימים שאיבין;   vgl. Maimunis Brief an Ibn G'abar in זקינים מטב p. 74b:
אנשר מצרים מצינו איתם בזה נשים נישית לדברי מינות והילכים אחר סדרי
הקראים.   (Vgl. auch חמדה גנוזה, ed. Edelmann, S. 5a).

Haben also namentlich die palästinensischen Juden karäische Elemente, welche
mit dem Talmud in direktem Widerspruch stehen, aufgenommen, um wie viel
mehr durften sie das tiberiensische Punktationssystem annehmen, das so zu sagen
kein konfessionelles Gepräge an sich trägt und zu den ἀδιάφορα gehört. Denn
die Rabbaniten der alten Zeit und die Gaonen haben die Vokalzeichen als
etwas ganz Äußerliches, nicht zur heiligen Schrift Gehöriges, betrachtet. Als
der Gaon Mar-Natronaï II. gefragt wurde, ob man den Pentateuch mit
Vokalzeichen versehen dürfe, erwiderte er verneinend und bemerkte dabei, daß
die Punkte und Zeichen nicht vom Sinai stammen, sondern von „den Weisen"
eingeführt wurden (mitgeteilt von Luzzatto aus Machsor Vitry III, כרם חמד
p. 200): מר ר' נטרנאי גאון ושששאלתם אם אסיר לנקיר ספר תורה? ספר
תורה שנתן למשה בסיני לא נקיר ולא נקוד ולא נתן נקוד בסיני כי
התכמים ציונוהי לסימן ואסור לנו להחיסר מדעתנו פן נעבור בבל תוסיף לפיכך
אין נוקדים ספר תורה.   Die Gaonen haben also die Vokalzeichen für etwas
Unwesentliches gehalten[2). Man bemerke wohl, daß Natronaï nicht sagt,
die Sopherim oder die talmudischen Gelehrten (רבותינו), sondern „die
Weisen", d. h. Männer ohne religiöse Autorität, haben die Vokale bezeichnet.
Also, weit entfernt einen heiligen Charakter zu haben, galten sie den Gaonen
als eine vollständige Nebensache. Den Karäern dagegen schienen sie so wesentlich zum Texte zu gehören, daß Jehuda Hadassi, gewiß von älteren Karäern
entlehnt, sie als eine sinaitische Offenbarung betrachtet, ja sie schon von
Adam her datirt: וספרי התורות ראויות לחיות נקידים בנקוד ועמים כי בלא
נקוד ועצמים לא נתנה אלוהינו . . . על כי מכתב אלהים חרות על הלחות
כהב . . . היו מלאים בתיבתן בנקוד ובעצמים ולא חסרים בנקידם ועצם
(Eschkol Nr. 173, S. 70 b). ומאדם נתנו האותירות והלשון והנקוד[3)
Es ist demnach nicht auffallend, daß die palästinensischen Rabbaniten die von

---

[1) [Vgl. hierzu jetzt Schwarz in Mose ben-[Maimon usw., Bd. I,
Leipzig 1908, S. 353—354.]

[2) [Über das Nichtzutreffende dieser Schlußfolgerung auf karäischen Ursprung der Vokalzeichen vgl. Harkavy a. a. O., S. 488—489, Anm. 182.]

[3) [Vgl. auch für für das etwaige hohe Alter der Punktation, die Studie
von Jakob Bacharach, מאמרי יצקב הבברכי על קדמית הנקוד, Warschau 1897].

Mocha eingeführten Vokalpunkte und Akzente angenommen und weiter verbreitet haben. Haben doch die Rabbaniten den maſſoretiſchen Text, ſo wie
ihn ein Karäer feſtgeſetzt hatte, anzunehmen keine Scheu getragen und ihn
als Muſterexemplar benutzt. Es ergibt ſich nämlich zur Gewißheit, daß A a r o n
b e n A ſ c h e r und ſein Vater Moſe, deren maſſoretiſcher Text muſtergültig
wurde, K a r ä e r w a r e n[1].

Die Beweiſe ſind nicht ſchwer zu führen.

1) Der Karäer Jehuda Hadaſſi ſpricht von ihm, wie von einem Konfeſſions-
genoſſen (l. c. Nr. 163 und Nr. 173, p. 70a): סדר תרין בתרין תוספות על
שמונים זוגות של בן אשר רוח ה' תניחנו המדקדק במסורת מכתבך.

2) In alten Kodizes wird ihm auch von ſeinem maſſoretiſchen Gegner
Ben-Naphtali das Epitheton המלמד beigelegt, welches nur bei karäiſchen
Autoritäten vorkommt. (Pinner prospectus, S. 86): שמואל בן יעקב כתב
ונקד ומסר את המחזור הזה של מקרא מן הסדרים המוגהים המבוארים אשר
עשה המלמד אהרון (2בן משה בן אשר נוחו בגן עדן. Der Kodex, in dem
dieſe Stelle vorkommt, iſt im Jahre 1008 in Ägypten kopiert. Ebenſo heißt
es in einem Kodex (unbekannten Datums daſ. S. 63): זה החלוף שבין שני
המלמדים בן אשר ובן נפתלי ורחמם שדי: בן אשר כל יהושע בן נון רפי
ובן נפתלי רדגש לנון.

3. Die Überſchrift zu Ben-Aſchers grammatiſch-maſſoretiſchem Werk, in
der rabbiniſchen Bibel (מקרא גדולה vom Jahre 1517) und bei Dukes (Kontres
Hamaſſoret Tübingen 1846 S. 1) lautet ſo, daß er zu den משכילים gezählt
wird. Das Epitheton משכיל iſt aber, wie Kundigen bekannt, ebenſo wie
מלמד, nur für Karäer gebräuchlich. Die Überſchrift lautet: זה ספר
מדקדוקי עצמים שחבר אהרון בן אשר במקום מעזיה הנקראת טבריה אשר
על ים כנרת מצרבה אלהים יניחהו על משכבו ויקראצהו עם ישיני אדמת עפר
המשכילים והמזהירירם יזהירו כזהר הרקיע (3. In dem von Dukes veröffentlichten Fragmente gebraucht Ben-Aſcher ſelbſt den Ausdruck רחמשכילים רבינו
(Kontres S. 36).

4. Folgendes ſpricht noch ſchlagender dafür, daß Ben-Aſcher Karäer war.
In dem eben genannten grammatiſchen Werke bemerkte er ausdrücklich, daß die

---

[1] [Gegen die folgenden Beweiſe für das karäiſche Bekenntnis Aaron
ben Aſchers vgl. oben S. 324 und Harkavy a. a. O., S. 488—489, Anm 183.
Danach bedeutet המלמד „Lehrer“, denn Kinderlehrer waren es, die das
Vokaliſationsſyſtem einführten; ferner wird der Ausdruck משכילים von
Karäern erſt in der zweiten Hälfte des 10. Jahrhunderts angewendet, ſchließ-
lich bedeutet אשלמתא auch die „religiöſe Vervollkommnung“. Daß Jehuda
Hadaſſi den ben Aſcher für den Karäismus reklamiert, iſt bei der bekannten Art
dieſes Autors ganz belanglos. Vgl. übrigens m e i n e Ausführungen in der
Monatsſchrift 1908, S. 610—611.]

[2] So nennt ihn auch der Grammatiker Iſaak ben Jehuda (unvollſtändiger
Kodex der Seminarbibliothek Nr. XIX, Heft 6, Bl. 5b), woraus wir zugleich
erfahren, daß das als alt geltende maſſoretiſche Werk אבלה ואוכלה, der Grund-
ſtock unſerer großen Maßora, jünger iſt als Ben-Aſcher. Die Stelle
lautet: ומצאתי במסורתא רבתי וספר אכלה ואוכלה כל ויהי אשר יהיה בו
כצם מפסריק ויסמוך עליו ויגד כך מאחריו יהיה החכם דגש ... לדעת המורה יעקב
בן נפתלי הסופר אבל משה בן בין אהרון (.l אהרון בן משה) בן אשר כרפה על כל
מה שאחר ויהי ויהי בין אלה בין בין אהרון כמנהג יהו"א ובגדכפ"ת: עד כה מצאתי.

[3] [Es liegt hier lediglich eine Anſpielung auf Daniel 12, 3 vor.]

Propheten und Hagiographen zur Thora gehören und eine Ergänzung
derselben sind (bei Dukes l. c., S. 30): [1] סדר המקרא תורה האשמורה הראשונה,
(קדמוניות) וסדורים כתורה, משנה תורה כתורה, סיום תורה כתורה [אמת]
סדר הנביאים: האשמורה התיכונה שלום התורה כמעמד התורה, ומורים
בה התורה כתורה, משרבי נפשות צירי אמונה עומדים במגדל מעל לעם כחקך
התורה . . . סדר הכתובים, האשמורה האחרונה קבלה של אמת וזכרון
ראשונות ושומרים מלמדים עליהם תורה נביאים וכתובים מפי
הנביאים . . . להודיע שכל הכתוב והבטו [. וחבטוי] [בעניני ובמשפטי]
והמוקש [.ודומה] לכתב הקודש.

Bekanntlich hat der Karäismus gegen die Tradition geltend gemacht,
daß der Pentateuch durch die Propheten und heiligen Hagiographen ergänzt
wird und dadurch nicht mangelhaft erscheint (vgl. o. S. 503). Ben-Ascher behauptet hier dasselbe Prinzip und führt sogar denselben Vers als Beleg dafür
an, wie die Karäer. Es liegt in diesen holprigen Versen eine ganze Polemik
gegen den Rabbanismus. Zum Schlusse macht er auch das karäische Prinzip
geltend, daß die Folgerung aus Analogie (המוקש) eben so gut wie das Schriftwort
ist (vgl. o. 532). Die rabbanitischen Massoreten haben in aller Naivität diese
Formel aufgenommen und nannten die Propheten (אשלמתא) „Ergänzung",
und zwar die ersten Propheten קדמיתא אשלמתא und die letzten בתריתא
א', ohne zu ahnen, daß diese Formel gegen die talmudische Tradition gerichtet ist.

5) Man könnte auch als Beweis anführen, daß Saadia gegen Ben-Ascher
nicht sehr glimpflich polemisiert hat (o. S. 532 f.). Saadia hat aber nur, so
viel wir wissen, gegen Karäer und Ketzer polemisiert und nicht gegen Bekenntnisgenossen. Ben-Ascher war also Karäer und dennoch ist der von ihm festgestellte massoretische Text [2] der heiligen Schrift von Rabbaniten in

---

[1] [Vgl. zum Text jetzt Dikduke Hateamim, ed. Baer u. Strack, S. 1—2.
Danach ist auch die L.-A. והמוקש richtig; vgl. a. a. O., S. 2, Anm. e.]

[2] Noch am Ende des neunten Jahrhunderts war der massoretische Text
nicht endgültig abgeschlossen, sondern es gab Varianten nicht bloß in betreff
unwesentlicher Momente, wie Plene, Defective (חסרות ויתרות), halber und
ganzer Zwischenräume, Akzente und Orthographie, sondern auch in bezug
auf Versabteilung, wie aus Zemach ben Chajims Gutachten hervorgeht
(Schluß zu ספר אלדד und, auch von Jbn-Jachja in Schalschelet zitiert) ואפילו
במקראות שהם כתובים וקבוצים יש שנוי בהם בין בבל לארץ ישראל בחסרות
ויתרות ובפתוחות ובסתומות ובפסקי הטעמים ובמסורות ובחתוך הפסוקין.
Die Varianten der מדינחאי ומערבאי waren also früher mannigfaltiger und
wesentlicher, als sie uns jetzt vorliegen. Saadia zeigt noch einer andern Versabteilung und andern Lesarten. [Vgl. jedoch hierzu Lauterbachs Edition von
Saadias Psalmenkommentar, Ps. 107—124 (Berlin 1903), Einleitung, S. 10.]
Man ist also genötigt anzunehmen, daß erst durch Ben- Aschers Text die abweichenden Exemplare verdrängt wurden, und dieser sich die Alleingeltung
errungen hat. — Ben-Ascher schrieb, soweit wir jetzt wissen: 1. דקדוק הטעמים
(abgedruckt in Dukes, Kontres), über Akzente, Natur der Konsonanten, Dagesch
und Raphe und anderes. [Jetzt vorliegend in der Ausgabe von Baer und
Strack, Dikduke Hateamim etc., Leipzig 1879]. 2. שבונים זוגין über
80 Homonyma. 3. Massoretische Angaben sind in dem von ihm geschriebenen
Bibelkodex (in Kairo bei den Karäern) enthalten. [Vgl. über diesen jetzt die
Mitteilung von P. Finfer in seinem, eine neue Einteilung der Bibelaus-
gaben nach P'tuchoth und S'tumoth anregenden Werk מסורת התורה והנביאים
(Wilna 1906), S. 99—101.]

Palästina, Aghpten nnd später aller Orten adoptiert worden, und ein Ben-Ascher-Text galt als Muster-Exemplar, wie Maimuni berichtet הלכות ספר VIII, 4): ולפי שראיתי שבוש גדול בכל הספרים שראיתי בדברים תורה אלה וכן בעלי המסירה . . . נחלקים ראיתי לכתוב הנה כל פרשיות התורה הפתוחות והסתומות וצורתן השירות כדי לתקן עליהם כל הספרים ולהגיה מהם. וספר שסמכנו עליו בדברים אלה הוא הספר הידוע במצרים שהוא כולל ארבעה ועשרים ספרים ... שהיה בירושלים מכמה שנים להגיהו ממנו הספרים ועליו היו הכל סומכין לפי שהגיהו בן אשר ודקדק בו שנים הרבה והגיה בו פעמים רבות כמו שהעתיקו ועליו סמכתי בספר התורה שכתבתי כהלכתו. Die Rabbaniten hatten also keine Bedenken, den massoretischen Text eines Karäers zum Muster zu nehmen.

Es darf daher nicht auffallen, daß sie die von den Karäern Mocha und seinem Sohne eingeführten Akzentzeichen angenommen haben, da diese für den synagogalen Gebrauch unwesentlich sind und nur für den häuslichen Gebrauch bestimmt waren. Noch fehlen uns aber Zeugnisse, wie das tiberiensische System die Alleinherrschaft behaupten konnte. Über das Wesen des assyrischen Systems hat Herr Pinsker eine eingehende Abhandlung geschrieben. Im Jahre 957 kannten die Juden in der Krim weder Vokal- noch Akzentzeichen. Sie wurden erst von Jerusalemischen Propagandisten eingeführt, welche 200 karäische Familien in Sepharad (Kertsch), Unchat, Sulchat und Kaffa zum Rabbanismus bekehrten[1]. (Notiz in einem Odessaer Kodex bei Pinner, Prospektus, S. 64 und bei Pinsker, Text, S. 17): השלוחים החכמים הירושלמיין שהביאו לנו מציון תורת הרבנות שחברו אבותיהם חכמי בית שני ברית הקודש כפי קדוש וקבלנוה אנחנו פה קצת גלות ירושלים אשר בספרד באון כאתו וסילוכאתו וקפא מאתים בעלי בתים עלינו ועל זרענו בשנת כי מציון חצא תירה פרט קטן כתוב בספר ההסכמא הקריימא. הם נקרו וצמו לנו את כל ספרי הקודש בנקידות וטעמים שתקנו הסופרים בירושלים . . . ואני ברבת המלמד הפלימי (?) כתבתי זכרון בספר הזה כי רבים מאחינו מיחודים במקראי קודש לבד ככל אבותינו נוחם עדן כי לא ראי אור תורת הרבנות מימי קדם ומחרפים אותנו שנבדלנו מהם עד יבא מורה צדק אמן. Pinsker, der diese Handschrift selbst gesehen, bürgt für das hohe Alter dieser Urkunde. Über die krimischen Städte, die hier vorkommen, vgl. ebendas. Die hervorgehobenen Buchstaben ergeben als Zahlzeichen 717, d. h. 4717 aera mundi = 957 christl. Zeit.

[1] [Diese Urkunde ist als gefälscht anzusehen; vgl. Harkavy, a. a. O., S. 316, Anm. 89 und oben S. 389].

Ergänzungen und Berichtigungen zur 4. Auflage.

Zu S. 19, A. 2. Es muß heißen: „Abhandlung über die geistige Tätigkeit in Palästina bis zum Beginn des 10. Jahrhunderts". Hinter 52 erg.: S. 464 und ebendort A. 1.

Zu S. 20, A. 2 Ende, erg.: S. 467—468.

Zu S. 49—50. Das in den ersten Zeiten des Aufenthaltes der Juden in Gallien herrschende gute Einvernehmen zwischen diesen und den besseren Ständen des Volkes erfährt eine besondere Beleuchtung durch den spätlateinischen Grammatiker Virgilius Maro, der wohl jedenfalls der Wende des 5. zum 6. Jahrhundert angehört. Wir begegnen bei demselben einer ausgedehnten Anwendung des Hebräischen in grammatischer und lexikalischer Hinsicht und dem Hinweis auf einen anderen großen Gelehrten im Hebräischen, Reginus Kornilius. Dies läßt demnach auf eine intime Berührung der Juden mit den gebildeten Kreisen des Landes schließen. Vgl. hierüber die Studie von S. Krauß in RÉJ. XXXVIII, S. 230—240: Les gloses hébraiques du grammairien Virgilius Maro.

Ibid. und ff. Zu den hier und schon vorher sich findenden Bemerkungen über die wirtschaftliche Lage der Juden ist nun das erst nach dem Druck dieses Bandes mir zugänglich gewordene, sehr aufschlußreiche Werk von G. Caro: Sozial- und Wirtschaftsgeschichte der Juden im Mittelalter und der Neuzeit, Bd. I, Zürich 1908, zu vergleichen, das in manchen Punkten schätzenswerte Einzelheiten bietet, und auch in rein historischer Hinsicht noch beachtenswertes Material ergibt. So erfahren wir von einer in der Mitte des 7. Jahrhunderts im Langobardenreiche unter König Perktarit stattgefundenen Judenverfolgung verbunden mit zwangsweiser Taufe.

Zu S. 65 ff. Über die verschiedenen Konzilien zu Toledo und die auf ihnen gefaßten Beschlüsse gegen die Juden, vgl. Caro S. 71 ff.

Zu S. 76. Betreff der Ausführungen des Verf. über Großhandel der Juden in Arabien, vgl. die gegenteiligen Bemerkungen von Caro S. 109.

Zu S. 94. Betreff des Harith Ibn Abu Schammir vgl. Rabbinowitz S. 95, A. 2, daß, nach anderen Berichten, es sich hier um einen zweiten gleichen Namens handelt.

Zu S. 122. Gegen die angebliche Ausschließung der Juden aus Jerusalem vgl. die Nachweisungen bei Caro S. 469.

Zu S. 126, A. 3 Ende. Hinter Notiz erg.: S. 338—339, A. 2.

Zu S. 128. Von Bostanai sind jetzt ein Sohn aus seiner legitimen Ehe mit Namen בר אדוי und drei Söhne von der persischen Königstochter

bekannt: Gurnschah, Mardanschah und Schahriar; vgl. hierüber und die
fernere Behandlung der Bostanaischen Nachkommenschaft meine Abhandlung
in der Monatsschrift 1908, S. 330—333.

Zu S. 131, A. 2 erg.: S. 334—338.

Zu S. 134—135, A. 5 Ende erg.: S. 337, A. 3 und S. 338, A. 1.

Zu S. 135, A. 2 Ende erg.: S. 338—343 und S. 455—462, und ferner,
Poznański in Hakedem II, S. 92—93.

Zu S. 154. Betreff der Bestimmungen Egikas über den Sklavenbesitz
der Juden vgl. Caro, S. 76.

Zu S. 155. Über die Anknüpfungen der Juden Spaniens mit den
arabischen Eroberern in Nordafrika vgl. die gegenteiligen Ausführungen von
Caro, S. 73—74, und S. 464, wonach lediglich Bestrebungen der Juden in
bezug auf innere Umwälzungen, wie Sturz des hierarchischen Regimes und
dergl., in Betracht kommen können.

Zu S. 156. Nach Caro, S. 75 dürfte doch unter Witiza eine Milderung
der harten Judengesetze eingetreten sein.

Zu S. 161, A. 1 Ende erg.: S. 463—472 und S. 591—598.

Zu S. 165, A. 2 Ende erg.: S. 592—595.

Zu S. 167, A. 1 Ende erg.: S. 467—472.

Zu S. 180, A. 1 Ende erg.: S. 614—617 und vgl. ferner Poznański in
Hakedem I, S. 144 ff.

Zu S. 191, A. 2 Ende erg.: S. 598—610.

Zu S. 195, A. 3. Vgl. über den Midrasch Espha Harkavy bei Rabbinowitz, S. 197—198, Anm. 44.

Ibid. A. 4 Ende erg.: S. 612—614.

Zu S. 203. Betreff der hier geschilderten Handelstätigkeit der Juden
sei hingewiesen auf die wohl jedenfalls vom fränkischen Reich stammenden
jüdischen Handelsleute, die in den Schilderungen des arabischen Postmeisters
Ibn Khordadbeh als „Radaniten" bezeichnet werden und die den Welthandel über die Mittelmeerländer nach dem Levante und auch nach Indien
betrieben. Es waren wohl Juden aus der Rhone-Gegend, so daß der richtige
Name wahrscheinlich „Rhodanici" ist. Vgl. die Darstellung bei Caro,
S. 126—127 und Simonsen in RÉJ. LIV., S. 141—142.

Zu S. 203—204, A. 5 Ende, hinter 58 streiche: und ferner usw.

Zu S. 206. Betreff des R'Machir und Narbonne ist zu bemerken, daß
jedenfalls in dieser Stadt eine beträchtliche Gemeinde noch seit der westgotischen Zeit, trotz des Ausweisungsdekretes von Wamba, und sicher seit der
Zeit der, wenn auch nur kurzen Araberherrschaft bestand, die sich gewisser
Vorrechte in bezug auf Landbesitz erfreute. Möglich, daß in einem Privi-
legienbrief sich der Name eines Machir befand, wobei aber keineswegs an
einen aus Babylonien stammenden Gelehrten zu denken ist. Vgl. hierüber
Caro, S. 142 ff. Es bestand jedenfalls schon seit dem 13. Jahrhundert eine
Konfusion der Berichte über die Familien der Kalonymiden und der Nachkommen des R'Machir, da in dem von Neubauer in RÉJ. X, S. 100 ff.
mitgeteilten Bericht des Meïr ben Simon vom Jahre 1240 mehrfach die
Namen Todros und Kalonymos vorkommen. Vgl. auch Aronius in der Zeitschrift für Geschichte der Juden in Deutschland, Bd. II, S. 82 ff.

Zu S. 209, A. 1. Über Juden als Vermittler der Zahlenkunst vgl. Harkavy bei Rabbinowitz, S. 213, Anm. 54.

Zu S. 219, A. 3. Als Lehrer des R'Joseph wird bei Scherira a. a. O. der Gaon R'Schinuj genannt.

Zu S. 220, A. 2. Hinter „daselbst" streiche „und Monatsschrift" usw. **Ibid. A. 4,** Ende erg.: vgl. auch Rabbinowitz, S. 225—226, A. 4.

Zu S. 235—236, A. 2 Ende. Zur Literatur über Agobard vgl. auch Caro, S. 154—156 und S. 474.

Zu S. 265, A. 2. Der Bericht, daß Abu-Kethir der Lehrer Saadias war, ist doch, als gesichert anzunehmen; vgl. jetzt meine Abhandlung über Saadia in Monatsschrift 1909.

Ibid. A. 4, letzte Zeile. Vgl. jetzt a. a. O., S. 207—208.

Zu S. 275. Juda ben Koreisch hat vor seiner Risâle auch ein Wörterbuch verfaßt, das aber wohl kaum über den ersten Buchstaben hinaus gediehen ist; aus diesem zitiert noch Samuel ibn Nagdela. Vgl. jetzt hierüber Poznański in RÉJ. LVII, S. 257.

Zu S. 276, A. 3. Einiges aus dem Sefer Hasch'taroth veröffentlichte Harkavy in Hapisga II, S. 45—50 als חדשים וגם ישנים Nr. 9.

Zu S. 280, A. 1 Ende. Vgl. jetzt die Harkavy-Festschrift, S. 219.

Zu S. 283, A. 1 Ende. Statt 1908 lies 1909.

Zu S. 285 A. 2 Ende, erg. noch: und 1903.

Zu S. 288, A. 1. Betreff der Zeit von Salmon ben Ruchêm und der Abfassung seiner Kommentare vgl. jetzt noch Margoliouth in RÉJ. LVII, S. 312—313, wonach sich diese Frage zurzeit noch nicht endgültig lösen läßt.

Zu S. 291, A. 2, drittletzte Zeile: Hinter „von" erg.: in der Festschrift für Sokolow, Warschau 1904, S. 19—189; vor „Hagoren" erg.: RÉJ. XLII, S. 173—210.

Ibid. letzte Zeile statt 1908 l. 1909.

Zu S. 295, A. 3. Hinter Berliner erg.: (Berlin 1903).

Zu S. 297, A. 1, drittletzte Zeile. Statt Anthologie I.: Die jüdische Literatur seit Abschluß des Kanon.

Zu S. 298, A. 1, Zeile 3. Hinter „Kommentar", erg.: der den Titel תפסיר כתאב אלמבאדי führte.

Ibid. A. 4, Zeile 2 hinter Saadia erg.: Göttingen 1882; 3. Zeile, hinter „Saadia" erg.: S. 1—90.

Zu S. 311, A. Ende, erg. noch: Einen Teil des hebräischen Originals veröffentlichte Schechter in JQR. XIV.-Saadyana, S. 1—7, und einen Teil der arabischen Bearbeitung Lambert in RÉJ. XL., S. 84—86; vgl. jetzt auch Monatsschr. 1909.

Zu S. 314. Betreff Saadias Schriften ist noch zu bemerken, daß dieselben nach seinem Tode einer Kritik unterzogen wurden von einem babylonischen Gelehrten Mebasser, dessen voller Name lautet: Mebasser Halevi ben Nissi ibn משר. Die Bemerkungen desselben sind niedergelegt in einem z. T. noch handschriftlich vorhandenen Werk unter dem Titel: אסתדראך עלי כתב אלגאון אלפיומי אלסהו אלמוגוד פי, d. h. Angriffe und Berichtigungen zu den in den Schriften Saadias sich findenden Fehlern. Vgl. hierüber Harkavy in Studien usw., T. V, S. 71 und Poznański in „Schechters Saadyana", Frankfurt a. M. 1904, S. 20.

Zu S. 322—323, A. 5. Hinter 1885 erg.: S. 65 u. 77.

Zu S. 324, A. 1 Ende. Hinter 1908 erg.: S. 610—611.

Zu S. 327, A. 1 Ende. Statt 1908 l. 1909 und erg.: Vgl. besonders Halevy in Doroth Harischonim III, S. 284 ff.

Zu S. 329, A. 2 letzte Zeile. Hinter Poznański erg.: Harkavy-Festschrift.

Zu S. 332, A. 1, Z. 3. Statt Anecdota l.: Mediaeval Jewish Chronicles.

Zu S. 341, Zeile 15—16. Statt „Lehrhauses" l. „Lehrversammlung".

Zu S. 380 ff. Hier sei hingewiesen auf die Zusammenstellung der ersten nachweisbaren Ansiedelungen in Städten des deutschen Sprachgebietes bei Caro, S. 475, Anfang von Abschn. V., und S. 476.

Zu S. 392, A. 3, Z. 6 von unten. Vor Herkunft erg.: „eventuellen".

Zu S. 404. Betr. מסכת כלה ist zu bemerken, daß es sich hier nur um den Traktat כלה רבתי handeln kann, der aber lediglich von südfranzösischen Autoren seit dem Ausgang des XII. Jahrhunderts zitiert wird. Ein Abschnitt, enthaltend Hochzeits- und damit zusammenhängende Gebräuche, der wohl פרק כלה hieß, bildete einen Bestandteil der Halachoth Gedoloth, während es statt מסכת כלה heißen muß, מסכת דכלה, worunter der in den Kalla-Monaten durchzunehmende Traktat zu verstehen ist. Vgl. hierüber jetzt Aptowitzer in RÉJ. LVII, S. 239—244.

Zu S. 437, A. 2, Ende. Vgl. jetzt auch Epstein in Harkavy-Festschrift, S. 169—171.

Zu S. 441, A. 1, Zeile 3. Hinter Kairuân erg.: S. 219.

Zu S. 455, A. 1, Zeile 1. Hinter „Allufim" erg.: vgl. jetzt auch Poznański in Hakedem II, S. 94.

Zu S. 456, A. 4. Hinter „Monatsschrift" erg.: 1908.

Zu S. 541, Z. 4. Betreff der Auffassung von רומי vgl. Harkavy bei Rabbinowitz, S. 479, A. 177, wonach hierunter die christlichen Länder überhaupt zu verstehen sind.

Zu S. 551, Z. 5. Betreff des Responsum aus Raschis Pardes vgl. jetzt Aptowitzer in RÉJ. LVII, S. 245—246. ¿Danach ist Zeile 5 statt כל zu lesen: אל.

Berichtigungen.

S. 13, Z. 1. Statt „Arôscharbanš" l. „Anôscharbanš".

S. 20, A. 4, Z 2. Statt „eine" l. „meine".

S. 27, Z. 13. Statt „letzten" l. „letzteren".

S. 48, l. Z. Statt „Carcasone l. Carcassone".

S. 55. In der Überschrift. Statt „Gregvor" l. „Gregor".

S. 105, Z. 7. Statt „erkannte" l. „erkannten".

S. 126, A. 3, Z. 1. Statt „Firûz" l. „Perôz".

S. 129, A. 2, Z. 2. Stat „בא" l. „רבא".

S. 142, A. 1, l. Z. Statt „meiner" l. „meine".

S. 175, A. 2 Ende. Statt „18" l. „16".

S. 196, Z. 9. Statt „Chinaï" l. „Chaninai".

S. 206, A. 4. Statt „IV" l. „LV".

S. 219, A. 1, Z. 1. Statt „in dem" l. „indem".

S. 220, A. 3, l. Z. Statt „auch" l. „jedoch".

S. 221, Z. 3. Statt „Almamuu" l. „Almamun".

S. 275, A. 2 Ende. Statt „234" l. „263".

S. 277, Z. 11. Statt „Juden" l. „Juden".

S. 288, A. 1, l. Z. Statt „Mugaddina" l. „Muquaddima".

S. 355, A. 2. Statt „186 6" l. „1866".

S. 361, A. 1, Z. 1. Statt „Anführungen" l. „Ausführungen".

S. 365, A. 4, Z. 3. Statt „zitierte" l. „zitierter".

S. 392, A. 3, Z. 10 von unten. Statt „im" l. „in".

S. 396, Z. 21. Statt ואשכחינן l. ואשכחיבון.

S. 404, Z. 10. Statt „aramäischen" l. „amoräischen".

S. 413, Z. 8 von unten. Statt „ואנהס" l. „ואנחם".

S. 420, Z. 17. Statt „אלבי" l. „אלבר".

S. 439, Z. 6. Statt „אלהגרה" l. „אלהגרה".

S. 446, A. 1, Z. 4. Statt „Chisda" l. „Chisdai".

S. 448. Im Scheiratext Z. 8. Statt des zweimaligen „מבשר" l. „מבשר".

S. 460, Z. 7. Statt „ברברי" l. „ברברי".

S. 468, vorl. Z. Statt „נירון" l. „נירון".

S. 473, Z. 6 von unten. Statt „בירן" l. „בלן".

S. 481, l. Z. Statt ומצגזחה l. ומצגזחה.

S. 482, Z. 15. Statt „לם" l. „לם".

S. 500, Z. 7 von unten. Statt „Kethubbah" l. „Kethubah".

S. 511, Z. 5 von unten. Statt „אלקראן" l. „אלקראירן".

S. 551, Z. 5. Statt „6ᵇ" l. „5ᵇ".

————

Namen- und Sachregister.

A.

Druck von Oskar Leiner in Leipzig. 16813